Peter Mettenleiter, Stephan Knöbl (Hrsg.)

Blickfeld Deutsch

Oberstufe

erarbeitet von: Werner Frank
Walter Frei
Emil Göggel
Stephan Knöbl
Peter Mettenleiter
Josef Schnell

Verlag Ferdinand Schöningh

Die Mitarbeiter und ihre Beiträge:

Peter Mettenleiter:	Einführung; Barock
Stephan Knöbl:	Mittelalter; Aufklärung – Sturm und Drang
Werner Frank:	Klassik
Walter Frei:	Literatur der Jahrhundertwende; Literatur der Weimarer Republik und im Exil
Emil Göggel:	Literatur nach 1945
Josef Schnell:	Romantik; Realistische Literatur des 19. Jahrhunderts

Website
www.schoeningh.de

E-Mail
info@schoeningh.de

Gedruckt auf umweltfreundlichem, chlorfrei gebleichtem Papier.

Umschlagentwurf: Wolfgang Freitag

(Verlag Ferdinand Schöningh, Jühenplatz 1, 33098 Paderborn)

Printed in Germany. Gesamtherstellung Ferdinand Schöningh.

Druck 7 6 5 4 Jahr 03 02 01 00

ISBN 3-506-28223-9 (kart. Ausgabe)
ISBN 3-506-28225-5 (geb. Ausgabe)

Dieses Werk folgt der reformierten Rechtschreibung und Zeichensetzung. Ausnahmen bilden Texte, bei denen künstlerische, philologische oder lizenzrechtliche Gründe einer Änderung entgegenstehen.

Inhaltsverzeichnis

Deutsche Literatur im Mittelalter

Aufklärung – Sturm und Drang

Romantik

Realistische Literatur des 19. Jahrhunderts

Soziales Drama/Bürgerliches Trauerspiel (S. 291f.)	Theaterkritik
Leerstelle (S. 294)	Merkmale der Sprache in realistischer Literatur
Bildungsroman (S. 295)	
Literatur und Wirklichkeit	
Poetischer Realismus (S. 297)	
Erzählfunktionen	

Literatur der Jahrhundertwende

Fiktionale und nichtfiktionale Texte als Zeitzeugnisse	*Textvergleich* (S. 299ff.)
	Resümee
Themengleiche Gedichte	Bildbeschreibung; Bildvergleich
Individualität und Typik in poetischen Texten; Epochenmerkmale	Prosatextinterpretation
Vergleichbarkeit von Dichtung und Werken der Bildenden Kunst	Eigenarten der lyrischen Sprache
	Textstruktur, Textaufbau
Philosophische Texte	Stilmittel
Nihilismus (S. 305)	Sprachunterschiede bei Prosa und Poesie
	Definition; philosophischer Begriff

Literatur in der Weimarer Republik und im Exil

Literatur nach 1945

Liebe Schülerinnen und Schüler!

BLICKFELD DEUTSCH – ein Deutschbuch in einem ungewöhnlichen Format. Wenn Sie ein wenig blättern, werden Sie rasch erkennen, dass diese neue äußere Form gestalterischer Ausdruck einer neuartigen *Gesamtkonzeption* ist.

BLICKFELD DEUTSCH ist ein Werk in *einem Band,* das Sie durch die gesamte Oberstufe begleiten will. BLICKFELD DEUTSCH möchte den *Erwartungen* entsprechen, die Sie im Blick auf Abitur, Studium und Beruf an ein Deutschbuch stellen.

- Sie selbst sind an entscheidenden Stellen in die Konzeption mit einbezogen: mit Ihren Kenntnissen und Fertigkeiten aus früheren Klassen, mit Ihren Fragestellungen aus Ihrer jetzigen Lebenssituation und mit Ihren produktiven Vorschlägen für die Auseinandersetzung mit Literatur und Sprache.
- Sie dürfen motivierende Zugänge zu neuen Themen erwarten und Sie werden vielseitige Anregungen für eine möglichst selbständige und kreative Tätigkeit erfahren.
- Sie erhalten Texte und Materialien so übersichtlich dargestellt, dass Ihnen das Arbeiten und Verstehen in Zusammenhängen erleichtert wird.
- Sie finden vielfache Arbeits- und Lernhilfen sowie grundlegende Studiertechniken, die Ihnen über das Fach Deutsch hinaus nützlich sein werden.

BLICKFELD DEUTSCH versucht Ihren *Ansprüchen* an das besondere Niveau der Oberstufe gerecht zu werden ohne Sie zu überfordern.

- Sie erhalten zunächst eine grundlegende *Einführung* in die Oberstufenarbeit, wobei sich Wiederholungen und die Vorstellung neuer Inhalte und Methoden so ergänzen, dass sich für Sie eine zuverlässige Arbeitsgrundlage ergibt.
- Sie sehen die folgenden Kapitel nach *Epochen* gegliedert, so dass Ihnen durch eine übersichtliche Darstellung das historische Verstehen erleichtert wird. Durch die epochenübergreifende Grundfrage nach dem Wesen des Menschen werden gleichzeitig zahlreiche Beziehungen zu Ihrer Gegenwart hergestellt.
- Sie finden insgesamt ein Angebot, das für *Grund- und Leistungskurse* – den jeweiligen Schwerpunktthemen entsprechend – differenziert genutzt werden kann.

BLICKFELD DEUTSCH hat sich zum *Ziel* gesetzt Ihnen ein Deutschbuch anzubieten, das verschiedene *Funktionen* gleichzeitig erfüllt.

- Sie benützen ein leserfreundliches *Arbeitsbuch,* das Ihnen durch die übersichtliche Darbietung von Texten, Bildern, Materialien, Strukturskizzen, Zusatzinformationen und Arbeitsanregungen die Selbsttätigkeit erleichtert.
- Sie lernen ein *Informationsmedium* kennen, das Ihnen Grundwissen über Literatur und Sprache, aber auch über Aufsatzformen und Studiertechniken schrittweise erschließt, erläutert und in vielseitiger Anwendung sicher vermittelt.
- Sie erhalten gleichzeitig ein *Nachschlagewerk,* in dem Sie sich für die Klausurvorbereitungen über das *Inhaltsverzeichnis* und ein differenziertes *Autoren- und Sachregister* rasch und zuverlässig orientieren können.

BLICKFELD DEUTSCH geht grundsätzlich von der *Einheit der Sprache* aus und betrachtet die drei Arbeitsbereiche des Faches nur als unterschiedliche Aspekte eines Ganzen.

- Sie sollen umfassende *Verstehensleistungen* erbringen, indem Sie unterschiedliche Texte aus ihrem Entstehungs- und Wirkungszusammenhang erfassen, beschreiben und deuten, also interpretieren. Die Textauswahl repräsentiert jeweils Charakteristisches einzelner Epochen, wird ergänzt durch Informationen zur Geschichte und durch Zeugnisse der bildenden Kunst, so dass Ihnen ein Verstehen in kulturellen Zusammenhängen möglich wird.
- Sie werden den Prozess des Verstehens besonders gründlich durch eigenes Sprechen und Schreiben vollziehen können. Dazu ist die Beherrschung und Anwendung von Methoden der *Informationsverarbeitung* sowie wichtiger mündlicher und schriftlicher *Darstellungs- und Gestaltungsformen* unerlässlich für Ihre Sprachbildung.
- Sie sollen *Sprache* als Mittel der Verständigung und Auseinandersetzung (als Medium der Kommunikation) immer besser beherrschen lernen. Darüber hinaus werden Sie auf der Oberstufe Sprache als Gegenstand (als Objekt) durch genaue Betrachtung in ihrer Entstehung, ihren Eigenarten, Funktionen und ihrer Bedeutung für den Menschen mehr und mehr begreifen können.

BLICKFELD DEUTSCH möchte Ihnen für Ihr Selbst- und Weltverständnis ein vielseitiges *Angebot* machen, das Sie kritisch prüfen und aktiv nutzen sollten.

- Sie werden im ersten Kapitel am *Thema ‚Mensch und Menschlichkeit'* über Gedichte, Prosatexte und Dramenausschnitte in Inhalte, Denkweisen und Arbeitsformen des Faches Deutsch eingeführt.
- Sie begegnen dabei aber gleichzeitig einem *Leitthema* jeglicher Auseinandersetzung mit Literatur und Sprache: Grundfragen des Menschen werden in der Dichtung je nach Autor und Zeit immer wieder neu gestellt und neu beantwortet.
- Sie sind mit BLICKFELD DEUTSCH eingeladen in diesen Diskurs zwischen Leser und Werk engagiert einzutreten und aktiv einzugreifen.

Für Ihre Arbeit mit BLICKFELD DEUTSCH wünschen wir Ihnen Freude und Erfolg!

Die Herausgeber und Autoren

Hinweise für den Benutzer

Im *Inhaltsverzeichnis* sind

1. Autoren, Texte und Bilder durch problemorientierte Überschriften innerhalb der zehn Kapitel übersichtlich gegliedert;
2. durch Kästchen markiert wichtige Sach- und Methodeninformationen mitgeteilt, wobei die jeweiligen Schwerpunkte im Druckbild hervorgehoben und mit Seitenangaben versehen werden: Links stehen alle wichtigen Informationen zum Arbeitsbereich ‚Literatur', rechts die Hinweise zu ‚Sprachlichen Übungen' und zu ‚Sprachbetrachtung'.

In der *Hauptspalte* stehen

1. poetische Texte und Sachtexte, die jeweils innerhalb thematischer Abschnitte nummeriert sind. Jahreszahlen unter den Texten geben das Datum der Entstehung (e) oder der Veröffentlichung (v) an.
2. Texte, die in Arbeitsformen (z.B. Gruppenarbeit), Studiertechniken (z.B. Mitschreiben) und in Methoden des Verstehens, Sprechens und Schreibens einführen (z.B. die Gedichtinterpretation, die Ausarbeitung eines Referats, das Erörtern). Diese Texte sind durch das Zeichen M (für Methode) sowie durch ein Schlusssignet (▭) markiert.
3. Texte der Verfasser, die Orientierungshilfen geben und Zusammenhänge vermitteln sowie umfangreichere Informationen (z.B. über rhetorische Figuren oder Sprachgeschichte).

In der *Randspalte* stehen

1. *Kompaktinformationen,* die über die Register erschließbar sind, zu Autoren, literarischen Grundbegriffen und sonstigen Fachtermini, literaturgeschichtlichen Zusammenhängen;
2. *Arbeitsanregungen,* die auch Angebote für fächerübergreifende Fragestellungen bieten.

Einführung in die Arbeit der Oberstufe am Thema „Mensch und Menschlichkeit“

I. Die Frage nach dem Sinn des Lebens als Thema von Gedichten

„Es ist eine übernatürliche Verblendung, zu leben, ohne danach zu suchen, was man ist.“
Blaise Pascal (1623–1662): Pensées

1. Was ist der Mensch?

Wer bin ich? Wie verstehe ich mein Wesen und meine Welt? Worin liegt der Sinn meines Lebens? Jeder Mensch stellt sich solche oder ähnliche Fragen und er sucht nach Antworten. Diese muss der Einzelne zwar jeweils für sich selbst finden, aber er bemüht sich um Orientierungshilfen. Neben den Religionen und Philosophien stellen auch die Dichter Fragen nach dem Sinn des Lebens und versuchen Antworten zu geben. Die folgenden Gedichte bieten einen schmalen Längsschnitt aus vier Jahrhunderten. Das Gespräch über die Texte fällt Ihnen leichter, wenn Sie vor dem Lesen zunächst Ihre Erwartungen festhalten, die Ihnen die Titel vermitteln.

Text 1 **Friedrich von Logau (1604–1655): [Epigramme]**

Das menschliche Alter

Ein Kind weiß nichts von sich, ein Knabe denket nicht,
Ein Jüngling wünschet stets, ein Mann hat immer Pflicht,
Ein Alter hat Verdruss, ein Greis wird wieder Kind:
Schau, lieber Mensch, was dies für Herrlichkeiten sind.

Die Gelegenheit

Es mangelt nie Gelegenheit, was Gutes zu verrichten;
Es mangelt nie Gelegenheit, was Gutes zu vernichten.

Sich selbst besiegen

Sich selbselbsten überwinden, ist der allerschwerste Krieg;
Sich selbselbsten überwinden, ist der allerschönste Sieg.
(v 1654)

Text 2 **Matthias Claudius (1740–1815): Der Mensch**

Empfangen und genähret
Vom Weibe wunderbar
Kömmt er und sieht und höret,
Und nimmt des Trugs nicht wahr;
Gelüstet und begehret,
Und bringt sein Tränlein dar;
Verachtet, und verehret;
Hat Freude, und Gefahr;
Glaubt, zweifelt, wähnt und lehret,
Hält nichts, und alles wahr;
Erbauet, und zerstöret;
Und quält sich immerdar;
Schläft, wachet, wächst, und zehret;
Trägt braun und graues Haar etc.
Und alles dieses währet,
Wenn's hoch kommt, achtzig Jahr.
Denn legt er sich zu seinen Vätern nieder,
Und er kömmt nimmer wieder.
(v 1775)

Text 3 **Ludwig Christoph Heinrich Hölty (1748–1776): Aufmunterung zur Freude**

Wer wollte sich mit Grillen plagen,
Solang uns Lenz und Jugend blühn;
Wer wollt in seinen Blütentagen
Die Stirn in düstre Falten ziehn?

Die Freude winkt auf allen Wegen,
Die durch dies Pilgerleben gehn;
Sie bringt uns selbst den Kranz entgegen,
Wann wir am Scheidewege stehn!

Noch rinnt und rauscht die Wiesenquelle,
Noch ist die Laube kühl und grün,
Noch scheint der liebe Mond so helle,
Wie er durch Adams Bäume schien!

Noch macht der Saft der Purpurtraube
Des Menschen krankes Herz gesund,
Noch schmecket in der Abendlaube
Der Kuss auf einen roten Mund!

Noch tönt der Busch voll Nachtigallen
Dem Jüngling hohe Wonne zu,
Noch strömt, wenn ihre Lieder schallen,
Selbst in zerrissne Seelen Ruh!

O wunderschön ist Gottes Erde
Und wert, darauf vergnügt zu sein!
Drum will ich, bis ich Asche werde,
Mich dieser schönen Erde freun!
(v 1783/84)

Text 4 **Friedrich von Matthisson (1761–1831): Zuruf**

Alles kann sich umgestalten!
Mag das dunkle Schicksal walten
Mutig! auf der steilsten Bahn.
Trau dem Glücke! Trau den Göttern!
Steig, trotz Wogendrang und Wettern,
Kühn, wie Cäsar, in den Kahn.

Lass den Schwächling angstvoll zagen!
Wer um Hohes kämpft, muss wagen,
Leben gelt es oder Tod!
Lass die Woge donnernd branden:
Nur bleib immer, magst du landen
Oder scheitern, selbst Pilot! (v 1829)

Text 5 **Johann Wolfgang Goethe (1749–1832): Wer nie sein Brot mit Tränen aß**

Wer nie sein Brot mit Tränen aß,
Wer nie die kummervollen Nächte
Auf seinem Bette weinend saß,
Der kennt euch nicht, ihr himmlischen Mächte.

Ihr führt ins Leben uns hinein,
Ihr lasst den Armen schuldig werden,
Dann überlasst ihr ihn der Pein,
Denn alle Schuld rächt sich auf Erden. (e 1794/95)

Text 6 **Johann Wolfgang von Goethe: Wanderers Nachtlied**

Der du von dem Himmel bist,
Alles Leid und Schmerzen stillest,
Den, der doppelt elend ist,
Doppelt mit Erquickung füllest,
– Ach, ich bin des Treibens müde,
Was soll all der Schmerz und Lust? –
Süßer Friede,
Komm, ach komm in meine Brust! (e 1776)

Text 7 **August Graf von Platen (1796–1835): Sonett Nr. 83**

Wer wusste je das Leben recht zu fassen,
Wer hat die Hälfte nicht davon verloren
Im Traum, im Fieber, im Gespräch mit Toren,
In Liebesqual, im leeren Zeitverprassen?

Ja, der sogar, der ruhig und gelassen,
Mit dem Bewusstsein, was er soll, geboren,
Frühzeitig einen Lebensgang erkoren,
Muss vor des Lebens Widerspruch erblassen.

Denn jeder hofft doch, dass das Glück ihm lache,
Allein das Glück, wenn's wirklich kommt, ertragen,
Ist keines Menschen, wäre Gottes Sache.

Auch kommt es nie, wir wünschen bloß und wagen:
Dem Schläfer fällt es nimmermehr vom Dache,
Und auch der Läufer wird es nicht erjagen. (e 1826)

Text 8 **Eduard Mörike (1804–1875): Gebet**

Herr! Schicke, was du willt,
Ein Liebes oder Leides;
Ich bin vergnügt, dass beides
Aus deinen Händen quillt.

Wollest mit Freuden
Und wollest mit Leiden
Mich nicht überschütten!
Doch in der Mitten
Liegt holdes Bescheiden. (v 1848)

Text 9 **Friedrich Nietzsche (1844–1900): Ecce homo**

Ja, ich weiß, woher ich stamme!
Ungesättigt gleich der Flamme
Glühe und verzehr ich mich.
Licht wird alles, was ich fasse,
Kohle alles, was ich lasse:
Flamme bin ich sicherlich! (1898)

Text 10 **Else Lasker-Schüler (1869–1945): Gebet**

Ich suche allerlanden eine Stadt,
Die einen Engel vor der Pforte hat.
Ich trage seinen großen Flügel
Gebrochen schwer am Schulterblatt
Und in der Stirne seinen Stern als Siegel.

Und wandle immer in der Nacht …
Ich habe Liebe in die Welt gebracht, –
Dass blau zu blühen jedes Herz vermag,
Und hab ein Leben müde mich gewacht,
In Gott gehüllt den dunklen Atemschlag.

O Gott, schließ um mich deinen Mantel fest;
Ich weiß, ich bin im Kugelglas der Rest,
Und wenn der letzte Mensch die Welt vergießt,
Du mich nicht wieder aus der Allmacht lässt
Und sich ein neuer Erdball um mich schließt. (v 1920)

Text 11 **Hugo von Hofmannsthal (1874–1929): Was ist die Welt?**

Was ist die Welt? Ein ewiges Gedicht,
Daraus der Geist der Gottheit strahlt und glüht,
Daraus der Wein der Weisheit schäumt und sprüht,
Daraus der Laut der Liebe zu uns spricht

Und jedes Menschen wechselndes Gemüt,
Ein Strahl ists, der aus dieser Sonne bricht,
Ein Vers, der sich an tausend andre flicht,
Der unbemerkt verhallt, verlischt, verblüht.

Und doch auch eine Welt für sich allein,
Voll süß-geheimer, nievernommner Töne,
Begabt mit eigner, unentweihter Schöne,
Und keines Andern Nachhall, Widerschein.

Und wenn du gar zu lesen drin verstündest,
Ein Buch, das du im Leben nicht ergründest. (v 1903)

Text 12 **Hermann Hesse (1877–1962): Im Nebel**

Seltsam, im Nebel zu wandern!
Einsam ist jeder Busch und Stein,
Kein Baum sieht den andern,
Jeder ist allein.

Voll von Freunden war mir die Welt,
Als noch mein Leben licht war;
Nun, da der Nebel fällt,
Ist keiner mehr sichtbar.

Wahrlich, keiner ist weise,
Der nicht das Dunkel kennt,
Das unentrinnbar und leise
Von allen ihn trennt.

Seltsam, im Nebel zu wandern!
Leben ist Einsamsein.
Kein Mensch kennt den andern.
Jeder ist allein.

(e 1906)

Text 13 **Gottfried Benn (1886–1956): Reisen**

Meinen Sie Zürich zum Beispiel
sei eine tiefere Stadt,
wo man Wunder und Weihen
immer als Inhalt hat?

Meinen Sie, aus Habana,
weiß und hibiskusrot,[1]
bräche ein ewiges Manna
für Ihre Wüstennot?

Bahnhofstraßen und Rueen,
Boulevards, Lidos, Laan[2] –
selbst auf den Fifth Avenueen
fällt Sie die Leere an –

Ach, vergeblich das Fahren!
Spät erst erfahren Sie sich:
bleiben und stille bewahren
das sich umgrenzende Ich.

(e zwischen 1949–55)

Text 14 **Dietrich Bonhoeffer (1906–1945): Von guten Mächten**

Von guten Mächten treu und still umgeben
behütet und getröstet wunderbar, –
so will ich diese Tage mit euch leben
und mit euch gehen in ein neues Jahr;

noch will das alte unsre Herzen quälen
noch drückt uns böser Tage schwere Last.
Ach, Herr gib unsern aufgeschreckten Seelen
das Heil, für das Du uns geschaffen hast.

Und reichst Du uns den schweren Kelch, den bittern
des Leids, gefüllt bis an den höchsten Rand,
so nehmen wir ihn dankbar ohne Zittern
aus Deiner guten und geliebten Hand.

Doch willst Du uns noch einmal Freude schenken
an dieser Welt und ihrer Sonne Glanz,
dann woll'n wir des Vergangenen gedenken,
und dann gehört Dir unser Leben ganz.

Lass warm und hell die Kerzen heute flammen,
die Du in unsre Dunkelheit gebracht,
führ, wenn es sein kann, wieder uns zusammen!
Wir wissen es, Dein Licht scheint in der Nacht.

Wenn sich die Stille nun tief um uns breitet,
so lass uns hören jenen vollen Klang
der Welt, die unsichtbar sich um uns weitet,
all Deiner Kinder hohen Lobgesang.

Von guten Mächten wunderbar geborgen
erwarten wir getrost, was kommen mag.
Gott ist bei uns am Abend und am Morgen,
und ganz gewiss an jedem neuen Tag.

(e 1944)

Text 15 **Bertolt Brecht (1898–1956): Von der Freundlichkeit der Welt**

Auf die Erde voller kaltem Wind
Kamt ihr alle als ein nacktes Kind.
Frierend lagt ihr ohne alle Hab,
Als ein Weib euch eine Windel gab.

Keiner schrie euch, ihr wart nicht begehrt
Und man holte euch nicht im Gefährt.
Hier auf Erden wart ihr unbekannt,
Als ein Mann euch einst nahm an der Hand.

Und die Welt, die ist euch gar nichts schuld:
Keiner hält euch, wenn ihr gehen wollt.
Vielen, Kinder, wart ihr vielleicht gleich.
Viele aber weinten über euch.

Von der Erde voller kaltem Wind
Geht ihr all bedeckt mit Schorf und Grind.
Fast ein jeder hat die Welt geliebt,
Wenn man ihm zwei Hände Erde gibt.

(v 1927)

Text 16 **Ingeborg Bachmann (1926–1973): Schatten Rosen Schatten**

Unter einem fremden Himmel
Schatten Rosen
Schatten
auf einer fremden Erde
zwischen Rosen und Schatten
in einem fremden Wasser
mein Schatten

(v 1964)

[1] Der Hibiskus: der Eibisch (Malvengewächs)
[2] Die Laan: niederländisch für Allee

Die **Lyrik** (von gr. lyra = Leier) wird seit dem 18. Jh. neben Epik und Dramatik als dritte Hauptgattung der Dichtung angesehen. Neben der sog. *Erlebnislyrik,* die stark durch subjektiven Gefühlsausdruck geprägt ist, sind die mehr gesellschaftlich bedingte *Rollenlyrik,* bei der der Dichter seine Empfindungen und Gedanken einer typischen Gestalt als Ichaussage in den Mund legt (z.B. J.W. Goethe: „Wanderers Nachtlied“), und die überwiegend weltanschaulich bestimmte Ideen- oder *Gedankenlyrik* zu unterscheiden. Selbstverständlich gibt es aus den Grundarten zahlreiche Mischformen. Unabhängig von den Arten der Lyrik, die sich einfach auch nach den jeweiligen Gegenständen bezeichnen lassen (Liebes-, Natur- und Gesellschaftslyrik, politische Lyrik etc.), sind die folgenden inneren Merkmale charakteristisch: Konzentration (Verdichtung) der Aussage, sprachliche Verknappung (Ökonomie), ausgeprägte künstlerische Formgebung in Stil, Bildhaftigkeit, Musikalität und struktureller Dichte.

Arbeitsanregungen:

1 Gedichte lassen sich oft am besten durch lautes Sprechen verstehen.
a Versuchen Sie durch verschiedene Rezitationsbeispiele einzelne Gedichte nach Aussage und Form zu erschließen (sog. sinnerschließendes Lesen).
b Notieren Sie Anmerkungen zu einer angemessenen Vortragsweise (Vgl. S. 25).
c Wählen Sie ein Gedicht aus, bei dessen Rezitation Sie die gewonnenen Einsichten über Betonung, Rhythmus, Satzmelodie, Tempo und Pausen möglichst gut anwenden (sog. sinngestaltendes Lesen).

2 Besprechen Sie die Gedichte unter dem Aspekt ihres Menschen- und Weltbildes.
a Stellen Sie Aussagen der Dichter zusammen, die Ihren eigenen Vorstellungen nahe stehen.
b Sammeln Sie Gedanken, die Ihnen fremd erscheinen oder Sie irritieren.
c Notieren Sie Überlegungen zum Sinn des Lebens, die Ihrer Meinung nach in den vorliegenden Gedichten zu wenig berücksichtigt sind oder fehlen.
Wenn Sie mit einer Tabelle arbeiten und versuchen Kernstellen der Texte zu zitieren, erhalten Sie eine gute Übersicht (vgl. M2).

a. Eher vertraute Gedanken	b. Mögliche Einwände für befremdende Gedanken	c. Andere mögliche Überlegungen

M1 Leseverhalten

Je nach dem Ziel unterscheidet man folgende Arten des *Leseverhaltens:* das *kursorisch-orientierende Lesen* (das sog. diagonale Lesen) um rasch einen ersten Überblick über einen Text zu gewinnen; das *intensiv-verweilende* Lesen (das statarische Lesen) als Voraussetzung für die Interpretation im Gegensatz zum *evasorischen Lesen* (von lat. evadere = herausgehen, fliehen) für eine auf Unterhaltung gerichtete Lektüre, bei der sich der Leser in Figuren, Situationen und Handlungen eines fiktionalen Textes vertieft um der Eintönigkeit des Alltags zu entfliehen. Davon abgehoben ist das gründliche *informatorische Lesen,* durch das Sachtexte (pragmatische oder theoretische Texte) exakt erschlossen werden sollen. Für das *statarische* und das *informatorische* Lesen bieten sich vor allem zwei Methoden an:

1. Das *„Lesen mit Bleistift“,* d.h. das Markieren eines Textes mit Farbstiften:
   - Durch das *Unterstreichen* von Schlüsselbegriffen bzw. zentralen Aussagen und
   - mit Hilfe von *Randmarkierungen* werden optische Lesehilfen gegeben.
     Z.B.: Ein senkrechter Balken zeigt eine wichtige Stelle an; ein Fragezeichen markiert Unverstandenes oder Unklares; ein Ausrufezeichen kennzeichnet eine bemerkenswerte Stelle usw.
   - Durch Abkürzungen (sog. Siglen) lassen sich gliedernde Randnotizen machen.
     Z.B.: „I“ für zentrale Inhalte, „Bsp.“ für einen wichtigen Beleg, „St“ für auffällige Stilformen etc.

   Da bei der Arbeit mit geliehenen Büchern diese Markierungen im Text nicht möglich sind, empfiehlt sich die Einlage einer Plastikfolie in der Größe einer Buchseite, auf der dann mit wasserlöslichen Stiften die entsprechenden Kennzeichnungen für jeweils eine Seite gemacht werden können ohne das Buch zu beschädigen.
2. Durch *„auswählendes Lesen“* wird das Herausschreiben zentraler Begriffe, Daten, Fakten und wörtlich zitierter Passagen möglich. Dieses Verfahren nennt man das *Exzerpieren.* Das Ergebnis ist *das Exzerpt:* Unter speziellen Fragestellungen – z.B. Hauptunterschiede zwischen „Diskussion“ und „Debatte“ oder: Aufgaben des Diskussionsleiters – werden aus einem Text oder mehreren Texten Informationen ausgewählt und notiert. Die Fähigkeit des Exzerpierens ist eine wichtige Arbeitstechnik zur Vorbereitung für Diskussionen, Interpretationen und Referate. Wichtig ist die genaue Angabe der Fundstelle (Quelle) durch den Namen des Autors, des Titels und der Seitenzahl. Das wortwörtlich Herausgeschriebene ist als Zitat zu kennzeichnen und auf seine Genauigkeit sorgfältig zu überprüfen. (Vgl. S. 79).

M2 Das Textzitat

Das *Textzitat* ist eine wortwörtlich übernommene Belegstelle und wird zur exakten Dokumentation und zur Veranschaulichung an wichtigen Stellen in die eigene Darstellung eingesetzt. Aus dieser Funktion des Zitates ergeben sich für die *Zitierweise* folgende Konsequenzen:

- Das Zitat muss genau und *zuverlässig (authentisch)* sowie überprüfbar sein und wird durch Anführungszeichen gekennzeichnet. Dabei sind Auslassungen oder Veränderungen des Originaltextes durch eckige Klammern zu markieren. Die Fundstelle ist durch genaue Seitenangabe bzw. den Hinweis auf die Strophe (in römischen Ziffern) und den Vers (in arabischen Ziffern) nachzuweisen.
  Z.B.: Erich Kästner ironisiert im „Kurzgefasste[n] Lebenslauf“ seine Rolle als Soldat durch ein ganz überraschendes Handlungsverb – „Ich trieb es mit der Fußartillerie“ (III/2) – und er deutet seine späteren Studien mit „[...] Kant und Gotisch [...]“, „Kunst und Politik [...]“ an (IV/2,3).
- Das Zitat soll *angemessen* (sach- und funktionsgerecht) sein und an der richtigen Stelle eingefügt werden. Um dies zu gewährleisten sind oft Kürzungen notwendig.
  Z.B.: Die zunehmende Bürde des Lebens veranschaulicht Erich Kästner metaphorisch: „Der Rucksack wächst. / Der Rücken wird nicht breiter [...]“ (VII/2).
- Das Zitat *belegt, bekräftigt* und *veranschaulicht* die eigene Meinung und soll aus gedanklichen und stilistischen Gründen in den eigenen Text *integriert* werden.
  Z.B.: Erich Kästners pessimistische Auffassung, dass ein Ungeborener „[...] nicht viel verloren“ habe (I/1), kann ich nicht teilen.
- Enthält das Zitat sprachliche oder sachliche *Fehler,* so kann der Schreiber diese nicht einfach korrigieren, sondern zeigt durch einen Zusatz [!] oder [sic!] dem Leser den Fehler an.
- Will der Zitierende einzelne Wörter eines Zitats durch Sperrung oder Kursivschrift *herausheben,* so muss er dies anmerken.
  Z.B.: Dass Erich Kästner in seinem Gedicht zu stark ironischen Metaphern neigt, zeigt

sich in der vorletzten Strophe besonders deutlich: „Ich gehe durch die *Gärten* der Gefühle, die *tot* sind, und b e p f l a n z e sie mit W i t z e n ." (VI/3,4). (Hervorhebungen durch den Verfasser.)

– Wo in engem Textbezug eine Stelle nur sinngemäß übernommen und in eigenen Worten umschrieben (paraphrasiert) wird, genügt der Hinweis auf die Textstelle um so dem Leser die Überprüfung am Original zu erleichtern.
  Z.B.: Wie risiko- und konfliktträchtig die Tätigkeit des Schriftstellers ist, veranschaulicht Kästner in der Metapher vom Absägen des eigenen Astes (vgl. VI/1,2).

Bei der Auseinandersetzung über eine möglichst gute Rezitation bedienten Sie sich unterschiedlicher *Gesprächsarten* (sog. Kommunikationsformen), die mehr oder weniger sachbezogen oder personenorientiert waren. Während in der Umgangssprache oft kaum unterschieden wird zwischen „sich unterhalten", „miteinander sprechen", „diskutieren" und „debattieren", gibt schon die genauere Betrachtung der Begriffe erste Aufschlüsse über die bedeutungsmäßige (semantische) Differenzierung, die Sie mehr und mehr sach- und situationsgerecht beherrschen sollten. Bei allen Begriffsklärungen empfiehlt es sich zunächst, das eigene Sprachgefühl zu bemühen und eine einfache Umschreibung (eine Paraphrasierung) als Vorstufe zur Definition zu versuchen. Danach könnten Informationen über die Wortbedeutung (die Semantik) und die Wortherkunft (die Etymologie) die Abgrenzung erleichtern.

Diskussion von lat. discussio: Prüfung, Rechenschaft, Auseinandersetzung, Erörterung.
Debatte von ital. battere = schlagen, stoßen (vgl.: frz. battre = prügeln, dreschen, schlagen; engl. bat = Schläger oder Schlagholz beim Kricket.) Die Silbe „bat" erscheint auch in den militärischen Begriffen Batterie, Bataillon, Bataille.

Abeitsanregungen:

1 Nach den eigenen Versuchen können Sie Ihr Gesprächsverhalten beurteilen.
a Erörtern Sie, welche Kommunikationsformen für die Klärung von Sinnfragen angemessen sind.
b Notieren Sie in einer Tabelle Stichworte zu Regeln, die für ein Sachgespräch, eine Diskussion und eine Debatte zu beachten sind.
Denken Sie dabei an die jeweilige Sitzordnung, die Funktionen des Leiters und die Aufgaben der Teilnehmer.

2 Wenden Sie die zusammengestellten Kriterien für ein Sachgespräch bei der Beurteilung des Unterrichtsgesprächs an.

Beispiel für ein Unterrichtsgespräch

Lehrer: Einige von Ihnen kritisieren an den Aussagen der Gedichte vor allem, dass sie zu einseitig von Aufgaben und Pflichten sprechen, dagegen aber Glück und Freude unterschätzen. Über diesen Eindruck sollten wir sprechen.
Tobias: Die Behauptung stimmt so nicht, …
Katja: Du kannst wohl nicht lesen!
Peter: Alles ist grau und düster …
Tobias: Moment bitte, dürft' ich mal ausreden. Ich wollte meine Auffassung ja begründen …
Katja: Du darfst nur an die Beispiele von Hesse, Nietzsche oder Bachmann denken um Peters Auffassung bestätigt zu sehen.
Tobias: Katja, eigentlich hast du mir – trotz der Unterbrechung – schon einen Teil der Antwort abgenommen: Tatsächlich ist der Gesamteindruck nach dem Lesen der Gedichte sehr gemischt. Bei modernen Dichtern häufen sich allerdings die negativen Töne, aber nicht nur bei ihnen gibt es Düsteres …
Christian: Ja, Tobias hat Recht, man muss alles differenzierter sehen. Matthias Claudius z.B. zeichnet ja auch ein sehr trauriges Bild von Geborenwerden, Leben und Sterben. Aber daneben gibt es wirklich auch andere Aussagen – und zwar bei den älteren und jüngeren Texten.
Peter: Ich bleibe bei meiner Meinung.
Kirsten: Solltest du aber nicht, sonst brauchen wir nicht zu diskutieren.
Lehrer: Moment bitte, alle sollten beim Thema bleiben und mehr Gesprächsdisziplin wahren. Ich möchte Christians Forderung nach größerer Differenzierung aufgreifen und schlage vor, dass wir uns die Gedichte nochmals ansehen, die als Lebenssinn auch Glück und Freude angeben. Danach könnten wir uns über frühere und heutige Glücksvorstellungen unterhalten.
Tobias: In den Gedichten Höltys, Matthissons, Mörikes, Lasker-Schülers, Bonhoeffers und z.T. auch bei Platen und Brecht gibt es vieles, was dem heutigen Verständnis von Glück sehr nahe kommt.
Katja: Ich möchte wissen, was! Sich zu vergnügen, ein gutes und schönes Leben zu haben, die Dinge locker zu nehmen, das alles kommt zu kurz!
Peter: Ja, genauso ist es. Alles ist in den Gedichten entweder zu anspruchsvoll, zu feierlich oder zu religiös, wenn von Glück die Rede ist.
Christian: Das stimmt nun wirklich nicht. Nicht nur bei Hölty ist das ganz alltägliche Glück nicht vergessen. Zum Beleg zitiere ich nur zwei Zeilen: „Wer wollte sich mit Grillen plagen […]" oder „Freude winkt auf allen Wegen […]" – wenn das nicht eindeutig in Katjas und Peters Sinn ist!

[…]

Das **Sachgespräch:** Im Unterschied zum rein privaten und weitgehend formlosen Gespräch (als einer zwanglosen Unterhaltung, als vertrauliches Freundes- und Liebesgespräch) hat es eine größere Teilnehmerzahl (z.B. eine Gruppe oder Schulklasse), geht von einer Sachfrage aus, die es zu besprechen gilt und benötigt einen Leiter, der – meist partnerschaftlich und möglichst unauffällig – ein bestimmtes Ziel verfolgt und den Verlauf steuert. Verschiedene Formen unterrichtlicher Arbeitsgespräche gehören zum Typus des Sachgesprächs.
Die **Diskussion** (auch Rundgespräch) strebt innerhalb eines größeren Teilnehmerkreises (z.B. einer Klasse) eine disziplinierte Auseinandersetzung über ein Problem an und versucht einen schwierigen oder umstrittenen Sachverhalt von verschiedenen Seiten (mehrperspektivisch) und sachgerecht mit dem Ziel zu erörtern Lösungsmöglichkeiten zu erwägen, Erkenntnisse zu gewinnen, vielleicht Klarheit zu erhalten oder doch der Wahrheit näher zu kommen. Unterschiedliche Auffassungen zu einem Problem sollten sachlich und begründet vorgetragen werden. Dabei ist es wichtig aufmerksam zuzuhören, sich in Stichworten fremde und eigene Gedanken zu notieren, den andern ausreden zu lassen, auf den Vorredner einzugehen, den eigenen Beitrag zu verknüpfen bzw. gegen bisher Gesagtes abzugrenzen. Der Einzelne sollte keine lange Rede halten, nicht monologisieren, sondern begreifen, dass in der Diskussion die Rollen von Sprecher und Hörer ständig wechseln. Wo ein produktives Arbeitsklima fehlt, wo Offenheit, Vertrauen und faire Kritik nicht vor-

2. Gedichte in ihrer Zeit

Einige der oben genannten Dichter sind Ihnen bekannt. Auf diese Weise ergeben sich für Sie möglicherweise verschiedene Beziehungen zwischen Leben und Dichtung. Während bisher im Literaturunterricht das Interesse vor allem der Dichtung selbst galt, ihrem Inhalt

handen sind, kann eine Diskussion nicht gelingen. Das Sitzen im Halbkreis oder in Hufeisenform ist besonders günstig, weil es den Blickkontakt zu allen erlaubt. Der Diskussionsleiter muss darauf achten, dass die Diskussionsteilnehmer beim Thema bleiben – eventuell „ruft er zur Sache“ –, dass die Reihenfolge der Meldungen in zeitlicher bzw. logischer Abfolge berücksichtigt und die vorgesehene Redezeit eingehalten werden. Er achtet aber nicht nur auf Disziplin, sondern führt in die Diskussion ein, gibt Anregungen (Impulse) und Hilfen, koordiniert die Beiträge, leitet von einem Punkt zum andern über und fasst die Ergebnisse zusammen oder hält offene Fragen fest ohne aber selbst Partei zu ergreifen.
Die **Debatte** (das Streitgespräch) ist eine streng geregelte kämpferische Auseinandersetzung zwischen Gegnern (z.B. Parteien), die zu einem Problem oft scharf gegensätzliche Auffassungen haben. Durch Überzeugung, z.T. auch Überredung, soll die andere Seite gewonnen, meist aber „geschlagen“ werden. Ziel ist der Sieg über den Gegner, der in parlamentarischen Debatten meist durch eine Abstimmung nach den Mehrheitsverhältnissen festgestellt wird. Der Leiter einer Debatte führt sehr straff: Er eröffnet, erteilt und entzieht das Wort, begrenzt die Redezeit, ruft zur Ordnung und beschließt die Debatte.

Arbeitsanregungen:

1 Je nach der Textart und dem Ziel muss unterschiedlich gelesen werden: laut, leise, im Zusammenhang oder auswählend usw.
a Lesen Sie die Informationen über die Gesprächsformen gründlich durch.
b Versuchen Sie dann die Hauptgedanken auswendig in Stichworten zu notieren.

2 Bei schwierigeren Texten muss die Informationserhebung noch exakter erfolgen: Halten Sie das Wichtigste über Gesprächsformen durch Markierungen (siehe oben!) bzw. durch das Herausschreiben von Schlüsselwörtern fest.

und ihrer Form, tritt auf der Oberstufe zu dieser auf den Text bezogenen Betrachtung (der sog. textimmanenten Interpretation) in stärkerem Maße auch die Untersuchung von Faktoren außerhalb des Werks (die sog. textexterne Interpretation). Um welche Bereiche es sich dabei handelt, soll nun an einigen Gedichten verdeutlicht werden.

Text 1 Johann Christian Friedrich Hölderlin (1770–1843): Lebenslauf

Größers wolltest auch du, aber die Liebe zwingt
All uns nieder, das Leid beuget gewaltiger,
Doch es kehret umsonst nicht
Unser Bogen, woher er kommt.

Aufwärts oder hinab! herrschet in heil'ger Nacht,
Wo die stumme Natur werdende Tage sinnt,
Herrscht im schiefesten Orkus
Nicht ein Grades, ein Recht noch auch?

Dies erfuhr ich. Denn nie, sterblichen Meistern gleich,
Habt ihr Himmlischen, ihr Alleserhaltenden,
Dass ich wüsste, mit Vorsicht
Mich des ebenen Pfades geführt.

Alles prüfe der Mensch, sagen die Himmlischen,
Dass er, kräftig genährt, danken für Alles lern',
Und verstehe die Freiheit,
Aufzubrechen, wohin er will. (e 1800)

Text 2 Erich Kästner (1899–1974): Kurzgefasster Lebenslauf

Wer nicht zur Welt kommt, hat nicht viel verloren.
Er sitzt im All auf einem Baum und lacht.
Ich wurde seinerzeit als Kind geboren,
eh ich's gedacht.

Die Schule, wo ich viel vergessen habe,
bestritt seitdem den größten Teil der Zeit.
Ich war ein patentierter Musterknabe.
Wie kam das bloß? Es tut mir jetzt noch Leid.

Dann gab es Weltkrieg, statt der großen Ferien.
Ich trieb es mit der Fußartillerie.
Dem Globus lief das Blut aus den Arterien.
Ich lebte weiter. Fragen Sie nicht, wie.

Bis dann die Inflation und Leipzig kamen;
Mit Kant und Gotisch, Börse und Büro,
mit Kunst und Politik und jungen Damen.
Und sonntags regnete es sowieso.

Nun bin ich zirka 31 Jahre
Und habe eine kleine Versfabrik.
Ach, an den Schläfen blühn schon graue Haare,
Und meine Freunde werden langsam dick.

Ich setze mich sehr gerne zwischen Stühle.
Ich säge an dem Ast, auf dem wir sitzen.
Ich gehe durch die Gärten der Gefühle,
die tot sind, und bepflanze sie mit Witzen.

Auch ich muss meinen Rucksack selber tragen!
Der Rucksack wächst. Der Rücken wird nicht breiter
Zusammenfassend lässt sich etwa sagen:
Ich kam zur Welt und lebte trotzdem weiter. (v 1930)

Zwei Lebensläufe

Johann Christian **Friedrich Hölderlin** wurde 1770 als Sohn eines Klosterhofmeisters (eines Verwalters) in Lauffen am Neckar geboren, verlor schon früh seinen Vater und auch den Stiefvater. Er besuchte Schulen in Nürtingen und Denkendorf sowie das theologische Seminar Maulbronn. Früh zum evangelischen Pfarrer bestimmt studierte Hölderlin Theologie in Tübingen (1788–93) und schloss u.a. Freundschaft mit den Philosophen Georg Wilhelm Friedrich Hegel (1770–1831) und Friedrich Wilhelm Joseph Schelling (1775–1854). Nach seiner inneren Entfremdung vom Christentum und wegen seiner Abneigung gegen den Pfarrerberuf lebte Hölderlin als Privatgelehrter, als Hauslehrer in verschiedenen Stellungen und als freier Schriftsteller, wobei es zu Begegnungen mit Schiller (1795) und Goethe (1797) kam. Ab 1802 war Hölderlin innerlich gebrochen und geisteskrank. Nach kurzem Aufenthalt in der Heilanstalt Tübingen (1806) lebte er seit 1807 bis zu seinem Tode 1843 in unheilbarer geistiger Umnachtung in der Pflege der Tischlerfamilie Zimmer in Tübingen (im Hölderlinturm).

Hölderlin steht unverwechselbar zwischen den Epochen Klassik und Romantik. Vor allem die Ideale des klassischen Griechentums – durch Johann Joachim Winckelmann (1717–1768) zusammengefasst im Schönheitsbegriff „edle Einfalt und stille Größe" – und die antike Mythologie prägten ihn. Sein Griechenbild verleugnet aber neben der Größe auch die Tragik nicht. Seine Natur-, Landschafts- und Liebesgedichte (vor allem an die von ihm schwärmerisch verehrte Frankfurter Bankiersgattin Susette Gontard, die Diotima seiner Verse) sind oft aus persönlicher Stimmung gestaltete Oden. Seine Klagen über das versunkene Goldene Zeitalter und seine Hoffnung auf eine künftige geistige Erneuerung der Menschheit gestaltete er in Hexameter-Elegien. In oft dunkler Symbolsprache stellen seine Hymnen in freien Rhythmen die letzten Fragen von Leben, Tod und dem Göttlichen dar. Neben Gedichten schuf Hölderlin einen stark lyrischen Briefroman „Hyperion", in dem die Seelengeschichte eines feinsinnigen griechischen Jünglings in rhythmischer Prosa dargestellt ist. – Fragment geblieben ist das philosophische Versdrama „Empedokles", das vom religiös begründeten Opfertod des gleichnamigen Philosophen im Ätna handelt. Alle Werke Hölderlins zeigen gedankliche Tiefe und zeugen von höchster Sprachkunst und großer Bildkraft. – Auch Übersetzungen bzw. Nachdichtungen von Hymnen des griechischen Dichters Pindar (um 518 v. Chr. bis 446 v. Chr.) und der Dramen „Ödipus" und „Antigone" des Tragikers Sophokles (um 496 v. Chr. bis 406 v. Chr.) gehören zu Hölderlins Werk.

Erich Kästner (Pseudonyme Robert Neuner, Melchior Kurtz u.a.) wurde 1899 als Sohn eines Sattlermeisters in Dresden geboren. Nach dem Besuch eines Lehrerseminars wurde er 1917 Soldat, kehrte schwer herzkrank aus dem Krieg zurück und war als Bankbeamter und Redakteur tätig. Später studierte er in Berlin, Rostock und Leipzig Germanistik und promovierte 1925 zum Dr. phil. Seit 1927 lebte Kästner als freier Schriftsteller in Berlin, bis 1933 seine Bücher verboten und am 10.5.1933 auch verbrannt wurden. Kästner veröffentlichte danach im Ausland. – 1945–1948 war er Feuilletonredakteur der „Neuen Zeitung" in München, gab 1946 die Jugendzeitschrift „Pinguin" heraus, wirkte am Münchner Kabarett „Die Schaubude" mit und wurde Präsident des deutschen PEN-Zentrums.

1965 musste er eine zweite Verbrennung seiner Bücher erleben, diesmal organisiert durch die Düsseldorfer Jugendgruppe des Bundes entschiedener Christen wegen der „Unmoral" seiner Werke. Erich Kästner begann mit satirischer Gebrauchslyrik und aggressiv-sarkastischen Kabarettgedichten gegen Heuchlertum, hohles Pathos, verlogene Spießermoral, Militarismus und Faschismus. Nüchtern-ironisch, oft in salopper Umgangssprache persiflierte er Schlagwörter und Alltagsphrasen. Sein treffsicherer Humor und seine satirische Zeitkritik sind getragen von der Humanität eines wahren Moralisten, hierin vergleichbar mit Kurt Tucholsky. Erich Kästner war Lyriker und Erzähler, verfasste aber auch Dramen und Drehbücher. Berühmt wurden neben seinen Gedichtbänden (seit 1928) und Romanen (z.B. „Fabian", 1931; „Drei Männer im Schnee", 1934; „Der kleine Grenzverkehr", 1949) vor allem seine spannenden Kinderbücher, deren Moral sehr unaufdringlich ist: z.B. „Emil und die Detektive" (1929), „Pünktchen und Anton" (1930), „Das fliegende Klassenzimmer" (1933), „Das doppelte Lottchen" (1949), „Die Konferenz der Tiere" (1950) u.a.

Arbeitsanregungen:

1 Gehen Sie von den Titeln beider Gedichte aus.
a Notieren Sie inhaltliche Erwartungen, die Sie mit „Lebenslauf" verbinden.
b Vergleichen Sie damit, welchen Wortsinn Hölderlin und Kästner in den Gedichten dem „Lebenslauf" geben.

2 Versuchen Sie aus den Informationen zu Leben und Werk beider Dichter Beziehungen zu den Aussagen der Gedichte zu finden.
Eine vergleichende Stichworttabelle erleichtert die Arbeit:

Lebensstationen Hölderlins →	Beziehungen zum Gedicht
Lebensstationen Kästners →	Beziehungen zum Gedicht

Die **Ode** (gr. = Gesang): 1. In der griechischen Antike ist die Ode die Sammelbezeichnung für alle zu Musikbegleitung vorgetragene strophische Dichtung, die als Chor- oder Einzelgesang dargeboten wurde. – 2. Ode bezeichnet auch die lyrische Form des Feierlichen und Weihevollen, in der erhabene Gegenstände (Gott, Religion, Staat, Wahrheit, Freundschaft, Liebe) in gehobener, kunstvoll stilisierter Sprache und in strenger, meist reimloser Form dargestellt werden.

Die **Elegie**: In der Antike zunächst die Bezeichnung für jedes Gedicht in Distichen (= Doppelversen aus Hexametern und Pentametern), unabhängig vom Inhalt. In der deutschen Dichtung erreichte die Elegie im 18. Jh. nach dem Durchbruch von Naturschwärmerei und Gefühlsüberschwang in der Zeit der ‚Empfindsamkeit' ihren Höhepunkt. Ihre Hauptthemen sind Abschied, Trennung, Totenklage, aber auch Erinnerung und Sehnsucht.

Die **Hymne**: Im Griechischen bedeutet sie den durch Musik begleiteten oder im Einzelvortrag dargebotenen feierlichen Preis- und Lobgesang eines Gottes oder Helden bei Kultfesten. Sie ist verwandt mit der Ode, aber im Ton dynamischer und im Metrum freier. (Vgl. Sturm und Drang, S. 189)

Das **Feuilleton** (von frz. = Blättchen): Im Gegensatz zu den Berichten im politischen, wirtschaftlichen und sportlichen Teil der Tagespresse wird mit Feuilleton sowohl der Unterhaltungsteil einer Zeitung als auch dessen einzelner Beitrag bezeichnet: also Nachrichten und Essays aus dem Kultur- und Geistesleben – aus Literatur, Theater, Kunst und Wissenschaft – sowie Reiseberichte und belletristische Beiträge (z.B. Erzählungen, Kurzgeschichten, Gedichte, Fortsetzungsromane). (Vgl. Weimarer Republik, S. 335f.)

Das **Kabarett** (von frz. cabaret = Schenke): Kleinkunstbühne zur Darbietung von Sketschen, Chansons und Tänzen. In Vers und Prosa werden witzig-ironische, aber auch satirisch-sarkastische Zeit- und Gesellschaftskritik in scharf pointierter Form geübt. Der Maler R. Salis gründete 1881 in Paris auf dem Montmartre das erste Kabarett mit dem Namen „Chat noir“. (Siehe S. 58f.)

PEN-Club (engl. Abkürzung von poets, essayists, novelists; auch „pen“ = Feder): Ein internationaler Dichter- und Schriftstellerverband, der 1921 von C.A. Dawson Scott in London als völkerverbindende Vereinigung von Schriftstellern gegründet wurde. Seine Ziele sind freundschaftliche geistige Zusammenarbeit, die Förderung der Literatur, das Eintreten für Meinungsfreiheit, Menschenrechte und internationale Verständigung.

Die Informationen zu Hölderlin und Kästner geben einige Hinweise zur *Biografie* der Autoren, zur *Stoff-* und *Geistes*geschichte sowie zu Aspekten der *Stil-* und *Form*geschichte. Diese Faktoren einer sog. textexternen Interpretation (s.u.) werden an anderer Stelle noch erweitert durch Informationen zur Zeit- bzw. Epochengeschichte sowie zur Entstehungs- und Wirkungsgeschichte von Literatur.

Die Interpretation (< lat. interpretari = erklären, deuten) ist die meist schriftliche Untersuchung, Beschreibung und Deutung eines Textes. Sie erfolgt planvoll, in sich gegliedert, in stilistisch geschlossener Form und berücksichtigt die innere Seite eines Textes (= immanente Interpretation) sowie äußere Bedingungsfaktoren (= textexterne Interpretation).

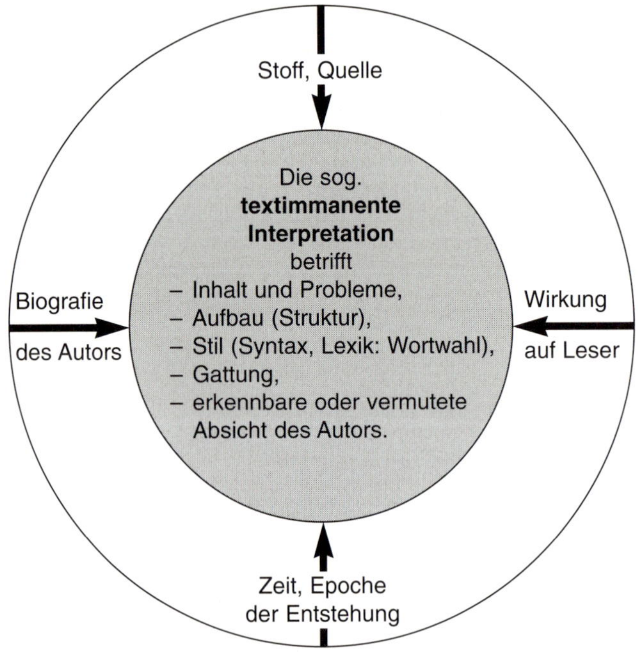

Die sog. **textexterne Interpretation** berücksichtigt Sachverhalte außerhalb des Textes.

Arbeitsanregungen:

1 Die in Abschnitt I/1 aufgeführten Gedichte mit Fragen nach dem Sinn des Lebens wurden chronologisch nach den Lebensdaten der Dichter angeordnet. Auf diese Weise wird ein Zeitraum von fast vier Jahrhunderten repräsentiert.
a Welche Beziehungen erkennen Sie zwischen den Sinnaussagen der Gedichte und ihrer Entstehungszeit?
b In Gruppenarbeit lassen sich zu einigen Texten mit Hilfe von Zusatzinformationen (z.B. aus Literaturgeschichten, Dichterlexika) genauere Zusammenhänge ermitteln. Hilfreich dabei wäre eine Tabelle:

Gedicht	Sinnaussagen	Zeitbeziehungen

2 Versuchen Sie mit Hilfe einer Literaturgeschichte einzelne Dichter dieses Abschnitts den Epochen zuzuordnen, in denen sie lebten.

M3 **Gruppenarbeit**

Gruppenarbeit hat das *Ziel* durch intensives Zusammenwirken eine größere Aufgabe zu lösen. Dabei sind drei Phasen zu beachten:

1. In der *Plenumsphase I* werden gemeinsam Thema, Ziele, Aufgabenverteilung, Methoden, Arbeitsmittel, Darstellungsform und Arbeitszeit erörtert.
2. Während der *Differenzierungsphase* erfolgt die Erarbeitung in Einzelgruppen (arbeitsteilig oder konkurrierend), wobei sich eine Gruppengröße von 4–6 Mitgliedern bewährt hat. Jedes Gruppenmitglied sollte sich die Arbeitsergebnisse notieren um für die Auswertung vorbereitet zu sein.
3. Die *Plenumsphase II* dient der Vorstellung, Besprechung und Zusammenfassung der Gruppenergebnisse, wobei aus Einzelbeiträgen ein differenziertes Gesamtergebnis für alle erreicht werden soll. Die Information der Mitschüler gelingt am besten, wenn akustische und optische Darstellung sich ergänzen (mehrkanalige Information): Tafel- bzw. Folienaufschriebe oder -skizzen, Gliederungen, Bilder usw. erleichtern die Informationsaufnahme und -verarbeitung.

Dabei ist das *Mitschreiben* im Unterricht – beim Schüler- und Lehrervortrag sowie bei Gesprächen – eine wichtige Studiertechnik. Ziel ist eine optimale *Informationsverarbeitung,* die für Unterrichtsprotokolle und Prüfungsvorbereitungen eine zuverlässige, übersichtliche und lesefreundliche Grundlage bildet. Da eine wortwörtliche Mitschrift aus Zeitgründen nicht gelingen kann und auch unökonomisch wäre, sollten einige technische und praktische Grundsätze beachtet werden:

- Bewährt hat sich das *Papierformat DIN A4* (mit breitem Rand und Lochung), das am besten nur einseitig und großzügig gegliedert beschrieben werden sollte um Platz für Ergänzungen zu gewinnen. Ein *Ringbuch* mit Sachregister schafft Ordnung und gute Übersicht.
- Eine *klare Gliederung* der Aufzeichnungen nach Unterrichtseinheiten, Stundenthemen und Hauptgesichtspunkten der Besprechung erleichtert die Arbeit.

- Das sinnvolle *Mitschreiben* verlangt auswählendes Hören, das Notieren der *Kernpunkte* und *Hauptbeispiele* bzw. *-zitate*. Stichwortnotizen, Halbsätze und Abkürzungen und Hervorhebungen (Unterstreichungen, Markierungen am Rande usw.) ergeben ein zuverlässiges und individuell gestaltetes Ergebnis, das Sie unmittelbar nach dem Unterricht aus dem Gedächtnis ergänzen oder aus der Literatur erweitern können. Die großzügige Platzeinteilung (s.o.) und das Sammeln im Ringbuch erlauben stets Einfügungen und Zusätze an der richtigen Stelle.

3. Gedichte als Sinnverdichtung und genaue Form

Bei der Lektüre und Besprechung der Gedichte sind Ihnen bestimmte Merkmale der Form aufgefallen: Einige Gedichte erscheinen erlebnishafter, andere sind eher gedanklich; einige muten nach Metrum, Rhythmus und Reim traditioneller, vertrauter an, andere erwecken mehr den Eindruck der Modernität.
Diese charakteristischen Formmerkmale von Gedichten sollen durch die nachfolgenden Informationen leichter und genauer erfassbar werden. Vieles dient dabei der Wiederholung.
An Friedrich *Nietzsches* (1844–1900) Gedicht „Vereinsamt" sollen einige für die Interpretation wichtige Formmerkmale wiederholt werden.

Die Krähen schrein
Und ziehen schwirren Flugs zur Stadt:
Bald wird es schnein. –
Wohl dem, der jetzt noch – Heimat hat!

Nun stehst du starr,
Schaust rückwärts, ach! wie lange schon!
Was bist du Narr
Vor Winters in die Welt entflohn?

Die Welt – ein Tor
Zu tausend Wüsten stumm und kalt!
Wer das verlor,
Was du verlorst, macht nirgends halt.

Nun stehst du bleich,
Zur Winter-Wanderschaft verflucht,
Dem Rauche gleich,
Der stets nach kältern Himmeln sucht.

Flieg, Vogel, schnarr
Dein Lied im Wüstenvogel-Ton! –
Versteck, du Narr,
Dein blutend Herz in Eis und Hohn!

Die Krähen schrein
Und ziehen schwirren Flugs zur Stadt:
Bald wird es schnein, –
Weh dem, der keine Heimat hat!

(1884)

Arbeitsanregungen:

1 Versuchen Sie über mehrmaliges lautes Lesen (das sog. sinnerschließende Lesen) Eigenarten der Klanggestalt des Gedichts zu erfassen und diese zu beschreiben.

2 Besprechen Sie die Beziehung zwischen der Überschrift und der Kernaussage des Gedichts.
a Wie wird der Rückwärtsschauende beschrieben und eingeschätzt? (Vgl. die Frau Lots beim Untergang Sodoms, 1. Moses 19.)
b Wie erscheinen die Bereiche der Natur?
c Aus welcher Sicht (Perspektive) wird gesprochen?

3 Betrachten Sie das Zusammenspiel von Sinn und Form: Achten Sie
- auf Metrum und Rhythmus des Gedichts (z.B. das Verhältnis von Zeilenstil und Zeilensprüngen, sog. Enjambements),
- auf die Reimformen (z.B. die Stabreime und die Endreime),
- auf die Wortwiederholungen,
- auf das Verhältnis von erster und sechster Strophe.

M4 Rezitationshilfen

Über die Erprobung und Besprechung verschiedener Rezitationsweisen kann sich eine Kommentierung ergeben, die – vergleichbar dem *„Textbuch"* des Schauspielers – über Betonungs- und Pausenzeichen sowie erläuternde Anmerkungen zur Sprechweise eine konkrete Vortragshilfe erbringt, die man mit Regieanweisungen vergleichen könnte.
Wenn Sie mit einem schuleigenen Buch arbeiten, könnten Sie die Eintragungen auf die eingelegte Folie (vgl. S. 20) oder auf ein „Textblatt" machen.

Z.B.: *Zu F. Nietzsches: „Vereinsamt"*

Text	Kommentierung
x x́ | x x́ Die Krähen schrein x x́ | x x́ | x x́ | x x́ Und ziehen schwirren Flugs zur Stadt: x́ x́ | x x́ Bald wird es schnein. – x x́ | x x́ | x x́ | x x́ Wohl dem, der jetzt noch – Heimat hat! [...]	Jambus, Enjambement, rhythmisch unterschiedlich bewegt: Wechsel der Verslänge, des Tempos, der Pausen und der Melodie (unterschiedliche Vokale); Spannung zwischen Rhythmus und Metrum (schwebende Betonung) x́ x́

Poetische Mittel der Lyrik

1. *Stilmittel der Veranschaulichung:*

a) *Das sprachliche Bild* ist durch seine Anschaulichkeit und Gefühlsintensität Charakteristikum aller Dichtung. Außerdem dient „Bild" als Sammelbezeichnung für Metapher, Vergleich, Allegorie, Symbol und Chiffre.

b) *Die Metapher:* von gr. metaphora = Übertragung. Gemeint ist die übertragene (= bildliche) Bedeutung eines Wortes, das nicht im eigentlichen (= wörtlichen) Sinne gebraucht wird. (Vgl. Romantik, S. 237)

Z.B.: Flussarm, Tischfuß, Stuhlbein; Redefluss, Licht der Wahrheit; Fuchs = listiger Mensch, Schiff der Wüste = Kamel.

c) *Die Metonymie:* von gr. metonymia = Umbenennung, Namensvertauschung. Sie ersetzt das eigentliche Wort durch ein anderes, das zu ihm in enger Beziehung steht. Z.B.: „Bonn meldet“ – statt die Regierung in Bonn meldet; ähnlich: Das Weiße Haus und der Kreml; „die Rothosen griffen an“ – statt die Spieler in roten Hosen griffen an; „im Schiller lesen“ – statt in Schillers Werken; „Er kann den ganzen Goethe auswendig“ – statt Goethes Werke.

d) *Der Vergleich* erhöht die Anschaulichkeit, indem er zwei Bereiche, die sich in einem dritten Punkt gleichen (dem sog. tertium comparationis = das Dritte des Vergleichs), durch den Partikel „wie“ in Beziehung setzt.

   Z.B.: „Ein Mann wie eine Eiche“. Das Tertium comparationis, der dritte gemeinsame Punkt also, sind Größe oder Mächtigkeit oder Stärke. Ein breiter ausgeführter Vergleich wird zum Gleichnis bzw. zur Parabel, wenn er eine selbständige Geschichte ist.

e) *Die Allegorie:* von gr. allegorein = anders, bildlich reden. Sie überträgt etwas Gedachtes (eine Idee) in ein Bild.

   Z.B.: Liebe wird durch Amor, Krieg durch Mars personifiziert.

f) *Das Symbol* (Sinnbild): von gr. symbolon = Kennzeichen, Merkmal, Wahrzeichen; von symballein = zusammenwerfen, vergleichen, zusammenfügen. In der Antike war Symbol ursprünglich ein konkretes Erkennungszeichen, etwa die Hälften eines Ringes, einer Münze, eines Stabes etc., die bei Wiederbegegnungen bzw. Beweisen zusammenpassen mussten. – Symbol wurde dann später im übertragenen (metaphorischen) Sinne ein bildhaftes Zeichen, das über sich hinaus auf höhere geistige Zusammenhänge weist, ein sinnlich fassbares Zeugnis für eine Idee ist bzw. einen abstrakten Begriff veranschaulicht: z.B. das christliche Kreuz oder das Abendmahl; die Waage als Symbol der Gerechtigkeit.

g) *Die Chiffre:* frz. Ziffer, Zahl: ursprünglich Geheimzeichen, das durch Kenntnis des „Schlüssels“ entziffert (dechiffriert) werden kann. – In der modernen Dichtung (vor allem in der Lyrik) sind Symbole oft zu Zeichen (Chiffren) verrätselt: Wörter haben dabei ihre selbstverständliche Bedeutung verloren und gewinnen ihren Sinn erst aus einem vom Dichter geschaffenen mehrdeutigen Zeichen- und Assoziationsmuster: z.B. die Verwendung der Farbe „blau“ in der Lyrik des Expressionismus.

2. *Übersicht über Metrum und Rhythmus*

Das *Metrum* ist im Deutschen die regelmäßige Abfolge von stark betonten Silben (= Hebungen) und schwach betonten bzw. unbetonten Silben (= Senkungen).

a) *Die wichtigsten Metren (= Taktarten):*

   x x́
   – *Der Jambus,* die Jamben (von gr. iambos = der sog. Steiger): xx́. Z.B.: gelehrt,
   x x́ x x́ | x x́ | x x́ | x x́ |x ^
   Verbot; „Es schlug mein Herz, geschwind zu Pferde! (J.W. Goethe: „Willkommen und Abschied“).

   Jambische Versmaße: Der *Blankvers* (fünffüßig, ungereimt); *Vers commun* (fünffüßig, gereimt); Alexandriner (sechsfüßig mit Mittelzäsur).

   x́ x
   – *Der Trochäus,* die Trochäen (von gr. trechein = der sog. Faller): x́x. Z.B. Leben,
   x́ x x́ x| x́ x |x́ x| x́ x
   Rose; „Fest gemauert in der Erden […]“ (F. Schiller: „Das Lied von der Glocke“).

   – *Der Anapäst,* die Anapäste (von gr. anapaistos: der sog. Doppelsteiger): xx x́
   x x x́ x x x́
   z.B. Schweinerei, ignorant

   – *Der Daktylus,* die Daktylen (von gr. daktylos = sog. Doppelfaller): x́xx. Z.B.:
   x́ x x x́ x x x́ x x |x́ x^| x́ xx |x́ x^
   Königin, Neulinge; „Nächtliche Stille, Heilige Fülle […]“ (F. Hebbel: „Die Weihe der Nacht“).

   Das Distichon (von gr. dis = doppelt, stichos = Vers) ist ein Doppelvers, besonders das aus daktylischem *Hexameter* (von gr. hex = sechs, metron = Maß) und *Pentameter* (von gr. pente = fünf, metron = Maß) in regelmäßigem Wechsel bestehende Verspaar: „Im Hexameter steigt des Springquells flüssige Säule, / Im Pentameter drauf fällt sie melodisch herab“ (F. Schiller: „Das Distichon“).

   – *Der Knittelvers* ist ein vierhebiger Vers in Paarreimen, z.T. jambisch, oft mit freier, unregelmäßiger Senkungsfüllung.

b) *Der Rhythmus,* die Rhythmen (von gr. rhein = fließen): Der nach bestimmten Maß- und Tonverhältnissen geregelte Sprachfluss in Versen und Prosa. *Rhythmische Mittel* sind der Akzent (Wort- und Satzbetonung), die Pause, das Tempo und die Klangfarbe (z.B. helle oder dunkle Vokale, weiche oder harte Konsonanten). Die rhythmische Einheit bis zur Pause nennt man das *Kolon* (Plural: die Kola). Fallen syntaktische Einheit und Versende zusammen, so spricht man von *Zeilenstil.* Das Enjambement (frz. = Überschreitung) führt zum sog. *Hakenstil.* Dabei reicht eine rhythmische Einheit über die Vers- oder Strophengrenze hinaus. Man unterscheidet *Vers- und Strophenenjambement* (= Zeilen- oder Strophensprung). Erst im Zusammenspiel von metrischer

Gliederung mit den rhythmischen Mitteln entsteht die rhythmische Gestalt. Sog. *freie Rhythmen* sind reimlose, im Metrum nicht gleichmäßig gegliederte, aber durch Akzent, Tempo, Pausen und Klangfarbe rhythmisch bewegte Verszeilen von unterschiedlicher Länge.

3. *Der Reim* von Vers (= Gedichtzeile) und Strophe (= Versgruppe)

a) *Die Alliteration* (von lat. littera = Buchstabe), der sog. Stabreim (er ist ein Anfangsreim) durch gleichlautenden Anlaut betonter Stammsilben. Z.B.: Bei *W*ind und *W*etter; mit *M*ann und *M*aus; „*w*elaga nû, *w*altant got // *w*êwurt skihit." („*W*eh nun, *w*altender Gott // *W*ehgeschick geschieht!" Aus: „Hildebrandslied", Vers 49.)

b) *Reimstellungen*
- Der *Endreim* (von mhd. rîm = Vers) ist der Gleichklang von Wörtern vom letzten betonten Vokal ab. Er kommt vor allem als *Paarreim* (aa, bb), *Haufenreim* (aaaa, bbbb), *Kreuzreim* (abab), *umarmender Reim* (a bb a), *Schweifreim* (aa, b cc b) und *Kehrreim* (als Wiederholung eines Verses oder einer Versgruppe am Schluss der Strophe) vor.
- Die *Kadenz* (lat. cadere = fallen) bezeichnet die metrische Form des Versschlusses: einsilbige (= männliche oder stumpfe) Kadenz: Gĺut – Fĺut
zweisilbige (= weibliche oder klingende) Kadenz: Férne – Stérne
dreisilbige (= reiche oder gleitende) Kadenz: Stérblichen – Verdérblichen
- Der *Anfangsreim:* Reim der ersten Wörter zweier Zeilen: „*Krieg!* ist das Losungswort./*Sieg!* und so klingt es fort." (J.W. Goethe: „Faust II".)

Der *Schlagreim:* Reim zweier in einem Vers aufeinander folgender Wörter: „*Quellende, schwellende* Nacht [...]" (F. Hebbel: „Nachtlied").
- Der *Binnenreim:* Reim des Versendes mit einem Wort des Versinnern: „Bei stiller *Nacht* zur ersten *Wacht* [...]" (F. v. Spee: „Trauergesang von der Not Christi am Ölberg").

4. *Vers, Strophe*

a) *Der Vers* (lat. versus = Umkehr, vertere = wenden): Der Vers ist die Gedichtzeile, die durch ihre metrische bzw. rhythmische Struktur, durch Pausen, Reim etc. gekennzeichnet ist.

b) *Die Strophe* (gr. strophe): Im Griechischen der während der Tanzbewegung des Chores vorgetragene Abschnitt des Gesangs; allgemein die Zusammenfassung von Versen zu einer Versgruppe, die eine metrisch-klangliche und thematische Einheit bildet.

5. *Gedichtarten*

a) *Die Erlebnis- oder Stimmungslyrik* gestaltet vor allem reale oder traumhafte persönliche Erlebnisse, besonders zu den Themen Natur und Liebe.

b) *Die Gedanken- oder Ideenlyrik* ist eine vorwiegend betrachtende (reflektierende) Lyrik, die religiöse, philosophische und geschichtlich-politische Themen gestaltet. Dabei gibt es vielfältige Mischformen von Erlebnis- und Gedankenlyrik.
Sonderformen sind:
- das *Epigramm* oder Sinngedicht (von gr. = Aufschrift, Inschrift), das sehr konzentriert geistreiche, meist zugespitzte und einprägsame Sinndeutungen gibt.
- das *Lehrgedicht* (das didaktische Gedicht), das in sprachlich verdichteter Form Wissen und Belehrung vermittelt und oft als politisches Gedicht vorkommt.

Arbeitsanregungen:

[1] Überprüfen Sie mit Hilfe der mitgeteilten Informationen an ausgewählten Gedichtbeispielen, inwiefern die Formbetrachtung das Sinnverständnis erleichtert.

[2] Versuchen Sie die in diesem Kapitel vorgestellten Gedichte nach Gruppen zu ordnen.

Erlebnislyrik	Gedankenlyrik	Mischformen

M5 Hinweise für das Lesen und Verstehen von Gedichten

Wenn Sie davon ausgehen, dass das Verstehen von Literatur stets ein *Prozess* ist, bieten sich folgende *drei Phasen* der Annäherung an:

1. a) Lassen Sie sich vom Titel zu Überlegungen anregen, worum es sich handeln könnte. Die auf diese Weise entstehenden *Erwartungen* lassen Sie später die Eigenarten der Gedichte besser erfassen.

b) Wenn es geht, sollten Sie Gedichte *laut lesen* um deren Rhythmus und Klanggestalt möglichst anschaulich zu erfassen.

c) Scheuen Sie sich nicht von Ihrem ganz persönlichen *Eindruck* auszugehen:
- Was fällt Ihnen auf?
- Was irritiert Sie?
- Was ist ganz unverständlich?

Notizen dazu und u.U. auch erste Einfälle über die mögliche Bedeutung oder *Sinnrichtung* des Gedichts bereiten die Klärung und Konkretisierung des Verstehens vor.

2. Um das Erstverständnis überprüfen und später Zusammenhänge erklären zu können sollten Sie nach *Begründungen* für Ihre Eindrücke suchen.
- Warum fällt Ihnen gerade dieses auf?
- Wieso irritiert Sie jene Stelle?

- Aus welchem Grund ist etwas unverständlich? (Ist es ein Begriff, ein Sachverhalt, ein Bild, ein Symbol etc.?)

3. Für die Vorbereitung der *Deutung* (Interpretation) sollten Sie nun verwenden, was Sie über Merkmale und Eigenarten der Lyrik wissen. Z.B. folgende *Kriterien* könnten Ihnen dabei helfen:

- Handelt es sich eher um ein inhaltlich durchschaubares oder ein mehr verschlüsseltes (chiffriertes) Gedicht?
- Liegt eher ein Beispiel für Erlebnis- oder Gedankenlyrik bzw. eine Mischform vor?
- Stehen im Zentrum vor allem Bilder, Metaphern, Symbole oder ist der Text überwiegend gedanklich strukturiert?
- Dienen Metrum, Rhythmus und Reim der Betonung von Aussagen oder sind die Verse in freiem Rhythmus und reimlos gestaltet?
- Gibt es einen Zusammenhang zwischen Strophen und Inhalten oder ist das Gedicht unstrophisch geschrieben?
- Ist zu erkennen, aus welcher Sicht (Perspektive) das Gedicht gestaltet ist?
- Lässt sich eine Absicht erschließen?

II. Situationen und Grenzsituationen – dargestellt in den Grundarten der Dichtung

1. Erziehungsstile und ihre Ausdrucksformen

Wie ein Mensch sich selbst versteht und worin er den Sinn seines Lebens sieht, hängt wesentlich von seiner Erziehung ab. Diese wiederum hat sich im Laufe der Geschichte nach Zielen und Methoden vielfach verändert. In diesem Abschnitt sind vor allem Texte zusammengestellt, die aus dem 20. Jahrhundert stammen. Eine Diskussion über Ihre Erfahrungen mit Erziehung und Ihre Vorstellungen darüber könnte die Lektüre der Texte vorbereiten.

Text 1 **Bertolt Brecht (1898–1956): Lob des Lernens***

Lerne das Einfachste! Für die
Deren Zeit gekommen ist
Ist es nie zu spät!
Lerne das Abc, es genügt nicht, aber
Lerne es! Laß es dich nicht verdrießen!
Fang an! Du mußt alles wissen!
Du mußt die Führung übernehmen.

Lerne, Mann im Asyl!
Lerne, Mann im Gefängnis!
Lerne, Frau in der Küche!
Lerne, Sechzigjährige!
Du mußt die Führung übernehmen.
Suche die Schule auf, Obdachloser!
Verschaffe dir Wissen, Frierender!
Hungriger, greif nach dem Buch: es ist eine Waffe.
Du mußt die Führung übernehmen.

Scheue dich nicht zu fragen, Genosse!
Laß dir nichts einreden
Sieh selber nach!
Was du nicht selber weißt
Weißt du nicht.
Prüfe die Rechnung
Du mußt sie bezahlen.
Lege den Finger auf jeden Posten
Frage: wie kommt er hierher?
Du mußt die Führung übernehmen.

(v 1934)

Text 2 **Bertolt Brecht: Der hilflose Knabe**

Herr K. sprach über die Unart, erlittenes Unrecht stillschweigend in sich hineinzufressen, und erzählte folgende Geschichte: „Einen vor sich hinweinenden Jungen fragte ein Vorübergehender nach dem Grund seines Kummers. ‚Ich hatte zwei Groschen für das Kino beisammen‘, sagte der Knabe, ‚da kam ein Junge und riß mir einen aus der Hand‘, und er zeigte auf einen Jungen, der in einiger Entfernung zu sehen war. ‚Hast du denn nicht um Hilfe geschrien?‘ fragte der Mann. ‚Doch‘, sagte der Junge und schluchzte ein wenig stärker. ‚Hat dich niemand gehört?‘ fragte ihn der Mann weiter, ihn liebevoll streichelnd. ‚Nein‘, schluchzte der Junge. ‚Kannst du denn nicht lauter schreien?‘ fragte der Mann. ‚Dann gib auch den her.‘ Nahm ihm den letzten Groschen aus der Hand und ging unbekümmert weiter.“ (v 1932)

* Aus lizenzrechtlichen Gründen sind die folgenden Texte von Bertolt Brecht nicht in reformierter Rechtschreibung abgedruckt.

Arbeitsanregungen:

1 a Versuchen Sie dem „Lob des Lernens“ eine weitere Strophe hinzuzufügen, indem Sie Brechts Darstellungsform übernehmen und weitere wichtige Lernbereiche nennen.
b Erläutern Sie, was Brecht im Blick auf die Adressaten seines Gedichts meint, wenn er das Buch „eine Waffe“ nennt.

2 a Was hat der hilflose Knabe nach Meinung Herrn K.s nicht gelernt?
b Schreiben Sie Brechts Geschichte nach „liebevoll streichelnd“ um.
c Vergleichen Sie die Absicht und Wirkung Ihrer Neufassung mit dem Original.

Text 2 **Bertolt Brecht (1898–1956): Leben des Galilei** [Auszüge aus dem 1. Bild]
(Biografie, vgl. Literatur der Weimarer Republik und im Exil, S. 363f.)

Das Prosaschauspiel in 15 Bildern handelt vom Gewissenskonflikt Galileo Galileis (1564–1642), der durch seine Forschungen in Gegensatz zur Kirche gerät, weil diese die Auffassung, dass die Erde sich um die Sonne dreht, verwirft (sog. Kopernikanische Wende). Unter dem Druck der Inquisition widerruft Galilei, weil er – nach Brecht – in der Wissenschaft mehr den geistigen Genuss als die soziale Verantwortung sieht. Galilei überlebt als Gefangener der Inquisition. Seine Lehre aber wird durch seinen Lieblingsschüler Andrea Sarti bewahrt und verbreitet.

GALILEO GALILEI, LEHRER DER MATHEMATIK ZU PADUA, WILL DAS NEUE KOPERNIKANISCHE WELTSYSTEM BEWEISEN.

In dem Jahr sechzehnhundertundneun
Schien das Licht des Wissens hell
Zu Padua aus einem kleinen Haus.
Galileo Galilei rechnete aus:
Die Sonn steht still, die Erd kommt von der Stell.

Das ärmliche Studierzimmer des Galilei in Padua

Es ist morgens. Ein Knabe, Andrea, der Sohn der Haushälterin, bringt ein Glas Milch und einen Wecken.

GALILEI *sich den Oberkörper waschend, prustend und fröhlich:* Stell die Milch auf den Tisch, aber klapp kein Buch zu.
ANDREA: Mutter sagt, wir müssen den Milchmann bezahlen. Sonst macht er bald einen Kreis um unser Haus, Herr Galilei.
GALILEI: Es heißt: er beschreibt einen Kreis, Andrea.
ANDREA: Wie Sie wollen. Wenn wir nicht bezahlen, dann beschreibt er einen Kreis um uns, Herr Galilei.
GALILEI: Während der Gerichtsvollzieher, Herr Cambione, schnurgerade auf uns zukommt, indem er was für eine Strecke zwischen zwei Punkten wählt?
ANDREA *grinsend:* Die kürzeste.
GALILEI: Gut. Ich habe was für dich. Sieh hinter den Sterntafeln nach.

Andrea fischt hinter den Sterntafeln ein großes hölzernes Modell des Ptolemäischen Systems hervor.

ANDREA: Was ist das?
GALILEI: Das ist ein Astrolab; das Ding zeigt, wie sich die Gestirne um die Erde bewegen, nach Ansicht der Alten.
ANDREA: Wie?
GALILEI: Untersuchen wir es. Zuerst das erste: Beschreibung.
ANDREA: In der Mitte ist ein kleiner Stein.
GALILEI: Das ist die Erde.
ANDREA: Drum herum sind, immer übereinander, Schalen.
GALILEI: Wie viele?
ANDREA: Acht.
GALILEI: Das sind die kristallnen Sphären.
ANDREA: Auf den Schalen sind Kugeln angemacht …
GALILEI: Die Gestirne.
ANDREA: Da sind Bänder, auf die sind Wörter gemalt.
GALILEI: Was für Wörter?
ANDREA: Sternnamen.
GALILEI: Als wie?
ANDREA: Die unterste Kugel ist der Mond, steht drauf. Und darüber ist die Sonne.
GALILEI: Und jetzt laß die Sonne laufen.
ANDREA: *bewegt die Schalen:* Das ist schön. Aber wir sind so eingekapselt. […]
Galilei (sich abtrocknend) erläutert Andrea dann in einem langen Monolog, wie Jahrtausende lang alle glaubten, die Sonne drehe sich um die Erde. Er schwärmt dem Jungen von der neuen Zeit des Entdeckens und Erfindens: auch die neue Weltvorstellung werde sich durchsetzen.
„Denn wo der Glaube tausend Jahre gesessen hat, eben da sitzt jetzt der Zweifel.“ […] (S. 10)
Galilei beendet seinen Monolog voller Begeisterung:

Kalendergeschichte (zu Kalender, von lat. calendae = erster Tag des Monats, übertragen: Monat): Seit Erfindung des Buchdrucks verbreitete sich der Jahreskalender mehr und mehr (vgl. „Der astronomische Kalender für 1448“ und der „Türkenkalender für 1455“, beide aus der Werkstatt Gutenbergs). Neben dem Verzeichnis von Tagen, Wochen und Monaten enthielten die Kalender früh die Angabe kirchlicher Festtage sowie meteorologische und astronomische Daten, aber auch vielerlei praktische Hinweise – Rezepte, Lebens- und Gesundheitsregeln, Angaben über Maße und Gewichte – und Lehrhaftes sowie Unterhaltsames: Sprichwörter, Ratschläge, Weisheiten, Anekdoten, Legenden, Sagen, Schwänke, Satiren, allerlei Kurzerzählungen und Tatsachenberichte. Alle Beiträge waren volkstümlich, meist wirklichkeitsbezogen, oft erheiternd, immer jedoch aufklärerisch-lehrhaft (didaktisch) oder religiös erbaulich.
Bis ins 19. Jahrhundert blieben die dichterischen epischen Kurztexte im wesentlichen an die Publikationsform des Kalenders gebunden. Bedeutende Verfasser dieser Kalendergeschichten waren seit dem 17. Jh. u.a.: Hans Jakob Christoffel von Grimmelshausen, im 19. Jh. vor allem Johann Peter Hebel, Alban Stolz, Jeremias Gotthelf, Berthold Auerbach, Ludwig Anzengruber und Peter Rosegger.
Im 20. Jh. hat sich die Kalendergeschichte dann zu einer selbständigen Prosakunstform entwickelt, die – meist ganz unabhängig von Jahreskalendern – in Zeitschriften, Sammlungen (Anthologien) und in eigenen Bänden erschienen: so z.B. bei Oskar Maria Graf (1929), Karl Heinrich Waggerl (1937), Bertolt Brecht (1949) oder bei Erwin Strittmatter (geb. 1912) im „Schulzendorfer Kramkalender“ (1969).
Die **Keuner-Geschichten** Bertolt Brechts (eigentlich „Geschichten vom Herrn Keuner“) sind zwischen 1930 und 1956 entstanden: Herr Keuner ist die schwäbische Version des Herrn „Keiner“, der wiederum ein „Verwandter“ des sagenhaften „Niemand“ in der Polyphem-Geschichte von Homers „Odyssee“ ist: Hier wie bei Brecht ist der Name Schutzmaske gegenüber den Mächtigen, denen Herr Keuner begegnet: In anekdotischer Pointierung, oft auch in satirischer, ja sarkastischer Zuspitzung erzählt Herr Keuner (oder Herr K.) parabelhafte Beispielgeschichten, die meist in sozialer und politischer Thematik das Verhältnis von Mensch und Welt mit dem Ziel notwendiger Veränderungen beschreiben: Mehr oder weniger direkt ruft Brecht in raffiniert stilisierter „volkstümlicher“ oder auch „naiver“ Sprache zur tatkräftigen Veränderung der Welt auf, wobei ihn sehr stark die Humanitätsvorstellungen des jungen Karl Marx (1818–1883) leiten.

Dialog von gr. dialogos = Unterredung, Zwiegespräch, mündlicher oder schriftlicher Gedankenaustausch in Frage und Antwort, in Rede und Gegenrede zwischen zwei oder mehreren Personen. Neben dem offenen, spontanen, stark emotionalen und geselligen Gespräch, das auf Unterhaltung und zwanglose Konversation ausgerichtet ist, hebt sich das gebundene, diszipliniert-reflektierende Gespräch ab, das durch Erörterung auf Einsicht und Erkenntnis zielt. Neben der Ichdarstellung im *Monolog* (von gr. monos = allein, logos = Rede), dem Selbstgespräch, ist der Dialog für das Drama unabdingbar: Er entfaltet und bewegt die Handlung, klärt die Vorgeschichte oder auch das Geschehen außerhalb dessen, was auf der Bühne darstellbar ist, arbeitet Konflikte und Lösungen heraus, charakterisiert die Personen, deckt ihre Motive auf, zeigt ihre Wesensentwicklung und klärt Beziehungen zwischen den Handlungsträgern. – Die Sonderform des *Sokratischen Dialogs* (im weiteren Sinne des philosophischen Dialogs) ist eine Form des Lehrgesprächs, in dem ein Gegenstand von verschiedenen Seiten beleuchtet wird und im Austausch gegensätzlicher Standpunkte ein Erkenntnisprozess abläuft, der zur Klärung des Richtigen und Wahren führt. (Vgl. Aufklärung/Sturm und Drang, S. 172ff.; Klassik, S. 226ff. und Jahrhundertwende, S. 308ff.)

Und die Erde rollt fröhlich um die Sonne, und die Fischweiber, Kaufleute, Fürsten und die Kardinäle und sogar der Papst rollen mit ihr.

Das Weltall aber hat über Nacht seinen Mittelpunkt verloren, und am Morgen hatte es deren unzählige. So daß jetzt jeder als Mittelpunkt angesehen wird und keiner. Denn da ist viel Platz plötzlich.

Unsere Schiffe fahren weit hinaus, unsere Gestirne bewegen sich weit im Raum herum, selbst im Schachspiel die Türme gehen neuerdings weit über alle Felder. Wie sagt der Dichter? „O früher Morgen des Beginnens! …“

Andrea: „O früher Morgen des Beginnens!
O Hauch des Windes, der
Von neuen Küsten kommt!“

Und Sie müssen Ihre Milch trinken, denn dann kommen sofort wieder Leute.

Galilei: Hast du, was ich dir gestern sagte, inzwischen begriffen?

Andrea: Was? Das mit dem Kippernikus seinem Drehen?

Galilei: Ja.

Andrea: Nein. Warum wollen Sie denn, daß ich es begreife? Es ist sehr schwer, und ich bin im Oktober erst elf.

Galilei: Ich will gerade, daß auch du es begreifst. Dazu, daß man es begreift, arbeite ich und kaufe die teuren Bücher, statt den Milchmann zu bezahlen.

Andrea: Aber ich sehe doch, daß die Sonne abends woanders hält als morgens. Da kann sie doch nicht stillstehn! Nie und nimmer.

Galilei: Du siehst! Was siehst du? Du siehst gar nichts. Du glotzt nur. Glotzen ist nicht sehen. *Er stellt den eisernen Waschschüsselständer in die Mitte des Zimmers.* Also das ist die Sonne. Setz dich. *Andrea setzt sich auf den einen Stuhl. Galilei steht hinter ihm.* Wo ist die Sonne, rechts oder links?

Andrea: Links.

Galilei: Und wie kommt sie nach rechts?

Andrea: Wenn Sie sie nach rechts tragen, natürlich.

Galilei: Nur so? *Er nimmt ihn mitsamt dem Stuhl auf und vollführt mit ihm eine halbe Drehung.* Wo ist jetzt die Sonne?

Andrea: Rechts.

Galilei: Und hat sie sich bewegt?

Andrea: Das nicht.

Galilei: Was hat sich bewegt?

Andrea: Ich.

Galilei: *brüllt.* Falsch! Dummkopf! Der Stuhl!

Andrea: Aber ich mit ihm!

Galilei: Natürlich. Der Stuhl ist die Erde. Du sitzt drauf.

Frau Sarti *ist eingetreten, das Bett zu machen. Sie hat zugeschaut:* Was machen Sie eigentlich mit meinem Jungen, Herr Galilei?

Galilei: Ich lehre ihn sehen, Sarti.

Frau Sarti: Indem Sie ihn im Zimmer herumschleppen?

Andrea: Laß doch, Mutter. Das verstehst du nicht.

Frau Sarti: So? Aber du verstehst es, wie? Ein junger Herr, der Unterricht wünscht. Sehr gut angezogen und bringt einen Empfehlungsbrief. *Übergibt diesen.* Sie bringen meinen Andrea noch so weit, daß er behauptet, zwei mal zwei ist fünf. Er verwechselt schon alles, was Sie ihm sagen. Gestern abend bewies er mir schon, daß die Erde sich um die Sonne dreht. Er ist fest überzeugt, daß ein Herr namens Kippernikus das ausgerechnet hat.

Andrea: Hat es der Kippernikus nicht ausgerechnet, Herr Galilei? Sagen Sie es ihr selber!

Frau Sarti: Was, Sie sagen ihm wirklich einen solchen Unsinn? Daß er es in der Schule herumplappert und die geistlichen Herren zu mir kommen, weil er lauter unheiliges Zeug vorbringt. Sie sollten sich schämen, Herr Galilei.

Galilei *frühstückend:* Auf Grund unserer Forschungen, Frau Sarti, haben, nach heftigem Disput, Andrea und ich Entdeckungen gemacht, die wir nicht länger der Welt gegenüber geheimhalten können. Eine neue Zeit ist angebrochen, ein großes Zeitalter, in dem zu leben eine Lust ist.

Frau Sarti: So. Hoffentlich können wir auch den Milchmann bezahlen in dieser neuen Zeit, Herr Galilei. *Auf den Empfehlungsbrief deutend.* Tun Sie mir den einzigen Gefallen und schicken Sie den nicht auch wieder weg. Ich denke an die Milchrechnung. *Ab.*

Galilei lachend: Lassen Sie mich wenigstens meine Milch austrinken! – *Zu Andrea:* Einiges haben wir gestern also doch verstanden!

Andrea: Ich habe es ihr nur gesagt, damit sie sich wundert. Aber es stimmt nicht. Den Stuhl mit mir haben Sie nur seitwärts um sich selber gedreht und nicht so. *Macht eine Armbewegung vornüber.* Sonst wäre ich nämlich heruntergefallen, und das ist ein Fakt. Warum haben Sie den Stuhl nicht vorwärts gedreht? Weil dann bewiesen ist, daß ich von der Erde ebenfalls herunterfallen würde, wenn sie sich so drehen würde. Da haben Sie's.

GALILEI: Ich habe dir doch bewiesen …

ANDREA: Aber heute nacht habe ich gefunden, daß ich da ja, wenn die Erde sich so drehen würde, mit dem Kopf die Nacht nach unten hängen würde. Und das ist ein Fakt.

GALILEI *nimmt einen Apfel vom Tisch:* Also das ist die Erde.

ANDREA: Nehmen Sie nicht lauter solche Beispiele, Herr Galilei. Damit schaffen Sie's immer.

GALILEI *den Apfel zurücklegend:* Schön.

ANDREA: Mit Beispielen kann man es immer schaffen, wenn man schlau ist. Nur, ich kann meine Mutter nicht in einem Stuhl herumschleppen wie Sie mich. Da sehen Sie, was das für ein schlechtes Beispiel ist. Und was ist, wenn der Apfel also die Erde ist? Dann ist gar nichts.

GALILEI *lacht:* Du willst es ja nicht wissen.

ANDREA: Nehmen Sie ihn wieder. Wieso hänge ich nicht mit dem Kopf nach unten nachts?

GALILEI: Also hier ist die Erde, und hier stehst du. *Er steckt einen Holzsplitter von einem Ofenscheit in den Apfel.* Und jetzt dreht sich die Erde.

ANDREA: Und jetzt hänge ich mit dem Kopf nach unten.

GALILEI: Wieso? Schau genau hin! Wo ist der Kopf?

ANDREA *zeigt am Apfel.* Da unten.

GALILEI: Was? *Er dreht zurück.* Ist er etwa nicht an der gleichen Stelle? Sind die Füße nicht mehr unten? Stehst du etwa, wenn ich drehe, so? *Er nimmt den Splitter heraus und dreht ihn um.*

ANDREA: Nein. Und warum merke ich nichts von der Drehung?

GALILEI: Weil du sie mitmachst? Du und die Luft über dir und alles, was auf der Kugel ist.

ANDREA: Und warum sieht es so aus, als ob die Sonne läuft?

GALILEI *dreht wieder den Apfel mit dem Splitter:* Also unter dir siehst du die Erde, die bleibt gleich, sie ist immer unten und bewegt sich für dich nicht. Aber jetzt schau über dich. Nun ist die Lampe über deinem Kopf, aber jetzt, was ist jetzt, wenn ich gedreht habe, über deinem Kopf, also oben?

ANDREA *macht die Drehung mit:* Der Ofen.

GALILEI: Und wo ist die Lampe?

ANDREA: Unten.

GALILEI: Aha!

ANDREA: Das ist fein, das wird sie wundern.

Ludovico Marsili, ein reicher junger Mann, tritt ein.

GALILEI: Hier geht es zu wie in einem Taubenschlag.

LUDOVICO: Guten Morgen, Herr. Mein Name ist Ludovico Marsili.

[…]

(1938/1939)

Die Erkenntnis der modernen Kommunikationswissenschaft, dass jede **Kommunikation** (von lat. communicare = sich besprechen) nicht nur einen Inhalts-, sondern auch einen Beziehungsaspekt hat, also sowohl eine Verständigung über Sachverhalte als auch über die Art und Weise des Umgangs der Gesprächspartner miteinander, lassen sich Gespräche nach ihrer Beziehungsqualität einteilen: Das *unverzerrte (symmetrische) Gespräch* ist dann gegeben, wenn die Stellung der Kommunikationspartner gleich oder doch gleichberechtigt ist und wenn es sich um eine tendenziell herrschaftsfreie Kommunikation handelt. Das *verzerrte (asymmetrische) Gespräch* entsteht bei ungleichen Partnern – ihrer Machtstellung nach, ihrem sozialen Rang oder ihrer Wissensüberlegenheit entsprechend –, wobei der überlegene und der unterlegene Sprecher nicht nur unterschiedliche Sprechanteile, sondern auch ganz entgegengesetzte Chancen haben. Vorherrschaft – gleich welcher Art – wirkt sich bis hin zum Zwang im Gespräch aus.

Eine extreme Form der asymmetrischen Kommunikation ist das *Einschüchterungsgespräch,* das durch einseitige Geltungsansprüche, Befehle und Sanktionen bestimmt ist, das i.d.R. ohne Begründung für Anordnungen und Maßnahmen bleibt und dem Partner keine Einspruchsmöglichkeit gibt.

(Vgl. Aufklärung/Sturm und Drang, S. 172ff.; Klassik, S. 226ff.)

Text 4 Franz Xaver Kroetz (*1946): Stallerhof, Stück in drei Akten

[Auszug]

Ein düsteres modernes Volksstück aus bäuerlichem Milieu, das in äußerst karger, oft hilfloser Dialekt-Prosa gestaltet ist. Die geistig behinderte Beppi, ein minderjähriges Mädchen, wird vom triebhaft-dumpfen Knecht Sepp missbraucht. Der Verführer muss den Hof verlassen, die Eltern fürchten die Schande. Einige Zeit erwägen sie deswegen die Tötung der Tochter oder des Embryos, sehen dann aber davon ab. Der dritte Akt endet mit der Geburt von Beppis Kind. Das Stück „Geisterbahn" kann als Fortsetzung von „Stallerhof" verstanden werden.

Personen

STALLER STALLERIN BEPPI
SEPP EIN HUND

Zum Bühnenbild

Äußerst sparsam. Nur Versatzstücke. Simultanbühnenbild[1] für je einen Akt. Arbeitslicht. Dunkel bzw. Lichtveränderungen nur am Ende eines Aktes.

[1] Simultanbühne: Bühnenform, bei der alle Handlungen auf demselben Podium vollständig sichtbar nebeneinander ablaufen (war für Passionsspiele und geistliche Dramen schon die Bühnenform des Mittelalters).

Arbeitsanregungen:

[1] Versuchen Sie die beiden Szenen aus dem „Leben des Galilei“ und aus „Stallerhof“ mit verteilten Rollen angemessen zu lesen und halten Sie Auffälligkeiten des Höreindrucks fest.

[2] Eine genaue Beschreibung kann die Eigenarten der szenischen Gestaltung in „Galilei“ und „Stallerhof“ genauer klären:
[a] Vergleichen Sie Situation und Thema beider Szenen.
[b] Wie gehen die Gesprächspartner jeweils miteinander um?
[c] Auf welche Weise entwickelt sich jeweils der Lernprozess der Kinder?

[3] Fassen Sie die ermittelten Ergebnisse für beide Szenen in einer Kurzinhaltsangabe (einem Resümee) knapp zusammen.

[4] Lesen Sie Text 4 laut mit verteilten Rollen und analysieren Sie die sprachlichen (verbalen) und die nicht sprachlichen (non verbalen) Äußerungen der Stallerin und Beppis genauer.
[a] Zitieren Sie wichtige Aussagen und machen Sie sich die Anteile beider Personen durch einen Vergleich klar.

Stallerin: verbal	non verbal
Beppi: verbal	non verbal

[b] Beschreiben und beurteilen Sie die Art dieses Gesprächs.

Das **Resümee** dient der knappen Zusammenfassung eines Sachverhalts und ist wichtig als Informationsteil innerhalb einer Diskussion, eines Referats und einer Interpretation. Folgender Aufbau ist zu empfehlen:
- Am wichtigsten ist die auf den Kern konzentrierte (thesenhafte) Wiedergabe der Textaussage, wobei Autor, Titel und Gattung einzubeziehen sind (vgl. die Teile des sog. „Übersichtssatzes“, S. 49).

Je nach Aufgabe des Resümees können folgende Teile dazukommen:
- Die Erfassung des Kommunikationszusammenhangs: Wo, in welcher Situation, zu welchem Zeitpunkt, in welcher Form, mit welcher Absicht spricht wer mit wem?
- Die Beschreibung des Aufbaus (z.B. chronologische oder sachlogische Gliederung bzw. Montagetechnik) und der gedanklichen Schwerpunkte.
- Die Erläuterung der zu vermutenden oder zu erschließenden Absicht und Wirkung des Textes.

Anmerkung für die Regie

Da es sehr wichtig für das Stück ist, dass ein Hund mitspielt, wurde so verfahren: Im 1. Akt, 6. Szene, ist der Hund mit Sepp allein auf der Bühne. Ansonsten ist es zwar wünschenswert, dass er manchmal dabei ist, aber nicht unbedingt notwendig. Da das Verhalten des Hundes nicht weiter einplanbar ist für den Dialog, muss die Regie hier je nach Gegebenheit verfahren.

Zum Dialekt

Der Dialekt ist der bayrische. Im außersüddeutschen Raum ist vor allem der Duktus und die Grammatik der bayrischen Sprache reproduzierbar. Die Sprache selbst muss dort als künstliche aufgefasst werden.

Zu den Pausen

Transparent und übersetzbar wird das Stück, das im Bauernmilieu spielt, dadurch, dass vor allem die Pausen genau eingehalten werden.

1. Akt

1. Szene

In der Stube. Stallerin beim Kochen. Beppi mit einer Ansichtskarte. Geschirr.
STALLERIN Von der Taufpatin, aus München. Lies.
BEPPI Tante Hilda.
STALLERIN Gschriebn hats dir, weils an dich denkt.
BEPPI Wo is?
STALLERIN Frag net und lies.
BEPPI *liest:* Mei-ne liebe Beppi! *Lächelt.* Bal-d kommen mir –
STALLERIN *wischt ihr eine:* Wie heißt das?
BEPPI *liest:* Bald kommen –ww– wir dich besu-chen. *Lächelt* … wenn mir
STALLERIN *wie oben:* Schon wieder. Die Augn sollst aufmachn.
BEPPI – wir – *zögert.*
STALLERIN Was is das für ein Buchstab? *Macht ihn groß in der Luft vor.*
BEPPI Zzz.
STALLERIN Also.
BEPPI … wenn mir – wir – Z-eit – haben. *Kurze Pause, dann rasch.* Deine Patin Tante Hilda.
STALLERIN Genau. Jetzt weißt es. *Wendet sich wieder der Arbeit zu.*
BEPPI *schaut die Vorderseite der Ansichtskarte an, lange. Dreht die Karte um, liest wieder, langsam, fehlerfrei:* Liebe Beppi! Bald kommen wir dich besuchen, wenn wir Zeit haben. Deine Patin Tante Hilda!
STALLERIN Abtrocknen sollst.

(1972)

Text 5 **Bertolt Brecht (1898–1956): Kleines Organon für das Theater** [Auszüge]

Inwieweit das Gespräch viel mehr sein kann als nur der Austausch von Worten, erörtert Bertolt Brecht in seinen theoretischen Äußerungen zum Theater zunächst allgemein, dann bezogen auf „Galilei“.

61
Den Bereich der Haltungen, welche die Figuren zueinander einnehmen, nennen wir den gestischen Bereich. Körperhaltung, Tonfall und Gesichtsausdruck sind von einem gesellschaftlichen „Gestus“ bestimmt: die Figuren beschimpfen, komplementieren, belehren einander usw. Zu den Haltungen, eingenommen von Menschen zu Menschen, gehören selbst die anscheinend ganz privaten, wie die Äußerungen des körperlichen Schmerzes in der Krankheit oder die religiösen. Diese gestischen Äußerungen sind meist recht kompliziert und widerspruchsvoll, so daß sie sich mit einem einzigen Wort nicht mehr wiedergeben lassen, und der Schauspieler muß achtgeben, daß er bei der notwendigerweise verstärkten Abbildung da nichts verliert, sondern den ganzen Komplex verstärkt.
63
Gehen wir, um zum gestischen Gehalt zu kommen, die Anfangsszenen eines neueren Stückes durch, meines ‚Leben des Galilei‘. Da wir auch nachsehen wollen, wie die

verschiedenen Äußerungen Licht aufeinander werfen, wollen wir annehmen, es handle sich nicht um die erste Annäherung an das Stück. Es beginnt mit den morgendlichen Waschungen des Sechsundvierzigjährigen, unterbrochen durch Stöbern in Büchern und eine Lektion für den Knaben Andrea Sarti über das neue Sonnensystem. Mußt du nicht wissen, wenn du das machen sollst, daß wir schließen werden mit dem Nachtmahl des Achtundsiebzigjährigen, den eben derselbe Schüler für immer verlassen hat? Er ist dann schrecklicher verändert, als diese Zeitspanne es hätte zuwegen bringen können. Er frißt mit haltloser Gier, nichts anderes mehr im Kopf, er ist seinen Lehrauftrag auf schimpfliche Weise losgeworden wie eine Bürde, er, der einst seine Morgenmilch achtlos getrunken hat, gierig, den Knaben zu belehren. Aber trinkt er sie wirklich ganz achtlos? Ist sein Genuß an dem Getränk und der Waschung nicht eins mit dem an den neuen Gedanken? Vergiß nicht: er denkt der Wollust wegen! Ist dies etwas Gutes oder etwas Schlechtes? Ich rate dir, da du im ganzen Stück darüber nichts der Gesellschaft Nachteiliges finden wirst, und besonders, da du doch selber, wie ich hoffe, ein tapferes Kind des wissenschaftlichen Zeitalters bist, es als etwas Gutes darzustellen. Aber notiere es deutlich, viel Schreckliches wird in dieser Sache passieren. Daß der Mann, der hier das neue Zeitalter begrüßt, am Ende gezwungen sein wird, dieses Zeitalter aufzufordern, daß es ihn mit Verachtung von sich stoße, wenn auch enteigne, wird damit zu tun haben. Was die Lektion anlangt, magst du übrigens entscheiden, ob bloß, dem das Herz voll ist, das Maul überläuft, so daß er zu jedem davon reden würde, selbst zu einem Kinde, oder ob das Kind ihm das Wissen erst entlocken muß, indem es, ihn kennend, Interesse zeigt. Es können auch zwei sein, die sich nicht enthalten können, der eine zu fragen, der andere zu antworten; solch eine Brüderschaft wäre interessant, denn sie wird einmal böse gestört werden. Freilich wirst du die Demonstration des Erdumlaufs mit einer Hast vornehmen wollen, da sie nicht bezahlt wird, denn nun tritt der fremde, wohlhabende Schüler auf und verleiht der Zeit des Gelehrten Goldwert. Er zeigt sich nicht interessiert, aber er muß bedient werden, ist Galilei doch mittellos, und so wird er zwischen dem wohlhabenden Schüler und dem intelligenten stehen und seufzend wählen. […]

(e 1948)

(Aus lizenzrechtlichen Gründen ist dieser Text nicht in reformierter Rechtschreibung abgedruckt.)

Arbeitsanregungen:

1 a Klären Sie, was Bertolt Brecht unter „Gestus“ versteht.
b Wählen Sie eine Szene des 1. Bildes aus und versuchen Sie Brechts Anweisungen in einem Inszenierungsversuch zu berücksichtigen.

2 Gestalten Sie die erste Szene aus F.X. Kroetz' „Stallerhof“ so um, dass ein geduldig-verständnisvolles (symmetrisches) Unterweisungsgespräch in der Art entsteht, wie es Bert Brecht Galilei mit Andrea führen lässt.

3 Bei den Texten von Brecht und Kroetz handelt es sich um Auszüge moderner Dramen. An welchen Merkmalen des Inhalts, der handelnden Personen und der Sprache wird diese Modernität erkennbar?

Text 6 Kurt Tucholsky (1890–1935): Herr Wendriner erzieht seine Kinder

Um die Titelfigur des Herrn Wendriner – in der Bedeutung vergleichbar mit Bertolt Brechts Herrn Keuner – schrieb Kurt Tucholsky insgesamt 15 Erzählungen. Sie zeigen Herrn Wendriner privat, beruflich sowie in gesellschaftlichen und politischen Beziehungen.

„… Nehm Sie auch noch'n Pilsner? Ja? Ober! Ober, Himmelherrgottdonnerwetter, ich rufe hier nu schon ne halbe Stunde – nu kommen Se doch ma endlich her! Also zwei Pilsner! Was willst du? Kuchen? Du hast genug Kuchen. Also zwei Pilsner. Oder lieber vielleicht – na, is schon gut. Junge, sei doch mal endlich still, man versteht ja sein eignes Wort nicht. Du hast doch schon Kuchen gegessen! Nein! Nein. Also, Ober: noch'n Apfelkuchen mit Sahne. Wissen Se, was einem der Junge zusetzt! Na, Max, nu geh spielen! Hör nicht immer zu, wenn Erwachsene reden. Zehn wird er jetzt. Ja, also ich komme nach Hause, da zeigt mir meine Frau den Brief. Wissen Sie, ich war ganz konsterniert. Ich habe meiner Frau erklärt: So geht das auf keinen Fall weiter! Raus aus der Schule – rein ins Geschäft! Max, laß das sein! Du machst dich schmutzig! Der Junge soll den Ernst des Lebens kennenlernen! Wenn sein Vater so viel arbeitet, dann kann er auch arbeiten. Wissen Se, es is mitunter nicht leicht. Dabei sieht der Junge nichts andres um sich herum als Arbeit: morgens um neun gehe ich weg, um halb neun, um acht – manchmal noch früher – abends komme ich todmüde nach Hause … Max, nimm die Finger da raus, du hast den neuen Anzug an! Sie wissen ja, die große Konjunktur in der Zeit, das war im Januar, dann die Liquidation[1] – übrigens: glauben Sie, Fehrwaldt hat bezahlt? 'n Deubel hat er! Ich habe die Sache meinem Rechtsanwalt übergeben. Der Mann ist nicht gut, glauben Sie mir! Ja, also mein Ältester ist jetzt nicht mehr da. Max, laß das! Angefangen hat er bei … Also hören Sie zu: ich hab ihn nach Frankfurt gegeben, zu S. & S. – kennen Sie die Leute auch? – und da hat er als Volongtär[2] angefangen. Ich hab mir gedacht: So, mein Junge, nu stell dich mal auf eigne Füße und laß dir mal den Wind ein bißchen um die Nase wehn – Max, tu das nicht! – jetzt werden wir mal sehn. Meine Frau wollte erst nicht – ich bin der Auffassung, so was ist materiell und ideell sehr gut für den Jungen. Er liest immer. Max, laß das! Ich habe gesagt: Junge, treib doch Sport! Alle deine Kameraden treiben Sport – warum treibst du keinen Sport? Ich komme ja nicht dazu, mit ihm hinzugehn, mir täts ja auch mal sehr gut, hat mir der Arzt

[1] Die Liquidation: Auflösung eines Betriebes
[2] Der Volontär: jemand, der unentgeltlich oder gegen geringe Vergütung zur Ausbildung in einem Betrieb arbeitet („Volongtär“ ist die mundartliche Schreibung.)

Die **Ironie** (von gr. eironeia = Verstellung, Ausflucht, Mangel an Ernst) entzieht sich als Begriff einer eindeutigen Definition. Doch lassen sich folgende Bedeutungen herausheben:
- Ironie kann eine *Redeweise* meinen, bei der das Gegenteil des Gesagten gemeint ist (z.B. „schöne Bescherung“ für skandalöses Ereignis; oder: „Du bist mir ein sauberer Freund“!)
- Ironie als *rhetorisches Mittel* versucht auf heiter-spöttische, aber auch aggressiv-sarkastische Weise eine Person, eine Sache oder einen erhabenen Wert (z.B. Ehre, Moral) unter dem Anschein der Ernsthaftigkeit oder gar des Lobes zu entlarven, ja der Lächerlichkeit preiszugeben. (Vgl. in William Shakespeares (1564–1616) „Julius Caesar“ (1600) die Rede des Marcus Antonius mit der wiederkehrenden Wendung „Und Brutus ist ein ehrenwerter Mann“.)
- Ironie als Mittel der *lehrhaften Kommunikation* will durch absichtlich falsche Wertaussagen, durch bewusste logische Brüche oder durch vorgetäuschte Unwissenheit einen kritischen Erkenntnisprozess in Gang setzen. Der Ursprung dazu liegt in der sog. „Sokratischen Ironie“, die als besondere Methode (die sog. Maieutik = ‚Hebammenkunst‘) durch unablässiges Fragen in scheinbar eigener Unwissenheit dem pädagogischen Ziel der Erkenntnisförderung dient.
- Als *tragische Ironie* bezeichnet man im Drama einen Prozess, in dem der Held durch scheinbare Begünstigung in Selbstüberheblichkeit (sog. Hybris) gerät und danach vernichtet wird. Während sich der Held noch in völliger Sicherheit wähnt, erkennt der Zuschauer bereits das unabwendbare Verhängnis. So z.B. bei Sophokles „König Ödipus“ oder in Friedrich Schillers (1759–1805) Tragödie „Wallenstein“, wo Wallenstein unmittelbar vor seiner Ermordung sagt: „Ich denke einen langen Schlaf zu tun.“

gesagt, aber er hat in Berlin doch so viel Möglichkeiten! Max, laß das! Was meinen Sie, was der Junge macht? Er fängt sich was mit einer Schickse an aus einem Lokal; nem Büfettfräulein, was weiß ich! Max, was willste nu schon wieder? Nein, bleib hier! Du sollst hierbleiben! Max! Max! Komm mal her! Du sollst mal herkommen! Max, hörst du nicht? Kannst du nicht hören? Du sollst mal herkommen! Hierher sollst du kommen! Komm mal her! Hierher. Was hast du denn? Sieh dich vor! Jetzt reißt der Junge die Decke ... ei weh, der ganze Kaffee auf Ihre Hose! Kaffee macht keine Flecke. Du dummer Junge, warum kommst du nicht gleich, wenn man dich ruft! Jetzt haste den ganzen Kaffee umgeworfen! Setz dich hin! Jetzt gehste überhaupt nicht mehr weg! Setz dich hin! Hier setze dich hin! Nicht gemuckst! Gießt den ganzen Kaffee um! Hier – haste'n Bonbon! Nu sei still. Ja – er war schon immer so komisch! Bei seiner Geburt habe ich ihm ein Sparkassenkonto angelegt – meinen Sie, er hats einem gedankt? Schule – das wollt er nicht! Aber Theater! Keine Premiere hat er versäumt, jede Besetzung bei Reinhardt[1] wußte er, und dann Film ... Nee, wissen Se, das war schon nicht mehr schön! Ja, nu hat er mit der ... em ... Max, sieh mal nach, ob da vorn die Lampen schon angezündet sind! Aber komm gleich wieder! Mit dieser Schickse geht er los! Natürlich kostet das'n Heidengeld, können Se sich denken! Nu, es sind da Unregelmäßigkeiten vorgekommen – ich hab ihn wegnehmen müssen, und jetzt ist er in Hamburg. Ach, wissen Se, ich hab schon zu meiner Frau gesagt: Was hat einem der liebe Gott nicht zwei Mädchen gegeben! Die zieht man auf, zieht sie an, legt sie abends zu Bett, und zum Schluß werden sie verheiratet. Da hat man keine Mühe. Und hier! Nichts wie Ärger! Max! Max! Wo bloß der Junge bleibt! Max! Wo warst du denn so lange? Setz dich hierhin! Der Junge ist noch mein Grab – das sage ich Ihnen. Kommen Se, es ist kalt, wir wollen gehn.

Ich frage mich bloß eins: diese Unbeständigkeit, diese Fahrigkeit, diese schlechten Manieren – von wem hat der Junge das –?“

(v 1925)

(Aus lizenzrechtlichen Gründen ist dieser Text nicht in reformierter Rechtschreibung abgedruckt.)

Arbeitsanregungen:

1 a Lesen Sie den Monolog Herrn Wendriners so, dass seine verschiedenen Sprecherrollen möglichst gut zur Geltung kommen.
b Wie lässt sich der Erziehungsstil Herrn Wendriners charakterisieren?
c Wie wird sprachlich die mit diesem Text verfolgte Absicht des Autors deutlich?

2 Bei typisierender Beschreibung kann man einen Erziehungsstil als „autoritär“, „partnerschaftlich“ oder als „laissez-faire-Verhalten“ einschätzen. Überprüfen Sie diese Kategorien an den Texten 3, 4 und 6.

3 Kritisieren Sie Herrn Wendriners Erziehungsstil in einem erdachten Dialog mit ihm, indem Sie sich in die Rolle eines autoritär oder partnerschaftlich Erziehenden versetzen.

Text 7 Arthur Schopenhauer (1788–1860): [Die Stachelschweine]

§ 396

Eine Gesellschaft Stachelschweine drängte sich an einem kalten Wintertage recht nahe zusammen, um durch die gegenseitige Wärme sich vor dem Erfrieren zu schützen. Jedoch bald empfanden sie die gegenseitigen Stacheln; welches sie dann wieder von einander entfernte. Wann nun das Bedürfnis der Erwärmung sie wieder näher zusammenbrachte, wiederholte sich jenes zweite Übel; so dass sie zwischen beiden Leiden hin- und hergeworfen wurden, bis sie eine mäßige Entfernung voneinander herausgefunden hatten, in der sie es am besten aushalten konnten. – So treibt das Bedürfnis der Gesellschaft, aus der Leere und Monotonie des eigenen Innern entsprungen, die Menschen zueinander; aber ihre vielen widerwärtigen Eigenschaften und unerträglichen Fehler stoßen sie wieder voneinander ab. Die mittlere Entfernung, die sie endlich herausfinden und bei welcher ein Beisammensein bestehn kann, ist die Höflichkeit und feine Sitte. Dem, der sich nicht in dieser Entfernung hält, ruft man in England zu: ‚Keep your distance!‘ [Wahre deinen Abstand!] – Vermöge derselben wird zwar das Bedürfnis gegenseitiger Erwärmung nur unvollkommen befriedigt, dafür aber der Stich der Stacheln nicht empfunden. – Wer jedoch viel eigene innere Wärme hat, bleibt lieber aus der Gesellschaft weg, um keine Beschwerde zu geben noch zu empfangen.

Die **Parabel** (von gr. parabole = die Vergleichung, das Gleichnis) ist eine lehrhafte Beispielgeschichte, die von *einem* Vergleichnispunkt aus (dem tertium comparationis) durch Analogie auf den gemeinten Sachverhalt zu übertragen ist. (Vgl. die *Fabel,* die ein in allen Einzelheiten übereinstimmendes Beispiel gibt, indem sie menschliche Verhältnisse in einer Stellvertretergeschichte durch Tiere und Pflanzen darstellt.) Im Gegensatz zum verwandten *Gleichnis* enthält die Parabel keine direkte Verknüpfung (so – wie) mit dem zu erörternden Sachverhalt, sondern ist eine vom Gegenstand abgelöste selbständige Erzählung. Die Parabel kommt häufig in der buddhistischen und hebräischen Literatur vor (z.B. die Parabel vom „verlorenen Sohn“), findet sich in der römischen Geschichte – etwa in Menenius' Agrippa Beispiel vom „Magen und den Gliedern“ – und exemplarisch in G.E. Lessings berühmter Ringparabel (nach Giovanni Boccaccio: „Decamerone“ I,3) im „Nathan“ III/7. Moderne Gestaltungsformen der Parabel geben Franz Kafka (z.B. in „Vor dem Gesetz“), Bert Brecht, vor allem in den „offenen“ Keuner-Geschichten sowie im „Guten Menschen von Sezuan“. Auch Uwe Johnson (etwa in „Jonas zum Beispiel“) verwendet die Parabel.

Arbeitsanregungen:

1 a Resümieren Sie Schopenhauers Kernaussage und deren Begründung.
b Erörtern Sie Schopenhauers Empfehlung für das Verhältnis des Einzelmenschen zur Gesellschaft.

2 Der Schopenhauer-Text besteht aus zwei Teilen:
a Welcher Teil scheint Ihnen wichtiger zu sein?
b In welchem Verhältnis stehen die Teile zueinander?
c Wie unterscheiden sie sich in der Darstellungsweise?

2. Die Vieldeutigkeit des Alltäglichen

Motto: Die Beschreibung eines Schnupfens ist unvergleichlich schwieriger als die Darstellung einer Krebskrankheit. Nach Walter Jens (geb. 1923), Prof. für Rhetorik in Tübingen, Schriftsteller

Text 1 Johann Peter Hebel (1760–1826): Unverhofftes Wiedersehen

In Falun in Schweden küsste vor guten fünfzig Jahren und mehr ein junger Bergmann seine junge hübsche Braut und sagte zu ihr: „Auf Sanct Luciä[2] wird unsere Liebe von des Priesters Hand gesegnet. Dann sind wir Mann und Frau und bauen uns ein eigenes Nestlein.“ „Und Friede und Liebe soll darin wohnen“, sagte die schöne Frau mit holdem Lächeln, „denn du bist mein Einziges und Alles, und ohne dich möchte ich lieber im

[1] Max Reinhardt, Pseudonym für Max Goldmann (1873–1943): berühmter Regisseur
[2] Sankt Luciä: 12.12.

Grab sein als an einem anderen Ort." Als sie aber vor Sanct Luciä der Pfarrer zum zweiten Mal in der Kirche ausgerufen hatte: „So nun jemand Hindernis wüsste anzuzeigen, warum diese Personen nicht möchten ehelich zusammenkommen", da meldete sich der Tod. Denn als der Jüngling den anderen Morgen in seiner schwarzen Bergmannskleidung an ihrem Haus vorbeiging, der Bergmann hat sein Totenkleid immer an, da klopfte er zwar noch einmal an ihrem Fenster und sagte ihr guten Morgen, aber keinen guten Abend mehr. Er kam nimmer aus dem Bergwerk zurück, und sie saumte vergeblich selbigen Morgen ein schwarzes Halstuch mit rotem Rand für ihn zum Hochzeitstag, sondern als er nimmer kam, legte sie es weg und weinte um ihn und vergaß ihn nie. Unterdessen wurde die Stadt Lissabon in Portugal durch ein Erdbeben zerstört[1], und der siebenjährige Krieg ging vorüber, und Kaiser Franz der Erste starb, und der Jesuiten-Orden wurde aufgehoben und Polen geteilt, und die Kaiserin Maria Theresia starb, und der Struensee wurde hingerichtet, Amerika wurde frei, und die vereinigte französische und spanische Macht konnte Gibraltar nicht erobern. Die Türken schlossen den General Stein in der Veteraner Höhle in Ungarn ein, und der Kaiser Joseph starb auch. Der König Gustav von Schweden eroberte russisch Finnland, und die französische Revolution und der lange Krieg fing an, und der Kaiser Leopold der Zweite ging auch ins Grab. Napoleon eroberte Preußen, und die Engländer bombardierten Kopenhagen, und die Ackerleute säeten und schnitten. Der Müller mahlte, und die Schmiede hämmerten, und die Bergleute gruben nach den Metalladern in ihrer unterirdischen Werkstatt. Als aber die Bergleute in Falun im Jahre 1809 etwas vor oder nach Johannis[2] zwischen zwei Schachten eine Öffnung durchgraben wollten, gute dreihundert Ellen tief unter dem Boden, gruben sie aus dem Schutt und Vitriolwasser den Leichnam eines Jünglings heraus, der ganz mit Eisenvitriol[3] durchdrungen, sonst aber unverwest und unverändert war; also dass man seine Gesichtszüge und sein Alter noch völlig erkennen konnte, als wenn er erst vor einer Stunde gestorben und ein wenig eingeschlafen wäre an der Arbeit. Als man ihn aber zu Tag ausgefördert hatte, Vater und Mutter, Gefreundete und Bekannte waren schon lange tot, kein Mensch wollte den schlafenden Jüngling kennen oder etwas von seinem Unglück wissen, bis die ehemalige Verlobte des Bergmannes kam, der eines Tages auf die Schicht gegangen war und nimmer zurückkehrte. Grau und zusammengeschrumpft kam sie an einer Krücke an den Platz und erkannte ihren Bräutigam; und mehr mit freudigem Entzücken als mit Schmerz sank sie auf die geliebte Leiche nieder, und erst als sie sich von einer langen heftigen Bewegung des Gemüts erholt hatte, „es ist mein Verlobter", sagte sie endlich, „um den ich fünfzig Jahre lang getrauert hatte und den mich Gott noch einmal sehen lässt vor meinem Ende. Acht Tage vor der Hochzeit ist er auf die Grube gegangen und nimmer gekommen." Da wurden die Gemüter aller Umstehenden von Wehmut und Tränen ergriffen, als sie sahen die ehemalige Braut jetzt in der Gestalt des hingewelkten kraftlosen Alters und den Bräutigam noch in seiner jugendlichen Schöne, und wie in ihrer Brust nach fünfzig Jahren die Flamme der jugendlichen Liebe noch einmal erwachte; aber er öffnete den Mund nimmer zum Lächeln oder die Augen zum Wiedererkennen; und wie sie ihn endlich von den Bergleuten in ihr Stüblein tragen ließ, als die Einzige, die ihm angehöre und ein Recht an ihn habe, bis sein Grab gerüstet sei auf dem Kirchhofe. Den anderen Tag, als das Grab gerüstet war auf dem Kirchhof und ihn die Bergleute holten, schloss sie ein Kästlein auf, legte ihm das schwarzseidene Halstuch mit roten Streifen um und begleitete ihn in ihrem Sonntagsgewand, als wenn es ihr Hochzeitstag und nicht der Tag seiner Beerdigung wäre. Denn als man ihn auf dem Kirchhof ins Grab legte, sagte sie: „Schlafe nun wohl, noch einen Tag oder zehn im kühlen Hochzeitbett, und lass dir die Zeit nicht lang werden. Ich habe nur noch ein wenig zu tun und komme bald, und bald wird's wieder Tag." – „Was die Erde einmal wiedergegeben hat, wird sie zum zweiten Mal auch nicht behalten", sagte sie, als sie fortging und noch einmal umschaute.

J. P. Hebel wurde 1760 als Sohn armer Eltern aus dem Hunsrück, die in der Schweiz als Bedienstete tätig waren, in Basel geboren. Der früh verwaiste Hebel studierte Theologie, war als Vikar und in verschiedenen Funktionen als Lehrer tätig, wurde Gymnasialprofessor und -direktor und war als evangelischer Prälat Abgeordneter im badischen Landtag. Auf einer Dienstreise starb er 1826 in Schwetzingen.
Als alemannischer Mundartdichter über Menschen und Landschaften seiner Schwarzwaldheimat, besonders über das Wiesental, wurde Hebel zum Vorbild aller Mundartdichtung im 19. Jh. Seine humoristischen und besinnlichen Kalendergeschichten sind in ihrer sensiblen Genauigkeit und klassischen Einfachheit dichterische Beispiele echter Volkstümlichkeit.

Arbeitsanregungen:

1 Hebels „Unverhofftes Wiedersehen" lässt sich gut mit dem Zeitungsbericht vergleichen.
a Wie hat Hebel die Quelle einbezogen, inwiefern hat er sie ausgestaltet?
b Die Kalendergeschichte lässt sich in drei Teile gliedern. Zeigen Sie, welche Stileigenarten jeweils charakteristisch sind.
c Wie gelingt es Hebel den Zeitraum von fünfzig Jahren zu veranschaulichen und die Ereignisse der ‚großen' sowie der ‚kleinen' Welt in Beziehung zu setzen?

2 a Schreiben Sie ein Resümee von „Unverhofftes Wiedersehen" und erklären Sie, inwiefern der Text die Funktionen einer Kalendergeschichte in besonderer Weise erfüllt.
b Verfassen Sie für eine heutige Boulevardzeitung eine Sensationsmeldung über das Geschehen und achten Sie dabei besonders auf die zu verwendenden sprachlichen Mittel.

3 Berühmte Dichter werteten Hebels „Unverhofftes Wiedersehen" als eine der schönsten Geschichten der Weltliteratur.
a Versuchen Sie diese Einschätzung zu erklären!
b Geben Sie eine eigene Wertung des Textes.

Text 2 **Zeitungsbericht von 1809, der Hebel als Anregung vorlag**

„Man fand einen ehemaligen Bergmann in der schwedischen Eisengrube zu Falun, als zwischen zween Schachten ein Durchschlag versucht wurde. Der Leichnam, ganz mit Eisenvitriol durchdrungen, war anfangs weich, wurde aber, sobald man ihn an die Luft gebracht, so hart wie Stein. Fünfzig Jahre hatte derselbe in einer Tiefe von dreihundert Ellen in jenem Vitriolwasser gelegen; und niemand hätte die noch unveränderten

[1] Lissabon zerstört: 1.11.1755
[2] Johannis: 24.6.
[3] Das Vitriol: kristallwasserhaltiges Sulfat von Zink, Eisen oder Kupfer

Gesichtszüge des verunglückten Jünglings erkannt, niemand die Zeit, seit welcher er in dem Schacht gelegen, gewusst, da die Bergchroniken, sowie die Volkssagen bei der Menge der Unglücksfälle in Ungewissheit waren, hätte nicht das Andenken der ehemals geliebten Züge eine alte treue Liebe bewahrt. Denn als um den kaum hervorgezogenen Leichnam das Volk, die unbekannten jugendlichen Gesichtszüge betrachtend steht, da kommt an Krücken und mit grauem Haar ein Mütterchen, mit Tränen über den geliebten Toten, der ihr verlobter Bräutigam gewesen, hinsinkend, die Stunde segnend, da ihr noch an den Pforten des Grabes ein solches Wiedersehen gegönnt war, und das Volk sah mit Verwunderung die Wiedervereinigung dieses seltenen Paares, da sich das eine im Tode und in tiefer Gruft das jugendliche Aussehen, das andere bei dem Verwelken und Veralten des Leibes, die jugendliche Liebe treu und unverändert erhalten hatte; und wie bei der fünfzigjährigen Silberhochzeit der noch jugendliche Bräutigam starr und kalt, die alte und graue Braut voll warmer Liebe gefunden wurde.“

(1809)

Text 3 Lukas-Evangelium 15, 11ff.:

Gleichnis vom verlorenen Sohn. Dann fuhr er fort: „Ein Mann hatte zwei Söhne. Der jüngere von ihnen sagte zum Vater: Vater, gib mir den Anteil[1] am Vermögen, der mir zukommt. Er verteilte also das Vermögen unter sie. Wenige Tage später packte der jüngere Sohn alles zusammen und zog in ein fernes Land. Dort verschwendete er sein Vermögen durch ein ausschweifendes Leben. Als er alles durchgebracht hatte, entstand in jenem Lande eine große Hungersnot, und er fing an zu darben. Da ging er hin und verdingte sich bei einem Bürger jenes Landes. Dieser schickte ihn auf seine Felder, die Schweine zu hüten. Gern hätte er seinen Hunger mit den Schoten gestillt, die die Schweine fraßen; aber niemand gab sie ihm. Da ging er in sich und sagte: Wie viele Taglöhner meines Vaters haben Brot im Überfluss, und ich komme hier vor Hunger um! Ich will mich aufmachen, zu meinem Vater gehen und zu ihm sagen: Vater, ich habe gesündigt wider den Himmel und vor dir, ich bin nicht mehr wert, dein Sohn zu heißen; behandle mich wie einen deiner Taglöhner. Er machte sich also auf und ging zu seinem Vater. Schon von weitem sah ihn sein Vater und ward von Erbarmen gerührt. Er eilte ihm entgegen, fiel ihm um den Hals und küsste ihn. Der Sohn aber sagte zu ihm: Vater, ich habe gesündigt wider den Himmel[2] und vor dir; ich bin nicht mehr wert, dein Sohn zu heißen. Doch der Vater befahl seinen Knechten: Bringt schnell das beste Gewand und zieht es ihm an. Gebt ihm einen Ring an die Hand und Schuhe an die Füße. Dann holt das Mastkalb und schlachtet es. Wir wollen ein Freudenmahl halten und fröhlich sein. Denn dieser mein Sohn war tot und lebt wieder; er war verloren und ist wiedergefunden. Und sie fingen an, ein Freudenmahl zu halten.
Sein älterer Sohn war gerade auf dem Felde. Als er heimkam und sich dem Hause näherte, hörte er Musik und Tanz. Er rief einen von den Knechten und erkundigte sich, was das zu bedeuten habe. Dein Bruder ist heimgekommen, antwortete ihm dieser. Nun hat dein Vater das Mastkalb schlachten lassen, weil er ihn gesund zurückerhalten hat. Da ward er zornig und wollte nicht hineingehen. Sein Vater ging hinaus und redete ihm gütlich zu. Er aber entgegnete dem Vater: Schon so viele Jahre diene ich dir und habe noch nie dein Gebot übertreten. Aber mir hast du noch nie ein Böcklein gegeben, dass ich mit meinen Freunden hätte ein Freudenmahl halten können. Jetzt aber, da dieser dein Sohn gekommen ist, der dein Vermögen mit Buhlerinnen verprasst hat, hast du für ihn das Mastkalb schlachten lassen. Er erwiderte ihm: Mein Sohn, du bist immer bei mir, und all das Meinige ist dein. Es galt aber, ein Freudenmahl zu halten und fröhlich zu sein; denn dieser dein Bruder war tot und lebt wieder; er war verloren und ist wiedergefunden worden.“

[1] Sein Erbteil betrug nach jüdischem Erbrecht ein Drittel des väterlichen Vermögens.
[2] „Himmel“ steht für Gott. Die Juden gebrauchten aus religiöser Scheu nicht den Namen Gottes, sondern wählten dafür eine Umschreibung (Himmel).

Text 4 Franz Kafka (1883–1924): Heimkehr

Ich bin zurückgekehrt, ich habe den Flur durchschritten und blicke mich um. Es ist meines Vaters alter Hof. Die Pfütze in der Mitte. Altes, unbrauchbares Gerät, ineinander verfahren, verstellt den Weg zur Bodentreppe. Die Katze lauert auf dem Geländer. Ein zerrissenes Tuch, einmal im Spiel um eine Stange gewunden, hebt sich im Wind. Ich bin angekommen. Wer wird mich empfangen? Wer wartet hinter der Tür der Küche? Rauch kommt aus dem Schornstein, der Kaffee zum Abendessen wird gekocht. Ist dir heimlich, fühlst du dich zu Hause? Ich weiß es nicht, ich bin sehr unsicher. Meines Vaters Haus ist es, aber kalt steht Stück neben Stück, als wäre jedes mit seinen eigenen Angelegenheiten beschäftigt, die ich teils vergessen habe, teils niemals kannte. Was kann ich ihnen nützen, was bin ich ihnen und sei ich auch des Vaters, des alten Landwirts Sohn. Und ich wage nicht, an der Küchentür zu klopfen, nur von der Ferne horche ich, nur von der Ferne horche ich stehend, nicht so, dass ich als Horcher überrascht werden könnte. Und weil ich von der Ferne horche, erhorche ich nichts, nur einen leichen Uhrenschlag höre ich oder glaube ihn vielleicht nur zu hören, herüber aus den Kindertagen. Was sonst in der Küche geschieht, ist das Geheimnis der dort Sitzenden, das sie vor mir wahren. Je länger man vor der Tür zögert, desto fremder wird man. Wie wäre es, wenn jetzt jemand die Tür öffnete und mich etwas fragte. Wäre ich dann nicht selbst wie einer, der sein Geheimnis wahren will.

(1920/22)

Arbeitsanregungen:

1 Vergleichen Sie das Lukas-Evangelium mit Kafkas „Heimkehr“:
 a Was bedeutet Heimkehr jeweils?
 b Geben Sie eine knappe Inhaltsangabe zu beiden Texten.

2 In welchen Aussagen und durch welche Stileigenarten wird bei Kafka das Scheitern der Heimkehr deutlich?

3 Schreiben Sie zu Kafkas „Heimkehr“ eine Fortsetzung:
 a Wie könnte die Begegnung ausgehen, wenn „jemand die Tür öffnete“?
 b Vergleichen Sie den auf diese Weise gewonnenen „Schluss“ mit dem letzten Satz des Originals.

Text 5 Alfred Döblin (1878–1957): Das Märchen von der Technik

(Biografie, vgl. Literatur der Weimarer Republik und im Exil, S. 359f.)

Dies ist eine wahre Geschichte, und sie zeigt, dass sogar in den hellsten Zeiten Wunder möglich sind.

Da war in der Ukraine ein kleines jüdisches Städtchen, da saß ein Vater mit seiner Familie, es war noch vor dem Krieg, der Zar regierte in Petersburg, in der Ukraine aber saß die ‚Schwarze Hand‘[1] und regierte auch. Und einmal brauchten einige Leute wieder Geld, und die Juden waren doch da und hatten gute Geschäfte gemacht, da ließ man was herumerzählen von Ostern, von einem schlechten Wort über die Popen, und ein Jude hat gelacht, wie einer was gesagt hat von der heiligen Mutter Gottes zu Czenstochau, und so und noch anderes wurde vorbereitet, die Schwarze Hand aber hat alles nachbereitet, auch dass die Polizei grade ein Fest hatte und der Herr Oberst saß beim Festmahl, grade an dem Tag. Und was wird geschehen, sie werden sich zusammenrotten, es war schon etwas durchgesickert, aber es hilft nichts. Pogrom[2] ist Pogrom, Blut fließt, die jüdischen Leute sind aber auch keine Kinder, und endlich fließt auch Blut drüben, man wird sich nicht von bösen Tieren zerreißen lassen. Und da ist ein Vater, der sein Haus gut beschützt hat, und ein Beil hat er auch bei dem Pogrom gehabt, und es werden wohl einige das Beil gesehen haben, – und da hat der Vater gedacht, es ist besser, wir warten nicht erst auf die Untersuchung und den Prozess, und ist mit der Familie auf und davon, und weil es heimlich ging, hat er die beiden großen Söhne getrennt und gesagt: „Lemberg!“ und hat ihnen Geld gegeben. Aber nur einen hat er dann wiedergesehen. Der andere, der so schön singen konnte, der kam nicht wieder. Keine Silbe hat man je von ihm gehört. Verschlungen vom Erdboden war der geliebte Sohn. Vater und Mutter zogen in eine kleine Stadt, die Verwandten taten für sie, was sie konnten, man kam wieder hoch, man kam auch durch den Krieg. Aber weder Vater noch Mutter wurden mehr froh. Der liebe Sohn war weg.

Tausendmal besprachen sie alles. Du hast ihm ein Beispiel gegeben, jammerte die Mutter, er wird auch ein Beil oder ein Messer genommen haben, ein Jud soll sich verstecken, – hätt ich mich erschlagen lassen sollen und euch alle damit, – ach, es leben noch so viele daheim.

Und die Zeit verging, die Mutter starb, dem Vater ging es schlimm, der Sohn unterstützte und die Verwandten halfen. Der Vater aber saß noch immer, wo gesungen wurde, und dachte, wie hat mein Iizchak gesungen, eine schöne, schöne Stimme, wo gibt es heute noch solche Stimmen. Aber dass er so viel hörte und in Konzerte ging, das war die Fügung Gottes. Die Mutter war weggestorben, aber der Vater sollte wissen, dass Gott lebte und ihn nicht vergaß.

Da schenkte ihm der Vorsteher der Gemeinde, wie er siebzig alt war, ein Grammophon, und das ließ er sich vorspielen, und sein Ältester brachte ihm noch das Neuste, einen Radioapparat, damit konnte man hören weit weit, wo gesungen wurde auf der ganzen Welt, von wem auch immer. Aber Isaak singt nicht mit.

Und er hörte Tag für Tag alle Stimmen ab, so viele, so schmetternde, und die Schlager, die sie jetzt machen, wonach sie tanzen.

Und eines Mittags gegen zwölf spielte wieder sein Apparat und die Schwiegertochter kochte in der Küche, da ging die Tür auf, und der alte Vater, das Käppchen schief auf dem Kahlkopf, kommt schreiend heraus, hat große große Augen und schreit: „Rosalie, hör doch, hör doch!“ Gotteswillen, was ist mit dem Mann, ich lauf rüber zu Jankel. „Hör doch, Rosalie, er singt, es ist Iizchak! Rosalie, mein Kind, hör doch, Iizchak ist es!“

---

1 Schwarze Hand: ein 1911 gegründeter serbischer Geheimbund

2 Der oder das Pogrom: Ausschreitungen gegen nationale, religiöse, rassische Gruppen

Thomas Bernhard wurde 1931 in einem Heim für ledige Mütter, im Kloster Heerlen (Holland), geboren. Seine Kindheit verbrachte Bernhard in Österreich bei den Großeltern mütterlicherseits und in Oberbayern. Vom Großvater, dem Schriftsteller Johannes Freumbichler, früh in seiner musischen Begabung gefördert brach Bernhard dennoch die Salzburger Internatsjahre ab, nahm 1947 eine Kaufmannslehre auf, erkrankte lebensgefährlich und arbeitete später u.a. als Gerichtsreporter, Theaterkritiker und Bibliothekar um ab 1951 seine Musik- und Gesangsstudien fortsetzen zu können. 1957 schloss sich ein Studium der Regie und Dramaturgie an. Bernhard starb 1989 nach langer Krankheit. – Das Schreiben wurde für Bernhard eine Form des Überlebens. Er begann als Lyriker in der Nachfolge Georg Trakls. Seine epischen und dramatischen Werke zeigen eine bis zur Verzweiflung gesteigerte, oft äußerst aggressive Auseinandersetzung mit seelischen Prozessen und variieren sein Grundthema von der Sinnlosigkeit der Existenz in einer sinnentleerten Welt.

Und sie muss ihn festhalten und zu einem Küchenstuhl führen, den alten Mann, die Musik hat geendet, es war ein Tempelgesang, jetzt kam ein Gassenhauer, sie wollte abstellen, stell nicht ab, vielleicht kommt es nochmal.

Was ist weiter zu erzählen. Sie haben auf den Alten gehört, der Sohn ist mit ihm nach Warschau gefahren, sie haben die Platte gefunden, und auf der Platte stand sein Name, ein englischer, er war ein amerikanischer Kantor, ein berühmter Mann, sie fanden noch eine andere Platte von ihm in Warschau.

Und dann gingen die Telegramme hin und her, und wirklich, es war Iizchak, der mit einem Schub nach Amerika gegangen war, er hatte nach den Eltern geforscht in Russland, aber dann kam der Krieg, und wie sollte er dann suchen.

Und das hat das Radio gemacht, und das ist die Technik, und sie hat einen Sohn wieder zu seinem Vater geführt, und beide wissen, Gott lebt, und wer an ihn glaubt, kann auf ihn bauen.

(1935)

Text 6 Günter Kunert (*1929): Die Maschine

Erhaben und in einsamer Größe reckte sie sich bis unters Werkhallendach; schuf sogleich die Vorstellung, Monument des Zeitalters zu sein und diesem gleich: stampfend, gefahrvoll, monoton und reichlich übertrieben. Und vor allem: auch sie produzierte einzig und allein durch gegensätzliche Bewegung unterschiedlicher Kräfte, durch einen gezähmten Antagonismus all ihrer Teile.

Aber in diesem wundervollen System blitzender Räder, blinkender Kolben, sich hebender und sich senkender Wellen, war ein unansehnliches Teil, das wie von Schimmel überzogen schien und das sich plump und arhythmisch regte. Ein hässlicher Zusatz an der schönen Kraft. Ein Rest von Mattigkeit inmitten der Dynamik.

Als um die Mittagszeit ein Pfiff ertönte, löste sich dieses Teil von der Maschine und verließ die Halle, während die Maschine hilflos stehen blieb, zwiefach: in sich und am Ort. Plötzlich erwies sich, das billigste Teil und das am schlimmsten vernachlässigte war das teuerste und nur scheinbar ersetzlich. Wo es kaputt geht, wird es nicht lange dauern, bis über den Beton Gras gewachsen ist.

(v zwischen 1968–1972)

Text 7 Thomas Bernhard (1931–1989): Eine Maschine

Eine Maschine, die wie eine Guillotine ist, schneidet von einer sich langsam fortbewegenden Gummimasse große Stücke ab und läßt sie auf ein Fließband fallen, das sich einen Stock tiefer fortbewegt und an welchem Hilfsarbeiterinnen sitzen, die die abgeschnittenen Stücke zu kontrollieren und schließlich in große Kartons zu verpacken haben. Die Maschine ist erst neun Wochen in Betrieb, und den Tag, an welchem sie der Fabrikleitung übergeben wurde, wird niemand, der bei dieser Feierlichkeit anwesend war, vergessen. Sie war auf einem eigens für sie konstruierten Eisenbahnwaggon in die Fabrik geschafft worden, und die Festredner betonten, daß diese Maschine eine der größten Errungenschaften der Technik darstelle. Sie wurde bei ihrem Eintreffen in der Fabrik von einer Musikkapelle begrüßt, und die Arbeiter und die Ingenieure empfingen sie mit abgenommenen Hüten. Ihre Montage dauerte vierzehn Tage, und die Besitzer konnten sich von ihrer Arbeitsleistung und Zuverlässigkeit überzeugen. Sie muß nur regelmäßig, und zwar alle vierzehn Tage, mit besonderen Ölen geschmiert werden. Zu diesem Zweck muß eine Arbeiterin eine Stahlwendeltreppe erklettern und das Öl durch ein Ventil langsam einfließen lassen. Der Arbeiterin wird alles bis ins kleinste erklärt. Trotzdem rutscht das Mädchen so unglücklich aus, daß es geköpft wird. Sein Kopf platzt wie die Gummistücke hinunter. Die Arbeiterinnen, die am Fließband sitzen, sind so entsetzt, daß keine von ihnen schreien kann. Sie behandeln den Mädchenkopf gewohnheitsmäßig wie die Gummistücke. Die letzte nimmt den Kopf und verpackt ihn in einen Karton.

(1969)

(Aus lizenzrechtlichen Gründen ist dieser Text nicht in reformierter Rechtschreibung abgedruckt.)

Text 8 Nicolas Born (1937–1979): Entsorgt

So wird der Schrecken ohne Ende langsam
normales Leben
Zuschauer blinzeln in den Hof
im Mittagslicht
Kleinstadt, harte Narbe ziegelrot
Gasthaus, wehende Gardinen
und am Schreibtisch ist jetzt gering
der persönliche Tod.
Ich kann nicht sagen, wie die Panik der Materie
wirkt, wie ich in meiner Panik
die nicht persönlich ist, nur an die
falschen Wörter komme.
Das sorgend Schöne fehlt mir an *Krypton* und
Jod 129[1]. Mir fehlt die Zukunft der Zukunft
mir fehlt sie.
Mir fehlen schon meine Kindeskinder
Erinnerung an die Welten
mir fehlen Folgen, lange Sommer am Wasser
harte Winter, Wolle und Arbeit.

Hier entstehen Folgen starker Wörter
die leblos sind, das verruchte Gesindel
spürt nichts, sie schließen die Kartelle
keine Ahnung was sie in die Erde setzen
Ahnung nicht, nur Wissen
was sie in die Erde setzen in Luft und Wasser
für immer
kein Gefühl für „immer“. Den Tod
sonderbehandeln sie wie einen Schädling
der gute Tod vegiftet wie die liebe Not.
Was schändet ihr die Gräber meiner Kindeskinder
was plündert ihr den Traum der Materie,
den Traum der Bilder, des Gewebs, der Bücher
Knochen.
Die Trauer ist jetzt trostlos
die Wut ohne Silbe, all die maskierte Lebendigkeit
all die würgende Zuversicht
Gras stürzt, die Gärten stürzen, niemand
unterm Geldharnisch fühlt die Wunde
entsorgt zu sein von sich selbst.
Kein Gedicht, höchstens das Ende davon.
Menschenvorkommen
gefangen in verruchter Vernunft, die sich
nicht einmal weiß vor Wissenschaft.
Kein Schritt mehr frei, kein Atem
kein Wasser unerfasst, käufliche Sommerspuren
die Haut der Erde – Fotoabzüge
die betonierte Seele, vorbereitetes Gewimmer
das dann nicht mehr stattfindet
vor Stimmgebrochenheit.
Winzige Prozessrechnungen in der hohlen Hand
beleben die Erde, alleswissende Mutanten
dafür totaler Schutz vor Erfahrungen.
Lebensstatisten, Abgänger. Am Tropf
der Systeme.

Gekippte Wiesenböschung, Engel, ungewisse,
warmer Menschenkörper und Verstehn
Gärten hingebreitet, unter Zweigen Bänke …
… Schatten … Laub … im Wind gesprochen
……… Samen

(v 1978)

[1] Krypton und Jod 129: chem. Elemente

Nicolas Born (1937–1979): geb. in Duisburg, Chemigraf in Essen und Berlin. Vertritt als Lyriker („Marktlage“, 1967; „Wo mir der Kopf steht“, 1970; „Das Auge des Entdeckers“, 1972), Romancier („Der zweite Tag“, 1965) und Hörspielautor („Schnee“, 1966; „Zerstörung eines Hauses“, 1969; „Übungen in einer Fremdsprache“, 1971) einen neuen Realismus – i.S. der sog. Kölner Gruppe – mit Themen aus einer kritisch betrachteten Arbeits- und Alltagswelt.

Arbeitsanregungen:

1 Döblin nennt seine Erzählung „Märchen“.
a Welcher Begriff von „Märchen“ liegt hier zugrunde und auf welche Wirklichkeitserfahrung bezieht er sich?
b Versuchen Sie Döblins Text so umzugestalten, dass ein Märchen im traditionellen Sinn mit der Überschrift „Märchen vom verlorenen Sohn“ entsteht.

2 Erörtern Sie das in den Texten 5–8 jeweils vermittelte Bild von Technik.

3 a Versuchen Sie durch Rezitation und ergänzende Interpunktion (vor allem in der Kommasetzung) Bilder und Aussagen von Borns „Entsorgt“ zu entschlüsseln.
b Wie verstehen Sie die Feststellung „Kein Gedicht, höchstens das Ende davon“ im dritten Abschnitt von Borns Text?
c Äußern Sie Ihre Auffassung von moderner Technik in einem Prosatext (z.B. Aufruf, Kurzgeschichte, Parabel, Märchen usw.) oder in einem Gedicht (z.B. im Stile Borns).

Heinrich von Kleist, geboren 1777 in Frankfurt a.d. Oder, entstammte einer alten preußischen Offiziersfamilie. Kleist wurde selbst Offizier, quittierte aber 1799 den Dienst, studierte Philosophie, Physik, Mathematik und Staatswissenschaft ohne aber die gesuchte sichere Orientierung zu finden. Zahlreiche Bemühungen eine Existenz zu finden scheiterten und führten zu schweren persönlichen Krisen. Der letzte Versuch eine wirtschaftlich sichere Grundlage zu erhalten war die Herausgabe der „Berliner Abendblätter“ (vom 1.10.1810–30.3.1811), deren Erscheinen aber wegen Zensurschwierigkeiten eingestellt wurde. Persönliches Scheitern und Verzweiflung über die politische Situation führten 1811 zum Freitod am Wannsee bei Potsdam, zusammen mit der todkranken Henriette Vogel. – Seit 1800 hatte sich Kleist der Dichtung zugewandt. Er gilt heute als einer der bedeutendsten deutschsprachigen Dramatiker, hatte aber zu seinen Lebzeiten wenig Erfolg. Im absolutgesetzten Gefühl suchen die Figuren seiner Werke – jenseits aller begrenzten Erkenntnis – eine letzte Sicherheit zu gewinnen.

3. Von Helden und Opfern

Die Geschichte des 20. Jahrhunderts ist u.a. geprägt durch Weltkriege, Massenvernichtung und Massenvertreibungen. Wie sich die Einstellungen zu Gewalt und Krieg verändert haben, zeigt der Vergleich älterer Texte mit moderner Literatur.

Text 1 **Heinrich von Kleist (1777–1811): Anekdote aus dem letzten preußischen Kriege[1]**

In einem bei Jena liegenden Dorf, erzählte mir, auf einer Reise nach Frankfurt, der Gastwirt, dass sich mehrere Stunden nach der Schlacht, um die Zeit, da das Dorf schon ganz von der Armee des Prinzen von Hohenlohe verlassen und von Franzosen, die es für besetzt gehalten, umringt gewesen wäre, ein einzelner preußischer Reiter darin gezeigt hätte; und versicherte mir, dass wenn alle Soldaten, die an diesem Tage mitgefochten, so tapfer gewesen wären, wie dieser, die Franzosen hätten geschlagen werden müssen, wären sie auch noch dreimal stärker gewesen, als sie in der Tat waren. Dieser Kerl, sprach der Wirt, sprengte, ganz von Staub bedeckt, vor meinen Gasthof, und rief: „Herr Wirt!“ und da ich frage: was gibts? „ein Glas Branntewein!“, antwortet er, indem er sein Schwert in die Scheide wirft: „mich dürstet.“ Gott im Himmel!, sag ich: will er machen, Freund, dass er wegkömmt? Die Franzosen sind ja dicht vor dem Dorf! „Ei, was!“, spricht er, indem er dem Pferde den Zügel über den Hals legt. „Ich habe den ganzen Tag nichts genossen!“ Nun er ist, glaub ich, vom Satan besessen –! He! Liese!, rief ich, und schaff ihm eine Flasche Danziger[2] herbei, und sage: da! und will ihm die ganze Flasche in die Hand drücken, damit er nur reite. „Ach, was!“, spricht er, indem er die Flasche wegstößt, und sich den Hut abnimmt: „wo soll ich mit dem Quark hin?“ Und: „schenk er ein!“, spricht er, indem er sich den Schweiß von der Stirn abtrocknet: „denn ich habe keine Zeit!“ Nun er ist ein Kind des Todes, sag ich. Da!, sag ich, und schenk ihm ein; da! trink er und reit er! Wohl mags ihm bekommen: „Noch eins!“, spricht der Kerl; während die Schüsse schon von allen Seiten ins Dorf prasseln. Ich sage: noch eins? Plagt ihn[3] –! „Noch eins!“, spricht er, und streckt mir das Glas hin – „Und gut gemessen“, spricht er, indem er sich den Bart wischt, und sich vom Pferde herab schnäuzt: „denn es wird bar bezahlt!“ Ei, mein Seel, so wollt ich doch, dass ihn –! Da!, sag ich, und schenk ihm noch, wie er verlangt, ein zweites, und schenk ihm, da er getrunken, noch ein drittes ein, und frage: ist er nun zufrieden? „Ach!“ – schüttelt sich der Kerl. „Der Schnaps ist gut! – Na!“, spricht er, und setzt sich den Hut auf: „was bin ich schuldig?“ Nichts! nichts!, versetz ich. Pack er sich, ins Teufelsnamen; die Franzosen ziehen augenblicklich ins Dorf! „Na!“, sagt er, indem er in seinen Stiefel greift: „so solls ihm Gott lohnen“, und holt, aus dem Stiefel, einen Pfeifenstummel hervor, und spricht, nachdem er den Kopf ausgeblasen: „schaff er mir Feuer!“ Feuer!, sag ich: plagt ihn –? „Feuer, ja!“, spricht er: „denn ich will mir eine Pfeife Tabak anmachen.“ Ei, den Kerl reiten Legionen[4] –! He, Liese, ruf ich das Mädchen! und während der Kerl sich die Pfeife stopft, schafft das Mensch ihm Feuer. „Na!“, sagt der Kerl, die Pfeife, die er sich angeschmaucht, im Maul: „nun sollen doch die Franzosen die Schwerenot[5] kriegen!“ Und damit, indem er sich den Hut in die Augen drückt, und zum Zügel greift, wendet er das Pferd und zieht vom Leder. Ein Mordkerl sag ich; ein verfluchter, verwetterter Galgenstrick! Will er sich in Henkers Namen scheren, wo er hingehört? Drei Chasseurs[6] – sieht er nicht? halten ja schon vor dem Tor? „Ei was!“, spricht er, indem er ausspuckt; und fasst die drei Kerls blitzend ins Auge. „Wenn ihrer zehen wären, ich fürcht mich nicht.“ Und in dem Augenblick reiten auch die drei Franzosen schon ins Dorf. „Bassa Manelka!“[7], ruft der Kerl, und gibt seinem Pferd die Sporen und sprengt auf sie ein; sprengt, so wahr Gott lebt, auf sie ein, und greift sie, als ob er das ganze Hohenlohische Korps hinter sich hätte, an; dergestalt, dass, da die Chasseurs, ungewiss, ob nicht noch mehr Deutsche im Dorf sein mögen, einen Augenblick, wider ihre Gewohnheit, stutzen, er, mein Seel, ehe man noch eine Hand umkehrt, alle drei vom Sattel haut, die Pferde, die auf dem Platz herumlaufen, aufgreift, damit bei mir vorbeisprengt, und: „Bassa Teremtetem!“ ruft, und: „Sieht er wohl, Herr Wirt?“ und „Adies!“ und „auf Wiedersehn!“ und: „hoho! hoho! hoho!“ – – So einen Kerl, sprach der Wirt, habe ich zeit meines Lebens nicht gesehen. (v 1810)

[1] Gemeint ist die Doppelschlacht bei Jena und Auerstedt im Oktober 1806, in der die preußischen Truppen gegen Napoleon eine so vernichtende Niederlage erlitten, dass in der Folge Preußen militärisch und auch politisch-moralisch völlig zusammenbrach.

[2] Flasche Danziger: ein über Gewürz abgezogener Likör

[3] Die Aposiopese (gr.): Das Verstummen, das Verschweigen; abgebrochene Sätze (vgl. Ellipse!)

[4] Legionen: zu ergänzen „von Teufeln“

[5] Schwerenot: Fluch, der Unglück wünscht

[6] Chasseurs: Jäger

[7] Bassa Manelka!: ungar. Fluch (Bassa/Pascha = Herr; Manelka = Schweineart)

Text 2 Zeitgenössische Darstellung von 1807

Ein preußischer Husar vom Regimente von Würtenberg, von welchem Regimente wir schon so viele einzelne Züge der Bravheit[1] gehört und gelesen haben, kehrt auf der Retirade[2] in ein Wirthshaus vor B. auf dem Harze ein. Er hat sein Pferd in ein andres entfernteres Haus untergebracht, und überlässt sich hier und sorglos um die nahe Gefahr, dem Vergnügen, seinen Durst einmal wieder in langen Zügen stillen zu können. Nicht lange darauf sieht man feindliche Reuter sich dem Orte nähern, und erinnert den Trinker das Weite zu suchen.

Schon sprengen Feinde ins Städtchen – es sind fünf Franzosen vom 8. Husaren-Regiment. Jetzt erst bequemt sich der Preuße nach seinem Pferde zu gehen – er sitzt auf, schon im Gesicht seiner Feinde; reutet ihnen entgegen, hauet den ersten nieder, schießt einen zweiten vom Pferde, und nun erst verlässt er den Ort verfolgt von den drei übrigen Reutern. Nicht funfzig Schritt vor dem Thore hält er und erwartet ruhig seine Gegner. Sie kommen. Ein langer hitziger Kampf beginnt. Des Preußen Muth, Glück, seine eigne und seines Pferdes Gewandtheit lassen ihn auch diesen glücklich bestehen, und leblos liegen die drei Feinde vor seinen Füßen. Ganz langsam ritt der Brave nun weiter.

Wie viel dergleichen Brave hatte der selbst so muthvolle König in seiner Armee; wären sie nur gehörig angeführt und hätten nicht selbst die Generäle ihre braven Gemeinen zur Flucht genöthiget.

(v 1807)

Neben der unterschiedlichen Aufnahme eines Textes durch den einzelnen Leser (die Rezeption) lässt sich die Wirkung von Literatur in verschiedenen Zeiten (ihre Wirkungsgeschichte) aus Interpretationen erschließen.

Text 3 Reinhold Steig: Interpretation der „Anekdote" von 1901

[...] Das Eigenthümliche aber, das Kleist der von ihm neu geschaffenen Anekdote, und nicht blos dieser allein, verliehen hat, ist die Auffassung der Dinge vom Offiziers-Standpunkte aus. Die ungeheure Masse der gewöhnlichen Kriegsanekdoten von damals kennt diese Art der Darstellung überhaupt noch nicht, was ganz natürlich erscheint, da sie fast ausschließlich in den niederen Schichten des Volkes, mit denen sich allein der Soldat, nicht der vornehme Offizier, auf dem Fuße der Gleichheit berührte, ihre Formung empfangen haben. Die gewöhnliche Kriegsanekdote in Prosa ist dem Volks-Kriegsliede in gebundener Rede zu vergleichen. Kleist dagegen stilisirte die Anekdote bewusst und kunstgemäß. Er behandelte sie, wie nach der Affaire im Kreise der Kameraden ein Rittmeister die flotten Streiche seiner „Kerle" rühmt. Denn „Kerl", ein Wort das Kleist eigentlich erst in diese Gattung Kleinliteratur einbürgerte, ist in der preußischen Militärsprache die derb-gemüthlich subordinirende[3] Benennung des gemeinen Soldaten, die nichts Verletzliches an sich trägt. Gerade in den Kriegsanekdoten steckt für uns litterarisch der preußische Garde-Leutnant, der Heinrich von Kleist auch als Civilist geblieben ist. [...]

(v 1901)

Text 4 Hermann Pongs: Interpretation der „Anekdote" von 1957

[...] Der nächste Schritt bereits führt zur hohen Kunstform. Heinrich von Kleist hat ihn getan, als er 1810 die ‚Berliner Abendblätter' herausgab und sich gezwungen sah, Volk zugleich zu unterhalten und zu erziehen. So entstand als exemplarische Kunstform die ‚Anekdote aus dem letzten preußischen Kriege'.

Wieder erleben wir einen einzigen Augenblick, ins spannungsvollste Kriegsgeschehen gestellt. Ein Kleistischer Eingangssatz, zehn Zeilen lang, malt die Situation: Dorf bei Jena im Niemandsland zwischen Preußen und Franzosen. Zugleich führt der Satz ins unmittelbare Erleben: der Dichter berichtet, was ihm der Gastwirt erzählt, so wie er es erinnernd erlebt. Frage und Antwort weitet sich zum wirkungsvollsten Kontrast zwischen ängstlichem Wirt und dem, um den sich alles dreht, dem „Kerl", dessen Seelenruhe wahrhaft im Geist des Großen Friedrich über den Geist von Jena triumphiert.

[1] Bravheit: Tapferkeit
[2] Retirade: Rückzug
[3] subordinierend: unterordnend

Arbeitsanregungen:

1. Kleists „Anekdote" lässt sich zunächst aus dem historischen Zusammenhang erschließen:
   [a] Erörtern Sie Absicht und Darstellungsweise des Textes auf dem Hintergrund der geschichtlichen Ereignisse bei Jena und Auerstedt.
   [b] Obwohl Kleists „Anekdote" wahrscheinlich auf eine mündliche Überlieferung zurückgeht, werden ihre Besonderheiten vor allem im Vergleich mit Text 2 deutlich.

2. Die sprachlichen Eigenarten der kleistschen „Anekdote" lassen sich durch verschiedene Methoden erschließen.
   [a] Versuchen Sie durch sinngestaltendes Lesen die dramatische Situation zu vergegenwärtigen.
   [b] Untersuchen Sie die Erzählweise: Wer erzählt? Auf welche Weise wird erzählt?
   [c] Analysieren Sie den Schluss (Z. 40ff.) vor allem unter dem Aspekt des Satzbaus.

3. Neben der Stoffgeschichte und dem historischen Anlass sind auch die besonderen Lebensumstände Heinrich von Kleists zu bedenken um die Absicht seiner „Anekdote" zu verstehen.
   [a] Informieren Sie sich über Einzelheiten der Biografie Kleists und achten Sie dabei besonders auf seine wirtschaftliche Lage und seine Situation als Schriftsteller im Jahre 1810.
   [b] Beziehen Sie ein Exzerpt aus den folgenden Informationen über die Entstehungsbedingungen der „Anekdote" mit ein: Kleist schrieb die „Anekdote" für die von ihm seit dem 1.10.1810 herausgegebene Zeitschrift „Berliner Abendblätter", die an jedem Werktag erschien. Der Text wurde in der Ausgabe vom 6.10.1810 veröffentlicht.
   Über die Ziele der „Berliner Abendblätter" äußerte sich Kleist verschiedentlich:

Erklärung

S. Voß. Zeitung, den 25. Sept. 1810

Mancherlei Rücksichten bestimmen mich, mit diesem Blatt, welches sich nunmehr etabliert *hat,* aus der Masse anonymer Institute herauszutreten. Demnach bleibt der Zweck desselben zwar, in der ersten Instanz, Unterhaltung aller Stände des Volks; in der zweiten aber ist er, nach allen erdenklichen Richtungen, Beförderung der Nationalsache überhaupt: und mit meinem verbindlichsten Dank an den unbekannten Herrn Mitarbeiter, der, in dem nächstfolgenden Aufsatz, zuerst ein gründliches Gespräch darüber einging, unterschreibe ich mich,

der Herausgeber der Abendblätter,
Heinrich von Kleist.

In seinen „Ankündigungen" in zwei maßgeblichen Berliner Zeitungen wies Kleist auf die seit dem 1.1.1811 vorgenommene „wesentliche Ausdehnung" hin:

„Das Ganze wird, wie bisher, zunächst von der Liebe für Vaterland und König, und, in weiterer Beziehung, vom Eifer für alles Gute in allen Ständen und Wirkungskreisen, durchdrungen sein. – Redaktion der Berliner Abendblätter."

(So in der „Vossischen Zeitung" vom 1.1.1811 und in der „Spenerschen Zeitung" vom 3.1.1811.)

Arbeitsanregungen:

1 a Stellen Sie über das Exzerpieren der Kernstellen fest, worauf der Interpret in den Texten 3 und 4 jeweils den Hauptakzent seiner Deutung legt.
b Versuchen Sie eine Erklärung für die Unterschiede zu geben.

2 Belegen Sie, welche der im Folgenden genannten Merkmale der Anekdote auf Kleists Text besonders zutreffen.

Die **Anekdote** (von gr. anékdota = das nicht Herausgegebene, das ursprünglich aus Gründen der Diskretion Geheime): Am Anfang stehen die „Anekdota“ des Prokopios von Cäsarea im 6. Jh. n. Chr. (lateinische Form: Prokop). Sie enthalten entlarvende Geschichten über den byzantinischen Hof, vor allem über den Kaiser Justinian und seine Gemahlin Theodora, die in der offiziellen Regierungsgeschichte nicht veröffentlicht werden konnten.
Heute bezeichnet die Anekdote eine kurze epische Kleinform, die sprachlich knapp – oft in Rede und Gegenrede – auf einen überraschenden Gipfel oder eine plötzliche Wendung zielt und so eine Pointe ergibt, die sich als Wortwitz, Schlagfertigkeit oder paradoxe Fügung darstellt. Die Anekdote erfasst eine bestimmte Situation, in der sich in scharfer Charakterisierung menschliche Wesenszüge einer historischen Persönlichkeit enthüllen.
Aber auch bestimmte geschichtliche Ereignisse, merk- bzw. denkwürdige Begebenheiten, in denen eine Gesellschaftsgruppe, eine Geisteshaltung oder eine ganze Zeitepoche fassbar werden, sowie erdachte (fiktive), aber bezeichnende Gestalten oder menschliche Haltungen können Gegenstand der Anekdote sein. Denn das Erzählte muss zwar immer Charakteristisches offenbaren, braucht aber nicht unbedingt historisch verbürgt zu sein, sondern muss nur so möglich und glaubwürdig erscheinen.
In der deutschen Literatur wurde die Anekdote als Kunstform vor allem entwickelt in den Predigten Abrahams a Sancta Clara (1644–1709), in den Kalendergeschichten H.J.Ch. von Grimmelshausens (um 1622–1676), J.P. Hebels (1760–1826) und J. Gotthelfs (1797–1854). Künstlerische Höhepunkte erreichte die Anekdote bei Heinrich von Kleist (1777–1811) und in diesem Jahrhundert bei Wilhelm Schäfer (1868–1952).
Deutlich verwandt ist die Anekdote u.a. mit der Beispielgeschichte (dem Exempel), der Fabel, dem Schwank, der Kalendergeschichte, der Satire und vor allem der Kurzgeschichte.

Sieben Mal kehrt das Wort „Kerl“ wieder, zum „Mordskerl“ gesteigert. Das gibt die Mitte der geschlossenen Form. Kleistische Prosakunst treibt inzwischen das dramatischste Tempo durch den Wirtsbericht, mit „sag ich, sag ich, spricht er, spricht er“ usw. Angst des Wirts ist es, die dies Tempo treibt, Angst und Bewunderung zugleich. In diesem Doppellicht erleben wir den Reiter vor dem Wirtshaus im leeren Dorf, wie er dreimal das Schnapsglas leert, sich zur Pfeife Feuer geben lässt, sie gemütlich anschmaucht, bis die Franzosen da sind, und er wie der Blitz alle drei aus dem Sattel haut und mit ihren Pferden davonsprengt. „Als ob er das ganze Hohenlohische Korps hinter sich hätte.“ „So einen Kerl“, schließt der Wirt, „hab ich Zeit meines Lebens nicht gesehen!“
„Großes Beispiel“, sagt Josef Winckler im ‚Alten Fritz‘, „wächst nur um eine Gestalt, die über ihr Privatdasein hinaus vom Volk als ‚Kerl‘ empfunden wird.“ Das gilt für den Alten Fritz wie für diesen Typus eines preußischen Reiters, dem der Wirt seine ängstliche Biedermannsbewunderung mit auf den Weg gibt. Geschlossene Form, die charakteristisches Volksgeschehen umgreift. […]

(v 1957)

Text 5 **Heinrich Heine (1797–1856): Die Grenadiere**

Nach Frankreich zogen zwei Grenadier,
Die waren in Russland gefangen.
Und als sie kamen ins deutsche Quartier,
Sie ließen die Köpfe hangen.

Da hörten sie beide die traurige Mär:
Dass Frankreich verloren gegangen,
Besiegt und zerschlagen das große Heer –
Und der Kaiser, der Kaiser gefangen.

Da weinten zusammen die Grenadier
Wohl ob der kläglichen Kunde.
Der eine sprach: Wie weh wird mir,
Wie brennt meine alte Wunde!

Der andre sprach: Das Lied ist aus,
Auch ich möcht mit dir sterben,
Doch hab ich Weib und Kind zu Haus,
Die ohne mich verderben.

Was schert mich Weib, was schert mich Kind,
Ich trage weit bessres Verlangen;
Lass sie betteln gehn, wenn sie hungrig sind –
Mein Kaiser, mein Kaiser gefangen!

Gewähr mir, Bruder, eine Bitt:
Wenn ich jetzt sterben werde,
So nimm meine Leiche nach Frankreich mit,
Begrab mich in Frankreichs Erde.

Das Ehrenkreuz am roten Band
Sollst du aufs Herz mir legen;
Die Flinte gib mir in die Hand,
Und gürt mir um den Degen.

So will ich liegen und horchen still,
Wie eine Schildwach, im Grabe,
Bis einst ich höre Kanonengebrüll
Und wiehernder Rosse Getrabe.

Dann reitet mein Kaiser wohl über mein Grab,
Viel Schwerter klirren und blitzen;
Dann steig ich gewaffnet hervor aus dem Grab –
Den Kaiser, den Kaiser zu schützen.

(v 1822)

Text 6 Peter Huchel (1903–1981): Soldatenfriedhof

Die Luft ist brüchig.
Fünftausend Kreuze
In Reih und Glied,
Streng ausgerichtet
Auf Vordermann.

Nach dem Abendappell
Gehen sie in die Stadt.
Sie bevölkern Ruinen
Und schwarze Brücken,
Werfen Laub in die Grachten.

Sie besuchen den Dom
Und verdunkeln den Heiland.
Aber es glimmen die silber-
Beschlagenen Ecken des Messbuchs.
Und das Stigma[1] der Abendröte
Brennt auf den Dächern.

Als Fensterschatten
Lehnen sie an der Wand der Bar.
Sie hauchen Eis in die Gläser.
Sie blicken aus Gitarren
den Frauen nach.

Kurz vor Mitternacht
Hallt gräberhin
Des Todes Clairon[2],
Das trostlose Trommeln,
Die große Retraite[3],
Der Zapfenstreich.

In erster Helle
Stehen sie wieder
Starr im Geviert.
Fünftausend Kreuze.
Streng ausgerichtet
Auf Vordermann.

(v 1963)

Text 7 Alfred Polgar (1873–1955): Der unbekannte Soldat

Auf der Place de l'Etoile steht der mächtige Arc de Triomphe. Der „guide bleu" – der den Arc de Triomphe, weil er mit A beginnt, als Nummer Eins in der Reihe der wichtigsten Profanbauten von Paris nennt (gleich hinter ihm kommt die Banque de France, obwohl sie eigentlich in die religiösen Sachen eingereiht gehörte) –, der „guide bleu" teilt mit, dass die Fertigstellung des Triumphbogens, unter Louis Philippe, 9 051 115 Francs gekostet hat. Da kann man nur sagen: Ausgerechnet. Triumphe, die einen Bogen bekommen, kosten aber nicht nur viel Geld, sondern auch viel Leben. Was das anlangt, waren die Vaterländer im letzten Weltkrieg nicht knauserig. Einige von ihnen haben dann, um an diese Splendidität zu erinnern, und um die Masse, das Kleinzeug ihrer Blutopfer, zu ehren, einen „Unbekannten Soldaten" gewissermaßen ein Stück bis zur völligen Unkenntlichkeit verbrauchter Scheidemünze der Währung Mensch, glorreich bestattet.
Die französische Republik legte ihren „soldat inconnu" unter den Triumphbogen auf dem Platz des Sterns. Eine Steinplatte, über der ein ewiges, gasgenährtes Feuerchen flammt, deckt die Gruft, ihre Inschrift besagt: „Ici repose un soldat français mort pour la patrie." Am Grab vorbei flitzen die Automobile nach Longchamps, zu den Rennen, die in jüngster Zeit, das macht wohl der regendurchweichte Boden, überraschend oft von Outsidern gewonnen werden. Die Leute steigen aus, um den Unbekannten Soldaten zu grüßen. Ernst blicken sie, schrauben das Licht ihrer Lebenslust für einen Augenblick auf klein, pumpen ihre Seele voll mit Grau und stellen den Gefühlshebel in Richtung: Tod, Grab, Ehrfurcht. Fast immer auch umstehen Frauen aus dem Volk in schwarzer Tracht die Gruft. Traurig starren sie auf die gasgenährte Flamme, als brächte sie irgendwelche Botschaft von da unten, oder als sei es die unsterbliche Seele selbst, die so leuchte. Ja, vielleicht war gerade der Unbekannte Soldat ein der weinenden Frau gut bekannter. Die Chance ist gering: eins zu Gott weiß wie viel. Es wäre schon ein rechter Haupttreffer, ein Volltreffer sozusagen, wenn gerade dieser Mutter Sohn unterm Triumphbogen moderte. Und wäre es selbst so, was hätte sie Großes davon? Ein talmigoldenes[4] Rändchen um ihren echtschwarzen Kummer.
Ruhestätte im objektiven Sinn kann man ein Grab an dieser lebenumkreisten Unruhestätte eigentlich kaum nennen. Aber subjektiv hat der Tote natürlich auch hier seinen Frieden. Er hätte ihn ebenso, lägen seine armen Knochen mitten auf der Place de l'Opéra. Das, dieses Überall-schlafen-Können, ist ein wesentlichstes Benefiz des Totseins, sozusagen die Lichtseite dieser Schattenseite der kosmischen Ordnung.
Obgleich es kaum ein paar Jahre her sind, weiß man heute schon nicht mehr, wer die Idee gehabt hat, die unbekannten Toten des Krieges durch so feierliches Grab für einen von ihnen zu ehren (zu versöhnen?). Jedenfalls hatte der Einfall – getragen von dem weithin schwellenden und schwingenden Pathos, das den Franzosen wie ihre Parfüms und ihren Lustspieldialog kein Volk der Erde nachmacht – Stil. Erhitzt durch Freude oder Schmerz, gehen die französischen Dinge gern in den Aggregatzustand des Theaters

1 Das Stigma: von gr. Stich, Wund- oder Brandmal
2 Das Clairon: Signalhorn
3 Die Retraite: Rückzug; früher: Zapfenstreich der Kavallerie
4 talmi: unecht

Die **Kurzgeschichte:** Der Name ist eine Lehnübersetzung aus dem Amerikanischen für short story (= kurze realistische Prosaerzählung, die sich im 19. Jh. in literarischen Zeitschriften entwickelte). Von den sehr eigenwilligen und herausragenden Beispielen im Erzählwerk Franz Kafkas abgesehen, setzte sich die deutsche Kurzgeschichte als eigene Form erst nach 1945 durch: Sie begann als „Trümmerliteratur" in der thematischen Darstellung des Zweiten Weltkriegs (z.B. bei Wolfgang Borchert und Heinrich Böll) und setzte sich dann fort in der kritischen Auseinandersetzung mit der bundesrepublikanischen „Wohlstandsgesellschaft" und der Gestaltung moderner Wirklichkeitserfahrung bis zu deren grotesken, ja absurden Verfremdung (z.B. bei E. Langgässer, G. Weisenborn, M.L. Kaschnitz, I. Aichinger, G. Eich, W. Hildesheimer, P. Bichsel).
Die deutsche Kurzgeschichte entwickelte sich aus anderen Formen der Kurzprosa (s.o.) sowie aus Novelle und Skizze. Sie lässt sich durch eine Reihe von Merkmalen kennzeichnen, die jedoch im einzelnen Text nicht immer alle vorhanden sind:
- Der *geringe Umfang* entspricht dem Verzicht auf breit angelegte und ausmalende Erzählweise.
- Wie eine Momentaufnahme gibt die Kurzgeschichte nur einen *kleinen Ausschnitt* der Wirklichkeit, meist des modernen Alltagslebens mit mittelmäßigen Menschen oder auch gesellschaftlichen Außenseitern.
- Dem Ausschnittcharakter entspricht meist die *offene Form* mit unvermitteltem Einsatz und abruptem Abbruch, wodurch das Kombinationsvermögen und die Diskussionsbereitschaft des Lesers besonders herausgefordert sind.
- Die *Konzentration* auf einen bedeutsamen Augenblick des Alltags erlaubt eine sehr dichte, vielschichtige und oft mehrdeutige Darstellung, die aus ermüdender Monotonie oft zu menschlichen Grenzsituationen mit unerwarteten Wendungen, überraschenden Pointen und vielfältigen Verweisen auf Hintergründe und Lebenszusammenhänge führt.
- *Moderne Erzähltechniken* mit assoziativer Komposition und Montage, mit Einblendungen und Perspektivenwechsel sowie mit einer knappen, oft schmucklosen und kühl-distanzierten Sprache, in die Elemente des Dialekts und Jargons eingefügt sein können, entsprechen sowohl dem Erzählgegenstand – der meist als heterogen und brüchig gesehenen Wirklichkeit – als auch der Erzählabsicht den Leser herauszufordern und zu aktivieren.

Arbeitsanregungen:

1 a Versuchen Sie, durch sinnerschließendes Lesen die spezifische Stimmung der Texte 5–7 hörbar zu machen.
b Besprechen Sie die Texte, indem Sie vom letzten Abschnitt des Polgar-Essays ausgehen.

2 a Stellen Sie Auffälligkeiten der Texte zusammen, und erörtern Sie die Beziehungen zwischen Absicht und Stil.
b Welche Unterschiede zwischen lyrischer und epischer Darstellung fallen auf?

Die **Rezeption** (von lat. recipere = aufnehmen, empfangen) meint allgemein die Überlieferung, Verbreitung und Wirkung einzelner Werke bzw. Stile über geschichtliche Zeiträume hinweg. Veränderungen in der Aufnahme eines Werkes lassen sich aus den sich wandelnden historischen Bedingungen des Verstehens und aus wechselnden literarischen Interessen erklären. – Der Begriff Rezeption hat sich seit Mitte der sechziger Jahre inhaltlich erweitert und meint jede Art der Aneignung von Literatur durch Hörer oder Leser, die sog. Rezipienten. Dabei liegt die Vorstellung zugrunde, dass die Dichtung ein reiches Sinnpotential enthält, das sich erst in der Begegnung mit je unterschiedlichen Erwartungs- und Bildungshorizonten des Lesers konkretisiert.

Arbeitsanregungen:

1 a Zeigen Sie, wie das Bild des Krieges von der Perspektive des Betrachters abhängt.
b Wie wird am Stil die Absicht des Erzählers deutlich?

2 Versuchen Sie zu erklären, warum die Personen dieser Anekdote keine Eigennamen tragen.

Die **Erzählperspektive** (von lat. perspicere = mit dem Blick durchdringen, wahrnehmen). In der Literatur wird damit der Standpunkt bezeichnet, von dem aus ein Geschehen aufgefasst und dargestellt wird, vor allem in der erzählenden Prosa, aber auch in der Lyrik. Man unterscheidet u.a.:
- Aus der *Ich-Perspektive* werden die Ereignisse als selbst erlebt dargestellt. Mit diesem Anspruch der stärkeren Beglaubigung ist die Einschränkung eines subjektiv begrenzten Horizonts verbunden.
- Das sog. *personale Erzählen,* wobei in der Er-Form aus dem Blickwinkel einer Person der Handlung erzählt wird.
- Der sog. *allwissende* (auktoriale) *Erzähler,* der die umfassende Weite des Überblicks und die alles durchdringende Tiefe der Einsicht hat.

über, dem großen Erleben entbinden sich hier, ohne Accoucheurhilfe[1] der Dichter, leicht die großen Gebärden, und eine dekorative Lüge ist schon fast eine Wahrheit.
„Mort pour la patrie“ steht eingemeißelt auf der steinernen Platte. Wer weiß, ob das stimmt? Vielleicht sollte es richtiger heißen: Mort par la patrie. Vielleicht war der letzte Gedanke des Mannes da unten ein Fluch gegen die Gewalten, die ihn zum Helden gepresst hatten. Vielleicht wurde er gerade von dem General, der ihm jetzt in Ehrfurcht salutiert und ihn einen Helden nennt, wegen vorschriftswidrigen Salutierens Schweinehund geheißen. Vielleicht hat er sich einen Teufel um die gloire geschert, hätte das verborgenste Dasein dem offiziellsten Grabmal vorgezogen und nicht für alle Triumphbogen der Erde dreingewilligt, dass man ihm sein zeitlich Flämmchen ausblase, um ihm ein ewiges, gasgenährtes anzuzünden.
Die Napoleonischen Grenadiere, wie wir von Heinrich Heine wissen, sind entschlossen, hervorzusteigen aus ihrem Grab, falls der Kaiser nochmals darüberreiten und viel Schwerter klirren und blitzen sollten. Hingegen wird (wie genaue Kenner der Stimmung in Gefallenenkreisen berichten) der Unbekannte Soldat, kommt wieder Mobilisierung und das Auto des geliebten Feldherrn hupt über sein Grab, wahrscheinlich liegen bleiben.

(v 1926)

Text 8 Günter Kunert (*1929): Das Bild der Schlacht am Isonzo[2]

Auch der Maler war in der Schlacht gewesen; bald danach fertigte er ein Gemälde an, auf dem er darstellte, was er gesehen hatte: Im Vordergrund lagen Sterbende, denen die Gedärme aus den aufgerissenen Leibern quollen, und Leichen, über die Pferde und Tanks weggegangen, dass bloß blutiger Brei geblieben, geschmückt mit Knochensplittern. Dahinter stürmten die Soldaten der gegnerischen Heere aufeinander zu, in besudelten Uniformen, angstverzerrt die Gesichter. Im Hintergrund, unterhalb des Befehlsstandes, waren Offiziere dabei, Weiber zu schwängern, Kognak zu saufen und die Ausrüstung ganzer Kompanien für gutes Geld zu verhökern.
Dies war das Bild, und es hing im Atelier des Malers, als ein Besucher erschien, der sich porträtieren lassen wollte und durch Wesen und Benehmen sich als alter General zu erkennen gab. Er erschrak vor dem Bild.
So sei die Schlacht nie gewesen, rief er, das Bild lüge! Sein blinzelnder Blick fuhr kreuz und quer das Werk ab und entdeckte dabei hinter dem zerschmetterten Schädel eines Toten eine kleine Gestalt, die trommelnd und singend und mit kühn verschobenem Helm aufs Schlachtfeld lief. Dieses Detail kaufte der General, ließ es aus dem Gemälde schneiden und einrahmen: Damit künftige Generationen sich ein Bild machen könnten von der großen Schlacht am Isonzo.

(v zwischen 1968–1972)

Schülerbeispiele zum Unterrichtsprotokoll

Über eine Einführungsstunde in den Text „Das Bild der Schlacht am Isonzo“ liegen zwei *Protokolle* vor.

1. Beispiel: *Protokoll über die Deutschstunde am …*
Anwesende: 21 Schüler der Klasse 11b und der Fachlehrer

1. Kurze Informationen und Erklärungen zum Fach Deutsch. „Einführung in die Oberstufenarbeit im Unterrichtsfach Deutsch.“
2. Der erste Teil der Anekdote „Das Bild der Schlacht am Isonzo“ von Günter Kunert wird von den Schülern in Stillarbeit gelesen, eventuelle Fragen sollen herausgeschrieben werden. Danach eine kurze Besprechung des Textes. Fortsetzung des Textes durch die Schüler. Einige Beispiele werden vorgelesen. Die Frage nach „den Konsequenzen, die sich aus den möglichen Fortsetzungen der Anekdoten ergeben“, wird in den Vordergrund gestellt. Es folgt ein Heftaufschrieb mit dem Thema „Einführung in die Oberstufenarbeit am Beispiel von Texten zum Thema Mensch-Menschlichkeit“ mit dem Ziel der Interpretation einer Anekdote.
3. Stellung der Hausaufgabe „Eine Interpretation des gelesenen Textes“ nach einer dreiteiligen Arbeitsanweisung.

M.B.

1 Accoucheur: Geburtshelfer
2 Der *Isonzo:* italienischer Fluss nordwestlich von Triest, im heutigen Grenzbereich zwischen Italien und Jugoslawien. *Isonzoschlachten:* Zwischen Juni 1915 und Oktober 1917 fanden 12 Isonzoschlachten zwischen Italienern und Österreichern mit wechselndem Erfolg statt. 1917 gelang den Österreichern dann der Durchbruch.

2. Beispiel: *Protokoll der Deutschstunde in Klasse 11b vom ...*
   Thema der Unterrichtseinheit: Einführung in die Oberstufenarbeit am Beispiel von Texten zum Thema: Mensch – Menschlichkeit (Humanität)
   Thema der Stunde: Besprechung des Textes „Das Bild der Schlacht am Isonzo" von Günter Kunert.

   Nachdem wir vom Deutschlehrer den ersten Teil des Textes „Das Bild der Schlacht am Isonzo" erhalten hatten, wurden einige Interpretationsversuche gemacht und wir erarbeiteten dabei folgende Ergebnisse:
   Der General hat ein anderes Verhältnis zum Krieg als der Maler. Er erkennt nicht die Schrecken, Ängste und Grausamkeiten des Krieges, sondern er will nur das Heldenhafte am Krieg sehen. Der General erschrickt vor dem Bild, weil er die dargestellte Kritik als Angriff auf die eigene Person empfindet.
   Danach sollten wir der Geschichte einen eigenen Schluss hinzufügen und stellten fest, dass die beiden aller Voraussicht nach ihren Standpunkt nicht ändern und im Streit auseinander gehen würden. Unwahrscheinlich ist, dass sich der Maler ohne Drohung des Generals überzeugen lässt und es ist auch nicht zu erwarten, dass der General seine Meinung ändert.
   In der anschließend gelesenen Lösung des Autors verfälscht der General das Bild des Krieges, indem er ein kleines heroisches Detail, das seiner Vorstellung vom Krieg entspricht, herausschneiden lässt und damit für „künftige Generationen" die Schlacht am Isonzo dokumentieren will.
   Anschließend folgte ein Hefteintrag, in dem am Beispiel der Anekdote von Günter Kunert das Ziel und der Aufbau einer Interpretation erläutert wurden.

T.M.

Je nach der Perspektivenwahl oder dem Perspektivenwechsel werden unterschiedliche Möglichkeiten der Annäherung (räumliche bzw. zeitliche Nähe oder Ferne zum Geschehen) sowie Bedingungen für Subjektivierung bzw. Objektivierung der Darstellung getroffen.

Arbeitsanregungen:

[1] Ermitteln Sie aus beiden Beispielen Aspekte und Verlauf dieser Deutschstunde.

[2] Stellen Sie Unterschiede dieser beiden Protokolle fest und erörtern Sie, welches Beispiel besser über die Ergebnisse der Stunde informiert.

M6 Das Protokoll

1. *Ziele und Merkmale:*
- Das Protokoll ist die schriftliche Wiedergabe mündlicher Aussagen und dient in Diskussionen, Versammlungen, Verhandlungen und im Unterricht der Dokumentation von Sachverhalten.
- In Form eines sachlichen Schreibens, einer Art Bericht, werden Informationen mitgeteilt: Sie müssen zuverlässig, sachlich klar und unmissverständlich sein und stehen meist im Präteritum. Auf kausalen Zusammenhang bzw. chronologischen Ablauf ist zu achten.
- Als Urkunde – i.S. einer beglaubigten Dokumentation – wird das Protokoll vom Protokollführer (bzw. auch vom Leiter offizieller Veranstaltungen) namentlich unterzeichnet.

2. *Arten:*

Das Verlaufsprotokoll	Das Ergebnisprotokoll
Es hat die Aufgabe – einen Ablauf zeitlich bzw. sachlogisch genau und gegliedert darzustellen; – Standpunkte der Teilnehmer (z.B. bei einer Diskussion) klar herauszustellen; – auch Nebensächliches zu berichten ohne aber den „roten Faden" zu verlieren. *Z.B.:* Das Parlamentsprotokoll (Gemeinde-, Landtags- oder Bundestagsprotokoll) und das Gerichtsprotokoll (i.d.R. durch Schriftführer in stenographischen Berichten festgehalten) gehören zu diesem Typus.	Es hat die Aufgabe – die wesentlichen Ergebnisse (Abmachungen, Entscheidungen, Entschlüsse oder Unterrichtsinhalte) prägnant zusammenzufassen. – Es soll vor allem Erinnerungsstütze sein und die Arbeitskontinuität sichern. – Auf Abschweifungen und nebensächliche Details sowie auf genaue Verfahrenserläuterungen kann verzichtet werden. *Z.B.:* Es dient als Aktennotiz und oft auch als Unterrichtsprotokoll.

Häufig ist das Unterrichtsprotokoll aber eine Mischform aus beiden, tendiert jedoch i.d.R. dem Ergebnisprotokoll zu.

3. *Hinweise zum Unterrichtsprotokoll:*
a) Das Protokoll ist streng themen- und zielorientiert und erfordert ein hohes Maß an Konzentration auf das Wesentliche sowie ein großes Abstraktionsvermögen, vor allem als reines Ergebnisprotokoll.
b) Der Protokollführer (der Protokollant) sollte Folgendes beachten:
- Er muss sich genau informieren (am besten vor Beginn) über Thema, Hauptziele und -methoden der Stunde.
- Er soll möglichst objektiv protokollieren ohne eigene Wertungen zu treffen. (Will der Protokollführer aber eine eigene Stellungnahme abgeben, so kann er dies am Schluss tun, gekennzeichnet durch einen neuen Absatz.)
- Das Konzept ist in Stichworten bzw. Halbsätzen möglichst gegliedert anzulegen (dabei kann mit Abschnitten, Ziffern, Farben etc. gearbeitet werden): Daten, Namen, zentrale Fakten und Begriffe müssen absolut zuverlässig, Beschlüsse bzw. Kerngedanken sollten wörtlich wiedergegeben werden.
- Um größtmögliche Zuverlässigkeit zu gewährleisten soll die Reinschrift bald erfolgen. (Erkennt der Protokollant während der Ausarbeitung des Protokolls dennoch unklare bzw. unverstandene Passagen, so soll er diese im Protokoll kennzeichnen und bei der Besprechung zur Diskussion stellen.)

4. *Aufbau des Unterrichtsprotokolls:*
Auf liniertem oder unliniertem Papier (DIN A4) ist – bei angemessenem Rand und einheitlichem Satzspiegel – folgende Gliederung anzustreben:
Im „Kopf“ stehen:
Protokoll der Deutschstunde in Klasse [...] vom [...]
Abwesende: [...]
Thema der Unterrichtseinheit: [...]
Thema der Stunde: [...]
(Eventuell: Ziele und Methoden: [...])
Der *Hauptteil* soll die Ergebnisse (über Inhalte und Methoden) in Abschnitten gegliedert, aber nicht mit Ziffern gekennzeichnet, in stilistisch geschlossenem Text (nicht in Stichworten!) darstellen.
Am *Schluss* unterzeichnet der Protokollführer mit seiner Unterschrift und bürgt so für die Richtigkeit und Zuverlässigkeit der Information.

5. *Offizielle Protokolle* enthalten darüber hinaus folgende Informationen:
- Anlass und Veranstalter (Leiter);
- genaues Datum (also Uhrzeit über Beginn und Ende der Veranstaltung) sowie den Ort;
- ein Verzeichnis der Teilnehmer (i.d.R. als beigefügte handschriftliche Anwesenheitsliste);
- die differenzierte Tagesordnung;
- einen nach Einzelpunkten der Tagesordnung gegliederten Hauptteil (z.B. als Punkt 1 usw. oder mit TOP 1 usw.);
- die Unterschriften des Protokollanten und des Diskussionsleiters bzw. Veranstaltungsleiters.

Nach der unterrichtlichen Besprechung des Kunert-Textes sollten die Schüler als ersten Versuch in Klasse 11 eine *Interpretation* nach folgenden Arbeitsanweisungen schreiben:
Interpretieren Sie den Text.
- Schreiben Sie als Einleitung einen *Übersichtssatz.*
- Geben Sie eine *Deutung,* in der das Verhältnis von *Inhalt, Aufbau* und *Stil* erfasst ist.
- Wie *beurteilen* Sie den Text?

Günter Kunert wurde 1929 in Berlin geboren und als Halbjude im Dritten Reich für „wehrunwürdig“ erklärt. Kunert studierte nach 1945 in Berlin an der Hochschule für Angewandte Kunst. Er lebte dann als freier Schriftsteller, Zeichner und Maler in Ostberlin, gefördert von J.R. Becher und B. Brecht. Als Mitunterzeichner einer Petition gegen die Ausbürgerung Wolf Biermanns (1976) wurde Kunert 1977 aus der SED ausgeschlossen. Seit Herbst 1979 lebt er in der Bundesrepublik. Kunert schreibt in allen Gattungen mit starkem zeitkritischem Engagement. Der Titel seines ersten Lyrikbandes „Wegschilder und Mauerinschriften“ (1950) kann als programmatisch für sein umfangreiches Gesamtwerk gelten.

Schülerinterpretationen zu G. Kunerts „Das Bild der Schlacht am Isonzo“

1. *Beispiel:*
Die Anekdote „Das Bild der Schlacht am Isonzo“ von Günter Kunert handelt von einem Gemälde, mit dem der Maler die Schrecken des Krieges zeigen möchte, von dem ein General aber nur einen Ausschnitt kauft. Die Anekdote lässt sich äußerlich in drei Teile gliedern: Beschreibung des Bildes, Ankunft des Generals und seine Handlung. Dadurch, dass der erste Satz mit den Worten „Auch der Maler war in der Schlacht gewesen“ anfängt und die Aussage des Generals im Konjunktiv geschrieben ist, könnte man meinen, dass der General dem Maler eigentlich Recht gibt. Es wird durch die Wortwahl des Autors deutlich, dass er ein Kriegsgegner ist. Er stellt den Sachverhalt so dar, dass der General, der nur einen kleinen Ausschnitt des Bildes kauft, die Vergangenheit ändern möchte. Dabei übersieht der Leser nicht, dass der Maler die Schrecken des Krieges ganz groß darstellt und im Ausschnitt, welchen der General kauft, das Heldenhafte nur ganz klein malt. Nach meiner Ansicht wird diese Tatsache vom Autor vertuscht und zwar auf sehr raffinierte Weise: Er setzt die Akzente durch seine Wortwahl auf die Tatsache, dass Offiziere sich negativ benehmen.
Ich finde, dass die Anekdote viel zu pazifistisch ist. T.C.

2. *Beispiel:*
Günter Kunert schreibt in seiner Anekdote „Das Bild der Schlacht am Isonzo" über das Bild, das schreckliche Geschehnisse während des Krieges zeigt, dessen Maler und einen alten General, der jenes als „Lüge" bezeichnet. Als dieser auf dem Gemälde jedoch einen kleinen Soldaten, der als Kriegsheld dargestellt ist, erblickt, kauft er diesen Ausschnitt und hinterlässt ihn den Nachkommen eingerahmt und vergrößert als Darstellung der Schlacht am Isonzo.
Mit Absicht beginnt der Autor mit dem Hinweis „Auch der Maler war in der Schlacht gewesen." Er betont damit, dass der Maler alles selbst miterlebt und erlitten hat, was er „bald danach" in Form eines Gemäldes zum Ausdruck brachte. Aufgrund der Beschreibung des Bildes – im Vordergrund: Sterbende und Tote, dahinter: stürmende Soldaten mit „angstverzerrten" Gesichtern und im Hintergrund: sich unsittlich und ungesetzlich verhaltende Offiziere – wird ersichtlich, dass die Schlacht und überhaupt der Krieg für den Maler überwiegend Schlimmes und Schreckliches bedeuten. Kunert wählt für die Bildbeschreibung ausschließlich Wörter mit negativer Bedeutung: „aufgerissene Leiber", „blutiger Brei", „besudelte Uniformen", „angstverzerrte Gesichter". Auf diese Weise wird durch Vulgärsprache dem Leser das Bild sehr lebendig vor Augen geführt. Der Stil ändert sich im Schlussteil, als das Bild aus dem Blickwinkel des alten Generals betrachtet wird, der ebenfalls in der Schlacht gewesen war. Für ihn ist die „Wahrheit" an dem Bild eine kleine Gestalt, die sich seiner Meinung nach heldenmütig verhält: „trommelnd und singend und mit kühn verschobenem Helm" (Z. 14) dargestellt ist.
Zwischen den beiden Personen besteht ein großer Gegensatz, der dem Leser durch die unterschiedliche Betrachtungsweise von ein und derselben Schlacht verdeutlicht wird. Der Autor bringt den Leser jedoch auf die Seite des Malers. Er verwendet den größten Teil des Textes mit der Beschreibung der Perspektive des Malers, welche die Anekdote auch einleitet. Die Auffassung des Generals über die Kriegsgeschehnisse wird auch durch die Verwendung des Konjunktivs unglaubhaft gemacht: „So sei die Schlacht nie gewesen, [...] das Bild lüge!" (Z. 12)
Die Tatsache, dass der Maler auch die andere Seite der Schlacht in Form des kleinen, kühnen Soldaten darstellt, beweist, dass er die positiven Erlebnisse nicht völlig unterschlagen hat. Für ihn überwiegt das Negative aber. Der alte General hingegen hat die negativen Eindrücke wahrscheinlich verdrängt und will nur den kleinen Ausschnitt als Abbildung der Schlacht gelten lassen. Diese Idee erscheint schon insofern absurd, als eine so große Schlacht, die zwei Jahre dauerte, durch einen solch kleinen Ausschnitt dargestellt und Vorstellungshilfe für die künftigen Generationen werden soll.
Meiner Meinung nach zeigt diese Anekdote ein wichtiges Problem der Menschheit auf: das „Nicht-Wahrhaben-Wollen" von Ereignissen, deren Verlauf anders erträumt und gewünscht worden war. Sie beschreibt auch die Greuel des Krieges im Allgemeinen und die Sichtweise von Menschen, die den Krieg verherrlichen.

K.M.

Arbeitsanregungen:

1 Prüfen und beurteilen Sie die Schülerbeispiele und schreiben Sie jeweils einen knappen Kommentar dazu. Dabei können Sie den Anforderungen der dreigeteilten Arbeitsanweisungen folgen.

2 a Erörtern Sie an einem Beispiel Verständlichkeit und stilistische Qualität der Interpretation.
b Ist die Zitierweise sachgerecht und formal richtig?
c Ist die Verbindung von Beschreibung und Deutung angemessen?

3 Untersuchen Sie mit Hilfe einer detaillierten Biografie Günter Kunerts, ob die Einbeziehung von Informationen über Leben und Werk des Autors wichtige textexterne Interpretationsaspekte erbracht hätte.

M7 Zur Interpretationsmethode

Was zu den Phasen der Annäherung an ein Gedicht gesagt wurde (vgl. S. 27f.), gilt grundsätzlich für alle Texte.
Einige Hinweise zum *Verfahren* sollen das Interpretieren erleichtern:
1. So wie das Verstehen nur als Prozess möglich ist, so sollten Sie auch vom *Prozesscharakter* des Schreibens ausgehen. Ein Blick in die „Werkstatt" der Dichter, also in Notizen und Handschriften, kann Ihnen zeigen, wie viele Entwurfs- und Korrekturphasen ein Werk benötigt, bis es gedruckt vorliegt.
a) Am Beginn steht eine rein *technische Überlegung:* Sie sollten bei diesem Schreibprozess das Papier nicht sparen, d.h. mit mehreren DIN-A4-Bogen arbeiten, die Sie wegen der Übersichtlichkeit zunächst nur *einseitig* beschreiben. (Die Rückseite nutzen Sie später!)
- Auf einem Blatt notieren Sie die ersten Eindrücke, Überlegungen zur Sinnrichtung, Fragen, Hinweise für eine mögliche Einleitung, für den Schwerpunkt, den Schluss sowie Ergebnisse der Themenanalyse (s.u.).
- Ein zweites Blatt (i.d.R. im Querformat) dient der aufgabengerechten Stoffsammlung.

b) Nach der Textlektüre (am besten auch laut oder doch mit „gedachter" Artikulation) sollten Sie eine sorgfältige *Themenanalyse* machen, denn meist heißt die Aufgabe nicht nur „Interpretieren Sie", sondern sie wird durch eine differenzierte Arbeitsanweisung in bestimmte Richtungen gelenkt. Durch Unterstreichen der Schlüsselwörter werden die Anforderungen deutlich und es besteht nicht die Gefahr, dass Sie wesentliche Teile des Themas übersehen bzw. vergessen.

c) Ein ungefährer *Zeitplan* soll Ihnen helfen die zur Verfügung stehende Arbeitszeit sinnvoll einzuteilen. Vor allem bei Klassenaufsätzen wird die Zeit oft zu knapp für den letzten Aufgabenteil und die unbedingt notwendige Korrekturphase. Z.B.: Arbeitszeit drei Schulstunden (135 Min.);

- Sorgfältige Lektüre und Themenanalyse: ca. 10 Minuten
- Notieren der ersten Eindrücke, Fragen etc.: etwa 10 Minuten
- Ausarbeitung einer gegliederten Stoffsammlung: ca. 30–40 Minuten
- Sorgfältige Reinschrift: etwa 60 Minuten
- Gründliche Korrektur: ca. 15 Minuten

2. Die Entwicklung einer *gegliederten Stoffsammlung* ist als Grundlage für eine planvolle und stilistisch geschlossene Textfassung unerlässlich. Aus Gründen der Übersichtlichkeit empfiehlt sich eine tabellarische Darstellung im Querformat, wobei mit großzügigem Zeilenabstand (für mögliche spätere Ergänzungen) zu arbeiten ist. Nach Bedarf kann ein weiteres Blatt (nicht die Rückseite!) benutzt werden.
Die Gliederung des Blattes richtet sich nach den Arbeitsanweisungen (s.o.).
Indem nun Inhalt/Aufbau und Stilmerkmale auf „einer Ebene" stehen, lassen sich die Beziehungen viel besser erkennen, so dass die Deutung immer das Zusammenspiel von Inhalt-Aufbau-Stil berücksichtigen kann. Auch hier ist es wichtig die drei Phasen des Verstehensprozesses zu bedenken:
a) Ein *erstes Verständnis* (das sog. Primärverständnis) sowie möglicherweise Fragen und Hinweise zur Sinnrichtung wurden bereits auf einem eigenen Blatt notiert (s.o.).
b) Die möglichst genaue *Textbeschreibung* (mit Beispielen und Belegen) unter den vorgegebenen Arbeitsanweisungen soll nun das Primärverständnis sichern, erweitern oder aber auch korrigieren. Deshalb kommt es ganz entscheidend darauf an, festzuhalten, *was* am Text zu erheben ist.
c) Erst auf der Grundlage der Beschreibung sind vorsichtige *Deutungen* möglich, die nun die spontan vermutete oder erkannte Sinnrichtung des Primärverständnisses bestätigen, erweitern oder aber auch korrigieren.
Schematisch dargestellt, ergibt sich folgender Prozess:

Genaue Beschreibung von Inhalt – Aufbau – Stil ⟹ mögliche Deutungen

Exakte Textbeschreibung und begründete Deutung zusammen ergeben die *Interpretation* eines Textes.
Dass trotz genauer Beschreibung und begründeter Deutung im Ergebnis unterschiedliche Interpretationen entstehen können, hat objektive und subjektive Gründe: Dichtung (das Objekt der Interpretation) ist mehrdeutig, besitzt eine sog. Multivalenz; der Leser (das interpretierende Subjekt) sieht und bewertet die Merkmale eines Textes möglicherweise ganz unterschiedlich, d.h., er besitzt individuell spezifische Rezeptionsweisen. Dies bedeutet jedoch nicht, dass Interpretation etwas Beliebiges sein kann. Vielmehr muss sie *sachgerecht,* also den Möglichkeiten des Textes, seinem Sinn- und Bedeutungspotential entsprechend sein, *methodisch* sorgfältig durchgeführt werden (mit Textbelegen, Ziel- und Verfahrenserläuterungen), in *angemessenem Stil* der Beschreibung und Erörterung erfolgen und *glaubwürdig* sein, d.h. die Deutungen belegen und begründen.
Die Hervorhebungen (S. 46) zeigen das Ergebnis der *Themenanalyse,* nach der für den Hauptteil eine gegliederte Stoffsammlung anzulegen ist.

Beschreibung von

Zeilen	Inhalt – Aufbau –	Stil ⟹	Deutung
1	– Der Maler als Augenzeuge der Schlacht	„auch" „war gewesen"	– Unmittelbarer Eindruck
1	– fertigte „bald" ein Gemälde	„was er gesehen hatte"	– Gleichzeitigkeit
2ff.	– Anspruch auf Wirklichkeitstreue: Aufzählung nach Vorder-, Mittel- und Hintergrund gegliedert	Substantive, Verben und Adjektive (Attribute) sehr drastisch	– Relation von Geschehen und Dokumentation ist zeitlich sehr eng – Absicht: lebendige Vergegenwärtigung
	[…]	[…]	[…]

3. Die von allen Aufsatzarten her bekannte *Dreiergliederung* hat ihren guten Sinn, wenn sie auf die besonderen Bedingungen der Interpretation zugeschnitten ist:

a) Für die *Einleitung* empfehlen sich zwei Formen:
- Der *Übersichtssatz* (vgl. Resümee, S. 32) kann neben dem Namen des Autors, dem Titel und der Gattung den ersten *Gesamteindruck* enthalten.
  In dieser Form dokumentiert die Einleitung den ersten Schritt des Verstehensprozesses, der durch den Fortgang erweitert bzw. auch korrigiert werden kann.
- Der *Übersichtssatz* enthält neben dem Namen des Autors, dem Titel und der Gattung schon die *Kernaussage.*
  Diese Form zielt stark in Richtung des Resümees und entsteht meist erst als letzter Schritt des Interpretationsverfahrens, weil zur Ermittlung des Kerns i.d.R. ein gesichertes Gesamtverständnis des Textes Voraussetzung ist.

Beispiele zu beiden Formen der Einleitung könnten so lauten: Zur *ersten Form:* Günter Kunerts Anekdote „Die Schlacht am Isonzo" irritiert zunächst durch die außerordentlich drastisch geschilderten Einzelheiten des Krieges.
Zur *zweiten Form:* In der Anekdote „Die Schlacht am Isonzo" von Günter Kunert wird verdeutlicht, wie das kritisch gemalte realistische Bild einer schrecklichen Schlacht durch die tendenziöse Isolierung eines heldenhaften und idyllischen Details die Wirklichkeit der Geschichte total verfälschen kann.

b) *Im Hauptteil* der Interpretation müssen die sachgerechte Beschreibung und Deutung erfolgen: Sie richtet sich in ihren Schwerpunkten nach den Arbeitsanweisungen und darf nie zur bloßen Inhaltsumschreibung verkürzt werden. Wichtig sind dabei vor allem:
- *Textnähe* und durch Belege (Zitate) konkretisierte bzw. bekräftigte Beschreibung und Deutung.
- Sachlogische Verbindung der Teile in geschlossener Darstellung, die immer im *Präsens* steht (Vorausliegendes erscheint im Perfekt) und im beschreibenden bzw. erörternden Stil erfolgt.

c) Als *Schluss* können – je nach Aufgabenstellungen – verschiedene Lösungen gewählt werden:
- Die *Wertung* des Textes durch den Interpreten, die durchaus subjektiv sein darf, aber durch Begründung überzeugend sein soll.
- Der *Vergleich* mit einem anderen Text des Autors oder seiner schriftstellerischen Hauptabsicht.
- Die *Zuordnung* des Textes zum Gesamtwerk des Autors unter der Frage, wie charakteristisch er im Blick auf das Ganze ist.
- Die *Prüfung* des Textes, inwieweit er für Tendenzen (Themen, Stileigenarten) seiner Entstehungszeit bzw. Epoche repräsentativ ist.
- Der *Hinweis* auf Interpretationsaspekte, die am Text auch noch zu erörtern wären, jedoch die vorgegebene Aufgabenstellung bzw. den zeitlichen Rahmen der Arbeit sprengen würden.

Natürlich sind auch Mischformen aus den genannten Möglichkeiten denkbar.

4. Erst die *sorgfältige Korrektur* Ihrer Interpretation erbringt den erwünschten Erfolg. Dabei sollten Sie einige Grundregeln beachten:

a) Die *Korrekturzeit* von mindestens 15 Minuten sollten Sie bei Klassenarbeiten unbedingt von Beginn an einplanen. Bei Hausarbeiten ist sicher noch mehr Zeit vorzusehen.
b) Weil es kaum gelingt, sich beim Durchlesen auf alle Aspekte eines Aufsatzes zu konzentrieren, empfiehlt sich im Idealfall eine *Korrektur in drei Phasen:*
- Überprüfen Sie mit Hilfe Ihrer gegliederten Stoffsammlung zunächst *Inhalt* und *Aufbau* der Interpretation.
  Notwendige Ergänzungen werden durch *Nachträge* am unteren Heftrand für die einzelnen Seiten oder insgesamt am Schluss des Aufsatzes vorgenommen. Durch hochgestellte Ziffern in der Lücke[1] und vor dem [1]Nachtrag lassen sich die Ergänzungen übersichtlich einfügen.
- Achten Sie dann auf die angemessene Ausdrucksweise, wobei die Verwendung von Fachbegriffen innerhalb eines beschreibenden und erörternden Stils besonders wichtig ist.
  Notwendige Umstellungen bei der Wortfolge innerhalb eines Satzes lassen sich durch Nummerierung vornehmen. (Z.B.: „[1]Mit [2]dem [3]Nachdruck [7]wird [4]auf [5]der [6]Schlusszeile [8]ausgedrückt […]")
- Schließlich sollten Sie Ihre Aufmerksamkeit auf *Rechtschreibung* und *Interpunktion* (eventuell auch auf Grammatik) richten. Hilfreich ist die Anwendung geläufiger Grundregeln (z.B. zur Substantivierung, zur Zusammen- und Getrenntschreibung, zur sog. Dehnung und Schärfung sowie zur Trennung).

c) Die Bewusstmachung Ihrer individuellen Fehlerschwerpunkte kann Ihnen die Korrektur erleichtern.

Marie Luise Kaschnitz wurde 1901 in Karlsruhe geboren und entstammte einem badisch-elsässischen Adelsgeschlecht. Nach einer Buchhandelslehre war Kaschnitz u.a. auch in Rom als Buchhändlerin tätig. Sie starb 1974 in Rom. – Kaschnitz schrieb Gedichte, Prosa, Hörspiele und Essays. Ihre Humanität lebte aus antik-christlichem Erbe, und ihre Lyrik zeigt intuitive Sprachkraft.

Schreckliche Höhepunkte des Grauens im 20. Jahrhundert waren ohne Zweifel die Greuel des Zweiten Weltkriegs mit der Judenvernichtung durch die Nationalsozialisten (Vgl. Paul Celan: Die Todesfuge, S. 379f.) und dem amerikanischen Atombombenabwurf auf Japan. Das folgende Gedicht zeigt einen Versuch, das Unaussprechliche dichterisch zu gestalten.

Text 9 Marie Luise Kaschnitz (1901–1974): Hiroshima[1]

Der den Tod auf Hiroshima warf
ging ins Kloster, läutet dort die Glocken.
Der den Tod auf Hiroshima warf
sprang vom Stuhl in die Schlinge, erwürgte sich.
Der den Tod auf Hiroshima warf
fiel in Wahnsinn, wehrt Gespenster ab
hunderttausend, die ihn angehen nächtlich
Auferstandene aus Staub für ihn.

Nichts von alledem ist wahr.
Erst vor kurzem sah ich ihn
im Garten seines Hauses vor der Stadt.
Die Hecken waren noch jung und die Rosenbüsche zierlich.
Das wächst nicht so schnell, daß sich einer verbergen könnte
im Wald des Vergessens. Gut zu sehen war
das nackte Vorstadthaus, die junge Frau
die neben ihm stand im Blumenkleid
das kleine Mädchen an ihrer Hand
der Knabe der auf seinem Rücken saß
und über seinem Kopf die Peitsche schwang.
Sehr gut erkennbar war er selbst
vierbeinig auf dem Grasplatz, das Gesicht
verzerrt von Lachen, weil der Photograph
hinter der Hecke stand, das Auge der Welt.

(v 1957)

(Aus lizenzrechtlichen Gründen ist dieser Text nicht in reformierter Rechtschreibung abgedruckt.)

Text 10 Der Spiegel Nr. 31 vom 2.8.1982: Unbarmherziger Stolz

Sie preisen ihre Atomangriffe noch heute als „Akt des Patriotismus“: Über die Bombermannschaften von Hiroshima und Nagasaki – in der Legende dem Wahnsinn verfallen – berichtet eine TV-Dokumentation.

Der 6. August 1945 war „ein herrlich klarer Tag, ideal für einen Bombenangriff“.

Die „Fliegende Festung“ der US-Airforce, die B-29 „Enola Gay“, hatte ihren japanischen Zielort erreicht. Über Hiroshima drückte der Bordschütze, Major Thomas Ferebee, den Auslöseknopf „Bomb“; mit „unglaublicher Verblüffung“ beobachtete die Besatzung, wie „plötzlich ein greller Blitz aufzuckte“ – die Stadt verglühte im atomaren Inferno, über 100000 Menschen lagen verstümmelt und verbrannt in den Trümmern. Die „Enola Gay“ nahm Kurs auf ihren pazifischen Inselstützpunkt, Kommandeur Paul Tibbets funkte die Erfolgsmeldung: „Auftrag ausgeführt!“

Tibbets und seine Crew, Männer der Airforce-Elitetruppe „509. Composite Group“, hatten die erste Atombombe gezündet, die gegen ein feindliches Land eingesetzt wurde. Drei Tage später warfen sie eine zweite Nuklearladung auf Nagasaki, die Japaner kapitulierten, Amerika feierte die Kriegshelden der „Composite Group“.

Doch als, in den 50er Jahren, die Ruhmesfanfaren verstummten, der atomare Schrecken immer bedrohlicher wurde, gingen Gerüchte um, der Fluch der bösen Tat sei übers Elite-Corps gekommen. Entsetzliche Schuldgefühle, so wurde geraunt und geschrieben, peinigten die Männer. Der Pilot Claude Eatherly sei irre geworden, ein anderer büße im Trappistenkloster[2], grausige Krankheiten hausten unter den Bombenwerfern. Alles „pure Fantasie, die Wahrheit“, so dokumentiert nun ein TV-Film, „ist wesentlich nüchterner“.

Roelof Kiers, ein holländischer TV-Reporter, hat sich eingehend mit dieser noch heute weit verbreiteten Nemesis-Legende[3] beschäftigt. Sein Film-Protokoll „Auftrag ausgeführt!“ läuft am kommenden Freitag, 20.15 Uhr, am 37. Jahrestag der Hiroshima-Apokalypse[4], in den vereinigten Dritten Programmen der Nordkette, des HR und WDR – eine spannende dokumentarische Tragigroteske über pensionierte Elite-Krieger, die sich noch immer mit ihren Bomben-Taten brüsten.

---

1 Abwurf der ersten Atombombe am 6.8.1945 auf die japanische Stadt Hiroshima (auf der Insel Hondo). Die Schätzungen nennen zwischen 70 000 und 200 000 Tote. Etwa 80% des Stadtgebietes wurden zerstört.

2 Die Trappisten: nach der Abtei La Trappe benannter Reformzweig des Zisterzienserordens mit Schweigepflicht

3 Die Nemesis: griech. Göttin der ausgleichenden Gerechtigkeit

4 Die Apokalypse: Enthüllung, Offenbarung; Schrift über das Weltende

Kiers traf die Veteranen, mit ihren Frauen, bei einem Kameradschaftsabend, den sie – in walzerseliger Erinnerung an die glorreiche Zeit – alle drei Jahre einberufen. Er traf auf eine Runde aufgeräumter Greise, die – so Kiers – mit „unbarmherzigem Stolz“ von den Feindflügen schwärmen, von einem „Akt des Patriotismus“. Hiroshima mon amour.

Sie blättern verträumt in alten Fotoalben. Ein Amateurfilm über die Explosion der Hiroshima-Bombe („Die Aufnahmen sind ganz großartig“) wird stürmisch beklatscht. Sichtlich geschmeichelt erläutert der Operateur: „Passt am Ende gut auf, wie die Druckwelle losgeht. Das ist sehr gut gefilmt.“ Nein, diese überaus vergnügten alten Herren sind unheilbar gesund, wunde Seelen sind hier unbekannt.

Sie blicken bewegt zurück auf die Tage im Trainingscamp, als sie – von FBI und Geheimdienst sorgsam behütet – auf ihren Spezialauftrag vorbereitet wurden. Die „509. Composite Group“ war ein „fest zusammengeschweißter Haufen“, der „auch in schwierigen Lagen Menschlichkeit bewahrt hat“. Jacob Beser, Radar-Ingenieur auf beiden Atom-Flügen, kann sich „etwas Besseres gar nicht vorstellen“, als Mitglied dieser „einmaligen Gruppe“ gewesen zu sein.

Atombomber-Pilot Tibbets[1]: „Alle sind Helden“

Aber es gibt auch Verdruss, Mäkelei unter den Senioren. Kopilot Bob Lewis ist immer noch „gekränkt“, dass er bei der Taufe des B-29-Bombers „übergangen“ worden ist. Er hätte der Maschine gern einen „geschichtsträchtigen“ Namen verpasst, „Rache für Pearl Harbor“[2] etwa. Commander Tibbets war ihm mit einer „Ehrenbezeugung“ zuvorgekommen, er wählte den Mädchennamen seiner Mutter. „Enola Gay“.

Verbittert sind alle „509.“, dass die US-Regierung ihre „Fliegende Festung“ hartnäckig in einem Schuppen bei Washington versteckt und dem Bomber einen würdigen Ausstellungsort verweigert. Das empfindet die rüstige „Gay“-Force als „Verleugnung einer historischen Leistung“ (Kiers).

Denn es war ja, sagt Tibbets, heute Chef einer Lufttaxi-Firma, eine „Herausforderung“, über die „ich begeistert war“, die er „erfolgreich ausgeführt“ hat. Und „alle, die daran beteiligt waren, sind Helden“.

In dieser patriotischen Hochstimmung ist Tibbets, zusammen mit dem Bordschützen Ferebee, im September 1945 als Besatzungstourist nach Nagasaki gefahren. „Wir wollten uns“, erzählt Ferebee, „mal die Folgen der Bombe ansehen.“ Mit dem Resultat war er „zufrieden“, obwohl „die Zerstörungswirkung“ nicht die gewünschten „acht Meilen im Umkreis erreicht hatte“. Die Herren kauften ein paar Souvernirs, „handgemalte Reisschalen und geschnitzte Tabletts“, und wunderten sich, dass die Japaner weder feindselig noch abweisend waren.

Über den Mythos von Wahnsinn und Siechtum der Bombermannschaften haben sich die Veteranen immer amüsiert. Mit Irren hatte nur der einstige Chefkoch Charles Perry Kontakt, als Direktor einer psychiatrischen Anstalt. Der Pilot Eatherly, der ein Aufklärungsflugzeug gesteuert hatte, war schon in den 60er Jahren als Schwindler entlarvt worden. Ein Spinner, sagen die Kameraden, der Geisteskrankheit vortäuschte, um sich interessant zu machen.

Der Irrsinn in dieser gespenstischen Normalität wird grausig noch einmal am Film-Schluss deutlich. Da erscheint, beim Erinnerungsfest, ein japanischer Ehrengast, Mr. Shimodoi, der zwölfjährig in Hiroshima schwere Verbrennungen erlitt und nun seine Dankbarkeit bekundet, „Sie alle kennen zu lernen“.

Und als der freundliche Mr. Shimodoi berichtet, das jährliche Memorial von Atomgegnern in Hiroshima werde von „Kommunisten“ organisiert – „Das wahre Hiroshima denkt ganz anders“ –, applaudieren die Alten entzückt.

„Thank you, Mr. Shimodoi, it was a pleasure“.

(v 1982)

1 Vor dem Start nach Hiroshima am 6. August 1945.

2 Pearl Harbor: amerik. Marinestützpunkt auf Hawai, der am 7.12.1941 von Japanern angegriffen wurde

Arbeitsanregungen:

1 Interpretieren Sie „Hiroshima“, indem Sie vom Aufbau und dem Schluss des Gedichts ausgehen.

2 Vergleichen Sie die Deutung des Geschehens durch Marie Luise Kaschnitz mit der Darstellung im „Spiegel“-Bericht.

III. Autor, Werk und Leser

Was erwarten Sie von einem Autor, den man als einen „Seismographen“ seiner Zeit bezeichnet? Denken Sie an einen unbestechlichen Chronisten, an einen genauen Erzähler oder eher an einen kritischen und vorausschauenden Deuter der Epoche?
Dass Dichter auf Zeitsignale reagieren und auch ihre Leser zu Antworten herausfordern, haben Sie bereits erfahren. In diesem Kapitel sollen die Zusammenhänge zwischen Schreibanlässen, Gestaltungsformen von Literatur, Absichten des Autors und Wirkungen auf Leser genauer dargestellt werden.

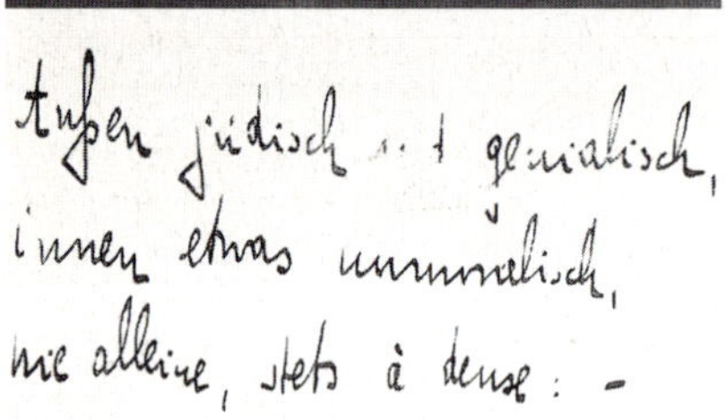

1. Zeitkritik als humaner Appell: Kurt Tucholsky (1890–1935)

Kurt Tucholskys Leben und Werk sind in besonderer Weise geprägt durch die politischen Verhältnisse im ersten Drittel des 20. Jahrhunderts: das Kaiserreich, die Weimarer Republik und den Beginn der nationalsozialistischen Herrschaft. Wenn nachfolgend Texte mit politischer und sozialer Thematik dominieren, in deren Zentrum der leidende Mensch und der handelnde Mensch stehen, so entspricht dies sowohl dem Hauptanliegen Tucholskys als auch dem Leitgedanken dieses ersten Teils.

a. Zeugnisse einer literarischen Existenz

Text 1 **Kurt Tucholsky (1890–1935): Vorsätze***

Ich will den Gänsekiel in die schwarze Flut tauchen. Ich will einen Roman schreiben. Schöne, wahre Menschen sollen auf den Höhen des Lebens wandeln, auf ihrem offenen Antlitz soll sich die Freiheit widerspiegeln …

Nein. Ich will ein lyrisches Gedicht schreiben. Meine Seele werde ich auf sammetgrünem Flanell betten, und meine Sorgen werden kreischend von dannen ziehen …

Nein. Ich will eine Ballade schreiben. Der Held soll auf blumiger Au mit den Riesen kämpfen, und wenn die Strahlen des Mondes auf seine schöne Prinzessin fallen, dann …

Ich will den Gänsekiel in die schwarze Flut tauchen. Ich werde meinem Onkel schreiben, daß ich Geld brauche.

(1907)

Text 2 **Kurt Tucholsky: Start**

Wir sind fünf Finger an einer Hand.

Der auf dem Titelblatt und:

Ignaz Wrobel. Peter Panter. Theobald Tiger. Kaspar Hauser.

Aus dem Dunkel sind diese Pseudonyme aufgetaucht, als Spiel gedacht, als Spiel erfunden – das war damals, als meine ersten Arbeiten in der *,Weltbühne'* standen. Eine kleine Wochenschrift mag nicht viermal denselben Mann in einer Nummer haben, und so erstanden, zum Spaß, diese homunculi[1]. Sie sahen sich gedruckt, noch purzelten sie alle durcheinander; schon setzten sie sich zurecht, wurden sicherer; sehr sicher, kühn – da führten sie ihr eigenes Dasein. Pseudonyme sind wie kleine Menschen; es ist gefährlich, Namen zu erfinden, sich für jemand anders auszugeben, Namen anzulegen – ein Name lebt. Und was als Spielerei begonnen, endete als heitere Schizophrenie.

Ich mag uns gern. Es war schön, sich hinter den Namen zu verkriechen und dann von Siegfried Jacobsohn[2] solche Briefe gezeigt zu bekommen:

„Sehr geehrter Herr! Ich muß Ihnen mitteilen, daß ich Ihr geschätztes Blatt nur wegen der Arbeiten Ignaz Wrobels lese. Das ist ein Mann nach meinem Herzen. Dagegen haben Sie da in Ihrem Redaktionsstab einen offenbar alten Herrn, Peter Panter, der wohl das Gnadenbrot von Ihnen bekommt. Den würde ich an Ihrer Stelle …“

Und es war auch nützlich, fünfmal vorhanden zu sein – denn wer glaubt in Deutschland einem politischen Schriftsteller Humor? dem Satiriker Ernst? dem Verspielten Kenntnis des Strafgesetzbuches, dem Städteschilderer lustige Verse? Humor diskreditiert.

Wir wollten uns nicht diskreditieren lassen und taten jeder seins. Ich sah mit ihren Augen, und ich sah sie alle fünf: Wrobel, einen essigsauern, bebrillten, blaurasierten Kerl, in der Nähe eines Buckels und roter Haare; Panter, einen beweglichen, kugelrunden, kleinen

* Aus lizenzrechtlichen Gründen sind die folgenden Texte von Kurt Tucholsky nicht in reformierter Rechtschreibung abgedruckt.

1 Der Homunkulus: künstlich geschaffener Mensch

2 Siegfried Jacobsohn: von 1918–1925 Herausgeber der „Weltbühne“

Mann; Tiger sang nur Verse, waren keine da, schlief er – und nach dem Kriege schlug noch Kaspar Hauser die Augen auf, sah in die Welt und verstand sie nicht. Eine Fehde zwischen ihnen wäre durchaus möglich. Sie dauert schon siebenunddreißig Jahre.

Woher die Namen stammen –?

Die alliterierenden Geschwister sind Kinder eines juristischen Repetitors aus Berlin. Der amtierte stets vor gesteckt vollen Tischen, und wenn der pinselblonde Mann mit den kurzsichtig blinzelnden Augen und dem schweren Birnenbauch dozierte, dann erfand er für die Kasperlebühne seiner ‚Fälle' Namen der Paradigmata[3].

Die Personen, an denen er das Bürgerliche Gesetzbuch und die Pfändungsbeschlüsse und die Strafprozeßordnung demonstrierte, hießen nicht A und B, nicht: Erbe und nicht Erblasser. Sie hießen Benno Büffel und Theobald Tiger; Peter Panter und Isidor Iltis und Leopold Löwe und so durchs ganze Alphabet. Seine Alliterationstiere mordeten und stahlen; sie leisteten Bürgschaft und wurden gepfändet; begingen öffentliche Ruhestörung in Idealkonkurrenz mit Abtreibung und benahmen sich überhaupt recht ungebührlich. Zwei dieser Vorbestraften nahm ich mit nach Hause – und, statt Amtsrichter zu werden, zog ich sie auf.

Wrobel – so hieß unser Rechenbuch; und weil mir der Name Ignaz besonders häßlich erschien, kratzbürstig und ganz und gar abscheulich, beging ich diesen kleinen Akt der Selbstzerstörung und taufte so einen Bezirk meines Wesens.

Kaspar Hauser braucht nicht vorgestellt zu werden.

Das sind sie alle fünf.

Und diese fünf haben nun im Lauf der Jahre in der ‚*Weltbühne*' gewohnt und anderswo auch. Es mögen etwa tausend Arbeiten gewesen sein, die ich durchgesehen habe, um diese daraus auszuwählen – und alles ist noch einmal vorbeigezogen … Vor allem der Vater dieser Arbeit: Siegfried Jacobsohn.

Fruchtbar kann nur sein, wer befruchtet wird. Liebe trägt Früchte, Frauen befruchten, Reisen, Bücher … in diesem Fall tat es ein kleiner Mann, den ich im Januar 1913 in seinem runden Bücherkäfig aufgesucht habe und der mich seitdem nicht mehr losgelassen hat, bis zu seinem Tode nicht. Vor mir liegen die Mappen seiner Briefe: diese Postkarten, eng bekritzelt vom obern bis zum untern Rand, mit einer winzigen, fetten Schrift, die aussah wie ein persisches Teppichmuster. Ich höre das „Ja –?", mit dem er sich am Telefon zu melden pflegte; mir ist, als klänge die Muschel noch an meinem Ohr … Was war es –?

Es war der fast einzig dastehende Fall, daß dem Gebenden ein Nehmender gegenüberstand, nicht nur ein Druckender. Wir senden unsere Wellen aus – was ankommt, wissen wir nicht, nur selten. Hier kam alles an. Der feinste Aufnahmeapparat, den dieser Mann darstellte, feuerte zu höchster Leistung an – vormachen konnte man ihm nichts. Er merkte alles. Tadelte unerbittlich, aber man lernte etwas dabei. Ganz Sprachlehren wiegt mir das auf, was er ‚ins Deutsche übersetzen' nannte. Einmal fand er eine Stelle, die er nicht verstand. „Was heißt das? Das ist wolkig!" sagte er. Ich begehrte auf und wußte es viel besser. „Ich wollte sagen …" erwiderte ich – und nun setzte ich ihm genau auseinander, wie es gemeint war. „Das wollte ich sagen", schloß ich. Und er: „Dann sags." Daran habe ich mich seitdem gehalten. Die fast automatisch arbeitende Kontrolluhr seines Stilgefühls ließ nichts durchgehen – kein zu starkes Interpunktionszeichen, keine wilde Stilistik, keinen Gedankenstrich nach einem Punkt (Todsünde!) – er war immer wach.

Und so waren unsere Beiträge eigentlich alle nur Briefe an ihn, für ihn geschrieben, im Hinblick auf ihn: auf sein Lachen, auf seine Billigung – ihm zur Freude. Er war der Empfänger, für den wir funkten.

Ein Lehrer, kein Vorgesetzter; ein Freund, kein Verlagsangestellter; ein freier Mann, kein Publikumshase. „Sie haben nur ein Recht", pflegte er zu sagen, „mein Blatt nicht zu lesen." Und so stand er zu uns, so hat er uns geholfen, zu uns selbst verholfen, und wir haben ihn alle lieb gehabt.

Wir beide nannten uns, nach einem revolutionären Stadtkommandanten Berlins, gegenseitig: Kalwunde.

„Kalwunde!" sagtest du, wenn du dreiunddreißig Artikel in der Schublade hattest, „Kalwunde, warum arbeitest du gar nicht mehr –?" Und dann fing ich wieder von vorne an. Und wenn das dicke Kuvert mit einem satten Plumps in den Briefkasten fiel, dann hatte der Tag einen Sinn gehabt, und ich stellte mir, in Berlin und in Paris, gleichmäßig stark vor, was du wohl für ein Gesicht machen würdest, wenn die Sendung da wäre. Siehst du, nun habe ich das alles gesammelt … Und du kannst es nicht mehr lesen … „Mensch!" hättest du gesagt, „ick wer doch det nich lesen! Ich habe es ja alles ins Deutsche übersetzt –!"

Das hast du.

Und so will ich mich denn mit einem Gruß an dich auf den Weg machen.

Starter, die Fahne –! Ab mit 5 PS.

(v 1927)

Die Weltbühne

Der Schaubühne XXIII. Jahr

Wochenschrift für Politik · Kunst · Wirtschaft

Begründet von Siegfried Jacobsohn

Herausgeber: Kurt Tucholsky

Inhalt:

Carl v. Ossietzky: . . . . Adria, Kanton und Kyrill
Kurt Tucholsky: . . . . . Keinen Mann und keinen Groschen
Arthur Seehof: . . . . Die Rüstungen Frankreichs
Heinz Pol: . . . . Das Juste Milieu
Alexander Levy: . . . . Achad Ha-am
Rudolf Leonhard: . . . . Genuß der Zeitung
Ignaz Wrobel: . . . . Wiedersehen mit der Justiz
Erich Gottgetreu: . . . . Kuppelei
Arthur Eloesser: . . . . . Gewitter über der Volksbühne
Theobald Tiger: . . . . Subkutan
Wolf Zucker: . . . . Marcel Proust
Morus: . . . . Hugenberg und Cuno
Bemerkungen von Cristoph, P. Panter, L. Schierling, K. Hauser
Antworten

Erscheint jeden Dienstag

XXIII. Jahrgang 5. April 1927 Nummer 14

Versandort: Potsdam

Verlag der Weltbühne

Charlottenburg, Kantstrasse 152

[3] Das Paradigma: Beispiel, Muster

Text 3 Kurt Tucholsky: Park Monceau

Hier ist es hübsch. Hier kann ich ruhig träumen.
Hier bin ich Mensch – und nicht nur Zivilist.
Hier darf ich links gehn. Unter grünen Bäumen
sagt keine Tafel, was verboten ist.

Ein dicker Kullerball liegt auf dem Rasen.
Ein Vogel zupft an einem hellen Blatt.
Ein kleiner Junge gräbt sich in der Nasen
und freut sich, wenn er was gefunden hat.

Es prüfen vier Amerikanerinnen,
ob Cook[1] auch Recht hat und hier Bäume stehn.
Paris von außen und Paris von innen:
sie sehen nichts und müssen alles sehn.

Die Kinder lärmen auf den bunten Steinen.
Die Sonne scheint und glitzert auf ein Haus.
Ich sitze still und lasse mich bescheinen
und ruh von meinem Vaterlande aus.

(v 1924)

ZEITTAFEL

1890 9. Januar. Kurt Tucholsky als Sohn von Alex Tucholsky, dem Direktor der Berliner Handelsgesellschaft m.b.H. und der Firma Lenz & Co., in Berlin geboren
1899–1903 Besuch des Französischen Gymnasiums in Berlin
1903–1907 Auf dem Königlichen Wilhelms-Gymnasium in Berlin
1907 Erste Veröffentlichung: das *Märchen* im „Ulk“
1909 21. September. Reifeprüfung als Externer nach privater Vorbereitung
1909–1912 Juristisches Studium an der Universität Berlin, im Sommersemester 1910 in Genf
1912 *Rheinsberg* erscheint
1913–1915 In der Redaktion der „Schaubühne“ tätig
1914 19. November. Tucholsky besteht die juristische Doktorprüfung.
1915–1918 Als Soldat im Osten, 1917 auf der Fliegerschule im Baltikum, dann nach Rumänien. Tucholsky war zuletzt Vizefeldwebel.
1918–1920 Chefredakteur des „Ulk“
1923 Volontär am Bankhaus von Bett, Simon & Co.
1924 April. Als Korrespondent der „Weltbühne“ und der „Vossischen Zeitung“ in Paris. Fortan nur noch besuchsweise in Deutschland
1926 7. Dezember. Nach Siegfried Jacobsohns Tod zehn Monate Herausgeber der „Weltbühne“
1929 Tucholsky siedelt nach Schweden über. Er wohnt bis zu seinem Tode in Hindås bei Göteborg.
1933 23. August. Tucholsky wird ausgebürgert. Seine Bücher waren verboten und von den Nazis verbrannt worden.
1935 21. Dezember. Tucholsky nimmt sich in Hindås das Leben. Er wird auf dem Friedhof Mariefred bei Schloss Gripsholm beigesetzt.
Aus: Klaus-Peter Schulz: Tucholsky. – Hamburg: Rowohlt 1973. S. 170.

Text 4 Kurt Tucholsky: Das Lächeln der Mona Lisa

Ich kann den Blick nicht von dir wenden.
Denn über deinem Mann vom Dienst
hängst du mit sanft verschränkten Händen
und grienst.

Du bist berühmt wie jener Turm von Pisa,
dein Lächeln gilt für Ironie.
Ja … warum lacht die Mona Lisa?
Lacht sie über uns, wegen uns, trotz uns, mit uns, gegen uns –
oder wie –?

Du lehrst uns still, was zu geschehen hat.
Weil uns dein Bildnis, Lieschen, zeigt:
Wer viel von dieser Welt gesehn hat –
der lächelt, legt die Hände auf den Bauch
und schweigt.

(v 1928)

Text 5 Kurt Tucholsky: Letzte Seite im „Sudelbuch“

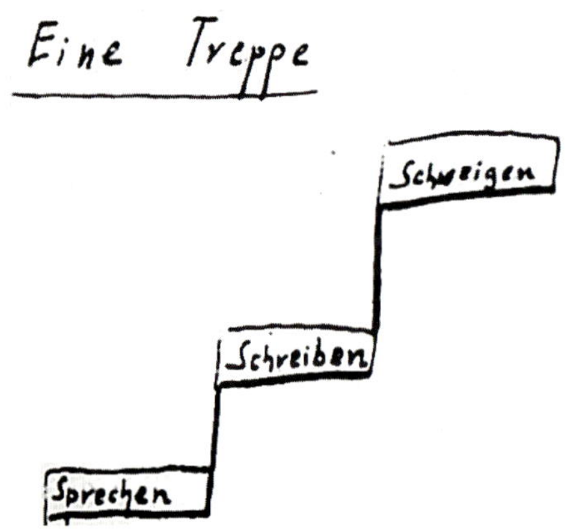

Text 6 Kurt Tucholsky: Mein Nachruf (Auf eine Rundfrage)

Wie mein Nachruf aussehen soll, weiß ich nicht. Ich weiß nur, wie er aussehen wird. Er wird aus einer Silbe bestehen.
Pappa und Mamma sitzen am abgegessenen Abendbrottisch und vertreiben sich ihre Ehe mit Zeitungslektüre. Da hebt Er plötzlich, durch ein Bild von Dolbin erschreckt, den Kopf und sagt: „Denk mal, der Theobald Tiger ist gestorben!“ Und dann wird Sie meinen Nachruf sprechen. Sie sagt:
„Ach –!“

(v 1927)

Seit 1924 war Kurt Tucholsky nur noch für kürzere Aufenthalte in Deutschland: Als Mitarbeiter der „Weltbühne“ und der „Vossischen Zeitung“ lebte er in Paris, ab 1929 in Schweden. Auch nachdem er 1932 seine literarische Tätigkeit eingestellt hatte, führte er eine lebhafte Korrespondenz. Aus Hindås hatte er u.a. einen regen Briefwechsel mit der Züricher Kinderärztin Dr. Hedwig Müller, die er zärtlich mit Nuuna anredete. Neben engagierter politischer Kritik enthalten die Briefe Zeugnisse seiner körperlichen Leiden, vor allem bedingt durch eine chronische Erkrankung der oberen Atemwege, aber auch Hinweise auf seine zunehmenden finanziellen Probleme und seine schweren Depressionen.

[1] Thomas Cook (1808–1892): engl. Unternehmer, Gründer des ältesten Reisebüros

Text 7 **Kurt Tucholsky: Brief an Nuuna vom 27.10.1934** [Auszug]

[...]
Es gibt nicht das allergeringste Anzeichen dafür; dies sind nicht etwa düstere Andeutungen, [...] dies ist einfach eine Gewißheit. Es m u ß der Augenblick kommen, wo Du Dir denkst: „In Gotts Namen ... schließlich ...“ Und dahin möchte ich es nicht kommen lassen. Ich kann schriftstellern und damit wenig Geld verdienen, ich kann schlecht und recht Bücher verkaufen, aber es muß flutschen, es muß mit aller Kraft gemacht werden, und nicht so tranig, so jammervoll, wie jetzt alles ist. Es gibt da ein Gefühl im Körper, das sitzt viel tiefer als alles Gerede der Ärzte: fällt diese Aufschwellung von mir, ist das Lebensgefühl anders. Aber es ändert sich ja nicht. Und alles, aber auch alles, was ich jetzt mache, ist vergebens und soll lieber ungetan sein. Ich benehme mich hier so, wie Du es nicht tadeltest, wenn Du es sähest (ich gehe nur nicht genug spazieren, es regnet in Strömen), ich lerne also diesen Kram da, nichts ist verwahrlost, ich lerne französisch, aber eine Stimme sagt zu mir stets: Wozu das alles? Das ist ja alles Unfug. Das ist es alles nicht. Nun weiß ich, daß ein tatenloses Herumbrüten nicht auszuhalten ist, ich flüchte mich also in diese Kinderbücher. Aber ich lebe nicht. Und nichts, aber auch nichts kann mich von diesem Grundgefühl abbringen, das stärker ist als alles andere: das ist es alles nicht. Ob ich hier sitze und diesen Quatsch lerne, ob ich was andres täte, ob ich da Bücher verkaufte oder sonst was täte – mir wird mein Leben gestohlen von irgend etwas, das auf mir liegt wie eine graue Decke. Und so gehe ich nicht unter Menschen, und so will ich nicht deine, entschuldigen Sie das harte Wort, Sympathie riskieren. Nuunchen, schreib mir nicht zurück, ich sei verdreht. Das stimmt – und daß Du geradezu übermenschlich geduldig mit mir bist, weiß ich auch. Aber das ist doch kein Zustand und keine Basis. Wäre ich gesund, wäre das ganz anders. Dann ließe sich über manches reden. Ich will gar nicht mal von den Äußerlichkeiten sprechen, daß da unten eine aufgebaute Existenz zu unsern Lebzeiten sehr leicht auf eine nach Gas riechende Art kaputtgehn kann, und das möchte man doch nicht. Aber das sind zu diskutierende Fragen, schließlich kannst Du hier ja nicht verdienen, und wir wissen nicht einmal, ob im nächsten Jahr usw. Aber das ist gar nicht so wichtig. Was ich nicht will, ist, eine so nette Sache an meiner Unzulänglichkeit kaputtgehn zu lassen. Und sie ginge kaputt. Ich fühle, wenn ich beim Anwalt aus dem Zimmer gehe und sonstwo immer, und ich möchte hier einen Ausdruck aus dem Schauspielerslang gebrauchen: „Ich war nicht gut“. Ich trete ja nicht auf, aber doch fühle ich das: es langt nicht. Ich überzeuge keinen, es fehlt etwas, es ist etwas nicht da, was früher da gewesen ist, ungleich, nicht immer funktionierend, aber es war da. Und jetzt ist es nicht mehr da. Ja, ja, Du bist Arzt, ich weiß. Aber ich möchte auch mal nicht Patient sein, das ist auf die Dauer etwas dünn. So ist das.

Dies soll weiter nichts heißen, als daß ich nicht weiter weiß. Ich brauche jetzt kein Geld, ich will gar nichts, ich will auch nicht mit feierlichen Schwüren erklären: „Ha – niemals nicht!“ und so. Ich bin ja nicht doof. Aber ich bin so müde von alledem, es geht nicht mehr, ich bin nichts mehr, wie jener sagte, und daher kommt dieser völlige Mangel an Zutrauen. So ist das. [...]

(1934)

Text 8 **Kurt Tucholsky: Brief an Nuuna vom 25.7.1935** [Auszug]

[...]
Sonst halte ich mich für das, was Dr. Owlglas einmal aus Spaß Wilhelm Busch geschrieben hat: ein aufgehörter Dichter. Ich kann mir nicht denken, daß es jemals nochmals fließt. Mein Talent wird mit den e i n f a c h e n Sachen gut fertig und kann sie wirkungsvoll und einfach sagen, im Deutschen eine seltene Gabe. Aber nun, wo ich weiß, daß es eben alles nicht so einfach ist: da kommt nichts mehr. Ich spüre täglich mehr: hätte ich Geld, und müßte ich nicht – ich schriebe nicht mehr. Für wen? Ich habe kein Mitteilungsbedürfnis mehr. Solche Eindrücke können täuschen, ich schreibe das Dir ja auch nur du jour au jour, aber so ist das. [...]

(1935)

Arbeitsanregungen:

1 Welche Absichten und literarischen Tendenzen zeichen sich in den mitgeteilten Texten ab?

2 Versuchen Sie die hier abgedruckten Texte einzelnen Pseudonymen Tucholskys, wie sie im „Start“ erläutert werden, zuzuordnen.

b. Ein gekränkter Idealist

Insgesamt 25 Jahre – von 1907–1932 – war Tucholsky schriftstellerisch tätig: Gedichte, Chansons, Glossen, Erzählungen, ein Roman, Artikel, Essays und die als „Schnipsel“ bezeichneten kurzen Texte ergaben ein Gesamtwerk von rund 2500 Titeln.

Text 1 **Kurt Tocholsky (1890–1935): Märchen**

Es war einmal ein Kaiser, der über ein unermeßlich großes, reiches und schönes Land herrschte. Und er besaß wie jeder andere Kaiser auch eine Schatzkammer, in der inmitten all der glänzenden und glitzernden Juwelen auch eine Flöte lag. Das war aber ein merkwürdiges Instrument. Wenn man nämlich durch eins der vier Löcher in die Flöte hineinsah – oh! was gab es da alles zu sehen! Da war eine Landschaft darin, klein, aber voll Leben: Eine Thomasche[1] Landschaft mit Böcklinschen[2] Wolken und Leistikowschen[3] Seen. Reznicueksche[4] Dämchen rümpften die Nasen über Zillesche[5] Gestalten, und eine Bauerndirne Meuniers[6] trug einen Arm voll Blumen Orliks[7] – kurz, die ganze moderne Richtung war in der Flöte.
Und was machte der Kaiser damit? Er pfiff drauf. (v 1907)

Text 2 **Kurt Tucholsky: Krieg dem Kriege**

Sie lagen vier Jahre im Schützengraben.
Zeit, große Zeit!
Sie froren und waren verlaust und haben
daheim eine Frau und zwei kleine Knaben,
weit, weit –!

Und keiner, der ihnen die Wahrheit sagt.
Und keiner, der aufzubegehren wagt.
Monat um Monat, Jahr um Jahr …

Und wenn mal einer auf Urlaub war,
sah er zu Haus die dicken Bäuche.
Und es fraßen dort um sich wie eine Seuche
der Tanz, die Gier, das Schiebergeschäft.
Und die Horde alldeutscher Skribenten[8] kläfft:
„Krieg! Krieg!
Großer Sieg!
Sieg in Albanien und Sieg in Flandern!“
Und es starben die andern, die andern, die andern …

Sie sahen die Kameraden fallen.
Das war das Schicksal bei fast allen:
Verwundung, Qual wie ein Tier, und Tod.
Ein kleiner Fleck, schmutzigrot –
und man trug sie fort und scharrte sie ein.
Wer wird wohl der Nächste sein?

Und ein Schrei von Millionen stieg auf zu den Sternen.
Werden die Menschen es niemals lernen?
Gibt es ein Ding, um das es sich lohnt?
Wer ist das, der da oben thront,
von oben bis unten bespickt mit Orden,
und nur immer befiehlt: Morden! Morden! –
Blut und zermalmte Knochen und Dreck …
Und dann hieß es plötzlich, das Schiff sei leck.
Der Kapitän hat den Abschied genommen
und ist etwas plötzlich von dannen geschwommen.
Ratlos stehen die Feldgrauen da.
Für wen das alles? Pro patria?

Brüder! Brüder! Schließt die Reihn!
Brüder! das darf nicht wieder sein!
Geben sie uns den Vernichtungsfrieden,
ist das gleiche Los beschieden
unsern Söhnen und euern Enkeln.
Sollen die wieder blutrot besprenkeln
die Ackergräben, das grüne Gras?
Brüder! Pfeift den Burschen was!
Es darf und soll so nicht weitergehn.
Wir haben alle, alle gesehn,
wohin ein solcher Wahnsinn führt –

Das Feuer brannte, das sie geschürt.
Löscht es aus! Die Imperialisten,
die da drüben bei jenen nisten,
schenken uns wieder Nationalisten.
Und nach abermals zwanzig Jahren
kommen neue Kanonen gefahren. –
Das wäre kein Friede.
Das wäre Wahn.
Der alte Tanz auf dem alten Vulkan.
Du sollst nicht töten! hat einer gesagt.
Und die Menschheit hörts, und die Menschheit klagt.
Will das niemals anders werden?
Krieg dem Kriege!
Und Friede auf Erden. (v 1919)

[1] *Hans Thoma* (1839–1924): Vertreter der Nachromantik mit Landschafts- und Genrebildern
[2] *Arnold Böcklin* (1827–1901): einer der fantasievollsten Maler, in dessen Werk vor allem Gestalten der griechischen Mythologie eine große Rolle spielten
[3] *Walter Leistikow* (1865–1908): malte dekorativ-stilisierte Landschaften von den Berliner Seen
[4] *Ferdinand Freiherr von Reznicek* (1868–1909): gab Darstellungen aus der Münchner Gesellschaft und war Hauptmitarbeiter der Zeitschriften „Jugend“ und „Simplicissimus“
[5] *Heinrich Zille* (1858–1929): humorvolle satirisch-sozialkritische Zeichnungen aus dem Berliner Volksleben
[6] *Constantin Meunier* (1831–1905): malte realistische Arbeitsszenen
[7] *Emil Orlik* (1870–1932): ein durch ostasiatische Grafik angeregter Künstler
[8] Der Skribent: abfällig für Schreiberling, Vielschreiber

Text 3 Kurt Tucholsky: Vision

Heute haben wir den 28. Juli, der Pariser Autobusführer sitzt vorn am Steuerrad und wendet den schweren, langen Wagen, als ob es ein kleiner Zweisitzer wäre. ‚AX' steht vorn dran. Ich weiß doch nicht genau … und frage den Schaffner. Der Schaffner sagt nett und höflich Bescheid: Nein, nach der rue de Grenelle muß ich mit dem andern Wagen abfahren. Danke.

Das wäre also heute. Und was hätte der Omnibusschaffner, auf diesem Pariser Omnibus, mit mir gemacht, wenn wir uns in jenen Jahren begegnet wären?

Der Omnibusschaffner hätte, vor Angst, aus Pflichtbewußtsein, nach Kommando, auf mich geschossen. Sein Fahrer wäre, um mich zu fangen, vorsichtig den Graben entlanggekrochen, wäre alle paar Minuten regungslos auf dem Bauch liegengeblieben, hätte gewartet – und dann, an der nächsten Biegung, wäre er vorgesprungen und hätte mir sein Bajonett in den Magen gestoßen, da, wo ich jetzt meinen Spiegel trage. Der Mann auf der Métro, der mir vorhin das Billett geknipst hat, hätte befriedigt das Gewehr abgesetzt, wenn ich drüben die Arme hochgeworfen hätte und hinter dem deutschen Graben verschwunden wäre … In jenen Jahren.

Und ich: ich war verpflichtet, meinem Milchhändler, der mir morgens immer so nett auseinandersetzt, was es Neues gibt, den Kolben auf den Kopf zu schlagen, wenn ich ihn erwischt hätte; ich mußte meinem Kollegen vom *‚Oeuvre'* das Seitengewehr durchs Gesicht ziehen, und ich hatte dafür zu sorgen, daß die schöne Frau Landrieu ihren Mann nicht mehr zu sehen bekam. In jenen Jahren.

Das war meine Pflicht, das war ihre Pflicht.

Aber jetzt sind wir alle wieder friedlich, sagen uns freundlich guten Tag, unsere Minister besuchen sich; sie zeigen mir den Weg, ich drücke ihnen die Hand, grüße und unterhalte mich, werde ins Theater begleitet und führe nette Unterhaltungen über alles mögliche. Nur über diese eine Sache nicht. Nur über diese eine einzige Lebensfrage sprechen die Menschen fast gar nicht, ungern, zögernd:

Ob sie sich morgen wieder Messer in die Köpfe jagen, morgen wieder Granaten (mit Aufschlagzünder) in die Wohnstuben schießen, Herrn Haber konsultieren, damit er ein neues Gas erfinde, eines, das die Leute, wenn irgend möglich, Professor, total erblinden läßt … Und darüber, daß sich morgen alle: Omnibusschaffner, Métrokontrolleur, Universitätslehrer und Milchhändler, in eine tobende, heulende Masse verwandeln, die nur den einen Wunsch hat, aus den Berufsgenossen der andern Seite einen stinkenden Brei zu machen, der in den Sandtrichtern verfault …

Morgen wieder? Morgen wieder –?

(v 1924)

Arbeitsanregungen:

1 a Zu welchen Einsichten über das Verhalten der Menschen in Krieg und Frieden kommt der Autor?
b Wie lautet sein humaner Appell?

2 Verfassen Sie als heutiger Leser einen Brief an Tucholsky oder entwerfen Sie ein Gespräch mit ihm über das Thema: Eine Vision der neunziger Jahre.

Text 4 Kurt Tucholsky: Kurt Tucholsky

Kurt Tucholsky
Peter Panter · Theobald Tiger · Ignaz Wrobel
Kaspar Hauser

haßt:	*liebt:*
das Militär	Knut Hamsun
die Vereinsmeierei	jeden tapfern Friedenssoldaten
Rosenkohl	schön gespitzte Bleistifte
den Mann, der immer in der Bahn die Zeitung mitliest	Kampf
Lärm und Geräusch	die Haarfarbe der Frau, die er gerade liebt
‚Deutschland'	Deutschland

(v 1928)

Die zwanziger Jahre führten vor allem in Berlin zu Höhepunkten des stark politisch geprägten literarischen Kabaretts. Die materielle Notlage und weit verbreitete Existenzängste bildeten die Basis, auf der das zeitkritische Kabarett seine Wirkungsmöglichkeit fand. Kurt Tucholsky war einer der bekanntesten Schriftsteller, die fürs Kabarett schrieben: für ein bestimmtes Publikum, vor allem aber für herausragende Kabarettisten Berlins, u.a. für Paul Graetz, Rosa Valetti, Trude Hesterberg und Claire Waldoff. Entsprechend dem Charakter des Chansons und seiner Darbietung schrieb Tucholsky nicht nur sehr bewusst für das Ohr, sondern gab den Komponisten – u.a. Friedrich Holländer, Rudolf Nelson, Kurt Werner, Olaf Bienert und Hanns Eisler – oft auch Tendenzen der Melodieführung und des Rhythmus vor.

Claire Waldoff

Rosa Valetti

Trude Hesterberg

Paul Graetz

Text 5 **Kurt Tucholsky: Das Dritte Reich**

Es braucht ein hohes Ideal
der nationale Mann,
daran er morgens allemal
ein wenig turnen kann.
Da hat denn deutsche Manneskraft
in segensreichen Stunden
als neueste Errungenschaft
ein Ideal erfunden:
Es soll nicht sein das erste Reich,
es soll nicht sein das zweite Reich …

Das dritte Reich?
Bitte sehr! Bitte gleich!

Wir dürfen nicht mehr massisch sein –
wir müssen durchaus rassisch sein –
und freideutsch, jungdeutsch, heimatwolkig
und bündisch, völkisch, volkisch, volkig …
und überhaupt.
Wers glaubt,
wird selig. Wer es nicht glaubt, ist
ein ganz verkommener Paz- und Bolschewist.

Das dritte Reich?
Bitte sehr! Bitte gleich!

Im dritten Reich ist alles eitel Glück.
Wir holen unsre Brüder uns zurück:
die Sudetendeutschen und die Saardeutschen
und die Eupendeutschen[1] und die Dänendeutschen …
Trutz dieser Welt! Wir pfeifen auf den Frieden.
Wir brauchen Krieg. Sonst sind wir nichts hienieden.
Im dritten Reich haben wir gewonnenes Spiel.
Da sind wir unter uns.
Und unter uns, da ist nicht viel.
Da herrscht der Bakel[2] und der Säbel und der Stock –
da glänzt der Orden an dem bunten Rock,
da wird das Rad der Zeit zurückgedreht –
wir rufen „Vaterland!", wenns gar nicht weiter geht …
Da sind wir alle reich und gleich
im dritten Reich.
Und wendisch[3] und kaschubisch[4] reine Arier.
Ja, richtig … Und die Proletarier!
Für die sind wir die Original-Befreier!
Die danken Gott in jeder Morgenfeier –
Und merken gleich:
Sie sind genau so arme Luder wie vorher,
genau solch schuftendes und graues Heer,
genau so arme Schelme ohne Halm und Haber –
Aber:
im dritten Reich.
Und das sind wir.
Ein Blick in die Statistik:
Wir fabrizieren viel. Am meisten nationale Mistik.

(v 1930)

---

1 Eupen: ostbelgische Stadt, bis 1920 deutsch
2 Bakel: der Stock
3 Wenden: slawische Bevölkerung in Mittel- und Ostdeutschland
4 Kaschuben: westslawischer Volksstamm in Ostpommern und Westpreußen

Text 6 **Kurt Tucholsky: Joebbels**

Wat wärst du ohne deine Möbelpacker!
Die stehn, bezahlt un treu, so um dir rum.
Dahinter du: een arma Lauseknacker,
een Baritong fort Jachtenpublikum.
Die Weiber – hach – die bibbern dir entjejen
un möchten sich am liebsten uffn Boden lejen!
Du machst un tust und jippst da an …
Josef, du bist'n kleener Mann.

Mit dein Klumpfuß – seh mal, bein andern
da sacht ick nischt; det kann ja jeda ham.
Du wißt als Recke durch de Jejend wandern
un paßt in keen Schützenjrahm?
In Sportpalast sowie in deine Presse,
da haste eine mächtich jroße Fresse.
Riskierst du wat? – De Schnauze vornean.
Josef, du bist'n kleener Mann.

Du bist mit irgendwat zu kurz gekomm.
Nu rächste dir, nu lechste los.
Dir hamm se woll zu früh aus Nest jenomm!
Du bist keen Heros, det markierste bloß.
Du hast'n Buckel, Mensch – du bist nich richtich!
Du bist bloß laut – sonst biste jahnich wichtig!
Keen Schütze – een Porzellanzerschmeißer,
keen Führer biste – bloß'n Reißer,
Josef,
du bist een jroßer Mann –!

(v 1931)

Text 7 **Kurt Tucholsky: An das Publikum**

O hochverehrtes Publikum,
sag mal: bist du wirklich so dumm,
wie uns das an allen Tagen
alle Unternehmer sagen?
Jeder Direktor mit dickem Popo
spricht: „Das Publikum will es so!"
Jeder Filmfritze sagt: „Was soll ich machen?
Das Publikum wünscht diese zuckrigen Sachen!"
Jeder Verleger zuckt die Achseln und spricht:
„Gute Bücher gehn eben nicht!"
Sag mal, verehrtes Publikum:
bist du wirklich so dumm?

So dumm, daß in Zeitungen, früh und spät,
immer weniger zu lesen steht?
Aus lauter Furcht, du könntest verletzt sein;
aus lauter Angst, es soll niemand verhetzt sein;
aus lauter Besorgnis, Müller und Cohn
könnten mit Abbestellung drohn?
Aus Bangigkeit, es käme am Ende
einer der zahllosen Reichsverbände
und protestierte und denunzierte
und demonstrierte und prozessierte …
Sag mal, verehrtes Publikum:
bist du wirklich so dumm?

Ja, dann …
Es lastet auf dieser Zeit
der Fluch der Mittelmäßigkeit.
Hast du so einen schwachen Magen?
Kannst du keine Wahrheit vertragen?
Bist also nur ein Grießbrei-Fresser –?
Ja, dann …
Ja, dann verdienst dus nicht besser.

(v 1931)

Engagierte Literatur: Nach Jean Paul Sartres (1905–1980) Bezeichnung „littérature engagée" („Über Literatur", 1950) als „Literatur der Praxis" verstanden. Heute im weitesten Sinne als Gegenbegriff zu „l'art pour l'art" (= die Kunst um der Kunst willen) verwendet für alle Literatur, die ein ideologisches, politisches, soziales oder religiöses Anliegen hat. Ihr ästhetischer Rang unterscheidet die e.L. von reiner *Tendenzdichtung.*

Arbeitsanregungen:

1 Vergegenwärtigen Sie sich die Situation eines politischen Kabaretts:
a Geben Sie Regieanweisungen und Rezitationsbeispiele für den Vortrag der Texte 5–7.
b Welche Stileigenarten sind charakteristisch für die Kommunikationssituation Kabarett?
c Welche spezifische Funktion erfüllt der Dialekt in Text 6?

2 a Welche Erfahrungen sprechen aus dem Gedicht „An das Publikum"?
b Entwerfen Sie im Stil Tucholskys oder in Prosa ein Gegenbeispiel, wie es aus den Erfahrungen mit einem kritisch-wachen Publikum gewonnen werden könnte.

Text 8 Kurt Tucholsky: Hitler und Goethe – Ein Schulaufsatz[1]

Einleitung

Wenn wir das deutsche Volk und seine Geschichte überblicken, so bieten sich uns vorzugsweise zwei Helden dar, die seine Geschicke gelenkt haben, weil einer von ihnen hundert Jahre tot ist. Der andre lebt. Wie es wäre, wenn es umgekehrt wäre, soll hier nicht untersucht werden, weil wir das nicht auf haben. Daher scheint es uns wichtig und beachtenswert, wenn wir zwischen dem mausetoten Goethe und dem mauselebendigen Hitler einen Vergleich langziehn.

Erklärung

Um Goethe zu erklären, braucht man nur darauf hinzuweisen, daß derselbe kein Patriot gewesen ist. Er hat für die Nöte Napoleons niemals einen Sinn gehabt und hat gesagt, ihr werdet ihn doch nicht besiegen, dieser Mann ist euch zu groß. Das ist aber nicht wahr. Napoleon war auch nicht der größte Deutsche, der größte Deutsche ist Hitler. Um das zu erklären, braucht man nur darauf hinzuweisen, daß Hitler beinah die Schlacht von Tannenberg gewonnen hat, er war bloß nicht dabei. Hitler ist schon seit langen Monaten deutscher Spießbürger und will das Privateigentum abschaffen, weil es jüdisch ist. Das was nicht jüdisch ist, ist schaffendes Eigentum und wird nicht abgeschaffen. Die Partei Goethes war viel kleiner wie die Partei Hitlers. Goethe ist nicht knorke[2].

Begründung

Goethes Werke heißen der Faust, Egmont erster und zweiter Teil, Werthers Wahlverwandtschaften und die Piccolomini. Goethe ist ein Marxstein des deutschen Volkes, auf den wir stolz sein können und um welchen uns die andern beneiden. Noch mehr beneiden sie uns aber um Adolf Hitler. Hitler zerfällt in 3 Teile: in einen legalen, in einen wirklichen und in Goebbels, welcher bei ihm die Stelle u.a. des Mundes vertritt. Goethe hat niemals sein Leben aufs Spiel gesetzt; Hitler aber hat dasselbe auf dasselbe gesetzt. Goethe war ein großer Deutscher. Zeppelin war der größte Deutsche. Hitler ist überhaupt der allergrößte Deutsche.

Gegensatz

Hitler und Goethe stehen in einem gewissen Gegensatz. Während Goethe sich mehr einer schriftstellerischen Tätigkeit hingab, aber in den Freiheitskriegen[3] im Gegensatz zu Theodor Körner versagte, hat Hitler uns gelehrt, was es heißt, Schriftsteller und zugleich Führer einer Millionenpartei zu sein, welche eine Millionenpartei ist. Goethe war Geheim, Hitler Regierungsrat. Goethes Wirken ergoß sich nicht nur auf das Dasein der Menschen, sondern erstreckte sich auch ins kosmetische. Hitler dagegen ist Gegner der materialistischen Weltordnung und wird diese bei seiner Machtübergreifung abschaffen sowie auch den verlorenen Krieg, die Arbeitslosigkeit und das schlechte Wetter. Goethe hatte mehrere Liebesverhältnisse mit Frau von Stein, Frau von Sesenheim und Charlotte Puff. Hitler dagegen trinkt nur Selterwasser und raucht außer den Zigarren, die er seinen Unterführern verpaßt, gar nicht.

Gleichnis

Zwischen Hitler und von Goethe bestehen aber auch ausgleichende Berührungspunkte. Beide haben in Weimar gewohnt, beide sind Schriftsteller und beide sind sehr um das deutsche Volk besorgt, um welches uns die andern Völker so beneiden. Auch hatten beide einen gewissen Erfolg, wenn auch der Erfolg Hitlers viel größer ist. Wenn wir zur Macht gelangen, schaffen wir Goethe ab.

Beispiel

Wie sehr Hitler Goethe überragt, soll in folgendem an einem Beispiel begründet werden. Als Hitler in unsrer Stadt war, habe ich ihn mit mehrern andern Hitlerjungens begrüßt. Der Osaf[4] hat gesagt, ihr seid die deutsche Jugend, und er wird seine Hand auf euern Scheitel legen. Daher habe ich mir für diesen Tag einen Scheitel gemacht. Als wir in die große Halle kamen, waren alle Plätze, die besetzt waren, total ausverkauft und die Musik hat gespielt, und wir haben mit Blumen dagestanden, weil wir die deutsche Jugend sind. Und da ist plötzlich der Führer gekommen. Er hat einen Bart wie Chaplin, aber lange nicht so komisch. Uns war sehr feierlich zu Mute, und ich bin vorgetreten und habe gesagt Heil. Da haben die andern auch gesagt heil und Hitler hat uns die Hand auf jeden Scheitel gelegt und hinten hat einer gerufen stillstehn! weil es fotografiert wurde. Da haben wir ganz still gestanden und der Führer Hitler hat während der Fotografie gelächelt. Dieses war ein unvergeßlicher Augenblick fürs ganze Leben und daher ist Hitler viel größer als von Goethe.

---

1 Die Sach-, Sinn-, Stil- und Rechtschreibfehler (z.B. Z. 33 „ins kosmetische“) sind in diesem Text Mittel der Satire.

2 knorke: umgangssprachlich für fein, tadellos

3 Freiheitskriege: Kämpfe 1813–1815, die Europa von der Herrschaft Napoleons I. befreiten

4 Der Osaf: Abkürzung für Oberscharführer

Beleg

Goethe war kein gesunder Mittelstand. Hitler fordert für alle SA und SS die Freiheit der Straße sowie daß alles ganz anders wird. Das bestimmen wir! Goethe als solcher ist hinreichend durch seine Werke belegt, Hitler als solcher aber schafft uns Brot und Freiheit, während Goethe höchstens lyrische Gedichte gemacht hat, die wir als Hitlerjugend ablehnen, während Hitler eine Millionenpartei ist. Als Beleg dient ferner, daß Goethe kein nordischer Mensch war, sondern egal nach Italien fuhr und seine Devisen ins Ausland verschob. Hitler aber bezieht überhaupt kein Einkommen, sondern die Industrie setzt dauernd zu.

Schluß

Wir haben also gesehn, daß zwischen Hitler und Goethe ein Vergleich sehr zu Ungunsten des letzteren ausfällt, welcher keine Millionenpartei ist. Daher machen wir Goethe nicht mit. Seine letzten Worte waren mehr Licht, aber das bestimmen wir! Ob einer größer war von Schiller oder Goethe, wird nur Hitler entscheiden und das deutsche Volk kann froh sein, daß es nicht zwei solcher Kerle hat!

Deutschlanderwachejudaverreckehitlerwirdreichspräsident
dasbestimmenwir!

Sehr gut! (v 1932)

Arbeitsanregungen:

1 Versetzen Sie sich in die Rolle eines kundigen Literaturkritikers: Beschreiben und beurteilen Sie den „Schulaufsatz“ als satirischen Text.

2 Versetzen Sie sich in die Rolle eines unkundigen Lesers: Bewerten Sie den „Schulaufsatz“ nach den Maßstäben einer „ernsthaften“ Erörterung.

Text 9 Kurt Tucholsky: Der Mensch

Der Mensch hat zwei Beine und zwei Überzeugungen: eine, wenns ihm gut geht, und eine, wenns ihm schlecht geht. Die letztere heißt Religion.

Der Mensch ist ein Wirbeltier und hat eine unsterbliche Seele, sowie auch ein Vaterland, damit er nicht zu übermütig wird.

Der Mensch wird auf natürlichem Wege hergestellt, doch empfindet er dies als unnatürlich und spricht nicht gern davon. Er wird gemacht, hingegen nicht gefragt, ob er auch gemacht werden wolle.

Der Mensch ist ein nützliches Lebewesen, weil er dazu dient, durch den Soldatentod Petroleumaktien in die Höhe zu treiben, durch den Bergmannstod den Profit der Grubenherren zu erhöhen, sowie auch Kultur, Kunst und Wissenschaft.

Der Mensch hat neben dem Trieb der Fortpflanzung und dem, zu essen und zu trinken, zwei Leidenschaften: Krach zu machen und nicht zuzuhören. Man könnte den Menschen gradezu als ein Wesen definieren, das nie zuhört. Wenn er weise ist, tut er damit recht: denn Gescheites bekommt er nur selten zu hören. Sehr gern hören Menschen: Versprechungen, Schmeicheleien, Anerkennungen und Komplimente. Bei Schmeicheleien empfiehlt es sich, immer drei Nummern gröber zu verfahren als man es grade noch für möglich hält.

Der Mensch gönnt seiner Gattung nichts, daher hat er die Gesetze erfunden. Er darf nicht, also sollen die andern auch nicht.

Um sich auf einen Menschen zu verlassen, tut man gut, sich auf ihn zu setzen; man ist dann wenigstens für diese Zeit sicher, daß er nicht davonläuft. Manche verlassen sich auch auf den Charakter.

Der Mensch zerfällt in zwei Teile:

In einen männlichen, der nicht denken will, und in einen weiblichen, der nicht denken kann. Beide haben sogenannte Gefühle: man ruft diese am sichersten dadurch hervor, daß man gewisse Nervenpunkte des Organismus in Funktion setzt. In diesen Fällen sondern manche Menschen Lyrik ab.

Der Mensch ist ein Pflanzen und fleischfressendes Wesen; auf Nordpolfahrten frißt er hier und da auch Exemplare seiner eigenen Gattung; doch wird das durch den Faschismus wieder ausgeglichen.

Der Mensch ist ein politisches Geschöpf, das am liebsten zu Klumpen geballt sein Leben verbringt. Jeder Klumpen haßt die andern Klumpen, weil sie die andern sind, und haßt die eignen, weil sie die eignen sind. Den letzteren Haß nennt man Patriotismus.

Jeder Mensch hat eine Leber, eine Milz, eine Lunge und eine Fahne; sämtliche vier Organe sind lebenswichtig. Es soll Menschen ohne Leber, ohne Milz und mit halber Lunge geben; Menschen ohne Fahne gibt es nicht.

Schwache Fortpflanzungstätigkeit facht der Mensch gern an, und dazu hat er mancherlei Mittel: den Stierkampf, das Verbrechen, den Sport und die Gerichtspflege.

Menschen miteinander gibt es nicht. Es gibt nur Menschen, die herrschen, und solche, die beherrscht werden. Doch hat noch niemand sich selber beherrscht; weil der opponierende Sklave immer mächtiger ist als der regierungssüchtige Herr. Jeder Mensch ist sich selber unterlegen.

Wenn der Mensch fühlt, daß er nicht mehr hinten hoch kann, wird er fromm und weise; er verzichtet dann auf die sauern Trauben der Welt. Dieses nennt man innere Einkehr.

Die verschiedenen Altersstufen des Menschen halten einander für verschiedne Rassen:

Die **Satire** (von lat. satura (lanx) = die mit verschiedenen Früchten gefüllte Opferschale, allgemein auch Allerlei, Gemenge) bezeichnet eine Kunstform, die sich an einer Norm orientiert und auf indirekt-ästhetische Weise Missstände, besondere Ereignisse und Personen in der Literatur, im Bild und heute auch in Film und Fernsehen verspottet. Stets lebt die Satire aus der Diskrepanz zwischen Ideal und Wirklichkeit und kann als die in ästhetischer Form versuchte Gestaltung und Kritik des Normwidrigen definiert werden. Sie tritt in allen literarischen Gattungen auf – im Gedicht ebenso wie in Erzählung, Roman und Drama – und erscheint je nach der Absicht des Verfassers in unterschiedlichen Tonlagen: Sie kann liebenswürdig, humorvoll, komisch, aber auch ironisch, zornig und scharfzüngig-bissig sein, entsprechend der schillerschen Unterscheidung zwischen „lachender“ und „strafender“ Satire.

Ursprünge der Satire reichen bereits in die ägyptische und griechische Literatur zurück. Sie finden sich z.B. beim Athener Lustspieldichter Aristophanes (um 445–385 v. Chr.). Einen ersten Höhepunkt erreichte die Satire in vielfältigen Ausprägungen der römischen Dichtung, z.B. bei Lucilius (um 130 v. Chr.), Horaz (65–8 v. Chr.), Seneca (4 v. Chr.–65 n. Chr.), Phaedrus (im 1. Jh. n. Chr.), Martial (um 40–etwa 104 n. Chr.) und Juvenal (um 50–etwa 130 n. Chr.).

Der **Essay** (von frz. essai = Kostprobe, Versuch, aus vulgarlateinisch exagium = das Wägen) bezeichnet eine kürzere Abhandlung in einer stilistisch anspruchsvollen und geistreichen Prosaform. Dabei kann es sich um einen wissenschaftlichen Gegenstand, aber auch um eine aktuelle Frage des geistigen Lebens handeln. Charakteristisch ist eine betont subjektive Darstellung des Themas, meist ohne Anspruch auf Systematik, aber i.d.R. facettenreich und mehrperspektivisch. Der Essay gilt als offene Form und unterscheidet sich sowohl von der streng wissenschaftlich-erörternden Abhandlung als auch von dem in Aussage und Form weniger anspruchsvollen journalistischen Feuilleton. Die Offenheit des Essays ist vor allem bedingt durch eine kritische, oft skeptische Denkhaltung, die aus der Einsicht in die komplizierte und komplexe Wirklichkeit erwächst, skeptisch bleibt gegenüber eindeutigen Ergebnissen, statt dessen die Methode des Fragens und Suchens wählt und Denken als Prozess, als Abwägen von Möglichkeiten, darstellt. Wahrheitssuche wird demnach als unabgeschlossen bewusst gemacht, wobei die gedankliche Bilanz dem Leser überlassen bleibt.
Am Beginn des Essays als eigenständiger literarischer Form steht Michel de Montaigne (1533–1592), der die Darstellungen seiner Reflexionen als „Essais" (1580–1597) bezeichnete. Francis Bacon (1561–1626) übernahm 1597 den Begriff „Essayés" zur Bezeichnung seiner philosophisch-religiösen Betrachtungen. – Vom 18.–19. Jahrhundert waren viele berühmte Dichter (z.B. J.G. Herder, J.W. Goethe, F. Schiller, F. Schlegel, H. Heine, H. von Kleist, A. Stifter) sowie bedeutende Philosophen und Kulturkritiker auch große Essayisten (z.B. F. Nietzsche, A. Huxley, J. Ortega y Gasset, O. Spengler, W. Benjamin, K. Jaspers, E. Bloch, R. Guardini, Th.W. Adorno, M. Bense u.a.). – Seit dem 18. Jh. findet sich essayistische Prosa besonders auch in Romanen (z.B. bei Ch.M. Wieland als „Abschweifungen" oder bei Jean Paul als „Digressionen"). Besonders für den modernen Roman (z.B. bei Th. Mann, R. Musil, H. Broch, A. Gide oder U. Johnson) ist das essayistische Element in unterschiedlich integrierter bzw. deutlich abgesetzter Form ein Mittel um eine heterogene Wirklichkeitserfahrung inhaltlich und formal auszudrücken.

Alte haben gewöhnlich vergessen, daß sie jung gewesen sind, oder sie vergessen, daß sie alt sind, und Junge begreifen nie, daß sie alt werden können.
Der Mensch möchte nicht gern sterben, weil er nicht weiß, was dann kommt. Bildet er sich ein, es zu wissen, dann möchte er es auch nicht gern; weil er das Alte noch ein wenig mitmachen will. Ein wenig heißt hier: ewig.
Im übrigen ist der Mensch ein Lebewesen, das klopft, schlechte Musik macht und seinen Hund bellen läßt. Manchmal gibt er auch Ruhe, aber dann ist er tot.
Neben den Menschen gibt es noch Sachsen und Amerikaner, aber die haben wir noch nicht gehabt und bekommen Zoologie erst in der nächsten Klasse.

(v 1931)

Text 10 Kurt Tucholsky: Was darf die Satire?

Wenn einer bei uns einen guten politischen Witz macht, dann sitzt halb Deutschland auf dem Sofa und nimmt übel.
Satire scheint eine durchaus negative Sache. Sie sagt: „Nein!" Eine Satire, die zur Zeichnung einer Kriegsanleihe auffordert, ist keine. Die Satire beißt, lacht, pfeift und trommelt die große, bunte Landsknechtstrommel gegen alles, was stockt und träge ist.
Satire ist eine durchaus positive Sache. Nirgends verrät sich der Charakterlose schneller als hier, nirgends zeigt sich fixer, was ein gewissenloser Hanswurst ist, einer, der heute den angreift und morgen den.
Der Satiriker ist ein gekränkter Idealist: er will die Welt gut haben, sie ist schlecht, und nun rennt er gegen das Schlechte an.
Die Satire eines charaktervollen Künstlers, der um des Guten willen kämpft, verdient also nicht diese bürgerliche Nichtachtung und das empörte Fauchen, mit dem hierzulande diese Kunst abgetan wird.

Vor allem macht der Deutsche einen Fehler: er verwechselt das Dargestellte mit dem Darstellenden. Wenn ich die Folgen der Trunksucht aufzeigen will, also dieses Laster bekämpfe, so kann ich das nicht mit frommen Bibelsprüchen, sondern ich werde es am wirksamsten durch die packende Darstellung eines Mannes tun, der hoffnungslos betrunken ist. Ich hebe den Vorhang auf, der schonend über die Fäulnis gebreitet war, und sage: „Seht!" – In Deutschland nennt man dergleichen ‚Kraßheit'. Aber Trunksucht ist ein böses Ding, sie schädigt das Volk, und nur schonungslose Wahrheit kann da helfen. Und so ist das damals mit dem Weberelend[1] gewesen, und mit der Prostitution ist es noch heute so.

Der Einfluß Krähwinkels[2] hat die deutsche Satire in ihren so dürftigen Grenzen gehalten. Große Themen scheiden nahezu völlig aus. Der einzige ‚*Simplicissimus*'[3] hat damals, als er noch die große, rote Bulldogge rechtens im Wappen führte, an all die deutschen Heiligtümer zu rühren gewagt: an den prügelnden Unteroffizier, an den stockfleckigen Bürokraten, an den Rohrstockpauker und an das Straßenmädchen, an den fettherzigen Unternehmer und an den näselnden Offizier. Nun kann man gewiß über all diese Themen denken wie man mag, und es ist jedem unbenommen, einen Angriff für ungerechtfertigt und einen anderen für übertrieben zu halten, aber die Berechtigung eines ehrlichen Mannes, die Zeit zu peitschen, darf nicht mit dicken Worten zunichte gemacht werden.

Übertreibt die Satire? Die Satire muß übertreiben und ist ihrem tiefsten Wesen nach ungerecht. Sie bläst die Wahrheit auf, damit sie deutlicher wird, und sie kann gar nicht anders arbeiten als nach dem Bibelwort: Es leiden die Gerechten mit den Ungerechten.

Aber nun sitzt zutiefst im Deutschen die leidige Angewohnheit, nicht in Individuen, sondern in Ständen, in Korporationen zu denken und aufzutreten, und wehe, wenn du einer dieser zu nahe trittst. Warum sind unsere Witzblätter, unsere Lustspiele, unsere Komödien und unsere Filme so mager? Weil keiner wagt, dem dicken Kraken an den Leib zu gehen, der das ganze Land bedrückt und dahockt: fett, faul und lebenstötend.

Nicht einmal dem Landesfeind gegenüber hat sich die deutsche Satire herausgetraut. Wir sollten gewiß nicht den scheußlichen unter den französischen Kriegskarikaturen nacheifern, aber welche Kraft lag in denen, welch elementare Wut, welcher Wurf und welche Wirkung! Freilich: sie scheuten vor gar nichts zurück. Daneben hingen unsere bescheidenen Rechentafeln über U-Boot-Zahlen, taten niemandem etwas zuleide und wurden von keinem Menschen gelesen.

Wir sollten nicht so kleinlich sein. Wir alle – Volksschullehrer und Kaufleute und Professoren und Redakteure und Musiker und Ärzte und Beamte und Frauen und Volksbeauftragte – wir alle haben Fehler und komische Seiten und kleine und große Schwächen. Und wir müssen nun nicht immer gleich aufbegehren (‚Schlächtermeister, wahret eure

[1] Weberelend: Bezug auf den Aufstand der schlesischen Leinenweber von 1844
[2] Krähwinkel: Ortsname, durch August von Kotzebues (1761–1819) Lustspiel „Die deutschen Kleinstädter" (1803) für kleinstädtisch-spießbürgerliche Beschränktheit
[3] „Simplicissimus": politisch-satirische Wochenschrift, die 1896 von A. Langen in München gegründet wurde

heiligsten Güter!“), wenn einer wirklich einmal einen guten Witz über uns reißt. Boshaft kann er sein, aber ehrlich soll er sein. Das ist kein rechter Mann und kein rechter Stand, der nicht einen ordentlichen Puff vertragen kann. Er mag sich mit denselben Mitteln dagegen wehren, er mag widerschlagen – aber er wende nicht verletzt, empört, gekränkt das Haupt. Es wehte bei uns im öffentlichen Leben ein reinerer Wind, wenn nicht alle übel nähmen.

So aber schwillt ständischer Dünkel zum Größenwahn an. Der deutsche Satiriker tanzt zwischen Berufsständen, Klassen, Konfessionen und Lokaleinrichtungen einen ständigen Eiertanz. Das ist gewiß recht graziös, aber auf die Dauer etwas ermüdend. Die echte Satire ist blutreinigend: und wer gesundes Blut hat, der hat auch einen reinen Teint.

Was darf die Satire?

Alles. (v 1919)

Satire hat eine Grenze nach oben: Buddha entzieht sich ihr. Satire hat auch eine Grenze nach unten. In Deutschland etwa die herrschenden faschistischen Mächte. Es lohnt nicht – so tief kann man nicht schießen.

Aus: SCHNIPSEL (v 1932)

Text 11 Entscheidung des Reichsgerichts

Aus einer grundsätzlichen Entscheidung des Reichsgerichts vom 5. Juni 1928 (RGST Bd. 62, 183)

„Es ist der Satire wesenseigen, dass sie, mehr oder weniger stark, übertreibt, d.h. dem Gedanken, den sie ausdrücken will, einen scheinbaren Inhalt gibt, der über den wirklich gemeinten hinausgeht, jedoch in einer Weise, dass der des Wesens der Satire kundige Leser oder Beschauer den geäußerten Inhalt auf den ihm entweder bekannten oder erkennbaren tatsächlich gemeinten Gehalt zurückzuführen vermag, also erkennt, dass tatsächlich nicht mehr als dieser geringere Inhalt gemeint ist. Die Satire und die Karikatur ziehen oft, wenn sie Missstände rügen oder geißeln wollen, in jener übertreibenden, verzerrenden Weise die letzten Folgerungen aus dem Bestehen des Missstandes, um diesen, mag er selbst auch keineswegs in einer so starken Form aufgetreten sein, recht handgreiflich und darum eindrucksvoll als solchen zu kennzeichnen. Daraus folgt, dass eine satirische Darstellung nicht nach ihrem Wortsinn genommen werden, sondern erst des in Wort und Bild gewählten satirischen Gewandes entkleidet werden muss, bevor beurteilt werden kann, ob das, was in dieser Form ausgesprochen und dargestellt ist, den Tatbestand einer strafbaren Handlung, im Besonderen einer Beleidigung [sei es nach § 186 oder 187, oder aber nach § 185 StGB] enthält.“

(1928)

Arbeitsanregungen:

1 Tucholskys Abhandlung „Was darf die Satire?“ gilt als exemplarischer Text.
a Exzerpieren Sie Merkmale und Methoden der Satire, die für den Autor wichtig sind.
b Suchen Sie Belegstellen für Tucholskys satirische Darstellung aus den Texten dieses Kapitels.

2 a Erläutern Sie Tucholskys These: „Satire ist eine durchaus positive Sache.“
b Wie lässt sich seine spätere Grenzziehung für die Reichweite der Satire im „Schnipsel“ von 1932 erklären?

3 Die abgedruckten Texte zur Satire verfolgen unterschiedliche Absichten.
a Worin deckt sich die Gerichtsentscheidung mit Tucholskys Auffassung, worin unterscheidet sie sich?
b Welche zusätzlichen Informationen zur Satire bietet der Sachtext Seite 61?

4 Tucholskys Abhandlung über die Satire nennt man einen Essay.
a Vergleichen Sie dessen Aufbau und Stil mit dem Gerichtsurteil.
b Versuchen Sie charakteristische Merkmale eines Essays am Text Tucholskys aufzuzeigen.

Synopse zu Leben und Werk Kurt Tucholskys (1890–1935)

Literaturgeschichte	1890–1920: *Gegenströmungen zum Naturalismus:* Neuklassik, Neuromantik, Impressionismus, Symbolismus, Jugendstil Literarische *Zentren:* Wien, Berlin, München *Autoren:* Stefan George (1868–1933), Hermann Hesse (1877–1962), Hugo von Hofmannsthal (1874–1929), Christian Morgenstern (1871–1914), Rainer Maria Rilke (1875–1926), Arthur Schnitzler (1862–1931), Frank Wedekind (1864–1918) Stefan Zweig (1882–1942)	1910–1925: *Expressionismus* *Autoren:* Ernst Barlach (1870–1945), Johannes R. Becher (1891–1958), Gottfried Benn (1886–1956), Alfred Döblin (1878–1957), Franz Kafka (1883–1924), Georg Kaiser (1878–1945), Heinrich Mann (1871–1950), Carl Sternheim (1878–1942), Georg Trakl (1887–1914), Franz Werfel (1890–1945)	1920–1933: *Weimarer Republik* *Autoren:* Werner Bergengruen (1892–1964), Bertolt Brecht (1898–1956), Hermann Broch (1886–1951), Hans Carossa (1878–1956), Heimito von Doderer (1896–1946), Ernst Jünger (1895), Gertrud von Le Fort (1876–1971), Thomas Mann (1875–1955), Robert Musil (1880–1942), Anna Seghers (1900–1983), Ernst Wiechert (1887–1950), Carl Zuckmayer (1896–1977), Arnold Zweig (1887–1968)

Zeit und Werk Tucholskys: 1907–1932 rund 2500 Arbeiten

1932 „Christoph Kolumbus“
1931 „Lerne lachen ohne zu weinen“
1931 „Schloss Gripsholm“
1929 „Deutschland, Deutschland über alles“
1929 „Das Lächeln der Mona Lisa“
1928 „ Mit 5 PS“
1927 „Ein Pyrenäenbuch“
1920 „Träumereien an preuß. Kaminen“
1919 „Fromme Gesänge“
1914 „Der Zeitsparer“
1913–1915 bei „Schaubühne“ Redakteur
1912 „Rheinsberg“
1907 „Märchen“ im „Ulk“

Biografie Tucholskys							
9.1.1890 in Berlin geboren	1899–1907 Besuch des– Gymnasiums; 1909 Reifeprüfung als Externer	1909–1912 Jurastudium in Berlin, Genf, Jena; 1914 Dr. jur.	1915–1918 Soldat 1918–1920 Chefredakteur des „Ulk“	1923 Bankvolontär ab 1924 Korrespondent in Paris	ab 1929 in Hindås	23.8.1933 ausgebürgert 21.12.1935 Selbstmord	1943 Mutter in Theresienstadt umgekommen

1890	1900	1910	1920	1930	1940

Zeitgeschichte					
20.3.90 Bismarcks Entlassung	Krisen und Balkankriege (1906–1913)	Erster Weltkrieg (1914–1918)	Weimarer Republik (1919–1933)	NS-Herrschaft (1933–1945)	20.1.42 „Wannseekonferenz“

2. Die Wirkung der Worte

Erich Kästner (1899–1974): Kurt Tucholsky, „ein kleiner, dicker Berliner, wollte mit der Schreibmaschine eine Katastrophe aufhalten“. (Zitiert nach F.J. Raddatz im Vorwort zu Kurt Tucholsky. Ges. Werke. 1. Bd. S. 29.)

„Wer die Sprache beherrscht, beherrscht die Menschen!“ Gilt diese Behauptung nur für Propagandisten und Demagogen? Warum trifft sie nicht auf Dichter zu, die Meister der Sprache? Wie ist es dann aber zu erklären, dass die Gewaltherrscher ohne Zensur, Verbote und Bücherverbrennungen nicht auskommen? Was bewirkt also die Kraft des Dichterwortes, auch wenn es Katastrophen nicht aufhalten kann? Dass der Autor und sein Publikum jeweils andere Antworten geben, darf nicht verwundern.

Text 1 Kurt Tucholsky (1890–1935): Gruß nach vorn

Lieber Leser 1985 –!

Durch irgendeinen Zufall kramst du in der Bibliothek, findest die ‚*Mona Lisa*‘, stutzt und liest. Guten Tag.

Ich bin sehr befangen: du hast einen Anzug an, dessen Mode von meinem damaligen sehr absticht, auch dein Gehirn trägst du ganz anders … Ich setze dreimal an: jedesmal mit einem andern Thema, man muß doch in Berührung kommen … Jedesmal muß ich es wieder aufgeben – wir verstehen einander gar nicht. Ich bin wohl zu klein; meine Zeit steht mir bis zum Halse, kaum gucke ich mit dem Kopf ein bißchen über den Zeitpegel … da, ich wußte es: du lächelst mich aus.

Alles an mir erscheint dir altmodisch: meine Art, zu schreiben und meine Grammatik und meine Haltung … ah, klopf mir nicht auf die Schulter, das habe ich nicht gerne. Vergeblich will ich dir sagen, wie wir es gehabt haben, und wie es gewesen ist … nichts. Du lächelst, ohnmächtig hallt meine Stimme aus der Vergangenheit, und du weißt alles besser. Soll ich dir erzählen, was die Leute in meinem Zeitdorf bewegt? Genf? Shaw-Premiere? Thomas Mann? Das Fernsehen? Eine Stahlinsel im Ozean als Halteplatz für die Flugzeuge? Du bläst auf alles, und der Staub fliegt meterhoch, du kannst gar nichts erkennen vor lauter Staub.

Soll ich dir Schmeicheleien sagen? Ich kann es nicht. Selbstverständlich habt ihr die Frage: ‚Völkerbund oder Paneuropa?‘ nicht gelöst; Fragen werden ja von der Menschheit nicht gelöst, sondern liegen gelassen. Selbstverständlich habt ihr fürs tägliche Leben dreihundert nichtige Maschinen mehr als wir, und im übrigen seid ihr genau so dumm, genau so klug, genau so wie wir. Was von uns ist geblieben? Wühle nicht in deinem Gedächtnis nach, in dem, was du in der Schule gelernt hast. Geblieben ist, was zufällig blieb; was so neutral war, daß es hinüberkam; was wirklich groß ist, davon ungefähr die Hälfte, und um die kümmert sich kein Mensch – nur am Sonntagvormittag ein bißchen, im Museum. Es ist so, wie wenn ich heute mit einem Mann aus dem Dreißigjährigen Krieg reden sollte. „Ja? gehts gut? Bei der Belagerung Magdeburgs hat es wohl sehr gezogen …?“ und was man so sagt.

Ich kann nicht einmal über die Köpfe meiner Zeitgenossen hinweg ein erhabenes Gespräch mit dir führen, so nach der Melodie: wir beide verstehen uns schon, denn du bist ein Fortgeschrittener, gleich mir. Ach, mein Lieber: auch du bist ein Zeitgenosse. Höchstens, wenn ich ‚Bismarck‘ sage und du dich erst erinnern mußt, wer das gewesen ist, grinse ich schon heute vor mich hin: du kannst dir gar nicht denken, wie stolz die Leute um mich herum auf dessen Unsterblichkeit sind … Na, lassen wir das. Außerdem wirst du jetzt frühstücken gehen wollen.

Guten Tag. Dies Papier ist schon ganz gelb geworden, gelb wie die Zähne unsrer Landrichter, da, jetzt zerbröckelt dir das Blatt unter den Fingern … nun, es ist auch schon so alt. Geh mit Gott, oder wie ihr das Ding dann nennt. Wir haben uns wohl nicht allzuviel mitzuteilen, wir Mittelmäßigen. Wir sind zerlebt, unser Inhalt ist mit uns dahingegangen. Die Form war alles.

Ja, die Hand will ich dir noch geben. Wegen Anstand.

Und jetzt gehst du.

Aber das rufe ich dir noch nach: Besser seid ihr auch nicht als wir und die vorigen. Aber keine Spur, aber gar keine –

(v 1926)

Text 2 Kurt Tucholsky: Avis an meinen Verleger

Von allen Leser-Briefen, lieber Meister Rowohlt, scheint mir dieser hier der allerschönste zu sein. Er stammt von einem Oberrealschüler aus Nürnberg.

„Lieber Herr Tucholsky!

Erlauben Sie mir, daß ich Ihnen zu Ihren Werken meine vollste Anerkennung ausspreche. Das wird Ihnen zwar gleichgültig sein – aber ich möchte doch noch eine weitere Bemerkung hinzufügen. Hoffentlich sterben Sie recht bald, damit Ihre Bücher billiger werden (so wie Goethe zum Beispiel). Ihr letztes Buch ist wieder so teuer, daß man es sich nicht kaufen kann.

Gruß!“

Da hast es.

Lieber Meister Rowohlt, liebe Herren Verleger! Macht unsre Bücher billiger! Macht unsre Bücher billiger! Macht unsre Bücher billiger!

(v 1932)

Text 3 Neuköllner Tageblatt vom 12.5.1933: Die Rufer

Während der Verbrennung der Bücher spielten SA- und SS-Kapellen vaterländische Weisen und Marschlieder, bis neun Vertreter der Studentenschaft, denen die Werke nach einzelnen Gebieten zugeteilt waren, mit markanten Worten die Bücher des undeutschen Geistes dem Feuer übergaben.

1. Rufer: Gegen Klassenkampf und Materialismus, für Volksgemeinschaft und idealistische Lebenshaltung! Ich übergebe der Flamme die Schriften von Marx und Kautsky.

2. Rufer: Gegen Dekadenz und moralischen Verfall! Für Zucht und Sitte in Familie und Staat! Ich übergebe der Flamme die Schriften von Heinrich Mann, Ernst Glaeser und Erich Kästner.

3. Rufer: Gegen Gesinnungslumperei und politischen Verrat, für Hingabe an Volk und Staat! Ich übergebe der Flamme die Schriften von Friedrich Wilhelm Förster.

4. Rufer: Gegen seelenzerfasernde Überschätzung des Trieblebens, für den Adel der menschlichen Seele! Ich übergebe der Flamme die Schriften des Sigmund Freud.

5. Rufer: Gegen Verfälschung unserer Geschichte und Herabwürdigung ihrer großen Gestalten, für Ehrfurcht vor unserer Vergangenheit! Ich übergebe der Flamme die Schriften von Emil Ludwig und Werner Hegemann.

6. Rufer: Gegen volksfremden Journalismus demokratisch-jüdischer Prägung, für verantwortungsbewusste Mitarbeit am Werk des nationalen Aufbaus! Ich übergebe der Flamme die Schriften von Theodor Wolff und Georg Bernhard.

7. Rufer: Gegen literarischen Verrat am Soldaten des Weltkrieges, für Erziehung des Volkes im Geist der Wahrhaftigkeit! Ich übergebe der Flamme die Schriften von Erich Maria Remarque.

8. Rufer: Gegen dünkelhafte Verhunzung der deutschen Sprache, für Pflege des kostbarsten Gutes unseres Volkes! Ich übergebe der Flamme die Schriften von Alfred Kerr.

9. Rufer: Gegen Frechheit und Anmaßung, für Achtung und Ehrfurcht vor dem unsterblichen deutschen Volksgeist! Verschlinge, Flamme, auch die Schriften der Tucholsky und Ossietzky!

Text 4 Deutsche Reichs- und Preußische Staatsanzeiger vom 23.8.1933: [Ausbürgerung Tucholskys]

Amtliches.
Deutsches Reich.
Bekanntmachung.

Auf Grund des § 2 des Gesetzes über den Widerruf von Einbürgerungen und die Aberkennung der deutschen Staatsangehörigkeit vom 14. Juli 1933 (RGBl. I S. 480) erkläre ich im Einvernehmen mit dem Reichsminister des Auswärtigen folgende Reichsangehörige der deutschen Staatsangehörigkeit für verlustig, weil sie durch ein Verhalten, das gegen die Pflicht zur Treue gegen Reich und Volk verstößt, die deutschen Belange geschädigt haben:

Dr. Apfel, Alfred, geb. am 12. März 1882;
Bernhard, Georg, geb. am 20. Oktober 1875;
Dr. Breitscheid, Rudolf, geb. am 2. November 1874;
Eppstein, Eugen, geb. am 25. Juni 1878;
Falk, Alfred, geb. am 4. Februar 1896;
Feuchtwanger, Lion, geb. am 7. Juli 1884;
Dr. Foerster, Friedrich-Wilhelm, geb. am 2. Juni 1869;
v. Gerlach, Helmuth, geb. am 2. Februar 1866;
Gohlke, Elfriede, gen. Ruth Fischer, geb. am 11. Dezember 1895;
Großmann, Kurt, geb. am 21. Mai 1897;
Grzesinski, Albert, geb. am 28. Juli 1879;
Gumbel, Emil, geb. am 18. Juli 1891;
Hansmann, Wilhelm, geb. am 29. Oktober 1886;
Heckert, Friedrich, geb. am 28. März 1884;
Hölz, Max, geb. am 14. Oktober 1889;
Dr. Kerr, Alfred, geb. am 25. Dezember 1867;

Lehmann-Rußbüldt, Otto, geb. am 1. Januar 1873;
Mann, Heinrich, geb. am 27. März 1871;
Maslowski, Peter, geb. am 25. April 1893;
Münzenberg, Wilhelm, geb. am 14. August 1889;
Neumann, Heinz-Werner, geb. am 6. Juli 1902;
Pieck, Wilhelm, geb. am 3. Januar 1876;
Salomon, Berthold, gen. Jacob, geb. am 12. Dezember 1898;
Scheidemann, Philipp, geb. am 25. Juli 1865;
Schwarzschild, Leopold, geb. am 8. Dezember 1891;
Sievers, Max, geb. am 11. Juli 1887;
Stampfer, Friedrich, geb. am 8. September 1874;
Toller, Ernst, geb. am 1. Dezember 1893;
Dr. Tucholski, Kurt, geb. am 9. Januar 1890;
Weiß, Bernhard, geb. am 30. Juli 1880;
Weißmann, Robert, geb. am 3. Juni 1869;
Wels, Otto, geb. am 19. September 1873;
Dr. Werthauer, Johann, geb. am 20. Januar 1866.

Das Vermögen dieser Personen wird hiermit beschlagnahmt.

Die Entscheidung darüber, inwieweit der Verlust der deutschen Staatsangehörigkeit auf Familienangehörige ausgedehnt wird, bleibt vorbehalten.

Berlin, den 23. August 1933.

Der Reichsminister des Innern.
J. B.: Pfundtner.

Text 5 Will Vesper (1882–1962): Das erwachte Gewissen

Wie die Presse meldet, erklärt sich „Der Vorstand des Börsenvereins der Deutschen Buchhändler“ mit der Reichsleitung des Kampfbundes für deutsche Kultur und der Zentralstelle für das deutsche Bibliothekwesen darin einig, dass die zwölf Schriftsteller Lion Feuchtwanger, Ernst Glaeser, Arthur Holitscher, Alfred Kerr, Egon Erwin Kisch, Emil Ludwig, Heinrich Mann, Ernst Ottwald, Theodor Plievier, Erich Maria Remarque, Kurt Tucholsky (alias Theobald Tiger, Peter Panter, Ignaz Wrobel, Kaspar Hauser), Arnold Zweig für das deutsche Ansehen als schädigend zu erachten sind. Der Vorstand erwartet, dass der Buchhandel die Werke dieser Schriftsteller nicht weiter verbreitet.

Der Vorstand des Börsenvereins für den Buchhandel mache aber den Buchhändlern die Umschaltung nicht zu leicht. Es ist nicht damit getan, dass man zwölf Sündenböcke, die ohnedies niemand mehr kauft, in die Wüste schickt und die andere deutschfeindliche und kulturbolschewistische Literatur verhökert! Es bedarf einer ernsten und gewissenhaften, und nicht von heute auf morgen zu erledigenden gründlichen Prüfung des gesamten deutschen und antideutschen Schrifttums der letzten 15 Jahre, einer ehrlichen Reinigung auch des gesamten Buchhandels. Wenn dabei manche Buchhändler feststellen müssen, dass ihr Lager im Wesentlichen aus literarischer Schundliteratur besteht, so darf uns das nicht davon abhalten, den deutschen Buchhandel immer wieder zum rücksichtslosesten Kampf gegen den Kulturbolschewismus zu zwingen.

Man regt sich jetzt mancherorts darüber auf, dass die Studenten bei ihren Verbrennungen der Schundliteratur nicht immer die Richtigen ins Feuer geworfen hätten. Das mag sein. Die Absicht der Studenten aber war gut und richtig. Für eine bessere Aufklärung ist die deutsche Jugend immer zu haben. Wer hat sie ihr aber bisher gegeben? Die Universitätsprofessoren nicht. Die deutsche Presse erst recht nicht, und der deutsche Buchhandel im Großen und Ganzen gesehen schon gar nicht! Aber Jugend und Volk sind erwacht und werden sobald nicht wieder einschlafen. Jeder Buchhändler halte sein Lager und sein Schaufenster so, dass er vor dem erwachten Gewissen des Volkes und vor der Sehnsucht der Jugend nach Sauberkeit und nationaler Würde bestehen kann, dann werden Volk und Jugend ihm wieder die hohe Achtung entgegenbringen, die der echte deutsche Buchhandel immer verdient. Wer sich aber auch künftig gegen Volk und Jugend versündigt, beklage sich nicht, wenn er von den Empörten zu seinem Schaden zur Verantwortung gezogen wird.

(v 1933)

Arbeitsanregungen:

1 a Welches Selbstverständnis Tucholskys und welche Wirkungsabsicht werden aus den Texten 1 und 2 erkennbar?
b Welche Ziele nationalsozialistischer Kulturpolitik lassen sich in den Texten 3–5 erfassen?

2 Entwerfen Sie einen Leserbrief zu Tucholskys Ausbürgerung.

Text 6 Stimmen zur Rezeption der Werke Kurt Tucholskys, mitgeteilt nach ihren Erscheinungsdaten

a) „Die Schreibmaschine war von jeher Ignaz Wrobels Stärke. In einen großen Rucksack verpackt, zog er mit ihr im April 1915 als ‚Schipper‘ mit dem Armierungsbataillon nach Suwalky. Als jedoch die Morgenröte des 9. November 1918 aufstieg, da warf Kurt Tucholsky die unangenehme feldgraue Uniform beiseite, zog wieder die gestreiften Beinkleider über die Säbelbeine, nahm seine getreue Schreibmaschine und begann, gegen den Patriotismus gleich unter fünf Namen zu wettern. Er nennt das ‚dichten‘ … Kein Staatsgerichtshof zum Schutze der Republik hat sich bemüßigt gefühlt, diesen Ignaz Wrobel hinter eiserne Gardinen zu setzen und ihn bei zehnjähriger Zuchthausarbeit auf andere Gedanken zu bringen, als das Symbol des Deutschtums in dieser Weise anzupöbeln.“

(Alfred Rosenberg, ‚Dr. Kurt Tucholsky‘, in: ‚Nationalsozialistische Monatshefte‘, Heft 37, 1927.)

b) Alexej Tolstoi

Entsetzlich … dieser Mensch hatte alle Chancen, der Heine des XX. Jahrhunderts zu werden.

(Gespräch mit Alexander Dymschitz. 1936)

c) Wilhelm Herzog

Wer war Kurt Tucholsky? Ein Schriftsteller von ungewöhnlicher Begabung; unerschöpflich an Einfällen; ein kluger Humorist; ein Satiriker von Format und – ein Kämpfer für die ewigen Menschenrechte, deren Schicksal es ist, ewig mit Füßen getreten zu werden … Dieser proteusartige[1] Mensch trug in sich einen Reichtum an Bildung, Fantasie, kritischer Vernunft und überlegener Heiterkeit, dass seine Arbeiten Tausende und aber Tausende in ihrem Lebensmut stärkten, sie bereicherten, oft entzückten.

(Nachruf. 1936)

d) Arnold Zweig

Und somit, Tucholsky, lieber tapferer Kamerad, bezaubernder Schriftsteller, bester Chansonnier der Republik, gehe ich von Ihnen und an meine Arbeit. Sie hatten eine übertriebene Hochachtung und Erwartung für das, was dem Geiste möglich ist, als Sie die Emigration so bitter glossierten. Eine vage Vorstellung, von etwas Ungeheurem, nicht an Aufschrei, sondern an Abwehr, beseelte Sie, als Sie verstummten, immer tiefer verstummten, den letzten Trank der Stummheit tranken.

(Weltbühne. 16.1.1936)

e) „Kurt Tucholsky ist diese ganze Welt des Teufels inbegrifflich. Keiner der jüdischen Literaten jener Jahre hat eine Breitenwirkung erzielt wie Tucholsky. Kein Volk dieser Erde ist jemals in seiner eigenen Sprache so geschmäht worden wie das deutsche durch Tucholsky.

Diese ganze Literatur ist keine künstlerische Angelegenheit. Sie ist der urkundliche Ausweis für ein geschichtliches Unterfangen von bestürzendem Ausmaß: gewaltsame geistige und seelische Umartung des deutschen Volkes. Diese allgemeine Perversion eines ganzen Volkes durch eine ihm fremde Literatur war das berechnete Unternehmen des Judentums, die deutsche Seele in seine Hörigkeit zu zwingen und das deutsche Volk zum Träger der Weltrevolution, zum Werkzeug und Vollstrecker des jüdischen Messiasgedankens zu machen.“

(Josef Nadler, ‚Literaturgeschichte des deutschen Volkes‘, Band 4, Berlin 1941.)

f) Ernst Rowohlt

Sie waren für mich einer der liebsten Autoren. Wenige werden wissen, dass hinter Ihrer scharfen Feder und Ihrer unverwüstlichen Kampfeslust ein so warmblütiger und in jedem Sinne menschlicher Freund steckte. Jede Zeile, die ich von Ihnen gedruckt habe, war mir aus dem Herzen gesprochen, denn Sie waren ein wirklicher Kämpfer gegen jegliche Reaktion, gegen jeden Blödsinn der Politiker und gegen jede spießige Gefühlsduselei und so recht ein Mann nach meinem Herzen. Sie, lieber Tucholsky, brauchen wir heute.

(Brief an einen Unvergessenen. 1948)

g) George Grosz

Er war einer der wenigen, die den wirklichen Berliner Witz verstanden und auch wirkliche Berliner Dialoge schreiben konnten. – Ein Erbe Glaßbrenners[2] und des vormärzlichen Humors. Und in einer Zeit, da der Humor in Berlin von oben befohlen wurde und säuerlich schmeckte, gab es solche Leute bald überhaupt nicht mehr! … Tucholsky liebte Frankreich, wie viele Intellektuelle jener Zeit; er glaubte immer noch an ein schon damals nicht mehr existierendes Frankreich von 1793. Von Schweden aus, wohin er sich schon 1929 zurückgezogen hatte, schaute er in die Zukunft. Und die war so schauerlich, dass er es vorzog, sie nicht mehr mitzumachen. Heute ist er auferstanden. Noch zur Zeit?

(Ein kleines Ja und ein großes Nein. 1955)

h) „Vor Jahren fuhr ich mit einem Genossen zu einer SDS-Tagung nach Berlin. Er hatte zwei Bücher bei sich: George Orwells ‚Farm der Tiere‘ und Tucholskys ‚Deutschland, Deutschland über alles‘. ‚Das geben Sie her‘, sagte der Polizist.

‚Wieso? Das ist Tucholsky!‘

‚Was heißt hier Tucholsky. Deutschland, Deutschland über alles …
Das kommt nicht rein in unsere Republik. Das landwirtschaftliche Buch da, das können Sie behalten …‘“

(‚Die Zeit‘ vom 24. August 1962.)

[1] proteusartig: von Proteus – weissagender Meergreis der gr. Mythologie, „Verwandlungskünstler“

[2] Adolf Glaßbrenner, (1810–1876): Begründer der satirischen Berliner Volksliteratur

i) „Ja, es gab jüdische Literaten, die ihren alten Glauben längst verloren hatten, die den christlichen nicht im Ernst bekannten, die wohl auch zu intelligent waren, um die marxistische Pseudo-Religion auf die Dauer bekennen zu können, kurzum, die eigentlich im positiven Sinn des Wortes an gar nichts glaubten und die nichts anderes bieten konnten als Kritik, als Witz, als Hohn. Auch unter ihnen gab es Männer von hoher Begabung, denken wir etwa an Kurt Tucholsky. Gestehen wir aber ein, dass es ihnen an Takt, an Bescheidenheit, an dem Rückhalt einer festen bejahenden Tradition, wohl auch an Schöpferkraft fehlte, gestehen wir ein, dass im Seelenhaushalt einer Nation es wohl einige solcher Kritiker, einige solcher Versemacher, einige solcher Soziologen geben darf, aber nicht zu viele von ihnen und dass es in den zwanziger Jahren eher zu viel als zu wenig von ihnen gab."

(Golo Mann, ‚Geschichte und Geschichten', S. Fischer Verlag, Frankfurt am Main 1962, Seite 191/92.)

j) „Der CDU-Stadtverordnete Menges: ‚Doch sein Schrifttum und seine Äußerungen wirken zum Teil auch heute noch so zersetzend, dass es eine Taktlosigkeit wäre, eine Straße nach ihm zu benennen. Wenn Tucholsky noch leben würde, säße er heute in der DDR und würde Hetzartikel gegen die Bundesrepublik schreiben.'"

(„Abendpost", Frankfurt/Main, vom 15. Februar 1963.)

k) „Sehr geehrter Inhaber der Buchhandlung Schmidt!

Sie halten es für richtig an bevorzugter Stelle in Ihrer Auslage das deutschfeindliche Machwerk des Kurt Tucholsky ‚Deutschland, Deutschland über alles' auszustellen und zu propagieren. Ich nehme an, dass Sie wissen wer Tucholsky war. Er war bevorzugter Mitarbeiter der pro-bolschewistischen ‚Weltbühne' des Siegfried Jacobsohn und fanatischer Anhänger eines sowjetischen Deutschland. Wenn Leute wie Tucholsky gesiegt hätten, dann hätten wir heute die Zustände der Stacheldrahtzone des Ulbricht und Sie – unter der Voraussetzung, dass Sie kein Ulbricht-Anhänger sind – keine gut gehende Buchhandlung.

Ich habe, da ich in Kaiserslautern beschäftigt bin, im letzten Jahr verschiedentlich Bücher bei Ihnen gekauft. Ich werde das natürlich nicht mehr tun und ich werde auch meine Freunde, die Tucholsky Gott sei Dank kennen, gebührend auf Ihren Beitrag zur Vernichtung des deutschen Selbstgefühls hinweisen, indem ich sie auf Ihren Ausstellungsgegenstand aufmerksam mache. Kommen Sie nicht mit Geistesfreiheit, Besudelung des eigenen Volkes und Nestbeschmutzung ist keine Geistesfreiheit."

(Brief von Prof. Dr. theol. A. H. (Kaiserslautern), vormals NSDAP, danach bis 1966 CDU-Abgeordneter, danach NP-Abgeordneter, an die Buchhandlung Schmidt, Kaiserslautern, vom 31. März 1964.)

Text 7 **Nino Erné: Kurt Tucholsky** [Auszug]

[...]

T.s Ausdruckskraft umfasst das Gröbste und Zarteste, Witz und tödlichen Ernst, logisch sauberes Hochdeutsch und den verschusseltsten Dialekt. Die Spannweite seines Stils ist größer als die → Polgars, des anderen Meisters der Kleinen Form, dafür erreicht er nur in den besten Arbeiten jene Makellosigkeit, die seinen bewunderten „Weltbühnen"-Kollegen als Klassiker kennzeichnet. Er hatte ein anderes Tempo und eine andere Temperatur. Er schrieb nicht adagio, sondern appassionato, con brio, presto, und seine stillen Betrachtungen sind Pausen vor dem nächsten Paukenschlag. Er bewahrte nicht, wie Polgar, die Eintagsfliegen der Aktualität im Bernstein gekühlter Form auf, und wenn er jemanden angriff, nahm er ihn nicht, wie Karl → Kraus, zum Anlass einer Wortschöpfung sub specie aeternitatis[1]. T. besang in jubelnden und demütigen Hymnen, wen er liebte; er hasste den, mit dem er abrechnete – wenn er verachtete, schwieg er. Dass er nichts bessern konnte, ließ ihn verzweifeln, gerade als sein Ruhm am höchsten stand. Er wollte nicht Erfolg, sondern Wirkung. Es ging nicht um Dichtung, sondern ums Leben. Deshalb glüht bei ihm noch unter jeder Asche der einstige Augenblick und reißt den Leser in die Hitze vergessener Gefechte und erfüllter Prophezeiungen: [...] Aus Bescheidenheit sprach T. nur von dem, was er genau zu kennen glaubte; weit wies er es von sich, mit dem „Jahrhundertkerl!" Heine verglichen zu werden. Vermutlich hat er seine Grenzen enger gesehen, als sie waren. Vermutlich hat er seine eigene Bedeutung unterschätzt. Es ist anzunehmen, dass man auch ihn eines Tages einen Jahrhundertkerl nennen wird. Skepsis, um der inneren Wahrhaftigkeit willen, nahm seinem Daseinskampf zuletzt derart den Atem, dass er dem Sprechen das Schweigen, dem Leben das Sterben vorzog.

(e 1970) Nino Erné

[1] sub specie aeternitatis: unter dem Gesichtspunkt der Ewigkeit

Autor – Text – Medium – Distribution – Leser
(Grundmodell der literarischen Kommunikation)

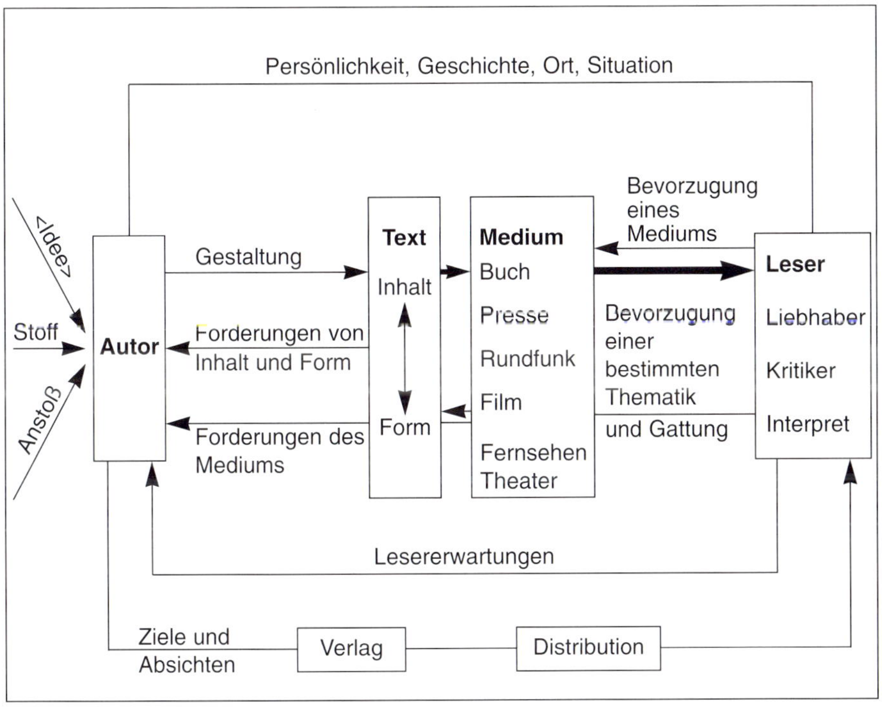

Das Referat als sachbezogener Vortrag

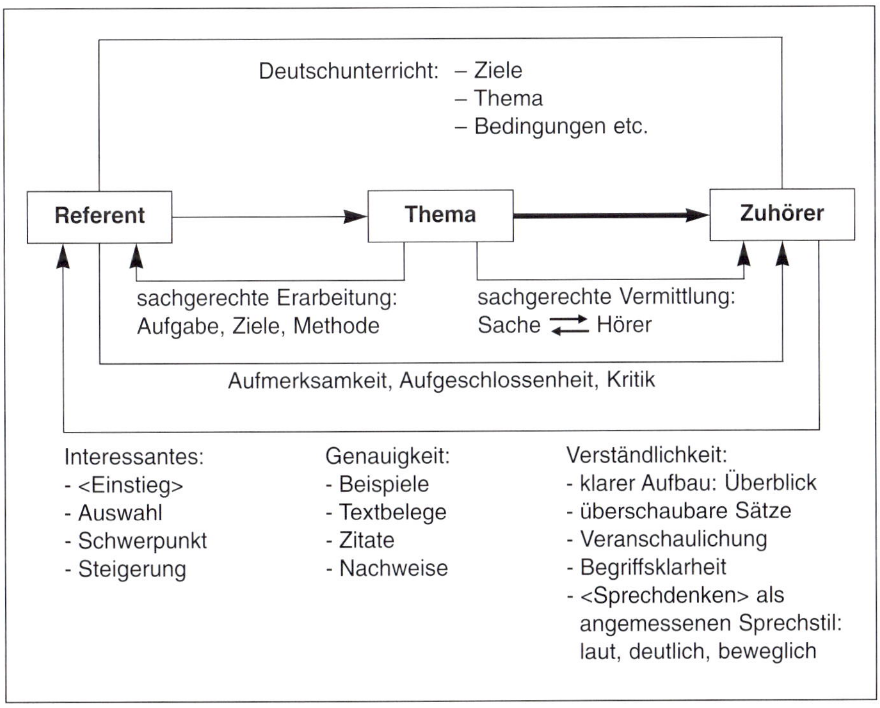

Arbeitsanregungen:

1 Stellen Sie aus den Rezeptionszeugnissen Aspekte der positiven und negativen Wertung mit der jeweiligen Begründung tabellarisch gegenüber.

2 Vergleichen Sie die positiven und negativen Wertungen mit den Wirkungsabsichten Tucholskys. Beziehen Sie in Ihre Überlegungen das „Grundmodell der literarischen Kommunikation" mit ein.

3 a Versuchen Sie die Motive der Kritiker zu erschließen, die Tucholskys Literatur ablehnen.
b Nehmen Sie zu einer dieser Kritiken Stellung.

4 Schreiben Sie aus Ihrer Sicht eine Kritik über Tucholsky (z.B. für eine Schülerzeitung oder ein Literaturlexikon für Schüler).

5 Erstellen Sie ein sog. *halbfreies Referat* über Tucholsky, dessen Vortrag sich auf Stichworte stützt. Verfahren Sie etwa so:
a Ordnen Sie die Informationen nach *Sachgruppen* (z.B. Biografie, Ziele des Schriftstellers, Werke, Wirkungen) und *exzerpieren* Sie die wichtigsten Daten und Fakten.
b Überlegen Sie, wie sich aus ihrem Exzerpt eine sachgerechte, interessante und wirkungsvolle *Gliederung* (Disposition) gewinnen lässt.
c Begründen Sie aus der Quellenlage, in welchen Bereichen die *Schwerpunkte* des Referats liegen müssen.

6 Überprüfen Sie Ihre Ergebnisse zur Disposition eines Referats mit Hilfe eines Kommunikationsmodells unter dem Aspekt: „Eine Rede ist keine Schreibe!"
a Welche Bedeutung haben halbfreies, auf Stichworte gestütztes Sprechen und Blickkontakt mit den Zuhörern?
b Versuchen Sie die Faktoren des Kommunikationsmodells in einen sinnvollen Zusammenhang zu bringen und verfassen Sie eine „Anweisung für Referenten", in der die Informationen der Grafik beschrieben werden.

Text 8 **Kurt Tucholsky (1890–1935): Ratschläge für einen schlechten Redner**

Fang nie mit dem Anfang an, sondern immer drei Meilen *vor* dem Anfang! Etwa so: „Meine Damen und meine Herren! Bevor ich zum Thema des heutigen Abends komme, lassen Sie mich Ihnen kurz …"
Hier hast du schon so ziemlich alles, was einen schönen Anfang ausmacht: eine steife Anrede; der Anfang vor dem Anfang; die Ankündigung, daß und was du zu sprechen beabsichtigst, und das Wörtchen kurz. So gewinnst du im Nu die Herzen und die Ohren der Zuhörer.

Denn das hat der Zuhörer gern: daß er deine Rede wie ein schweres Schulpensum aufbekommt; daß du mit dem drohst, was du sagen wirst, sagst und schon gesagt hast. Immer schön umständlich.

Sprich nicht frei – das macht einen so unruhigen Eindruck. Am besten ist es: du liest deine Rede ab. Das ist sicher, zuverlässig, auch freut es jedermann, wenn der lesende Redner nach jedem viertel Satz mißtrauisch hochblickt, ob auch noch alle da sind.

Wenn du gar nicht hören kannst, was man dir so freundlich rät, und du willst durchaus und durchum frei sprechen ... du Laie! Du lächerlicher Cicero! Nimm dir doch ein Beispiel an unsern professionellen Rednern, an den Reichstagsabgeordneten – hast du die schon mal frei sprechen hören? Die schreiben sich sicherlich zu Hause auf, wann sie „Hört! hört!“ rufen ... ja, also wenn du denn frei sprechen mußt:

Sprich, wie du schreibst. Und ich weiß, wie du schreibst.

Sprich mit langen, langen Sätzen – solchen, bei denen du, der du dich zu Hause, wo du ja die Ruhe, deren du so sehr benötigst, deiner Kinder ungeachtet, hast, vorbereitest, genau weißt, wie das Ende ist, die Nebensätze schön ineinandergeschachtelt, so daß der Hörer, ungeduldig auf seinem Sitz hin und her träumend, sich in einem Kolleg wähnend, in dem er früher so gern geschlummert hat, auf das Ende solcher Periode wartet ... nun, ich habe dir eben ein Beispiel gegeben. So mußt du sprechen.

Fang immer bei den alten Römern an und gib stets, wovon du auch sprichst, die geschichtlichen Hintergründe der Sache. Das ist nicht nur deutsch – das tun alle Brillenmenschen. Ich habe einmal in der Sorbonne einen chinesischen Studenten sprechen hören, der sprach glatt und gut französisch, aber er begann zu allgemeiner Freude so: „Lassen Sie mich Ihnen in aller Kürze die Entwicklungsgeschichte meiner chinesischen Heimat seit dem Jahre 2000 vor Christi Geburt ...“ Er blickte ganz erstaunt auf, weil die Leute so lachten.

So mußt du das auch machen. Du hast ganz recht: man versteht es ja sonst nicht, wer kann denn das alles verstehen, ohne die geschichtlichen Hintergründe ... sehr richtig! Die Leute sind doch nicht in deinen Vortrag gekommen, um lebendiges Leben zu hören, sondern das, was sie auch in den Büchern nachschlagen können ... sehr richtig! Immer gib ihm Historie, immer gib ihm.

Kümmere dich nicht darum, ob die Wellen, die von dir ins Publikum laufen, auch zurückkommen – das sind Kinkerlitzchen. Sprich unbekümmert um die Wirkung, um die Leute, um die Luft im Saale; immer sprich, mein Guter. Gott wird es dir lohnen.

Du mußt alles in die Nebensätze legen. Sag nie: „Die Steuern sind zu hoch.“ Das ist zu einfach. Sag: „Ich möchte zu dem, was ich soeben gesagt habe, noch kurz bemerken, daß mir die Steuern bei weitem ...“ So heißt das.

Trink den Leuten ab und zu ein Glas Wasser vor – man sieht das gern.

Wenn du einen Witz machst, lach vorher, damit man weiß, wo die Pointe ist.

Eine Rede ist, wie könnte es anders sein, ein Monolog. Weil doch nur einer spricht. Du brauchst auch nach vierzehn Jahren öffentlicher Rednerei noch nicht zu wissen, daß eine Rede nicht nur ein Dialog, sondern ein Orchesterstück ist: eine stumme Masse spricht nämlich ununterbrochen mit. Und das mußt du hören. Nein, das brauchst du nicht zu hören. Sprich nur, lies nur, donnere nur, geschichtele nur.

Zu dem, was ich soeben über die Technik der Rede gesagt habe, möchte ich noch kurz bemerken, daß viel Statistik eine Rede immer sehr hebt. Das beruhigt ungemein, und da jeder imstande ist, zehn verschiedene Zahlen mühelos zu behalten, so macht das viel Spaß.

Kündige den Schluß deiner Rede lange vorher an, damit die Hörer vor Freude nicht einen Schlaganfall bekommen. (Paul Lindau hat einmal einen dieser gefürchteten Hochzeitstoaste so angefangen: „Ich komme zum Schluß.“) Kündige den Schluß an, und dann beginne deine Rede von vorn und rede noch eine halbe Stunde. Dies kann man mehrere Male wiederholen.

Du mußt dir nicht nur eine Disposition machen, du mußt sie den Leuten auch vortragen – das würzt die Rede.

Sprich nie unter anderthalb Stunden, sonst lohnt es gar nicht erst anzufangen.

Wenn einer spricht, müssen die andern zuhören – das ist deine Gelegenheit! Mißbrauche sie.

(v 1930)

Arbeitsanregungen:

1 Exzerpieren Sie Leitgedanken aus Text 8.

2 Verfassen Sie als einen Gegenentwurf (eine Art Kontrafaktur) zu Tucholskys Satire einen *Sachtext* mit „Ratschlägen für einen guten Redner“. Orientieren Sie sich dabei auch an Text 9.

3 Versetzen Sie sich in die Situation eines Teilnehmers einer Gedenkstunde, die am Jahrestag der Bücherverbrennung stattfindet.

a Welche Aspekte sollte ein Redner nach Ihrer Meinung zum Thema „Über das Verbrennen von Büchern“ beachten?

b Wie könnte er beginnen und enden?

Text 9 Kurt Tucholsky: Ratschläge für einen guten Redner

Hauptsätze. Hauptsätze. Hauptsätze.

Klare Disposition im Kopf – möglichst wenig auf dem Papier.

Tatsachen, oder Appell an das Gefühl. Schleuder oder Harfe. Ein Redner sei kein Lexikon. Das haben die Leute zu Hause.

Der Ton einer einzelnen Sprechstimme ermüdet; sprich nie länger als vierzig Minuten.

Suche keine Effekte zu erzielen, die nicht in deinem Wesen liegen. Ein Podium ist eine unbarmherzige Sache – da steht der Mensch nackter als im Sonnenbad.

Merk Otto Brahms Spruch: Wat jestrichen is, kann nich durchfalln. (v 1930)

3. Was Sprache leisten kann

Die Frage, was den Menschen gegenüber anderen Lebewesen auszeichnet, führte zu vielen Definitionen und Abgrenzungen des ausschließlich Menschlichen. Dass der Mensch in Wort und Schrift über die Sprache verfügen kann, wird dabei stets als ein Hauptcharakteristikum herausgehoben. Unter zwei Aspekten soll Sprache in diesem Abschnitt untersucht werden: Einmal in ihrer argumentativen und stilistischen Gestaltung am Beispiel der Rede, wodurch eine Beziehung zum Vorausgehenden hergestellt ist; zum andern unter der allgemeinen Fragestellung, welche Funktionen Sprache hat.

Die **Rede** ist ein mündlicher Vortrag, der sich vom streng sachlich-argumentativen wissenschaftlichen Referat abhebt. Außer durch das Thema, ist die Rede vor allem durch situative Bedingungen – also z.B. Anlass, Zeitpunkt, Ort, Stimmung und Erwartungen der Zuhörer – sowie durch wirkungsvolle gedankliche und stilistische Figuren und Kunstgriffe geprägt, die ihren Ursprung in der antiken Rhetorik haben. Je nach Ziel und Situation werden folgende Formen unterschieden: Die religiös-belehrende *Kanzelrede* oder Predigt (vgl. Barock, S. 121); die *Preisrede* oder Laudatio, die z.B. als Fest-, Gedenk- und Grabrede meist zustimmend (affirmativ), ja oft sogar huldigend ist; eine große öffentliche Rolle spielen die *Gerichtsrede* (als juristisches Plädoyer des Staatsanwalts und der Verteidigung) sowie die *politische* Rede (vor allem als Staats-, Parlaments- und Wahlrede). In der polit. Rede können die ermahnenden und beschwörenden (appellativen) Tendenzen sowie die werbenden, ja überredenden (suasorischen) Elemente so sehr dominieren, dass nicht Information der Zuhörer, sondern deren Manipulation das Hauptziel ist, wie die Beispiele totalitärer Demagogie belegen. – Besonders prägend wurden die großen griechischen Redner Isokrates (436–338 v.Chr., „Kranzrede") und Demosthenes (384–322 v.Chr., „Philippika") sowie der Römer M.T. Cicero (106–43 v.Chr.). Im deutschen Sprachraum gewann neben den mittelalterlichen Kreuzzugsreden die agitatorische Rede im Bauernkrieg (etwa durch Th. Münzer, U.v. Hutten, F. Geyer) größere öffentliche Bedeutung. Die polit. Rede der Neuzeit aber wurde vor allem durch die parlamentarischen Bestrebungen des 17. Jhs. in England (z.B. durch W. Pitt d.J., D. Hume) und die Französische Revolution (etwa durch M. Robespierre und St. Just) geprägt, während es in der dt. Klassik und Romantik nur entsprechende Forderungen (z.B. durch J.G. Herder und H. Heine) sowie erste Ansätze gab, etwa durch J.G. Fichtes „Reden an die deutsche Nation" (1807/1808). O. von Bismarck, A. Bebel und K. Liebknecht gelten als große politische Redner des späten 19. Jhs. In der parlamentarischen Demokratie des 20. Jhs. sind in Deutschland u.a. G. Stresemann, Th. Heuss und C. Schmid, international W. Churchill, Ch. de Gaulle und J.F. Kennedy bekannte polit. Redner gewesen. (Vgl. Weimarer Republik, S. 353ff.)

Text 1 **Erich Kästner (1899–1974): Über das Verbrennen von Büchern**

Bücherverbrennung durch nationalsozialistische Studenten am 10.5.1933

Meine Damen und Herren,
seit Bücher geschrieben werden, werden Bücher verbrannt. Seit es die Erstgeburt gibt, gibt es, als Antwort, den Hass. Und weil Geist, Glauben und Kunst nicht verkauft werden können, nicht für ein Linsengericht und um keinen Preis, wird Esau zum Kain, und Jakob stirbt als Abel. Der Neid, der keinen Weg sieht, begibt sich auf den einzigen Ausweg: ins Verbrechen. Wer den Tempel der Artemis nicht bauen kann – aus gebürtigem Unvermögen, und da er ja schon in der Sonne schimmert, der ephesische Tempel –, der muss zur Fackel greifen und ihn anzünden. Aber alles verstehen heißt keineswegs: alles verzeihen! Und da die Sühne der Schuld zwar im Strafgesetzbuch folgt, nicht jedoch im Buch der Geschichte, muss künftig an die rechtzeitige Verhütung der Schuld gedacht werden. Davon ist die Rede. Davon handelt die Rede. Heute: nun auch die Naturwissenschaften moralische (oder unmoralische) Disziplinen geworden sind, ist es unangebrachter denn je, die Unmoral in Politik und Geschichte als Naturereignis hinzunehmen.
Die Geschichte des Geistes und des Glaubens ist zugleich die Geschichte des Ungeistes und des Aberglaubens. Die Geschichte der Literatur und der Kunst ist zugleich eine Geschichte des Hasses und des Neides. Die Geschichte der Freiheit ist, im gleichen Atem, die Geschichte ihrer Unterdrückung, und die Scheiterhaufen sind die historischen Schnitt- und Brennpunkte. Wenn die Intoleranz den Himmel verfinstert, zünden die Dunkelmänner die Holzstöße an und machen die Nacht zum Freudentag. Dann vollzieht sich, in Feuer und Qualm, der Geiselmord an der Literatur. Dann wird aus dem „pars pro toto" das „ars pro toto".[1]
Seit Bücher geschrieben werden, werden Bücher verbrannt. Dieser abscheuliche Satz hat die Gültigkeit und Unzerreißbarkeit eines Axioms. Er galt zur Zeit der römischen Soldatenkaiser und unter Kubilai Khan, bei Cromwell und für die Konquistadoren, für Savonarola, Calvin und Jacob Stuart, für die Jesuiten, die Dominikaner und die Puritaner, für China und Rom, für Frankreich, Spanien, England, Irland und Deutschland, für Petersburg, Boston und Oklahoma City. Immer wieder hatten die Flammen ihren züngelnden Wolfshunger, und immer wieder war ihnen das Beste gerade gut genug. Sie fraßen die Werke von Ovid und Properz, von Dante, Boccaccio, Marlowe, Erasmus, Luther, Pascal, Defoe, Swift, Voltaire und Rousseau. Manchmal fraßen sie den Autor oder den Drucker

[1] Der Teil für das Ganze – Die Kunst für das Ganze

als Dreingabe. Oder sie leuchteten, damit der Henker den Angeklagten umso besser die Ohren abschneiden, die rechte Hand abhacken und das Nasenbein zertrümmern konnte.

Hören Sie sich, bitte, ein paar Sätze aus einem Buch an, und versuchen Sie zu erraten, wer das und wann er es geschrieben haben könnte! „Man hat nicht nur gegen die Autoren, sondern auch gegen ihre Bücher gewütet, indem man besondere Kommissare beauftragte, die Geisteserzeugnisse der bedeutendsten Köpfe auf offnem Markte zu verbrennen. Natürlich meinte man in diesem Feuer die Stimme des Volkes, die Freiheit und das Gewissen töten zu können. Man hatte ja obendrein die großen Philosophen ausgewiesen und alle echte Kunst und Wissenschaft ins Exil getrieben, damit nirgends mehr etwas Edles und Ehrliches anklagend auftrete ... Während in fünfzehn Jahren ... gerade die geistig Lebendigsten durch das Wüten des Führers umkamen, sind nun wir wenigen ... nicht nur die Überlebenden von anderen, sondern auch von uns selber, weil ja mitten aus unserem Leben so viele Jahre gestohlen wurden, in denen wir aus jungen zu alten Männern geworden sind, ... indessen wir zur Stummheit verurteilt waren.“ Das hat Tacitus nach der Schreckensherrschaft des Kaisers Domitian geschrieben, der im Jahre 96 n. Chr. ermordet wurde. Achtzehn Jahrhunderte und ein halbes sind vor diesen Sätzen vergangen wie ein Tag und wie eine Nachtwache.

Und Heinrich Heines Verse aus dem „Almansor“: „Dort, wo man die Bücher verbrennt, verbrennt man auch am Ende Menschen“, galten zwar den spanischen Autodafés und wurden dennoch zur Prophezeiung.

Das blutige Rot der Scheiterhaufen ist immergrün.

*

Einen dieser Scheiterhaufen haben wir, mit bloßem Auge, brennen sehen. Das war auf den Tag genau vor einem Vierteljahrhundert, und deswegen haben wir uns heute versammelt. Es gibt Andachtsübungen, und wie es Andachtsübungen gibt, sollte es, nicht weniger ernsthaft und folgenschwer, Gedächtnis-Übungen geben. Meine Damen und Herren, wir sind zu einer Gedächtnis-Übung zusammengekommen.

Politik ist von uns selber erlebte Geschichte, und in prägnanten Augenblicken empfinden wir dies nicht weniger, als es Goethe vor Valmy empfand. Als am 10. Mai 1933 die deutschen Studenten in allen Universitätsstädten unsere Bücher tonnenweise ins Feuer warfen, spürten wir: Hier vollzieht sich Politik, und hier ereignet sich Geschichte. Die Flammen dieser politischen Brandstiftung würden sich nicht löschen lassen. Sie würden weiterzüngeln, um sich fressen, auflodern und Deutschland, wenn nicht ganz Europa in verbrannte Erde verwandeln. Es würde so kommen und kam so. Es lag in der Unnatur der Sache.

Sie machten sich viel mit Fackeln und Feuer zu schaffen, jene Pyrotechniker der Macht. Es begann mit dem brennenden Reichstag und endete in der brennenden Reichskanzlei. Es begann mit Fackelzügen und endete mit Feuerbestattung. Zwischen dem Reichstagsbrand und der Bücherverbrennung, also zwischen dem 27. Februar und dem 10. Mai 1933, arbeiteten sie freilich ohne Streichhölzer und ohne Benzin. Sie sparten Pech und Schwefel. Es ging auch so. Der Feldmarschall und Reichspräsident kapitulierte in der Potsdamer Garnisonkirche. Das geschah am 21. März. Zwei Tage später kapitulierten, mit Ausnahme der Sozialdemokratie, die Parteien in der Krolloper. Eine Woche später wurden die Länder „gleichgeschaltet“. Am 1. April wurde der Judenboykott inszeniert. Es war eine missglückte Inszenierung, und man setzte das blutige Stück vorübergehend vom Spielplan ab. Am 7. April wurden die Gauleiter als Reichsstatthalter herausstaffiert. Am 2. Mai wurden die Gewerkschaften aufgelöst. Zwei Monate hatte man mit der seidnen Schnur gewinkt, und es ging wie am seidnen Schnürchen. Am 10. Mai aber brauchte man wieder Feuer. Für die Bücher.

*

Der kleine Hinkende Teufel[1], nicht der von Le Sage, sondern der aus Rheydt im Rheinland, dieser missratene Mensch und missglückte Schriftsteller, hatte das Autodafé fehlerlos organisiert. Eine Münchner Zeitung schrieb am 5. Mai: „Die Hinrichtung des Ungeistes wird sich zur selben Stunde in allen Hochschulstädten Deutschlands vollziehen. In einer großen Staffelreportage zwischen 11 und 12 Uhr nachts wird gleichzeitig der Deutschlandsender ihren Verlauf aus sechs Städten, darunter auch München, mitteilen. Schon einmal weihten deutsche Burschen öffentlich vor allem Volk einen Haufen Bücher dem Feuer. Das war vor nunmehr hundert Jahren auf der Wartburg, und die achtundzwanzig Schriften, die der Zorn der Flammen damals ergriff, ... waren Werke des Muckertums, der Knechtsgesinnung, von Bütteln, Spießern und Dreigroschenseelen im Sold der Herrschenden hingesudelt ... Und heute steht abermals das Gericht über sie auf, und abermals schichtet der deutsche Bursch ihnen das Feuer der Vernichtung.“

Die Parallele zum Wartburgfest Anno 1817 zu ziehen, zur Verbrennung einiger preußischer Polizeivorschriften sowie etlicher Bände von Kotzebue und eines Autors namens Schmalz, der Vergleich eines Ulks mit der Verbrennung nicht des „deutschen Ungeistes“, sondern des deutschen Geistes, das war eine Frechheit ohne Beispiel. „Die Lüge hat ein

[1] Joseph Goebbels, geb. 1897 in Rheydt (Rheinland), Selbstmord am 1.5.1945 in Berlin

kurzes Bein“, hieß es schon damals. Was hatten denn die Bücher von Heinrich und Thomas Mann, von Döblin und Leonhard Frank, von Werfel und Wassermann, von Brecht und Renn, von Alfred Neumann und Polgar, von Stefan Zweig und Lernet-Holenia, von Heuss und Rathenau, von Sigmund Freud und Lindsay, die Übersetzungen der Bücher von Sinclair, Barbusse und Gorki, von Wells, Jack London, Dos Passos, Hašek, Hemingway und James Joyce mit Muckertum und Knechtsgesinnung und gar mit preußischen Polizeivorschriften zu tun? Die Zahl der Autoren, deren Bücher verbrannt wurden, geht in die Hunderte. Einige dieser Schriftsteller sitzen heute unter uns. Wir waren Spießer und Dreigroschenseelen?

Der Lügner wusste, wie infam er log. Er nahm sich nicht einmal die Mühe, seinen Hass und Neid gescheiter zu artikulieren, und er hatte Recht. Denn „der deutsche Bursch schichtete das Feuer der Vernichtung“, wie es so schön hieß, sowieso. In der Münchner Zeitung vom 5. Mai 1933 steht weiter: „Es mag einen tüchtigen Stoß geben, denn nicht nur die Studenten sind aufgefordert worden, ihre Bücherschränke zu sichten, sondern an die ganze Bevölkerung ging der Ruf, und vor allem aus den Leih- und Volksbüchereien erwartet man kräftigen Zuzug. Und darum stehen heute schon Lastwagen bei der Studentenschaft gerüstet, und sie hat sich für das Werk der Zerstörung sogar schon mit einer pyrotechnischen Firma in Verbindung gesetzt. Am Nachmittag soll der Stapel schon aufgebaut werden. Eine gute Stunde lang dürften die Flammen wohl Nahrung finden.“

Eine gute Stunde lang! Es war für Deutschland und die Welt keine gute Stunde.

Die Feuer brannten. Auf dem Opernplatz in Berlin. Auf dem Königsplatz in München. Auf dem Schlossplatz in Breslau. Vor der Bismarcksäule in Dresden. Auf dem Römerberg in Frankfurt. Sie loderten in jeder deutschen Universitätsstadt. Die Studenten hielten in brauner Uniform die Ehrenwache. Die Sturmriemen unterm akademischen Kinn. In Berlin hatten sie sich vor der Universität und der Bibliothek aufgebaut, sahen zum Scheiterhaufen hinüber und kehrten ihrer „Alma mater“ den Rücken. Und den Standbildern der Brüder Humboldt am Hauptor. Sie blickten zackig geradeaus, die Studenten. Hinüber zum Brandmal, wo der kleine „Teufel aus der Schachtel“ schrie und gestikulierte und wo die Kommilitonen die Bücher zentnerweise ins Feuer schippten. Meine Damen und Herren, ich habe Gefährlicheres erlebt, Tödlicheres – aber Gemeineres nicht!

„Ein Revolutionär muss alles können!“ brüllte der personifizierte Minderwertigkeitskomplex aus Rheydt. „Er muss ebenso groß sein im Niederreißen der Unwerte wie im Aufbau der Werte.“ Und die Frankfurter Zeitung vom 11. Mai berichtet: „Niemals, so meinte er, hätten junge Männer so wie jetzt das Recht, mit Ulrich von Hutten auszurufen: ‚O Jahrhundert, o Wissenschaften! Es ist eine Lust zu leben!‘“

*

Was hatte, vom abscheulichen Schauspiel abgesehen, an diesem Abend stattgefunden? Hatte, diesmal auch, der dämonische Gefreite und Obdachlose aus Braunau am Inn gebrüllt? Nein. Hatten seine Marodeure und sein Pöbel die Bücher ins Feuer geworfen? Nein. Viel Schrecklicheres, etwas Unausdenkbares war geschehen: Ein Doktor der Philosophie, ein Schüler Gundolfs[1], hatte die deutschen Studenten aufgefordert, höchstselbst den deutschen Geist zu verbrennen. Es war Mord und Selbstmord in einem. Das geistige Deutschland brachte sich und den deutschen Geist um, und der Arrangeur, auch und gerade er, war, wie er das zu formulieren pflegte, ein Arbeiter der „Stirn“. Es war nicht nur Mord und nicht nur Selbstmord, es war Mord als Inzest, es war, mathematisch gesagt, Massenmord und Selbstmord hoch drei.

Nun blieb zu tun nichts mehr übrig. Dieses „Nichts nichtete“ dann, im November des gleichen Jahres, in seiner Rektoratsrede vor den Freiburger Studenten „der größte deutsche Philosoph unseres Jahrhunderts“[2], auch er der Schüler eines jüdischen Gelehrten, als er sagte: „Nicht Lehrsätze und ‚Ideen‘ seien die Regeln eures Seins. Der Führer selbst und allein ist die heutige und künftige Wirklichkeit und ihr Gesetz.“ Ob der bedeutende Mann, als er „euer Sein“ sagte, Sein mit i oder mit y ausgesprochen hat, weiß ich nicht. Möge er der größte Philosoph unseres glorreichen Jahrhunderts sein oder seyn und bleiben! Ich glaube und hoffe, dass ihm, eines Tages im Pantheon, Sokrates und Seneca, Spinoza und Kant nicht die Hand geben werden.

An dieser Stelle möchte ich einem anderen Philosophen meine ehrliche Bewunderung und Verehrung zollen: Eduard Spranger[3], einem meiner Leipziger Lehrer, das wird er nicht mehr wissen, unserm PEN-Mitglied und, das wissen wir alle, einem aufrechten Mann. Er trat demonstrativ von seiner Berliner Professur zurück und begründete diesen Rücktritt sogar vor einer Pressekonferenz. Auch Alfred Webers[4], des eben verstorbenen Nestors unseres PEN-Zentrums, dürfen wir an dieser Stelle, trauernd und respektvoll, gedenken.

[1] Friedrich Gundolf (1880–1931): Literaturhistoriker

[2] Martin Heidegger: geb. 1889 in Meßkirch/Baden, gest. 1976 in Freiburg, gilt als Begründer der Existenzphilosophie

[3] Eduard Spranger (1882–1963): berühmter Psychologe und Pädagoge

[4] Alfred Weber (1868–1958): Volkswirtschaftler und Soziologe

Doch das Ehrgefühl und der Widerstand im Detail nützten nichts. Auch die Selbstmorde und die Emigration von Professoren konnten nichts helfen. Der inzestuöse, der perverse Coup war geglückt. Man hatte sich an sich selber verraten. Der neue Judas hatte etwas Unmögliches zuwege gebracht: Er hatte, vor den Augen der Menge und der ausgesandten Häscher, sich selbst geküsst.

*

Meine Damen und Herren, eine Gedenkstunde soll eine Gedächtnisübung sein, und noch etwas mehr. Was hülfe es, wenn sie nur der Erinnerung an arge Zeiten diente, nicht aber der Erinnerung an unser eignes Verhalten? Das heißt, hier und jetzt, für mich nicht mehr und nicht weniger: an mein Verhalten? Ich bin nur ein Beispiel neben anderen Beispielen. Doch da ich mich etwas besser als andere kenne, muss in meiner Rede nun ein wenig von mir die Rede sein.

Ich habe mich, damals schon und seitdem manches Mal gefragt: „Warum hast du, am 10. Mai 1933 auf dem Opernplatz in Berlin, nicht widersprochen? Hättest du, als der abgefeimte Kerl eure und auch deinen Namen in die Mikrofone brüllte, nicht zurückschreien sollen?“ Dass ich dann heute nicht hierstünde, darum geht es jetzt nicht. Nicht einmal, dass es zwecklos gewesen wäre, steht zur Debatte. Helden und Märtyrer stellen solche Fragen nicht. Als wir Carl von Ossietzky[1] baten, bei Nacht und Nebel über die Grenze zu gehen – es war alles vorbereitet –, sagte er nach kurzem Nachdenken: „Es ist für sie unbequemer, wenn ich bleibe“, und er blieb. Als man den Schauspieler Hans Otto, meinen Klassenkameraden, in der Prinz-Albrecht-Straße schon halb totgeschlagen hatte, sagte er, bevor ihn die Mörder aus dem Fenster in den Hof warfen, blutüberströmten Gesichts: „Das ist meine schönste Rolle.“ Er war, nicht nur auf der Bühne am Gendarmenmarkt, der jugendliche Held. Gedenken wir dieser beiden Männer in Ehrfurcht! Und fragen wir uns, ob wir es ihnen gleichgetan hätten!

Als ich in jener Zeit, anlässlich der Amateurboxmeisterschaften, im Berliner Sportpalast saß und als zu meiner Überraschung bei jeder Sieger-Ehrung die Besucher aufstanden, den Arm hoben und die beiden Lieder sangen, blieb ich als Einziger sitzen und schwieg. Hunderte schauten mich drohend und lauernd an. Nach jedem Boxkampf wurde das Interesse an mir größer. Trotzdem lief dieses Nebengefecht des Abends, zwischen dem Sportpalast und mir, glimpflich ab. Es endete unentschieden. Was ich getan, genauer, was ich nicht getan hatte, war beileibe keine Heldentat gewesen. Ich hatte mich nur geekelt. Ich war nur passiv geblieben. Auch damals und sogar damals, als unsere Bücher brannten. Ich hatte angesichts des Scheiterhaufens nicht aufgeschrien. Ich hatte nicht mit der Faust gedroht. Ich hatte sie nur in der Tasche geballt. Warum erzähle ich das? Warum mische ich mich unter die Bekenner? Weil, immer wenn von der Vergangenheit gesprochen wird, auch von der Zukunft die Rede ist. Weil keiner unter uns und überhaupt niemand die Mutfrage beantworten kann, bevor die Zumutung an ihn herantritt. Keiner weiß, ob er aus dem Stoffe gemacht ist, aus dem der entscheidende Augenblick Helden formt. Kein Volk und keine Elite darf die Hände in den Schoß legen und darauf hoffen, dass im Ernstfall, im ernstesten Falle, genügend Helden zur Stelle sein werden.

Und auch wenn sie sich zu Worte und zur Tat meldeten, die Einzelhelden zu Tausenden – sie kämen zu spät. Im modernen undemokratischen Staat wird der Held zum Anachronismus. Der Held ohne Mikrofone und ohne Zeitungsecho wird zum tragischen Hanswurst. Seine menschliche Größe, so unbezweifelbar sie sein mag, hat keine politischen Folgen. Er wird zum Märtyrer. Er stirbt offiziell an Lungenentzündung. Er wird zur namenlosen Todesanzeige.

*

Die Ereignisse von 1933 bis 1945 hätten spätestens 1928 bekämpft werden müssen. Später war es zu spät. Man darf nicht warten, bis der Freiheitskampf Landesverrat genannt wird. Man darf nicht warten, bis aus dem Schneeball eine Lawine geworden ist. Man muss den rollenden Schneeball zertreten. Die Lawine hält keiner mehr auf. Sie ruht erst, wenn sie alles unter sich begraben hat.

Das ist die Lehre, das ist das Fazit dessen, was uns 1933 widerfuhr. Das ist der Schluss, den wir aus unseren Erfahrungen ziehen müssen, und es ist der Schluss meiner Rede. Drohende Diktaturen lassen sich nur bekämpfen, ehe sie die Macht übernommen haben. Es ist eine Angelegenheit des Terminkalenders, nicht des Heroismus. Als Ovid sein „Principiis obsta!“ niederschrieb, als er ausrief: „Bekämpfe den Beginn!“, dachte er an freundlichere Gegenstände. Und auch als er fortfuhr: „Sero medicina paratur!“, also etwa „Später helfen keine Salben!“, dachte er nicht an Politik und Diktatur. Trotzdem gilt seine Mahnung in jedem und auch in unserem Falle. Trotzdem gilt sie auch hier und heute. Trotzdem gilt sie immer und überall.

Meine Damen und Herren, ich danke Ihnen für Ihre Aufmerksamkeit.

Ansprache auf der Hamburger PEN-Tagung am 10. Mai 1958.

Arbeitsanregungen:

1 Beschreiben Sie die Rede Erich Kästners und verwenden Sie dabei auch die Informationen über rhetorische Figuren.
a Machen Sie sich die Kommunikationssituation und die Absicht des Redners deutlich.
b Untersuchen Sie die Rede nach ihrem Aufbau und nach den gewählten Stilmitteln.

2 Vergleichen Sie die Rede Kästners:
a mit den „Ratschlägen“ Kurt Tucholskys,
b mit den Anforderungen an einen sachbezogenen Vortrag (vgl. Grafik, S. 69).

[1] Carl von Ossietzky (1889–1938): Schriftsteller, Sekretär der „Deutschen Friedensgesellschaft“, seit 1927 Herausgeber der „Weltbühne“, 1936 Friedensnobelpreis

M8 Hinweise zur Untersuchung und Beschreibung von Sachtexten

1. Machen Sie sich zuerst die Kommunikationssituation klar:
   - An welchen *Adressaten* (Erwachsene, Jugendliche, Sportler, Verbraucher, Wähler etc.) richtet sich der *Text* (als Rede, Reportage etc.) und in welcher *Situation* (Versammlung, Feierstunde, Einzelleser etc.)?
   - Erfolgt die *Darbietung* mündlich (als Aufruf, Rede etc.) oder schriftlich (als Anzeige, Nachricht, Abhandlung etc.)?
2. a) Stellen Sie den Zusammenhang zwischen *Absicht* und *Darstellungsform* (Textart, Gedankenführung und Stilmittel) fest:
   - Erfolgt Information über Beschreibung und Erörterung?
   - Wird Überzeugung über Argumentation oder Überredung durch Appell versucht?
   - Ist Unterhaltung über Beschreibung oder Bericht das Ziel?

   b) Untersuchen Sie die Textqualität im Einzelnen
   - nach *Gedankenführung:* Art von Einstieg und Schluss, Hauptgedanken und Exkursen,
   - nach Art der *Argumentation:* nüchtern und objektiv, engagiert und subjektiv akzentuiert
   - und nach Art der *Veranschaulichung:* durch Fakten, Beispiele, Vergleiche, Zitate etc.
3. Prüfen Sie den Zusammenhang zwischen Absicht, Inhalt und Stil:
   - Welche *Sprachebene* wird mit welcher Wirkung gewählt? Hochsprache, Umgangssprache, Dialekt, Jargon, Fachsprache?
   - Welche *Syntax* dominiert? Hypotaxe, Parataxe oder Satzellipsen? Aussage-, Frage- oder Aufforderungs- bzw. Ausrufesätze?
   - Welche *Wortwahl* wird deutlich? Verbal- oder Nominalstil, Konkreta oder Abstrakta, beschreibend-anschaulicher bzw. metaphorischer oder abstrakter Stil?

Rhetorische Figuren (Stilfiguren)
(Zu Alliteration, Ironie, Metapher, Metonymie und Vergleich, siehe S. 25ff.)

Rhetorische Figur	Beleg	Erklärung
Die Akkumulation (lat. Anhäufung)	„Nun ruhen alle Wälder/ Vieh, Menschen, Städte und Felder/ [...]“ (Paul Gerhardt): D.h., es schläft die ganze Welt.	Um stärkere Bildhaftigkeit zu erreichen werden anstelle des Oberbegriffs mehrere Unterbegriffe aufgezählt.
Das (der) *Anakoluth* (gr. anakoluthos = ohne Folge, Satzbruch)	„Es geschieht oft, dass, je freundlicher man ist, nur Undank wird einem zuteil.“	Die grammatische Bauform von Anfang und Ende eines Satzes stimmt nicht überein. Entweder Zeichen nachlässiger Ausdrucksweise oder aber bewusst eingesetztes Stilmittel zur Bezeichnung einer emotional oder sozial geprägten Redeweise.
Die Anapher (gr. anaphora = Rückbeziehung, Wiederaufnahme)	„*Wer nie* sein Brot mit Tränen aß,/ *Wer nie* die kummervollen Nächte/ [...]“ (Goethe: „Harfenspieler“)	Wiederholung eines Wortes oder einer Wortgruppe am Anfang aufeinander folgender Sätze zur syntaktischen Gliederung und rhetorischen Verstärkung.
Die Antithese (gr. antithesis = Gegensatz)	„Der Wahn ist kurz, die Reu' ist lang.“ (Schiller: „Das Lied von der Glocke“)	Entgegenstellung: 1. als Gegenbehauptung zu einer These, 2. als stilistische Gegenüberstellung (Kontrastierung).
Der Chiasmus (lat. = in der Form des griech. Buchstabens chi = χ, d.h. in Überkreuzstellung)	„Die Kunst ist lang, und kurz ist unser Leben.“ (Goethe: „Faust I“, Vers 558f.) „Eng ist die Welt und das Gehirn ist weit.“ (Schiller: „Wallenstein“)	Die symmetrische Überkreuzstellung (spiegelbildliche Anordnung) von syntaktisch oder bedeutungsmäßig einander entsprechenden Satzgliedern zur Verdeutlichung einer Antithese.
Die Contradictio in adiecto (lat. = der Widerspruch im Beiwort)	„Die kleinere Hälfte.“ „Beredtes Schweigen.“	Eine Sonderform des Oxymoron, bei der ein Widerspruch zwischen Substantiv und adjektivischem Beiwort besteht.

Rhetorische Figur	Beleg	Erklärung
Die Correctio (lat. = Verbesserung)	„Wir müssen darum unsere Stimme eindringlich, ja beschwörend erheben." (K.G. Kiesinger, Erklärung vom 1.10.1958)	Selbstberichtigung zur Steigerung einer Aussage, indem ein schwächerer durch einen gewichtigeren Ausdruck ersetzt wird.
Die Ellipse (gr./lat. ellipsis = Auslassung, Mangel)	„Je schneller, desto besser." „Jung gewohnt, alt getan." „Woher so ein Atem?" (Schiller: „Fiesco", III/4)	Auslassung eines Satzteils, der zum Verständnis nicht unbedingt notwendig ist. In der Dichtung wird so oft ein gesteigertes Gefühl ausgedrückt.
Die Emphase (gr. emphasis = Verdeutlichung)	„Er ist ein Mensch", d.h. – je nach Kontext – – ein schwacher, irrender Mensch oder – ein guter, edler Mensch.	1. Nachdruck und Eindringlichkeit der Betonung und Gestik 2. Figur des uneigentlichen Ausdrucks
Der Euphemismus (gr. euphemia = Sprechen guter Worte)	Freund Hein für Tod; das Zeitliche segnen für sterben; Nullwachstum für Stagnation; „Kap der guten Hoffnung"	Hüllwort. Beschönigende Umschreibung einer unangenehmen, anstößigen oder unheilbringenden Sache.
Das Hendiadyoin (gr. = eins durch zwei)	„Hilfe und Beistand"; „Betrübnis und Trauer"	Ein Begriff wird durch zwei gleichwertige, mit „und" verbundene Wörter ausgedrückt um die Aussage zu verstärken.
Die Hyperbel (gr. hyperbole = das Übermaß)	1. Umgangssprache: blitzschnell, Schneckentempo 2. Dichtung: „Ein Schneidergesell, so dünn, dass die Sterne durchschimmern konnten [...]" (H. Heine: „Harzreise")	Übertreibung des Ausdrucks in vergrößerndem oder verkleinerndem Sinne
Die Hypotaxe (gr. hypotaxis = Unterordnung)	„Der jüngere Hausherr hatte, als der allgemeine Aufbruch begann, mit der Hand nach der linken Brustseite gegriffen, wo ein Papier knisterte, [...]" (Th. Mann: „Buddenbrooks")	Im Gegensatz zur Parataxe eine kunstvoll geschachtelte Syntax, in der die Gedanken in Hauptsätze und abhängige Nebensätze gegliedert sind.
Die Inversion (lat. inversio = Umkehrung)	1. Sog. Kaufmannsinversion: „[...] und habe ich mich bemüht [...]" 2. „Groß ist die Diana der Epheser." (Apostelgesch. 19,28) „Unendlich ist die jugendliche Trauer." (Novalis: „Heinrich von Ofterdingen")	1. Das Ich am Satzanfang soll vermieden werden. 2. Die regelmäßige Wortfolge (meist von Subjekt und Prädikat) wird zur Ausdrucksverstärkung umgestellt.
Die Katachrese (gr. katachresis = Missbrauch)	„Der Zahn der Zeit, der schon so manche Träne getrocknet hat, wird auch über diese Wunde Gras wachsen lassen."	Meist als Bild- oder Stilbruch durch die Verbindung metaphorischer Wendungen, die nicht zusammenpassen.
Die Klimax (gr. = Steigleiter)	„Veni, vidi, vici." (Ich kam, sah, siegte.) „Heute back' ich, morgen brau' ich, übermorgen hol' ich der Königin ihr Kind." („Rumpelstilzchen")	Anordnung einer Wort- oder Satzreihe in kunstvoller Steigerung vom schwächeren zum stärkeren Ausdruck hin; vgl. Antiklimax = absteigende Stufenfolge
Die Litotes (gr. = Einfachheit, Schlichtheit)	„nicht übel" für gut; „nicht gerade einer der Tapfersten": ironische Umschreibung für feige	Durch untertreibende Ausdrucksweise (Understatement) oder Verneinung des Gegenteils wird etwas betont.
Die Onomatopoesie oder *Onomatopöie* (gr. von onoma = Name und poiein = schöpfen)	„stocksteif", „knistern und knastern"; „So heult es verworren, und ächzet und girrt, und brauset und sauset und krächzet und klirrt." (H. Heine: „Buch der Lieder")	Laut- und Klangmalerei bei Wortbildungen, wobei vor allem akustische Eindrücke durch Sprache wiedergegeben werden.
Das Oxymoron (gr. oxys = scharf, moros = dumm)	„Ein dunkler Ehrenmann" (J.W. Goethe: „Faust I", Vor dem Tor); „alter Knabe"; „bittere Süße"; „traurigfroh" (Hölderlin); „helldunkel"	Verbindung zweier sich logisch ausschließender Begriffe, die in pointierter Absicht eng miteinander verbunden werden. (Vgl. Contradictio in adiecto, Katachrese, Paradox)

Rhetorische Figur	Beleg	Erklärung
Das Paradoxon (gr. = das Unerwartete)	„Wer sein Leben gewinnen will, der wird es verlieren." (Matth. 10,39) „Es ist merkwürdig, wie wenig im Ganzen die Erziehung – verdirbt." „Das Leben ist der Tod, und der Tod ist das Leben."	Eine zunächst scheinbar widersinnige Behauptung, die aber bei genauerer Betrachtung auf eine höhere Wahrheit hinweist.
Der Parallelismus (gr. parallelos = gleichlaufend)	„Heiß ist die Liebe, kalt ist der Schnee." „Gottes ist der Orient! Gottes ist der Okzident!" (J.W. Goethe: „West-östlicher Divan")	Im Gegensatz zum Chiasmus Wiederkehr derselben Wortreihenfolge in symmetrischer Konstruktion.
Die Parataxe (gr. parataxis = Danebenstellen)	„Der König sprach's, der Page lief;/ Der Knabe kam, der König rief: [...]" (J.W. Goethe: „Der Sänger")	Im Gegensatz zur Hypotaxe das Nebeneinanderstellen gleichberechtigter Hauptsätze.
Die Parenthese (gr. parenthesis = Einschub)	„So bitt ich – ein Versehen war's, weiter nichts –/ Für diese rasche Tat dich um Verzeihung." (H. v. Kleist: „Penthesilea")	Grammatisch selbständiger Einschub in einen Satz, der dessen Zusammenhang unterbricht, ohne die syntaktische Ordnung zu verändern.
Die Periphrase (gr. periphrasis = Umschreibung)	„Jenes höhere Wesen, das wir verehren" für Gott (H. Böll) „Ein Land, darinnen Milch und Honig fließt." (2. Mose 3,8)	Umschreibung einer Person, einer Sache, eines Begriffs durch mehrere kennzeichnende Wörter.
Die Personifikation (aus lat. persona = Maske, Gestalt und facere = machen)	„Frau Welt"; „Gevatter Tod" (M. Claudius); „Vater Rhein" (F. Hölderlin); „[...] es kam die Nacht und blätterte gleichgültig in den Bäumen." (R.M. Rilke „Der Ölbaum-Garten")	Vermenschlichung abstrakter Begriffe und lebloser Dinge, indem sie als sprechende und handelnde Personen auftreten.
Die rhetorische Frage	„Wer glaubt denn das noch?" „Sind wir nicht Männer?"	Scheinbare Frage, weil keine Antwort erwartet wird. Sie verstärkt die Eindringlichkeit der Aussage.
Die Synästhesie (gr. synaisthesis = das Zugleichempfinden)	1. Umgangssprache: schreiendes Rot, heiße Musik 2. Dichtung: Die Brillengläser „waren so dick, dass die Augen ganz leise aussahen." (W. Borchert: „An diesem Dienstag")	Verschmelzung verschiedener Sinnesbereiche (Geruchs-, Gesichts-, Gehör- und Tastsinn) zur Steigerung der Aussage.
Die Wiederholung (lat. repetitio)	„O Mutter! Was ist Seligkeit? O Mutter! Was ist Hölle?" (G.A. Bürger: „Lenore")	Steigerung der Eindringlichkeit
Das Wortspiel (Die Paronomasie)	„Der Rheinstrom ist geworden zu einem Peinstrom, / Die Klöster sind ausgenommene Nester, / Die Bistümer sind verwandelt in Wüsttümer, [...]" (F. Schiller: „Wallensteins Lager")	Zusammenstellung gleichlautender oder ähnlicher Wörter von verschiedener oder entgegengesetzter Bedeutung

Karl Bühler (1879 geb. in Meckesheim/ Baden, 1963 gest. in Los Angeles) war Arzt und Psychologe, der aus der Schule des Philosophen und Psychologen Oswald Külpe (1862–1915), des Begründers der Würzburger Schule der Denkpsychologie, hervorgegangen war. Hauptwerke: „Die Gestaltwahrnehmungen“ (1913), „Die geistige Entwicklung des Kindes“ ([9]1967), „Ausdruckstheorie“ (1933), „Sprachtheorie“ (1934), „Das Gestaltprinzip“ (1960).

Im Laufe dieses Einführungskapitels lernten Sie Sprache in unterschiedlichen Funktionen kennen, die zwar selten ausschließlich, aber doch mit deutlichen Dominanzen gelten: Z.B. zum *Ausdruck* von Gefühlen, zum *Appell* an einen Adressaten oder zur *Darstellung* eines Sachverhalts. Der Mediziner und Psychologe Karl Bühler (1879–1963) beschrieb seit 1918 diese Grundfunktionen der Sprache am konkretesten. In seinem berühmten „Organonmodell der Sprache“ gibt er eine grafische Veranschaulichung und eine systematische Erläuterung:

Text 1 **Karl Bühler (1879–1963): Das Organonmodell der Sprache** [Auszüge]

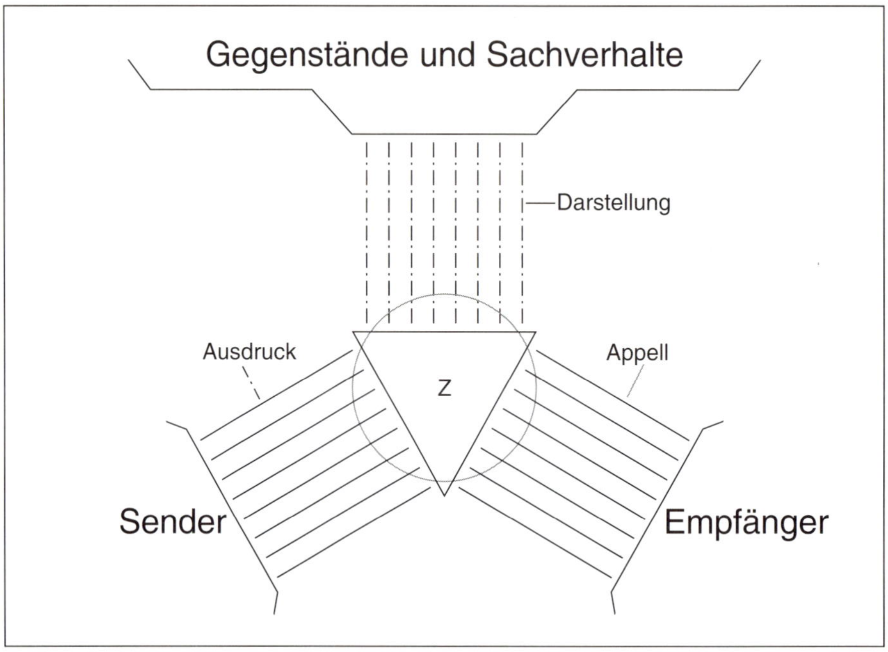

2. Wir respektieren diese Tatsachen und zeichnen das Organon-Modell der Sprache ein zweites Mal in der Figur 3. Der Kreis in der Mitte symbolisiert das konkrete Schallphänomen. Drei variable Momente an ihm sind berufen, es dreimal verschieden zum Rang eines Zeichens zu erheben. Die Seiten des eingezeichneten Dreiecks symbolisieren diese drei Momente. Das Dreieck umschließt in einer Hinsicht weniger als der Kreis (Prinzip der abstraktiven[1] Relevanz). In anderer Richtung wieder greift es über den Kreis hinaus, um anzudeuten, dass das sinnlich Gegebene stets eine apperzeptive[2] Ergänzung erfährt. Die Linienscharen symbolisieren die semantischen Funktionen des (komplexen) Sprachzeichens. Es ist *Symbol* kraft seiner Zuordnung zu Gegenständen und Sachverhalten, *Symptom* (Anzeichen, Indicium) kraft seiner Abhängigkeit vom Sender, dessen Innerlichkeit es ausdrückt, und *Signal* kraft seines Appells an den Hörer, dessen äußeres oder inneres Verhalten es steuert wie andere Verkehrszeichen.

Dies Organon-Modell mit seinen drei weitgehend unabhängig variablen Sinnbezügen steht vollständig, wie es ausgeführt werden muss, zum ersten Mal in meiner Arbeit über den Satz (1918), der mit dem Worte beginnt: „Dreifach ist die Leistung der menschlichen Sprache, Kundgabe, Auslösung und Darstellung“. Heute bevorzuge ich die Termini: *Ausdruck, Appell* und *Darstellung,* weil ‚Ausdruck‘ im Kreise der Sprachtheoretiker mehr und mehr die hier geforderte präzise Bedeutung gewinnt und weil das lateinische Wort ‚appellare‘ (englisch: appeal, deutsch etwa: ansprechen) treffend ist für das zweite; es gibt, wie heute jeder weiß, einen Sexappeal, neben welchem der *Speechappeal* mir als ebenso greifbare Tatsache erscheint.

[...]

3. Was nun folgt, ist geeignet und dazu bestimmt, die von uns unbestrittene Dominanz der Darstellungsfunktion der Sprache einzugrenzen. Es ist nicht wahr, dass alles, wofür der Laut ein mediales Phänomen, ein Mittler zwischen Sprecher und Hörer ist, durch den Begriff „die Dinge“ oder durch das adäquatere Begriffspaar ‚Gegenstände und Sachverhalte‘ getroffen wird. Sondern das andere ist wahr, dass im Aufbau der Sprechsituation sowohl der Sender als Täter der Tat des Sprechens, der Sender als *Subjekt* der

1 begriffliche, nicht dinggebundene Bedeutung
2 apperzipieren: innere und äußere Eindrücke bewusst erfassen

Sprechhandlung, wie der Empfänger als Angesprochener, der Empfänger als *Adressat* der Sprechhandlung eigene Positionen innehaben. Sie sind nicht einfach ein Teil dessen, worüber die Mitteilung erfolgt, sondern sie sind die Austauschpartner, und darum letzten Endes ist es möglich, dass das mediale Produkt des Lautes je eine eigene Zeichenrelation zum einen und zum anderen aufweist.

Wir deuten also die spezifische Relation des wahrnehmbaren Lautes zum Sprecher in demselben Sinne, wie es uns bei anderen Ausdrucksphänomenen geläufig ist. Wie steht es mit der dritten Relation? Sie ist die dritte nur in unserer Aufzählung; denn in natura rerum, d.h. im Zeichenverkehr der Menschen und der Tiere, wird der Appell dem Analytiker zuerst und am exaktesten greifbar, nämlich am *Benehmen* des Empfängers. Wenn man statt Menschen Bienen, Ameisen, Termiten vor sich hat und deren Kommunikationsmittel erforscht, so wird das Augenmerk des Forschers zuerst und überwiegend den Reaktionen des Empfängers gelten. Ich spreche von *Signalen* als Tierpsychologe und erfasse ihre kommunikative Valenz am Verhalten derer, die sie aufnehmen und psychophysisch verarbeiten. Wir werden auch als Theoretiker der menschlichen Sprache diese Seite der Sache nicht vernachlässigen. Die Analyse der Zeigzeichen z.B. wird uns deutlich machen, dass Männer wie WEGENER und BRUGMANN auf dem rechten Geleise waren, als sie die Funktion der Demonstrativa beschrieben und dabei, wenn nicht das Wort, so doch den Oberbegriff ‚Signale' faktisch verwendet haben. Denn so ist es, dass die Demonstrativa im Grenzfall (die reinen Demonstrativa) wie sie als undeklinierte Partikeln nicht nur im Urindogermanischen, sondern bis auf den heutigen Tag in unserer Sprache vorkommen, und wieder am klarsten in ihrer *sympraktischen*[1] Verwendungsweise, genauso dastehen wie irgendwelche anderen Verkehrssignale der Menschen oder der Tiere. Von den reinsten Exempeln soll der Sprachtheoretiker ausgehen, um den Begriff der sprachlichen Lautsignale zu definieren. Mit dem so definierten Begriff wird er dann die ganze Sprache absuchen und finden, dass dabei nicht nur Einzelnes, sondern noch einmal das Ganze von einer neuen Seite her gesehen wird.

Dasselbe gilt, um es gleich zu sagen, von jeder der drei Betrachtungsweisen. Man müsste aus dem Leben konkrete Sprechereignisse herausgreifen, in denen das erste Mal sichtbar wird, dass so gut wie alles abgesteckt und zugerüstet sein kann auf die Darstellungsfunktion der Sprachzeichen allein; das gilt sicher am ausgesprochensten für die wissenschaftliche Sprache und erreicht einen Höhepunkt im Darstellungssystem der modernen Logistik. Was kümmert sich der reine Logiker um die Ausdrucksvalenzen der Zeichen, die er mit Kreide auf die Tafel malt? Er soll sich auch gar nicht darum kümmern; und doch würde vielleicht an dem und jenem Kreidestrich oder am Duktus der ganzen Zeilen ein geübter Graphologe seine Freude haben und seine Deutekunst nicht vergebens bemühen. Denn ein Rest von Ausdruck steckt auch in den Kreidestrichen noch, die ein Logiker oder Mathematiker an die Wandtafel malt. Man muss also nicht erst zum Lyriker gehen, um die Ausdrucksfunktion als solche zu entdecken; nur freilich wird die Ausbeute beim Lyriker reicher sein. Und wenn es ein ganz eigenmächtiger Lyriker ist, so schreibt er manchmal über seine Pforte, der Logiker soll draußen bleiben. Das ist dann wieder eine jener Übertreibungen, die man nicht ernst zu nehmen braucht. Auf das Dritte hin, auf eine exakte Appellfunktion, ist alles zugerüstet, z.B. in der Kommandosprache; auf Appell und Ausdruck im Gleichgewicht bei Kose- und Schimpfwörtern. So wahr es ist, dass diese oft Köstliches und Hässliches nennen, so offenkundig greifen wenigstens die intimsten Kosewörter manchmal in den andern Topf; und der Appell ‚Sie Ehrenmann!' kann eine Beleidigung sein. Ein Bonner Student soll einmal, so geht die Fama, im Wettkampf das schimpftüchtigste Marktweib mit den Namen des griechischen und hebräischen Alphabetes allein (‚Sie Alpha! Sie Beta! …') zum Schweigen und Weinen gebracht haben. Eine psychologisch glaubwürdige Geschichte, weil beim Schimpfen wie in der Musik fast alles auf den ‚Ton' ankommt.

Doch das sind, um es noch einmal hervorzuheben, nur Dominanzphänomene, in denen wechselnd einer von den drei Grundbezügen der Sprachlaute im Vordergrund steht. Die entscheidende wissenschaftliche Verifizierung unserer Konstitutionsformel, des Organon-Modells der Sprache, ist erbracht, wenn es sich herausstellt, dass jede der drei Relationen, jede der drei Sinnfunktionen der Sprachzeichen ein eigenes Gebiet sprachwissenschaftlicher Phänomene und Fakta eröffnet und thematisiert. Und so ist es. Denn „der sprachliche Ausdruck" und der „sprachliche Appell" sind Teilgegenstände der ganzen Sprachforschung, die verglichen mit der sprachlichen Darstellung, eigene Strukturen aufweisen. Die Lyrik kurz gesprochen und die Rhetorik haben jede etwas Eigenes an sich, was sie unter sich und – sagen wir, um nicht aus dem Konzept zu fallen, von Epik und Drama unterscheidet; und noch auffallender verschieden sind ihre Strukturgesetze natürlich von dem Strukturgesetz der wissenschaftlichen Darstellung. Dies ist in schlichteste Worte gefasst der ganze Inhalt der These von den drei Sprachfunktionen. Verifiziert wird sie im Ganzen sein, wenn alle drei Bücher über die Sprache, die das Organon-Modell verlangt, geschrieben sind.

(v 1934)

[1] sym: Vorsilbe: mit-, zusammen-

Während das **Exzerpt** einen Text oder mehrere Texte unter einem ganz bestimmten Aspekt auswählend bearbeitet, also „Auszüge" herstellt, fasst der **Konspekt** stichwortartig die Informationen eines Sachtextes zusammen und vermittelt so eine geraffte „Übersicht". Ähnlich wie die Inhaltsangabe für erzählende Texte, stellt das Konspektieren große Anforderungen an das Abstraktionsvermögen: Das Wichtigste eines Textes ist knapp und übersichtlich – i.d.R. mit eigenen Worten – herauszuarbeiten, so dass die Gedankenführung ersichtlich wird. Nur besonders zentrale Informationen (z.B. bestimmte Fachbegriffe oder Definitionen) sind im Original als Zitate zu übernehmen. (Vgl. S. 20.)

Arbeitsanregungen:

1 a Exzerpieren Sie aus der Rede Erich Kästners Beispiele, die jeweils dominierend die Funktion des Ausdrucks, des Appells und der Darstellung zeigen.
b Ordnen Sie die folgenden Textarten der jeweils dominierenden Sprachfunktion zu und begründen Sie Ihre Entscheidung: Reklame, Referat, Erlebnislyrik, Unterrichtsprotokoll, Lexikonartikel, Erlebnisaufsatz, Beschreibung, Essay, Reportage, Tagebucheintragung, Gesetzestext, Rede, politischer Aufruf, Zeitungsnachricht, Gedankenlyrik und Karl Bühlers Erklärung des „Organonmodells".

2 a Fassen Sie die Hauptinformationen des Bühler-Textes in einer stichwortartigen Inhaltsangabe (einem sog. Konspekt) zusammen.
b Wie lässt sich die These Karl Bühlers von den drei Sprachfunktionen auf die drei Grundarten der Dichtung – auf Lyrik, Epik und Dramatik – anwenden?

3 a Die spezifische Leistung der menschlichen Sprache sieht Karl Bühler in der „Darstellung". Erörtern Sie diese These.
b Welchen Grundfunktionen von Sprache sind nach Ihrer Meinung die frühen Lallwörter des Kleinkindes zuzuordnen?
c Geben Sie Beispiele und erläutern Sie, inwiefern „Ausdruck" und „Appell" auch der sog. Tiersprache eigen sind.

Deutsche Literatur im Mittelalter

I. Bilder der Nachwelt vom Mittelalter

Mit der ‚Welt des Mittelalters' verbinden sich für uns Vorstellungen von romantischen Burgen und Burgruinen; von Rittern, die auf Abenteuer ziehen und große Heldentaten vollbringen; Darstellungen von sagenumwobenen Kaisern und von Minnesängern, die ihre schöne Herrin besingen; Bilder von engen winkligen Städten mit hohen Stadtmauern, überragt von einem mächtigen Dom und vielen Klosterkirchen. Diese Zeit wurde von der Nachwelt einerseits romantisch verklärt, andererseits wegen ihrer sozialen und geistigen Rückständigkeit verurteilt (vgl. Aufklärung, S. 155 und Romantik, S. 245). Gewinnen Sie selbst ein Bild.

Text 1 **Ludwig Uhland (1787–1862): Schwäbische Kunde**

Als Kaiser Rotbart lobesam
Zum heil'gen Land gezogen kam,[1]
Da musst' er mit dem frommen Heer
Durch ein Gebirge, wüst und leer.
Daselbst erhub sich große Not,
Viel Steine gab's und wenig Brot,
Und mancher deutsche Reitersmann
Hat dort den Trunk sich abgetan.
Den Pferden war's so schwach im Magen,
Fast musste der Reiter die Mähre tragen.
Nun war ein Herr aus Schwabenland,
Von hohem Wuchs und starker Hand,
Des Rösslein war so krank und schwach,
Er zog es nur am Zaume nach,
Er hätt es nimmer aufgegeben
Und kostet's ihn das eigne Leben.
So blieb er bald ein gutes Stück
Hinter dem Heereszug zurück;
Da sprengten plötzlich in die Quer
Fünfzig türkische Reiter daher,
Die huben an, auf ihn zu schießen,
Nach ihm zu werfen mit den Spießen.
Der wackre Schwabe forcht sich nit,
Ging seines Weges Schritt vor Schritt,
Ließ sich den Schild mit Pfeilen spicken
Und tät nur spöttlich um sich blicken,
Bis einer, dem die Zeit zu lang,
Auf ihn den krummen Säbel schwang.
Da wallt dem Deutschen auch sein Blut,
Er trifft des Türken Pferd so gut,
Er haut ihm ab mit e i n e m Streich
Die beiden Vorderfüß zugleich.
Als er das Tier zu Fall gebracht,
Da fasst er erst sein Schwert mit Macht,
Er schwingt es auf des Reiters Kopf,
Haut durch bis auf den Sattelknopf,
Haut auch den Sattel noch zu Stücken
Und tief noch in des Pferdes Rücken;
Zur Rechten sieht man wie zur Linken
Einen halben Türken heruntersinken.
Da packt die andern kalter Graus,
Sie fliehen in alle Welt hinaus,
Und jedem ist's, als würd ihm mitten
Durch Kopf und Leib hindurchgeschnitten.
Drauf kam des Wegs 'ne Christenschar,
Die auch zurückgeblieben war,
Die sahen nun mit gutem Bedacht,
Was Arbeit unser Held gemacht.
Von denen hat's der Kaiser vernommen,
Der ließ den Schwaben vor sich kommen,
Er sprach: „Sag an, mein Ritter wert!
Wer hat dich solche Streich gelehrt?"
Der Held bedacht sich nicht zu lang:
„Die Streiche sind bei uns im Schwang,
Sie sind bekannt im ganzen Reiche,
Man nennt sie halt nur Schwabenstreiche."

(e 1814)

[1] Die im Gedicht erwähnten Ereignisse beziehen sich auf den 3. Kreuzzug von 1189–1192, den Kaiser Friedrich Barbarossa unternommen hatte.

Text 2 Emanuel Geibel (1815–1884): Friedrich Rotbart

Tief im Schooße des Kyffhäusers[1]
Bei der Ampel rothem Schein
Sitzt der alte Kaiser Friedrich
An dem Tisch von Marmorstein.

Ihn umwallt der Purpurmantel,
Ihn umfängt der Rüstung Pracht,
Doch auf seinen Augenwimpern
Liegt des Schlafes tiefe Nacht.

Vorgesunken ruht das Antlitz,
Drin sich Ernst und Milde paart;
Durch den Marmortisch gewachsen
Ist sein langer, goldner Bart.

Rings wie eh'rne Bilder stehen
Seine Ritter um ihn her,
Harnischglänzend, schwertumgürtet,
Aber tief im Schlaf, wie er.

Heinrich auch, der Ofterdinger,[2]
Ist in ihrer stummen Schaar,
Mit den liederreichen Lippen,
Mit dem blond gelockten Haar.

Seine Harfe ruht dem Sänger
In der Linken ohne Klang;
Doch auf seiner hohen Stirne
Schläft ein künftiger Gesang.

Alles schweigt, nur hin und wieder
Fällt ein Tropfen vom Gestein,
Bis der große Morgen plötzlich
Bricht mit Feuersglut herein;

Bis der Adler stolzen Fluges
Um des Berges Gipfel zieht,
Dass vor seines Fittichs Rauschen
Dort der Rabenschwarm entflieht.

Aber dann wie ferner Donner
Rollt es durch den Berg herauf,
Und der Kaiser greift zum Schwerte,
Und die Ritter wachen auf.

Laut in seinen Angeln dröhnend
Thut sich auf das eh'rne Tor;
Barbarossa mit den Seinen
Steigt im Waffenschmuck empor.

Auf dem Helm trägt er die Krone
Und den Sieg in seiner Hand;
Schwerter blitzen, Harfen klingen,
Wo er schreitet durch das Land.

Und dem alten Kaiser beugen
Sich die Völker allzugleich
Und aufs Neu zu Aachen gründet[3]
Er das heil'ge deutsche Reich.

(1837)

Emanuel Geibel: Professor für Ästhetik in München. Setzte sich mit seinen Gedichten für die dt. Einigung unter Preußens Führung ein.

Friedrich Barbarossa im Kyffhäuser, Kupferstich von Heinrich Merz nach einer Zeichnung aus dem Jahre 1841 von Wilhelm von Kaulbach (1805–1874).

Ludwig Uhland

Dichter und Germanist in Tübingen; als liberal gesinnter Abgeordneter 1848/49 Mitglied der Frankfurter Nationalversammlung. Mit Justinus Kerner gehörte er zur romantischen ‚Schwäbischen Schule'. Er verfasste Gedichte und Dramen.

1 Kyffhäuser: ein waldbestandener Bergrücken in Thüringen. Die sächsischen Kaiser erbauten die Burg Kyffhausen, die 1178 zerstört wurde. Der Kyffhäuser galt als Sitz eines verzauberten Kaisers, der aufwachen und die entschwundene Kaiserherrlichkeit erneuern werde.
2 Heinrich von Ofterdingen: legendenumwobener Minnesänger, später Romanfigur in Novalis' Roman „Heinrich von Ofterdingen" (1797). (Vgl. Romantik, S. 237)
3 Aachen: Auf dem Kaiserstuhl Karls des Großen in Aachen wurden die deutschen Könige gekrönt.

Text 3 **Günter Kunert (* 1929): Neuere Ballade infolge älterer Sage**
(Biografie, vgl. Einführung, S. 46)

1
Tief im Schoße des Kyffhäuser,
bei der Ampel hellem Schein,
sitzt der Kaiser Barbarossa
an dem Tisch, der ganz aus Stein.
2
So soll es sein: Schwarzgefiedertes Geflatter
um den Berg und kreischend, rufend,
komm, errette Deutschland:
so soll es sein: Dass er erscheint,
schwertgegürtet, hoch zu Ross, heraus ans Licht
und alle deutschen Widersprüche gordischer[1] Natur
mit einem Schlage löst, er, Schlagetot:
so soll es sein.
3
Tief im Schoße des Kyffhäuser,
bei der Ampel fahlem Schein,
reglos Kaiser Barbarossa:
mürbes lauerndes Gebein.
4
Wären ausgestopft nicht alle Raben,
Heimat und Natur verkündend, hinter Glas ergraut,
gläsern ihre treuen Augen;
wären
in den Lüften Schwingen nicht aus Leichtmetall,
beidseits mit Raketen schwer bestückt,
teure Bälge nicht Piloten, Material
anthropologes,[2]
gewaschen täglich außen, innen: Gehirn und
Genital, es wäre möglich, sie
weckten ihn.
5
Tief im Schoße des Kyffhäuser,
ohne Ampel, ohne Schein,
wartet Kaiser Barbarossa
außerhalb von Zeit und Sein.
6
Als Ende ein Verkehrsunfall an einer
Kreuzzugs-Kreuzung: vom Pferderücken in die Furt:
Nichtschwimmer und Hohenstaufe in Personalunion,
ins Ferne schweifend, um der Größe
des heiligen Reichs der Deutschen willen:
Deutsche Größe, Gral, geortet geographisch
stets im Ausland. So schweif ein wenig
nach Ravenna,[3] nach Verdun, nach Stalingrad,
El Alamein und Narvik,[4] und finde, heimgekehrt,
falls überhaupt,
einbeinig alle Wege amputiert, sieh augenlos
verengte Grenzen: geschrumpfter Flecken
stolzen Schorfs am Globus.
7
Dort am Schoße des Kyffhäuser
ist die Grenze schon ganz nah:
Als wär Deutschland nie gewesen,
nur ein Kaiser ist noch da.
8
Am lebenden Objekt belehrter Schüler:
Der gute Deutsche ist
ein ausgestopfter: Tiefsinniges Relikt
leichtsinniger Geschichte (eigner),
fliegt, siegt und fällt,
lässt Haare, lässt Federn, legt Hand an andre.
Hand an sich, an der Hosennähte Spektrum,
gehorsam an die zementne Schläfe:
Zu Befehl: und so heiße
sein Befehl denn: Ein schlechter guter Deutscher sei,
nicht ehern, sondern eher
und besser gleich
Übrigen, die ihr Geschick betreiben
um keines Kaisers Bart, in keines Namen
als ihrem eigenen.
9
Tief in Höhlen des Kyffhäuser
lebt nur noch als Schimmelpilz
eine alte deutsche Sage:
die betrogne Hoffnung wills.

(v 1967)

Arbeitsanregungen:

1 Halten Sie nach der Lektüre der Gedichte fest, welche Motive die Dichter wählten und welche Absichten sie dabei leiteten.

2 Entwerfen Sie in einer Collage aus Textzitaten ein Bild Kaiser Barbarossas.

3 a Überprüfen Sie, ob und wie sich die tradierte Vorstellung von Kaiser Barbarossa durch die Beschäftigung mit Kunerts Gedicht ändert.
b Diskutieren Sie, wie sich die Aussage des Bildes (S. 81) dadurch verändert.
c Welche Absichten stehen hinter den Deutungen der Autoren?

Die Beurteilung und Korrektur dieser Auffassung vom Mittelalter leistet das nächste Kapitel.

II. Leitbilder mittelalterlichen Lebens

1. Ritter und Mönch – zwei Lebensformen des Mittelalters

Wie sollten Ritter und Mönche im Hochmittelalter ihr Leben führen? An welchen Wertvorstellungen sollten sie sich dabei orientieren? Auf diese Fragen versuchen die folgenden Texte und Bilder Ihnen eine Antwort zu geben.

---

1 gordische Natur: Hinweis auf den gord. Knoten, der unlösbar verschlungen war. Alexander d. Gr. zerhieb ihn mit dem Schwert.

2 anthropolog: den Menschen betreffend

3 Ravenna: ehemalige Residenzstadt in der Spätantike; Theoderich der Große belagerte Ravenna von 490–493. Es handelt sich um die „Rabenschlacht“ der Sage um Dietrich von Bern.

4 Verdun, Stalingrad, El Alamein und Narvik: bedeutende Kampforte im Ersten und Zweiten Weltkrieg

Text 1 **Wolfram von Eschenbach (1170–1220): Parzival** [Auszug]

Königin Herzeloyde verlässt nach dem Kriegertode ihres Mannes ihren Hof und zieht mit Parzival in eine Wald-Einöde: Ihr Kind soll nie etwas von Rittern erfahren, das Schicksal seines Vaters soll ihm erspart bleiben. Im Wald trifft der Knabe eines Tages auf einige Ritter in vollem Waffenglanz, hört von König Artus und will sofort an seinen Hof. Dass seine Mutter ihn als Narren kleidet, stört ihn nicht. Er besiegt den berühmten Ritter Ither und trägt mit Erlaubnis des Königs Artus dessen rote Rüstung. Eine Rüstung macht jedoch noch keinen Ritter. Deshalb unterweist ihn der alte Ritter Gournemans.

Wolfram von Eschenbach. Um 1170 in der Nähe der Stadt Ansbach geboren; gestorben um 1220. Neben einigen Minneliedern schrieb er die höfischen Romane „Willehalm“ und „Parzival“, sein Hauptwerk.

Nun ging der Held, so arm an Geist,
dorthin, wo man die Messe sang;
der Burgherr lehrte ihn dabei,
was heute noch viel Segen bringt:
wie man opfert, sich bekreuzigt
und so am Teufel Rache nimmt.
Sie gingen in den Saal hinauf,
dort war bereits der Tisch gedeckt.
Zum Burgherrn setzte sich der Gast,
er aß mit gutem Appetit.
Der Burgherr sagte, sehr formell:
„Herr, Ihr seht es mir wohl nach,
wenn ich Euch die Frage stelle,
woher Ihr jetzt gekommen seid.“
Und er berichtete genau,
wie er von seiner Mutter ritt,
von dem Ring und von der Spange
und wie er an die Rüstung kam.
Der Wirt schloss gleich: der Rote Ritter!
Er seufzte, beklagte seinen Tod.
Doch er bestand darauf und nannte
seinen Gast den Roten Ritter.
Die Tafel wurde aufgehoben –
Wildwuchs wurde nun gestutzt!
Der Burgherr sagte seinem Gast:
„Ihr redet wie ein kleines Kind.
Wann schweigt Ihr endlich von der Mutter
und geht auf andre Themen ein?
Haltet Euch an meine Lehre,
denn so macht Ihr keine Fehler.
Ich fange an, erlaubt es mir:
verliert nur nie den Sinn für Scham.
Wer sich nicht schämt, was taugt der noch?
Das ist wie Mauser, Federfall:
Wert und Würde sinken nieder,
zeigen ihm den Weg zur Hölle.
Mit Eurem Aussehn, Eurer Schönheit
könntet Ihr ein Herrscher werden.
Seid Ihr edel, strebt nach oben,
so bleibt Euch in dem Punkte treu:
helft den Vielen in der Not,
kämpft gegen ihre Armut an
mit Güte, Generosität,[1]
gebt niemals Eure Demut auf.
Gerät ein edler Mann in Not,
so hat er mit der Scham zu kämpfen
(und das ist ein bittrer Kampf!) –
seid bereit, auch ihm zu helfen.
Er ist noch übler dran als jene,
die vor Fenstern Brot erbetteln.
Rettet Ihr ihn aus der Not,
kommt Gottes Gnade auf Euch zu.
Doch ob Ihr arm seid oder reich –
zeigt stets das rechte Augenmaß.
Ein Herr, der den Besitz verschleudert,
benimmt sich gar nicht wie ein Herr;
doch wenn er dauernd Schätze häuft,
so ist dies auch nicht ehrenvoll.
Haltet immer Maß und Ziel.
Ich habe Anlass, festzustellen,
dass Ihr Unterweisung braucht.
Seid nicht mehr so ungehobelt!
Ihr sollt nicht viele Fragen stellen!
Gewöhnt Euch an zu überlegen,
was Ihr zur Antwort geben wollt;
sie geh auf dessen Frage ein,
der etwas von Euch hören will.
Ihr könnt doch hören, sehen,
schmecken, riechen – all dies bringe
Euch so langsam zu Verstand!
Verbindet mit Mut das Mitleid –
so befolgt Ihr meine Lehre.
Wenn einer sich Euch unterwirft,
per Ehrenwort, so nehmt es an
und lasst ihn leben – falls er Euch
nichts antat, was das Herz zerbricht.
Ihr werdet oft die Rüstung tragen;
sobald die von Euch abgelegt ist,
wascht Euch Hände und Gesicht –
sobald sich Rost zeigt, wird es Zeit!
Ihr wirkt dann wieder angenehm –
und das bemerken Frauen gleich!
Seid mutig und seid hochgestimmt,
das fördert Euren schönen Ruhm.
Und haltet stets die Frauen hoch –
so steigt ein junger Mann im Rang.
Bleibt hier fest, an jedem Tag –
hier zeigt sich männliche Gesinnung.
Wenn Ihr sie belügen wollt,
da könnt Ihr viele leicht betrügen!

[1] Generosität: (franz.) Großmut

Doch Betrug ist nicht von Dauer –
anders als der Ruhm, die Liebe.
Der Mann der Seitensprünge klagt
das dürre Holz im Walde an,
weil es zerbricht und dabei knackt –
und schon wacht der Wächter auf!
Im Versteck und im Verhau
gerät man häufig aneinander.
Doch vergleicht dies mit der Liebe:
ist sie echt, so hat sie Mittel
gegen Finten des Betrugs.
Ist Euch die Liebe nicht mehr hold,
verliert Ihr unvermeidlich Ehre,
leidet in der Schande Not.
Nehmt Euch diesen Rat zu Herzen.
Ich sag noch etwas zu den Frauen.
Mann und Frau sind völlig *eins* –
wie die Sonne, die heut schien
und das, was man als ‚Tag' bezeichnet.
hier lässt sich keins vom andren trennen:
aus *einem* Kerne blühn sie auf!
Merkt Euch das, denkt drüber nach."
Der Gast verneigte sich, zum Dank.
Und er schwieg von seiner Mutter –
mit dem Mund, doch nicht im Herzen.
Noch heute so, bei wahrer Bindung …
Der Burgherr sagte, was ihn ehrte:
„Ihr müsst noch vieles, vieles lernen
an Waffenhandwerk, Ritterwesen.
Wie kamt Ihr bloß zu mir geritten!
Ich hab so manche Wand gesehn,
an der ein Schild weit grader hing
als bei Euch, an Eurem Hals!
Es ist noch nicht zu spät für uns,
wir reiten rasch hinaus ins Freie –
ich leite Euch zur Könnerschaft.
Holt ihm sein Ross und mir das meine
und einem jeden Ritter seines,
auch Knappen sollen dorthin kommen;
jeder nehme sich zuvor
eine starke Lanze mit –
die sollte aber möglichst neu sein."
So zog der Fürst hinaus zur plaine,
man übte Reit-Manöver ein.
Er instruierte seinen Gast,
wie man das Ross aus dem Galopp,
indem man hart die Sporen setzt
und flügelrasch mit Schenkeln pumpt,
in die Attacke lenkt, die Lanze
richtig senkt, den Schild hochnimmt
für den Gegen-Lanzenstoß:
„Nun macht das bitte einmal nach."
Er trieb ihm seine Fehler aus –
besser als mit schlanker Gerte,
die bösen Kindern Haut zerstriemt.
Er ließ die Ritter kommen, rasch,
die gegen ihn tjostieren sollten.[1]
Und er gab ihm die conduite[2]
zu einem Ritter auf dem Kampfplatz.
Da stieß der junge Mann die Lanze
in erster Tjost durch einen Schild,
das fanden alle wirklich stark,
und dass er ihn vom Pferde stieß,
den Ritter, der nicht grade schwach war.
Ein zweiter Tjosteur stand gleich bereit.
Da hatte Parzival auch schon
einen neuen, starken Schaft –
Jugend voller Mut und Kraft!
Den jungen Schönen ohne Bart
trieb das Erbe Gahmurets,
die angeborne Tapferkeit:
er ritt das Pferd im Renngalopp
mit vollem Schwung in die attaque
und zielte mitten auf den Schild.
Der Ritter hielt sich nicht im Sattel,
maß der Länge nach den Acker.
Da musste es ja Kleinholz geben –
alle seine Lanzensplitter!
Und so stieß er fünf vom Pferde!

(um 1200; übertragen von Dieter Kühn)

Hartmann von Aue. 1168 in Schwaben geboren war Hartmann Ministeriale der Herren von Aue. Er besuchte wahrscheinlich die Klosterschule Reichenau und schrieb neben Liedern die höfischen Romane „Erec" und „Iwein" sowie die höfischen Legenden „Gregorius" und „Der arme Heinrich". Hartmann starb um 1220.

Text 2 **Hartmann von Aue (1168–1220): Der arme Heinrich** [Auszug]

Hartmann berichtet, wie er in verschiedenen Büchern sich umgesehen und dort die Geschichte von einem Edelmann aus Schwaben gefunden habe.

Er las diz selbe maere[3],
wie ein herre waere
an Swâben gesezzen:
an dem enwas vergezzen
deheiner der tugende,
die ein ritter in sîner jugende
zu vollem lobe haben sol.
man sprach dô niemen alsô wol
in allen den landen.
er hatte ze sînen handen
geburt und dar zuo rîcheit:
ouch was sîn tugent vil breit.
swie ganz sîn habe waere,
sîn geburt unwandelbaere,
und wol den fürsten gelîch,

Er las diese Erzählung,
wie ein Edelmann
in Schwaben gesessen war.
An dem vermisste man
keinen der Vorzüge,
die ein Ritter in seiner Jugend
haben muss, um vollen Ruhm zu erwerben.
Von niemandem sagte man damals
rings in allen Landen so viel Gutes.
Ihm standen edle Geburt
und Reichtum zu Gebote;
dazu besaß er die besten Fähigkeiten.
Doch wie vollkommen sein Besitz auch war,
wie unantastbar seine Herkunft,
die ihn wohl den Fürsten gleichstellte,

---

1 tjostieren: (lat.-französ. Lehnwort) einen ritterlichen Zweikampf mit dem Speer ausführen
2 conduite: (französ.) Benehmen, Betragen
3 Hinweise zur Aussprache S. 96/97

doch was er unnâch also rîch
der geburt und des guotes
so der êren und des muotes.
Sîn name was erkennelich:
er hiez der herre Heinrich
und was von Ouwe geborn.
sîn herze hâte versworn
valsch und alle dörperheit
und behielt ouch vaste den eit
staete unz an sîn ende.
ân alle missewende
stuont sîn êre und sîn leben.
im was der rehte wunsch gegeben
zu werltlîchen êren.
die kunde er wol gemêren
mit aller hande reiner tugent.
er was ein bluome der jugent,
der werlte fröude ein spiegelglas,
staeter triuwe ein adamas,
ein ganziu krône der zuht.
er was der nôthaften fluht,
ein schilt sîner mâge,
der milte ein glîchiu wâge:
ime enwart über noch gebrast.
er truoc den arbeitsamen last
der êren über rücke.
er was des râtes brücke
und sanc vil wol von minnen.
alsus kund er gewinnen
der werlte lop unde prîs:
er was hövesch und dar zuo wîs.

so war er doch bei weitem nicht so reich
an Geburt und Besitz
wie an Ehre und Gesinnung.
Sein Name verdient, bekannt zu werden:
er hieß der edle Herr Heinrich
und war von Aue gebürtig.
Sein Herz hatte abgeschworen
aller Falschheit und Ungeschliffenheit
und hielt an diesem Eid
auch unverbrüchlich fest bis an sein Ende.
Ohne Makel war
seine Ehre und sein Leben.
Ihm war die ganze Fülle
der Ehren dieser Welt gegeben,
und er konnte sie noch steigern
durch die Lauterkeit all seines Verhaltens.
Er war eine Blüte der Jugend,
ein Spiegelglas der Weltfreude,
ein Diamant beständiger Treue,
eine vollkommene Krone der Zucht.
Er war die Zuflucht der Bedrängten,
ein Schild seiner Verwandten,
eine gleichschwebende Waage der Freigebigkeit;
Verschwendung und Kargheit waren ihm fremd.
Er trug die mühsame Last
der Ehre auf dem Rücken.
Er war eine Brücke des Rates
und verstand sich gut auf Minnesang.
So konnte er Lob und Preis
der Welt gewinnen:
er war fein gebildet und auch klug.

(um 1195; übertragen von Helmut de Boor)

Bild 1 Bamberger Reiter, vor 1237

Höfische Dichtung
Jede Dichtung, die sich thematisch und formal an einer höfischen Gesellschaft orientiert, ist **höfische Dichtung.** Im 11./12. Jahrhundert entwickelte der Feudaladel Europas eine eigenständige Laienkultur in Konkurrenz zur klerikalen Kultur. Weltliche Autoren setzten sich in ihren Werken mit den Werten einer ritterlichen Lebensweise auseinander. In der Zeit von 1170–1250 erlebte die höfische Dichtung an den Höfen der Staufer und an den Fürstenhöfen in Österreich und Thüringen ihren Höhepunkt („staufische Klassik", vgl. auch Klassik, S. 198ff.). Die großen Dichter, wie Walther von der Vogelweide, Reinmar, Hartmann von Aue, Wolfram von Eschenbach und Gottfried von Straßburg, gehörten dem oberdeutschen Sprachraum an. Die Hauptformen der höfischen Dichtung sind der Minnesang (siehe S. 95), der höfische Roman und das deutsche Heldenepos.

Im *höfischen Roman* geht es um die Darstellung eines idealen Rittertums. Ein vorbildlich höfischer Ritter zeichnet sich im Dienst seiner Minnedame auf Turnieren und in Zweikämpfen mit Rittern und Fabelwesen aus, gewinnt so Ansehen vor der höfischen Gesellschaft und auch vor Gott. Entweder sind die Episoden der Abenteuer nur lose verbunden oder aber zu zwei Abenteuerreihen geordnet. In der ersten scheitert der Held aufgrund eines Fehlverhaltens oder einer Schuld, in der zweiten gelangt er zur Einsicht und bewährt sich. Der Erzähler des höfischen Romans reflektiert in Kommentaren das Verhalten seiner Helden und spricht häufig seine Figuren wie auch die Leser an. Die idealisierte Darstellung der ritterlichen Welt findet ihren Ausdruck auch in einer stilisierten und von derben Ausdrücken freien Sprache. Höfische Romane aus Frankreich beeinflussten die deutschen Dichter um 1170. Die höfischen Romane Hartmanns von Aue („Erec" und „Iwein"), Wolframs von Eschenbach („Parzival") und Gottfrieds von Straßburg („Tristan") stellen den Höhepunkt der erzählenden deutschen Dichtung im Mittelalter dar.

Die *Heldendichtung* ist die dichterische Gestaltung einer Heldensage, die nach einer längeren mündlichen Überlieferung später schriftlich festgehalten worden ist. Der Verfasser blieb meist anonym. Die Heldendichtung lässt sich in Heldenlied, Heldenepos, Heldenroman und Heldenballade unterteilen. Im Mittelpunkt der Heldendichtung stand die Geschichte der adligen Führungsschichten aus der Zeit des 5. bis 7. Jahrhunderts nach Christus. Dargestellt wurden Helden als Adelskrieger, als Repräsentanten ihrer Gesellschaftsschicht, und deren Ideale, wie Kriegerehre, Gesellschaftstreue bis in den Tod. Die historischen Ereignisse wurden oft nur angedeutet.

Das *Heldenlied* gibt nicht den ganzen Handlungsverlauf einer Sage wieder, sondern konzentriert sich auf die Höhepunkte der Handlung. In äußerster Konzentration und Spannung wechseln knapper epischer Bericht und dramatischer Dialog in szenischer Gestaltung ab. Der Stoff der überlieferten Heldenlieder des frühen und hohen Mittelalters reicht in die Zeit der germanischen Völkerwanderung zurück; so das althochdeutsche „Hildebrandslied" (um 800) und die altnordischen Heldenlieder der „Edda" (überliefert im „Codex regius", 13. Jahrhundert). Um 1200 verfasste ein unbekannter Dichter aus dem Donauraum das „Nibelungenlied" mit mehr als 2000 vierzeiligen Strophen, die er in 39 Aventiuren gliederte.

Bild 2 Hl. Martin, sog. Bassenheimer Reiter, um oder nach 1240

Text 3 **Wolfram von Eschenbach (1170–1220): Parzival** [Auszug]

Parzival hat sich durch Rittertaten bewährt und ist in die Nähe der Gralsburg gelangt; er wird dorthin eingeladen. Von Gournemans höfisch unterwiesen stellt er dort nicht die Fragen, die nahe liegen: was der Gral bedeute, warum der Burgherr leide. Er muss weiterziehen und wird am Hofe des Königs Artus in die Tafelrunde aufgenommen. Bei diesem Fest erscheint die Gralsbotin Cundrie und verflucht Parzival öffentlich, weil er dem Gralskönig Anfortas nicht teilnahmsvoll fragend geholfen habe. Parzival bricht auf um den Gral zu suchen. Auf seinem beschwerlichen und langen Weg kommt Parzival an einem Karfreitag zur Felsklause des Einsiedlers Trevrizent, eines Bruders des Gralskönigs.

Er verhängte nun den Zügel
vor den Ohren seines Pferdes,
setzte hart die Sporen an.
So kam er zur Fontane de Salvage –[1] [...]
Der fromme Trevrizent saß dort,
der montags meistens Reste aß,
in allen Wochen ebenfalls.
Auch Brombeer-, Rebenwein und Brot
hatte er Verzicht geleistet.
Noch härter war sein frommer Sinn:
er lehnte alle Speisen ab
wie Fisch und Fleisch: nur nichts mit Blut!
Er lebe wie ein Heiliger.
Dies hatte Gott ihm eingegeben:
er bereitete sich vor
zum Eintritt in die Himmelsscharen.
Das Fasten peinigte ihn sehr:
Askese kämpfte gegen Satan. [...]
Fontane de Salvage: so hieß
die Einsiedelei, die er erreichte.
Ihr Herr war da und grüßte ihn.
Der Eremit sprach so zu ihm:
„Herr, dass Ihr Euch so benehmt
in dieser Zeit, die heilig ist!
Zwang Euch denn ein harter Kampf,
diese Rüstung anzulegen?
Oder habt Ihr nicht gekämpft?
Dann stünd Euch andre Kleidung besser,
falls Euch nicht die Hoffart blendet.
Mein Herr, geruht nun abzusitzen –
sicher habt Ihr nichts dagegen –
wärmt Euch hier am Feuer auf.
Hat Euch die Abenteuerlust
losgeschickt, um Liebeslohn?
Doch neigt Ihr wahrer Liebe zu,
so zeigt jetzt Liebe, die dem Tag

[1] Fontane de Salvage: (altfranz.) ‚Heilquelle'

entspricht, im Zeichen Seiner Liebe,
dient später dann um Frauengunst.
Steigt ab, wenn ich Euch bitten darf."
Parzival, der Held, sprang gleich
vom Pferde und blieb ehrerbietig
vor ihm stehn, berichtete
von den Leuten, die ihn geschickt,
ihm seinen Rat empfohlen hatten.
„Herr, ich brauche Rat und Hilfe –
ich bin ein Mann, der sündig ist."
Als er das ausgesprochen hatte,
sprach zu ihm der fromme Mann:
„Ich geb Euch gerne meinen Rat,
doch zuerst: wer schickte Euch?"
„Mir begegnete im Wald
ein grauer Mann, der freundlich grüßte,
sein Anhang tat es ebenfalls.
Und er, von jedem Tadel frei,
hat mich zu Euch hergeschickt.
Ich ritt auf seiner Spur zu Euch."
Der Wirt: „Dann war das Gahenis!
Ein Mann von würdigem Verhalten;
er ist ein Fürst, ein Pont Tortois;
der große König von Garais
hatte zur Gattin dessen Schwester.
Kinder von so edler Reinheit
wie die Töchter, denen Ihr
begegnet seid, gab es noch nie.
Ein Fürst von königlichem Blut;
er pilgert jedes Jahr zu mir."
Parzival zu seinem Wirt:
„Als ich Euch sah und zu Euch ritt –
bekamt Ihr's mit der Angst zu tun?
Wolltet Ihr nicht, dass ich komme?"
Er sagte: „Herr, Ihr könnt mir glauben,
dass mich der Bär und auch der Hirsch
öfter schreckten als die Menschen.
Ich will es Euch ganz offen sagen:
ich habe keine Angst vor Menschen,
Menschliches ist mir nicht fremd.
Nehmt es nicht als Prahlerei:
stand meinen Mann in Kampf und Liebe.
Ich bin noch nie so schlapp gewesen,
bei einem Kampf zurückzuweichen.
Vor Zeiten, als ich Waffen trug,
war ich ein Ritter ganz wie Ihr,
der auch nach Hoher Liebe strebte.
Ich hab die Keuschheit manches Mal
mit Sündendenken konterkariert.[1]
Und meinem Leben gab ich Glanz,
damit mich eine Frau erhörte.
Doch das ist jetzt schon längst vergessen.
Reicht mir bitte Euren Zügel.
Unter jenem Felsvorsprung
soll sich Euer Pferd erholen.
Nach einer Weile ziehn wir los
und sammeln Fichtensprossen, Farn –
andres Futter gibt's hier nicht.
Wir kriegen Euer Pferd schon satt."
Nun wollte Parzival verhindern,
dass er sich den Zügel griff.
„Es entspricht nicht Eurer Haltung,
dass Ihr mit dem Hausherrn streitet –
Höflichkeit schließt Grobheit aus!"
Dies sagte ihm der Edelmann.
Er gab den Zügel seinem Wirt,
der zog das Pferd zum Fuß des Felsens –
nie kam dort die Sonne hin.
Ein Pferdestall, naturgeschaffen;
von oben lief ein Bach herab.
Parzival – er stand im Schnee;
einem Schwächling tät das weh,
wenn er eine Rüstung trüge,
die Kälte derart attackierte!
Es führte ihn der Wirt zur Höhle –
selten kam ein Windhauch rein.
Dort lagen Kohlen, die noch glühten –
das war dem Gaste äußerst recht.
Man steckte eine Kerze an,
der Held zog seine Rüstung aus.
Den Boden deckten Stroh und Farn
und seine Glieder wurden warm –
so, dass seine Haut erglänzte. [...]
Nun fand er diesen guten Wirt!
Der lieh ihm einen Rock zum Anziehn,
führte ihn darauf in eine
zweite Höhle, und hier lagen
Bücher, die der Fromme las.
Ein Altarstein: nicht bedeckt,
dem Tag entsprechend.

(übertragen von Dieter Kühn)

Text 4 **Wernher der Gärtner (13. Jh.)[2]: Helmbrecht** [Auszug]

Eine Verserzählung, die wahrscheinlich zwischen 1250–1282 von einem fahrenden Sänger geschrieben wurde.

Wernher erzählt die Geschichte des hochfahrenden Bauernsohnes Helmbrecht, der aus Geltungssucht und Eitelkeit vom elterlichen Hof aufbricht und Raubritter wird. Der Vater mahnt ihn vor seinem Aufbruch seinen Entschluss zu überdenken. Nach einem Jahr des Raubrittertums kehrt Helmbrecht nach Hause zurück und prahlt mit seinen Schandtaten, die er für ritterliche Heldentaten hält. Da stellt ihm der Vater ‚echtes' höfisches Verhalten vor Augen:

[1] Konterkarieren: In die Quere kommen

[2] Die Lebensdaten der meisten Dichter des Mittelalters sind nicht bekannt oder nicht sicher. Der größte Teil der ausgewählten Werke ist im Zeitraum von 1170–1220 entstanden. Abweichungen davon und zuverlässige Lebensdaten werden gesondert angegeben.

Dô si mit freuden gâzen,
der wirt niht wolde lâzen,
er frâgte in der maere,
wie der hovewîse waere,
dâ er waere gewesen bî.
‚sage mir, sun, wie der sî:
sô sag ich dir denne,
wie ich etewenne
bî mînen jungen jâren
die liute sach gebâren.
‚vater mîn, daz sage mir,
zehant sô wil ich sagen dir,
swes dû mich frâgen wil:
der niuwen site weiz ich vil.‘

Als sie so vergnügt getafelt hatten,
konnte sich der Bauer nicht länger zurückhalten
und fragte ihn,
wie man auf der Burg gelebt hätte,
auf der er gewesen wäre.
(Der Vater:) „Erzähle mir, Junge, wie man dort lebt.
Dann will ich dir erzählen,
was ich früher
in meinen jungen Jahren gesehen habe,
wie sich da die Leute betragen haben.“
(Der Sohn): „Lieber Vater, erzähle mir das,
dann will ich dir gleich alles beantworten,
wonach du Lust hast, mich zu fragen:
die neue Lebensweise kenne ich nämlich genau.“

‚Wîlen dô ich was ein kneht
und mich dîn ene Helmbreht
(der mîn vater was genant)
hin ze hove hêt gesant
mit kaesen und mit eier,
als noch tuot ein meier,
dô nam ich der ritter war
und merkte ir geverte gar:
si wâren hovelîch und gemeit
und kunden niht mit schalcheit,
als nû bî disen zîten kan
manec wîp und manec man.
die ritter hêten einen site,
dâ liebtens sich den frouwen mite:
einez ist buhurdiern genant,[1]
daz tete ein hoveman mir bekant,
dô ich in frâgte der maere
wie ez genennet waere.
si fuoren sam si wolden toben
(dar umbe hôrte ich si loben),
ein schar hin, diu ander her;
ez fuor diser unde der
als er enen wolde stôzen.
under mînen genôzen
ist ez selten geschehen
daz ich ze hove hân gesehen.
als si danne daz getâten,
einen tanz si dô trâten
mit hôchvertigem sange;
daz kurzte die wîle lange.
vil schiere kom ein spilman,
mit sîner gîgen huop er an:
dô stuonden ûf die frouwen,
die möht man gerne schouwen;
die ritter gegen in giengen,
bî handen si si viengen.
dâ was wunne überkraft
von frouwen und von ritterschaft
in süezer ougenweide.
juncherren unde meide
si tanzten froelîche,
arme unde rîche.
als des danne nimmer was,
sô gie dar einer unde las
von einem, der hiez Ernest.
swaz ieglîcher aller gernest
wolde tuon, daz vander.
dô schôz aber der ander
mit dem bogen zuo dem zil.
maneger freuden was dâ vil,
ener jeite, diser birste.

(Der Vater:) „Damals, als ich noch Knecht war
und mich dein Großvater Helmbrecht
(mein Vater also)
mit Käse und Eiern
auf die Burg geschickt hatte
– ganz so, wie noch heute ein Pächter –,
da schaute ich den Rittern zu
und achtete genau darauf, wie sie sich benahmen.
Gesittet waren sie und hochgemut
und hielten nichts von Schurkenstreichen
wie heutzutage
nur allzu viele Frauen und Männer.
Diese Ritter wollten mit allerlei höfischen Künsten
den Edelfrauen gefallen:
eine heißt buhurdieren;
das erklärte mir ein Höfling
auf meine Frage,
wie das hieße.
Sie stoben aufeinander los, als ob sie rasend wären
(deswegen wurden sie noch gerühmt!),
eine Gruppe hin, die andere her;
dieser und jener sprengten los,
als wollten sie sich vom Pferd stoßen.
Bei uns auf dem Lande
hat es das noch nie gegeben,
was ich auf der Burg gesehen habe.
Als sie damit aufhörten,
tanzten sie einen Reigen
mit fröhlichem Gesang;
das verkürzte ihnen die Langeweile.
Augenblicklich trat ein Musikant herzu
und begann zu fiedeln.
Da erhoben sich die Edelfrauen –
an denen könnte man sich noch heute nicht satt sehen! –;
ihnen schritten die Ritter entgegen
und fassten sie an den Händen.
Übermütig ausgelassen und fröhlich waren da
Edelfrauen und Ritter;
es war ein wunderschöner Anblick.
Junker und Edelfräulein
tanzten
alle frohgemut.
Als man dann damit aufgehört hatte,
trat ein Mann auf und las die Geschichte
von einem Helden namens Ernst vor.
Überhaupt unterhielt sich jeder dort damit,
was ihm am liebsten war.
Wieder ein anderer schoss
mit dem Bogen auf das Ziel.
Da gab es vielerlei Kurzweil;
der eine ging auf Treibjagd, ein zweiter auf die Pirsch.

[1] buhurdieren: ein Ritterspiel ausführen, bei dem zwei Reitergruppen aufeinander zureiten

der dô was der wirste,
der waere nû der beste.
wie wol ich etewenne weste,
waz triuwe und êre mêrte,
ê'z diu valscheit verkêrte!
die valschen und die lôsen
die diu reht verbôsen
mit ir listen kunden,
die herren in dô niht gunden
dâ ze hove der spîse.
der ist nû der wîse,
der lôsen unde liegen kan,
der ist ze hove ein werder man
und hât guot und êre
leider michels mêre
danne ein man der rehte lebet
und nâch gotes hulden strebet.
als vil weiz ich der alten site.

Wer damals als Geringster galt,
der wäre heute der Angesehenste.
Wie sicher habe ich damals gewusst,
was Treue und Ansehen stärkte,
bevor die Ehrlosigkeit alles ins Gegenteil verkehrt hat!
Den Ehrlosen und den Durchtriebenen,
die alle Rechte und Pflichten
mit ihren Spitzfindigkeiten zu verdrehen wussten,
denen vergönnten damals die Herren
dort auf der Burg keinen Bissen.
Heute aber gilt der als gescheit,
der zu lügen und zu betrügen versteht;
so einer ist auf der Burg hoch geachtet
und hat leider
sehr viel mehr Besitz und Ansehen
als ein Mann, der rechtschaffen lebt
und sich um Gottes Gnade müht.
So viel kenne ich vom Leben in der alten Zeit.

Bild 3 Ritter und Mönch, Federzeichnung aus dem „Liber avium“

Die Inschriften lauten:

1. Zeile: Ecce in eadem pertica sedent accipiter et columba.
(Siehe, auf der gleichen Stange sitzen Falke und Taube.)

2. Zeile: Haec pertica est regularis vita.
(Diese Stange stellt dar das Leben nach den Regeln.)

3. Zeile:
clericus = Geistlicher; miles = Ritter

4. Zeile:
contemplativa vita (ein Leben der Betrachtung) et vita activa. (ein Leben des Tätigkeitseins)

linke Seite:
paries sanctarum cogitationum.
(die Wand der heiligen Gedanken)

rechte Seite:
paries bonorum operum
(die Wand der guten Taten)

ordenunge/ mâze

Der Ritterstand entwickelte im 11.–12. Jahrhundert Ideale eines ritterlichen Lebens. Dieses ritterlich-höfische Ethos enthielt eine Fülle von Tugendvorstellungen, die auf antike, germanische, christliche und spanisch-arabische Wurzeln zurückzuführen sind. Die höfische Kultur versuchte die Spannung zwischen Diesseits und Jenseits durch ihre Ideale zu überwinden.

Die Tugend des Maßhalten-Könnens, die ‚maze', war die zentrale Tugend der höfischen Ethik. Der höfische Ritter sollte diese harmonische Lebenshaltung durch Erziehung und Selbstzucht (‚zuht'), ein Gefühl seelischen Hochgestimmtseins (‚des hohen muotes') und eine heitere Lebenshaltung (‚fröude') anstreben. ‚êre' galt es im ritterlichen Kampf zu erwerben, dem Kampfgefährten mussten ‚triuwe' und ‚staete', dem Untergebenen ‚milte' entgegengebracht werden.

Text 5 **Joachim Bumke: Adliges Rittertum** [Auszug]

Aus dem alten römischen Soldaten- und Dienstwort *miles* ist im Mittelalter ein Adelsprädikat geworden. Ausgangspunkt dieser Entwicklung war sicherlich die militärische Bedeutung des Wortes. Seitdem *miles* den schwer gepanzerten Reiterkrieger bezeichnete (wobei das Wort in die Nähe der antiken Reitervokabel *eques* kam), konnten alle, die so in den Kampf zogen, *milites* heißen, vom König bis zum bezahlten Söldner. Während aber in Bezug auf die einfachen Soldaten meistens die waffentechnische Unterscheidung zwischen Reiterei und Fußtruppen betont wurde, erhielt das Wort *miles,* wo es auf adlige Krieger angewandt wurde, fast immer einen moralischen und ideologischen Akzent. Das kam am deutlichsten in den schmückenden Adjektiven zum Ausdruck, die den adligen Herrn als „guten Krieger", als „tapferen Krieger", als „vornehmen Krieger" feierten. So konnte das Wort *miles* in Verbindung mit den Adjektiven *probus, illustris, praeclarus, egregius*[1] usw. bereits in lateinischen Quellen des 11. Jahrhunderts auf Mitglieder des Hochadels Anwendung finden, ebenso wie in den volkssprachigen Texten des 12. Jahrhunderts der adlige *chevalier* mit den Prädikaten *franc, gentil, noble, vaillant* usw.,[2] der adlige *ritter* mit *edele, guot, wert, gemeit*[3] usw. geschmückt worden ist. In ganz ähnlicher Weise konnte das mittelhochdeutsche Wort „Knecht" *(kneht),* das in seiner eigentlichen Bedeutung einer sehr niedrigen Sozialsphäre angehörte, in der Verbindung *guoter kneht* als auszeichnendes Kriegerwort auch für große Herren verwendet werden: „Karl der Große ist selber ein guter Knecht."

Dieser Wortgebrauch lässt erkennen, dass das adlige Rittertum primär nicht ein sozialgeschichtliches, sondern ein ideologisches Phänomen gewesen ist. Erst als man begann, den Gebrauch der weltlichen Waffen moralisch zu rechtfertigen, wurde aus dem adligen „Krieger" ein „Ritter". Die Anfänge lassen sich bis ins 10. Jahrhundert zurückverfolgen, nach Cluny[4], wo das Programm aufgestellt wurde, dass der adlige Krieger seine Waffen im Dienst der Kirche und der christlichen Religion führen sollte. Im 11. Jahrhundert erfuhr dieses Programm in der Gottesfriedensbewegung eine historische Konkretisierung. Im 12. Jahrhundert rückte die Kreuzzugsidee in den Mittelpunkt. Als „Soldaten Gottes" *(milites Dei)* und „Diener Christi" *(milites Christi)* zogen alle, die das Kreuz genommen hatten, in den Krieg. In diesem religiösen Sinn konnte der Dienstgedanke, der immer mit dem *miles*-Begriff verbunden war, auch für die adligen Herren eine auszeichnende Bedeutung erlangen.

(v 1986)

Text 6 **Jörg Arentzen, Uwe Ruberg: Die mittelalterliche Ständeordnung** [Auszug]

[...]

Mit Hilfe des *ordo*-Begriffs – das weite Verwendungsspektrum reicht von der Weltordnung bis zum Aufbau des Gottesdienstes – hat das Mittelalter versucht, sich seiner grundlegenden Strukturen zu vergewissern. Erste frühe Überlegungen zum gesellschaftlichen *ordo* begründeten die für das christliche Abendland charakteristische Gliederung in weltliche und geistliche Lebensformen, in *ordo laicorum* und *ordo clericorum.* Letzterer umschloss die gesamte Hierarchie der geistlichen Stände, der *ordo laicorum* die der weltlichen.

Dieser Zweiteilung tritt im 10. Jahrhundert eine Dreiteilung zur Seite, die die immer deutlicher werdende gesellschaftliche Differenzierung unter funktionalen Gesichtspunkten erfasst. Seit die Karolinger ihre Kriegstaktik auf Reiterkämpfer gegründet hatten, denen sie durch die Vergabe von Lehen den Lebensunterhalt sicherten, hatten sich innerhalb des *ordo laicorum* die Aufgabenbereiche Arbeit und Kampf weit auseinander entwickelt. Die neuen Kampftechniken verlangten ständige Übung und teure Ausrüstung, und die von der Kirche herangetragene *militia*-Ideologie, die die nun deutlich vom Fußvolk getrennten Reiterkämpfer auf die Kreuzzüge und in Friedenszeiten auf die wichtigen Schutzaufgaben verpflichtete, ließ eine Untergliederung des *ordo laicorum* in den *ordo* der *bellatores* und den der *laboratores* sinnvoll erscheinen; im *ordo* der *oratores* blieben die Kleriker und Mönche zusammengeschlossen. Als Wehr-, Nähr- und Lehrstand, ein ursprünglich platonischer Gedanke, behält diese Teilung im ganzen Mittelalter Gültigkeit.

(v 1987)

Arbeitsanregungen:

1 Halten Sie die Informationen zu Ritter und Mönch in einer kurzen Notiz fest.

2 a Welche Einsichten in die ritterliche Lebensweise lassen sich aus Bild 1 und 2 gewinnen?
b Versuchen Sie die Bilder 1 und 2 den passenden Textstellen zuzuordnen.

3 a Stellen Sie anhand der Texte und Bilder die wichtigsten Schlüsselbegriffe zu den beiden Leitbildern zusammen.
b Beschreiben Sie in eigenen Worten die damit verbundenen Wertvorstellungen.

4 Betrachten Sie das Bild 3 und beschreiben Sie seinen Aufbau. Versuchen Sie eine Deutung des Bildes.

5 Ziehen Sie zum Verständnis des Bildes 3 die Texte 5 und 6 heran. Verfassen Sie eine Bilddeutung, indem Sie zur Veranschaulichung Aussagen der Dichter zu den Leitbildern Ritter und Mönch mitverwenden.

6 Sie haben die Unterweisung des Gournemans an Parzival gelesen. Versuchen Sie aus Ihrer heutigen Sicht Verhaltensnormen für einen jungen Menschen zu formulieren.

[1] probus: tüchtig; illustris: ausgezeichnet, vornehm, angesehen; praeclarus: vortrefflich, ehrenvoll; egregius: auserlesen

[2] franc: freimütig, aufrichtig; gentil: liebenswürdig, hübsch; noble: edelmütig; vaillant: tapfer, mutig

[3] edele: edel, herrlich, kostbar; guot: tüchtig, brav, gut; wert: kostbar, herrlich, ausgezeichnet, angesehen; gemeit: lebensfroh, tüchtig, lieblich, stattlich

[4] Cluny: 910 n. Chr. in Burgund gegründete Benediktinerabtei; Ausgangspunkt der großen Erneuerung des Mönchtums und der Kirche im 11. Jahrhundert

2. Der höfische Ritter als Minnesänger

Ab der Mitte des 12. Jahrhunderts begann an den Fürstenhöfen eine neue weltliche, ritterliche Kultur aufzublühen, die sich der Vormundschaft der geistlichen Orden entzog. Neben dem höfischen Roman war der Minnesang die erste wirkliche volkssprachliche Dichtung in Deutschland und im mittelalterlichen Europa. Die aus dem Lehenswesen hervorgegangene ritterliche Gesellschaft hatte eine besondere Bildung und ihre eigenen Ideale entwickelt (siehe S. 90). Im Minnesang stellte sich diese Gesellschaft selbst dar; er war in seiner Verbindung von Text und Musik ein Element höfischer Geselligkeit.

Der von Kürenberg: Niederösterreichischer Ritter, um 1150/70, dessen Strophenform beispielhaft für das Nibelungenlied wurde; prägend für die donauländische Minnelyrik (vgl. S. 95 zur Strophenform).

Text 1 Der von Kürenberg: Ich zôch mir einen valken

„Ich zôch mir einen valken mâre danne ein jâr.
dô ich in gezamete als ich in wolte hân
und ich im sîn gevidere mit golde wol bewant,
er huop sich ûf vil hôhe und floug in anderiu lant.

Sît sach ich den valken schône fliegen:
er fuorte an sînem fuoze sîdîne riemen,
und was im sîn gevidere alrôt guldîn.
got sende si zesamene die gerne geliep wellen sîn!“

„Ich zog mir einen Falken länger als ein Jahr.
Als ich ihn gezähmt, wie ich ihn haben wollte,
und sein Gefieder mit Gold geschmückt hatte,
hob er sich hoch auf und flog davon.

Seither sah ich den Falken schön fliegen:
er führte an seinem Fuße seidene Fesseln
und sein Gefieder war ganz rotgolden.
Gott sende sie zusammen, die einander gerne lieb haben wollen!“

(übertragen von Max Wehrli)

Dietmar von Aist: Er stammte aus einem oberösterreichischen freiherrlichen Geschlecht und gehört zur Frühzeit des Minnesangs.

Text 2 Dietmar von Aist: Slâfst du, friedel ziere?

„Slâfst du, friedel ziere?
man weckt uns leider schiere:
ein vogellîn sô wol getân
daz ist der linden an daz zwî gegân.“
„Ich was vil sanfte entslâfen:
nu rüefstu kint Wâfen.
liep âne leit mac niht gesîn.
swaz du gebiutst, daz leiste ich, friundin mîn.“
Diu frouwe begunde weinen.
„di rîtst und lâst mich eine.
wenne wilt du wider her zuo mir?
owê du füerst mîn fröide sament dir!“

„Schläfst du, mein schöner Liebster?
Leider weckt man uns bald.
Ein hübsches Vöglein
hat sich auf dem Zweig der Linde niedergelassen.“

„Ich war so sanft eingeschlafen.
Da schlägst du, Kindchen, Lärm!
Liebe ohne Leid gibt es nicht.
Alles, was du gebietest, Liebste, das tue ich.“

Die Dame begann zu weinen.
„Du reitest fort und lässt mich alleine.
Wann wirst du wieder zu mir kommen?
O weh, du trägst meine Freude mit dir fort“.

(übertragen von Walter Koschorreck)

Albrecht von Johansdorf: Er gehört zu den bedeutendsten Minnesängern und befand sich zwischen 1180 und 1209 im Dienste des Bischofs von Passau.

Text 3 Albrecht von Johansdorf: Ich vant âne huote

Ich vant âne huote[1]
die vil minneclîchen eine stân.
sâ dô sprach diu guote
,waz welt ir sô eine her gegân?'[2]
,frouwe, ez ist alsô geschehen.'
,saget, war umbe sît ir her? des sult ir mir verjehen.'
,Mînen senden kumber
klage ich iu, vil liebe frouwe mîn'
,wê, waz saget ir tumber?
ir mugt iuwer klage wol lâzen sîn.'
,frouwe, ichn mac ir niht enbern!'
,sô wil ich in tûsent jâren niemer iuch gewern.'[3]
,Ich bin ouch vil staete,[4]
ob[5] ir ruochet[6] mir der wârheit jehen.'[7]
,volget mîner raete,
lât die bete diu niemer mac geschehen.'
,sol ich alsô sîn gewert?'
,got der wer iuch anderswâ des ir an mich dâ gert.
,Sol mich dan mîn singen
und mîn dienest gegen iu niht vervân?'[8]
,iu sol wol gelingen:
âne lôn sô sult ir niht bestân.'
,wie meinet ir daz, frouwe guot?'
,daz ir deste werder sît und dâ bî hôchgemuot.'

Text 4 Walther von der Vogelweide (um 1170–1228): Sô die bluomen ûz dem grase dringent

Sô die bluomen ûz dem grase dringent,
same si lachen gegen der spilden sunnen,
in einem meien an dem morgen fruo;
Und diu kleinen vogellîn wol singent
in ir besten wîse die si kunnen,
waz wünne mac sich dâ gelîchen zuo?
Ez ist wol halb ein himelrîche!
suln wir sprechen waz sich deme gelîche,
sô sage ich waz mir dicke baz
in mînen ougen hât getân,
und taete ouch noch, gesaehe ich daz.

Swâ ein edeliu schoene frouwe reine,
wol gekleidet unde wol gebunden,
dur kurzewîle zuo vil liuten gât,
Hovelîchen hôhgemuot, niht eine,
umbe sehende ein wênic under stunden,
alsam der sunne gegen den sternen stât –
Der meie bringe uns al sîn wunder,
waz ist dâ sô wünneclîches under,
als ir vil minneclîcher lîp?
wir lâzen alle bluomen stân
und kapfen an daz werde wîp.

Wenn die Blumen aus dem Gras sprießen
als lachten sie der taufunkelnden Sonne entgegen
an einem Maitag morgens früh;
und wenn die kleinen Vögel fröhlich singen
in ihrer schönsten Weise –
welche Herrlichkeit kann sich damit vergleichen?
Das ist wohl halb das Himmelreich.
Sollen wir sagen was sich dem vergleichen kann,
so spreche ich aus, was meine Augen
mehr entzücken würde,
und wieder entzücken würde, sähe ich es wieder.

Wo nämlich eine Frau, damenhaft und vornehm innerlich und äußerlich,
prächtig Kleidung und Kopfschmuck,
um der Unterhaltung willen in Gesellschaft geht,
froh und festlich gestimmt, von Gefolge begleitet,
gelegentlich die Augen ein wenig herumgehn lassend,
und auftritt wie die Sonne neben Sternen –
der Mai bringe uns all seine Wunderpracht,
was ist darunter so Herrliches
wie ihre liebliche Schönheit?
Da lassen wir alle Blumen
und starren nur die herrliche Frau an.

1 âne huote: ohne Bewachung
2 Waz welt ... gegân?: Wie kommt ihr so verbittert daher?
3 gewern: zugestehen
4 staete: beständig
5 ob: wenn
6 ruochen: wollen
7 jehen: bekennen
8 vervân: ankommen

Nû wol dan, welt ir die wârheit schouwen:
gên wir zuo des meien hôhgezîte!
der ist mit aller sîner krefte komen.
Seht an in und seht an schoene frouwen,
wederz dâ daz ander überstrîte:
daz bezzer spil, ob ich daz hân genomen.
Owê der mich dâ welen hieze,
deich daz eine dur daz ander lieze,
wie rehte schiere ich danne kür!
hêr Meie, ir müeset merze sîn,
ê ich mîn frouwen dâ verlür.

Wohlan denn, wollt ihr den Wahrheitsbeweis,
gehn wir zum Fest des Mai!
Der ist gekommen mit aller seiner Macht.
Seht auf ihn – und seht auf die schönen Frauen,
welches von beiden da das andre übertrifft:
ob ich nicht den besseren Zug getan habe!
Oh, wenn mich jemand vor die Wahl stellte
das eine zu lassen um des andern willen –
wie prompt ich dann mich entschiede!
Herr Mai, lieber wollte ich ihr würdet März,
als dass ich da meine Herrin aufgäbe.

(übertragen von Peter Wapnewski)

Text 5 Walther von der Vogelweide: Under der linden

‚Under der linden
an der heide,
dâ unser zweier bette was,
Dâ mugt ir vinden
schône beide
gebrochen bluomen unde gras.
Vor dem walde in einem tal,
tandaradei,
schône sanc diu nahtegal.

Ich kam gegangen
zuo der ouwe:
dô was min friedel komen ê.
Dâ wart ich enpfangen,
hêre frouwe,
daz ich bin saelic iemer mê.
Kuste er mich? wol tûsentstunt:
tandaradei,
seht wie rôt mir ist der munt.

Dô het er gemachet
alsô rîche
von bluomen eine bettestat.
Des wirt noch gelachet
inneclîche,
kumt iemen an daz selbe pfat.
Bî den rôsen er wol mac,
tandaradei,
merken wâ mirz houbet lac.

Daz er bî mir laege,
wessez iemen
(nu enwelle got!), sô schamt ich mich.
Wes er mit mir pflaege,
niemer niemen
bevinde daz wan er und ich –
Und ein kleinez vogellîn,
tandaradei,
daz mac wol getriuwe sîn‘.

„Unter der Linde
auf der Heide,
wo unser beider Lager war,
da kann man sehn
liebevoll gebrochen
Blumen und Gras.
Vor dem Wald in einem Tal
tandaradei
sang schön die Nachtigall.

Ich kam gegangen
zu der Wiese,
da war mein Liebster schon vor mir gekommen.
Da wurde ich empfangen
– Heilige Jungfrau! –
dass es mich immer glücklich machen wird.
Ob er mich küsste? Wohl tausendmal,
tandaradei,
seht wie rot mein Mund ist.

Da hatte er bereitet
in aller Pracht
von Blumen ein Lager.
Daran wird sich freuen
von Herzen,
wer daran vorübergeht.
An den Rosen kann er noch
– tandaradei –
sehen wo mein Kopf lag.

Dass er bei mir lag,
wüsste es jemand
(das verhüte Gott!), so schämte ich mich.
Was er tat mit mir,
niemals soll jemand
das erfahren als er und als ich –
und die liebe Nachtigall,
tandaradei;
die wird gewiss verschwiegen sein“.

(übertragen von Peter Wapnewski)

Walther von der Vogelweide: Er dürfte um 1170 geboren sein. Anfang der neunziger Jahre trat er als Dichter hervor, und zwar am Wiener Hof, wo er bei Reinmar lernte. 1198 verließ er Wien und ging an den Hof Philipps von Schwaben. Er hielt sich in den folgenden Jahren an verschiedenen Fürstenhöfen auf, so bei Hermann von Thüringen, bei Dietrich von Meißen und bei Kaiser Friedrich II., von dem er 1220 ein Lehen erhielt. 1228 wird als sein Todesjahr angesehen. Walther gilt als der bedeutendste Minnesänger und Dichter politischer Lieder.

Text 6 Heinrich von Morungen (gest. 1222): Sin hiez mir nie widersagen

Sin hiez mir nie widersagen
unde warb iedoch
unde wirbet noch hiute ûf den schaden mîn.
des enmac ich langer niht verdagen:
wan si wil ie noch
elliu lant behern und ein rouberinne sîn.
daz machent alle ir tugend und ihr schoene,
die vil mangem man tuont wê.
der si an siht,
der muoz ir gevangen sîn
unde in sorgen leben iemer mê.

Heinrich von Morungen war Thüringer aus der Nähe von Sangershausen und gehörte zu den staufischen Ministerialen. Er starb 1222 im Thomaskloster zu Leipzig.

In den dingen ich ir dienstman
und ir eigen was,
dô ich si dur triuwe und dur guot an sach;
dô kam si mit ir minnen an
unde vienc mich sô,
dô si mich wol gruozte und wider mich so sprach.
des bin ich an fröiden siech
unde an herzen sêre wunt.
und ir ougen klâr
diu hânt mich beroubet gâr,
unde ir rôsevarwer munt.

Niemals hat sie mir offen gesagt, dass sie mir feindlich gesinnt sei;
und doch mühte sie sich
und müht sich heute noch, mir Schaden zuzufügen.
Das kann ich nun nicht länger verschweigen:
denn sie wird noch
über die ganze Welt Macht ausüben und alles ausrauben.
Das vermag sie nur aufgrund ihrer Macht und ihres verführerischen Aussehens,
die so manchen quälen.
Wer sie anschaut,
der wird ihr Gefangener
und muss immer in Angst leben.

Während ich ihr Dienstmann
und ihr Höriger war,
sah ich sie ergeben und hoffnungsvoll an;
da kam sie
und umgarnte mich mit ihrer Minne,
indem sie mich freundlich grüßte und mich ansprach.
Dadurch bin ich schwermütig geworden
und mein Herz schmerzt mich sehr.
Ihre strahlenden Augen
und ihr rosenroter Mund
haben mich beraubt.

(übertragen von Horst Holzschuh)

Rudolf von Fenis war ein Minnesänger aus der Schweiz, wahrscheinlich Graf Rudolf II. von Neuenburg.

Text 7 Rudolf von Fenis: Gewan ich ze Minnen ie guoten wân

Gewan ich ze Minnen ie guoten wân,
nu hân ich von ir weder trôst noch gedingen,
wan ich enweiz wie mir süle gelingen.
sît ich si mac weder lâzen noch hân,
mir ist als dem der ûf den boum dâ stîget
und niht hôher mac und dâ miten belîbet
und ouch mit nihte wider komen kan;
und alsô die zît mit sorgen hine vertrîbet.

Wenn ich jemals freudige Erwartungen in die Minne gesetzt habe,
so habe ich nun keinerlei Hoffnungen mehr,
denn ich weiß nicht, wie ich zu Erfolg kommen könnte.
Da ich einerseits nicht auf sie verzichten will, andererseits sie aber auch nicht besitzen kann,
geht es mir wie dem, der einen Baum besteigt,
und der auf halber Höhe nicht weiter hinauf
aber auch schon gar nicht mehr hinab kommen kann;
so vergeudet er voll Angst seine Zeit.

(übertragen von Horst Holzschuh)

Neidhart von Reuental ist um 1180 in Bayern geboren und um 1250 in Österreich gestorben. Er war mit seinen Liedern sehr erfolgreich: verspottet in ihnen die rittermäßig herausgeputzten Bauernflegel und das fragwürdig gewordene Minneideal.

Text 8 Neidhart von Reuental (1180–1250): Ûf dem berge und in dem tal

Ûf dem berge und in dem tal
hebt sich aber der vogele schal,
hiure als ê
gruonet klê.
rûme ez, winter, dû tuost wê!

Auf dem Berg und in dem Tal
beginnt wieder das Vogelkonzert,
dies Jahr wie früher
grünt der Klee.
Mach dich davon, Winter, du tust weh.

Die boume, die dâ stuonden grîs,
die habent alle ir niuwez rîs
vogele vol:
daz tuot wol.
dâ von nimt der meie den zol.

Ein altiu mit dem tôde vaht
beide tac und ouch die naht.
diu spranc sider
als ein wider
und stiez die jungen alle nider.

Die Bäume, die grau dastanden,
die haben alle ihr neues Gezweig
voller Vögel.
Das tut wohl.
Daran hat der Mai seinen Anteil.

Eine Alte rang mit dem Tode
Tag und Nacht.
Die sprang seither
wie ein Ziegenbock
und stieß die Jungen alle zu Boden.

(übertragen von Walter Koschorreck)

Die mittelhochdeutschen Lieder wurden im 13. und 14. Jahrhundert im Auftrag kunstsinniger Liebhaber aufgeschrieben. Unter mehreren Liedsammlungen ragen zwei hervor: die ‚Weingartener Liederhandschrift', anfangs des 14. Jahrhunderts in Konstanz verfasst, und die ‚Große Heidelberger (Manessische) Liederhandschrift', die auf Anregung der Züricher Familie Manesse zu Beginn des 14. Jahrhunderts niedergeschrieben wurde. Neben den Liedern enthalten die Sammlungen Neumen (Tonschriftzeichen) sowie Bilder, die typische Situationen der Minnesänger wiedergeben und die Eigenart dieser Dichter zu deuten versuchen ohne den Anspruch des Porträts zu erheben.

Bild 1

Bild 2

Bild 3

Bild 4

Arbeitsanregungen:

1 Die Lektüre der Minnelieder hat Ihnen einen ersten Eindruck von der Art der Beziehung der Liebenden zueinander vermittelt.
Fassen Sie Ihre Beobachtungen zu der Rolle des Mannes und der angesprochenen Frau sowie zu der Art ihrer Beziehung zusammen.

2 Suchen Sie in Gruppenarbeit in den Gedichten die Begriffe und Bilder, die Aussagen machen
a über die Situation und den Anlass der einzelnen Gedichte;
b über die Erfahrungen, Gefühle und Erwartungen der Sprecher in den Liedern.
Für Ihre Arbeit können Sie die nachfolgenden Hinweise über die verschiedenen Formen der Minnelieder und ihre Gestaltungsmittel mitbenützen.

3 Versuchen Sie abschließend einen guten Gedichtvortrag und probieren Sie auch eine musikalische Gestaltung.

Formen und Gestaltungsmittel der Minnelieder

Um 1150 war die Lyrik nach Ausdruck, Form und Stil zunächst noch eindeutig geistliche Dichtung. Die einheitliche klösterlich-kirchliche Welt verlor jedoch an Bindekraft, und so tauchten unvermittelt die mittellateinische **Vaganten-Lyrik** und die **weltliche Lyrik** auf. Zur volkssprachlichen weltlichen Lyrik gehören Lieder aus einer oder mehreren Strophen und das sog. Tagelied. Bezeichnend für die frühe weltliche Liebeslyrik ist die *Frauenstrophe,* deren lyrisches Ich eine Frau ist. Es handelt sich um einen Monolog, in dem eine Frau von Einsamkeit, Sehnsucht und Erwarten spricht.

Zur Zeit des ‚Hohen Minnesangs' zwischen 1180–1210 entfaltete sich das Lied in den Typ des **Hohen Sangs** mit mehreren Strophen, in denen über Fragen der Minne nachgedacht wurde, und in Varianten mit erzählenden und mimisch-darstellenden Elementen: die *Pastourelle* (Mädchenlied), das weiterentwickelte *Tagelied* und das *Kreuzlied.* Alle diese Lieder wurden auch gesungen.

Tagelied: Es stellt in der frühen Phase einen entscheidenden Schritt auf dem Weg zum lyrischen Dialog dar. Die dargestellte Situation handelt von Abschied und Trennung nach einer Liebesnacht. Illusionäres Festhalten an der Scheinwirklichkeit gegenüber den unerbittlichen Forderungen der Tageswirklichkeit prägt die Haltung der Sprechenden. Wichtige Strukturmerkmale sind neben dem festen Personal, nämlich Ritter und Dame, die im Unterschied zum Hohen Minnesang deutlich betonte Erotik und eine als gefährlich angedeutete Situation. Typische Motive sind Tagesanbruch, Weckvorgang und Abschiedsklage.

Pastourelle: (von lat. pastor: Hirt, Schäfer; daraus frz. pastourelle: Hirtengedicht, Schäferlied)
Die Pastourelle war eine in der europäischen Dichtung des Mittelalters weit verbreitete Gedichtform, ein erotisches Werbelied zwischen einem Ritter und einer Schäferin. Im Minnesang ist von dieser Tendenz nichts zu spüren; sondern die Situation wird oft bis zur Traum-Vision vergeistigt. Eine Variante der Pastourelle sind die sog. **Mädchenlieder.** Sie sind frei von den Konventionen und Formen der höfisch-ritterlichen Minnedichtung, aber geprägt von der Ethik des höfischen Rittertums. So preist Walther die erfüllte Liebe, scheinbar in naivem Ton, in Wahrheit jedoch sehr kunstvoll, mit der Diskretion und mâze höfischer Dichtung.

Formale Gestaltungsmittel:

1. Die **Kürenberger-Strophe** ist im Wesentlichen identisch mit der Nibelungenstrophe:
   - Sie besteht aus vier Langzeilen, von denen je zwei durch Reim verbunden sind;
   - Die Anverse (erste Vershälfte) haben vier, die Abverse (zweite Vershälfte) drei Hebungen.
   - Nur der Abvers der vierten Langzeile hat vier Hebungen bewahrt.

   Ich zốch mir eínen válkèn mḗre dánne ein jấr
   er hūóp ṣich ûf vil hôhè und flṓug in ánderīú lánt.
2. In Anlehnung an die provenzalische Dichtung wurde die Strophenform des deutschen Minnesangs die **Kanzonenstrophe** (provenzalischer Name für das französische Minnelied). Sie ist zweiteilig gebaut, wobei die erste Hälfte aus zwei Reimpaaren besteht. Z.B. Hartmann von Aue

Manger grüezet mich alsô } 1.
(der gruoz tuot mich ze mâze frô), } Stollen } Aufgesang
„Hartmann, gên wir schouwen } 2.
ritterlîche frouwen.“ } Stollen
mac er mich mit gemache lân
und île er zuo den frouwen gân!
bî frouwen triuwe ich niht vervân,
wan daz ich müede vor in stân. } Abgesang

3. Hinweise zur Aussprache mittelhochdeutscher Texte:
   a) Alle **einfachen Vokale** mit ^ (Circumflex) und ae, oe, iu = ü werden lang gesprochen, z.B. êre, saelic, hiute.
   Alle anderen einfachen Vokale sowie die Vokale in offener Silbe sind kurz zu sprechen, z.B. wirt, gap, swester, klagen, treten, ligen, loben.
   b) Die **Diphthonge** sind als zwei Vokale zu sprechen, da sie echte Doppellaute darstellen.
   Z.B. bein = be-in, boum = bo-um
   c) **Konsonanten:**
   - Im Silbenauslaut wird c wie k gesprochen.
   - Im Silbenauslaut und vor s und t wird h wie ch gesprochen. Z.B. sah = sach, maht = macht.
   - Zwischen f und v wird nicht unterschieden.

Bild 5

Bild 6

Die Deutung des Minnesangs bereitet dem heutigen Leser Schwierigkeiten. Zwei Erklärungsversuche sollen Ihnen die eigene Bewertung des Minnesangs erleichtern.

Text 9 **Hans Eggers: Der Stand der Minnesänger** [Auszug]

[...] Der neu entstandene Dienstadel der Ministerialen konnte sich eine Zeit lang in dem Wahne wiegen, voll in die Adelsgesellschaft integriert zu werden. Ihm versprach das höfische Gesellschaftsideal den größten Gewinn. Mit dem Minnesänger, der nach gesellschaftlicher Konvention ungestraft seine hochgestellte Minneherrin anbeten darf, konnte sich der Dienstmann ebenso leicht identifizieren wie mit den Helden, denen allein auf Grund ruhmreicher Rittertat die Artusrunde offen stand, jene runde Tafel, in der es kein Oben und Unten gibt, und an der der Herr auch nur Erster unter Gleichen ist. Aber schon gegen Ende der Zeit Barbarossas und viel mehr noch in der Folgezeit wurden die Ministerialen durch die Entwicklung der Landesherrschaften und eines neuen Fürstenstandes in die Abhängigkeit zurückgeworfen. Es war ein raues Erwachen aus den Träumen von Tafelrunde und Minneherrin. [...]

Unter den Minnesängern fanden sich manche Angehörige des Erbadels, an ihrer Spitze Kaiser Heinrich VI. und Heinrich von Meißen, Sohn des Markgrafen Dietrich, der ein Gönner der Sänger Heinrich von Morungen und Walther von der Vogelweide gewesen war. Diese freien Adelsherren brauchten weder um ihre gesellschaftliche Stellung noch um den Lebensunterhalt besorgt zu sein. Aber die Mehrzahl der Minnesänger entstammte dem ministerialen Dienstadel. Sie waren größtenteils besitzlose, arme Ritter, auf Fürstengunst angewiesen und – von Ausnahmen abgesehen – an keiner Stätte lange verweilend. Kein Wunder, dass in ihren Strophen keine Fürstentugend so hoch gepriesen wird wie die *milte,* die Freigebigkeit [...]

(v 1977)

Text 10 **Joachim Bumke: Höfische Liebe** [Auszug]

Das poetische Schönheits- und Tugendideal, das die Dichter entworfen haben, erfuhr seine reichste Ausgestaltung dort, wo es um die schmückende und dienende Rolle der Frau in der höfischen Festgesellschaft ging. Auf den großen Hoffesten, von denen die Epiker erzählten, hat erst die Anwesenheit zahlreicher festlich geschmückter Damen die gesellschaftliche Hochstimmung geschaffen, die mit dem Wort *vreude* umschrieben wurde. [...]

Bei den festlichen Versammlungen fielen den höfischen Damen in erster Linie repräsentative Aufgaben zu. Sie schauten von den Zinnen herab oder aus den Fenstern und Lauben zu, wenn die Herren sich in ritterlichen Spielen maßen; sie ließen den Rittern bei solchen Gelegenheiten wohl auch aufmunternde Geschenke zukommen; sie beteiligten sich an höfischen Tänzen und Spielen; sie führten höfische Gespräche, und sie ließen sich von den Herren in festlichem Aufzug zu Tisch führen. Manchmal übernahmen sie auch die Begrüßung und Betreuung der Gäste. [...]

Die eigentümliche Konstruktion, dass in der Minnebeziehung Mann und Frau einander nicht als Partner begegnen, sondern dass die Frau als Herrin erscheint und der Mann als Diener zu ihr aufblickt, und dass die Leistung, die der Mann vollbringt, um der Minne würdig zu werden, als Dienst aufgefasst wird, ist sicherlich das auffälligste Merkmal der höfischen Liebe. [...]

(v 1986)

– z = nhd. z: zal; z = nhd. ß nach Vokal: wazzer
– ph = pf: phlegen = pflegen
– sc = sch: scoene = schoene

d) Folgen zwei Vokale aufeinander in einem Vers, so wird das schwächere e nicht gesprochen (Elision).
Z.B. diu zwei sint er(e) und varnde guot
daz dick(e) ein ander schaden tuot

Text 11 **Johann Wolfgang Goethe (1749–1832): Willkommen und Abschied**

(siehe Aufklärung – Sturm und Drang, S. 187)

Text 12 **Hugo von Hofmannsthal (1874–1929): Die Beiden**

(Biografie, siehe Jahrhundertwende, S. 313)

Sie trug den Becher in der Hand
– ihr Kinn und Mund glich seinem Rand –,
so leicht und sicher war ihr Gang,
kein Tropfen aus dem Becher sprang.

So leicht und fest war seine Hand:
er ritt auf einem jungen Pferde,
und mit nachlässiger Gebärde
erzwang er, dass es zitternd stand.

Jedoch, wenn er aus ihrer Hand
den leichten Becher nehmen sollte,
so war es beiden allzu schwer:
denn beide bebten sie so sehr,
dass keine Hand die andre fand
und dunkler Wein am Boden rollte.

(v 1896)

Text 13 **Karl Krolow (1915–1999): Liebesgedicht**

Mit halber Stimme rede ich zu dir:
Wirst du mich hören hinter dem bitteren Kräutergesicht
Des Mondes, der zerfällt?
Unter der himmlischen Schönheit der Luft,
Wenn es Tag wird,
Die Frühe ein rötlicher Fisch ist mit bebender Flosse?

Du bist schön.
Ich sage es den Feldern voll grüner Pastinaken[1].
Kühl und trocken ist deine Haut. Ich sage es
Zwischen den Häuserwürfeln dieser Stadt, in der ich lebe.
Dein Blick – sanft und sicher wie der eines Vogels.
Ich sage es dem schwingenden Wind.
Dein Nacken – hörst du – ist aus Luft,
Die wie eine Taube durch die Maschen des blauben Laubes schlüpft.

Du hebst dein Gesicht.
An der Ziegelmauer erscheint es noch einmal als Schatten.
Schön bist du. Du bist schön.
Wasserkühl war mein Schlaf an deiner Seite.
Mit halber Stimme rede ich zu dir.
Und die Nacht zerbricht wie Soda[2], schwarz und blau.

(e 1955)

Arbeitsanregungen:

1. In den Bildern 1–6 werden Aussagen über das Selbstverständnis des Dichters und seine Beziehungen zur angesprochenen adligen Dame gemacht. Betrachten Sie die Gebärden der dargestellten Figuren (Körperhaltung, Ausdruck von Gestik und Mimik) und die Requisiten. Überlegen Sie, was sie über die Rolle des Dichters und sein Selbstverständnis aussagen sollen.

2. Diskutieren Sie die Thesen zum Minnesang und verfassen Sie nach der Beschäftigung mit den Minneliedern und den Bildern über die Minnesänger einen Lexikon-Artikel über den „Minnesang“. Eine vorhergehende Beschäftigung mit Liebesdichtung aus der Neuzeit könnte Ihnen die Eigenart des Minnesangs nochmals verdeutlichen. Beachten Sie auch Ihre erworbenen Kenntnisse über die Anfertigung eines Resümees (vgl. Einführung, S. 32).

---

[1] Der Pastinak, die Pastinake (lat. Möhre): Küchen- und Futterpflanze mit weißer, möhrenähnlicher Wurzel

[2] Die, das Soda (span.): Natriumcarbonat, u.a. zur Glasherstellung, Wasserenthärtung, für Reinigungsmittel

3. Kaiser und Dienstmann – Walther von der Vogelweide als politischer Dichter: Kritik an einer gestörten Ordnung

Wie jede politische Dichtung sind auch Walthers Sprüche Reaktionen auf die politische Situation seiner Zeit, sind auch sie eingebunden in die Zeit der höfisch-feudalen Gesellschaft um 1200. So ist zu vermuten, dass sich in seinen Liedern die Kämpfe zwischen Kaiser und Fürsten, die Konflikte zwischen Papst und Kaiser um die Abgrenzung ihrer Machtbereiche und schließlich auch die Sorgen der Menschen sowie des Dichters widerspiegeln.

Wie bei jedem politischen Dichter ist zu fragen, in welchem Verhältnis seine Dichtung zu den sozialen, geistigen und ethischen Normen der herrschenden Gesellschaftsordnung steht, und welcher künstlerischen Gestaltungsformen er sich bedient. Es ist zu fragen, ob der politische Dichter informieren, aufklären, die gesellschaftlichen Zustände analysieren, bloßstellen, entlarven möchte, oder ob er programmatische Lösungsmöglichkeiten von Missständen aufzeigen will.

Einige Lieder Walthers sollen Antworten ermöglichen.

Text 1 **Walther von der Vogelweide (um 1170–1228): Dô Friderich ûz Ôsterrîch alsô gewarp**

Dô Friderich ûz Ôsterrîch alsô gewarp,
daz er an der sêle genas und im der lîp erstarp,
dô fuort er mînen krenechen trit in d'erde.
Dô gieng ich slîchent als ein pfâwe swar ich gie,
daz houbet hanht ich nider unz ûf mîniu knie:
nû riht ich ez ûf nâch vollem werde.
Ich bin wol ze fiure komen,
mich hât daz rîche und ouch diu krône an sich genomen.
wol ûf, swer tanzen welle nâch der gîgen!
mir ist mîner swaere buoz:
êrste wil ich eben setzen mînen fuoz
und wider in ein hôhgemüete stîgen.

Als es dahin kam dass Friedrichs von Österreich[1]
Seele das Leben und sein Leib den Tod fand,
da nahm er meinen stolzen Kranichschritt mit in die Erde.[2]
Da schlich ich umher wie ein Pfau wohin immer ich ging,[3]
und den Kopf ließ ich hängen bis auf die Knie.
Jetzt aber richte ich ihn auf im Bewusstsein meines Wertes.[4]
Ich habe ein gastliches Herdfeuer gefunden:
König und Reich haben mich aufgenommen.
Auf denn, wer tanzen will zur Geige!
Meiner Lasten bin ich ledig,
endlich kann ich meinen Fuß wieder fest auf die Erde setzen
und mein Herz hoch aufsteigen lassen.

(nach 1198)

Text 2 **Walther von der Vogelweide: Philippe, künec hêre[5]**

Philippe, künec hêre,
si gebent dir alle heiles wort
und wolden liep nâch leide.
Nû hâst dû guot und êre;
daz ist wol zweier künege hort:
diu gip der milte beide.
Der milte lôn ist sô diu sât,
diu wünneclîche wider gât
dar nâch man si geworfen hât:
wirf von dir milteclîche!
swelch künec der milte geben kan,
si gît im daz er nie gewan.
wie Alexander sich versan!
der gap und gap, und gap sim elliu rîche.

Philipp, edler König,
sie alle wünschen dir Glück
und möchten Freud nach Leid.
Jetzt herrschst du über Schätze und Würden
wie sie zwei Könige reich machen könnten:
Stell sie der Freigebigkeit anheim!
Der Lohn der Freigebigkeit ist wie die Saat,
die in dem Maße herrlich aufgeht
als man sie ausgeworfen hat.
Wirf aus mit großzügiger Hand!
Welch König der Freigebigkeit zu schenken weiß,
dem schenkt sie was er anders nie gewonnen hätte.
Wie klug war Alexander![6]
Der schenkte und schenkte – sie aber schenkte ihm die ganze Welt.

(um 1203)

[1] Walthers Gönner Friedrich I. von Österreich starb 1198 auf einem Kreuzzug.
[2] Schritt des Kranichs als Ausdruck stolzen Selbstbewusstseins
[3] Schritt des Pfaus als Ausdruck von Niedergeschlagenheit
[4] Dank an König Philipp für die Aufnahme an seinen Hof
[5] Walther war um diese Zeit am Hof des Landgrafen Hermann von Thüringen, einem Gegner König Philipps.
[6] Alexander galt in der Antike und im Mittelalter als Inbegriff der Großzügigkeit.

Text 3 Walther von der Vogelweide: Ich hân mîn lêhen

Ich hân mîn lêhen, al die werlt, ich hân mîn lêhen[1].
nû entfürhte ich niht den hornunc an die zêhen,
und wil alle boese hêrren dester minre flêhen.
Der edel künec, der milte künec hât mich berâten,
daz ich den sumer luft und in dem winter hitze hân.
mîn nâhgebûren dunke ich verre baz getân:
sie sehent mich niht mêr an in butzen wîs als sî wîlent tâten.
Ich bin ze lange arm gewesen ân mînen danc.
ich was sô voller scheltens daz mîn âten stanc:
daz hât der künec gemachet reine, und dar zuo mînen sanc.

Ich hab mein Lehen, in alle Welt ruf ich's hinein: ich hab mein Lehen!
Nun fürchte ich nicht mehr den Februarfrost an den Füßen,
und werde künftig die geizigen Herren nicht mehr anflehen.
Der edelmütige König, der großmütige König hat mich versorgt,
so dass ich im Sommer kühlende Luft und im Winter Wärme habe.
Meiner Umwelt komme ich jetzt sehr viel feiner vor:
sie sehen mich nicht mehr an als ein Hausgespenst, wie sie bisher taten.
Ich bin zu lange arm gewesen, ohne dafür zu können.
Ich war so voller Scheltworte, dass mein Atem stank.
All dies hat der König rein gemacht und mein Singen dazu.

(wohl 1220)
(alle Sprüche übersetzt von Peter Wapnewski)

Unter **Spruchdichtung** versteht man mittelhochdeutsche Lieder und Gedichte, die sich vom Minnesang abheben. Sie sind vor allem lehrhaft, behandeln religiöse, politische und moralische Themen. Sie enthalten Fürstenpreis und Fürstentadel, kritisieren weltliche und kirchliche Zustände, oft in satirischer und polemischer Form. Die Spruchdichtung wurde anfangs gesungen vorgetragen; doch sind kaum Melodien erhalten.

Die Spruchdichtung ist im Gegensatz zum Minnesang, an dem sich Vertreter aller Stände beteiligten, vornehmlich von nichtadligen fahrenden Sängern verfasst worden. Sie war nicht immer Ausdruck einer persönlichen Überzeugung, sondern stellte sich in die Dienste eines Herrn, von dem der fahrende Sänger sich einen Lohn erhoffte.

Arbeitsanregungen:

1 Versuchen Sie als ersten Zugang zu den Texten einen Gedichtvortrag.

2 a Listen Sie dann auf, an wen die Sprüche gerichtet sind.
b Umreißen Sie die Rolle, die den Personen in den einzelnen Sprüchen zugewiesen wird.

3 Welche inhaltlichen Probleme werden von Walther aufgegriffen? Formulieren Sie die Aussage in wenigen Sätzen.

4 Machen Sie sich aus den Gedichten Walthers politische Haltung klar. Berücksichtigen Sie dabei auch die Gestaltungsmittel, mit denen Walther seine Absicht zu erreichen versucht (Wortwahl, Motive, Bilder und Aufbau).

Text 4 Walther von der Vogelweide: Drei Sprüche im sog. „Reichs-Ton"

Ich saz ûf eime steine
und dahte bein mit beine.
dar ûf satzt ich den ellenbogen.
ich hete in mîne hant gesmogen
daz kinne und ein mîn wange.
dô dâhte ich mir vil ange,
wie man zer welte solte leben.
deheinen rât kond ich gegeben,
wie man driu dinc erwurbe,
der keinez niht verdurbe.
diu zwei sint êre und varnde guot,
daz dicke ein ander schaden tuot:
daz dritte ist gotes hulde,
der zweier übergulde.
die wolte ich gerne in einen schrîn:
jâ leider desn mac niht gesîn,
daz guot und weltlich êre
und gotes hulde mêre
zesamene in ein herze komen.
stîg unde wege sint in benomen:
untriuwe ist in der sâze,
gewalt vert ûf der strâze,
fride unde reht sint sêre wunt.
diu driu enhabent geleites niht, diu zwei enwerden ê gesunt.

Ich saß auf einem Stein,
und schlug ein Bein über das andere.
Darauf stützte ich den Ellenbogen.
Ich hatte in meine Hand geschmiegt
das Kinn und meine eine Wange.
So erwog ich in aller Eindringlichkeit,
wie man auf dieser Welt zu leben habe.
Keinen Rat wusste ich zu geben
wie man drei Dinge erwerben könne
ohne dass eines von ihnen verloren ginge.
Zwei von ihnen sind Ehre und Besitz,
die einander oft Abbruch tun;
das dritte ist die Gnade Gottes,
weit höher geltend als die beiden andern.
Die wünschte ich in *ein* Gefäß zu tun.
Aber zu unserm Leid kann das nicht sein,
dass Besitz und Ehre in der Welt
und dazu Gottes Gnade
zusammen in ein Herz kommen.
Weg und Steg ist ihnen verbaut,
Verrat lauert im Hinterhalt,
Gewalttat zieht auf der Straße,
Friede und Recht sind todwund:
bevor diese beiden nicht gesunden, haben die Drei keine Sicherheit.

[1] Der Spruch ist an Kaiser Friedrich II. von Hohenstaufen (1212–1250) gerichtet; er war der Neffe König Philipps (1198–1208) und Enkel Friedrich Barbarossas (1152–1190).

Ich hôrte ein wazzer diezen[1]
und sach die vische fliezen,
ich sach swaz[2] in der welte was,
velt walt loup rôr unde gras.
swaz kriuchet unde fliuget
und bein zer erde biuget,
daz sach ich, unde sage iu daz:
der keinez lebet âne haz.
daz wilt und daz gewürme
die strîtent starke stürme,[3]
sam[4] tuont die vogel under in;
wan daz[5] si habent einen sin:[6]
si dûhten[7] sich ze nihte,
si enschüefen[8] starc gerihte.
si kiesent[9] künege unde reht,
si setzent hêrren unde kneht.
sô wê dir, tiuschiu zunge,
wie stêt dîn ordenunge!
daz nû diu mugge[10] ir künec hât,
und daz dîn êre alsô zergât.
bekêrâ dich, bekêre.
die cirkel[11] sint ze hêre,
die armen künege[12] dringent dich:
Philippe setze den weisen ûf, und heiz si treten hinder sich.

Ich sach mit mînen ougen
manne und wîbe tougen,[13]
daz ich gehôrte und gesach
swaz iemen[14] tet, swaz iemen sprach.
ze Rôme hôrte ich liegen[15]
und zwêne künege triegen.[16]
dâ von huop sich der meiste strît
der ê was oder iemer sît,
dô sich begunden zweien
die pfaffen unde leien.
daz was ein nôt vor aller nôt:
lîp unde sêle lac dâ tôt.
die pfaffen striten sêre,
doch wart der leien mêre.
diu swert diu leiten si dernider,
und griffen zuo der stôle[17] wider:
si bienen[18] die si wolten,
und niht den si solten.
dô stôrte man diu goteshûs.
ich hôrte verre in einer klûs
vil michel[19] ungebaere:[20]
dâ weinte ein klôsenaere;
er klagete gote sîniu leit:
,owê der bâbest ist ze junc: hilf, hêrre, dîner kristenheit'.

Arbeitsanregungen:

1 Versuchen Sie einen Vortrag der drei Sprüche; informieren Sie sich zuvor über den Aufbau des mittelalterlichen Verses in Walthers Sprüchen.

2 Fertigen Sie anschließend eine Übersetzung an. Beachten Sie dabei auch die Gesichtspunkte, die für eine Übersetzung wichtig sind.

Übersetzung/Übertragung
Die Übersetzung ist die Wiedergabe eines Textes in einer anderen Sprache. Dabei wird oft unterschieden zwischen
- einer **Übersetzung,** die sich möglichst wortgetreu ans Original anschließt;
- einer **Übertragung,** die eine freiere sinnbetonte Wiedergabe anstrebt unter voller Berücksichtigung der semantischen und stilistischen Eigentümlichkeiten der Zielsprache;
- einer **Nachdichtung,** die eine formbedachte und gehaltkonforme Nachschöpfung darstellt.

Jeder Übersetzer muss sich entscheiden, ob dem Leser ein Text inhaltlich nahe gebracht oder ob der Leser zum Urtext hingeführt werden soll. Die Schwierigkeit des Übersetzens liegt begründet
- in dem Problem, die verschiedenen Bedeutungsebenen eines Textes in eine andere Sprache übertragen zu können (semantische Diskrepanz);
- in der Verschiedenartigkeit des Bedeutungsfeldes von Wörtern in verschiedenen Sprachen;
- in den unterschiedlichen grammatischen und stilistischen Strukturen;
- im Fehlen passender Wörter in der anderen Sprache.

Als Grundregel des Übersetzens kann gelten: Nicht aus dem Wort, sondern aus dem Sinn heraus sollte man übersetzen.

in: Manessische Liederhandschrift, 1. Hälfte des 14. Jhs.

1 diezen: rauschen
2 swaz: was immer
3 stürme: Kämpfe
4 sam: ebenso
5 wan daz: gleichwohl
6 sin: Verstand; Weisheit
7 duhten: von duhen: drücken
8 en: Vorsilbe: bedeutet ,es sei denn'
9 kiesen: wählen
10 mugge: Mücke, hier: Biene
11 cirkel: sind die runden Königsreife
12 armen künege: Bezeichnung für die ausländischen Könige
13 tougen = Geheimnis, Heimlichkeit
14 iemen = was immer einer
15 liegen = lügen, belügen
16 triegen = betrügen
17 stole = Stola
18 bienen = von bannen: in den Bann tun
19 michel = groß
20 ungebaere = Wehklagen

Eine *Stichwortskizze* ist für das Verständnis eines Gedichtes oft sehr hilfreich. Sie kann die formalen Gestaltungsmittel der Strophen zeigen und inhaltliche Bezüge zwischen ihnen anschaulich machen. Der nachfolgende Aufbau der ersten Strophe soll Ihnen den Zugang zu Walthers Gedicht erleichtern.

Aufbau der ersten Strophe:

<u>Ich saz</u> ûf eime steine
5 Verse → Eingang → persönlicher Charakter/Pose → <u>der Sinnende</u>

2 Verse → Thema der Reflexion

12 Verse < 8 Verse These (Wunsch) / 4 Verse Antithese (Unmöglichkeit des Wunsches)

4 Verse → Feststellung der Tatsachen

1 Vers → Resultat → Konsequenzen → *theoretische Forderung*

Die seitherige Beschäftigung mit Walthers ‚Reichston' hat den Inhalt, die Bilder und die Struktur des Gedichtes einsichtig gemacht, d.h. die textimmanenten Aspekte. In einem zweiten Schritt sollen die textexternen Aspekte erschlossen werden.

Bild 1

Das auf der Insel Reichenau gemalte Evangelienbuch Heinrichs II. (1002–1024) gibt beispielhaft die kaiserliche Herrschaftsauffassung wieder: Vom thronenden Christus wird dem Herrscherpaar Heinrich und Kunigunde die Macht über den Weltkreis verliehen, darunter huldigen Roma, Gallia und Germania den Gekrönten.

Text 5 **Hubert Schrade: Die romanische Malerei** [Auszug]

[…]
Der Zeichner gibt eine Architektur wieder, deren zugrunde liegende Raumvorstellung freilich schwer zu bestimmen ist. Seitlich wird der Bau von hohen Türmen eingefasst, in deren Toren Männer erscheinen, links, wie aus der Inschrift hervorgeht, der Prophet Jesaja, der mit einer Gebärde des Schmerzes sagt: „Lavamini, mundi estote! Waschet euch! Rein sollt ihr sein!" Der Gekrönte in dem rechten Turm ist David. Er ruft: „Introite portas eius in confessione: Tretet ein in seine Tore zum Bekenntnis!" (Psalm 99,4).

Zwischen den Türmen ziehen sich Mauern hin und teilen die Flächen in zwei Zonen, die übereinander erscheinen, aber wohl hintereinander vorzustellen sind. In der oberen

Arbeitsanregungen:

1 Arbeiten Sie – vielleicht in Partnerarbeit – den Aufbau der Strophen nach dem vorgegebenen Muster heraus und suchen Sie für jeden Abschnitt eine passende Formulierung.

2 a Welche Eigentümlichkeiten fallen Ihnen an den drei Sprüchen auf (Struktur, Wahl der Bilder, Selbstverständnis des Dichters)?
b Formulieren Sie Ihre Einsichten als Resümee der bisherigen Arbeit (vgl. Einführung, S. 32).

Vers und Ton in Walthers Reichston

Walther ist der eigentliche Schöpfer des durchkomponierten und als Lied vorgetragenen Sangspruches. Dôn bezeichnet die mit dem rhythmisch-metrischen Strophenbau des Spruchs unmittelbar zusammenhängende Singweise, Melodie (= wise). Strophenbau, Reimordnung und Melodie wurden immer neu variiert; jeder Dichter hatte seine eigenen „döne", die von keinem anderen übernommen werden durften und die er auch selbst nur in demselben thematischen Zusammenhang benützte, so dass sich die Strophen eines dôns zu einem Ganzen zusammenfügen. Walthers Töne wurden in Zusammenhang gebracht mit Strophen im Dienste bestimmter Fürsten und nach ihnen benannt. Bei Walther werden 15 „döne" unterschieden.

Bei viertaktigen Versen beginnt jeder Takt mit einer betonten Silbe und besteht aus zwei Silben. Mögliche Formen:

Zeile 1: x | x́ x | x́ x | –́ | x̀ ∧ ||	/ Hauptakzent
Zeile 2: x | x́ x | x́ x | –́ | x̀ ∧ ||	\ Nebenakzent
Zeile 3: x | x́ x | x́ x | x́x | x́ x ||	– lange Silbe
Zeile 11: x | x́ x | x́ x | x́x | x́ ∧ ||	v Senkung
Noch möglich: ∧ | x́vv | vvx | x́x | x́ x ||	∧ unvollständig

Der letzte Vers ist immer doppelt, eine ‚germanische Langzeile' mit 8 Takten. In der germanischen Metrik gilt das Prinzip der freien Füllung, d.h., es gibt keine strenge Alternation von Hebung und Senkung.

Arbeitsanregungen:

1 a Untersuchen Sie noch einmal die erste Strophe des „Reichstons", und nennen Sie die Werte, die das Leben in der Welt bestimmen sollen.
b In welchem Begriff des ganzen Gedichtes sind diese Werte zusammengefasst? Diskutieren Sie diese Weltsicht.

2 a Betrachten Sie die Bilder 1 und 2 sowie ‚Gott als Baumeister des Universums' (s. Bildtafel S. 404). Ziehen Sie dazu die Informationen der Texte 5 und 6 heran. Suchen Sie Parallelen zwischen den Aussagen der Bilder und Walthers „Reichston".

b Eine Grafik mit drei konzentrischen Kreisen könnte die Beziehungen zwischen Gott als Schöpfer, der Welt als gesellschaftlicher Ordnung und dem Menschen als Individuum veranschaulichen. Versuchen Sie eine Darstellung.

3 Nach dieser zweiten Arbeitsphase sind Sie zu einer vertieften Deutung des Gedichtes gelangt. Verfassen Sie abschließend einen Aufruf, in dem Sie die Anforderungen an die weltlichen und geistlichen Machtinhaber herausstellen. Achten Sie dabei auch auf die sprachliche Form Ihres Aufrufs (vgl. Einführung, S. 75: Rhetorische Mittel).

Bild 2 Herrad von Landsberg, Hortus Deliciarum

Zone thront, durch ein Ciborium kultbildhaft herausgehoben, die gekrönte Ecclesia[1]. Sie hat beide Hände wie betend erhoben. Links und rechts von ihr sitzen auf tieferer Ebene Geistliche und Mönche aller Grade, von den Päpsten angefangen. Den Vorsitz führt links Petrus, rechts Paulus. In der unteren Zone ist eine Gruppe, die unter einem Arkadenbogen unmittelbar unter der Ecclesia sitzt, als adulescentulae[2] herausgehoben, während links Laien aller Stände mit dem König an der Spitze, rechts Eremiten sitzen. Oberhalb der Ecclesia, auf dem „Dach“ der Architektur, sieht man Engel und Teufel im Kampf miteinander, gegen die vier Ecken des Baus hin Medaillons mit den Evangelistensymbolen. Doch nicht die Evangelisten, sondern David, Jesaja, Jeremia und Hesekiel sind den Symbolen zugeordnet. […]

Die ganze Architektur soll gewiss die Gottesstadt darstellen, die zugleich irdisch und himmlisch vorzustellen ist, wobei aber das Irdische bestimmender gewesen sein möchte als das Himmlische. Denn sowohl der Kampf der Engel mit den Teufeln wie die klagende Gestalt des Jesaja, die aufrufende Davids sind eigentlich nur im Hinblick auf die Bedrohungen der irdischen Kirche zu verstehen. […]

(v 1963)

Text 6 Joachim Bumke: Das Herrscherideal des Mittelalters [Auszug]

[…]

Im Mittelpunkt des traditionellen Herrscherbildes stand der Gedanke, dass Gerechtigkeit *(iustitia)* und Friedenswahrung *(pax)* die vornehmsten Pflichten des Herrschers seien. Das Ideal des „gerechten und friedenstiftenden Königs“ *(rex iustus et pacificus)*, das sich sowohl auf Cicero als auch auf Augustinus berufen konnte, ist auch die Grundlage des

[1] Ecclesia: Kirche des Neuen Testaments
[2] adulescentulae: junge Männer

höfischen Herrscherbildes geworden. Ebenso bedeutsam wie die begriffliche Koppelung von *pax* und *iustitia* war die Verbindung von *iustitia* und *pietas,* die aus antiken Quellen stammte und in den Krönungsordines des hohen Mittelalters begegnet, wo dem Herrscher „die Krone der Gerechtigkeit und Frömmigkeit" *(corona iustitiae et pietatis)* verheißen wurde. *Pietas* bedeutet in diesem Zusammenhang auch Gnade und Barmherzigkeit, schloss den Schutz der Kirche ein und das richtige Verhalten zu Gott. Im mittelalterlichen Bild vom guten Herrscher sind antike und christliche Vorstellungen und Formulierungen zusammengetroffen. [...]

Für das höfische Herrscherbild ist noch ein anderer Aspekt der antiken Herrscherverherrlichung wichtig geworden: der „Glanz des Herrschers" *(splendor imperii),* in dem seine „Tugend" *(virtus)* und sein „Heil" *(charisma)* offenbar wurden. Konkrete Gestalt gewann der Herrscherglanz im Nimbus des Kaisers und in seiner Krone. Im prunkvollen Auftreten bezeugte sich die „Majestät" *(maiestas)* des Herrschers, seine Erhabenheit und seine „Hoheit" *(magnificentia).* [...]

III. Die mittelalterliche Welt in ihrer sprachlichen Darstellung

Die ritterliche Dichtung des 12. und 13. Jahrhunderts wurde als Gesellschaftsdichtung an den fürstlichen Höfen vorgetragen. Deshalb zeigt sich in den Liedern und Epen – über alle Eigenheiten der einzelnen Dialekte hinweg – ein deutliches Streben nach Einheitlichkeit der Sprache. Die Bildung einer literarisch-hochdeutschen ‚Gemeinsprache' wurde besonders durch das staufische Herrscherhaus gefördert: So weist die Sprache der Dichtung vor allem alemannisch-fränkische Züge auf. Die Umgangssprache wurde davon nicht erfasst, sondern blieb weiter an die Stammeslandschaften gebunden.

Wir müssen uns bewusst sein, dass es in der Zeit um 1200 einerseits eine lateinische ‚Mönchs- und Gelehrtenliteratur' gab, andererseits eine mittelhochdeutsche Dichtung, die von den verschiedenen Dialekten des hochdeutschen Sprachraumes geprägt war: im Grunde also gesprochene Sprache darstellte, die aufgeschrieben wurde und in ihrer Blütezeit eine überregionale Dichtersprache repräsentierte. Neben dem persönlichen Stilwillen bestimmten auch die sprachliche Eigenart des Dialekts und die Verwurzelung in einem bestimmten kulturellen Raum das Werk eines jeden Dichters.

Auch unsere hochdeutsche Sprache ist dauernden Veränderungen unterworfen. Sie wird als ‚Schriftsprache' nirgends so gesprochen, wie es die Norm, die der Duden festlegt, vorschreibt. Sie wird von den Veränderungen beeinflusst, die unter anderem von den Dialekten und der Umgangssprache ausgehen.

Die nachfolgenden Texte sollen erste Einsichten in die sprachlichen Eigenheiten der deutschen Mundarten vermitteln.

Text 1 **Johann Lauremberg (1590–1658): Von alemodischer Poesie und Rimen**

Wat kann man bringen her vör Argument und Gründe,
dormit jemand van juw richtig bewisen kunde
de Mening, dat van der hochdüdschen Sprake mehr
als van unser nedderdüdschen to holden wer?
Unse Sprake blifft altit bestendig und vest,
als se ersten was, even so is se ok lest.
Juwe verendert sick alle vöfftig Jahr,
dat könen de Schriften bewisen klar.
Wille gi mi nicht gelöven, so möge gi upsöken,
wat geschreven und gedrücket is in olden Böken.
Einer kann mit goter Möi kum dre Regen lesen
van der Sprak, de domals is im Gebruk gewesen.
Se is so lappisch und so verbrüdisch,
dat men schier nicht weet, of it Welsch is edder Düdisch.
So bunt is se und so vernaten,
als wenn se in eine nie Form were gegaten.
Ja, se is so jammerlick verworen,
als were se gewest bim Babylonschen Toren
Men de Sprake in ganz Nedder Sachsen Land
blifft unverrückt und hefft Bestand,
dat werd geredt van altomalen
in Meckelnborg, Pommern und Westfalen,
in den andern Landschoppen desgeliken,
einerlei Sprake, darvon se nicht wiken.

(Mecklenburgisch) (1652)

Arbeitsanregungen:

[1] Die Beschäftigung mit den Mundart-Gedichten soll Ihnen erste Einsichten in die Unterschiede zwischen Dialekt und Hochsprache vermitteln.
Versuchen Sie einen angemessenen Gedichtvortrag. Nennen Sie Ihre Schwierigkeiten.

[2] [a] Wählen Sie eines der Gedichte aus Ihrem Dialekt-Bereich aus (Texte 2–4), und stellen Sie sich vor, Sie müssten die Aussage des Gedichtes einem Nord- bzw. einem Süddeutschen erklären, der Ihren Dialekt nicht versteht. Fertigen Sie dazu eine genaue Übersetzung an!
[b] Sie sollen die sprachlichen Besonderheiten Ihres Dialektes erklären. Notieren Sie sich, was Ihnen im Vergleich zur Hochsprache an Unterschieden auffällt
- im Lautbestand (phonetische Ebene),
- im Wortbestand (lexikalische Ebene),
- im Satzbau (syntaktische Ebene)
- und bei den Bedeutungen (semantische Ebene).

[c] Führen Sie den Vergleich mit Text 1 oder 5 durch.

[3] Wie können Sie sich die Unterschiede zwischen den Dialekten erklären?

Text 2 **Sebastian Blau (1901–1986): Dr Bahwärter**

Mittle' zwische' zwua Statione',
Holderbüsch ond Stangebohne'
stoht am Bahdamm uf em Roa'
zmol e Häusle, wenzig kloa'.

Kender gompet a' me' Bronne',
Henne' pfludret uf em Hof,
uf dr Stapfel voler Schlof
leit e Hond ond loht se sonne'.
Hentrem Haus am Gaatezau'
hanget Wäsch zom trückne'-lao',
ond am Roale übrem Gloas
graset aoscheniert e Goaß.

Neabem Schlagboom stoht e Ma'
mit re' Schildkapp ond re' Fah'.
Bhäb, es gheit en schiergär om,
feagt es Zügle vor em nom.
Aber aih ma' gsieht ond guckt,
hot en schao' dr Rauch verschluckt,
ond vom ganze' Bahwarthaus
gucket grad noh's Dächle raus.

(Schwäbisch) (e 1934)

Text 3 **Heinz G. Huber (*1952): deheim**

de wä
verwurstelt-di widder
zwische de hiiser
d fensterläde
winke-di
vorbei

dorfträtsche
schäbere
us de winkel
burscht rawoose
in de heef
e kueh
maucht dezwische

ich bolier
mini maske uf
stell s muul
uf schwetze durch
ich lang-mer
vum kirchdurm
e scher

schnäfl-mer
e blaus stick
himmel us
un bäbbs-mer
an de kopf

dann bini
deheim

(Alemannisch)

Text 4 **Helmut Debus (*1949): Vun disse Tiet**

Kumm rin un gah sitten,
kumm an miene Siet,
denn vertellt wi us wat
vun disse Tiet.
Vun de, de sik afplackt
un de Sünn wenig schient.
Un vun de in eer Palasten,
de Profit maakt un grient.

Wi snackt vun us Land,
so gröön un so platt.
Use Lüüd, use Stroom,
vun dit un dat.
Wi snackt öwer Frieheit
un röögt use Hänn.
Denn eenmal is ok
use Angst to Enn.

Wi hebbt usen Droom,
full Lengen un Moot.
Dicht achter de Wulken,
de Morgen is root.
Riet dien Muul up, Minsch,
wees nich so sacht.
Dat is dat Enn
vun een lange Nacht.

De Minsch is den Minschen
dann keen Fiend mehr.
Keeneen böögt den annern
sien Nacken to Eer.
Un dat wat wi arbeit'
hört us alltosamen.
Jedeen hett sien Fräden
un seker Utkamen.

(Oldenburgisches Nordniedersächsisch)

Text 5 **Lothar Kleinlein (*1940): a rouh mou sai**

bai mir barrierder
des konni ihner sohng
bai mir barrierder

dou gräings glai wos glanns
däi junger dinger
kaum daß aus der scholl sänn
abber näddermohl färdi wärns
mid ihre bankerdn
a suwus konn dann di ganze
hausgemainschafd
durcherernanderbringer

bai uns hodds suwos ned gehm
mir homm unsere kinder ah groußzuhng
und ohnschdändi sänns worn
mir wißdn scho a rezebbd fir dehn:
a jehdsmohler mordsdrumm schelln
und wenner frouchd worum
glai nummohl anne

(Nürnberger Fränkisch)

Zählung innerhalb der Texte nach Zeilen

Text 1: [2]juw(e): Euch, Eure [9]gi: ihr; gelöven: glauben; upsöken: aufsuchen [11]Möi: Mühe; Regen: Reihen [13]verbrüdisch: verdorben [15]vernaten: durch Nässe verdorben [16]gegaten: gegossen

Text 2: [3]Roa: Rain [4]kloa: klein [5]gompet: pumpen [6]pfludret: plustern sich auf [7]Stapfel: Treppe [11]Roale: kleiner Rain [12]aoscheniert: ohne sich Gedanken zu machen; gerade so [15]bhäb: genau, geizig; gheit: wirft, schmeißt; schiergär: beinahe

Text 3: [1]wä: Weg [8]schäbere: laut reden [10]burscht: Kinder; rawoose: herumtollen [13]maucht: (hier:) muht [21]schnäfle: mit der Schere herumschneiden

Text 4: [3]wi vertellt: wir erzählen [5]sik afplackt: sich abplagen [14]röögt use Hänn: rühren unsere Hände [18]Lengen: Sehnsucht; Moot: Mut

Text 5: rouh: Ruhe [1]barrierder: pariert er [4]gräings: kriegen sie; wos glanns: was Kleines [6]scholl: Schule [12]gehm: geben [16]mordsdrumm schelln: Mordsohrfeige

Karte 1 Die deutschen Mundarten um 1900 nach der traditionellen Einteilung

Arbeitsanregungen:

1 a Betrachten Sie die Karte 1 und beschreiben Sie den Verlauf der Grenzlinie zwischen der hoch- und niederdeutschen Sprachlandschaft.
b Ordnen Sie in einer Tabelle die Dialekt-Gedichte den Sprachräumen zu.

2 a Beschreiben Sie nach der Karte 2 die Veränderungen der Verschlusslaute in den verschiedenen Sprachräumen.
b Überprüfen Sie, ob der Gebrauch der Verschlusslaute in den Dialektgedichten Ihren Einsichten entspricht.

3 Stellen Sie fest, welche germanischen Verschlusslaute zugrunde liegen bei: Pflug, Pfeife, Wasser, Zunge, Kuchen, machen, Dorf, zehn, Schiff, reiten, trinken und reißen.

In einem kurzen Abriss sollen die Entwicklungsphasen der deutschen Sprache dargestellt werden, damit die sprachlichen Bedingungen der mittelalterlichen Literatur deutlich und die ersten Phasen der Entstehung unserer neuhochdeutschen Sprache verständlich werden.

1. Die Vorgeschichte der deutschen Sprache

Unsere Sprache ist uns erst seit dem Ende des 8. Jahrhunderts schriftlich überliefert; über ihre frühere Form konnten Sprachwissenschaftler Aussagen machen durch einen Vergleich mit verwandten Sprachen. Sie gehört zu den germanischen Sprachen und diese wiederum sind der *indo-europäischen Sprachenfamilie* zuzurechnen. Nach Lautbestand, Formenbau und Wortschatz sind z.B. verwandt die indische, persische, keltische, griechische, lateinische Sprache und die slawischen Sprachen.

altindisch	*griechisch*	*lateinisch*	*gotisch*	*englisch*	*neuhochdeutsch*
pitár	patér	pater	fadar	father	Vater
bhratar	phrator	frater	brothar	brother	Bruder
tráyas	treis	tres	threis	three	drei
asti	esti	est	ist	is	ist
veda	(w)oida	vidi	wait	wit	(ich) weiß
dasa	deka	decem	taihun	ten	zehn
bharami	phero	fero	baira	bear	(ge)bäre/ Bahre

Die germanischen Sprachen veränderten sich im 1. Jahrtausend v. Chr. durch folgende Entwicklungen:

a) Der Wortakzent wurde fest auf die Stammsilbe gelegt.
Z.B. patér (griech.) = Váter (dt.)
laudáre (lat.) = lóben (dt.)
laudémus = wir mögen lóben
láuda = lóbe
laudabúntur = sie werden gelóbt werden

b) Im *Konsonantensystem* wurden die *Verschlusslaute* abgeändert. (1. oder germanische Lautverschiebung, um 300 v. Chr. abgeschlossen)

1. Die idg. stimmlosen Verschlusslaute **p, t, k** werden im Germ. zu den stimmlosen Reibelauten **f, th** (wie engl. **th**ree), **h** (wie nhd. a**ch**). Beispiele:

griechisch	lateinisch	gotisch	ahd.	englisch	deutsch
patér	**p**ater	**f**adar	**f**ater	**f**ather	**V**ater
treis	**t**res	**th**reis	**d**ri	**th**ree	**d**rei
kardia	**c**or	**h**aírto	**h**erza	**h**eart	**H**erz

2. Die idg. stimmhaften, behauchten Verschlusslaute **bh** (griech. ph, lat. f), **dh** griech. th, lat. f), **gh** (griech. kh, lat. h) werden im Germ. zu den stimmhaften Reibe- (später meist Verschluss-)Lauten **b, d, g.** Beispiele:

griechisch	lateinisch	gotisch	ahd.	englisch	deutsch
phrátor	**f**rater	**b**rothar	**b**ruoder	**b**rother	**B**ruder
thýra	**f**ores	**d**aúr	**t**uri	**d**oor	nd. **D**ör (Tür)
khórtos	**h**ortus	**g**ards	**g**arto	**g**arden	**G**arten

3. Die idg. stimmhaften Verschlusslaute **b, d, g** werden im Germ. zu den stimmlosen Verschlusslauten **p, t, k.** Beispiele:

griechisch	lateinisch	gotisch	ahd.	englisch	deutsch
tlýr**be**	tur**ba**	thaúr**p**	dor**f**	thor**p**	nd. Dör**p** (Dorf)
déka	**d**ecem	**t**aíhun	**z**ehan	**t**en	nd. **t**ein (zehn)
góny	**g**enu	**k**niu	**k**niu	**k**nee	**K**nie

Die sprachliche Herkunft des Deutschen und seine Dialektaufteilung im Mittelalter

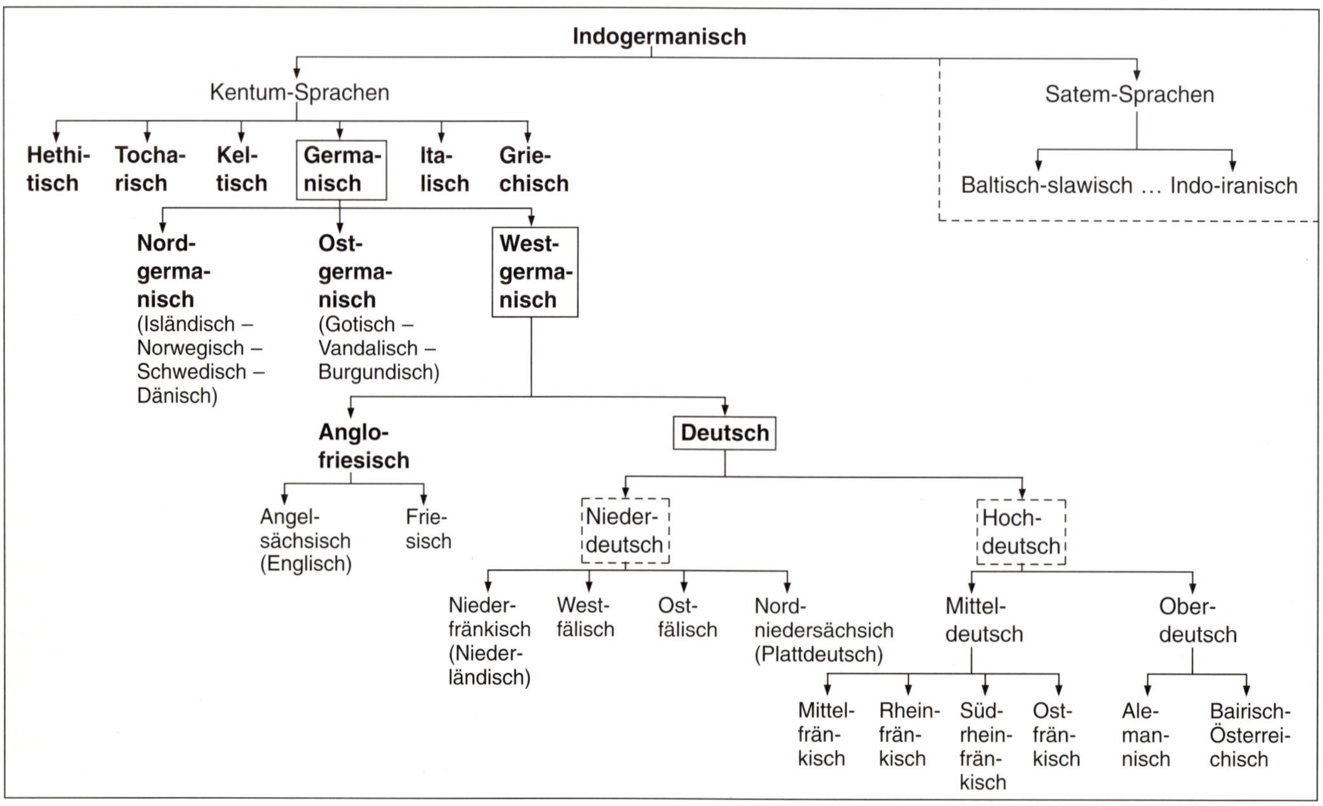

In: Ivo Braak, Gattungsgeschichte deutschsprachiger Dichtung in Stichworten, Teil IIa: Lyrik, Von der Antike bis 1600, Kiel, Verlag Ferdinand Hirt, 1978, S. 91.

Nach Abschluss der Völkerwanderung der germanischen Stämme setzte im 5. Jahrhundert n. Chr. bei den Langobarden in Norditalien die *2. oder althochdeutsche Lautverschiebung* ein. Diese Verschiebung breitete sich in einem Zeitraum von 200 Jahren über die Alpen und den Donauraum bis nach Mitteldeutschland aus und verlor ihre Wirkung im norddeutschen Raum. Seit dieser Zeit gibt es zwei Sprachlandschaften: die *hochdeutsche,* welche die ober- und mitteldeutschen Mundarten umfasst, und die *niederdeutsche.* In der 2. Lautverschiebung änderten sich die Verschlusslaute: p, t, k.

Karte 2 Die zweite Lautverschiebung

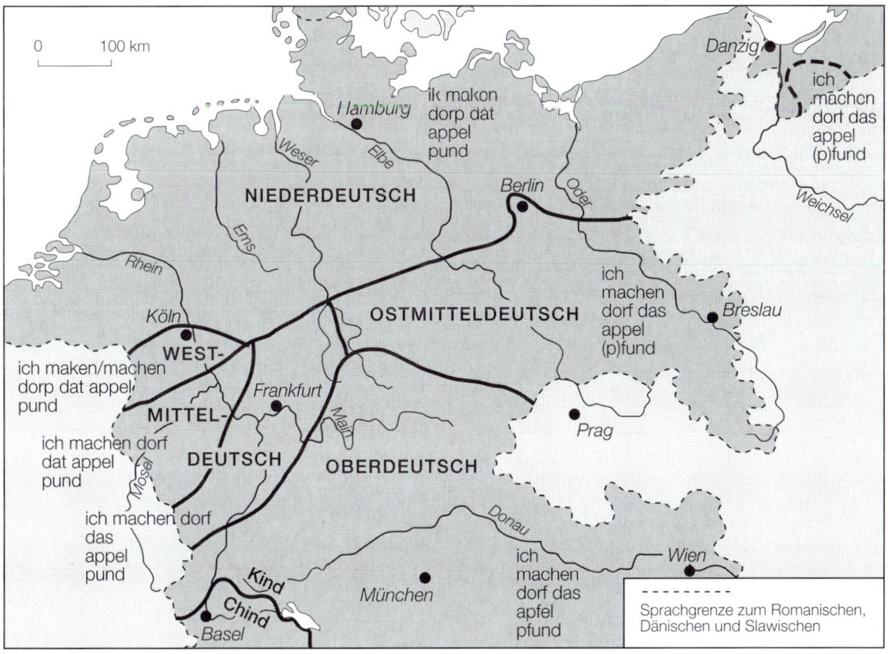

2. Die ‚Sprachen' des frühen Mittelalters (600–1050 n. Chr.)

Bezeichnen die Attribute ‚hoch- und niederdeutsch' Sprachlandschaften, so werden die Epochen der hochdeutschen Sprachgeschichte mit den Begriffen *althochdeutsch* (600–1050 n. Chr.), *mittelhochdeutsch* (1100–1400 n. Chr.) und von etwa 1500 an mit *neuhochdeutsch* bezeichnet.

Als überregionale Sprache behält das Latein bis ins 11. Jahrhundert hinein in der Literatur seine führende Stellung und wurde erst im 13. Jh. die Sprache der Wissenschaft. Die bedeutenden Klöster in Fulda, Mainz, St. Gallen, Weißenburg und auf der Reichenau, die Bistümer Trier, Köln, Regensburg, Salzburg, Würzburg und Bamberg pflegten in Schreibschulen die lateinische Sprache und begannen Übersetzungen aus der Bibel anzufertigen in der *althochdeutschen Mundart* der Landschaft, in der das Kloster lag. Diese Tätigkeit diente der Missionierung des einfachen Volkes. Die ‚Volkssprache' (abgeleitet von ‚lingua theodisca'; ‚theodisk' bedeutet ‚zum Volk gehörend', ‚fränkisch' im Gegensatz zum Latein der Gelehrten) trat nur langsam in sog. Wort-für-Wort-Übersetzungen (Interlinearversionen), dann in freieren Übertragungen in Erscheinung: etwa in Psalmen, Hymnen, Segenssprüchen, liturgischen Gesängen und Evangelienbüchern. In den bisher heidnisch orientierten deutschen Volkssprachen musste ein neuer Wortschatz für die religiösen Aussagen des Christentums gefunden werden. Dafür gab es verschiedene Möglichkeiten:

1. Die Übernahme des Wortes aus der fremden Sprache (Lehnwort)
   z.B. claustrum = Kloster
   monasterium = Münster
   crux = Kreuz
   scribere = schreiben
2. Eine Neubildung aus eigenem Sprachgut nach dem fremden Vorbild (Lehnwort-Bildung)
   z.B. communio = Gemeinde
   iunior = Jünger
   beneficium = Wohltat
3. Durch den Einfluss einer fremden Sprache erfährt ein Wort der eigenen Sprache einen Bedeutungswandel (Lehnbedeutung)
   z.B. ahd. riuwa = Schmerz, Trauer erhält die christliche Bedeutung „Reue" für lat. contritio
   ahd. bijiht = Geständnis wird zur „Beichte" durch lat. confessio

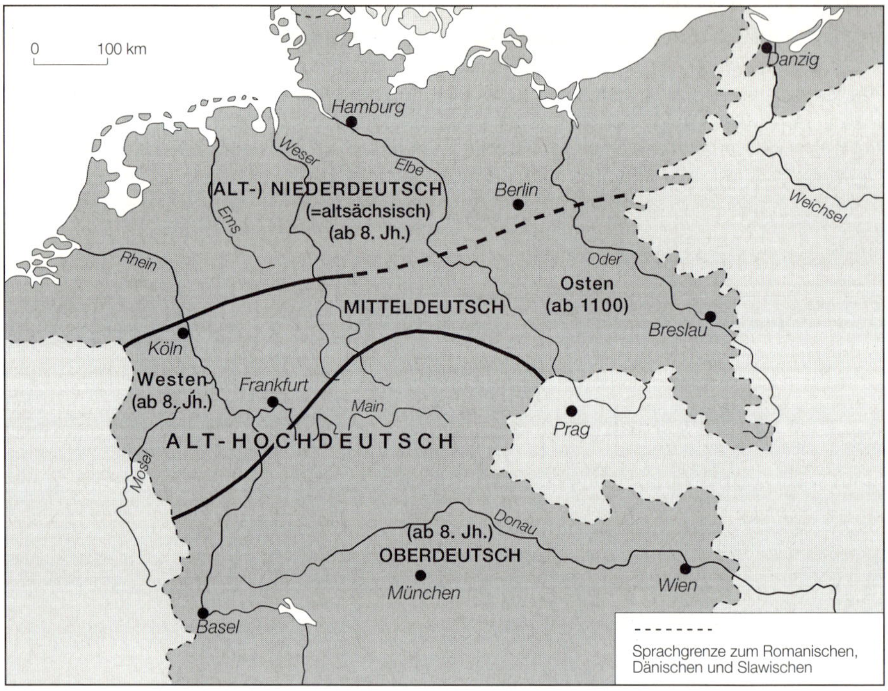

Karte 3 Alt-hochdeutsch und alt-niederdeutsch als geographische Begriffe

Die „Merseburger Zaubersprüche" und das „Vaterunser" sollen die althochdeutsche Sprache anschaulich machen. Sie wurden um 800 n. Chr. im rheinfränkischen Sprachgebiet aufgeschrieben.

Text 6 **Der zweite Merseburger Zauberspruch**

Phol ende Uuodan vuorun zi holza.
du uuart demo balderes volon sin vuoz birenkit.
thu biguol en Sinthgunt, Sunna era suister;
thu biguol en Friia, Volla era suister;
thu biguol en Uuodan, so he uuola conda:
sose benrenki, sose bluotrenki,
sose lidirenki:
ben zi bena, bluot zi bluoda,
lid zi geliden, sose gelimida sin!

Phol und Wodan ritten in den Wald.
Da ward dem Balders-Fohlen sein Fuß verrenkt.
Da beschwor (besprach) ihn Sinthgund (und) Sonne, ihre Schwester.
Da beschwor ihn Freia (und) Volla, ihre Schwester.
Da beschwor ihn Wodan, so wie er es gut konnte:
So es sei Knochenverrenkung, so es sei Blutverrenkung,
So es sei Gliedverrenkung:
Knochen zu Knochen, Blut zu Blut,
Glied zu Glied, als ob sie geleimt (?) seien.

Text 7 **Das Vaterunser**

Lateinisch (Vulgata)

Pater noster, qui es in caelis. Sanctificetur nomen tuum. Adveniat regnum tuum. Fiat voluntas tua, sicut in caelo et in terra. Panem nostrum supersubstantialem da nobis hodie. Et dimitte nobis debita nostra, sicut et nos dimittimus debitoribus nostris. Et ne nos inducas in tentationem. Sed libera nos a malo. Amen.

Althochdeutsch (Aus dem Weißenburger Katechismus, 9. Jh.)

Fater unsêr, thû in himilom bist, giuuîhit sî namo thîn. quaeme
Vater unser, (der) du in Himmeln bist, geweiht sei Name dein. Komme

rîchi thîn. uuerdhe uuilleo thîn, sama sô in himile endi in erthu.
Reich dein. Werde Wille dein, ebenso wie in Himmel auch auf Erden.

broot unseraz emezzîgaz gib uns hiutu. endi falâz uns sculdhi
Brot unseres beständiges gib uns heute. Und erlass uns Schulden

unsero, sama sô uuir farlâzzêm scolôm unserêm. endi ni gileidi
unsere, ebenso wie wir erlassen Schuldner unsern. Und nicht leite

unsih in costunga, auh arlôsi unsih fona ubilc.
uns in Versuchung, sondern erlöse uns von Übel.

Karl der Große (768–814) förderte die Christianisierung intensiv und ließ Übersetzungen für kirchliche Zwecke anfertigen. Aus Liebe zur fränkischen Sprache ließ er auch eine Sammlung fränkischer Heldenlieder anlegen und plante eine deutsche Grammatik. Hauptgegenstand der Literatur dieser frühen Zeit war also die christliche Lehre; deshalb wurde alles, was nicht ins christliche Weltbild der Mönche passte, nur zufällig überliefert. Es muss jedoch eine rein heidnisch-germanische, volkssprachliche Literatur gegeben haben. Sie lebte in der mündlichen Überlieferung weiter. Herausragendes Zeugnis ist das „Hildebrandslied".

3. Das Mittelhochdeutsche (1100–1400 n. Chr.)

In der Zeit der ritterlich-höfischen Kultur ab dem 12. Jahrhundert formten die großen Dichter in ihren Werken aus den verschiedenen Dialekten eine „höfische Dichtersprache", die an allen großen Höfen verstanden werden konnte. Getragen vom politischen Zusammengehörigkeitsgefühl wurde der Sinn für die sprachliche Einheit gestärkt und die Mundarten lassen sich ab dem 11./12. Jahrhundert in dem Begriff ‚deutsche Sprache' zusammenfassen.

Zu Beginn des 12. Jahrhunderts trat bei der Bildung der Vokale ein Wandel ein:

a) Im mitteldeutschen Sprachgebiet wurden allmählich Wörter, deren Stammsilbe mit kurzem Vokal endete, gedehnt. Dieser Vorgang breitete sich in den hochdeutschen Sprachraum aus.
   z.B. trăgen = trāgen (mit langem Vokal)
   năme = Nāme
   flĕgen = pflēgen
   lĭgen = liēgen
   lĕben = lēben
b) Von Österreich bis zum Rhein und bis nach Mitteldeutschland veränderten sich im 12. Jh. die langen Vokale î, û und iu und wurden zu Doppellauten (Diphthongen).
   Z.B. mîn = mein
   niuwes (als ü gesprochen) = neues
   hûs = Haus

Dieser Wandel der langen Vokale zu Doppellauten konnte sich im alemannischen Sprachraum nicht durchsetzen.

c) In Mitteldeutschland setzte eine Gegenbewegung ein. Die mittelhochdeutschen Zwielaute ie, uo und üe wurden zu einfachen Selbstlauten (Monophthongen).
   Z.B. liëbe = liebe
   guote = gute
   grüëze = Grüße

Karte 3 Verbreitung der neuhochdeutschen Diphthongierung nach den schriftlichen Zeugnissen

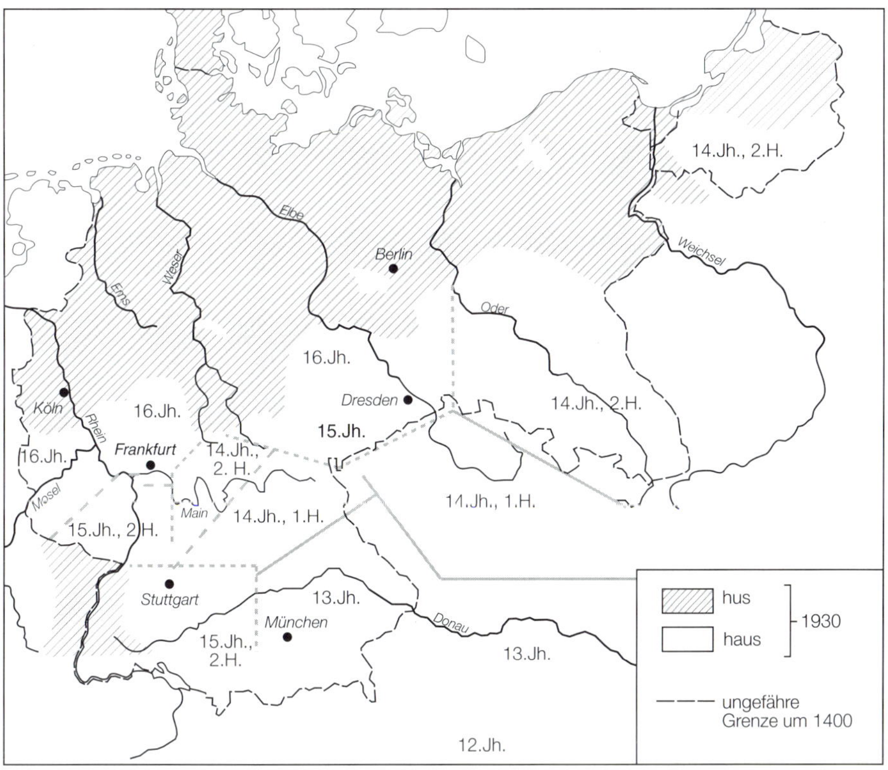

Erb-, Lehn- und Fremdwörter

Das **Erbwort** entstammt dem heimischen Sprachbereich und unterscheidet sich dadurch vom Lehn- und Fremdwort. Erbwörter sind z.B. Lamm, Nacht, Bruder, Einöde oder Liebe. Das **Lehnwort** wurde aus einer fremden Sprache übernommen und hat sich in der Aussprache und/oder Schreibweise sowie Flexion der aufnehmenden Sprache angepasst, z.B. Mauer von lat. murus, Abt von lat. abbas. Das **Fremdwort** wurde aus einer fremden Sprache übernommen und passte sich in Schreibung, Lautung und Flexion der aufnehmenden Sprache nicht an. Die Abgrenzung zwischen Fremd- und Lehnwort ist oft nicht eindeutig: Lehnwörter waren ursprünglich Fremdwörter. Dasselbe Wort kann in einer Sprache als Fremd- und als Lehnwort auftreten, z.B. lat. „signare" im Deutschen als „signieren" (Fremdwort) und „segnen" (Lehnwort). Ursache für den Gebrauch von Fremdwörtern ist die Übernahme der durch sie bezeichneten Inhalte. An Fremdwörtern lassen sich kulturelle Strömungen ablesen, die einen bestimmten Sprachraum beeinflusst haben. So übernahm die ritterlich-höfische Gesellschaft in Deutschland zahlreiche Ausdrücke der ritterlich-höfischen Kultur in Frankreich.

Arbeitsanregungen:

[1] [a] Wählen Sie einen Text aus der mittelhochdeutschen Zeit und zum Vergleich dazu ein Dialekt-Gedicht aus unserer Zeit. Übersetzen Sie beide in die hochdeutsche Schriftsprache und überprüfen Sie, welche Unterschiede Sie im Gebrauch der Vokale feststellen können.
[b] Fassen Sie Ihre Einsichten in Regeln zusammen.

[2] Bei der Beschäftigung mit der Literatur des Hochmittelalters haben Sie die Welt der christlichen und ritterlich-höfischen Kultur kennen gelernt, die sich auch in zentralen Begriffen fassen lässt.
[a] Sammeln Sie Belegstellen aus den Texten – Arbeitsgruppen sind empfehlenswert – und versuchen Sie, die Bedeutung der nachfolgenden Begriffe der höfisch-ritterlichen Welt im Mittelalter und in unserer Zeit zu umschreiben:
tugent, êre, wîp, frouwe, staete, milte, mâze, zuht, edel, gast, hohgezîte, hübesch und rîch.
[b] Überprüfen Sie, ob die einzelnen Begriffe eine Verengung oder Erweiterung, eine Verschlechterung oder Verbesserung in ihrer Bedeutung erfahren haben. Als Beispiele seien genannt: für Verengung: Miete = Belohnung/Mietzins; für Erweiterung: tump = unerfahren/töricht, unklug; für Verschlechterung: Dirne = Jungfrau/käufliches Mädchen; für Verbesserung: Marschall = Pferdeknecht/hoher Offizier.

Martin Luther (1483 in Eisleben geboren und dort 1546 gestorben) war Sohn eines Bergbaumeisters, der es zu Ansehen und Wohlstand gebracht hatte. Besuch der Lateinschule in Mansfeld, Magdeburg und Eisenach (eine rechte „Prügelschule", so Luther); ab 1501 Studium an der Universität in Erfurt, 1505 Magisterexamen und Beginn des Jura-Studiums. 1505 änderte Luther sein Leben, ausgelöst durch das bedrohliche Erlebnis eines Blitzschlages; er trat in das Kloster der Augustiner-Eremiten ein, wurde 1507 zum Priester geweiht, hielt ab 1508 in Wittenberg und Erfurt philosophische und theologische Vorlesungen und wurde nach seiner Romreise (1510/11) dann 1525 Doktor und Professor der Theologie in Wittenberg. In den Jahren von 1512–1518 setzte sich Luther, geprägt von einem tiefen religiösen Erleben, intensiv mit den biblischen Schriften auseinander und gelangte zur theologischen Erkenntnis, dass der Mensch allein aus dem Glauben an die Gnade Gottes gerechtfertigt werde.
1517 begann Luther mit dem Anschlag von 95 Thesen an die Schlosskirche zu Wittenberg den Kampf gegen Missstände in der Kirche und gegen den Papst. 1520/21 wurde er seiner Lehre wegen vom Papst gebannt und der Kaiser verhängte über ihn die Reichsacht. Kurfürst Friedrich von Sachsen entzog Luther dem kaiserlichen Zugriff und ließ ihn auf die Wartburg bringen. Dort begann er mit

4. Der Weg zur deutschen ‚Einheitssprache' (ab 1400 n. Chr.)

Eine neue Situation entstand im 15. Jahrhundert: Die Erfindung des Buchdrucks 1455/56 durch Gutenberg machte Bücher und Flugschriften in beliebig vielen und relativ billigen Exemplaren – im Gegensatz zu früher – auch breiten Schichten der Bevölkerung zugänglich. Dies trug zur Förderung einer Gemeinsprache bei. Unterstützt wurde diese Entwicklung noch durch ein erwachendes Nationalgefühl in den deutschen Reichsteilen, das die Gelehrten des Spätmittelalters (Humanisten) durch die Hinwendung zur deutschen Geschichte unterstützten. Der zunehmende Handel zwischen den verschiedenen Reichsgebieten machte die Entwicklung einer ‚Einheitssprache', die überall verstanden wurde, notwendig.
Eine weitere wichtige Situation auf dem Weg zur neuhochdeutschen Sprache bedeutete Luthers Tätigkeit als Bibelübersetzer (1521 Übersetzung des Neuen Testaments auf der Wartburg; 1534 der Gesamtbibel). Seine Leistung beruhte vor allem auf der besonderen Art seines Umgangs mit der deutschen Muttersprache. Er übernahm die Anregungen der kaiserlichen Kanzlei in Wien, die um 1500 im ganzen süddeutschen Raum Einfluss gewann, und der Kanzlei des Kurfürstentums Sachsen-Meißen, die sich der kaiserlichen Kanzlei annäherte, und schuf auf der Grundlage der ostmitteldeutschen Mundart eine lebendige Sprache, die nicht dem Adel und den Gelehrten vorbehalten war, sondern sich an den ‚gemeinen Christen' wandte. Luther verstand sich als Prediger und als Seelsorger.

Text 8 Martin Luther (1483–1546): Sendbrief vom Dolmetschen [Auszug]

Luther antwortete in diesem Brief auf die Einwände seiner Gegner, die die Art seiner Bibelübersetzung kritisiert hatten.

[…] Ich hab mich des geflissen ym dolmetzschen /[1] das ich rein vnd klar teutsch geben möchte. Vnd ist vns wol offt begegnet / das wir viertzehen tage / drey / vier Wochen haben ein einiges wort gesucht vnd gefragt / habens dennoch zu weilen nicht funden. Im Hiob erbeiten wir also / M. Philips / Aurogallus[2] vnd ich / das wir in vier tagen zu weilen kaum drey zeilen kundten fertigen. Lieber / nu es verdeutscht vñ bereit ist / kans ein yeder lesen vnd meistern / Laufft einer ytzt mit den augen durch drey vier bletter vnd stost nicht ein mal an / wird aber nicht gewar welche wacken vnd klötze da gelegen sind / da er ytzt vber hin gehet / wie vber ein gehoffelt bret / da wir haben müssen schwitzen vñ vns engsten / ehe den wir solche wacken vnd klotze aus dem wege reümeten / auff das man kundte so fein daher gehen […]
[…] man mus nicht die buchstaben inn der lateinischen sprachen fragen / wie man sol Deutsch reden / […] sondern / man mus die mutter jhm hause / die kinder auff der gassen / den gemeinen man auff dem marckt drumb fragen / vñ den selbigen auff das maul sehen / wie sie reden / vnd darnach dolmetzschen / so verstehen sie es den / vñ mercken / das man Deutsch mit jn redet.
Als wenn Christus spricht / Ex abundantia cordis os loquitur. Wenn ich den Eseln soll folgen / die werden mir die buchstaben furlegen / vnd also dolmetzschen / Auß dem vberflus des hertzen redet der mund. Sage mir / Ist das deutsch geredt? Welcher deutscher verstehet solchs? Was is vberflus des hertzen fur ein ding? Das kan kein deutscher sagen / Er wolt denn sagen / es sey das einer allzu ein gros hertz habe / oder zu vil hertzes habe / wie wol das auch noch nicht recht ist / deñ vberflus des hertzen ist kein deutsch / so wenig / als das deutsch ist / Vberflus des hauses / vberflus des kacheloffens / vberflus der banck / sondern also redet die mutter ym haus vnd der gemeine man / Wes das hertz vol ist / des gehet der mund vber / das heist gut deutsch geredt / des ich mich geflissen, vnd leider nicht all wege erreicht noch troffen habe / Deñ die lateinischen buchstaben hindern aus der massen seer gut deutsch zu reden […]
Doch habe ich widerumb nicht allzu frey die buchstaben lassen faren / Sondern mit grossen sorgen sampt meinen gehülffen drauff gesehen / das wo etwa an einem ort gelegenn ist / hab ichs nach den buchstaben behalten / vnd bin nicht so frey davon gangen […] Ich habe ehe wöllen der deutschen sprache abbrechen / denn von dem wort weichen. Ah es ist dolmetzschen ja nicht eines iglichen kunst / […] / Es gehöret dazu ein recht / frum / trew / vleissig / forchtsam / Christlich / geleret / erfarn / geübet hertz.

(v 1530)

[1] Die/das Virgel, die Virgeln: Seit dem 16. Jahrhundert Schrägstriche als Gliederungszeichen für Wortgruppen und Satzteile; gegen Ende des 17. Jahrhunderts verdrängten die Kommata die Virgeln.

[2] M. Philips Aurogallus: Übersetzer vor Martin Luther

Text 9 **Bibelübersetzungen des 23. Psalms** [Auszug]

Vulgata, Psalm 23

Dominus regit me, et nihil mihi
deerit: in loco pascuae
ibi me collocavit. Super aquam
refectionis educavit me,
animam meam convertit. Deduxit
me super semitas iustitiae,
propter nomen suum.
Nam et si ambulavero
in medio umbrae mortis,
non timebo mala,
quoniam tu mecum es. Virga tua et
baculus tuus, ipsa me consolata sunt.

Vierte Bibel (Zainer), 1475

Der herr regieret mich, und mir
gebrist nichts: und an der stat der
weyd da satzt er mich. Er hat mich
gefüeret auff dem wasser der wider-
bringung, er bekert mein sel. Er füeret
mich auß auf die steige der
gerechtigkeit, umb seinen namen.
Wann ob ich ja gee
in mitt des schatten des todes,
ich fürcht nit die übelen ding,
wann du bist bey mir. Dein ruot und
dein stab, die selb haben mich getröst.

Martin Luther:

1523 (Ursprüngliche Handschrift)

Der herr ist meyn hirtte, myr wirt
nichts mangeln. Er leßt mich weyden
ynn der wonung
des grases und neeret mich am was-
ser guter ruge. Er keret widder meyne
seele, er furet mich auff rechtem
pfad, umb seyns namens willen.
Und ob ich schon wandert im
finstern tal,
furcht ich kein ungluck,
denn du bist bey mir.
Deyn stecken und stab trosten mich.

1545

Der HERR ist mein Hirte, Mir wird
nichts mangeln. Er weidet mich
auff einer grünen Awen, und füret
mich zum frischen Wasser.
Er erquicket meine Seele, er
füret mich auff rechter Straße,
Umb seines Namens willen.
Und ob ich schon wandert
im finstern Tal,
fürchte ich kein Unglück,
Denn du bist bey mir,
Dein Stecken und Stab trösten mich.

Zürcher Bibel 1954

Der Herr ist mein Hirte, mir wird nichts mangeln.
Auf grünen Auen lässt er mich lagern,
zur Ruhstatt am Wasser führt er mich.
Er stillt mein Verlangen;
er leitet mich auf rechtem Pfade
um seines Namens willen.
Und ob ich schon wanderte im finstern Tal,
ich fürchte kein Unglück;
denn du bist bei mir,
dein Stecken und Stab, der tröstet mich.

der Übersetzung des Neuen Testaments in die deutsche Sprache; denn für Luther war allein die Bibel Grundlage des christlichen Glaubens. 1522 erschien das Neue Testament, 1534 das Alte Testament.
1520 hatte Luther seine drei großen Reformationsschriften verfasst: „An den christlichen Adel deutscher Nation", „Von der Freiheit eines Christenmenschen" und „Von der babylonischen Gefangenschaft der Kirche". Von 1522–1525 bemühte sich Luther um den Aufbau der evangelischen Kirchengemeinden und grenzte sich in seinen theologischen Schriften gegen die Schwärmer und Täufer, gegen die revolutionären Forderungen der Bauern und gegen die ethischen Vorstellungen der Humanisten ab.
Der Buchdruck ermöglichte die massenhafte Verbreitung von Luthers Werken und förderte so die Entwicklung der deutschen Sprache; allein seine Bibelübersetzung erschien bis zu seinem Tode in über 400 Auflagen. Luther stellte die deutsche Sprache gleichberechtigt neben Hebräisch, Griechisch und Latein und lehnte den Kanzleistil sowie jeden nachlässigen Sprachgebrauch ab. Im „Sendbrief vom Dolmetschen" (1530) legte er seine Prinzipien für das Übersetzen dar. Indem er sich am Lebens- und Erfahrungsbereich des einfachen Volkes orientierte, fand seine Bibelübersetzung mit ihrer volkstümlichen Bildhaftigkeit, ihrer Unmittelbarkeit, u.a. durch umgangssprachliche Wendungen und Sprichwörter, ihrer mitreißenden Sprachgewalt und ihrer kraftvollen Anschaulichkeit breite Zustimmung. Luther benutzte als Schriftsprache eine überregionale Literatursprache, die sich in den großflächigen ostmitteldeutschen Herrschaftsterritorien aus verschiedenen Dialekten entwickelt hatte.
Mit seinen Predigten und Kirchenliedern, seiner Lehrdichtung und seinen theologischen Schriften prägte Luther die Entwicklung der protestantischen Kirche sowie der deutschen Sprache und Literatur bis heute.

Arbeitsanregungen:

1 Arbeiten Sie aus Luthers „Sendbrief vom Dolmetschen" seine Überlegungen zum Übersetzen heraus. Fassen Sie diese in einigen Thesen zusammen!

2 Es liegen vier Übersetzungen des Psalms 23 aus der Vulgata vor. Diese lateinische Bibelübersetzung hatte der Kirchenlehrer Hieronymus (345–420 n. Chr.) aus der hebräischen und griechischen Sprache angefertigt.
a Vergleichen Sie Luthers erste Übersetzung von 1523 mit der Übersetzung von 1475: Achten Sie auf Wort- und Bildwahl.
b Notieren Sie, welche Unterschiede zwischen den Übersetzungen Luthers von 1523 und 1545 zu beobachten sind.
c Vergleichen Sie die einzelnen Bibelübersetzungen miteinander: Stellen Sie zuerst die Unterschiede im Wortschatz, dann die im Satzbau und Rhythmus einander gegenüber.

3 Fassen Sie Ihre Ergebnisse zusammen, indem Sie thesenartig die charakteristischen Stilzüge und die jeweiligen Übersetzungsgrundsätze formulieren.

Barock

I. Das Jahrhundert des Krieges

1. ‚Die Gesichter' einer Epoche

Welche Vorstellungen verbinden Sie mit der Bezeichnung „Barock"? Denken Sie an kunstvoll geschwungene und verzierte Möbel oder an herrschaftliche Residenzen, wie das Königsschloss von Versailles oder das fürstbischöfliche Palais in Würzburg? Haben Sie farbenprächtige Deckengemälde vor Augen, die in Kirchenkuppeln die Illusion unendlicher Höhe vermitteln, wie z.B. in vielen Kirchen Roms, in der Dorfkirche von Steinhausen oder in der Basilika von Weingarten? Oder denken Sie an die meist großformatigen Bilder Peter Paul Rubens', Rembrandts oder Anton van Dycks mit sinnenfrohen Landschafts- und Menschendarstellungen? – Vielleicht erinnern Sie sich auch an die Musik Johann Sebastian Bachs, Georg Friedrich Händels oder Antonio Vivaldis. Dies alles und viel mehr gehört sicher zu den kulturellen Leistungen der Epoche Barock.
Aber was fällt Ihnen zur Literatur ein? Vielleicht ein Kirchenlied von Friedrich von Spee oder Paul Gerhardt? Oder etwa die Verfilmung von Hans Jakob Christoffel von Grimmelshausens „Simplicissimus"? Und sonst?
Woran mag es liegen, dass barocke Werke der Literatur in aller Regel wenig oder nicht bekannt sind? Sind sie etwa von geringerem Rang als die Leistungen anderer Künste? Könnten die Fremdheit des Denkens und Fühlens oder die Andersartigkeit der Sprache der Grund sein? Einige Antworten versucht dieses Kapitel zu geben.
Eine erste Orientierung über Themen und Eigenarten des Barock, einige ‚Gesichter' des Zeitalters, vermitteln Ihnen die folgenden Texte und Bilder.

Paul Fleming (1609 geb. in Hartenstein/Erzgebirge, 1640 gest. in Hamburg), Sohn eines protest. Pfarrers, seit 1623 Besuch der Thomasschule in Leipzig, dort 1629–1633 Studium der Medizin, 1631 zum Dichter gekrönt, 1633 Magister artium, 1640 Dr. med. in Leiden. Von 1633–1639 war Fleming Hofjunker und Truchsess einer Gesandtschaft Herzog Friedrichs III. von Holstein-Gottrop, die in Russland und Persien Handelsbeziehungen knüpfen sollte. Fleming ist der bedeutendste Schüler von Martin Opitz, jedoch sind seine Epigramme, Gelegenheits-, Freundschafts-, Trink- und Liebesgedichte sowie die geistlichen Lieder persönlicher, lebensnaher und dichterisch kraftvoller, so dass Fleming – vor allem in der Erlebnisdichte seiner Liebeslyrik – als Vorläufer J.Ch. Günthers gilt. Hauptwerke „Klagegedichte über das unschüldigst Leiden und Todt unsers Erlösers Jesu Christi" (1632); „Teutsche Poemata" (1642).

Text 1 **Andreas Gryphius (1616–1664): Thränen des Vaterlandes Anno 1636**

Wir sind doch nunmehr gantz / ja mehr denn gantz verheeret[1]!
Der frechen Völcker Schaar[2] / die rasende Posaun
Das vom Blutt fette Schwerdt / die donnernde Carthaun[3] /
Hat[4] aller[5] Schweiß / und Fleiß / und Vorrath auffgezehret.
Die Türme stehn in Glutt / die Kirch ist umgekehret.
Das Rathauß ligt im Grauß[6] / die Starcken sind zerhaun /
Die Jungfern sind geschänd't / und wo wir hin nur schaun
Ist Feuer / Pest und Tod / der Hertz und Geist durchfähret.
Hir durch die Schantz[7] und Stadt / rinnt allzeit frisches Blutt.
Dreymal sind schon sechs Jahr / als unser Ströme Flutt /
Von Leichen fast verstopfft / sich langsam fort gedrungen.
Doch schweig ich noch von dem / was ärger als der Tod /
Was grimmer denn die Pest / und Glutt und Hungersnoth /
Das auch der Seelen Schatz[8] / so vilen abgezwungen. (1636)

Text 2 **Paul Fleming (1609–1640): Lob eines Soldaten zu Fuße**

Ich bin ein Mann ins Feld, mein kühner Mut ist groß,
ist größer als ich selbst. Ich fürchte keinen Stoß,
ich scheue keinen Schuss. Die Liebe so zu leben
hat mir in meinen Sinn von Jugend an gegeben,
dass ich mich was versuch. Es wird nicht jedermann
zum Kriege auserkoren. Wer Pulver riechen kann,
auf Balg und Stoß besteht, nicht die Kartaunen scheuet,

---
1 verheeren: kommt von Heer
2 Völcker Schaar: Kriegsvölker, Soldaten
3 Carthaun: schweres Geschütz
4 hat: bezieht sich auf die vier vorausgehenden Subjekte und würde heute als Plural „haben" lauten.
5 aller: ist Genitiv Pluralis zu den folgenden Objekten: „hat [...] den Schweiß [...] aller aufgezehret."
6 Grauß: Staub
7 Schantz: Befestigung
8 Seelen Schatz: bedeutet sowohl „Seele als Schatz" als auch „christlicher Glaube"

der ist ein Mann wie ich; ist einer der sich freuet,
wenn itzt der laute Lärm mit vollen Spielen geht
und uns der kühne Feind im blanken Felde steht.
So bin auch wahrlich ich's. Wir treuen Kameraden
stehn als für einen Mann: die schießen, jene laden.
Wir wechseln emsig um. Wir schrein einander zu,
dass keiner etwan nicht, was ihm verfänglich, tu.
Wir fechten brüderlich; der Feind wird abgehalten,
dass er, wie stark er kömmt, die Ordnung nicht kann spalten.
Wir weichen keinen Schritt, Gleich wie ein jeder steht,
da fällt, da stirbt er auch. Was ist uns mehr zurücke[1]
um alles unser Tun, um Glück und Ungelücke,
als wenn man stirbet wohl! Wohl aber sterben heißt,
wenn man mit Lust, ohn Schmerz und bald sein Blut vergeußt,
gleich wie es hier geschicht. Die ritterlichen Wunden
empfängt man ins Gesicht. An mir wird keine funden,
die auf dem Rücken sei. Die Stürme und die Schlacht,
die gestern noch geschah, sind unser Zier und Pracht.
Die Tugend sieht so aus. Wenn dann nach vielen Streichen,
nach langer Fechtenszeit die müden Feinde weichen,
da sind wir Herren erst, da wächset uns der Mut,
der zwar nie kleine war: da kriegt man Geld und Gut,
mehr als man haben will. Wir machen frische Beute.
Das Vaterland wird froh. Wir retten Land und Leute
und machen sie auch arm, nachdem[2] das Glücke fällt.
Die Herren sind uns gleich, wir stehen feil um Geld.

(v 1642)

Barock, der/das von port. barocco = unregelmäßig, schiefrund (für die Form von Perlen); frz. baroque = metaphorische Bezeichnung für ‚exzentrisch, bizarr'. In diesem negativen Sinne wurde die Bezeichnung von J.J. Winckelmann (1717–1768) im 18. Jh. für regelwidrige und effektvolle Kunstformen gebraucht. Erst seit Heinrich Wölfflin (1864–1945) wurde Barock als wertneutraler kunsthistorischer Begriff für die Kunst des 17. (und z.T. 18.) Jhs. verwendet. Fritz Strich (1882–1963) weitete die Bezeichnung auf die (deutsche) Dichtung des 17. Jhs. aus.

Bild 1

Bild 2

Text 3 **Hans Jakob Christoph von Grimmelshausen (um 1622–1676): Der abenteuerliche Simplicissimus, II. Buch, 27. Kapitel** [Auszug]

[...]
Im Treffen selbst aber suchte ein jeder seinem Tod mit Niedermachung des Nächsten, der ihm aufstieß, vorzukommen, das greuliche Schießen, das Geklapper der Harnisch, das Krachen der Piken und das Geschrei beides der Verwundten und Angreifenden machten neben den Trompeten, Trommeln und Pfeifen ein erschreckliche Musik! da sah man nichts als einen dicken Rauch und Staub, welcher schien, als wollte er die Abscheulichkeit der Verwundten und Toten bedecken, in demselbigen hörete man ein jämmerliches Weheklagen der Sterbenden und ein lustiges Geschrei derjenigen, die noch voller Mut staken, die Pferd selbst hatten das Ansehen, als wenn sie zu Verteidigung ihrer Herrn je

[1] zu Rücken: zum Rückhalt
[2] je nach dem

Mit dem Begriff **Manierismus,** der aus der Kunstgeschichte (ursprünglich als Bezeichnung der Übergangsphase von der Renaissance zum Barock, etwa 1530–1630) für die Literatur übernommen wurde, bezeichnet man die typischen Stileigenarten barocker Übertreibung: z.B. Metaphernreichtum, artifizielle Figuren, gelehrte Anspielungen auf Mythologie und Wissenschaften, aber auch das galante Spielen mit erotischen Themen, überraschende Effekte und Paradoxien sowie Formen des Grotesken und Absurden sind typisch für den Manierismus des 16./17. Jhs., der vielfältige nationale Ausprägungen zeigt: Besonders bekannt wurden der **Marinismus** (benannt nach dem italienischen Dichter Giambattista Marino, 1569–1625) und im deutschen Barock der sog. **Schwulst.** Manierismus wird heute als typische Erscheinung von historischen Spät- und Übergangsphasen verstanden, in denen sich neue Formen gegen die tradierten Normen des Klassischen bilden: so im griechischen Hellenismus (seit dem 4. Jh. v. Chr.), in der sog. Silbernen Latinität der römischen Literatur (1./2. Jh. n. Chr.), dem deutschen Spätmittelalter (13./14. Jh.), der Barockepoche (17. Jh.), der Romantik (19. Jh.) und der sog. Moderne (zwischen 1880–1950).

länger je frischer würden, so hitzig erzeigten sie sich in dieser Schuldigkeit, welche sie zu leisten genötiget waren, deren sah man etliche unter ihren Herrn tot danieder fallen, voller Wunden, welche sie unverschuldter Weis zu Vergeltung ihrer getreuen Dienste empfangen hatten; andere fielen um gleicher Ursach willen auf ihre Reuter und hatten also in ihrem Tod die Ehr, dass sie von denjenigen getragen wurden, welche sie in währendem Leben tragen müssen; wiederum andere, nachdem sie ihrer herzhaften Last, die sie kommandiert hatte, entladen worden, verließen die Menschen in ihrer Wut und Raserei, rissen aus und suchten im weiten Feld ihr erste Freiheit: Die Erde, deren Gewohnheit ist, die Toten zu bedecken, war damals an selbigem Ort selbst mit Toten überstreut, welche auf unterschiedliche Manier gezeichnet waren, Köpf lagen dorten, welche ihre natürlichen Herren verloren hatten, und hingegen Leiber, die ihrer Köpfe mangleten; etliche hatten grausam- und jämmerlicher Weis das Ingeweid heraus, und andern war der Kopf zerschmettert und das Hirn zerspritzt; da sah man, wie die entseelten Leiber ihres eigenen Geblüts beraubet und hingegen die lebendigen mit fremdem Blut beflossen waren, da lagen abgeschossene Arm, an welchen sich die Finger noch regten, gleichsam ob sie wieder mit in das Gedräng wollten, hingegen rissen Kerles aus, die noch keinen Tropfen Blut vergossen hatten, dort lagen abgelöste Schenkel, welche ob sie wohl der Bürde ihres Körpers entladen, dennoch viel schwerer worden waren als sie zuvor gewesen; da sah man zerstümmelte Soldaten um Beförderung ihres Tods, hingegen andere um Quartier[1] und Verschonung ihres Lebens bitten. Summa Summarum, da war nichts anders als ein elender jämmerlicher Anblick! [...]

(v 1669)

Bild 3 „Freud- und Friedensbringer Postreuter"

Friedrich von Logau (Ps. Salomon von Golaw), geb. 1604 in Brockuth, gest. 1655 in Liegnitz, entstammte einem alten schlesischen Geschlecht. Schulbesuch 1614–1625, Studium der Jura an der Universität Altdorf 1625–31 (häufige Unterbrechungen wegen der Kriegswirren); verwaltete das Familiengut, später Regierungsrat am Hofe des Herzogs Ludwig von Brieg (Schlesien). F. von Logau ist der bedeutendste Epigrammatiker des 17. Jhs.; er schrieb 3560 Sinngedichte. Sein Hauptwerk erschien unter seinem Pseudonym: „Salomons von Golaw Deutscher Sinn-Getichte Drey Tausend" (1654). Die Epigramme sind sowohl zeitkritisch-satirisch als auch patriotisch und ethisch-religiös. Sie richten sich in knapper und vollendeter Gestaltung gegen Modetorheiten und Laster, Intoleranz, soziale Ungerechtigkeit und Krieg.

Text 4 **Friedrich von Logau (1604–1655): Abgedanckte Soldaten**

Würmer im Gewissen /
Kleider wol zerrissen /
Wolbenarbte Leiber /
Wolgebrauchte Weiber /
Vngewisse Kinder /
Weder Pferd noch Rinder /
Nimmer Brot im Sacke
Nimmer Geld im Packe /
Haben mit genummen
Die vom Kriege kummen:
Wer dann hat die Beute?
Eitel fremde Leute.

(v 1654)

[1] Quartier geben: Aufnahme, Pardon gewähren, statt zu töten

Text 5 **Paul Fleming (1609–1640): Wie Er wolle geküsset seyn**

Nirgends hin / als auff den Mund /
da sinckts in deß Hertzen grund.
Nicht zu frey / nicht zu gezwungen /
nicht mit gar zu fauler Zungen.

Nicht zu wenig nicht zu viel.
Beydes wird sonst Kinder-spiel.
Nicht zu laut / und nicht zu leise /
Bey der Maß' ist rechte weise.

Nicht zu nahe / nicht zu weit.
Diß macht Kummer / jenes Leid.
Nicht zu trucken / nicht zu feuchte /
wie Adonis Venus reichte.

Nicht zu harte / nicht zu weich.
Bald zugleich / bald nicht zugleich.
Nicht zu langsam / nicht zu schnelle.
Nicht ohn Unterscheid der Stelle.

Halb gebissen / halb gehaucht.
Halb die Lippen eingetaucht.
Nicht ohn Unterscheid der Zeiten.
Mehr alleine / denn bey Leuten.

Küsse nun ein Iedermann
wie er weiß / will / soll und kan.
Ich nur / und die Liebste wissen /
wie wir uns recht sollen küssen.

(v 1642)

Text 6 **Johann Christian Günther (1695–1723): Bußgedanken**

Ich höre, großer Gott, den Donner deiner Stimme;
Du hörest auch nicht mehr, ich soll von deinem Grimme
Aus Größe meiner Schuld ein ewig Opfer sein,
Ich soll, ich muss, ich will und gebe mich darein.
Ich trotze deinem Zorn, ich fleh nicht mehr um Gnade,
Ich will nicht, dass dein Herz mich dieser Straf' entlade.
Du bist kein Vater mehr, als Richter bitt ich dich:
Vergiss vorher dein Kind, hernach verstoße mich.

(v 1724–35)

Bild 4 Kloster Weingarten, Idealplan (Ausschnitt).

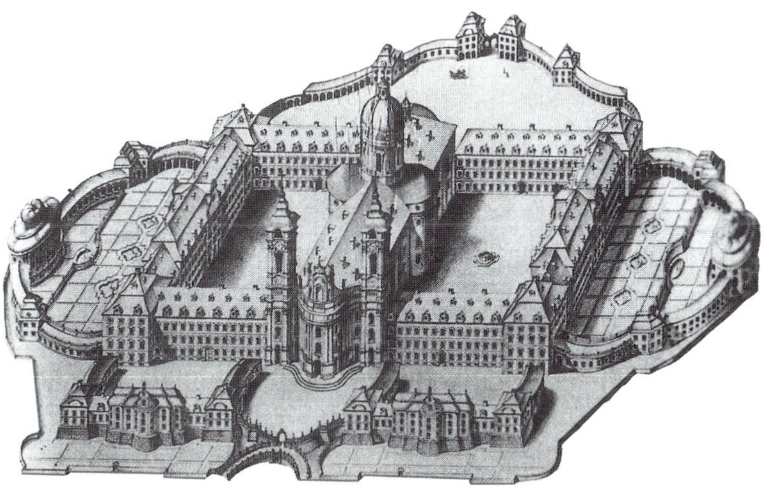

Bild 5 Jan van Goyen (1596–1656): Bauerngehöfte am Fluss (1636)

Text 7 **Johann Grob (1643–1697): Ermunterung zu Widerwärtigkeit**

Herze, tu das Beste,
halte dich jetzt feste!
Setzt es gleich
Streich auch Streich,
geht es bunt und kraus,
bricht der Unstern über dich zu strömen aus:
Halte wohl, mein Herz, und weiche nicht,
wie ein Fels der Sturm und Wellen bricht!
Solche Prob
hat ihr Lob,
dass sie Leid bezwingt
und anstatt des Weinens wohl ein Liedlein singt.
Ei, was sollt ich zagen?
Nimmt uns dann das Klagen
auch ein Lot
von der Not,
die uns drücken kann!
Ja, es hänget vielmehr einen Zentner dran!
Lieber trag ich einen frischen Mut,
welcher allem Unglück Abbruch tut
und verjagt,
was uns plagt,
welcher Licht aus Nacht,
ja, aus einem Zentner kaum ein Pfündlein macht.
Gott ist, der es sendet,
Gott ist, der es wendet.
Stell auf ihn
Trost und Sinn!
Dieser Grund ist fest,
weil er keinen Anvertrauten sinken lässt.
Wickle deine Seel in Hoffnung ein,
nach dem Regen kömmt doch Sonnenschein,
auf das Leid
folget Freud!
Und wie wohl daran
ist, wer Gottes und des Glücks erwarten kann!

(v 1678?)

Arbeitsanregungen:

1 [a] Welche ‚Gesichter' des Barock erkennen Sie aus den Texten und Bildern? Machen Sie Vorschläge, nach welchen Gesichtspunkten sich diese ‚Gesichter' in einer Art Collage anordnen ließen.
[b] Erörtern Sie, wie diese ‚Gesichter' zum Jahrhundert des Krieges ‚passen'.

2 Durch lautes Lesen lassen sich Zugänge zu den Texten finden.
[a] Welche formalen Eigenarten (z.B. Klang, Wortwahl, Bilder, Rhythmus, Reim etc.) fallen Ihnen auf?
[b] Diskutieren Sie aus Ihren Vorkenntnissen über Barock Parallelen und Unterschiede der Gedichte zu Merkmalen von Architektur, Malerei und Musik.

3 [a] Welche ersten Erklärungen können Sie für die gegensätzlichen ‚Gesichter' der Epoche Barock finden?
[b] Klären Sie durch ein Exzerpt aus einer Literaturgeschichte, was unter der „Vielgesichtigkeit" der Epoche Barock zu verstehen ist.
[c] Besprechen Sie Ihre Ergebnisse unter den Aspekten der Fremdheit bzw. Nähe zu Problemen des 20. Jahrhunderts. Beziehen Sie sich dabei auch auf Einsichten des Einführungskapitels.

Text 8 Justus Georg Schottel (1612–1676): Donnerlied

Schwefel, Wasser, Feur und Dampf
wollen halten einen Kampf.
Dicker Nebel dringt gedickt,
Licht und Luft ist fast erstickt.

Drauf die starken Winde bald
sausen, brausen mit Gewalt,
reißen, werfen: Wirbelduft,
Mengen Wasser, Erde, Luft.

Plötzlich blickt der Blitz herein,
macht das Finstre feurig sein;
Schwefelklumpen, Strahlenlicht,
Rauch und Dampf herein mit bricht.

Drauf der Donner brummt und kracht,
rasselt, rollet hin mit Macht,
prallet, knallet grausamlich,
puffet, summsend endigt sich.

Bald das Blitzen wieder kommt
und der Donner rollend brummt.
Bald hereilt ein Windesbraus
und dem Wetter macht Garaus.

(v 1640?)

Text 9 Catharina Regina von Greiffenberg (1633–1694): Auf die unverhinderliche Art der Edlen Dicht-Kunst

Trutz / dass man mir verwehr / des Himmels milde Gaben /
den unsichtbaren Strahl / die schallend' Heimligkeit /
das Englisch Menschenwerk; das in und nach der Zeit /
wann alles aus wird seyn / allein bestand wird haben /
das mit der Ewigkeit / wird in die wette traben /
die Geistreich wunder-Lust / der Dunkelung befreyt;
die Sonn in Mitternacht / die Strahlen von sich streut /
die man / Welt-unverwehrt / in allem Stand kan haben.

Diß einig' ist mir frey / da ich sonst schier Leibeigen /
aus übermachter Macht des Vngelücks / muss seyn.
Es will auch hier mein Geist / in dieser Freyheit zeigen /
was ich beginnen wurd / im fall ich mein allein:
dass ich / O Gott / dein' Ehr vor alles würd' erheben.
Gieb Freyheit mir / so will ich Ewigs Lob dir geben.

(v 1662)

Bild 6 Diego Velázquez (1599–1660): Prinz Balthasar Carlos, 1635–36

Bild 7 Anthonis van Dyck (1599–1641): Ruhe auf der Flucht nach Ägypten (1627–32?)

In den folgenden Abschnitten sollen einige ‚Gesichter' genauer betrachtet und gedeutet werden.

2. Lebensgenuss und Weltabkehr

Die Vielgestaltigkeit der Themen mit ihren scharfen Kontrasten, ja oft extremen Widersprüchen, ist für die Literatur des Barock so kennzeichnend, dass man im antithetischen Lebensgefühl das entscheidende Charakteristikum der Epoche sah. Was drückt sich darin aus? Etwa allgegenwärtige Zeiterfahrungen? Oder handelt es sich „nur" um ein artistisches Spiel mit Formen, Bildern und Klängen der Sprache?
Die hier mitgeteilten Gedichte sollen einige Antworten ermöglichen.

Text 1 Christian Hofmann von Hofmannswaldau (1617–1679): Auf den Mund

Mund! der die Seelen kann durch Lust zusammen hetzen.
Mund! der viel süßer ist als starker Himmelswein,
Mund! der du Alikant[1] des Lebens schenkest ein,
Mund! den ich vorziehn muss der Juden reichen Schätzen.
Mund! dessen Balsam uns kann stärken und verletzen.
Mund! der vergnügter blüht als aller Rosen Schein,
Mund! welchem kein Rubin kann gleich und ähnlich sein,
Mund! den die Grazien mit ihren Quellen netzen:
Mund! ach, Korallenmund, mein einziges Ergetzen,
Mund! lass mich einen Kuss auf deinen Purpur setzen! (v 1695)

Text 2 Christian Hofmann von Hofmannswaldau: Sonnet Vergänglichkeit der schönheit

Es wird der bleiche tod mit seiner kalten hand
Dir endlich mit der zeit umb deine brüste streichen /
Der liebliche corall der lippen wird verbleichen;
Der schultern warmer schnee wird werden kalter sand /
Der augen süsser blitz / die kräffte deiner hand /
Für welchen solches fällt / die werden zeitlich weichen /
Das haar / das itzund kan des goldes glantz erreichen /
Tilgt endlich tag und jahr als ein gemeines band.
Der wohlgesetzte fuß / die lieblichen gebärden /
Die werden theils zu staub / theils nichts und nichtig werden /
Denn opfert keiner mehr der gottheit deiner pracht.
Diß und noch mehr als diß muss endlich untergehen /
Dein hertze kan allein zu aller zeit bestehen /
Dieweil es die natur aus diamant gemacht. (v 1695)

Text 3 Andreas Gryphius (1616–1664): Vanitas![2] Vanitatum Vanitas!

[Die ersten der 15 Strophen des Gedichts]

DIe Herrlikeit der Erden
Muss Rauch und Aschen werden /
Kein Fels / kein Aertz kan stehn.
Diß was uns kan ergetzen /
Was wir für ewig schätzen /
Wird als ein leichter Traum vergehn.

2. Was sind doch alle Sachen /
Die uns ein Hertze machen /
Als schlechte Nichtikeit?
Was ist des Menschen Leben /
Der immer umb muss schweben;
Als eine Phantasie der Zeit? [...] (v 1663)

[1] Alikant: tiefdunkler spanischer Süßwein (aus der Umgebung von Alicante)
[2] Vanitas: Eitelkeit i.S. von Nichtigkeit des Irdischen

Chr. H. von Hofmannswaldau wurde in Breslau als Sohn eines kaiserlichen Kammerrats geboren und starb auch dort. Er erlebte eine beschützte Jugend in seiner Heimatstadt, die von den Kriegswirren verschont blieb. Seine Schulbildung erwarb er in Danzig, wo er Martin Opitz begegnete, der ihn zum Dichten anregte. Studien der Rechtswissenschaft und Philologie betrieb er in Leiden, wo er Andreas Gryphius traf. Als Fürstenbegleiter unternahm er ausgedehnte Bildungsreisen nach Holland, England, Frankreich und Italien. Nach seiner Rückkehr war er Ratsherr und Präsident des Rats in Breslau. Erst 1679 erschienen seine Gedichte.

Gabriel Ehinger: Trauernder Philosoph. Radierung um 1655, nach einem Gemälde von Johann Heinrich Schönfeld

Vanitas vanitatum et omnia vanitas.

Barockes Lebensgefühl

Bezogen auf das Lebensgefühl ist eine ausgeprägte *Antithetik* das vorherrschende Grundprinzip barocker Dichtung: Diesseits und Jenseits; Spiel und Ernst; Schein und Sein; leidenschaftliche Sinnenlust und Lebensgier im Appell des *carpe diem* (= ergreife, nütze, genieße den Tag!) und quälendes Todesbewusstsein in der Aufforderung des *memento mori* (= denke daran, dass du sterben musst; wörtlich: gedenke zu sterben!); Wollust und Tugend; Erotik und Askese; irdische *vanitas* (= Eitelkeit i.S. von Vergeblichkeit und Nichtigkeit; Misserfolg, eitles Gerede, Prahlerei, Unwahrheit) und himmlische *Seligkeit in Gott.*

Charakteristisch für diese antithetische Grundstruktur der mitgeteilten Welterfahrung in barocker Dichtung ist die nachdrückliche *Absicht* der Autoren, die Leser und Hörer in planvoll komponierten und kunstvoll gestalteten Werken wirkungsvoll *zu beeinflussen:* lustvoll oder geistreich zu unterhalten, hilfreich und tröstlich zu belehren sowie zu Selbstbehauptung oder Besinnung auf das Wesentliche zu bewegen. (Vgl. den römischen Dichter *Horaz* (65–8 v. Chr.), der die Aufgaben des Poeten als „prodesse und delectare“, d.h. nützen und Vergnügen bereiten, umschrieb.)

Diese je nach Gattung und Einzelwerk unterschiedliche *Wirkungsabsicht* barocker Dichtung steht in lebendiger Tradition zu antiker Überlieferung und deren christlicher Adaption (Umarbeitung, Aneignung) im Mittelalter: Dies gilt ebenso für Gedanken der vanitas und des memento mori, die aus der *Stoa* stammen (siehe unten), wie für zahlreiche Stoffe, Formen und Regeln: So sucht z.B. die Anlehnung an die antike *Rhetorik* (von gr. techne rhetorike = Redekunst) nicht nur Anleitung für äußeren Sprachschmuck, sondern Verfahren zu wirkungsvoller Gestaltung von Texten, etwa durch angemessene Gliederung und überzeugende Argumente. Ebenso auf Wirkung zielt *die Allegorie* (von gr. allegorein = anders, bildlich reden), indem sie die Veranschaulichung eines Begriffes durch ein gedanklich fassbares Bild sucht. Die Allegorie *ist* das Gemeinte. (Z.B. wird „Vergänglichkeit“ durch eine Sanduhr, eine Seifenblase oder einen Totenschädel dargestellt. Oder: Jugend erscheint als Kind, das Alter als Greis, der Krieg als Mars, die Liebe als Amor). Eng verwandt ist das *Emblem* (siehe S. 122). Auch die *Allegorese* ist auf eindringliche Vermittlung ausgerichtet: Sie stellt ein Verfahren dar, das – in der Antike an Homer und im Mittelalter am Bibeltext entwickelt – hinter den Namen und Dingen einen verborgenen tieferen Sinn aufdeckt oder Sachverhalte entsprechend verhüllt vermittelt. Die Allegorese verstärkt ebenso die Überzeugungskraft eines belehrenden Textes (vgl. z.B. Andreas Gryphius: „Die Hölle“) wie sie auch dem geistreich-unterhaltsamen Spiel dient (vgl. z.B. Chr.H. von Hofmannswaldau: „Auf den Mund“).

Für die Liebeslyrik von besonderem Einfluss war vom 14.–17./18. Jh. der sog. *Petrarkismus,* eine Stilrichtung, die auf Motive und Formelemente Francesco

Text 4 **Christian Hofmann von Hofmannswaldau (1617–1679): Die Welt**

Was ist die Welt / und ihr berühmtes gläntzen?
Was ist die Welt und ihre gantze Pracht?
Ein schnöder Schein in kurtzgefasten Gräntzen /
Ein schneller Blitz bey schwartzgewölckter Nacht.
Ein bundtes Feld / da Kummerdisteln grünen;
Ein schön Spital / so voller Kranckheit steckt.
Ein Sclavenhauß / da alle Menschen dienen /
Ein faules Grab / so Alabaster deckt.
Das ist der Grund / darauff wir Menschen bauen /
Und was das Fleisch für einen Abgott hält.
Komm Seele / komm / und lerne weiter schauen /
Als sich erstreckt der Zirckel dieser Welt.
Streich ab von dir derselben kurtzes Prangen /
Halt ihre Lust vor eine schwere Last.
So wirstu leicht in diesen Port gelangen /
Da Ewigkeit und Schönheit sich umbfast.

(v 1679)

Text 5 **Andreas Gryphius (1616–1664): Menschliches Elende**

Was sind wir Menschen doch? Ein Wohnhaus grimmer Schmerzen,
ein Ball des falschen Glücks, ein Irrlicht dieser Zeit,
ein Schauplatz herber Angst, besetzt mit scharfem Leid,
ein bald verschmelzter Schnee und abgebrannte Kerzen.
Dies Leben fleucht davon wie ein Geschwätz und Scherzen.
Die vor uns abgelegt des schwachen Leibes Kleid
und in das Totenbuch der großen Sterblichkeit
längst eingeschrieben sind, sind uns aus Sinn und Herzen.
Gleich wie ein eitel Traum leicht aus der Acht hinfällt
und wie ein Strom verscheußt, den keine Macht aufhält,
so muss auch unser Nam, Lob, Ehr und Ruhm verschwinden.
Was itzund Atem holt, muss mit der Luft entfliehn.
Was nach uns kommen wird, wird uns ins Grab nachziehn.
Was sag ich? Wir vergehn wie Rauch von starken Winden!

(v 1663)

Text 6 **Martin Opitz (1597–1639): Carpe diem[1]**

Ich empfinde fast ein Grauen,
dass ich, Plato, für und für
bin gesessen über dir.
Es ist Zeit hinauszuschauen
und sich bei den frischen Quellen
in dem Grünen zu ergehn.
wo die schönen Blumen stehn
und die Fischer Netze stellen!

Wozu dienet das Studieren
als zu lauter Ungemach!
Unterdessen lauft die Bach
unsers Lebens, das wir führen,
ehe wir es inne werden,
auf ihr letztes Ende hin;
dann kömmt ohne Geist und Sinn
dieses alles in die Erden.

Holla, Junger, geh und frage,
wo der beste Trunk mag sein,
nimm den Krug und fülle Wein!
Alles Trauren, Leid und Klage,
wie wir Menschen täglich haben,
eh uns Clotho[2] fortgerafft,
will ich in den süßen Saft,
den die Traube gibt, vergraben.

Kaufe gleichfalls auch Melonen
und vergiss des Zuckers nicht,
schaue nur, dass nichts gebricht!
Jener mag der Heller schonen,
der bei seinem Gold und Schätzen
tolle sich zu kränken pflegt
und nicht satt zu Bette legt;
ich will, weil ich kann, mich letzen!

Bitte meine guten Brüder
auf die Musik und ein Glas!
Kein Ding schickt sich, dünkt mich, bass
als gut Trank und gute Lieder.
Lass ich gleich nicht viel zu erben,
ei, so hab ich edlen Wein!
Will mit andern lustig sein,
muss ich gleich alleine sterben.

(v 1624)

[1] Carpe diem: ergreife, nütze, genieße den Tag!

[2] Klotho (lat. Nona) ist eine der Moiren, d.h. Schicksalsgöttinnen (von gr. moirai; vgl. lat. parcae = Parzen; nordisch Nornen), die jedem sein Geschick zuteilen: Klotho spinnt den Lebensfaden, Lachesis bestimmt dessen Länge, Atropos schneidet ihn ab.

Petrarcas (1304–1374) zurückgeht: Neben der Strophenform des Sonetts war es vor allem eine feste Schematik: Antithetik und Hyperbolik (von gr. hyperbole = Übermaß, Übertreibung), eine üppige Metaphorik und die Wiederholung ähnlicher Motive wie im Minnesang (Sehnsucht und Liebesschmerz). Alles zielte auf wirkungsvolle ästhetische Virtuosität, in der Raffinement der Form und äußerer Wohllaut mehr galten als gedankliche Tiefe.

Text 7 Georg Philipp Harsdörffer (1607–1658): Das Leben des Menschen

Das Leben ist
Ein Laub, das grünt und falbt geschwind,
ein Staub, den leicht vertreibt der Wind.
Ein Schnee, der in dem Nu vergehet,
ein See, der niemals stille stehet.
Die Blum, so nach der Blüt verfällt,
der Ruhm, auf kurze Zeit gestellt.
Ein Gras, das leichtlich wird verdrucket,
ein Glas, das leichter wird zerstucket.
Ein Traum, der mit dem Schlaf aufhört,
ein Schaum, den Flut und Wind verzehrt.
Ein Heu, das kurze Zeite bleibet,
die Spreu, so mancher Wind vertreibet.
Ein Kauf, den man am End bereut,
ein Lauf, der schnaufend schnell erfreut.
Ein Wasserstrom, der pfeilt geschwind,
die Wasserblas, so bald zerrinnt.
Ein Schatten, der uns macht schabab,
die Matten, so gräbt unser Grab.

(v 1648)

Text 8 Andreas Gryphius: Die Hölle

ACh! und Weh!
Mord! Zetter! Jammer / Angst / Creutz! Marter! Würme! Plagen.
Pech! Folter! Hencker! Flamm! Stanck! Geister! Kälte! Zagen!
Ach vergeh!
Tiff' und Höh'!
Meer! Hügel! Berge! Felß! wer kan die Pein ertragen?
Schluck Abgrund! ach schluck' ein! die nichts denn ewig klagen.
Je und Eh!
Schreckliche Geister der tunckelen Hölen / ihr die ihr martret und Marter erduldet
Kan denn der ewigen Ewikeit Feuer / nimmermehr büssen diß was ihr verschuldet?
O grausamm' Angst stets sterben / sonder sterben!
Diß ist Flamme der grimmigen Rache / die der erhitzete Zorn angeblasen:
Hir ist der Fluch der unendlichen Straffen / hir ist das immerdar wachsende Rasen:
O Mensch! Verdirb / umb hir nicht zu verderben.

(v 1663)

Text 9 Johann Christian Günther (1695–1723): Als er der Phillis einen Ring mit einem Totenkopf überreichte

Erschrick nicht vor dem Liebeszeichen,
Es träget unser künftig Bild,
Vor dem nur die allein erbleichen,
Bei welchen die Vernunft nichts gilt.
Wie schickt sich aber Eis und Flammen?
Wie reimt sich Lieb' und Tod zusammen?
Es schickt und reimt sich gar zu schön,
Denn beide sind von gleicher Stärke
Und spielen ihre Wunderwerke
Mit allen, die auf Erden gehn.
Ich gebe dir dies Pfand zur Lehre:
Das Gold bedeutet feste Treu',
Der Ring, dass uns die Zeit verehre,
Die Täubchen, wie vergnügt man sei;
Der Kopf erinnert dich des Lebens,
Im Grab ist aller Wunsch vergebens,
Drum lieb und lebe, weil man kann,
Wer weiß, wie bald wir wandern müssen!
Das Leben steckt im treuen Küssen,
Ach, fang den Augenblick noch an!

(v 1724–35)

J. Ch. Günther, der begabte Arztsohn aus Striegau (Schlesien), erwarb auf dem renommierten evangelischen Gymnasium in Schweidnitz (1710–1715) eine sehr gute lebenspraktische und humanistische Bildung. Er studierte später in Wittenberg und Leipzig Medizin. Trotz frühem dichterischen Ruhm (z.B. 1718 durch ein Festgedicht auf Prinz Eugen) litt J. Chr. Günther zeitlebens unter dem tiefen Zerwürfnis mit seinem Vater, der sich sowohl gegen die literarischen Ambitionen des Sohnes als auch gegen dessen ausschweifenden Lebenswandel wandte und ihn 1719 verstieß. Aber auch seine unglücklichen Liebesverhältnisse und die vergeblichen Bemühungen, sein leidenschaftlich-ruheloses Leben in eine bürgerliche Existenz zu führen, quälten ihn zutiefst.
Der Hauptteil von Günthers Werk ist Gelegenheitsdichtung, mit der er seine wirtschaftlichen Verhältnisse verbessern wollte. Vor allem seine Lebensauffassung eines gesteigerten Individualismus, ja Subjektivismus, und seine Liebesgedichte stehen auf der Schwelle vom Spätbarock zur „Empfindsamkeit". Durch ihre Realitätsnähe, Natürlichkeit und Erlebniskraft wirkten sie stark auf Dichter des „Sturm und Drang".

Die **Mystik** (von gr. mystikos = geheimnisvoll, zu mýein = die Augen schließen) ist eine religionsübergreifende Frömmigkeitsform, die durch Abkehr von der äußeren Welt und durch Versenkung in das eigene Sein eine Verbindung mit Gott bis zur vollkommenen Einswerdung mit ihm anstrebt (unio mystica). Mystik kommt in allen großen Religionen vor und soll durch Formen der Kontemplation (= Versunkenheit in Gott), Meditation (= religiöse Betrachtung) sowie Askese (= enthaltsame Lebensweise) erreicht werden. Der Mystiker bewertet häufig die individuelle religiöse Vorstellung höher als die der etablierten Religionen. Er kritisiert deren Orthodoxie, die er als Erstarrung auffasst. – In Deutschland hatte die Mystik vom 13.–15. Jh. ihren ersten Höhepunkt: z.B. in Hildegard von Bingen (12. Jh.), in Mechthild von Magdeburg (13. Jh.), in Meister Eckhart (14. Jh.)

sowie in seinen Schülern Johannes Tauler und Heinrich Seuse (beide 14. Jh.). In der Barockzeit entstand erneut mystische Literatur: z.B. durch Jakob Böhme (1575–1624), Johann Valentin Andreae (1586–1654), Friedrich von Spee (1591–1635), Daniel von Czepko (1605–1660) und Angelus Silesius (= Johann Scheffler, 1624–1677). Die Wirkungen auf die persönliche Frömmigkeit des **Pietismus** (rd. 1670–1740), die literarische Strömung der **Empfindsamkeit** (etwa 1740–1780) und der Epoche **Romantik** (etwa 1798–1830) zeigen die Kraft der Mystik. Ihre Bedeutung für die Literatur liegt in der Erschließung bisher unbekannter Gefühlsbereiche für die sprachliche Gestaltung: Kühne Metaphern (z.B. Natur-, Liebes- und Lichtmetaphern), Paradoxa, Hyperbeln, Ellipsen, Parallelismen, Intensivbildungen (z.B. schreiendes Herz, sterbende Not), uneigentliche (abstrahierende) Verwendung des konkreten Wortschatzes (z.B. in sich gehen, außer sich sein), Substantivierungen (etwa das Sein, das Tun) und neue Wortbildungen durch Zusammensetzungen (z.B. be-greifen, er-fahren, durch-schauen; Erhaben-heit, Verzück-ung) differenzieren die Sprache der Mystik und verleihen ihr große Beweglichkeit und Leichtigkeit als angemessenen Ausdruck für das Streben nach mystischer Entgrenzung.

Arbeitsanregungen:

1 a Lesen Sie die Texte in der hier gewählten Reihenfolge und versuchen Sie Ihren Gesamteindruck jeweils in einer eigenen Überschrift auszudrücken.
b Vergleichen Sie Thema und Motive von David Teniers d.J. „Die Versuchung des hl. Antonius" (Bildteil, S. 406).

2 a Wie werden die Forderungen nach Lebensgenuss und Weltabkehr in den einzelnen Gedichten begründet?
b Welches Verhältnis des Menschen zu Gott wird in den Texten fassbar?
c Welche charakteristischen barocken Formeigenarten fallen Ihnen auf? (Beziehen Sie Merkmale des Artikels über „Mystik" und „Manierismus" mit ein. Vgl. S. 114 und 119f.).
d Informieren Sie sich aus Gesangbüchern über Texte von Friedrich von Spee, Paul Gerhardt u.a. religiösen Dichtern des Barock. Achten Sie auf Themen, Eigenarten der Religiosität, auf Bilder und Stil.

3 Interpretieren Sie eines der Gedichte dieses Abschnitts.
a Achten Sie dabei besonders auf den Zusammenhang von Aussage und Form.
b Halten Sie sich bei der Ausarbeitung an das methodische Grundmuster des *Dreischritts* (vgl. Einführung, S. 27f.):
- Gehen Sie aus von Ihrem *Gesamteindruck*.
- Untersuchen Sie *Auffälligkeiten* des Inhalts und der Form.
- Geben Sie einen *Deutungsversuch* aus der Sinnrichtung des Textes.

Beziehen Sie auch die Zusammenfassung über barockes Lebensgefühl mit ein.

Text 10 **Angelus Silesius (1624–1677): Cherubinischer Wandersmann oder geistreiche Sinn- und Schlussreime** [Auszüge]

Gott kann allein vergnügen.
Weg, weg, ihr Seraphim, ihr könnt mich nicht erquicken,
Weg, weg ihr Heiligen und was an euch tut blicken[1]!
Ich will nun eurer nicht[2], ich werfe mich allein
Ins ungeschaffne Meer der bloßen Gottheit ein.

Man weiß nicht, was man ist.
Ich weiß nicht, was ich bin; ich bin nicht, was ich weiß;
Ein Ding und nit ein Ding, ein Stüpfchen[3] und ein Kreis.

Du musst, was Gott ist, sein.
Soll ich mein letztes End' und ersten Anfang finden,
So muss ich mich in Gott und Gott in mir ergründen
Und werden das, was er: Ich muss ein Schein im Schein,
Ich muss ein Wort im Wort, ein Gott in Gotte sein.

Ich bin wie Gott und Gott wie ich.
Ich bin so groß wie Gott, er ist als[4] ich so klein;
Er kann nicht über mich, ich unter ihm nicht sein.

Der Mensch ist Ewigkeit.
Ich selbst bin Ewigkeit, wenn ich die Zeit verlasse
Und mich in Gott und Gott in mich zusammenfasse.

Ein Christ so reich als Gott.
Ich bin so reich als Gott, es kann kein Stäublein sein,
Das ich – Mensch, glaube mir! – mit ihm nicht hab gemein.
[...] (v 1657)

[1] blicken = blitzen, glänzen
[2] Ich will nun eurer nicht = ich brauche euch jetzt nicht
[3] Stüpfchen = Pünktchen
[4] als = wie

Die Dichterlandschaften Schlesien und Sachsen

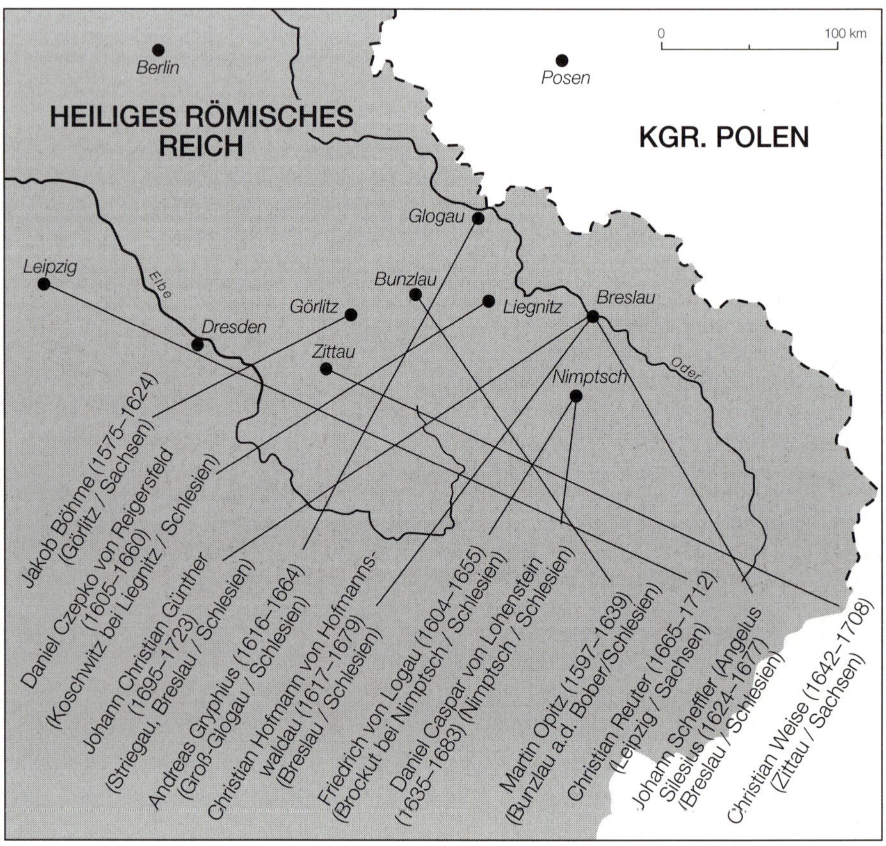

Zu Kriegsnot, Hunger und Krankheit kam an vielen Orten die Pest mit unvorstellbaren Folgen. Auf drastische Weise schildert Abraham a Sancta Clara die Epidemie in Wien (1679).

Der Prediger **Abraham a Sancta Clara** wurde mit dem bürgerlichen Namen Ulrich Megerle in Kreenheinstetten bei Meßkirch als achtes Kind eines Gastwirts geboren und besuchte die Lateinschule in Meßkirch, das Jesuitengymnasium in Ingolstadt sowie die Benediktinerschule in Salzburg. Seit 1662 Mitglied des Augustinerordens in Wien, 1666 Priesterweihe, seit 1670 Prediger u.a. in Taxa bei Augsburg, Wien und Graz; 1677 von Kaiser Leopold I. (1658–1701) zum Hofprediger ernannt, 1680 Prior seines Ordens. Abraham a Sancta Clara wurde der bedeutendste katholische Prediger des deutschen Barock, weil er ebenso bildmächtig unterhaltsam wie leidenschaftlich kämpferisch und lehrhaft war, aber stets volkstümlich blieb.

Text 11 **Abraham a Sancta Clara (1644–1709): Mercks Wienn**
[Predigten zur Pestepidemie, Auszug]

An vielen historischen Beispielen veranschaulichen die Predigten die Vergänglichkeit aller irdischen Pracht und die Wankelhaftigkeit des Glücks. Aus der Gewissheit des unausweichlichen Todes werden die Nichtigkeit des Menschen und seine Rettung in Gott drastisch gegenübergestellt.
[…]

(1)

Mercks Wienn /
Das ist:
Deß wütenden Tods ein umständige
Beschreibung
In
Der berühmten Käyserlichen Haupt- und Residentz-
Statt in Oesterreich /
Im sechszehen hundert / und neun und siebentzigsten Jahr /
Mit Beyfügung so woll Wissen als Gewissen
antreffender Lehr.
Zusammen getragen mitten in der betrangten
Statt und Zeit /
Von
Pr. Fr. ABRAHAM à S. Clara, Augustiner.

Also wann ich schon stirb an der Pest/so ist diß kein elender Todt/dafern nur die Gnad Gottes in mir lebet/ist doch der H. Ludovicus König in Franckreich an dieser leydigen sucht gestorben. Æmil. Dahero laß sterben den Leib im Feuer/oder im Lufft/oder im Wasser/ oder auff Erden/was ligt daran ? Laß sterben diesen Madensack/ diesen Mist Fincken / dieses Wurm-Nest/dieses Leim-Hauß/diesen Knoll Fincken/ diese Koth Butten / dieses Ayter-Geschirr/diesen Erdschrollen;laß sterben/ein mächtigs Wesen! Dieses garstige Rath-Hauß/ diesen lebendigen Wuest/diesen Leim-Lümmel/diesen Wildfang/diesen Sau Winckel/ diese Gestanck-Büchsen/diesen zierlichen Unflath/diß lebendige Aaß /diesen Aprillanten / diese verhühlte Senck-Gruben/diesen Geschwersichtigen Dalcken/diesen Kretzen-Marckt/dieses sechs schuh lange Nichts/laß sterben/laß verderben/er ist nicht zubetauren/ müst nur seyn / daß man etwan einer Mist-Butten einen schwartzen Flohr solt anhängen / damits für ihn die Klag trage/Si consideras,quid per os,quid per nares,quid per aures cæterosque corporis meatus exit,vilius sterquilinium non vidisti, spricht gar schön von dem schandlichen Leib der Clarevallensische Abbt Bernhardus. „Mein Mensch/wann du erwögest / was du durch das „Maul/und durch die Nasen/durch die Ohren/und durch die übrige Leibs-Porten für ein „Unflath außführest/kanst doch kein garstigern Misthauffen nit antreffen/als dich

Laß demnach sterben den Leib/dieses Kranckenspital/dieses spott-Muster/diese kleine Portion der Erden,Laß sterben/laß verderben wie/wo/wann/wordurch er stirbt / ligt nichts daran/aber das bitt ich dich umb das Blut JEsu Christi / das bitt ich dich umb deiner seelen seeligkeit willen/mit auffgehebten Händen schreye ich vor dir/ja in beyde Ohren / du wollest die seel nicht sterben lassen/die seel/ dieses künstliche und köstliche Ebenbild Gottes/ die Seel dieses schöne und scheinende Contrafeh der allerheiligsten Dreyfaltigkeit / die seel/ dieses kostbare und schatzbare Kleynod Gottes/die seel/diese friedliche und freundliche schwester der Engeln/diese O Mensch ! laß nicht sterben/ welches da geschicht durch ein freywillige Todsünd/dieser Todt allein ist ein Elend

Die **Predigt** (von lat. praedicare = öffentlich ausrufen, laut verkünden) ist die Verkündigung des Gotteswortes an die Gemeinde. Im Mittelalter wurden zwei Formen unterschieden:

1. Der **Sermo,** der in anspruchsvoller, oft kunstvoller Rede sich einen Bibelvers zum Thema nahm und sich an den Regeln der antiken Rhetorik orientierte.
2. Die **Homilie**[1], die schlichtere, schmucklosere volkstümliche und volkssprachliche Predigt, die das einfache Volk, das nicht gebildet und ohne Lateinkenntnisse war, ansprechen sollte. Höhepunkte volksnaher Anschaulichkeit erreichten u.a. die Prediger Berthold von Regensburg (13. Jh.), Geiler von Kaisersberg (15. Jh.) und vor allem Abraham a Sancta Clara (17. Jh.): Neben vielfältigen Formen des Sprecher-Hörer-Bezugs sind eindrucksvolle Exempel (sog. Predigtmärlein), dramatische Zuspitzung, Elemente des Humors und der Satire besonders kennzeichnend für diesen Predigtstil, der für die Entwicklung der deutschen Prosa von großer Bedeutung war.

[1] Die Homilie (am Schluss gesprochen als langes i): von gr. homilia, d.h. Umgang, Unterredung, Unterhaltung

Arbeitsanregungen:

1 a Vergegenwärtigen Sie sich (z.B. durch ein Kommunikationsmodell, vgl. S. 69f.) die Situation der Predigt: Ort, Stimmung, Adressaten, Ziele.
b Versuchen Sie durch lautes Lesen sich einen Eindruck von der Klangwirkung dieser Pestpredigt zu verschaffen.

2 Abrahams a Sancta Clara Predigten waren trotz ihrer erheblichen Länge von großer Wirkung auf eine breite Zuhörerschaft.
a Stellen Sie aus dem Predigtausschnitt inhaltliche, kompositorische und stilistische Merkmale zusammen, die diese Volkstümlichkeit erklären.
b Formulieren Sie „Ratschläge für einen Prediger" des 17. Jahrhunderts, die sich aus Abrahams a Sancta Clara Beispiel ableiten lassen. (Vgl. Sie im Einführungskapitel, S. 69ff.)

VITA MIHI MORS EST.

Der Tod bedeutet für mich Leben

Der Vogel, der aus sich selbst geboren wird, aus sich selbst sich wiederherstellt, der entstehend stirbt, der sterbend entsteht.

Der **Phönix** ist ein sagenhafter heiliger Vogel der Ägypter, der sich nach einiger Zeit selbst verbrennt und aus der Asche verjüngt hervorgeht. Er ist Sinnbild der Auferstehung und Unsterblichkeit und verkörpert den Aufruf „Stirb' und werde!" Das **Emblem,** die Emblemata (von gr. emblema = das Eingesetzte, Mosaik- oder Einlegearbeit, z. B. des Goldschmieds) ist eine aus Bild und Text meist dreiteilig zusammengesetzte Kunstform; aus einer Überschrift, einem Motto (lat. inscriptio), einem meist allegorischen Bild (lat. pictura) und einer das Bild erläuternden Unterschrift (lat. subscriptio). Das Emblem ist also ein Zeichen mit begrenztem abstraktem Inhalt, das oft nur für Eingeweihte festgelegt ist, Außenstehenden aber nicht einsichtig wird; z.B. Ölzweig für Frieden, Palme für Treue und Beständigkeit (siehe „Palmenorden", S. 142), Anker für Hoffnung. – Emblemata waren in Europa vom 16.–18. Jh. sehr beliebt und prägten nicht nur die barocke Bildersprache, sondern auch die Gestaltungsweisen von barockem Schauspiel und Roman.

Arbeitsanregungen:

1 Welche Erwartungen wecken die Ankündigungen des Titelblattes:
 a im Blick auf den Inhalt des Romans?
 b hinsichtlich seiner Form?

2 a Welche „Lectiones" lassen sich aus der Situationsbeschreibung des ersten Kapitels erwarten?
 b Beschreiben Sie diesen Anfang nach inhaltlichen Bereichen und Darstellungsweise (z.B. Metaphorik und Sprache) möglichst genau.

3 Weil das Titelkupfer eine christliche Deutung der menschlichen Existenz gibt, eine sog. interpretatio christiana, lassen sich zentrale Themen und Tendenzen des Romans aus den Bildern erschließen:
 a Versuchen Sie die Bedeutung der Gestalt des dargestellten Mischwesens aus der Bildunterschrift (subscriptio) zu erklären.
 b Welche Themen des Romans werden durch die Einzelbilder des aufgeschlagenen Buches und die Masken angedeutet?

II. Die Welt im Sinnbild

Anders als im ersten Teil, in dem die Epoche Barock über ‚Gesichter', Zeitbilder und Ausdrucksformen vorgestellt wurde, soll nun versucht werden über Schlüsselbegriffe einen Blick hinter die Oberfläche der Erscheinungen zu richten. Einem Menschen des 20. Jahrhunderts sind derartige Deutungen durchaus vertraut: Automatisierung, Atomzeitalter, Zeitalter der Massen u.a. sind gängige Begriffe, die Zeittypisches erfassen. Ganz ähnlich werden im Rückblick auf vergangene Epochen aus der ordnenden Übersicht über die Einzelphänomene Schlüsselbegriffe gesucht, die Wesentliches erschließen. An zwei Beispielen soll die Reichweite solcher Deutungsversuche erprobt werden.

1. Das Leben als Abenteuer?

Warum gilt „Der abenteuerliche Simplicissimus" heute als das bekannteste und lebendigste Werk barocker Literatur, obwohl er als volkstümlicher Roman im 17. Jahrhundert gegenüber den damals beherrschenden Typen des höfisch-politischen (oder heroisch-galanten) Romans und des schäferlichen Liebesromans zunächst eine geringere Rolle spielte? Sind es die im Titel angekündigten Abenteuer, die eine spätere Aufwertung bewirkten? Sind es biografische und kulturgeschichtliche Informationen über die Zeit des Dreißigjährigen Krieges, die das Interesse lebendig erhielten? Oder wird dem Leser auf spannende und unterhaltsame Weise eine ganz andere Botschaft vermittelt?
Anders als in modernen Romanen geben im Barock bereits Titelblatt und Titelkupfer, dessen Entwurf wahrscheinlich von Grimmelshausen selbst stammt, erste Antworten.

Bild 1 Titelseite der ersten Auflage des „Simplicissimus Teutsch", 1669

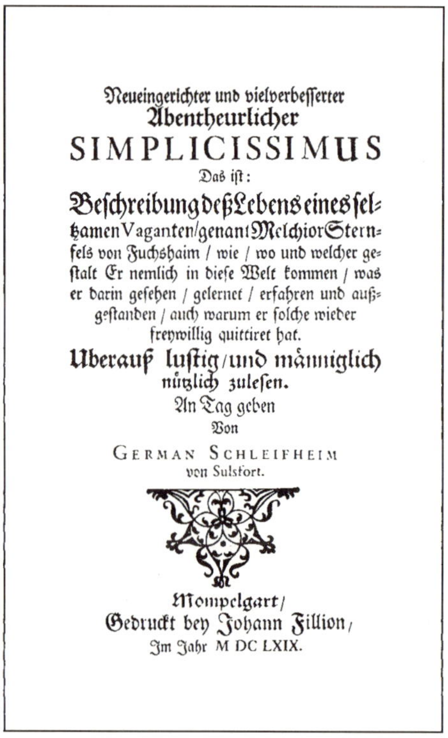

Neueingerichter und vielverbesserter
Abentheurlicher
SIMPLICISSIMUS
Das ist:
Beschreibung deß Lebens eines seltzamen Vaganten / genant Melchior Sternfels von Fuchshaim / wie / wo und welcher gestalt Er nemlich in diese Welt kommen / was er darin gesehen / gelernet / erfahren und außgestanden / auch warum er solche wieder freywillig quittiret hat.
Uberauß lustig / und månniglich nützlich zulesen.
An Tag geben
Von
GERMAN SCHLEIFHEIM
von Sulsfort.

Mompelgart /
Gedruckt bey Johann Fillion /
Im Jahr M DC LXIX.

Bild 2

Text 1 **Hans Jakob Christoph von Grimmelshausen (um 1622–1676): Der abenteuerliche Simplicissimus, I. Buch, 1. Kapitel** [Auszug]

Das 1. Kapitel
Vermeldet Simplicii bäurisch Herkommen
und gleichförmige Auferziehung

Es eröffnet sich zu dieser unserer Zeit (von welcher man glaubt, dass es die letzte sei) unter geringen Leuten eine Sucht, in der die Patienten, wenn sie daran krank liegen, und so viel zusammen geraspelt und erschachert haben, dass sie neben ein paar Hellern im Beutel ein närrisches Kleid auf die neue Mode mit tausenderlei seidenen Bändern antragen können, oder sonst etwa durch Glücksfall mannhaft und bekannt worden, gleich rittermäßige Herren und adelige Personen von uraltem Geschlecht sein wollen; [...]

In ironischer Darstellung vergleicht der Ich-Erzähler sein „Herkommen" und seine „Auferziehung" mit der eines Fürsten und er beschreibt den „Palast" seines Knans (Vaters): „Seine Zimmer, Säl' und Gemächer hatte er inwendig vom Rauch ganz erschwarzen lassen, nur darum, dieweil dies die beständigste Farb von der Welt ist [...] Anstatt der Pagen, Lakaien und Stallknecht hatte er Schaft, Böcke und Säu [...] Die Rüst- oder Harnischkammer war mit Pflügen, Kärsten, Äxten, Hauen, Schaufeln, Mist- und Heugabeln, genugsam versehen [...]." Über die Bildung des Zehnjährigen heißt es u.a.: [...] Sonst war ich ein trefflicher Musicus auf der Sackpfeifen, mit der ich schöne Jalemj-Gesäng[1] machen konnte. Aber die Theologiam anbelangend, lass ich mich nicht bereden, dass einer meines Alters damals in der ganzen Christenwelt gewesen sei, der mir darin hätte gleichen mögen, denn ich kennete weder Gott noch Menschen, weder Himmel noch Höll, weder Engel noch Teufel, und wusste weder Gutes noch Böses zu unterscheiden: Dahero ohnschwer zu gedenken, dass ich vermittelst solcher Theologiae wie unsere ersten Eltern im Paradies gelebt, die in ihrer Unschuld von Krankheit, Tod und Sterben, weniger von der Auferstehung nichts gewusst. O edels Leben! (du mögst wohl Eselsleben sagen) in welchem man sich auch nichts um die Medizin bekümmert. Eben auf diesen Schlag kann man mein Erfahrenheit in dem Studio legum[2] und allen andern Künsten und Wissenschaften, soviel in der Welt sind, auch verstehen. Ja ich war so perfekt und vollkommen in der Unwissenheit, dass mir unmöglich war zu wissen, dass ich so gar nichts wusste. Ich sage noch einmal, o edles Leben, das ich damals führete! Aber mein Knan wollte mich solche Glückseligkeit nicht länger genießen lassen, sondern schätzte billig sein, dass ich meiner adeligen Geburt gemäß auch adelig tun und leben sollte, derowegen fing er an, mich zu höhern Dingen anzuziehen, und mir schwerere Lectiones aufzugeben.

(e 1668)

Text 2 **Hans Jakob Christoph von Grimmelshausen (um 1622–1676): Der abenteuerliche Simplicissimus. V. Buch, 24. Kapitel** [Auszug]

Das 24. KAPITEL

Ist das allerletzte und zeiget an, warum und welchergestalt Simplicius die Welt wieder verlassen

„Adieu Welt, denn auf dich ist nicht zu trauen, noch von dir nichts zu hoffen, in deinem Haus ist das Vergangene schon verschwunden, das Gegenwärtige verschwindet uns unter den Händen, das Zukünftige hat nie angefangen, das Allerbeständigste fällt, das Allerstärkste zerbricht und das Allerewigste nimmt ein End; also, dass du ein Toter bist unter den Toten; und in hundert Jahren lässt du uns nicht eine Stund leben. [...]

Behüt dich Gott o Welt, denn obwohl der Leib bei dir ein Zeit lang in der Erden liegen bleibt und verfaulet, so wird er doch am Jüngsten Tag wieder aufstehn und nach dem letzten Urteil mit der Seel ein ewiger Höllenbrand sein müssen; alsdann wird die arme Seel sagen: ‚Verflucht seist du Welt! weil ich durch dein Anstiften Gottes und meiner selbst vergessen, und dir in aller Üppigkeit, Bosheit, Sünd und Schand die Tag meines Lebens gefolgt hab; verflucht sei die Stund, in der mich Gott erschuf! verflucht sei der Tag, darin ich in dir o arge böse Welt geborn bin! O ihr Berg, Hügel und Felsen fallet auf mich und verbergt mich vor dem grimmigen Zorn des Lamms, vor dem Angesicht dessen, der auf dem Stuhl sitzet; ach Wehe und aber Wehe in Ewigkeit!'

O Welt! du unreine Welt, derhalben beschwöre ich dich, ich bitte dich, ich ersuche dich, ich ermahne und protestiere wider dich, du wollest kein Teil mehr an mir haben; und hingegen begehre ich auch nicht mehr in dich zu hoffen, denn du weißt, dass ich mir hab vorgenommen, nämlich dieses: Posui finem curis, spes & fortuna valete[3]."

Alle diese Worte erwog ich mit Fleiß und stetigem Nachdenken und bewogen mich dermaßen, dass ich die Welt verließ und wieder ein Einsiedel ward: Ich hätte gern bei meinem Saurbrunnen im Mückenloch gewohnt, aber die Baurn in der Nachbarschaft wollten es nicht leiden, wiewohl es für mich ein angenehme Wildnis war; sie besorgten, ich würde den Brunnen verraten und ihre Obrigkeit dahin vermögen, dass sie wegen nunmehr erlangten Friedens Weg und Steg dazu machen müssten. Begab mich derhalben in eine andere Wildnis, und fing mein Spessarter Leben wieder an; ob ich aber wie mein Vater sel. bis an mein End darin verharren werde, stehet dahin. Gott verleihe uns allen seine Gnade, dass wir allesamt dasjenige von ihm erlangen, woran uns am meisten gelegen, nämlich ein seliges

Ende (e 1668)

1 Jalemj-Gesäng: Klagelieder
2 Studio legum: Jurastudium
3 Meinen Sorgen hab ich ein End gesetzt, Hoffnung und Glück, lebt wohl!

[c] Die beiden Finger des Monstrums weisen auf ein Wickelkind (= Lebensbeginn) und auf einen Baum (= Baum des Paradieses). Was bedeutet diese demonstrative Heraushebung der beiden Bilder gegenüber den anderen Illustrationen des Buches?
[d] Was verheißt die Gestalt des Phönix für den Lebensweg des Romanhelden?

[4] Skizzieren Sie einen Grundplan des möglichen Handlungsverlaufs (eine sog. Fabel des Romans):
[a] Gehen Sie dabei von den Informationen des Titelkupfers, des Titelblattes und des ersten Kapitels aus.
[b] Welche erste Antwort gibt der Romanschluss (Text 2) auf die Frage, ob das Leben als Abenteuer zu verstehen sei?

Der Schelmenroman
Als Gattung betrachtet ist der „Simplicissimus" eine *Mischform:* Er enthält neben Anleihen aus der Erbauungs- und Schwankliteratur des 16./17. Jahrhunderts (z.B. aus Jörg Wickrams „Rollwagenbüchlein", aus Kalendergeschichten und Predigten) autobiografische und sehr realistisch dargestellte zeitgeschichtliche Elemente, ohne dass man von einem Entwicklungs- oder Bildungsroman sprechen könnte. Ganz deutlich knüpfte der Autor an den sog. **Schelmenroman** an (den pikarischen oder pikaresken Roman), der aus Spanien nach Deutschland gekommen war: „Lazarillo de Tormes" (anonym 1554), „Guzmán de Alfarache" (1599) von M. Alemán und „Don Quijote" (1605–1615) von Cervantes sind berühmte Beispiele, die als realistisch-ironische Gegentypen zum idealisierenden Ritterroman entwickelt wurden: Sie sind meist in der Ich-Form als fiktive Autobiografie von einem Helden oder auch Antihelden, einem Pikaro (= Schelm, „Landtstörtzer"), erzählt, der namenlos oder von dunkler bzw. niederer Herkunft ist und als skrupelloser und gerissener Kerl vielfältige Abenteuer besteht. Als Verkörperung des Einfältig-Naiven, des draufgängerischen Abenteurers und des weltklugen Schalks kritisiert er auf humorvoll-ironische, aber auch sarkastische Weise seine oft wechselnden Herrn und desillusioniert die verschiedenen Gesellschaftsschichten von unten her. Die Reihung unterhaltsamer Episoden auf vielen Schauplätzen mit einer Fülle von Figuren, die meist nur durch die Figur des Helden verbunden sind, durchbrechen zahlreiche Einschübe: kritische Kommentare, Moralpredigten, philosophische Reflexionen etc. Indem der pikarische Held die Unzulänglichkeit alles Menschlichen und die Gebrechlichkeit der Welt entlarvt, wird der Schelmenroman zum sozialen und ethischen Protest.
Die Tradition des Schelmenromans lebte bis ins 20. Jahrhundert fort: u.a. bei J. Winckler (1881–1966): „Der tolle Bomberg" (1922), G. Guareschi (1908–1968): „Don Camillo und Peppone" (1948), Th. Mann (1875–1955): „Bekenntnisse des Hochstaplers Felix Krull" (1954), G. Grass (geb. 1927): „Die Blechtrommel" (1959), H. Böll (1917–1985): „Ansichten eines Clowns" (1963).

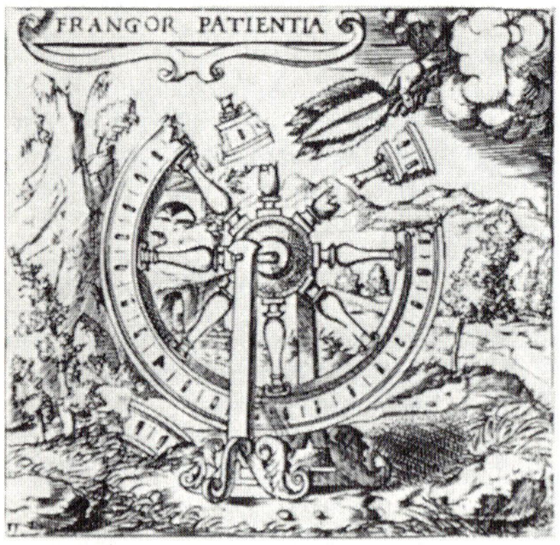

Durch Geduld werde ich zerbrochen

Geduldig seyn zu jeder zeit
Obs schon schwer ist vnd thut sehr leyd
So vberwind es endlich doch /
All Vnglück vnd erhelt sich noch /
Vnd kompt zu letzt zu Ehren fast
Denn GOtt der HERR erkendt die Last
Vnd hilfft den seinen auß der Noth
Die fest halten bey seim Gebott.

Ein authentisches Bildnis Grimmelshausens? Der geflügelte Kopf mit Lorbeer und Krone könnte ein Porträt oder Selbstporträt des Dichters sein, weil er individuelle Züge trägt. Ausschnitt aus dem Titelkupfer zu „Ratio Status"

Die folgende Inhaltsangabe des Romans und die wichtigsten Daten von Grimmelshausens Biografie werden absichtlich nebeneinander gestellt.

Grimmelshausen wurde 1621 oder 1622 in Gelnhausen geboren. Die protestantische Familie Grimmelshausen – seit 1571 in Gelnhausen ansässig – stammte aus dem Thüringischen und ist dort seit 1177 nachgewiesen. Sie war „ritterbürtig" (adlig) und mäßig begütert. Das Stammschloss lag bei dem Dorf Grimmelshausen am rechten Ufer der oberen Werra. Der Großvater Hans Jakobs betrieb in Gelnhausen eine Bäckerei und hatte das Adelsprädikat abgelegt. Nach dem Tod des Vaters (wohl 1626) blieb Hans Jakob beim Großvater in Gelnhausen, wo er die Lateinschule besuchte, während die Mutter 1627 eine zweite Ehe eingegangen und nach Frankfurt gezogen war. – 1634 wurde Gelnhausen durch die kaiserlichen Gruppen zerstört und geplündert; die Familie flüchtete nach Hanau. 1635 wurde der junge Grimmelshausen durch Kroaten entführt, diente bei den Schweden 1636 vor Magdeburg und bei Wittstock, ab 1637 bei den Kaiserlichen in Westfalen (u.a. in Soest), 1638 am Oberrhein, 1639 in der Festung Offenburg. 1645 wurde Grimmelshausen Schreiber in der Regimentskanzlei, 1648 Sekretär in der Kanzlei des Regiments Elter (eines Schwagers des Obersten von Schauenburg) in Wasserburg am Inn. – Nach der Heirat 1649 in Offenburg war Grimmelshausen Schaffner (Verwalter) der Familie von Schauenburg in Gaisbach bei Oberkirch und betrieb daneben ab 1657 die Gastwirtschaft zum „Silbernen Sternen". Von 1662–1665 war er Schaffner auf der Ullenburg (nördlich von Gaisbach) in Diensten des Straßburger Arztes Dr. Johannes Küeffer und unterhielt Beziehungen zu Straßburger Literaturkreisen. Seit 1667 versah Grimmelshausen das Amt des Schultheißen in Renchen (östlich von Straßburg); 1675 diente er zeitweilig als Soldat gegen die Franzosen. – Ab 1666 erschienen seine Werke, z.T. unter Pseudonymen (German Schleifheim von Sulsfort, Samuel Greifenson von Hirschfeld u.a.). 1683–1684 kam die erste Gesamtausgabe heraus.

Der Roman erzählt – mit zahllosen, die Handlung oft überwuchernden „Stücklein", Anekdoten, Schwänken, lehrhaften und gelehrten, moralischen und allegorischen Exkursen –, wie der kleine weltahnungslose Waldbauernbub nach Einäscherung und Plünderung des elterlichen Gehöfts allein und verängstigt durch den nächtlichen Wald flieht. Er findet zu einem Einsiedler, der ihn aufnimmt, ihn lesen lehrt und ihn in der Christenlehre unterweist, im Übrigen aber seine totale Weltunerfahrenheit unverändert lässt. Der Einsiedler stirbt. Simplicius geht, nur mit den Grundlehren des Christentums ausgerüstet, in die unbekannte Welt. In Hanau wird er dem Gefolge des Stadtkommandanten eingereiht. Seiner Naivität enthüllen sich Narrheit und Laster, in welche die Welt versunken ist, während er wiederum der Welt als närrisch und als willkommener Gegenstand roher Belustigung erscheint. Dass er gleichzeitig seine Narrenrolle zu beredter Entlarvung des moralisch verkommenen Offizierkorps benutzt, erstaunt allerdings nicht nur die Betroffenen, sondern auch den Leser. Aber dergleichen gehört zu den Unstimmigkeiten, über die sich der Autor unbekümmert hinwegsetzt, weil er diese Materie samt den dazugehörigen Stücklein und Anekdoten in der Gegenüberstellung des tumben Knaben und der verrotteten Moral der Besatzungsoffiziere am wirksamsten erzählerisch ausbeuten kann. Kroaten rauben den Halbwüchsigen, wie einst den jungen Grimmelshausen, und machen ihn zum Trossbuben. In die wilde Welt des Krieges gerissen, erfährt er inmitten eines Heerhaufens das wüste Wechselspiel des Feldlebens, die Tugenden und vor allem die Laster der Soldaten, treugesinnte Freundschaft, diesen einzigen verlässlichen Wert, den Grimmelshausen kennt, weit mehr aber Bosheit und Roheit und den zügellosen Kampf um Genuss und Beute. Er gewinnt den herzensguten Herzbruder zum lebenslangen Freund und macht sich den von Grund auf bösen Olivier zum Feind. Er findet sich vor der belagerten Stadt Magdeburg, wird Augenzeuge der Schlacht bei Wittstock. Dann verschlägt es ihn nach Westfalen, und das Glück trägt ihn, den „Jäger von Soest", empor. Er gewinnt Ruhm und reiche Beute. Die Woge der Fortuna trägt ihn bis nach Paris, wo er als „beau Allemand" ungeahnte Kavalierserfolge erlangt, aber in die Netze des verfeinerten Lasters gerät. Dann folgt jäher Sturz in entstellende Krankheit und Elend, mühsames Sichdurchschlagen unter Betrügern, Marodeuren und Banditen, bis die Welle ihn wieder emporhebt. In immer neuen Daseinsbereichen und Schicksalen macht er die stets gleiche Erfahrung der Unbeständigkeit aller Dinge, vor allem aber des menschlichen Herzens. Die Not lehrt ihn immer wieder beten, aber kaum davongekommen, sind Reue und gute Vorsätze schnell vergessen. So wird er schließlich Einsiedler auf einsamer Schwarzwaldhöhe. Freilich hat er sich mit Hörrohr und Fernglas versorgt, um den Kontakt zu der geliebten, gehassten Welt nicht ganz zu verlieren. Auch bezweifelt er von vornherein, ob sein Einsiedlertum von langer Dauer sein wird. Diesem ursprünglichen Schluss des Romans fügte Grimmelshausen bald eine Fortsetzung und den endgültigen Abschluss zu: Das unbeständige, viel gescholtene und noch mehr geliebte Leben lockt ihn aufs Neue zur abenteuerlichen Fahrt in die Welt, bis er als Seefahrer an einer einsamen Insel strandet, sich dort robinsonhaft einrichtet und gottwohlgefällig endet.

Aus: Gerhard Fricke/Mathias Schreiber: Geschichte der deutschen Literatur. – Paderborn: Schöningh [20]1988. S. 77.

Die Gliederung des Romans in fünf Bücher verrät einen planvollen Aufbau: Das erste und fünfte Buch zeigen das Einsiedlerleben (= Ausdruck der Weltflucht) als Ausgangs- und Endpunkt. Die Bücher zwei und vier beinhalten die Verstrickung des Helden in die Verworrenheiten des Lebens und seine Lösung daraus; das dritte Buch zeigt, wie der äußere Höhepunkt im Lebensweg der Titelgestalt gleichzeitig den ethischen Tiefpunkt bedeutet. Der große Erfolg des Romans veranlasste den Autor schon 1669 zu einer „Continuatio", die als sechstes Buch angehängt wurde, sowie ab 1669 zu weiteren „Simplizianischen Schriften" in rascher Folge.

2. Das Leben als Theater?

Wenn Sie die Bedeutungsnuancen heutiger Sprachverwendung bedenken – etwa in Äußerungen wie „So ein Theater veranstalten!" oder „War dies ein Theater!" –, wird Ihnen der Sinnumfang des Begriffs „Theater" im Barock durch die folgenden Zeugnisse leicht erschließbar sein.

Bild 1 Theatralisierte Darstellung der Aufbahrung des Herzogs Eberhard III. von Württemberg, 1674

Wird im obigen Bild auf theatralische Weise ein Totenkult inszeniert? Oder handelt es sich auf befremdliche Weise um die Verkennung der Wirklichkeit des Todes und ihre Vertuschung durch den schönen Schein der Schaustellung? Die genaue Betrachtung des Bildaufbaus zeigt den wahren Sinn dessen, was auf den ersten Blick nur als bloße Dekoration erscheint. Was bedeutet es, wenn nicht nur in den Dramen die Sterbeszenen detailliert und feierlich gestaltet werden, sondern wenn auch das tatsächliche Sterben eine pompöse Darstellung erhält, so wie der Tod des musikliebenden Kaisers Leopold I. in Wien, der sein Sterben (am 5. Mai 1705) unter den Klängen der Hofkapelle als imposanten Staatsakt zelebrieren ließ?

Sicher war dies alles auch Ausdruck der Repräsentation und des Strebens nach Wirkung, wie im Zeitalter des Barock alle effektvollen Darstellungen in Kostümen und Uniformen, in Malerei und Architektur sowie in Musik und Dichtung deutlich machen. Gleichzeitig aber bedeutete dieser Aufwand viel mehr. In den „Gesamtkunstwerken" von Oper und Theater, in denen Klänge, Farben und Formen durch die ausgeklügelten Raffinessen einer perfekten Bühnentechnik zum grandiosen Schauspiel arrangiert wurden, werden die bunte Vielfalt der Lebenswirklichkeit, aber auch deren religiöse Dimensionen besonders anschaulich fassbar. Das Barockzeitalter war theaterbesessen wie kaum eine andere Epoche – es gab nicht nur Hof- und Stadttheater, sondern auch zahllose Schul- und Klostertheater – und es verstand das Theater als Sinndeutung des Lebens überhaupt: Vordergründig in seiner eitlen Buntheit und Scheinhaftigkeit, aber darüber hinaus als Bühne der Entscheidung des Menschen zwischen Gut und Böse, zwischen Himmel und Hölle.

Arbeitsanregungen:

1 [a] Vergleichen Sie Ihre Romanfabel mit der Inhaltsangabe.
[b] Inwiefern ist das Ende des Romans charakteristisch für barocke Literatur?

2 Der Roman besteht aus verschiedenen Schichten (vgl. oben), die auch an den abgedruckten Auszügen und der Inhaltsangabe sichtbar werden:
[a] Welche Elemente sind biografisch-historisch?
[b] Worin erkennen Sie Aspekte satirischer Zeitkritik?
[c] Welche Aussagen sind von moralischer und religiöser Bedeutung?
[d] Was ist vor allem unterhaltend?

3 „Das Leben als Abenteuer?" Aus den mitgeteilten Materialien lässt sich die Frage dieses Abschnitts beantworten.
[a] Ordnen Sie die durch die Texte und Bilder erschlossenen Informationen nach Themenbereichen.
[b] Ergänzen Sie Ihre Ergebnisse über das Inhaltsverzeichnis einer ungekürzten Textausgabe des „Simplicissimus".
[c] Erörtern Sie abschließend, ob „Abenteuer" als Schlüsselbegriff ausreicht zur Erfassung des Romans.

Arbeitsanregungen:

1 a Welches der unten abgedruckten Emblemata lässt sich thematisch dem Stück von Gryphius zuordnen?
b Entwerfen Sie zu beiden Emblemata eine subscriptio.

2 a Aus dem Titel, dem Inhalt und dem Personenverzeichnis lassen sich wichtige Aspekte und Ziele des Barocktheaters erkennen.
b Wie erklären Sie den Doppeltitel des Trauerspiels?

3 a Welche Beziehung zwischen Stand und Rolle der Personen wird bei Gryphius deutlich?
b Gruppieren Sie die Personen der „Catharina von Georgien“ nach Spiel und Gegenspiel.
c Welche Hinweise auf den Inszenierungsstil gibt der Kupferstich zu Gryphius „Catharina“?

4 a Entwerfen Sie nach den Regieanweisungen zur ersten Abhandlung (I. Akt) der „Catharina“ ein Bühnenbild.

Die Erste Abhandelung.

Der Schauplatz liget voll Leichen /[1] Bilder / Cronen / Zepter / Schwerdter etc. Uber dem Schau-Platz öffnet sich der Himmel / unter dem Schau-Platz die Helle. Die Ewikeit kommet von dem Himmel / und bleibet auff dem Schau-Platz stehen.

---

b Vergleichen Sie Ihre Skizze mit dem Bild „Aufbahrung des Herzogs Eberhard III.“

Die Themenvielfalt und der Figurenreichtum des Theaters sollen an zwei Beispielen gezeigt werden:

Text 1 **Andreas Gryphius (1616–1664): Catharina von Georgien**
[Personenverzeichnis]

„Katharina von Georgien“ ist eine christliche Königin in der Gewalt eines persischen Herrschers, der, von Liebe zu ihr entflammt, ihre Hand und die Preisgabe ihrer Religion fordert (ein der Zeitgeschichte entnommenes Motiv). Von Akt zu Akt, bis zum qualvollen Märtyrertod, bewährt sich im Wechsel von Angst, Leid und Hoffnung immer leuchtender ihre unerschütterliche Standhaftigkeit, diese höchste und bewundertste Tugend des Zeitalters.

ANDREÆ GRYPHII

Catharina von Georgien

Oder

Bewehrte Beständikeit.

Trauerspill.

Personen des Trauerspills.

CATHARINA. Königin von Georgien.
Salome. / Serena. / Cassandra. } Der Königin Stadt Jungfrauen[1]).
Der Königin Frauen Zimmer[2])
Procopius. / Demetrius. } Gesandten von Georgien.
Ambrosius. Der Prister.
CHACH ABAS. König der Persen.
Seinel Can. / Iman Culi. } Des Königs Geheimeste.
Der Gesandte aus Reussen.
Ein Diner.
Der Blutrichter.

Stumme Personen.

Des Königs aus Persen Hoffeleute.
Zwey Verschnittenen.
Das Hoffgesinde des Reussnischen Gesandten[3]).
Die Reyen[4]) sind des Frauen-Zimmers. Der ermordeter Geister. Der Tugenden. Des Todes und der Libe.

Das Trauerspill beginnet vor Auffgang der Sonnen / und endet sich mit dem Tage. Der Schauplatz ist die Königliche Hoffhaltung zu Schiras in Persen. Die gantze Handelung bildet ab den letzten Lebens-Tag der Königin CATHARINE.

[1]) Aus A übernommener Druckfehler, Dkfvz. B: Statt Jungf = Staats-.
[2]) Es sind 4 Hofdamen, vgl. IV, 397—399.
[3]) Danach in A: Die Hender.
[4]) Chore.

Bild 2 Kupferstich zu Gryphius' Trauerspiel „Catharina von Georgien“

Bild 3

FAIRE TOUT PAR MOYEN.

Bild 4

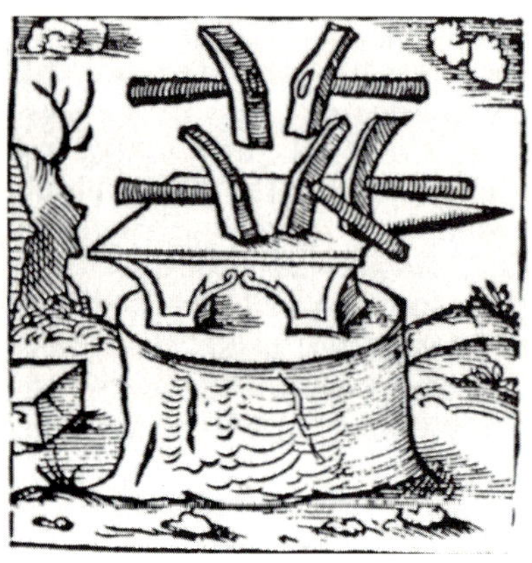

Text 2 **Andreas Gryphius (1616–1664): Catharina von Georgien**
[Schluss des Dramas, Vers 410–448]

In der letzten Szene des Trauerspiels klagt sich der Schah von Persien (= Chach Abas) in einem langen Reuemonolog an, Catharina in einem schrecklichen Martyrium zu Tode gequält zu haben. Am Ende dieser Selbstanklage tritt Catharina als Erscheinung auf, der Schah unterwirft sich ihr.

Chach Abas.
[...]
Princessin schau! Princessin wir bekennen
Entzeptert! auff Kny und mit gewundnen Händen /
Dass wir unrechtmässig dich betrübet /
Dass wir ein Stück an dir verübet;
Welches aller Zeiten Zeit wird grausam nennen.
Princessin heische Rach!
Ach! Ach! Ach!
Laufft! bringt die Mörder umb / die Hand an sie geleget!
Weg Zepter weg! Chach hat hir selber Schuld!
Und trägt der Himmel noch mit uns Geduld!
Start dise Faust die West und Ost beweget!
Komm komm mein Schwerdt! wir haben Macht uns selbst zu straffen!
Was hir! geht Schiras ein! wo knirschen dise Waffen?
Was für Gerase der Trompeten?
Wer zückt die Säbel uns zu tödten?
Der Erden Grund brüllt und erzittert!
Was ist das hinter uns sich wüttert
Wie? oder schreckt uns eitel Phantasy!
Princessin! Ach wir sincken auff die Kny
Wir vor dem sich gantz Osten niderbeuget!
Vergib dem welcher seine Rew mit ewig-bitterm Kummer zeiget!
Catharina. Tyrann! der Himmel ists! der dein Verderben sucht /
Gott läst unschuldig Blut nicht ruffen sonder Frucht.
Dein Lorbeerkrantz verwelckt! dein sigen hat ein Ende.
Dein hoher Ruhm verschwindt! der Tod streckt schon die Hände
Nach dem verdamten Kopff. Doch eh'r du wirst vergehn;
Must du dein Persen sehn in Kriges Flammen stehn /
Dein Hauß durch schwartze Gifft der Zweytracht angestecket /
Biß du durch Kinder=Mord und Nechstes Blutt beflecket
Feind / Freunden und dir selbst unträglich / wirst das Leben
Nach grauser Seuchen Angst dem Richter übergeben.
Chach Abas. Recht so! Princessin! recht! greiff unsern Sigkrantz an.
Bekrige Persens Ruh! reiß was uns schützen kan;
Mit starcker Faust hinweg. Lass nun du schon erblichen
Den wackern Hohmutt aus / dem Abas offt gewichen.
Lass auff dem Brand Altar / dem Schauplatz deiner Pein
Zu lindern deinem Grimm uns selbst ein Opffer seyn.
Doch ist wol herber Rach' und die mehr kan betrüben;
Als dass **Wir / Feindin / dich auch Todt stets müssen liben.**
ENDE.

(v 1663)

NOSCE TE IPSUM.

Erkenne dich selbst!

O Mensch, du würdigster Teil der Welt, verkleinere nicht deinen erhabenen Wert durch knechtisches Wesen. In dir wird ein vollkommenes Abbild der Himmelskreise und der Welt sichbar; lerne daraus deine Herrlichkeit und daraus dein Vermögen erkennen.

SAPIENTIA CONSTANS.

Feststehende Weisheit

Beständige Weisheit überwindet jedes Übel, sie verachtet den Tod und bleibt stark, auch wenn das Unglück donnert.

Die **Stoa** war eine griech.-römische Philosophenschule (gr. nach der Stoa poikile, einer bunt geschmückten Wandelhalle in Athen): Das ethische Ideal der Stoiker ist der Weise, der vernunftgerecht handelt, naturgemäß lebt, seine Affekte beherrscht, auch Leiden in „stoischer“ Ruhe erträgt und der Glückseligkeit (eudaimonia) allein in der sich jedem Schicksal gegenüber bewährenden Tugend erfährt. Denn für die menschliche Vernunft, die Teil der göttlichen Weltvernunft ist, erwachsen Tugend und Glück aus diesem Weltordnungsprinzip. Aus der Stoa entstammt die Idee des Naturrechts und des freien Weltbürgertums, weil alle Menschen – als Teilhaber der einen Vernunft und als Kinder des Vatergottes – gleich und Brüder sind. Etwa 500 Jahre wirkte die Stoa und man unterscheidet drei Phasen: die *ältere* St. im 3. Jh. v. Chr. (mit Zenon, Kleanthes, Chrysipp), die *mittlere* St. im 2./1. Jh. v. Chr. (mit Panaitios und Poseidonios, der Einfluss auf Cicero hatte) und die *neuere* (spätere) St. der römischen Kaiserzeit im 1./2. Jh. n. Chr. (mit Seneca, Epiktet, Marc Aurel).

Arbeitsanregungen:

1 Vergleichen Sie die Texte 1 und 2 mit den Aussagen der Emblemata.

2 Exzerpieren Sie Grundgedanken über die Lebens- und Seinsauffassung aus den Texten Marc Aurels und vergleichen Sie mit dem ‚Amboss'-Emblem (S. 126).

Barocktheater
Das **Trauerspiel:** seit dem 17. Jh. die von Philipp von Zesen eingeführte deutsche Bezeichnung für **Tragödie** (von gr. tragodia = Bocksgesang). Während die antiken Tragödien vom ausweglosen Konflikt des tragischen Helden handeln, sind die Trauerspiele des 17. Jhs. oft **Märtyrerdramen:** Die Märtyrer sind stets von hohem Stande und müssen gegenüber tyrannischen Herrschern ihre Glaubensstärke (ihre „Bewehrte Beständikeit") mit dem Tode bezahlen. Nach der sog. *Ständeklausel* – gültig von der Renaissance bis zu J.Ch. Gottsched (1700–1766) – ist die Tragödie den Schicksalen von Königen, Fürsten und anderen hohen Standespersonen vorbehalten, die nach dem französischen Ästhetiker Ch. Batteux (1713–1780) eine entsprechende *Fallhöhe* haben: Der tragische Sturz eines Helden wird um so tiefer erfahren, je höher dessen sozialer Rang ist. J.E. Schlegel (1719–1749) und vor allem G.E. Lessing (1729–1781) überwanden mit dem bürgerlichen Trauerspiel die Theorien von Ständeklausel und Fallhöhe: Nicht sozialer Rang, sondern ethische Werte (Tugend, Sittlichkeit, Würde etc.) wurden entscheidend für die Verkörperung tragischer Konflikte. Das **Jesuitendrama** in lat. Sprache diente den Jesuiten als Schul-Drama zur religiösen Unterweisung im Zuge der Gegenreformation. Seine Blütezeit erreichte es etwa zwischen 1550 und 1650. Besonders beliebt war das Bekehrungsstück. Jakob Bidermann (1578–1639) aus Ehingen a.d.D. war der bedeutendste Dramatiker des Jesuitenordens, der die Vergänglichkeit des irdischen Glücks und den tiefen Fall aus eitler Überheblichkeit – nach dem formalen Vorbild Senecas – besonders wirkungsvoll gestaltete. – Nach der Vorstellung der Barockzeit konnten bürgerliche und bäuerliche Personen – mit all ihren Schwächen und Unzulänglichkeiten – nur in der **Komödie** (von gr. komoidia aus komos = festlich-ausgelassener Umzug und oide = Gesang) auftreten, weil ihrem Leben Größe und Bedeutsamkeit und damit die Fallhöhe fehlten. – Unverkennbar auf die Typen und die Darstellungsweise der Komödie ist der Einfluss der italienischen **Commedia dell'Arte** (von it. commedia = Schauspiel, Lustspiel und arte = Kunst, Gewerbe): Die volkstümliche Stegreifkomödie entstand um die Mitte des 16. Jhs., wurde durch Wandertruppen im 17./18. Jh. in ganz Europa sehr wirksam und beeinflusste noch das Wiener Volkstheater von Ferdinand Jakob Raimund (1790–1836) und Johann Nepomuk Nestroy (1801–1862). Durch Textimprovisation, eine ausdrucksstarke Mimik und Gestik, allerlei Scherze und Kunststückchen sowie Tanz und Gesang war alles auf

Text 3 **Marc Aurel (121–180 n. Chr.): Selbstbetrachtungen** [Auszüge]

2. Tue nichts in gleichgültig oberflächlicher Weise, handle stets nach einem vorbedachten Plan, worin das Geheimnis aller Kunst beruht! [...]

49. Sei wie der Fels, an dem unablässig die Wellen sich brechen! Unerschüttert steht er da, und um ihn herum beruhigt sich die stürmische See! [...]

33. Wie wenig fehlt noch, und du wirst zu Asche, wie ein Gerippe und bist nur noch ein Name, ja selbst dies nicht mehr! Ein Name ist ja nur leerer Schall und Widerklang. Und all die hochgeschätzten Lebensgüter sind nichtig, brüchig, wertlos, und sie gleichen nur Hunden, die sich herumbeißen, und streitenden Kindern, die bald lachen, bald weinen. Aber Treue und Ehrfurcht, Gerechtigkeit und Wahrheit sind entflohen „zum Olymp, weg von der Erde mit ihren weiten Straßen"! Was ist es also, was dich hier noch fesseln kann, wo doch alles, was mit den Sinnen zu tun hat, so leicht sich wandelt und so unbeständig ist, wo die Sinne selbst trüb sind und unzuverlässig, wo das Etwas, das sich Seele nennt, nur eine Ausdünstung des Blutes ist, und wo es schließlich völlig belanglos ist, bei solchen Wesen etwas zu bedeuten! Was also? Warum wartest du nicht gelassen auf dein Erlöschen, auf deinen Übergang? Bis es aber so weit ist, was bleibt da noch? Doch einzig die Götter zu ehren und zu loben, den Menschen Gutes zu tun, sie zu ertragen oder ihnen aus dem Weg zu gehen und zu bedenken, dass alles weder dein ist noch deiner Macht untersteht, was nicht innerhalb der Grenzen deines Fleisches oder deines Geistes liegt!

34. Stets vermagst du glücklich zu sein, wenn du den rechten Weg zu gehen verstehst und wenn du vernünftig denken und ebenso handeln willst. Denn die Seele Gottes und des Menschen und jedes vernünftigen Wesens haben diese zwei Dinge gemein: sich durch nichts beirren zu lassen und im rechten Denken und Handeln das Gute zu sehen und das Streben darauf einzustellen.

(e ab 168)

Text 4 **Andreas Gryphius (1616–1664): Absurda Comica oder Herr Peter Squenz** [Auszug]

ANDREAS GRYPHIUS
Absurda Comica
oder
Herr Peter Squenz

SCHIMPFSPIEL IN DREI AUFZÜGEN

Spielende Personen

PETER SEQUENZ, Schreiber und Schulmeister zu Rumpelskirchen, Prolog und Epilog
PICKELHERING, des Königs lustiger Rat, Piramus
Meister KRICKS ÜBERUNDÜBER, Schmied, der Mond
Meister BULLA-BUTÄN, Blasebalgmacher, die Wand
Meister KLIPPERLING, Tischler, der Löwe
Meister LOLLINGER, Leineweber und Meistersinger, der Brunnen
Meister KLOTZ-GEORGE, Spulenmacher, Thisbe

Zusehende Personen

THEODORUS, der König
SERENUS, der Prinz
KASSANDRA, die Königin
VIOLANDRA, die Prinzessin
EUBULUS, der Marschall

Die Komödie lehnt sich an die Rüpelszenen in Shakespeares „Sommernachtstraum" an, in denen Handwerker das Rührstück über den Liebestod von Pyramus und Thisbe für den König spielen, der durch das Dorf kommt. Peter Squenz, der Schreiber und Schulmeister aus Rumpelskirchen, schlägt diese „absurda comica" vor, in der er, der sich als bedeutender Mann fühlt, den Prolog und den Epilog übernimmt. Der alberne Text, die tölpelhafte Darbietung und die vielen Entgleisungen („Säue") sind eine scharfe Satire auf das kleinbürgerliche Milieu und auf das krasse Missverhältnis zwischen Wollen und Können der Laiendarsteller. Am Ende des dritten Aufzugs spricht Peter Squenz einen Epilog (ein Nachwort), in dem er die Lehren und Absonderlichkeiten des Stückes mit vielen unfreiwilligen Fehlern zusammenfasst und kommentiert. Danach folgt ein Dialog mit dem herrschaftlichen Publikum.

[…]

THEODORUS. So hat nun diese Tragödie ein Ende?

SQUENZ. Ja, wohledelgeborener Herr König, und mangelt nicht mehr als das Trinkgeld.

THEODORUS. Wie wär's, wenn wir es mit demselben Actu machten, wie ihr mit der Geburt der jungen Löwen, das ist, denselben ganz ausließen?

SQUENZ. Ei, das müsste der Teufel haben! Ei, Herr König, was narret Ihr Euch viel? Ich weiß wohl, Ihr könnet's nicht lassen, Ihr werdet uns ja was geben müssen.

THEODORUS. Herr Squenz, wir sehen, dass es Euch bisweilen an Witz gebricht.

SQUENZ. Fester[1] Junker König, an Geld auch.

THEODORUS. Nun, wir wollen sehen, wie in der Sache Rat zu schaffen. Lasset hören, wie viel Säue Ihr gemacht in Eurer Tragödie.

SQUENZ. Herr König, ich weiß nicht, wie viel Ihr gezählet habet: ich kam mit der Rechnung bis auf zehn.

THEODORUS. Was kostet eine Sau, so groß wie Ihr, in Eurem Dorfe?

SQUENZ. Eine Sau? Eine Sau, so groß wie ich? Die kostet, lass schauen, wie viel gibt man für eine Sau? Zwölf, auch fünfzehn gute Gülden.

THEODORUS. Nun saget mir: zehnmal fünfzehn, wie viel macht das Gülden?

SQUENZ. Bald, bald, verziehet! Ich will es in die Regul detri[2] setzen: eine Sau um fünfzehn Gülden, wie hoch kommen zehn Säue? – – *(Er rechnet mit Kreide auf der Bühne und sagt dann:)* Auf den Füßen kommen sie.

SERENUS. Es fehlet nicht um ein Haar. Lehret Ihr denn Eure Schüler nicht rechnen?

SQUENZ. Ja freilich, wohlweiser Junker, für wen sehet Ihr mich denn an?

SERENUS. Was habt Ihr denn für eine Lehrweise?

SQUENZ. Wenn sie können „einmal eins ist eins" und „zwei mal zwei ist sieben", so gebe ich ihnen ausgelernet und mache sie zu Rechenmeistern, so gut wie Seckerwitz und Adam Riese.

SERENUS. Das müssen vortreffliche Leute werden!

SQUENZ. So schlimm wie kein Rentmeister.

THEODORUS. Wohl, wohl! Marschall, man befehle dem Schatzmeister, dass man den Komödianten so viel mal fünfzehn Gülden gebe, als sie Säue gemacht.

SQUENZ. Großen Dank, großen Dank, lieber Herr König! Hätten wir dieses gewusst, wir wollten mehr Säu' gemacht haben. Doch ich höre wohl, wir bekommen nur Trinkgeld für die Säu', und für die Komödie nichts. Aber es schadet nicht. Wir sind hiermit wohl vergnüget[3]. Gute Nacht, Herr König! Gute Nacht, Frau Königin! Gute Nacht, Junker, gute Nacht, Jungfer, gute Nacht, ihr Herren alle miteinander! Nehmet für dieses Mal mit unsern Säuen vorlieb, auf ein andermal wollen wir deren mehr machen und so große wie der größeste Bauer, der unter dem ganzen Haufen ist.

THEODORUS. Kurzweil genug für diesen Abend! Wir sind müder vom Lachen als vom Zusehen. Man zünde die Fackeln an und begleite uns ins Zimmer!

(1657)

witzige Wirkung angelegt. Vor allem das Typenrepertoire beeinflusste auch die textgebundenen Komödien: Neben dem jugendlichen Liebespaar gab es ernste und heitere Hauptrollen, in denen menschliche Eigenarten und Schwächen karikiert und bestimmten italienischen Regionen zugeordnet wurden: z.B. der gelehrt-schwatzhafte Pedant (Dottore) aus Bologna, der geizige Kaufmann und unersättliche Schürzenjäger (Pantalone) aus Venedig, der gerissene Schelm (Harlekin von ital. Arlecchino) aus Bergamo, der prahlsüchtige Militär (Capitano) und die kokette Dienerin (Colombina) usw.

Arbeitsanregungen:

1. Entwerfen Sie Regieanweisungen und geben Sie Inszenierungsvorschläge für die Darstellung der Schlussszenen beider Stücke.
2. Versetzen Sie sich in die Probenarbeit des Regisseurs. Er will durch textangemessene und wirkungsvolle Darstellung (Rollenbesetzung, Kostüme, Stellung bzw. Bewegungen der Personen, Mimik, Gebärden und Rezitation) das Charakteristische des Trauerspiels und das Charakteristische der Komödie herausarbeiten.
   a) Wie besetzt der Regisseur die Rollen?
   b) Welche Hinweise gibt der Regisseur den Darstellern des Schahs und der Catharina?
   c) Welche Hinweise erhalten die Darsteller von Peter Squenz und Theodorus?
3. Beschreiben Sie den Komödienschluss in einer sorgfältigen Stilanalyse.
   a) Achten Sie dabei auf Formen der Situationskomik.
   b) Wodurch entsteht Wortwitz und welche Funktion haben die absichtlich eingefügten Fehler („Säue")?
4. Diskutieren Sie, ob die Abschnittsüberschrift – „Das Leben als Theater?" – auch ohne Fragezeichen stehen könnte.

III. Die Ordnung der Welt

Die Epoche Barock lässt sich in ihren ‚Gesichtern' beschreiben und über Schlüsselbegriffe deuten. Aber gibt es ein grundlegendes Prinzip, aus dem das Zeitalter zu verstehen ist? „Ordnung" als Leitbegriff mag auf den ersten Blick verwundern für eine Epoche mit so vielen Facetten: Elend, Chaos des Krieges, aber auch Sinnenlust und Reichtum an Farben und Formen in Malerei, Architektur, Musik und Literatur. Und doch: Der oft verwirrenden Vielfalt der Erscheinungen liegt eine letztlich religiös begründete Ordnung zugrunde: in den Rangstufen der Gesellschaft und dem Zeremoniell des öffentlichen Lebens ebenso wie in der Hierarchisierung des Theaterpersonals, dem Aufbau eines Deckenfreskos, einer Fuge oder eines Sonetts.

„Nichts ist schöner, nichts ist fruchtbarer als die Ordnung … Die Ordnung verschafft auf dem riesigen Schauplatz der Welt allen Dingen Wert und Rang und ist gleichsam ihre Seele. Die Ordnung ist in der Kirche Gottes der Nerv des corpus mysticum. Die Ordnung ist das stärkste Band im Staats- und Familienleben […]"
(Alstedt, „Encyclopedia", 1630)

In den Bereichen von Denken, Dichten und Sprechen soll dieses grundlegende Ordnungsprinzip untersucht werden.

---

1 fester: Prädikat des Edelmanns
2 Regul detri: der Dreisatz
3 wohl vergnüget: befriedigt, entschädigt

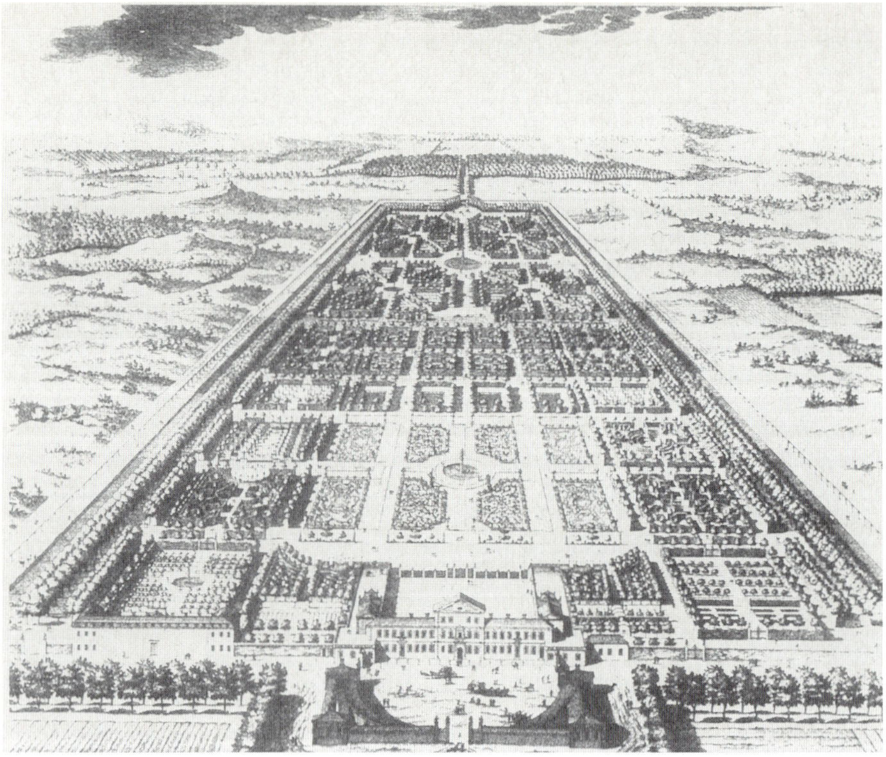

Gesamtansicht des Gartens von Herrenhausen. Stich nach J. J. Müller von J. v. Sasse.

Blaise Pascal (Stich v. G. Edelinck)

Pascal schrieb als *Mathematiker* u.a. Abhandlungen über Kegelschnitte, förderte den Ausbau der Kombinatorik sowie der Wahrscheinlichkeitsrechnung und entwickelte das sog. Pascal'sche Dreieck. Als *Physiker* machte er u.a. Studien über das Vakuum und das Gleichgewicht von Flüssigkeiten. Die Hauptwerke des *Philosophen* Pascal zeigen die paradox erscheinende Synthese aus Rationalismus und Glaubensgewissheit. Folgender Gedanke könnte wie ein Leitmotiv gewertet werden: „Zwei Übertreibungen: Ausschluss der Vernunft. – Nur die Vernunft gelten lassen.“ (Pensées“, Abschnitt 253)

1. Die Ordnung des Denkens

Text 1 **Blaise Pascal (1623–1662): Über die Religion und über einige andere Gegenstände** [Pensées, Auszüge]

Die Frage nach dem Menschen ist für Pascal das wahre Studium. Im Gegensatz zur mittelalterlichen Ordo-Vorstellung sieht Pascal den Menschen zwischen einer doppelten Unendlichkeit – dem unendlich Großen des Alls und dem unendlich Kleinen des Atoms.

[...] Denn, was ist zum Schluss der Mensch in der Natur? Ein Nichts vor dem Unendlichen, ein All gegenüber dem Nichts, eine Mitte zwischen Nichts und All. Unendlich entfernt von dem Begreifen der äußersten Grenzen, sind ihm das Ende aller Dinge und ihre Gründe undurchdringlich verborgen, unlösbares Geheimnis; er ist gleich unfähig, das Nichts zu fassen, aus dem er gehoben, wie das Unendliche, das ihn verschlingt. [...]

Der Mensch als denkendes Wesen wird so gesehen:

Der Mensch ist offenbar zum Denken geschaffen, das ist seine ganze Würde und sein ganzes Verdienst; und es ist seine ganze Pflicht, richtig zu denken. Nun, die Ordnung des Denkens fordert, dass man mit sich selbst beginne, und zwar mit seinem Schöpfer und mit seinem Ende.
Nun, woran denken die Menschen? Daran nie, sondern an Tanzen, Laute spielen, Singen, Dichten, Ringe stechen usw. und daran, sich zu schlagen, sich zum König zu machen, ohne nachzudenken, was es ist, König zu sein, und was es ist, Mensch zu sein. 146

Nur ein Schilfrohr, das zerbrechlichste in der Welt, ist der Mensch, aber ein Schilfrohr, das denkt. Nicht ist es nötig, dass sich das All wappne, um ihn zu vernichten: ein Windhauch, ein Wassertropfen reichen hin, um ihn zu töten. Aber, wenn das All ihn vernichten würde, so wäre der Mensch doch edler als das, was ihn zerstört, denn er weiß, dass er stirbt, und er kennt die Übermacht des Weltalls über ihn; das Weltall aber weiß nichts davon.
Unsere ganze Würde besteht also im Denken, an ihm müssen wir uns aufrichten und nicht am Raum und an der Zeit, die wir doch nie ausschöpfen werden. Bemühen wir uns also, richtig zu denken, das ist die Grundlage der Sittlichkeit. 347 (e 1669)

Text 2 **Gottfried Wilhelm Leibniz (1646–1716). Die Theodizee von der Güte Gottes, der Freiheit des Menschen und dem Ursprung des Übels** [Auszug]

In seiner „Theodizee“ rechtfertigt Leibniz den Glauben an Gottes allmächtige und allweise Güte und kommt zu dem Ergebnis, dass unsere Welt die beste aller möglichen Welten ist, in der das vorhandene Übel durch die Harmonie des Ganzen ausgeglichen wird.

Leibniz sieht in Gott den ersten Grund aller Dinge, weil er notwendig und ewig ist sowie die höchste Weisheit und Güte besitzt. Er konnte deshalb nur das Beste schaffen. Leibniz fährt fort und behauptet,

[...]
dass, wenn es keine beste *(optimum)* unter allen möglichen Welten gäbe, Gott gar keine geschaffen haben würde. Ich nenne *Welt* die ganze Folge und Ansammlung aller bestehenden Dinge, damit man nicht sage, dass verschiedene Welten zu verschiedenen Zeiten und an verschiedenen Orten bestehen konnten; denn diese müssten alle zusammen für eine Welt oder, wenn man will, für ein Universum gelten. Und wenn man auch alle Zeiten und alle Orte anfüllte, so bleibt es doch allemal wahr, dass man sie auf unendlich viele Arten hätte anfüllen können, und dass es unendlich viele mögliche Welten gibt, von denen Gott die beste gewählt haben muss, da er nichts tut, ohne der höchsten Vernunft gemäß zu handeln.

9. Ein Gegner, der auf dieses Argument nichts entgegnen kann, wird nun vielleicht auf die Schlussfolgerung mit einem entgegengesetzten Argument antworten, indem er behauptet, dass die Welt ohne Sünde und ohne Leiden hätte sein können: allein ich bestreite, dass sie dann *besser* gewesen wäre. Denn man muss beachten, dass in jeder der möglichen Welten alles eng miteinander verknüpft ist: das Universum, welches es auch sein mag, ist völlig aus einem Stück, wie ein Ozean. Die geringste Bewegung erstreckt hier ihre Wirkung bis auf die weiteste Entfernung, wenn auch diese Wirkung im Verhältnis zur Entfernung immer weniger spürbar wird, so dass Gott, da er die Gebete, die guten und schlechten Taten und alles Übrige vorhersah, alles ein für allemal im Voraus geordnet hat; und jedes Ding hat vor seinem Dasein *in der Vorstellung* bei dem Entschluss mitgewirkt, der über das Dasein aller Dinge gefasst worden ist. Deshalb kann im Universum (nicht mehr als bei einer Zahl) unbeschadet seines Wesens oder, wenn man will, seiner *numerischen Individualität* nichts geändert werden. Wenn also das geringste Übel, das in der Welt geschieht, in ihr fehlte, so würde sie nicht mehr diese Welt sein, die, alles in Rechnung gestellt, von dem Schöpfer, der sie erwählt hat, als die beste befunden worden ist.

10. Allerdings kann man sich mögliche Welten ohne Sünde und ohne Elend vorstellen und könnte daraus etwas schaffen, was Romanen, Utopien und Sevaramben[1] gleicht, aber diese Welten würden im Übrigen der unseren bedeutend nachstehen. Ich kann das nicht im Einzelnen zeigen, denn wie könnte ich Unendlichkeiten kennen, darstellen und miteinander vergleichen? Man muss es vielmehr mit mir *ab effectu*[2] schließen, da Gott diese Welt gewählt hat, so wie sie ist. Überdies wissen wir ja, dass ein Übel oft ein Gut bewirkt, das man ohne jenes Übel nicht erlangt haben würde. Häufig haben sogar zwei Übel ein großes Gut herbeigeführt: [...] (1710)

Die **Theodizee** (von gr. theos = Gott und dike = Recht) wurde als Begriff von Leibniz eingeführt und bedeutet dem Wortsinn nach die Rechtfertigung Gottes hinsichtlich des von ihm in der Welt zugelassenen Übels.

Arbeitsanregungen:

1 a Worin sieht Pascal Größe und Grenzen des Menschen?
b Durch welche Gedanken erweist sich Pascal besonders deutlich als Philosoph einer Übergangsepoche?

2 a Notieren Sie in Thesen (mit Argumenten und Beispielen) Ihre Auffassung zu folgenden Behauptungen:
- Die Welt ist gut, so wie sie ist.
- Die Welt ist schlecht, so wie sie ist.

b Vergleichen Sie Ihren Gedankengang mit den zentralen Aussagen von Leibniz.
c Wieso ist es Ausdruck modernen Denkens, wenn im 17./18. Jahrhundert der eigene Glaube philosophischer Rechtfertigung bedarf?

Wie aber lassen sich die *Hexenverfolgungen* der Überschrift „Ordnung des Denkens“ zuordnen? Über eine Million Frauen fiel der Hexenverfolgung vom 15.–18. Jahrhundert zum Opfer: Die letzten Hexenverbrennungen im deutschen Sprachraum fanden 1728 in Berlin, 1775 in Kempten und 1782 im schweizerischen Glarus statt. Um trotz dieser schrecklichen Daten den Denkfortschritt in der Epoche des Barock zu verstehen wird ein Blick auf die unmittelbare Vorgeschichte notwendig. Ausgangspunkt war die sog. Hexenbulle Innozenz’ VIII. (1484), die das „Hexenunwesen“ in Deutschland ausführlich darstellt, die Inquisitoren Institoris und Sprenger ausdrücklich unterstützte und den zunächst großen Widerstand des Volkes und des Klerus gegen die Inquisition durch die Androhung drastischer Strafen brechen wollte. Darauf gestützt und auf den „Malleus maleficarum“ (1487, zu deutsch „Hexenhammer“) der Kölner Dominikaner Jakob Sprenger (1436/38–nach 1494) und Heinrich Institoris (um 1430–1505) entwickelte sich in Deutschland ein unvorstellbarer Hexenwahn.

[1] Sevaramben: nach dem utopischen Roman „Histoire des Sevarambes“ von Denys Veiras oder Vairasse (ca. 1635–1685); 1675 in London, 1677 in Paris erschienen
[2] ab effectu: aus dem Ergebnis

Friedrich von Spee stammte aus alter rheinländischer Adelsfamilie, trat 1610 dem Jesuitenorden bei und wirkte als Lehrer, Professor für Moraltheologie und als Seelsorger u.a. in Paderborn, Würzburg, Köln und Trier, wo er nach seiner Sammlung geistlicher Lieder „Trutz Nachtigal" (um 1620, gedruckt 1649) zum wichtigsten Vertreter des katholischen Kirchenliedes in Deutschland wurde.

Text 3

Friedrich Spee von Langenfeld, genannt Friedrich von Spee (1591–1635): Cautio Criminalis oder Rechtliches Bedenken wegen der Hexenprozesse

[Auszug]

CAUTIO
CRIMINALIS
Oder
RECHTLICHES BEDENKEN
WEGEN DER HEXEN=
PROZESSE
FÜR DIE OBRIGKEITEN
Deutschlands gegenwärtig notwendig,
Aber auch
FÜR DIE RATGEBER UND BEICHTVÄTER
der Fürsten, für Inquisitoren, Richter, Advokaten, Beichtiger der Angeklagten, Prediger, und andere sehr nützlich zu lesen.
VON
EINEM UNGENANNTEN RÖMISCHEN
THEOLOGEN
ZWEITE AUFLAGE.

FRANKFURT,
Bei Johannes Gronaeus Austrius.
1632

Friedrich von Spees „Cautio Criminalis" erschien zunächst anonym und nach Bekanntwerden des Verfassers war die Veröffentlichung lebensgefährlich. Als Beichtvater vieler Verurteilter hatte der Jesuitenpater nicht nur die Grausamkeit der Verfahren kennen gelernt, sondern er sah auch, dass von den nahezu 200 zum Tode verurteilten Frauen, die er zum Scheiterhaufen begleitete, keine wirklich schuldig war. Den vor allem durch Institoris und Sprenger verbreiteten Glauben an eine Unzahl von Hexen in Deutschland sah Friedrich von Spee aus zwei Quellen genährt: Aus „Unwissenheit und Aberglauben" sowie aus „Neid und Missgunst des Volkes". „Die Hexenverfolgungen hatten ja für alle, die sich an ihnen als Jäger und als Antreiber beteiligten, sehr irdische Vorteile. Die Obrigkeit bereicherte sich an den eingezogenen Gütern der Zauberer; Richter und Inquisitoren erhielten Kopfgelder nach der Zahl der Verurteilten; das Handwerk der Scharfrichter und Folterknechte blühte und es konnte kein wirksameres Mittel geben, sich eines Feindes oder sonst lästigen Mitbürgers zu entledigen, als ihn der Hexerei zu verdächtigen. All dies aber durfte sich mit dem Gehorsam gegen das Gesetz Gottes schmücken, das die unnachsichtige Ausrottung der Magier zur Gewissenspflicht machte." (Joachim-Friedrich Ritter in der Einleitung zur deutschen Ausgabe, S. XXII.) Um den Vorwurf des Atheismus und der Ketzerei nicht auf sich zu ziehen leugnete Friedrich von Spee die Existenz von Hexen nicht direkt, doch klingen mittelbar viele Zweifel an. Er wandte sich in den 51 Fragen und Antworten seiner „Cautio Criminalis" gegen die Ungerechtigkeit und Grausamkeit der Prozesspraxis: Indem er die Glaubwürdigkeit der erpressten Geständnisse anzweifelte und die Haltlosigkeit der Denunziationen nachwies, konnte er den Verurteilungen die Grundlagen entziehen. – Christliche Nächstenliebe (die Caritas christiana), Gebote des Naturrechts (des Jus Naturale) und der ‚gesunde Menschenverstand' (die recta Ratio) sind die Triebkräfte von Friedrich von Spees Kampfschrift.

In der 51. Frage des Schlusses fasst der Autor seine Hauptgedanken zusammen, wobei er an einem Fall die absolute Ausweglosigkeit zeigt: Unabhängig davon, ob die oder der Beschuldigte unter der Folter gesteht oder standhaft bleibt, am Ende steht die Verbrennung.

[...] 46. Daraus ist denn auch ein E r g e b n i s abzuleiten, das man rot anstreichen sollte: Wenn nur die Prozesse unablässig und eifrig betrieben werden, dann ist heute niemand, gleich welchen Geschlechtes, in welcher Vermögenslage, Stellung und Würde er sei, mehr sicher genug, sofern er nur einen verleumderischen Feind hat, der ihn verdächtigt und in den Ruf bringt, ein Zauberer zu sein. So steuern wahrhaftig, wohin ich mich nur wende, die Verhältnisse auf ein entsetzliches Unglück hinaus, sofern nicht anderweit Vorsorge getroffen wird. Ich habe es schon oben gesagt und wiederhole es hier ganz kurz: Mit Feuerbränden kann man diese Hexenplage, was es mit ihr auch auf sich haben mag, nicht vertilgen, wohl aber auf eine andere Weise, fast ganz ohne Blutvergießen und mit dem nachhaltigsten Erfolge. Aber wer will davon erfahren? Ich hatte noch mehr sagen wollen, aber der Schmerz übermannt mich, sodass ich diese zusammenfassende Übersicht nicht sorgfältig und vollständig zu Ende führen noch, was sonst recht nutzbringend sein würde, eine deutsche Übersetzung ins Auge fassen kann. Vielleicht werden einmal Männer kommen, die dem Vaterland und der Unschuld zuliebe das Werk ganz vollenden. Um dies eine endlich beschwöre ich alle gebildeten, frommen, klugen und besonnenen Beurteiler (denn die übrigen sind mir gleichgültig) um des Gerichts des allmächtigen Richters willen, dass sie das, was wir in diesem Buche niedergeschrieben haben, recht aufmerksam studieren und bedenken. Das Seelenheil aller Obrigkeiten und Fürsten ist in großer Gefahr, wenn sie nicht sehr aufmerksam sein wollen. Sie mögen
sich nicht wundern, wenn ich sie zuweilen heftig und leidenschaftlich ermahne;
es gebührt mir nicht, unter denen zu sein, die der Prophet stumme
Hunde heißt, die nicht zu bellen wissen.
Sie mögen auf sich und ihre ganze Herde
Acht geben, die GOTT einstmals strenge
aus ihrer Hand zurück-
fordern wird.

(1631 lat., 1649 dt.)

Arbeitsanregungen:

1 [a] Gehen Sie von Ihren Assoziationen zum Titel „Der Hexenhammer" aus und vergleichen Sie damit die Hauptthese Friedrich von Spees.
[b] Erörtern Sie die Wertung der „Cautio Criminalis" (Text 3) als „eines der mutigsten Bücher" des 17. Jahrhunderts (Richard Newald).
[c] Worin geht Christian Thomasius (Text 4) über die Auffassung Friedrich von Spees hinaus und warum steht er damit bereits „an der Schwelle der Aufklärung"?

2 Jakob Sprenger und Heinrich Institoris fordern im „Hexenhammer" (1487) für Hexen die allerschwersten Strafen, weil deren Verbrechen über alle andern Schandtaten hinausgingen, da sie nicht nur Abgefallene seien, sondern den Dämonen auch „Leib und Seele" preisgäben. Entwerfen Sie ein fiktives Streitgespräch zwischen den Autoren des „Hexenhammers" einerseits und Friedrich von Spee sowie Christian Thomasius andererseits.

3 Wählen Sie eine der folgenden Aufgaben:
[a] Schreiben Sie einen Leserbrief über heutige Menschenrechtsverletzungen, in den Sie Ihr Wissen über die Hexenverfolgungen und den Kampf dagegen einbeziehen.
[b] Fassen Sie die Ergebnisse dieses Abschnitts über Hexenverfolgung und den Kampf gegen sie in einem Kurzreferat zusammen.

Text 4 Christian Thomasius (1655–1728): Vom Laster der Zauberei [Auszüge]

Mit seinen beiden Hauptwerken – „Vom Laster der Zauberei" („De Crimine Magiae", 1701) und „Über die Hexenprozesse" („Processus Inquisitorii contra Sagas", 1712) – setzte er bewusst den Kampf Friedrich von Spees fort und wurde zum erfolgreichsten Gegner des Hexenwahns. Zumindest für Preußen gab er den endgültigen Anstoß zur Abschaffung der Hexenprozesse. Wie weit er über seinen großen Vorläufer hinausgeht, zeigen die folgenden Textausschnitte.

§ 6
Dass ein Teuffel sey, der in den Gottlosen herrsche, wird zugegeben, aber geleugnet, dass ein Laster der Zauberey sey.
Gleichwie nun Goedelman zwar das Bündnis der Zauberer mit dem Teuffel zugelassen, der Hexen ihres aber mit dem Satan geleugnet; Becker hingegen, wo nicht den Teuffel selbst, doch gewiss seine Macht und Wirckung über die Menschen in Zweiffel gezogen, der Auctor aber, welcher die Cautionem Criminalem geschrieben, sich nur so gestellet, als glaubte er der Hexen Existenz und derselben Bündnisse mit dem Satan, der gemeine Pöbel endlich und die Halb-Gelehrten in der völligen Einbildung stehen, es sey nicht nur in der That ein Teuffel, sondern es gebe auch viele Hexen, und dass die bißhero gewöhnlichen und wieder sie angestellete Hexen-Processe höchst löblich und billich wären, solches auch nicht allein sich selbst; sondern auch andern weißzumachen bemühet gewesen: also gehe ich voritzo von allen diesen Meynungen ab, und statuire, dass: zwar ein Teufel ausser dem Menschen sey, und dass derselbe gleichsam von aussen, jedoch auf eine innerliche und unsichtbare Weise in den Gottlosen sein Werck treibe; ich leugne aber hinwiederum, dass Hexen und Zauberer gewisse Verträge mit dem Satan aufrichten solten, und bin vielmehr versichert, dass alles, was dißfalls geglaubet wird, nichts anders, als eine Fabel sey, so aus dem Jüden-Heyden- und Pabsthum zusammen gelesen, durch höchst unbillige Hexen-Prozesse aber, die so gar auch bey den Protestirenden eine Zeithero gebräuchlich gewesen, bestätigt worden.

§ 56
Die eintzige Behutsamkeit bey den Hexen Processen ist diese, dass der Fürst keinen Process verstatte, noch die Unter Richter wieder das Laster der Zauberey inquiriren.
§ 96. [...] (1701)

Christian Thomasius (geb. 1655 in Leipzig, 1728 gest. in Halle) war Rechtslehrer und Philosoph, der das Deutsche als Sprache der Wissenschaft besonders förderte: 1687 kündigte er – wohl als erster Hochschullehrer – seine Vorlesungen in dt. Sprache an; die „Monatsgespräche" (1688–1690) waren die erste wissenschaftlich-literarische Zeitschrift in dt. Sprache.
Als Jurist schloss er sich den Naturrechtslehren („De iure naturae et gentium", 1672) des Freiherrn Samuel von Pufendorf (1632–1694) an. Thomasius vertrat früh Ziele der Aufklärung und wirkte gegen Vorurteile aller Art, vor allem aber gegen Folter und Hexenprozesse.

Die Epoche des Barock

(1600–1720): < port. barocco = schiefrunde Perle; um 1800 auf bildende Kunst bezogen; im 19. Jh. als Stilbegriff

	Dichtungslehre:	*Lyrik:*	*Epik:*	*Dramatik:*
Literaturgeschichte	Martin Opitz (1597–1639) „Buch von der dt. Poeterei“ (1624): Regeln über Sprache, Verskunst, Gattungen Dt. Sprachgesellschaften: (z.B. „Elbschwanenorden“, „Rosenorden“) gegen Fremdwörter, Dialekt, Grobianismus. – Chr. Thomasius hielt 1687 in Leipzig die erste deutschsprachige Vorlesung.	1. Gelehrtenkunst: M. Opitz: Ode, Sonett 2. Manierismus: Chr. Hofmann von Hofmannswaldau (1617–1679) (= inhaltliche und formale Übersteigerung) 3. Vanitas (Eitelkeit): A. Gryphius (1616–1664) 4. Gelegenheits- und Naturgedichte: Paul Fleming (1609–1640), z.T. volksliedhaft 5. Geistliche Lyrik a) Evang. Kirchenlied: Paul Gerhardt (1607–1676) b) Kath. Lyrik: Friedrich von Spee (1591–1635) 6. Angelus Silesius: (J. Scheffler; 1624–1677) barocke Mystik 7. Epigramme: Friedrich von Logau (1604–1655)	1. Jakob Böhme (1575–1624): barocke Mystik 2. a) H. J. Chr. v. Grimmelshausen (1621/22–1676): Barockroman „Simplicissimus“ b) Daneben höfischer Roman, Reiseroman, Schäferroman 3. Abraham a Sancta Clara (1644–1709: bürgerlich Ulrich Megerle aus Kreenheinstetten bei Meßkirch): Wiener Hofprediger (vgl. Kapuzinerpredigt in „Wallensteins Lager“)	1. Jesuitendrama: z.B. J. Bidermann (1578–1639) aus Ehingen: „Cenodoxus, der Doktor v. Paris“ 2. A. Gryphius: Begründer des dt. Trauerspiels: „Leo Arminius“ „Katharina von Georgien“ „Carolus Stuardus“ (über Hinrichtung Karls I. 1649) „Cardenio u. Celinde“ (mit bürgerlichem Stoff) „Papinianus“ Lustspiele: „Absurda Comica oder Herr Peter Squenz“ „Horribilicribrifax“ 3. D. K. v. Lohenstein (1635–1683) Trauerspiele

Antithetisches Lebensgefühl und dualistisches Weltbild ↕
1. Pessimismus und Todesangst: Unbeständigkeit, memento mori, vanitas → Askese, Mystik
2. Lebensgier, Leidenschaft, ausschweifendes Leben → carpe diem!
← gegen das Chaos die strenge Form

Kulturelle Zentren: höfisches Mäzenatentum (Wien); Bürgerbarock: Hamburg, Nürnberg, Leipzig; Schlesien
Spanien: Cervantes, Lope de Vega, Calderon; *Frankreich:* Boileau, Corneille, Racine, Molière, La Fontaine

Kulturgeschichte

Musik: Monteverdi, Corelli, Vivaldi; Lully, Rameau; Schütz, Buxtehude, J. S. Bach (1685–1750), G. F. Händel (1685–1759)
Philosophie: F. Bacon; J. Locke; B. Spinoza; R. Descartes; G. W. Leibniz
Staatslehre: F. Bacon: „Nova Atlantis“; Campanella: „Sonnenstaat“; Hugo Grotius: Naturrecht, Völkerrecht
Malerei: El Greco, Velázquez, Murillo; Rubens, van Dyck, Rembrandt, F. Hals
Architektur: Kirchen, Schlösser, Residenzen u.a.: Bernini; B. Neumann; Gebr. Asam; Fischer v. Erlach; A. Schlüter
Naturwissenschaft: G. Galilei (1564–1642); J. Kepler (1571–1630); J. Newton (1643–1727)

Politische Geschichte

Zeit der *Gegenreformation* – des *Dreißigjährigen Krieges* (1618–1648) – und des *Absolutismus*

Aufstieg der dt. *Reichsfürsten:*
- Brandenburg-Preußen: Friedrich Wilhelm I. (1640–1688); Friedrich III. (1688–1713) ab 1701 König Friedrich I.
- Bayern (Wittelsbach); Sachsen (Wettin); Hannover (Braunschweig-Lüneburg)

Russland: 1613–1762 Haus Romanow; 1689–1725 Peter der Große: gewaltsame Reformen nach westeuropäischem Vorbild
Frankreich: 1624–1642 Richelieu; 1643–1661 Mazarin; 1661–1715 Ludwig XIV.: Vollendung des Absolutismus
England: 1603–1648 Stuarts; 1642–1648 Bürgerkrieg; 1649–1660 Republik; 1660–1688 Restauration der Stuarts; ab 1689 Konstitutionelle Monarchie

1608 Protest Union 1609 Kath. Liga	1628 Petition of Rights	1648 Westf. Friede	1659 Pyrenäenfrieden	1683 Belagerung Wiens	1689 Declaration of Rights

(Renaissance etwa 1470–1600) ← → **(Aufklärung, etwa 1720–1785)**

2. Gegen das Chaos die strenge Form

Bildende Künstler und Dichter des 20. Jahrhunderts haben – trotz des Abstands von fast dreihundert Jahren – oft erstaunlich enge Beziehungen zur Epoche Barock. Auf den ersten Blick scheint es sich um äußerliche Gemeinsamkeiten der Gestaltung zu handeln, wie die folgenden Texte zeigen.

Text 1 **Johann Christoph Männling (1658–1723): Todten-Bahre**

Mein Wanderer steh still allhier /
Es liegt der Tugend=glantz und Zier /
Auf dieser schwartzen Todten=Baare /
Das Leich=Tuch deckt die muntren Jahre /
Jedoch der Nach=Klang / rufft noch aus:
Hier ist der Ruh ihr sichres Hauß /
Dahin der Seelige den matten Leib verstecket /
Biß einsten Sand und Grauß /
Wird durch den Lebens=Geist des Höchsten stehn erwecket
Da wird der Tod / Gleich Phoenix Bruth /
Und sein Geboth / In frischem Muth /
Wie Eyß zergehn / Itzt bleibt der Ruhm /
Er aber stehn / Sein Eigen=Thum /

(Erstdruck 1704)

Text 2 **Reinhard Döhl (*1934): Apfel**

(v 1965)

Arbeitsanregungen:

1 Worin lassen sich der Garten Herrenhausen bei Hannover (S. 130) und die Texte 1 und 2 vergleichen?

2 Die Texte 1 und 2 sind *Figurengedichte.*
a Geben Sie eine Definition dieser Art der Lyrik.
b Vergleichen Sie das barocke Figurengedicht mit dem modernen Beispiel von Reinhard Döhl.

Weit über das Visuelle hinaus gehen grundsätzliche Gemeinsamkeiten, vor allem mit Dichtern des sog. Expressionismus (etwa zwischen 1910 und 1925, vgl. S. 318ff.): Es war das epochale Bewusstsein eines äußerlich und innerlich absolut bedrohten Daseins – im 17. Jahrhundert ebenso wie in der Zeit um den Ersten Weltkrieg. Natürlich wurden aus der Zeitdiagnose jeweils andere Konsequenzen gezogen, aber die Dichter des 17. und des 20. Jahrhunderts wählten aus ganz ähnlichen Gründen oft die Gedichtform des *Sonetts.* Dieses soll im Folgenden Interpretationsschwerpunkt sein. Es geht dabei darum früher gewonnene Einsichten und Fertigkeiten im Interpretieren (vgl. Einführung, S. 27f., 47ff.) anzuwenden und zu systematisieren.

Text 3 **Andreas Gryphius (1616–1664): Thränen des Vaterlandes** [Siehe S. 112]

Text 4 **Andreas Gryphius: Es ist alles eitel.** [Erstmals gedruckt 1637; hier in der veränderten Fassung „letzter Hand" von 1663]

Du siehst, wohin du siehst, nur Eitelkeit auf Erden.
Was dieser heute baut, reißt jener morgen ein,
Wo itzund[1] Städte stehn, wird eine Wiesen sein,
Auf der ein Schäferskind wird spielen mit den Herden.

Was itzund prächtig blüht, soll bald zertreten werden.
Was itzt so pocht[2] und trotzt, ist morgen Asch und Bein.
Nichts ist, das ewig sei, kein Erz kein Marmorstein.
Itzt lacht das Glück uns an, bald donnern die Beschwerden.

Der hohen Taten Ruhm muss wie ein Traum vergehn.
Sollt denn das Spiel der Zeit, der leichte Mensch bestehn?
Ach, was ist alles dies, was wir vor köstlich achten,

Als schlechte Nichtigkeit, als Schatten, Staub und Wind,
Als eine Wiesenblum, die man nicht wiederfind't.
Noch will, was ewig ist, kein einig[3] Mensch betrachten.

(v 1663)

[1] itzund: jetzt
[2] pocht: hochmütig ist
[3] einig: einziger

Arbeitsanregungen:

1 Durch genaues Beobachten und Beschreiben können Sie wichtige Merkmale des Sonetts selbst erkennen und das Gedicht auf dem Zeithintergrund seiner Entstehung verstehen. Sie sollten immanente und textexterne Aspekte miteinander verbinden.
a Sprechen Sie das Gedicht laut und halten Sie – unter Beachtung des Titels – Ihren Gesamteindruck fest.
b In Annäherung an den Originaltext ist das Sonett ohne strophische Gliederung sowie in der ursprünglichen Orthographie und Interpunktion wiedergegeben. Welchen Zusammenhang erkennen Sie zwischen dem *Aufbau* (in zwei vierzeiligen und zwei dreizeiligen Strophen, sog. Quartetten und Terzetten) und der Anordnung kriegerischer Bilder? Beachten Sie dabei auch die Endreime.

2 a Ermitteln Sie die Wirklichkeitsbereiche, auf die folgende Bilder und Wendungen hinweisen: „die rasende Posaun", „das vom Blutt fette Schwerdt", „die donnernde Carthaun", „die Türme", „die Kirch", „das Rathauß", „die Starken" und „die Jungfern". Was will die Umschreibung „dreymal sind schon sechs Jahr" ausdrücken?
b Bestimmen Sie den gedanklichen Höhepunkt des Sonetts und versuchen Sie von hier aus eine Deutung.

Die Technik des **pars pro toto** (von lat. der Teil (steht) für das Ganze) ist eine Stilfigur des sog. „uneigentlichen" Sprechens, die einen Teil einer Sache nennt und damit das Ganze meint. Z.B.: „Ich besitze ein eigenes Dach" (= Haus). „Er zählt stolze 21 Lenze" (= Jahre). (Vgl. Metonymie, Einführung, S. 26)

Andreas Gryphius, Ölgemälde eines unbekannten Meisters. Nach: Geschichte der deutschen Literatur in Bildern

Widerstand des Schicksals

Was soll ich tun? das neidische Schicksal widersteht dem glücklichen Beginn, so dass ich meinen Lauf nicht fortsetzen kann.

Andreas Gryphius (= Andreas Greif) wurde 1616 in Groß-Glogau a.d. Oder (Schlesien) als Sohn eines lutherischen Pastors geboren; von Katholiken wurde die Familie drangsaliert. Mit 5 Jahren verlor der Junge den Vater, mit 11 Jahren die Mutter und sein Erbe. Feuersbrunst zerstörte seine Schule in Görlitz; seine Schule in Fraustadt wurde wegen der Pest geschlossen. Mit 17 Jahren besuchte er das Gymnasium academicum in Danzig und erlebte hier 1634–36 zwei glückliche Jahre. Beim schlesischen Hofpfalzgrafen Georg Schönborner in Schönborn wurde Gryphius mit 20 Jahren Hauslehrer und erfuhr einen Aufschwung der „Fortuna": Der Einundzwanzigjährige wurde 1637 von Schönborner zum Poeta laureatus gekrönt, erhielt die Magisterwürde und das Dozentenrecht. Mit den Söhnen des Grafen machte er mitten im Krieg eine große Bildungsreise: Stationen waren Holland (1638–44) mit juristischen Studien und einer Dozentur in Leiden, dem damaligen Zentrum europäischer Bildung. In Holland lebten die berühmten Dramatiker Pieter Corneliszoon Hooft (1581–1647) und Joost van den Vondel (1587–1679), hier gab es eine große Theatertradition. – In Frankreich (1645) erlebte Gryphius die Dichter Pierre Corneille (1606–1684) und Jean Baptiste Molière (1622–1673), in Italien den Aufstieg der Oper

M1 Gedichtinterpretation

Interpretation als *Prozess* der Untersuchung und des Verstehens lässt sich als planvolles *Verfahren* von jedem lernen. In dem folgenden *Drei-Phasen-Modell* erkennen Sie eine Differenzierung des bereits bekannten Dreischritts (vgl. Einführung, S. 27f., 47ff.).

1. Phase: Gesamteindruck und erstes Gesamtverständnis

1.1 Gehen Sie von *Erwartungen* aus, die der Titel auslöst, und notieren Sie dann Ihren *Gesamteindruck.* (Wenn es möglich ist, sollten Sie laut oder halblaut rezitieren. Wenn dies nicht geht, ist ein „vorgestelltes Sprechen" i.S. einer still simulierten Rezitation ein sinnvoller Ersatz.)

1.2 Halten Sie dann bei weiteren Leseversuchen Ihre Beobachtungen zu *Auffälligkeiten* und Ihre Fragen zu *Befremdlichem* bzw. Unverständlichem fest.

1.3 Vielleicht gelingt es Ihnen schon jetzt, Beobachtungen über die *Sinnrichtung* des Gedichts und Belege oder Begründungen dafür zu notieren.

1.4 Was Ihnen für die *Einleitung* und für den *Schluss* wichtig erscheint, halten Sie während der Arbeit ebenfalls fest. (Wenn Sie dazu ein eigenes Blatt verwenden und Ihre Notizen mit Platz für Ergänzungen festhalten, wird ein planvolles Arbeiten möglich.)

2. Phase: Auffälligkeiten von Aussage und Form in ihrer Wechselbeziehung

Eine sorgfältige Beschreibung des Textes ist unerlässlich für genaue und begründbare Ergebnisse.

2.1 Erarbeiten Sie nun die *Stoffsammlung* eng am Text, Zeile für Zeile.

2.1.1 Achten Sie dabei zuerst auf die *inhaltliche Abfolge* (den Aufbau):
- Was meint die Überschrift dieses Gedichts im Vergleich zu Ihrem heutigen Sprachverständnis von „eitel"?
- In welchem Verhältnis stehen die Einzelaussagen der beiden Quartette zueinander?
- Wie ist die Beziehung der beiden Terzette zu den Quartetten?
- Welche besondere Funktion hat die letzte Zeile?
- Vergleichen Sie die erste und die letzte Zeile.

2.1.2 Berücksichtigen Sie gleichzeitig die *Form* der Aussagen:
- Welche Besonderheiten zeigen Satzbau und Wortwahl?
- Worin sehen Sie den Sinn der Beispielhäufungen und worin bestehen die Eigenarten der Bilder?
- Wie lassen sich die Merkmale von Metrum, Rhythmus und Reim beschreiben?

(Zu stilistischen Mitteln vgl. Einführung, S. 25ff., 75ff.)

Um die Wechselbeziehung zwischen inhaltlichen und formalen Elementen am besten zu erkennen empfiehlt sich die Anlage einer *tabellarischen Stoffsammlung* auf DIN A4, Querformat (vgl. Einführung, S. 47ff.).

Verfahren Sie etwa so:

Zeilen	Inhalt/Probleme-Aufbau ⇄	Formmerkmale ⇒	Deutung (Sinn)
1	Du-Anrede Überschrift als Behauptung wiederholt (These)	Wortwiederholungen (Kumulation) Ausrufezeichen sechsfüßiger Jambus, Zäsur nach der 3. Hebung	Persönliche Beziehung Eindringlichkeit, Verstärkung Pause schafft Zweiteilung: Kontrast

2.2 Versuchen Sie nun, nach erneuter Lektüre des Sonetts, in einer knappen *Inhaltswiedergabe* (einem Resümee) in eigenen Worten aufzuschreiben, wie Sie das Gedicht verstanden haben. Vergleichen Sie das Ergebnis mit Ihrem ersten Gesamteindruck.

Eine *Strukturskizze* als Verstehenshilfe

Dieses Vorgehen eignet sich nicht für alle Gedichte. Aber eine so streng gefügte Form wie das Sonett „Es ist alles eitel" lässt sich auch durch grafische Darstellung für die Interpretation erschließen. Dabei liefert die Grundstruktur des Sonetts – der Aufbau in zwei Quartetten und zwei Terzetten – den Rahmen, in dem die *Leitbegriffe,* vor allem Substantive, Verben und Zeitadverbien, als Schlüsselwörter hervorgehoben werden können.

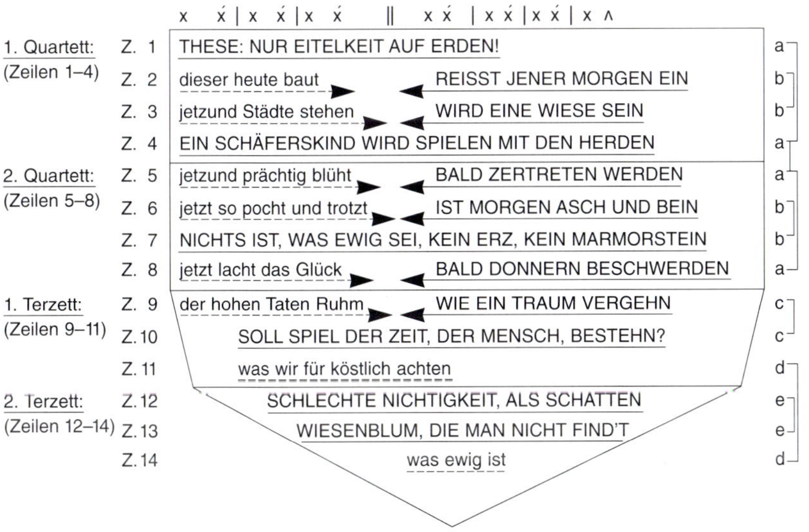

Diese Gegenüberstellung von *Leitbegriffen* zeigt sehr anschaulich
- die Gegensätzlichkeit (Antithetik) der Aussagen,
- die Wiederholung (den Parallelismus)
- und die Häufung (Kumulation) der Beispiele.

Der *metrische Bau* der Verse bedeutet mehr als bloßen Schmuck: Es handelt sich um sechshebige Jamben mit deutlicher Zäsur nach der dritten Hebung. Dieser sog. *Alexandriner* entspricht mit seiner Zweiteilung rhythmisch dem gedanklichen Gegensatz, so dass Rhythmus und Antithetik zusammen eine Einheit bilden.

Um aber diese Struktur nicht schematisch werden zu lassen wird das gedankliche und metrische Grundmuster variiert: in den Zeilen 4, 7 und in den Terzetten ab Zeile 10.

Auch die Kombination von Paarreim und umarmendem Reim unterstützt die Beziehungen von Inhalt und Rhythmus ebenso wie der Strophenreim vom ersten zum zweiten Quartett.

Die Beziehung der *Strophen* zeigt, wie sich der gedankliche Fortgang von Zivilisation (1. Quartett) über belebte sowie unbelebte Natur und Schicksal (2. Quartett) in einer Art Engführung auf den Menschen konzentriert (1. Terzett) und sich nach einer Bilanz der Nichtigkeiten (2. Terzett) in der allerletzten Zeile dem Ewigen zuwendet. Diese Steigerung zum Ende hin (eine sog. Klimax- oder Finalstruktur) wird durch die Aufbauskizze besonders anschaulich: Die Gewissheit der Aussage, die durch den Titel – „Es ist *alles* eitel" – und durch die erste Zeile – „*nur* Eitelkeit auf *Erden*" – geschaffen wird, scheint sich durch die Schlusszeile zunächst zu bestätigen. Der Mensch, der im Augenblick („noch will", Z. 14) nicht „betrachten" (Z. 14) will – i.S. von beachten –, „was ewig ist" (Z. 14), verfällt ebenfalls – wie alles Irdische – dieser Nichtigkeit. Gleichzeitig wird in dieser Schlusszeile aber auch eine *künftig mögliche* Rettung aus dieser Vergänglichkeit deutlich angezeigt: Wenn der Mensch zur Beachtung des Ewigen (= Göttlichen) bereit wäre, könnte er seine Seele retten.

Im Vergleich zu Gryphius' Sonett „Thränen des Vaterlandes" werden Erfahrungen aus dem Dreißigjährigen Krieg in „Es ist alles eitel" nicht unmittelbar fassbar: Dieses Sonett macht – über alle konkreten Zeiterfahrungen hinausgehend – allgemeinere Aussagen zur Vergänglichkeit des irdischen Seins.

2.3 *Textexterne Aspekte* der Interpretation

Zu Aspekten der sog. *immanenten* Interpretation treten bei gründlicher Beschäftigung Gesichtspunkte der *textexternen* Interpretation (vgl. Einführung, S. 24): z.B. aus der Biografie des Autors, den geschichtlichen Bedingungen seiner Epoche, den geistigen Strömungen seiner Zeit (z.B. prägenden Ideen) und den vorherrschenden dichterischen Formen (z.B. dem Sonett).

Sie könnten Ihre *Stoffsammlung* wieder durch eine tabellarische Anordnung (DIN A4, Querformat) übersichtlich gestalten.

Textexterne Aspekte	Informationen ⟹ Deutung im Blick auf „Es ist alles eitel"
1. Die Biografie	
2. Die Epoche	
3. Die tradierte Gedichtform „Sonett"	

(Florenz, Rom, Venedig). – Über Straßburg (1646), Amsterdam und Stettin erfolgte die Rückreise nach Fraustadt zu seinem Stiefvater (1647).
Gryphius heiratete 1647 und hatte seit 1650 als Syndikus schwierige politisch-diplomatische Aufgaben für die protestantischen Landstände des Fürstentums Glogau. Er arbeitete als Hauslehrer und lehnte ehrenvolle Berufungen an die Universitäten Frankfurt a.d. Oder, Upsala und Heidelberg ab.
1662 wurde er in die „Fruchtbringende Gesellschaft oder Palmenorden" aufgenommen.
1664 verstarb Gryphius während einer Ratssitzung in Glogau an einem Schlaganfall.

Arbeitsanregungen:

1 a Ergänzen Sie anhand der Strukturskizze Ihre Beobachtungen zu Auffälligkeiten der Strophengliederung.
b Erklären Sie, wie Metrum, Rhythmus und Reim die Absicht der Kontrastierung verstärken.

2 a In welchen Zeilen wird die Gegenüberstellung aufgegeben?
b Wie erklären Sie die Abweichung?

Das Sonett von lat. sonare = tönen, ital. sonetto, in der dt. Lehnübersetzung aus dem 17. Jh. „Klinggedicht". Die Grundform des 14-zeiligen Gedichts besteht aus zwei Vierzeilern (= Quartetten) und zwei Dreizeilern (= Terzetten). Quartette und Terzette sind in sich unterschiedlich gereimt und verbinden einzelne Gedanken bzw. grenzen diese ab.
Der gängige Vers ist der *Alexandriner,* ein 12- bis 13-silbiger jambischer Vers mit einer festen Zäsur nach der dritten Hebung. Der Alexandriner ist auch in Deutschland der beherrschende Vers des 17. Jhs. Dem äußeren Aufbau des Sonetts in *zwei Quartetten* und *zwei Terzetten* entspricht im Barock die strenge gedankliche und syntaktische Struktur: Die Quartette stellen in These und Antithese die meist sehr anspruchsvollen Aussagen des Gedichts über Liebe, Schicksal, Geschichte und Politik, vor allem aber über Tod und Religion dar. Die Terzette konzentrieren diese Themen und führen die Gegensätze zu einer Bilanz, einer Synthese. Das Sonett ist – hierin vergleichbar dem sog. Zieldrama – auf das pointierte Ende hin angelegt; es besitzt dadurch eine sog. Klimax- oder Finalstruktur. Klare Symmetrie, Parallelismus der Satzglieder, Antithetik und Häufung (Kumulation) der Beispiele (Exempla), aber auch Variationen des Grundmusters, sind charakteristisch für das Sonett des 17. Jhs.
Die deutschen Barockdichter gingen sehr stark auf italienische Vorbilder

zurück, wie sie im 13. Jh. im Umkreis des Stauferkaisers Friedrich II. am Hof zu Palermo ausgebildet und von *Francesco Petrarca* (1304–1374) zu einem künstlerischen Höhepunkt geführt wurden.
Dass gerade im Zeitalter des Barock, einer Epoche von Krieg und Chaos, diese strenge und klare Form des Sonetts besonders dominierte, ist nicht zufällig: Das Widersprüchliche (Heterogene) und Chaotische des Lebens sollte in strengster dichterischer Form ‚gebändigt' und somit gestaltbar werden.
In der deutschen Romantik (bei A.W. Schlegel, A. v. Platen, K. Immermann, F. Rückert, z.T. auch bei J.W. Goethe) erlebte das Sonett eine zweite Blüte. Auch die Lyrik der Jahrhundertwende und des frühen 20. Jhs. wandte sich angeregt durch den französischen Symbolismus wieder verstärkt dem Sonett zu: u.a. St. George, R.M. Rilke, R. Huch, J.R. Becher, G. Heym, G. Britting und J. Weinheber. (Vgl. Jahrhundertwende, S. 313ff.)

3. Phase: Der Deutungsversuch als schriftliche Ausarbeitung: der Interpretationsaufsatz

3.1 Bei der *Textgestaltung* sollten Sie Folgendes beachten:

3.1.1 Die *Konzeption,* d.h. den äußeren und inneren Aufbau der Interpretation: Neben der *äußeren* Gliederung – nach Einleitung, Hauptteil und Schluss – geht es vor allem um die *innere* Verknüpfung inhaltlicher, formaler und textexterner Elemente zu einer genauen Textbeschreibung und begründeten Deutung. Erst durch das textangemessene Verhältnis mehr kursorischer Abschnitte und der Betonung des *Interpretationsschwerpunkts* entsteht über die richtige Gewichtung der Teile ein angemessenes Profil der Darstellung. Denn eine nur gleichförmig reihende (additive) Umsetzung der Stoffsammlung in Sätze ergibt noch keinen Text, der den Namen Interpretation verdient.

3.1.2 Die *sprachliche Gestaltung* erfordert neben präziser Textbeschreibung – wenn nötig auch mit Fachbegriffen – eine argumentative Deutung, die durch charakterisierende Belege veranschaulicht und abgesichert sein soll (vgl. Regeln des Zitierens, Einführung, S. 20f.).

3.1.3 Bevor Sie die *Ausarbeitung* beginnen, sollten Sie das Gedicht noch einmal lesen um die gesammelten Einzelaspekte der Sinnmitte des Ganzen gut zuordnen zu können. Verarbeitete Punkte Ihrer Stommsammlung sollten Sie abhaken (oder streichen) um so eine bessere Übersicht über den Schreibprozess zu erhalten.

3.2 Sie sollten die *Textüberprüfung* bei Klausuren nach den für die Korrektur üblichen Verfahren abwickeln (vgl. Einführung, S. 49).

Arbeitsanregungen:

1. Prüfen Sie, welche Informationen über das Sonett sowie aus der Biografie Gryphius' (S. 136) hilfreich für die Deutung des Gedichts sein könnten.
2. Orientieren Sie sich auch im ganzen Epochenkapitel „Barock" und in einer Literaturgeschichte über Grundgedanken der Zeit, die für die Deutung des Sonetts ergiebig wären.

4. Weil es in diesem Abschnitt um die *Einübung* des Interpretationsaufsatzes geht, finden Sie zum Vergleich mit Ihren Ergebnissen im Folgenden verschiedene Ausschnitte aus Gesamtinterpretationen.

4.1 Beispiele für *Einleitungen:*

4.1.1 Das Sonett „Es ist alles eitel" von Andreas Gryphius blieb mir nach der ersten Lektüre wegen der ungewohnten Sprache und wegen seiner sehr extremen Auffassungen zunächst ziemlich fremd. Durch eine genaue Interpretation versuche ich mir mehr Klarheit zu verschaffen.

4.1.2 In Andreas Gryphius' Gedicht geht es um die Nichtigkeit allen Lebens.

4.1.3 Andreas Gryphius gestaltet in seinem Sonett „Es ist alles eitel" die Vergänglichkeit und Nichtigkeit alles Irdischen und er stellt dieser Eitelkeit die mögliche Rettung der menschlichen Seele gegenüber, sofern der Mensch bereit ist das Ewige (Göttliche) zu beachten.

4.1.4 Der Dichter Gryphius befasst sich in seinem Sonett „Es ist alles eitel" mit der typischen Barockfrage nach Vergänglichkeit und Ewigkeit.

Arbeitsanregungen:

1. Entwerfen Sie eine *Einleitung* zu Ihrem Interpretationsaufsatz, indem Sie von deren kommunikativer Hauptaufgabe ausgehen: An einen Leser gerichtet, soll sie in die Auseinandersetzung mit dem Text einführen (vgl. S. 49).
2. Versuchen Sie als *Schluss* eine Zuordnung des Sonetts zu Autor und Epoche sowie eine begründete Wertung, bei der Sie Ihre ganz persönliche Einschätzung darstellen sollen.

Arbeitsanregungen:

1. Prüfen Sie alle vier Vorschläge, ob sie als Einleitung grundsätzlich geeignet sind und erörtern Sie, welcher Vorschlag nach Ihrer Überzeugung am besten gelungen ist.
2. Untersuchen Sie dann im Detail, ob die Vorschläge richtige und vollständige Informationen zu Autor, Titel, Gattung und der Kernaussage des Sonetts geben.

4.2 Beispiel für die Interpretation des *ersten Quartetts:* Erich Trunz: Andreas Gryphius: Es ist alles eitel

Die Überschrift nennt das Thema. Der bibelfeste Leser des 17. Jahrhunderts erinnerte sich dabei sogleich, dass diese Überschrift ein Spruch aus dem Prediger Salomo (Kap. I, Vers 2) ist. „Eitel" heißt: unnütz, falsch, vergeblich, leer, nichtig, eingebildet. Die Eitelkeit der Welt, vanitas mundi, ist ein in der christlichen Überlieferung häufig ausgesprochener Gedanke, der gerade im 17. Jahrhundert wieder in den Vordergrund trat. Die Überschrift – nicht ein Hauptwort, sondern ein lapidarer kleiner Satz – bezeichnet das Sonett als ein gedankliches Gedicht.

Die erste Zeile ist eine vollere Wiederholung der Überschrift, auch sie ein in sich gerundeter wuchtiger Satz. Wie stark unterstreichen diese zwei Präludien den Inhalt! Nur da, wo überhaupt kein Widerspruch möglich ist, darf man in solcher Weise das, was gezeigt werden soll, vorwegnehmen. Ganz leise schwingt die Frage mit: Ist wirklich schon alles vorweggenommen? Ist alles eitel? Der Einleitungssatz schränkt bereits den Titelsatz ein durch den Zusatz „auf Erden". Unausgesprochen klingt also an, dass jenseits der Erde eine Welt ohne „Eitelkeit" denkbar ist. Auch sonst führt der Einleitungsvers den Titelsatz weiter. Er beginnt das rein Abstrakte ins Menschlich-Erlebte zu wandeln. Das zweimalige „Du" betont: tua res agitur[1]. Das zweimalige „siehst" fordert zu einem Rundblick auf. Und nun folgt, was dieser Rundblick zeigt, es folgen die „exempla". Die Beispiel-Häufung ist das übliche Mittel der Barockdichtung, eine allgemeine Tatsache darzustellen. Sie reicht von Zeile 2–9. Zunächst scharf geschliffene Antithesen, Halbvers gegen Halbvers (2, 3), dann aber schließt ein Relativsatz an (4), der den Gleichklang unterbrechend die Zerstörung ausmalt. Doch das Bild der Vernichtung wird zum Idyll. Das spielende Kind, die friedlichen Herden sind bereits Leben und Schönheit inmitten der Ruinen.

[1] tua res agitur: es geht um deine (Sache) Angelegenheit

So gleicht gefühlsmäßig der Relativsatz ein klein wenig die Gegensätze aus, inhaltlich-logisch freilich nicht, denn die Stadt und ihr Leben ist endgültig vergangen, ist Ruine. [...]

4.3 Beispiel einer *Kurzinterpretation*

Nach seiner Wiederholung in der ersten Zeile wird die Hauptidee durch Amplifikation[1] immer neu umschrieben, variiert: der Angesprochene soll durch die insistierende[2] Nennung voll und ganz überzeugt werden. Die deutlichen Zäsuren der Alexandriner nach der sechsten Silbe unterstützen die scharfen Antithesen, Halbvers gegen Halbvers, die nur zur Vermeidung formaler Langeweile etwa am Ende des ersten Quartetts aufgegeben werden. Den antithetischen Sprach- und Denkcharakter – als Stilmittel aus der antiken Rhetorik[3] überkommen – hat man oft geradezu als das Hauptcharakteristikum des Barockzeitalters angesehen. Die Metaphorik der Vergänglichkeit geht auf die biblische Bildsprache zurück; die Identifikation mit der religiösen Tradition bestätigt und bekräftigt die Aussage. Als Sinnbilder der fragilitas[4] erscheinen „asch und bein" (im Übrigen gleichzeitig auch im realen Sinn der christlichen Eschatologie[5] zu verstehen), der „traum" als Metapher der Irrealität, die Klimax „schaten staub und windt" und selbst die „wiesen blum / die man nicht wiederfindt". Die Antwort auf die leidenschaftlich gestellte Frage der zehnten Zeile gibt bereits der folgende Satz, der in das zweite Terzett übergreift und durch die anaphorische[6] Verkettung Eindringlichkeit erzielt. Der Schluss deutet das menschliche Elend nicht als Schicksal, sondern als Schuld. Dass das Sonett den Eindruck objektiver Gültigkeit erweckt, verdankt es der rhetorischen Meisterschaft seines Verfassers.

(Aus: Die Literatur. Wege zum Verständnis der Literatur. – Freiburg: Herder ^{2}1973. S. 521.)

4.4 Schülerbeispiele für *Schlüsse:*

4.4.1 Andreas Gryphius' Sonett ist ein typisches Barockgedicht: Es gründet ohne Zweifel auf den Erfahrungen des Dichters mit den Schrecken des Dreißigjährigen Krieges, wie sie aus seiner Biografie sehr deutlich zu ersehen sind. Aber über diese historischen Erfahrungen hinaus ist vor allem die epochale Grundstimmung des Barock deutlich ausgedrückt: Aus der Vergänglichkeit und Nichtigkeit des irdischen Seins kann der Mensch nur in der Ewigkeit für seine Seele Rettung erhoffen.

Weil die Vergänglichkeit in so vielen Exempeln veranschaulicht wird, ergibt sich eine starke Eindringlichkeit. Da im Kontrast zu dieser Drastik die Rettung durch das Ewige erst in der letzten Zeile nur als Möglichkeit anklingt, entstehen eine intensive geistige Spannung und eine große Dynamik auf das Ende zu. Wie es Andreas Gryphius gelingt den Leser durch die Häufung einprägsamer, antithetisch angeordneter Beispiele der Vergänglichkeit so stark aufzurütteln und wie er behutsam die Rettung nur anklingen lässt ohne konkret von Seele, Glauben und Gott zu sprechen, ist Zeichen großer Gestaltungskraft, die auch uns Heutige unmittelbar berührt.

4.4.2 Das Sonett „Es ist alles eitel" von Andreas Gryphius hat mir nicht gefallen. Es ist sprachlich oft sehr fremdartig und in seiner Tendenz ganz und gar negativ: Wenn alles nichtig ist, hat das menschliche Leben keinen Sinn und bleibt hoffnungslos. Eine so pessimistische, ja nihilistische Botschaft muss ich als gläubiger Christ ablehnen.

4.4.3 Am Ende der Interpretation erweist es sich, dass mein erster Eindruck sehr vage und korrekturbedürftig war. Über die Betrachtung von Einzelheiten und Zusammenhängen ist meine anfängliche Irritation einem besseren Verständnis gewichen: Ich bin überzeugt, dass dieses Sonett ein charakteristisches Barockgedicht ist, dass es aber gleichzeitig auch für den heutigen Leser wichtige Denkanstöße enthält. Doch war es mir aus Zeitgründen nicht möglich den Beziehungen zum Barock und zur Gegenwart im Einzelnen nachzugehen.

Nach dieser *exemplarischen Interpretation* müsste Ihnen auch die Beschreibung und Deutung weiterer Sonette und anderer Gedichte gelingen. In den späteren Kapiteln dieses Buches finden Sie Variationen des hier entwickelten Grundmusters, die das Individuelle eines Gedichts und das Charakteristische einer Epoche jeweils berücksichtigen (vgl. Realismus, S. 274ff.; Jahrhundertwende, S. 317ff.).

[1] Amplifikation: kunstvolle Ausweitung einer Aussage
[2] insistieren: beharrlich auf etwas bestehen
[3] Die Rhetorik: Redekunst
[4] Die Fragilitas: Zerbrechlichkeit, Hinfälligkeit
[5] Die Eschatologie: Lehre vom Endschicksal des einzelnen Menschen und der Welt
[6] Die Anapher: Wiederholung des Anfangswortes in aufeinander folgenden Sätzen (vgl. Einführung, S. 75)

Arbeitsanregungen:

[1] [a] Untersuchen Sie, wie dieser Interpretationsbeginn aufgebaut ist.
[b] Exzerpieren Sie die Hauptergebnisse und differenzieren Sie dabei nach immanenten und textexternen Aspekten.
[c] Versuchen Sie die Methode des Interpreten zu beschreiben.

[2] [a] An welchen Stellen ist die Verbindung von inhaltlichen und formalen Gesichtspunkten besonders gut gelungen?
[b] Wie sind Belege und Zitate eingefügt?

Arbeitsanregungen:

[1] [a] Wie ist dieser Hauptteil einer Kurzinterpretation aufgebaut?
[b] Welche wichtigen Details fehlen?

[2] Schreiben Sie die textexternen Aussagen dieser Interpretation heraus und erklären Sie, welchen Bereichen sie zuzuordnen sind.

[3] Verfassen Sie eine Einleitung, die als Resümee die „Hauptidee" enthält.

Arbeitsanregungen:

[1] Prüfen Sie die drei Vorschläge, ob sie inhaltlich schlüssig sind und die zentrale Aussage angemessen erfassen.

[2] In allen Beispielen versuchen die Interpreten ihre persönliche Wertung zu begründen. Wie gehen sie dabei vor, und welche Begründung vermag Sie besser zu überzeugen?

[3] Untersuchen Sie den Aufbau des Vorschlags genauer, der Ihnen in seiner Textangemessenheit und Begründung am überzeugendsten erscheint.

Die **Hermeneutik** (von gr. hermeneuein = auslegen, erklären, benannt nach Hermes als dem Vermittler zwischen Göttern und Menschen) ist die Kunst und Methodenlehre der sinngerechten Auslegung (Deutung, Interpretation) eines Werks. Die H. wurde vom deutschen Philosophen Wilhelm Dilthey (1833–1911) zur entscheidenden geisteswissenschaftlichen Methode erhoben und gegen die kausalgesetzlich „erklärenden" Naturwissenschaften abgegrenzt.

Drei-Phasen-Modell der Interpretation

Erste Phase: Gesamteindruck und erstes Gesamtverständnis

1. Haben Sie den Mut von Ihren ganz persönlichen *Leseeindrücken* und Ihren spontanen *Einfällen* (Assoziationen) zu Titel, Autor, Thema, Epoche auszugehen und diese in ersten *Verstehensskizzen* (sog. Deutungshypothesen) festzuhalten. Nur wenn Sie auch vorläufige Ergebnisse notieren, erfahren Sie die Interpretation als *Prozess:* mit Möglichkeiten der Erweiterung, der Begründung, aber auch der Korrektur.
2. Durch *mehrmaliges Lesen* (am besten durch laute Rezitation oder durch „vorgestelltes Sprechen") und fortlaufende Notizen ermitteln Sie die *Sinnrichtung* oder schon ein vorläufiges Gesamtverständnis des Gedichts.

Zweite Phase: Auffälligkeiten von Aussage und Form in ihrer Wechselbeziehung

1. Eine *sorgfältige Stoffsammlung,* die am besten von besonderen Auffälligkeiten ausgehen soll, kann durch textnahe Untersuchung, die sog. *Analyse,* den Zusammenhang zwischen Inhalt bzw. Problemen, Aufbau und Formmerkmalen (der Sprache, den Bildern u.a. Stilfiguren, des Metrums, Rhythmus' und Reims) erschließen. Durch eine *tabellarische Darstellung* des Zusammengehörigen auf einer Ebene wird diese Wechselbeziehung besonders deutlich.
2. Die *Deutung* darf nicht vorschnell erfolgen, sondern steht am Ende eines sorgfältigen Beschreibungsprozesses: Durch die Deutung erhalten alle Einzelbeobachtungen einen Sinn, der sich auf das Textganze, aber auch auf die Gattung, den Autor und die Epoche bezieht. Je besser die Deutung durch charakteristische Zitate belegt und durch Erörterung begründet ist, desto überzeugender wird sie.
3. Da *dichterische Texte vieldeutig* (multivalent) sind, kann es nicht nur eine richtige Interpretation geben: Je nach dem Vorwissen des Interpreten über Autor und Epoche, je nach seinen dominierenden Interessen am Text, je nach dem gewählten Interpretationsschwerpunkt und je nach seinen leitenden Absichten können Beobachtungen zum Text auf verschiedene Weise gedeutet werden. Aber jede Interpretation muss begründet, in sich stimmig (plausibel), in ihrem Aufbau und Verfahren überprüfbar und – zumindest teilweise – auch für den Leser nachvollziehbar sein. Bloße Gefühlsäußerungen oder beliebige Behauptungen, die sich nicht streng am Wortlaut des Textes orientieren, ergeben noch keine Interpretation.

Dritte Phase: Der Interpretationsaufsatz

Über die konzeptionelle und sprachliche Ausarbeitung der Einzelelemente zur *Synthese* soll über die Sinn- und Formdeutung ein *differenziertes Gesamtverständnis* angestrebt werden.

1. *Die Einleitung* hat die kommunikative Funktion durch Informationen über Autor, Titel und Gattung eine erste Orientierung zu geben. Dabei bieten sich zwei Möglichkeiten an, die Beziehung zum Text aufzunehmen und beim Leser Interesse zu wecken: Der Interpret kann vom ersten Leseeindruck oder seinen Verständnisschwierigkeiten – dem sog. *Primärverständnis* – ausgehen oder über eine knappe Zusammenfassung der Sinnmitte (des inhaltlichen Kerns) – in einem *Übersichtssatz* (einem Resümee) – sich selbst und dem Leser das Hauptanliegen des Textes klarmachen (vgl. Einführung, S. 32).
2. *Der Hauptteil* sollte nicht nur äußerlich in *Abschnitte* gegliedert werden und so – z.B. der Strophenanordnung folgend – den gedanklichen Prozess der Interpretation erkennen lassen, sondern durch die besondere Herausarbeitung des *Schwerpunkts* sich um ein deutliches *Profil* bemühen.
3. *Der Schluss* hat die Aufgabe eine rückblickende Bilanz zu geben: Neben einer biografisch-historischen *Zuordnung* des Gedichts (zum Autor, seinem Gesamtwerk, seiner Epoche) empfiehlt sich eine persönliche *Wertung:* Sie könnte als Reflexion des Interpretationsprozesses den Verstehensweg resümieren und sollte ein begründetes Urteil über die Wirkung des Textes auf den Interpreten enthalten. Aber da ästhetische Verstehensprozesse nie endgültig abgeschlossen sind, ließen sich zum Schluss auch *offene Fragen* erwähnen (vgl. Einführung, S. 49).

Der in diesem Abschnitt entwickelte Verstehensprozess – vom vorläufigen *Gesamtverständnis* über die *Analyse* der Einzelmerkmale zur Synthese des *differenzierten Gesamtverständnisses* – ist nicht zufällig. Er folgt dem Verstehensmodell des *sog. hermeneutischen Zirkels.*

3. Die Ordnung des Wortes

Zur Ordnung der Welt gehörte nicht zuletzt die Ordnung des Wortes, die aus dem oft chaotischen Sprachengemisch der durch den Dreißigjährigen Krieg verdorbenen Alltagssprache als besonders dringlich empfunden wurde.

Text 1 **Andreas Gryphius (1616–1664): Horribilicribrifax. Teutsch. Wehlende Liebhaber** [Auszug]

Die bramarbasierenden Hauptfiguren des Scherzspiels, Don Daradiridatumtarides Windbrecher von Tausend Mord und Don Horribilicribrifax von Donnerkeil auf Wüsthausen, sind dem miles gloriosus des Komödiendichters Titus Maccius Plautus (um 241–181 v. Chr.) und dem Capitano-Typ der Commedia dell'Arte nachgebildet. Sie treten unter den vielen „Wehlenden Liebhabern" des Stücks als betrügerische Aufschneider und Feiglinge auf.

Die andere abhandelung.

Horribilicribrifax Donnerkeil. Harpax sein page.

Horribilicribrifax:

Was? dass der keyser friede gemacht habe, sondern mich um rath zu fragen? Oh gvarta! novella de spiritare il mondo!

Page:

So sagen sie, dass der keyser frieden gemacht habe mit dem könig in Schwaben.

Horribilicribrifax:

Mit dem könig in Schwaben, wilst du sagen.

Page:

Ja Schweden oder Schwaben, es ist mir eins.

Horribilicribrifax:

Friede zu machen sonder mich! à quaesto modo si! Hat er nicht alle seine victorien mir zu dancken? Hab ich nicht den könig in Schweden niedergeschossen? Bin ich nicht ursach, dass die schlacht vor Nördlingen erhalten? Habe ich nicht den Sachsen sein land eingenommen? Hab ich nicht in Dennemarck solche reputation eingelegt? Was wer es auff dem weissen berge gewesen, sonder mich? E che fama non m'acquistai, quando contesi cel Gran Turca? Pfui! Trit mir aus den augen, denn ich erzürne mich zu tode, wo ich mich recht erbittere! Vinto dal ira calda e bollente e dallo sdegno arrabiato, so erwische ich den Stephans-thurm zu Wien bey der spitzen und drück ihn so hart darnieder, si fortè in terra, dass sich die gantze welt mit demselben umkehret, als eine kegel-kaul.

Page:

Ey, Signor mio! wo wolten wir denn stehen bleiben?

Horribilicribrifax:

Non temere! Als wenn sich jemand kümmern dürffte, der bey mir stehet! lass mich darvor sorgen! Aber, siehe da! meine sonne, mein leben, meine göttin erscheinet. Signora mia, bella di corpo, bellissima d'animo! [...]

Text 2 **[Flugblatt gegen die Verderber der deutschen Sprache]** [Auszüge]

Der Teutsche Michel

Wider alle Sprachverderber / Cortisanen[1] / Concipisten[2] und Concellisten[3] / welche die alte Teutsche Muttersprach mit allerley frembden / Lateinischen / Welschen / Spannischen und Frantzösischen Wörtern so vielfältig vermischen / verkehren und zerstöhren / daß Sie jhr selber nit mehr gleich sihet / und kaum halber kan erkant werden.

Im Thon: Wo kombt es häre / daß zeitlich Ehre.

1. Ich teutscher Michel / versteh schier nichel /
In meinem Vatterland / es ist eine schand.
Man thut jezt reden / als wie die Schwedē /
In meinē Vatterland / pfui dich d'schand.

---

[1] Cortisanen: Höflinge
[2] Concipisten: Verfasser
[3] Concellisten: wohl Korrektoren
‾ Zeichen für n bzw. m

Arbeitsanregungen:

1 a) Versuchen Sie durch Rezitation den Auftritt der Titelfigur wirkungsvoll zu gestalten.
b) Gehen Sie vom Selbstverständnis des ‚Helden' aus und machen Sie Vorschläge für die Inszenierung seines Auftritts (Rollenbesetzung, Kostüm, Requisiten, Mimik, Gebärden und Bewegungen).

2 a) Geben Sie eine Übertragung in das heutige Deutsch und untersuchen Sie den Originaltext auf seine sprachlichen Elemente.
b) Andreas Gryphius stilisierte diesen Auftritt absichtlich so drastisch. Skizzieren Sie Aspekte einer Sprachkritik, die er auf diese Weise äußert!

Sprachgesellschaften, gelehrte Vereinigungen des 17. Jhs. zur Pflege der dt. Sprache, insbes. ihrer Reinigung von Fremdwörtern, von idiomat. oder nicht-dt. syntakt. Elementen, zur Förderung einer einheitl. Orthographie, zur Klärung sprachwissenschaftl., poetolog. (insbes. vers- und reimtechn.) und ästhet. Fragen, sowie zur prakt. Anwendung und Verbreitung einer solcherart erarbeiteten Literatursprache in Übersetzungen, theoret. Abhandlungen und Dichtungen. Die Sp. bekämpften mit diesem Programm einerseits das zeitgenöss. Alamodewesen (↗ Alamodeliteratur), aber auch den ↗ Grobianismus. Charakterist. ist die eth.-moral. Fundierung ihrer Bestrebungen als Mittel zur Wiederbelebung und Aufrechterhaltung „alter dt. Tugenden". – Die Mitglieder setzten sich aus Angehörigen des Adels und (oft geadelten) bürgerl. Gelehrten und (Hof-) Beamten zusammen. Auf Empfehlung und nach Verdiensten gewählt, erhielten sie Devise, Emblem und, um Standesunterschiede auszuschalten, einen Gesellschaftsnamen, unter dem sie ihre Werke veröffentlichten, die z.T. in den Sp. diskutiert, bzw. dort vorher eingereicht werden mussten. Fast alle bedeutenden Dichter und Dichtungstheoretiker der Zeit waren Mitglieder einer, oft auch mehrerer Sp. Kontakt, Austausch und Anregungen der Mitglieder erfolgten durch Briefe, seltener durch Tagungen. – Sp. bestanden in Italien bereits seit dem 15. und 16. Jh.; bes. nach dem Vorbild der berühmten *Accadémia della Crusca* (↗ Akademie) in Florenz gründete Ludwig Fürst von Anhalt-Köthen 1617 in Weimars alter Residenz Hornstein die erste und bedeutendste dt. Sp., die *Fruchtbringende Gesellschaft* (auch *Palmenorden*) mit dem Wahlspruch „Alles zu Nuzen" und dem Emblem des „indian. Palmbaums" (Kokospalme), weil er mit seinen verschiedenen Bestandteilen sämtl. materiellen Bedürfnisse des Menschen zu befriedigen vermöge. Sie umfasste während ihrer Blütezeit (1640–80) über 500 Mitglieder, darunter (in der Reihenfolge ihrer Aufnahme) M. Opitz, G.Ph. Harsdörffer, J.G. Schottel, J.M. Moscherosch, J. Rist, F. v. Logau, Ph. v. Zesen, G. Neumark, A. Gryphius. Aus ihrem Kreis gingen so wichtige Werke hervor wie Ch. Gueintz' „Die dt. Rechtschreibung" (1645), Schottels „Ausführl. Arbeit von der Teutschen Haubt Sprache" (1663) und Stielers „Der Teutschen Sprache Stammbaum und Fortwachs" (1691). [...]
Aus: Günter und Irmgard Schweikle (Hrsg.): Metzler Literaturlexikon. – Stuttgart: Metzler 1984. S. 413.

2. Fast jeder Schneider / will jezund leyder /
Der Sprach erfahren sein und red Latein:
Welsch und Französisch / halb Iponesisch /
Wann er ist voll und toll / der grobe Knoll.

3. Der Knecht Mathies / spricht bona dies /
Wann er gut morgen sagt / und grüst die Magd:
Sie wend den Kragen thut ihm dancksagen /
Spricht deo gratias / Herr Hippocras.

4. Ihr fromme Teutschen / man solt euch beutschen /
Dass ihr die Muttersprach so wenig acht.
Ihr liebe Herren / das heißt nicht mehren /
Die Sprach verkehren / und zerstören /

5. Ihr thut alles mischen / mit faulen Fischen /
Und macht ein misch gemäsch / ein wüste wäsch:
Ein faulen Haffenkäß / ein wunderseltzambs gfräß /
Ein ganzes A.B.C. Ich nicht versteh.

6. Was ist armiren[1] / was avisiren[2] /
Was avancieren[3] / was attaquiren[4] /
Was approchiren[5] / was archibusiren[6] /
Was arriviren[7] / accordiren?[8] [...]

Festtafel der „Fruchtbringenden Gesellschaft"

1 armiren: befestigen
2 avisieren: melden
3 avancieren: vorrücken
4 attaquieren: angreifen
5 approchiren: sich nähern
6 archibusiren: mit dem Gewehr schießen
7 arriviren: vorrücken
8 accordiren: übereinstimmen

Das entschiedene Bemühen um eine Reform und „Reinigung“ der deutschen Sprache zeigen vor allem verschiedene Organisationen des Barock, die man im 19. Jahrhundert etwas verkürzend *Sprachgesellschaften* nannte. Auf den ersten Blick erscheinen die Namen dieser Gesellschaften oft befremdlich. Erst bei genauerem Zusehen zeigen die Komposita aufschlussreiche Tendenzen: „Fruchtbringende Gesellschaft“ (später auch „Palmenorden“ genannt und 1617 von Fürst Ludwig von Anhalt nach italienischem Vorbild in Weimar gegründet); „Aufrichtige Tannengesellschaft“ (1633 in Straßburg); „Musikalische Kürbishütte“ (1636 in Königsberg); „Teutschgesinnte Genossenschaft“ (1643 auf Anregung Philipp von Zeesens in Hamburg ins Leben gerufen); „Hirten- und Blumenorden an der Pegnitz“ (1644 durch G. Ph. Harsdörffer und J. Klaj in Nürnberg gegründet); „Der Elbschwanenorden“ (1658 durch J. von Rist in Hamburg eingerichtet). – Die Reihe der Namen ließe sich fortsetzen, aber die Ziele aller sog. Sprachgesellschaften zeigen viele Gemeinsamkeiten.

Mitglieder von Sprachgesellschaften verfassten nicht nur zahlreiche theoretische Lehrbücher zu Sprache und Dichtung, sog. *Poetiken,* sondern machten auch viele Übersetzungen. Sie formten so die deutsche Sprache in Vers und Prosa zu einem genaueren und geschmeidigeren Ausdrucksmittel. Neben anderen bereicherten vor allem Georg Philipp Harsdörffer, Justus Georg Schottel, Friedrich von Logau und Philipp von Zesen die deutsche Sprache durch Wortneubildungen (Neologismen), die heute zum festen Wortschatz gehören:

Z.B. Anschrift, Augenblick, Besonnenheit, Bittschrift, Briefwechsel, Durchmesser, Fragezeichen, geistreich, Gewissensfreiheit, Glaubensbekenntnis, Grundsatz, Grundstein, herzlich, Hühnerauge, Irrgarten, Jahrbuch, Lebenslauf, Leberfleck, Lehrart, Lehrling, Lehrstuhl, Leidenschaft, letzter Wille, lustwandeln, Mitesser, Mitleid, Mundart, Nachruf, Nachschrift, Nebenbuhler, Oberfläche, Rechtschreibung, Redensart, Schöngeist, Selbstmord, Sinnbild, Sinngedicht, Sprachlehre, Strichpunkt, Tagebuch, Trauerspiel, Umfang, Unzahl, Urbild, Verfasser, Vielweiberei, Vorgebirge, Vorhut, Waffenstillstand, Wegelagerer, Wörterbuch, Zahlwort, Zeitrechnung, Zeitwort, Zusage.

Von Christian Wolff (1679–1754) stammen viele deutsche Fachausdrücke in der Philosophie, von denen manche auch in den allgemeinen Sprachbesitz eingegangen sind: z.B. Beweggrund, Bewusstsein, Begriff, Aufmerksamkeit, Verständnis, Umfang.

Auch verfehlte Neubildungen – wie „Entknötelung“ für Ciceros enodatio i.S. von interpretatio oder „Zeugemutter“ für Natur – belustigten nicht nur die Zeitgenossen, sondern auch die Karikaturisten bis heute.

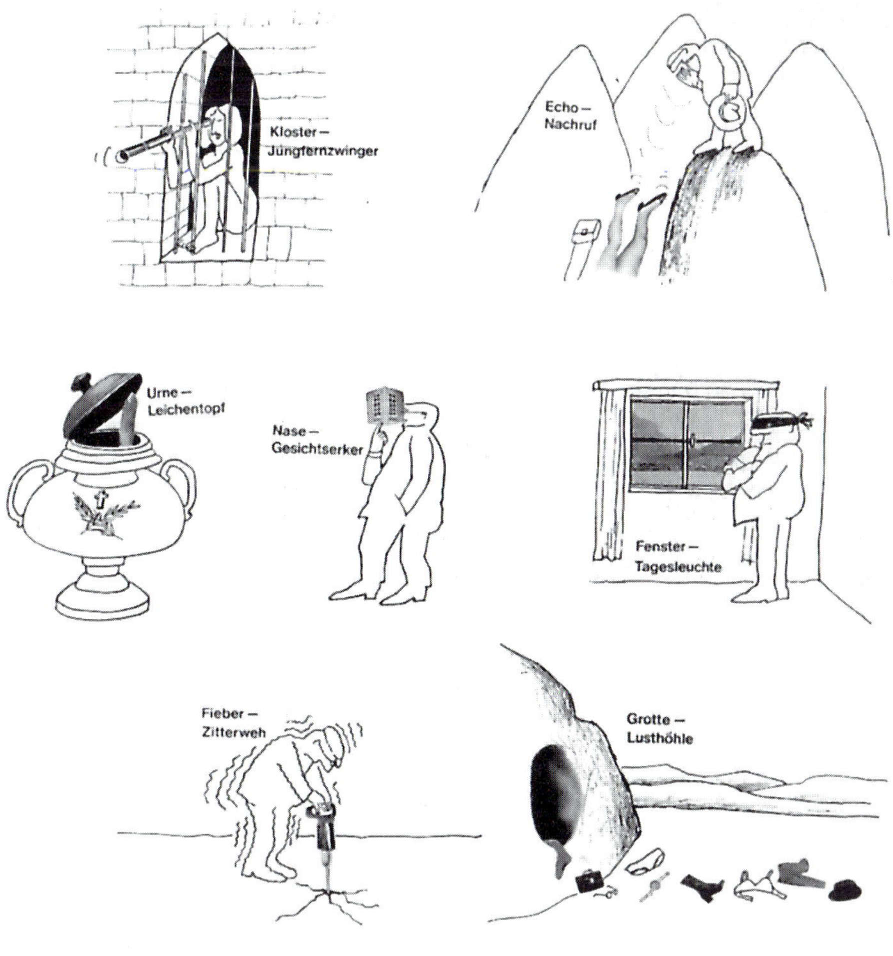

Arbeitsanregungen:

[1] [a] Ermitteln Sie aus Text 2 heutige Versionen der kritisierten Fremdwörter, und finden Sie Verwendungsbereiche dafür.
[b] Suchen Sie zu den oben aufgeführten Neubildungen die zugrunde liegenden Fremdwörter, die bis heute parallel zum deutschen Wort verwendet werden.
[c] Erklären Sie in diesem Zusammenhang den Fachausdruck „Lehnübersetzung“.
[d] Diskutieren Sie, warum sich die in den Karikaturen dargestellten Eindeutschungen nicht durchsetzen konnten.

[2] [a] Erklären Sie, warum die Bezeichnung „Sprachgesellschaften“ eigentlich eine unzulässige Verkürzung darstellt.
[b] Erörtern Sie, inwiefern sich in den Zielen und Regeln der sog. Sprachgesellschaften das barocke Ordnungsdenken besonders eindrucksvoll dokumentiert.

[3] Übertragen Sie einen Teil des Thomasius-Textes (S. 133) in heutiges Deutsch und beschreiben Sie Unterschiede in Wortschatz, Grammatik und Rechtschreibung.

◁ In: Hermann Bausinger, Deutsch für Deutsche, Dialekte, Sprachbarrieren, Sondersprachen, Frankfurt a. M., Fischer Taschenbuch Verlag 1972, S. 94/95.

Von den Poetiken des Barock sind die von Martin Opitz und Georg Philipp Harsdörffer die bekanntesten geworden.

MARTINI OPITII
Buch von der Deutschen Poeterey.
In welchem alle jhre eigenschafft vnd zuegehör gründtlich erzehlet/ vnd mit exempeln außgeführet wird.
Gedruckt in der Fürstlichen Stadt Brieg/ bey Augustino Gründern.
In Verlegung David Müllers Buchhändlers in Breßlaw. 1624.

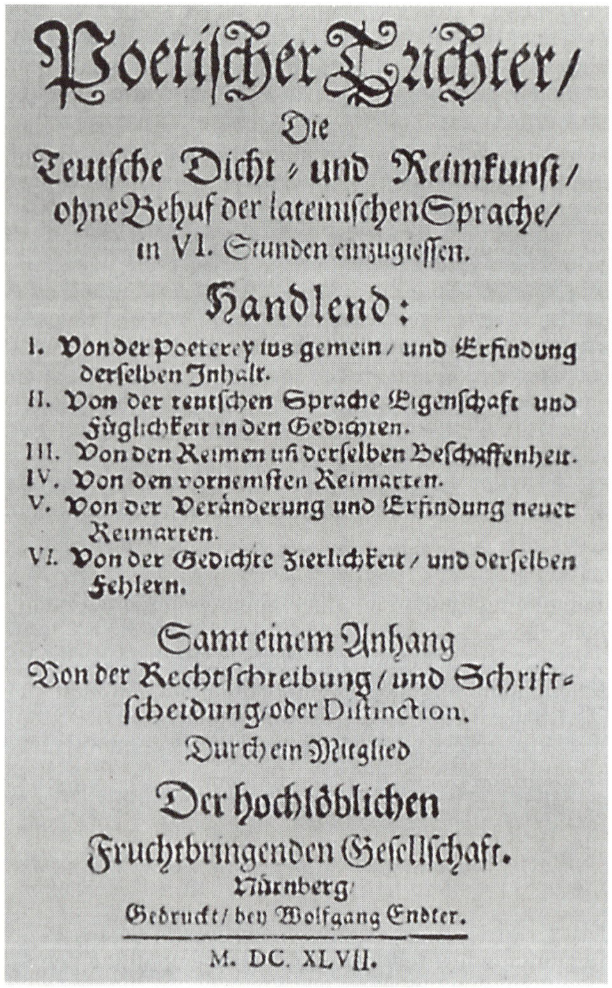

Poetischer Trichter/
Die Teutsche Dicht- und Reimkunst/ ohne Behuf der lateinischen Sprache/ in VI. Stunden einzugiessen.
Handlend:
I. Von der Poeterey ins gemein/ und Erfindung derselben Inhalt.
II. Von der teutschen Sprache Eigenschaft und Füglichkeit in den Gedichten.
III. Von den Reimen und derselben Beschaffenheit.
IV. Von den vornemsten Reimarten.
V. Von der Veränderung und Erfindung neuer Reimarten.
VI. Von der Gedichte Zierlichkeit/ und derselben Fehlern.
Samt einem Anhang Von der Rechtschreibung/ und Schriftscheidung/ oder Distinction.
Durch ein Mitglied Der hochlöblichen Fruchtbringenden Gesellschaft.
Nürnberg/ Gedruckt/ bey Wolfgang Endter.
M. DC. XLVII.

Text 3 **Martin Opitz (1597–1639): Buch von der deutschen Poeterey** [Auszüge]

Das 1. Capitel.
Vorrede.

Wiewol ich mir von der Deutschen Poeterey / auff ersuchung vornemer Leute / vnd dann zue beßerer fortpflantzung vnserer sprachen / etwas auff zue setzen vorgenommen; bin ich doch solcher gedancken keines weges / das ich vermeine / man könne iemanden durch gewisse regeln vnd gesetze zu einem Poeten machen. Es ist auch die Poeterey eher getrieben worden / als man je von derselben art / ampte vnd zuegehör / geschrieben: vnd haben die Gelehrten / was sie in den Poeten (welcher schrifften auß einem Göttlichen antriebe vnd von natur herkommen / wie Plato hin vnd wieder hiervon redet) auffgemerkket / nachmals durch richtige verfassungen zuesammen geschlossen / vnd aus vieler tugenden eine kunst gemacht. Bey den Griechen hat es Aristoteles vornemlich gethan; bey den Lateinern Horatius; vnd zue unserer Voreltern zeiten Vida vnnd Scaliger so außführlich / das weiter etwas darbey zue thun vergebens ist. Derentwegen ich nur etwas / so ich in gemeine von aller Poeterey zue erinnern von nöthen zue sein erachte / hiervor setzen wil / nachmals das was vnsere deutsche Sprache vornemlich angehet / etwas vmbstendtlicher für augen stellen.

Martin Opitz. Gemälde von Bartholomäus Strobel, 17. Jahrhundert.

Das VI. Capitel
Von der zuebereitung vnd ziehr der worte.

Nach dem wir von den dingen gehandelt haben / folgen jetzund die worte; wie es der natur auch gemeße ist. Denn es muss ein Mensch jhm erstlich etwas in seinem gemüte fassen / hernach das was er gefast hat außreden. Die worte bestehen in dreyerley; inn der elegantz oder ziehrligkeit / in der *composition* oder zuesammensetzung / vnd in der dignitet vnd ansehen.

Die ziehrligkeit erfodert das die worte reine vnd deutlich sein. Damit wir aber reine reden mögen / sollen wir vns befleissen deme welches wir Hochdeutsch nennen besten vermögens nach zue kommen / vnd nicht derer orter sprache / wo falsch geredet wird / in vnsere schrifften vermischen: als da sind / es geschach / für / es geschahe / er sach / für / er sahe; sie han / für sie haben vnd anderes mehr: welches dem reime auch bißweilen außhelffen sol; als:

Der darff nicht sorgen für den spot /
Der einen schaden kriegen hot.

So stehet es auch zum hefftigsten vnsauber / wenn allerley Lateinische / Frantzösische / Spanische vnnd Welsche wörter in den text vnserer rede geflickt werden; als wenn ich wolte sagen:

Nemt an die *courtoisie,* vnd die *deuotion,*
Die euch ein *cheualier, madonna,* thut erzeigen;
Ein' handvol von *fauor petirt* er nur zue lohn /
Und bleibet ewer Knecht vnd *seruiteur* gantz eigen.

Wie selttzam dieses nun klinget / so ist nichts desto weniger die thorheit innerhalb kurtzen Jharen so eingeriessen / das ein jeder / [E I^b] der nur drey oder vier außländische wörter / die er zum offtern nicht verstehet / erwuscht hat / bey aller gelegenheit sich bemühet dieselben herauß zue werffen / Da doch die Lateiner eine solche abschew vor dergleichen getragen / das in jhren versen auch fast kein griechisch wort gefunden wird / das zwar gantz griechisch ist. Dann Juuenalis setzet inn einem orte ζωὴ καὶ φυχὴ,[1] eben dieselben auß zue lachen / die sich in jhren buhlereyen mit griechischen wörtern behelffen: in dem andern orte aber thut er es darumb / das er die schändliche sünde / daran Christen auch nicht gedencken sollen / lateinisch auß zuesprechen abschew treget: wiewol er sonsten kein blat für das maul nimpt. Was aber die *nomina propria* oder eigentlichen namen der Götter / Männer vnd Weiber vnd dergleichen betrifft / dürffen wir nach art der Lateiner vnd Griechen jhre casus nicht in acht nemen / sondern sollen sie so viel möglich auff vnsere endung bringen. Als / ich mag künlich nach der Deutschen gebrauche sagen:

Der schnelle plitz / des Jupiters geschoß /

vnd nicht / des Jouis. Item / der Venus pfeile / nicht veneris. Wie es denn auch die Römer mit den griechischen wörtern machen. Die Frantzosen gleichfals. [...]

Newe wörter / welches gemeiniglich *epitheta,* derer wir bald gedencken werden / vnd von andern wörtern zuesammen gesetzt sindt / zue erdencken / ist Poeten nicht allein erlaubet / sondern macht auch den getichten / wenn es massig geschiehet / eine sonderliche anmutigkeit. Als wenn ich die nacht oder die Music eine arbeittrösterinn / eine kummerwenderinn / die Bellona mit einem dreyfachen worte kriegs=blut=dürstig / vnd so fortan nenne. Item den Nortwind einen wolckentreiber / einen felssen stürmer vnd meer auffreitzer: wie jhn Ronsardt (denn die Frantzosen nechst den Griechen hierinnen meister sindt) im 202. Sonnet seines andern buches der Buhlersachen heisset: [...]

(1624)

Text 4 Georg Philipp Harsdörffer (1607–1658): Die Teutsche Sprache

Die Teutsche Sprache.

Die Teutsche Sprache hat sich mit den andern Haubtsprachen um den Vorsitz gezancket / und ihre Verachtung mit nachgehender Schutzrede abgelehnet.

Ich / sagte sie / biete euch allen den Trutz / ob eine ist / die mit mir der Natur so deutlich nachsprechen / und alles das / was einen Laut von sich giebet / so eigentlich und vernemlich ausdrucken kan. Ich brülle wie der Löw / ich bölcke wie der Ochs / ich brumme wie der Beer / ich blecke wie das Schaf / ich gruntze wie das Schwein / ich baffe wie der Hund / ich zische wie die Schlange / ich rintsche wie das Pferd / ich maue wie die Katze / ich schnattre wie die Gans / quacke wie die Endte / kackle und klucke wie das Hun / schnattre und klappere wie der Storch / swiere wie die Schwalbe / kracke wie der Rab / silcke wie der Sperling / etc. Ich prassle und schlürffe mit dem Wasser / lisple und wisple mit den Bächen / summe und brumme mit den Immen / rolle und rülle mit dem Donner / erschütter und zersplitter / zerscheidre die Schiffe / ich schmiege und biege / spratzle wie das brennende Holtz / knirsche wie das Messer auf dem Marmol / und bilde also alles Getön / das gehöret werden kan. Die andren Sprachen müheten sich ihr nachzureden / konten aber nicht weit kommen / und musten der Teutschen Sprache den Vortritt überlassen.

(Erstdruck 1651)

Georg Philipp Harsdörffer lebte von 1607–1658 als vielseitig Gelehrter (Jura, Philosophie, Geschichte, Mathematik, Philologie) und Dichter in Nürnberg, nachdem ihn eine mehrjährige Bildungsreise (1627–1631) nach Genf, Frankreich, Belgien, England und Italien geführt hatte. Mit Johann Klaj zusammen gründete er 1644 den „Hirten- und Blumenorden an der Pegnitz". Sehr populär wurde Harsdörffer durch die Vermittlung unterhaltsam-belehrender Erzählliteratur aus dem Romanischen, die er in umfangreichen Anthologien veröffentlichte. In seinem Gesamtwerk von rd. 20 000 Druckseiten spielten zwei Werke eine besondere Rolle: „Die Frauenzimmer-Gesprächsspiele" (8 Bde., 1641–1649) wollten den Frauen der kulturellen Oberschicht eine neue Bildung vermitteln. – Der „Poetische Trichter" (1647–1653) ist eine Poetik, die besonderen Akzent auf dekorative Bildlichkeit und Klangwirkung, auf weitläufige Umschreibungen sowie Gleichnisse und Sinnbilder legt. Erst im 18. Jh. wurde diese Poetik als „Nürnberger Trichter" abfällig bewertet.

[1] Leben und Seele

Gottfried Wilhelm Leibniz. Gemälde von Bernhard Franke.

Der in Leipzig geborene **Gottfried Wilhelm Leibniz** gilt als der universalste Geist des 17. Jahrhunderts: Die abgedruckten Textauszüge zeigen ihn als Sprachforscher. Daneben war er Historiker, Politiker, Diplomat, Rechtsgelehrter, Theologe, Physiker und Mathematiker, der unabhängig von Newton die Integral- und Differentialrechnung entwickelte. Vor allem aber war er Philosoph, der eine Synthese von mittelalterlich-theologischem und modernem, naturwissenschaftlich-mechanischem Denken suchte und damit zur *Aufklärung* überleitete.

Die **Semiotik** (von gr. semeion = Zeichen) ist die Lehre von den sprachlichen und nichtsprachlichen Zeichen. Ihre Hauptbereiche sind die Semantik (Bedeutungslehre), die Pragmatik (Lehre von der Sprachverwendung) und die Syntax (Lehre von den Beziehungen sprachlicher Zeichen im Satz und in Satzmustern).

Text 5 Gottfried Wilhelm Leibniz (1646–1716): Unvorgreiffliche Gedancken, betreffend die Ausübung und Verbesserung der Teutschen Sprache
[Auszüge]

Obwohl Leibniz seine philosophischen Hauptwerke in lateinischer oder französischer Sprache schrieb, kommt er zu folgender Einschätzung des Deutschen:

aus Unvorgreiffliche Gedancken,

betreffend die Ausübung und Verbesserung der Teutschen Sprache.

1. Es ist bekandt, dass die Sprach ein Spiegel des Verstandes, und dass die Völcker, wenn sie den Verstand hoch schwingen, auch zugleich die Sprache wohl ausüben, welches der Griechen, Römer und Araber Beyspiele zeigen. [...]

5. Es ist aber bey dem Gebrauch der Sprache, auch dieses sonderlich zu betrachten, dass die Worte nicht nur der Gedancken, sondern auch der Dinge Zeichen seyn, und dass wir Zeichen nöthig haben, nicht nur unsere Meynung andern anzudeuten, sondern auch unsern Gedancken selbst zu helffen. Denn gleichwie man in grossen Handels-Städten, auch im Spiel und sonsten nicht allezeit Geld zahlet, sondern sich an dessen Statt der Zeddel oder Marcken, biss zur letzten Abrechnung oder Zahlung bedienet; also thut auch der Verstand mit den Bildnissen der Dinge, zumahl wenn er viel zu dencken hat, dass er nehmlich Zeichen dafür brauchet, damit er nicht nöthig habe, die Sache iedesmahl so offt sie vorkommt, von neuen zu bedencken. Daher wenn er sie einmahl wohl gefasset, begnügt er sich hernach offt, nicht nur in äusserlichen Reden, sondern auch in den Gedancken und innerlichen Selbst-Gespräch das Wort an die Stelle der Sache zu setzen. [...]

7. Daher braucht man offt die Wort als Zifern, oder als Rechen-Pfennige, an statt der Bildnisse und Sachen, biss man Stuffenweise zum Facit schreitet, und beym Vernunfft-Schluss zur Sache selbst gelanget. Woraus erscheinet, wie ein Grosses daran gelegen, dass die Worte als Vorbilde und gleichsam als Wechsel-Zeddel des Verstandes wohl gefasset, wohl unterschieden, zulänglich, häuffig, leichtfliessend und angenehm seyn. [...]

9. Ich finde, dass die Teutschen ihre Sprache bereits hoch bracht, in allen dem, so mit den fünff Sinnen zu begreiffen, und auch dem gemeinen Mann fürkommet; absonderlich in leiblichen Dingen, auch Kunst- und Handwercks-Sachen, weil nemelichen die Gelehrten fast allein mit dem Latein beschäfftiget gewesen, und die Mutter-Sprache dem gemeinen Lauff überlassen, welche nichts desto weniger auch von den so genandten Ungelehrten nach Lehre der Natur gar wohl getrieben worden. Und halt ich dafür, dass keine Sprache in der Welt sey, die (zum Exempel) von Ertz und Bergwercken reicher und nachdrücklicher rede, als die Teutsche. Dergleichen kan man von allen andern gemeinen Lebens-Arten und Professionen sagen, als von Jagt- und Wäid-Werck, von der Schiffahrt und dergleichen. Wie dann alle die Europäer so auffm grossen Welt-Meer fahren, die Nahmen der Winde und viel andere Seeworte von den Teutschen, nehmlich von den Sachsen, Normannen, Osterlingen und Niederländern entlehnet.

10. Es ereignet sich aber einiger Abgang[1] bey unserer Sprache in denen Dingen, so man weder sehen noch fühlen; sondern allein durch Betrachtung erreichen kan; als bey Ausdrückung der Gemüths-Bewegungen, auch der Tugenden und Laster, und vieler Beschaffenheiten, so zur Sitten-Lehr und Regierungs-Kunst gehören; dann ferner bey denen noch mehr abgezogenen und abgefeimten Erkäntnissen, so die Liebhaber der Weissheit in ihrer Denck-Kunst, und in der allgemeinen Lehre von den Dingen unter dem Nahmen der Logick und Metaphysick auff die Bahre bringen; welches alles dem gemeinen Teutschen Mann etwas entlegen, und nicht so üblich, da hingegen der Gelehrte und Hoffmann sich des Lateins oder anderen fremden Sprachen in dergleichen fast allein und in so weit zu viel beflissen; also dass es denen Teutschen nicht am Vermögen, sondern am Willen gefehlet, ihre Sprache durchgehends zu erheben. Denn weil alles was der gemeine Mann treibet, wohl in Teutsch gegeben, so ist kein Zweiffel, dass dasjenige, so vornehmen und gelehrten Leuten mehr fürkommt von diesen, wenn sie gewolt, auch sehr wohl, wo nicht besser in reinem Teutsch gegeben werden können. [...]

15. Am allermeisten aber ist unser Mangel, wie gedacht, bey denen VVorten zu spühren, die sich auff das Sitten-wesen, Leidenschafften des Gemüths, gemeinlichen VVandel, Regierungs-Sachen, und allerhand bürgerliche Lebens- und Staats-Geschäffte ziehen: VVie man wohl befindet, wenn man etwas aus andern Sprachen in die unsrige übersetzen will. Und weilen solche VVort und Reden am meisten fürfallen, und zum täglichen Umgang wackerer Leute so wohl als zur Brieff-VVechselung zwischen denselben erfordert werden; so hätte man fürnehmlich auff deren Ersetzung, oder weil sie schon vorhanden, aber vergessen und unbekandt, auff deren VViederbringung zu gedencken, und wo sich dergleichen nichts ergeben will, einigen guten VVorten der Ausländer das Bürger-Recht zu verstatten. [...]

[1] Abgang: Mangel

Leibniz schildert die „Wasserfluth“ fremder Spracheinflüsse während des Dreißigjährigen Krieges und vor allem seit 1648 die Vorherrschaft des Französischen in Mode und Sprache. Frankreich sei „gleichsam zum Muster aller Zierlichkeit auffgeworffen“ worden. Im Gegensatz zu den scharfen Kritikern aller fremden Einflüsse sieht Leibniz dabei auch „viel Gutes“:

[...] man hat gleichwie von den Italiänern die gute Vorsorge gegen ansteckende Kranckheiten, also von den Frantzosen eine bessere Kriegs-Anstalt erlernet, darin ein freyherrschender grosser König andern am besten vorgehen können; man hat mit einiger Munterkeit im Wesen die Teutsche Ernsthafftigkeit gemässiget, und sonderlich ein und anders in der Lebens-Art etwas besser zur Zierde und VVohlstand, auch wohl zur Beqvemlichkeit eingerichtet, und, so viel die Sprache selbst betrifft, einige gute Redens-Arten als fremde Pflantzen in unsere Sprache selbst versetzet.

(e um 1680, v 1717)

Als Maßnahmen zur Sprachreform empfiehlt Leibniz u.a. die Untersuchung des deutschen Wortschatzes im Hochdeutschen und in den Mundarten, die Auswertung der Sprache des 16. Jahrhunderts – der Texte Luthers vor allem und der deutsch schreibenden Schriftsteller – sowie unter bestimmten Bedingungen Wortneuschöpfungen.

Weil das heutige Deutsch in der Barockzeit die entscheidende Prägung erhielt und weil die deutsche Sprache im 17./18. Jahrhundert eine gewaltige Aufwertung erfuhr, sollen die Grundlinien der Entwicklung hier zusammengefasst werden:
Dem Geist des Absolutismus entsprechend waren die kulturellen Mittelpunkte des 17. Jahrhunderts die *Höfe* mit ihrem fürstlichen Mäzenatentum. Die Träger barocker Dichtung und Sprachreform aber waren *bürgerliche Gelehrte,* die meist im Dienste von Fürsten standen. Seltener wirkten sie auch im Auftrag großer Städte, wie z.B. in Nürnberg, Leipzig, Breslau, Hamburg und Königsberg. Die Poeten und Gelehrten hatten das stolze Selbstbewusstsein, nicht nur die Summe einer gelehrten Tradition zu repräsentieren – von der griechisch-römischen Antike über das Mittelalter bis zur europäischen Renaissance –, sondern deren Höhepunkt erreicht zu haben: Neben Logik und Grammatik gehörte die *Rhetorik* (gr. = Redekunst) zum Fundament aller sprachlich-literarischen Bildung: Rhetorik verstand sich aber nicht nur als Anleitung zum äußeren Redeschmuck, sondern gleichermaßen als Hilfe zur wirkungsvollen Argumentation und Gliederung, wie sie sich vor allem in zahlreichen *Poetiken* dokumentierte.

Die **Entwicklung der deutschen Sprache** im 17./18. Jahrhundert lässt eine umfangreiche *Erweiterung des Wortschatzes* in zwei Hauptrichtungen erkennen:

1. Da Sprache in erster Linie als *Ordnung der Welt* durch den Geist verstanden wurde, galt ihrer rationalen Formung mehr Aufmerksamkeit als dem Ausdruck des Seelischen. In *Martin Opitz'* (1597–1639) Streben zeigte sich diese Rationalität besonders deutlich: Er wollte alles Mundartliche, jeglichen Fremdwortgebrauch, alle Flickwörter und alles hässlich Klingende vermeiden. Der Klarheit des Gedankens sollten Prägnanz des Ausdrucks und sorgfältig gefügte Sätze – oft Hypotaxen – entsprechen. Für die Dichtung verlangte er neben Würde und Eindringlichkeit auch Zierlichkeit der Sprache: Etwa durch schmückende Beiwörter, kunstvolle Zusammensetzungen (z.B. „kriegsblutdürstig“) und anschauliche Umschreibungen (z.B. die Musik als „Kummerwenderin“). Neben der Reinheit des Reims forderte Martin Opitz, dass der Versakzent mit dem natürlichen Sprechakzent übereinstimmen müsse. Damit war im Deutschen endgültig die natürliche Betonung als Richtlinie für die Versgestaltung eingeführt. Wo Dichtersprache in erster Linie vernunftgerecht sein sollte, gewann sie zweifellos an Klarheit und Genauigkeit, aber es konnte nicht ausbleiben, dass ihr auch etwas Künstlich-Steifes anhaftete. Erst Dichtern wie Klopstock, Lessing, Wieland, Goethe und Schiller gelang es dann im 18. Jahrhundert, die deutsche Sprache geschmeidiger und auch wärmer zu gestalten.
2. An *Farbigkeit und Bildgewalt* gewann die deutsche Sprache im sog. Hochbarock, vor allem durch Gryphius, Hofmannswaldau und Lohenstein, den Vertretern der sog. zweiten Schlesischen Schule. Vergleichbar dem Prunk der Fürstenhöfe und der Prachtentfaltung in Malerei und Architektur, erhielt die Dichtersprache neue Elemente: Wort- und Bilderhäufungen, Antithesen in Worten (z.B. „bittersüß“) und in Sätzen – „Der Schultern warmer Schnee wird werden kalter Sand“ –, Wortneubildungen durch Zusammensetzungen (z.B. „Wollustwein“, „Lebenstau“, „Zinnobermund“, „erdenschwarz“), eine rauschhafte Klangfreude und oft sehr verstiegene Umschreibungen waren kennzeichnend: Z.B. wurde der Mond als „der Sonne Kammermagd“, die Perle als „Muschelkind“ oder Purpur als das „Schneckenkind“ umschrieben. Übersteigerungen dieser Tendenzen führten zum *Schwulst,* der als gesamteuropäische Erscheinung auch in anderen Sprachen auftritt: als Preziösentum in Frankreich, als Euphuismus in England, als Gongorismus in Spanien und als Marinismus in Italien. In Deutschland wandte sich in der Epoche Aufklärung vor

Arbeitsanregungen:

1 [a] Konspektieren Sie Grundgedanken der Auszüge aus Martin Opitz' „Poeterey“.
[b] Fassen Sie Ihre Ergebnisse in einem Lexikon-Artikel knapp zusammen und beachten Sie dabei folgende Gliederung:
- Ziele von Martin Opitz
- Grundregeln der Sprachverwendung
- Anforderungen an Wortneubildungen

2 [a] Welche positiven Eigenarten der deutschen Sprache führt G. Ph. Harsdörffer gegen andere „Haubtsprachen“ auf?
[b] Vergleichen Sie Harsdörffers Bilanz mit der Auffassung G. W. Leibniz' über Vorzüge und Mängel der deutschen Sprache.

3 [a] Wie erklärt Leibniz Sprache als Zeichen?
[b] Informieren Sie sich über Ziele der Semiotik, einer wichtigen Richtung der modernen Sprachwissenschaft und vergleichen Sie mit Leibniz' „Zeichenlehre“.

Justus Georg Schottel (latinisiert Schottelius) wurde 1612 in Einbeck geb. und starb als Hof- und Konsistorialrat 1676 in Wolfenbüttel. Seine Bildungsstationen: Gymnasium in Hildesheim, Universität Helmstedt, Akademisches Gymnasium in Hamburg, die Universitäten Leiden und Wittenberg. 1646 Promotion zum Doktor beider Rechte. Schottel war Beamter und Prinzenerzieher beim Herzog August von Braunschweig und Lüneburg. Er gilt als größter deutscher Sprachgelehrter des 17. Jhs., den man ehrerbietig – nach dem bedeutendsten römischen Grammatiklehrer – den „deutschen Varro" nannte. Schottel trat für die Reinhaltung des Deutschen ein und förderte die Entwicklung der deutschen Hochsprache und Poesie. Seine Hauptwerke: „Teutsche Sprachkunst", 1641; „Der Teutschen Sprache Einleitung", 1643; „Teutsche Vers- oder Reim-Kunst", 1645; „Ausführliche Arbeit von der Teutschen Haubt Sprache", 1663.

allem Johann Christoph Gottsched (1700–1766) gegen Schwulst und forderte Sachlichkeit, Einfachheit und vernunftgemäße Klarheit in Wortgebrauch und Satzbau.

3. Neben diesen beiden Hauptrichtungen prägten zwei *Nebenströmungen* die Sprachentwicklung entscheidend: Die sehr religiös-mystisch bestimmte Ausdrucksweise des *Pietismus* (z.B. bei Jakob Böhme und Angelus Silesius) zeigte inniges Gefühl, religiöse Hingabe und einen stark verbalen Stil, der auf die Dichter der sog. Empfindsamkeit (u.a. auf F. G. Klopstock und Matthias Claudius), vor allem aber auf den jungen Goethe von großem Einfluss war. – In die Zukunft wirkte auch eine mehr *volkstümlich geprägte Sprache* (z.B. bei Abraham a Sancta Clara und H. J. Chr. von Grimmelshausen), in der u.a. anschauliche Redensarten und drastische Schimpfwörter sowie Wortspiele und Mundartliches vorkommen.
Auch zur Durchsetzung der *deutschen Einheitssprache* wurden im 17./18. Jahrhundert wichtige Schritte getan. Zwar war der Einfluss Martin Luthers (1483–1546) auf die Vereinheitlichung der deutschen Schriftsprache in den protestantischen Territorien sehr groß, aber im konfessionell gemischten Westen Deutschlands, im katholischen Süden und in der reformierten Schweiz blieb seine Wirkung zunächst gering. Die wichtigsten Stationen auf dem **Weg zur Einheitssprache:**

1. Neben der Erweiterung des deutschen Wortschatzes und ihrem Kampf gegen die „Verwelschung" durch französische, spanische und italienische Wörter hatten die sog. *Sprachgesellschaften* entscheidenden Anteil an der Um- und Aufwertung des Deutschen einerseits gegenüber dem Latein, andererseits gegenüber den Nachbarsprachen. Schon der humanistische Geschichtsschreiber Johannes Turmair, latinisiert Aventinus (1477–1534), schrieb seine „Bayrische Chronik" in deutscher Sprache und hatte das Deutsche – im Unterschied zu den vom Latein abgeleiteten romanischen Sprachen – als *„Ur- und Hauptsprache"* herausgehoben. Martin Opitz mit seinem „Aristarchus sive de contemptu linguae Germanicae" (1617) und Justus Georg Schottel (1612–1676), der größte deutsche Sprachgelehrte des 17. Jahrhunderts, führten diese Aufwertung fort. U.a. durch Schottels „Teutsche Sprachkunst" (1641) und „Ausführliche Arbeit von der Teutschen Haubt-Sprache" (1663) wurden zwei wichtige Bestrebungen zur Vereinheitlichung deutlich: Einmal die zunehmende Abhängigkeit der Sprache vom *Schriftbild,* zum andern die Bemühungen zur Regelung der deutschen *Rechtschreibung.* Trotzdem waren in den ersten Jahrzehnten des 17. Jahrhunderts die Überlegenheit des Französischen im Alltagsgebrauch – durch die französische Prägung des modisch-gesellschaftlichen Lebens, das sog. Alamodwesen, – und des Lateins in der Wissenschaft noch ungebrochen. Erstmals 1681 übertraf die Zahl der in deutscher Sprache erschienenen Bücher die Zahl der lateinischen Werke. (Zum Vergleich: Um 1570 waren 70%, um 1720 noch 30% und um 1790 noch 5% aller Schriften in Latein erschienen.) – Was die *Reichweite* des Deutschen betrifft, so ging seine Geltung seit dem 17. Jahrhundert zwar im Westen (Elsass-Lothringen) zurück, wurde aber nach Osten und Südosten durch deutsche Siedlungen in Polen, Ungarn und Südrussland auf Kosten der slawischen Sprachen erweitert.

2. Der Rechtslehrer und Philosoph Christian Thomasius (1655–1728) kündigte an der Universität Leipzig 1687, wohl als erster Hochschullehrer, Vorlesungen in deutscher Sprache an und durch seine „Monatsgespräche" (1688/90) legte er die erste deutschsprachige literarische Zeitschrift vor. Thomasius entsprach damit der Einsicht, dass das Deutsche auch als *Sprache der Wissenschaft* dem Latein ebenbürtig sei. In gleichem Sinne stellte der Pastor und Schriftsteller Johann Balthasar Schupp (1610–1661) in seinem 1663 erschienenen „Teutschen Lehrmeister" fest: „Es ist die Weisheit an keine Sprach' gebunden."
Aber erst im 18. Jahrhundert gelang der endgültige Sieg des Deutschen über das Latein und das Französische. Johann Christoph Gottsched (1700–1766) hatte durch seine „Deutsche Sprachkunst, nach den Meistern der besten Schriftsteller des vorigen und itzigen Jahrhunderts abgefasset" (1748, 6. Auflage 1776), großen Anteil und die Dichter Klopstock, Wieland, Lessing, Goethe und Schiller verhalfen dem Deutschen als allgemeingültiger *Einheitssprache* zur vollen Anerkennung. Nur die Schweiz hat diesen Prozess in der mündlichen Alltagssprache bis heute nicht mitvollzogen.

3. Die Regelung der Aussprache und die Festlegung der Rechtschreibung waren dann erst um die Jahrhundertwende abgeschlossen: 1898 durch Theodor Siebs „Deutsche Bühnensprache" und durch Konrad Dudens Rechtschreibregelung, die 1902 für alle deutschsprachigen Länder verbindlich geworden war.

4. Ab 1998 wird in den deutschsprachigen Ländern eine neue Rechtschreibung eingeführt. Betroffen sind vor allem die Schreibung der s-Laute, die Getrennt- und Zusammenschreibung, die Groß- und Kleinschreibung, die Zeichensetzung, die Worttrennung sowie die Schreibung von Fremdwörtern (vgl. S. 400f.).

Aufklärung – Sturm und Drang

I. Aufklärung – Aufbruch in ein neues Zeitalter des Geistes?

Naturwissenschaftler und Philosophen setzten zu Beginn der Neuzeit eine geistige Bewegung in Gang, die unter dem Begriff „Aufklärung“ bis in die Gegenwart die geistige Auseinandersetzung beeinflusst. Was ihre Befürworter von der Aufklärung erwarten, kann Schubarts Situationsbeschreibung über Deutschland aus dem Jahre 1788 schlaglichtartig beleuchten: „Deutschland kommt mir vor wie ein großer Palast mit vielen Fenstern, deren Läden verschlossen blieben. Sachsen, Brandenburg, Braunschweig, Hannover öffneten ihre Fensterläden zuerst, die übrigen Provinzen behalfen sich zum Teil mit Jalousieläden oder ließen die Läden gar zu, weil glotzige Pfaffen behaupteten, das Sonnenlicht sei den Augen nicht zuträglich. Endlich begann man doch nach und nach überall die Läden zu öffnen und sich des wohltätigen Lichtstrahls zu erfreuen. Bald wird keine deutsche Provinz mehr sein, die bei verschlossenen Fensterläden, wie B…, von Aufklärung spricht, und dann wird unser liebes Vaterland als eine Götterwohnung vor allen Völkern dastehen, von allen Seiten in einstrahlendem Lichte schimmernd.“ Welche Hoffnungen für die Zukunft unseres Vaterlandes mit dem Begriff „Aufklärung“ verbunden waren, macht Schubarts Wort überdeutlich.

Welche Ziele bei ihrer Verwirklichung Deutschland zu einer „Götterwohnung“ machen sollten und wie weit sie verwirklicht werden konnten, auf diese Fragen können Ihnen die nachfolgenden Texte erste Antworten geben.

Aufklärung

Text 1 **Gotthold Ephraim Lessing (1729–1781): Über die Wahrheit**

Ein Mann, der Unwahrheit unter entgegengesetzter Überzeugung in guter Absicht ebenso scharfsinnig als bescheiden durchzusetzen sucht, ist unendlich mehr wert als ein Mann, der die beste, edelste Wahrheit aus Vorurteil, mit Verschreiung seiner Gegner, auf alltägliche Weise verteidiget.

Will es denn *eine* Klasse von Leuten nie lernen, dass es schlechterdings nicht wahr ist, dass jemals ein Mensch wissentlich und vorsetzlich sich selbst verblendet habe? Es ist nicht wahr, sag ich; aus keinem geringern Grunde, als weil es nicht möglich ist. Was wollen sie denn also mit ihrem Vorwurfe mutwilliger Verstockung, geflissentlicher Verhärtung, mit Vorbedacht gemachter Plane, Lügen auszustaffieren, die man Lügen zu sein weiß? Was wollen sie damit? Was anders, als – – Nein; weil ich *auch ihnen* diese Wahrheit muss zugute kommen lassen; weil ich auch von *ihnen* glauben muss, dass sie vorsetzlich und wissentlich kein falsches verleumderisches Urteil fällen können: so schweige ich und enthalte mich alles Widerscheltens.

Nicht die Wahrheit, in deren Besitz irgendein Mensch ist oder zu sein vermeinet, sondern die aufrichtige Mühe, die er angewandt hat, hinter die Wahrheit zu kommen, macht den Wert des Menschen. Denn nicht durch den Besitz, sondern durch die Nachforschung der Wahrheit erweitern sich seine Kräfte, worin allein seine immer wachsende Vollkommenheit bestehet. Der Besitz macht ruhig, träge, stolz –

Wenn Gott in seiner Rechten alle Wahrheit und in seiner Linken den einzigen immer regen Trieb nach Wahrheit, obschon mit dem Zusatze, mich immer und ewig zu irren, verschlossen hielte und spräche zu mir: wähle! Ich fiele ihm mit Demut in seine Linke und sagte: Vater gib! die reine Wahrheit ist ja doch nur für dich allein!

(v 1778)

Text 2 **Gottlieb Konrad Pfeffel (1736–1809): Die Aufklärung**

Auf seiner langen Wanderschaft
durch halb Europa sah und hörte
ein Löwe viel von Wissenschaft
und Kunst. Als er nach Hause kehrte,
erhob das treue Volk zum Lohn
für das, was er in fremden Landen
als Kriegsgefangner ausgestanden,
ihn auf den väterlichen Thron.
Er glaubte – hier wird mancher lachen –
er müsse bei der Nation
sich nur durch Wohltun Ehre machen
und fasste den Entschluss, sein Reich,
dem großen Kaiser Peter gleich,
durch Künste zu zivilisieren.
Frohlockend lobte der Senat
den schönen Plan; auch bei den Tieren
will nur ein Ochs' deliberieren[1],
wenn der Monarch gesprochen hat,
und damals saßen diese Herren,
die gern dem Licht das Tor versperren,
noch nicht in dem geheimen Rat.
Der König ließ durch sein Mandat[2]
die Kandidaten aller Stufen
gar huldreich zum Konkurs[3] berufen.
Zuerst erschien ein großer Bär,
der aufrecht vor den Thron sich pflanzte,
und bald ins Kreuz, bald in die Quer
auf polnisch und kosakisch tanzte.
Mit Jauchzen ward der Postulant[4]
zum Doktor seiner Kunst ernannt.
Itzt nahte sich dem Königsstuhle
die Nachtigall. Kaum spielte sie
ihr Lied voll Geist und Melodie,
so übergab man ihr die Schule
der Tonkunst und der Poesie.
Das Lehramt der Philosophie
ward einem Affen aufgetragen;
sein allumfassendes Genie
glich einem bodenlosen Magen;
er wusste das Warum und Wie
von jedem Dinge. Kurz zu sagen,
er diente vormals in Paris
bei einem Enzyklopädisten[5],
der keine Müh' sich dauern ließ,
mit seiner Kunst ihn auszurüsten.
Nun war der Unterricht im Gang.
Schon ward es allerorten helle;
schon wechselten Konzert und Bälle
am Hof; das Licht der Wahrheit drang
in jeden Kopf; bei allen Tieren
verschwanden Vorurteil und Wahn;
sogar die Schöpse[6] fingen an
von Zeit und Raum zu disputieren.
Indessen fand der Großsultan
das Volk nicht um ein Härchen besser;
der Fuchs war stets ein Hühnerfresser,
und von des Wolfes Mörderzahn
ward nach wie vor das Schaf zerrissen;
nur dass er oft in frechen Schlüssen
bewies, er habe recht getan.
So ging es bald im ganzen Lande
und konnte nicht wohl anders gehn.
„Ha", rief der Schach, „zu meiner Schande
bekenn' ich, dass ich falsch gesehn.
Den Irrtum hab' ich zwar vertrieben,
allein die Laster sind geblieben.
Anstatt in meiner Monarchie
gelehrte Bürger ziehn zu wollen,
hätt' ich vor allen Dingen sie
zu guten Bürgern machen sollen."

(1783)

Text 3 **Gottfried Benn (1886–1956): Verlorenes Ich**

Verlorenes Ich, zersprengt von Stratosphären,[7]
Opfer des Ion[8] –: Gamma-Strahlen[9]-Lamm –
Teilchen und Feld –: Unendlichkeitschimären[10]
auf deinem grauen Stein von Notre-Dame.[11]

Die Tage gehn dir ohne Nacht und Morgen,
die Jahre halten ohne Schnee und Frucht
bedrohend das Unendliche verborgen –
die Welt als Flucht.

Wo endest du, wo lagerst du, wo breiten
sich deine Sphären an – Verlust, Gewinn –:
ein Spiel von Bestien: Ewigkeiten,
an ihren Gittern fliehst du hin.

---

1 deliberieren: überlegen
2 Mandat: Erlass; Befehl
3 Konkurs: Versammlung
4 Postulant: hier: Bewerber
5 Enzyklopädist: Mitarbeiter an einem Universallexikon
6 Schöps: Hammel; als Scheltwort: Dummkopf
7 Stratosphäre: Schicht über der Atmosphäre; zwischen 12–80 km
8 Ion: elektrisch aufgeladenes Teilchen
9 Gammastrahlen: bei Atomkernumwandlungen auftretende elektromagnetische Strahlung
10 Chimären: Fantasieungeheuer, die auch als Wasserspeier an Kathedralen angebracht wurden
11 Notre-Dame: Kathedrale in Paris oder allgemein eine Marienkirche

Der Bestienblick: die Sterne als Kaldaunen.[1]
der Dschungeltod als Seins- und Schöpfungsgrund,
Mensch, Völkerschlachten, Katalaunen[2]
hinab den Bestienschlund.

Die Welt zerdacht. Und Raum und Zeiten
und was die Menschheit wob und wog,
Funktion nur von Unendlichkeiten –
die Mythe[3] log.

Woher, wohin – nicht Nacht, nicht Morgen,
kein Evoë[4], kein Requiem,
du möchtest dir ein Stichwort borgen –
allein bei wem?

Ach, als sich alle einer Mitte neigten
und auch die Denker nur den Gott gedacht,
sie sich den Hirten und dem Lamm verzweigten,
wenn aus dem Kelch das Blut sie rein gemacht,

und alle rannen aus der einen Wunde,
brachen das Brot, das jeglicher genoß –
o ferne zwingende erfüllte Stunde,
die einst auch das verlorne Ich umschloß.

(1943)

(Aus lizenzrechtlichen Gründen ist dieser Text nicht in reformierter Rechtschreibung abgedruckt.)

Text 4 **Immanuel Kant (1724–1804): Beantwortung der Frage: Was ist Aufklärung?** [Auszug]

Aufklärung ist der Ausgang des Menschen aus seiner selbst verschuldeten Unmündigkeit. Unmündigkeit ist das Unvermögen, sich seines Verstandes ohne Leitung eines anderen zu bedienen. *Selbst verschuldet* ist diese Unmündigkeit, wenn die Ursache derselben nicht am Mangel des Verstandes, sondern der Entschließung und des Mutes liegt, sich seiner ohne Leitung eines andern zu bedienen. Sapere aude! Habe Mut, dich deines *eigenen* Verstandes zu bedienen! ist also der Wahlspruch der Aufklärung. [...]

(v 1784)

Umfangreicherer Textauszug, siehe S. 175f.

Text 5 **Christoph Martin Wieland (1733–1813): Sechs Fragen zur Aufklärung** [Auszug]

Also I. „Was ist *Aufklärung?*"
Antwort: Das weiß jedermann, der vermittelst eines Paars sehender Augen erkennen gelernt hat, worin der Unterschied zwischen Hell und Dunkel, Licht und Finsternis besteht. Im Dunkeln sieht man entweder gar nichts oder wenigstens nicht so klar, dass man die Gegenstände recht erkennen und voneinander unterscheiden kann: sobald Licht gebracht wird, klären sich die Sachen auf, werden sichtbar und können voneinander unterschieden werden – doch wird dazu zweierlei notwendig erfodert: 1) dass Licht genug vorhanden sei, und 2) dass diejenige, welche dabei sehen sollen, weder blind noch gelbsüchtig seien, noch durch irgendeine andere Ursache verhindert werden, sehen zu können oder sehen zu wollen.
II. „Über welche Gegenstände *kann* und *muss* sich die Aufklärung ausbreiten?"
Drolligte Frage! Worüber, als über alle sichtbare Gegenstände? Das versteht sich doch wohl, dächte ich; Oder muss es dem Herrn noch bewiesen werden? Nun wohlan! Im Dunkeln (ein einziges löbliches und gemeinnütziges Geschäfte ausgenommen) bleibt für ehrliche Leute nichts zu tun als zu schlafen. Im Dunkeln sieht man nicht, wo man ist? noch wo man hingeht, noch was man tut, noch was um uns her, zumal in einiger Entfernung, passiert; man läuft Gefahr, bei jedem Schritte die Nase anzustoßen, bei jeder Bewegung etwas umzuwerfen, zu beschädigen oder anzurühren, was man nicht anrühren

[1] Kaldaunen: Eingeweide von frisch geschlachteten Tieren
[2] Katalaunen: von Benn geprägt nach der Schlacht auf den Katalaunischen Feldern 451 n. Chr. zwischen dem römischen Statthalter Aëtius und dem Hunnenkönig Attila
[3] Mythe: Helden- und Göttersagen; Weltschöpfungs- und Weltuntergangssagen
[4] Evoë: Jubelruf beim Fest des griechischen Weingottes Dionysos

Immanuel Kant wurde nach dem Studium der Philosophie, Mathematik und der Naturwissenschaften im Jahre 1770 Prof. für Metaphysik und Logik an der Universität seiner Heimatstadt Königsberg. In seinen drei Hauptwerken:
1781 Kritik der reinen Vernunft,
1788 Kritik der praktischen Vernunft,
1790 Kritik der Urteilskraft
fragt Kant nach den Möglichkeiten und Grenzen menschlicher Erkenntnis. Er war der bedeutendste deutsche Philosoph des 18. Jahrhunderts.
1783 hatte sich ein Prediger in der „Berlinischen Monatsschrift" darüber beklagt, dass der Begriff „Aufklärung" bisher nicht ausreichend definiert worden sei. Kant versuchte eine Antwort zu geben.

sollte, kurz, alle Augenblicke Missgriffe und Misstritte zu tun; so dass, wer seine gewöhnlichen Geschäfte im Dunkeln treiben wollte, sie sehr übel treiben würde. Die Anwendung ist kinderleicht. Das Licht des Geistes, wovon hier die Rede ist, ist die Erkenntnis des Wahren und Falschen, des Guten und Bösen. Hoffentlich wird jedermann zugeben, dass es ohne diese Erkenntnis ebenso unmöglich ist, die Geschäfte des Geistes recht zu treiben, als es ohne materielles Licht möglich ist, materielle Geschäfte recht zu tun. Die Aufklärung, d.i. so viel Erkenntnis, als nötig ist, um das Wahre und Falsche immer und überall unterscheiden zu können, *muss* sich also über alle Gegenstände ohne Ausnahme ausbreiten, worüber sie sich ausbreiten *kann*, d.i. über alles dem äußern und innern Auge sichtbare. [...]

Alle Gegenstände unsrer Erkenntnis sind entweder geschehene Dinge oder Vorstellungen, Begriffe, Urteile und Meinungen. Geschehene Dinge werden aufgeklärt, wenn man bis zur Befriedigung eines jeden unparteiischen Forschers untersucht, ob und wie sie geschehen sind? Die Vorstellungen, Begriffe, Urteile und Meinungen der Menschen werden aufgeklärt, wenn das Wahre vom Falschen daran abgesondert, das Verwickelte entwickelt, das Zusammengesetzte in seine einfachern Bestandteile aufgelöst, das Einfache bis zu seinem Ursprung verfolgt und überhaupt keiner Vorstellung oder Behauptung, die jemals von Menschen für Wahrheit ausgegeben worden ist, ein Freibrief gegen die uneingeschränkteste Untersuchung gestattet wird. Es gibt kein anderes Mittel, die Masse der Irrtümer und schädlichen Täuschungen, die den menschlichen Verstand verfinstert, zu vermindern als dieses, und es kann kein anderes geben. [...]

(v 1789)

Deutscher Holzschnitt aus dem 16. Jahrhundert

Text 6 **René Descartes (1596–1650): Meditationen über die Erste Philosophie** [Auszug]

Bedeutender französischer Philosoph und Mathematiker, der durch sein kritisches Denken und seine mechanistische Naturauffassung die Philosophie in Westeuropa beeinflusste.

Zweite Meditation

Über die Natur des menschlichen Geistes;
dass er der Erkenntnis näher steht als der Körper

[...]

2. Ich nehme also an, alles, was ich wahrnehme, sei falsch; ich glaube, dass nichts von alledem jemals existiert habe, was mir mein trügerisches Gedächtnis vorführt. Ich habe überhaupt keine Sinne; Körper, Gestalt, Ausdehnung, Bewegung und Ort sind Chimären. Was soll da noch wahr sein? Vielleicht dies Eine, dass es nichts Gewisses gibt. [...]

Aber es gibt irgendeinen sehr mächtigen, sehr schlauen Betrüger, der mit Absicht mich immer täuscht. Zweifellos bin also auch Ich, wenn er mich täuscht; mag er mich nun täuschen, so viel er kann, so wird er doch nie bewirken können, dass ich nicht sei, solange ich denke, ich sei etwas. Nachdem ich so alles genug und übergenug erwogen habe, muss ich schließlich festhalten, dass der Satz „Ich bin, Ich existiere", sooft ich ihn ausspreche oder im Geiste auffasse, notwendig wahr sei.

[...]

5. Wofür also habe ich mich früher gehalten? Für einen Menschen selbstverständlich. Was aber ist ein Mensch? Soll ich sagen: ein vernünftiges Tier? Nein, denn dann würde sich die Frage anschließen, was ein Tier und was vernünftig sei, und so wäre ich aus einer Frage in mehrere und schwierigere hineingeraten. Ich habe auch keine Zeit mit derartigen Spitzfindigkeiten zu vergeuden. Hier will ich vielmehr auf das achten, was sich ganz von selbst und durch den natürlichen Fortgang für mein Denken ergab, sooft ich erwog, was ich sei.

Zuerst bemerkte ich natürlich, dass ich ein Gesicht, Hände, Arme und diese ganze Gliedermaschine habe, wie man sie auch an einem Leichnam wahrnimmt; ich nannte sie Körper. Dann bemerkte ich, dass ich mich nähre, gehe, fühle und denke, und schrieb diese Tätigkeiten der Seele zu. Was aber diese Seele sei, ließ ich entweder auf sich beruhen, oder ich stellte sie mir als irgendeinen feinen Stoff vor, als etwas dem Wind, dem Feuer oder Äther Vergleichbares, das in meinen gröberen Bestandteilen verbreitet ist. Bezüglich meines Körpers hingegen hatte ich keinerlei Zweifel; ich glaubte seine Natur genau zu kennen, und hätte ich einmal zu beschreiben versucht, wie er sich meinem Geiste darstellt, so hätte ich erklärt: Unter Körper verstehe ich alles, was durch eine Gestalt begrenzt und durch seinen Ort umschrieben werden kann; was seinen Raum so erfüllt, dass es von ihm jeden andern Körper ausschließt; was durch Gefühl, Gesicht, Gehör, Geschmack, Geruch wahrgenommen werden und in verschiedener Weise bewegt werden kann, zwar nicht aus eigener Kraft, aber durch irgendein anderes, mit dem es in Berührung kommt. Meiner Meinung nach war nämlich das Vermögen der Selbstbewegung sowie des Empfindens und Denkens in keiner Weise mit dem Wesen des Körpers vereinbar; ja, ich war geradezu überrascht, dergleichen Fähigkeiten in gewissen Körpern anzutreffen.

6. Nun aber nehme ich an, irgendein sehr mächtiger und, wenn ich so sagen darf, bösartiger Betrüger habe mich in allem, soweit es ihm nur irgend möglich war, absichtlich irregeführt. Kann ich mir dann noch das Geringste von alledem zuschreiben, was ich zur Natur des Körpers rechnete? Ich stutze, denke nach und überlege hin und her, aber nichts will sich mir zeigen; der fruchtlosen Wiederholung werde ich müde.

Wie steht es aber mit dem, was ich der Seele zuschrieb, mit der Ernährung und dem Gehen? Offenbar bestehen auch diese Tätigkeiten bloß in der Einbildung, da ich nun einmal keinen Körper habe. Aber das Empfinden? Auch dieses geschieht nicht ohne Körper, aber gar oft erschien es mir im Traume, als empfände ich, während ich nachher merkte, dass es nicht wahr sei. Und das Denken? Hier werde ich fündig: das Denken [= Bewusstsein] ist es; es allein kann von mir nicht abgetrennt werden; Ich bin, Ich existiere, das ist gewiss.

Wie lange aber? Offenbar solange ich denke, denn es ist ja auch möglich, dass ich, wenn ich überhaupt nicht mehr denken würde, sogleich aufhörte zu sein. Ich lasse jetzt nichts gelten, als was notwendig wahr ist; demnach bin ich genau genommen lediglich ein denkendes Ding, d.h. Geist bzw. Seele bzw. Verstand bzw. Vernunft; lauter Bezeichnungen, deren Bedeutung mir früher unbekannt war. Ich bin nun ein wirkliches und wahrhaft seiendes Ding. Was denn für ein Ding? Ich sagte ja: ein denkendes.

(v 1641)

Text 7 **Andreas Gryphius (1616–1664): Abend**

(Biografie, siehe Barock, S. 136)

Der schnelle Tag ist hin / die Nacht schwingt ihre fahn /
Und führt die Sternen auff. Der Menschen müde scharen
Verlassen feld und werck / Wo Thier vnd Vögel waren
Trawrt itzt die Einsamkeit. Wie ist die zeit verthan!

Der port naht mehr vnd mehr sich / zu der glieder Kahn.
Gleich wie diß licht verfiel / so wird in wenig Jahren
Ich / du / vnd was man hat / vnd was man siht / hinfahren.
Diß Leben kömmt mir vor alß eine renne bahn.

Lass höchster Gott mich doch nicht auff dem Laufplatz gleiten /
Lass mich nicht ach / nicht pracht / nicht lust / nicht angst verleiten.
Dein ewig heller glantz sey vor vnd neben mir /

Lass / wenn der müde Leib entschläfft / die Seele wachen
Vnd wenn der letzte Tag wird mit mir abend machen /
So reiß mich auß dem thal der Finsternuß zu dir.

(v 1650)

Arbeitsanregungen:

1 Wählen Sie den Text aus, der Sie am meisten anspricht und formulieren Sie Ihre Eindrücke und Gedanken.

2 a Welches Bild vom Menschen entwerfen Lessing (Text 1), Pfeffel (Text 2) und Benn (Text 3)? Arbeiten Sie die zentralen Aussagen heraus.
b Vergleichen Sie die Bilder (Holzschnitt ..., S. 152; Gott als Baumeister des Universums, S. 404 und Raffael, Disputá, beide als Farbtafeln, S. 405). Beschreiben Sie den Aufbau der Bilder und versuchen Sie deren Deutung.
c Vergleichen Sie Ihre Ergebnisse und überprüfen Sie, welche gegenseitigen Zuordnungen und Verstehenshilfen zwischen Malerei und Literatur deutlich werden.

3 Welche Fähigkeiten des Menschen halten Sie für besonders geeignet zu einem „aufgeklärten“ Verhalten beizutragen.

4 Vergleichen Sie mit Ihren Vorstellungen die Forderungen, die die Autoren Kant (Text 4), Wieland (Text 5) und Descartes (Text 6) an die Menschen im Sinne der „Aufklärung“ stellen.

5 Um 1700 fand ein geistiger Umbruch statt, der das Selbstverständnis des modernen Menschen bis zur Gegenwart entscheidend prägt. Es soll eine erste Standortbestimmung versucht werden.
a Tragen Sie Ihre Einsichten und Arbeitsergebnisse in Stichworten in folgendes Schema ein:

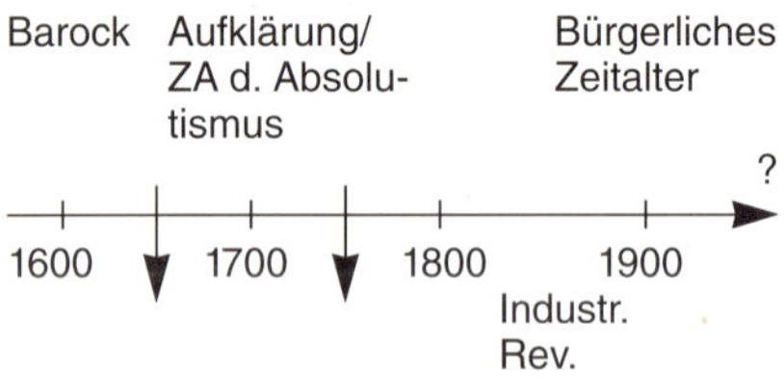

b Untersuchen Sie anhand der Texte 8 und 9 die Herkunft und den Bedeutungsbereich der Begriffe „aufklären“ und „Aufklärung“ und überprüfen Sie, welche Bedeutungen auf die bisher gewonnenen Einsichten passen.

Text 8 Lexikonartikel

aufklären [sw. V.; hat] /vgl. aufgeklärt/: 1. a) *Klarheit in etw. Ungeklärtes bringen; Unklarheiten, das Rätselhafte an einer Sache auflösen, beseitigen; entwirren:* ein Verbrechen a.; der Kommissar hat den Mordfall nicht a. können; Vorkommnisse, die niemals aufgeklärt wurden; einen Irrtum, Widersprüche a.; Der Vorgang ... wurde mit Hilfe der Quantentheorie aufgeklärt (Kosmos 3, 1965, 103); b) [a. + sich] *klarwerden, nicht mehr rätselhaft sein, sich auflösen:* die Missverständnisse haben sich längst aufgeklärt; auch dieses Geheimnis wird sich eines Tages a.; Jetzt wird sich ja alles befriedigend a. (Fallada, Herr 146). 2. a) *jmds. Unwissenheit, ungenügende Kenntnis über etw. [od. jmdn.] beseitigen; über etw. [od. jmd.] genau unterrichten, informieren (damit er sich in Zukunft entsprechend verhalten kann):* er klärte mich über den wahren Sachverhalt auf; die Bevölkerung muss über die Suchtgefahren aufgeklärt werden; Das junge Ehepaar ... ließ sich von ihm (dem Pfarrer) über den Segen der Mutter Kirche a. (Kirst, 08/15, 815); können Sie mich [darüber] a. *(mir erklären),* was dieser Ausdruck bedeutet?; b) *(ein Kind, einen Jugendlichen) über geschlechtliche Vorgänge unterrichten:* es ist die Aufgabe der Schule, die Kinder aufzuklären; [sexuell] nicht genügend aufgeklärt sein; c) (DDR) *jmdm. in politischer Hinsicht etw. klarzumachen, jmdn. zu überzeugen versuchen; agitieren. 3.* [a. + sich] *(vom Wetter) sich aufhellen; wolkenlos, klar werden:* der Himmel hatte sich nach dem Gewitter wieder aufgeklärt; (ugs. scherzh.:) es (= das Wetter) klärt sich auf zum Wolkenbruch; Ü seine finstere Miene, sein Gesicht klärte sich auf *(wurde heiterer).* 4. (Milit.) *(die Verhältnisse auf der feindlichen Seite) erkunden, auskundschaften:* die genaue Stellung des Feindes aufzuklären versuchen; [...]

Text 9 Lexikonartikel

Aufklärung. 1) Bez. für eine geistesgeschichtl. Epoche, beginnend Ende des 17. Jh. **(Aufklärungszeitalter):** zugleich die sie prägende Richtung des Denkens, die von England (›enlightenment‹) und Frankreich (›lumières‹) ausgehend das europ. Geistesleben bestimmte und bis ins 19. Jh. wirksam war und einen Einschnitt in der Geschichte des Denkens markierte, dessen Bedeutung auch in der Gegenwart noch zu erkennen ist. Charakteristisch für das Denken der A. ist ein Erkenntnisprozess, der traditions- und institutionskritisch dem Grundanliegen verpflichtet ist, dem Menschen mit Hilfe der Vernunft zum ›Ausgang aus seiner selbst verschuldeten Unmündigkeit‹ (I. Kant) zu verhelfen.

Grundzüge und Entwicklung

Grundlage der versch. Richtungen der A. ist die Vorstellung, dass die Vernunft das Wesen des Menschen darstelle, wodurch alle Menschen gleich seien (Egalitarismus) und die Vernunft als einzige und letzte Instanz befähigt sei, über Wahrheit und Falschheit von Erkenntnissen zu entscheiden und die in ihrer Gesamtheit vernünftig angelegte Welt zu erkennen (Vernunftoptimismus). Hieraus folgt eine am Modell naturwissenschaftl. Erkenntnis orientierte Kritik an allen autoritätsbezogenen, irrational bestimmten Denkweisen, bes. am Weltbild des christl. Offenbarungsglaubens jeder Metaphysik und allem Aberglauben. Die Loslösung des seiner Natur nach als gut gedachten und nur durch Entfernung von dieser Natur ›depravierten‹ (verderbten) Menschen aus seinen Abhängigkeiten soll durch Anleitung zum freiheitl. autonomen Vernunftgebrauch möglich werden. Durch diese Rückkehr zu seiner Natur werde die stete Vervollkommnung und Verwirklichung eines freiheitl., menschenwürdigen und glückl. Daseins in einer neuen Gesellschaft möglich (Fortschrittsoptimismus) [...].

Das 17. und vor allem das 18. Jahrhundert waren Zeiten großer Umwälzungen auf dem Gebiete der Weltanschauung, der Politik und der Kunst. Der Siegeszug der Naturwissenschaften im 17. Jahrhundert hatte das Weltbild des europäischen Menschen verändert. Stützte man sich im Mittelalter in allen Wissenschaften auf das Beispiel und die Lehre anerkannter Autoritäten des Altertums, hatten jetzt die Entdeckungen großer Naturwissenschaftler, wie Galilei (1564–1642), Newton (1643–1727) und Kepler (1571–1630), bewiesen, dass nur die vom eigenen Verstand geleitete Beobachtung der Natur zum Ziele führen könne. Die Gesetze der Natur wurden immer klarer erfasst; und die nahe liegende Folge war, dass die naturwissenschaftliche Methode und das philosophische Denken sich gegenseitig beeinflussten. So gab es auch Bestrebungen politisches Handeln an den Maßstäben der Vernunft auszurichten.

II. Die „vernunftorientierte Gesellschaft“ im absolutistischen Zeitalter

1. Idee und Wirklichkeit

Text 1 **Friedrich II. von Preußen (1712–1786): Politisches Testament** [Auszug]

[...]

Eine gut geleitete Staatsregierung muss ein ebenso fest gefügtes System haben wie ein philosophisches Lehrgebäude. Alle Maßnahmen müssen gut durchdacht sein, Finanzen, Politik und Heerwesen auf ein gemeinsames Ziel steuern: nämlich die Stärkung des Staates und das Wachstum seiner Macht. Ein System kann aber nur aus einem Kopfe entspringen: also muss es aus dem des Herrschers hervorgehen. Trägheit, Vergnügungssucht und Dummheit: diese drei Ursachen hindern die Fürsten an ihrem edlen Berufe, für das Glück ihrer Völker zu wirken. Solche Herrscher machen sich verächtlich, werden zum Spott und Gelächter ihrer Zeitgenossen, und ihre Namen geben in der Geschichte höchstens Anhaltspunkte für die Chronologie ab. Sie vegetieren auf dem Throne, dessen sie unwürdig sind, und denken nur an das liebe Ich. Ihre Pflichtvergessenheit gegen ihre Völker wird geradezu strafbar. Der Herrscher ist nicht zu seinem hohen Rang erhoben, man hat ihm nicht die höchste Macht anvertraut, damit er in Verweichlichung dahinlebe, sich vom Mark des Volkes mäste und glücklich sei, während alles darbt. Der Herrscher ist der erste Diener des Staates. Er wird gut besoldet, damit er die Würde seiner Stellung aufrechterhalte. Man fordert aber von ihm, dass er werktätig für das Wohl des Staates arbeite und wenigstens die Hauptgeschäfte mit Sorgfalt leite. Er braucht zweifellos Gehilfen. Die Bearbeitung der Einzelheiten wäre zu umfangreich für ihn. Aber er muss ein offenes Ohr für alle Klagen haben, und wem Vergewaltigung droht, dem muss er schleunigst sein Recht schaffen. Ein Weib wollte einem König von Epirus eine Bittschrift überreichen. Hart fuhr er sie an und gebot ihr, ihn in Ruhe zu lassen. „Wozu bist du denn König“, erwiderte sie, „wenn nicht, um mir Recht zu schaffen?“ Ein schöner Ausspruch, dessen die Fürsten unablässig eingedenk sein sollten. [...]

(e 1752)

Text 2 **Gottfried August Bürger (1747–1794): Der Bauer. An seinen durchlauchtigen Tyrannen**

Wer bist du, Fürst, dass ohne Scheu
Zerrollen mich dein Wagenrad,
Zerschlagen darf dein Ross?

Wer bist du, Fürst, dass in mein Fleisch
Dein Freund, dein Jagdhund, ungebleut
Darf Klau' und Rachen haun?

Wer bist du, dass durch Saat und Forst
Das Hurra deiner Jagd mich treibt,
Entatmet, wie das Wild? –

Die Saat, so deine Jagd zertritt,
Was Ross und Hund und du verschlingst,
Das Brot, du Fürst, ist mein.

Du Fürst hast nicht, bei Egg' und Pflug,
Hast nicht den Erntetag durchschwitzt.
Mein, mein ist Fleiß und Brot! –

Ha! du wärst Obrigkeit von Gott?
Gott spendet Segen aus; du raubst!
Du nicht von Gott, Tyrann!

(v 1775)

Bürger war Pfarrerssohn; Studium der Theologie, der Jurisprudenz und Philosophie in Göttingen; Dozent für Ästhetik an der Universität in Göttingen.

Claudius war Schriftsteller und Bankrevisor in Wandsbeck/Holstein. Herausgeber einer literarisch-religiösen Zeitschrift, des „Wandsbecker Boten“ (1771–1775).

Text 3 Matthias Claudius (1740–1815): Kriegslied

'S ist Krieg! 's ist Krieg! O Gottes Engel wehre,
Und rede du darein!
's ist leider Krieg – und ich begehre
Nicht schuld daran zu seyn!

Was solt ich machen, wenn im Schlaf mit Grämen
Und blutig, bleich und blas,
Die Geister der Erschlagnen zu mir kämen,
Und vor mir weinten, was?

Wenn wackre Männer, die sich Ehre suchten,
Verstümmelt und halb todt
Im Staub sich vor mir wälzten, und mir fluchten
In ihrer Todesnoth?

Wenn tausend tausend Väter, Mütter, Bräute,
So glücklich vor dem Krieg,
Nun alle elend, alle arme Leute,
Wehklagten über mich?

Wenn Hunger, böse Seuch' und ihre Nöthen
Freund, Freund und Feind ins Grab
Versammleten, und mir zu Ehren krähten
Von einer Leich' herab?

Was hülf' mir Kron' und Land und Gold und Ehre?
Die könnten mich nicht freun!
's ist leider Krieg – und ich begehre
Nicht schuld daran zu seyn!

(1782)

Text 4 Unbekannter Verfasser: Eine militärische Anekdote

Ein Soldat hatte etwas verbrochen, und ward verurtheilt, durch die Ruthen gejagt zu werden.

Haut zu in aller T... Namen! war die Losung des Majors, welcher die Execution commandirte, und bey jeder gichterischen Verzückung des Patienten in ein lautes Gelächter ausbrach, bis der Verurtheilte nach vollzogener Strafe nur noch ein schwaches Zeichen des Lebens von sich gab.

Kaum waren die Ruthen weggeworffen, und das Commando eingerückt, so riss sich ein Grenadier aus dem Reihen, sprang in die Apothek, warf 2 Kreuzer auf den Tisch, und sprach: Herr! Hier ist mein ganzes Vermögen. Gebt mir geschwind eine Labung für meinen armen Kameraden, welcher mit dem Tode ringt. Hauen musst' ich ihn, fuhr er fort, weil es der Dienst heißt; Aber ich will euch (hier brachen ihm die Thränen aus den Augen) mein Brod samt meiner Löhnung bringen, wenn es nicht genug ist, und hungern, bis ihr bezahlt seyd, Eilt doch, dass ich ihn noch lebendig antreffe!

Heil dir, gutmüthiger Schnurrbart! Dein Schutzengel wird dir zur Seite stehen, wenn du lächelnd ins Treffen gehst. Aber dein Major, wird er da wohl auch lachen?

(1776)

C.F.D. Schubart wurde in Obersontheim (Württemberg) als Sohn eines Pfarrers geboren, studierte Theologie und war Hauslehrer, Organist und Kapellmeister. Verfasser satirischer Gedichte; vom Herzog Karl Eugen von Württemberg von 1777–1787 auf dem Hohenasperg ohne Gerichtsurteil inhaftiert.

Text 5 Christian Friedrich Daniel Schubart (1739–1791): Freiheitslied eines Kolonisten

Hinaus! hinaus ins Ehrenfeld
Mit blinkendem Gewehr!
Columbus, deine ganze Welt
Tritt muthig daher!

Die Göttin *Freiheit* mit der Fahn'
(Der Sklave sah sie nie)
Geht, Brüder, seht! sie geht voran!
O blutet für sie!

Ha, Vater *Putnam*[1] lenkt den Sturm,
Und theilt mit uns Gefahr;
Uns leuchtet, wie ein Pharusthurm[2],
Sein silbernes Haar!

Du, gier'ger Britte, sprichst uns Hohn?
Da nimm uns unser Gold!
Es kämpft kein Bürger von Boston[3]
Um sklavischen Sold!

Da seht Europens Sklaven an,
In Ketten rasseln sie!
Sie braucht ein Treiber, ein Tyrann,
Für würgbares Vieh.

Ihr reicht den feigen Nacken, ihr,
Dem Tritt der Herrschsucht dar?
Schwimmt her! hier wohnt die Freiheit, hier!
Hier flammt ihr Altar!

Doch winkt uns Vater *Putnam* nicht?
Auf, Brüder, ins Gewehr!
Wer nicht für unsre Freiheit ficht,
Den stürzet ins Meer!

Herbei, Columbier, herbei!
Im Antlitz sonnenroth!
Horch, Britte, unser Feldgeschrei
Ist Sieg oder Tod.

(1776)

Arbeitsanregungen:

1 a Welches Bild zeichnet der König von Preußen (Text 1) von einem „guten Herrscher“? Welche Qualitäten muss er entwickeln?
b Formulieren Sie nach dem Beispiel Friedrichs II. einen kurzen „Fürstenspiegel“ für einen aufgeklärten Herrscher.

2 In den Texten 2–5 führen Bürger Klage über ‚ihre Herrscher‘. Stellen Sie einen Beschwerdekatalog zusammen und arbeiten Sie die Ursachen für die Missstände heraus.

3 Lassen Sie Gottlieb Konrad Pfeffel (S. 150, Text 2) in einem Brief an Friedrich II. zu dessen Staatsauffassung Stellung nehmen.

Die folgende Darstellung informiert Sie über das höfische und bürgerliche Leben im 18. Jahrhundert in Deutschland.

Der fürstliche Hof

Der fürstliche Hof spiegelte fürstliche Macht und Herrschaft wider: repräsentiert vor allem im Residenzschloss, in dem der Fürst Hof hielt. Es wurde aus der alten engen Hauptstadt verlegt nach dem Vorbild von Versailles. So ging der württembergische Herzog von Stuttgart nach Ludwigsburg. Das neue Schloss ließ sich nach beliebigem Ermessen planen und bauen: Breite Alleen, großzügige Auffahrten sowie abgezirkelte Park- und Gartenanlagen waren symmetrisch auf das Zentrum des Schlosses angelegt. Ein stilvolles Theater wurde eingebaut. Das erlauchte Publikum wurde durch Dichterlesungen, Konzerte und italienische Opern unterhalten. Große Hofbälle wurden organisiert, in den Parkanlagen erfreute man sich an Wasserspielen und Feuerwerken, z.B. Händels „Feuerwerks- und Wassermusik“. Es wurde viel gespielt, gewonnen und verloren, oft bis zur Vernichtung einer Existenz. Die Jagd blieb nach wie vor fürstliches Privileg. So ließ der Herzog Karl Eugen für eine glanzvolle Jagd beim Jagdschloss Solitude 21584 Männer und Kinder mit 2337 Pferden wochenlang das Wild zusammentreiben. Ihre Ausgaben finanzierten die Fürsten oft mit Menschenhandel. Über 18000 deutsche Söldner, von denen 16000 gefallen sind, wurden für 6 Millionen englische Pfund an England nach Nordamerika verkauft.

Die geistlichen Herren eiferten den weltlichen Herren nach: Sie erhöhten ihren Ruhm durch den Bau prachtvoller barocker Klosteranlagen und Kirchen, die ungeheure Summen verschlangen. Das einfache Volk staunte über die wertvollen Gewänder und Requisiten bei den Gottesdiensten.

Oft betätigten sich die Fürsten gönnerhaft als Mäzene für Maler, Musiker und Schriftsteller, so z.B. für Joseph Haydn in Wien. Die Berufung an einen Fürstenhof galt als großer Gunstbeweis, z.B. die Berufung Wielands und Goethes an den Weimarer Hof. Lebendig geblieben ist bis heute die Musik dieser Zeit. Einen unmittelbaren Zugang in die Welt des 18. Jahrhunderts vermitteln die Menuette, Concerti und Sinfonien von Johann Sebastian Bach (1685–1750) in Leipzig, Georg Friedrich Händel (1685–1759/London), Joseph Haydn (1732–1809/Wien), Arcangelo Corelli (1653–1713/Rom), Antonio Vivaldi (1680–1743/Venedig) und von Wolfgang Amadeus Mozart (1756–1791/Salzburg und

1 amerikan. General
2 Leuchtturm (nach dem auf der Insel Pharos 280/279 v. Chr. errichteten Turm, einem der sieben Weltwunder der Antike)
3 Von Boston nahm 1773–1775 der amerikan. Unabhängigkeitskrieg seinen Ausgang.

Arbeitsanregungen:

1 Stellen Sie in Stichworten gegenüber, welche Normen höfisches und bürgerliches Leben bestimmten.

2 Informieren Sie sich in Ihrem Geschichtsbuch über die Zeit des Absolutismus in Europa im 18. Jahrhundert. Tragen Sie diese Informationen zusammen mit den Angaben aus der vorangehenden Darstellung in folgendes Schema ein (Vorschlag: DIN-A4-Blatt, quer).

Epoche: *Aufklärung/Sturm und Drang 1700–1785*

Literatur	(Diese Spalten sind im Laufe der Besprechung auszufüllen)
Geistesgeschichte	
Kulturgeschichte	
politische Geschichte	
Zeitleiste	

3 a Versetzen Sie sich in die Rolle eines Engländers, der um 1770 Deutschland bereist und berichten Sie über Ihre Reiseeindrücke nach Hause.
b Wie beurteilen Sie die Verhältnisse in Deutschland aus Ihrer Sicht?

Wien). Unsere Bewunderung gewinnen bis heute die großen Bauleistungen des späten Barock und die verspielte Architektur des Rokoko: der Zwinger in Dresden von Pöppelmann, die Würzburger Residenz des Fürstbischofs von Balthasar Neumann, die Kirchen in Oberschwaben und Bayern von Dominikus Zimmermann sowie die Schlösser und Kirchen von Johann Fischer von Erlach in Wien. Und nicht zuletzt in Erinnerung gebliebenen sind Zopf und Perücke, Dreispitz und Galanteriedegen sowie Reifrock und zierliches Mieder aus dieser „galanten Zeit".

Die Höfe konnten für die Förderung von Kunst und Kultur viel leisten – wie etwa der Hof von Weimar. Doch waren die Höfe auch oft Stätten peinlicher Affären und hässlicher Intrigen. Emporkömmlinge machten Karrieren, raffinierte Frauen gewannen als Mätressen politischen Einfluss.

Die Welt der Bürger und Städte

Im gesellschaftlichen Leben trat im Laufe des 18. Jahrhunderts neben der höfischen Kultur die bürgerliche immer stärker hervor. Der sog. „dritte Stand" stellte die große Mehrheit der Bevölkerung dar.

Nach einer Zeit von Kriegen, Epidemien und Hungersnöten in der ersten Hälfte des Jahrhunderts wuchsen die Städte schneller, begünstigt von Handel und Manufakturbetrieben. Am selbständigsten waren die deutschen Reichsstädte, von denen es am Ende des Jahrhunderts noch ungefähr fünfzig gab. Frankfurt, Nürnberg, Augsburg, Leipzig, die Hansestädte Bremen, Hamburg und Lübeck waren bedeutend. Daneben gab es noch Städte, die ein beträchtliches Territorium besaßen, wie etwa Ulm oder Biberach, und verdorfte Städte mit oft nicht mehr als hundert Bürgern. Neben den Reichsstädten gab es die Residenzstädte mit der fürstlichen Beamtenschaft, Garnisonsstädte, Handelsmetropolen, regionale Machtzentren und kleine verschlafene Provinzstädte.

Die Tätigkeit der Bürger in den Reichsstädten oder „unfreien" Städten war ähnlich. Das traditionelle Handwerk prägte viele Gemeinwesen, doch der politische Einfluss war in den großen Städten in die Hände von landbesitzenden Patriziern oder auf die Kaufleute mit ihrer wirtschaftlichen Schlüsselstellung übergegangen. Ein größerer Teil der Bürgerschaft war in den städtischen Ämtern beschäftigt, oft im Nebenamt.

Die Bürgerschaft bestand nicht aus allen Einwohnern der Stadt. Das Bürgerrecht war „geschlossen" worden und die Gleichheit galt nur unter den Besitzern des Bürgerrechts. So hatte Augsburg bei 30 000 Einwohnern etwa 6000 Bürger; die Stadt Biberach an der Riß bei 3200 Einwohnern 851 Bürger. Arme, Leibeigene, hörige Bauern, Knechte, Mägde und Taglöhner, einfache Handwerker, Manufaktur-, Hafen- und Bergarbeiter, Soldaten und vagabundierende Bettler prägten das Stadtbild in Deutschland. Eine strenge Kleiderordnung ließ die Standesunterschiede nach außen sichtbar werden.

Das geistige Leben in den Städten wurde einmal bestimmt von der Geistlichkeit der verschiedenen Stadtkirchen und der Klöster mit ihren Schulen. Größere Städte besaßen eine Hohe Schule oder eine Universität. Und so gab es in diesen Städten einen Gelehrtenstand von Theologen, Juristen und Medizinern. Die Theologen verwalteten an den höheren und mittleren Schulen das Lehramt. Die Geistlichen beider Konfessionen beherrschten die alten Sprachen und besaßen eine solide humanistische Bildung. Die soziale Herkunft der Geistlichen wurde immer städtischer und damit immer bürgerlicher. Die evangelischen Geistlichen vor allem bildeten in den Städten die gelehrte Oberschicht; sie prägten das kulturelle Leben.

Ch. M. Wieland 1779

2. Vorstellungen vom „aufgeklärten" Schriftsteller: Lessing und Wieland – zwei Dichter der Aufklärung

Das politische, gesellschaftliche und kulturelle Leben im 18. Jahrhundert war – wie bisher deutlich wurde – geprägt von den Leitvorstellungen einer höfisch-absolutistischen Welt und einer bürgerlichen Stadtkultur, die meist in einem Spannungsverhältnis zueinander standen. In diese Situation waren die Schriftsteller des 18. Jahrhunderts gestellt und mussten im Laufe ihres Lebens für sich eine Lösung suchen.

Zwei exemplarische Lebensläufe können das literarische Schaffen unter den Bedingungen der Ständegesellschaft der damaligen Zeit und das Selbstverständnis der Dichter aufzeigen.

Christoph Martin Wieland (1733–1813): Biografie anhand von Briefen

Text 1 **Christoph Martin Wieland: An Leonhard Meister** [Auszug]

Weimar, den 28. Dezember 1787

Ich bin den 5. September 1733 in der Freien Reichsstadt Biberach geboren, aus einer alten bürgerlichen Familie daselbst, deren sämtliche Glieder seit 150 Jahren ansehnliche öffentliche Ämter in dieser kleinen Republik verwaltet haben. Dieser Umstand, verbunden mit der damaligen großen Frugalität und Simplizität der Lebensart und Sitten an diesem Ort, mit einer Art von Naturleben in einer sehr anmutigen Gegend, bei nicht dürftigen, aber doch auf das Notwendige beschränkten Vermögensumständen, hatten großen Einfluss auf meine erste Bildung. Ich war sehr frühzeitig, und mein Vater war von meinem dritten Jahre an mein erster Lehrer. Mit 8 Jahren las ich ›Nepotis vitas‹ schon mit den feurigsten Gefühlen – im 13. Jahre verstand oder divinierte ich meinen Horaz und Vergil besser als mein Lehrer. Von meinem 12. bis ins 14. Jahr machte ich eine unendliche Menge deutscher und lateinischer Verse, die freilich elend genug waren. [...]

Mit 13 1/2 Jahren ward ich nach Klosterberge bei Magdeburg, eine damals unter der des bis zur Schwärmerei devoten Abts Steinmetz Aufsicht stehenden berühmten Schule geschickt. Ich blieb dort zwei Jahre, machte starke Progressen in Litteris, schwärmte anfangs mit, kam aber bald wieder durch mein damaliges Lieblingsstudium, nämlich durch eine poetische Manier in den metaphysischen Terris incognitis herumzuvagieren, ins Freie und von einem System aufs andere. [...]

In meinem sechzehnten Jahre hielt ich mich, anstatt nach Hause zu reisen, wie ich sollte, ein Jahr zu Erfurt bei Doktor Baumer auf [...], um bei ihm in der Philosophie zuzunehmen. Das Beste, was er an mir tat, war ein sogenanntes Privatissimum, das er mir über den ›Don Quichote‹ las.

Den Charakter meiner Liebe zu Sophien muss man aus meinen ersten Schriften holen. Sie war höchst enthusiastisch, aber im eigentlichen Verstande platonisch; ich kann mich aber jetzt nicht darüber ausbreiten. Wir waren im Jahr 1750 (wo ich erst siebzehn Jahr alt war) nur ungefähr vier Monate beisammen; denn im November ging ich nach Tübingen, wo ich, statt Jura zu studieren, mich in mein Zimmer einschloss und binnen anderthalb Jahren meine ersten poetischen Schriften schrieb und herausgab. [...] Ich lebte bis Ostern 1760 in der Schweiz, das letzte Jahr in Bern, wo ich in Liaison mit vortrefflichen Personen beiderlei Geschlechts, besonders zwei Freundinnen, die wenig ihres Gleichen, an Geist und Herz und Kultur hatten, Julie Bondely und Marianne Fels, lebte. Überhaupt habe ich meinen siebenjährigen Aufenthalt in der Schweiz den edlen, vorzüglichen und geschickten Personen, und überhaupt der sehr guten Sozietät, worin ich dort lebte, unendlich viel zu danken.

Im Jahr 1760 wurde ich als Senator in meine Vaterstadt berufen und bald darauf zum Stadtschreiber und Direktor der Kanzlei daselbst erwählt. In diesem Posten blieb ich bis Ostern 1769 [...] und war von aller deutschen Literatur, aus aller Verbindung mit deutschen Gelehrten und Schrifstellern bis ins Jahr 1768 so rein abgeschnitten, als ob ich schon den Styx passiert hätte. In diesen acht Jahren arbeitete ich, meist zu meinem eigenen Trost (weil mir die Rathaus- und Kanzleigeschäfte sehr lästig waren) eine Menge Werke aus. [...]

Durch ein paar Jahre Aufenthalt in der zwar kleinen, aber paritätischen und damals sehr unruhigen Reichsstadt Biberach, kam ich ins praktische Leben, und dies wirkte so außerordentlich auf mich, dass in weniger als einem Jahre mein ganzes voriges Leben in der Schweiz mir wie ein schöner Traum vorkam. [...] Sehr viel trug auch zu der Revolution in meiner Seele meine mit dem Jahr 1761 angefangene Konnexion mit den Bewohnern des gräflich Stadionschen Schlosses Warthausen, besonders mit Herrn La Roche und mit dem Grafen selbst bei, welcher einer der vorzüglichsten Weltmänner unserer Zeit war und unendlich viel zur Erweiterung und Berichtigung meiner Welt- und Menschenkenntnis beitrug. [...] Ich hatte anfangs in Biberach viel zu kämpfen, nach und nach aber erwarb ich mir das Zutrauen beider Religionsparteien, und man ließ mich sehr ungerne ziehen, als ich den von dem höchstseligen vortrefflichen Kurfürsten Emmerich Joseph zu Mainz erhaltenen Ruf (nicht als Kanzler, sondern als Regierungsrat und erster Professor der Philosophie) auf der von ihm neu belebten und erweiterten Universität Erfurt erhielt. Sein damaliger erster Minister, Baron von Groschlag, der mich zu Warthausen hatte kennen gelernt, hatte hieran den meisten Anteil, und ich brachte unter seinem Schutz und mit seiner Freundschaft beehrt drei sehr angenehme Jahre in Erfurt zu; wo ich nach und nach wieder mit der deutschen Literatur bekannt wurde. Denn meine Gleichgültigkeit hierüber war so groß gewesen, dass es mir ganz was Neues war, anno 1768 durch einen Brief von meinem nachmaligen Freund und Kollegen Riedel in Erfurt, zu erfahren, dass mir ›Agathon‹, ›Musarion‹ und andere Schriften großen Beifall und Zelebrität in Deutschland erworben hätten.

Im Jahr 1772 wurde ich an den Weimarischen Hof eingeladen und hatte zum ersten Mal das Glück, in der Herzogin Regentin Amalia (Nichte Friedrich des Großen und Schwester des jetzt regierenden Herzogs von Braunschweig), Mutter und damaligen Vormünderin des seit 1775 regierenden Herzogs Karl August, die Zierde der deutschen Fürstinnen kennen zu lernen. Sie berief mich bald darauf nach Weimar, um im Charakter eines herzoglich-sächsischen Hofrats an der Bildung und Instruktion ihrer beiden Prinzen, besonders des jungen Herzogs, noch drei Jahre Anteil zu nehmen; nach Verfluss dieser Zeit aber, mit einem ansehnlichen Gehalt mein übriges Leben nach meinen Wünschen frei, ohne Geschäfte, meiner Familie und den Musen zu leben. [...]

Text 2 **Christoph Martin Wieland: An Johann Georg Zimmermann (1728–1795)** [Auszug]

Schweizer Arzt, Philosoph und Dichter; ein lebenslanger Freund Wielands

Biberach, den 11. Februar 1763

Biberach ist ungeachtet verschiedner nicht geringer Vorteile, die mir daselbst gewiss sind, schlechterdings der Ort nicht, wo ich bleiben kann, und je bälder ich aus diesem Anti-Parnass erlöst würde, je besser wär' es für mich. Ich könnte Ihnen wichtige Gründe dafür geben, allein sie erforderten zu viel Umständlichkeit; der einzige, den ich Ihnen geben will, gilt dünkt mich so viel als dreißig andre: Mein Verstand sagt mir, dass ich noch nichts Nützliches und Großes getan habe, und die Empfindung meiner selbst sagt mir, dass ich in günstigen Umständen zu beidem fähig wäre. Hier gehen meine Talente für das Publikum verloren. Unter solchen Zerstreuungen, unter solchen Leuten, bei einem solchen Amte, ohne Bibliothek, ohne Aufmunterung, was kann ich da tun? Wenn ich auch Zeit, und Gemütsruhe und Mut genug habe, etwas zu unternehmen, so verbietet mir der einzige Umstand, dass wir keine Bibliotheken haben, alle Unternehmungen von Wichtigkeit. [...]

Text 3 **Christoph Martin Wieland: An Friedrich Justus Riedel, Prof. in Erfurt** [Auszug]

[...] Biberach, den 24. August 1768

Nur ein kleines Tuskulanum geht mir noch ab, und bis ich erben werde (wozu vor den nächsten zwanzig Jahren wenig Hoffnung ist) sehe ich auch keine Möglichkeit, eines zu bekommen. In Ermangelung dessen habe ich ganz nahe an unserer Stadt, aber doch in einem etwas einsamen Orte, ein artiges Gartenhaus gemietet, wo ich die angenehmste Landaussicht von der Welt habe, und, so nahe es meinem Hause in der Stadt ist, doch völlig auf dem Lande bin. Hier bringe ich des Sommers meine meisten müßigen Stunden zu, solus cum sola, aber ganz allein mit den Musen, Faunen und Grasnymphen, deren ich von Zeit zu Zeit einige im Gesicht habe, welche auch den enthaltsamsten Einsiedler unversucht lassen würden. Hier sehe ich Knaben baden, keine Nymphen; ich rieche den lieblich erfrischenden Geruch des Heues; ich sehe schneiden und Flachs bereiten; auf der einen Seite erinnert mich aus der Ferne der Kirchhof, wo die Gebeine meiner Voreltern liegen, dass ich leben soll, so lange und so gut ich kann; – auf einer andern lockt mir ein durch Gebüsche halb verdeckter Galgen fernher den Wunsch ab: dass ein halb Dutzend Schurken, die ich ganz trotzig tête levée herumgehen sehe, daran hängen möchten. Ich sehe Mühlen, Dörfer, einzelne Höfe; ein langes angenehmes Tal, das sich mit einem zwischen Bäumen hervorragenden Dorfe mit einem schönen, schneeweißen Kirchturm endet, und über demselben eine Reihe ferner blauer Berge, aus denen im Abendstrahl *Horn,* ein uraltes, seit kurzem von den jetzigen Besitzern neu aufgebautes Schlösschen herausglänzt. Das alles macht eine Aussicht, über der ich alles, was mir unangenehm sein kann, vergesse, und, mit diesem Prospekt vor mir, sitze ich an einem kleinen Tische, und – reime.

Text 4 **Christoph Martin Wieland: Brief an J. G. Zimmermann** [Auszug]

Biberach, den 22. Juni 1762

Das Schloss Warthausen liegt eine knappe Meile von Biberach entfernt, auf einem Hügel, der Ausblick auf ein reizendes Tal bietet. Gärten und Parks im englischen Stil lassen das Haus einem Manne meiner Art entzückend erscheinen. Hierher hat sich der Graf von Stadion zurückgezogen, um noch, so weit er kann, das zu genießen, was er nach 72 Jahren noch zu leben hat. Stellen Sie sich einen Greis von der Figur und Miene vor, von denen Shakespeare sagt, die Natur möge aufstehen und sagen, ‚dies ist ein Mann', der mit 72 Jahren noch das Feuer eines Franzosen von 50 besitzt, die Schlichtheit und die Denkungsart eines englischen Edelmannes. Ein Staatsmann, Kunstfreund, und Sie werden einige Vorstellung vom Charakter des Hausherrn bekommen.

Bei ihm leben seine Tochter, die Gräfin von Schall, Herr von La Roche, Sophie, seine Frau, ein sehr origineller Arzt, ein Hauskaplan, den man nie anders nennen darf als maître Pangloss, und Sophiens Kinder, die eines der Hauptvergnügen des Grafen sind. Die Gräfin von Schall, nachdem sie an mehreren Höfen durch die Grazie ihres Geistes und die Annehmlichkeit ihres Umgangs geglänzt hat, bemüht sich mit unendlicher Sorgfalt, alle Pflichten töchterlicher Zuneigung zu erfüllen gegen einen Vater, den sie bewundert und dessen Entzücken sie bildet.

Was La Roche betrifft, so ist er der würdigste, liebenswürdigste und trotz seiner Höflingsexistenz wahrhaft philosophischste Mann, den ich in meinem Leben getroffen habe.

Dieser kleine Kreis, vielleicht einzigartig in seiner Art, wird manchmal durch die jüngste Tochter Seiner Exzellenz vergrößert, der Stiftsdame in Buchau. Sie ist ein liebenswertes Mädchen durch ihre Munterkeit und die Naivität ihres Geistes, sowie die Leichtigkeit und Geschmeidigkeit ihres Umgangs. [...]

Nichts Schlichteres und gleichzeitig Angenehmeres als das Leben, das man hier führt. Der Tag wird gewöhnlich in Lektüre, Konversation, die Freuden der Tafel und einen Spaziergang geteilt und endet mit Konzerten von Jomelli, Graun oder ihresgleichen. Das ist das wichtigste Mittel, das ich zur Zeit gegen die Sorgen und die widrigen Umstände meines Daseins in Biberach habe. [...]

[Im Original französisch]

Schloss Warthausen (1781)

Gotthold Ephraim Lessing (1729–1781)

Kurzbiografie

1729 wurde Lessing in Kamenz/Oberlausitz als Sohn eines protestantischen Pfarrers geboren.

1745–46 besuchte er die berühmte Fürstenschule in St. Afra in Meißen.

1746 begann er das Studium der Theologie und Medizin in Leipzig. Dort führte er ein Leben, das enger mit dem Theater als mit der Universität verknüpft war.

1748 ging Lessing nach Berlin, wo er sich als Redakteur verschiedener Zeitschriften eine Existenzgrundlage zu schaffen versuchte. Er erwarb den Magistertitel (Universitätsgrad) und schloss Freundschaft mit den bedeutenden Autoren seiner Zeit, wie Johann Georg Sulzer, Karl Wilhelm Ramler, Ewald von Kleist, Moses Mendelssohn und Friedrich Nicolai. Eine geplante Weltreise als Begleiter adliger Söhne wurde wegen des Siebenjährigen Krieges (1756–1763) abgebrochen. Lessings wirtschaftliche Existenz blieb ungesichert; er strebte die Tätigkeit eines freien Schriftstellers an.

1760–65 war Lessing Sekretär des Generalgouverneurs von Schlesien, General von Tauentzien. Seine Erfahrungen und Beobachtungen während des Krieges stellte er in der Komödie „Minna von Barnhelm oder Das Soldatenglück“ (1767) dar. Zuvor hatte Lessing mit seinem Drama „Miss Sara Sampson“ (1755) die Gattung des bürgerlichen Trauerspiels begründet.

1765–67 hielt sich Lessing wieder in Berlin auf, wo seine Bewerbung um die Leitung der Königlichen Bibliothek durch Friedrich II. abgewiesen wurde.

1767 wechselte Lessing nach Hamburg, wo er die Stelle eines Dramaturgen am neu gegründeten Nationaltheater übernahm. Seine Vorstellungen vom Theater, der Tragödie und Komödie, veröffentlichte er in seiner Schrift „Hamburger Dramaturgie“.

1770 übernahm Lessing dann die Aufgaben eines Bibliothekars an der berümten Hofbibliothek von Wolfenbüttel.

1776 heiratete Lessing Eva König, die Witwe eines Bekannten. Nach dem Tod seiner Frau und seines Sohnes (1777–78) suchte er verstärkt die Öffentlichkeit für seine aufklärerische Kritik mit Streitschriften, Fabeln und Dramen.

1779 schrieb Lessing sein Schauspiel „Nathan der Weise“, mit dem er sich unter anderem für religiöse Toleranz einsetzte. Vorausgegangen waren ein Streit mit dem Hamburger Hauptpastor Goeze und ein Veröffentlichungsverbot für seine Schriften durch den Herzog von Braunschweig-Wolfenbüttel.

1781 starb Lessing vereinsamt mit 52 Jahren.

Arbeitsanregungen:

1 Wielands Briefe sind in einer Sprache geschrieben, die Lesern unserer Zeit Schwierigkeiten bereiten kann.
a Informieren Sie sich zuerst in einem Wörterbuch über die Begriffe, die Sie nicht verstehen.
b Schreiben Sie einen biografischen Abriss über Wielands Leben in Ihrer Sprache. Stellen Sie darin die äußeren und inneren Bedingungen seiner Biografie dar.

2 Vergleichen Sie Wielands Äußerungen über seinen Werdegang und seine Situation als Schriftsteller mit Lessings Lebenslauf. Nennen Sie Gemeinsamkeiten.

3 Inwiefern spiegeln die Lebensbedingungen der Schriftsteller die gesellschaftlichen Spannungen zwischen den absolutistischen Höfen, einer bürgerlichen Lebensweise und dem Leben eines Schriftstellers wider?

Gotthold Ephraim Lessing 1771

Die **Fabel** (lat. fabula = Geschichtchen) zeigt charakteristische Merkmale: Im Mittelpunkt der Handlung stehen Tiere, denen die Menschen bestimmte Eigenschaften zuschreiben. Diese Tiere handeln, denken und sprechen dann wie Menschen. Die Fabel will belehren und unterhalten (fabula docet et delectat). Nach G.E. Lessing soll die Fabel einen allgemeinen moralischen Satz auf einen besonderen Fall zurückführen und diesen dann wirklichkeitsgetreu und anschaulich in Form einer Geschichte darstellen.
Die Grundform der Fabel lässt sich etwa so kennzeichnen:
- *Promythion* (vorangestellte Nutzanwendung, „Lehre“)
- Darstellung der *Situation* der Handlung
- Auslösung der Handlung *(actio,* Rede, 1. Handlungsteil)
- *Reaktion* des Betroffenen (Gegenrede, 2. Handlungsteil)
- *Ergebnis*
- *Epimythion* (nachgestellte Nutzanwendung)

Die Teile eins, fünf und sechs können fehlen. In der griechischen Antike hat der Dichter Äsop der Fabel ihre klassische Gestalt gegeben; über die römische Tradition (Phädrus) wurde die Fabel als lehrhafte Dichtungsart gepflegt.

III. Der Beitrag der Dichtung zu einer aufgeklärten Denkart

1. Kampf um geistige Freiheit

Text 1 **Jean de La Fontaine (1621–1695): Der Rabe und der Fuchs**

Auf einem Baume Meister Rabe hockt,
im Schnabel hält er einen Happen Käse.
Vom Käseduft herbeigelockt,
spricht Meister Fuchs so fein als ob er läse:
„Ei, guten Morgen, Herr von Rabe,
was seid Ihr hübsch, welch stattliches Gehabe!
Nein, ohne Lüge, Eurer Stimme Pracht,
wär sie so schön wie Dero Federtracht,
des Waldvolks König wäret, ohne Zweifel, Ihr!“
Der Rabe schnappt fast über vor Begier;
gleich soll der Wohllaut seiner Stimme schallen:
er reißt den Schnabel auf und lässt den Käse fallen;
den schluckt der Fuchs; es schmunzelte der Heuchler
und sprach: „Mein Herr, ein jeder Schmeichler
lebt gut und gern von dem, der auf ihn hört:
die Lehre ist doch wohl ein Stückchen Käse wert!“
Der Rabe, wütend und verdrossen,
schwor ab, jedoch zu spät, für immer solchen Possen.

Text 2 **Jean de La Fontaine: Der Wolf und das Lamm**

Der Stärkere hat immer Recht:
wir zeigens hier am Tiergeschlecht.
Ein Lamm erlabte sich einmal
am reinen Rinnsal einer Quelle.
Ein magrer Wolf war auch zur Stelle,
getrieben von des Hungers Qual.
„Du wagst es“, sprach er (denn er suchte Stunk)
„zu trüben meinen Morgentrunk?
Natürlich haftest du für diesen Schaden!“
„Ach“, sprach das Lamm, „dass Euer Gnaden
besänftigte die grimme Wut
und zu bemerken mir geruht:
ich trinke hier am Bache zwar,
doch unterhalb und offenbar
wohl zwanzig Schritte weit von Euch
und trübe folglich nie und nimmer
das Wässerlein um einen Schimmer.“
„Und dennoch trübst du's“, schalt der Wolf sogleich:
„auch hast du mich verwünscht vor etwa einem Jahr.“
„Wie, da ich kaum geboren war?“,
versetzt' das Lamm; „an Mutters Euter lag ich noch.“
„Warst du's nicht, war's dein Bruder doch!“
„Ich hab gar keinen.“ – „Dann war's sonst wer von eurer Sippe,
denn ich habt alle eine lose Lippe,
ihr, euer Hund, der Hirt auch mit der Hippe.
Man sagt's. Mein ist die Rache jetzt zur Stund!“ –
Er schleppte das Lamm in den Wald und riss es
und würgt' es formlos in den Schlund.
(Auch ein „Verfahren“, ein gewisses!)

Text 3 **Christian Fürchtegott Gellert (1715–1769): Der Tanzbär**

Ein Bär, der lange Zeit sein Brot ertanzen müssen,
Entrann und wählte sich den ersten Aufenthalt.
Die Bären grüßten ihn mit brüderlichen Küssen
Und brummten freudig durch den Wald,

Und wo ein Bär den andern sah,
So hieß es: „Petz ist wieder da!"
Der Bär erzählte drauf, was er in fremden Landen
Für Abenteuer ausgestanden,
Was er gesehn, gehört, getan.
Und fing, da er vom Tanzen red'te,
Als ging er noch an seiner Kette,
Auf polnisch schön zu tanzen an.

Die Brüder, die ihn tanzen sahn,
Bewunderten die Wendung seiner Glieder,
Und gleich versuchten es die Brüder;
Allein anstatt, wie er, zu gehn,
So konnten sie kaum aufrecht stehn,
Und mancher fiel die Länge lang darnieder.
Um desto mehr ließ sich der Tänzer sehn;
Doch seine Kunst verdross den ganzen Haufen.
„Fort", schrien alle, „fort mit dir!
Du Narr willst klüger sein als wir?"
Man zwang den Petz, davonzulaufen.

Sei nicht geschickt, man wird dich wenig hassen,
Weil dir dann jeder ähnlich ist;
Doch je geschickter du vor vielen andern bist,
Je mehr nimm dich in Acht, dich prahlend sehn zu lassen.
Wahr ist's, man wird auf kurze Zeit
Von deinen Künsten rühmlich sprechen;
Doch traue nicht, bald folgt der Neid
Und macht aus der Geschicklichkeit
Ein unvergebliches Verbrechen.

(v 1746)

Text 4 **Gotthold Ephraim Lessing (1729–1781): Der Rabe und der Fuchs**

Ein Rabe trug ein Stück vergiftetes Fleisch, das der erzürnte Gärtner für die Katzen seines Nachbars hingeworfen hatte, in seinen Klauen fort.
Und eben wollte er es auf einer alten Eiche verzehren, als sich ein Fuchs herbeischlich und ihm zurief: „Sei mir gesegnet, Vogel des Jupiter!" – „Für wen siehst du mich an?", fragte der Rabe. – „Für wen ich dich ansehe?", erwiderte der Fuchs. „Bist du nicht der rüstige Adler, der täglich von der Rechten des Zeus auf diese Erde herab kömmt, mich Armen zu speisen? Warum verstellst du dich? Sehe ich denn nicht in der siegreichen Klaue die verfehlte Gabe, die mir dein Gott durch dich zu schicken noch fortfährt?"
Der Rabe erstaunte, und freute sich innig, für einen Adler gehalten zu werden. „Ich *muss*", dachte er, „den Fuchs aus diesem Irrtume nicht bringen." – Großmütig dumm ließ er ihm also seinen Raub herabfallen, und flog stolz davon.
Der Fuchs fing das Fleisch lachend auf, und fraß es mit boshafter Freude. Doch bald verkehrte sich die Freude in ein schmerzhaftes Gefühl; das Gift fing an zu wirken, und er verreckte.
Möchtet ihr euch nie etwas anderes als Gift erloben, verdammte Schmeichler!

Text 5 **Gotthold Ephraim Lessing: Der Wolf und das Schaf**

Der Durst trieb ein Schaf an den Fluss; eine gleiche Ursache führte auf der andern Seite einen Wolf herzu. Durch die Trennung des Wassers gesichert und durch die Sicherheit höhnisch gemacht, rief das Schaf dem Räuber hinüber: „Ich mache dir doch das Wasser nicht trübe, Herr Wolf? Sieh mich recht an; habe ich dir nicht etwa vor sechs Wochen nachgeschimpft? Wenigstens wird es mein Vater gewesen sein." Der Wolf verstand die

Spötterei; er betrachtete die Breite des Flusses und knirschte mit den Zähnen. „Es ist dein Glück“, antwortete er, „dass wir Wölfe gewohnt sind, mit euch Schafen Geduld zu haben“; und ging mit stolzen Schritten weiter.

Text 6 Gotthold Ephraim Lessing: Der Tanzbär

Ein Tanzbär war der Kett’ entrissen,
Kam wieder in den Wald zurück,
Und tanzte seiner Schar ein Meisterstück
Auf den gewohnten Hinterfüßen.
„Seht“, schrie er, „das ist Kunst; das lernt man in der Welt.
Tut es mir nach, wenn’s euch gefällt;
Und wenn ihr könnt!“ – „Geh“, brummt ein alter Bär,
„Dergleichen Kunst, sie sei so schwer,
Sie sei so rar sie sei,
Zeigt deinen niedern Geist und deine Sklaverei.“

Ein großer Hofmann sein,
Ein Mann, dem Schmeichelei und List
Statt Witz und Tugend ist;
Der durch Kabalen steigt, des Fürsten Gunst erstiehlt,
Mit Wort und Schwur als Komplimenten spielt,
Ein solcher Mann, ein großer Hofmann sein,
Schließt das Lob oder Tadel ein?

Text 7 Gottlieb Konrad Pfeffel (1736–1809): Der Tanzbär

Ein Gauner an dem Weichselstrand,
Wo man nichts kennet als Despoten
Mit ehrnen Zeptern und Heloten[1]
In Lumpen, zog mit kecker Hand
Ein Bärchen aus der Mutter Pfoten,
Die durch ihn fiel. Der Sieger hing
Flugs einen Korb dem armen Waisen
Ums rauhe Kinn; ein dichter Ring
Mit einem Gängelband von Eisen
Würgt ihm den Hals, und überdies
Stumpft er, um sich vor seinem Biss
Zu schützen, ihm die jungen Zähne.
Da half kein Heulen, keine Träne.
Noch mehr: er zwang den armen Wicht,
Mit aufgerecktem Kopf und Ranzen,
Er mochte wollen oder nicht,
Nach seinem Dudelsack zu tanzen
Und seinen Affen Favorit[2],
Der, taub gleich ihm, bei Petzens Klagen,
Wenn dieser seufzte, Fratzen schnitt,
Als Reitpferd durch die Welt zu tragen.
Wenn ihn der Unmut überwand,
So büßten seinen Widerstand
Bald seine Knochen, bald sein Magen.
So strich ihm unter tausend Plagen
Bereits das dritte Jahr vorbei,
Als einst, im Sturm der Schwelgerei,
Sein Herr vergaß, ihn anzuschließen.
Die Freiheit winkt; mit schnellen Füßen
Verlässt er seine faule Streu
Und fliehet, von den Finsternissen
Der Nacht bedeckt, durch Busch und Moor
Ins nahe Holz. Mit frohen Küssen
Empfängt ihn seiner Brüder Chor.
Der eine reicht ihm leckre Speisen,
Der andre hilft ihm, von dem Eisen
An Hals und Schnauze sich befrein.
Der Hetmann[3] eilet voll Entzücken,
Den Gast mit Eichenlaub zu schmücken,
Und weihet ihn zum Bürger ein.
Kaum konnte Petz sein Glück ermessen,
Doch lernt er eher Honig fressen
Und nur sich selbst gehorsam sein
Als seines Henkers Wut vergessen.
Einst sah er ihn den dunkeln Hain
Durchwandeln; gleich dem Höllendrachen
Stürzt er mit aufgesperrtem Rachen
Sich über ihn. „Ha, Wüterich!“
Brüllt er. „Nun kommt der Tanz an dich.“
Jetzt packt er ihn mit seinen Tatzen
Und presset ihn mit wilder Lust
So fest an seine Felsenbrust,
Dass alle Rippen ihm zerplatzen.

Ihr Zwingherrn, bebt! Es kömmt ein Tag,
An dem der Sklave seine Ketten
Zerbrechen wird, und dann vermag
Euch nichts vor seiner Wut zu retten.

Arbeitsanregungen:

1. Informieren Sie sich über Form und Entwicklung der Fabel anhand des Artikels über die „Fabel“.

2. a) Wählen Sie einige Fabeln aus – einmal in chronologischer Anordnung, einmal thematisch geordnet – und vergleichen Sie ihre Form. Wie sind die Unterschiede zu erklären?
b) Welche Problemstellungen der damaligen Zeit werden Ihrer Meinung nach dargestellt?

3. Versuchen Sie eine Fabel zu schreiben, in der Sie ein gesellschaftliches Problem oder eine menschliche Verhaltensweise darstellen.

1 die Staatssklaven im alten Sparta
2 Günstling
3 von „Hauptmann“, im ehemaligen Königreich Polen der Oberbefehlshaber des Heeres

Lichtenberg wurde in Oberramstadt bei Darmstadt geboren; seit 1769 Prof. der Physik in Göttingen. Er bekämpfte das Genie-Wesen und die Empfindsamkeit der Sturm-und Drang-Zeit in seinen witzigen und spöttischen Aphorismen.

Text 8 Georg Christoph Lichtenberg (1742–1799): [Aphorismen]

Wir thun alle Augenblicke etwas, das wir nicht wissen, die Fertigkeit wird immer größer, und endlich würde der Mensch alles, ohne es zu wissen thun, und im eigentlichen Verstande ein denkendes *Thier* werden. So nähert sich Vernunft der Thierheit.

***

In einer so zusammengesetzten Maschine, als diese Welt, spielen wir, dünkt mich, aller unserer kleinen Mitwirkung ungeachtet, was die Hauptsache betrifft, immer in einer Lotterie.

***

Der Mensch ist vielleicht halb Geist und halb Materie, so wie der Polype halb Pflanze und halb Thier. Auf der Grenze liegen immer die seltsamsten Geschöpfe.

***

Gott schuf den Menschen nach seinem Bilde, das heißt vermuthlich, der Mensch schuf Gott nach dem seinigen.

***

Die gefährlichsten Unwahrheiten sind Wahrheiten mäßig entstellt.

***

Wenn sich unsere jungen Leute gewöhnten, gegen drei Gedichtchen für das Herz nur eines für den Kopf zu machen, so hätten wir Hoffnung, einmal im Alter einen Mann zu sehen, der Kopf und Herz hätte – die seltenste Erscheinung. Die meisten haben nicht mehr Licht im Kopf, als gerade nöthig ist zu sehen, dass sie nichts darin haben.

***

Der Mensch hatte so viel Verstand, dass er fast zu nichts mehr in der Welt zu gebrauchen war.

***

„*Wie geht's?*", fragte ein Blinder einen Lahmen. „*Wie Sie sehen*", antwortete der Lahme, „ganz passabel".

***

Eine sklavische Handlung ist nicht immer die Handlung eines Sklaven.

***

Wer sich selbst recht kennt, kann sehr bald alle anderen Menschen kennen lernen. Es ist Alles Rückstrahlung.

***

(v 1800–1806)

Aphorismus
Im Aphorismus wird ein gescheiter Gedanke in neuer Weise ausgedrückt. Am Ende enthält dieser meist nur aus einem Satz bestehende Gedanke(nsplitter) eine witzige Pointe, die zum Nach- und Weiterdenken anregt. Der Aphorismus will eine geltende Meinung in Frage stellen, einen scheinbar bekannten Gedanken aus anderer Sicht zeigen. Paradoxe Wendungen als Mittel der Verfremdung, das Wortspiel, die Antithese und die überspitzte Formulierung gehören zum Wesen des Aphorismus.

Arbeitsanregungen:

1 a Lesen Sie Lichtenbergs Aphorismen und Lessings „Sinngedichte". Welche Einsichten in das menschliche Leben, in menschliche Verhaltensweisen und in gesellschaftliche Zustände stellen sie dar?
b Wie sind diese sprachlich gefasst?

2 Wieso erlebt der Aphorismus in der Aufklärung eine Blütezeit?

Text 9 Gotthold Ephraim Lessing (1729–1781): Sinngedichte

An Einen
Du schmähst mich hinterrücks? das soll mich wenig kränken.
Du lobst mich ins Gesicht? da will ich dir gedenken!

Der Blinde
Niemanden kann ich sehn, auch mich sieht niemand an:
Wie viele Blinde seh ich armer, blinder Mann.

Der Arme
Sollt einen Armen wohl des Todes Furcht entfärben?
Der Arme lebt nicht: so kann er auch nicht sterben.

(v 1771)

2. Weltliche Lebensfreude in humanistischer Tradition – Der „gesittete" Bürger in der höfischen Welt

Neben der Fabel, der Satire, dem lehrhaften Roman und dem Lehrgedicht versuchte eine Reihe von Dichtern aus dem städtischen Bürgertum – in der Tradition des Barock – nach antiken Vorbildern eine eigene Kunstwelt zu schaffen, die sich nach den Regeln der Vernunft im Sinne der Aufklärung orientierte. Ihr Vorbild war Anakreon, ein Dichter des 6. Jahrhunderts v. Chr., der in seinen Gedichten die Einfachheit und Anmut des Schäferlebens in Arkadien gepriesen hatte. Man nennt diese Gedichte deshalb ‚anakreontische Lieder des Rokoko' (Rokoko = Spätform des Barock im 18. Jh.; kommt von franz. Rocaille: das aus Muschelformen entwickelte Grundmotiv der Ornamentik des Rokoko-Stils).

Text 1 **Friedrich von Hagedorn (1708–1754): Anakreon**

In Tejos und in Samos
Und in der Stadt Minervens[1]
Sang ich von Wein und Liebe,
Von Rosen und vom Frühling,
Von Freundschaft und von Tänzen,
Doch höhnt ich nicht die Götter,
Auch nicht der Götter Diener,
Auch nicht der Götter Tempel,
Wie hieß ich sonst der Weise?

Ihr Dichter voller Jugend,
Wollt ihr bei froher Muße
Anakreontisch singen,
So singt von milden Reben,
Von rosenreichen Hecken,
Vom Frühling und von Tänzen,
Von Freundschaft und von Liebe,
Doch höhnet nicht die Gottheit,
Auch nicht der Gottheit Diener,
Auch nicht der Gottheit Tempel.
Verdienet, selbst im Scherzen,
Den Namen echter Weisen.

(1729)

Text 2 **Friedrich von Hagedorn: Die Küsse**

Als sich aus Eigennutz Elisse
Dem muntern Coridon ergab,
Nahm sie für einen ihrer Küsse
Ihm anfangs dreißig Schäfchen ab.

Am andern Tag erschien die Stunde,
Dass er den Tausch viel besser traf.
Sein Mund gewann von ihrem Munde
Schon dreißig Küsse für ein Schaf.

Der dritte Tag war zu beneiden:
Da gab die milde Schäferin
Um einen neuen Kuss mit Freuden
Ihm alle Schafe wieder hin.

Allein am vierten ging's betrübter,
Indem sie Herd und Hund verhieß
Für einen Kuss, den ihr Geliebter
Umsonst an Doris überließ.

(1729)

Text 3 **Gotthold Ephraim Lessing (1729–1781): Die verschlimmerte Zeiten**

Anakreon trank, liebte, scherzte,
Anakreon trank, spielte, herzte,
Anakreon trank, schlief, und träumte
Was sich zu Wein und Liebe reimte:
Und hieß mit Recht der Weise.

Wir Brüder trinken, lieben, scherzen,
Wir Brüder trinken, spielen, herzen,
Wir Brüder trinken, schlafen, träumen,
Wozu sich Wein und Liebe reimen;
Und heißen nicht die Weisen.

Da seht den Neid von unsern Zeiten!
Uns diesen Namen abzustreiten!
O Brüder lernet hieraus schließen,
Dass sie sich stets verschlimmern müssen.
Sie nennen uns nicht weise!

(v 1753)

Text 4 **Johann Wolfgang Goethe (1749–1832): Das Schreien**
Nach dem Italienischen

Jüngst schlich ich meinem Mädchen nach,
und ohne Hindernis
umfasst' ich sie im Hain; sie sprach:
„Lass mich, ich schrei' gewiss!"
Da droht' ich trotzig: „Ha, ich will
den töten, der uns stört!"
„Still", winkt sie lispelnd, „Liebster still,
damit dich niemand stört!"

(e 1767)

Arbeitsanregungen:

1 a Welche Motive gestalten die Dichter Hagedorn, Lessing und Goethe in ihren Gedichten?
b Untersuchen Sie die formale Gestaltung der Gedichte. Ziehen Sie dazu die Informationen aus dem Kapitel „Einführung", S. 25ff., heran.

2 Stellen Sie Bezüge zur Weltsicht der Aufklärung her.

[1] Minerva: altitalische Göttin, Beschützerin des Handwerks; später der griechischen Göttin Athene gleichgesetzt

Die bürgerlichen Schichten lösten sich also allmählich von den Höfen und ihrer Kultur ab, wandten sich gegen höfische Galanterie und begründeten ihr gesellschaftliches Verhalten moralisch. Bürgerliche Schriftsteller versuchten einen Ausgleich zu finden zwischen der Leidenschaft und den Anforderungen einer an der Vernunft orientierten Lebensführung.

Text 4 **Christian Fürchtegott Gellert (1715–1769): Der baronisirte Bürger**

Des kargen Vaters stolzer Sohn
Ward, nach des Vaters Tod, Herr einer Million,
Und für sein Geld in kurzer Zeit Baron.
Er nahm sich vor, ein grosser Mann zu werden,
Und ahmte, wenn ihm gleich der innre Werth gebrach,
Doch die gebiethrischen Gebehrden
Der Grossen zuversichtlich nach.
Bald wünscht er sich des Staatsmanns Ehre,
Vertraut mit Fürsten umzugehn;
Bald wünscht er sich das Glück, dereinst vor einem Heere
Mit Lorbern des Eugens[1] zu stehn.
Kurz, er blieb ungewiss, wo er mehr Ansehn hätte,
Ob in dem Feld, ob in dem Cabinette?
Indessen war er doch Baron;
Und sein Verdienst, die Million,
Ließ sich, zu alles Volks Entzücken,
In Läufern und Heiducken[2] blicken.
Er nahm die halbe Stadt in Sold,
Bedeckte sich und sein Gefolg mit Gold,
Und brüstete sich mehr in seiner Staatscarosse,
Als die daran gespannten Rosse.
Er war der Schmeichler Mäcenat.[3]
Ein Geck, der ihn gebückt um seine Gnade bat,
Und alles, was sein Stolz begonnte,
Recht unverschämt bewundern konnte,
Der kam so gleich in jener Freunde Zahl,
In der man mit ihm aß, ihn lobt, und ihn bestahl,
Und, wenn man ihn betrog, zugleich ihn überredte,
Dass er des Argus[4] Augen hätte.
Was braucht es mehr, als Stolz und Unverstand,
Um Millionen durchzubringen?
Unsichrer ist kein Schatz, als in des Jünglings Hand,
Den Wollust, Pracht und Stolz zu ihren Diensten zwingen.
Der Herr Baron vergaß bay seinem grossen Schatz
Den Staatsmann und den Held, ward sinnreich im Verschwenden,
Und sah in kurzer Zeit sein Gut in fremden Händen;
Starb arm und unberühmt. Kurz, er bewies den Satz,
Dass Aeltern ihre Kinder hassen,
Wofern sie ihnen nichts, als Reichthum, hinterlassen.

(v 1758)

Gellert war Sohn eines Pfarrers aus dem Erzgebirge; besuchte die Fürstenschule in Meißen, studierte Theologie, Philosophie und Literatur in Leipzig; ab 1751 Professor für Poesie und Rhetorik, später auch für Moral. Veröffentlichte Fabeln und Erzählungen, Oden und Lieder, einen Roman und seine „Moralischen Vorlesungen". Gellert war einer der beliebtesten Schriftsteller der Aufklärungszeit.

Arbeitsanregung:

Welche Kritik übt Gellert an der höfisch-aristokratischen Gesellschaft und welche Forderungen eines bürgerlichen Tugendkatalogs stellt er auf?
Fassen Sie Ihre Ergebnisse in einigen Thesen zusammen.

3. Utopie des aufgeklärten Zeitalters: dargestellt an Gotthold Ephraim Lessings Schauspiel „Nathan der Weise"

Die Aufklärung säkularisierte die Heilsgeschichte des Christentums und seiner Moral zu einer Heilsgeschichte in dieser Welt. Der Blick des Menschen sollte von der jenseitigen Welt der Offenbarung auf diese Welt gelenkt werden um seine Energien auf die Veränderung dieser Welt zu richten. Die Toleranz zwischen den verschiedenen religiösen Gruppen

Utopie bedeutet in der griechischen Sprache „Nirgendheim" und stellt die Schilderung eines erdachten Gesellschaftszustandes dar, der erhofft oder befürchtet wird. Thomas Morus' Roman „Utopia" (1516) wurde zum Vorbild; in ihm stellte Morus einen gesellschaftlichen Idealzustand dar. Es wurden Utopien verfasst, die Modelle von politischen, sozialen oder technischen Zuständen entwickelten, die über die realen Gegebenheiten hinauswiesen: z.B. die Utopien vom „natürlichen Leben", vom „ewigen Frieden" oder von der „klassenlosen Gesellschaft".

---

1 Eugen: Gemeint ist Prinz Eugen von Savoyen (1663–1736), österreichischer Feldherr und Staatsmann. Er errang viele Siege gegen die Türken und gegen Frankreich. Die Eroberung Belgrads 1717 wurde im Volkslied „Prinz Eugenius, der edle Ritter" gefeiert.

2 Heiducken: ungarisch „der Treiber", dann Bezeichnung für die Soldaten einer Söldnertruppe, die auf dem Balkan gegen die Türken kämpfte

3 Mäcenat: nach Gaius Maecenas, dem Feldherrn Kaiser Augustus' und Förderer der Dichter Vergil, Properz und Horaz; heute Inbegriff für einen freigebigen Kunstgönner

4 Argus: in der griech. Göttersage der vieläugige Riese; Argusaugen meinen einen alles bemerkenden Blick.

innerhalb einer Gesellschaft, die die Verbindlichkeit christlich-konfessioneller Normen im 17.–18. Jahrhundert kritisch zu überprüfen begann, wurde zu einem zentralen Thema aufklärerischen Denkens.

Lessing, der zu diesem Thema ein Theaterstück schrieb, stellte einen geschichtsphilosophischen Gehalt in den Mittelpunkt: Er zeigt, wie die Welt letztlich von der Vorsehung geordnet ist. Zu dieser Ordnung beizutragen ist Aufgabe aller Menschen. Nach Lessings Auffassung ist es das Ziel der Erziehung, die Menschen über alle weltanschaulichen Meinungsverschiedenheiten hinweg zur Toleranz zu bilden. Diese begründet dann das Glück in der menschlichen Gemeinschaft, der Menschheitsfamilie, wie sie Lessing am Schluss seines Dramas zeigt.

Unter welchen Bedingungen und auf welche Weise Lessing seine dichterischen Absichten in seinem Schauspiel „Nathan der Weise" gestaltet hat, soll untersucht werden. Der Abfassung des Schauspiels war ein Streit um religiöse Fragen mit dem Hamburger Hauptpastor Johann Melchior Goeze vorausgegangen.

Text 1 Resolution des Herzogs von Braunschweig-Wolfenbüttel

Resolution für den Hofrat Lessing, dessen neuere Schriften in Religionssachen betreffend: Der Durchleuchtigste Fürst und Herr (Titul. Sereniss.) lassen dem Hofrat und Bibliothekar Lessing auf Desselben fernerweite untertänigste Vorstellung gegen die in Rücksicht der Herausgabe seiner künftigen Schriften gemachte Verfügung hiemit die Resolution erteilen, dass wie Höchstgedachte Sr. Durchl. bei der Höchsten Resolution vom 3ten dieses es lediglich bewenden lassen; also auch Höchstdieselbe dem Supplikanten[1] nicht gestatten können, dass er in Religionssachen, so wenig hier als auswärts, auch weder unter seinem noch anderen angenommenen Namen, ohne vorherige Genehmigung des Fürstl. Geheimen Ministerii ferner etwas drucken lassen möge, wobei demselben zugleich, dass er auf die eingesandte zu Berlin gedruckte Bogen statt dessen den Druckort Wolfenbüttel setzen lassen, hiemit ernstlich verwiesen wird, und hat derselbe sich dergleichen künftig zu enthalten.

Br[aunschweig], d. 17ten Aug. 1778 C.

Text 2 Gotthold Ephraim Lessing (1729–1781): An Karl Lessing

Wolfenbüttel, den 11. Aug. 1778

Ich habe den Bogen erhalten, und danke dir und unserm Voß[2] für die prompte Besorgung. Es wird auf Goezen ankommen, ob meine künftigen Antworten klein oder groß werden. Materie hätte ich zu Folianten; und auch bogenweise lassen sich Folianten zusammenschreiben.

Noch weiß ich nicht, was für einen Ausgang mein Handel nehmen wird. Aber ich möchte gern auf einen jeden gefasst sein. Du weißt wohl, dass man das nicht besser ist, als wenn man Geld hat, so viel man braucht; und da habe ich diese vergangene Nacht einen närrischen Einfall gehabt. Ich habe vor vielen Jahren einmal ein Schauspiel entworfen, dessen Inhalt eine Art von Analogie mit meinen gegenwärtigen Streitigkeiten hat, die ich mir damals wohl nicht träumen ließ. [...]

Ich glaube, eine sehr interessante Episode dazu erfunden zu haben, dass sich alles sehr gut soll lesen lassen, und ich gewiss den Theologen einen ärgern Possen damit spielen will, als noch mit zehn Fragmenten. Antworte mir, wenn du kannst, unverzüglich.

Text 3 Gotthold Ephraim Lessing: Entwurf zu einer Vorrede

Wenn man sagen wird, dieses Stück lehre, dass es nicht erst von gestern her unter allerlei Volke Leute gegeben, die sich über alle geoffenbarte Religion hinweggesetzt hätten, und doch gute Leute gewesen wären; wenn man hinzufügen wird, dass ganz sichtbar meine Absicht dahin gegangen sei, dergleichen Leute in einem weniger abscheulichen Lichte vorzustellen, als in welchem der christliche Pöbel sie gemeiniglich erblickt: so werde ich nicht viel dagegen einzuwenden haben.

Denn beides kann auch ein Mensch lehren und zur Absicht haben wollen, der nicht jede geoffenbarte Religion, nicht jede ganz verwirft. Mich als einen solchen zu stellen, bin ich nicht verschlagen genug: doch dreist genug, mich als einen solchen nicht zu verstellen.

---

1 Supplikant: Bittsteller

2 Voß, Christian Friedrich (1722–1795), Lessings Berliner Verleger

– Wenn man aber sagen wird, dass ich wider die poetische Schicklichkeit gehandelt, und jenerlei Leute unter Juden und Muselmännern wolle gefunden haben: so werde ich zu bedenken geben, dass Juden und Muselmänner damals die einzigen Gelehrten waren; dass der Nachteil, welchen geoffenbarte Religionen dem menschlichen Geschlechte bringen, zu keiner Zeit einem vernünftigen Manne müsse auffallender gewesen sein, als zu den Zeiten der Kreuzzüge, und dass es an Winken bei den Geschichtschreibern nicht fehlt, ein solcher vernünftiger Mann habe sich nun eben in einem Sultane gefunden.
Wenn man endlich sagen wird, dass ein Stück von so eigner Tendenz nicht reich genug an eigner Schönheit sei: – so werde ich schweigen, aber mich nicht schämen. Ich bin mir eines Ziels bewusst, unter dem man auch noch viel weiter mit allen Ehren bleiben kann.

Noch kenne ich keinen Ort in Deutschland, wo dieses Stück schon jetzt aufgeführt werden könnte. Aber Heil und Glück dem, wo es zuerst aufgeführt wird. –

Text 4 Gotthold Ephraim Lessing: Nathan der Weise, III/7 [Auszug]

Inhalt: Das Stück spielt zur Zeit der Kreuzzüge. Ein junger Tempelherr, Angehöriger eines christlichen Ritterordens, ist nach einem Gefecht in Gefangenschaft geraten und soll auf Befehl des Sultans hingerichtet werden. Beim Anblick des jungen Mannes fühlt sich der Sultan an seinen toten Bruder Assam erinnert und hebt in einem unerwarteten Gnadenakt das Urteil auf. So kommt der Tempelherr gerade rechtzeitig um Recha, die vermeintliche Tochter Nathans, in Wirklichkeit eine von ihm in seinem Hause an Tochter Statt aufgenommene Christin, aus einer Feuersbrunst zu retten. Dies die Vorgeschichte, die das analytische Drama in Gang bringt.

Das Stück setzt ein, als Nathan von einer Geschäftsreise zurückkehrt und von der für ein Wunder gehaltenen Rettung Rechas erfährt.
(Siehe Gespräch zwischen Nathan und Recha, S. 172ff.)

Er sucht die Bekanntschaft des Tempelherrn, der ihm, dem Juden, ausweicht und eine Einladung ins Haus Nathans ablehnt. In einer späteren persönlichen Begegnung versteht es Nathan, den Tempelherrn in einem vorurteilsfreien Gespräch zu einem Besuch bei Recha zu bewegen.

Mit dem Schauplatzwechsel (2. Aufzug) wechselt die Handlung. Im Hause des Sultans Saladin erfahren wir von dessen durch seine Freigebigkeit verschuldeten Geldnot. Auf den Rat seiner Schwester Sittah versucht er Nathan in eine Falle zu locken um an dessen Geld zu kommen. Er, der Muselmane, stellt dem Juden die Frage nach der wahren Religion.

[...]
NATHAN. Vor grauen Jahren lebt' ein Mann in Osten,
Der einen Ring von unschätzbarem Wert'
Aus lieber Hand besaß. Der Stein war ein
Opal, der hundert schöne Farben spielte,
Und hatte die geheime Kraft, vor Gott
Und Menschen angenehm zu machen, wer
In dieser Zuversicht ihn trug. Was Wunder,
Dass ihn der Mann in Osten darum nie
Vom Finger ließ; und die Verfügung traf,
Auf ewig ihn bei seinem Hause zu
Erhalten? Nämlich so. Er ließ den Ring
Von seinen Söhnen dem geliebtesten;
Und setzte fest, dass dieser wiederum
Den Ring von seinen Söhnen dem vermache,
Der ihm der liebste sei; und stets der liebste,
Ohn' Ansehn der Geburt, in Kraft allein
Des Rings, das Haupt, der Fürst des Hauses werde. –
Versteh mich, Sultan.
SALADIN. Ich versteh dich. Weiter!
NATHAN. So kam nun dieser Ring, von Sohn zu Sohn,
Auf einen Vater endlich von drei Söhnen;
Die alle drei ihm gleich gehorsam waren,
Die alle drei er folglich gleich zu lieben
Sich nicht entbrechen konnte. Nur von Zeit
Zu Zeit schien ihm bald der, bald dieser, bald
Der Dritte, – so wie jeder sich mit ihm
Allein befand, und sein ergießend Herz
Die andern zwei nicht teilten, – würdiger
Des Ringes; den er denn auch einem jeden
Die fromme Schwachheit hatte, zu versprechen.

Das ging nun so, so lang es ging. – Allein
Es kam zum Sterben, und der gute Vater
Kömmt in Verlegenheit. Es schmerzt ihn, zwei
Von seinen Söhnen, die sich auf sein Wort
Verlassen, so zu kränken. – Was zu tun? –
Er sendet in geheim zu einem Künstler,
Bei dem er, nach dem Muster seines Ringes,
Zwei andere bestellt, und weder Kosten
Noch Mühe sparen heißt, sie jenem gleich,
Vollkommen gleich zu machen. Das gelingt
Dem Künstler. Da er ihm die Ringe bringt,
Kann selbst der Vater seinen Musterring
Nicht unterscheiden. Froh und freudig ruft
Er seine Söhne, jeden ins besondre;
Gibt jedem ins besondre seinen Segen, –
Und seinen Ring, – und stirbt. – Du hörst doch, Sultan?
SALADIN. *(der sich betroffen von ihm gewandt).*
Ich hör, ich höre! – Komm mit deinem Märchen
Nur bald zu Ende. – Wirds?
NATHAN. Ich bin zu Ende.
Denn was noch folgt, versteht sich ja von selbst. –
Kaum war der Vater tot, so kömmt ein jeder
Mit seinem Ring', und jeder will der Fürst
Des Hauses sein. Man untersucht, man zankt,
Man klagt. Umsonst; der rechte Ring war nicht
Erweislich; –
(Nach einer Pause, in welcher er des Sultans Antwort erwartet)
Fast so unerweislich, als
Uns itzt – der rechte Glaube.
SALADIN. Wie? das soll
Die Antwort sein auf meine Frage? ...
NATHAN. Soll
Mich bloß entschuldigen, wenn ich die Ringe,
Mir nicht getrau zu unterscheiden, die
Der Vater in der Absicht machen ließ,
Damit sie nicht zu unterscheiden wären.
SALADIN. Die Ringe! – Spiele nicht mit mir! – Ich dächte,
Dass die Religionen, die ich dir
Genannt, doch wohl zu unterscheiden wären.
Bis auf die Kleidung; bis auf Speis und Trank!
NATHAN. Und nur von Seiten ihrer Gründe nicht. –
Denn gründen alle sich nicht auf Geschichte?
Geschrieben oder überliefert! – Und
Geschichte muss doch wohl allein auf Treu
Und Glauben angenommen werden? – Nicht? –
Nun wessen Treu und Glauben zieht man denn
Am wenigsten in Zweifel? Doch der Seinen?
Doch deren Blut wir sind? doch deren, die
Von Kindheit an uns Proben ihrer Liebe
Gegeben? die uns nie getäuscht, als wo
Getäuscht zu werden uns heilsamer war? –
Wie kann ich meinen Vätern weniger,
Als du den deinen glauben? Oder umgekehrt. –
Kann ich von dir verlangen, dass du deine
Vorfahren Lügen strafst, um meinen nicht
Zu widersprechen? Oder umgekehrt.
Das Nämliche gilt von den Christen. Nicht? –
SALADIN. (Bei dem Lebendigen! Der Mann hat Recht.
Ich muss verstummen.)
NATHAN. Lass auf unsre Ring'
Uns wieder kommen. Wie gesagt: die Söhne
Verklagten sich; und jeder schwur dem Richter,
Unmittelbar aus seines Vaters Hand
Den Ring zu haben. – Wie auch wahr! – Nachdem
Er von ihm lange das Versprechen schon
Gehabt, des Ringes Vorrecht einmal zu
Genießen. – Wie nicht minder wahr! – Der Vater,
Beteu'rte jeder, könne gegen ihn
Nicht falsch gewesen sein; und eh' er dieses
Von ihm, von einem solchen lieben Vater,
Argwohnen lass': eh' müss' er seine Brüder,
So gern er sonst von ihnen nur das Beste
Bereit zu glauben sei, des falschen Spiels
Bezeihen; und er wolle die Verräter
Schon auszufinden wissen; sich schon rächen.
SALADIN. Und nun, der Richter? – Mich verlangt zu hören,
Was du den Richter sagen lässest. Sprich!
NATHAN. Der Richter sprach: wenn ihr mir nun den Vater
Nicht bald zur Stelle schafft, so weis' ich euch
Von meinem Stuhle. Denkt ihr, dass ich Rätsel
Zu lösen da bin? Oder harret ihr,
Bis dass der rechte Ring den Mund eröffne? –
Doch halt! Ich höre ja, der rechte Ring
Besitzt die Wunderkraft beliebt zu machen;
Vor Gott und Menschen angenehm. Das muss
Entscheiden! Denn die falschen Ringe werden
Doch das nicht können! – Nun; wen lieben zwei
Von euch am meisten? – Macht, sagt an! Ihr schweigt?
Die Ringe wirken nur zurück? und nicht
Nach außen? Jeder liebt sich selber nur
Am meisten? – O so seid ihr alle drei
Betrogene Betrieger! Eure Ringe
Sind alle drei nicht echt. Der echte Ring
Vermutlich ging verloren. Den Verlust
Zu bergen, zu ersetzen, ließ der Vater
Die drei für einen machen.
SALADIN. Herrlich! herrlich!
NATHAN. Und also; fuhr der Richter fort, wenn ihr
Nicht meinen Rat, statt meines Spruches, wollt:
Geht nur! – Mein Rat ist aber der: ihr nehmt
Die Sache völlig wie sie liegt. Hat von
Euch jeder seinen Ring von seinem Vater:
So glaube jeder sicher seinen Ring
Den echten. – Möglich; dass der Vater nun
Die Tyrannei des Einen Rings nicht länger
In seinem Hause dulden wollen! – Und gewiss;
Dass er euch alle drei geliebt, und gleich
Geliebt: indem er zwei nicht drücken mögen,
Um einen zu begünstigen. – Wohlan!
Es eifre jeder seiner unbestochnen
Von Vorurteilen freien Liebe nach!
Es strebe von euch jeder um die Wette,
Die Kraft des Steins in seinem Ring' an Tag
Zu legen! komme dieser Kraft mit Sanftmut,
Mit herzlicher Verträglichkeit, mit Wohltun,
Mit innigster Ergebenheit in Gott,
Zu Hülf'! Und wenn sich dann der Steine Kräfte
Bei euern Kindes-Kindeskindern äußern:
So lad' ich über tausend tausend Jahre,
Sie wiederum vor diesen Stuhl. Da wird
Ein weisrer Mann auf diesem Stuhle sitzen,
Als ich; und sprechen. Geht! – So sagte der
Bescheidne Richter.
SALADIN. Gott! Gott!
NATHAN. Saladin,
Wenn du dich fühlest, dieser weisere
Versprochne Mann zu sein: ...
SALADIN. *(der auf ihn zustürzt, und seine Hand ergreift, die er bis zu Ende nicht wieder fahren lässt).*
Ich Staub? Ich Nichts?
O Gott!
NATHAN. Was ist dir, Sultan?
SALADIN. Nathan, lieber Nathan! –
Die tausend tausend Jahre deines Richters
Sind noch nicht um. – Sein Richterstuhl ist nicht
Der meine. – Geh! – Geh! – Aber sei mein Freund.
[...] (v 1779)

Enthusiastisch trägt der Sultan dem weisen Juden seine Freundschaft an. Inzwischen ist der Tempelherr in leidenschaftlicher Liebe zu Recha entbrannt und begehrt sie zur Frau. Nathan, der in dem stürmischen Werber einen nahen Verwandten Rechas vermutet, provoziert durch seine reservierte Haltung dessen Zorn. Angestachelt durch Daja, die ihm verrät, dass Recha keineswegs die leibliche Tochter Nathans, vielmehr ein christlich getauftes Waisenkind ist, sucht der Tempelherr Rat beim Patriarchen in Jerusalem, einem korrumpierten Vertreter der Christenheit. Der will den Juden in eine Intrige verstricken, schickt aber als Spion zufällig einen frommen einfältigen Klosterbruder aus, just den, der vor achtzehn Jahren Nathan ein elternloses Kind, eben Recha, anvertraut hat. Dank einiger Hinweise des Klosterbruders erkennt Nathan jetzt im Tempelherrn Rechas Bruder; für Saladin und Sittah ist es nun ein leichtes, im Tempelherrn zugleich ihren Neffen, den Sohn ihres Bruders Assam, zu entdecken. Nathan aber, der an dieser leiblichen Verwandtschaft nicht teilhat, wird von Recha und dem Tempelherrn als Vater im Sinne höherer Geistes- und Seelenverwandtschaft anerkannt. In vielfältigen Umarmungen löst sich die lang aufgestaute Spannung.

Letzter Auftritt. pag. 275.
Saladin. Sie finds! sie sind es, Sittah sie sind es! sind beyde meines.....deines Bruders Kinder

Illustration aus dem Erstdruck von 1779 von Daniel Chodowiecki (1726–1801)

Text 5 **Stimmen zur Rezeption**

a) Johann Georg *Hamann* (1730–88) schreibt am 6. Mai 1779 an Johann Gottfried Herder: „Vorige Woche habe ich die 10 ersten Bogen von Nathan gelesen und mich recht daran geweidet. Kant hat sie aus Berl. erhalten, der sie bloß als den 2 Theil der Juden beurtheilt und keinen Helden aus diesem Volk leiden kann. So göttlich streng ist unsere Philosophie in ihren Vorurtheilen bey aller ihrer Tolerantz und Unpartheylichkeit!"

b) Ludwig *Tieck* (1773–1853) meint in seinen „Bemerkungen, Einfälle und Grillen über das Deutsche Theater" (1826):
„Der ‚Nathan' ist jetzt in manchen Städten aus höhern Rücksichten wieder vom Theater verschwunden. Für das Theater kein großer Verlust, so ehrwürdig, groß und eigentümlich sich auch in diesem Werke der edle Geist Lessings offenbart."

c) Lessings langjähriger Freund Moses *Mendelssohn* (1729–86) schreibt in seinen „Morgenstunden oder Vorlesungen über das Daseyn Gottes". Erster Theil. Berlin 1785, im Kap. XV ‚Lessing. – Dessen Verdienst um die Religion der Vernunft. – Seine Gedanken vom geläuterten Pantheismus':
„Aber wie sehr veränderte sich die Scene, nach der Erscheinung des Nathan! Nunmehr drang die Kabale aus den Studierstuben und Buchläden in die Privathäuser seiner Freunde und Bekannten mit ein; flüsterte jedem ins Ohr: Lessing habe das *Christenthum* beschimpft, ob er gleich nur einige Christen und höchstens der *Christenheit* einige Vorwürfe zu machen gewagt hatte. Im Grunde gereicht sein Nathan, wie wir uns gestehen müssen, der Christenheit zur wahren Ehre. Auf welcher hohen Stufe der Aufklärung und Bildung muss ein Volk stehen, in welchem sich ein Mann zu dieser Höhe der Gesinnungen hinaufschwingen, zu dieser feinen Kenntniß göttlicher und menschlicher Dinge ausbilden konnte! [...] Sonderbar! Unter den abergläubigsten Franzosen hatte Candide für Voltaire bey weitem die schlimmen Folgen nicht, zog ihm diese Schmähschrift auf die Vorsehung bey weitem die Feinschaft nicht zu, die sich unter den aufgeklärtesten Deutschen Lessing durch die Vertheidigung derselben, durch seinen Nathan zugezogen."

d) Eugen *Dühring* (1833–1921) führt in seinem Buch „Die Judenfrage als Frage der Racenschädlichkeit für Existenz, Sitte und Cultus der Völker" (Berlin ^{4}1892) aus:
„Die jüdischen Zeitungsschreiber haben den Verfasser jenes platten Judenstücks, welches sich ‚Nathan der Weise' betitelt, über die größten Schriftsteller und Dichter erhoben und ihn beispielsweise für den größten Deutschen erklärt, gegen den etwas zu sagen ein Majestätsverbrechen sei. [...]
In der Form und im Äußeren der Schriftstellerei ist hienach Lessing überall judengemäß. Dies deutet schon auf den innersten Kern, und dieser findet sich denn auch der jüdischen Schale ganz entsprechend. Die Reklame hat sich dazu verstiegen, den Verfasser der ‚Emilia Galotti' und des ‚Nathan' noch gar zu einem wirklichen Dichter zu machen, während es doch sonst auch bei den Lobpreisern feststand, dass die Lessingschen Stücke kalt lassen. Zu Trauerspielen gebrach es Lessing auch völlig an Leidenschaft oder, besser gesagt, an Gemütskraft. Aber auch in der platten und matten Gattung des gleichgültigen Schauspiels, wie im ‚Nathan', blieb er, ganz abgesehen von der judenverherrlichenden Tendenz, lau und flau."

Arbeitsanregungen:

1 In diesem Theaterstück wird davon ausgegangen, dass alle drei Weltreligionen sich im Besitz der absoluten Wahrheit wähnen. Deshalb lässt Lessing den Sultan nach den „Einsichten" und „Gründen" fragen, aus denen heraus jemand an einer der drei Religionen festhält.
a Arbeiten Sie heraus, welche Antwort Nathan auf diese Frage gibt und bedenken Sie die Forderungen für das praktische Leben.
b Worin besteht das utopische Moment in Lessings „Nathan"?

2 a Vergleichen Sie Lessings Absichten (Text 1–3) mit den Stellungnahmen zu seinem Schauspiel (Text 5 a–d).
b Verfassen Sie eine persönliche Stellungnahme.

Lessings Drama kann als ein „Erziehungsdrama“ verstanden werden: Die wichtigsten Personen, wie Recha, der Tempelherr und auch Sultan Saladin, geraten in eine innere Krise, in der ihnen die bisherigen Maßstäbe ihres Handelns fragwürdig werden. Im *Gespräch* mit Nathan überwinden sie diese Krise. Dieser vertraut auf die Wirkung der Vernunft, durch die Vorurteile zu überwinden sind. An einer Szene aus Lessings Drama „Nathan der Weise“ sollen Verlauf und Form des Gesprächs untersucht werden.

Ein *Dialog* kann glücken, wenn Verständigung zwischen gleichberechtigten Partnern erreicht wird; er misslingt zum Beispiel, wenn ein Partner aus bestimmten Gründen nicht bereit ist, auf den anderen Partner einzugehen. (Vgl. Einführung, S. 29ff. und Klassik, S. 226ff.)

Text 6 **Gotthold Ephraim Lessing (1729–1781): Nathan der Weise, I/2**

Recha, und die Vorigen

RECHA. So seid Ihr es doch ganz und gar, mein Vater?
Ich glaubt', Ihr hättet Eure Stimme nur
Vorausgeschickt. Wo bleibt Ihr? Was für Berge,
Für Wüsten, was für Ströme trennen uns
Denn noch? Ihr atmet Wand an Wand mit ihr,
Und eilt nicht, Eure Recha zu umarmen?
Die arme Recha, die indes verbrannte! –
Fast, fast verbrannte! Fast nur. Schaudert nicht!
Es ist ein garst'ger Tod, verbrennen. O!

NATHAN. Mein Kind! mein liebes Kind!

RECHA. Ihr musstet über
Den Euphrat, Tigris, Jordan; über – wer
Weiß was für Wasser all? – Wie oft hab' ich
Um Euch gezittert, eh das Feuer mir
So nahe kam! Denn seit das Feuer mir
So nahe kam: dünkt mich im Wasser sterben
Erquickung, Labsal, Rettung. – Doch Ihr seid
Ja nicht ertrunken: ich, ich bin ja nicht
Verbrannt. Wie wollen wir uns freun, und Gott,
Gott loben! Er, er trug Euch und den Nachen
Auf Flügeln seiner *unsichtbaren* Engel
Die ungetreuen Ström' hinüber. Er,
Er winkte meinem Engel, dass er *sichtbar*
Auf seinem weißen Fittiche, mich durch
das Feuer trüge –

NATHAN. (Weißem Fittiche!
Ja, ja! der weiße vorgespreizte Mantel
Des Tempelherrn.)

RECHA. Er sichtbar, sichtbar mich
Durchs Feuer trüg', von seinem Fittiche
Verweht. – Ich also, ich hab' einen Engel
Von Angesicht zu Angesicht gesehn;
Und *meinen* Engel.

NATHAN. Recha wär' es wert;
Und würd' an ihm nichts Schönres sehn, als er
An ihr.

RECHA. (*lächelnd*).
Wem schmeichelt Ihr, mein Vater? wem?
Dem Engel, oder Euch?

NATHAN. Doch hätt' auch nur
Ein Mensch – ein Mensch, wie die Natur sie täglich
Gewährt, dir diesen Dienst erzeigt: er müsste
Für dich ein Engel sein. Er müsst' und würde.

RECHA. Nicht so ein Engel; nein! ein wirklicher;
Es war gewiss ein wirklicher! – Habt Ihr,
Ihr selbst die Möglichkeit, dass Engel sind,
Dass Gott zum Besten derer, die ihn lieben,
Auch Wunder könne tun, mich nicht gelehrt?
Ich lieb' ihn ja.

NATHAN. Und er liebt dich; und tut
Für dich, und deinesgleichen, stündlich Wunder;
Ja, hat sie schon von aller Ewigkeit
Für euch getan.

RECHA. Das hör' ich gern.

NATHAN. Wie? weil
Es ganz natürlich, ganz alltäglich klänge,
Wenn dich ein eigentlicher Tempelherr
Gerettet hätte: sollt' es darum weniger
Ein Wunder sein? – Der Wunder höchstes ist,
Dass uns die wahren, echten Wunder so
Alltäglich werden können, werden sollen.
Ohn' dieses allgemeine Wunder, hätte
ein Denkender wohl schwerlich Wunder je
Genannt, was Kindern bloß so heißen müsste,
Die gaffend nur das Ungewöhnlichste,
Das Neuste nur verfolgen.

DAJA (*zu Nathan*). Wollt Ihr denn
Ihr ohnedem schon überspanntes Hirn
Durch solcherlei Subtilitäten ganz
Zersprengen?

NATHAN. Lass mich! – Meiner Recha wär'
Es Wunders nicht genug, dass sie ein *Mensch*
Gerettet, welchen selbst kein kleines Wunder
Erst retten müssen? Ja, kein kleines Wunder!
Denn wer hat schon gehört, dass Saladin
Je eines Tempelherrn verschont! dass je
Ein Tempelherr von ihm verschont zu werden
Verlangt? gehofft? ihm je für seine Freiheit
Mehr als den ledern Gurt geboten, der
Sein Eisen schleppt; und höchstens seinen Dolch?

RECHA. Das schließt für mich, mein Vater. – Darum eben
War das kein Tempelherr; er schien es nur. –
Kömmt kein gefangner Tempelherr je anders
Als zum gewissen Tode nach Jerusalem;
Geht keiner in Jerusalem so frei
Umher: wie hätte mich des Nachts freiwillig
Denn einer retten können?

NATHAN. Sieh! wie sinnreich.
Jetzt, Daja, nimm das Wort. Ich hab' es ja
Von dir, dass er gefangen hergeschickt
Ist worden. Ohne Zweifel weißt du mehr.

DAJA. Nun ja. – So sagt man freilich; doch man sagt
Zugleich, dass Saladin den Tempelherrn
Begnadigt, weil er seiner Brüder einem,
Den er besonders lieb gehabt, so ähnlich sehe.
Doch da es viele zwanzig Jahre her,
Dass dieser Bruder nicht mehr lebt, – er hieß,
Ich weiß nicht wie; – er blieb, ich weiß nicht wo: –
So klingt das ja so gar – so gar unglaublich,
Dass an der ganzen Sache wohl nichts ist.

NATHAN. Ei, Daja! Warum wäre denn das so
Unglaublich? Doch wohl nicht – wie's wohl geschieht –
Um lieber etwas noch Unglaublichers
Zu glauben? – Warum hätte Saladin,
Der sein Geschwister insgesamt so liebt,
In jüngern Jahren einen Bruder nicht

Noch ganz besonders lieben können? – Pflegen
Sich zwei Gesichter nicht zu ähneln? – Ist
Ein alter Eindruck ein verlorner? – Wirkt
Das Nämliche nicht mehr das Nämliche? –
Seit wenn? – Wo steckt hier das Unglaubliche? –
Ei freilich, weise Daja, wär's für dich
Kein Wunder mehr; und *deine* Wunder nur
Bedürf … verdienen, will ich sagen, Glauben.
Daja. Ihr spottet.
Nathan. Weil du meiner spottest. – Doch
Auch so noch, Recha, bleibet deine Rettung
Ein Wunder, dem nur möglich, der die strengsten
Entschlüsse, die unbändigsten Entwürfe
Der Könige, sein Spiel – wenn nicht sein Spott –
Gern an den schwächsten Fäden lenkt.
Recha. Mein Vater!
Mein Vater, wenn ich irr', Ihr wisst, ich irre
Nicht gern.
Nathan. Vielmehr, du lässt dich gern belehren.
Sieh! eine Stirn, so oder so gewölbt;
Der Rücken einer Nase, so vielmehr
Als so geführet; Augenbraunen, die
Auf einem scharfen oder stumpfen Knochen
So oder so sich schlängeln; eine Linie,
Ein Bug, ein Winkel, eine Falt', ein Mal,
Ein Nichts, auf eines wilden Europäers
Gesicht: – und du entkömmst dem Feur, in Asien!
Das wär' kein Wunder, wundersücht'ges Volk?
Warum bemüht ihr denn noch einen Engel?
Daja. Was schadets – Nathan, wenn ich sprechen darf –
Bei alle dem, von einem Engel lieber
Als einem Menschen sich gerettet denken?
Fühlt man der ersten unbegreiflichen
Ursache seiner Rettung nicht sich so
Viel näher?
Nathan. Stolz! und nichts als Stolz! Der Topf
Von Eisen will mit einer silbern Zange
Gern aus der Glut gehoben sein, um selbst
Ein Topf von Silber sich zu dünken. – Pah! –
Und was es schadet, fragst du? was es schadet?
Was hilft es? dürft ich nur hinwieder fragen. –
Denn dein „Sich Gott um so viel näher fühlen",
Ist Unsinn oder Gotteslästerung. –
Allein es schadet; ja, es schadet allerdings. –
Kommt! hört mir zu. – Nicht wahr? dem Wesen, das
Dich rettete, – es sei ein Engel oder
Ein Mensch, dem möchtet ihr, und du besonders,
Gern wieder viele große Dienste tun? –
Nicht wahr? – Nun, einem Engel, was für Dienste,
Für große Dienste könnt ihr dem wohl tun?
Ihr könnt ihm danken; zu ihm seufzen, beten;
Könnt in Entzückung über ihn zerschmelzen;
Könnt an dem Tage seiner Feier fasten,
Almosen spenden. – Alles nichts. – Denn mich
Deucht immer, dass ihr selbst und euer Nächster
Hierbei weit mehr gewinnt, als er. Er wird
Nicht fett durch euer Fasten; wird nicht reich
Durch eure Spenden; wird nicht herrlicher
Durch eur Entzücken; wird nicht mächtiger
Durch eur Vertraun. Nicht wahr? Allein ein Mensch!
Daja. Ei freilich hätt' ein Mensch, etwas für ihn
Zu *tun,* uns mehr Gelegenheit verschafft.
Und Gott weiß, wie bereit wir dazu waren!
Allein er wollte ja, bedurfte ja
So völlig nichts; war in sich, mit sich so
Vergnügsam, als nur Engel sind, nur Engel
Sein können.
Recha. Endlich, als er gar verschwand …
Nathan.
Verschwand? – Wie denn verschwand? – Sich untern Palmen
Nicht ferner sehen ließ? – Wie? oder habt
Ihr wirklich schon ihn weiter aufgesucht?
Daja. Das nun wohl nicht.
Nathan. Nicht, Daja? nicht? – Da sieh
Nun was es schadt! – Grausame Schwärmerinnen! –
Wenn dieser Engel nun – nun krank geworden! …
Recha.
Krank!
Daja. Krank! Er wird doch nicht!
Recha. Welch kalter Schauer
Befällt mich! – Daja! – Meine Stirne, sonst
So warm, fühl! ist auf einmal Eis.
Nathan. Er ist
Ein Franke, dieses Klimas ungewohnt;
Ist jung; der harten Arbeit seines Standes,
Des Hungerns, Wachens ungewohnt.
Recha. Krank! krank!
Daja. Das wäre möglich, meint ja Nathan nur.
Nathan. Nun liegt er da! hat weder Freund, noch Geld
Sich Freunde zu besolden.
Recha. Ah, mein Vater!
Nathan. Liegt ohne Wartung, ohne Rat und Zusprach,
Ein Raub der Schmerzen und des Todes da!
Recha. Wo? wo?
Nathan. Er, der für eine, die er nie
Gekannt, gesehen – genug, es war ein Mensch –
Ins Feur sich stürzte …
Daja. Nathan, schonet ihrer!
Nathan. Der, was er rettete, nicht näher kennen,
Nicht weiter sehen mocht', – um ihm den Dank
Zu sparen …
Daja. Schonet ihrer, Nathan!
Nathan. Weiter
Auch nicht zu sehn verlangt', – es wäre denn,
Dass er zum zweiten Mal es retten sollte –
Denn gnug, es ist ein Mensch …
Daja. Hört auf, und seht!
Nathan. Der, der hat sterbend sich zu laben, nichts –
Als das Bewusstsein dieser Tat!
Daja. Hört auf!
Ihr tötet sie!
Nathan. Und du hast ihn getötet! –
Hättst so ihn töten können. – Recha! Recha!
Es ist Arznei, nicht Gift, was ich dir reiche.
Er lebt! – komm zu dir! – ist auch wohl nicht krank;
Nicht einmal krank!
Recha. Gewiss? – nicht tot? nicht krank?
Nathan. Gewiss, nicht tot! – Denn Gott lohnt Gutes, hier
Getan, auch hier noch. – Geh! – Begreifst du aber,
Wie viel *andächtig schwärmen* leichter, als
Gut *handeln* ist? wie gern der schlaffste Mensch
Andächtig schwärmt, um nur, – ist er zu Zeiten
Sich schon der Absicht deutlich nicht bewusst –
Um nur gut handeln nicht zu dürfen?
Recha. Ah,
Mein Vater! lasst, lasst Eure Recha doch
Nie wiederum allein! – Nicht wahr, er kann
Auch wohl verreist nur sein? –
Nathan. Geht. – Allerdings. –
Ich seh, dort mustert mit neugier'gem Blick
Ein Muselmann mir die beladenen
Kamele. Kennt ihr ihn?
Daja. Ha! Euer Derwisch.
Nathan. Wer?
Daja. Euer Derwisch; Euer Schachgesell!
Nathan. Al-Hafi? das Al-Hafi?
Daja. Itzt des Sultans
Schatzmeister.
Nathan. Wie? Al-Hafi? Träumst du wieder? –
Er ists! – wahrhaftig, ists! – kömmt auf uns zu.
Hinein mit Euch, geschwind! – Was werd' ich hören!

Arbeitsanregungen:

1 Informieren Sie sich noch einmal über die Vorgeschichte dieser Szene. Fassen Sie den Inhalt der Szene knapp zusammen.

2 Untersuchen Sie den Verlauf des Gesprächs zwischen Recha, Nathan und Daja. Aspekte der Untersuchung könnten sein:
- Wer übernimmt auf welche Weise die Initiative im Gespräch?
- Inwieweit gehen die Gesprächspartner aufeinander ein? Ist die Argumentation schlüssig? Ist die Form angemessen?

3 Schreiben Sie eine Charakteristik des Dialogs, wobei Sie vor allem die Art und Weise darstellen sollten, wie Einfluss genommen wird.

4 Abschließend sollten Sie in der Klasse diskutieren, welches Menschenbild Nathan bei der Erziehung Rechas leitet.

Das *Gespräch* zwischen Nathan und Recha lässt sich folgendermaßen darstellen:

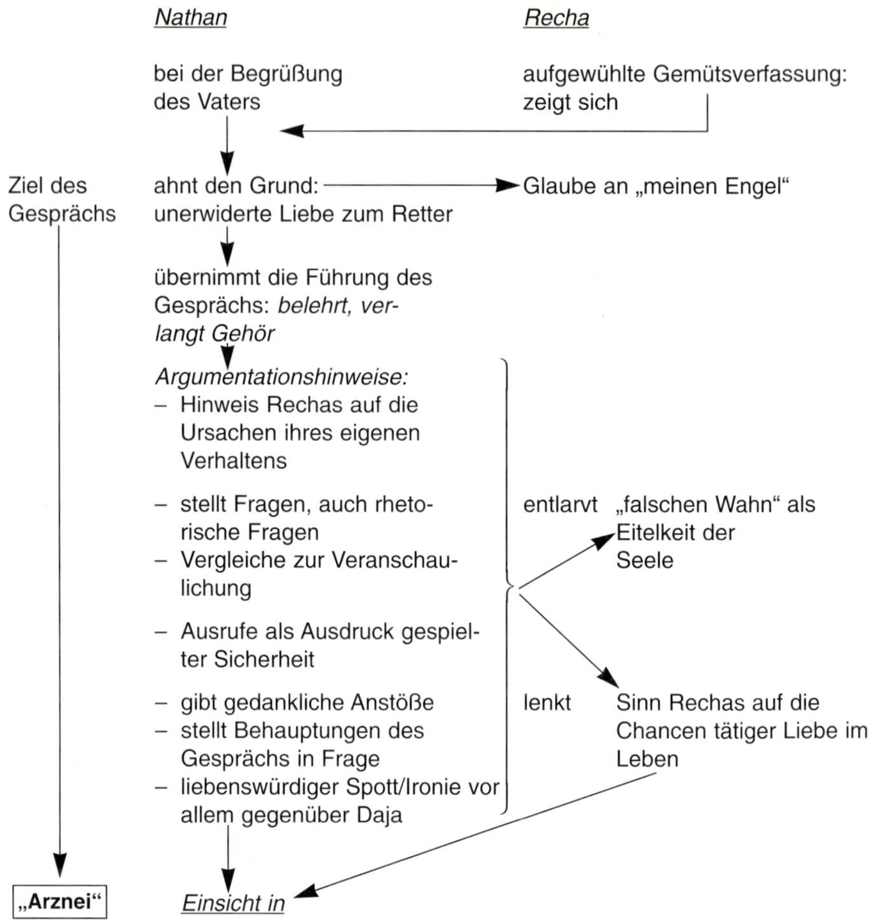

- den Begriff des „Wunders“ innerhalb der göttlichen Ordnung
- das wahre Gefühl

Thematische Aspekte dieses Dialogs sind:
- Der Glaube ist auf die Vernunftfähigkeit des Menschen angewiesen, damit er sich der Wahrheit seines Inhalts bewusst werden kann.
- Die Vernunft ist Richtschnur richtigen Handelns.

Die *Bedingungen dieses Dialogs* sind:
- Die Einsicht Nathans in die Spannung zwischen Verstand und Herz bei Recha; Nathan stellt hier ein Gleichgewicht her und richtet so den Blick Rechas auf die praktische Tätigkeit im Alltag.
- Basis dieses Gesprächs sind Liebe und Vertrauen, die die Ursachen für die gestörte Verständigung aufheben.

Diese Einsichten in die Struktur des Dialogs zwischen Nathan und Recha können Ihnen helfen die Arbeitsanregungen 3 und 4 zu bewältigen. (Vgl. Klassik, S. 226ff.)

Bei der Beschäftigung mit den Texten dieses Kapitels haben Sie wiederholt thesenartige Zusammenfassungen, gegliederte Inhaltsangaben verfasst, argumentative und rhetorische Gestaltungsmittel untersucht um die in den Texten dargestellten Probleme zu erläutern und zu beurteilen. An dieser Stelle sollen die erworbenen Kenntnisse vertieft und für die verschiedenen Formen der Erörterung nutzbar gemacht werden. Die Anfertigung einer Erörterung erleichtern außerdem Kenntnisse über die Formen der Argumentation. Erinnern Sie sich auch an Ihre Kenntnisse über die Anfertigung einer Interpretation von Gedichten im Kapitel „Barock“, S. 136ff.

Methoden des Erörterns

Sie kennen die mündliche Erörterung von Problemen (z.B. das Gespräch, die Diskussion, die Debatte) und die schriftliche Erörterung von Lebensfragen. (Vgl. Einführung, S. 21f.) Jetzt soll eine Erweiterung der Fertigkeiten in drei Richtungen angestrebt werden:
- als textgebundene Erörterung (= Texterörterung) am Beispiel eines philosophischen Textes und eines Zeitungstextes;
- als literarische Erörterung am Beispiel von Gotthold Ephraim Lessings „Nathan der Weise“ und
- als freie Erörterung.

M1 1. Die textgebundene Erörterung (Texterörterung)

Eine Eörterung stellt das Bemühen dar mit Hilfe von Argumenten eine folgerichtig entwickelte Antwort auf eine vorliegende Frage zu finden.

Bei der Erörterung anhand eines Textes sollten Sie zunächst von der Beschreibung des Textes und einer kritischen Auseinandersetzung mit den im Text vertretenen Meinungen und Urteilen ausgehen. Der Text stellt Ihnen Informationen und Gesichtspunkte für eine Problemdiskussion zur Verfügung; oder er formuliert Thesen, mit denen Sie sich auseinander setzen sollen. Der Text will Ihnen einen Zugang zur Problemstellung eröffnen und eigene Erörterungen in Gang setzen. Ziel dieser Untersuchung des Textes ist immer die Auseinandersetzung mit seinem Problemgehalt und seiner Argumentation.

Schwerpunkt der Arbeit (Hauptteil) muss die eigene Stellungnahme sein, in der Sie argumentative Lösungsentwürfe entwickeln sollen. Ihrer eigenen Erörterung können Sie zwei Akzentsetzungen geben:

- Sie kann mehr *immanent* auf die Textvorlage bezogen sein, wenn deren Argumentation unzureichend ist.
- Sie kann mehr *übergreifend* die Gedanken des Textes weiterführen oder vertiefen.

Diesen Prozess des Untersuchens und Verstehens eines Textes sowie des Erschließens von Argumentationsansätzen für die eigene Erörterung können Sie in drei Arbeitsphasen durchführen (vgl. Einführung, S. 47ff. und Barock, S. 136ff.):

- In der *ersten Phase* sollen die Problemfrage geklärt, der Text erschlossen und so ein erstes Gesamtverständnis gewonnen werden.
- In der *zweiten Arbeitsphase* wird die Gedankenführung beschrieben und erörtert; Thesen und Argumente müssen auf ihre Stichhaltigkeit geprüft werden.
- In der *dritten Arbeitsphase* muss der aus der Argumentation folgerichtig entwickelte ‚Lösungsvorschlag' vorgestellt, verdeutlicht und abgesichert werden. Mit der Anfertigung des Erörterungsaufsatzes mit Einleitung, Schwerpunkt auf der eigenen Stellungnahme und Schluss soll ein differenziertes Gesamtverständnis erreicht werden.

Texte erfassen

Für das Verständnis eines Textes ist es wichtig, seine inhaltlichen, strukturellen und sprachlichen Bedingungen zu erfassen, diese zueinander in Beziehung zu setzen um so ein möglichst umfassendes Textverständnis zu erreichen. Dafür gibt es bestimmte Verfahrensweisen, die auf jeden Text anwendbar sind:

– *Gründliches Lesen* eines Textes ist der erste Arbeitsschritt einer jeden Texterfassung. Er führt zu einem ersten Textverständnis, das es im Laufe der Arbeit zu überprüfen und zu vervollständigen gilt.

– Durch das *Ermitteln* des Textaufbaus in seinen Hauptteilen und deren Binnengliederung kann man einen Überblick über die gedankliche Struktur des Textes gewinnen.

1.1 Phase des *ersten Gesamtverständnisses* durch *Themenanalyse* und *Texterschließung*

An der Abhandlung von Immanuel Kant soll gezeigt werden, wie durch Unterstreichungen, Randnotizen und die Klärung von unbekannten Begriffen ein Text während des Lesens erschlossen werden kann.

Arbeitsanregungen:

1 Verschaffen Sie sich durch genaues Analysieren der Aufgabenstellung (Themenanalyse) und sorgfältiges Lesen des Textes ein erstes Gesamtverständnis.

2 Beschreiben Sie die Gedankenführung in Kants philosophischer Abhandlung.

Text 7 Immanuel Kant (1724–1804): Beantwortung der Frage: Was ist Aufklärung? [Auszug]

Aufklärung ist der Ausgang des Menschen aus seiner selbst verschuldeten Unmündigkeit. Unmündigkeit ist das Unvermögen, sich seines Verstandes ohne Leitung eines anderen zu bedienen. *Selbst verschuldet* ist diese Unmündigkeit, wenn die Ursache derselben nicht am Mangel des Verstandes, sondern der Entschließung und des Mutes liegt, sich seiner ohne Leitung eines andern zu bedienen. Sapere aude! Habe Mut, dich deines *eigenen* Verstandes zu bedienen! ist also der Wahlspruch der Aufklärung.

1. Definition des Begriffes Aufklärung

Faulheit und Feigheit sind die Ursachen, warum ein so großer Teil der Menschen, nachdem sie die Natur längst von fremder Leitung freigesprochen (naturaliter majorennes), dennoch gerne zeitlebens unmündig bleiben; und warum es anderen so leicht wird, sich zu deren Vormündern aufzuwerfen. Es ist so bequem, unmündig zu sein. Habe ich ein Buch, das für mich Verstand hat, einen Seelsorger, der für mich Gewissen hat, einen Arzt, der für mich die Diät beurteilt usw., so brauche ich mich ja nicht selbst zu bemühen. Ich habe nicht nötig zu denken, wenn ich nur bezahlen kann; andere werden das verdrießliche Geschäft schon für mich übernehmen. Dass der bei weitem größte Teil der Menschen (darunter das ganze schöne Geschlecht) den Schritt zur Mündigkeit außer dem, dass er beschwerlich ist, auch für sehr gefährlich halte: dafür sorgen schon jene Vormünder, die die Oberaufsicht über sie gütigst auf sich genommen haben. Nachdem sie ihr Hausvieh zuerst dumm gemacht haben und sorgfältig verhüteten, dass diese ruhigen Geschöpfe ja keinen Schritt außer dem Gängelwagen, darin sie sie einsperreten, wagen durften, so zeigen sie ihnen nachher die Gefahr, die ihnen drohet, wenn sie es versuchen, allein zu gehen. Nun ist diese Gefahr zwar eben so groß nicht, denn sie würden durch einige Mal Fallen wohl endlich gehen lernen; allein ein Beispiel von der Art macht doch schüchtern und schreckt gemeiniglich von allen ferneren Versuchen ab.

2. Ursachen der Unmündigkeit

Es ist also für jeden einzelnen Menschen schwer, sich aus der ihm beinahe zur Natur gewordenen Unmündigkeit herauszuarbeiten. Er hat sie sogar lieb gewonnen und ist vorderhand wirklich unfähig, sich seines eigenen Verstandes zu bedienen, weil man ihn

3. Aufklärung des einzelnen Menschen

niemals den Versuch davon machen ließ. Satzungen und Formeln, diese mechanischen Werkzeuge eines vernünftigen Gebrauchs oder vielmehr Missbrauchs seiner Naturgaben, sind die Fußschellen einer immerwährenden Unmündigkeit. Wer sie auch abwürfe, würde dennoch auch über den schmalesten Graben einen nur unsicheren Sprung tun, weil er zu dergleichen freier Bewegung nicht gewöhnt ist. Daher gibt es nur wenige, denen es gelungen ist, durch eigene Bearbeitung ihres Geistes sich aus der Unmündigkeit herauszuwickeln und dennoch einen sicheren Gang zu tun.

4. … Dass aber ein Publikum sich selbst aufkläre, ist eher möglich; ja es ist, wenn man ihm nur Freiheit lässt, beinahe unausbleiblich. Denn da werden sich immer einige Selbstdenkende, sogar unter den eingesetzten Vormündern des großen Haufens, finden, welche, nachdem sie das Joch der Unmündigkeit selbst abgeworfen haben, den Geist einer vernünftigen Schätzung des eigenen Werts und des Berufs jedes Menschen, selbst zu denken, um sich verbreiten werden. Besonders ist hiebei: dass das Publikum, welches zuvor von ihnen unter dieses Joch gebracht worden, sie hernach selbst zwingt, darunter zu bleiben, wenn es von einigen seiner Vormünder, die selbst aller Aufklärung unfähig sind, dazu aufgewiegelt worden; so schädlich ist es, Vorurteile zu pflanzen, weil sie sich zuletzt an denen selbst rächen, die, oder deren Vorgänger, ihre Urheber gewesen sind. Daher kann ein Publikum nur langsam zur Aufklärung gelangen. Durch eine Revolution wird vielleicht wohl ein Abfall von persönlichem Despotism und gewinnsüchtiger oder herrschsüchtiger Bedrückung, aber niemals wahre Reform der Denkungsart zustande kommen; sondern neue Vorurteile werden, ebensowohl als die alten, zum Leitbande des gedankenlosen großen Haufens dienen.

5. … Zu dieser Aufklärung aber wird nichts erfordert als *Freiheit;* und zwar die unschädlichste unter allem, was nur Freiheit heißen mag, nämlich die: von seiner Vernunft in allen Stücken *öffentlichen Gebrauch* zu machen […]

6. … Wenn denn nun gefragt wird: Leben wir jetzt in einem *aufgeklärten* Zeitalter? so ist die Antwort: Nein, aber wohl in einem Zeitalter der *Aufklärung.* Dass die Menschen, wie die Sachen jetzt stehen, im Ganzen genommen, schon imstande wären oder darin auch nur gesetzt werden könnten, in Religionsdingen sich ihres eigenen Verstandes ohne Leitung eines andern sicher und gut zu bedienen, daran fehlt noch sehr viel. Allein, dass jetzt ihnen doch das Feld geöffnet wird, sich dahin frei zu bearbeiten, und die Hindernisse der allgemeinen Aufklärung oder des Ausganges aus ihrer selbst verschuldeten Unmündigkeit allmählich weniger werden, davon haben wir doch deutliche Anzeigen. In diesem Betracht ist dieses Zeitalter das Zeitalter der Aufklärung oder das Jahrhundert *Friederichs.* […]

Arbeitsanregungen:

1 Versuchen Sie die Aussagen der einzelnen Abschnitte stichwortartig zusammenzufassen.

2 Diskutieren Sie die vorgeschlagenen Lösungen in der Klasse und halten Sie die Ergebnisse fest.

3 a Erarbeiten Sie die übrigen Abschnitte ebenso.
b Prüfen Sie abschließend, welche zentrale Aufgabe sich in Kants Abhandlung erörtern lässt. Formulieren Sie diese.

Beim sorgfältigen Lesen waren Ihnen die Unterstreichungen und Kapitelüberschriften für ein erstes Verständnis sicher hilfreich. Für die intensive Beschäftigung mit Texten empfiehlt sich die Anlage eines Arbeitsblattes, z.B.:

Abschnitt	Überschriften/Funktion	Inhalt in Thesen	Argumentation
1	Definition des Begriffes Aufklärung als Einleitung	Aufklärung als Ausgang aus selbst verschuldeter Unmündigkeit Aufforderung, den eigenen Verstand zu gebrauchen	(wird in der 2. Arbeitsphase ausgefüllt)
2	Ursachen für die Unmündigkeit Erweiterung der Einleitung	Menschliche Schwächen Einfluss der Autoritäten Macht der Gewohnheit	
3 . . .	Aufklärung des Einzelnen		

Nachdem wir die Aussagen des Textes ermittelt und die Gedankenführung kritisch überprüft haben, können wir eine *analytische Textbeschreibung* fertigen, etwa folgender Art: Der erste Satz des ersten Abschnittes seiner Abhandlung zur Frage „Was ist Aufklärung?“ stellt eine grundsätzliche Definition des Begriffes Aufklärung dar. Unter Aufklärung versteht Kant das Selbstdenken des Menschen. In den folgenden beiden Sätzen erklärt er die beiden Hauptbegriffe „Unmündigkeit“ und „selbst verschuldet“; er zieht dann eine Schlussfolgerung, die den Charakter eines ethischen Appells annimmt. Der Mensch soll sich seines eigenen Verstandes bedienen! Dabei setzt er bei seiner Definition stillschweigend voraus, dass der Mensch von Natur aus mündig und mit eigenem Verstand begabt ist. Kant ist überzeugt, dass die Aufklärung beim Individuum einsetzen müsse, und der Verlust der Mündigkeit Schuld des Individuums sei.

Im zweiten Abschnitt erläutert Kant die Unmündigkeit des Einzelnen. Seine Beispiele belegen und veranschaulichen die im ersten Abschnitt gemachte Behauptung (These). Ironische Wendungen geben seinen Ausführungen eine provozierende Tendenz.

Im dritten Abschnitt erläutert der Verfasser die Umstände, die den Menschen in Unmündigkeit halten: Es ist vor allem die mangelnde Entschlossenheit den eigenen Verstand frei zu gebrauchen.

Im vierten Abschnitt …

1.2 *Phase der Erörterung:* Wie strukturiert Kant seine Abhandlung?

Am ersten Abschnitt der Abhandlung von Kant: „Beantwortung der Frage: Was ist Aufklärung?“ soll seine Art des Argumentierens gezeigt werden:

Aufklärung ist der Ausgang des Menschen aus seiner selbst verschuldeten Unmündigkeit.	→ Grundsätzliche (axiomatische Definition)
– Unmündigkeit ist das Unvermögen, sich seines Verstandes ohne Leitung eines anderen zu bedienen. – Selbst verschuldet ist diese Unmündigkeit, wenn die Ursache derselben nicht am Mangel des Verstandes, sondern der Entschließung und des Mutes liegt sich seiner ohne Leitung eines andern zu bedienen.	Erklärung der Hauptbegriffe
Sapere aude! Habe Mut dich deines eigenen Verstandes zu bedienen! ist also der Wahlspruch der Aufklärung.	→ Horaz-Zitat als Schlussfolgerung und ethischer Appell

Arbeitsanregungen:

Um an Kants Abhandlung die gewählte Verfahrensweise genauer zu erfassen und sie auch beurteilen zu können sollten Sie folgendermaßen verfahren:

1. Erörtern Sie die Beziehungen zwischen den Hauptgedanken (Thesen) der Gesamtgliederung und den Begründungen (Argumenten) sowie den Belegen (Beispielen), also der Binnengliederung. Ergänzen Sie die vierte Spalte der tabellarischen Übersicht auf Seite 176, damit Ihre Stoffsammlung vollständig wird.
2. Wodurch wird dieser Text schlüssig und anschaulich?

1.3 *Phase der eigenen Erörterung*

Den Aufbau, die Gliederung der eigenen schriftlichen Erörterung bestimmt die Aufgabenstellung: Handelt es sich um einen Text, dessen Argumentation unzureichend, provokativ oder widersprüchlich ist, so wird die eigene Erörterung sich vorwiegend auf die Auseinandersetzung mit der im Text vorliegenden Argumentation beziehen (*textimmanente Erörterung*). Liegt dem Text eine in sich schlüssige und überzeugende Argumentation zugrunde, so wird die Aufgabe über den Text hinausweisen (*textübergreifende Erörterung*).

Kants philosophische Abhandlung besitzt eine in sich schlüssige, argumentativ überzeugende Gedankenführung, die es nahe legt, die Bedeutung von Kants Frage für unsere Gegenwart *erörtern* zu lassen.

Thema: Erörtern Sie Kants Schlussfrage im Blick auf Ihre Gegenwart: „Leben wir jetzt in einem aufgeklärten Zeitalter?“

Sie sollten zunächst eine *Themenanalyse* vornehmen:
- Welche Intention enthält die Fragestellung des Themas? Handelt es sich um ein Sachproblem oder um eine Wertfrage?
- Welche Schlüsselbegriffe gilt es zu klären und abzugrenzen?
  Im vorliegenden Thema sind folgende Schlüsselbegriffe zu klären:
- „ihre Gegenwart“: die Lebensbereiche können über das ‚Kreismodell‘ erschlossen werden.
- „aufgeklärtes Zeitalter“ – „Zeitalter der Aufklärung“: Hier ist eine Begriffsabgrenzung verlangt.

Die eigene Ansicht wirkt überzeugend, wenn stichhaltige **Argumente** die aufgestellten Behauptungen (Thesen) begründen. Außerdem können passende Beispiele Begriffe und Tatbestände veranschaulichen. Schließlich lässt sich in der Erörterung die eigene Meinung absichern, wenn man sich auf Zeugen beruft, deren Aussage durch ein Zitat wiedergegeben werden kann.
Folgende argumentative Strukturen können eine Behauptung (These) absichern oder widerlegen:

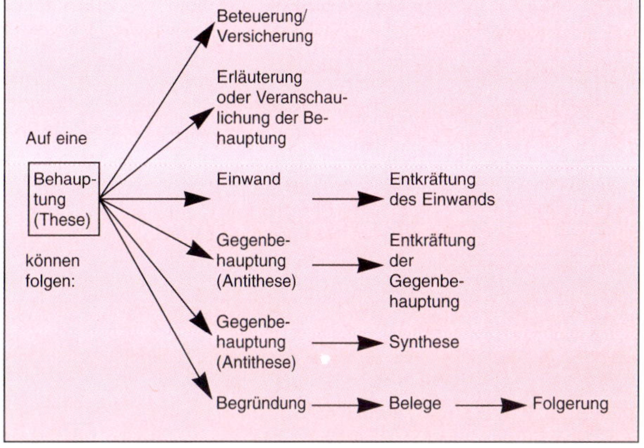

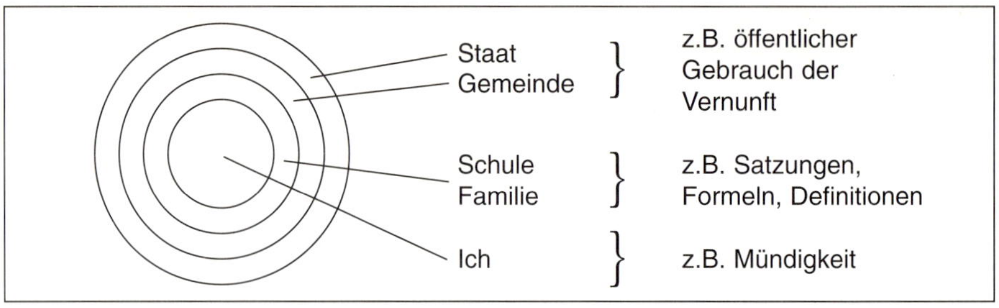

Abschließend sollten Sie überlegen, wie Sie die Einleitung und den Schluss gestalten wollen.
Für die *Einleitung* sind folgende Ansätze denkbar:
- eine historische Hinführung zum Thema;
- Informationen über Personen und Sachverhalte, die als Hintergrund die Problematik erhellen können;
- die Wahl eines aktuellen Anlasses, der zur Erörterung des Problems hinführt;
- Einschränkung des Themas für die Arbeit:
  - Vielfalt und Breite des Themas aufzeigen;
  - die Wahl der Teilaufgaben vorstellen und begründen.

Der *Schluss* kann folgende Aspekte berücksichtigen:
- Die wichtigsten Ergebnisse werden zusammengefasst.
- Die Folgerungen werden aufgezeigt, die über die Erörterung hinausweisen.
- Eventuell kann auf die Grenzen der eigenen Aussagen und der Ergebnisse hingewiesen werden.

Gehen Sie bei der Erörterung der beiden folgenden Texte in gleicher Weise vor.

Text 8 **Otto Friedrich Bollnow (1903–1991): Die Weisheit. Aus: Wesen und Wandel der Tugenden** [Auszüge]

Die Weisheit

[...] Weise wagt heute kaum einer mehr zu sein. Das mag mit der gegenwärtig vorherrschenden Bevorzugung der Jugend zusammenhängen, die allgemein für die irrationalen Bewegungen kennzeichnend ist. Weisheit ist demgegenüber vorwiegend eine Tugend des Alters. Einen Weisen stellt man sich immer als einen alten und gereiften Menschen vor, der durch die Kämpfe des Lebens hindurchgegangen ist und von ihnen nicht mehr unmittelbar berührt wird.

Es gibt in diesem Sinn eine Lebensweisheit, die nur im Verlauf eines langen Lebens erworben wird. Sie ist etwas ganz andres als Lebensklugheit. Während diese in einer durch keine allzu starren Grundsätze und keine allzu großen Gewissensbisse behinderten Kunst des Sich-hindurchfindens besteht und als solche mitten im Leben steht, gehört zur Weisheit der Abstand, die Dinge von einer „höheren Warte“ zu sehen. Der Weise ist „abgeklärt“. Es fehlt ihm das jugendliche Ungestüm. Aber eben dadurch hat er die Fähigkeit gewonnen, den Dingen gelassen entgegenzusehen.

Zur Weisheit gehört eine lange und reiche Erfahrung, und schon darum ist sie nur dem alten Menschen zugänglich. Aber der Weise verwendet diese Erfahrung anders als der Kluge: nicht um sie im Dienst der Lebensbeherrschung zweckmäßig zu verwenden, sondern um die Dinge und vor allem die Menschen besser zu verstehen. Weisheit ist darum vor allem die Fähigkeit, vom Besonderen des einzelnen Falls abzusehen und das Allgemeine in ihm zu erkennen. Weisheit ist darum vor allem die Fähigkeit eines menschlichen Verstehens und paart sich notwendig mit der Güte des Herzens. Trotzdem ist die Güte des Weisen nicht natürliche Veranlagung, sondern erst im Durchgang durch manche bittere Erfahrung und manche Enttäuschung erworben. Daher kommt der leicht etwas resigniert lächelnde Zug, der immer wieder im Bild des Weisen hervortritt.

Auch der Weise vermag Rat zu erteilen, aber er tut es in seiner besonderen Art und ganz anders als der Kluge. Er gibt seine „weisen Lehren“ (wenn diese auch bei der Jugend nicht immer beliebt sind), und diese „weisen Lehren“ sind etwas ganz andres als „kluge Ratschläge“. Sie beziehen sich nicht auf die zweckmäßige Durchführung eines Vorhabens, sondern stellen dieses selber in Frage. Die Weisheit des Lebens beschäftigt sich überhaupt nicht mit dem einzelnen Fall, sondern mit dem Allgemeinen, das ihm zugrunde liegt. Die Beratung durch den Weisen wird zur Prüfung, in der man von der Situation Abstand gewinnt. Und mag die Klugheit in ihrem Ratschlag bis zu einem gewissen Maß sittlich neutral sein, so ist es die Weisheit niemals. Der weise Rat steht notwendig im Angesicht einer tieferen sittlichen Verantwortung. [...] (v 1958)

Thema:
- Fassen Sie die Hauptgedanken zusammen und erörtern Sie die Art der Gedankenführung.
- Verteidigen Sie Nathans Beinamen „der Weise" gegen den Vorwurf, er sei ein „toleranter Schwätzer"!

Text 9 **Verzerrtes Weltbild (Stuttgarter Zeitung vom 5.9.1974)**

Verzerrtes Weltbild

Ein Zug entgleist, ein Flugzeug stürzt ab. Zehn, zwanzig, fünfzig, hundert oder noch mehr Tote fordert der technische Fortschritt auf einen Schlag als Opfer. Am nächsten Tag sind die Zeitungen voll davon. Das Fernsehen hat keine Mühen und Kosten gescheut, noch am Abend des Unglückstages möglichst viele Einzelheiten im Film zu zeigen. Oder ein Geiselgangster wird erschossen, oder ein Krieg bricht aus oder Unruhen irgendwo, oder eine Regierung wird gestürzt, oder es gibt Demonstrationen und Straßenschlachten in Frankfurt. Das alles wird uns fast täglich frei Haus geliefert, begleitet von den Kassandrarufen[1] der Politiker. So entsteht in uns das Bild einer immer chaotischer werdenden Welt. Ein verzerrtes Bild. Denn die zigtausend anderen Züge und Flugzeuge, die an jenem Unglückstag ebenfalls unterwegs waren und ihre Millionen Passagiere sicher ans Ziel gebracht haben, werden uns nicht vorgeführt. Und jene weiten Landstriche der Erde, auf denen Abermillionen Menschen in Frieden leben, bekommen wir ebenfalls weder gezeigt noch beschrieben. Friedliches Leben ist eben keine Nachricht, und die glatte Landung auf einem Flughafen oder die fahrplanmäßige Einfahrt in einen Bahnhof sind es ebenfalls nicht. Eine Nachricht ist, wenn sich ein paar dutzend Jugendliche zu einer Rockerbande zusammenschließen und grundlos Passanten zusammenschlagen. Das wird dann auch gebracht in Bild und Ton. Eine Nachricht ist aber auch, wenn fünfzigtausend junge Leute aus allen Ländern, Rassen und Konfessionen zusammenkommen, um ein „Konzil der Jugend" abzuhalten, auf dem sie sich im Schweigen, im Singen und im Beten der Andacht und dem Kampf gegen Ungerechtigkeit verschreiben. Diese höchst erfreuliche Nachricht aus Taizé in Burgund ist jedoch allgemein äußerst stiefmütterlich behandelt worden. Sie wurde entweder gar nicht oder sehr klein gebracht, und ein Bild gab es davon überhaupt nicht. Dabei wäre gerade eine solche Nachricht dazu angetan, unser durch die üblichen Nachrichten verzerrtes Weltbild wieder etwas zurechtzurücken.

Thema:
- Fassen Sie die im vorgelegten Text geäußerte Kritik zusammen und prüfen Sie, ob sie zutrifft.
- Erörtern Sie, welche Maßstäbe den Nachrichtenwert eines Ereignisses bestimmen sollen.

Die textgebundene Erörterung (Texterörterung)

Ehe der Text untersucht wird, sind durch eine genaue *Themenanalyse* die Fragerichtung der Aufgabe zu klären und die Grenzen festzulegen, die dem Bearbeiter des Themas gesetzt werden. Dann sind die Bezüge zwischen dem zu erörternden Text und den Arbeitsanweisungen herzustellen und, soweit hier schon möglich, der übergreifende Zusammenhang des Themas zu finden. Die *Texterörterung* stellt dem Verfasser drei Aufgaben: Er muss einmal *ermitteln,* welcher Sachverhalt im Text dargestellt wird; zweitens diese Aussagen *überprüfen* und drittens muss er seine Einsichten in den Gedankengang der Vorlage sowie seine eigenen Überlegungen dem Leser in einer begründeten Erörterung *darlegen.* Zwei Grundtypen sind üblich:

1. Bei der kritischen Auseinandersetzung mit dem vorgelegten Text (textimmanentes Erörtern) sollten etwa folgende Gesichtspunkte *überprüft* werden:
- Sind die Behauptungen des Autors sachlich richtig? Sind sie einseitig oder ausgewogen, sachgerecht oder manipulativ? Sind sie durch Belege abgesichert?
- Ist die Gedankenführung schlüssig? Ist sie argumentativ überzeugend oder sprung- und lückenhaft? Versucht sie zu blenden oder zu überreden?
- Wie ist die Lösung des Problems zu beurteilen? Ist die Antwort umfassend oder nur teilweise oder gar nicht angemessen?
- Stehen Inhalt, Aufbau und Stil in einem angemessenen Verhältnis zueinander?

[1] Kassandrarufe: nicht beachtete Warnungen, nach der trojanischen Seherin Kassandra

2. Die über den Text hinausführende eigene Erörterung könnte unter folgenden Fragen geprüft werden:
- Ist die Beziehung zum vorliegenden Text gewahrt?
- Ist die eigene Argumentation überzeugend und schlüssig? Gelingt eine Erweiterung des Problemhorizonts? Sind Abweichungen vom Thema vermieden?
- Sind die Beispiele (Belege) treffend und anschaulich?
- Ist die Gesamtargumentation funktionsgerecht gegliedert?
- Ist die Ausdrucksweise angemessen (z.B. in der Wahl der Fachbegriffe) und ist die Stilebene der Beschreibung und Erörterung gewahrt?

Im *zweiten,* umfangreicheren *Teil* der Texterörterung empfiehlt sich als Überleitung eine Zusammenfassung, die die Argumentation der Textvorlage bewertet und die Position des Schreibers eventuell in einen größeren Zusammenhang stellt. Die eigene Erörterung kann zwei verschiedene Akzente setzen: Sie kann zum einen mehr als kritische Auseinandersetzung mit den Gedanken der Vorlage angelegt werden, sie kann aber auch als Weiterführung der Argumentation über die Vorlage hinaus konzipiert sein.
Als *Einleitung* eignen sich folgende Aspekte: Nach der Wahl eines Ausgangspunktes für die Darstellung empfiehlt es sich zu erklären, um welchen Untersuchungsgegenstand es sich bei dem Text handelt (z.B. philosophische Abhandlung) und in welchen Zusammenhang er gehört; weiter kann darauf hingewiesen werden, wie der Verfasser die Aufgabe versteht und welche Lösung er anstrebt.
(Für die Gestaltung des *Schlusses*, siehe Jahrhundertwende, S. 312.)

M2 2. Die literarische Erörterung

Im Gegensatz zur Interpretation einer bestimmten Textstelle bezieht sich die literarische Erörterung auf die Kenntnis eines Werkes oder mehrerer Werke.

Arbeitsanregungen:

1 Erschließen Sie sich das Thema durch eine genaue Analyse.

2 Entwerfen Sie eine Stoffsammlung, die den Schwerpunkten der Aufgabenstellung entspricht.

3 Skizzieren Sie Möglichkeiten für Einleitung und Schluss.

1. Thema: die Titelgestalt in Lessings „Nathan der Weise“ gilt vielen als Vorbild.
- Wodurch gewinnt Nathan seine Überlegenheit?
- Könnten Sie heute Nathan als Vorbild anerkennen?

Es gilt die Anforderungen des Themas möglichst genau zu erfassen. Dabei kann man sich von folgenden Untersuchungsschritten leiten lassen:
- Welchen *Sachverhalt* gilt es zu untersuchen?
- Welche *Aspekte des Themas* gilt es zu überprüfen? (Z.B. die Intention der Themenstellung: Sachproblem oder Wertfrage; die Geltungsansprüche des Themas)
- Welche *zentralen Begriffe* enthält die Themenstellung und in welchem Zusammenhang sind sie zu sehen?

Die in der Themenstellung enthaltene Fragestellung verlangt eine *Erörterung* um eine ausgewogene Antwort geben zu können. Dabei ist es von Anfang an sinnvoll sich über Ansatz und Ziel der eigenen Erörterung im Klaren zu sein. Alle Arbeitsschritte sollten beachtet werden, wobei je nach Aufgabenstellung des Themas die Gewichtung der einzelnen Untersuchungsschritte verschieden sein wird.

2. Thema: Lessings „Nathan der Weise“ wurde 1945 auf vielen deutschen Theaterbühnen als erstes Stück gespielt. Schreiben Sie ein Vorwort für ein Theaterprogramm, in dem Sie die Wahl des Dramas für das Publikum der Nachkriegszeit erörtern.

Die literarische Erörterung
Sie setzt die Kenntnisse literarischer Werke voraus. In ihr wird eine Thematik erörtert, die sich ganz auf die Literatur beschränkt. Die literarische Erörterung weist dieselben Strukturmerkmale auf wie die Erörterung anderer Themen. Der Unterschied zur sog. ‚freien Erörterung‘ liegt vor allem darin, dass bei der literarischen Erörterung das Beispiel- und Belegmaterial für Thesen und Argumente aus dem Text oder den Texten, auf die sich das Thema bezieht, gewonnen wird.
Sie müssen zuerst klären, was das Thema von Ihnen verlangt (siehe S. 175). Die Themenstellung bestimmt den Gang der Durchführung: den Ansatzpunkt der Untersuchung, den Aufbau und den Schwerpunkt der Erörterung. Dabei sollte neben der Orientierung am vorliegenden Text (Objektbezug) die persönliche Position des Schreibers dadurch zur Geltung kommen, dass er aus seiner Erfahrung, seiner Sicht und seiner Einschätzung (Subjektbezug) zu begründeten Wertungen gelangt. In der *Einleitung* kann man das Thema genauer bestimmen oder auf den Autor des im Themas genannten Werkes näher eingehen oder durch eine kurze Inhaltsangabe der zu behandelnden Dichtung eine Grundlage zum besseren Verständnis liefern. Im *Schluss*

kann man die Ergebnisse zusammenfassen oder eine eigene Bewertung vornehmen. Die genaue Kenntnis des literarischen Textes erleichtert das Auffinden und Markieren der wichtigsten zu berücksichtigenden Textpassagen, das Exzerpieren dieser Stellen in Stichworten oder als wörtliche Zitate.
(Vgl. Weimarer Republik, S. 342f.)

M3 3. Die freie Erörterung

Neben Themen aus dem Erfahrungsbereich der Jugendlichen werden vor allem Themen, die fachspezifisch sind, gestellt.

3.1 *Thema:* Der Philosoph Martin Buber vertritt die Auffassung, „dass die Zukunft des Menschen als Mensch von einer Wiedergeburt des Dialogs abhängt".
- Erklären Sie, auch anhand von Beispielen, wie diese Behauptung zu verstehen ist.
- Können Sie ihr zustimmen?

Arbeitsanregungen:

1 Machen Sie eine sorgfältige Themenanalyse.

2 Klären Sie den Begriffsumfang von „Wiedergeburt des Dialogs" und suchen Sie geeignete Beispiele dazu.

3 Skizzieren Sie mögliche Richtungen Ihrer Stellungnahme und begründen Sie die Verfahrensweise Ihrer Erörterung.

3.2 *Elemente von Schülerlösungen*
Das Schreiben einer Einleitung und eines Schlusses bereitet oft große Schwierigkeiten, deshalb finden Sie im Folgenden Beispiele, die Sie mit Ihren eigenen Ergebnissen vergleichen können.

3.2.1 Beispiele für *Einleitungen:*

3.2.1.1 In Martin Bubers Behauptung geht es vor allem um die Bedeutung des Dialogs zwischen den Menschen.

3.2.1.2 In meiner Erörterung soll ich mich mit Martin Bubers Auffassung, „dass die Zukunft des Menschen als Mensch von einer Wiedergeburt des Dialogs abhängt", auseinander setzen. Zuerst will ich darstellen, was ein Dialog ist, dann will ich beschreiben, was unter der „Zukunft des Menschen" zu verstehen ist, schließlich will ich klären, was eine „Wiedergeburt des Dialogs" bedeuten kann.

3.2.1.3 Über die Behauptung Martin Bubers, dass die Zukunft des Menschen „von einer Wiedergeburt des Dialogs" abhinge, war ich im ersten Moment sehr erstaunt. Ich denke zuerst an die Bedrohung durch Umweltzerstörung, Hochrüstung und an die atomare Verseuchung durch ein Unglück in einem Kernkraftwerk, wenn es um die Zukunft der Menschen geht. Warum es für unsere Zeit lebensnotwendig sein soll, dass wir wieder miteinander sprechen lernen, darüber möchte ich mir in der nachfolgenden Untersuchung Klarheit verschaffen.

3.2.2 Beispiele für *Schlüsse:*

3.2.2.1 Die Auffassung Martin Bubers leuchtet mir nicht ein; ich sehe wichtigere Aufgaben, die die Menschen zu bewältigen haben, wie die Bewältigung der Hungersnöte in der Dritten Welt, des Müllproblems in den Industrieländern oder die Verhinderung der weiteren Zerstörung der Regenwälder in den Tropen. Was soll da die „Wiedergeburt des Dialogs" bewirken?

3.2.2.2 Das Thema verlangte meiner Meinung nach eine Besinnung auf die Frage, warum es für unsere Zeit lebensnotwendig ist, dass wir wieder miteinander sprechen lernen. Ich habe als erstes Ergebnis dargelegt, dass das Wort ‚Dialog' das Mit-einander-Reden meint, das echte Gespräch, die Begegnung von Mensch zu Mensch im Gespräch. Ich bin wie Martin Buber überzeugt – an den Beispielen wurde dies deutlich –, dass den Menschen die ‚Kultur des Gesprächs' verloren gegangen ist. Dem äußeren Fortschritt unserer modernen Zivilisation muss der innermenschliche Fortschritt entsprechen, sonst können wir nicht mit Toleranz, Rücksichtnahme und Einsicht die schwierigen Probleme unserer Gegenwart auf vernünftige Weise lösen. Ob dies uns gelingen wird?

3.2.2.3 Nach der Erörterung von Martin Bubers These muss ich einräumen, dass meine erste Aussage zum Thema zu eng gefasst war. Mir ist im Laufe der Auseinandersetzung klargeworden, dass es Martin Buber nicht nur um die Bedeutung eines Dialogs geht, sondern dass er vor allem verloren gegangene Fähigkeiten der Menschen meint, die sie benötigen um ihre Probleme zu lösen. Leider konnte ich nicht alle Aspekte der Aufgabe darlegen, da sie mir erst am Ende meiner Arbeit ganz einsichtig wurde.

Arbeitsanregungen:

1 Beschreiben Sie die Beispiele und kommentieren Sie diese nach den Ihnen bekannten Kriterien (vgl. S. 180).

2 Versuchen Sie jeweils eine verbesserte Fassung.

Die freie Erörterung
Für die Ausarbeitung einer ‚freien Erörterung' sollten folgende Gesichtspunkte beachtet werden:
1. *Themananalyse* mit Hilfe von W-Fragen (Was? Wer? Wo? Wann? Wie? Warum? Weshalb? usw.)
Für die Beantwortung der Themenfrage lassen sich verschiedene *Leitfragen* finden, die wesentliche Gesichtspunkte von nebensächlichen trennen helfen sollen.

2. In der *Stoffsammlung* soll die Problemstellung gründlich durchdacht und von verschiedenen Seiten beleuchtet werden (= Mehrperspektivität des Erörterns, indem man sich in verschiedene Situationen und Rollen hineindenkt).
Beispiele aus dem eigenen Erfahrungs- und Erlebnisbereich können zur Anschaulichkeit der eigenen Gedanken beitragen.
3. Jede erörternde *Darstellung* verlangt eine sorgfältige Gliederung, die zu einem übersichtlichen und in sich schlüssigen Aufbau führt. Am besten werden die Gesichtspunkte so geordnet, dass die wichtigsten ans Ende des Hauptteils gesetzt werden um eine Steigerung zu erreichen.
Den Erörterungsaufsatz gliedern wir in Einleitung, Hauptteil und Schluss, wobei für die Einleitung sowie für den Schluss verschiedene Ansätze denkbar sind.
Für die *Einleitung:*
- Beispiel aus dem Alltag mit Bezug zum Thema
- allgemeine Meinung zum Thema oder ein Zitat
- geschichtliches Beispiel
- literarisches Beispiel
- eine wissenschaftliche Position

Für den *Schluss:*
- Hinweis auf die Bedeutung der Fragestellung (Wertung)
- Sicherung des Ergebnisses und mögliche Verallgemeinerung
- Ausblick auf weitere Fragen
- eine persönliche Bewertung des Problems

Verlangt die Themenstellung eine *Bewertung oder Entscheidung,* so ist ein sorgfältiges Abwägen von Zustimmung oder Ablehnung nötig; dieser Denkprozess mündet in eine Schlussfolgerung, die die eigene Meinung zusammenfasst. Es empfiehlt sich, dass man bei weitgehender Zustimmung die bejahenden Gesichtspunkte, bei Ablehnung die verneinenden Gesichtspunkte an den Schluss den Hauptteils setzt; im dritten Abschnitt des Hauptteils (der Synthese) formulieren wir unsere eigene Position, die wohl häufig einen Kompromiss der Standpunkte darstellen wird. (Vgl. Literatur nach 1945, S. 396ff.)

4. Übungen zur Logik und Stilistik in Erörterungen

Von Erörterungen und wissenschaftlichen Abhandlungen wird Folgerichtigkeit des Aufbaus erwartet. Die informativen Einzelaussagen eines Textes müssen im Zusammenhang stehen und aufeinander aufbauen. So entwickelt sich eins aus dem anderen und gedankliche Brüche werden vermieden.

Gedanke und Stil, also Sachverhalt und Darstellung, sind nicht voneinander zu trennen. Die sprachliche Form gibt dem Gedanken Gestalt. In seiner Abhandlung über die Fabel spricht Lessing verächtlich von jenen Gedanken, „die man sich nur zu haben begnügt, ohne ihnen durch Ausdruck die nötige Präzision zu geben". Außerdem sollte der Verfasser eines Textes auf ein ausgewogenes Verhältnis zwischen einer stärker begrifflichen und stärker anschaulichen Darstellungsweise achten.

Häufig sind folgende Verstöße gegen die gedankliche Klarheit zu finden:
- gedankliche, stilistische Brüche im Ausdruck; schiefe oder falsche Bildlichkeit;
- unstimmige gedankliche Verbindungen durch falschen Gebrauch von Konjunktionen und Relativsätzen;
- unlogische Verknüpfung von Aussagen in falscher Reihenfolge;
- falsche kausale Abfolgen durch die Vertauschung von Ursache und Folge, Vorangehendem und Nachfolgendem, von Bedingung und Folge;
- Trennung zusammengehörender Gedanken;
- Überfrachtung von Sätzen.

4.1 Verstöße gegen Folgerichtigkeit und Klarheit

Die folgenden Beispiele bieten Ihnen Gelegenheit Ihre Kritikfähigkeit und Ihr Ausdrucksvermögen zu schulen:
- Der Schüler liebt den Lehrer, der ihm einen Verweis gegeben hat, weil er seinen Nachbarn verdroschen hat, als der Lehrer zur Türe hereinkam, nicht.
- Zwei Umstände haben besonders zu dieser starken Verarmung vieler Einwohner des Rheinlandes geführt. Viele Bürger ernährten sich von der Schifffahrt. Inzwischen waren jedoch die Dampfschiffe ihre schlimmsten Widersacher geworden. Dazu übernahm die Eisenbahn immer weiter Aufträge des täglichen Verkehrs. Diese beiden Erscheinungen raubten den berufsmäßigen Schiffern den Verdienst. Andere oblagen an den Ufern des Rheins der Goldwäscherei. Aber auch dieses Gewerbe warf von Jahr zu Jahr geringere Erträge ab und hörte allgemach ganz auf.

- Jeder sollte sich kritisch mit dem Ablauf seiner Umwelt auseinander setzen.
- In diesem Text ist der Gedankenraum ziemlich weit gestreut.
- Um aus ihrer schlechten Ertragslage herauszukommen kurbelt die Firma verzweifelt an Hebeln, die nicht zünden.
- Ich schlug Herrn Maier, den ich schon lange kenne und der ein hervorragender Bergsteiger ist, da er dreimal die große Zinne gemacht hat, und zwar das letzte Mal unter erschwerten Bedingungen, weil der Felsen sehr nass war, vor, mit mir eine Bergtour zu machen.
- An die Stelle des herkömmlichen Glaubens tritt in neuerer Zeit der Zweifel, womit „Wissen" gewonnen wird. Alles Lebendige ist bewegt, pulsiert, atmet: Denn Leben schlechthin ist nicht Starrheit, sondern Bewegung. Jeder Linsenschleifer, jeder Maurer, jedes Fischweib wird selbständig. Denn sie trachten alle danach die Mühseligkeit der menschlichen Existenz zu erleichtern und von unserer riesigen Unwissenheit ein wenig abzutragen. (Aus einem Schüleraufsatz über Brechts Drama „Das Leben des Galilei".)

Arbeitsanregung:

Die wichtigsten Verstöße gegen die gedankliche Klarheit sind auf der Seite 182 zusammengestellt.

a Ordnen Sie diesen die Beispielsätze zu.

b Schreiben Sie eine korrekte Fassung.

4.2 Argumentation am Beispiel eines literarischen Dialogs

Text 10 **Eugène Ionesco (*1912): Die Nashörner** [Auszug]

In Ionescos Dreiakter prescht eines Tages ein Nashorn die Straße entlang und gibt damit allen Alltagsgesprächen eine neue Wendung. Man fragt sich, woher es komme, was es zu bedeuten und wie viel Hörner es habe. Während das Geschwätz sich im Kreise dreht, verwandeln sich die Schwätzer in Nashörner. Als die Anzahl der Nashörner immer mehr steigt, nimmt die Abscheu vor Nashörnern ab, ja man findet sie am Ende sogar schön („Man muss mit der Zeit gehen."). Alle Einwohner der Stadt werden zu Nashörnern, bis auf Behringer, einen unglücklichen und verschlossenen Menschen, der aus Verzweiflung über die Leere seines Lebens trinkt. Er schämt sich als letzter Mensch seines Aussehens, aber er will bis zum Ende nicht kapitulieren.
Ionesco zeigt in seinem Stück die Uniformierung des Lebens, die Zwänge des Massenwahns und die groteske Entmenschlichung auf.
Eine Dialogszene macht deutlich, wie Ionesco in seinem absurden Drama mit den traditionellen Elementen und Prinzipien der Argumentation spielt.

[...]

HANS Da sehen Sie, wo das Trinken hinführt: Sie sind nicht mehr Herr Ihrer Bewegungen. Sie haben keine Kraft mehr in den Händen. Sie sind verwirrt, erschöpft. Sie graben sich Ihr eigenes Grab, lieber Freund. Sie richten sich zugrunde.

BEHRINGER Ich liebe den Alkohol gar nicht so. Aber wenn ich nicht trinke, geht es nicht. Es ist, als hätte ich Angst. Also trinke ich, damit ich keine Angst mehr habe.

HANS Angst wovor?

BEHRINGER Ich weiß nicht genau. Ängste, die sich schwer erklären lassen. Ich fühle mich unbehaglich auf dieser Welt, unter den Leuten. Also greife ich zum Glas. Das beruhigt mich, das entspannt mich, ich vergesse.

HANS Sie vergessen nicht!

BEHRINGER Ich bin müde, seit Jahren schon müde. Es fällt mir schwer, das Gewicht meines eigenen Körpers ...

HANS Alkoholische Nervenschwäche, Melancholie des Trinkers ...

BEHRINGER *fährt fort* Ich fühle ihn in jedem Augenblick, sein bleiernes Gewicht. Als trüge ich einen anderen Menschen auf dem Rücken. Ich konnte mich nie an mich gewöhnen. Ich weiß nicht, ob ich ich selbst bin. Sobald ich etwas trinke, verschwindet die Last und ich erkenne mich wieder, ich werde ich selbst.

HANS Sie sind überdreht, Behringer, sehen Sie mich an. Ich wiege mehr als sie. Trotzdem fühle ich mich leicht, leicht, leicht!

Hans bewegt die Arme, als wollte er davonfliegen. Der ältere Herr und der Logiker, die wieder aufgetreten sind, diskutieren und gehen in diesem Augenblick an Hans und Behringer vorbei. Ein Arm von Hans trifft stark den älteren Herrn, der schwankt und in die Arme des Logikers fällt.

LOGIKER *setzt die Diskussion fort* Ein Beispiel von Syllogismus ... *Stoß.* Oh!

ÄLTERER HERR *zu Hans* Passen Sie doch auf! *Zum Logiker.* Verzeihung.

HANS *zum älteren Herrn* Verzeihung.

LOGIKER *zum älteren Herrn* Oh, macht nichts.

ÄLTERER HERR *zu Hans* Oh, macht nichts. *Der ältere Herr und der Logiker setzen sich an einen der Tische, ein wenig rechts hinter Hans und Behringer.*

BEHRINGER *zu Hans* Kraft haben Sie ...

HANS Jawohl habe ich Kraft. Aus mehreren Gründen habe ich Kraft. Erstens habe ich

Kraft, weil ich Kraft habe, dann habe ich Kraft, weil ich moralisch Kraft habe, und schließlich habe ich Kraft, weil ich kein Alkoholiker bin. Ich will Ihnen nicht zu nahe treten, lieber Freund, aber ich muss Ihnen sagen, der Alkohol ist es, der Sie eigentlich belastet.

LOGIKER *zum älteren Herrn* Hier haben Sie einen beispielhaften Syllogismus. Die Katze hat vier Pfoten. Waldi und Hasso haben jeder vier Pfoten, also sind Waldi und Hasso Katzen.

ÄLTERER HERR *zum Logiker* Mein Hund hat auch vier Pfoten.

LOGIKER Also ist er eine Katze.

BEHRINGER *zu Hans* Ich, ich habe kaum die Kraft zu leben. Vielleicht habe ich auch keine Lust mehr.

ÄLTERER HERR *zum Logiker, nach langem Nachdenken* Dann wäre logischerweise mein Hund eine Katze.

LOGIKER *zum älteren Herrn* Logischerweise, ja. Aber das Gegenteil ist auch wahr.

BEHRINGER *zu Hans* Die Einsamkeit bedrückt mich. Auch die Gesellschaft.

HANS *zu Behringer* Sie widersprechen sich. Was bedrückt Sie? Einsamkeit oder Gemeinsamkeit. Sie halten sich für einen Denker und haben nicht die geringste Logik.

ÄLTERER HERR *zum Logiker* Etwas sehr Schönes, die Logik.

LOGIKER *zum älteren Herrn* Unter der Voraussetzung, dass man sie nicht missbraucht.

BEHRINGER *zu Hans* Eine anormale Sache, das Leben.

HANS Im Gegenteil. Nichts natürlicher. Der Beweis: alle Welt lebt.

BEHRINGER Die Toten sind zahlreicher als die Lebenden. Ihre Zahl nimmt zu. Die Lebenden sind selten.

HANS Die Toten, die existieren gar nicht; kann man sagen ... Ha, ha ... *Er lacht grob.* Die belasten Sie auch? Wie kann Sie was belasten, was gar nicht vorhanden ist!

BEHRINGER Ich frage mich selbst, ob ich vorhanden bin.

HANS *zu Behringer* Sie sind nicht vorhanden, mein Lieber, weil Sie nicht denken! Denken Sie, und Sie sind!

LOGIKER *zum älteren Herrn* Ein anderer Syllogismus: alle Katzen sind sterblich. Sokrates ist gestorben. Also ist Sokrates eine Katze.

ÄLTERER HERR Und hat vier Pfoten. Richtig, ich habe eine Katze, die heißt Sokrates.

LOGIKER Sehen Sie...

HANS *zu Behringer* Im Grunde genommen sind Sie ein Witzbold. Ein Lügner. Sie sagen, das Leben interessiert Sie nicht. Und doch interessiert Sie jemand!

BEHRINGER Wer?

HANS Ihre kleine Kollegin aus dem Büro, die hier eben vorbeikam. Sie sind verliebt in sie.

ÄLTERER HERR *zum Logiker* Sokrates war also eine Katze!

LOGIKER *zum älteren Herrn* Die Logik hat es uns eben bewiesen.

HANS *zu Behringer* Sie wollten von ihr nicht in Ihrem traurigen Zustand gesehen werden. *Bewegung von Behringer.* Was beweist, dass Ihnen nicht alles gleichgültig ist. Aber wie wollen Sie, dass Daisy sich in einen Trinker verliebt?

LOGIKER *zum älteren Herrn* Kehren wir zu unseren Katzen zurück.

ÄLTERER HERR *zum Logiker* Ich bin ganz Ohr.

BEHRINGER *zu Hans* Wie dem auch sei, ich glaube, sie hat bereits jemanden im Auge.

HANS *zu Behringer* Wen denn?

BEHRINGER Stech. Ein Kollege aus dem Büro, Assessor. Volljurist, mit großer Zukunft in der Firma und im Herzen Daisys. Mit ihm kann ich es nicht aufnehmen.

LOGIKER *zum älteren Herrn* Waldi hat vier Pfoten.

ÄLTERER HERR Woher wissen Sie das?

LOGIKER Das ist eine Hypothese.

BEHRINGER *zu Hans* Er ist gern gesehen beim Chef. Ich habe keine Zukunft, habe nicht studiert. Ich habe nicht die geringste Aussicht.

ÄLTERER HERR *zum Logiker* Ah! Eine Hypothese!

HANS *zu Behringer* Und Sie geben auf, so ohne weiteres? ...

BEHRINGER *zu Hans* Was soll man machen?

LOGIKER *zum älteren Herrn* Hasso hat auch vier Pfoten. Wie viel Pfoten haben also Hasso und Waldi?

ÄLTERER HERR *zum Logiker* Zusammen oder einzeln?

HANS *zu Behringer* Das Leben ist Kampf. Es ist feige, nicht zu kämpfen.

LOGIKER *zum älteren Herrn* Zusammen oder einzeln, je nachdem.

BEHRINGER *zu Hans* Was wollen Sie, ich bin wehrlos.

HANS Bewaffnen Sie sich, mein Lieber, bewaffnen Sie sich.

ÄLTERER HERR *zum Logiker, nach mühsamem Überlegen* Acht, acht Pfoten.

LOGIKER Die Logik führt zum geistigen Rechnen.

ÄLTERER HERR Sie hat viele Seiten.

BEHRINGER *zu Hans* Wo soll ich Waffen finden?

LOGIKER *zum älteren Herrn* Die Logik kennt keine Grenzen. [...] (v 1959)

Arbeitsanregungen:

1 Skizzieren Sie die Gesprächssituation und charakterisieren Sie die am Gespräch beteiligten Personen.

2 a Suchen Sie alle Ausdrücke aus dem Text heraus, mit denen Behauptungen aufgestellt und abgesichert werden.
b Was erscheint Ihnen unstimmig? Versuchen Sie Begründungen zu geben.

IV. Utopie einer privaten Humanität – Literatur des „Sturm und Drang“

1. Die Güter des Herzens

Die Bewegung des „Sturm und Drang“ umfasste die Jahre 1770 bis 1785 und wurde bestimmt von einer Gruppe jugendlicher Schriftsteller, wie Johann Gottfried Herder (1744–1803), Maximilian Klinger (1752–1831), Christian Daniel Schubart (1739–1791), Heinrich Leopold Wagner (1747–1779), Jakob Michael Lenz (1751–1792), Johann Wolfgang Goethe (1749–1832) und als Nachzügler Friedrich Schiller (1759–1805).

Der Titel des Dramas „Sturm und Drang“ von Maximilian Klinger diente zur Bezeichnung dieser ‚Jugendbewegung‘ und stand auch für ihre Zielsetzung: Sie forderte eine ‚neue Freiheit‘ im Denken, Empfinden und Leben. Worin bestand diese Freiheit? Konnten die ‚Stürmer und Dränger‘ sie erreichen?

Eine zentrale Stellung innerhalb der Sturm-und-Drang-Bewegung nahm Johann Wolfgang Goethe ein.

Johann Wolfgang Goethe (1749–1832)
(Biografie, siehe Klassik, S. 211f.)

Johann Wolfgang Goethe (1749–1832): Die Leiden des jungen Werthers [Auszüge]

Im Jahre 1774 veröffentlichte Goethe seinen viel gelesenen und einflussreichen Briefroman. Er spielt in den Jahren 1771–1772. Den Hintergrund bilden Goethes Liebe zu Charlotte Buff 1772 und auch das Schicksal von Karl Wilhelm Jerusalem, der wegen einer unglücklichen Liebe zu einer verheirateten Frau im Oktober 1772 in Wetzlar Selbstmord begangen hatte.
Der Roman spiegelt die neuen Wertorientierungen der Stürmer und Dränger wider, die am Schicksal und an der Person Werthers dargestellt werden. Er zeigt uns Werthers Stellung in der Gesellschaft, seine Suche nach eigenen Wertvorstellungen und sein Erleben der Natur sowie der Liebe.

Text 1 **Zweites Buch/Den 15. März**

[…] Der Graf von C.. liebt mich, distinguiert[1] mich, das ist bekannt, das habe ich dir schon hundertmal gesagt. Nun war ich gestern bei ihm zu Tafel, eben an dem Tage, da abends die noble Gesellschaft von Herren und Frauen bei ihm zusammenkommt, an die ich nie gedacht habe, auch mir nie aufgefallen ist, dass wir Subalternen nicht hineingehören. Gut. Ich speise bei dem Grafen, und nach Tische gehn wir in dem großen Saal auf und ab, ich rede mit ihm, mit dem Obristen B.., der dazukommt, und so rückt die Stunde der Gesellschaft heran. Ich denke, Gott weiß, an nichts. Da tritt herein die übergnädige Dame von S.. mit ihrem Herrn Gemahl und wohl ausgebrüteten Gänslein Tochter mit der flachen Brust und niedlichem Schnürleibe, machen en passant ihre hergebrachten, hochadeligen Augen und Naslöcher, und wie mir die Nation von Herzen zuwider ist, wollte ich mich eben empfehlen und wartete nur, bis der Graf vom garstigen Gewäsche frei wäre, als meine Fräulein B.. hereintrat. Da mir das Herz immer ein bisschen aufgeht, wenn ich sie sehe, blieb ich eben, stellte mich hinter ihren Stuhl und bemerkte erst nach einiger Zeit, dass sie mit weniger Offenheit als sonst, mit einiger Verlegenheit mit mir redete. Das fiel mir auf. Ist sie auch wie all das Volk, dacht' ich, und war angestochen und wollte gehen, und doch blieb ich, weil ich sie gerne entschuldigt hätte und es nicht glaubte und noch ein gut Wort von ihr hoffte und – was du willst. Unterdessen füllte sich die Gesellschaft. Der Baron F.. mit der ganzen Garderobe von den Krönungszeiten Franz des Ersten her, der Hofrat R.., hier aber in qualitate Herr von R.. genannt, mit seiner tauben Frau etc., den übel fournierten[2] J.. nicht zu vergessen, der die Lücken seiner altfränkischen Garderobe mit neumodischen Lappen ausflickt, das kommt zu Hauf, und ich rede mit einigen meiner Bekanntschaft, die alle sehr lakonisch sind. Ich dachte – und gab nur auf meine B.. Acht. Ich merkte nicht, dass die Weiber am Ende des Saales sich in die Ohren flüsterten, dass es auf die Männer zirkulierte, dass Frau von S.. mit dem Grafen redete (das alles hat mir Fräulein B.. nachher erzählt), bis endlich der Graf auf mich losging und mich in ein Fenster nahm. – „Sie wissen“, sagt' er, „unsere wunderbaren Verhältnisse; die Gesellschaft ist unzufrieden, merke ich, Sie hier zu sehn. Ich wollte nicht um alles“ – „Ihro Exzellenz“, fiel ich ein, „ich bitte tausendmal um Verzeihung; ich hätte eher dran denken sollen, und ich weiß, sie vergeben mir diese Inkonsequenz; ich wollte schon vorhin mich empfehlen. Ein böser Genius hat mich zurückgehalten“,

[1] distinguieren: jemanden auszeichnen, vorziehen
[2] fourniert: mit Gewürzen versehen; bedeutet hier: ausgestattet

setzte ich lächelnd hinzu, indem ich mich neigte. – Der Graf drückte meine Hände mit einer Empfindung, die alles sagte. Ich strich mich sacht aus der vornehmen Gesellschaft, ging, setzte mich in ein Kabriolett und fuhr nach M.., dort vom Hügel die Sonne untergehen zu sehen und dabei in meinem Homer den herrlichen Gesang zu lesen, wie Ulyß von dem trefflichen Schweinehirten bewirtet wird. Das war alles gut. [...]

Text 2 **Erstes Buch/Am 16. Junius**

[...]
Einen Engel! – Pfui! das sagt jeder von der Seinigen, nicht wahr? Und doch bin ich nicht imstande, dir zu sagen, wie sie vollkommen ist, warum sie vollkommen ist; genug, sie hat allen meinen Sinn gefangen genommen.
So viel Einfalt bei so viel Verstand, so viel Güte bei so viel Festigkeit, und die Ruhe der Seele bei dem wahren Leben und der Tätigkeit. –
Wie ich mich unter dem Gespräche in den schwarzen Augen weidete – wie die lebendigen Lippen und die frischen, muntern Wangen meine ganze Seele anzogen – wie ich, in den herrlichen Sinn ihrer Rede ganz versunken, oft gar die Worte nicht hörte, mit denen sie sich ausdrückte – davon hast du eine Vorstellung, weil du mich kennst. Kurz, ich stieg aus dem Wagen wie ein Träumender, als wir vor dem Lusthause stille hielten, und war so in Träumen rings in der dämmernden Welt verloren, dass ich auf die Musik kaum achtete, die uns von dem erleuchteten Saal herunter entgegenschallte. [...]

Text 3 **Erstes Buch/Am 10. Mai**

Eine wunderbare Heiterkeit hat meine ganze Seele eingenommen, gleich den süßen Frühlingsmorgen, die ich mit ganzem Herzen genieße. Ich bin allein und freue mich meines Lebens in dieser Gegend, die für solche Seelen geschaffen ist wie die meine. Ich bin so glücklich, mein Bester, so ganz in dem Gefühle von ruhigem Dasein versunken, dass meine Kunst darunter leidet. Ich könnte jetzt nicht zeichnen, nicht einen Strich, und bin nie ein größerer Maler gewesen als in diesen Augenblicken. Wenn das liebe Tal um mich dampft, und die hohe Sonne an der Oberfläche der undurchdringlichen Finsternis meines Waldes ruht, und nur einzelne Strahlen sich in das innere Heiligtum stehlen, ich dann im hohen Grase am fallenden Bache liege, und näher an der Erde tausend mannigfaltige Gräschen mir merkwürdig werden; wenn ich das Wimmeln der kleinen Welt zwischen Halmen, die unzähligen, unergründlichen Gestalten der Würmchen, der Mückchen näher an meinem Herzen fühle, und fühle die Gegenwart des Allmächtigen, der uns nach seinem Bilde schuf, das Wehen des Allliebenden, der uns in ewiger Wonne schwebend trägt und erhält; mein Freund! wenn's dann um meine Augen dämmert, und die Welt um mich her und der Himmel ganz in meiner Seele ruhn wie die Gestalt einer Geliebten – dann sehne ich mich oft und denke: Ach könntest du das wieder ausdrücken, könntest du dem Papiere das einhauchen, was so voll, so warm in dir lebt, dass es würde der Spiegel deiner Seele, wie deine Seele ist der Spiegel des unendlichen Gottes! – Mein Freund – Aber ich gehe darüber zugrunde, ich erliege unter der Gewalt der Herrlichkeit dieser Erscheinungen.

Text 4 **Erstes Buch/Am 22. Mai**

Dass das Leben des Menschen nur ein Traum sei, ist manchem schon so vorgekommen, und auch mit mir zieht dieses Gefühl immer herum. Wenn ich die Einschränkung ansehe, in welcher die tätigen und forschenden Kräfte des Menschen eingesperrt sind; wenn ich sehe, wie alle Wirksamkeit dahinaus läuft, sich die Befriedigung von Bedürfnissen zu verschaffen, die wieder keinen Zweck haben, als unsere arme Existenz zu verlängern, und dann, dass alle Beruhigung über gewisse Punkte des Nachforschens nur eine träumende Resignation ist, da man sich die Wände, zwischen denen man gefangen sitzt, mit bunten Gestalten und lichten Aussichten bemalt – Das alles, Wilhelm, macht mich stumm. Ich kehre in mich selbst zurück, und finde eine Welt! Wieder mehr in Ahnung und dunkler Begier als in Darstellung und lebendiger Kraft. Und da schwimmt alles vor meinen Sinnen, und ich lächle dann so träumend weiter in die Welt. [...]

Text 5 Erstes Buch/Am 18. August

Musste denn das so sein, dass das, was des Menschen Glückseligkeit macht, wieder die Quelle seines Elendes würde? […]
Es hat sich vor meiner Seele wie ein Vorhang weggezogen, und der Schauplatz des unendlichen Lebens verwandelt sich vor mir in den Abgrund des ewig offenen Grabes. Kannst du sagen: *Das ist!* da alles vorübergeht? da alles mit der Wetterschnelle vorüberrollt, so selten die ganze Kraft seines Daseins ausdauert, ach, in den Strom fortgerissen, untergetaucht und an Felsen zerschmettert wird? Da ist kein Augenblick, der nicht dich verzehrte und die Deinigen um dich her, kein Augenblick, da du nicht Zerstörer bist, sein musst; der harmloseste Spaziergang kostet tausend armen Würmchen das Leben, es zerrüttet *ein* Fußtritt die mühseligen Gebäude der Ameisen und stampft eine kleine Welt in ein schmähliches Grab. Ha! nicht die große, seltne Not der Welt, diese Fluten, die eure Dörfer wegspülen, diese Erdbeben, die eure Städte verschlingen, rühren mich; mir untergräbt das Herz die verzehrende Kraft, die in dem All der Natur verborgen liegt; die nichts gebildet hat, das nicht seinen Nachbar, nicht sich selbst zerstörte. Und so taumle ich beängstigt. Himmel und Erde und ihre webenden Kräfte um mich her: ich sehe nichts als ein ewig verschlingendes, ewig wiederkäuendes Ungeheuer.

(1774)

In Leipzig schrieb Goethe im Stil der anakreontischen Dichtung (vgl. S. 166). Während seines Aufenthaltes in Straßburg 1771 lernte er auf Anregung Johann Gottfried Herders (1744–1803) das Volkslied kennen und versuchte nun seine persönlichen Erlebnisse – die Liebe zu Friederike Brion, die Erfahrung der elsässischen und hessischen Landschaft, den Glauben an seine schöpferischen Fähigkeiten – in einem persönlich gestimmten Ton darzustellen.

Text 6 Johann Wolfgang Goethe (1749–1832): Es schlug mein Herz/Willkommen[1] und Abschied [Spätere Fassung]

Es schlug mein Herz. Geschwind zu Pferde!
Und fort, wild wie ein Held zur Schlacht.
Der Abend wiegte schon die Erde,
Und an den Bergen hing die Nacht.
Schon stund im Nebelkleid die Eiche
Wie ein getürmter Riese da,
Wo Finsternis aus dem Gesträuche
Mit hundert schwarzen Augen sah.

Der Mond von einem Wolkenhügel
Sah schläfrig aus dem Duft hervor,
Die Winde schwangen leise Flügel,
Umsausten schauerlich mein Ohr.
Die Nacht schuf tausend Ungeheuer,
Doch tausendfacher war mein Mut,
Mein Geist war ein verzehrend Feuer,
Mein ganzes Herz zerfloss in Glut.

Ich sah dich, und die milde Freude
Floss aus dem süßen Blick auf mich.
Ganz war mein Herz an deiner Seite,
Und jeder Atemzug für dich.
Ein rosenfarbes Frühlingswetter
Lag auf dem lieblichen Gesicht
Und Zärtlichkeit für mich, ihr Götter,
Ich hofft' es, ich verdient' es nicht.

Der Abschied, wie bedrängt, wie trübe!
Aus deinen Blicken sprach dein Herz.
In deinen Küssen welche Liebe,
O welche Wonne, welcher Schmerz!
Du gingst, ich stund und sah zur Erden
Und sah dir nach mit nassem Blick.
Und doch, welch Glück, geliebt zu werden,
Und lieben, Götter, welch ein Glück!

(e 1771)

Es schlug mein Herz, geschwind zu Pferde!
Es war getan fast eh gedacht.
Der Abend wiegte schon die Erde,
Und an den Bergen hing die Nacht;
Schon stand im Nebelkleid die Eiche,
Ein aufgetürmter Riese, da,
Wo Finsternis aus dem Gesträuche
Mit hundert schwarzen Augen sah.

Der Mond von einem Wolkenhügel
Sah kläglich aus dem Duft hervor,
Die Winde schwangen leise Flügel,
Umsausten schauerlich mein Ohr;
Die Nacht schuf tausend Ungeheuer,
Doch frisch und fröhlich war mein Mut:
In meinen Adern welches Feuer!
In meinem Herzen welche Glut!

Dich sah ich, und die milde Freude
Floss von dem süßen Blick auf mich;
Ganz war mein Herz an deiner Seite
Und jeder Atemzug für dich.
Ein rosenfarbnes Frühlingswetter
Umgab das liebliche Gesicht,
Und Zärtlichkeit für mich – ihr Götter!
Ich hofft' es, ich verdient' es nicht!

Doch ach, schon mit der Morgensonne
Verengt der Abschied mir das Herz:
In deinen Küssen welche Wonne!
In deinem Auge welcher Schmerz!
Ich ging, du standst und sahst zur Erden
Und sahst mir nach mit nassem Blick:
Und doch, welch Glück, geliebt zu werden!
Und lieben, Götter, welch ein Glück!

(v 1789)

[1] In den *Schriften* von 1789 heißt der Titel noch „Willkomm“; in den *Werken* 1810 dann „Willkommen“.

Arbeitsanregungen:

1. Informieren Sie sich zunächst über die gesellschaftlichen Verhältnisse im 18. Jahrhundert (siehe S. 157ff.).
   a) Arbeiten Sie Werthers Sicht der Gesellschaft heraus.
   b) Beurteilen Sie Werthers Einstellung vor dem Hintergrund der gesellschaftlichen Verhältnisse im 18. Jahrhundert.
2. Werther sieht und erlebt die Natur neu im Vergleich zu den frühen Aufklärern.
   a) Beschreiben Sie, was diese neue Sichtweise kennzeichnet.
   b) Überprüfen Sie dazu Werthers Motivwahl und Sprache (Wortwahl, Satzbau und Bildhaftigkeit).
   c) Auf welche Autoritäten beruft er sich?
3. Der Literaturwissenschaftler Erich Trunz schreibt zum „ Werther“: „Goethe ist der Einzige, der einerseits gefühlsgetragen ist wie die Empfindsamen, aber andererseits sieht, dass hier jede Sicherheit fehlt und dass es zur Katastrophe kommen muss. Er tadelt nicht von außen her wie die Rationalisten, sondern stellt von innen her die Gefahr und Tragik dieser Lage dar.“
   Überprüfen Sie die Aussage von Erich Trunz an den Texten 1–5.
4. a) Versuchen Sie Werthers Natur-Erfahrung in einer Collage optisch zu gestalten, in der Sie Werther-Zitate und geeignete Bilder kombinieren.
   b) Stellen Sie Ihre eigene Einstellung zur Natur in einer Text-Bild-Collage dar.

Die sog. **Erlebnislyrik:** Damit bezeichnet man Gedichte, die von subjektiven Erlebnissen des Autors (des Ichs) ausgehen und von einer unmittelbaren Gefühlsaussprache geprägt sind. Diese Form der Dichtung ist jedoch stets mehr als gereimte Biografie. Entscheidend für ihre ästhetische Qualität ist die künstlerische Verwandlung (symbolische Verdichtung) persönlicher Erfahrungen.

Arbeitsanregungen:

1 Die Natur wird als „erlebte Landschaft" dargestellt.
a Charakterisieren Sie das Verhältnis des ‚erlebenden Ichs' zur Natur.
b Wie wird die Beziehung der Liebenden zueinander dargestellt?

2 Vergleichen Sie das Gedicht „Maifest" (Text 8) und Werthers Brief vom 10. Mai (Text 3): Wie gestaltet Goethe jeweils das Naturerlebnis?

Der Begriff **Empfindsamkeit** bezeichnet die gefühlsbetonten Strömungen der Literatur- und Geistesgeschichte, die um 1740 zur Zeit der Aufklärung in den Vordergrund drängten. Das Wort ‚empfindsam' wurde 1768 auf Anregung Lessings durch seinen Freund J.J. Bode als Übersetzung des englischen Wortes ‚sentimental' eingeführt. Die ‚Empfindsamkeit' überwand die rationale Einseitigkeit der Aufklärung durch die verstärkte Hinwendung zu einer vom Gefühl getragenen, oft enthusiastischen Weltsicht, die zuerst den religiösen Bereich erfasste (Pietismus), dann die übrigen Lebensbereiche ergriff. Seelische Regungen und innere Ergriffenheit wurden in der Begegnung mit der Natur und im Freundeskreis (‚Göttinger Hain' als Freundeszirkel) erlebt und in der Dichtung dargestellt. Angeregt wurde die deutsche Dichtung der Empfindsamkeit – Höhepunkte sind F.G. Klopstocks Gesänge und J.W. Goethes „Werther" – durch die Werke von E. Young, L. Sterne, S. Richardson und O. Goldsmith aus England sowie J.J. Rousseau aus Frankreich.

Friedrich Gottlieb Klopstock wurde 1724 in Quedlinburg geboren; besuchte die Fürstenschule Schulpforta, wo er Homer und Vergil kennen lernte; von 1745–1748 Studium der Theologie in Leipzig; von 1750–1751 auf Einladung des Schriftstellers Bodmer in Zürich. Ab 1748 veröffentlichte Klopstock sein biblisches Epos „Der Messias" in 20 Gesängen und wurde zum Hauptvertreter der ‚Empfindsamkeit'. Lebte seit 1770 meist in Hamburg, wo ihm bei seinem Tode 1803 ein fürstliches Begräbnis zuteil wurde.

Text 7 Johann Wolfgang Goethe: Mit einem gemalten Band/Spätere Fassung

Kleine Blumen, kleine Blätter
Streuen mir mit leichter Hand
Gute junge Frühlingsgötter
Tändelnd auf ein luftig Band.

Zephyr, nimm's auf deine Flügel,
Schling's um meiner Liebsten Kleid!
Und so tritt sie vor den Spiegel
All in ihrer Munterkeit.

Sieht mit Rosen sich umgeben,
Selbst wie eine Rose jung:
Einen Blick, geliebtes Leben!
Und ich bin belohnt genung.

Fühle, was dies Herz empfindet,
Reiche frei mir deine Hand,
Und das Band, das uns verbindet,
Sei kein schwaches Rosenband!

(e 1771)

Text 8 Johann Wolfgang Goethe: Maifest

Wie herrlich leuchtet
Mir die Natur!
Wie glänzt die Sonne!
Wie lacht die Flur!

Es dringen Blüten
Aus jedem Zweig
Und tausend Stimmen
Aus dem Gesträuch

Und Freud und Wonne
Aus jeder Brust.
O Erd', o Sonne,
O Glück, o Lust,

O Lieb', o Liebe,
So golden schön
Wie Morgenwolken
Auf jenen Höhn,

Du segnest herrlich
Das frische Feld –
Im Blütendampfe
Die volle Welt!

O Mädchen, Mädchen,
Wie lieb' ich dich!
Wie blinkt dein Auge,
Wie liebst du mich!

So liebt die Lerche
Gesang und Luft,
Und Morgenblumen
Den Himmelsduft,

Wie ich dich liebe
Mit warmen Blut,
Die du mir Jugend
Und Freud' und Mut

Zu neuen Liedern
Und Tänzen gibst.
Sei ewig glücklich,
Wie du mich liebst.

(e 1771)

Text 9 Friedrich Gottlieb Klopstock (1724–1803): Dem Unendlichen

Wie erhebt sich das Herz, wenn es dich,
Unendlicher, denkt! wie sinkt es,
Wenns auf sich herunterschaut!
Elend schauts wehklagend dann, und Nacht und Tod!

Allein du rufst mich aus meiner Nacht, der im Elend, der im Tod hilft!
Dann denk ich es ganz, dass du ewig mich schufst,
Herrlicher! den kein Preis, unten am Grab', oben am Thron,
Herr, Herr, Gott! den dankend entflammt kein Jubel genug besingt.

Weht, Bäume des Lebens, ins Harfengetön!
Rausche mit ihnen ins Harfengetön, kristallner Strom!
Ihr lispelt, und rauscht, und, Harfen, ihr tönt
Nie es ganz! Gott ist es, den ihr preist!

Donnert, Welten, in feierlichem Gang, in der Posaunen Chor!
Du Orion, Waage, du auch!
Tönt all' ihr Sonnen auf der Straße voll Glanz,
In der Posaunen Chor!

Ihr Welten, donnert
Und du, der Posaunen Chor, hallest
Nie es ganz, Gott; nie es ganz, Gott,
Gott, Gott ist es, den ihr preist!

(v 1764)

Text 10 **Johann Wolfgang Goethe (1749–1832): Prometheus**[1]

Bedecke deinen Himmel, Zeus,
Mit Wolkendunst!
Und übe, Knaben gleich,
Der Disteln köpft,
An Eichen dich und Bergeshöhn!
Musst mir meine Erde
Doch lassen stehn,
Und meine Hütte,
Die du nicht gebaut,
Und meinen Herd,
Um dessen Glut
Du mich beneidest.

Ich kenne nichts Ärmer's
Unter der Sonn' als euch Götter.
Ihr nähret kümmerlich
Von Opfersteuern
Und Gebetshauch
Eure Majestät
Und darbtet, wären
Nicht Kinder und Bettler
Hoffnungsvolle Toren.

Da ich ein Kind war,
Nicht wusst', wo aus, wo ein,
Kehrte mein verirrtes Aug'
Zur Sonne, als wenn drüber wär'
Ein Ohr, zu hören meine Klage,
Ein Herz wie meins,
Sich des Bedrängten zu erbarmen.

Wer half mir wider
Der Titanen Übermut?
Wer rettete vom Tode mich,
Von Sklaverei?
Hast du's nicht alles selbst vollendet,
Heilig glühend Herz?
Und glühtest, jung und gut,
Betrogen, Rettungsdank
Dem Schlafenden dadroben?

Ich dich ehren? Wofür?
Hast du die Schmerzen gelindert
Je des Beladenen?
Hast du die Tränen gestillet
Je des Geängsteten?

Hat nicht mich zum Manne geschmiedet
Die allmächtige Zeit
Und das ewige Schicksal,
Meine Herrn und deine?

Wähntest du etwa,
Ich sollte das Leben hassen,
In Wüsten fliehn,
Weil nicht alle Knabenmorgen-
Blütenträume reiften?

Hier sitz' ich, forme Menschen
Nach meinem Bilde,
Ein Geschlecht, das mir gleich sei,
Zu leiden, weinen,
Genießen und zu freuen sich,
Und dein nicht zu achten,
Wie ich. (e 1774)

Text 11 **Johann Wolfgang Goethe: Ganymed**[2]

Wie im Morgenrot
Du rings mich anglühst,
Frühling, Geliebter!
Mit tausendfacher Liebeswonne
Sich an mein Herz drängt
Deiner ewigen Wärme
Heilig Gefühl,
Unendliche Schöne!

Dass ich dich fassen möcht'
In diesen Arm!

Ach, an deinem Busen
Lieg' ich, schmachte,
Und deine Blumen, dein Gras
Drängen sich an mein Herz.
Du kühlst den brennenden
Durst meines Busens,
Lieblicher Morgenwind,
Ruft drein die Nachtigall
Liebend nach mir aus dem Nebeltal.

Ich komme! Ich komme!
Wohin? Ach, wohin?

Hinauf, hinauf strebt's,
Es schweben die Wolken
Abwärts, die Wolken
Neigen sich der sehnenden Liebe,
Mir, mir!

In eurem Schoße
Aufwärts,
Umfangend umfangen!
Aufwärts
An deinem Busen,
Allliebender Vater!

(e 1774)

[1] Prometheus ist in der griechischen Sage einer der Titanen. Er galt als der Schöpfer des Menschen. Da er gegen den Willen des Zeus den Menschen das Feuer gebracht hatte, wurde er an einen Felsen des Kaukasus geschmiedet, wo ihm ein Adler die immer wieder wachsende Leber aushackte. Später befreite ihn Herakles.

[2] Ganymed ist in der griechischen Sage der schöne Mundschenk des Zeus und war von dessen Adler in den Olymp entführt worden.

Die Hymne

Unter einer Hymne ist ein meist religiöser Lob- und Preisgesang zu verstehen. Sie findet sich in allen entwickelten Kulturen. In der griechischen Antike und später in der frühchristlichen sowie hochmittelalterlichen Liturgie der Klöster spielte der religiöse Lobgesang eine bedeutende Rolle.

Die Hymne der Neuzeit löste sich aus dem liturgischen Bereich und diente seit dem Barock dem Preis Gottes, der Götter, Helden, Fürsten, der Tugenden und des erhabenen Gefühls. Die rationalistische, moralisch-belehrende Haltung der Aufklärer lehnte die Hymne ab. Unter dem Einfluss des Pietismus entdeckten die Dichter wieder die Macht des Gefühls und der Begeisterung und als geeignetes Ausdrucksmittel die Hymne. Klopstock, geprägt von der Vorstellung des Dichters als Seher, gestaltete in seinen Hymnen die Themen Religion, Vaterland und Freundschaft. Er benützte neben antiken Odenmaßen auch sog. freie Rhythmen. Darin lag seine literarische Wirkung begründet. Goethe übernahm Klopstocks Anregungen und erreichte einen Höhepunkt der Hymnendichtung. Als Gestaltungsmittel benützte er freie Rhythmen und Abschnittsgliederung, assoziative Fügung der Satzglieder, kühne Wortbildungen, ausdruckshafte Sprechweise durch die Wahl der Motive und Bilder.

Arbeitsanregungen:

1. Hilfreich für das Verständnis der Eigenart der Hymnen und ihrer ‚Sprecher‘ könnte ein Versuch sein die Gedichte vorzutragen. Achten Sie dabei auf die formalen Gestaltungsmittel, die einen Hinweis auf die Art des Vortrags geben können.
2. Beachten Sie bei der Beschäftigung mit den Hymnen folgende Aspekte: den Sprecher, den Aufbau, die Bedeutung der einzelnen Teile und die Aussagen der zentralen Stellen.
3. Lesen Sie den Artikel „Hymne“ und versuchen Sie eine Deutung der Hymnen anhand der dort genannten Merkmale.

Friedrich Schiller (1759–1805)

Sturm und Drang
Alle Schriftsteller des „Sturm und Drang“ lehnten ein Leben nach gesellschaftlichen Normen und praktischen Vernunftregeln ab. Sie suchten nach einer Form der Selbsterfüllung, die es ihnen erlaubte auf die Welt aktiv einzuwirken und nicht vor der bestehenden Gesellschaft und ihren Wertvorstellungen einfach zu kapitulieren.

„Sturm und Drang“ – das klingt wie Aufruhr und Revolution; und wirklich, es war eine revolutionäre Bewegung unter den jungen Schriftstellern in der zweiten Hälfte des 18. Jahrhunderts. Um 1750 wurde die offene Kritik am ausschweifenden Leben der verantwortungslosen und verschwenderischen Fürsten immer lauter. Klopstock protestierte gegen die Unterdrückung des Bürgers durch die absolutistischen Fürsten; er griff die Machtpolitik Friedrichs des Großen an und verteidigte die Ideen der Französischen Revolution. Der schwäbische Dichter Schubart berauschte sich an dem Gedanken, die Tyrannen zu stürzen und ein mächtiges deutsches Reich zu errichten. Die Dichter des „Sturm und Drang“ geißelten die zeitgenössischen politischen Zustände unverschleiert und unverschlüsselt: reale Zustände an einem Fürstenhof wurden als Hintergrund gewählt, z.B. der Stuttgarter Hof in „Kabale und Liebe“. Deshalb ließen die Herzöge von Württemberg Schillers Drama lange nicht zur Aufführung zu. Die brennenden Fragen der Gesellschaft wurden von den jungen Dichtern aufgegriffen: die Schranken der Ständeordnung, an denen das Bürgermädchen zerbricht (z.B. Schiller, „Kabale und Liebe“), die drückende Last der Bauern, Eheverbot für Offiziere (z.B. Lenz, „Soldaten“) und das Recht des starken Einzelnen, des „Kerls“, auf Selbstverwirklichung gegen die bestehende gesellschaftliche Ordnung (z.B. Schiller, „Die Räuber“; Goethe, „Götz von Berlichingen“). Den adligen Stand in Frage gestellt haben die Stürmer und Dränger jedoch nie.

Die Aufklärer, wie Wolff, Gottsched und Lessing, setzten sich mit der orthodoxen Geistlichkeit auseinander (vgl. S. 167ff:

2. Die Schaubühne als Richterstuhl

Die Dichter des 18. Jahrhunderts führten eine intensive Diskussion über das Wesen des Theaters, über die Möglichkeiten seiner Wirkungen auf das Publikum. Sie diskutierten die Leistungen vergangener Epochen, so die der griechischen Klassiker Sophokles (496–406 v. Chr.) und Euripides (480–407 v. Chr.); den Beitrag der französischen Klassiker Corneille (1608–1684) und Racine (1639–1699) zur Zeit Ludwigs XIV. (1663–1715); sie setzten sich mit Shakespeares (1564–1616) Dramen auseinander und fragten, was davon für das deutsche Theater im 18. Jahrhundert als Vorbild dienen könnte.

Die Wirkung des theatralischen Spiels soll in einem Inszenierungsversuch vergegenwärtigt werden.

Text 1 **Friedrich Schiller (1759–1805): Die Räuber, I/1** [Auszug]
(Biografie, siehe Klassik, S. 212f.)

[...]

DER ALTE MOOR. Tu das, mein Sohn. – Ach! es hätte mir doch das Herz gebrochen! Schreib ihm – –

FRANZ *(schnell)*. Dabei bleibts also?

DER ALTE MOOR. Schreib ihm, dass ich tausend blutige Tränen, tausend schlaflose Nächte – Aber bring meinen Sohn nicht zur Verzweiflung!

FRANZ. Wollt Ihr Euch nicht zu Bette legen, Vater? Es griff Euch hart an.

DER ALTE MOOR. Schreib ihm, dass die väterliche Brust – ich sage dir, bring meinen Sohn nicht zur Verzweiflung. *(Geht traurig ab)*

FRANZ *(mit Lachen ihm nachsehend)*. Tröste dich, Alter, du wirst ihn nimmer an diese Brust drücken, der Weg dazu ist ihm verrammelt wie der Himmel der Hölle – Er war aus deinen Armen gerissen, ehe du wusstest, dass du es wollen könntest – da müsst ich ein erbärmlicher Stümper sein, wenn ichs nicht einmal so weit gebracht hätte, einen Sohn vom Herzen des Vaters loszulösen, und wenn er mit ehernen Banden daran geklammert wäre – Ich hab einen magischen Kreis von Flüchen um dich gezogen, den er nicht überspringen soll – Glück zu, Franz! Weg ist das Schoßkind – Der Wald ist heller. Ich muss diese Papiere vollends aufheben, wie leicht könnte jemand meine Handschrift kennen! *(Er liest die zerrissenen Briefstücke zusammen)* – Und Gram wird auch den Alten bald fortschaffen – und ihr muss ich diesen Karl aus dem Herzen reißen, wenn auch ihr halbes Leben dran hängen bleiben sollte.

Ich habe große Rechte, über die Natur ungehalten zu sein, und bei meiner Ehre! ich will sie geltend machen. – Warum bin ich nicht der Erste aus Mutterleib gekrochen? Warum nicht der Einzige? Warum musste sie mir diese Bürde von Hässlichkeit aufladen? Gerade mir? Nicht anders, als ob sie bei meiner Geburt einen Rest gesetzt hätte. Warum gerade mir die Lappländersnase? Gerade mir dieses Mohrenmaul? Diese Hottentottenaugen? Wirklich, ich glaube, sie hat von allen Menschensorten das Scheußliche auf einen Haufen geworfen und mich daraus gebacken. Mord und Tod! Wer hat ihr die Vollmacht gegeben, jenem dieses zu verleihen und mir vorzuenthalten? Könnte ihr jemand darum hofieren, eh er entstund? Oder sie beleidigen, eh er selbst wurde? Warum ging sie so parteilich zu Werke? Nein! nein! Ich tu ihr Unrecht. Gab sie uns doch Erfindungsgeist mit, setzte uns nackt und armselig ans Ufer dieses großen Ozeans *Welt* – Schwimme, wer schwimmen kann, und wer zu plump ist, geh unter! Sie gab mir nichts mit; wozu ich mich machen will, das ist nun meine Sache. Jeder hat gleiches Recht zum Größten und Kleinsten, Anspruch wird an Anspruch, Trieb an Trieb und Kraft an Kraft zernichtet. Das Recht wohnet beim Überwältiger, und die Schranken unserer Kraft sind unsere Gesetze.

Wohl gibt es gewisse gemeinschaftliche Pakta, die man geschlossen hat, die Pulse des Weltzirkels zu treiben. Ehrlicher Name! – Wahrhaftig, eine reichhaltige Münze, mit der sich meisterlich schachern lässt, wers versteht, sie gut auszugeben. Gewissen, – o ja freilich! ein tüchtiger Lumpenmann, Sperlinge von Kirschbäumen wegzuschröcken! – auch das ein gut geschriebener Wechselbrief, mit dem auch der Bankerottierer zur Not noch hinauslangt.

In der Tat, sehr lobenswürdige Anstalten, die Narren im Respekt und den Pöbel unter dem Pantoffel zu halten, damit die Gescheiten es desto bequemer haben. Ohne Anstand, recht schnackische Anstalten! Kommen mir für wie die Hecken, die meine Bauren gar schlau um ihre Felder herumführen, dass ja kein Hase drüber setzt, ja beileibe kein Hase! – Aber der gnädige Herr gibt seinem Rappen den Sporn und galoppiert weich über der weiland Ernte.

Armer Hase! Es ist doch eine jämmerliche Rolle, der Hase sein müssen auf dieser Welt – Aber der gnädige Herr braucht Hasen!

Also frisch drüber hinweg! Wer nichts fürchtet, ist nicht weniger mächtig als der, den alles fürchtet. Es ist itzo die Mode, Schnallen an den Beinkleidern zu tragen, womit

man sie nach Belieben weiter und enger schnürt. Wir wollen uns ein Gewissen nach der neuesten Façon anmessen lassen, um es hübsch weiter aufzuschnallen, wie wir zulegen. Was können wir dafür? Geht zum Schneider! Ich habe Langes und Breites von einer sogenannten *Blutliebe* schwatzen gehört, das einem ordentlichen Hausmann den Kopf heiß machen könnte – Das ist dein Bruder! – das ist verdolmetscht: Er ist aus eben dem Ofen geschossen worden, aus dem du geschossen bist – also sei er dir heilig! – Merkt doch einmal diese verzwickte Konsequenz, diesen possierlichen Schluss von der Nachbarschaft der Leiber auf die Harmonie der Geister, von ebenderselben Heimat zu ebenderselben Empfindung, von einerlei Kost zu einerlei Neigung. Aber weiter – es ist dein Vater! Er hat dir das Leben gegeben, du bist sein Fleisch, sein Blut – also sei er dir heilig. Wiederum eine schlaue Konsequenz! Ich möchte doch fragen, *warum* hat er mich gemacht? doch wohl nicht gar aus Liebe zu mir, der erst ein *Ich* werden sollte? Hat er mich gekannt, ehe er mich machte? Oder hat er mich gedacht, wie er mich machte? Oder hat er *mich* gewünscht, da er mich machte? Wusste er, was ich werden würde? Das wollt ich ihm nicht raten, sonst möcht ich ihn dafür strafen, dass er mich doch gemacht hat! Kann ichs ihm Dank wissen, dass ich ein Mann wurde? So wenig, als ich ihn verklagen könnte, wenn er ein Weib aus mir gemacht hätte. Kann ich eine Liebe erkennen, die sich nicht auf Achtung gegen mein *Selbst* gründet? Konnte Achtung gegen mein Selbst vorhanden sein, das erst dardurch entstehen sollte, davon es die Voraussetzung sein muss? Wo stickt dann nun das Heilige? Etwa im Aktus selber, durch den ich entstund? – Als wenn dieser etwas mehr wäre als viehischer Prozess zur Stillung viehischer Begierden! Oder stickt es vielleicht im Resultat dieses Aktus, der noch nichts ist als eiserne Notwendigkeit, die man so gern wegwünschte, wenns nicht auf Unkosten von Fleisch und Blut geschehn müsste? Soll ich ihm etwa darum gute Worte geben, dass er mich liebt? Das ist eine Eitelkeit von ihm, die Schoßsünde aller Künstler, die sich in ihrem Werk kokettieren, wär es auch noch so hässlich. – Sehet also, da ist die ganze Hexerei, die ihr in einen heiligen Nebel verschleiert, unsre Furchtsamkeit zu missbrauchen. Soll auch ich mich dadurch gängeln lassen wie einen Knaben?
Frisch also! mutig ans Werk! – Ich will alles um mich her ausrotten, was mich einschränkt, dass ich nicht *Herr* bin. *Herr* muss ich sein, dass ich das mit Gewalt ertrotze, wozu mir die Liebenswürdigkeit gebricht. *(Ab)*

Text 2 **Friedrich Schiller (1759–1805): Die Räuber, I/2** [Auszug]

Schenke an den Grenzen von Sachsen. Karl von Moor in ein Buch vertieft. Spiegelberg trinkend am Tisch

KARL VON MOOR *(legt das Buch weg).* Mir ekelt vor diesem tintenklecksenden Säkulum, wenn ich in meinem Plutarch[1] lese von großen Menschen.

SPIEGELBERG *(stellt ihm ein Glas hin und trinkt).* Den Josephus[2] musst du lesen.

MOOR. Der lohe Lichtfunke Prometheus' ist ausgebrannt, dafür nimmt man itzt die Flamme von Bärlappenmehl – Theaterfeuer, das keine Pfeife Tabak anzündet. Da krabbeln sie nun wie die Ratten auf der Keule des Herkules, und studieren sich das Mark aus dem Schädel, was das für ein Ding sei, das er in seinen Hoden geführt hat? Ein französischer Abbé doziert, Alexander sei ein Hasenfuß gewesen, ein schwindsüchtiger Professor hält sich bei jedem Wort ein Fläschchen Salmiakgeist vor die Nase und liest ein Kollegium über die *Kraft.* Kerls, die in Ohnmacht fallen, wenn sie einen Buben gemacht haben, kritteln über die Taktik des Hannibals – feuchtohrige Buben fischen Phrases aus der Schlacht bei Cannä, und greinen über die Siege des Scipio[3], weil sie sie exponieren müssen.

SPIEGELBERG. Das ist ja recht alexandrinisch geflennt.

MOOR. Schöner Preis für euren Schweiß in der Feldschlacht, dass ihr jetzt in Gymnasien lebet und eure Unsterblichkeit in einem Bücherriemen mühsam fortgeschleppt wird. Kostbarer Ersatz eures verprassten Blutes, von einem Nürnberger Krämer um Lebkuchen gewickelt – oder, wenns glücklich geht, von einem französischen Tragödienschreiber auf Stelzen geschraubt, und mit Drahtfäden gezogen zu werden! Hahaha!

SPIEGELBERG *(trinkt).* Lies den Josephus, ich bitte dich drum.

MOOR. Pfui! Pfui über das schlappe Kastratenjahrhundert, zu nichts nütze, als die Taten der Vorzeit wiederzukäuen und die Helden des Altertums mit Kommentationen[4] zu

[1] Plutarch: griech. Historiker; verfasste 46 vergleichende Lebensbeschreibungen berühmter Griechen und Römer

[2] Josephus Flavius, 1. Jh. n. Chr.; jüdischer Historiker; schrieb eine große Geschichte des jüdischen Volkes

[3] Scipio, Publius Cornelius Africanus maior (235–183 v. Chr.): besiegte 202 v. Chr. Hannibal in Nordafrika

[4] Kommentationen: gemeint sind Kommentare

Lessing, „Nathan der Weise"). Die Pietisten wandten sich gegen dogmatische Rechtgläubigkeit und klerikale Abhängigkeit. Die religiösen Vorstellungen der Stürmer und Dränger beeinflussten nachhaltig Philosophen und Schriftsteller, wie Johann Georg Hamann (1730–1788) und Johann Gottfried Herder (1744–1803): *Religion* musste gelebte Erfahrung sein, sollte den ganzen Menschen erfassen. Herder wie Goethe vertraten die Auffassung, dass die Werke Gottes nicht nur in der Bibel, sondern auch durch liebendes Vertiefen in die Schöpfung erkennbar seien. Sie lehnten einen durch die Vernunft abgeleiteten außerweltlichen Gott (Deismus) ab. Er existiere dann, wenn er als konkrete Kraft in der Welt und im Menschen wirke, wenn er sich den Sinnen und dem Gefühl offenbare (Pantheismus). (Vgl. Goethes Hymnen „Prometheus" und „Ganymed" und den Roman „Die Leiden des jungen Werthers".)

Gegen die Aufklärer bekämpften die Stürmer und Dränger das Bild des Menschen, der sich nur an seiner Vernunft zu orientieren habe. Sie waren davon überzeugt, dass der Mensch dazu lebe um all seine Kräfte ohne Begrenzung zu entwickeln, um ganz er selbst zu werden. Mit fast enthusiastischer Begeisterung forderte Herder die Originalität im Verhalten eines jeden Einzelnen. Dies führte zur Verherrlichung des *Genies* oder des Übermenschen, des ‚Kraft-Genies': dieses drängt es von innen heraus zur Tat, die daraus auch ihre Größe erreicht.

Die bleibende Leistung der Dichter des „Sturm und Drang" lag darin, dass sie die widersprüchliche Situation des Bürgertums aufdeckten und in ihren Werken darstellten: zum Handeln drängen und nicht handeln können.

Ihre zweite bedeutende Leistung lag darin, dass sie in ihren gelungenen Werken die Darstellung des inneren Erlebens der Figuren mit einer realistischen Beobachtung ihrer Umwelt verbanden und sprachlich differenzierten. Diese Tendenzen wurden in der Romantik und im Realismus wieder aufgenommen und fortgeführt.

Arbeitsanregungen:

Mit ungeheurem Erfolg wurden „Die Räuber“ in Mannheim am 13. Januar 1782 aufgeführt. Ein Zeitgenosse berichtet: „Das Theater glich einem Irrenhaus: rollende Augen, geballte Fäuste, heisere Aufschreie im Zuschauerraum. Fremde Menschen fielen einander schluchzend in die Arme, Frauen wankten, einer Ohnmacht nahe, zur Tür. Es war eine allgemeine Auflösung wie im Chaos, aus dessen Nebeln eine neue Schöpfung hervorbricht.“

1. Stellen Sie aus der Szene I/1 (Text 1) alle charakteristischen Merkmale zusammen, die notwendig sind um Franz Moor spielen zu können.
   a) Gibt es Hinweise zu Aussehen und Alter, zur Kleidung, zum Auftreten und zur Sprechweise?
   b) Welche Charaktereigenschaften werden im Text angedeutet, welche Gedanken, Absichten und Beziehungen zu anderen Personen werden geäußert?
   c) Sind unausgesprochene Gedanken und Absichten erkennbar?
   d) Charakterisieren Sie auf die gleiche Weise Karl Moor anhand von Text 2.

2. Erschließen Sie eine mögliche Vorgeschichte für beide Brüder.
   a) Überlegen Sie, wie Franz und sein Bruder Karl aufgewachsen sind und welches Erlebnis bei Franz die Vorstellung geweckt haben könnte, er sei hässlich.
   b) Gibt es Erlebnisse und Erinnerungen, die er seinem Bruder oder seinem Vater nicht verzeiht?
   c) Welche Erlebnisse haben Karl in seine Lage gebracht?

3. Entwerfen Sie für die Inszenierung der Szenen ein Bühnenbild. Überlegen Sie sich, welche dramaturgischen Mittel Sie einsetzen würden (Geräusche, Musik, Beleuchtung, Requisiten) und welche Wirkung Sie damit erzielen wollen. (Informieren Sie sich noch einmal über das Theater zur Barockzeit, S. 128)

Das Theater im 18. Jahrhundert
Die Gestaltung der dramatischen Figuren und ihre Konstellation im Drama erfuhr im 18. Jahrhundert einen entscheidenden Wandel. Die neue Sicht vom Menschen im Zeitalter der Aufklärung betonte seine persönliche Verantwortung. Für die Propagierung dieses aufklärerischen Menschenbildes spielte das Theater eine wichtige Rolle.
In der ersten Hälfte des 18. Jahrhunderts war der Dichter, Theaterreformer, Sprachwissenschaftler und Philosoph Johann Christoph *Gottsched* anerkannt mit seinen Vorstellungen über die Aufgaben des Theaters. Das Spiel auf dem Theater hatte sich an den Forderungen der Vernunft zu orientieren. So musste das Verhalten der Figuren auf der Bühne sich am ‚wirklichen Leben‘ ausrichten, ihm angemessen und wahrscheinlich sein. Auch die Anforderungen höfisch-ständischen Benehmens mussten beachtet werden. Damit waren alle grausigen, grobschlächtigen Szenen verpönt. Außerdem hatte der Held auf der Bühne durch seinen sozialen Status (Ständeklausel) und durch seine großen Anlagen hervorzuragen (vgl. Barock, S. 128f.).

schinden und zu verhunzen mit Trauerspielen. Die Kraft seiner Lenden ist versiegen gegangen, und nun muss Bierhefe den Menschen fortpflanzen helfen.

SPIEGELBERG. Tee, Bruder, Tee!

MOOR. Da verrammeln sie sich die gesunde Natur mit abgeschmackten Konventionen, haben das Herz nicht, ein Glas zu leeren, weil sie Gesundheit dazu trinken müssen – belecken den Schuhputzer, dass er sie vertrete bei Ihro Gnaden, und hudeln den armen Schelm, den sie nicht fürchten. – Vergöttern sich um ein Mittagessen und möchten einander vergiften um ein Unterbett, das ihnen beim Aufstreich überboten wird. – Verdammen den Sadduzäer[1], der nicht fleißig genug in die Kirche kommt, und berechnen ihren Judenzins am Altare – fallen auf die Knie, damit sie ja ihren Schlamp ausbreiten können – wenden kein Aug von dem Pfarrer, damit sie sehen, wie seine Perücke frisiert ist. – Fallen in Ohnmacht, wenn sie eine Gans bluten sehen, und klatschen in die Hände, wenn ihr Nebenbuhler bankerott von der Börse geht. – – So warm ich ihnen die Hand drückte: – Nur noch einen Tag! – Umsonst! – Ins Loch mit dem Hund! – Bitten! Schwüre! Tränen! *(Auf den Boden stampfend)* Hölle und Teufel!

SPIEGELBERG. Und um so ein paar tausend lausige Dukaten –

MOOR. Nein, ich mag nicht daran denken. Ich soll meinen Leib pressen in eine Schnürbrust und meinen Willen schnüren in Gesetze. Das Gesetz hat zum Schneckengang verdorben, was Adlerflug geworden wäre. Das Gesetz hat noch keinen großen Mann gebildet, aber die Freiheit brütet Kolosse und Extremitäten[2] aus. Sie verpalisadieren sich ins Bauchfell eines Tyrannen, hofieren der Laune seines Magens und lassen sich klemmen von seinen Winden. – Ah! dass der Geist Hermanns[3] noch in der Asche glimmte! – Stelle mich vor ein Heer Kerls wie ich, und aus Deutschland soll eine Republik werden, gegen die Rom und Sparta Nonnenklöster sein sollen.
(Er wirft den Degen auf den Tisch und steht auf) [...] (e 1782)

Karl Moor zweifelt an der Gerechtigkeit der Welt und lässt sich von seinen politischen Idealvorstellungen in schwärmerischer Weise hinreißen. Er gründet eine Räuberbande, in der Gleichheit und Brüderlichkeit herrschen sollen und er will die unmenschlichen Zustände der Welt verbessern, den Armen helfen, die Reichen und Mächtigen bekämpfen und eine Republik gründen. Doch seine Ziele schlagen um in Gewalt, Verbrechen und Terror.

Am Ende sieht er ein, dass die Mittel, die er angewandt hat, zu Gesetzlosigkeit führten, und er stellt sich dem irdischen Richter um seine Verbrechen zu sühnen und die von ihm verletzte weltliche und göttliche Ordnung wiederherzustellen. Bevor er diesen letzten Schritt tut, greift er das väterliche Schloss an um den Bruder zu strafen. Dieser begeht in seiner verzweifelten Lage Selbstmord.

Text 3 **Friedrich Schiller: Was kann eine gute stehende Schaubühne eigentlich wirken** [Auszug]

[...] Die Gerichtsbarkeit der Bühne fängt an, wo das Gebiet der weltlichen Gesetze sich endigt. Wenn die Gerechtigkeit für Gold verblindet und im Solde der Laster schwelgt, wenn die Frevel der Mächtigen ihrer Ohnmacht spotten und Menschenfurcht den Arm der Obrigkeit bindet, übernimmt die Schaubühne Schwert und Waage und reißt die Laster vor einen schrecklichen Richterstuhl. [...] Wenn keine Moral mehr gelehrt wird, keine Religion mehr Glauben findet, wenn kein Gesetz mehr vorhanden ist, wird uns Medea noch anschauern, wenn sie die Treppen des Palastes herunterwankt und der Kindermord jetzt geschehen ist. Heilsame Schauer werden die Menschheit ergreifen, und in der Stille wird jeder sein gutes Gewissen preisen, wenn Lady Macbeth, eine schreckliche Nachtwandlerin, ihr Hände wäscht und alle Wohlgerüche Arabiens herbeiruft, den hässlichen Mordgeruch zu vertilgen. So gewiss sichtbare Darstellung mächtiger wirkt als toter Buchstab und kalte Erzählung, so gewiss wirkt die Schaubühne tiefer und dauernder als Moral und Gesetze. [...] (e 1784)

Text 4 **Johann Wolfgang Goethe (1749–1832): Zum Shakespeare-Tag** [Auszug]

[...] Erwarten Sie nicht, dass ich viel und ordentlich schreibe, Ruhe der Seele ist kein Festtagskleid; und noch zurzeit habe ich wenig über Shakespearen gedacht; geahndet, empfunden, wenn's hoch kam, ist das Höchste, wohin ich's habe bringen können. Die erste Seite, die ich in ihm las, machte mich auf zeitlebens ihm eigen, und wie ich mit dem ersten Stücke fertig war, stund ich wie ein Blindgeborner, dem eine Wunderhand das Gesicht in einem Augenblicke schenkt. Ich erkannte, ich fühlte aufs Lebhafteste meine

---

1 Sadduzäer: Anhänger einer Religionspartei unter den Gebildeten und Priestern des jüd. Volkes; Gegner der Pharisäer
2 Extremitäten: gemeint sind ‚große Kerle‘
3 Hermann der Cherusker: Sieger über Varus im Teutoburger Wald (9 n. Chr.)

Existenz um eine Unendlichkeit erweitert, alles war mir neu, unbekannt, und das ungewohnte Licht machte mir Augenschmerzen. Nach und nach lernt' ich sehen, und, Dank sei meinem erkenntlichen Genius, ich fühle noch immer lebhaft, was ich gewonnen habe. Ich zweifelte keinen Augenblick, dem regelmäßigen Theater zu entsagen. Es schien mir die Einheit des Orts so kerkermäßig ängstlich, die Einheiten der Handlung und der Zeit lästige Fesseln unsrer Einbildungskraft. Ich sprang in die freie Luft und fühlte erst, dass ich Hände und Füße hatte. Und jetzo, da ich sahe, wie viel Unrecht mir die Herrn der Regeln in ihrem Loch angetan haben, wie viel freie Seelen noch drinne sich krümmen, so wäre mir mein Herz geborsten, wenn ich ihnen nicht Fehde angekündigt hätte und nicht täglich suchte, ihre Türne zusammenzuschlagen. [...]

Shakespeares Theater ist ein schöner Raritätenkasten, in dem die Geschichte der Welt vor unsern Augen an dem unsichtbaren Faden der Zeit vorbeiwallt. Seine Plane sind, nach dem gemeinen Stil zu reden, keine Plane, aber seine Stücke drehen sich alle um den geheimen Punkt (den noch kein Philosoph gesehen und bestimmt hat), in dem das Eigentümliche unsres Ichs, die prätendierte Freiheit unsres Wollens, mit dem notwendigen Gang des Ganzen zusammenstößt. Unser verdorbner Geschmack aber umnebelt dergestalt unsere Augen, dass wir fast eine neue Schöpfung nötig haben, uns aus dieser Finsternis zu entwickeln.

Alle Franzosen und angesteckte Deutsche, sogar Wieland haben sich bei dieser Gelegenheit wie bei mehreren wenig Ehre gemacht. Voltaire, der von jeher Profession machte, alle Majestäten zu lästern, hat sich auch hier als ein echter Thersit[1] bewiesen. Wäre ich Ulysses, er sollte seinen Rücken unter meinem Szepter verzerren.

Die meisten von diesen Herren stoßen auch besonders an seinen Charakteren an.

Und ich rufe: Natur! Natur! nichts so Natur als Shakespeares Menschen.

Da hab' ich sie alle überm Hals.

Lasst mir Luft, dass ich reden kann!

Er wetteiferte mit dem Prometheus, bildete ihm Zug vor Zug seine Menschen nach, nur in *kolossalischer Größe*; darin liegt's, dass wir unsre Brüder verkennen; und dann belebte er sie alle mit dem Hauch *seines* Geistes, *er* redet aus allen, und man erkennt ihre Verwandtschaft. [...]

(1771)

Text 5 **Reinhold Jakob Michael Lenz (1751–1792): Handeln ist die Seele der Welt** [Auszug]

Wir werden geboren – unsere Eltern geben uns Brot und Kleid – unsere Lehrer drücken in unser Hirn Worte, Sprachen, Wissenschaften – irgendein artiges Mädchen drückt in unser Herz den Wunsch, es eigen zu besitzen, es in unsere Arme als unser Eigentum zu schließen, wenn sich nicht gar ein tierisch Bedürfnis mit hineinmischt – es entsteht eine Lücke in der Republik, wo wir hineinpassen – unsere Freunde, Verwandte, Gönner setzen an und stoßen uns glücklich hinein – wir drehen uns eine Zeit lang in diesem Platz herum, wie die andern Räder, und stoßen und treiben – bis wir, wenn's noch so ordentlich geht, abgestumpft sind und zuletzt wieder einem neuen Rade Platz machen müssen – das ist, meine Herren! ohne Ruhm zu melden unsere Biografie – und was bleibt nun der Mensch noch anders als eine vorzüglichkünstliche kleine Maschine, die in die große Maschine, die wir Welt, Weltbegebenheiten, Weltläufte nennen, besser oder schlimmer hineinpasst.

Kein Wunder, dass die Philosophen so philosophieren, wenn die Menschen so leben. Aber heißt das gelebt? heißt das seine Existenz gefühlt, seine selbständige Existenz, den Funken von Gott? Ha, er muss in was Besserm stecken, der Reiz des Lebens: denn ein Ball anderer zu sein, ist ein trauriger, niederdrückender Gedanke, eine ewige Sklaverei, eine nur künstlerische, eine vernünftige, aber eben um dessentwillen desto elendere Tierschaft. Was lernen wir hieraus? Das soll keine Deklamation sein, ihr Herren, wenn Ihr Gefühl Ihnen nicht sagt, dass ich Recht habe, so verwünscht ich alle Rednerkünste, die Sie auf meine Partei neigten, ohne Sie überzeugt zu haben. Was lernen wir hieraus? Das lernen wir hieraus, dass handeln, handeln die Seele der Welt sei, nicht genießen, nicht empfindeln, nicht spitzfündeln, dass wir dadurch allein Gott ähnlich werden, der unaufhörlich handelt und unaufhörlich an seinen Werken sich ergötzt: das lernen wir daraus, dass die in uns handelnde Kraft unser Geist, unser höchstes Anteil sei, dass die allein unserm Körper mit allen seinen Sinnlichkeiten und Empfindungen das wahre Leben, die wahre Konsistenz, den wahren Wert gebe, dass ohne denselben all unser Genuss, all unsere Empfindungen, all unser Wissen doch nur ein Leiden, doch nur ein aufgeschobener Tod sind. Das lernen wir daraus, dass diese unsre handelnde Kraft nicht eher ruhe, nicht eher ablasse zu wirken, zu regen, zu toben, als bis sie uns Freiheit um uns her verschafft, Platz zu handeln: Guter Gott, Platz zu handeln, und wenn es ein Chaos wäre, das Du geschaffen, wüste und leer, aber Freiheit wohnte nur da, und wir könnten Dir nachahmend drüber brüten, bis was herauskäme – Seligkeit! Seligkeit! Göttergefühl das! [...] (1777)

[1] Thersit: Ein griech. Spötter, der von Odysseus wegen seiner Schmähreden gegen Agamemnon mit dem Szepter geschlagen wurde („Ilias“ II, 212–277).

Gottsched kämpfte gegen die Auswüchse des Barocktheaters: gegen den Sprach-Schwulst, gegen den Hanswurst, das Extemporieren, d.h. Improvisieren des Textes, gegen groteske Verzerrungen der Figuren und gegen bizzare und exotisch-fantastische Handlungen. Er verlangte moralische Handlungen, die praktische Lebenswahrheiten anschaulich machen sollten.
In der Mitte des 18. Jahrhunderts wurden Gottscheds ‚Regeln‘ von Lessing, Herder und den Stürmern und Drängern in Frage gestellt. Das Bürgertum begann sich von den Zwängen der höfischen Welt zu befreien; es kritisierte die Lebensart des Adels. Adlige Helden auf der Bühne, ihre Verhaltensnormen und ihr Schicksal interessierten immer weniger. Die Ständeklausel wurde aufgehoben. Das heißt, dass in der Tragödie an die Stelle adliger Personen nun bürgerliche Menschen traten. Die Sprache des noblen Pathos wurde abgelöst durch die Sprache der Empfindung. Die im bürgerlichen Leben vorhandenen Nöte, Sorgen und Wünsche wurden dargestellt. Die Wendung zum *bürgerlichen Trauerspiel* war vollzogen.
Den Weg dahin hatte vor allem Gotthold Ephraim *Lessing* gezeigt. Er lehnte das französische Theater Corneilles und Racines ab, die bisher als Vorbilder galten, und wies auf Shakespeare hin. Lessing verlangte für das Schauspiel einen „gemischten Charakter“, der spontan und psychologisch sowie moralisch differenziert handelt (vgl. Klassik, S. 221ff.). Auf diese Weise wollte Lessing die Wirkung seiner Figuren auf das Publikum verbessern und den Zuschauern eine Identifikation mit den Personen auf der Bühne ermöglichen. Um die Charaktereigenschaften der Figuren deutlich werden zu lassen stellte er an den Aufbau einer Handlung folgende Anforderungen: sie musste konsequent strukturiert und schlüssig zu Ende geführt sein. Die einzelnen Begebenheiten mussten begründet sein (Prinzip der Kausalität), die Handlung sollte auf ein Ziel hin ausgerichtet sein (Prinzip der Finalität). Die Lösung hatte sich aus den Konflikten des Stückes selbst zu ergeben; denn der Zufall durfte keine Rolle spielen.
In der zweiten Hälfte des 18. Jahrhunderts bestimmte die Dichtergeneration des „Sturm und Drang“ (ab 1770) die Auseinandersetzung um die richtige Form des Theaters und die geeigneten Vorbilder.

R.J.M. Lenz wurde 1751 als Pfarrerssohn in Livland geboren; studierte in Königsberg Theologie und begegnete 1771 Goethe in Straßburg. 1776 tauchte er in Weimar auf und wurde dort ausgewiesen. 1778 hielt er sich krank bei Pfarrer Oberlin im Elsass auf (Krankheitsbericht wird von Georg Büchner für seine Erzählung „Lenz“ benutzt). 1781 ging er nach Moskau, wo er 1792 verelendet starb. Seine Dramen „Hofmeister“ und „Die Soldaten“ üben Kritik an den Verhältnissen der Gesellschaft.

J. Chr. Gottsched wurde 1700 bei Königsberg als Pfarrerssohn geboren; er studierte dort Philosophie und floh 1724 vor preußischen Werbern, die ihn wegen seiner Körpergröße in die Garde der Langen Kerls stecken wollten, nach Leipzig. Er setzte sich als Professor für Poesie und Weltweisheit für die Verbreitung der Aufklärungs-Philosophie von Christian Wolff ein. Er verbündete sich mit der Schauspieltruppe der Caroline Neuber (1697–1760) um das Bühnenwesen zu reformieren. 1741 trennte er sich von ihr und zog sich 1752 ganz vom Theater zurück.

Text 6 **Johann Christoph Gottsched (1700–1766): Versuch einer Critischen Dichtkunst** [Auszug]

[...]

Der Poet wählet sich einen moralischen Lehr-Satz, den er seinen Zuschauern auf eine sinnliche Art einprägen will. Dazu ersinnt er sich eine allgemeine Fabel, daraus die Wahrheit eines Satzes erhellet. Hiernächst sucht er in der Historie solche berühmte Leute, denen etwas Ähnliches begegnet ist: und von diesen entlehnet er die Namen für die Personen seiner Fabel, um derselben also ein Ansehen zu geben. Er erdenket sodann alle Umstände dazu, um die Hauptfabel recht wahrscheinlich zu machen, und das werden die Zwischenfabeln oder Episodia genannt. Dieses teilt er denn in fünf Stücke ein, die ungefähr gleich groß sind, und ordnet sie so, dass natürlicherweise das Letztere aus dem Vorhergehenden fließet: Bekümmert sich aber weiter nicht, ob alles in der Historie so vorgegangen oder ob alle Neben-Personen wirklich so und nicht anders geheißen haben.

[...]

(v 1730)

Text 7 **Gotthold Ephraim Lessing (1729–1781): Brief an Nicolai** [Auszug]

[...]

Es kann sein, dass wir dem Grundsatze: *Das Trauerspiel soll bessern,* manches elende, aber gut gemeinte Stück schuldig sind; es kann sein, sage ich, denn diese Ihre Anmerkung klingt ein wenig zu sinnreich, als dass ich sie gleich für wahr halten sollte. Aber das erkenne ich für wahr, dass kein Grundsatz, wenn man sich ihn recht geläufig gemacht hat, bessere Trauerspiele kann hervorbringen helfen als der: *Die Tragödie soll Leidenschaften erregen.* [...]

Wenn es also wahr ist, dass die ganze Kunst des tragischen Dichters auf die sichere Erregung und Dauer des einzigen Mitleidens geht, so sage ich nunmehr, die Bestimmung der Tragödie ist diese: sie soll *unsre Fähigkeit, Mitleid zu fühlen,* erweitern. Sie soll uns nicht bloß lehren, gegen diesen oder jenen Unglücklichen Mitleid zu fühlen, sondern sie soll uns so weit fühlbar machen, dass uns der Unglückliche zu allen Zeiten und unter allen Gestalten rühren und für sich einnehmen muss. Und nun berufe ich mich auf einen Satz, den Ihnen Herr Moses [Mendelssohn] vorläufig demonstrieren mag, wenn Sie, Ihrem eignen Gefühl zum Trotz, daran zweifeln wollen. *Der mitleidigste Mensch ist der beste Mensch,* zu allen gesellschaftlichen Tugenden, zu allen Arten der Großmut der aufgelegteste. Wer uns also mitleidig macht, macht uns besser und tugendhafter, und das Trauerspiel, das jenes tut, tut auch dieses, oder – es tut jenes, um dieses tun zu können. Bitten Sie es dem Aristoteles ab, oder widerlegen Sie mich.

Auf gleiche Weise verfahre ich mit der Komödie. Sie soll uns zur Fertigkeit verhelfen, alle Arten des Lächerlichen leicht wahrzunehmen. Wer diese Fertigkeit besitzt, wird in seinem Betragen alle Arten des Lächerlichen zu vermeiden suchen und eben dadurch der wohlgezogenste und gesittetste Mensch werden. Und so ist auch die Nützlichkeit der Komödie gerettet.

Beider Nutzen, des Trauerspiels sowohl als des Lustspiels, ist von dem Vergnügen unzertrennlich; denn die ganze Hälfte des Mitleids und des Lachens ist Vergnügen, und es ist großer Vorteil für den dramatischen Dichter, dass er weder nützlich noch angenehm, eines ohne das andere sein kann.

(13.11.1756)

Arbeitsanregungen:

1 Die Texte 3–7 geben wichtige Aussagen zur Entwicklung des Theaters im 18. Jahrhundert wieder.
Erarbeiten Sie, in Gruppen- oder Partnerarbeit, aus den Texten, was die Dichter über die Aufgaben und Wirkung des Theaters, seine Gestaltungsmittel und über sein Verhältnis zur Wirklichkeit aussagen.

2 a Erörtern Sie die Frage: „Was kann das Theater heute noch bewirken?"
b Diskutieren Sie Ihre Ergebnisse in der Klasse.

V. „Leben wir in einem aufgeklärten Zeitalter?" (Kant)

Die Ideen der Aufklärung und des „Sturm und Drang" setzten einen Prozess der geistigen Auseinandersetzung in Gang, der die Entwicklung der vergangenen zwei Jahrhunderte in allen Bereichen menschlicher Erkenntnis entscheidend beeinflusste. Die Frage Immanuel Kants im Jahre 1784, ob er in einem „Zeitalter der Aufklärung" oder in einem „aufgeklärten Zeitalter" lebe, ist auch für unser gegenwärtiges Zeitalter nur schwer zu beantworten.

Die nachfolgenden Texte und Bilder geben verschiedene Antworten auf diese Frage und sollen zur Diskussion anregen.

Text 1 **August Wilhelm Schlegel (1767–1845): Vorlesungen über schöne Literatur und Kunst** [Auszug: Kritik an der Aufklärung] (Siehe Romantik, S. 244)

Bild 1

FRANCÍSCO GOYA:
El sueño de la razón produce monstruos
Der Traum der Vernunft gebiert Ungeheuer

Francisco de Goya (1746–1828)
Spanischer Maler, der in seiner Reifezeit mit unerbittlicher Schärfe Elend und Krieg darstellte. Seine Radierungen geißeln vor allem menschliche und gesellschaftliche Schwächen. Als Hofmaler schuf er Porträts von entlarvendem Realismus. In seiner Spätzeit malte er Bilder von hintergründiger, spukhafter Fantastik.

Arbeitsanregungen:

1 Beschreiben Sie Goyas Radierung.

2 Versuchen Sie die Bildunterschrift zu erklären.

Text 2 **Günter Grass (*1927): Der Traum der Vernunft** [Auszug]

Bevor Voltaire, Rousseau und Diderot einander widersprechen und eine Epoche ausschreiten, deren verwirrte Nachfahren wir sind, soll eine Grafik vorgestellt werden, deren Emblematik Deutung herausfordert. Die Unterschrift „Der Traum der Vernunft erzeugt Ungeheuer“ hat Goya einer Aquatinta-Radierung beigegeben, die einen über seinem Schreibwerkzeug schlafenden Mann zeigt, hinter dem Nachtgetier, Eulen und Fledermäuse flattern und ein Raubtier lagert: fast Luchs, noch Katze. Doch da das spanische Wort für Traum auch Schlaf bedeuten kann, könnte der Untertitel des beängstigenden Bildes auch heißen: „Der Schlaf der Vernunft erzeugt Ungeheuer.“ Und schon ist der Streit entfesselt, tritt das Elend der Aufklärung zutage, sind wir beim Thema.

Günter Grass wurde 1927 in Danzig geboren; Grafiker, Bildhauer und Schriftsteller; veröffentlichte Gedichte und Schauspiele. Er wurde berühmt durch seine Romane „Die Blechtrommel" (1959), „Hundejahre" (1963), „Der Butt" (1977) sowie durch seine Erzählungen „Katz und Maus" (1961) und „Das Treffen in Telgte" (1979).

Zweierlei wird bildhaft der Vernunft unterstellt: indem sie träumt, gebiert sie Ungeheuer, ihre Träume sind Ungeheuer – oder: weil die Vernunft schläft, ist den nächtlichen Ungeheuern Freiraum gegeben, macht sich Unvernunft breit, wird das mühsame Werk der Aufklärung überschattet, mit Dunkelheit überzogen, zunichte.

Die erste Deutung spricht für sich: Die Vernunft, des Menschen besondere, ihn auszeichnende Gabe, ist gleichwohl fähig, sobald sie träumt, Ungeheuer, sprich, erschreckende Visionen und Utopien als Schreckensherrschaften zu entwerfen. Vergangenheit und Gegenwart bestätigen diese Deutung, denn alle bis heute wirksamen Ideologieentwürfe sind Träume aufklärender Vernunft und haben – hier als Verelendung produzierender Kapitalismus, dort als mit Zwang herrschender Kommunismus – ihre Ungeheuerlichkeit bewiesen.

Die zweite Deutung wirft Fragen auf, die, sobald sie beantwortet werden, neue Fragen hecken. Etwa: Darf die Vernunft, weil sie schlafend den Ungeheuern, also dem Irrationalismus das Feld überläßt, niemals schlafen? Natürlich nicht, sagen wir. Wo kommen wir hin, wenn die Vernunft schläft. Nie wieder darf die Vernunft schlafen, darf uns die Vernunft einschlafen. Wehret den Anfängen! Nicht einmal ermüdet blinzeln darf sie. Eine allezeit wache Vernunft fordern wir als gebrannte Kinder einer Epoche, in der die Vernunft schlief und das Ungeheuer, Faschismus genannt, geboren wurde.

Dennoch gibt die Gegenfrage nicht Ruhe: Was ist das für eine Vernunft, die nicht schlafen, den Traum nicht zulassen darf? Ist diese immerwache Vernunft nicht gleichfalls schrecklich und tagheller Ungeheuerlichkeiten fähig? Wird diese Vernunft, die aufklären, erhellen, erleuchten soll, nicht letzten Endes – und schon tut sie es – uns alle durchleuchten, durchsichtig, gläsern, erfaßbar machen, auf daß wir ohne Geheimnis und Nachtseite sind? Hat nicht diese überwache, sich wissenschaftlich nennende Vernunft den vormals weitgefaßten Begriff von Fortschritt auf technisches Maß, auf einzig das technisch Machbare reduziert? Eine Vernunft, die nicht schlafen darf, die mittlerweile, selbst wenn sie schlafen wollte, Schlaf nicht mehr fände, eine schlaflose Vernunft gibt kaltes Licht und macht frösteln: dabei wären Träume vonnöten. Nachtflüge der Einbildungskraft und Märchen, aus deren Getier – Fledermaus, Eule und Luchs – gleichwohl Vernunft spräche.

(v 1984)

(Aus lizenzrechtlichen Gründen ist dieser Text nicht in reformierter Rechtschreibung abgedruckt.)

Text 3 Friedrich Nietzsche (1844–1900): Der tolle Mensch [Auszug]

(Biografie, vgl. Jahrhundertwende, S. 304f.)

Habt ihr nicht von jenem tollen Menschen gehört, der am hellen Vormittage eine Laterne anzündete, auf den Markt lief und unaufhörlich schrie: „Ich suche Gott! Ich suche Gott!" – Da dort gerade viele von denen zusammenstanden, welche nicht an Gott glaubten, so erregte er ein großes Gelächter. Ist er denn verloren gegangen?, sagte der eine. Hat er sich verlaufen wie ein Kind?, sagte der andere. Oder hält er sich versteckt? Fürchtet er sich vor uns? Ist er zu Schiff gegangen? ausgewandert? – so schrien und lachten sie durcheinander. Der tolle Mensch sprang mitten unter sie und durchbohrte sie mit seinen Blicken. „Wohin ist Gott?", rief er, „ich will es euch sagen! *Wir haben ihn getötet* – ihr und ich! Wir alle sind seine Mörder! Aber wie haben wir dies gemacht? Wie vermochten wir das Meer auszutrinken? Wer gab uns den Schwamm, um den ganzen Horizont wegzuwischen? Was taten wir, als wir diese Erde von ihrer Sonne losketteten? Wohin bewegt sie sich nun? Wohin bewegen wir uns? Fort von allen Sonnen? Stürzen wir nicht fortwährend? Und rückwärts, seitwärts, vorwärts, nach allen Seiten? Gibt es noch ein Oben und ein Unten? Irren wir nicht wie durch ein unendliches Nichts? Haucht uns nicht der leere Raum an? Ist es nicht kälter geworden? Kommt nicht immerfort die Nacht und mehr Nacht? Müssen nicht Laternen am Vormittage angezündet werden? Hören wir noch nichts von dem Lärm der Totengräber, welche Gott begraben? Riechen wir noch nichts von der göttlichen Verwesung? – auch Götter verwesen! Gott ist tot! Gott bleibt tot! Und wir haben ihn getötet! Wie trösten wir uns, die Mörder aller Mörder? Das Heiligste und Mächtigste, was die Welt bisher besaß, es ist unter unsern Messern verblutet – wer wischt dies Blut von uns ab? Mit welchem Wasser könnten wir uns reinigen? Welche Sühnefeiern, welche heiligen Spiele werden wir erfinden müssen? Ist nicht die Größe dieser Tat zu groß für uns? Müssen wir nicht selber zu Göttern werden, um nur ihrer würdig zu erscheinen? Es gab nie eine größere Tat – und wer nur immer nach uns geboren wird, gehört um dieser Tat willen in eine höhere Geschichte, als alle Geschichte bisher war!" – Hier schwieg der tolle Mensch und sah wieder seine Zuhörer an: auch sie schwiegen und blickten befremdet auf ihn. Endlich warf er seine Laterne auf den Boden, dass sie in Stücke sprang und erlosch. „Ich komme zu früh", sagte er dann, „ich bin noch nicht an der Zeit. Dies ungeheure Ereignis ist noch unterwegs und wandert – es ist noch nicht bis zu den Ohren der Menschen gedrungen. Blitz und Donner brauchen Zeit, das Licht der Gestirne braucht Zeit, Taten brauchen Zeit, auch nachdem sie getan sind, um gesehn und gehört zu werden. Diese Tat ist ihnen immer noch ferner als die fernsten Gestirne – *und doch haben sie dieselbe getan!*" – Man erzählt noch, dass

der tolle Mensch desselbigen Tages in verschiedene Kirchen eingedrungen sei und darin sein *Requiem aeternam deo* angestimmt habe. Hinausgeführt und zur Rede gesetzt, habe er immer nur dies entgegnet: „Was sind denn diese Kirchen noch, wenn sie nicht die Grüfte und Grabmäler Gottes sind?“

(v 1886)

Bild 2 Giovanni Battista Piranesi: „Gefängnis“, Blatt VII der „Carceri d'invenzione“, Zweiter Zustand, 1760

Arbeitsanregungen:

1 a Fassen Sie die Kritik August Wilhelm Schlegels an der Aufklärung in einigen Thesen zusammen.
b Worin besteht der „Traum der Vernunft“ nach Günter Grass?
c Wer ist der „tolle Mensch“, den Friedrich Nietzsche darstellt?

2 Welches ‚Bild‘ von der Aufklärung haben Sie gewonnen? Versuchen Sie Kant eine Antwort zu geben.
Berücksichtigen Sie dabei auch die Aussagen des Kupferstichs von Piranesi.

Klassik

„… und du und Schiller ihr seid hernach Classische Schrieftsteller – wie Horaz Lifius- Ovid u wie sie alle heißen … was werden alsdann die Profesoren Euch zerglie-dern- auslegen – und der Jugend einpleuen."
Catharina Elisabeth Goethe am 5. Dezember 1807 an ihren Sohn Johann Wolfgang und an ihre Schwiegertochter (in der originalen Orthographie)

I. Lebendigkeit der Klassik

1. Erinnerung an ein Goethe-Gedicht

Ältere Literatur ist oft schwer zugänglich; ihre Formen, ihre Sprache, ihre Inhalte können für den heutigen Leser so fremd sein, dass er Widerstände überwinden muss, wenn er sich mit ihr beschäftigen, ihr näher kommen will. Gerade mit dem Begriff „Klassik" verbinden viele die Vorstellung von Distanz, von „hoher" Literatur, die vom alltäglichen Leben weit abgehoben ist. Wie die Aneignung eines älteren Werkes dennoch geschehen, wie es aus der Vergangenheit in die Gegenwart hereingeholt werden kann, dafür findet sich ein Beispiel in Christa Wolfs Roman „Kindheitsmuster" (1977).
In diesem Roman sucht die Hauptfigur Nelly mit Angehörigen die heute polnische Stadt G. auf, in der sie geboren wurde und in der sie ihre Kindheit bis zur Flucht vor den russischen Truppen am Ende des Zweiten Weltkriegs verbracht hat. Bei diesem Besuch erschließen sich ihr Erinnerungen an die Vergangenheit. Als die Erzählerin einige Zeit später mit der Niederschrift der Erfahrungen dieser Reise beschäftigt ist, kommt ihr „merkwürdigerweise" ein Gedicht von Goethe wieder in Erinnerung:

Text 1 **Christa Wolf (*1929): Kindheitsmuster** [Auszug]
(Biografie: Vgl. Literatur nach 1945, S. 390)

[…]
Verfallen – ein deutsches Wort.
Blick in fremde Wörterbücher: Nirgends sonst diese vier, fünf verschiedenen Bedeutungen. Die deutsche Jugend ist ihrem Führer verfallen. Der Wechsel auf die Zukunft ist verfallen. Ihre Dächer sind verfallen. Aber die ist doch verfallen – haben Sie das nicht gewußt.
Keine andere Sprache kennt „verfallen" im Sinne von „unrettbar, weil mit eigener tiefinnerster Zustimmung hörig".
Letzte Nacht – du hattest den Wecker falsch gestellt, er klingelte um fünf, müde, aber nicht ärgerlich lagst du wach – verfielst du merkwürdigerweise auf ein Gedicht des Weimarers, an das du wohl zwanzig Jahre nicht mehr gedacht hattest: Die Zukunft decket Schmerzen und Glücke / Schrittweis dem Blicke / Doch ungeschrecket / Dringen wir vorwärts. Der Einfall mochte mit den diesjährigen Goethe-Feiern zusammenhängen. Aber gerade dieses Gedicht war nirgends benutzt worden. Es war eine Lust, mit anzusehen, wie es fast unbeschädigt Zeile für Zeile aus dem Gedächtnis aufstieg, die Strophen selbst hervorzubringen und sie zu hören wie zum erstenmal: Und schwer und ferne / Hängt eine Hülle / Mit Ehrfurcht. Stille / Ruhn oben die Sterne / Und unten die Gräber. Das Gedicht mußte ja wohl in dem kleinen blauen Gedichtbüchlein stehen. Dieses Büchlein, fiel dir ein, während das Gedicht auf einer anderen Ebene deines traumwachen Bewußtseins weiterlief, war der eine von zwei Gegenständen, die du aus jenen frühen Zeiten, an die jetzt die Erinnerung führt, herübergerettet und mitgenommen hast. Der zweite Gegenstand ist das große breite Messer, unentbehrlich zum Wenden von Eierkuchen, das Schnäuzchen-Oma versehentlich von einer Bäuerin mitnahm, in deren Scheune sie als Flüchtlinge übernachtet hatten. Der Wutausbruch von Schnäuzchen-Opa, als er es entdeckte: Wir sind doch keine Diebe nicht! – Allen Ernstes verlangte er, man solle umkehren und das Messer zurückbringen.
Gutgut. Gleich morgens nach dem Aufstehen würdest du das Gedicht in dem blauen Buch suchen.
Hier winden sich Kronen / in ewiger Stille, / Die sollen mit Fülle / Die Tätigen lohnen.
Im Halbschlaf fingst du an, Fragezeichen hinter einige Zeilen zu machen. „Ungeschrekket"? dachtest du. Und was heißt „vorwärts"? Und „die Kräfte des Guten"?
Erst als du nach dem zweiten Erwachen die vier Strophen schnell aufschriebst, fiel dir

1a Erinnerungsarbeit
SCHWIERIGKEITEN
Allgemeinmenschliche Fragen betreffen die Zeilen ihrer Erinnerung
→ Aktualität
Was fehlt geht in die Entstehungszeit zurück
→ Freimaurer

1b Fragezeichen
ungeschrecket ?
Autorin hinterfragt, ob der Mensch kein Zukunftsängste hat
vorwärts ?
Doppeldeutig vorwärts kann positiv sein oder neutral
Kräfte des Guten?

1) GEMEINSAMES LESEN
Worum geht es?
Stillarbeit zweites Lesen + Gedicht Stichpunkte 1a/1b
Auswertung
HA Aufgabe 2

Aufg. 2
Der Mensch ist dem Schicksal nicht vollends unterworfen, zwar ist sein Leben durch bestimmte Faktoren und vor allem den Tod begrenzt, aber er kann aktiv durch sein Verhalten Einfluss üben.
⇕
GEDANKENGUT DER AUFKLÄRUNG
⇕
ZU MA + BAROCK GEGEN DIE FREMDBESTIMMTHEIT

die Lücke im optischen Bild am Ende der letzten Strophe auf. Da fehlte eine Zeile. Erst ein, zwei Stunden später, da eine genaue Suche durch Alltagsverrichtungen aufgehalten wurde, stand sie plötzlich vor dir und bestürzte dich. Wir heißen euch hoffen! Wie war es möglich, oder vielmehr, was bedeutete es denn, wenn man, da doch sonst das Gedicht intakt geblieben, ausgerechnet eine Zeile dieses Inhalts „vergaß“?

Übrigens stand das Gedicht nicht in dem kleinen blauen Buch. Das liegt jetzt neben dir, du kannst es in die Hand nehmen, darin blättern. Vierhundertsechzehn dünne, bräunlich vergilbte Seiten: „Goethe's Gedichte“, 1868 in der G. Grote'schen Verlagsbuchhandlung, Berlin, herausgebracht. Bräunlich fleckiges Vorsatzpapier, auf dem rechts oben in der flüssigen, energischen Schrift von Maria Kranhold, die Nelly das Büchlein schenkte, dein früherer Name steht. In der Mitte der Seite aber ist in der altmodischen Sütterlinschrift des vorigen Jahrhunderts mit spitzester zittriger Feder und brauner Tinte geschrieben: Von meinem Bruder Theodor. Und von der gleichen Hand rechts in der Ecke die Jahreszahl 1870.

Der ganze Vormittag wurde darauf verwendet, das Gedicht zu finden. Ein gebildeter Freund, den du schließlich anriefst, gab ihm die Überschrift „Maurerlied“, die zwar nicht stimmte, aber doch wenigstens die Nachforschungen auf die richtige Fährte brachte: Unter dem Titel „Symbolum“ steht es ja als erstes in dem Abschnitt „Loge“, ist insofern allerdings ein Freimaurerlied und hat – dies war nun die größte Überraschung – zwei Strophen, die du nicht zu kennen meintest: Des Maurers Wandeln / Es gleicht dem Leben ... Und so weiter (Daher die vergebliche Suche nach der ersten Zeile!) [...]

(v 1977)

(Aus lizenzrechtlichen Gründen ist dieser Text nicht in reformierter Rechtschreibung abgedruckt.)

Der vollständige Text des Gedichts lautet:

Text 2 **Johann Wolfgang Goethe (1749–1832): Symbolum[1]**

Des Maurers[2] Wandeln,
Es gleicht dem Leben,
Und sein Bestreben,
Es gleicht dem Handeln
Der Menschen auf Erden.

Die Zukunft decket
Schmerzen und Glücke.
Schrittweis dem Blicke,
Doch ungeschrecket
Dringen wir vorwärts.

Und schwer und ferne
Hängt eine Hülle
Mit Ehrfurcht. Stille
Ruhn oben die Sterne
Und unten die Gräber.

Betracht sie genauer
Und siehe, so melden
Im Busen der Helden
Sich wandelnde Schauer
Und ernste Gefühle.

Doch rufen von drüben
Die Stimmen der Geister,
Die Stimmen der Meister:
Versäumt nicht zu üben
Die Kräfte des Guten.

Hier winden sich Kronen
In ewiger Stille,
Die sollen mit Fülle
Die Tätigen lohnen!
Wir heißen euch hoffen.

(e 1815)

Arbeitsanregungen:

1 Bei der „Erinnerungsarbeit“ der Erzählerin treten Schwierigkeiten auf.
a Versuchen Sie zu erklären, warum dies gerade an ganz bestimmten Textstellen geschieht.
b Warum macht die Erzählerin „Fragezeichen hinter einige Zeilen“?

2 Charakterisieren Sie in einem kurzen Text die Vorstellung vom menschlichen Leben, die in Goethes Gedicht zum Ausdruck kommt.

3 Tauschen Sie im Gespräch Gedanken darüber aus, warum die Erzählerin sich gerade in der Zeit, in der sie ihre Kindheits- und Jugenderinnerungen aufschreibt, an dieses Gedicht erinnert.

2. Ansichten vom Menschen

Die Frage nach dem Wesen des Menschen, nach den Maßstäben und Zielen seines Lebens, nach der bestmöglichen Gestaltung des menschlichen Zusammenlebens wird immer wieder neu gestellt (vgl. Einleitungskapitel). Die unterschiedlichen Antworten, die auf diese Frage versucht werden, sind deshalb wesentliche Kennzeichen der Epochen der Geistesgeschichte. Auch solche Antworten, die früher einmal gegeben worden sind, müssen immer wieder bedacht werden; denn ihre scheinbare oder tatsächliche Fremdheit kann für das Denken heute anregend sein. Wenn wir uns mit ihnen auseinander setzen, wird Vergangenes möglicherweise für uns bedeutsam, seine Fremdheit in die Vertrautheit der Gegenwart „übersetzt“ (vgl. I,1).

[1] Symbolum: Im theologischen Sprachgebrauch bedeutet dieses Wort nicht nur „Symbol“, sondern auch „Glaubensbekenntnis“.

[2] Maurer: Gemeint sind Freimaurer, Mitglieder von Männerbünden, die in der Zeit der Aufklärung entstanden sind. Sie sind in Gruppen („Logen“) organisiert. Ihr Ziel: Verwirklichung von Humanität, welche die Grenzen der Völker, Religionen und Stände überwindet.

Text 1 **Johann Wolfgang Goethe (1749–1832): Grenzen der Menschheit**

Wenn der uralte
Heilige Vater
Mit gelassener Hand
Aus rollenden Wolken
Segnende Blitze
Über die Erde sät,
Küss ich den letzten
Saum seines Kleides,
Kindliche Schauer
Treu in der Brust.

Denn mit Göttern
Soll sich nicht messen
Irgendein Mensch.
Hebt er sich aufwärts
Und berührt
Mit dem Scheitel die Sterne,
Nirgends haften dann
Die unsichern Sohlen,
Und mit ihm spielen
Wolken und Winde.

Steht er mit festen,
Markigen Knochen
Auf der wohlgegründeten
Dauernden Erde,
Reicht er nicht auf,
Nur mit der Eiche
Oder der Rebe
Sich zu vergleichen.

Was unterscheidet
Götter von Menschen?
Dass viele Wellen
Vor jenen wandeln,
Ein ewiger Strom:
Uns hebt die Welle,
Verschlingt die Welle,
Und wir versinken.

Ein kleiner Ring
Begrenzt unser Leben,
Und viele Geschlechter
Reihen sich dauernd
An ihres Daseins
Unendliche Kette.

(e 1781)

Text 2 **Johann Wolfgang Goethe: Das Göttliche**

Edel sei der Mensch,
Hilfreich und gut!
Denn das allein
Unterscheidet ihn
Von allen Wesen,
Die wir kennen.

Heil den unbekannten
Höhern Wesen,
Die wir ahnen!
Ihnen gleiche der Mensch;
Sein Beispiel lehr uns
Jene glauben.

Denn unfühlend
Ist die Natur:
Es leuchtet die Sonne
Über Bös' und Gute,
Und dem Verbrecher
Glänzen wie dem Besten
Der Mond und die Sterne.

Wind und Ströme,
Donner und Hagel
Rauschen ihren Weg
Und ergreifen
Vorübereilend
Einen um den andern.

Auch so das Glück
Tappt unter die Menge,
Fasst bald des Knaben
Lockige Unschuld,
Bald auch den kahlen
Schuldigen Scheitel.

Nach ewigen, ehrnen,
Großen Gesetzen
Müssen wir alle
Unseres Daseins
Kreise vollenden.

Nur allein der Mensch
Vermag das Unmögliche:
Er unterscheidet,
Wählet und richtet;
Er kann dem Augenblick
Dauer verleihen.

Er allein darf
Den Guten lohnen,
Den Bösen strafen,
Heilen und retten,
Alles Irrende, Schweifende
Nützlich verbinden.

Und wir verehren
Die Unsterblichen,
Als wären sie Menschen,
Täten im Großen,
Was der Beste im Kleinen
Tut oder möchte.

Der edle Mensch
Sei hilfreich und gut!
Unermüdet schaff er
Das Nützliche, Rechte,
Sei uns ein Vorbild
Jener geahneten Wesen!

(e 1783)

Text 3 **Johann Wolfgang Goethe: Prometheus**
(Siehe Aufklärung, S. 189)

Text 4 **Matthias Claudius (1740–1815): Der Mensch**
(Siehe Einführung, S. 17)

Text 5 **Georg Büchner (1813–1837): Dantons Tod, 2. Akt** [Auszug]
(Biografie: Siehe Realistische Literatur, S. 270)

Der Jakobiner Saint-Just setzt sich vor dem Konvent für die Vernichtung der politischen Gegner ein und argumentiert gegen Danton und dessen Anhänger, die gegen die radikalen Methoden der Schreckensherrschaft sind:

[...]

St. Just. Es scheint in dieser Versammlung einige empfindliche Ohren zu geben, die das Wort „Blut“ nicht wohl vertragen können. Einige allgemeine Betrachtungen mögen sie überzeugen, dass wir nicht grausamer sind als die Natur und als die Zeit. Die Natur folgt ruhig und unwiderstehlich ihren Gesetzen; der Mensch wird vernichtet, wo er mit ihnen in Konflikt kommt. Eine Änderung in den Bestandteilen der Luft, ein Auflodern des tellurischen Feuers[1], ein Schwanken in dem Gleichgewicht einer Wassermasse und eine Seuche, ein vulkanischer Ausbruch, eine Überschwemmung begraben Tausende. Was ist das Resultat? Eine unbedeutende, im großen Ganzen kaum bemerkbare Veränderung der physischen Natur, die fast spurlos vorübergegangen sein würde, wenn nicht Leichen auf ihrem Wege lägen.

Ich frage nun: Soll die geistige Natur in ihren Revolutionen mehr Rücksicht nehmen als die physische? Soll eine Idee nicht ebenso gut wie ein Gesetz der Physik vernichten dürfen, was sich ihr widersetzt? Soll überhaupt ein Ereignis, was die ganze Gestaltung der moralischen Natur, das heißt der Menschheit, umändert, nicht durch Blut gehen dürfen? Der Weltgeist bedient sich in der geistigen Sphäre unserer Arme ebenso, wie er in der physischen Vulkane und Wasserfluten gebraucht. Was liegt daran, ob sie nun an einer Seuche oder an einer Revolution sterben?

Die Schritte der Menschheit sind langsam, man kann sie nur nach Jahrhunderten zählen; hinter jedem erheben sich die Gräber von Generationen. Das Gelangen zu den einfachsten Erfindungen und Grundsätzen hat Millionen das Leben gekostet, die auf dem Wege starben. Ist es denn nicht einfach, dass zu einer Zeit, wo der Gang der Geschichte rascher ist, auch mehr Menschen außer Atem kommen?

Wir schließen schnell und einfach: Da alle unter gleichen Verhältnissen geschaffen werden, so sind alle gleich, die Unterschiede abgerechnet, welche die Natur selbst gemacht hat; es darf daher jeder Vorzüge und darf daher keiner Vorrechte haben, weder ein Einzelner noch eine geringere oder größere Klasse von Individuen. – Jedes Glied dieses in der Wirklichkeit angewandten Satzes hat seine Menschen getötet. Der 14. Juli, der 10. August, der 31. Mai sind seine Interpunktionszeichen[2]. Er hatte vier Jahre Zeit nötig, um in der Körperwelt durchgeführt zu werden, und unter gewöhnlichen Umständen hätte er ein Jahrhundert dazu gebraucht und wäre mit Generationen interpunktiert worden. Ist es da so zu verwundern, dass der Strom der Revolution bei jedem Absatz, bei jeder neuen Krümmung seine Leichen ausstößt?

Wir werden unserm Satze noch einige Schlüsse hinzuzufügen haben; sollen einige hundert Leichen uns verhindern, sie zu machen? – Moses führte sein Volk durch das Rote Meer und in die Wüste, bis die alte verdorbne Generation sich aufgerieben hatte, eh er den neuen Staat gründete. Gesetzgeber! Wir haben weder das Rote Meer noch die Wüste, aber wir haben den Krieg und die Guillotine.

Die Revolution ist wie die Töchter des Pelias[3]: Sie zerstückt die Menschheit, um sie zu verjüngen. Die Menschheit wird aus dem Blutkessel wie die Erde aus den Wellen der Sündflut mit urkräftigen Gliedern sich erheben, als wäre sie zum ersten Male geschaffen. *(Langer, anhaltender Beifall. Einige Mitglieder erheben sich im Enthusiasmus.)*

Alle geheimen Feinde der Tyrannei, welche in Europa und auf dem ganzen Erdkreise den Dolch des Brutus unter ihren Gewändern tragen, fordern wir auf, diesen erhabnen Augenblick mit uns zu teilen. *(Die Zuhörer und die Deputierten stimmen die Marsaillaise an.)*

(e 1834/35)

[1] tellurisches Feuer: vulkanisches Feuer

[2] 14. Juli 1789: Sturm auf die Bastille; 10. August 1792: Erstürmung der Tuilerien; 31. Mai 1793: Verhaftung von Girondisten, Beginn der Jakobinerherrschaft im Konvent

[3] Die Töchter des Pelias zerstückelten und kochten ihren Vater im Glauben ihn damit verjüngen zu können.

Arbeitsanregungen:

[1] [a] Vergleichen Sie die unterschiedlichen Ansichten vom Menschen, die in den Texten 1–6 deutlich werden. (Mögliche Gesichtspunkte: Wert des Menschen, Möglichkeiten des Handelns und der geschichtlichen Entwicklung, Verhältnis Mensch-Mitmensch, Verhältnis Mensch-Gott ...) Achten Sie dabei auch auf den jeweils charakteristischen Sprachgebrauch.
[b] Formulieren Sie die Grundhaltungen, die in den Texten 1–6 zum Ausdruck kommen, in Form vom „Lebensmaximen" (= grundsätzliche Verhaltensregeln).

[2] Erschließen Sie eines der beiden (oder beide) klassischen Gedichte Goethes in einer eingehenderen Interpretation. (Vgl. Barock, S. 136ff.)

[3] [a] Bestimmen Sie den Unterschied zwischen Goethes Gedichten „Prometheus" (Text 3) und „Grenzen der Menschheit" (Text 1).
[b] Prüfen Sie, inwieweit sich dieser Unterschied von der Biografie des Verfassers her (vgl. S. 211f.) erklären lässt.

Text 6 **Hans Magnus Enzensberger (*1929): Doomsday[1]**

denkbar immerhin
wenn auch nicht glaublich
daß es ausbliebe
das vorgesehne verrecken
daß der frieden über uns käme
im ernst
sanftmütig
unerbittlich

erbleichend erbrächen wir den brief
mit der nachricht:
schrottreif
die glorreichen werke
umsonst geschält
auf den kongressen
die dürren äpfel: spieltheorie
wahrscheinlichkeitsrechnung

vergebens geblickt
auf das letzthinnige
und unser gerät
das unfehlbare
vor seinen opfern zunichte
die erbauer hilflos
ausgeliefert ihrer vernunft
lebenslänglich

verurteilt uns zu verstellen
ganz als wären wir menschen
denkbar immerhin
wenn auch nicht glaublich:
die katastrophe wäre da
wenn über uns käme die nachricht
daß sie ausbleiben wird
für immer

(v 1964)

(Aus lizenzrechtlichen Gründen ist dieser Text nicht in reformierter Rechtschreibung abgedruckt.)

II. Die Antike als Leitbild

Der Traditionszusammenhang mit der Antike ging über die Jahrhunderte hinweg nicht verloren. Die Kaiser des Mittelalters sahen sich als Erneuerer und Fortsetzer des römischen Kaisertums (translatio imperii). Mittelalterliche Theologen, z.B. Thomas von Aquin, setzten sich mit der Philosophie der Antike, vor allem mit Platon und Aristoteles, auseinander; Werke antiker Autoren wurden in den Schreibstuben der Klöster kopiert und in Bibliotheken aufbewahrt. Mittelalterliche Architektur und Bildende Kunst griffen immer wieder auf das Formenrepertoire der Antike zurück, z.B. auf die römische Gewölbetechnik in der Baukunst der Romanik, auf das Vorbild antiker Plastik bei der Gestaltung von Portalfiguren an gotischen Kathedralen (Reims).
Im Übergang vom Mittelalter zur Neuzeit knüpfte die Renaissance („Wiedergeburt" der Antike!) programmatisch an das Altertum an um das eigene Menschenbild und Kunstideal gegen das Mittelalter abzugrenzen. Dass die Architektur des Barock der Tradition der Antike vieles verdankt, versteht sich schon von ihrem Ursprungsort Rom her (Säulenordnungen, Gewölbe). Antike Stoffe, Motive sowie Mittel der Rhetorik (vgl. Einführung, S. 75ff.) spielten in der Literatur der Barockzeit eine wichtige Rolle (vgl. Barock, S. 147).
In der zweiten Hälfte des 18. Jahrhunderts wurde der Bezug zur Antike intensiviert. Der immer wieder aufgenommene Versuch einer Orientierung an der Antike ist verständlich, denn in der Antike wurde, für die europäische Geschichte grundlegend, nach dem Wesen des Menschen gefragt: Wie kann der Sinn des Lebens bestimmt, wie kann er verwirklicht werden?
In welchem Maße die literarische Klassik in Deutschland durch die Orientierung an der Antike geprägt worden ist, welche Motive dafür maßgebend waren, soll an einer Reihe von Texten untersucht werden.
An der Biografie Goethes lässt es sich besonders gut ablesen, welche Bedeutung die Antike für die Klassik hatte. Goethe hatte schon lange den Wunsch gehegt Italien kennen zu lernen, als er im September 1786 ohne seine Umgebung zu informieren zu seiner Reise nach Italien aufbrach (vgl. die Hinweise zur Biografie, S. 211f.). Neben der Italiensehnsucht war wohl auch die Unzufriedenheit mit seiner bisherigen Tätigkeit in der Weimarer Staatsverwaltung ein Motiv für seinen Entschluss. Die Reise führte ihn über die Alpen nach Trient, Vicenza, Venedig, Padua und über Mittelitalien (Perugia, Assisi) nach Rom, wo er am 29. Oktober ankam. Am 22. Februar 1787 reiste er nach Neapel, am 29. März nach Sizilien weiter; am 7. Juni 1787 kehrte er nach Rom zurück. Auf seiner Rückreise nach Deutschland (April bis Juni 1788) lernte er vor allem noch Florenz und Mailand kennen.
Erst 1813/14 begann Goethe, die Erfahrungen der „Italienischen Reise" im Überblick darzustellen; er stützte sich dabei u.a. auf Notizbücher, Briefe und ein Reisejournal aus der Zeit seines Aufenthaltes in Italien. „Es handelt sich also bei der Veröffentlichung der ‚Italienischen Reise' weniger um eine Neuschöpfung als um eine Redaktion" (H. v. Einem). Gerade aber der zeitliche Abstand, der zwischen der kunstvollen Komposition dieses Werkes und der Reise selbst liegt, lässt erkennen, welche Bedeutung die Italienreise für Goethe über das unmittelbare Erlebnis hinaus hatte.

[1] Doomsday: (engl.) Tag des Weltgerichts (Jüngster Tag)

1. Reiseerfahrungen

Text 1 Johann Wolfgang Goethe (1749–1832): Italienische Reise [Auszug]

[…] Rom, den 1. November 1786.

Endlich kann ich den Mund auftun und meine Freunde mit Frohsinn begrüßen. Verziehen sei mir das Geheimnis und die gleichsam unterirdische Reise hierher. Kaum wagte ich mir selbst zu sagen, wohin ich ging, selbst unterwegs fürchtete ich noch, und nur unter der Porta del Popolo war ich mir gewiss, Rom zu haben.

Und lasst mich nun auch sagen, dass ich tausendmal, ja beständig eurer gedenke in der Nähe der Gegenstände, die ich allein zu sehen niemals glaubte. Nur da ich jedermann mit Leib und Seele in Norden gefesselt, alle Anmutung nach diesen Gegenden verschwunden sah, konnte ich mich entschließen, einen langen, einsamen Weg zu machen und den Mittelpunkt zu suchen, nach dem mich ein unwiderstehliches Bedürfnis hinzog. Ja, die letzten Jahre wurde es eine Art von Krankheit, von der mich nur der Anblick und die Gegenwart heilen konnte. Jetzt darf ich es gestehen; zuletzt durft' ich kein lateinisch Buch mehr ansehen, keine Zeichnung einer italienischen Gegend. Die Begierde, dieses Land zu sehen, war überreif: da sie befriedigt ist, werden mir Freunde und Vaterland erst wieder recht aus dem Grunde lieb und die Rückkehr wünschenswert, ja um desto wünschenswerter, da ich mit Sicherheit empfinde, dass ich so viele Schätze nicht zu eignem Besitz und Privatgebrauch mitbringe, sondern dass sie mir und andern durchs ganze Leben zur Leitung und Fördernis dienen sollen. […]

(e 1813/14)

Text 2 Johann Wolfgang Goethe: Italienische Reise [Auszug]

[…] [In Assisi, Oktober 1786]

Ich verließ Perugia an einem herrlichen Morgen und fühlte die Seligkeit, wieder allein zu sein. Die Lage der Stadt ist schön, der Anblick des Sees höchst erfreulich. Ich habe mir die Bilder wohl eingedrückt. Der Weg ging erst hinab, dann in einem frohen, an beiden Seiten in der Ferne von Hügeln eingefassten Tale hin, endlich sah ich Assisi liegen.

Aus Palladio und Volkmann wusste ich, dass ein köstlicher Tempel der Minerva, zu Zeiten Augusts gebaut, noch vollkommen erhalten dastehe. Ich verließ bei Madonna del Angelo meinen Vetturin[1], der seinen Weg nach Foligno verfolgte, und stieg unter einem starken Wind nach Assisi hinauf, denn ich sehnte mich, durch die für mich so einsame Welt eine Fußwanderung anzustellen. Die ungeheueren Substruktionen der babylonisch übereinander getürmten Kirchen, wo der heilige Franziskus ruht, ließ ich links mit Abneigung, denn ich dachte mir, dass darin die Köpfe so wie mein Hauptmannskopf[2] gestempelt würden. Dann fragte ich einen hübschen Jungen nach der Maria della Minerva; er begleitete mich die Stadt hinauf, die an einen Berg gebaut ist. Endlich gelangten wir in die eigentliche alte Stadt, und siehe, das löblichste Werk stand vor meinen Augen, das erste vollständige Denkmal der alten Zeit, das ich erblickte. Ein bescheidener Tempel, wie er sich für eine so kleine Stadt schickte, und doch so vollkommen, so schön gedacht, dass er überall glänzen würde. Nun vorerst von seiner Stellung! Seitdem ich in Vitruv[3] und Palladio[4] gelesen, wie man Städte bauen, Tempel und öffentliche Gebäude stellen müsse, habe ich einen großen Respekt vor solchen Dingen. Auch hierin waren die Alten so groß im Natürlichen. Der Tempel steht auf der schönen mittlern Höhe des Berges, wo eben zwei Hügel zusammentreffen, auf dem Platz, der noch jetzt „der Platz" heißt. Dieser steigt selbst ein wenig an, und es kommen auf demselben vier Straßen zusammen, die ein sehr gedrücktes Andreaskreuz machen, zwei von unten herauf, zwei von oben herunter. Wahrscheinlich standen zur alten Zeit die Häuser noch nicht, die jetzt, dem Tempel gegenüber gebaut, die Aussicht versperren. Denkt man sie weg, so blickte man gegen Mittag in die reichste Gegend, und zugleich würde Minervens Heiligtum von allen Seiten her gesehen. Die Anlage der Straßen mag alt sein; denn sie folgen aus der Gestalt und dem Abhange des Berges. Der Tempel steht nicht in der Mitte des Platzes, aber so gerichtet, dass er dem von Rom Heraufkommenden verkürzt gar schön sichtbar wird. Nicht allein das Gebäude sollte man zeichnen, sondern auch die glückliche Stellung.

An der Fassade konnte ich mich nicht satt sehen, wie genialisch konsequent auch hier der Künstler gehandelt. Die Ordnung ist korinthisch, die Säulenweiten etwas über zwei Model. Die Säulenfüße und die Platten darunter scheinen auf Piedestalen zu stehen, aber es scheint auch nur; denn der Sockel ist fünfmal durchschnitten, und jedesmal gehen fünf Stufen zwischen den Säulen hinauf, da man denn auf die Fläche gelangt, worauf eigentlich die Säulen stehen, und von welcher man auch in den Tempel hineingeht. Das

1 Vetturin: Wagenfahrer, Kutscher
2 Anspielung auf eine Bekanntschaft, die Goethe kurz vor seiner Ankunft in Assisi gemacht hat
3 Vitruv, eigentl. Vitruvius Polli: De architectura (um 25 v. Chr.)
4 Andrea Palladio (1508–1580): ital. Baumeister

Wagstück, den Sockel zu durchschneiden, war hier am rechten Platze, denn da der Tempel am Berge liegt, so hätte die Treppe, die zu ihm hinaufführte, viel zu weit vorgelegt werden müssen und würde den Platz verengt haben. Wie viel Stufen noch unterhalb gelegen, lässt sich nicht bestimmen; sie sind außer wenigen verschüttet und zugepflastert. Ungern riss ich mich von dem Anblick los und nahm mir vor, alle Architekten auf dieses Gebäude aufmerksam zu machen, damit uns ein genauer Riss davon zukäme. […]

(e 1813/14)

Text 3 Johann Wolfgang Goethe: Italienische Reise [Auszug]

Neapel, Dienstag, den 20. März 1787.

Die Kunde einer soeben ausbrechenden Lava, die, für Neapel unsichtbar, nach Ottajano hinunterfließt, reizte mich, zum dritten Male den Vesuv zu besuchen. Kaum war ich am Fuße desselben aus meinem zweirädrigen, einpferdigen Fuhrwerk gesprungen, so zeigten sich schon jene beiden Führer, die uns früher hinaufbegleitet hatten. Ich wollte keinen missen und nahm den einen aus Gewohnheit und Dankbarkeit, den andern aus Vertrauen, beide der mehreren Bequemlichkeit wegen mit mir.

Auf die Höhe gelangt, blieb der eine bei den Mänteln und Viktualien, der jüngere folgte mir, und wir gingen mutig auf einen ungeheuren Dampf los, der unterhalb des Kegelschlundes aus dem Berge brach; sodann schritten wir an dessen Seite her gelind hinabwärts, bis wir endlich unter klarem Himmel aus dem wilden Dampfgewölke die Lava hervorquellen sahen.

Man habe auch tausendmal von einem Gegenstande gehört, das Eigentümliche desselben spricht nur zu uns aus dem unmittelbaren Anschauen. Die Lava war schmal, vielleicht nicht breiter als zehn Fuß, allein die Art, wie sie eine sanfte, ziemlich ebene Fläche hinabfloss, war auffallend genug; denn indem sie während des Fortfließens an den Seiten und an der Oberfläche verkühlt, so bildet sich ein Kanal, der sich immer erhöht, weil das geschmolzene Material auch unterhalb des Feuerstroms erstarrt, welcher die auf der Oberfläche schwimmenden Schlacken rechts und links gleichförmig hinunterwirft, wodurch sich denn nach und nach ein Damm erhöht, auf welchem der Glutstrom ruhig fortfließt wie ein Mühlbach. Wir gingen neben dem ansehnlich erhöhten Damme her, die Schlacken rollten regelmäßig an den Seiten herunter bis zu unsern Füßen. Durch einige Lücken des Kanals konnten wir den Glutstrom von unten sehen und, wie er weiter hinabfloss, ihn von oben beobachten.

Durch die hellste Sonne erschien die Glut verdüstert, nur ein mäßiger Rauch stieg in die reine Luft. Ich hatte Verlangen, mich dem Punkte zu nähern, wo sie aus dem Berge bricht; dort sollte sie, wie mein Führer versicherte, sogleich Gewölb und Dach über sich her bilden, auf welchem er öfters gestanden habe. Auch dieses zu sehen und zu erfahren, stiegen wir den Berg wieder hinauf, um jenem Punkte von hintenher beizukommen. Glücklicherweise fanden wir die Stelle durch einen lebhaften Windzug entblößt, freilich nicht ganz, denn ringsum qualmte der Dampf aus tausend Ritzen, und nun standen wir wirklich auf der breiartig gewundenen, erstarrten Decke, die sich aber so weit vorwärts erstreckte, dass wir die Lava nicht konnten herausquellen sehen.

Wir versuchten noch ein paar Dutzend Schritte, aber der Boden ward immer glühender; sonneverfinsternd und erstickend wirbelte ein unüberwindlicher Qualm. Der vorausgegangene Führer kehrte bald um, ergriff mich, und wir entwanden uns diesem Höllenbrudel.

Nachdem wir die Augen an der Aussicht, Gaumen und Brust aber am Weine gelabt, gingen wir umher, noch andere Zufälligkeiten dieses mitten im Paradies aufgetürmten Höllengipfels zu beobachten. Einige Schlünde, die als vulkanische Essen keinen Rauch, aber eine glühende Luft fortwährend gewaltsam ausstoßen, betrachtete ich wieder mit Aufmerksamkeit. Ich sah sie durchaus mit einem tropfsteinartigen Material tapeziert, welches zitzen- und zapfenartig die Schlünde bis oben bekleidete. Bei der Ungleichheit der Essen fanden sich mehrere dieser herabhängenden Dunstprodukte ziemlich zur Hand, so dass wir sie mit unsern Stäben und einigen hakenartigen Vorrichtungen gar wohl gewinnen konnten. Bei dem Lavahändler hatte ich schon dergleichen Exemplare unter der Rubrik der wirklichen Laven gefunden, und ich freute mich, entdeckt zu haben, dass es vulkanischer Ruß sei, abgesetzt aus den heißen Schwaden, die darin enthaltenen verflüchtigten mineralischen Teile offenbarend.

[…] (e 1813/14)

Text 4 Johann Wolfgang Goethe: Italienische Reise [Auszug]

[…] Den 10. November 1786.

Ich lebe nun hier mit einer Klarheit und Ruhe, von der ich lange kein Gefühl hatte. Meine Übung, alle Dinge, wie sie sind, zu sehen und abzulesen, meine Treue, das Auge licht sein zu lassen, meine völlige Entäußerung von aller Prätention[1] kommen mir einmal

[1] Prätention: Anspruch, Anmaßung

Arbeitsanregungen:

1. Legen Sie in einem Brief an einen Freund/eine Freundin dar, welche Erfahrungen in einem fremden Land für Sie besonders wichtig waren. Beschreiben Sie, auf welchem Weg Sie zu diesen Erfahrungen gekommen sind (Begegnung mit Landschaften, Menschen, Kultur; Selbsterfahrung).

2. Zeigen Sie an einem der Texte, wie Goethe Italien erlebt und mit welchen sprachlichen Mitteln er dieses Erlebnis darstellt.

3. Wie begegnet Goethe der Antike in Italien, was bedeutet sie für ihn?

4. a) Informieren Sie sich in einem modernen Reiseführer über die Sehenswürdigkeiten der Stadt Assisi.
   b) Vergleichen Sie damit Goethes Interessenschwerpunkt (Text 2). Wie erklären Sie sich den Unterschied?

5. Ein Vergleich mit Goethes Jugendwerk „Die Leiden des jungen Werthers“ kann die Position des „klassischen“ Goethe verdeutlichen.
   a) Stellen Sie die Landschaftsbeschreibung in Text 3 der Naturbeschreibung in Werthers Brief vom 10. Mai 1772 (siehe Aufklärung/Sturm und Drang, S. 186) im Hinblick auf Inhalt und Sprache gegenüber. (Zur Zusammenfassung der Ergebnisse empfiehlt sich eine tabellarische Übersicht.)
   b) Vergleichen Sie Text 4 mit Werthers Gedanken vom 22. Mai 1772 (siehe Aufklärung/Sturm und Drang, S. 186) und beachten Sie dabei vor allem die unterschiedliche Bedeutung, die das Motiv der „Rückkehr in sich selbst“ jeweils hat.

wieder recht zustatten und machen mich im Stillen höchst glücklich. Alle Tage ein neuer merkwürdiger Gegenstand, täglich frische, große, seltsame Bilder und ein Ganzes, das man sich lange denkt und träumt, nie mit der Einbildungskraft erreicht.

Heute war ich bei der Pyramide des Cestius und abends auf dem Palatin, oben auf den Ruinen der Kaiserpaläste, die wie Felsenwände dastehn. Hievon lässt sich nun freilich nichts überliefern! Wahrlich, es gibt hier nichts Kleines, wenn auch wohl hier und da etwas Scheltenswertes und Abgeschmacktes; doch auch ein solches hat teil an der allgemeinen Großheit genommen.

Kehr' ich nun in mich selbst zurück, wie man doch so gern tut bei jeder Gelegenheit, so entdecke ich ein Gefühl, das mich unendlich freut, ja, das ich sogar auszusprechen wage. Wer sich mit Ernst hier umsieht und Augen hat zu sehen, muss solid werden, er muss einen Begriff von Solidität fassen, der ihm nie so lebendig ward.

Der Geist wird zur Tüchtigkeit gestempelt, gelangt zu einem Ernst ohne Trockenheit, zu einem gesetzten Wesen mit Freude. Mir wenigstens ist es, als wenn ich die Dinge dieser Welt nie so richtig geschätzt hätte als hier. Ich freue mich der gesegneten Folgen auf mein ganzes Leben.

Und so lasst mich aufraffen, wie es kommen will, die Ordnung wird sich geben. Ich bin nicht hier, um nach meiner Art zu genießen; befleißigen will ich mich der großen Gegenstände, lernen und mich ausbilden, ehe ich vierzig Jahre alt werde. [...]

(e 1813/14)

2. Aneignung der Antike

Einen großen Einfluss auf Goethes Bild der Antike hatten die Gedanken Johann Joachim Winckelmanns (1717–1768). Nach der Konversion zum Katholizismus wurde Winckelmann 1757 Bibliothekar und Kustos der Antikengalerie des Kardinals Albani in Rom. 1763 wurde ihm die Aufsicht über die Altertümer in und um Rom übertragen.

Text 1 Johann Joachim Winckelmann (1717–1768): Gedanken über die Nachahmung der griechischen Werke in der Malerei und Bildhauerkunst [Auszüge]

[...]
Der gute Geschmack, welcher sich mehr und mehr durch die Welt ausbreitet, hat sich angefangen zuerst unter dem griechischen Himmel zu bilden. Alle Erfindungen fremder Völker kamen gleichsam nur als der erste Same nach Griechenland, und nahmen eine andere Natur und Gestalt an in dem Lande, welches Minerva, sagt man, vor allen Ländern, wegen der gemäßigten Jahreszeiten, die sie hier angetroffen, den Griechen zur Wohnung angewiesen, als ein Land welches kluge Köpfe hervorbringen würde.

Der Geschmack, den diese Nation ihren Werken gegeben hat, ist ihr eigen geblieben; er hat sich selten weit von Griechenland entfernet, ohne etwas zu verlieren, und unter entlegenen Himmelstrichen ist er spät bekannt geworden.

[...]

Der einzige Weg für uns, groß, ja, wenn es möglich ist, unnachahmlich zu werden, ist die Nachahmung der Alten, und was jemand vom Homer gesagt, dass derjenige ihn bewundern lernet, der ihn wohl verstehen gelernet, gilt auch von den Kunstwerken der Alten, sonderlich der Griechen. Man muss mit ihnen, wie mit seinem Freunde, bekannt geworden sein, um den Laokoon[1] ebenso unnachahmlich als den Homer zu finden. [...]

Die Kenner und Nachahmer der griechischen Werke finden in ihren Meisterstücken nicht allein die schönste Natur, sondern noch mehr als Natur, das ist, gewisse idealische Schönheiten derselben, die, wie uns ein alter Ausleger des Plato lehret, von Bildern bloß im Verstande entworfen, gemacht sind.

[...]

Das allgemeine vorzügliche Kennzeichen der griechischen Meisterstücke ist endlich eine edle Einfalt, und eine stille Größe, sowohl in der Stellung als im Ausdrucke. So wie die Tiefe des Meers allezeit ruhig bleibt, die Oberfläche mag noch so wüten, ebenso zeiget der Ausdruck in den Figuren der Griechen bei allen Leidenschaften eine große und gesetzte Seele.

Diese Seele schildert sich in dem Gesichte des Laokoons, und nicht in dem Gesichte allein, bei dem heftigsten Leiden. Der Schmerz, welcher sich in allen Muskeln und

Laokoongruppe von Hagesander, Polydoros und Athanodoros (um 50 v. Chr.; Vatikanische Sammlungen)

[1] Laokoon: sagenhafter trojanischer Priester, der die Troer vor dem hölzernen Pferd der Griechen gewarnt hatte und kurz danach beim Darbringen des Opfers mit seinen Söhnen von zwei Schlangen erwürgt wurde. Winckelmann spricht hier von der Laokoongruppe.

Sehnen des Körpers entdecket, und den man ganz allein, ohne das Gesicht und andere Teile zu betrachten, an dem schmerzlich eingezogenen Unterleibe beinahe selbst zu empfinden glaubet; dieser Schmerz, sage ich, äußert sich dennoch mit keiner Wut in dem Gesichte und in der ganzen Stellung. Er erhebet kein schreckliches Geschrei, wie Vergil von seinem Laokoon singet: Die Öffnung des Mundes gestattet es nicht; es ist vielmehr ein ängstliches und beklemmtes Seufzen, wie es Sadoleto beschreibet. Der Schmerz des Körpers und die Größe der Seele sind durch den ganzen Bau der Figur mit gleicher Stärke ausgeteilet, und gleichsam abgewogen. [...]

(e 1755)

Text 2 **Friedrich Hölderlin (1770–1843): Hyperion** [Auszüge]
(Biografie: Siehe Einführung, S. 23f.)

Die Titelfigur des Briefromans ist ein junger Grieche, der in der Zeit der türkischen Fremdherrschaft für die Befreiung seiner Heimat kämpft. Die Erinnerung an die vergangene Größe des antiken Griechenland gibt ihm dabei Kraft und Orientierung. Im Befreiungskampf jedoch werden seine Ideale durch die Brutalität seiner Mitkämpfer enttäuscht. Nachdem er seine Geliebte Diotima verloren hat, begibt er sich auf eine längere Reise, die ihn nach Deutschland führt. Dort lernt er den späteren Adressaten seiner Briefe, Bellarmin, kennen. Schließlich kehrt er wieder nach Griechenland zurück. Im Einklang mit der Natur findet er Ruhe.

[...]

Hyperion an Bellarmin

Es gibt große Stunden im Leben. Wir schauen an ihnen hinauf, wie an den kolossalischen Gestalten der Zukunft und des Altertums, wir kämpfen einen herrlichen Kampf mit ihnen, und bestehn wir vor ihnen, so werden sie, wie Schwestern, und verlassen uns nicht.

Wir saßen einst zusammen auf unsrem Berge, auf einem Steine der alten Stadt dieser Insel und sprachen davon, wie hier der Löwe Demosthenes sein Ende gefunden, wie er hier mit heiligem selbst erwähltem Tode aus den macedonischen Ketten und Dolchen sich zur Freiheit geholfen – Der herrliche Geist ging scherzend aus der Welt, rief einer; warum nicht?, sagt ich; er hatte nichts mehr hier zu suchen; Athen war Alexanders Dirne geworden, und die Welt, wie ein Hirsch, von dem großen Jäger zu Tode gehetzt.

O Athen!, rief Diotima; ich habe manchmal getrauert, wenn ich dahinaus sah, und aus der blauen Dämmerung mir das Phantom des Olympion aufstieg!

Wie weit ists hinüber?, fragt ich.

Eine Tagreise vielleicht, erwiderte Diotima.

Eine Tagereise, rief ich, und ich war noch nicht drüben? Wir müssen gleich hinüber zusammen.

Recht so!, rief Diotima; wir haben morgen heitere See, und alles steht jetzt noch in seiner Grüne und Reife.

Man braucht die ewige Sonne und das Leben der unsterblichen Erde zu solcher Wallfahrt.

Also morgen!, sagt ich, und unsre Freunde stimmten mit ein.

Wir fuhren früh, unter dem Gesange des Hahns, aus der Reede. In frischer Klarheit glänzten wir und die Welt. Goldne stille Jugend war in unsern Herzen. Das Leben in uns war, wie das Leben einer neu gebornen Insel des Ozeans, worauf der erste Frühling beginnt.

Schon lange war unter Diotimas Einfluss mehr Gleichgewicht in meine Seele gekommen; heute fühlt ich es dreifach rein, und die zerstreuten schwärmenden Kräfte waren all in Eine goldne Mitte versammelt.

Wir sprachen untereinander von der Trefflichkeit des alten Athenervolks, woher sie komme, worin sie bestehe.

Einer sagte, das Klima hat es gemacht; der andere: die Kunst und Philosophie; der Dritte: Religion und Staatsform.

Athenische Kunst und Religion, und Philosophie und Staatsform, sagt ich, sind Blüten und Früchte des Baums, nicht Boden und Wurzel. Ihr nehmt die Wirkungen für die Ursache.

Wer aber mir sagt, das Klima habe dies alles gebildet, der denke, dass auch wir darin noch leben.

Ungestörter in jedem Betracht, von gewaltsamem Einfluss freier, als irgendein Volk der Erde, erwuchs das Volk der Athener. Kein Eroberer schwächt sie, kein Kriegsglück berauscht sie, kein fremder Götterdienst betäubt sie, keine eilfertige Weisheit treibt sie zu unzeitiger Reife. Sich selber überlassen, wie der werdende Diamant, ist ihre Kindheit. [...]

Freilich hat auch Himmel und Erde für die Athener, wie für alle Griechen, das ihre getan, hat ihnen nicht Armut und nicht Überfluss gereicht. Die Strahlen des Himmels sind nicht, wie ein Feuerregen, auf sie gefallen. Die Erde verzärtelte, berauschte sie nicht mit Liebkosungen und übergütigen Gaben, wie sonst wohl hie und da die törige Mutter tut.

Hiezu kam die wundergroße Tat des Theseus, die freiwillige Beschränkung seiner eignen königlichen Gewalt.

O! solch ein Samenkorn in die Herzen des Volks geworfen, muss einen Ozean von goldnen Ähren erzeugen, und sichtbar wirkt und wuchert es spät noch unter den Athenern.

Also noch einmal! dass die Athener so frei von gewaltsamem Einfluss aller Art, so recht bei mittelmäßiger Kost aufwuchsen, das hat sie so vortrefflich gemacht, und dies nur konnt es!

Lasst von der Wiege an den Menschen ungestört! treibt aus der eng vereinten Knospe seines Wesens, treibt aus dem Hüttchen seiner Kindheit ihn nicht heraus! tut nicht zu wenig, dass er euch nicht entbehre und so von ihm euch unterscheide, tut nicht zu viel, dass er eure oder seine Gewalt nicht fühle, und so von ihm euch unterscheide, kurz, lasst den Menschen spät erst wissen, dass es Menschen, dass es irgendetwas außer ihm gibt, denn so nur wird er Mensch. Der Mensch ist aber ein Gott, so bald er Mensch ist. Und ist er ein Gott, so ist er schön. [...]

Hyperion fasst später seine Eindrücke von Deutschland, sein Urteil über die Situation dieses Landes zusammen:

[...]

Hyperion an Bellarmin

So kam ich unter die Deutschen. Ich forderte nicht viel und war gefasst, noch weniger zu finden. Demütig kam ich, wie der heimatlose blinde Oedipus zum Tore von Athen, wo ihn der Götterhain empfing; und schöne Seelen ihm begegneten –

Wie anders ging es mir!

Barbaren von alters her, durch Fleiß und Wissenschaft und selbst durch Religion barbarischer geworden, tiefunfähig jedes göttlichen Gefühls, verdorben bis ins Mark zum Glück der heiligen Grazien, in jedem Grad der Übertreibung und der Ärmlichkeit beleidigend für jede gut geartete Seele, dumpf und harmonielos, wie die Scherben eines weggeworfenen Gefäßes – das, mein Bellarmin! waren meine Tröster.

Es ist ein hartes Wort und dennoch sag ichs, weil es Wahrheit ist: ich kann kein Volk mir denken, das zerrissner wäre, wie die Deutschen. Handwerker siehst du, aber keine Menschen, Denker, aber keine Menschen, Priester, aber keine Menschen, Herrn und Knechte, Jungen und gesetzte Leute, aber keine Menschen – ist das nicht, wie ein Schlachtfeld, wo Hände und Arme und alle Glieder zerstückelt untereinander liegen, indessen das vergossne Lebensblut im Sande zerrinnt?

Ein jeder treibt das Seine, wirst du sagen, und ich sag es auch. Nur muss er es mit ganzer Seele treiben, muss nicht jede Kraft in sich ersticken, wenn sie nicht gerade sich zu seinem Titel passt, muss nicht mit dieser kargen Angst, buchstäblich heuchlerisch das, was er heißt, nur sein, mit Ernst, mit Liebe muss er das sein, was er ist, so lebt ein Geist in seinem Tun, und ist er in ein Fach gedrückt, wo gar der Geist nicht leben darf, so stoß ers mit Verachtung weg und lerne pflügen! Deine Deutschen aber bleiben gerne beim Notwendigsten, und darum ist bei ihnen auch so viele Stümperarbeit und so wenig Freies, Echterfreuliches. Doch das wäre zu verschmerzen, müssten solche Menschen nur nicht fühllos sein für alles schöne Leben, ruhte nur nicht überall der Fluch der gottverlassnen Unnatur auf solchem Volke. –

[...] (e 1797–99)

Text 3 Friedrich Schiller (1759–1805): Brief an Herder vom 4. November 1795 [Auszug]

[...]

Es lässt sich, wie ich denke, beweisen, dass unser Denken und Treiben, unser bürgerliches, politisches, religiöses, wissenschaftliches Leben und Wirken wie die Prosa der Poesie entgegengesetzt ist. Diese Übermacht der Prosa in dem Ganzen unsres Zustandes ist meines Bedünkens so groß und so entschieden, dass der poetische Geist, anstatt darüber Meister zu werden, notwendig davon angesteckt und also zugrunde gerichtet werden müsste. Daher weiß ich für den poetischen Genius kein Heil, als dass er sich aus dem Gebiet der wirklichen Welt zurückzieht und anstatt jener Koalition, die ihm gefährlich sein würde, auf die strengste Separation sein Bestreben richtet. Daher scheint es mir gerade ein Gewinn für ihn zu sein, dass er seine eigne Welt formieret und durch die griechischen Myhten der Verwandte eines fernen, fremden und idealischen Zeitalters bleibt, da ihn die Wirklichkeit nur beschmutzen würde. [...]

Arbeitsanregungen:

1 a Welches Bild der Antike entwerfen die Autoren der Texte 1–2 und wie bewerten sie diese Epoche?
b Welche Bedeutung hat dabei die Analyse und Bewertung ihrer eigenen historischen Situation?

2 Legen Sie in einem schriftlich formulierten Diskussionsbeitrag dar, wie Sie nach Ihrem augenblicklichen Informationsstand die Einschätzung der Antike durch die Klassik beurteilen. Beziehen Sie die Aussagen von Text 3 in Ihre Argumentation ein.

Arbeitsanregungen:

[1] Welche Gemeinsamkeiten in der Baugestaltung weisen die Bauwerke auf, die auf den Bildern 1 und 2 dargestellt sind?
Erklären Sie die Übereinstimmungen.

[2] Goethe verehrte Palladio und wertete die Gotik ab.
[a] Zeigen Sie durch einen Vergleich der in den Bildern 2 und 3 wiedergegebenen Kirchenfassaden einige wesentliche Unterschiede zwischen dem Stil Palladios und dem Baustil der Gotik. Welche unterschiedlichen „Baugesinnungen" werden hier sichtbar?
[b] Zeigen Sie Übereinstimmungen zwischen dem Palladio-Stil und den Kunstidealen der Klassik.

Nicht nur für die Literatur, sondern auch für Architektur und Bildende Kunst der Zeit um 1800 war die Antike Leitbild. Einige Zusammenhänge sollen durch Abbildungen verdeutlicht werden.

Bild 1 Der Parthenon in Athen (Rekonstruktionszeichnung), erbaut 447–432 v. Chr.

Bild 2 Venedig, Chiesa del Redentore (Erlöserkirche), erbaut von Andrea Palladio (1508–80) in den Jahren 1577–92

Bild 3 Reims, Westfassade der Kathedrale, erbaut nach 1211

3. Normen der Kunst

Im vorhergehenden Abschnitt wurde deutlich, dass die Klassik schon dadurch, dass sie sich an der Antike orientierte, Normen für die künstlerische Arbeit anerkannte. Eine solche Bindung an Normen der Kunst ist keineswegs selbstverständlich. Während man z.B. im Zeitalter des Barock und in der Aufklärung ganze „Regelwerke" aufstellte, lehnten die Dichter des Sturm und Drang jegliche Reglementierung der Kunst ab (vgl. Aufklärung/ Sturm und Drang, S. 185ff.) und forderten Freiheit für die Originalität des schöpferischen Genies. Lessing nimmt hier mit seinem Gedanken, das Genie trage die Regeln künstlerischer Produktivität in sich, eine Zwischenstellung ein.
Goethe fasste nach seiner Rückkehr aus Italien die Ergebnisse seines Nachdenkens über die Kunst in einer Reihe von Aufsätzen zusammen. Einer dieser Aufsätze soll einen Einblick in die Normenvorstellungen der Klassik geben.

Text 1 **Johann Wolfgang Goethe (1749–1832): Einfache Nachahmung der Natur, Manier, Stil**

Es scheint nicht überflüssig zu sein, genau anzuzeigen, was wir uns bei diesen Worten denken, welche wir öfters brauchen werden. Denn wenn man sich gleich auch derselben schon lange in Schriften bedient, wenn sie gleich durch theoretische Werke bestimmt zu sein scheinen, so braucht denn doch jeder sie meistens in einem eigenen Sinne und denkt sich mehr oder weniger dabei, je schärfer oder schwächer er den Begriff gefasst hat, der dadurch ausgedrückt werden soll.

Einfache Nachahmung der Natur

Wenn ein Künstler, bei dem man das natürliche Talent voraussetzen muss, in der frühsten Zeit, nachdem er nur einigermaßen Auge und Hand an Mustern geübt, sich an die Gegenstände der Natur wendete, mit Treue und Fleiß ihre Gestalten, ihre Farben auf das Genaueste nachahmte, sich gewissenhaft niemals von ihr entfernte, jedes Gemälde, das er zu fertigen hätte, wieder in ihrer Gegenwart anfinge und vollendete, ein solcher würde immer ein schätzenswerter Künstler sein; denn es könnte ihm nicht fehlen, dass er in einem unglaublichen Grade wahr würde, dass seine Arbeiten sicher, kräftig und reich sein müssten.

Wenn man diese Bedingungen genau überlegt, so sieht man leicht, dass eine zwar fähige, aber beschränkte Natur angenehme, aber beschränkte Gegenstände auf diese Weise behandlen könne.

Solche Gegenstände müssen leicht und immer zu haben sein; sie müssen bequem gesehen und ruhig nachgebildet werden können; das Gemüt, das sich mit einer solchen Arbeit beschäftigt, muss still, in sich gekehrt und in einem mäßigen Genuss genügsam sein.

Diese Art der Nachbildung würde also bei sogenannten toten oder still liegenden Gegenständen von ruhigen, treuen, eingeschränkten Menschen in Ausübung gebracht werden. Sie schließt ihrer Natur nach eine hohe Vollkommenheit nicht aus.

Manier

Allein gewöhnlich wird dem Menschen eine solche Art, zu verfahren, zu ängstlich oder nicht hinreichend. Er sieht eine Übereinstimmung vieler Gegenstände, die er nur in ein Bild bringen kann, indem er das Einzelne aufopfert; es verdrießt ihn, der Natur ihre Buchstaben im Zeichen nur gleichsam nachzubuchstabieren; er erfindet sich selbst eine Weise, macht sich selbst eine Sprache, um das, was er mit der Seele ergriffen, wieder nach seiner Art auszudrücken, einem Gegenstande, den er öfters wiederholt hat, eine eigne bezeichnende Form zu geben, ohne, wenn er ihn wiederholt, die Natur selbst vor sich zu haben, noch auch sich geradezu ihrer ganz lebhaft zu erinnern.

Nun wird es eine Sprache, in welcher sich der Geist des Sprechenden unmittelbar ausdrückt und bezeichnet. Und wie die Meinungen über sittliche Gegenstände sich in der Seele eines jeden, der selbst denkt, anders reihen und gestalten, so wird auch jeder Künstler dieser Art die Welt anders sehen, ergreifen und nachbilden, er wird ihre Erscheinungen bedächtiger oder leichter fassen, er wird sie gesetzter oder flüchtiger wieder hervorbringen.

Wir sehen, dass diese Art der Nachahmung am geschicktesten bei Gegenständen angewendet wird, welche in einem großen Ganzen viele kleine subordinierte Gegenstände enthalten. Diese letztere müssen aufgeopfert werden, wenn der allgemeine Ausdruck des großen Gegenstandes erreicht werden soll, wie zum Exempel bei Landschaften der Fall ist, wo man ganz die Absicht verfehlen würde, wenn man sich ängstlich beim Einzelnen aufhalten und den Begriff des Ganzen nicht vielmehr festhalten wollte.

Stil

Gelangt die Kunst durch Nachahmung der Natur, durch Bemühung, sich eine allgemeine Sprache zu machen, durch genaues und tiefes Studium der Gegenstände selbst endlich dahin, dass sie die Eigenschaften der Dinge und die Art, wie sie bestehen, genau und immer genauer kennen lernt, dass sie die Reihe der Gestalten übersieht und die verschiedenen charakteristischen Formen nebeneinander zu stellen und nachzuahmen weiß, dann wird der Stil der höchste Grad, wohin sie gelangen kann; der Grad, wo sie sich den höchsten menschlichen Bemühungen gleichstellen darf.

Wie die einfache Nachahmung auf dem ruhigen Dasein und einer liebevollen Gegenwart beruhet, die Manier eine Erscheinung mit einem leichten, fähigen Gemüt ergreift, so ruht der Stil auf den tiefsten Grundfesten der Erkenntnis, auf dem Wesen der Dinge, insofern uns erlaubt ist, es in sichtbaren und greiflichen Gestalten zu erkennen.

Die Ausführung des oben Gesagten würde ganze Bände einnehmen; man kann auch schon manches darüber in Büchern finden; der reine Begriff aber ist allein an der Natur und den Kunstwerken zu studieren. Wir fügen noch einige Betrachtungen hinzu und werden, sooft von bildender Kunst die Rede ist, Gelegenheit haben, uns dieser Blätter zu erinnern.

Es lässt sich leicht einsehen, dass diese drei hier voneinander geteilten Arten, Kunstwerke hervorzubringen, genau miteinander verwandt sind, und dass eine in die andere sich zart verlaufen kann.

Die einfache Nachahmung leicht fasslicher Gegenstände – wir wollen hier zum Beispiel Blumen und Früchte nehmen – kann schon auf einen hohen Grad gebracht werden. Es ist natürlich, dass einer, der Rosen nachbildet, bald die schönsten und frischesten Rosen kennen und unterscheiden und unter Tausenden, die ihm der Sommer anbietet, heraussuchen werde. Also tritt hier schon die Wahl ein, ohne dass sich der Künstler einen allgemeinen bestimmten Begriff von der Schönheit der Rose gemacht hätte. Er hat mit fasslichen Formen zu tun; alles kommt auf die mannigfaltige Bestimmung und die Farbe der Oberfläche an. Die pelzige Pfirsche, die fein bestaubte Pflaume, den glatten Apfel, die glänzende Kirsche, die blendende Rose, die mannigfaltigen Nelken, die bunten Tulpen, alle wird er nach Wunsch im höchsten Grade der Vollkommenheit ihrer Blüte und Reife in seinem stillen Arbeitszimmer vor sich haben; er wird ihnen die günstigste Beleuchtung geben; sein Auge wird sich an die Harmonie der glänzenden Farben, gleichsam spielend, gewöhnen; er wird alle Jahre dieselben Gegenstände zu erneuern wieder imstande sein, und durch eine ruhige nachahmende Betrachtung des simpeln Daseins die Eigenschaften dieser Gegenstände ohne mühsame Abstraktion erkennen und fassen: und so werden die Wunderwerke eines Huysums, einer Rachel Ruysch entstehen, welche Künstler sich gleichsam über das Mögliche hinübergearbeitet haben. Es ist offenbar, dass ein solcher Künstler nur desto größer und entschiedener werden muss, wenn er zu seinem Talente noch ein unterrichteter Botaniker ist: wenn er, von der Wurzel an, den Einfluss der verschiedenen Teile auf das Gedeihen und den Wachstum der Pflanze, ihre Bestimmung und wechselseitige Wirkungen erkennt; wenn er die sukzessive Entwicklung der Blätter, Blumen, Befruchtung, Frucht und des neuen Keimes einsiehet und überdenkt. Er wird alsdenn nicht bloß durch die Wahl aus den Erscheinungen seinen Geschmack zeigen, sondern er wird uns auch durch eine richtige Darstellung der Eigenschaften zugleich in Verwunderung setzen und belehren. In diesem Sinne würde man sagen können, er habe sich einen Stil gebildet; da man von der andern Seite leicht einsehen kann, wie ein solcher Meister, wenn er es nicht gar so genau nähme, wenn er nur das Auffallende, Blendende leicht auszudrücken beflissen wäre, gar bald in die Manier übergehen würde.

Die einfache Nachahmung arbeitet also gleichsam im Vorhofe des Stils. Je treuer, sorgfältiger, reiner sie zu Werke gehet, je ruhiger sie das, was sie erblickt, empfindet, je gelassener sie es nachahmt, je mehr sie sich dabei zu denken gewöhnt, das heißt, je mehr sie das Ähnliche zu vergleichen, das Unähnliche voneinander abzusondern und einzelne Gegenstände unter allgemeine Begriffe zu ordnen lernet, desto würdiger wird sie sich machen, die Schwelle des Heiligtums selbst zu betreten.

Wenn wir nun ferner die Manier betrachten, so sehen wir, dass sie im höchsten Sinne und in der reinsten Bedeutung des Worts ein Mittel zwischen der einfachen Nachahmung und dem Stil sein könne. Je mehr sie bei ihrer leichteren Methode sich der treuen Nachahmung nähert, je eifriger sie von der andern Seite das Charakteristische der Gegenstände zu ergreifen und fasslich auszudrücken sucht, je mehr sie beides durch eine reine, lebhafte, tätige Individualität verbindet, desto höher, größer und respektabler wird sie werden. Unterlässt ein solcher Künstler, sich an die Natur zu halten und an die Natur zu denken, so wird er sich immer mehr von der Grundfeste der Kunst entfernen, seine Manier wird immer leerer und unbedeutender werden, je weiter sie sich von der einfachen Nachahmung und von dem Stil entfernt.

Wir brauchen hier nicht zu wiederholen, dass wir das Wort Manier in einem hohen und respektablen Sinne nehmen, dass also die Künstler, deren Arbeiten nach unsrer

Meinung in den Kreis der Manier fallen, sich über uns nicht zu beschweren haben. Es ist uns bloß angelegen, das Wort Stil in den höchsten Ehren zu halten, damit uns ein Ausdruck übrig bleibe, um den höchsten Grad zu bezeichnen, welchen die Kunst je erreicht hat und je erreichen kann. Diesen Grad auch nur zu erkennen, ist schon eine große Glückseligkeit, und davon sich mit Verständigen unterhalten, ein edles Vergnügen, das wir uns in der Folge zu verschaffen manche Gelegenheit finden werden.

(e 1789)

Arbeitsanregungen:

1 a Was versteht Goethe unter den Begriffen „einfache Nachahmung der Natur“, „Manier“ und „Stil“? (Grenzen Sie bei der Beantwortung dieser Frage Goethes Verwendung der Begriffe vom üblichen Sprachgebrauch ab.)
b Inwiefern werden in diesem Aufsatz Normen der Kunst aufgestellt?

2 Diskutieren Sie das Thema: „Sinn und Unsinn von Kunstregeln“.

4. Klassiker und Klassik

a. Zwei Lebensläufe

Johann Wolfgang Goethe (1749–1832)

1749 in der Reichsstadt Frankfurt am Main als Kind angesehener und wohlhabender Bürger geboren. Die Familie konnte von ihrem ererbten Vermögen leben; deshalb war es dem Vater möglich sich seinen Liebhabereien (Sammlung von Gemälden, Kunstgegenständen, Büchern) und der Erziehung seines Sohnes zu widmen. So wuchs der junge Goethe in einem Milieu bürgerlicher Bildung heran; er lernte dabei sechs Sprachen und die entsprechenden Literaturen kennen, er verfasste Erzählungen und kleine Stücke.

1765 begann er nach dem Wunsch seines Vaters das Studium der Rechte in Leipzig, nicht aus Neigung, sondern um sich auf einen Brotberuf vorzubereiten. Goethe genoss die weltstädtische Atmosphäre des „kleinen Paris“, wie Leipzig damals genannt wurde, er zeichnete und malte und schrieb Gedichte im Stil des Rokoko (vgl. Aufklärung, S. 166).

1768 kehrte er wegen einer schweren Erkrankung in seine Heimatstadt zurück. Unter dem Einfluss der Pietistin Susanne von Klettenberg beschäftigte er sich mit Fragen der Mystik und Alchimie. Klettenbergs Bemühungen, Goethe zu religiösen Erfahrungen anzuleiten, vermittelten ihm die Fähigkeit zur psychologischen Wahrnehmung.

1770 konnte Goethe nach langer Genesungszeit sein Studium in Straßburg fortsetzen, das er 1771 mit dem Lizentiat der Rechte abschloss. Wichtiger als dieser formale Studienabschluss aber waren für ihn die Bekanntschaft mit Herder, der ihn mit der deutschen Vergangenheit (Erlebnis des Straßburger Münsters!), mit Shakespeares Dichtung und dem Volkslied vertraut machte, sowie die Liebe zur Sesenheimer Pfarrerstochter Friederike Brion. Diese Liebe und die Beschäftigung mit der Volksdichtung prägten die damalige Lyrik Goethes, die im Gegensatz zur Rokokolyrik persönliche Erfahrung zum Ausdruck brachte (vgl. Aufklärung/Sturm und Drang, S. 187ff.).

1771 war Goethe als Rechtsanwalt in Frankfurt tätig. Wichtiger war für ihn jedoch der Umgang mit künstlerisch-literarisch interessierten Freunden, die das Lebensgefühl des „Sturm und Drang“ verband (vgl. Aufklärung/Sturm und Drang, S. 190f.).

1772 ging Goethe als Referendar ans Reichskammergericht nach Wetzlar. Seine schmerzlichen Erfahrungen in der Liebe zu Charlotte Buff bestimmten die Thematik des Briefromans „Die Leiden des jungen Werthers“ von 1774. In den Jahren bis 1775 schrieb Goethe außerdem satirische Schauspiele, das Drama „Götz von Berlichingen mit der eisernen Hand“ und den „Urfaust“. „Werther“ und „Götz“ machten ihn als Schriftsteller berühmt.

1775 Dieses Jahr bedeutete einen wichtigen Einschnitt im Leben des Dichters. Die Herzoginmutter Anna Amalia und der Erbprinz von Sachsen-Weimar Carl August beriefen ihn als Mitglied der Regierung des Herzogtums und als Vertrauten des Erbprinzen bzw. Herzogs (Regierungsantritt im selben Jahr) nach Weimar. Die Annahme dieses Rufes beendete das jugendlich-ungebundene Leben und band Goethe in die praktischen Pflichten der Verwaltung eines deutschen Kleinstaates ein: Er war Mitglied des „Geheimen Consiliums“, des höchsten Beratungsgremiums des Herzogs, er kümmerte sich um Bergbau, Wegebau, Militärwesen und leitete die Direktion der staatlichen Finanzen. Als Leiter des Liebhabertheaters am Hofe schrieb er kleinere Dramen und Singspiele zur Unterhaltung der Hofgesellschaft. In der Wahrnehmung alltäglicher Verantwortung im überschaubaren Bereich prägte sich ein Wesenszug Goethes aus, der sein weiteres Leben bestimmte: Selbstdisziplin, Angst vor Unruhe und Leidenschaftlichkeit. So hielt er zur verheirateten Hofdame Charlotte von Stein, mit der ihn eine tiefe Liebe verband, immer die gesellschaftlich gebotene Distanz. Dennoch empfand Goethe dieses Leben auch als Verengung; deshalb ist der Aufbruch zur Italienreise im Jahr

Goethe und Schiller im Gespräch. Nach einer Johann Christian Reinhart zugeschriebenen Federzeichnung (1804).

1786 durchaus als Flucht zu verstehen. In Italien setzte Goethe seine Naturstudien fort und vertiefte sie, er schrieb sein Prosadrama „Iphigenie“ in Verse um (vgl. S. 221) und

Ernst Rietschel (1804–1861): Denkmal für Goethe und Schiller in Weimar (1852–57)

(Inschrift auf dem Sockel: „Dem Dichterpaar Goethe und Schiller – Das Vaterland")

vollendete die Dramen „Egmont" und „Tasso". Bei den Versuchen sein Zeichentalent auszubilden wurde ihm klar, dass er zum Dichter, nicht aber zum bildenden Künstler bestimmt sei.

1788 Nach seiner Rückkehr nach Weimar ließ sich Goethe von zahlreichen Verwaltungstätigkeiten entlasten; ihm blieb die Aufsicht über das Weimarer Theater und die wissenschaftlichen Anstalten von Jena. Die Verbindung mit der Manufakturarbeiterin Christiane Vulpius (Heirat 1806) ließ ihn zum sesshaften Hausherrn werden. Dies wurde ihm vor allem in den Jahren der Revolutionskriege wichtig.

1792 begleitete Goethe seinen Herzog auf den Kriegsschauplatz nach Frankreich, eine Erfahrung, die er 1822 in der autobiografischen Schrift „Die Campagne in Frankreich" aus der zeitlichen Distanz gestaltete.

1794 begann die Freundschaft mit Schiller, die trotz eines gewissen Konkurrenzverhältnisses, das zwischen ihnen herrschte, von intensivem Gedankenaustausch und gegenseitiger Förderung geprägt war. Schiller drängte seinen Freund zur Weiterführung der Projekte „Wilhelm Meister" und „Faust", die erst 1829 bzw. 1831 abgeschlossen wurden. Auf der Grundlage gemeinsamer Überzeugungen vom Wesen und von der Aufgabe der Kunst bildeten die beiden Freunde auch eine „Partei", die sich polemisch mit abweichenden Kunstauffassungen auseinander setzte.

1805 Mit Schillers Tod setzte bei aller Geselligkeit, die Goethe in seinem Hause pflegte, ein gewisse Vereinsamung des Dichters ein. Von den Romantikern, die ihn ursprünglich als großen Anreger betrachteten, distanzierte er sich, was ihn allerdings nicht daran hinderte Elemente der Romantik in seine späteren Werke aufzunehmen („Märchen", 1795; „Die Wahlverwandtschaften", 1809; „Faust II", 1831).

1832 starb Goethe in Weimar als Letzter seines engsten Lebenskreises, der durch den Tod Christianes (1816), des Herzogs Carl August (1828) und seines Sohnes August (1830) immer kleiner geworden war.

Friedrich Schiller (1759–1805)

1759 in Marbach am Neckar als Sohn eines herzoglich-württembergischen Leutnants und Wundarztes geboren. Der Vater war schlecht bezahlt; die Familie musste wegen seiner Versetzung im Militärdienst mehrmals den Wohnort wechseln. Friedrich Schiller wünschte eigentlich Pfarrer zu werden, doch der Herzog Carl Eugen nahm sich das Recht über den Berufswunsch des Sohnes eines seiner Offiziere hinwegzugehen und ihn zum Eintritt in seine „Militärische Pflanzschule" (Militärakademie) auf der Solitude bei Stuttgart zu drängen.

1772 begann Schiller dort zunächst mit dem Studium der Rechte, wechselte dann aber 1776 zum Medizinstudium über um sich 1780 als „Regimentsmedikus" zu qualifizieren. Schon während der Studienzeit hatte Schiller in seiner geringen Freizeit – auch in den Nachtstunden – Gedichte geschrieben und an seinem ersten Drama „Die Räuber" gearbeitet.

1782 wurde das Stück in Mannheim mit großem Erfolg uraufgeführt. Als der Herzog erfuhr, dass Schiller zweimal ohne Urlaub nach Mannheim gereist war, ließ er seinen Militärarzt für zwei Wochen einsperren und verbot ihm eine weitere literarische Tätigkeit. Der Reglementierung durch den Landesherrn entzog sich Schiller durch die Flucht ins „Ausland", in das kurpfälzische Mannheim. Da sein neues Schauspiel „Fiesco" vom Theaterintendanten Dalberg abgelehnt wurde, wuchsen seine finanziellen Schwierigkeiten. Deshalb bedeutete das Angebot Henriette von Wolzogens ihm auf ihrem thüringischen Gut Bauerbach Unterkunft zu gewähren, eine große Hilfe. Hier schrieb er sein Stück „Luise Millerin" („Kabale und Liebe") und begann die Arbeit an „Don Carlos".

1783 bot ihm Dalberg eine Stelle als Theaterdichter (bis 1784 befristet) an, deshalb kehrte Schiller nach Mannheim zurück.

1784 Nach dem Ablauf seines Theatervertrags verließ er Mannheim und war in den folgenden Jahren auf die Hilfsbereitschaft von Freunden, vor allem Christian Gottfried Körners und des Verlegers Göschen angewiesen, die ihn mit Krediten bzw. Vorschüssen unterstützten. Seine unsichere wirtschaftliche Lage zwang ihn zu einem Wanderleben (Leipzig, Dresden, Weimar, Jena). In dieser Zeit begann er mit historischen Studien.

1788 wurde ihm mit Goethes Unterstützung eine Professur für Geschichte in Jena übertragen, für die er aber zunächst kein festes Gehalt bekam. Diese Tätigkeit bedeutete ihm eine Last, denn sein eigentliches Interesse galt nach wie vor der Dichtung. Erst Ende 1790 sicherte ihm der Herzog ein festes Jahresgehalt zu, womit ein Existenzminimum für den neu gegründeten Haushalt – Schiller hatte im Februar 1790 Charlotte von Lengefeld geheiratet – gesichert war.

1791 erkrankte Schiller an einer lebensgefährlichen Lungenentzündung; von da an war seine Widerstandskraft gegen Krankheiten geschwächt. Von 1795 an lebte er kaum mehr beschwerdefrei. Oft musste er deshalb seine Arbeitskraft dem schwachen Körper geradezu abringen. Eine große Hilfe war gerade in dieser Situation die für drei Jahre angesetzte jährliche Pension von jeweils 1000 Talern, die ihm der dänische Prinz von Augustenberg gewährte. In einer Reihe von Briefen an diesen Gönner unter dem Titel „Über die ästhetische Erziehung des Menschen“ legte er im Jahr 1793 seine Auffassungen von der Aufgabe der Kunst in der damaligen Situation des gesellschaftlich-politischen Umbruchs dar (vgl. S. 219ff.).

1794 Beginn der Freundschaft mit Goethe (s.o.). Gerade in der Unterschiedlichkeit der Erkenntnisinteressen und Erkenntnismethoden – Goethe ging eher von der Anschauung des Konkreten, Schiller von Ideen aus – ergänzten sich die beiden, weil jeder die Eigenart des anderen achtete. Goethe begleitete u.a. die Dramenproduktion Schillers, weil er an Schauspielen für „sein“ Weimarer Theater interessiert war. So entstanden neben Schillers theoretischen Abhandlungen über Anthropologie und Dichtungstheorie in ständiger Auseinandersetzung mit der Philosophie Kants die großen Dramen der „Wallenstein“-Trilogie (1797–99), „Maria Stuart“ (1799–1800), „Die Jungfrau von Orleans“ (1800–01), „Die Braut von Messina“ (1802–03), „Wilhelm Tell“ (1802–04). Seine letzte Arbeit, das Stück „Demetrius“, blieb Fragment. Erst in dieser letzten, sehr produktiven Lebensphase war Schiller frei von wirtschaftlichen Problemen.

1805 Tod Schillers

Arbeitsanregungen:

[1] Vergleichen Sie die Lebensläufe der beiden Dichter. Achten Sie dabei besonders auf das jeweilige Verhältnis zwischen bürgerlicher und künstlerischer Existenz.
Fassen Sie die Ergebnisse des Vergleichs in einem Resümee (vgl. Einführung, S. 32) zusammen.

[2] [a] Vergleichen Sie die unterschiedlichen Darstellungen des „Dichterpaars“ Goethe und Schiller (S. 211ff.).
[b] Welche Darstellungsabsichten stehen dahinter und wie bewerten Sie diese? (Vgl. Text 1, S. 229f.)

b. Der Begriff der Klassik

Die Kennzeichnung von Epochen der Kunst- und Literaturgeschichte ist mitunter umstritten. Zwei Äußerungen von Kunsthistorikern über die Verwendung der Begriffe Klassizismus, Romantik und Realismus können das Problem verdeutlichen:
- „Leider ist eine […] Übereinkunft [im Gebrauch dieser Begriffe] kaum zu erwarten. Deshalb weicht man den umstrittenen Begriffen am besten aus.“ (Rudolf Zeitler in: Propyläen Kunstgeschichte Bd. 11, 1966.)
- „Der Nutzen solcher Begriffe ist dennoch größer als der Schaden, welcher durch ihren Missbrauch entstehen könnte. Die Wissenschaft kommt ohne Hilfskonstruktionen und Arbeitshypothesen nicht aus.“ (Klaus Lankheit in: Revolution und Restauration, 1980.)

Wenn wir Epochenbezeichnungen als ordnende Begriffe verwenden, muss dies mit Bedacht geschehen. Das Wort „klassisch“ wird in verschiedenen Texten ganz unterschiedlich gebraucht; oft ist es einfach nur ein Modewort. Ein Beispiel für unbedachten Gebrauch gibt Johann Nepomuk Nestroy in dem Hausknecht Melchior, der beim Gewürzkrämer Zangler Arbeit sucht.

Text 1 Johann Nepomuk Nestroy (1801–1862): Einen Jux will er sich machen, I/6 [Auszug]

Zangler. Melchior.

MELCHIOR *(schüchtern eintretend, zur Mitte).* Ich bitt', sein Euer Gnaden der G'würzkramer?

ZANGLER. Eins zu wenig, 's andre zu viel, ich bin nicht Euer Gnaden, sondern nur Herr Zangler, ich bin aber kein Kramer, sondern vermischter Warenhändler.

MELCHIOR. Ich hab g'hört, dass der Herr vermischte Warenhändler einen Hausknecht g'habt hab'n, der ein reiner Lump war.

ZANGLER. Ich hab' ihn fortgejagt.

MELCHIOR. Und da, hab' ich g'hört, sind Sie in Desperation[1], dass Sie kein' Hausknecht haben.

[1] Desparation: Verzweiflung

ZANGLER. In Desperation? Das is gar eine dumme Red', ich glaub', an solchen Schlingeln is keine Not.

MELCHIOR. Das is wahr, eher wird's an Prinzipal[1] eine Not sein. Ein Hausknecht halt't lang, aber Prinzipal geht alle Augenblick' einer z'grund'.

ZANGLER. Er is etwas vorlaut, scheint mir –

MELCHIOR. Nein, das war nur so eine merkantilische Bemerkung.

ZANGLER. Wo hat Er sein Dienstzeugnis?

MELCHIOR. Im Sack.

ZANGLER. So geb' Er's her.

MELCHIOR *(gibt ihm das Zeugnis, ein ganz zusammengeknittertes Papier).* Es ist etwas verkribelt[2], ich trag's schon vier Wochen herum.

ZANGLER. Hat Er Kenntnisse in der vermischten Warenhandlung? *(Durchsieht das Zeugnis.)*

MELCHIOR. Oh, sehr viel! Wir hab'n zwar da, wo ich war, nur einen Artikel g'habt, aber der war ungeheuer vermischt, ich bin aus einer Weinhandlung.

ZANGLER. Hm! Sein Zeugnis lautet ja ganz vorzüglich gut.

MELCHIOR. Ja, meine Aufführung war klassisch.

ZANGLER *(in dem Zeugnis lesend).* Treu, redlich, fleißig, willig, wachsam aufs Haus, obachtsam auf die Kinder –

MELCHIOR. Ja, das waren klassische Bub'n, jeder in einer andern Klass' und doch jeder die dritte Klass', das wird man nicht bald finden.

ZANGLER. Er ist aufgenommen.

MELCHIOR. Ich küss' die Hand.

ZANGLER. Sechs Gulden Monatlohn, Kost, Quartier, Wäsch'.

MELCHIOR. No jetzt, Wäsch' und Quartier, das is das Geringste, aber die Kost, die war halt dort, wo ich war, klassisch.

ZANGLER. Bei mir leid't auch niemand Hunger. – Suppen, Rindfleisch, Zuspeis[3] und was drauf.

MELCHIOR. Aber nur viel drauf. Und weg'n Fruhstuck – dort hab' ich halt immer Kaffee g'habt.

ZANGLER. Das war bei mir nicht der Brauch, dass der Hausknecht Kaffee –

MELCHIOR. Schaun S', Sie hab'n g'wiss auch einen Rosoli[4] unter Ihren vermischten Sachen.

ZANGLER. O ja, aber –

MELCHIOR. Na, sehn Sie, dann is es ja unser beiderseitiger Vorteil, wann S' mir ein' Kaffee geb'n, denn Sie verleiteten mich ja sonst mit G'walt zu die geistigen Getränk'.

ZANGLER. Na, da gäbet's schon noch Mittel – übrigens, wenn Er brav is –

MELCHIOR. Klassisch!

ZANGLER. So soll Er ein' Kaffee hab'n.

MELCHIOR. Versteht sich, süß, und ein Kipferl[5]. Oh, an dem Ort, wo ich war, das war ein klassischer Kaffee.

ZANGLER. Was hat Er denn immer mit dem dummen Wort klassisch?

MELCHIOR. Ah, das Wort is nit dumm, es wird nur oft dumm angewend't.

ZANGLER. Ja, das hör' ich, das muss Er ablegen, ich begreif' nicht, wie man in zwei Minuten fünfzigmal dasselbe Wort repetieren kann.

MELCHIOR. Ja, das ist klassisch. Und dann bitt' ich mir zu sagen, was ich alles zu tun hab'.

ZANGLER. Was wird Er zu tun haben? Was halt einem Hausknecht zukommt.

MELCHIOR. Kisten und Fässer aus'n Magazin holen –

ZANGLER. Botengänge machen, das G'wölb' rein halten, und im Haus –

MELCHIOR. Wenn's in der Kuchel was gibt, kleins Holz machen, allenfalls Boden reib'n.

ZANGLER. Und meine Person bedienen.

MELCHIOR. Na ja, halt alles, was zur groben Arbeit gehört. Na, ich hoff', wir wer'n kein' Streit hab'n.

ZANGLER. Das hoff' ich auch.

[...] (e 1842)

Text 2 **Das Belvédère – Für Ferien im Grandhotel**

Unverändert wie die reizvolle Südhanglage oberhalb der Davoser Promenade ist auch der Charme des berühmten „Belvédère“. Ganz klassisch-schönes Grandhotel, bietet es modernsten Komfort und Ausblick auf eine grandiose Berglandschaft. (Werbetext)

---

1 Prinzipal: Chef
2 verkribelt: zerknittert
3 Zuspeis: Beilagen (Gemüse)
4 Rosoli: mit Gewürz zubereiteter Likör
5 Kipfel: Hörnchen (Gebäck)

Text 3

KLASSIK ist Trumpf auf der am Sonntag beginnenden Modemesse Igedo in Düsseldorf. Der Blick zurück gilt dem Grace-Kelly-Chic, und das Seidenfoulard wird entsprechend geschlungen. (Werbetext)

Text 4

Klassik, ein Zeitalter hoher (‚klassischer') bildender Kunst, Literatur oder Musik. Bei der Schätzung der röm. Bürger nach ihrem Vermögen [...] hießen die Bürger der obersten Vermögensklasse *Klassiker (classici);* schon im 2. Jahrh. n. Chr. verwendete AULUS GELLIUS die Bezeichnung ‚scriptor classicus' für erstrangige Schriftsteller. Später wurden hervorragende Schriftsteller vieler Nationen und Zeiten, sogar Vertreter anderer Künste und der Wissenschaft K. genannt.

Hiernach bedeutet das Wort k l a s s i s c h

1) griech.-römisch (z.B. klass. Altertum, klass. Sprachen), seit die griechisch-röm. Antike, ihre Kultur und Kunst durch die Renaissance in den Rang des ‚Klassischen', des Mustergültigen erhoben wurde. Für die Renaissance blieb bezeichnend, dass sie das Römische nicht vom Griechischen absetzte und zwischen den Stilepochen der Antike keinen Unterschied machte. Erst WINCKELMANN begann die griech. und röm. Kunst schärfer zu unterscheiden; damit wurden die Griechen zu den eigentl. Trägern des Klassischen. [...]

2) jede Kunstepoche, die den Stil der griech. Klassik zum Maßstab nimmt: Schönheit, Ausgewogenheit, Aufhebung des Besonderen im Typischen und Normativen, Einklang zwischen dem Leiblichen und Geistig-Seelischen (vgl. aber → Klassizismus). Eine klass. Kunstepoche in diesem Sinn war außer der italien. Renaissance bes. das klass. Zeitalter der dt. Literatur zwischen Sturm und Drang und Romantik (GOETHE, SCHILLER) und in der dt. Musik das von HAYDN bis BEETHOVEN.

3) eine überragende, grundlegende, zeitlos bedeutende Kunst-, Literatur- oder Musikschöpfung, unabhängig von ihrer Stilrichtung, auch eine überragende wissenschaftl. Leistung (‚Klassiker der Wissenschaft'), insbesondere die fruchtbarste Epoche der einzelnen Nationen (das Augusteische Zeitalter der röm. Antike, die italien. Renaissance, die französ. und dt. Klassik, das Elisabethanische Zeitalter für England und das Zeitalter CALDERÓNS und CERVANTES' für Spanien). [...]

Klassizismus [lat.], die schulmäßige Nachahmung klassischer Muster und Regeln, wobei die Antike zwar als oberste Gesetzgeberin gilt, tatsächlich jedoch nur in Gestalt einseitig vereinfachter und dem Zeitgeschmack angepasster Vorschriften wirksam ist.

L i t e r a t u r

Die Begriffe ‚K.' und ‚klassizistisch' sind zu unterscheiden von den Begriffen → Klassik und klassisch, die auf originale Schöpfungen von leitbildhafter Gültigkeit und höchstem ethisch-ästhestischem Rang zielen. Allerdings wird daneben ‚klassizistisch' auch ohne jedes Werturteil als Stilbegriff zur Bezeichnung einer formbetonten regelhaften Gestaltungsweise verwendet.

(in: Brockhaus Enzyklopädie Bd. 10, 1970, S. 228)

◁ Johann Heinrich Tischbein (1751–1829): Goethe in der Campagna di Roma, Öl auf Leinwand, 1786–89

Arbeitsanregungen:

1 a Sammeln Sie Beispiele unterschiedlicher Verwendung von „Klassik", „klassisch", „Klassiker" aus dem heutigen Sprachgebrauch. (Auch in der Werbung sind diese Wörter beliebt, wie die Beispiele der Texte 2 und 3 zeigen.)
b Welche Bedeutung haben die Begriffe jeweils?

2 a Wo sehen Sie Übereinstimmungen zwischen unserem Sprachgebrauch und Melchiors Verwendung des Adjektivs „klassisch" (Text 1)?
b An welchen Stellen wird das Wort von Melchior „dumm angewond't"?
c Schreiben Sie eine Dialogszene, in der der Gebrauch eines *heutigen* Modeworts karikiert wird.

3 Ordnen Sie Ihre Beispiele (nach Arbeitsanregung 1) sowie das „Motto" (siehe S. 198) und die Werbebeispiele (Texte 2 und 3) den Hauptbedeutungen zu, die der Lexikonartikel (Text 4) darlegt.

4 Erläutern Sie aufgrund der Informationen aus Text 4, warum man die Epoche Goethes und Schillers in der Regel als „Klassik", nicht aber als „Klassizismus" bezeichnet.

5 Häufig wird die Epoche der deutschen literarischen Klassik auf die Zeit zwischen dem Beginn von Goethes italienischer Reise (1786) und Schillers Tod (1805) eingegrenzt.
a Erläutern Sie diese Datierung mit Hilfe der Informationen, die Sie bisher erarbeitet haben.
b Stellen Sie das zeitliche Verhältnis zwischen Klassik und Romantik mit Hilfe einer Zeitleiste dar und ziehen Sie Schlussfolgerungen im Hinblick auf die Gliederung der Literaturgeschichte in Epochen.

6 Schreiben Sie einen kurzen Lexikonartikel zum Stichwort „Klassik" für eine Mittelstufenklasse, die im Unterricht ihr erstes klassisches Drama liest.

7 Beschreiben Sie das Gemälde Tischbeins als ein für die Epoche der Klassik typisches Bild (siehe auch die Bildtafel S. 407).

Epos, n., Pl. Epen [gr. = Wort, Erzählung, Lied, Gedicht], in der dt. Dichtungslehre seit dem 18. Jh. gebräuchl. Bez. der Großform erzählender Dichtung in gleichartig gebauten Versen oder Strophen, meist mehrere Teile (Gesänge, Bücher, Fitten, Aventiuren, Cantos) umfassend. Charakterist. für das E. sind gehobene Sprache, typisierende Gestaltungsmittel, eine Zentralfigur oder ein Leitgedanke, Objektivität durch Distanz zur Fülle der breit dargebotenen Geschehnisse sowie der Anspruch auf Allgemeingültigkeit der Aussage. Das E. hat seinen *Ursprung* im jeweiligen Reifestadium einer frühen Kulturepoche, wenn neben einem zuvor rein myth. Weltbild das spezif. Geschichtsbewusstsein eines Volkes (od. doch seiner herrschenden, d.h. kulturtragenden Gruppen) immer mehr hervortritt. Diesen Vorgang spiegelt das E. in Heroengestalten, meist verstanden als von Göttern stammend od. doch von diesen beschützt; sie stehen zwischen diesen u. der menschl. Welt, wo sie sich zu bewähren haben u. als Vorbild gelten, sei es als Kämpfer, Herrscher, Stadt- oder Staatsgründer, als Sieger oder im Untergang. Um einen solchen Heroen oder um eine Gruppe von Heroen, meist mit einem oder zwei Haupthelden (oft Gegnern), spielt insbes. das frühe *Helden-E.* Seine Voraussetzung u. zugleich sein Publikum ist eine einheitl. strukturierte, vorwiegend hierarch. aristokrat., oft feudal gegliederte Gesellschaft, die als „eine von sich aus geschlossene Lebenstotalität" (Lukács) gestaltet wird. Ereignisse aus den Anfängen solcher Lebensformen, insbes. Staatenbildungen, Eroberungen, Wanderbewegungen u. Grenzsicherungen, sind die realgeschichtl. Grundlage des frühen E. Stoffl. basiert es auf Götter- u. Heldensagen, für die das E. andererseits zur wichtigsten Quelle wird.
(aus: Günter und Irmgard Schweikle (Hrsg.): Metzler Literatur Lexikon, Stuttgart: Metzler 1984, S. 127.)

III. Die Antworten der Klassiker auf Fragen der Zeit

1. Die Französische Revolution als Herausforderung

Während viele seiner Schriftstellerkollegen (Klopstock, Schiller, der junge Hölderlin) die Anfänge der Revolution begeistert begrüßten, verhielt sich Goethe zunächst zurückhaltend. Aber in den folgenden Jahren bezog er immer wieder in Dichtungen und theoretischen Äußerungen Stellung und das Thema Revolution beschäftigte ihn bis in seine letzten Lebensjahre.
Aufschlussreich ist in diesem Zusammenhang Goethes Versepos „Hermann und Dorothea" (1796/97). Vor der Betrachtung einer wichtigen Textstelle seien die wesentlichen Handlungslinien dieser Dichtung kurz skizziert.
Hermann, der Sohn eines biederen, tüchtigen Gastwirts aus einer rechtsrheinischen Kleinstadt, bringt deutschen Flüchtlingen Hilfe, die vor dem französischen Revolutionsheer aus ihrer linksrheinischen Heimat geflüchtet sind und deren Zug in der Nähe seiner Heimatstadt vorüberkommt. Dabei begegnet er Dorothea, einer jungen Frau, die auch aus ihrer Heimat hat fliehen müssen und die nun für eine Wöchnerin und deren Neugeborenes sorgt. Hermann, der in der Landwirtschaft seines Vaters zwar sehr tüchtig, aber in Gesellschaft – vor allem Mädchen gegenüber – schüchtern und unbeholfen ist, verliebt sich bei dieser ersten Begegnung in Dorothea. Obwohl sein Vater auf eine Schwiegertochter hofft, die eine gute Aussteuer mitbringt und das Ansehen seines Hauses steigert, eröffnet Hermann seinem Vater den Entschluss um Dorothea zu werben. Der Vater ist nach einigem Widerstreben einverstanden und der Pfarrer sowie der Apotheker, zwei Freunde der Familie, sind bereit Hermann in den Nachbarort zu begleiten, in dem die Flüchtlinge sich vorübergehend aufhalten. Sie wollen Erkundigungen über das Mädchen einziehen. Von einem alten Mann, der im Kreis der Flüchtlinge Autorität genießt, erfahren sie viel Gutes über Dorothea. Hermann scheut sich aber um das Mädchen zu werben, weil er sieht, dass sie einen Verlobungsring trägt. (Er weiß nicht, dass Dorotheas früherer Verlobter, ein Anhänger der Revolution, selbst ein Opfer der Revolution geworden ist.) Hermann bittet deshalb Dorothea zunächst nur, ihm als Magd in das Haus seiner Eltern zu folgen. Dorothea stimmt zu. Da Hermanns Vater sie aber, von ihrer Schönheit begeistert, gleich als Schwiegertochter begrüßt, ist Dorothea verletzt und will das Haus sofort wieder verlassen. Mit Hilfe des Pfarrers kann das Missverständnis aber aufgeklärt werden, und das Versepos endet mit der Verlobung Hermanns und Dorotheas.
Für die Frage nach der Deutung und Bewertung der Revolution in dieser Dichtung ist ein Abschnitt aus dem 6. Gesang wichtig, in dem der alte Mann, die oben erwähnte Autoritätsperson unter den Flüchtlingen, auf eine Frage des Pfarrers vom Verlauf der Revolution berichtet.

Text 1 **Johann Wolfgang Goethe (1749–1832): Hermann und Dorothea** [Auszug]

[...]
Als nun der geistliche Herr den fremden Richter befragte,
Was die Gemeine gelitten, wie lang sie von Hause vertrieben,
Sagte der Mann darauf: Nicht kurz sind unsere Leiden;
Denn wir haben das Bittre der sämtlichen Jahre getrunken,
Schrecklicher, weil auch uns die schönste Hoffnung zerstört ward.
Denn wer leugnet es wohl, dass hoch sich das Herz ihm erhoben,
Ihm die freiere Brust mit reineren Pulsen geschlagen,
Als sich der erste Glanz der neuen Sonne heranhob,
Als man hörte vom Rechte der Menschen, das allen gemein sei,
Von der begeisternden Freiheit und von der löblichen Gleichheit!
Damals hoffte jeder, sich selbst zu leben; es schien sich
Aufzulösen das Band, das viele Länder umstrickte,
Das der Müßiggang und der Eigennutz in der Hand hielt.
Schauten nicht alle Völker in jenen drängenden Tagen
Nach der Hauptstadt der Welt, die es schon so lange gewesen
Und jetzt mehr als je den herrlichen Namen verdiente?
Waren nicht jener Männer, der ersten Verkünder der Botschaft,
Namen den höchsten gleich, die unter die Sterne gesetzt sind?
Wuchs nicht jeglichem Menschen der Mut und der Geist und die Sprache?

Und wir waren zuerst, als Nachbarn, lebhaft entzündet.
Drauf begann der Krieg, und die Züge bewaffneter Franken
Rückten näher; allein sie schienen nur Freundschaft zu bringen.
Und die brachten sie auch: denn ihnen erhöht war die Seele
Allen; sie pflanzten mit Lust die munteren Bäume der Freiheit,

Jedem das Seine versprechend und jedem die eigne Regierung;
Hoch erfreute sich da die Jugend, sich freute das Alter,
Und der muntere Tanz begann um die neue Standarte.
So gewannen sie bald, die überwiegenden Franken,
Erst der Männer Geist, mit feurigem, munterm Beginnen,
Dann die Herzen der Weiber, mit unwiderstehlicher Anmut.
Leicht selbst schien uns der Druck des viel bedürfenden Krieges;
Denn die Hoffnung umschwebte vor unsern Augen die Ferne,
Lockte die Blicke hinaus in neu eröffnete Bahnen.

O, wie froh ist die Zeit, wenn mit der Braut sich der Bräutgam
Schwinget im Tanze, den Tag der gewünschten Verbindung erwartend!
Aber herrlicher war die Zeit, in der uns das Höchste,
Was der Mensch sich denkt, als nah und erreichbar sich zeigte.
Da war jedem die Zunge gelöst; es sprachen die Greise,
Männer und Jünglinge laut voll hohen Sinns und Gefühles.

Aber der Himmel trübte sich bald. Um den Vorteil der Herrschaft
Stritt ein verderbtes Geschlecht, unwürdig, das Gute zu schaffen.
Sie ermordeten sich und unterdrückten die neuen
Nachbarn und Brüder und sandten die eigennützige Menge.
Und es prassten bei uns die Obern und raubten im Großen,
Und es raubten und prassten bis zu dem Kleinsten die Kleinen;
Jeder schien nur besorgt, es bleibe was übrig für morgen.
Allzu groß war die Not, und täglich wuchs die Bedrückung;
Niemand vernahm das Geschrei, sie waren die Herren des Tages.
Da fiel Kummer und Wut auch selbst ein gelassnes Gemüt an,
Jeder sann nur und schwur, die Beleidigung alle zu rächen
Und den bittern Verlust der doppelt betrogenen Hoffnung.
Und es wendete sich das Glück auf die Seite der Deutschen,
Und der Franke floh mit eiligen Märschen zurücke.

Ach, da fühlten wir erst das traurige Schicksal des Krieges!
Denn der Sieger ist groß und gut; zum wenigsten scheint ers,
Und er schonet den Mann, den besiegten, als wär er der seine,
Wenn er ihm täglich nützt und mit den Gütern ihm dienet.
Aber der Flüchtige kennt kein Gesetz; denn er wehrt nur den Tod ab
Und verzehret nur schnell und ohne Rücksicht die Güter.
Dann ist sein Gemüt auch erhitzt, und es kehrt die Verzweiflung
Aus dem Herzen hervor das frevelhafte Beginnen.
Nichts ist heilig ihm mehr: er raubt es. Die wilde Begierde
Dringt mit Gewalt auf das Weib und macht die Lust zum Entsetzen.
Überall sieht er den Tod, und genießt die letzten Minuten
Grausam, freut sich des Bluts, und freut sich des heulenden Jammers.

Grimmig erhob sich darauf in unsern Männern die Wut nun,
Das Verlorne zu rächen und zu verteidgen die Reste.
Alles ergriff die Waffen, gelockt von der Eile des Flüchtlings
Und vom blassen Gesicht und scheu unsicheren Blicke.
Rastlos nun erklang das Getön der stürmenden Glocke,
Und die künftge Gefahr hielt nicht die grimmige Wut auf.
Schnell verwandelte sich des Feldbaus friedliche Rüstung
Nun in Wehre; da troff von Blute Gabel und Sense.
Ohne Begnadigung fiel der Feind und ohne Verschonung;
Überall raste die Wut und die feige, tückische Schwäche.
Möcht ich den Menschen doch nie in dieser schnöden Verirrung
Wieder sehn! Das wütende Tier ist ein besserer Anblick.
Sprech er doch nie von Freiheit, als könn er sich selber regieren!
Losgebunden erscheint, sobald die Schranken hinweg sind,
Alles Böse, das tief das Gesetz in die Winkel zurücktrieb.
[...]

(e 1796/97)

Text 2 **Johann Peter Eckermann (1792–1854): Gespräche mit Goethe in den letzten Jahren seines Lebens** [Auszug]

Goethes Sekretär Johann Peter Eckermann überliefert in seinen Aufzeichnungen „Gespräche mit Goethe in den letzten Jahren seines Lebens" unter dem Datum des 4. 1. 1824 folgende Aussage Goethes:

Es ist wahr, ich konnte kein Freund der Französischen Revolution sein, denn ihre Greuel standen mir zu nahe und empörten mich täglich und stündlich, während ihre wohltätigen Folgen damals noch nicht zu ersehen waren. Auch konnte ich nicht gleichgültig dabei sein, dass man in Deutschland *künstlicherweise* ähnliche Szenen herbeizuführen trachtete, die in Frankreich Folge einer großen Notwendigkeit waren.

Ebenso wenig aber war ich ein Freund herrischer Willkür. Auch war ich vollkommen überzeugt, dass irgendeine große Revolution nie Schuld des Volkes ist, sondern der Regierung. Revolutionen sind ganz unmöglich, sobald die Regierungen fortwährend gerecht und fortwährend wach sich, so dass sie ihnen durch zeitgemäße Verbesserungen entgegenkommen und sich nicht zu lange sträuben, bis das Notwendige von unten her erzwungen wird.

Weil ich nun aber die Revolutionen hasste, so nannte man mich einen *Freund des Bestehenden.* Das ist aber ein sehr zweideutiger Titel, den ich mir verbitten möchte. Wenn das Bestehende alles vortrefflich, gut und gerecht wäre, so hätte ich gar nichts dawider. Da aber neben vielem Guten zugleich viel Schlechtes, Ungerechtes und Unvollkommenes besteht, so heißt ein Freund des Bestehenden oft nicht viel weniger als ein Freund des Veralteten und Schlechten.

Die Zeit aber ist in ewigem Fortschreiten begriffen, und die menschlichen Dinge haben alle funfzig Jahre eine andere Gestalt, so dass eine Einrichtung, die im Jahre 1800 eine Vollkommenheit war, schon im Jahre 1850 vielleicht ein Gebrechen ist.

Und wiederum ist für eine Nation nur das gut, was aus ihrem eigenen Kern und ihrem eigenen allgemeinen Bedürfnis hervorgegangen, ohne Nachäffung einer anderen. Denn was dem einen Volk auf einer gewissen Altersstufe eine wohltätige Nahrung sein kann, erweist sich vielleicht für ein anderes als Gift. Alle Versuche, irgendeine ausländische Neuerung einzuführen, wozu das Bedürfnis nicht im tiefen Kern der eigenen Nation wurzelt, sind daher töricht und alle beabsichtigten Revolutionen solcher Art ohne Erfolg; *denn sie sind ohne Gott, der sich von solchen Pfuschereien zurückhält.* Ist aber ein wirkliches Bedürfnis zu einer großen Reform in einem Volke vorhanden, so ist Gott mit ihm und sie gelingt. Er war sichtbar mit Christus und seinen ersten Anhängern, denn die Erscheinung der neuen Lehre der Liebe war den Völkern ein Bedürfnis; er war ebenso sichtbar mit Luthern, denn die Reinigung jener durch Paffenwesen verunstalteten Lehre war es nicht weniger. Beide genannten großen Kräfte aber waren nicht Freunde des Bestehenden; vielmehr waren beide lebhaft durchdrungen, dass der alte Sauerteig ausgekehrt werden müsse und dass es nicht ferner im Unwahren, Ungerechten und Mangelhaften so fortgehen und bleiben könne. [...]

(v 1835)

Text 3 **Johann Wolfgang Goethe: Maximen und Reflexionen** [Auszug]

[...]

Der Kampf des Alten, Bestehenden, Beharrenden mit Entwicklung, Aus- und Umbildung ist immer derselbe. Aus aller Ordnung entsteht zuletzt Pedanterie; um diese los zu werden, zerstört man jene, und es geht eine Zeit hin, bis man gewahr wird, dass man wieder Ordnung machen müsse. Klassizismus und Romantizismus, Innungszwang und Gewerbsfreiheit, Festhalten und Zersplittern des Grundbodens: es ist immer derselbe Konflikt, der zuletzt wieder einen neuen erzeugt. Der größte Verstand des Regierenden wäre daher, diesen Kampf so zu mäßigen, dass er ohne Untergang der einen Seite sich ins Gleiche stellte; dies ist aber den Menschen nicht gegeben, und Gott scheint es auch nicht zu wollen. [...]

(e 1826)

Arbeitsanregungen:

1 a Wie wird das revolutionäre Geschehen in „Hermann und Dorothea“ bewertet? Beachten Sie bei Ihren Überlegungen auch die Gestaltungsmittel, z.B. Wortfelder (Text 1).
b Informieren Sie sich anhand des Lexikonartikels über die literarische Form und Funktion des Epos und erläutern Sie die Verwendung der epischen Form in „Hermann und Dorothea“.

2 Erläutern Sie Goethes Einstellung zur Revolution von seinem Geschichtsverständnis her (Texte 2–4).

3 Nehmen Sie in der Rolle eines zeitgenössischen Anhängers der Revolution in einem Brief an Goethe Stellung zu dessen Revolutionskritik.

Text 4 **Johann Peter Eckermann: Gespräche mit Goethe in den letzten Jahren seines Lebens** [Auszug]

[...]

„Die Entwickelung der Menschheit“, sagte ich, „scheint auf Jahrtausende angelegt.“

„Wer weiß“, erwiderte Goethe, „– vielleicht auf Millionen! Aber lass die Menschheit dauern, so lange sie will, es wird ihr nie an Hindernissen fehlen, die ihr zu schaffen machen, und nie an allerlei Not, damit sie ihre Kräfte entwickele. Klüger und einsichtiger wird sie werden, aber besser, glücklicher und tatkräftiger nicht oder doch nur auf Epochen. Ich sehe die Zeit kommen, wo Gott keine Freude mehr an ihr hat und er abermals alles zusammenschlagen muss zu einer verjüngten Schöpfung. Ich bin gewiss, es ist alles danach angelegt, und es steht in der fernen Zukunft schon Zeit und Stunde fest, wann diese Verjüngungsepoche eintritt. Aber bis dahin hat es sicher noch gute Weile, und wir können noch Jahrtausende und aber Jahrtausende auch auf dieser lieben alten Fläche, wie sie ist, allerlei Spaß haben.“ [...]

(23.10.1828; v 1835)

Text 5 **Friedrich Schiller (1759–1805): Die Horen** [Auszug]

Schiller war von 1795–97 Herausgeber der Zeitschrift „Die Horen". Solche Zeitschriften waren seit der Aufklärung wichtige Publikationsorgane, in denen Dichtungen, wissenschaftliche Abhandlungen, Stellungnahmen zu Zeitfragen veröffentlicht wurden. Durch diese Medien wurde eine „Öffentlichkeit" geschaffen, die Kant als Voraussetzung für einen gelingenden Aufklärungsprozess betrachtete. In der „Ankündigung" aus dem Jahr 1794 legte Schiller sein Grundsatzprogramm für die geplante Zeitschrift dar.

ANKÜNDIGUNG

Die Horen, eine Monatschrift, von einer Gesellschaft verfasst und herausgegeben von Schiller

Zu einer Zeit, wo das nahe Geräusch des Kriegs das Vaterland ängstiget, wo der Kampf politischer Meinungen und Interessen diesen Krieg beinahe in jedem Zirkel erneuert und nur allzu oft Musen und Grazien daraus verscheucht, wo weder in den Gesprächen noch in den Schriften des Tages vor diesem allverfolgenden Dämon der Staatskritik Rettung ist, möchte es ebenso gewagt als verdienstlich sein, den so sehr zerstreuten Leser zu einer Unterhaltung von ganz entgegengesetzter Art einzuladen. In der Tat scheinen die Zeitumstände einer Schrift wenig Glück zu versprechen, die sich über das Lieblingsthema des Tages ein strenges Stillschweigen auferlegen und ihren Ruhm darin suchen wird, durch etwas anders zu gefallen, als wodurch jetzt alles gefällt. Aber je mehr das beschränkte Interesse der Gegenwart die Gemüter in Spannung setzt, einengt und unterjocht, desto dringender wird das Bedürfnis, durch ein allgemeines und höheres Interesse an dem, was *rein menschlich* und über allen Einfluss der Zeiten erhaben ist, sie wieder in Freiheit zu setzen und die politisch geteilte Welt unter der Fahne der Wahrheit und Schönheit wieder zu vereinigen.

Dies ist der Gesichtspunkt, aus welchem die Verfasser dieser Zeitschrift dieselbe betrachtet wissen möchten. Einer heitern und leidenschaftfreien Unterhaltung soll sie gewidmet sein, und dem Geist und Herzen des Lesers, den der Anblick der Zeitbegebenheiten bald entrüstet, bald niederschlägt, eine fröhliche Zerstreuung gewähren. Mitten in diesem politischen Tumult soll sie für Musen und Charitinnen[1] einen engen vertraulichen Zirkel schließen, aus welchem alles verbannt sein wird, was mit einem unreinen Parteigeist gestempelt ist. Aber indem sie sich alle Beziehungen auf den *jetzigen* Weltlauf und auf die *nächsten* Erwartungen der Menschheit verbietet, wird sie über die vergangene Welt die Geschichte und über die kommende die Philosophie befragen, wird sie zu dem Ideale veredelter Menschheit, welches durch die Vernunft aufgegeben, in der Erfahrung aber so leicht aus den Augen gerückt wird, einzelne Züge sammeln und an dem stillen Bau bessrer Begriffe, reinerer Grundsätze und edlerer Sitten, von dem zuletzt alle wahre Verbesserung des gesellschaftlichen Zustandes abhängt, nach Vermögen geschäftig sein. Sowohl spielend als ernsthaft wird man im Fortgange dieser Schrift dieses einige Ziel verfolgen, und so verschieden auch die Wege sein mögen, die man dazu einschlagen wird, so werden doch alle, näher oder entfernter, dahin gerichtet sein, wahre Humanität zu befördern. Man wird streben, die Schönheit zur Vermittlerin der Wahrheit zu machen und durch die Wahrheit der Schönheit ein daurendes Fundament und eine höhere Würde zu geben. Soweit es tunlich ist, wird man die Resultate der Wissenschaft von ihrer scholastischen Form[2] zu befreien und in einer reizenden, wenigstens einfachen, Hülle dem Gemeinsinn verständlich zu machen suchen. Zugleich aber wird man auf dem Schauplatze der Erfahrung nach neuen Erwerbungen für die Wissenschaft ausgehen und da nach Gesetzen forschen, wo bloß der Zufall zu spielen und die Willkür zu herrschen scheint. Auf diese Art glaubt man zu Aufhebung der Scheidewand beizutragen, welche die *schöne* Welt von der *gelehrten* zum Nachteile beider trennt, gründliche Kenntnisse in das gesellschaftliche Leben und Geschmack in die Wissenschaft einzuführen. [...]

(e 1794)

Text 6 **Friedrich Schiller (1759–1805): Über die ästhetische Erziehung des Menschen in einer Reihe von Briefen, 6. Brief** [Auszüge]

[...]

Damals[3], bei jenem schönen Erwachen der Geisteskräfte, hatten die Sinne und der Geist noch kein strenge geschiedenes Eigentum; denn noch hatte kein Zwiespalt sie gereizt, miteinander feindselig abzuteilen und ihre Markung zu bestimmen. Die Poesie hatte noch nicht mit dem Witze[4] gebuhlt und die Spekulation sich noch nicht durch

1 Charitinnen (Einz. Charis): göttliche Dienerinnen, besonders Aphroditens und Apollons
2 scholastisch, die Scholastik: von lat. scholasticus, der schulgerecht Gebildete
3 Damals: Schiller charakterisiert hier die griechische Kultur.
4 Witz: hier: geistreicher Intellekt

Spitzfindigkeit geschändet. Beide konnten im Notfall ihre Verrichtungen tauschen, weil jedes, nur auf seine eigene Weise, die Wahrheit ehrte. So hoch die Vernunft auch stieg, so zog sie doch immer die Materie liebend nach, und so fein und scharf sie auch trennte, so verstümmelte sie doch nie. Sie zerlegte zwar die menschliche Natur und warf sie in ihrem herrlichen Götterkreis vergrößert auseinander, aber nicht dadurch, dass sie sie in Stücken riss, sondern dadurch, dass sie sie verschiedentlich mischte, denn die ganze Menschheit fehlte in keinem einzelnen Gott. Wie ganz anders bei uns Neuern! Auch bei uns ist das Bild der Gattung in den Individuen vergrößert auseinander geworfen – aber in Bruchstücken, nicht in veränderten Mischungen, dass man von Individuum zu Individuum herumfragen muss, um die Totalität der Gattung zusammenzulesen. Bei uns, möchte man fast versucht werden zu behaupten, äußern sich die Gemütskräfte auch in der Erfahrung so getrennt, wie der Psychologe sie in der Vorstellung scheidet, und wir sehen nicht bloß einzelne Subjekte, sondern ganze Klassen von Menschen nur einen Teil ihrer Anlagen entfalten, während dass die Übrigen, wie bei verkrüppelten Gewächsen, kaum mit matter Spur angedeutet sind.

Ich verkenne nicht die Vorzüge, welche das gegenwärtige Geschlecht, als Einheit betrachtet und auf der Waage des Verstandes, vor dem Besten in der Vorwelt behaupten mag; aber in geschlossenen Gliedern muss es den Wettkampf beginnen und das Ganze mit dem Ganzen sich messen. Welcher einzelne Neuere tritt heraus, Mann gegen Mann mit dem einzelnen Athenienser um den Preis der Menschheit zu streiten?

Woher wohl diese nachteilige Verhältnis der Individuen bei allem Vorteil der Gattung? Warum qualifizierte sich der einzelne Grieche zum Repräsentanten seiner Zeit, und warum darf dies der einzelne Neuere nicht wagen? Weil jenem die alles vereinende Natur, diesem der alles trennende Verstand seine Formen erteilten.

Die Kultur selbst war es, welche der neuern Menschheit diese Wunde schlug. Sobald auf der einen Seite die erweiterte Erfahrung und das bestimmtere Denken eine schärfere Scheidung der Wissenschaften, auf der andern das verwickeltere Uhrwerk der Staaten eine strengere Absonderung der Stände und Geschäfte notwendig machte, so zerriss auch der innere Bund der menschlichen Natur, und ein verderblicher Streit entzweite ihre harmonischen Kräfte. Der intuitive und der spekulative Verstand[1] verteilten sich jetzt feindlich gesinnt auf ihren verschiedenen Feldern, deren Grenzen sie jetzt anfingen mit Misstrauen und Eifersucht zu bewachen, und mit der Sphäre, auf die man seine Wirksamkeit einschränkt, hat man sich auch in sich selbst einen Herrn gegeben, der nicht selten mit Unterdrückung der übrigen Anlagen zu endigen pflegt. Indem hier die luxurierende[2] Einbildungskraft die mühsamen Pflanzungen des Verstandes verwüstet, verzehrt dort der Abstraktionsgeist das Feuer, an dem das Herz sich hätte wärmen und die Fantasie sich entzünden sollen.

Diese Zerrüttung, welche Kunst und Gelehrsamkeit in dem innern Menschen anfingen, machte der neue Geist der Regierung vollkommen und allgemein. Es war freilich nicht zu erwarten, dass die einfache Organisation der ersten Republiken die Einfalt der ersten Sitten und Verhältnisse überlebte, aber anstatt zu einem höhern animalischen Leben zu steigen, sank sie zu einer gemeinen und groben Mechanik herab. Jene Polypennatur[3] der griechischen Staaten, wo jedes Individuum eines unabhängigen Lebens genoss und, wenn es not tat, zum Ganzen werden konnte, machte jetzt einem kunstreichen Uhrwerke Platz, wo aus der Zusammenstückelung unendlich vieler, aber lebloser Teile ein mechanisches Leben im Ganzen sich bildet. Auseinander gerissen wurden jetzt der Staat und die Kirche, die Gesetze und die Sitten; der Genuss wurde von der Arbeit, das Mittel vom Zweck, die Anstrengung von der Belohnung geschieden. Ewig nur an ein einzelnes kleines Bruckstück des Ganzen gefesselt, bildet sich der Mensch selbst nur als Bruckstück aus, ewig nur das eintönige Geräusch des Rades, das er umtreibt, im Ohre, entwickelt er nie die Harmonie seines Wesens, und anstatt die Menschheit in seiner Natur auszuprägen, wird er bloß zu einem Abdruck seines Geschäfts, seiner Wissenschaft. Aber selbst der karge fragmentarische Anteil, der die einzelnen Glieder noch an das Ganze knüpft, hängt nicht von Formen ab, die sie sich selbsttätig geben (denn wie dürfte man ihrer Freiheit ein so künstliches und lichtscheues Uhrwerk vertrauen?), sondern wird ihnen mit skrupulöser[4] Strenge durch ein Formular vorgeschrieben, in welchem man ihre freie Einsicht gebunden hält. Der tote Buchstabe vertritt den lebendigen Verstand, und ein geübtes Gedächtnis leitet sicherer als Genie und Empfindung. […]

Wie viel also auch für das Ganze der Welt durch diese getrennte Ausbildung der menschlichen Kräfte gewonnen werden mag, so ist nicht zu leugnen, dass die Individuen, welche sie trifft, unter dem Fluch dieses Weltzweckes leiden. Durch gymnastische Übungen bilden sich zwar athletische Körper aus, aber nur durch das freie und gleichförmige Spiel der Glieder die Schönheit. Ebenso kann die Anspannung einzelner Geisteskräfte

---

1 intuitiver und spekulativer Verstand: Einbildungskraft und abstraktes Denken

2 luxurierend: üppig, wuchernd

3 Polypennatur: Jeder abgetrennte Teil des Polypen vermag wieder zu einem vollkommenen Ganzen zu werden.

4 skrupulös: übertrieben gewissenhaft

zwar außerordentliche, aber nur die gleichförmige Temperatur derselben glückliche und vollkommene Menschen erzeugen. Und in welchem Verhältnis stünden wir also zu dem vergangenen und kommenden Weltalter, wenn die Ausbildung der menschlichen Natur ein solches Opfer notwendig machte? Wir wären die Knechte der Menschheit gewesen, wir hätten einige Jahrtausende lang die Sklavenarbeit für sie getrieben und unsrer verstümmelten Natur die beschämenden Spuren dieser Dienstbarkeit eingedrückt – damit das spätere Geschlecht in einem seligen Müßiggange seiner moralischen Gesundheit warten und den freien Wuchs seiner Menschheit entwickeln könnte!

Kann aber wohl der Mensch dazu bestimmt sein, über irgendeinem Zwecke sich selbst zu versäumen? Sollte uns die Natur durch ihre Zwecke eine Vollkommenheit rauben können, welche uns die Vernunft durch die ihrigen vorschreibt? Es muss also falsch sein, dass die Ausbildung der einzelnen Kräfte das Opfer ihrer Totalität notwendig macht; oder wenn auch das Gesetz der Natur noch so sehr dahin strebte, so muss es bei uns stehen, diese Totalität in unsrer Natur, welche die Kunst zerstört hat, durch eine höhere Kunst wiederherzustellen.

(e 1794)

Arbeitsanregungen:

[1] [a] Informieren Sie sich über die Grundzüge der historischen Situation des Jahres 1794 und zeigen Sie, in welcher Weise Schiller sein Programm (Text 5) auf diese Lage bezieht.
[b] Halten Sie in einer Stichwortsammlung typische Merkmale der Klassik fest, die in den Gedanken des Textes 5 sichtbar werden.
[c] Verfassen Sie einen Dialog, in dem zwei Zeitgenossen des Jahres 1794 kontroverse Standpunkte zu Schillers Ankündigung der „Horen" vertreten.

[2] [a] Fassen Sie in einem Resümee Schillers Ansichten über die Situation seiner Zeit (Text 6) zusammen.
[b] Welches Bild der griechischen Kultur stellt der Autor der Analyse der eigenen Zeit gegenüber?
[c] Welche Probleme, die in dem Text zur Sprache kommen, sind heute noch aktuell?

2. Gelingende Menschlichkeit

Der Frage nach dem Menschenbild der Klassik sind wir bereits im Abschnitt I/2 nachgegangen. Auch in anderen Teilkapiteln wurde deutlich, welche Auffassung vom Menschen die Klassiker entwickelten. Im Blick auf die programmatische Idee der Humanität soll das Thema weitergeführt und konzentriert werden. Besondere Bedeutung kommt dabei Goethes Schauspiel „Iphigenie auf Tauris" zu.
Den Stoff zu seinem Drama entnahm Goethe der griechischen Tantalidensage. Tantalos, der Stammvater der Tantaliden, missbraucht das Vertrauen der Götter und wird dafür hart bestraft. Der Fluch vererbt sich auf seine Nachkommen: In der Folge der Generationen bestimmen Neid, Hass, Rachgier, Gewalt bis zum Mord die Geschicke der Familie. Von diesem Fluch ist auch Iphigenie, die Tochter des Königs Agamemnon, betroffen. Ihr Vater will sie opfern um die Göttin Diana vor der Ausfahrt zum Trojanischen Krieg gnädig zu stimmen. Diana aber rettet sie auf die Insel Tauris, wo sie als Priesterin bei den „barbarischen" Skythen lebt. Nach Agamemnons Heimkehr rächt dessen Frau Klytemnästra die „Tötung" Iphigenies durch die Ermordung Agamemnons.
Goethes unmittelbare literarische Vorlage war die Tragödie „Iphigenie bei den Taurern" des griechischen Dichters Euripides, die um das Jahr 416 v. Chr. enstand. Goethe erarbeitete sein Schauspiel zwischen 1779–1786 in mehreren Fassungen bis zur endgültigen Gestalt:
1779: erste Fassung, in Prosa
1780: zweite Fassung: Jamben mit variabler Hebungszahl
1781: dritte Fassung, in Prosa
1786: vierte, endgültige Fassung: Blankverse

Die Handlung des Schauspiels:
Iphigenie hat durch ihre menschliche Ausstrahlungskraft bewirkt, dass, entgegen der früheren Tradition, seit ihrer Ankunft auf der Insel keine blutigen Menschenopfer mehr vollzogen worden sind. Der Herrscher der Insel, der Skythenkönig Thoas, bittet um ihre Hand; ihrer Ablehnung begegnet er mit der Drohung die Menschenopfer wieder einzuführen. Sie sollen alsbald durch Iphigenie an Griechen vollzogen werden, die nach ihrer Landung gefangen genommen worden sind. Iphigenie erfährt, dass es sich bei den Fremden um ihren Bruder Orest und dessen Freund Pylades handelt. Orest hat die Ermordung seines Vaters durch die Tötung seiner Mutter gerächt und wird dafür von den Rachegöttinnen, den Erinnyen, verfolgt. Das delphische Orakel hat ihm Sühnung in Aussicht gestellt, wenn er die „Schwester" – Orest versteht darunter zunächst das Bild der Diana – von Tauris nach Griechenland bringt. Orest wird nun zwar durch den wohltätigen Einfluss Iphigenies und durch eine Art Heilschlaf vom Fluch befreit, aber die Heimkehr und die damit verbundene Entsühnung vom Tantaliden-Fluch (s.o.) bleibt durch die Forderung des Thoas bedroht, das Menschenopfer müsse vollzogen werden. Pylades entwickelt einen Fluchtplan, Iphigenie jedoch weigert sich Thoas zu betrügen, der ihr vertraut. Der zunächst ausweglose Konflikt, entweder durch einen Betrug gegen ihre ethischen Prinzipien zu verstoßen und dadurch „unrein" zu werden oder das Leben Orests und Pylades' aufs Spiel zu setzen, lässt sie an der Güte der Götter zweifeln, an die sie bisher immer geglaubt hat. Sie entschließt sich zur Wahrhaftigkeit und Thoas ist bereit sie mit ihrem Bruder und dessen Freund nach Griechenland heimkehren zu lassen.

Exposition (lat. expositio = Darlegung): erster Teil (meist der I. Akt) eines Dramas als Einführung in Ort, Zeit, Situation, Voraussetzungen der Handlung (die notwendigen Elemente der Vorgeschichte) sowie die Problemstellung, den dramatischen Konflikt und die wichtigsten Personen des Stücks. Der *Prolog* (vor allem in der Antike) ist die einfachste Form der E.; das *Vorspiel* ist eine sehr selbständige Form. Im *analytischen* Drama reicht die E. eigentlich über das ganze Stück bis zur Lösung des Schlusses.

Blankvers: engl. blank verse = reiner, d.h. reimloser jambischer Vers mit fünf Hebungen und weiblichem (a) oder männlichem (b) Verschluss:
xx́xx́xx́xx́xx́x (a) Heraus in eure Schatten, rege Wipfel … (V.1)
xx́xx́xx́xx́xx́ (b) Wie in der Göttin stilles Heiligtum … (V.3)
Der Blankvers wurde in der englischen Literatur entwickelt („blank verse" = reiner, reimloser Vers). In Deutschland verschaffte ihm Lessing mit seinem Drama „Nathan der Weise" (1779) als „klassischem" Versmaß des Dramas Geltung. Goethe und Schiller gebrauchten ihn in ihren Dramen der klassischen Periode. Noch im 19. Jahrhundert blieb der Blankvers im deutschen Drama vorherrschend.

Text 1 **Johann Wolfgang Goethe (1749–1832): Iphigenie auf Tauris, I/1**

IPHIGENIE
Heraus in eure Schatten, rege Wipfel
Des alten, heilgen, dicht belaubten Haines,
Wie in der Göttin stilles Heiligtum,
Tret ich noch jetzt mit schauderndem Gefühl,
Als wenn ich sie zum ersten Mal beträte,
Und es gewöhnt sich nicht mein Geist hierher.
So manches Jahr bewahrt mich hier verborgen
Ein hoher Wille, dem ich mich ergebe;
Doch immer bin ich, wie im ersten, fremd.
Denn ach! mich trennt das Meer von den Geliebten,
Und an dem Ufer steh ich lange Tage,
Das Land der Griechen mit der Seele suchend;
Und gegen meine Seufzer bringt die Welle
Nur dumpfe Töne brausend mir herüber.
Weh dem, der fern von Eltern und Geschwistern
Ein einsam Leben führt! Ihm zehrt der Gram
Das nächste Glück vor seinen Lippen weg,
Ihm schwärmen abwärts immer die Gedanken
Nach seines Vaters Hallen, wo die Sonne
Zuerst den Himmel vor ihm aufschloss, wo
Sich Mitgeborne spielend fest und fester
Mit sanften Banden aneinander knüpften.
Ich rechte mit den Göttern nicht; allein
Der Frauen Zustand ist beklagenswert.
Zu Haus und in dem Kriege herrscht der Mann,
Und in der Fremde weiß er sich zu helfen.
Ihn freuet der Besitz; ihn krönt der Sieg!
Ein ehrenvoller Tod ist ihm bereitet.
Wie eng-gebunden ist des Weibes Glück!
Schon einem rauhen Gatten zu gehorchen,
Ist Pflicht und Trost; wie elend, wenn sie gar
Ein feindlich Schicksal in die Ferne treibt!
So hält mich Thoas hier, ein edler Mann,
In ernsten, heilgen Sklavenbanden fest.
O wie beschämt gesteh ich, dass ich dir
Mit stillem Widerwillen diene, Göttin,
Dir, meiner Retterin! Mein Leben sollte
Zu freiem Dienste dir gewidmet sein.
Auch hab ich stets auf dich gehofft und hoffe
Noch jetzt auf dich, Diana, die du mich,
Des größten Königes verstoßne Tochter,
In deinen heilgen, sanften Arm genommen.
Ja, Tochter Zeus', wenn du den hohen Mann,
Den du, die Tochter fordernd, ängstigtest,
Wenn du den göttergleichen Agamemnon,
Der dir sein Liebstes zum Altare brachte,
Von Trojas umgewandten Mauern rühmlich
Nach seinem Vaterland zurückbegleitet,
Die Gattin ihm, Elektren und den Sohn,
Die schönen Schätze, wohl erhalten hast:
So gib auch mich den Meinen endlich wieder,
Und rette mich, die du vom Tod errettet,
Auch von dem Leben hier, dem zweiten Tode!

(e 1786)

Arbeitsanregungen:

1 a Welche ersten Eindrücke gewinnen Sie bei der Lektüre der Eingangsszene?
b Diskutieren Sie darüber, ob Feuerbachs Gemälde eine Anregung für die Inszenierung der ersten Szene sein könnte und entwickeln Sie gegebenenfalls begründete Alternativen.

2 Welche Bedeutung hat die vorliegende Szene für den Zuschauer im Theater bzw. für den Leser? Beantworten Sie die Frage im Textbezug (vgl. das Stichwort „Exposition").

3 Beschreiben Sie die Situation, in der sich Iphigenie zu Beginn des Stücks befindet.

4 Erarbeiten Sie den Text durch gestaltende Vortragsversuche.

5 a Schreiben Sie die ersten 15 Verse in eine eigene Prosafassung um, erproben Sie die unterschiedliche Wirkung von Vers- und Prosafassung und stellen Sie Goethes erste Prosafassung von 1779 dagegen (Text 2).
b Überpüfen Sie, durch welche sprachlichen Mittel die unterschiedlichen Wirkungen hervorgerufen werden.

Text 2 **Johann Wolfgang Goethe (1749–1832): Iphigenie** (Prosafassung), I/1

Iphigenie alleine.
IPHIGENIE.

Heraus in eure Schatten, ewig rege Wipfel des heiligen Hayns, hinnein ins Heiligthum der Göttinn, der ich diene, tret' ich mit immer neuen Schauer und meine Seele gewöhnt sich nicht hierher! So manche Jahre wohn' ich hier unter euch verborgen, und immer bin ich wie im ersten fremd, denn mein Verlangen steht hinnüber nach dem schönen Lande der Griechen, und immer mögt ich über's Meer hinnüber das Schiksal meiner Vielgeliebten theilen. Weh dem! der fern von Eltern und Geschwister ein einsam Leben führt, Ihn lässt der Gram des schönsten Glükes nicht genießen, ihm schwärmen abwärts immer die Gedanken nach seines Vaters Wohnung, an iene Stellen wo die Goldne Sonne, zum erstenmahl den Himmel vor ihm aufschloss, wo die Spiele der Mitgebohrnen die sanften liebsten Erden Bande knüpften. Der Frauen Zustand ist der schlimmste vor allen Menschen. Will dem Mann das Glük, so herscht er und erficht im Felde Ruhm, und haben ihm die Götter Unglük zubereitet, fällt er, der Erstling von den Seinen in den schönen Tod. Allein des Weibes Glük ist eng gebunden, sie dankt ihr Wohl stets andern, öfters Fremden, und wenn Zerstörung ihr Hauß ergreift, führt sie aus rauchenden Trümmern durch der erschlagenen liebsten Blut der Ueberwinder fort. Auch hier an dieser heiligen Stätte hält Thoas mich in ehrenvoller Sclaverey! Wie schwer wird mir's dir wieder Willen dienen ewig reine Göttinn! Retterinn! dir solte mein Leben zu ewigen Dienste geweiht seyn. Auch hab' ich stets auf dich gehofft und hoffe noch, Diana die du mich verstoßne Tochter des größten Königs in deinen heiligen sanften Arm genommen. Ja Tochter Jovis hast du den Mann deßen Tochter du fodertest, hast du den Götter gleichen Agamemnon, der dir sein Liebstes zum Altare brachte, hast du den glüklich von dem Felde der umgewanden Troia mit Ruhm nach seinem Vaterlande zurük begleitet, hast du meine Geschwister Elecktren und Oresten den Knaben und unsere Mutter, ihm zu Hauße den schönen Schaz bewahret, so rette mich, die du vom Tode gerettet, auch von dem Leben hier dem Zweiten Tod.

(e 1779)

Text 3 **Johann Wolfgang Goethe: Iphigenie auf Tauris, V/3 und V/6** [Auszug]

Die Lösung von Iphigenies Konflikt (s.o.) wird in den letzten Szenen des Schauspiels dargestellt. Thoas ahnt, dass er von den Griechen betrogen werden könnte, und stellt Iphigenie zur Rede.

Stichomythie (gr. stichos = Zeile, mythos = Rede): zeilenweise wechselnde Rede und Gegenrede im Drama; Ausdruck erregter, konzentrierter Auseinandersetzung, in der die Dialogpartner Position gegen Position setzen.

IPHIGENIE. Du forderst mich! Was bringt dich zu uns her?
THOAS. Du schiebst das Opfer auf; sag an, warum?
IPHIGENIE. Ich hab an Arkas alles klar erzählt.
THOAS. Von dir möcht ich es weiter noch vernehmen.
IPHIGENIE. Die Göttin gibt dir Frist zur Überlegung.
THOAS. Sie scheint dir selbst gelegen, diese Frist.
IPHIGENIE. Wenn dir das Herz zum grausamen Entschluss
Verhärtet ist, so solltest du nicht kommen!
Ein König, der Unmenschliches verlangt,
Find't Diener gnug, die gegen Gnad und Lohn
Den halben Fluch der Tat begierig fassen;
Doch seine Gegenwart bleibt unbefleckt.
Er sinnt den Tod in einer schweren Wolke,
Und seine Boten bringen flammendes
Verderben auf des Armen Haupt hinab;
Er aber schwebt durch seine Höhen ruhig,
Ein unerreichter Gott, im Sturme fort.
THOAS. Die heilge Lippe tönt ein wildes Lied.
IPHIGENIE. Nicht Priesterin! nur Agamemnons Tochter.
Der Unbekannten Wort verehrtest du;
Der Fürstin willst du rasch gebieten? Nein!
Von Jugend auf hab ich gelernt gehorchen,
Erst meinen Eltern und dann einer Gottheit,
Und folgsam fühlt ich immer meine Seele
Am schönsten frei; allein dem harten Worte,
Dem rauen Ausspruch eines Mannes mich
Zu fügen, lernt ich weder dort noch hier.
THOAS. Ein alt Gesetz, nicht ich, gebietet dir.
IPHIGENIE. Wir fassen ein Gesetz begierig an,
Das unsrer Leidenschaft zur Waffe dient.
Ein andres spricht zu mir, ein älteres,
Mich dir zu widersetzen, das Gebot,
Dem jeder Fremde heilig ist.
THOAS. Es scheinen die Gefangnen dir sehr nah
Am Herzen: denn vor Anteil und Bewegung
Vergissest du der Klugheit erstes Wort,
Dass man den Mächtigen nicht reizen soll.
IPHIGENIE. Red oder schweig ich, immer kannst du wissen,
Was mir im Herzen ist und immer bleibt.
Löst die Erinnerung des gleichen Schicksals
Nicht ein verschlossnes Herz zum Mitleid auf?
Wie mehr denn meins! In ihnen seh ich mich.
Ich habe vorm Altare selbst gezittert,
Und feierlich umgab der frühe Tod
Die Kniende; das Messer zuckte schon,
Den lebenvollen Busen zu durchbohren;
Mein Innerstes entsetzte wirbelnd sich,
Mein Auge brach, und – ich fand mich gerettet.
Sind wir, was Götter gnädig uns gewährt,
Unglücklichen nicht zu erstatten schuldig?
Du weißt es, kennst mich, und du willst mich zwingen!
THOAS. Gehorche deinem Dienste, nicht dem Herrn.
IPHIGENIE. Lass ab! Beschönige nicht die Gewalt,
Die sich der Schwachheit eines Weibes freut.
Ich bin so frei geboren als ein Mann.
Stünd Agamemnons Sohn dir gegenüber,
Und du verlangtest, was sich nicht gebührt,
So hat auch *er* ein Schwert und einen Arm,
Die Rechte seines Busens zu verteidgen.
Ich habe nichts als Worte, und es ziemt
Dem edlen Mann, der Frauen Wort zu achten.
THOAS. Ich acht es mehr als eines Bruders Schwert.

Anselm Feuerbach (1829–1880): Iphigenie (1871)

Iphigenie. Das Los der Waffen wechselt hin und her:
Kein kluger Streiter hält den Feind gering.
Auch ohne Hülfe gegen Trutz und Härte
Hat die Natur den Schwachen nicht gelassen.
Sie gab zur List ihm Freude, lehrt' ihn Künste;
Bald weicht er aus, verspätet und umgeht.
Ja, der Gewaltige verdient, dass man sie übt.
Thoas. Die Vorsicht stellt der List sich klug entgegen.
Iphigenie. Und eine reine Seele braucht sie nicht.
Thoas. Sprich unbehutsam nicht dein eigen Urteil.
Iphigenie. O sähest du, wie meine Seele kämpft,
Ein bös Geschick, das sie ergreifen will,
Im ersten Anfall mutig abzutreiben!
So steh ich denn hier wehrlos gegen dich?
Die schöne Bitte, den anmutgen Zweig,
In einer Frauen Hand gewaltiger
Als Schwert und Waffe, stößest du zurück:
Was bleibt mir nun, mein Innres zu verteidgen?
Ruf ich die Göttin um ein Wunder an?
Ist keine Kraft in meiner Seele Tiefen?
Thoas. Es scheint, der beiden Fremden Schicksal macht
Unmäßig dich besorgt. Wer sind sie, sprich,
Für die dein Geist gewaltig sich erhebt?
Iphigenie. Sie sind – sie scheinen – für Griechen halt ich sie.
Thoas. Landsleute sind es? und sie haben wohl
Der Rückkehr schönes Bild in dir erneut?
Iphigenie *nach einigem Stillschweigen.*
Hat denn zur unerhörten Tat der Mann
Allein das Recht? Drückt denn Unmögliches
Nur *er* an die gewaltge Heldenbrust?
Was nennt man groß, was hebt die Seele schaudernd
Dem immer wiederholenden Erzähler,
Als was mit unwahrscheinlichem Erfolg
Der Mutigste begann? Der in der Nacht
Allein das Heer des Feindes überschleicht,
Wie unversehen eine Flamme wütend
Die Schlafenden, Erwachenden ergreift,
Zuletzt, gedrängt von den Ermunterten,
Auf Feindes Pferden, doch mit Beute kehrt,
Wird der allein gepriesen? der allein,
Der, einen sichern Weg verachtend, kühn
Gebirg' und Wälder durchzustreifen geht,
Dass er von Räubern eine Gegend säubre?
Ist uns nichts übrig? Muss ein zartes Weib
Sich ihres angebornen Rechts entäußern,
Wild gegen Wilde sein, wie Amazonen
Das Recht des Schwerts euch rauben und mit Blute
Die Unterdrückung rächen? Auf und ab
Steigt in der Brust ein kühnes Unternehmen:
Ich werde großem Vorwurf nicht entgehn,
Noch schwerem Übel, wenn es mir misslingt;
Allein *euch* leg ichs auf die Knie! Wenn
Ihr wahrhaft seid, wie ihr gepriesen werdet,
So zeigts durch euern Beistand und verherrlicht
Durch mich die Wahrheit! – Ja, vernimm, o König,
Es wird ein heimlicher Betrug geschmiedet:
Vergebens fragst du den Gefangnen nach;
Sie sind hinweg und suchen ihre Freunde,
Die mit dem Schiff am Ufer warten, auf.
Der Ältste, den das Übel hier ergriffen
Und nun verlassen hat – es ist Orest,
Mein Bruder, und der andre sein Vertrauter,
Sein Jugendfreund, mit Namen Pylades.
Apoll schickt sie von Delphi diesem Ufer
Mit göttlichen Befehlen zu, das Bild
Dianens wegzurauben und zu ihm
Die Schwester hinzubringen, und dafür
Verspricht er dem von Furien Verfolgten,
Des Mutterblutes Schuldigen, Befreiung.
Uns beide hab ich nun, die Überbliebnen
Von Tantals Haus, in deine Hand gelegt:
Verdirb uns – wenn du darfst.
Thoas. Du glaubst, es höre
Der rohe Skythe, der Barbar, die Stimme
Der Wahrheit und der Menschlichkeit, die Atreus,
Der Grieche, nicht vernahm?
Iphigenie. Es hört sie jeder,
Geboren unter jedem Himmel, dem
Des Lebens Quelle durch den Busen rein
Und ungehindert fließt. – Was sinnst du mir,
O König, schweigend in der tiefen Seele?
Ist es Verderben? so töte mich zuerst!
Denn nun empfind ich, da uns keine Rettung
Mehr übrig bleibt, die grässliche Gefahr,
Worein ich die Geliebten übereilt
Vorsätzlich stürzte. Weh! Ich werde sie
Gebunden vor mir sehn! Mit welchen Blicken
Kann ich von meinem Bruder Abschied nehmen,
Den ich ermorde? Nimmer kann ich ihm
Mehr in die viel geliebten Augen schaun!
Thoas. So haben die Betrüger, künstlich dichtend,
Der lang Verschlossnen, ihre Wünsche leicht
Und willig Glaubenden, ein solch Gespinst
Ums Haupt geworfen!
Iphigenie. Nein! o König, nein!
Ich könnte hintergangen werden; diese
Sind treu und wahr. Wirst du sie anders finden,
So lass sie fallen und verstoße mich,
Verbanne mich zur Strafe meiner Torheit
An einer Klippeninsel traurig Ufer.
Ist aber dieser Mann der lang erflehte,
Geliebte Bruder, so entlass uns, sei
Auch den Geschwistern wie der Schwester freundlich!
Mein Vater fiel durch seiner Frauen Schuld,
Und sie durch ihren Sohn. Die letzte Hoffnung
Von Atreus' Stamme ruht auf ihm allein.
Lass mich mit reinem Herzen, reiner Hand
Hinübergehn und unser Haus entsühnen.
Du hältst mir Wort! – Wenn zu den Meinen je
Mir Rückkehr zubereitet wäre, schwurst
Du, mich zu lassen; und sie ist es nun.
Ein König sagt nicht, wie gemeine Menschen,
Verlegen zu, dass er den Bittenden
Auf einen Augenblick entferne; noch
Verspricht er auf den Fall, den er nicht hofft:
Dann fühlt er erst die Höhe seiner Würde,
Wenn er den Harrenden beglücken kann.
Thoas. Unwillig, wie sich Feuer gegen Wasser
Im Kampfe wehrt und gischend seinen Feind
Zu tilgen sucht, so wehret sich der Zorn
In meinem Busen gegen deine Worte.
Iphigenie. O lass die Gnade, wie das heilge Licht
Der stillen Opferflamme, mir, umkränzt
Von Lobgesang und Dank und Freude, lodern.
Thoas. Wie oft besänftigte mich diese Stimme!
Iphigenie. O reiche mir die Hand zum Friedenszeichen.
Thoas. Du forderst viel in einer kurzen Zeit.
Iphigenie. Um Guts zu tun, brauchts keiner Überlegung.
Thoas. Sehr viel! denn auch dem Guten folgt das Übel.
Iphigenie. Der Zweifel ists, der Gutes böse macht.
Bedenke nicht; gewähre, wie du's fühlst.

(e 1786)

Orest dringt bewaffnet in die Szene ein, auch Pylades und Arkas, der Vertraute des Königs, kommen mit gezogenen Schwertern und es droht eine gewalttätige Auseinandersetzung. Doch Thoas gebietet Waffenstillstand um ein Gespräch zwischen ihm, Iphigenie und Orest zu ermöglichen. Noch einmal bittet Iphigenie um die Gewährung der Heimkehr (V/6 – letzte Szene des Dramas):

[…]
IPHIGENIE. Denk an dein Wort, und lass durch diese Rede
Aus einem graden, treuen Munde dich
Bewegen! Sieh uns an! Du hast nicht oft
Zu solcher edeln Tat Gelegenheit.
Versagen kannst du's nicht; gewähr es bald!
THOAS. So geht!
IPHIGENIE. Nicht so, mein König! Ohne Segen,
In Widerwillen scheid ich nicht von dir.
Verbann uns nicht! Ein freundlich Gastrecht walte
Von dir zu uns: so sind wir nicht auf ewig
Getrennt und abgeschieden. Wert und teuer,
Wie mir mein Vater war, so bist du's mir,
Und dieser Eindruck bleibt in meiner Seele.
Bringt der Geringste deines Volkes je
Den Ton der Stimme mir ins Ohr zurück,
Den ich an euch gewohnt zu hören bin,
Und seh ich an dem Ärmsten eure Tracht:
Empfangen will ich ihn wie einen Gott,
Ich will ihm selbst ein Lager zubereiten,
Auf einen Stuhl ihn an das Feuer laden,
Und nur nach dir und deinem Schicksal fragen.
O geben dir die Götter deiner Taten
Und deiner Milde wohl verdienten Lohn!
Leb wohl! O wende dich zu uns und gib
Ein holdes Wort des Abschieds mir zurück!
Dann schwellt der Wind die Segel sanfter an,
Und Tränen fließen lindernder vom Auge
Des Scheidenden. Leb wohl! und reiche mir
Zum Pfand der alten Freundschaft deine Rechte.
THOAS. Lebt wohl!

Text 4 **Euripides (ca. 480–407/406 v. Chr.): Iphigenie bei den Taurern** [Schluss der Tragödie]

Den Griechen ist es durch eine List gelungen das Standbild der Diana zu rauben und auf ihr Schiff zu kommen. Flutwellen hindern sie jedoch daran aufs offene Meer zu gelangen und hoher Seegang treibt sie ans Land zurück.
Ein Bote berichtet dem König:

[…]
Ich aber eilte gleich hieher zu dir
Um zu berichten, Herr, was dort geschehn.
Mach' schnell dich auf; nimm Fesseln mit und Stricke.
Wenn nicht ganz unverhofft der Wind sich legt,
So können uns die Fremden nicht entrinnen.
Der Meeresherr Poseidon schirmte stets
Troja, den Pelopssöhnen war er feind!
So wird er jetzt auch Agamemnons Sohn
Dir und den Deinen in die Hände geben
Samt seiner Schwester, die, was Artemis
Für sie getan, ganz zu vergessen scheint.
CHOR: O Iphigenie, dein und deines Bruders
Harrt Tod, wenn ihr in Thoas Hände fallt.
THOAS: Ihr Brüder allesamt des Taurerlands!
Auf! zäumt die Rosse, sprengt den Strand entlang,
Damit das Strandgut von dem Griechenschiff
Euch nicht entgeht. Eilt, mit der Göttin Hilfe
Fangt mir die Tempelräuber wieder ein.
Zieht auch ins Meer manch schnelles Ruderboot.
Zu Wasser jagend und zu Land mit Rossen
Ergreifet sie, dass sie vom Fels gestürzt,
Auf Pfählen aufgespießt des Todes sterben.
Zum Chor:
Euch aber, Frau'n, des Plans Mitwisserinnen,
Werd' ich, sobald ich Zeit und Muße finde,
Zur Strafe ziehn. Jetzt drängt der Augenblick
Zu sehr zur Tat, um länger still zu sitzen.
Über dem Tempel erscheint Athena.
ATHENA: Wen eilst du zu verfolgen, König Thoas?
Ich bin Athena; lausche meinem Wort.
Treib' zur Verfolgung nicht des Heeres Strom.
Nach Schicksalsschluss, auf Loxias' Befehl
Kam, auf der Flucht vor der Erinyen Zorn,
Orest her, um nach Argos seine Schwester
Heimzugeleiten und das heil'ge Bild
Zu holen in das Land, das mir gehört.
So viel zu dir! Dem Helden, den du fangen,
Wenn ihn die Brandung hemmt, und töten willst,
Hat schon Poseidon mir zulieb die Wogen
Gestillt und seinem Schiffe Fahrt gegönnt.
In die Ferne sprechend:
Vernimm, Orest, was ich dir anbefehle:
(Du hörst, obwohl du fern, der Göttin Wort)
Zieh' hin mit deiner Schwester und dem Bild.
Und kommst du nach der gottgebauten Stadt
Athen, wo an den Grenzen Attikas
Die heil'ge Stätte liegt, Karystos' Bergen
Ganz nah, die Halai wird vom Volk genannt,
Bau' einen Tempel dort, stell' auf das Bild
Und nenn' es nach den Taurern und dem Pol
Der Kreiselfahrt, in der Rachgeister dich
Umhergejagt: künftig sei Artemis
Als Tauropolos von dem Volk verehrt.
Stifte den Festbrauch, dass man zum Entgelt
Für deine Opf'rung eines Mannes Hals
Ritzt mit dem Schwert, bis ihm das Blut entquillt,
Wie Recht und Ehrfurcht vor der Göttin heischt.
Du aber führst an Braurons heil'ger Treppe,
Iphigenie, der Göttin Schlüsselamt.
Stirbst du, begräbt man dich daselbst und bringt
Als Weihgeschenk dir schöne Kleider dar,
Von Frau'n getragen, die gestorben sind
Im Wochenbett. *Zu Thoas:* Auch diese Griechinnen
Entlass von hinnen, ich befehl' es dir,
Thoas, an Leib und Leben ungekränkt,
Nach Griechenland, dass sie der Artemis
Als Iphigeniens Gehilfinnen
Auch ferner dienen oder, lockt es sie,

Arbeitsanregungen:

1 Formulieren Sie Fragen, die sich dazu eignen beide Dramenschlüsse miteinander zu vergleichen und führen Sie den Vergleich durch.

2 Charakterisieren Sie auf Grund des Vergleichs Goethes Idee der Humanität, wie sie in der letzten Szene des Schauspiels dargestellt wird.

3 Am Württembergischen Staatstheater Stuttgart wurde in der Spielzeit 1977/78 eine Inszenierung von Goethes „Iphigenie“ erarbeitet. In der Diskussion über das Stück sagte der damalige Darsteller des Pylades, Gert Voss: „Ich kann mir nicht helfen, aber ich glaube dem Goethe dieses alles versöhnende Märchen nicht. Dieses Wohlgefallen, in das sich das Stück am Schluss auflöst. Das geht doch nicht. So sieht's doch gar nicht aus in der Wirklichkeit!“
Immer wieder debattierten Regisseur und Schauspieler über den Schluss und überlegten Alternativen zu Goethes Konzeption: Am Anfang des Stückes müsste es schneien, am Ende regnen; da steht so eine verregnete Gesellschaft rum, wird ein bisschen nass.
Branko Samarovski: ‚Also, wenn mir jemand sagt, der in einem klassischen Stück war: Es war ja so erbauend. Dann kann ich nur sagen: Aber wieso denn, Sie haben doch einen Hammer nach dem anderen reingekriegt? – Ja, wirklich, finden Sie? – Erbauend! Also, das würde mir schon sehr weh tun, wenn die Leute da selig drin sitzen.‘
Durchaus vorstellbar wäre doch eine Iphigenie, die weder bei Thoas bleibt, noch mit den Griechen nach Hause fährt; eher ratlos da rumsteht.
Kann man eventuell darauf verzichten, das Stück zu Ende zu spielen, das heißt, unsere fragende Haltung dem Stück und seinem Inhalt gegenüber so ausdrücken, dass wir darauf verzichten, die Geschichte planmäßig zu ihrem Happy-End zu bringen?
Oder fährt man fort nach den letzten Worten: die Musik wird wieder angestellt, ein paar Sätze aus dem Stück werden wiederholt, fragend, halb privat, etwas abbröckelnd schon: Schauspieler, die sich viele Wochen mit einem Thema beschäftigt haben, sind noch nicht am Endpunkt ihrer Untersuchung?
(in: Programmbuch Nr. 30 des Württembergischen Staatstheaters Stuttgart, Schauspiel 77/78, Stuttgart 1977, S. 328, 333 und 335.)

a Nehmen Sie die Diskussion über das Problem auf, evtl. in Form einer Podiumsdiskussion.
b Die Hauszeitschrift eines Theaters, an dem eine Iphigenie-Aufführung geplant ist, führt unter Schülern, die sich mit dem Stück beschäftigt haben, eine Befragung durch, wie sie sich die Inszenierung des Schlusses vorstellen. – Legen Sie in einem Leserbrief Ihre Auffassung dar.

Zu Eltern und Geschwistern heimwärts ziehn.
Dich hab' ich aus Gefangenschaft und Tod
Und von der Rachegeister wildem Dräun
Befreit, weil du gerechten Sinnes bist.
Ich hab' auch auf dem Areshügel einst
Für dich, Orest, die Stimmen gleich gemacht,
Wodurch in Ewigkeit der Brauch besteht,
Dass gleiche Stimmenzahl als Freispruch gilt.
Du führe denn mit dir die Schwester heim,
Agamemnons Sohn! Du, Thoas, zürne nicht.
THOAS. Herrin Athena, göttlichem Gebot
Nicht zu gehorchen wäre frevelhaft.
Dem Mann, der uns der Göttin Bild entführt,
Und seiner Schwester zürn' ich nicht. Wem hat
Kampf mit den Göttern Ehre je gebracht?
Zum Heile sei für sie zu deinem Land
Die Fahrt, zum Heil des Bildes Siedelung.
Auch diese Frau'n will ich ins reiche Land
Der Griechen senden, wie du mir befiehlst.
Der schon erhob'nen Ruder Reih'n und Speere
Sie senken sich gehorsam deinem Wink.
ATHENA: Recht so!
Das Schicksal waltet über dich und uns.
Weht, Winde! führt den Agamemnonssohn
Zu Schiff nach Attika! Ich reise mit
Und schütze meiner Schwester hehres Bild.
CHOR: Weil euch denn ein rettendes Schicksal erschien,
Zieht hin und erfreut euch des Glückes.
Ehrwürdige Maid, von den Göttern geehrt
Und den Sterblichen, Pallas Athena, wir sind
Dein göttlich Gebot zu erfüllen bereit.
Denn ein freudiges, kaum noch erwartetes Wort
Ist uns in die Ohren geklungen.
O erhabene Nike, walte du stets
Über all meinem Tun
Und bekränze mich immer von neuem.

(übersetzt von Hans von Arnim) (e ca. 412 v. Chr.)

M Die schriftliche Interpretation von Dramentexten

Die Interpretation von Dramentexten als Aufsatzform erfordert eine spezifische Methode, die im folgenden Abschnitt vorgestellt und erprobt werden soll. Zunächst wird die Methode am Beispiel der Szene IV/2 entwickelt.

Thema: Interpretieren Sie den Dialog Iphigenie–Arkas (IV/2) und achten Sie besonders
a) auf die *Rollen* und *Grundhaltungen* der Personen,
b) auf die *Sprechanteile* beider sowie die Art ihrer *Gesprächsführung.*

1. Phase: Zuordnung und Themenanalyse

Bevor das Beispiel einer Stoffsammlung zur Szene IV/2 vorgestellt wird, soll kurz der Handlungszusammenhang skizziert werden:
Iphigenie ist trotz großer Bedenken zunächst bereit sich auf Pylades' Fluchtplan einzulassen und Thoas zu täuschen. Der König, der schon den Befehl zur Opferung der Fremden erteilt hat, schickt Arkas, seinen Vertrauten um Iphigenie zum Vollzug des Opfers zu drängen.
(Themenanalyse, siehe Hervorhebungen in Kursivschrift)

2. Phase: Untersuchung des Dialogs nach Inhalt und Form

Es empfiehlt sich, zuerst in einer Stichwortsammlung Beobachtungen zum Text zu notieren (Stoffsammlung) und erst dann eine systematisch gegliederte Interpretation auszuarbeiten (siehe unten). Die Stoffsammlung sollte übersichtlich angelegt werden, damit das spätere systematische Vorgehen bei der Interpretation erleichtert wird. Deshalb sei folgendes Schema vorgeschlagen:

Iphigenie			Arkas	
Grundhaltungen	Einzelbeobachtungen am Text: Sprechanteile und Art der Gesprächsführung (Sprechakte)	Dialogtext (IV/2)	Einzelbeobachtungen am Text: Sprechanteile und Art der Gesprächsführung (Sprechakte)	Grundhaltungen

ARKAS. Beschleunige das Opfer, Priesterin!
Der König wartet, und es harrt das Volk.
IPHIGENIE. Ich folgte meiner Pflicht und deinem Wink,
Wenn unvermutet nicht ein Hindernis
Sich zwischen mich und die Erfüllung stellte.
ARKAS. Was ists, das den Befehl des Königs hindert?
IPHIGENIE. Der Zufall, dessen wir nicht Meister sind.
ARKAS. So sage mirs, dass ichs ihm schnell vermelde:
Denn er beschloss bei sich der beiden Tod.
IPHIGENIE. Die Götter haben ihn noch nicht beschlossen.
Der ältste dieser Männer trägt die Schuld
Des nah verwandten Bluts, das er vergoss.
Die Furien verfolgen seinen Pfad,
Ja, in dem innern Tempel fasste selbst
Das Übel ihn, und seine Gegenwart
Entheiligte die reine Stätte. Nun
Eil ich mit meinen Jungfraun, an dem Meere
Der Göttin Bild mit frischer Welle netzend,
Geheimnisvolle Weihe zu begehn.
Es störe niemand unsern stillen Zug!
ARKAS. Ich melde dieses neue Hindernis
Dem Könige geschwind; beginne du
Das heilge Werk nicht eh, bis ers erlaubt!
IPHIGENIE. Dies ist allein der Priestrin überlassen.
ARKAS. Solch seltnen Fall soll auch der König wissen.
IPHIGENIE. Sein Rat wie sein Befehl verändert nichts.
ARKAS. Oft wird der Mächtige zum Schein gefragt.
IPHIGENIE. Erdringe nicht, was ich versagen sollte.
ARKAS. Versage nicht, was gut und nützlich ist.
IPHIGENIE. Ich gebe nach, wenn du nicht säumen willst.
ARKAS. Schnell bin ich mit der Nachricht in dem Lager,
Und schnell mit seinen Worten hier zurück.

O könnt ich ihm noch eine Botschaft bringen,
Die alles löste, was uns jetzt verwirrt:
Denn du hast nicht des Treuen Rat geachtet.
IPHIGENIE. Was ich vermochte, hab ich gern getan.
ARKAS. Noch änderst du den Sinn zur rechten Zeit.
IPHIGENIE. Das steht nun einmal nicht in unsrer Macht.
ARKAS. Du hältst unmöglich, was dir Mühe kostet.
IPHIGENIE. Dir scheint es möglich, weil der Wunsch dich trügt.
ARKAS. Willst du denn alles so gelassen wagen?
IPHIGENIE. Ich hab es in der Götter Hand gelegt.
ARKAS. Sie pflegen Menschen menschlich zu erretten.
IPHIGENIE. Auf ihren Fingerzeig kommt alles an.
ARKAS. Ich sage dir, es liegt in deiner Hand.
Des Königs aufgebrachter Sinn allein
Bereitet diesen Fremden bittern Tod.
Das Heer entwöhnte längst vom harten Opfer
Und von dem blutgen Dienste sein Gemüt.
Ja, mancher, den ein widriges Geschick
An fremdes Ufer trug, empfand es selbst,
Wie göttergleich dem armen Irrenden,
Umhergetriebnen an der fremden Grenze
Ein freundlich Menschenangesicht begegnet.

Iphigenie: Handeln entsprechend Pylades' Plan: Verzögerung des Opfers → Ermöglichung der Flucht

takt. Anerkennung der Gegenseite

ausweichende, umschreibende Antworten (Verlegenheit?): „höhere Gewalt" Berufung auf die Götter

takt. Lüge mit „Teilwahrheiten" in umfangreicherem Redeanteil

„Gegenforderung"

Bestehen auf der Autorität des Priesteramtes

Stichomythie

„Position gegen Position"

Zugeständnis

Imperativ am Anfang, unpersönliche Anrede Berufung auf Kg. und Volk (Zurücknahme der eigenen Person) kurze Sätze (präzisierende Frage, Imperative)

Arkas als Beauftragter des Königs ↓ Übermittler einer Anordnung (Zeitdruck!)

(Will A. Iphigenie mit der harten Forderung konfrontieren um sie doch noch zur Heirat zu bewegen?)

Bestehen auf der Autorität des Kgs.

Stichomythie

„Position gegen Position" Einlenken: Recht → Nützlichkeit

Neuansatz ↓

J. geht auf diese Bitte nicht ein. → Stichom.

Übertragung der Verantwortung: → objektive Unmöglichkeit → Götter

behutsame, persönl. Sprache, persönl. Beteiligung („O") Vorwurf Verantwortung J.s

Bitte der Werbung Thoas' nachzugeben

Stichom.

Frage als Vorwurf: Hinweis auf Risiko eigentlich ein Argument im Sinne J.s! Bekräftigung

Schwierige Lage auf Tauris ↓

ausführlichere Darstellung der Bedeutung J.s für Tauris in Vergangenheit und Zukunft → Bindung Verpflichtung

O wende nicht von uns, was du vermagst!
Du endest leicht, was du begonnen hast:
Denn nirgends baut die Milde, die herab
In menschlicher Gestalt vom Himmel kommt,
Ein Reich sich schneller, als wo trüb und wild
Ein neues Volk, voll Leben, Mut und Kraft,
Sich selbst und banger Ahnung überlassen,
Des Menschenlebens schwere Bürden trägt.

J. als personifizierte Hilfe der Götter – zentrale Bitte („O")

Appell an die Humanität (Iph. Rede: Lüge!) (Teil I: Befehle)

IPHIGENIE. Erschüttre meine Seele nicht, die du
Nach deinem Willen nicht bewegen kannst.
ARKAS. Solang es Zeit ist, schont man weder Mühe
Noch eines guten Wortes Wiederholung.
IPHIGENIE. Du machst dir Müh, und mir erregst du Schmerzen;
Vergebens beides: darum lass mich nun!
ARKAS. Die Schmerzen sinds, die ich zu Hülfe rufe:
Denn es sind Freunde, Gutes raten sie.
IPHIGENIE. Sie fassen meine Seele mit Gewalt,
Doch tilgen sie den Widerwillen nicht.
ARKAS. Fühlt eine schöne Seele Widerwillen
Für eine Wohltat, die der Edle reicht?
IPHIGENIE. Ja, wenn der Edle, was sich nicht geziemt,
Statt meines Dankes mich erwerben will.
ARKAS. Wer keine Neigung fühlt, dem mangelt es
An einem Worte der Entschuldigung nie.
Dem Fürsten sag ich an, was hier geschehn.
O wiederholtest du in deiner Seele,
Wie edel er sich gegen dich betrug
Von deiner Ankunft an bis diesen Tag!

Zurückweisung der Bitte, zugleich aber Eingeständnis der Verunsicherung

„Position gegen Position"/ „Wortverklammerung"

Iphigenie im Zwiespalt

Ablehnung der Ehe mit Thoas, weil J.s Gefühl sich dagegen wehrt (Mensch ≠ Sache)

= „moderne" Auffassung der Ehe

A. kann J. nicht verstehen, denn: a) Ehe = vernünftiges „Zweck-" bündnis b) Thoas „verdient" Entgegenkommen = traditionelle Auffassung der Ehe

erkennt fehlende Neigung an, trotzdem Vorwurf! Enttäuschung (Drohung?) dennoch noch einmal Bitte („O") – Hoffnung?

Ergebnisse:
- *Störung, aber keine Vereitelung des Fluchtplanes*
- *keine Zustimmung Iphigenies zum Heiratsplan*
- *starke Verunsicherung Iphigenies im Hinblick auf den beabsichtigten Betrug*

Arbeitsanregungen:

[1] Überprüfen Sie, welche der „Gesichtspunkte zur Interpretation von Dialogen" im Schülerbeispiel berücksichtigt worden sind und beurteilen Sie das methodische Vorgehen im Beispieltext.

[2] Wenden Sie das Erlernte in einer parallelen Aufgabe an: Interpretieren Sie den Dialog zwischen Iphigenie und Thoas (V/3, Z. 1–82, S. 223ff.) und achten Sie besonders
[a] auf die Rollen und Grundhaltungen der Personen,
[b] auf die Sprechanteile beider sowie auf die Art ihrer Gesprächsführung.

3. Phase: Deutungsversuch als schriftliche Ausarbeitung

Ein Auszug aus dem Hauptteil eines Schüleraufsatzes soll als Interpretationsbeispiel geprüft werden:
Arkas beginnt das Gespräch damit, dass er gleich im ersten Satz seinen Auftrag ausführt, indem er Iphigenie den Befehl zum Vollzug des Opfers erteilt. Dadurch, dass er Iphigenie als „Priesterin", also in einer unpersönlichen Form anredet und selber nur im Auftrag eines anderen spricht, betont er seinen und ihren Funktionärscharakter. Er gibt zu erkennen, dass er als Bote diesen Auftrag an die Priesterin ausrichtet, dass seine Worte also nicht seinen eigenen Wunsch zum Ausdruck bringen. Er spricht deshalb auch nicht von sich, sondern führt als Begründung die Erwartung des Königs und des Volkes an. In ihrer Antwort spricht Iphigenie Pylades' Weisung gemäß von einem „Hindernis", das sie an der Ausführung des Befehls hindere. Auf Arkas' Frage, worin denn das Hindernis bestehe, verweist sie auf einen „Zufall". Sie macht also Ausflüchte, sie will nicht mit der Sprache herausrücken, sondern allgemein, unbestimmt bleiben, die Lüge will ihr nicht von den Lippen kommen. Als Arkas sie darauf hinweist, dass der König den Tod der Fremden beschlossen habe, verweist sie auf die Götter, die diesen Entschluss noch nicht gefasst hätten; sie bringt also als Gegenposition höhere Mächte ins Spiel, auf die sie immer noch hofft. Dann jedoch greift sie zum Mittel der taktischen Lüge, indem sie Arkas erzählt, der eine der Männer habe durch eine Blutschuld den Tempel verunreinigt, so dass es notwendig sei, zunächst das Bild der Göttin im Meer zu reinigen und neu zu weihen. Arkas befiehlt ihr auf die Erlaubnis des Königs zu warten.
Jetzt entwickelt sich ein Gespräch in der Form der Stichomythie: Rede und Gegenrede folgen schlagartig aufeinander, wodurch der Konflikt zwischen den beiden entgegengesetzten Positionen besonders deutlich wird. Iphigenie versucht den Plan zu retten, indem sie sich auf ihre Autorität als Priesterin beruft und darauf, dass der König in solchen Angelegenheiten nichts zu sagen habe. Dem stellt Arkas zunächst die Autorität des Königs gegenüber, lenkt aber schließlich ein, indem er auf die Möglichkeit hinweist Thoas, der eben Inhaber der Macht ist, nur „zum Schein" zu fragen. Als auch das nichts nützt, versucht er Iphigenie mit dem Argument des Guten und Nützlichen zu überzeugen. Nun gibt Iphigenie endlich nach, allerdings unter der Bedingung, dass er sich beeilt, was Arkas auch nachdrücklich verspricht („schnell … schnell"). A.S.

Gesichtspunkte zur Interpretation von Monologen und Dialogen

Im Rahmen des „zweiten Interpretationsschritts“ (vgl. Barock, S. 136) sind folgende Fragen bei der Interpretation eines *Monologs* hilfreich:

- Welche *Funktion* hat dieser Monolog im Zusammenhang des Stücks und im Hinblick auf den Zuschauer bzw. Leser?
- In welcher *Situation* befindet sich der Sprecher/die Sprecherin?
- Um welches *Thema* (welche Themen) geht es?
- Welche Haltung, Einstellung, Stimmung, welche Handlungsmotive der Figur sind aus dem Monolog zu erschließen?
- Lässt sich eine bestimmte *Struktur* (Gliederung) des Textes erkennen (z.B. durch einen Wechsel des Themas bzw. Teilthemas oder durch einen Umschwung der Stimmung)?
- Wird ein bestimmtes *Ergebnis* erreicht (z.B. eine Erkenntnis und/oder ein Entschluss)?
- Wie ist der Monolog *formal gestaltet* und welche Funktion haben die verwendeten Mittel (Satzbau, Wortwahl, Stilfiguren; bei Versdramen evtl. Abweichungen von der Grundform)?

Diese Kriterien lassen sich in entsprechender Abwandlung auch auf die Interpretation eines *Dialogs* übertragen.

Darüber hinaus empfiehlt es sich folgende Aspekte zu berücksichtigen:

- In welchem *Verhältnis* stehen die Gesprächspartner zueinander (sozialer Status/persönliches Verhältnis)?
- Welche *Art von Gespräch* findet statt (zwanglose Unterhaltung/diszipliniert-reflektierendes Gespräch)?
- Welche *Interessen* und Absichten haben die Gesprächspartner?
- *Wie* versuchen sie ihre Ziele zu erreichen und welche *Wirkung* erreichen sie damit?
- Wie sind die *Gesprächsanteile* der Partner verteilt? Was lässt sich daraus schließen? Respektieren die Partner einander als gleichberechtigt oder versucht einer gegenüber dem anderen eine vermeintliche/tatsächliche Überlegenheit auszuspielen? (Vgl. die Hinweise zum „symmetrischen Gespräch“ und „asymmetrischen Gespräch“, Einführung, S. 31.)
- Gehen die *Gesprächspartner* aufeinander ein oder reden sie aneinander vorbei?
- Ist das Gespräch durch gegenseitige Offenheit bestimmt oder überwiegt ein taktisches *Gesprächsverhalten?*
- Führt der Dialog zu einem *Ergebnis* (Durchsetzung einer Position, Kompromiss) oder bleibt er offen?

Gerade bei einem Drama wird deutlich, dass Sprechen eine Art des Handelns ist. Deshalb ist für die Untersuchung und Darstellung eines Gesprächsverlaufs die Verwendung von „Verben des sprachlichen Handelns“ notwendig: sie bezeichnen die *Sprechakte.*

Auch die Beachtung der *rhetorischen Mittel,* die im Gespräch eingesetzt werden, wird bei der Interpretation hilfreich sein (vgl. Einführung, S. 75ff. und Weimarer Republik, S. 356).

Wenn keine differenzierten Arbeitsanweisungen vorgegeben sind, könnte die Interpretation des Dramenauszugs in folgender Weise gegliedert werden.

A) *Einleitung:* Kurze Beschreibung der Situation, in welcher der Monolog bzw. Dialog stattfindet
Thema des Monologs/Dialogs

B) *Hauptteil:* Interpretation des Textes
(Hier sind wichtige Dialogschritte genauer zu analysieren; weniger wichtige Passagen sollten zusammenfassend charakterisiert werden.)

C) *Schluss:* Zusammenfassung/Ergebnis des Dialogs bzw. Monologs
Bedeutung der Textstelle für den Fortgang des Stücks

Sprechakte

Die moderne Sprachwissenschaft (Linguistik) versteht das Sprechen *als eine Art des Handelns.* Vor allem in Gesprächssituationen wird deutlich, dass Menschen etwas „tun“, indem sie sich sprachlich äußern. Zur Bezeichnung solcher „Sprechakte“ gibt es besondere *Verben,* deren differenzierende Verwendung bei der Beschreibung von Dialogen notwendig ist, z.B.:

sagen, sich äußern; fragen, antworten, erwidern, entgegnen; zustimmen, widersprechen, einwenden; erwähnen, wiedergeben, beschreiben, berichten, erzählen, erläutern; erklären, versichern, bejahen, verneinen, bestreiten, bezweifeln; befehlen, auffordern, bitten, verlangen, ermahnen, sich weigern, versprechen, bestätigen, raten, warnen, ermuntern.

Bestimmte Verben kennzeichnen den Grad der Offenheit/Verschlossenheit eines Sprechers. Diese Kennzeichnung ist dem Leser mit seinem größeren Überblick oft möglich, während der fiktive Gesprächspartner des jeweiligen Sprechers die Situation nicht durchschaut.

Beispiele solcher Verben sind:

offenbaren, preisgeben, gestehen; verbergen, vorspiegeln, verschweigen, verheimlichen, verleugnen.

3. Klassik im Rückblick

Text 1 **Heinrich von Treitschke (1834–1896): Deutsche Geschichte im 19. Jahrhundert, 1. Teil** [Auszüge]

H. v. Treitschke war national gesinnter Historiker und Publizist, 1871–84 Mitglied des Reichstags, seit 1886 offizieller Geschichtsschreiber (Historiograph) des preußischen Staates, Anhänger und Vertreter der Bismarck'schen Politik.

[...]

So haben seit dem Jahre 1750 etwa drei Generationen deutscher Männer, neben- und nacheinander wirkend und oft in leidenschaftlichem Kampfe miteinander ringend, die jüngste der großen Literaturen Europas geschaffen, die, selber vom Auslande lange kaum bemerkt, unendlich empfänglich den dauernden Gehalt der klassischen Dichtung Englands und Frankreichs, Spaniens und Italiens in sich zusammenfasste und schöpferisch neu

Drama (gr. = Handlung): Bezeichnung für eine literarische Großform, in der Figuren in Rede und Gegenrede handeln. Der Text des Dramas ist als ‚Partitur' einer Bühnenaufführung zu verstehen; Adressat des Dramas ist also primär der Zuschauer, nicht der Hörer oder Leser. Die Handlung basiert in der Regel auf dem Zusammenstoß gegensätzlicher Positionen und Interessen einzelner Figuren oder Figurengruppen, woraus der dramatische Konflikt entspringt. Die spannungsreiche Entwicklung dieses Konflikts erfordert eine entsprechende Struktur des Dramas: Exposition (vgl. S. 221); Steigerung der Verwicklung; Höhepunkt und Peripetie (Wendung der Handlung zum Guten in der Komödie, zum Schlechten in der Tragödie); Lösung (versöhnliche Überwindung des Konflikts im Schauspiel, z.B. in Lessings „Nathan" und Goethes „Iphigenie", aber Katastrophe in der Tragödie). Der Spannungsbogen baut sich in einzelnen Handlungsschritten, den Akten (Aufzügen), auf, die wiederum in Teilabschnitte, die Szenen (Auftritte), gegliedert sind. Von dieser „klassischen" Form des Dramas unterscheidet sich das „Epische Theater" mit seiner andersartigen Struktur und spezifischen Wirkungsabsicht (vgl. S. 366).
Die begrenzte Zeitdauer einer Bühnenaufführung erfordert eine Konzentration der Handlung im Gegensatz zur Breite der Darstellung, die im Epos oder im Roman möglich ist. Daraus ergab sich die klassiche Forderung nach der Einheit des Orts, der Zeit und der Handlung. Im Unterschied zur ‚gelesenen Literatur' vermag das Drama eine besondere Wirkung dadurch zu erzielen, dass die Bühnenhandlung dem Zuschauer als unmittelbar gegenwärtig vorgestellt wird. Distanzierende Kommentare und Erzählpartien, die durch eine eigene Erzählerfigur vorgetragen werden, finden sich nur in Sonderformen und im modernen Drama (vgl. „Episches Theater", S. 366).

gestaltete, um schließlich in dem vielseitigsten aller Dichter, in Goethe, ihre Vollendung zu finden. Es war eine Bewegung so völlig frei, so ganz aus dem innersten Drange des übervollen Herzens heraus, dass sie zuletzt bei dem verwegenen Idealismus Fichtes anlangen musste, der den sittlichen Willen als das einzig Wirkliche, die gesamte Außenwelt nur als eine Schöpfung des denkenden Ichs ansah; und doch ein notwendiges natürliches Werden. Die schöpferische Kraft des deutschen Geistes hatte lange gleich einer Puppe schlummernd in zarter Schale gelegen, und ihr geschah, wie der Dichter sagte: „Es kommt die Zeit, sie drängt sich selber los, und eilt auf Fittichen der Rose in den Schoß." Ein lauterer Ehrgeiz, der das Wahre suchte, um der Wahrheit, das Schöne um der Schönheit willen, ward in den hellen Köpfen der deutschen Jugend lebendig. Keine der modernen Nationen hat jemals so in vollem Ernst, mit so ungeteilter Hingebung in die Welt der Ideen sich versenkt, keine zählt unter den Talenten ihrer klassischen Literatur so viele reine, menschlich liebenswerte Charaktere; darum wird das Gedächtnis der Tage von Weimar unserem Volke in allen Zeiten, da sein Gestirn sich zu verdunkeln scheint, ein unerschöpflicher Quell des Trostes und der Hoffnung bleiben. Die Kunst und Wissenschaft ward den Deutschen zur Herzenssache, sie ist hier niemals, wie einst bei den Romanen, ein elegantes Spiel, ein Zeitvertreib für die müßigen Stunden der vornehmen Welt geworden. Nicht die Höfe erzogen unsere Literatur, sondern die aus dem freien Schaffen der Nation entstandene neue Bildung unterwarf sich die Höfe, befreite sie von der Unnatur ausländischer Sitten, gewann sie nach und nach für eine mildere, menschlichere Gesittung.

Und diese neue Bildung war deutsch von Grund aus. Während das politische Leben in unzählige Ströme zerteilt dahinfloss, waltete auf dem Gebiete der geistigen Arbeit die Naturgewalt der nationalen Einheit so übermächtig, dass eine landschaftliche Sonderbildung niemals auch nur versucht wurde. Alle Helden unserer klassischen Literatur, mit der einzigen Ausnahme Kants, sind gewandert, und haben ihre reichste Wirksamkeit nicht auf dem Boden ihrer Heimat gefunden. In ihnen allen lebte das Bewusstsein der Einheit und Ursprünglichkeit des deutschen Wesens und das leidenschaftliche Verlangen, die Eigenart dieses Volkstums wieder in der Welt zu Ehren zu bringen; sie alle wussten, dass das ganze große Deutschland ihren Worten lauschte, und empfanden es als ein stolzes Vorrecht, dass allein der Dichter und der Denker zu der Nation reden, für sie schaffen durfte. Also wurde die neue Dichtung und Wissenschaft auf lange Jahrzehnte hinaus das mächtigste Band der Einheit für dies zersplitterte Volk [...]

Dasselbe Jahrzehnt, das den alten deutschen Staat ins Grab führte, brachte der neuen Dichtung ihre reinsten Erfolge. Wie weit zurück schien jetzt schon die Zeit zu liegen, da Klopstock einst pochenden Herzens die deutsche Muse in den ungewissen Streitlauf stürmen sah; nun sang Schiller mit ruhigem Stolze: Wir dürfen mutig einen Lorbeer zeigen, der auf dem deutschen Pindus[1] selbst gegründet! Die Deutschen wussten längst, dass sie den Schatz der überlieferten europäischen Bildung mit neuen, selbständigen Idealen bereichert hatten und in der großen Gemeinschaft der Kulturvölker einen Platz einnahmen, den niemand sonst auf der Welt ausfüllen konnte. Begeistert sprach die Jugend von deutscher Tiefe, deutschem Idealismus, deutscher Universalität. Frei hinwegzuschauen über alle die trennenden Schranken des endlichen Daseins, nichts Menschliches von sich fern zu halten, in lebendiger Gemeinschaft mit den Besten aller Völker und Zeiten das Reich der Ideen zu durchmessen – das galt für deutsch, das ward als Vorrecht deutscher Art und Bildung gepriesen. Der Nationalstolz dieses idealistischen Geschlechtes fand sich befriedigt in dem Gedanken, dass kein anderes Volk den vermessenen Flügen des deutschen Genius ganz zu folgen, zu der Freiheit unseres Weltbürgersinnes sich emporzuschwingen vermöge.

(v 1879)

Text 2 August E. Hohler: Goethes Weimar hat Buchenwald nicht verhindert
[Auszug]

[...]
Weimar, ohne Zweifel, war ein Hort der Kultur, aber diese Kultur war nur für wenige da: für eine kleine Elite, für die happy few der damaligen Zeit, für einen erlauchten Kreis, für die Mächtigen und Besitzenden. Mag wohl sein, dass diese Kultur *„die reinste herrlichste Menschheit"* im Auge hatte; den konkreten Menschen in seiner höchst realen Not, den hungernden, unwissenden, unterdrückten Menschen erreichte sie nicht. Humanität als bloßes Bildungsideal war damals, und auch später, für die überwältigende Mehrheit keine wirkliche Hilfe; und selbst unter den Privilegierten, welche solch humanistischer Bildung teilhaftig wurden, war sie keine Garantie für menschliches Verhalten. Goethes Weimar, man weiß es, hat das KZ-Buchenwald, das gute hundert Jahre später in seiner unmittelbaren Nähe errichtet wurde, nicht verhindert. Das ist möglicherweise kein Einwand gegen Goethe, wohl aber ein Vorbehalt gegenüber seiner absoluten Autorität – gegenüber der Autorität jeder „großen Kultur", auf deren *„Grundriss immer wieder das Ungeheuerlichste möglich geworden ist, Menschenschändung jeder Art und jeden Ausmaßes"*. [...]

(v 1967)

[1] Pindus = Pindos: Gebirgskamm in Griechenland

Arbeitsanregungen:

1. Der Begriff der Klassik wurde für die Zeit Goethes und Schillers erst im 19. Jahrhundert verwendet, und zwar im Sinne des Vorbildlichen, Normativen (vgl. S. 213ff.).
Welche Motive für diese Hochschätzung erkennen Sie in den Aussagen des Historikers Treitschke (Text 1), der auf das Geschichtsbild des 19. Jahrhunderts großen Einfluss hatte?
2. Diskutieren Sie die Aussage Hohlers (Text 2).
3. Führen Sie eine Podiumsdiskussion durch zum Thema: „Sind die Klassiker antiquiert?"

IV. Die Sprache – das „Urmedium“ des Menschen

Im vorhergehenden Abschnitt (III), aber auch z. B. im Kapitel Aufklärung/Sturm und Drang (vgl. S. 172ff.) wurde gezeigt, was die Sprache als Medium der Verständigung für gelingende Menschlichkeit leistet. Ein mittelalterlicher Bericht macht auf diese Bedeutung aufmerksam. Ein Chronist Friedrichs II. berichtet über ein „Experiment“, das der Stauferkaiser an neugeborenen Kindern durchgeführt haben soll um zu erfahren, welche Sprache Kinder von sich aus, also ohne Vorbild und Anleitung, lernten. Die Kinder seien deshalb von Ammen ernährt worden, die aber nicht mit ihnen sprechen und ihnen keine Zuneigung zeigen durften.

Arbeitsanregungen:

1 Äußern Sie Hypothesen über den Ausgang des Experiments und suchen Sie Begründungen dafür.

2 Wir fragen, von dem geschilderten Versuch ausgehend, welche Bedeutung die Sprache für das menschliche Leben hat. Halten Sie Ihre ersten Überlegungen zu dieser Frage in Stichwortnotizen fest.

Die folgenden Texte machen Sprache zum Thema, indem sie nach ihren Funktionen und Leistungen, nach ihrer Bedeutung für den Menschen fragen.

Text 1 Dieter E. Zimmer: So kommt der Mensch zur Sprache [Auszug]

[...]

Schon Anfang der zwanziger Jahre, zu Beginn seiner so ergiebigen Explorationen des kindlichen Denkens und seiner Entwicklung, fiel dem Genfer Psychologen Jean Piaget auf, dass Kinder regelmäßig einen großen Teil ihrer Sprache ganz anders einsetzen als Erwachsene. Das Kind, auch wenn es in Gesellschaft ist, will nichts mitteilen, es will seine Gesprächspartner schon gar nicht beeinflussen, es erwartet keine Antwort und noch nicht einmal, dass man ihm zuhört. Diese seine Sprache ist stark verkürzt und schwer verständlich, wenn man die Situation nicht kennt, in der das Kind spricht. Sie ist eine Art „sprachliche Begleitmusik“ zu seiner Tätigkeit, vor allem zu seinen Spielen. Piaget nannte sie seine egozentrische Sprache. „Egozentrisch“ nicht in irgendeinem moralischen Sinn, sondern ihres monologischen Charakters wegen. Bei Drei- bis Fünfjährigen, fand Piaget, macht sie bis zu 60 Prozent ihres Sprechens aus; bei Fünf- bis Siebenjährigen noch bis zu 47 Prozent; danach verschwindet sie schnell und vollständig.

Für Piaget stand diese egozentrische Sprache in enger Beziehung zu dem, was er das egozentrische Denken des Kindes nannte. Das Kind sei noch nicht imstande, sich auf den Standpunkt seines Gesprächspartners zu stellen, ihn zu verstehen, ihm etwas zu begründen. Darum gebe es auch noch keine Diskussion mit ihm: Es prallen nur Behauptungen aufeinander. Eine Diskussion setzt voraus, dass man sich in die Lage seines Gegenübers versetzen kann; dies aber wird erst vom siebten oder achten Lebensjahr an möglich. Typisch für das egozentrische Denken davor ist die Standpunktillusion: „Das Kind sagt zum Beispiel, dass zwei Geschwister in seiner Familie leben, was richtig ist. Und wie viele Brüder hast du? – Einen, Paul. – Und Paul hat auch einen Bruder? Nein. – Aber du bist sein Bruder? – Ja. – Also hat er einen Bruder? – Nein.“ Der Junge weiß wohl, dass sie zu Hause zwei Brüder sind; aber er schafft es noch nicht, sich in die Lage seines Bruders zu versetzen, für den er selber ein Bruder ist. Die Dinge versteht das egozentrisch denkende Kind nur als das, was sie ihm scheinen, und es versieht sie mit Eigenschaften, auch Absichten, die es von sich selbst kennt: Der Mond etwa „folgt“ ihm, und er tut dies, „um ihm zu leuchten“ oder „um auf es aufzupassen“.

Das egozentrische Denken mit seinem egozentrischen Sprechen, so meinte Piaget, stelle den notwendigen Übergangsschritt zwischen dem „autistischen“ Denken des Kleinkinds und dem „realistischen“ Denken des älteren Kindes dar. Das „autistische“ Denken sei noch ganz unbekümmert um die Wirklichkeit und einzig auf Bedürfnisbefriedigung und Lustgewinn aus, eine quasi-halluzinatorische Träumerei; das „realistische“ Denken mit seiner ganz und gar „sozialisierten“ Sprache gebe dieses rein subjektive Verständnis dann auf. Die Welt kann nun objektiv gesehen werden.

Nicht von ungefähr erinnert diese Unterscheidung an eine der Grunddistinktionen, die die Psychoanalyse gezogen hat und zu ziehen liebt: die zwischen „primären“ (ursprungsnäheren, lustbetonten, nach innen gewandten, um die Wirklichkeit unbekümmerten) und „sekundären“ (späteren, nach außen gewandten, mit der Wirklichkeit vermittelnden) seelischen Vorgängen. Genau daher hatte Piaget seine Gegenüberstellung auch bezogen.

Und genau dagegen wandte sich der sowjetrussische Sprachforscher Lew Wygotski bereits Ende der zwanziger Jahre. Es sei ein Irrtum, die (frühe) Befriedigung von Bedürfnissen auf diese Weise der (späteren) Anpassung an die Wirklichkeit gegenüberzustellen, so als seien dies zwei psychische Vorgänge, die einander ausschlössen. „Eugen Bleuler hat recht überzeugend dargelegt, dass der Säugling die Befriedigung seines Bedürfnisses nicht dadurch erlebt, dass er Lust halluziniert – die Befriedigung seines Bedürfnisses tritt erst nach der wirklichen Nahrungsaufnahme ein ... Die ganze Anpassung an die Wirklichkeit wird von Bedürfnissen veranlasst ... Bedürfnis und Anpassung müssen in ihrer Einheit betrachtet werden.“

Von dieser – wie er selber sagte: biologischen – Kritik her deutete Wygotski auch das egozentrische Sprechen des Kindes ganz anders. Es sei, sagte er, durchaus nicht notwendig die Äußerungsform egozentrischen Denkens. Schon die Sprache des Kleinkinds sei keineswegs „autistisch“, sondern durch und durch „sozial“: Wenn es spreche, dann um von den anderen etwas zu erreichen. Diese soziale Sprache teile sich erst etwas später in eine egozentrische, also monologische, und eine kommunikative, nämlich dialogische Sprache auf. Wie Wygotski im Experiment nachwies, erscheint die egozentrische Sprache vor allem immer dann, wenn das Kind sich vor einem Problem sieht. Mit der Sprache macht es sich selber die Schwierigkeit bewusst: *Wo ist der Stift? Ich brauche jetzt einen blauen Stift; macht nichts, ich male stattdessen mit einem roten und mache ihn nass, das wird dunkler und ist dann wie blau.*

Die egozentrische Sprache ist also nicht bloße Begleitmusik zur Tätigkeit, Veräußerlichung eines irrealistischen Denkprozesses. Sie ist im Gegenteil von Anfang an ein Mittel realistischen Denkens: Sie setzt Probleme dem Bewusstsein aus, um sie lösen zu können. Sie vermittelt zwischen Wirklichkeit und Bedürfnis.

Piaget nahm an, die egozentrische Sprache sterbe nach dem siebten oder achten Lebensjahr spurlos ab. Wygotski war der Meinung, dass sie keineswegs absterbe. Vielmehr geschehe etwas ganz anderes mit ihr: Sie ziehe sich nach innen zurück. Aus der egozentrischen Sprache des Kindes wird der innere Monolog des Erwachsenen. Auch er ist nicht zur Mitteilung bestimmt; auch er ist stark verkürzt, syntaktisch nicht ausgeformt, scheinbar zusammenhanglos und unverständlich. (Wygotski hielt ihn insbesondere für rein prädikativ: Der Denkende lasse alle Subjekte weg, da ihm diese ja bekannt seien – eine These, die auf Widerspruch gestoßen ist.) Die innere Stimme spricht ganz anders als der äußere Diskurs. Könnte man sie aufzeichnen, so käme eben ganz und gar kein wohl geformter „Ulysses“ heraus, sondern ein für andere unbegreifliches Konglomerat von Sprachkürzeln. Der innere Monolog, so betonte Wygotski, ist übrigens nicht mit dem Denken identisch; dieses sei ein noch viel umfassenderer oder vielmehr innerer Vorgang: „Derselbe Gedanke kann in verschiedenen Sätzen ausgedrückt werden, ebenso wie der gleiche Satz zum Ausdruck verschiedener Gedanken dienen kann … Was im Denken simultan enthalten ist, entfaltet sich in der Sprache sukzessiv. Den Gedanken könnte man mit einer hängenden Wolke vergleichen, die sich durch einen Regen von Wörtern entleert.“ Hinter den Wolken der Gedanken wiederum stehen auf einer noch tieferen Ebene Gefühle und Wünsche, „dem Winde gleich, der die Wolken treibt“.

[…] (v 1986)

Johann Gottfried Herder (1744–1803): Herder wurde in Ostpreußen als Sohn eines Küsters und Lehrers geboren. Er studierte in Königsberg Theologie und Philosophie, hatte aber auch großes Interesse an der Literatur. Nach dem Abschluss seines Studiums wurde er als Lehrer an die Domschule in Riga berufen und übernahm später auch das Amt eines Predigers. Seine kirchliche Laufbahn, in der er sich als Erzieher des Volkes verstand, führte ihn über verschiedene Stellen schließlich 1776 nach Weimar, wo er ein leitendes Amt in der Landeskirche des Herzogtums ausübte. Diese Stelle hatte ihm Goethe vermittelt, den er schon 1770 in Straßburg ken-

Text 2 Johann Gottfried Herder (1744–1803): Abhandlung über den Ursprung der Sprache [Auszüge]

[…]

Jedes Tier hat seinen Kreis, in den es von der Geburt an gehört, gleich eintritt, in dem es lebenslang bleibet und stirbt. Nun ist es aber sonderbar, dass *je schärfer die Sinne der Tiere, je stärker und sichrer ihre Triebe und je wunderbarer ihre Kunstwerke sind, desto kleiner ist ihr Kreis, desto einartiger ist ihr Kunstwerk.* Ich habe diesem Verhältnisse nachgespüret, und ich finde überall eine wunderbar beobachtete umgekehrte Proportion zwischen der mindern Extension ihrer Bewegungen, Elemente, Nahrung, Erhaltung, Paarung, Erziehung, Gesellschaft und ihren Trieben und Künsten. Die Biene in ihrem Korbe bauet mit der Weisheit, die Egeria[1] ihrem Numa nicht lehren konnte; aber außer diesen Zellen und außer ihrem Bestimmungsgeschäft in diesen Zellen ist sie auch nichts. Die Spinne webet mit der Kunst der Minerva; aber alle ihre Kunst ist auch in diesen engen Spinnraum verwebet; das ist ihre Welt! Wie wundersam ist das Insekt und wie enge der Kreis seiner Würkung! […]

Der Mensch hat keine so einförmige und enge Sphäre, wo nur *eine* Arbeit auf ihn warte: eine Welt von Geschäften und Bestimmungen liegt um ihn.

Seine Sinne und Organisation sind nicht auf eins geschärft: er hat Sinne für alles und natürlich also für jedes Einzelne schwächere und stumpfere Sinne.

Seine Seelenkräfte sind über die Welt verbreitet; keine Richtung seiner Vorstellungen auf ein Eins: mithin kein Kunsttrieb, keine Kunstfertigkeit – und, das eine gehört hier näher her, *keine Tiersprache.*

[…]

Je kleiner also die Sphäre der Tiere ist, desto weniger haben sie Sprache nötig. Je schärfer ihre Sinne, je mehr ihre Vorstellungen auf *eins* gerichtet, je ziehender ihre Triebe sind, desto zusammengezogner ist das Einverständnis ihrer etwannigen Schälle, Zeichen, Äußerungen. Es ist lebendiger Mechanismus, herrschender Instinkt, der da spricht und vernimmt. Wie wenig darf er sprechen, dass er vernommen werde!

[1] Egeria: eine italienische Geburts- und Quellgöttin, die der Sage nach ihren Gatten Numa Pompilius mit guten Ratschlägen unterstützt hat.

Tiere von dem engsten Bezirke sind also sogar gehörlos; sie sind für ihre Welt ganz Gefühl oder Geruch und Gesicht: ganz einförmiges Bild, einförmiger Zug, einförmiges Geschäfte; sie haben also wenig oder keine Sprache.

[...]

Mit dem Menschen ändert sich die Szene ganz. Was soll für seinen Würkungskreis, auch selbst im dürftigsten Zustande, die Sprache des redendsten, am vielfachsten tönenden Tiers? Was soll für seine zerstreuten Begierden, für seine geteilte Aufmerksamkeit, für seine stumpfer witternden Sinne auch selbst die dunkle Sprache aller Tiere? Sie ist für ihn weder reich noch deutlich, weder hinreichend an Gegenständen noch für seine Organe – also durchaus nicht *seine* Sprache; denn was heißt, wenn wir nicht mit Worten spielen wollen, die eigentümliche Sprache eines Geschöpfs, als die seiner Sphäre von Bedürfnissen und Arbeiten, der Organisation seiner Sinne, der Richtung seiner Vorstellungen und der Stärke seiner Begierden angemessen ist? Und welche Tiersprache ist so für den Menschen?

Jedoch es bedarf auch die Frage nicht. Welche Sprache [...] *hat der Mensch so instinktmäßig als jede Tiergattung die ihrige in und nach ihrer Sphäre?* – Die Antwort ist kurz: *keine!* Und eben diese kurze Antwort entscheidet.

Bei jedem Tier ist, wie wir gesehen, seine Sprache eine Äußerung so starker sinnlicher Vorstellungen, dass diese zu Trieben werden; mithin ist Sprache, so wie Sinne und Vorstellungen und Triebe, *angeboren* und dem Tier *unmittelbar natürlich.* Die Biene sumset wie sie sauget; der Vogel singt wie er nistet – aber wie spricht der Mensch von Natur? Gar nicht, so wie er wenig oder nichts durch völligen Instinkt, als Tier, tut. Ich nehme bei einem neugebornen Kinde das Geschrei seiner empfindsamen Maschine aus; sonst ists stumm; es äußert weder Vorstellungen noch Triebe durch Töne, wie doch jedes Tier in seiner Art; bloß unter Tiere gestellet, ists also das verwaisetste Kind der Natur. Nackt und bloß, schwach und dürftig, schüchtern und unbewaffnet; und, was die Summe seines Elendes ausmacht, aller Leiterinnen des Lebens beraubt. Mit einer so zerstreueten, geschwächten Sinnlichkeit, mit so unbestimmten, schlafenden Fähigkeiten, mit so geteilten und ermatteten Trieben geboren, offenbar auf tausend Bedürfnisse verwiesen, zu einem großen Kreise bestimmt – und doch so verwaiset und verlassen, dass es selbst nicht mit einer Sprache begabt ist, seine Mängel zu äußern – Nein! ein solcher Widerspruch ist nicht die Haushaltung der Natur. Es müssen statt der Instinkte andre verborgne Kräfte in ihm schlafen! Stumm geboren; aber –

Doch ich tue keinen Sprung. Ich gebe dem Menschen nicht gleich plötzlich neue Kräfte, keine sprachschaffende Fähigkeit [...]. Ich suche nur in den vorher bemerkten Lücken und Mängeln weiter.

Lücken und Mängel können doch nicht der Charakter seiner Gattung sein: oder die Natur war gegen ihn die härteste Stiefmutter, da sie gegen jedes Insekt die liebreichste Mutter war. Jedem Insekt gab sie, was und wie viel es brauchte: Sinne zu Vorstellungen und Vorstellungen in Triebe gediegen[1], Organe zur Sprache, so viel es bedorfte, und Organe, diese Sprache zu verstehen. Bei dem Menschen ist alles in dem größten Missverhältnis – Sinne und Bedürfnisse, Kräfte und Kreis der Würksamkeit, der auf ihn wartet, seine Organe und seine Sprache. –

[...]

Und nun folgt, dass wenn der Mensch Sinne hat, die für einen kleinen Fleck der Erde, für die Arbeit und den Genuss einer Weltspanne den Sinnen des Tiers, das in dieser Spanne lebet, nachstehen an Schärfe, so bekommen sie eben dadurch *Vorzug der Freiheit.* Eben weil sie nicht für einen Punkt sind, so sind sie allgemeinere Sinne der Welt.

Wenn der Mensch Vorstellungskräfte hat, die nicht auf den Bau einer Honigzelle und eines Spinngewebes bezirkt sind und also auch den Kunstfähigkeiten der Tiere in diesem Kreise nachstehen, so bekommen sie eben damit *weitere Aussicht.* Er hat kein einziges Werk, bei dem er also auch unverbesserlich handle; aber er hat freien Raum, sich an vielem zu üben, mithin sich immer zu verbessern. Jeder Gedanke ist nicht ein unmittelbares Werk der Natur, aber eben damit kanns sein eigen Werk werden.

Wenn also hiermit der Instinkt wegfallen muss, der bloß aus der Organisation der Sinne aus dem Bezirk der Vorstellungen folgte und keine blinde Determination war, so bekommt eben hiemit der Mensch *mehrere Helle.* Da er auf keinen Punkt blind fällt und blind liegen bleibt, so wird er freistehend, kann sich eine Sphäre der Bespiegelung suchen, kann sich in sich bespiegeln. Nicht mehr eine unfehlbare Maschine in den Händen der Natur, wird er sich selbst Zweck und Ziel der Bearbeitung.

Man nenne diese ganze Disposition seiner Kräfte, wie man wolle, *Verstand, Vernunft, Besinnung* usw. Wenn man diese Namen nicht für abgesonderte Kräfte oder für bloße Stufenerhöhungen der Tierkräfte annimmt, so gilts mir gleich. Es ist die *ganze Einrichtung aller menschlichen Kräfte; die ganze Haushaltung seiner sinnlichen und erkennenden, seiner erkennenden und wollenden Natur;* oder vielmehr – es ist die *einzige positive Kraft des Denkens,* die, mit einer gewissen *Organisation des Körpers* verbunden, bei den Menschen so *Vernunft* heißt, wie sie bei den Tieren *Kunstfähigkeit* wird, die bei

[1] gediegen: geworden

nen gelernt und auf den er großen Eindruck gemacht hatte (vgl. S. 211).

Herders Hauptinteresse galt der Geschichtsphilosophie und der Anthropologie. Sein Geschichtsverständnis verband den Gedanken des Fortschritts, der für die Aufklärung kennzeichnend war, mit der Achtung vor dem individuellen Eigenwert jeder Einzelkultur, unabhängig von deren jeweiligem Stand in der historischen Gesamtentwicklung. Den Menschen betrachtete Herder nicht als reines Vernunftwesen, sondern sah ihn in engem Zusammenhang mit der Natur, aus der seine Sonderstellung als Mensch erwächst.

ihm *Freiheit* heißt und bei den Tieren *Instinkt* wird. Der Unterschied ist *nicht in Stufen oder Zugabe von Kräften,* sondern in einer *ganz verschiedenartigen Richtung und Auswickelung aller Kräfte.*

[…]

Der Mensch, in den Zustand von Besonnenheit gesetzt, der ihm eigen ist, und diese Besonnenheit (Reflexion) zum ersten Mal frei würkend, hat Sprache erfunden. Denn was ist Reflexion? Was ist Sprache?

Diese Besonnenheit ist ihm charakteristisch eigen und seiner Gattung wesentlich: so auch Sprache und eigne Erfindung der Sprache.

Erfindung der Sprache ist ihm also so natürlich, als er ein Mensch ist! Lasset uns nur beide Begriffe entwickeln: Reflexion und Sprache.

Der Mensch beweiset Reflexion, wenn die Kraft seiner Seele so frei würket, dass sie in dem ganzen Ozean von Empfindungen, der sie durch alle Sinnen durchrauschet, *eine* Welle, wenn ich so sagen darf, absondern, sie anhalten, die Aufmerksamkeit auf sie richten und sich bewusst sein kann, dass sie aufmerke. Er beweiset Reflexion, wenn er aus dem ganzen schwebenden Traum der Bilder, die seine Sinne vorbeistreichen, sich in ein Moment des Wachens sammlen, auf *einem* Bilde freiwillig verweilen, es in helle ruhigere Obacht nehmen und sich Merkmale absondern kann, dass dies der Gegenstand und kein andrer sei.

[…]

Dies *erste Merkmal der Besinnung war Wort der Seele! Mit ihm ist die menschliche Sprache erfunden!*

Lasset jenes Lamm, als Bild, sein Auge vorbeigehn: ihm wie keinem andern Tiere. Nicht wie dem hungrigen, witternden Wolfe! nicht wie dem blutleckenden Löwen – die wittern und schmecken schon im Geiste! die Sinnlichkeit hat sie überwältigt! der Instinkt wirft sie darüber her! – Nicht wie dem brünstigen Schafmanne, der es nur als den Gegenstand seines Genusses fühlt, den also wieder die Sinnlichkeit überwältigt und der Instinkt darüber herwirft. Nicht wie jedem andern Tier, dem das Schaf gleichgültig ist, das es also klardunkel vorbeistreichen lässt, weil ihn sein Instinkt auf etwas anders wendet. – Nicht so dem Menschen! Sobald er in die Bedürfnis kommt, das Schaf kennen zu lernen, so störet ihn kein Instinkt, so reißt ihn kein Sinn auf dasselbe zu nahe hin oder davon ab: es steht da, ganz wie es sich seinen Sinnen äußert. Weiß, sanft, wollicht – seine besonnen sich übende Seele sucht ein Merkmal – das Schaf *blöket!* Sie hat Merkmal gefunden. Der innere Sinn würket. Dies Blöken, das ihr am stärksten Eindruck macht, das sich von allen andern Eigenschaften des Beschauens und Betastens losriss, hervorsprang, am tiefsten eindrang, bleibt ihr. Das Schaf kommt wieder. Weiß, sanft, wollicht – sie sieht, tastet, besinnet sich, sucht Merkmal – es blökt, und nun erkennet sies wieder! „Ha! du bist das Blökende!" fühlt sie innerlich, sie hat es menschlich erkannt, da sies deutlich, das ist mit einem Merkmal, erkennet und nennet.

Mit einem Merkmal also? Und was war das anders als ein *innerliches Merkwort?* Der *Schall* des Blökens, von einer menschlichen Seele als Kennzeichen des Schafs wahrgenommen, ward, kraft dieser Besinnung, *Name* des Schafs, und wenn ihm nie seine Zunge zu stammeln versucht hätte. Er erkannte das Schaf am Blöken: es war gefasstes Zeichen, bei welchem sich die Seele an eine Idee deutlich besann – was ist das anders als Wort? Und was ist die ganze menschliche Sprache als eine Sammlung solcher Worte?

[…]

Vortrefflich, dass dieser neue, selbst gemachte Sinn des Geistes gleich in seinem Ursprunge wieder ein Mittel der Verbindung ist. Ich kann nicht den ersten menschlichen Gedanken denken, nicht das erste besonnene Urteil reihen, ohne dass ich in meiner Seele dialogiere oder zu dialogieren strebe; der erste menschliche Gedanke bereitet also seinem Wesen nach, mit andern dialogieren zu können! Das erste Merkmal, was ich erfasse, ist Merkwort für mich, und Mitteilungswort für andre!

[…]

(e 1772)

Text 3 **Arnold Gehlen (1904–1976): Der Mensch** [Auszug]

[…]

Nimmt ein Tier einen Reiz wahr, richtet es sich auf ihn und das darin Erscheinende, so werden wir diese Intention sich umsetzen sehen in Gesamtbewegungen des Zuspringens, Flüchtens usw. Wenn diese „Umsetzung" in der Sprache entfällt, in ihr vielmehr Intention und Handlung unmittelbar „ineinander geschoben" sind, so erscheint darin vor allem der Grundsachverhalt der menschlichen „Entlastung". Entlastung bedeutet hier zweierlei: vom suggestiven Druck des Wahrgenommenen und, auf der inneren Seite, vom triebhaften, begierigen Interesse daran. Es ist ein fern gerückter, neutralisierter Bestand von Weltinhalten, in dem der Mensch lebt und zu dem er sich befreit hat, und dem entspricht, von innen gesehen, der *Mangel* vitaler Begierden und Triebinteressen im Sprachleben. Daher erscheint alles intelligente Verhalten des Menschen oft von seinen biologischen

Bedürfnissen abgeschnürt, wenigstens dem flachen Blick, der die besonderen biologischen Umstände des Menschen nicht durchschaut. Es sind also begierdelose *Fernintentionen,* die in der Sprache erscheinen und in sehr einmaligen kommunikativen Bewegungen verlaufen: alles kommunikative Verhalten ist selbst schon ein menschliches, entlastetes Lebendigwerden an einer zuerst erlebten, darin irgendwie „verwendeten“ Welt. Diese Entlastung fortzusetzen macht dann gerade das innere Entwicklungsgesetz der Sprache selbst aus: wenn sie immer mehr an anschaulichem Gehalt, der aus ihr herausverweist, einbüßt und sich zunehmend in symbolischen Beziehungen innerhalb ihrer selbst ausbreitet.

Bei der Besprechung der Struktur der menschlichen Wahrnehmungswelt haben wir längst bemerkt, wie die darin angelegte Tendenz auf selbsttätige Entlastung von ihrer verwirrenden und überwältigenden Eindrucksfülle geht. Es ist der kommunikative Umgang mit ihren Inhalten, der sie schließlich zu einer symbolisch angedeuteten Bekanntschaft entlässt: als Erfolg dieser Erfahrungsbewegungen haben wir endlich eine Welt voll hochstufiger Symbolik, innerhalb deren wir uns in gekonnten und geführten, erfolgsicheren Bewegungen und Handlungen verhalten; wir leben dann in einem Andeutungsraum wahrnehmbarer, aber selbst aufgebauter Symbole. Auch hier baut die Sprache einfach weiter, und sie folgt derselben Tendenz. Nur die Kommunikation, das Sichversetzen in die Dinge in dieser besonderen Intention und Aktion bringt es fertig, dass der gehörte Laut vom Ding selbst herzukommen und es auszusprechen scheint; er wird das *führende Symbol* desselben. Da er aber auf der anderen Seite immer wesentlich Aktion bleibt, so ist es möglich – und entscheidend schlechthin –, dass der Mensch in frei verfügbaren Lauten eine Welt symbolischer Gegenwart der Dinge um sich spinnt, auch *ohne* deren reale Anwesenheit, in voller und freiester Unabhängigkeit und Enthobenheit von der jeweiligen „objektiven“ Gegenwart. Die immer schon angelegte Entlastung vom Druck der gerade so beschaffenen Gegenwart wird durch die Sprache zur Sprengung der Gegenwart überhaupt. Der Mensch wird vorstellendes Wesen in beliebig „vergegenwärtigten“ Welten, und Zeit und Raum, Zukunft und Ferne tun sich um ihn auf.

[...] (v 1966)

Text 4 **Benjamin Lee Whorf (1897–1941): Sprache, Denken, Wirklichkeit** [Auszug]

[...]

Die Grammatik formt den Gedanken

Als die Linguisten so weit waren, eine größere Anzahl von Sprachen mit sehr verschiedenen Strukturen kritisch und wissenschaftlich untersuchen zu können, erweiterten sich ihre Vergleichsmöglichkeiten. Phänomene, die bis dahin als universal galten, zeigten Unterbrechungen, und ein ganz neuer Bereich von Bedeutungszusammenhängen wurde bekannt. Man fand, dass das linguistische System (mit anderen Worten, die Grammatik) jeder Sprache nicht nur ein reproduktives Instrument zum Ausdruck von Gedanken ist, sondern vielmehr selbst die Gedanken formt, Schema und Anleitung für die geistige Aktivität des Individuums ist, für die Analyse seiner Eindrücke und für die Synthese dessen, was ihm an Vorstellungen zur Verfügung steht. Die Formulierung von Gedanken ist kein unabhängiger Vorgang, der im alten Sinne dieses Wortes rational ist, sondern er ist beeinflusst von der jeweiligen Grammatik. Er ist daher für verschiedene Grammatiken mehr oder weniger verschieden. Wir gliedern die Natur an Linien auf, die uns durch unsere Muttersprachen vorgegeben sind. Die Kategorien und Typen, die wir aus der phänomenalen Welt herausheben, finden wir nicht einfach in ihr – etwa weil sie jedem Beobachter in die Augen springen; ganz im Gegenteil präsentiert sich die Welt in einem kaleidoskopartigen Strom von Eindrücken, der durch unseren Geist organisiert werden muss – das aber heißt weitgehend: von dem linguistischen System in unserem Geist.

Aus der Tatsache der Strukturverschiedenheit der Sprachen folgt, was ich das ‚linguistische Relativitätsprinzip‘ genannt habe. Es besagt, grob gesprochen, Folgendes: Menschen, die Sprachen mit sehr verschiedenen Grammatiken benützen, werden durch diese Grammatiken zu typisch verschiedenen Beobachtungen und verschiedenen Bewertungen äußerlich ähnlicher Beobachtungen geführt. Sie sind daher als Beobachter einander nicht äquivalent, sondern gelangen zu irgendwie verschiedenen Ansichten von der Welt.

[...]

(v 1956)

(Weitere Texte, die sich besonders auf das Verhältnis Sprache, Denken, Wirklichkeit beziehen, finden Sie im Kapitel Jahrhundertwende, S. 325ff.)

Arbeitsanregungen:

1 Der Entwicklungsprozess eines Menschen vollzieht sich als Individuation („Werden des Ich“) und Sozialisation („Hineinwachsen in die Gemeinschaft“). Ordnen Sie die Informationen über die Sprache, die Sie aus Text 1 erhalten, diesen beiden Aspekten zu und zeigen Sie, wie beide aufeinander bezogen sind.

2 Herder schrieb seine Abhandlung (Text 2) als Beitrag zu einer Preisfrage der Berliner Akademie der Wissenschaften, in der es um das Problem des Ursprungs der menschlichen Sprache ging. Die philosophischen Positionen reichten damals von der Auffassung, menschliche Sprache unterscheide sich nur graduell von tierischen Lautäußerungen, bis zu dem Gedanken, der Mensch habe seine unvergleichliche Sprache unmittelbar von seinem Schöpfergott empfangen.
a Arbeiten Sie Herders Auffassung von der Sprache im Spannungsfeld dieser Positionen heraus.
b Zeigen Sie, welche Bedeutung in diesem Zusammenhang Herders Begriff der „Besonnenheit“ hat.

3 Worin sieht Gehlen (Text 3) die Bedeutung der Sprache für das menschliche Leben?

4 a Erläutern Sie Whorfs Begriff des „linguistischen Relativitätsprinzips“ (Text 4).
b Nehmen Sie Stellung zu Whorfs These.

5 Vergleichen Sie die Erkenntnis, die Sie aus der Beschäftigung mit Texten der Sprachphilosophie und Sprachtheorie gewonnen haben, mit Ihren anfänglichen Überlegungen zum Thema (vgl. Arbeitsanregung 2, S. 231).

Nacht-Motiv: Im mythischen Denken war die Nacht das Chaos, die Urmutter, aus der das Leben hervorspross. Im Rahmen der stark ausgeprägten Lichtsymbolik der christlichen Tradition übernahm die Nacht die Rolle der feindlichen Macht. Die Finsternis, bereits im Mittelalter mit der menschlichen Verfehlung und der teuflischen Versuchung verknüpft, erschien in den Schriften der Mystiker und Pietisten als das Prinzip des Bösen schlechthin. Das Licht in der Nacht – Mond oder Sterne – beseitigt die negativen Vorstellungen und erweckt eine andächtige Haltung. – „Die Aufklärung ist eine Tag-, Gesellschafts-, Geist- und Männerwelt der Belehrung, Unterscheidung und Normierung"; Novalis verkündet einen „Umbruch der Lebenshaltung, die nicht mehr im Licht der Aufklärung ihren Grund sucht, sondern in den mütterlichen nächtlichen Ursprüngen, wo Gefühl, Fantasie, ungeschiedener Einklang herrschen." (Gerhard Kaiser)

Ein **Symbol** (von griech. sýmbolon: Kennzeichen, Zeichen; eigentlich: Zusammengefügtes) ist ein wahrnehmbares Zeichen (Sinnbild), das stellvertretend für etwas nicht Wahrnehmbares steht. Während im mythisch-magischen Weltbild z.B. die Sonne ein Gott war, ist sie im symbolischen Denken Zeichen des göttlichen Lichts. Im Symbol steht ein Besonderes (das Bezeichnende) für ein komplexes Allgemeines (das Bezeichnete), das bildhaft vergegenwärtigt wird. Goethe versteht alle Kunst und so auch die Dichtung als symbolische Umwandlung der Welt. Nach A.W. Schlegel ist das Schöne eine symbolische Darstellung des Unendlichen. Manche dichterischen Werke sind um ein bestimmtes Symbol (Dingsymbol) zentriert, z.B. „Die Judenbuche" von A. v. Droste-Hülshoff, oder sie spielen in bestimmten symbolischen Räumen, z.B. „Das Schloss" von F. Kafka. Auch Personen können symbolische, zeichenhafte Bedeutung erlangen und für existentielle Grunderfahrungen stehen, z.B. Odysseus, Faust.

Romantik

I. Romantik – Bilder

Mit den Begriffen „Romantik", „romantisch" verbinden viele Menschen ähnliche Vorstellungen; es stellen sich die Assoziationen ‚Stimmung', ‚Gefühl', ‚Sehnsucht', ‚Nacht' ein, vielleicht taucht auch das Wort Kitsch auf. Dieses Klischee von Romantik bezieht sich nicht auf die europäische Kunst-Epoche der Romantik (sie umspannt den Zeitraum etwa von 1798 bis 1835 in Deutschland); es kann sich einstellen angesichts einer Landschaft, eines Raumes, eines Modeartikels, eines Musikstücks, einer dargestellten Handlung usw. Was hat nun aber die Kunstepoche mit dieser verbreiteten Vorstellung gemeinsam und was unterscheidet die literarischen Werke vom umgangssprachlichen Begriff?

1. Nacht und Traum

Text 1 **Joseph von Eichendorff (1788–1857): Sehnsucht**

Es schienen so golden die Sterne,
Am Fenster ich einsam stand
Und hörte aus weiter Ferne
Ein Posthorn im stillen Land.
Das Herz mir im Leib entbrennte,
Da hab ich mir heimlich gedacht:
Ach wer da mitreisen könnte
In der prächtigen Sommernacht!

Zwei junge Gesellen gingen
Vorüber am Bergeshang,
Ich hörte im Wandern sie singen
Die stille Gegend entlang:
Von schwindelnden Felsenschlüften,
Wo die Wälder rauschen so sacht,
Von Quellen, die von den Klüften
Sich stürzen in die Waldesnacht.

Sie sangen von Marmorbildern,
Von Gärten, die überm Gestein
In dämmernden Lauben verwildern,
Palästen im Mondenschein,
Wo die Mädchen am Fenster lauschen,
Wann der Lauten Klang erwacht
Und die Brunnen verschlafen rauschen
In der prächtigen Sommernacht. – (v 1834)

Text 2 **Joseph von Eichendorff: Mondnacht**

Es war, als hätt' der Himmel
Die Erde still geküsst,
Dass sie im Blüten-Schimmer
Von ihm nun träumen müsst'.

Die Luft ging durch die Felder,
Die Ähren wogten sacht,
Es rauschten leis die Wälder,
So sternklar war die Nacht.

Und meine Seele spannte
Weit ihre Flügel aus,
Flog durch die stillen Lande,
Als flöge sie nach Haus. (v 1837)

Text 3 **Bonaventura (Pseudonym[1]): Nachtwachen** [Auszug]

[…] Die Nachtstunde schlug; ich hüllte mich in meine abenteuerliche Vermummung, nahm die Pike und das Horn zur Hand, ging in die Finsternis hinaus und rief die Stunde ab, nachdem ich mich durch ein Kreuz gegen die bösen Geister geschützt hatte.

Es war eine von jenen unheimlichen Nächten, wo Licht und Finsternis schnell und seltsam miteinander abwechselten. Am Himmel flogen die Wolken, vom Winde getrieben, wie wunderliche Riesenbilder vorüber, und der Mond erschien und verschwand im raschen Wechsel. Unten in den Straßen herrschte Totenstille, nur hoch oben in der Luft hauste der Sturm, wie ein unsichtbarer Geist.

Es war mir schon recht, und ich freute mich über meinen einsam widerhallenden Fußtritt, denn ich kam mir unter den vielen Schläfern vor wie der Prinz im Märchen in der bezauberten Stadt, wo eine böse Macht jedes lebende Wesen in Stein verwandelt hatte; oder wie ein einzig Übriggebliebener nach einer allgemeinen Pest oder Sündflut.

Der letzte Vergleich machte mich schaudern, und ich war froh ein einzelnes mattes Lämpchen noch hoch oben über der Stadt auf einem freien Dachkämmerchen brennen zu sehen. Ich wusste wohl, wer da so hoch in den Lüften regierte; es war ein verunglückter Poet, der nur in der Nacht wachte, weil dann seine Gläubiger schliefen, und die Musen allein nicht zu den Letzten gehörten.

Ich konnte mich nicht entbrechen folgende Standrede an ihn zu halten:

„O du, der du da oben dich herumtreibst, ich verstehe dich wohl, denn ich war einst deinesgleichen! Aber ich habe diese Beschäftigung aufgegeben gegen ein ehrliches Handwerk, das seinen Mann ernährt, und das für denjenigen, der sie darin aufzufinden weiß, doch keineswegs ganz ohne Poesie ist. Ich bin dir gleichsam wie ein satirischer Stentor[2] in den Weg gestellt, und unterbreche deine Träume von Unsterblichkeit, die du da oben in der Luft träumst, hier unten auf der Erde regelmäßig durch die Erinnerung an die Zeit und Vergänglichkeit. Nachtwächter sind wir zwar beide; schade nur dass dir deine Nachtwachen in dieser kalt-prosaischen Zeit nichts einbringen, indes die meinigen doch immer ein Übriges abwerfen. Als ich noch in der Nacht poesierte, wie du, musste ich hungern, wie du, und sang tauben Ohren; das Letzte tue ich zwar noch jetzt, aber man bezahlt mich dafür. O Freund Poet, wer jetzt leben will, der darf nicht dichten! Ist dir aber das Singen angeboren, und kannst du es durchaus nicht unterlassen, nun so werde Nachtwächter, wie ich, das ist noch der einzige solide Posten wo es bezahlt wird, und man dich nicht dabei verhungern lässt. – Gute Nacht, Bruder Poet."

Ich blickte noch einmal hinauf, und gewahrte seinen Schatten an der Wand, er war in einer tragischen Stellung begriffen, die eine Hand in den Haaren, die andre hielt das Blatt, von dem er wahrscheinlich seine Unsterblichkeit sich vorrezitierte.

Ich stieß ins Horn, rief ihm laut die Zeit zu, und ging meiner Wege. – […]

(v 1804)

Die **Metapher** (griech.: Übertragung) ist eine rhetorische Figur bildhaften Sprechens, bei der die Wörter nicht in der eigentlichen, sondern in übertragener Bedeutung verwendet werden. Die Alltagssprache kennt zahlreiche Metaphern, die nicht als solche bewusst sind (z.B. Tischbein, Flussarm). Die in der Literatur verwendeten bewussten Metaphern erweitern den Bedeutungsraum der Sprache. Man kann bei ihrer Bildung zwischen dem Bildspender (Herkunftsbereich) und dem Bildempfänger (Anwendungsbereich) unterscheiden; die zwischen beiden bestehende Bildspanne kann weiter oder geringer sein.

Text 4 **Novalis, eigtl. Friedrich von Hardenberg (1772–1801): Heinrich von Ofterdingen** [Auszug]

Die Eltern lagen schon und schliefen, die Wanduhr schlug ihren einförmigen Takt, vor den klappernden Fenstern sauste der Wind; abwechselnd wurde die Stube hell von dem Schimmer der Mondes. Der Jüngling lag unruhig auf seinem Lager, und gedachte des Fremden und seiner Erzählungen. „Nicht die Schätze sind es, die ein so unaussprechliches Verlangen in mir geweckt haben", sagte er zu sich selbst; „fern ab liegt mir alle Habsucht: aber die blaue Blume sehn ich mich zu erblicken. Sie liegt mir unaufhörlich im Sinn, und ich kann nichts anders dichten und denken. So ist mir noch nie zumute gewesen: es ist, als hätt ich vorhin geträumt, oder ich wäre in eine andere Welt hinübergeschlummert; denn in der Welt, in der ich sonst lebte, wer hätte da sich um Blumen bekümmert, und gar von einer so seltsamen Leidenschaft für eine Blume hab ich damals nie gehört. Wo eigentlich nur der Fremde herkam? Keiner von uns hat je einen ähnlichen Menschen gesehn; doch weiß ich nicht, warum nur ich von seinen Reden so ergriffen worden bin; die andern haben ja das Nämliche gehört, und keinem ist so etwas begegnet. Dass ich auch nicht einmal von meinem wunderlichen Zustande reden kann! Es ist mir oft so entzückend wohl, und nur dann, wenn ich die Blume nicht recht gegenwärtig habe, befällt mich so ein tiefes, inniges Treiben: das kann und wird keiner verstehn. Ich glaubte, ich wäre wahnsinnig, wenn ich nicht so klar und hell sähe und dächte, mir ist seitdem alles viel bekannter. Ich hörte einst von alten Zeiten reden; wie da die Tiere und Bäume und Felsen mit den Menschen gesprochen hätten. Mir ist gerade so, als wollten sie allaugenblicklich anfangen, und als könnte ich es ihnen ansehen, was sie mir sagen wollten. Es muss noch viel Worte geben, die ich nicht weiß: wüsste ich mehr, so könnte ich viel

Novalis (eigtl. Georg Philipp Friedrich Freiherr von Hardenberg), geb. 1772 in Oberwiederstedt bei Mansfeld als Sohn eines Salinendirektors; gest. 1801 in Weißenfels; 1790 Studium der Philosophie in Jena, 1791–93 Jura-Studium in Leipzig, dort Bekanntschaft mit Friedrich Schlegel; 1794 Anstellung bei der Kreishauptmannschaft in Tennstedt; 1795 Verlobung mit der dreizehnjährigen Sophie von Kühn, die 1797 starb; 1796 Tätigkeit bei der Salinenverwaltung in Weißenfels; 1797–1799 Studium an der Bergakademie in Freiberg, 1798 Verlobung mit Julie von Charpentier; 1799 Salinenassessor in Weißenfels; seit 1799 Freundschaft mit Ludwig Tieck. – Werke: Blütenstaubfragmente (1798), Die Christenheit oder Europa (1799), Hymnen an die Nacht (1800), Heinrich von Ofterdingen (1802, posthum veröffentlicht).

[1] Bonaventura: Heute vermutet man hinter dem Pseudonym Ernst August Friedrich Klingemann (1777–1831) oder Karl Friedrich Gottlob Wetzel (1779–1819).

[2] Stentor: stimmgewaltiger Held der griechischen Sage

Der **romantische Roman:** Während Goethe mit seinem Roman „Wilhelm Meisters Lehrjahre“ versucht, die Forderungen der Einbildungskraft und der Poesie mit denen der Wirklichkeit vermittelnd in Einklang zu bringen, antworten die jüngeren romantischen Autoren mit Gegenentwürfen, in denen Einbildungskraft und Poesie die Funktion einer Verweigerung der Versöhnung mit der gesellschaftlichen Wirklichkeit erhalten. Der romantische Roman ist vor allem Künstlerroman; allerdings wird die Künstlerexistenz vielfach nicht naiv verherrlicht, sondern in ihrem problematischen Verhältnis zur bürgerlichen Wirklichkeit gesehen.
Werke: Ludwig Tieck: Franz Sternbalds Wanderungen (1798); Friedrich Schlegel: Lucinde (1799); Clemens Brentano: Godwi oder Das steinerne Bild der Mutter (1801); Novalis: Heinrich von Ofterdingen (1802); Joseph von Eichendorff: Ahnung und Gegenwart (1815); E.T.A. Hoffmann: Lebensansichten des Katers Murr (1820/22).

Collage (französisch: das Aufkleben); während die Bildcollage durch das eingeklebte Fremdmaterial (Zeitungsausriss, Fahrkarte, Stofffetzen) geprägt ist, erscheinen in der literarischen Collage Fremdtexte als erkennbares Zitatmaterial. Die literarische Collage ist also eine Form der Textmontage.

Arbeitsanregungen:

1. Ordnen Sie die Texte nach dem Grad ihrer Übereinstimmung mit Ihrem Vorverständnis des Romantischen; begründen Sie, weshalb nach Ihrer Meinung die Übereinstimmung groß bzw. weniger deutlich ist.

2. Stellen Sie in einer Liste die Schlüsselwörter, Motive und Themen zusammen, die Sie als typisch romantisch ansehen. Ergänzen Sie die Liste gemäß Ihren Vorstellungen durch Motive, die hier fehlen.

3. Untersuchen Sie den Aufbau des Traumes des Heinrich von Ofterdingen (Text 4) und beziehen Sie Schuberts Ausführungen (Text 5) auf ihn.

4. a) Welche Vorstellung vom Dichter vermittelt der Nachtwächter? (Text 3)
b) Legen Sie dar, welche Rolle die Erzählperspektive für die Wirkungsabsicht spielt.

besser alles begreifen. Sonst tanzte ich gern; jetzt denke ich lieber nach der Musik.“ Der Jüngling verlor sich allmählich in süßen Fantasien und entschlummerte. Da träumte ihm erst von unabsehlichen Fernen, und wilden, unbekannten Gegenden. Er wanderte über Meere mit unbegreiflicher Leichtigkeit; wunderliche Tiere sah er; er lebte mit mannigfaltigen Menschen, bald im Kriege, in wildem Getümmel, in stillen Hütten. Er geriet in Gefangenschaft und die schmählichste Not. Alle Empfindungen stiegen bis zu einer nie gekannten Höhe in ihm. Er durchlebte ein unendlich buntes Leben; starb und kam wieder, liebte bis zur höchsten Leidenschaft, und war dann wieder auf ewig von seiner Geliebten getrennt. Endlich gegen Morgen, wie draußen die Dämmerung anbrach, wurde es stiller in seiner Seele, klarer und bleibender wurden die Bilder. Es kam ihm vor, als ginge er in einem dunkeln Walde allein. Nur selten schimmerte der Tag durch das grüne Netz. Bald kam er vor eine Felsenschlucht, die bergan stieg. Er musste über bemooste Steine klettern, die ein ehemaliger Strom heruntergerissen hatte. Je höher er kam, desto lichter wurde der Wald. Endlich gelangte er zu einer kleinen Wiese, die am Hange des Berges lag. Hinter der Wiese erhob sich eine hohe Klippe, an deren Fuß er eine Öffnung erblickte, die der Anfang eines in den Felsen gehauenen Ganges zu sein schien. Der Gang führte ihn gemächlich eine Zeit lang eben fort, bis zu einer großen Weitung, aus der ihm schon von fern ein helles Licht entgegenglänzte. Wie er hineintrat, ward er einen mächtigen Strahl gewahr, der wie aus einem Springquell bis an die Decke des Gewölbes stieg, und oben in unzählige Funken zerstäubte, die sich unten in einem großen Becken sammelten; der Strahl glänzte wie entzündetes Gold; nicht das mindeste Geräusch war zu hören, eine heilige Stille umgab das herrliche Schauspiel. Er näherte sich dem Becken, das mit unendlichen Farben wogte und zitterte. Die Wände der Höhle waren mit dieser Flüssigkeit überzogen, die nicht heiß, sondern kühl war, und an den Wänden nur ein mattes, bläuliches Licht von sich warf. Er tauchte seine Hand in das Becken und benetzte seine Lippen. Es war, als durchdränge ihn ein geistiger Hauch, und er fühlte sich innigst gestärkt und erfrischt. Ein unwiderstehliches Verlangen ergriff ihn sich zu baden, er entkleidete sich und stieg in das Becken. Es dünkte ihn, als umflösse ihn eine Wolke des Abendrots; eine himmlische Empfindung überströmte sein Inneres; mit inniger Wollust strebten unzählbare Gedanken in ihm sich zu vermischen; neue, nie gesehene Bilder entstanden, die auch ineinander flossen und zu sichtbaren Wesen um ihn wurden, und jede Welle des lieblichen Elements schmiegte sich wie ein zarter Busen an ihn. Die Flut schien eine Auflösung reizender Mädchen, die an dem Jünglinge sich augenblicklich verkörperten.
Berauscht von Entzücken und doch jedes Eindrucks bewusst, schwamm er gemach dem leuchtenden Strome nach, der aus dem Becken in den Felsen hineinfloss. Eine Art von süßem Schlummer befiel ihn, in welchem er unbeschreibliche Begebenheiten träumte, und woraus ihn eine andere Erleuchtung weckte. Er fand sich auf einem weichen Rasen am Rande einer Quelle, die in die Luft hinausquoll und sich darin zu verzehren schien. Dunkelblaue Felsen mit bunten Adern erhoben sich in einiger Entfernung; das Tageslicht das ihn umgab, war heller und milder als das gewöhnliche, der Himmel war schwarzblau und völlig rein. Was ihn aber mit voller Macht anzog, war eine hohe lichtblaue Blume, die zunächst an der Quelle stand, und ihn mit ihren breiten, glänzenden Blättern berührte. Rund um sie her standen unzählige Blumen von allen Farben, und der köstlichste Geruch erfüllte die Luft. Er sah nichts als die blaue Blume, und betrachtete sie lange mit unnennbarer Zärtlichkeit. Endlich wollte er sich ihr nähern, als sie auf einmal sich zu bewegen und zu verändern anfing; die Blätter wurden glänzender und schmiegten sich an den wachsenden Stengel, die Blume neigte sich nach ihm zu, und die Blütenblätter zeigten einen blauen ausgebreiteten Kragen, in welchem ein zartes Gesicht schwebte. Sein süßes Staunen wuchs mit der sonderbaren Verwandlung, als ihn plötzlich die Stimme seiner Mutter weckte, und er sich in der elterlichen Stube fand, die schon die Morgensonne vergoldete. […]

(v 1802)

Text 5 Gotthilf Heinrich Schubert (1780–1860): Die Symbolik des Traumes
[Auszug]

[…]
Im Traume, und schon in jenem Zustande des Deliriums[1] der meist vor dem Einschlafen vorhergeht, scheint die Seele eine ganz andre Sprache zu sprechen als gewöhnlich. Gewisse Naturgegenstände oder Eigenschaften der Dinge bedeuten jetzt auf einmal Personen, und umgekehrt stellen sich uns gewisse Eigenschaften oder Handlungen unter dem Bilde von Personen dar. Solange die Seele diese Sprache redet, folgen ihre Ideen einem andern Gesetz der Assoziation als gewöhnlich, und es ist nicht zu leugnen, dass jene neue Ideenverbindung einen viel rapideren, geisterhafteren und kürzeren Gang oder Flug nimmt als die des wachen Zustandes, wo wir mehr mit unsern Worten denken. Wir drücken in jener Sprache durch einige wenige hieroglyphische, seltsam aneinander gefügte

[1] Delirium: eine seelische Störung mit Sinnestäuschung

Bilder, die wir uns entweder schnell nacheinander oder auch nebeneinander und auf einmal vorstellen, in wenig Momenten mehr aus, als wir mit Worten in ganzen Stunden auseinander zu setzen vermöchten; erfahren in dem Traume eines kurzen Schlummers öfters mehr, als im Gange der gewöhnlichen Sprache in ganzen Tagen geschehen könnte, und das ohne eigentliche Lücken, in einem in sich selber regelmäßigen Zusammenhange, der nur freilich ein ganz eigentümlicher, ungewöhnlicher ist.

Ohne dass wir deshalb gerade dem Traume vor dem Wachen, dem Närrischsein vor der Besonnenheit einen Vorzug geben wollen, dürfen wir uns doch nicht leugnen: dass jene Abbreviaturen- und Hieroglyphensprache der Natur des Geistes in vieler Hinsicht angemessener erscheine als unsre gewöhnliche Wortsprache. Jene ist unendlich viel ausdrucksvoller, umfassender, der Ausgedehntheit in die Zeit viel minder unterworfen als diese. Die Letztere müssen wir erst erlernen, dagegen ist uns jene angeboren, und die Seele versucht diese ihr eigentümliche Sprache zu reden, sobald sie im Schlafe oder Delirio aus der gewöhnlichen Verkettung etwas los und frei geworden. [...]

(v 1814)

5 „Der zentrale Bildbereich romantischer Lyrik ist der der Schwelle und der Grenze." „Aus der Schwellensituation entspringen Sehnsucht und gespannte Erwartung, Aufbruchsstimmung und Grenzbewusstsein." (Wolfgang Frühwald)
Untersuchen Sie unter diesem Aspekt Eichendorffs Gedicht „Sehnsucht"; beschreiben Sie den Prozess der inneren Veränderung, den das Ich erlebt und darstellt.

6 Stellen Sie, im Anschluss an die Lektüre des Gedichts „Sehnsucht", eine (gedachte) Reise in ein Land der Sehnsucht dar (Text-Bild-Collage).

2. Lieder

Text 1 Clemens Brentano (1778–1842): Der Spinnerin Nachtlied

Es sang vor langen Jahren
Wohl auch die Nachtigall,
Das war wohl süßer Schall,
Da wir zusammen waren.

Ich sing und kann nicht weinen,
Und spinne so allein
Den Faden klar und rein
So lang der Mond wird scheinen.

Als wir zusammen waren
Da sang die Nachtigall
Nun mahnet mich ihr Schall
Dass du von mir gefahren.

So oft der Mond mag scheinen,
Denk ich wohl dein allein,
Mein Herz ist klar und rein,
Gott wolle uns vereinen.

Seit du von mir gefahren,
Singt stets die Nachtigall,
Ich denk bei ihrem Schall,
Wie wir zusammen waren.

Gott wolle uns vereinen
Hier spinn ich so allein,
Der Mond scheint klar und rein,
Ich sing und möchte weinen.

(v 1818)

Clemens Brentano, geb. 1778 bei Koblenz, gest. 1842 in Aschaffenburg; nach einer kurzen Kaufmannslehre studierte er ab 1797 in Halle und Jena Kameralwissenschaft und Medizin, gab aber die berufliche Ausbildung auf und lebte vom väterlichen Vermögen; 1803 heiratete er die Schriftstellerin Sophie Mereau (1770–1806), nach deren Tod die sechzehnjährige Auguste Bußmann, von der er sich nach kurzer Zeit wieder trennte; 1809 in Berlin Mitglied der „Christlich-Teutschen Tischgesellschaft", 1811–13 zusammen mit seinem Bruder Verwaltung eines Familiengutes in Böhmen; 1814 in Berlin, Wendung zum Katholizismus; Bekanntschaft mit der protestantischen Pfarrerstochter Luise Hensel, die 1818 zum Katholizismus konvertierte; 1819–24 zeichnete er in Dülmen die Visionen einer stigmatisierten Nonne auf, von 1825 bis 1830 lebte er in Koblenz, später in Frankfurt, Regensburg und München.
Werke: Godwi oder Das steinerne Bildnis der Mutter (1801), Romanzen vom Rosenkranz (1803–1812), Des Knaben Wunderhorn (1806, Volksliedersammlung, zusammen mit A. v. Arnim herausgegeben), Geschichte vom braven Kasperl und dem schönen Annerl (1817), Das bittere Leiden unseres Herrn Jesu Christi (1833).

Text 2 Clemens Brentano: Sprich aus der Ferne

SPRICH AUS DER FERNE,
Heimliche Welt,
Die sich so gerne
Zu mir gesellt.

Wenn das Abendrot niedergesunken,
Keine freudige Farbe mehr spricht,
Und die Kränze stillleuchtender Funken
Die Nacht um die schattigte Stirne flicht:

Wehet der Sterne
Heiliger Sinn
Leis durch die Ferne
Bis zu mir hin.

Wenn des Mondes still lindernde Tränen
Lösen der Nächte verborgenes Weh;
Dann wehet Friede. In goldenen Kähnen
Schiffen die Geister im himmlischen See.

Glänzender Lieder
Klingender Lauf
Ringelt sich nieder,
Wallet hinauf.

Wenn der Mitternacht heiliges Grauen
Bang durch die dunklen Wälder hinschleicht,
Und die Büsche gar wundersam schauen,
Alles sich finster tiefsinnig bezeugt:

Wandelt im Dunkeln
Freundliches Spiel,
Still Lichter funkeln
Schimmerndes Ziel.

Alles ist freundlich wohlwollend verbunden,
Bietet sich tröstend und traurend die Hand,
Sind durch die Nächte die Lichter gewunden,
Alles ist ewig im Innern verwandt.

Sprich aus der Ferne
Heimliche Welt,
Die sich so gerne
Zu mir gesellt.

(v 1800)

Achim von Arnim, geb. 1781 in Berlin, gest. 1831; 1798–1801 Studium der Natur- und Rechtswissenschaften in Halle und Göttingen, 1801 Beginn der Freundschaft mit Clemens Brentano; Reisen nach Frankreich und England, seit 1805 in Heidelberg; 1811 heiratete er Bettina, die Schwester von C. Brentano; 1813 Teilnahme am Befreiungskrieg; seit 1814 lebte er auf seinem südlich von Berlin gelegenen Gut. – Werke: Des Knaben Wunderhorn (1806/07, Sammlung von Volksliedern, zusammen mit C. Brentano), Zeitung für Einsiedler (1808), Der Kronenwächter (1817), Der tolle Invalide auf dem Fort Ratonneau (1818).

Volkslied, das von J.G. Herder dem engl. ‚popular song' nachgebildete, von G.A. Bürger, F. Nicolai, J.H. Voß, Goethe und anderen aufgegriffene Wort bezeichnete zunächst weniger eine neue Sache als vielmehr eine neue Wertung jener literarisch-musikalischen Gattungen, die als Gegenpositionen zur zeittypischen Gelehrten- und Individualpoesie verstanden wurden. Herder sah in den Volksliedern die „bedeutendsten Grundgesänge einer Nation", in denen sich die ethnischen Eigenarten, zeitüberdauernde psychische Möglichkeiten der Menschen in Fantasie und Leidenschaft verkünden. Die Autoren der Volkslieder sind nicht bekannt, Texte und Melodien wurden nur mündlich überliefert und dementsprechend vielfach verändert. Zu den Merkmalen des Volksliedes gehören: Mischung der Stilelemente, bruchstückhafte Ereigniswiedergabe, Vernachlässigung von Logik und Informationsgenauigkeit, Anspielungscharakter; Formmerkmale sind drei- und vierhebige Verse mit freien Versfüllungen und die vierzeilige Strophe als häufigste Strophenform.

Als **Parodie** (von griech. parodia: Neben- oder Gegengesang) wird ein literarisches Werk bezeichnet, das eine bei den Adressaten als bekannt vorausgesetzte Vorlage unter Beibehaltung charakteristischer Formmerkmale mit satirisch-kritischer Absicht nachahmt. Inhaltlich sind zwei Haupttendenzen für Parodien bestimmend: die Wendung gegen das Heroische und das Sentimentale. – Parodien erscheinen in allen Literaturen und zu allen Zeiten; so gab es bereits in der Antike Parodien Homers, Aristophanes parodierte die Tragödien des Euripides. In der neueren deutschen Literatur finden sich Parodien im Humanismus und im Barock; der Spätaufklärer F. Nicolai parodierte Goethes Roman „Die Leiden des jungen Werthers", Goethes Gedicht „Kennst du das Land, wo die Zitronen blühn" wurde von F. Dingelstedt parodiert („Kennst du das Land, wo Einheitsphrasen blühn", 1848) und von E. Kästner („Kennst du das Land, wo die Kanonen blühn", 1928); Nestroy verfasste Wagner- und Hebbel-Parodien. Die polemisch-kritische Absicht der Parodie zielt allerdings häufig nicht so sehr auf die Vorlage, sondern oft auf die in seiner Rezeption zum Ausdruck kommende Geisteshaltung.

Text 3 Anonym: Lass rauschen, Lieb, lass rauschen

Das Gedicht stammt aus der Volksliedersammlung „Des Knaben Wunderhorn, gesammelt von L. Achim von Arnim und Clemens Brentano" (1806/1808).

Mündlich

Ich hört ein Sichlein rauschen,
Wohl rauschen durch das Korn,
Ich hört ein Mägdlein klagen,
Sie hätt ihr Lieb verlorn.

Lass rauschen, Lieb, lass rauschen,
Ich acht nicht, wie es geht,
Ich tät mein Lieb vertauschen
In Veilchen und im Klee.

Du hast ein Mägdlein worben
In Veilchen und im Klee,
So steh ich hier alleine,
Tut meinem Herzen weh.

Ich hör ein Hirschlein rauschen,
Wohl rauschen durch den Wald,
Ich hör mein Lieb sich klagen,
Die Lieb verrauscht so bald.

Lass rauschen, Lieb, lass rauschen.
Ich weiß nicht, wie mir wird,
Die Bächlein immer rauschen,
Und keines sich verirrt.

Text 4 Johann Wolfgang Goethe (1749–1832): Rezension zu „Des Knaben Wunderhorn" [Auszug]

[...] Diese Art Gedichte, die wir seit Jahren Volkslieder zu nennen pflegen, ob sie gleich eigentlich weder vom Volk noch fürs Volk gedichtet sind, sondern weil sie so etwas Stämmiges, Tüchtiges in sich haben und begreifen, dass der Kern und stammhafte Teil der Nationen dergleichen Dinge fasst, behält, sich zueignet und mitunter fortpflanzt, dergleichen Gedichte sind so wahre Poesie, als sie irgend nur sein kann, sie haben einen unglaublichen Reiz selbst für uns, die wir auf einer höhern Stufe der Bildung stehen, wie der Anblick und die Erinnerung der Jugend fürs Alter hat. Hier ist die Kunst mit der Natur im Konflikt, und eben dieses Werden, dieses wechselseitige Wirken, dieses Streben scheint ein Ziel zu suchen, und es hat sein Ziel schon erreicht. Das wahre dichterische Genie, wo es auftritt, ist in sich vollendet, mag ihm Unvollkommenheit der Sprache, der äußern Technik, und was sonst will, entgegenstehen, es besitzt die höhere innere Form, der doch am Ende alles zu Gebote steht, und wirkt selbst im Dunklen und Trüben Elemente oft herrlicher, als es später im Klaren vermag. Das lebhafte poetische Anschauen eines beschränkten Zustandes erhebt ein Einzelnes zum zwar begrenzten, doch unumschränkten All, so dass wir im kleinen Raume die ganze Welt zu sehen glauben. [...]

(v 1806)

Text 5 Joseph von Eichendorff (1788–1857): Das zerbrochene Ringlein

In einem kühlen Grunde
Da geht ein Mühlenrad,
Mein Liebste ist verschwunden,
Die dort gewohnet hat.

Sie hat mir Treu versprochen,
Gab mir ein'n Ring dabei,
Sie hat die Treu gebrochen,
Mein Ringlein sprang entzwei.

Ich möcht als Spielmann reisen
Weit in die Welt hinaus,
Und singen meine Weisen,
Und gehn von Haus zu Haus.

Ich möcht als Reiter fliegen
Wohl in die blut'ge Schlacht,
Um stille Feuer liegen
Im Feld bei dunkler Nacht.

Hör ich das Mühlrad gehen:
Ich weiß nicht, was ich will –
Ich möcht am liebsten sterben,
Da wär's auf einmal still!

(v 1813)

Text 6 **Peter Rühmkorf (*1929): Auf eine Weise des Joseph Freiherrn von Eichendorff**

In meinem Knochenkopfe
da geht ein Kollergang,[1]
der mahlet meine Gedanken
ganz außer Zusammenhang.

Mein Kopf ist voller Romantik,
meine Liebste nicht treu –
Ich treib in den Himmelsatlantik
und lasse Stirnenspreu.

Ach, wär ich der stolze Effendi[2],
Der Gei- und Tiger hetzt,
wenn der Mond, in statu nascendi[3],
seine Klinge am Himmel wetzt! –

Ein Jahoo[4], möcht ich lallen
lieber als intro-vertiert
mit meinen Sütterlin[5]-Krallen
im Kopf herumgerührt.

Ich möchte am liebsten sterben
im Schimmelmonat August –
Was klirren so muntere Scherben
in meiner Bessemer-Brust?![6]

Arbeitsanregungen:

1. Beschreiben Sie (möglichst nach lautem Lesen) die Wirkung der Gedichte von C. Brentano (Texte 1 und 2). Versuchen Sie zunächst ihren Inhalt wiederzugeben.
2. Lesen Sie den Auszug aus Goethes Rezension und berichten Sie über die Form des Volksliedes und das Interesse, das die Romantiker daran hatten.
3. Prüfen Sie, unter welchen Gesichtspunkten sich die Texte 5 und 6 vergleichen lassen.

3. Heimat

Text 1 **Joseph von Eichendorff (1788–1857): Abschied**

O Täler weit, o Höhen,
O schöner grüner Wald,
Du meiner Lust und Wehen
Andächt'ger Aufenthalt!
Da draußen, stets betrogen,
Saust die geschäft'ge Welt,
Schlag noch einmal die Bogen
Um mich, du grünes Zelt!

Wenn es beginnt zu tagen,
Die Erde dampft und blinkt,
Die Vögel lustig schlagen,
Dass dir dein Herz erklingt:
Da mag vergehn, verwehen
Das trübe Erdenleid,
Da sollst du auferstehen
In junger Herrlichkeit!

Da steht im Wald geschrieben,
Ein stilles, ernstes Wort
Von rechtem Tun und Lieben,
Und was des Menschen Hort.
Ich habe treu gelesen
Die Worte schlicht und wahr,
Und durch mein ganzes Wesen
Ward's unaussprechlich klar.

Bald werd ich dich verlassen,
Fremd in der Fremde gehn,
Auf buntbewegten Gassen
Des Lebens Schauspiel sehn;
Und mitten in dem Leben
Wird deines Ernsts Gewalt
Mich Einsamen erheben,
So wird mein Herz nicht alt.

(v 1815)

Arbeitsanregungen:

1. Die letzte Strophe des Gedichts „Die Heimat" lautet in Eichendorffs Handschrift:

   Ihr Wipfel und ihr Bronnen rauscht nur zu!
   Wohin du auch in wilder Flucht magst dringen:
   Du findest nirgends Ruh!
   Erreichen wird dich das geheime Singen,
   In dieses Sees wunderbaren Ringen
   Gehn wir doch unter, ich und du! –

   Berücksichtigen Sie bei der Interpretation diese Veränderungen sowie den biografischen Hinweis und die Interpretationsthese des Literaturwissenschaftlers A. v. Bormann (s.u.).
   Eichendorffs Bruder Wilhelm wurde 1786 geboren, war also zwei Jahre älter als Joseph, und bis in ihre Referendarzeit waren die Brüder unzertrennlich; erst 1813 trennten sich ihre Wege: Wilhelm wurde Kreishauptmann der österreichischen Regierung in Südtirol, Joseph nahm an den Befreiungskriegen teil und erhielt schließlich eine Anstellung in Preußen.
   „Eichendorffs Sehnsucht kennt stets zwei Richtungen, sie ist Fernweh und Heimweh. Beides kann man ineinander denken. Das Fernweh ist nicht bestimmt,

Text 2 **Joseph von Eichendorff: Die Heimat**

Meinem Bruder. 1819

Denkst Du des Schlosses noch auf stiller Höh?
Das Horn lockt nächtlich dort, als ob's Dich riefe,
Am Abgrund grast das Reh,
Es rauscht der Wald verwirrend aus der Tiefe, –
O stille, wecke nicht! es war, als schliefe
Da drunten ein unnennbar Weh.

Kennst Du den Garten? – Wenn sich Lenz erneut,
Geht dort ein Mädchen auf den kühlen Gängen
Still durch die Einsamkeit
Und weckt den leisen Strom von Zauberklängen,
Als ob die Bäume und die Blumen sängen
Rings von der alten, schönen Zeit.

Ihr Wipfel und ihr Bronnen, rauscht nur zu!
Wohin Du auch in wilder Lust magst dringen,
Du findest nirgends Ruh,
Erreichen wird Dich das geheime Singen;
Ach, dieses Bannes wunderbaren Ringen
Entfliehn wir nimmer, ich und Du!

---

1 Kollergang: Maschine zur Zerkleinerung von festen Stoffen
2 Effendi: Türk. Anrede
3 in statu nascendi: lat.: im Entstehungszustand
4 Jahoo: Yahoos, affenähnliche Wesen aus Swifts „Gullivers Reisen"
5 Sütterlin: die von dem Berliner Grafiker L. Sütterlin (1865–1917) geschaffene Schreibschrift, die seit 1915 in den Schulen mehrerer dt. Länder eingeführt war.
6 Bessemer: Sir Henry Bessemer erfand den Bessemer-Prozess (1856), d.h., die Entkohlung des flüssigen Roheisens.

wohl aber wird die Ferne noch als Lockung und Verheißung erfahren. […] Die Sehnsucht ist nicht wirklich erfüllbar: Die Ferne ist grundsätzlich uneinholbar, bleibt immer am Horizont." (Alexander von Bormann, in: Gedichte und Interpretationen. Bd. 3, Hg. W. Segebrecht. Stuttgart: Reclam 1984.)

2 Untersuchen Sie, wie die beiden Lebensläufe in dem Gedicht „Die zwei Gesellen" dargestellt und bewertet werden.

3 „Dieser Dichter kennt alle Sehnsüchte, alles Fernweh, allen Schmerz des Ungenügens an der bürgerlichen Existenz, er hat sie von früh auf, schon während des Studiums in Halle, im Umgang mit den Dichterfreunden auf Giebichenstein, vollends im „Eleusischen Bunde" in Heidelberg, samt den immergleichen Themen romantischer Poesie eingesogen, aber er weiß die Formen des Wünschens und Sehnens von der eigenen Lebensform abzusondern. Sehnsuchtsmotive, die etwa für Brentano so gut Dichtungs- wie Lebensmotive sind, werden in seinen Liedern erstmals bewusst poetisch gebändigt, d.h. sie werden als das erkannt, was sie sind, nämlich Wunschgebilde schweifender Fantasie." (Eberhard Lämmert: Eichendorffs Wandel unter den Deutschen. In: H. Steffen (Hg.), Die deutsche Romantik. Göttingen: Vandenhoeck 1967. S. 227.) Setzen Sie sich mit dieser Auffassung auseinander.

4 Aufgaben für Einzel- oder Gruppenarbeit bzw. Kurzreferate:
- Romantik-Klischees in der Werbung (Bild-Text-Collage; Erläuterung der Funktion des Romantischen)
- Romantische Motive im Schlager
- Natur in der Romantik – Natur in der Ökobewegung (Thesenpapier als Diskussionsgrundlage)
- Lyrik und Musik: Vertonungen romantischer Lyrik

Text 3 **Joseph von Eichendorff: Die zwei Gesellen**

Es zogen zwei rüst'ge Gesellen
Zum ersten Mal von Haus,
So jubelnd recht in die hellen
Klingenden, singenden Wellen
Des vollen Frühlings hinaus.

Die strebten nach hohen Dingen,
Die wollten, trotz Lust und Schmerz,
Was Rechts in der Welt vollbringen,
Und wem sie vorüber gingen,
Dem lachten Sinnen und Herz. –

Der Erste, der fand ein Liebchen,
Die Schwieger kauft' Hof und Haus;
Der wiegte gar bald ein Bübchen,
Und sah aus heimlichem Stübchen
Behaglich ins Feld hinaus.

Dem Zweiten sangen und logen
Die tausend Stimmen im Grund,
Verlockend' Sirenen, und zogen
Ihn in der buhlenden Wogen
Farbig klingenden Schlund.

Und wie er auftaucht' vom Schlunde,
Da war er müde und alt,
Sein Schifflein das lag im Grunde,
So still war's rings in die Runde
Und über die Wasser weht's kalt.

Es singen und klingen die Wellen
Des Frühlings wohl über mir;
Und seh ich so kecke Gesellen,
Die Tränen im Auge mir schwellen –
Ach Gott, führ uns liebreich zu Dir!

(v 1818)

M1 **Gedichtinterpretation**

Ziel der *Gedichtinterpretation* (wie jeder Interpretation) ist das bessere Verstehen; Voraussetzung ist genaues Lesen, aber auch eine geschulte Wahrnehmungsfähigkeit. Der Leser sollte wissen, welche Elemente die Bedeutung des Textes konstituieren; dazu ist es hilfreich sich anhand eines Fragenkataloges zu vergewissern, welche Elemente bedeutsam sein können. Die bloße Beschreibung oder Auflistung von Formmerkmalen ohne Bezug zur Funktion im Gedichtganzen ist nicht ergiebig. Als Erkenntnismittel kann sie (bei einer schriftlichen Interpretation für das Konzept) nützlich sein, sofern sie etwas erkennen lässt, was man zunächst übersehen hat.

Folgende *Gesichtspunkte* sind zu berücksichtigen:
- Sprecher des Gedichts; Redesituation (Anrede?)
- Wirklichkeitsbezug; Naturbezug
- Beziehung zwischen Gedichtüberschrift und Gedichttext
- Wortschatzuntersuchung: dominierende Wortart(en)
- Bildlichkeit: Metapher, Vergleich, Allegorie, Personifizierung, Symbol, Chiffre; Konnotationen; Zitat, Anspielung
- Gedicht als Klanggebilde: Rhythmus, Reime; Strophengliederung; Zusammenhang mit Syntax
- Tempus (Wechsel?); Satzformen (Vgl. Barock, S. 136ff.)

II. Romantik oder das andere Leben

Welche Erfahrungen waren für das Bewusstsein der ersten Generation der Romantiker (in der Literaturgeschichte werden sie als Frühromantiker bezeichnet) bestimmend? Bedenkt man ihre Geburtsdaten (Novalis und Friedrich Schlegel wurden 1772 geboren, Ludwig Tieck 1773), wird verständlich, dass die Französische Revolution von 1789 das bedeutendste politische Ereignis für sie war.

Ludwig Tieck, geb. 1773 in Berlin als Sohn eines Seilermeisters, gest. 1853 in Berlin; ab 1792 Studium der Theologie, dann Sprachen und Literatur in Halle, Erlangen und Göttingen; 1794 freier Schriftsteller in Berlin; 1799–1800 in Jena; Reisen; 1805/06 in Italien, 1819 wurde er Hofrat in Dresden, 1825 Dramaturg am Hoftheater, seit 1841 lebte er in Berlin. – Werke: Herzensergießungen eines kunstliebenden Klosterbruders (1797, zusammen mit Wackenroder), Der blonde Eckbert (1797), Franz Sternbalds Wanderungen (1798), Der Runenberg (1802), Des Lebens Überfluss (1839).

1. Veränderung durch Revolution?

Text 1 **Ludwig Tieck (1773–1853): Brief an Wilhelm Wackenroder** [Auszug]

Göttingen am 28. December [17]92

[…] Du sprichst ja gar nichts von den Franzosen? Ich will nicht hoffen, dass sie dir gleichgültig geworden sind, dass du wirklich dich nicht dafür interessierst? Oh, wenn ich itzt ein Franzose wäre! Dann wollt ich nicht hier sitzen, dann – – – Doch leider bin ich in einer Monarchie geboren, die gegen die Freiheit kämpfte, unter Menschen, die noch Barbaren genug sind, die Franzosen zu verachten. Ich habe mich sehr geändert, ich bin itzt nicht glücklich, wenn ich keine Zeitungen haben kann. Oh, in Frankreich zu sein, es muss doch ein groß Gefühl sein, unter Dumouriez zu fechten und Sklaven in die Flucht zu jagen, und auch zu fallen – was ist ein Leben ohne Freiheit? Ich begrüße den Genius Griechenlands mit Entzücken, den ich über Gallien schweben sehe. Frankreich ist jetzt mein Gedanke Tag und Nacht – ist Frankreich unglücklich, so verachte ich die ganze Welt und verzweifle an ihrer Kraft, dann ist für unser Jahrhundert der Traum zu schön, dann sind wir entartete, fremde Wesen, mit keiner Ader denen verwandt, die einst bei Thermopylä fielen, dann ist Europa bestimmt, ein Kerker zu sein. [...]

Text 2 **Wilhelm Wackenroder (1773–1798): Brief an L. Tieck** [Auszug]

(Januar 1793)

[...] Ich habe mich schon lange gewundert, dass du mich nicht gefragt hast, was ich von den Franzosen denke. Ich denke ganz mit dir gleich von ihnen, und stimme von ganzem Herzen in deinen Enthusiasmus ein, das versichere ich dich. Aber ich kann mich nicht enthalten, dir Folgendes zu sagen. Ich spreche hier durchaus mit keinem Menschen von den Franzosen; und zwar darum, weil jeder von ihnen spricht, ihre größten Taten immer mit einem Lächeln erzählt, als wollt er sagen: Was die närrischen Leute nicht für Dinge tun! Und wer mit diesem Lächeln davon spricht, dem möcht ich gleich eine Ohrfeige geben. – Auch denk ich sehr wenig über die Angelegenheiten nach: – ich weiß selbst nicht, wie's kommt. – Auch lese ich die Zeitungen nicht, weil ich nicht Zeit habe, und alles von andern höre. – Endlich würd ich, wenn ich ein Franzose wäre, so stolz ich auf mein Vaterland und meine Nation sein würde, doch gewiss nicht Soldat werden und den Säbel oder das Gewehr in die Hand nehmen, weil ich mein Leben und meine Gesundheit zu sehr liebe und zu wenig körperlichen Mut besitze. Ich weiß, dass du dich über meine Dreistigkeit, dir meine krassesten Grundsätze so nackt darzustellen, wundern wirst; dass du nicht wirst begreifen können, wie man in der Tat von dieser Sache begeistert sein kann, ohne auch Mut genug in sich zu fühlen, dabei selbst mitzuwirken; ich weiß, dass ich durch mein offenherziges Geständnis, wenigstens auf ein paar Stunden, deinen Zorn auf mich lade. Allein bedenke nur: kannst du von irgendeinem Menschen Heldenmut und Tapferkeit verlangen, die er nicht hat. Ich bin sehr davon zurückgekommen, diese körperlichen Tugenden gering zu achten: aber – ich habe sie nicht; und es ist unmöglich, dass du mir das zur Sünde machen kannst, ich tue Verzicht auf diese Größe. Auch bin ich einmal so eingerichtet, dass die idealische Kunstschönheit der Lieblingsgegenstand meines Geistes ist; ich kann mich unmöglich von lebhaftem Interesse hingerissen fühlen, wenn ich in den Zeitungen lese, dass die Preußen itzt diesen, die Franzosen itzt jenen Ort eingenommen haben und was dergleichen Partikularia mehr sind; alles ist mir etwas zu fern – zu wenig sichtbar, geht mir zu langsam, stimmt nicht mit dem idealischen Gange meiner Phantasie, macht mich unruhig, befriedigt mich nicht. Vieles können die ungewaschenen Urteile bei mir getan haben. So viel itzt davon; mündlich mehr. Ich werde nur zu aufrichtig gegen dich gewesen sein. [...]

Text 3 **Johann Gottlieb Fichte (1762–1814): Zurückforderung der Denkfreiheit von den Fürsten Europas, die sie bisher unterdrückten** [Auszug]

[...] Die Zeiten der Barbarei sind vorbei, ihr Völker, wo man euch im Namen Gottes anzukündigen wagte, ihr seiet Herden Vieh, die Gott deswegen auf die Erde gesetzt habe, um einem Dutzend Göttersöhnen zum Tragen ihrer Lasten, zu Knechten und Mägden ihrer Bequemlichkeit und endlich zum Abschlachten zu dienen; dass Gott sein unbezweifeltes Eigentumsrecht über euch an diese übertragen habe und dass sie kraft eines göttlichen Rechts, und als seine Stellvertreter, euch für eure Sünden peinigten: ihr wisst es oder könnt euch davon überzeugen, wenn ihr es noch nicht wisst, dass ihr selbst Gottes Eigentum nicht seid, sondern dass er euch sein göttliches Siegel, niemandem anzugehören als euch selbst, mit der Freiheit tief in eure Brust eingeprägt hat. Auch das unterstehen sie sich nicht mehr, euch zu sagen: wir sind stärker als ihr, wir hätten euch alle längst totschlagen können; wir sind so gütig gewesen, es nicht zu tun; das Leben, das ihr lebt, ist mithin unser Geschenk. Wir haben es euch aber nicht frei geschenkt, sondern es euch nur zum Lehn gegeben; unsere Forderung also, es zu unserem Vorteile zu verwenden und es euch, wenn wir es nicht mehr brauchen können, doch noch zu nehmen, ist nicht unbillig. – Ihr habt, wenn diese Schlussart gelten soll, gelernt, dass *ihr* die Stärkeren seid und *sie* die Schwächeren, dass ihre Stärke in euren Armen ist und dass sie elend und hülflos dastehen, wenn ihr diese sinken lasst; Beispiele haben es ihnen gezeigt, vor denen sie noch beben. Ebenso wenig werdet ihr ihnen noch weiterhin glauben, dass ihr alle blind, hülflos und unwissend seid und dass ihr selbst euch nicht zu raten wisset, wenn sie euch nicht wie unmündige Kinder an ihren väterlichen Händen leiten. [...]

(v 1793)

Arbeitsanregungen:

1 Entwerfen Sie eine Antwort Tiecks auf Wackenroders Brief.

2 Mit welchen sprachlichen Mitteln trägt Fichte seine Kritik am absolutistischen System vor?

3 Berichten Sie über Reaktionen deutscher Schriftsteller auf die Französische Revolution; ziehen Sie dazu eine Literaturgeschichte heran; vgl. auch Klassik, S. 216ff.

August Wilhelm Schlegel, geb. 1767 in Hannover, älterer Bruder von Friedrich Schlegel; gest. 1845 in Bonn; nach dem Studium der Theologie und Philologie in Göttingen wurde er Hauslehrer in Amsterdam, seit 1795 war er Privatdozent in Jena; 1796 Heirat mit Karoline Böhmer (die nach der Scheidung 1803 den Philosophen Friedrich Schelling heiratete); 1801 Privatgelehrter in Berlin, seit 1804 Reisen mit Madame de Staël als ihr Sekretär; seit 1819 Professor für Literatur in Bonn. – Werke: Shakespeare-Übersetzungen (seit 1797), Vorlesungen über schöne Literatur und Kunst (1801–1804), Vorlesungen über dramatische Kunst und Literatur (1809–1811).

2. Kritische Gänge

Die Aufklärung, die in Frankreich die Revolution vorbereitete, wurde von einem Teil der deutschen Romantiker kritisiert. Für ältere Literaturgeschichten war die Romantik geradezu durch ihre Gegnerschaft zur Aufklärung definiert. Dass dieser Standpunkt nicht aufrechtzuerhalten ist, zeigt sich, wenn man nach den Ursprüngen romantischer Ideen forscht: Ihre Wurzeln liegen vielfach in der Aufklärung.

Text 1 August Wilhelm Schlegel (1767–1845): Vorlesungen über schöne Literatur und Kunst [Auszug]

[...] Wenn die Aufklärung also wirklich leistet, was sie verspricht, so wäre es unstreitig eine herrliche Bequemlichkeit, etwas zu haben, womit man alle möglichen Dinge beleuchten könnte, und sicher wäre immer das Rechte an ihnen zu sehen. Auch haben sich die Aufklärer nicht übel bedacht, da sie die Benennung ihres Geschäfts vom Lichte entlehnten, dieser fast anbetenswürdigen Seele der Natur, dem schönsten Symbol der göttlichen Allgegenwart und Allwissenheit. Es fragt sich aber, ob es die reine Freude am Licht oder ohne Bild das unbedingte Interesse für Wahrheit ist, was sie zu so eifrigen Predigern der Aufklärung macht, oder ob sie das Licht nur deswegen schätzen, weil man dabei bequemlich sehen und allerlei notwendige Verrichtungen vornehmen kann. Es scheint wohl das Letzte, denn unbedingte Liebe zur Wahrheit erzeugt unfehlbar Philosophie: denn wenn man mit gründlichem Ernst die menschlichen Dinge erwägt, so wird man durch die Wahrnehmung von der Unzuverlässigkeit so vieler Annahmen, die im gemeinen Leben als ausgemacht gelten, immer weiter zurück und hinaufwärts zu den letzten Gründen des menschlichen Wissens geführt werden, welches der Anfang der Philosophie ist. Die Aufklärung will nun zwar eine Art von Popularphilosophie vorstellen, aber keineswegs wissenschaftlich und abstrakt, oder richtiger ausgedrückt (denn das letzte Wort schreibt sich wohl hauptsächlich von der analytischen Philosophie her) spekulativ sein, weil sie darüber die allgemeine Verständlichkeit einbüßen würde, die sie von ihren Lehren verlangt und rühmt. Ferner empfiehlt sie freilich das Forschen und Zweifeln, aber nur bis auf einen gewissen Grad, über welchen hinaus sie es wieder als eine Torheit und Verirrung des Geistes ansieht, welcher zu steuern sie eben eingesetzt worden sei. Endlich geht der uninteressierte Wahrheitsforscher seinen Weg fort, unbekümmert bei welchen Resultaten er endlich anlangen wird; ihm ist, mit Aufopferung aller persönlichen Neigungen die Wahrheit immer lieb und recht, wie sie sich ihm auch bei besserer Erkenntnis bestimmen möge. Die Aufklärung bezeugt hingegen eine zärtliche Besorgnis um das, was sie zum Wohl der Menschheit rechnet; sie bestellt gern die Resultate der Untersuchung im Voraus, damit ja nichts Zerstörendes und Gefährliches, nichts Allzukühnes oder dem Missbrauch Unterworfenes zum Vorschein komme.

Da sie folglich überall auf halbem Wege stehen bleibt, die Wahrheit an sich aber durchaus nur zu einem unbedingten Streben anregen kann, so muss es wohl etwas anderes sein, was sie von der Wahrheit will, mit einem Worte Brauchbarkeit und Anwendbarkeit. Hier zeigt sich nun schon die ganze verkehrte Denkart, das an sich Gute (wovon das Wahre ein Teil, eine Seite ist) dem Nützlichen unterzuordnen. Nützlich ist dasjenige, was auf Beförderung des körperlichen Wohls abzielt, und diesen Bestrebungen haben wir schon weiter oben ihren Rang angewiesen. Wer nun das Nützliche als das Oberste setzt, der muss einsehen, dass es damit zuletzt auf sinnlichen Genuss hinausläuft, und bei einiger Klarheit und Konsequenz sich zu dem krassesten Epikuräismus, zur Vergötterung des Vergnügens bekennen. Dies wollen die Aufgeklärten aber wieder nicht, sondern sie sind zu der vollendeten Absurdität gelangt, ein *Nützliches an sich* zu konstituieren, welches nicht das bloß Angenehme sein soll, und auch nicht das Gute an sich ist, wofür sie es jedoch ausgeben möchten. Somit haben sie alle Dinge auf den Kopf gestellt, indem sie die Vernunft den Sinnen dienstbar machen, die Sinne hinwiederum sollen nach ihrer Absicht nicht sinnlich, sondern vernünftig sein. Man möchte sagen, solche Leute äßen und tränken nicht aus natürlichem Appetit oder zum Wohlgeschmack, sondern weil sie es für etwas Nützliches halten.

Wie ich nun durch das Bisherige deutlich genug gemacht zu haben glaube, dass es das ökonomische Prinzip ist, welches die Aufklärer leitet, so ist es auch die nur zu irdischen Verrichtungen taugliche Fähigkeit des Geistes, der in lauter Endlichkeiten befangene Verstand, den sie dabei ins Werk gesetzt, und sich damit an die höchsten Aufgaben der Vernunft gewagt haben. Ein beschränkter endlicher Zweck lässt sich ganz durchschauen, und so soll ihnen auch das menschliche Dasein und die Welt rein wie ein Rechenexempel aufgehen. [...]

(v 1801–1804)

Arbeitsanregungen:

1. Stellen Sie Schlegels Aussagen über die Aufklärung zusammen.
2. Informieren Sie sich im Aufklärungs-Kapitel (s. S. 175ff.) über den Vernunftbegriff (z.B. in Kants Schrift „Was ist Aufklärung“) und die Ziele der Aufklärung. Verfassen Sie, aus der Sicht eines Aufklärers, eine Erwiderung auf Schlegels Kritik.

Text 2 **Novalis, eigtl. Friedrich von Hardenberg (1772–1801): Die Christenheit oder Europa** [Auszug]

Es waren schöne glänzende Zeiten, wo Europa ein christliches Land war, wo *Eine* Christenheit diesen menschlich gestalteten Welttheil bewohnte; *Ein* großes gemeinschaftliches Interesse verband die entlegensten Provinzen dieses weiten geistlichen Reichs. – Ohne große weltliche Besitzthümer lenkte und vereinigte *Ein* Oberhaupt, die großen politischen Kräfte. – Eine zahlreiche Zunft zu der jedermann den Zutritt hatte, stand unmittelbar unter demselben und vollführte seine Winke und strebte mit Eifer seine wohlthätige Macht zu befestigen. Jedes Glied dieser Gesellschaft wurde allenthalben geehrt, und wenn die gemeinen Leute Trost oder Hülfe, Schutz oder Rath bei ihm suchten, und gerne dafür seine mannigfaltigen Bedürfnisse reichlich versorgten, so fand es auch bei den Mächtigeren Schutz, Ansehn und Gehör, und alle pflegten diese auserwählten, mit wunderbaren Kräften ausgerüsteten Männer, wie Kinder des Himmels, deren Gegenwart und Zuneigung mannigfachen Segen verbreitete. Kindliches Zutrauen knüpfte die Menschen an ihre Verkündigungen. – Wie heiter konnte jedermann sein irdisches Tagewerk vollbringen, da ihm durch diese heilige Menschen eine sichere Zukunft bereitet, und jeder Fehltritt durch sie vergeben, jede missfarbige Stelle des Lebens durch sie ausgelöscht, und geklärt wurde. Sie waren die erfahrnen Steuerleute auf dem großen unbekannten Meere, in deren Obhut man alle Stürme gering schätzen, und zuversichtlich auf eine sichre Gelangung und Landung an der Küste der eigentlichen vaterländischen Welt rechnen durfte.

Die wildesten, gefräßigsten Neigungen mussten der Ehrfurcht und dem Gehorsam gegen ihre Worte weichen. Friede ging von ihnen aus. – Sie predigten nichts als Liebe zu der heiligen, wunderschönen Frau der Christenheit, die mit göttlichen Kräften versehen, jeden Gläubigen aus den schrecklichsten Gefahren zu retten bereit war. Sie erzählten von längst verstorbenen himmlischen Menschen, die durch Anhänglichkeit und Treue an jene selige Mutter und ihr himmlisches, freundliches Kind, die Versuchung der irdischen Welt bestanden, zu göttlichen Ehren gelangt und nun schützende, wohlthätige Mächte ihrer lebenden Brüder, willige Helfer in der Noth, Vertreter menschlicher Gebrechen und wirksame Freunde der Menschheit am himmlischen Throne geworden waren. Mit welcher Heiterkeit verließ man die schönen Versammlungen in den geheimnisvollen Kirchen, die mit ermunternden Bildern geschmückt, mit süßen Düften erfüllt, und von heiliger erhebender Musik belebt waren. In ihnen wurden die geweihten Reste ehemaliger gottesfürchtiger Menschen dankbar, in köstlichen Behältnissen aufbewahrt. – Und an ihnen offenbarte sich die göttliche Güte und Allmacht, die mächtige Wohlthätigkeit dieser glücklichen Frommen, durch herrliche Wunder und Zeichen. So bewahren liebende Seelen, Locken oder Schriftzüge ihrer verstorbenen Geliebten, und nähren die süße Glut damit, bis an den wiedervereinigenden Tod. Man sammelte mit inniger Sorgfalt überall was diesen geliebten Seelen angehört hatte, und jeder pries sich glücklich der eine so tröstliche Reliquie erhalten oder nur berühren konnte. Hin und wieder schien sich die himmlische Gnade vorzüglich auf ein seltsames Bild, oder einen Grabhügel niedergelassen zu haben. – Dorthin strömten aus allen Gegenden Menschen mit schönen Gaben und brachten himmlische Gegengeschenke: Frieden der Seele und Gesundheit des Leibes, zurück. Aemsig suchte, diese mächtige friedenstiftende Gesellschaft, alle Menschen dieses schönen Glaubens theilhaftig zu machen und sandte ihre Genossen, in alle Welttheile, um überall das Evangelium des Lebens zu verkündigen, und das Himmelreich zum einzigen Reiche auf dieser Welt zu machen. Mit Recht widersetzte sich das weise Oberhaupt der Kirche, frechen Ausbildungen menschlicher Anlagen auf Kosten des heiligen Sinns, und unzeitigen gefährlichen Entdeckungen, im Gebiete des Wissens. So wehrte er den kühnen Denkern öffentlich zu behaupten, dass die Erde ein unbedeutender Wandelstern sey, denn er wusste wohl, dass die Menschen mit der Achtung für ihren Wohnsitz und ihr irdisches Vaterland, auch die Achtung vor der himmlischen Heimath und ihrem Geschlecht verlieren, und das eingeschränkte Wissen dem unendlichen Glauben vorziehn und sich gewöhnen würden alles Große und Wunderwürdige zu verachten, und als todte Gesetzwirkung zu betrachten. An seinem Hofe versammelten sich alle klugen und ehrwürdigen Menschen aus Europa. Alle Schätze flossen dahin, das zerstörte Jerusalem hatte sich gerächt, und Rom selbst war Jerusalem, die heilige Residenz der göttlichen Regierung auf Erden geworden. Fürsten legten ihre Streitigkeiten dem Vater der Christenheit vor, willig ihm ihre Kronen und ihre Herrlichkeit zu Füßen, ja sie achteten es sich zum Ruhm, als Mitglieder dieser hohen Zunft, den Abend ihres Lebens in göttlichen Betrachtungen zwischen einsamen Klostermauern zu beschließen. Wie wohlthätig, wie angemessen, der innern Natur der Menschen, diese Regierung, diese Einrichtung war, zeigte das gewaltige Emporstreben, aller andern menschlichen Kräfte, die harmonische Entwicklung aller Anlagen; die ungeheure Höhe, die einzelne Menschen in allen Fächern der Wissenschaften des Lebens und der Künste erreichten und der überall blühende Handelsverkehr mit geistigen und irdischen Waaren, in dem Umkreis von Europa und bis in das fernste Indien hinaus. –

Der Begriff **Utopie** (aus griech. ‚ou' = nicht und ‚topos' = Ort) wurde von Th. Morus (Utopia, 1516) gebildet um die fiktive Insel eines Idealstaates zu bezeichnen, in dem eine vollkommene Ordnung des menschlichen Zusammenlebens verwirklicht ist. Die Utopie zeichnet ursprünglich nur das Bild einer besseren Gesellschaft und verhält sich dadurch zugleich kritisch zur vorhandenen; sie ist folglich Gegenbild. Es gibt aber auch negative Utopien, die kein Wunschbild, sondern vielmehr ein Schreckbild der Zukunft vermitteln (Huxley, Orwell).
In einem allgemeineren Sinn wird die Kunst vielfach unter dem Aspekt der Utopie gesehen. „Literatur ist Utopie in dem gewiss sehr weiten Verstande, dass sie nicht identisch mit der Realität ist, die uns als Natur und Gesellschaft gegenübertritt. Sie ist Utopie in dem sehr viel präziseren Sinne, dass ihre Beziehung zu dieser Realität wie die Erfüllung zum Mangel ist." (G. Ueding: Literatur ist Utopie. Frankfurt/M.: Suhrkamp 1978.)

Arbeitsanregungen:

1 a Überprüfen Sie das Bild, das Novalis im ersten Teil seiner Schrift vom Mittelalter zeichnet, indem Sie es mit der geschichtlichen Wirklichkeit vergleichen.
b Legen Sie dar, wie ein moderner Staat aussehen müsste, der dem von Novalis beschriebenen Ideal verpflichtet wäre.
c Novalis' Freunde haben sich vehement gegen eine Veröffentlichung der Schrift gewandt. Welche Gründe könnten sie vorgebracht haben?

2 Versuchen Sie Novalis' Darstellung nicht als Wirklichkeitsbeschreibung, sondern als Utopie zu lesen und nehmen Sie Stellung, indem Sie von Ihren eigenen Vorstellungen einer idealen Welt ausgehen.

3 Informieren Sie sich in einem Lexikon über einige positive literarische Utopien; diskutieren Sie über das jeweils zugrunde liegende Menschenbild.

Das waren die schönen wesentlichen Züge der ächtkatholischen oder ächt christlichen Zeiten. Noch war die Menschheit für dieses herrliche Reich nicht reif, nicht gebildet genug. [...]

(e 1799, v 1826)

Text 3 **Clemens Brentano (1778–1842): Der Philister vor, in und nach der Geschichte** [Auszug]

Die Aufklärung, die zum Teil ihre ursprünglichen freiheitlichen Ideale selbst verriet und zu reinem Nützlichkeitsdenken verkam, wurde für die Romantiker zum Synonym für bornierte Geisteshaltung; ihre Verkörperung ist der Philister. „Philister" war ursprünglich ein studentischer Ausdruck für den Nichtstudenten; hier bezeichnet das Wort einen nüchternen, pedantischen, beschränkten Menschen, den man heute als Spießer bezeichnen würde.

[...] Wenn der Philister morgens aus seinem traumlosen Schlafe, wie ein ertrunkener Leichnam, aus dem Wasser heraufaucht, so probiert er sachte mit seinen Gliedmaßen herum, ob sie auch noch alle zugegen, hierauf bleibt er ruhig liegen, und dem anpochenden Bringer des Wochenblatts ruft er zu, er solle es in der Küche abgeben, denn er liege jetzt im ersten Schweiß und könne, ohne ein Wagehals zu sein, nicht aufstehn; sodann denkt er daran, der Welt nützlich zu sein, und weil er fest überzeugt ist, dass der nüchterne Speichel etwas sehr Heilkräftiges sei, so bestreicht er sich die Augen damit, oder der Frau Philisterin, oder seinen kleinen Philistern, oder seinem wachsamen Hund, oder niemand. Seine weiße baumwollne Schlafmütze, zu welchen diese Ungeheuer große Liebe tragen, sitzt unverrückt, denn ein Philister rührt sich nicht im Schlaf. Wenn er aufgestanden, so wechselt er das Hemd, wenn er es tut, so, dass er das erste ganz auszieht, ehe er das andere anzieht, und ist imstand, seine Flanelljacke gelinde mit seinem linken wollnen Strumpfe zu reiben, damit sie keinen Rheumatismus bekomme, auf die Haut selbst kommt er sich nie; sodann geht es an ein gewaltiges Zungenschaben und Ohrenbohren, an ein Räuspern und Spucken, entsetzliches Gurgeln und irgendeine absonderliche Art, sich zu waschen, nach einer fixen Idee, kalt oder warm sei gesund; sodann kaut er einige Wacholderbeeren, während er an das gelbe Fieber denkt; oder er hält seinen Kindern eine Abhandlung vom Gebet und sagt, wenn er sie zur Schule geschickt, zu seiner Frau: Man muss den äußern Schein beobachten, das erhält einem den Kredit, sie werden früh genug den Aberglauben einsehen. Sodann raucht er Tabak, wozu er die höchste Leidenschaft hat, oder welches er übertrieben affektiert hasst; im Ganzen ist der Rauchtabak den Philistern unendlich lieb, sie sagen sehr gern, er halte ihnen den Leib gelinde offen, und sie könnten bei dem Zug der Rauchwolken Betrachtungen über die Vergänglichkeit anstellen, so hängt die Pfeife eng mit ihrer Philosophie zusammen; auch besitzt er gewiss irgendein Tabaksgedicht oder hat selbst eins gemacht. Übrigens wenngleich mancher Tabak raucht, ohne darum ein Philister zu sein, so kann man es doch nur in einer Zeit gelernt haben, in der man ideenlos, verkehrt und ein Philister gewesen, und die lebendigsten, tüchtigsten, reinsten und seelenvollsten Menschen, die ich gekannt, waren nie auf den Tabak gekommen. Zweifelsohne zieht der Philister nun auch alle Uhren des Hauses auf und schreibt den Datum mit Kreide über die Türe; trinkt er Kaffee, so spricht er von den Engländern, nennt den Kaffee auch wohl die schwarze afrikanische Brühe; sehr kränkend würde es ihm sein, wenn die Frau ihm nicht ein halbdutzendmal sagte: Trinke doch, er ist so schöne warm, trinke doch, eh' er kalt wird; wenn er ihm aber nicht warm gebracht wurde, wehe dann der armen Frau! Seine Kaffeekanne ist von Bunzlauer Steingut, und ist er ein langsamer Trinker, so hat sie ein ordentliches Kaffeemäntelchen um, wie ein andrer Philister auch, denen diese braunen Kannen überhaupt sehr ähnlich sehen. [...]

Sie glauben, mit der Welt sei es eigentlich aus, weil es mit ihnen nie angegangen. Sie halten sich für etwas Apartes und können die Augenbrauen bis unter die Haare ziehen. Sie belächeln alles von oben herab, halten allen Scherz für Dummheit, bedauren, dass wir keine römischen Klassiker sind, und gratulieren sich einander, in einer Zeit geboren zu sein, worin so vortreffliche Leute wie sie leben, und zwar ganze Tabakskollegia voll, wo die Aufklärung als ein ewig glimmender Zündstrick ihnen die Köpfe (Pfeifenköpfe) entzündet, welches Feuer sie als Opferrauch sich selbst wieder darbringen; am andern Morgen stinken diese Tempel so ziemlich, und der Herr vom Hause, sagt Goethe, weiß immer, wo es stinkt. [...]

Sie behaupten, man müsse die Festungen übergeben, um die Häuser zu schonen, und lassen gern ewige alte Eichen umhauen, um irgendeinen Pflaumenbaum anzupflanzen. Sie glauben, die Deutschen seien kein herrliches Volk, sie müssten von den Franzosen gebildet werden, doch schwätzen sie immer von Deutschheit, Redlichkeit, und wenn es nur erst zur Reife käme. Sie würden gar nichts gegen die Franzosen haben, wenn ihnen nur die Einquartierung nicht so viel kostete; die Engländer nennen sie Englishmen und lieben sie allein wegen der Pfund Sterling, wobei sie fragen, was schwerer sei, ein Pfund Federn oder ein Pfund Gold? […]

Wenn sie sich schnäuzen, trompeten sie ungemein mit der Nase. Alle Begeisterten nennen sie verrückte Schwärmer, alle Märtyrer Narren, und können nicht begreifen, warum der Herr für unsre Sünden gestorben und nicht lieber zu Apolda eine kleine nützliche Mützenfabrik angelegt. Nie hat sie der Regen ohne Regenschirm getroffen. Sagen sie: Guten Abend, Guten Morgen, Guten Tag! Wie geht's, was macht die Frau Liebste? so denken diese Elenden nichts dabei, es fällt ihnen vom Maul, und nach Tisch wünschen sie einem, wohl gespeist zu haben, wenn man gleich gehungert hat. Sie haben alle ihre Leiber in ihrer feierlichsten Stunde der Anatomie, ihre Köpfe dem Doktor Gall[1] zur Erweiterung der Wissenschaft verschrieben und sind ungemein stolz darauf und haben sich an diesem Tage in Cottbusser Bier übernommen. […]

(v 1811)

Brentanos Illustration zu seinem „Philister vor, in und nach der Geschichte", von ihm selber mit einer geistreichen Erklärung versehen, ist ein integrierender Bestandteil der Satire. Nachtmütze, Tabakspfeife und Stiefel gehören zu den stehenden Attributen des Philisters in der Romantik. Die erheiternde Ähnlichkeit der jungen Philister unter Nr. 6 mit dem Deutschen Michel der Witzblätter und mit dem deutschen Gartenzwerg ist natürlich nicht zufällig.

3. Lebensformen: Geselligkeit und Müßiggang

Text 1 **Friedrich Schleiermacher (1768–1834): Versuch einer Theorie des geselligen Betragens** [Auszug]

Freie, durch keinen äußeren Zweck gebundene und bestimmte Geselligkeit wird von allen gebildeten Menschen als eins ihrer ersten und edelsten Bedürfnisse laut gefordert. Wer nur zwischen den Sorgen des häuslichen und den Geschäften des bürgerlichen Lebens hin und her geworfen wird, nähert sich, je treuer er diesen Weg wiederholt, nur um desto langsamer dem höheren Ziele des menschlichen Daseins. Der Beruf bannt die Tätigkeit des Geistes in einen engen Kreis: wie edel und achtungswert er auch sei, immer hält er Wirkung auf die Welt und Beschauung der Welt auf einem Standpunkt fest, und so bringt der Höchste und Verwickelste wie der Einfachste und Niedrigste, Einseitigkeit und Beschränkung hervor. Das häusliche Leben setzt uns nur mit Wenigen, und immer mit denselben in Berührung: auch die höchsten Forderungen der Sittlichkeit in diesem Kreise werden einem aufmerksamen Gemüt bald geläufig, und seine Ausbeute an mannigfaltigen Anschauungen der Menschheit und ihres Tuns wird mit jedem Tage um so geringer, je rechtlicher alles hergeht, und je mehr die sittliche Ökonomie vervollkommnet ist. Es muss also einen Zustand geben, der diese beiden ergänzt, der die Sphäre eines Individui in die Lage bringt, dass sie von den Sphären Anderer so mannigfaltig als möglich durchschnitten werde, und jeder seiner eigenen Grenzpunkte ihm die Aussicht in eine andere und fremde Welt gewähre, so dass alle Erscheinungen der Menschheit ihm nach

[1] Doktor Gall: Franz Joseph Gall (1758–1828); nach seiner Schädellehre sollen die geistigen Eigenschaften aus der Form des Kopfes zu erkennen sein.

Arbeitsanregungen:

1. Was macht einen Menschen zum Philister im Sinne Brentanos?
2. Schreiben Sie eine Spießersatire. (Zur Satire vgl. Einführung, S. 61.)

Gruppenbildungen in der Romantik:
In der Empfindsamkeit des 18. Jahrhunderts suchte man neue, freiere Lebensformen in einem ausgeprägten Freundschaftskult. Gruppenbildungen bestimmten auch die Romantik, jedoch ohne den formellen Rahmen der Empfindsamkeit (die Dichter des Göttinger Hains führten ein Bundesjournal, von den Zusammenkünften wurden Protokolle angefertigt). Sie gründeten auf Freundschaften, zur persönlichen Zuneigung kam die Übereinstimmung im Denken. Gemeinsame Ziele versuchte man durch Zusammenarbeit bei Projekten zu verwirklichen, etwa bei der Volksliedersammlung „Des Knaben Wunderhorn" (Achim von Arnim und Clemens Brentano waren die Herausgeber), den Märchensammlungen der Brüder Grimm, der Herausgabe von Zeitschriften („Athenäum"). Oft dauerten diese Freundschaften nur kurze Zeit; häufig führten die schwierigen materiellen Verhältnisse dazu, dass man sich trennen musste. Mit dem Wechsel der Aufenthaltsorte wechselten die Zentren. Für die *Frühromantik* waren das innerhalb von drei Jahren die Städte Berlin, Leipzig, Dresden und Jena.
1799 wurde ein Haus am Löbdergraben in Jena, das August Wilhelm Schlegel mit seiner Frau Caroline bewohnte, zu einem Zentrum der freilich erst später so genannten Frühromantik (oder *Jenaer Romantik*). Die beiden hatten den Ehrgeiz, aus dem Haus den Mittelpunkt des gesellschaftlich-literarischen Lebens zu machen. Zu Goethe im nahen Weimar bestanden freundschaftliche Beziehungen. Über Schiller ist eine sarkastische Äußerung überliefert: „Über ein Gedicht von Schiller, das Lied von der Glocke, sind wir gestern fast von den Stühlen gefallen vor Lachen." Der Spott galt der von Schiller dargestellten bürgerlich-biederen Lebensweise und seiner Vorstellung von der Aufteilung der Geschlechterrollen („der Mann muss hinaus ins feindliche Leben", „und drinnen waltet die züchtige Hausfrau"). Die Privatheit des Freundeskreises wurde keineswegs als Rückzug empfunden, sondern im Gegenteil als Modell einer gesellschaftlichen Utopie; die Revolution sollte auch das eigene Leben erfassen. – Es trafen sich dort Dichter (Tieck, Fr. Schlegel, Novalis, kurze Zeit auch Brentano) und Philosophen (Schelling), Naturwissenschaftler, Ärzte, Maler, Bildhauer, Kritiker. Man wollte gemeinsam leben, denken und schöpferisch tätig sein und brachte das in Wortneubildungen wie „Symexistieren", „Symphilosophie", „Sympoesie", aber auch „Symfaulenzen" zum Ausdruck (sym- = gemeinsam). Das Zusammenleben dauerte jedoch nur wenige Monate des Jahres 1799; unterschiedliche Auffassungen, Eifersucht

und Geldsorgen brachten die Gruppe auseinander.
„Geselligkeit ist das wahre Element für alle Bildung, die den ganzen Menschen zum Ziel hat". Dieser Satz könnte der Wahlspruch dieser Gruppe gewesen sein, in der Frauen eine wesentliche Rolle spielten.

Friedrich Schleiermacher, protestantischer Theologe, Prediger und seit 1810 Professor an der Berliner Universität; Platon-Übersetzer.

und nach bekannt, und auch die fremdesten Gemüter und Verhältnisse ihm befreundet und gleichsam nachbarlich werden können. Diese Aufgabe wird durch den freien Umgang vernünftiger sich untereinander bildender Menschen gelöst. Hier ist es nicht um einen einzelnen untergeordneten Zweck zu tun; die Tätigkeit höherer Kräfte wird nicht aufgehalten durch die Aufmerksamkeit, die überall, wo auf die Außenwelt gewirkt werden soll, dem Geschäft der niederen gewidmet werden muss; hier ist der Mensch ganz in der intellektuellen Welt, und kann als ein Mitglied derselben handeln; dem freien Spiel seiner Kräfte überlassen, kann er sie harmonisch weiter bilden, und von keinem Gesetz beherrscht, als welches er sich selbst auflegt, hängt es nur von ihm ab, alle Beschränkungen der häuslichen und bürgerlichen Verhältnisse auf eine Zeit lang, soweit er will, zu verbannen. Dies ist der sittliche Zweck der freien Geselligkeit, nur freilich ist sie in ihrem gegenwärtigen Zustande von diesem Ziele noch ebenso weit entfernt, als die Häuslichkeit und der bürgerliche Verein von dem ihrigen. [...]

(e 1799)

Text 2 **Friedrich Schlegel (1772–1829): Lucinde** [Auszug]

Friedrich Schlegel, geb. 1772 in Hannover, Bruder von A.W. Schlegel; gest. 1829 in Dresden. 1790 Jura-Studium in Göttingen, von 1791 bis 1794 Studium der klassischen Philologie und der Philosophie in Leipzig, anschließend freier Schriftsteller in Dresden, 1797 in Berlin; von 1799 bis 1801 lebte er in Jena; 1804 Heirat mit Dorothea Veit, 1808 Konversion zum Katholizismus; Hofkanzleisekretär im Dienste Metternichs in Wien, später Legationsrat beim Bundestag in Frankfurt. Werke: Georg Forsters Schriften (1797), Fragmente (1798), Lucinde (1799), Gespräch über die Poesie (1800).

[...] Was soll also das unbedingte Streben und Fortschreiten ohne Stillstand und Mittelpunkt? Kann dieser Sturm und Drang der unendlichen Pflanze der Menschheit, die im Stillen von selbst wächst und sich bildet, nährenden Saft oder schöne Gestaltung geben? Nichts ist es, dieses leere unruhige Treiben, als eine nordische Unart und wirkt auch nichts als Langeweile, fremde und eigne. Und womit beginnt und endigt es als mit der Antipathie gegen die Welt, die jetzt so gemein ist? Der unerfahrne Eigendünkel ahndet gar nicht, dass dies nur Mangel an Sinn und Verstand sei, und hält es für hohen Unmut über die allgemeine Hässlichkeit der Welt und des Lebens, von denen er doch noch nicht einmal das leiseste Vorgefühl hat. Er kann es nicht haben, denn der Fleiß und der Nutzen sind die Todesengel mit dem feurigen Schwert, welche dem Menschen die Rückkehr ins Paradies verwehren. Nur mit Gelassenheit und Sanftmut, in der heiligen Stille der echten Passivität kann man sich an sein ganzes Ich erinnern und die Welt und das Leben anschauen. Wie geschieht alles Denken und Dichten, als dass man sich der Einwirkung irgendeines Genius ganz überlässt und hingibt? Und doch ist das Sprechen und Bilden nur Nebensache in allen Künsten und Wissenschaften, das Wesentliche ist das Denken und Dichten, und das ist nur durch Passivität möglich. Freilich ist es eine absichtliche, willkürliche, einseitige, aber doch Passivität. Je schöner das Klima ist, je passiver ist man. Nur Italiäner wissen zu gehen, und nur die im Orient verstehen zu liegen; wo hat sich aber der Geist zarter und süßer gebildet als in Indien? Und unter allen Himmelsstrichen ist es das Recht des Müßiggangs, was Vornehme und Gemeine unterscheidet, und das eigentliche Prinzip des Adels.

Endlich, wo ist mehr Genuss und mehr Dauer, Kraft und Geist des Genusses: bei den Frauen, deren Verhältnis wir Passivität nennen, oder etwa bei den Männern, bei denen der Übergang von übereilender Wut zur Langenweile schneller ist als der Übergang vom Guten zum Bösen?

In der Tat, man sollte das Studium des Müßiggangs nicht so sträflich vernachlässigen, sondern es zur Kunst und Wissenschaft, ja zur Religion bilden! Um alles in eins zu fassen: Je göttlicher ein Mensch oder ein Werk des Menschen ist, je ähnlicher werden sie der Pflanze; diese ist unter allen Formen der Natur die sittlichste und die schönste. Und also wäre ja das höchste vollendetste Leben nichts als ein *reines Vegetieren.* [...]

(v 1799)

Arbeitsanregungen:

1 Vergleichen Sie Ihre Motive für die Suche nach Geselligkeit mit Schleiermachers Auffassung.

2 Müßiggang ist aller Laster Anfang – heißt es im Sprichwort. Ergreifen Sie Partei für (bzw. gegen) Schlegels Plädoyer für den Müßiggang.

3 Verfassen Sie eine Begriffserläuterung: Arbeit-Muße-Freizeit.

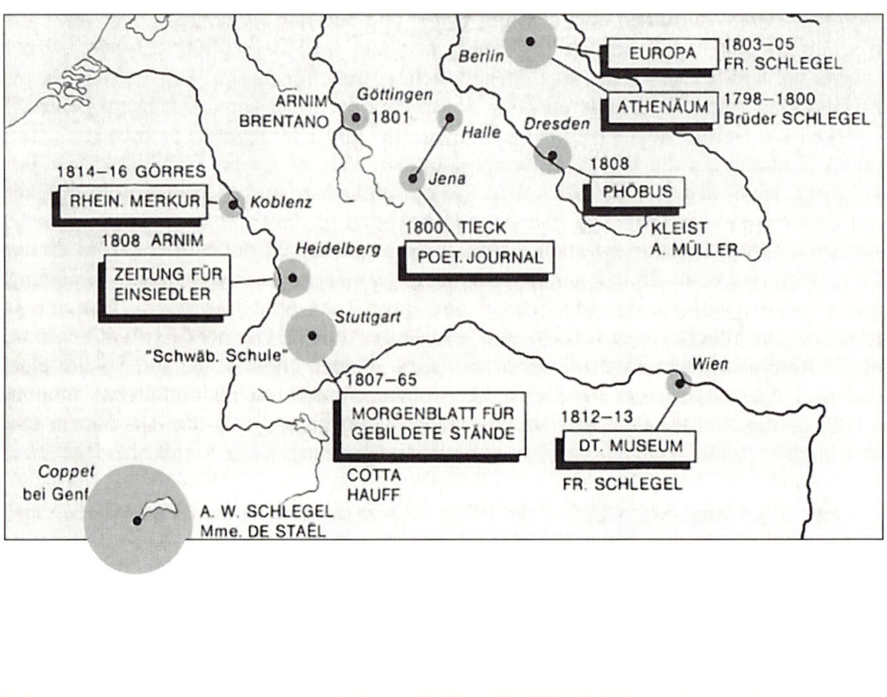

Zentren der Romantik

4. Suche nach Selbstverwirklichung: Frauen der Romantik

Nur unter erschwerten Bedingungen konnten Schriftstellerinnen in der Romantik schreiben und ihre Werke veröffentlichen.

Karoline von Günderode (1780 in Karlsruhe geb., gestorben 1806 in Winkel am Rhein) lebte nach dem frühen Tod des Vaters in Hanau, bis sie 1797 in ein adeliges evangelisches Frankfurter Damenstift eintrat, in jener Zeit eine standesgemäße Versorgungsanstalt für unvermögende, unverheiratete Töchter aus guter Familie. Sie führte dort ein zwar nicht klösterliches, aber doch sehr eingeschränktes Leben ohne große Zukunftsaussichten. Wegen einer unglücklichen Liebe zu dem Heidelberger Mythenforscher Friedrich Creuzer nahm sie sich das Leben. Sie hat nur weniges – unter dem männlichen Pseudonym Tian – veröffentlicht. Vor allem ihre wenigen erhaltenen Briefe, Bettina von Arnims Briefroman „Die Günderode" sowie Christa Wolfs Erzählung „Kein Ort. Nirgends" (1979) vermitteln ein anschauliches und eindrucksvolles Bild dieser Frau.

Text 1 **Karoline von Günderode (1780–1806): Brief an Gunda Brentano** [Auszug]

[...] Es ist ein hässlicher Fehler von mir, dass ich so leicht in einen Zustand des Nichtempfindens verfallen kann, und ich freue mich über jede Sache, die mich aus demselben reißt. Gestern las ich Ossians Darthula, und es wirkte so angenehm auf mich; der alte Wunsch, einen Heldentod zu sterben, ergriff mich mit großer Heftigkeit; unleidlich war es mir noch zu leben, unleidlicher ruhig und gemein zu sterben. Schon oft hatte ich den unweiblichen Wunsch mich in ein wildes Schlachtgetümmel zu werfen, zu sterben. Warum ward ich kein Mann! ich habe keinen Sinn für weibliche Tugenden, für Weiberglückseligkeit. Nur das Wilde Große, Glänzende gefällt mir. Es ist ein unseliges aber unverbesserliches Missverhältnis in meiner Seele; und es wird und muss so bleiben, denn ich bin ein Weib, und habe Begierden wie ein Mann, ohne Männerkraft. Darum bin ich so wechselnd, so uneins mit mir. [...]

(29.8.1801)

Text 2 **Karoline von Günderode: Brief an Gunda Brentano** [Auszug]

Ich weiß nicht Gunda ob ich dir etwas von mir sagen soll, da ich fast gewiss annehmen kann, dass du keinen Anteil an dem nehmen kannst, was ich dir von mir sagen möchte. Die Einseitigkeit unseres Briefwechsels erregt mir auch unangenehme Empfindungen. Ich schlage Töne an und höre nur immer dieselben monotone Klänge, bis zur Ungeduld bringt es mich fast dass nicht neue Töne mit den schon verhallten abwechseln. – Beinahe wirst du mir zu fremd um dich in die eigentlichsten Teile meiner innern Welt einzuführen; dennoch bist du ein Gast den man nicht draußen vor der Tür möchte stehen lassen. Eine große Verlegenheit. Ich dächte man führe dich in eine nicht ganze ferne Loge und lasse so die Schauspieler (Gedanken, Fantasien, Gefühle) vor dir spielen aber hinter die Kulissen lasse man dich nicht kommen, überhaupt das innerste Getriebe nicht sehen. – Aber ich kann das nicht Gunda, wenigstens hält es mir zu schwer, ich muss entweder das Schauspielhaus ganz verschließen, oder auch das Innerste entschleiern. [...]

(20.10.1801)

Text 3 **Karoline von Günderode: Brief an Friedrich Carl von Savigny**

Dass ich traurig bin, kannst du dir wohl leicht erklären. So viel Lebenskraft und Mut zu haben und keine Mittel, ihn anzuwenden! Wie mag es einem großen Krieger zu Mut sein, dem das Herz glühet zu großen Unternehmungen und Taten, und der in der Gefangenschaft ist, mit Ketten beladen, an keine Rettung denken darf. Mir überwältigt diese immer währende rastlose Begier nach Wirken oft die Seele und bin doch nur ein einfältig Mädchen, deren Bestimmung ganz anders ist. Wenn ich so denke, dass gestern ein Tag war, wie heute einer ist und morgen einer sein wird und wie schon viele waren und noch viele sein werden, so wird es mir oft ganz dunkel vor den Sinnen und ich kann mir selbst kaum denken, wie unglücklich mich das machen wird, nie in ein Verhältnis zu kommen, worinnen ich meiner Kraft gemäß wirken kann.

(Okt. 1804)

Bettina von Arnim, geb. 1785 in Frankfurt, Schwester von Clemens Brentano; gest. 1859 in Wiepersdorf bei Berlin, Erziehung im Kloster, danach durch die Großmutter, die Schriftstellerin Sophie von La Roche; 1804 Beginn der Freundschaft mit Karoline von Günderode, 1807 erste Begegnung mit Goethe; 1811 Heirat mit Achim von Arnim, dessen Werke sie 1831, nach seinem Tod, herausgab.
Werke: Goethes Briefwechsel mit einem Kinde (1835), Die Günderode (1840), Dies Buch gehört dem König (1843).

Text 4 **Bettina von Arnim (1785–1859): Brief an Goethes Mutter** [Auszug]

[...] Wir lasen zusammen den *Werther* und sprachen viel über den Selbstmord; sie sagte: „Recht viel lernen, recht viel fassen mit dem Geist, und dann früh sterben; ich mag's nicht erleben, dass mich die Jugend verlässt." Wir lasen vom Jupiter Olymp des Phidias, dass die Griechen von dem sagten, der Sterbliche sei um das Herrlichste betrogen, der die Erde verlasse, ohne ihn gesehen zu haben. Die Günderode sagte, wir müssen ihn sehen, wir wollen nicht zu den Unseligen gehören, die so die Erde verlassen. Wir machten ein Reiseprojekt, wir erdachten unsre Wege und Abenteuer, wir schrieben alles auf, wir malten alles aus, unsre Einbildung war so geschäftig, dass wir's in der Wirklichkeit nicht besser hätten erleben können; oft lasen wir in dem erfundenen Reisejournal und freuten uns der allerliebsten Abenteuer, die wir drin erlebt hatten, und die

Erfindung wurde gleichsam zur Erinnerung, deren Beziehungen sich noch in der Gegenwart fortsetzten. Von dem, was sich in der Wirklichkeit ereignete, machten wir uns keine Mitteilungen; das Reich, in dem wir zusammentrafen, senkte sich herab wie eine Wolke, die sich öffnete, um uns in ein verborgenes Paradies aufzunehmen; da war alles neu, überraschend, aber passend für Geist und Herz; und so vergingen die Tage. [...]

Text 5 **Karoline von Günderode (1780–1806): Brief an Clemens Brentano** [Auszug]

[...] Auch die wahrsten Briefe sind meiner Ansicht nach nur Leichen, sie bezeichnen ein ihnen einwohnend gewesenes Leben und ob sie gleich dem Lebendigen ähnlich sehen, so ist doch der Moment ihres Lebens schon dahin: deswegen kömt es mir aber vor (wenn ich lese, was ich vor einiger Zeit geschrieben habe) als sähe ich mich im Sarg liegen und meine beiden Ichs starren sich ganz verwundert an. [...]

(1803?)

Text 6 **Christa Wolf (*1929): Der Schatten eines Traums** [Auszug]

[...] „Denn, abgeschlossen sind wir durch enge Verhältnisse von der Natur, durch engere Begriffe vom wahren Lebensgenuß, durch unsere Staatsformen von aller Tätigkeit im Großen. So fest umschlossen ringsum, bleibt uns nur übrig, den Blick hinaufzurichten zum Himmel oder brütend in uns selbst zu wenden. Sind nicht beinah alle Arten der neueren Poesie durch diese unsere Stellung bestimmt? Liniengestalten entweder, die körperlos hinaufstreben, im unendlichen Raum zu zerfließen, oder bleiche, lichtscheue Erdgeister, die wir grübelnd aus der Tiefe unseres Wesens heraufbeschwören, aber nirgends kräftige, markige Gestalten. Der Höhe dürfen wir uns rühmen und der Tiefe, aber behagliche Ausdehnung fehlt uns durchaus." [...]

Frauen, die es fertigbringen, ihre eigne Lage zu reflektieren – ein Vorrecht, das wie jedes Privileg seinen Preis hat, der heißt: Aufgabe von Geborgenheit, von Sicherheit, Verzicht auf das frühere Selbstverständnis der abhängigen Frau, ohne die Gewißheit, eine neue Identität zu gewinnen. Ursprünglichkeit, Natürlichkeit, Wahrhaftigkeit, Intimität gehören zu ihrem universalen Glücksanspruch; sie lehnen ab, was die Hierarchie verlangt: Kälte, Steifheit, Absonderung und Etikette. Beinahe voraussetzungslos, auf Ideen nur, nicht auf soziale, ökonomische, politische Gegebenheiten gestützt, sind sie dazu verurteilt, Außenseiter zu werden, nicht Revolutionäre, wie die Romantiker in andern europäischen Ländern, die von ihren „romantischen" Dichtern einen andern, politischen Gebrauch zu machen wissen. Hierorts werden sie in die Isolation getrieben, in Verwirrung, in Selbstzweifel, die sie durch Grimassieren, durch exaltierte Gesten abzuwehren suchen: Was man ihnen dann, zu ihrer Belastung, vorhalten wird. Wir sehn sie gewagte Kunststücke ausführen, halsbrecherische Kletterein, extravagante Experimente mit sich selbst anstellen: Der Boden brennt ihnen unter den Fußsohlen; der Philister hat seinen Fuß darauf gestellt, er besetzt ihn, Stück um Stück, er bestimmt von nun an, was als vernünftig zu gelten habe, und er beginnt diese hier mit seinem Unverständnis, seinem Hohn, seinem Haß, seinem Neid und seinen Verleumdungen zu verfolgen. [...]

Daß sie einander stützen und bestätigen, ist gewiß, und wenn man will, kann man die Freundschaftskreise der Zeit als die ersten „Organisationen" sehn, in denen Frauen als gleichberechtigte Glieder wirken – bis sie wenige Jahre später in den größeren Städten, besonders in Berlin, selbst zu Gründerinnen und Mittelpunkten solcher Zirkel werden: der Salons. Der Ton, die Inständigkeit ihrer gegenseitigen Bekenntnisse, die Richtung ihrer Interessen, die Themenkreise, über die sie ihre Ansichten austauschen, die Denk- und Lebensformen, auf die sie aus sind, können als ein vielleicht unbewußter Versuch gelten, weibliche Elemente in eine patriarchalisch strukturierte Kultur einzubringen. Diese jungen Frauen, die ersten weiblichen Intellektuellen, erleben die Anfänge des Industriezeitalters, der Arbeitsteilung und der Vergottung der Ratio als eine Vergewaltigung ihrer Natur. „Nützlichkeit ist ein Bleigewicht an dem Adlerfluge der Phantasie", schreibt Lisette Nees der Karoline. „Natur!" wird zu ihrem gemeinsamen Sehnsuchtsruf, wie er das unter Rousseaus Einfluß auch den Stürmern und Drängern war. Doch die Naivität des ersten Ansturms ist dahin, die Politur der feudalen Klasse, die französelnde Etikette an den deutschen Höfen und Höfchen, gegen die jene sich auflehnten, ist noch kaum beseitigt, da sehen sich die Nachfolger mit den neuen „Verkehrtheiten" der bürgerlichen Gesellschaft konfrontiert, mit andern Vorwänden, die Wahrheit des Empfindens zu diffamieren, die Wahrheit des Gedankens zu unterdrücken. „Haben nicht die geistschmiedenden Zyklopen mit dem einen erhabenen Aug auf der Stirne die Welt angeschielt, statt daß sie mit beiden Augen sie gesund würden angeschaut haben?" Die Welt ist krank, und sie merkt es nicht. Frauen, in diesen wenigen Jahren, einer Lücke zwischen zwei

Arbeitsanregungen:

1 Was bedeutet das Frau-Sein für die Identitätsfindung Karoline von Günderodes?

2 Welche Möglichkeiten zur Teilnahme am gesellschaftlichen, politischen und kulturellen Leben bestehen für Frauen in der Romantik?

3 Überlegen Sie, welche Bedeutung das Schreiben für die Frauen der Romantik haben kann. Warum spielt der Brief eine besonders herausragende Rolle?

4 Seit einigen Jahren wird der Begriff Frauen-Literatur verwendet.
a Informieren Sie sich über diese Literatur (Lexikon, Bibliothek, Buchhandlung) und berichten Sie über Ihre Ergebnisse.
b Diskutieren Sie über Sinn und Berechtigung des Begriffs.

Zeitaltern, plötzlich aus alten Schablonen herausgefallen – auch aus den Schablonen, ihr Geschlecht betreffend –, schließen eine Art Bündnis, sie gesund zu machen. Die Zeichen, die sie geben, können erst jetzt wieder bemerkt, aufgenommen und gedeutet werden. [...]

(v 1979)

(Aus lizenzrechtlichen Gründen ist dieser Text nicht in reformierter Rechtschreibung abgedruckt.)

III. Fantasie und Wirklichkeit

Dass die ‚Welt im Kopf' nicht mit der wirklichen, tatsächlichen übereinstimmt, erfährt Don Quijote (der Held in Cervantes' (1547–1616) gleichnamigem Roman aus dem Jahre 1605) schmerzhaft am eigenen Leib, als er gegen Windmühlen kämpft, die er für Ritter hält. Seine durch Ritterromane besetzte Fantasie hindert ihn an der richtigen Wirklichkeitserkenntnis. Bereits das 18. Jahrhundert hatte sich gründlich mit der Fantasie (man nannte sie Einbildungskraft) beschäftigt; die Romantik knüpfte also auch in diesem Bereich an die Aufklärung an.

1. Ungenügen an der Normalität

Text 1 Ernst Theodor Amadeus Hoffmann (1776–1822): Der goldene Topf [Auszug]

„Der goldene Topf. Ein Märchen aus der neuen Zeit" erschien 1814. Hoffmann war zu jener Zeit Kapellmeister in Dresden und Leipzig, beide Städte waren Schauplätze des Krieges gegen Napoleon, der 1813 in Dresden einrückte. In einem Brief schrieb Hoffmann am 1.12.1813 über seine Situation: „Hier habe ich nun alles erlebt, was man in der nächsten Nähe des Krieges erleben kann – ich habe Scharmützel – eine bedeutende Schlacht (am 26. Aug.) deutlich angesehen, habe das Schlachtfeld besucht, kurz, meine Erfahrungen sind in dieser Art nur zu sehr bereichert worden – Hungersnot und eine Art Pest (die zum Teil noch herrscht und nur noch vorige Woche 280 Personen bürgerlichen Standes weggerafft hat) musste ich auch ausstehen, aber unerachtet aller in der Tat entsetzlichen Ereignisse [...] habe ich nie den Mut verloren, ja als die Kanonen rings um Dresden donnerten, so dass die Erde bebte und die Fenster zitterten, ist mir ein besonderes vorahnendes Gefühl gekommen, dass der so lange ersehnte Augenblick der wieder erlangten Freiheit nicht mehr fern sein könne."

Erste Vigilie[1]

Die Unglücksfälle des Studenten Anselmus. – Des Konrektors Paulmann Sanitätsknaster[2] und die goldgrünen Schlangen.

Am Himmelfahrtstage, nachmittags um drei Uhr, rannte ein junger Mensch in Dresden durchs Schwarze Tor und geradezu in einen Korb mit Äpfeln und Kuchen hinein, die ein altes hässliches Weib feilbot, so dass alles, was der Quetschung glücklich entgangen, hinausgeschleudert wurde und die Straßenjungen sich lustig in die Beute teilten, die ihnen der hastige Herr zugeworfen. Auf das Zetergeschrei, das die Alte erhob, verließen die Gevatterinnen ihre Kuchen- und Branntweintische, umringten den jungen Menschen und schimpften mit pöbelhaftem Ungestüm auf ihn hinein, so dass er, vor Ärger und Scham verstummend, nur seinen kleinen, nicht eben besonders gefüllten Geldbeutel hinhielt, den die Alte begierig ergriff und schnell einsteckte. Nun öffnete sich der fest geschlossene Kreis, aber indem der junge Mensch hinausschoss, rief ihm die Alte nach: „Ja, renne – renne nur zu, Satanskind – ins Kristall bald dein Fall – ins Kristall!" – Die gellende, krächzende Stimme des Weibes hatte etwas Entsetzliches, so dass die Spaziergänger verwundert still standen, und das Lachen, das sich erst verbreitet, mit einem Mal verstummte. – Der Student Anselmus (niemand anders war der junge Mensch) fühlte sich, unerachtet er des Weibes sonderbare Worte durchaus nicht verstand, von einem unwillkürlichen Grausen ergriffen, und er beflügelte noch mehr seine Schritte, um sich den auf ihn gerichteten Blicken der neugierigen Menge zu entziehen. Wie er sich nun durch das Gewühl geputzter Menschen durcharbeitete, hörte er überall murmeln: „Der arme junge Mann – Ei! – über das verdammte Weib!" – Auf ganz sonderbare Weise hatten die geheimnisvollen Worte der Alten dem lächerlichen Abenteuer eine gewisse tragische Wendung gegeben, so dass man dem vorhin ganz Unbemerkten jetzt teilnehmend nachsah. Die Frauenzimmer verziehen dem wohlgebildeten Gesichte, dessen Ausdruck die Glut des innern Grimms noch erhöhte, sowie dem kräftigen Wuchse des Jünglings

Ernst Theodor Amadeus Hoffmann, geb. 1776 in Königsberg, nach der Trennung der Eltern bei der Großmutter aufgewachsen; gest. 1822 in Berlin; 1792 Jura-Studium in Königsberg, 1796 Referendar in Glogau, 1798 in Berlin; Verlobung mit seiner Cousine Minna Doerffer; 1800 Assessor in Posen, 1802 Regierungsrat in Plock, wo er die Polin Michaelina Rorer-Trzcinska heiratete; neben der beruflichen Tätigkeit komponierte Hoffmann; 1803 in Warschau, 1806 Entlassung aus dem Staatsdienst; 1808 Musikdirektor in Bamberg, 1809 erschien „Ritter Gluck", seine erste schriftstellerische Arbeit; 1813 in Dresden und Leipzig, seit 1814 wieder im preußischen Staatsdienst, ab 1816 am Kammergericht in Berlin; seit 1819 Mitglied der Immediat-Untersuchungs-Kommission zur Untersuchung „demagogischer Umtriebe" (nach den Karlsbader Beschlüssen). – Werke: Pantasiestücke in Callots Manier (1814/15), Nachtstücke (1816/17), Serapionsbrüder (1819/21), Lebensansichten des Katers Murr (1819/21).

[1] Die Vigilie: Nachtwache

[2] Knaster: niederländ., aus span. Rohrkorb, 18. Jh.: feiner Tabak in Körben verpackt; umgangssprachlich: schlechter Tabak

Volksmärchen und Kunstmärchen

Volksmärchen: „Eine kleine, einfache Erzählung meist wunderbaren Inhalts. Da dem Märchen das Wunderbare selbstverständlich ist, braucht es den Abstand von der zeiträumlichen Gegenwart seiner Erzähler und Zuhörer. Es spielt im ungefähren Einst, im vagen Weitweg. Es datiert losgelöst von geschichtlich Bestehendem und Gewesenem […]. Die Märchen folgen einem bestimmten Handlungsschema, das lediglich jeweils mit unterschiedlichen Motiven konkretisiert und bisweilen durch Vervielfältigung seiner Grundelemente erweitert wird. Knapp gefasst: jemand löst Aufgaben, die ihm gestellt sind und erhält dafür einen Gewinn, der ihn ein für allemal glücklich macht. […] Solche Aufgaben sind: kostbare Gegenstände zu finden, Rätsel zu lösen, verwandelte Menschen zu erlösen. Dementsprechend wird auch mit hohem Einsatz gespielt, oft mit dem Leben. Die Aufgabe steht somit dem Preis als Hindernis im Weg. Hier kommen die übernatürlichen Mächte zum Zug, die guten, die dem Helden helfen, die bösen, die seine Anstrengungen zu hintertreiben suchen. […] Der Handlungsaufbau ist einfach, einsträngig, gradlinig. […] Die Erzählperspektive wechselt fast nie, sie bleibt von Anfang bis Ende beim Helden."
(Volker Klotz: Das europäische Kunstmärchen. Stuttgart 1983. S. 10ff.)
Die „Kinder- und Hausmärchen" der Brüder Grimm erschienen 1812/15.

Kunstmärchen: „Kunstmärchen […] sind literarische, geschichtlich und individuell geprägte Abwandlungen der außerliterarischen, geschichtlich unbestimmten, anonymen Gattung Volksmärchen durch namhafte Autoren. Diese Autoren rufen also bei ihrer Leserschaft sowohl das vertraute Muster jener markanten Erzählform ab wie auch die eher diffusen Vorstellungen, die man ihr, im Lauf der Zeit, abgewonnen hat." (V. Klotz, a.a.O. S. 2) „Das zentrale Thema vieler romantischer Kunstmärchen ist der Versuch, nichtentfremdete Weltverhältnisse – Märchen ist dafür die Chiffre – mit einer durch die Reflexion hindurch wiedererlangten Unschuld zu imaginieren und die Entzweiung der Welt als wenigstens partiell aufhebbar vorzustellen, ohne zu vergessen, dass diese Vorstellung Literatur ist." (Jens Tismar: Kunstmärchen. Stuttgart 1983. S. 36.)
Bei Hoffmann heißt es: „Sonst war es üblich, ja Regel, alles was nur Märchen hieß, ins Morgenland zu verlegen und dabei die Märchen der Scheherezade zum Muster zu nehmen. Die Sitten des Morgenlandes nur eben berührend, schuf man sich eine Welt, die haltlos in den Lüften schwebte und vor unseren Augen verschwamm. Deshalb aber gerieten jene Märchen meistens frostig, gleichgültig und vermochten nicht den innern Geist zu entzünden und die Fantasie aufzuregen. Ich meine, dass die Basis der Himmelsleiter, auf der man hinaufsteigen will in höhere Regionen, befestigt sein müsse im Leben, so dass jeder nachzusteigen vermag. Befindet er sich dann, immer höher und höher hin-

alles Ungeschick sowie den ganz aus dem Gebiete aller Mode liegenden Anzug. Sein hechtgrauer Frack war nämlich so zugeschnitten, als habe der Schneider, der ihn gearbeitet, die moderne Form nur von Hörensagen gekannt, und das schwarzatlasne wohlgeschonte Unterkleid gab dem Ganzen einen gewissen magistermäßigen Stil, dem sich nun wieder Gang und Stellung durchaus nicht fügen wollte. – Als der Student schon beinahe das Ende der Allee erreicht, die nach dem Linkischen Bade führt, wollte ihm beinahe der Atem ausgehen. Er war genötigt, langsamer zu wandeln; aber kaum wagte er den Blick in die Höhe zu richten, denn noch immer sah er die Äpfel und Kuchen um sich tanzen, und jeder freundliche Blick dieses oder jenes Mädchens war ihm nur der Reflex des schadenfrohen Gelächters am Schwarzen Tor. So war er bis an den Eingang des Linkischen Bades gekommen; eine Reihe festlich gekleideter Menschen nach der andern zog herein. Musik von Blasinstrumenten ertönte von innen, und immer lauter und lauter wurde das Gewühl der lustigen Gäste. Die Tränen wären dem armen Studenten Anselmus beinahe in die Augen getreten, denn auch *er* hatte, da der Himmelfahrtstag immer ein besonderes Familienfest für ihn gewesen, an der Glückseligkeit des Linkischen Paradieses teilnehmen, ja er hatte es bis zu einer halben Portion Kaffee mit Rum und einer Bouteille Doppelbier treiben wollen und, um so recht schlampampen zu können, mehr Geld eingesteckt, als eigentlich erlaubt und tunlich war. Und nun hatte ihn der fatale Tritt in den Äpfelkorb um alles gebracht, was er bei sich getragen. An Kaffee, an Doppelbier, an Musik, an den Anblick der geputzten Mädchen – kurz! – an alle geträumten Genüsse war nicht zu denken; er schlich langsam vorbei und schlug endlich den Weg an der Elbe ein, der gerade ganz einsam war. Unter einem Holunderbaume, der aus der Mauer hervorgesprossen, fand er ein freundliches Rasenplätzchen; da setzte er sich hin und stopfte eine Pfeife von dem Sanitätsknaster, den ihm sein Freund, der Konrektor Paulmann, geschenkt. – Dicht vor ihm plätscherten und rauschten die goldgelben Wellen des schönen Elbstroms, hinter demselben streckte das herrliche Dresden kühn und stolz seine lichten Türme empor in den duftigen Himmelsgrund, der sich hinabsenkte auf die blumigen Wiesen und frisch grünenden Wälder, und aus tiefer Dämmerung gaben die zackichten Gebirge Kunde vom fernen Böhmerlande. Aber finster vor sich hinblickend, blies der Student Anselmus die Dampfwolken in die Luft, und sein Unmut wurde endlich laut, indem er sprach: „Wahr ist es doch, ich bin zu allem möglichen Kreuz und Elend geboren! […]

Anselmus lässt seine Lebensgeschichte Revue passieren und sieht in ihr nichts als eine endlose Kette von Unglücksfällen und Misserfolgen.

Hier wurde der Student Anselmus in seinem Selbstgespräche durch ein sonderbares Rieseln und Rascheln unterbrochen, das sich dicht neben ihm im Grase erhob, bald aber in die Zweige und Blätter des Holunderbaums hinaufglitt, der sich über seinem Haupte wölbte. Bald war es, als schüttle der Abendwind die Blätter, bald, als kos'ten Vögelein in den Zweigen, die kleinen Fittiche im mutwilligen Hin- und Herflattern rührend. – Da fing es an zu flüstern und zu lispeln, und es war, als ertönten die Blüten wie aufgehangene Kristallglöckchen. Anselmus horchte und horchte. Da wurde, er wusste selbst nicht wie, das Gelispel und Geflüster und Geklingel zu leisen halb verwehten Worten:

„Zwischendurch – zwischenein – zwischen Zweigen, zwischen schwellenden Blüten, schwingen, schlängeln, schlingen wir uns – Schwesterlein – Schwesterlein, schwinge dich im Schimmer – schnell, schnell herauf – herab – Abendsonne schießt Strahlen, zischelt der Abendwind – raschelt der Tau – Blüten singen – rühren wir Zünglein, singen wir mit Blüten und Zweigen – Sterne bald glänzen – müssen herab – zwischendurch, zwischenein schlängeln, schlingen, schwingen wir uns Schwesterlein." – So ging es fort in Sinne verwirrender Rede. Der Student Anselmus dachte: „Das ist denn doch nur der Abendwind, der heute mit ordentlich verständlichen Worten flüstert." – Aber in dem Augenblick ertönte es über seinem Haupte wie ein Dreiklang heller Kristallglocken; er schaute hinauf und erblickte drei in grünem Gold erglänzende Schlänglein, die sich um die Zweige gewickelt hatten und die Köpfchen der Abendsonne entgegenstreckten. Da flüsterte und lispelte es von neuem in jenen Worten, und die Schlänglein schlüpften und kos'ten auf und nieder durch die Blätter und Zweige, und wie sie sich so schnell rührten, da war es, als streue der Holunderbusch tausend funkelnde Smaragde durch seine dunklen Blätter. „Das ist die Abendsonne, die so in dem Holunderbusch spielt", dachte der Student Anselmus, aber da ertönten die Glocken wieder, und Anselmus sah, wie eine Schlange ihr Köpfchen nach ihm herabstreckte. Durch alle Glieder fuhr es ihm wie ein elektrischer Schlag, er erbebte im Innersten – er starrte hinauf, und ein Paar herrliche dunkelblaue Augen blickten ihn an mit unaussprechlicher Sehnsucht, so dass ein nie gekanntes Gefühl der höchsten Seligkeit und des tiefsten Schmerzes seine Brust zersprengen wollte. Und wie er voll heißen Verlangens immer in die holdseligen Augen schaute, da ertönten stärker in lieblichen Akkorden die Kristallglocken, und die funkelnden Smaragde fielen auf ihn herab und umspannen ihn, in tausend Flämmchen um ihn herflackernd und spielend mit schimmernden Goldfaden. Der Holunderbusch rührte sich und sprach: „Du lagst in meinem Schatten, mein Duft umfloss dich, aber du verstandest mich nicht. Der Duft ist meine Sprache, wenn ihn die Liebe entzündet." Der Abendwind strich vorüber und sprach: „Ich umspielte deine Schläfe, aber du verstandest mich nicht, der Hauch ist meine Sprache, wenn ihn die Liebe entzündet." Die Sonnenstrahlen brachen durch das Gewölk, und der Schein brannte wie in Worten: „Ich umgoss dich mit glühendem Gold, aber du verstandest mich nicht; Glut ist meine Sprache, wenn sie die Liebe entzündet."

Und immer inniger und inniger versunken in den Blick des herrlichen Augenpaars, wurde heißer die Sehnsucht, glühender das Verlangen. Da regte und bewegte sich alles, wie zum frohen Leben erwacht. Blumen und Blüten dufteten um ihn her, und ihr Duft war wie herrlicher Gesang von tausend Flötenstimmen, und was sie gesungen, trugen im Widerhall die goldenen vorüberfliehenden Abendwolken in ferne Lande. Aber als der letzte Strahl der Sonne schnell hinter den Bergen verschwand und nun die Dämmerung ihren Flor über die Gegend warf, da rief, wie aus weiter Ferne, eine raue tiefe Stimme:

„Hei, hei, was ist das für ein Gemunkel und Geflüster da drüben? – Hei, hei, wer sucht mir doch den Strahl hinter den Bergen! – genug gesonnt, genug gesungen – Hei, hei durch Busch und Gras – durch Gras und Strom! – Hei – hei – Her u-u-u nter – Her u-u-u nter!" –

So verschwand die Stimme wie im Murmeln eines fernen Donners, aber die Kristallglocken zerbrachen im schneidenden Misston. Alles war verstummt, und Anselmus sah, wie die drei Schlangen schimmernd und blinkend durch das Gras nach dem Strome schlüpften; rischelnd und raschelnd stürzten sie sich in die Elbe, und über den Wogen, wo sie verschwunden, knisterte ein grünes Feuer empor, das in schiefer Richtung nach der Stadt zu leuchtend verdampfte.

Zweite Vigilie

Wie der Student Anselmus für betrunken und wahnwitzig gehalten wurde. – Die Fahrt über die Elbe. – Die Bravour-Arie des Kapellmeisters Graun. – Conradis Magen-Likör und das bronzierte Äpfelweib.

„Der Herr ist wohl nicht recht bei Troste!", sagte eine ehrbare Bürgersfrau, die, vom Spaziergange mit der Familie heimkehrend, still stand und mit übereinander geschlagenen Armen dem tollen Treiben des Studenten Anselm zusah. *Der* hatte nämlich den Stamm des Holunderbaumes umfasst und rief unaufhörlich in die Zweige und Blätter hinein: „O nur noch einmal blinket und leuchtet, ihr lieblichen goldnen Schlänglein, nur noch einmal lasst eure Glockenstimmchen hören! Nur noch einmal blicket mich an, ihr holdseligen blauen Augen, nur noch einmal, ich muss ja sonst vergehen in Schmerz und heißer Sehnsucht!" Und dabei seufzte und ächzte er aus der tiefsten Brust recht kläglich und schüttelte vor Verlangen und Ungeduld den Holunderbaum, der aber statt aller Antwort nur ganz dumpf und unvernehmlich mit den Blättern rauschte und so den Schmerz des Studenten Anselmus ordentlich zu verhöhnen schien. – [...]

Anselmus schämt sich und rennt weg.

Vierte Vigilie

Melancholie des Studenten Anselmus. – Der smaragdene Spiegel. – Wie der Archivarius Lindhorst als Stoßgeier davonflog und der Student Anselmus niemandem begegnete.

Wohl darf ich geradezu dich selbst, günstiger Leser, fragen, ob du in deinem Leben nicht Stunden, ja Tage und Wochen hattest, in denen dir all dein gewöhnliches Tun und Treiben ein recht quälendes Missbehagen erregte und in denen dir alles, was dir sonst recht wichtig und wert in Sinn und Gedanken zu tragen vorkam, nun läppisch und nichtswürdig erschien? Du wusstest dann selbst nicht, was du tun und wohin du dich wenden solltest; ein dunkles Gefühl, es müsse irgendwo und zu irgendeiner Zeit ein hoher, den Kreis alles irdischen Genusses überschreitender Wunsch erfüllt werden, den der Geist, wie ein streng gehaltenes furchtsames Kind, gar nicht auszusprechen wage, erhob deine Brust, und in dieser Sehnsucht nach dem unbekannten Etwas, das dich überall, wo du gingst und standest, wie ein duftiger Traum mit durchsichtigen, vor dem schärferen Blick zerfließenden Gestalten umschwebte, verstummtest du für alles, was dich hier umgab. Du schlichst mit trübem Blick umher wie ein hoffnungslos Liebender, und alles, was du die Menschen auf allerlei Weise im bunten Gewühl durcheinander treiben sahst, erregte dir keinen Schmerz und keine Freude, als gehörtest du nicht mehr dieser Welt an. Ist dir, günstiger Leser, jemals so zu Mute gewesen, so kennst du selbst aus eigner Erfahrung den Zustand, in dem sich der Student Anselmus befand. Überhaupt wünschte ich, es wäre mir schon jetzt gelungen, dir, geneigter Leser, den Studenten Anselmus recht lebhaft vor Augen zu bringen. Denn in der Tat, ich habe in den Nachtwachen, die ich dazu verwende, seine höchst sonderbare Geschichte aufzuschreiben, noch so viel Wunderliches, das wie eine spukhafte Erscheinung das alltägliche Leben ganz gewöhnlicher Menschen ins Blaue hinausrückte, zu erzählen, dass mir bange ist, du werdest am Ende weder an den Studenten Anselmus noch an den Archivarius Lindhorst glauben, ja wohl gar einige ungerechte Zweifel gegen den Konrektor Paulmann und den Registrator

aufgeklettert, in einem fantastischen Zauberreich, so wird er glauben, dies Reich gehöre auch noch in sein Leben hinein und sei eigentlich der wunderbar herrlichste Teil desselben. Es ist ihm der schöne prächtige Blumengarten vor dem Tore, in dem er zu seinem hohen Ergötzen lustwandeln kann, hat er sich nur entschlossen, die düstern Mauern der Stadt zu verlassen."
Wichtige Autoren: Charles Perrault (1628–1703); Christoph Martin Wieland (1733–1813); Johann Karl August Musäus (1735–1787); Johann Wolfgang Goethe: Das Märchen (1795); Ludwig Tieck: Der blonde Eckbert (1797); Novalis: Märchen von Hyazinth und Rosenblüte (ersch. 1802); Friedrich da la Motte-Fouqué: Undine (1811); Adalbert von Chamisso: Peter Schlemihls wundersame Geschichte (1814); Clemens Brentano: Gockel, Hinkel und Gackeleia (1811); Wilhelm Hauff (1802–1827); Hans Christian Andersen (1805–1875); Oscar Wilde (1854–1900)

Die **romantische Ironie,** wie sie von F. und A.W. Schlegel diskutiert wird, bezeichnet das „Gefühl von dem unausl. Widerspruch des Unbedingten und des Bedingten, der Unmöglichkeit und Notwendigkeit einer vollständigen Mitteilung" (F. Schlegel). In den Werken von L. Tieck, E.T.A. Hoffmann, C. Brentano u.a. wird die romantische Ironie literarisch verwirklicht. Sie ist das Mittel das Vorläufige, Bruchstückhafte der dichterischen Produktion angesichts des angestrebten Unendlichen, Ursprünglichen, Ganzen zur Darstellung zu bringen.

Arbeitsanregungen:

1 Hoffmanns Erzählung wird häufig als Wirklichkeitsmärchen bezeichnet.
a Untersuchen Sie den Zusammenhang von Märchen- und Wirklichkeitselementen im Anfangskapitel.

b Wodurch gelingt die Integration der Elemente?
c Welche Sprachmerkmale sind charakteristisch?

2 Was bezweckt/bewirkt der Erzähler mit der Leseranrede am Beginn des 4. Kapitels?

3 Zeigen Sie, welche Bedeutung die Komik in den Erzählpassagen hat.

4 Schreiben Sie eine Fortsetzung der Erzählung.

Heerbrand hegen, unerachtet wenigstens die letztgenannten achtbaren Männer noch jetzt in Dresden umherwandeln. Versuche es, geneigter Leser, in dem feenhaften Reiche voll herrlicher Wunder, die die höchste Wonne sowie das tiefste Entsetzen in gewaltigen Schlägen hervorrufen, ja, wo die ernste Göttin ihren Schleier lüftet, dass wir ihr Antlitz zu schauen wähnen – aber ein Lächeln schimmert oft aus dem ernsten Blick, und das ist der neckhafte Scherz, der in allerlei verwirrendem Zauber mit uns spielt, so wie die Mutter oft mit ihren liebsten Kindern tändelt – ja! in diesem Reiche, das uns der Geist so oft, wenigstens im Traume aufschließt, versuche es, geneigter Leser, die bekannten Gestalten, wie sie täglich, wie man zu sagen pflegt im gemeinen Leben, um dich herwandeln, wiederzuerkennen. Du wirst dann glauben, dass dir jenes herrliche Reich viel näher liege, als du sonst wohl meintest, welches ich nun eben recht herzlich wünsche und dir in der seltsamen Geschichte des Studenten Anselmus anzudeuten strebe. – […]

(e 1814)

Sigmund Freud, geb. 1856 in Freiberg/Mähren, gest. 1939 in London; 1860 Übersiedlung der Familie nach Wien; 1873 Medizinstudium, 1885 Privatdozent für Nervenkrankheiten, 1886 Eröffnung einer Privatpraxis in Wien; 1938 musste Freud nach London emigrieren. – Zur Einführung in die Psychoanalyse Freuds: Abriss der Psychoanalyse; Neue Folge der Vorlesungen zur Einführung in die Psychoanalyse.

Nach S. Freud ist der **Traum** Erfüllung vornehmlich sexueller Triebwünsche, die unterdrückt, verdrängt wurden, weil sie unerlaubt oder verpönt sind; durch die „Traumarbeit" werden sie maskiert und verschleiert, die Traumdeutung besteht in der Entschleierung der im Trauminhalt verborgenen Triebwünsche. Über den Traum besteht – nach Freud – Zugang zum individuellen Unbewussten. Nach dieser Auffassung sind Träume sinnvolle psychische Gebilde, die nach einer bestimmten Symbolik verschlüsselte Elemente aus unbewussten Konflikten enthalten. Nach C.G. Jung sind Träume von den Archetypen (Urbilder, Urformen; Grundvorstellungen des Seelenlebens, die nicht persönlich erworben sind, z.B. Mutter, Wiedergeburt) bestimmte Mitteilungen des Unbewussten. – Der Traum galt jahrhundertelang als die Sphäre der Berührung des Menschen mit metaphysischen Mächten, wo direkt oder verschlüsselt höhere Einsichten, Weissagungen, Botschaften, göttliche Aufträge übermittelt wurden. Seit der Romantik ist der Traum der Weg in eine Raum und Zeit aufhebende Fantasiewelt.

2. Fantasie als produktive Kraft

Text 1 **Sigmund Freud (1856–1939): Der Dichter und das Fantasieren** [Auszug]

[…]
Gehen wir daran, einige der Charaktere des Fantasierens kennen zu lernen. Man darf sagen, der Glückliche fantasiert nie, nur der Unbefriedigte. Unbefriedigte Wünsche sind die Triebkräfte der Fantasien, und jede einzelne Fantasie ist eine Wunscherfüllung, eine Korrektur der unbefriedigenden Wirklichkeit. Die treibenden Wünsche sind verschieden je nach Geschlecht, Charakter und Lebensverhältnissen der fantasierenden Persönlichkeit; sie lassen sich aber ohne Zwang nach zwei Hauptrichtungen gruppieren. Es sind entweder ehrgeizige Wünsche, welche der Erhöhung der Persönlichkeit dienen, oder erotische. […]
Die Produkte dieser fantasierenden Tätigkeit, die einzelnen Fantasien, Luftschlösser oder Tagträume dürfen wir uns nicht als starr und unveränderlich vorstellen. Sie schmiegen sich vielmehr den wechselnden Lebenseindrücken an, verändern sich mit jeder Schwankung der Lebenslage, empfangen von jedem wirksamen neuen Eindrucke eine sogenannte „Zeitmarke". Das Verhältnis der Fantasie zur Zeit ist überhaupt sehr bedeutsam. Man darf sagen: eine Fantasie schwebt gleichsam zwischen drei Zeiten, den drei Zeitmomenten unseres Vorstellens. Die seelische Arbeit knüpft an einen aktuellen Eindruck, einen Anlass in der Gegenwart an, der imstande war, einen der großen Wünsche der Person zu wecken, greift von da aus auf die Erinnerung eines früheren, meist infantilen, Erlebnisses zurück, in dem jener Wunsch erfüllt war, und schafft nun eine auf die Zukunft bezogene Situation, welche sich als die Erfüllung jenes Wunsches darstellt, eben den Tagtraum oder die Fantasie, die nun die Spuren ihrer Herkunft vom Anlasse und von der Erinnerung an sich trägt. Also Vergangenes, Gegenwärtiges, Zukünftiges wie an der Schnur des durchlaufenden Wunsches aneinander gereiht. […]
Nicht übergehen kann ich aber die Beziehung der Fantasien zum Traume. Auch unsere nächtlichen Träume sind nichts anderes als solche Fantasien, wie wir durch die Deutung der Träume evident machen können. Die Sprache hat in ihrer unübertrefflichen Weisheit die Frage nach dem Wesen der Träume längst entschieden, indem sie die luftigen Schöpfungen Fantasierender auch *„Tagträume"* nennen ließ. […]

Der Dichter mildert den Charakter des egoistischen Tagtraumes durch Abänderungen und Verhüllungen und besticht uns durch rein formalen, d.h. ästhetischen Lustgewinn, den er uns in der Darstellung seiner Fantasien bietet. Man nennt einen solchen Lustgewinn, der uns geboten wird, um mit ihm die Entbindung größerer Lust aus tiefer reichenden psychischen Quellen zu ermöglichen, eine *Verlockungsprämie* oder eine *Vorlust.* Ich bin der Meinung, dass alle ästhetische Lust, die uns der Dichter verschafft, den Charakter solcher Vorlust trägt und dass der eigentliche Genuss des Dichtwerkes aus der Befreiung von Spannungen in unserer Seele hervorgeht. Vielleicht trägt es sogar zu diesem Erfolge nicht wenig bei, dass uns der Dichter in den Stand setzt, unsere eigenen Fantasien nunmehr ohne jeden Vorwurf und ohne Schämen zu genießen. […]

(v 1908)

Text 2 **Dietmar Kamper: Macht und Ohnmacht der Fantasie** [Auszug]

[…] Jeder kennt heute „Fantasy", das Stichwort für Bücher und Filme, die an einer fantastisch andersartigen Welt arbeiten, die historische Erinnerungen, wie sie auch in Märchen, Legenden und Sagen vorkommen, mit Wucherungen überziehen und darzustellen versuchen, was geworden wäre, wenn die Weltzivilisation sich nicht für Aufklärung, Rationalität, Vernunft und nicht für industriellen Fortschritt entschieden hätte. Hier spielt

Fantasie offenbar die Rolle einer Erfindung von Gegenwelten unter Betonung der Vergangenheit. Doch Vorsicht! Oft zeigen solche rückwärts gewandten „Utopien“ den Geist dieser Zeit genauer als eine wissenschaftliche Studie über den Zeitgeist. Man denke an Tolkien, man denke an White, man denke an Michael Ende. – In der entgegengesetzten Perspektive der fantastischen Erfindungen, in der Zukunft, ist „science fiction“ angesiedelt. Diese stellt, im Unterschied zur „Fantasy“-Literatur, die Welt unter der Annahme dar, dass Wissenschaft und Technik sich uneingeschränkt und ohne die lästigen Einsprüche lebendiger Menschen weiterentwickelt hätten, gelegentlich bis zu einer futuristischen Zivilisation der Menschenleere. Auch hier hat man den Eindruck, dass der „Prospekt“ der Menschheitsentwicklung, den die Fantasie in „science fiction“ auseinander faltet, unfreiwillig aufschlussreich ist für die Ängste und Hoffnungen unserer Gegenwart. Vielleicht ist Wissenschaft dort, wo sie die Welt verändert, längst eine derartige „science fiction“ und vielleicht sind die Schrecken einer Selbstauslöschung der Menschheit ganz real. – Am Kreuzweg von fantastischer Vergangenheit und fantastischer Zukunft steht die Literatur, die sich traditionellerweise als Sachwalterin der menschlichen Fiktionen versteht und in der jeweiligen Gegenwart ein Plädoyer für die Veränderbarkeit der unvollendeten Menschen hält. Auch sie protestiert gegen eine fix und fertige Welt, aber nicht, indem sie aus ihr herausspringt, sondern indem sie in der modernen Lebenswelt die Kräfte stärkt, die für Veränderungen gut sind, insbesondere die Fantasie. Das setzt jedoch voraus, dass die Fantasie, die Imagination, die Einbildungskraft in Spannung zu einer anderen Instanz stehen, zu einem Realitätsprinzip, zu einer historisch bestimmten Not der menschlichen Lebensfristung in der Gesellschaft. Die fiktive Welt der Literatur ist angewiesen auf eine wirkliche Welt, auf Widerstand, auf Hunger, Durst und Not, wenn sie wirksam werden soll. […]

(v 1986)

Arbeitsanregungen:

1 Worin besteht, wenn man von Freuds Auffassung ausgeht, die Leistung des Dichters? Welche Folgerungen müsste man als Leser ziehen?

2 In welchen Formen erscheinen Wunschfantasien in unserer Welt, welche Funktionen haben sie?
Diskutieren Sie über die Probleme, die entstehen können.

3 Verfassen Sie nach der Lektüre von Text 2 einen Lexikonartikel zum Stichwort „Fantasie“, in dem zwischen Fantasy, Science Fiction und romantischer Fantasie unterschieden wird.

3. Fantasiebilder in der Dichtung

M Prosainterpretation

An einem zentralen Thema der Romantik, dem Verhältnis von Fantasie und Wirklichkeit, soll im Folgenden die Interpretation eines Prosatextes geübt und reflektiert werden, nachdem Grundsätzliches zum Interpretationsverfahren an anderen Stellen vorgestellt wurde (vgl. Einführung, S. 47ff., Barock, S. 136ff., Jahrhundertwende, S. 317ff., Weimarer Republik, S. 339ff.). Diesmal sollen am Beginn Ihre Vorüberlegungen zur Interpretation stehen, die den Zweck verfolgen, Voraussetzungen und Ziele beim Interpretieren von Texten bewusst zu machen. Daran schließen sich zwei Interpretationsbeispiele an. Abschließend soll Ihnen eine Methodenreflexion Möglichkeiten und Grenzen des Interpretierens verdeutlichen.

Ehe Sie nach den Vorüberlegungen sich um eine genaue Textbeschreibung und Deutung bemühen, soll die Grundsituation des Erzählens skizziert werden: Ein *Erzähler* vermittelt einem *Leser* eine *erzählte Welt.* Das Verhältnis des Lesers zur erzählten Welt wird durch die Erzählperspektive entscheidend bestimmt. Ein Ich-Erzähler kann unmittelbar in die Geschichte verstrickt sein, als Augenzeuge oder als Handelnder; ein Er-Erzähler ist Beobachter, er ist nicht unmittelbar beteiligt, kann aber natürlich Anteil nehmen; er kann auch als allwissender Erzähler auftreten, der kommentiert, vielleicht auf das Ende der Erzählung verweist und jederzeit Herr über Personen und Ereignisse ist (vgl. Einführung, S. 44f.; Weimarer Republik, S. 307f.).

Arbeitsanregungen:

1 Diskutieren Sie Schwierigkeiten, die Ihnen bei bisherigen Interpretationsversuchen begegneten.
a Nennen Sie Problemaspekte, die aus den Eigenarten des Textes hervorgehen (Objektseite).
b Verständigen Sie sich über Schwierigkeiten, die leserbedingt sind (Subjektseite).

2 Nehmen Sie Stellung zu folgenden Aussagen:
„Mir kann keiner vorschreiben, wie ich den Text zu verstehen habe.“
„Es gibt Fachleute, die sich gründlich und sachkundig mit dem Text beschäftigt haben; denen sollte man folgen, dann weiß man, wie man den Text richtig versteht.“

Text 1 **Joseph von Eichendorff (1788–1857): Das Marmorbild** [Auszug]

Es war ein schöner Sommerabend, als Florio, ein junger Edelmann, langsam auf die Tore von Lucca zuritt, sich erfreuend an dem feinen Dufte, der über der wunderschönen Landschaft und den Türmen und Dächern der Stadt vor ihm zitterte, so wie an den bunten Zügen zierlicher Damen und Herren, welche sich zu beiden Seiten der Straße unter den hohen Kastanien-Alleen fröhlich schwärmend ergingen.

Da gesellte sich, auf zierlichem Zelter desselben Weges ziehend, ein anderer Reiter in bunter Tracht, eine goldene Kette um den Hals und ein samtenes Barett mit Federn über den dunkelbraunen Locken, freundlich grüßend zu ihm. Beide hatten, so nebeneinander in den dunkelnden Abend hineinreitend, gar bald ein Gespräch angeknüpft, und dem jungen Florio dünkte die schlanke Gestalt des Fremden, sein frisches keckes Wesen, ja selbst seine fröhliche Stimme so überaus anmutig, dass er gar nicht von demselben wegsehen konnte.

Joseph von Eichendorff, geb. 1788 auf Schloss Lubowitz bei Ratibor in Oberschlesien, gest. 1857 in Neiße; nach dem Besuch des Gymnasiums in Breslau begann er 1805 in Halle ein Jura-Studium, das er 1807 in Heidelberg fortsetzte und 1810 in Wien; 1813–1815 als freiwilliger Jäger in Lützows Freikorps; 1815 heiratete er Luise von Larisch; 1816 Eintritt in den preußischen Staatsdienst (Breslau, Danzig, Königsberg), seit 1830 im Kultusministerium in Berlin, 1844 trat er in den Ruhestand. – Werke: Ahnung und Gegenwart (1815), Das Marmorbild (1819), Aus dem Leben eines Taugenichts (1826), Dichter und ihre Gesellen (1834), Schloss Dürande (1837).

Welches Geschäft führt Euch nach Lucca?, fragte endlich der Fremde. Ich habe eigentlich gar keine Geschäfte, antwortete Florio ein wenig schüchtern. Gar keine Geschäfte? – Nun, so seid Ihr sicherlich ein Poet!, versetzte jener lustig lachend. Das wohl eben nicht, erwiderte Florio und wurde über und über rot. Ich habe mich wohl zuweilen in der fröhlichen Sangeskunst versucht, aber wenn ich dann wieder die alten großen Meister las, wie da alles wirklich da ist und leibt und lebt, was ich mir manchmal heimlich nur wünschte und ahnete, da komm ich mir vor wie ein schwaches, vom Winde verwehtes Lerchenstimmlein unter dem unermesslichen Himmelsdom. – Jeder lobt Gott auf seine Weise, sagte der Fremde, und alle Stimmen zusammen machen den Frühling. Dabei ruhten seine großen geistreichen Augen mit sichtbarem Wohlgefallen auf dem schönen Jünglinge, der so unschuldig in die dämmernde Welt vor sich hinaussah.

Ich habe jetzt, fuhr dieser nun kühner und vertraulicher fort, das Reisen erwählt, und befinde mich wie aus einem Gefängnis erlöst, alle alten Wünsche und Freuden sind nun auf einmal in Freiheit gesetzt. Auf dem Lande in der Stille aufgewachsen, wie lange habe ich da die fernen blauen Berge sehnsüchtig betrachtet, wenn der Frühling wie ein zauberischer Spielmann durch unsern Garten ging und von der wunderschönen Ferne verlockend sang und von großer unermesslicher Lust. – Der Fremde war über den letzten Worten in tiefe Gedanken versunken. Habt Ihr wohl jemals, sagte er zerstreut aber sehr ernsthaft, von dem wunderbaren Spielmann gehört, der durch seine Töne die Jugend in einen Zauberberg hinein verlockt, aus dem Keiner wieder zurückgekehrt ist? Hütet Euch! –

Florio wusste nicht, was er aus diesen Worten des Fremden machen sollte, konnte ihn auch weiter darum nicht befragen; denn sie waren so eben, statt zu dem Tore, unvermerkt dem Zuge der Spaziergänger folgend, an einen weiten grünen Platz gekommen, auf dem sich ein fröhlich schallendes Reich von Musik, bunten Zelten, Reitern und Spazierengehenden in den letzten Abendgluten schimmernd hin und her bewegte.

Hier ist gut wohnen, sagte der Fremde lustig, sich vom Zelter schwingend; auf baldiges Wiedersehn! und hiermit war er schnell in dem Gewühle verschwunden.

Florio stand vor freudigem Erstaunen einen Augenblick still vor der unerwarteten Aussicht. Dann folgte auch er dem Beispiele seines Begleiters, übergab das Pferd seinem Diener und mischte sich in den muntern Schwarm.

Versteckte Musikchöre erschallten da von allen Seiten aus den blühenden Gebüschen, unter den hohen Bäumen wandelten sittige Frauen auf und nieder und ließen die schönen Augen musternd ergehen über die glänzende Wiese, lachend und plaudernd und mit den bunten Federn nickend im lauen Abendgolde wie ein Blumenbeet, das sich im Winde wiegt. Weiterhin auf einem heitergrünen Plan vergnügten sich mehrere Mädchen mit Ballspielen. Die bunt gefiederten Bälle flatterten wie Schmetterlinge, glänzende Bogen hin und her beschreibend, durch die blaue Luft, während die unten im Grünen auf und niederschwebenden Mädchenbilder den lieblichsten Anblick gewährten. Besonders zog die eine durch ihre zierliche, fast noch kindliche Gestalt und die Anmut aller ihrer Bewegungen Florio's Augen auf sich. Sie hatte einen vollen, bunten Blumenkranz in den Haaren und war recht wie ein fröhliches Bild des Frühlings anzuschauen, wie sie so überaus frisch bald über den Rasen dahinflog, bald sich neigte, bald wieder mit ihren anmutigen Gliedern in die heitere Luft hinauflangte. – Durch ein Versehen ihrer Gegnerin nahm ihr Federball eine falsche Richtung und flatterte gerade vor Florio nieder. Er hob ihn auf und überreichte ihn der nacheilenden Bekränzten. Sie stand fast wie erschrocken vor ihm und sah ihn schweigend aus den schönen großen Augen an. Dann verneigte sie sich errötend und eilte schnell wieder zu ihren Gespielinnen zurück.

Der größere funkelnde Strom von Wagen und Reitern, der sich in der Haupt-Allee langsam und prächtig fortbewegte, wendete indes auch Florio von jenem reizenden Spiele wieder ab, und er schweifte wohl eine Stunde lang allein zwischen den ewig wechselnden Bildern umher. […]

Thema: Interpretieren Sie den Anfang dieser Novelle.
- Beschreiben Sie den Aufbau des Textes und die Art, wie die Personen eingeführt und charakterisiert werden.
- Versuchen Sie die Beziehung der Personen und ihr Verhältnis zur Welt zu deuten.

1. Phase: Erstes Gesamtverständnis

1.1 Halten Sie nach der Themenanalyse sowie nach der genauen Lektüre des Novellenbeginns Ihren Gesamteindruck fest und tauschen Sie Ihre Beobachtungen aus.

1.2 Bewerten Sie diese auf dem Hintergrund Ihrer Vorüberlegungen (Arbeitsanregung 1, S. 255) zu Schwierigkeiten beim Interpretieren.

1.3 Erklären Sie Ihre Ergebnisse, indem Sie Eigenarten des Textes als Beleg heranziehen.

2. und 3. Phase: Beschreibung von Inhalt und Form sowie Ansätze einer Deutung

Die Beschreibung des *Textaufbaus* kann der erste Schritt der Analyse sein; zeitlicher Verlauf oder Ortswechsel und das Auftreten von Figuren sind die für die Textgliederung entscheidenden Elemente. Die Gliederung für die obige Textpassage könnte so aussehen:

- Florios Ankunft vor Lucca
- Begegnung mit einem fremden Reiter
- Gespräch über Florios Herkunft und Absichten
- Trennung
- Florios Wahrnehmungen vor der Stadt

Oder kürzer:

- Florio begegnet vor Lucca einem fremden Reiter
- Gespräch der beiden
- Florio auf dem Platz vor der Stadt

Zur Erfassung wesentlicher Elemente des Textes empfiehlt es sich eine tabellarische Übersicht (DIN A 4-Blatt, Querformat) anzulegen:

	Inhaltsebenen				Formaspekte	offene Fragen
Zeile	Geschehen	Figuren	Zeit	Ort	Funktion von Syntax/Wortwahl Aufbau/Metaphern	
1–5	Ankunft … … …	Florio/ junger Edelmann zierl. Damen u. Herren …	Sommerabend … … …	Lucca Straße … … …	Art/Funktion d. Adjektive: schön fein wunderschön stimmungshaft od. beschreibend Satzbau: Hypotaxe …	Duft = - Dunst? In welcher Zeit?

Die tabellarische Übersicht ist ein Beobachtungsraster, das eine Reihe von Schlussfolgerungen ermöglicht. Es wird vom Umfang des Textes abhängen, wie detailliert man vorgeht; bei einer längeren Textpassage wird man sich auf die genaue Untersuchung von Kernstellen beschränken.
Die Auswertung der vollständigen Übersicht könnte Folgendes ergeben:
Der Leser erhält Informationen über die Jahres- und Tageszeit, nicht jedoch über die geschichtliche Zeit; er kann allerdings aus Kleidung, Verhalten und Äußerungen der Personen schließen, dass es sich um eine vergangene, mittelalterliche Welt handelt. Die Handlung spielt an einem realen Ort, der italienischen Stadt Lucca. Die für den Leser wichtigsten Informationen betreffen die Personen.
In dem Fremden sieht Florio von Anfang an den Überlegenen und dieser nimmt diese Position auch wie selbstverständlich ein. Die Beziehung wird deutlich im Gespräch. Der Fremde fragt nach Florios Absicht und setzt als selbstverständlich voraus, dass es um Geschäfte geht. Florios Antwort bringt zum Ausdruck, dass er sich unsicher fühlt, er ist verlegen, denn er entspricht nicht der Erwartung des andern, die er für sich als Norm durchaus zu akzeptieren scheint. Auch in Bezug auf die zweite, als Vermutung geäußerte Frage gesteht Florio, dass er einer Erwartung nicht entspricht, die allein seine Art des Reisens rechtfertigen könnte – die Dichterexistenz. Der Fremde spielt seine Überlegenheit aber nicht so weit aus, dass er Florio demütigt, sondern er ermuntert ihn stattdessen, lobt ihn und schaut ihn freundlich an. Der Fremde nimmt die Rolle eines Mentors ein. So andeutend-unbestimmt Florios Zukunftserwartung („Lust") bleibt, so entschieden entgegnet ihm der Fremde mit einer Warnung, deren Sinn Florio aber nicht versteht.
Die Personen werden durch das, was sie sagen, vorgestellt (= indirekte Charakteristik) und durch die Art, wie sie sich gegenseitig wahrnehmen (perspektivische Darstellung). In der vorliegenden Textpassage bringt sich der Erzähler kaum zur Geltung, jedenfalls nicht durch direkte Charakterisierung oder durch Kommentare. Die Beziehung zwischen den Personen ist von Anfang an durch eine deutliche, von beiden akzeptierte Rollenzuweisung bestimmt. Grund für die Überlegenheit des Fremden ist nicht sein gesellschaftlicher Rang, sondern seine Persönlichkeit. In seinem Selbstverständnis ist Florio ein Werdender, Suchender, was für seinen Lebensweg wie für sein Dichtertum gilt. Er sieht seinen Weg zuversichtlich.

Die durch die Personeneinführung geweckte *Lesererwartung* zielt auf die Geschichte einer Identitätssuche, einer Persönlichkeitsentwicklung.

Florio begegnet der Welt nicht als Handelnder, sondern als Betrachtender; es ist eine schöne, abwechslungsreiche, anziehende Welt der Bilder, Bewegungen und Töne. Nur

Die **Novelle** (italienisch ‚novella' = Neuigkeit, zurückgehend auf altprovenzalisch ‚novela' = Prosaerzählung meist geringeren Umfangs, die ein ungewöhnliches, neues Ereignis berichtet) entstand in der italienischen Frührenaissance (G. Boccaccios Novellenzyklus „Das Dekameron", 1349–52). Eine Novelle kann definiert werden als eine Prosa–, in selteneren Fällen eine Verserzählung von geringem Umfang, die ein bestimmtes, herausgehobenes, mehr oder weniger ungewöhnliches Ereignis berichtet, das als objektiv wahr dargestellt wird. – Formmerkmale sind: ein zentraler Konflikt; straffe, meist einsträngige Handlung; pointiertes Hervortreten eines Höhe- bzw. Wendepunkts. – Goethe nannte die Novelle *„eine sich ereignete unerhörte Begebenheit".* In der Romantik wurde mit den Motiven des Märchens, des Traumhaften, des Symbolischen das Wunderbare in die reale Welt, die den Vordergrund der Erzählung bildete, eingeführt. Einen zweiten Höhepunkt erlebte die Novelle im Realismus. Th. Storm bezeichnete sie als die *„Schwester des Dramas* und die strengste Form der Prosadichtung"; und er führt den Vergleich weiter aus: „Gleich dem Drama behandelt sie die tiefsten Probleme des Menschenlebens; gleich diesem verlangt sie zu ihrer Vollendung einen im Mittelpunkt stehenden Konflikt, von welchem aus das Ganze sich organisiert, und demzufolge die geschlossenste Form und die Ausscheidung alles Unwesentlichen." – Der Schriftsteller Paul Heyse entwickelte im 19. Jh. die *Falkentheorie* (in Anlehnung an eine Novelle aus dem „Dekamerone" so bezeichnet): Jede Novelle benötige als Mittelpunkt einen „Falken", d.h. ein stets wiederkehrendes Motiv, Bild oder Symbol von besonderer Eindringlichkeit.

für einen kurzen Moment wird Florio – ungewollt – zum Handelnden, als er dem Mädchen den Ball zurückgibt. Von dem Mädchen wird das als bedeutsam erlebt, während Florio eher unbeteiligt bleibt.

Ein anderes Verhältnis von Fantasie und Wirklichkeit finden Sie im folgenden Text.

Text 2 **Joseph von Eichendorff: Das Marmorbild** [Auszug]

Situationszusammenhang: Florio erfährt, dass der fremde Reiter der bekannte Sänger Fortunato ist. Von ihm wird er in die Festgesellschaft eingeführt und dort wie ein Bekannter begrüßt. Es kommt zu einer erneuten Begegnung mit dem Mädchen, dessen Ball er aufgehoben hatte. In der Nacht verlässt Florio seine Herberge; im Freien singt er ein Lied und gelangt – in Gedanken an das Bild einer schönen Frau „wie er es noch nirgend gesehen" – an den Weiher.

[...] So in Gedanken schritt er noch lange fort, als er unerwartet bei einem großen, von hohen Bäumen rings umgebenen Weiher anlangte. Der Mond, der eben über die Wipfel trat, beleuchtete scharf ein marmornes Venusbild[1], das dort dicht am Ufer auf einem Steine stand, als wäre die Göttin so eben erst aus den Wellen aufgetaucht und betrachte nun, selber verzaubert, das Bild der eigenen Schönheit, das der trunkene Wasserspiegel zwischen den leise aus dem Grunde aufblühenden Sternen widerstrahlte. Einige Schwäne beschrieben still ihre einförmigen Kreise um das Bild, ein leises Rauschen ging durch die Bäume ringsumher.

Florio stand wie eingewurzelt im Schauen, denn ihm kam jenes Bild wie eine lang gesuchte, nun plötzlich erkannte Geliebte vor, wie eine Wunderblume, aus der Frühlingsdämmerung und träumerischen Stille seiner frühesten Jugend heraufwachsen. Je länger er hinsah, je mehr schien es ihm, als schlüge es die seelenvollen Augen langsam auf, als wollten sich die Lippen bewegen zum Gruße, als blühe Leben wie ein lieblicher Gesang erwärmend durch die schönen Glieder herauf. Er hielt die Augen lange geschlossen vor Blendung, Wehmut und Entzücken. –

Als er wieder aufblickte, schien auf einmal alles wieder verwandelt. Der Mond sah seltsam zwischen Wolken hervor, ein stärkerer Wind kräuselte den Weiher in trübe Wellen, das Venusbild, so fürchterlich weiß und regungslos, sah ihn fast schreckhaft mit den steinernen Augenhöhlen aus der grenzenlosen Stille an. Ein nie gefühltes Grausen überfiel da den Jüngling. Er verließ schnell den Ort, und immer schneller und ohne auszuruhen, eilte er durch die Gärten und Weinberge wieder fort der ruhigen Stadt zu; denn auch das Rauschen der Bäume kam ihm nun wie ein verständiges vernehmliches Geflüster vor, und die langen gespenstischen Pappeln schienen mit ihren weit gestreckten Schatten hinter ihm dreinzulangen. [...]

Arbeitsanregungen:

Bisher wurden Ihnen Themenstellungen vorgegeben. Für die Themenanalyse ist es hilfreich, das Aufbauprinzip einer Themenstellung zu durchschauen. Dies gelingt am besten durch den eigenen Versuch.

1. Formulieren Sie eine differenzierte Themenstellung (vgl. Thema 1, S. 256), die der Eigenart des Textes 2 angemessen ist.
2. Begründen Sie Ihre Formulierung und vergleichen Sie diese mit anderen Vorschlägen.
3. Erarbeiten Sie gemeinsam eine verbindliche Themenfassung und schreiben Sie danach eine Interpretation.

Nach der Analyse von Schwierigkeiten beim Interpretieren und zwei Interpretationsversuchen kann eine Reflexion über Verstehensprobleme und Methoden weitere Klarheit schaffen.

Interpretation ist eine uns auch außerhalb der Schule geläufige Tätigkeit. Eine alltägliche Situation: Wir haben einen Roman gelesen und sprechen mit einer anderen Person über das Gelesene. Wir verständigen uns über den Inhalt, über Personen und Ereignisse; doch wenn es um die Beurteilung einer Person geht, um den Sinn der Geschichte, um die Absicht des Autors, zeigt sich, dass wir verschiedener Meinung sind. Wir sind überzeugt die Geschichte verstanden zu haben, aber wir haben eine unterschiedliche Vorstellung von ihrem Sinn, ihrer Bedeutung.

Um zu verstehen, wie es zu solchen Kontroversen kommt, muss man sich klarmachen, wie man zu Aussagen über die Bedeutung von Texten gelangt. Ist es so, dass der Text eine Bedeutung vorgibt, die der Leser nachvollzieht? Kommt es also für den Leser lediglich darauf an, den Text richtig aufzunehmen um dadurch seinen Sinn zu erfassen? Wäre es so, müssten verschiedene Leser zu einheitlichen Auffassungen gelangen, es gäbe dann *die* eine richtige Aussage über den Sinn des Textes. Vergleichen wir Textinterpretationen, die von kompetenten Lesern verfasst sind, werden wir sehr oft erkennen, dass sie zu ganz unterschiedlichen Aussagen über den Text kommen; nur in wenigen Fällen wird es möglich sein, die Unterschiede auf Irrtümer, Fehler zurückzuführen. Dürfen wir daraus folgern, dass es allein vom Leser abhängt, welchen Sinn er in einem Text erkennt? Dass es also in sein Belieben gestellt ist, wie der Text zu verstehen ist? Gilt in Bezug auf das Textverstehen die Devise: Alles ist erlaubt?

---

[1] *Mythologische Bezüge.* Venus, die römische Göttin der Liebe; Aphrodite, die griechische Göttin der Liebe und der Schönheit, die aus dem Schaum(Meer) Geborene; Narziss, der schöne Jüngling, der, als er sein Spiegelbild im Wasser sieht, sich in sich selbst verliebt und in Sehnsucht verzehrt.

Sicher kann sich der einzelne Leser davon leiten lassen, er ist niemandem Rechenschaft schuldig. Doch wenn es darum geht mich mit anderen Lesern zu verständigen, muss ich diesen Standpunkt aufgeben. Wir können weder sagen, dass allein der Text über die Bedeutung entscheidet, noch können wir davon ausgehen, dass es allein der Leser tut; vielmehr ergibt sich eine Aussage darüber in einem Rezeptionsprozess, an dem Text und Leser beteiligt sind. Es ist wohl der Leser, der eine Aussage über die Textbedeutung macht, aber er gelangt zu ihr, indem er einen ‚Dialog' mit dem Text führt; er stellt Fragen an den Text, auf die dieser antwortet oder Antworten vorenthält. Textverstehen verlangt vom Leser Aktivität. Die Fragen, die der Leser an den Text stellt, werden zu einem Teil vom Text ausgelöst, zu einem nicht unbeträchtlichen Teil aber durch den Leser bestimmt. Ist der Leser sich dessen bewusst, werden ihn unterschiedliche Aussagen über die Bedeutung nicht immer irritieren; er wird versuchen sich im Dialog mit andern Lesern über ihre Fragen zu verständigen und er kann gemeinsam mit ihnen im Dialog mit dem Text die Berechtigung der Fragen überprüfen. In jedem Fall ist die sorgfältige Lektüre des Textes die erste Voraussetzung für solche Dialoge; zunächst sollte sich der Leser um genaue Wahrnehmung bemühen. Dazu muss er wissen, wie ein Text entsprechend seiner Gattung konstituiert ist.

Arbeitsanregungen:

1 Sammeln Sie Gesichtspunkte für eine Erörterung zum Thema: „Ein Text kann verschiedene Deutungen ermöglichen, aber keine Interpretation darf beliebig sein."

2 Informieren Sie sich in „Blickfeld Deutsch" über Bedingungen und Probleme von Verstehensprozessen, und stellen Sie Ihre Exzerptnotizen, nach Hauptpunkten geordnet, vor.

4. Wahrheit als Gefühlsgewissheit?

Die Frage der Anthropologie (Lehre vom Menschen) lautet: Was ist der Mensch? Aus der Vielzahl der Antworten auf diese Frage seien einige zitiert: „Unsere ganze Würde besteht also im Denken." (Pascal) „Der Mensch ist der erste Freigelassene der Schöpfung; er steht aufrecht. Die Waage des Guten und Bösen, des Falschen und Wahren hängt an ihm: er kann forschen, er soll wählen." (Herder) – „Der Mensch ist nicht umweltgebunden, sondern weltoffen. Das heißt: Er kann immer neue und neuartige Erfahrungen machen, und seine Möglichkeiten, auf die wahrgenommene Wirklichkeit zu antworten, sind nahezu unbegrenzt wandelbar." (Pannenberg) Ist es also die Vernunft, die den Menschen auszeichnet und ihm den Weg zum Glück eröffnet? Ermöglicht sie den Fortschritt oder macht sie den Menschen gerade unglücklich? Diese Gesichtspunkte sollten mitbedacht werden bei der Lektüre der folgenden, als Gespräch verfassten Abhandlung.

Text 1 **Heinrich von Kleist (1777–1811): Über das Marionettentheater**

(Biografie, vgl. Einführung, S. 40)

Als ich den Winter 1801 in M… zubrachte, traf ich daselbst eines Abends, in einem öffentlichen Garten, den Herrn C. an, der seit kurzem, in dieser Stadt, als erster Tänzer der Oper, angestellt war, und bei dem Publiko außerordentliches Glück machte.

Ich sagte ihm, dass ich erstaunt gewesen wäre, ihn schon mehrere Mal in einem Marionettentheater zu finden, das auf dem Markte zusammengezimmert worden war, und den Pöbel, durch kleine dramatische Burlesken, mit Gesang und Tanz durchwebt, belustigte.

Er versicherte mir, dass ihm die Pantomimik dieser Puppen viel Vergnügen machte, und ließ nicht undeutlich merken, dass ein Tänzer, der sich ausbilden wolle, mancherlei von ihnen lernen könne.

Da diese Äußerung mir, durch die Art, wie er sie vorbrachte, mehr, als ein bloßer Einfall schien, so ließ ich mich bei ihm nieder, um ihn über die Gründe, auf die er eine so sonderbare Behauptung stützen könne, näher zu vernehmen.

Er fragte mich, ob ich nicht, in der Tat, einige Bewegungen der Puppen, besonders der kleineren, im Tanz sehr graziös gefunden hatte.

Diesen Umstand konnt ich nicht leugnen. Eine Gruppe von vier Bauern, die nach einem raschen Takt die Ronde tanzte, hätte von Teniers nicht hübscher gemalt werden können.

Ich erkundigte mich nach dem Mechanismus dieser Figuren, und wie es möglich wäre, die einzelnen Glieder derselben und ihre Punkte, ohne Myriaden von Fäden an den Fingern zu haben, so zu regieren, als es der Rhythmus der Bewegungen, oder der Tanz, erfordere?

Er antwortete, dass ich mir nicht vorstellen müsse, als ob jedes Glied einzeln, während der verschiedenen Momente des Tanzes, von dem Maschinisten gestellt und gezogen würde.

Jede Bewegung, sagte er, hätte einen Schwerpunkt; es wäre genug, diesen, in dem Innern der Figur, zu regieren; die Glieder, welche nichts als Pendel wären, folgten, ohne irgendein Zutun, auf eine mechanische Weise von selbst.

Er setzte hinzu, dass diese Bewegung sehr einfach wäre; dass jedesmal, wenn der Schwerpunkt in einer *graden Linie* bewegt wird, die Glieder schon *Kurven* beschrieben; und dass oft, auf eine bloß zufällige Weise erschüttert, das Ganze schon in eine Art von rhythmische Bewegung käme, die dem Tanz ähnlich wäre.

Diese Bemerkung schien mir zuerst einiges Licht über das Vergnügen zu werfen, das er in dem Theater der Marionetten zu finden vorgegeben hatte. Inzwischen ahndete ich bei weitem die Folgerungen noch nicht, die er späterhin daraus ziehen würde.

Ich fragte ihn, ob er glaubte, dass der Maschinist, der diese Puppen regierte, selbst ein Tänzer sein, oder wenigstens einen Begriff vom Schönen im Tanz haben müsse?

Er erwiderte, dass wenn ein Geschäft, von seiner mechanischen Seite, leicht sei, daraus noch nicht folge, dass es ganz ohne Empfindung betrieben werden könne.

Die Linie, die der Schwerpunkt zu beschreiben hat, wäre zwar sehr einfach, und, wie er glaube, in den meisten Fällen, gerad. In Fällen, wo sie krumm sei, scheine das Gesetz ihrer Krümmung wenigstens von der ersten oder höchstens zweiten Ordnung; und auch in diesem letzten Fall nur elliptisch, welche Form der Bewegung den Spitzen des menschlichen Körpers (wegen der Gelenke) überhaupt die natürliche sei, und also dem Maschinisten keine große Kunst koste, zu verzeichnen.

Dagegen wäre diese Linie wieder, von einer andern Seite, etwas sehr Geheimnisvolles. Denn sie wäre nichts anders, als der *Weg der Seele des Tänzers;* und er zweifle, dass sie anders gefunden werden könne, als dadurch, dass sich der Maschinist in den Schwerpunkt der Marionette versetzt, d.h. mit andern Worten, *tanzt.*

Ich erwiderte, dass man mir das Geschäft desselben als etwas ziemlich Geistloses vorgestellt hätte: etwa was das Drehen einer Kurbel sei, die eine Leier spielt.

Keineswegs, antwortete er. Vielmehr verhalten sich die Bewegungen seiner Finger zur Bewegung der daran befestigten Puppen ziemlich künstlich, etwa wie Zahlen zu ihren Logarithmen oder die Asymptote zur Hyperbel.

Inzwischen glaube er, dass auch dieser letzte Bruch von Geist, von dem er gesprochen, aus den Marionetten entfernt werden, dass ihr Tanz gänzlich ins Reich mechanischer Kräfte hinübergespielt, und vermittelst einer Kurbel, so wie ich es mir gedacht, hervorgebracht werden könne.

Ich äußerte meine Verwunderung zu sehen, welcher Aufmerksamkeit er diese, für den Haufen erfundene, Spielart einer schönen Kunst würdige. Nicht bloß, dass er sie einer höheren Entwickelung für fähig halte: er scheine sich sogar selbst damit zu beschäftigen.

Er lächelte, und sagte, er getraue sich zu behaupten, dass wenn ihm ein Mechanikus, nach den Forderungen, die er an ihn zu machen dächte, eine Marionette bauen wollte, er vermittelst derselben einen Tanz darstellen würde, den weder er, noch irgendein anderer geschickter Tänzer seiner Zeit, Vestris selbst nicht ausgenommen, zu erreichen imstande wäre.

Haben Sie, fragte er, da ich den Blick schweigend zur Erde schlug: haben Sie von jenen mechanischen Beinen gehört, welche englische Künstler für Unglückliche verfertigen, die ihre Schenkel verloren haben?

Ich sagte, nein: dergleichen wäre mir nie vor Augen gekommen.

Es tut mir Leid, erwiderte er; denn wenn ich Ihnen sage, dass diese Unglücklichen damit tanzen, so fürchte ich fast, Sie werden es mir nicht glauben. – Was sag ich, tanzen? Der Kreis ihrer Bewegungen ist zwar beschränkt; doch diejenigen, die ihnen zu Gebote stehen, vollziehen sich mit einer Ruhe, Leichtigkeit und Anmut, die jedes denkende Gemüt in Erstaunen setzen.

Ich äußerte, scherzend, dass er ja, auf diese Weise, seinen Mann gefunden habe. Denn derjenige Künstler, der einen so merkwürdigen Schenkel zu bauen imstande sei, würde ihm unzweifelhaft auch eine ganze Marionette, seinen Forderungen gemäß, zusammensetzen können.

Wie, fragte ich, da er seinerseits ein wenig betreten zur Erde sah: wie sind denn diese Forderungen, die Sie an die Kunstfertigkeit desselben zu machen gedenken, bestellt?

Nichts, antwortete er, was sich nicht auch schon hier fände; Ebenmaß, Beweglichkeit, Leichtigkeit – nur alles in einem höheren Grade; und besonders eine naturgemäßere Anordnung der Schwerpunkte.

Und der Vorteil, den diese Puppe vor lebendigen Tänzern voraus haben würde?

Der Vorteil? Zuvörderst ein negativer, mein vortrefflicher Freund, nämlich dieser, dass sie sich niemals *zierte.* – Denn Ziererei erscheint, wie Sie wissen, wenn sich die Seele (vis motrix)[1] in irgendeinem andern Punkte befindet, als in dem Schwerpunkt der Bewegung. Da der Maschinist nun schlechthin, vermittelst des Drahtes oder Fadens, keinen andern Punkt in seiner Gewalt hat, als diesen: so sind alle übrigen Glieder, was sie sein sollen, tot, reine Pendel, und folgen dem bloßen Gesetz der Schwere; eine vortreffliche Eigenschaft, die man vergebens bei dem größesten Teil unsrer Tänzer sucht.

Sehen Sie nur die P... an, fuhr er fort, wenn sie die Daphne spielt, und sich, verfolgt vom Apoll, nach ihm umsieht; die Seele sitzt ihr in den Wirbeln des Kreuzes; sie beugt sich, als ob sie brechen wollte, wie eine Najade aus der Schule Bernins[2]. Sehen Sie den jungen F... an, wenn er, als Paris, unter den drei Göttinnen steht, und der Venus den Apfel überreicht: die Seele sitzt ihm gar (es ist ein Schrecken, es zu sehen) im Ellenbogen.

---

1 vis motrix: bewegende Kraft

2 Najade: manierierte Darstellung von Brunnennymphen, Bernini (1598–1680), ital. Bildhauer u. Architekt

Solche Missgriffe, setzte er abbrechend hinzu, sind unvermeidlich, seitdem wir von dem Baum der Erkenntnis gegessen haben. Doch das Paradies ist verriegelt und der Cherub hinter uns; wir müssen die Reise um die Welt machen, und sehen, ob es vielleicht von hinten irgendwo wieder offen ist.

Ich lachte. – Allerdings, dachte ich, kann der Geist nicht irren, da, wo keiner vorhanden ist. Doch ich bemerkte, dass er noch mehr auf dem Herzen hatte, und bat ihn, fortzufahren.

Zudem, sprach er, haben diese Puppen den Vorteil, dass sie *antigrav*[1] sind. Von der Trägheit der Materie, dieser dem Tanze entgegenstrebendsten aller Eigenschaften, wissen sie nichts: weil die Kraft, die sie in die Lüfte erhebt, größer ist, als jene, die sie an der Erde fesselt. Was würde unsre gute G… darum geben, wenn sie sechzig Pfund leichter wäre, oder ein Gewicht von dieser Größe ihr bei ihren Entrechats[2] und Pirouetten, zu Hülfe käme? Die Puppen brauchen den Boden nur, wie die Elfen, um ihn zu *streifen,* und den Schwung der Glieder, durch die augenblickliche Hemmung neu zu beleben; wir brauchen ihn, um darauf zu *ruhen,* und uns von der Anstrengung des Tanzes zu erholen: ein Moment, der offenbar selber kein Tanz ist, und mit dem sich weiter nichts anfangen lässt, als ihn möglichst verschwinden zu machen.

Ich sagte, dass, so geschickt er auch die Sache seiner Paradoxe führe, er mich doch nimmermehr glauben machen würde, dass in einem mechanischen Gliedermann mehr Anmut enthalten sein könne, als in dem Bau des menschlichen Körpers.

Er versetzte, dass es dem Menschen schlechthin unmöglich wäre, den Gliedermann darin auch nur zu erreichen. Nur ein Gott könne sich, auf diesem Felde, mit der Materie messen; und hier sei der Punkt, wo die beiden Enden der ringförmigen Welt ineinander griffen.

Ich erstaunte immer mehr, und wusste nicht, was ich zu so sonderbaren Behauptungen sagen sollte.

Es scheine, versetzte er, indem er eine Prise Tabak nahm, dass ich das dritte Kapitel vom ersten Buch Moses nicht mit Aufmerksamkeit gelesen; und wer diese erste Periode aller menschlichen Bildung nicht kennt, mit dem könne man nicht füglich über die folgenden, um wie viel weniger über die letzte, sprechen.

Ich sagte, dass ich gar wohl wüsste, welche Unordnungen, in der natürlichen Grazie des Menschen, das Bewusstsein anrichtet. Ein junger Mann von meiner Bekanntschaft hätte, durch eine bloße Bemerkung, gleichsam vor meinen Augen, seine Unschuld verloren, und das Paradies derselben, trotz aller ersinnlichen Bemühungen nachher niemals wieder gefunden. – Doch, welche Folgerungen, setzte ich hinzu, können Sie daraus ziehen?

Er fragte mich, welch einen Vorfall ich meine?

Ich badete mich, erzählte ich, vor etwa drei Jahren, mit einem jungen Mann, über dessen Bildung damals eine wunderbare Anmut verbreitet war. Er mochte ohngefähr in seinem sechzehnten Jahre stehn, und nur ganz von fern ließen sich, von der Gunst der Frauen herbeigerufen, die ersten Spuren von Eitelkeit erblicken. Es traf sich, dass wir grade kurz zuvor in Paris den Jüngling[3] gesehen hatten, der sich einen Splitter aus dem Fuße zieht; der Abguss der Statue ist bekannt und befindet sich in den meisten deutschen Sammlungen. Ein Blick, den er in dem Augenblick, da er den Fuß auf den Schemel setzte, um ihn abzutrocknen, in einen großen Spiegel warf, erinnerte ihn daran; er lächelte und sagte mir, welch eine Entdeckung er gemacht habe. In der Tat hatte ich, in eben diesem Augenblick, dieselbe gemacht; doch sei es, um die Sicherheit der Grazie, die ihm beiwohnte, zu prüfen, sei es, um seiner Eitelkeit ein wenig heilsam zu begegnen: ich lachte und erwiderte – er sähe wohl Geister! Er errötete, und hob den Fuß zum zweiten Mal, um es mir zu zeigen; doch der Versuch, wie sich leicht hätte voraussehn lassen, missglückte. Er hob verwirrt den Fuß zum dritten und vierten, er hob ihn wohl noch zehnmal: umsonst! er war außerstand, dieselbe Bewegung wieder hervorzubringen – was sag ich? die Bewegungen, die er machte, hatten ein so komisches Element, dass ich Mühe hatte, das Gelächter zurückzuhalten: –

Von diesem Tage, gleichsam von diesem Augenblick an, ging eine unbegreifliche Veränderung mit dem jungen Menschen vor. Er fing an, tagelang vor dem Spiegel zu stehen; und immer ein Reiz nach dem anderen verließ ihn. Eine unsichtbare und unbegreifliche Gewalt schien sich, wie ein eisernes Netz, um das freie Spiel seiner Gebärden zu legen, und als ein Jahr verflossen war, war keine Spur mehr von der Lieblichkeit in ihm zu entdecken, die die Augen der Menschen sonst, die ihn umringten, ergötzt hatte. Noch jetzt lebt jemand, der ein Zeuge jenes sonderbaren und unglücklichen Vorfalls war, und ihn, Wort für Wort, wie ich ihn erzählt, bestätigen könnte. –

Bei dieser Gelegenheit, sagte Herr C… freundlich, muss ich Ihnen eine andere Geschichte erzählen, von der Sie leicht begreifen werden, wie sie hierher gehört.

Ich befand mich, auf meiner Reise nach Russland, auf einem Landgut des Herrn v. G…, eines livländischen Edelmanns, dessen Söhne sich eben damals stark im Fechten

1 antigrav: der Schwerkraft entgegenwirkend
2 Entrechats: Luftsprünge
3 Jüngling: die berühmte Plastik des Dornausziehers, wahrscheinlich aus dem 1. Jh. v. Chr.

übten. Besonders der ältere, der eben von der Universität zurückgekommen war, machte den Virtuosen, und bot mir, da ich eines Morgens auf seinem Zimmer war, ein Rapier an. Wir fochten; doch es traf sich, dass ich ihm überlegen war; Leidenschaft kam dazu, ihn zu verwirren; fast jeder Stoß, den ich führte, traf, und sein Rapier flog zuletzt in den Winkel. Halb scherzend, halb empfindlich, sagte er, indem er das Rapier aufhob, dass er seinen Meister gefunden habe: doch alles auf der Welt finde den seinen, und fortan wolle er mich zu dem meinigen führen. Die Brüder lachten laut auf, und riefen: Fort! fort! In den Holzstall herab! und damit nahmen sie mich bei der Hand und führten mich zu einem Bären, den Herrn v. G…, ihr Vater, auf dem Hofe auferziehen ließ.

Der Bär stand, als ich erstaunt vor ihn trat, auf den Hinterfüßen, mit dem Rücken an einem Pfahl gelehnt, an welchem er angeschlossen war, die rechte Tatze schlagfertig erhoben, und sah mir ins Auge: das war seine Fechterpositur. Ich wusste nicht, ob ich träumte, da ich mich einem solchen Gegner gegenüber sah; doch: stoßen Sie! stoßen Sie! sagte Herr v. G…, und versuchen Sie, ob Sie ihm eins beibringen können! Ich fiel, da ich mich ein wenig von meinem Erstaunen erholt hatte, mit dem Rapier auf ihn aus; der Bär machte eine ganz kurze Bewegung mit der Tatze und parierte den Stoß. Ich versuchte ihn durch Finten zu verführen; der Bär rührte sich nicht. Ich fiel wieder, mit einer augenblicklichen Gewandtheit, auf ihn aus, eines Menschen Brust würde ich ohnfehlbar getroffen haben: der Bär machte eine ganz kurze Bewegung mit der Tatze und parierte den Stoß. Jetzt war ich fast in dem Fall des jungen Herrn v. G…. Der Ernst des Bären kam hinzu, mir die Fassung zu rauben, Stöße und Finten wechselten sich, mir triefte der Schweiß: umsonst! Nicht bloß, dass der Bär, wie der erste Fechter der Welt, alle meine Stöße parierte; auf Finten (was ihm kein Fechter der Welt nachmacht) ging er gar nicht einmal ein: Aug in Auge, als ob er meine Seele darin lesen könnte, stand er, die Tatze schlagfertig erhoben, und wenn meine Stöße nicht ernsthaft gemeint waren, so rührte er sich nicht.

Glauben Sie diese Geschichte?

Vollkommen!, rief ich, mit freudigem Beifall; jedwedem Fremden, so wahrscheinlich ist sie: um wie viel mehr Ihnen!

Nun, mein vortrefflicher Freund, sagte Herr C…, so sind Sie im Besitz von allem, was nötig ist, um mich zu begreifen. Wir sehen, dass in dem Maße, als, in der organischen Welt, die Reflexion dunkler und schwächer wird, die Grazie darin immer strahlender und herrschender hervortritt. – Doch so, wie sich der Durchschnitt zweier Linien, auf der einen Seite eines Punkts, nach dem Durchgang durch das Unendliche, plötzlich wieder auf der andern Seite einfindet, oder das Bild des Hohlspiegels, nachdem es sich in das Unendliche entfernt hat, plötzlich wieder dicht vor uns tritt: so findet sich auch, wenn die Erkenntnis gleichsam durch ein Unendliches gegangen ist, die Grazie wieder ein; so, dass sie, zu gleicher Zeit, in demjenigen menschlichen Körperbau am reinsten erscheint, der entweder gar keins, oder ein unendliches Bewusstsein hat, d.h. in dem Gliedermann, oder in dem Gott.

Mithin, sagte ich ein wenig zerstreut, müssten wir wieder von dem Baum der Erkenntnis essen, um in den Stand der Unschuld zurückzufallen?

Allerdings, antwortete er; das ist das letzte Kapitel von der Geschichte der Welt.

H. v. K.
(v 1810)

Arbeitsanregungen:

1 Marionette und Tier als Vorbilder für den Menschen? – Diskutieren Sie die Überzeugungskraft der Beispiele.

2 a Versuchen Sie den Gang des Gesprächs in seinen Grundzügen wiederzugeben.
b Schreiben Sie die Schlüsselbegriffe heraus und geben Sie eine kurze Erläuterung.

3 Führen Sie ein (Streit-)Gespräch über Kleists Aussagen; beziehen Sie dabei die in der Einleitung zitierten Gedanken ein. (Referatthema: Informieren Sie sich über Sigmund Freuds Theorie des psychischen Apparats – Ich, Es, Über-Ich –, und beziehen Sie diese Vorstellungen in die Diskussion ein.)

IV. Romantik begreifen

1. Romantische Poetik

Die Poetik (Lehre von der Dichtkunst)[1] hat die Literatur seit Aristoteles' (384–322 v. Chr.) Schrift „Über die Dichtkunst" immer begleitet. Sie fragt nach dem Wesen, der Funktion und den Gestaltungsmitteln der Dichtung; sie kann normativ auftreten, d.h. Anweisungen zum ‚richtigen' Dichten geben; sie kann auch als Kritik verstanden werden. Aristoteles führte einen Begriff ein, auf den letztlich alle Beiträge zur Poetik zurückkommen: Er definierte Dichtung durch Nachahmung (Mimesis). Davon, was der Gegenstand der Nachahmung ist oder sein soll, handeln die Poetiken, die darauf allerdings im Verlauf der Geschichte verschiedene Antworten gegeben haben. Für die Romantiker galt, dass sie sich entschieden gegen die Vorstellung von der Nachahmung vorhandener, vorgegebener Wirklichkeit (im Sinne ihrer Abbildung) gewandt haben.
Einige Äußerungen von Autoren der sog. Frühromantik können eine Vorstellung vom Dichtungsverständnis vermitteln; nicht unwesentlich ist die Form, in der diese Gedanken vorgetragen wurden – das Fragment.

Die **Germanistik** (deutsche Philologie), also die Wissenschaft von der geschichtlichen Entwicklung der deutschen Sprache und Literatur, entstand als Universitätsdisziplin in der Romantik; sie wurde durch Jakob und Wilhelm Grimm begründet, die sich mit Sprachwissenschaft befassten und Sagen, Märchen und Mythen sammelten und erforschten. „Deutsche Grammatik", 1819; Deutsches Wörterbuch, 1854–1961; Kinder- und Hausmärchen, 1812–15; Deutsche Sagen, 1816–18; Deutsche Mythologie, 1835.

[1] Vgl. Barock, S. 144ff.

Text 1 Friedrich Schlegel (1772–1829): Athenäums-Fragment 116

Die romantische Poesie ist eine progressive Universalpoesie. Ihre Bestimmung ist nicht bloß, alle getrennte Gattungen der Poesie wieder zu vereinigen, und die Poesie mit der Philosophie und Rhetorik in Berührung zu setzen. Sie will, und soll auch Poesie und Prosa, Genialität und Kritik, Kunstpoesie und Naturpoesie bald mischen, bald verschmelzen, die Poesie lebendig und gesellig, und das Leben und die Gesellschaft poetisch machen, den Witz poetisieren, und die Formen der Kunst mit gediegnem Bildungsstoff jeder Art anfüllen und sättigen, und durch die Schwingungen des Humors beseelen. Sie umfasst alles, was nur poetisch ist, vom größten wieder mehre Systeme in sich enthaltenden Systeme der Kunst, bis zu dem Seufzer, dem Kuss, den das dichtende Kind aushaucht in kunstlosen Gesang. Sie kann sich so in das Dargestellte verlieren, dass man glauben möchte, poetische Individuen jeder Art zu charakterisieren, sei ihr Eins und Alles; und doch gibt es noch keine Form, die so dazu gemacht wäre, den Geist des Autors vollständig auszudrücken: so dass manche Künstler, die nur auch einen Roman schreiben wollten, von ungefähr sich selbst dargestellt haben. Nur sie kann gleich dem Epos ein Spiegel der ganzen umgebenden Welt, ein Bild des Zeitalters werden. Und doch kann auch sie am meisten zwischen dem Dargestellten und dem Darstellenden, frei von allem realen und idealen Interesse auf den Flügeln der poetischen Reflexion in der Mitte schweben, diese Reflexion immer wieder potenzieren und wie in einer endlosen Reihe von Spiegeln vervielfachen. Sie ist der höchsten und der allseitigsten Bildung fähig; nicht bloß von innen heraus, sondern auch von außen hinein; indem sie jedem, was ein Ganzes in ihren Produkten sein soll, alle Teile ähnlich organisiert, wodurch ihr die Aussicht auf eine grenzenlos wachsende Klassizität eröffnet wird. Die romantische Poesie ist unter den Künsten was der Witz der Philosophie, und die Gesellschaft, Umgang, Freundschaft und Liebe im Leben ist. Andre Dichtarten sind fertig, und können nun vollständig zergliedert werden. Die romantische Dichtart ist noch im Werden; ja das ist ihr eigentliches Wesen, dass sie ewig nur werden, nie vollendet sein kann. Sie kann durch keine Theorie erschöpft werden, und nur eine divinatorische[1] Kritik dürfte es wagen, ihr Ideal charakterisieren zu wollen. Sie allein ist unendlich, wie sie allein frei ist, und das als ihr erstes Gesetz anerkennt, dass die Willkür des Dichters kein Gesetz über sich leide. Die romantische Dichtart ist die einzige, die mehr als Art, und gleichsam die Dichtkunst selbst ist: denn in einem gewissen Sinn ist oder soll alle Poesie romantisch sein.

Text 2 Friedrich Schlegel: Athenäums-Fragment 216 [Auszug]

Die Französische Revolution, Fichtes Wissenschaftslehre[2] und Goethes Meister[3] sind die größten Tendenzen des Zeitalters. Wer an dieser Zusammenstellung Anstoß nimmt, wem keine Revolution wichtig scheinen kann, die nicht laut und materiell ist, der hat sich noch nicht auf den hohen weiten Standpunkt der Geschichte der Menschheit erhoben. Selbst in unsern dürftigen Kulturgeschichten, die meistens einer mit fortlaufendem Kommentar begleiteten Variantensammlung, wozu der klassische Text verloren ging, gleichen, spielt manches kleine Buch, von dem die lärmende Menge zu seiner Zeit nicht viel Notiz nahm, eine größere Rolle als alles, was diese trieb. [...]

(e 1798)

Text 3 [Gedanken zur Poetik]

1. „Denn das ist der Anfang aller Poesie, den Gang und die Gesetze der vernünftig denkenden Vernunft aufzuheben und uns wieder in die schöne Verwirrung der Fantasie, in das ursprüngliche Chaos der menschlichen Natur zu versetzen." (F. Schlegel, Gespräch über die Poesie)
2. „Ich möchte fast sagen, das Chaos muss in jeder Dichtung durch den regelmäßigen Flor der Ordnung schimmern." (Novalis, Heinrich von Ofterdingen)
3. „Die Welt muss romantisiert werden. So findet man den ursprünglichen Sinn wieder. Romantisieren ist nichts als eine qualitative Potenzierung. Das niedere Selbst wird mit einem bessern Selbst in dieser Operation identifiziert. [...] Indem ich dem Gemeinen einen hohen Sinn, dem Bekannten die Würde des Unbekannten, dem Endlichen einen unendlichen Schein gebe, so romantisiere ich es." (Novalis)
4. „Alle Märchen sind nur Träume von jener heimatlichen Welt, die überall und nirgends ist." (Novalis)

---

1 divinatorisch: seherisch
2 Fichtes „Wissenschaftslehre" begründet seine Philosophie des subjektiven Idealismus.
3 Goethes „Wilhelm Meister" ist Vorbild für alle späteren Bildungsromane.

Arbeitsanregungen:

1. Stellen Sie (aus den Texten 1–3) Schlüsselbegriffe zusammen, aus denen Aufgabe und Anspruch der Kunst deutlich werden.

2. Versuchen Sie Beziehungen zwischen dichterischen Werken der Romantik und den in der Poetik vorgetragenen Ideen herzustellen.

3. Diskutieren Sie über Friedrich Schlegels (Text 2) Gleichsetzung von Revolution, Philosophie und Dichtung.

Die **Literatursprache der Romantik** ist gekennzeichnet durch eine Vorliebe für Klang und Sprachmelodie, für das Geheimnisvolle und Unbestimmte; dazu wurden Sinnenhaftes und Seelisches, Gefühltes und Gedachtes miteinander verwoben. In der dichterischen Sprache sollte das Wort also nicht begrifflich bestimmt sein, sondern es sollte unbestimmte Assoziationen wecken. (Charakteristische Beispiele: mondumspiegelt, wildentbrannt, tauberauscht, Wunderwellen, Zauberspiegel, Wintersterne, Waldesrauschen, Felsenschlüfte, dunkelblaue Schwüle). Die Suche nach dem Ursprünglichen, Naturhaften führte zur Beschäftigung mit der Vergangenheit; die Sprache der Volkslieder und Volksbücher wurde zum Teil übernommen, was teilweise zu einem gewollt altertümlichen Stil führte.

Europäische Romantik: Die europäische Romantik konstituierte sich in der Rückbesinnung auf die nationalen Traditionen (Rousseau, Shakespeare, Calderón u.a.) unter dem Einfluss deutscher Ideen und literarischer Beispiele, erhielt aber in jedem Land ein eigentümliches Gepräge. Es ist umstritten, ob es in den anderen Nationalliteraturen überhaupt eine der deutschen vergleichbare Romantik gegeben hat. Trotzdem sind die europäischen Gemeinsamkeiten nicht zu übersehen: Die Französische Revolution als auslösender Faktor für die Regeneration der Literatur, also ihre Befreiung vom Gattungszwang der klassizistischen Regelpoetik, die Entdeckung der volkstümlichen Quellen der Tradition im christlichen Mittelalter in der Reaktion auf Napoleons Eroberungen und die Rückbesinnung auf die Natur.

5. „Erzählungen, ohne Zusammenhang, jedoch mit Assoziationen wie Träume. Gedichte – bloß wohlklingend und voll schöner Worte – aber auch ohne allen Sinn und Zusammenhang – höchstens einzelne Strophen verständlich – sie müssen wie lauter Bruchstücke aus den verschiedenartigsten Dingen sein." (Novalis)

2. Romantik – Begriff und Epoche

„Romantisch" stammt etymologisch aus den altfranzösischen Substantiven „romanz", „roman" und bezeichnet die in der Volkssprache (im Unterschied zum gepflegten Latein) geschriebenen höfischen Versromane; die Sprachbezeichnung wird schließlich als Gattungsbegriff verwendet. Im 17. Jahrhundert bedeutete „romantisch" demgemäß „wie in Romanen", und zwar wurde das Wort im pejorativen Sinn gebraucht. Gegen Ende des 18. Jahrhunderts (die Aufklärungspoetik hatte zu einer Aufwertung bzw. Rechtfertigung des Wunderbaren, Fantastischen beigetragen) hatte das Wort eine sentimentale Bedeutung; in diesem Sinne spricht Werther von der „lieben romantischen Höhle". In der Empfindsamkeit war das Romantische dem Nüchternen, Philisterhaften entgegengesetzt; diesen Wortgebrauch griffen die Romantiker auf. August Wilhelm Schlegel allerdings verstand den Begriff historisch zur Bezeichnung der mittelalterlichen und neuzeitlichen im Gegensatz zur klassisch-antiken Literatur. Eine andere Bedeutung erhielt der Begriff bei Friedrich Schlegel und Novalis, für den Poesie im Gegensatz zur Nachahmung der Natur (Wirklichkeitsabbildung) stand; romantisch war in diesem Sinne gleichbedeutend mit poetisch.
Die Romantik steht im Zeichen einer Selbstkritik der neuzeitlichen Aufklärung, sofern diese Rationalität als Herrschaft ökonomischer, zweckrationaler Denkweisen versteht. Der Philister galt den Romantikern als Repräsentant dieser Denk- und Lebensweise. Die Romantiker erlebten ihre Zeit als eine Phase des Umbruchs, der Brüchigkeit der alten politischen, wirtschaftlichen und gesellschaftlichen Strukturen; sie lebten in einer politischen Bewusstseins- und Systemkrise, auf die sie mit ihrer Kunst auf unterschiedliche Weise antworteten.
In der Literaturgeschichte unterscheidet man drei verschiedene Phasen: die Frühromantik, die Hochromantik und die Spätromantik. Ein großer Teil der zur *Frühromantik* (1797–1804) gerechneten Dichter hatte sich 1798 in Dresden getroffen; ein Jahr später kam es zur Begegnung in Jena. 1798 begannen die Brüder Schlegel mit der Herausgabe der Zeitschrift „Athenäum".
1806 war das Jahr des preußischen Zusammenbruchs nach der Niederlage bei Jena und Auerstedt. Eine andere Gruppe von Dichtern – zwischen den Gruppierungen gab es Verbindungen – hatte 1805/06 eine Sammlung von Volksliedern unter dem Titel „Des Knaben Wunderhorn" herausgegeben. Achim von Arnim und Clemens Brentano, die beiden Herausgeber, gehörten zu dem Zentrum, das in Heidelberg entstand (*Heidelberger* oder *Hochromantik,* etwa 1805–1815); ihnen ging es darum, durch den Rückgriff auf die volkstümliche Literatur die schöpferischen Kräfte des deutschen „Volksgeistes" zu wecken. Auch Berlin war Mittelpunkt romantischer Gruppierungen: August Wilhelm und Friedrich Schlegel, Adalbert von Chamisso, E.T.A. Hoffmann, Achim von Arnim und Clemens Brentano sowie Heinrich von Kleist gehörten – zu unterschiedlichen Zeiten – dazu. Der Widerspruch zwischen der Sehnsucht nach Poesie und der Prosa des bürgerlichen Alltags prägte noch einmal im romantischen Sinne nach 1820 veröffentlichte Dichtungen, z.B. von Joseph von Eichendorff, den man der *Spätromantik* zuordnet, der aber im Bewusstsein der späteren Leser der ‚romantischste' Dichter geworden ist.

Text 1 **Rudolf Vierhaus: [Schriftsteller in einer Zeit des Umbruchs]** [Auszug]

„Ungeheure Veränderungen" vollzogen sich um 1800 auch in Deutschland, wenngleich anderer Art, auf andere Weise und mit anderen Ergebnissen. Französische Besetzung und Verwaltung auf dem linken Rheinufer für mehr als zwanzig Jahre, Beseitigung der geistlichen Staaten, Säkularisation geistlichen Besitzes, Liquidation der Landeshoheit von Reichsrittern und Reichsgrafen, also Herrschaftswechsel in zahlreichen Fällen, Auflösung des Reiches, Aufhebung der Reichsgerichte und des Reichstags, Kriege, Grenzveränderungen, Besatzungen, Regierungs- und Verwaltungsreformen, Veränderungen im Rechts- und Schulwesen, in der Militär- und Kirchenorganisation – das alles zusammen bewirkte im Laufe eines Vierteljahrhunderts ein Maß an Umgestaltung, das allenfalls mit den tief reichenden Veränderungen in der ersten Hälfte des 16. Jahrhunderts verglichen werden kann. Eine Umgestaltung, die auch durch das Wiederherstellungswerk des Wiener Kongresses nicht rückgängig gemacht wurde!

Gewiss haben die Menschen in Deutschland diese Veränderungen auf unterschiedliche Weise erlebt, je nachdem sie, direkt oder indirekt, als engagierte Beobachter, als Reformfreunde oder als Anhänger des Alten betroffen waren. Alle aber standen unter dem Eindruck einer tiefen Krise der politischen Institutionen wie des politischen Bewusstseins, deren Ausgang die Betroffenen und Beobachtenden nicht abzusehen vermochten. Diese Ungewissheit wurde dadurch noch verstärkt, dass die Krise zu einem beträchtlichen Teil aus externen Anlässen hervorging, so dass sich den Deutschen das Gefühl aufdrängen musste, politisch nurmehr Objekt der Politik großer europäischer Mächte, vor allem des napoleonischen Frankreich, darzustellen, und vom Verlust der politischen Identität bedroht zu sein. Zugleich löste die Krise vielfältige, oft diffuse, oft widersprüchliche Erwartungen im Hinblick auf die Durchführung notwendiger Reformen, auf Modernisierung der deutschen politischen Verhältnisse aus, die, nachdem so viele der älteren Institutionen beseitigt waren oder sich aufgelöst hatten, ebenso dringend erschienen wie ihre Durchführung leichter geworden war. […]

(v 1987)

Arbeitsanregungen:

1 Verschaffen Sie sich anhand der Dichterbiografien dieses Kapitels einen Überblick über die Situation der romantischen Schriftsteller (gesellschaftliche Herkunft, Beruf, Lebensverhältnisse).
a Welche Probleme stellen sich den Schriftstellern?
b Wie verhält sich ihre Lage zu derjenigen der Dichter des 18. Jahrhunderts (vgl. Aufklärung und Klassik)?

2 Schriftsteller im 19. Jahrhundert und Schriftsteller in unserer Zeit:
a Wie wird man Ihrer Meinung nach Schriftsteller?
b Welche Möglichkeiten, Bücher zu veröffentlichen, gibt es?
c Wie ist die wirtschaftliche Lage der Schriftsteller?

3. Gedanken über die Romantik

Text 1

Arnold Hauser: [Romantik als übersteigerter Subjektivismus]

[…] Die Romantik hatte nicht nur eine epochale Bedeutung, sie hatte auch ein epochales Bewusstsein. Sie stellte eine der wichtigsten Wendungen in der Geschichte des abendländischen Geistes dar, und sie war sich ihrer historischen Rolle vollkommen bewusst. Seit der Gotik hatte die Entwicklung der Sensibilität keinen stärkeren Anstoß erfahren, und das Recht des Künstlers, der Stimme seines Gefühls und seiner Natur zu folgen, wurde mit solcher Unbedingtheit wohl überhaupt noch nie betont. Der Rationalismus, der seit der Renaissance in beständigem Fortschritt begriffen war und durch die Aufklärung eine universale, die ganze Kulturwelt beherrschende Geltung gewann, erlitt den empfindlichsten Rückschlag seiner Geschichte. […]

[…] Die ganze Überschwänglichkeit, Anarchie und Wildheit der modernen Kunst, ihr trunkener und stammelnder Lyrismus, ihr hemmungsloser, schonungsloser Exhibitionismus geht auf die Romantik zurück. Und diese subjektive, egozentrische Haltung ist für uns so selbstverständlich, so unumgänglich geworden, dass wir nicht einmal einen abstrakten Gedankengang mehr wiedergeben können, ohne dabei von unseren Empfindungen zu sprechen. Die intellektuelle Leidenschaft, das Pathos der Vernunft, die künstlerische Produktivität des Rationalismus sind so vollkommen in Vergessenheit geraten, dass wir auch die klassische Kunst nur mehr als den Ausdruck eines romantischen Gefühls begreifen können. […]

[…] Dem Romantiker genügt es nicht, romantisch zu sein, er macht aus der Romantik ein Lebensziel, ein Lebensprogramm. Er will das Leben nicht nur romantisch darstellen, er will es der Kunst anpassen und sich in die Illusion eines ästhetisch-utopischen Daseins wiegen. Diese Romantisierung aber bedeutet vor allem, das Leben vereinfachen und vereinheitlichen, es von der quälenden Dialektik alles geschichtlichen Seins befreien, die unlösbaren Widersprüche aus ihm ausschalten und die rationalen Widerstände gegen die Wunschträume und Fantasien abschwächen. Jedes Kunstwerk ist ein Traumbild und eine Legende der Wirklichkeit, jede Kunst setzt eine Utopie an die Stelle des Daseins, nur kommt in der Romantik der utopische Charakter der Kunst reiner und ungebrochener zum Ausdruck als sonst. […]

Die Romantik überspitzte ihren Individualismus als Kompensation für die Geistesfremdheit der Welt und als Schutz gegen die Geistesfeindschaft der Bourgeoisie und des Philistertums. Sie wollte sich, so wie es schon die Vorromantik zu tun versuchte, mit ihrem Ästhetizismus eine Sphäre schaffen, die von der übrigen Welt abgesondert war und in der sie unbeschränkt regieren konnte. Der Klassizismus orientierte den Begriff der Schönheit an dem der Wahrheit, das heißt an einem allgemein menschlichen, das ganze Dasein beherrschenden Maß. Musset kehrte nun aber das Wort Boileaus um und verkündete: „Rien n'est vrai que le beau." Die Romantiker beurteilten das Leben nach den Kriterien der Kunst, weil sie sich damit als eine Art priesterlicher Kaste über den Rest der Menschheit erheben wollten. […]

Das Individuum hatte seit der Revolution jeden äußeren Halt verloren; es war auf sich selbst gestellt, musste in sich selbst Anhaltspunkte suchen, wurde sich unendlich wichtig, unendlich interessant. Es ersetzte die Erfahrung der Welt durch die Selbsterfahrung und empfand schließlich die innere Bewegtheit, den Strom der Gedanken und Gefühle, den Weg von einem Seelenzustand zum andern als realer denn die äußere Wirklichkeit. Es betrachtete die Welt nur als das Rohmaterial und Substrat der eigenen Erlebnisse und benützte sie als Vorwand, um von sich selbst zu sprechen. „Alle Zufälle unseres Lebens", meinte Novalis, „sind Materialien, aus denen wir machen können, was wir wollen, alles ist Glied in einer unendlichen Kette." Es entwertet sich damit sowohl der Ausgangs- als auch der Endpunkt des Erlebnisstroms, sowohl der Inhalt als auch die Form der künstlerischen Gestaltung. Die Welt wird zum bloßen Anlass der seelischen Bewegung, die Kunst zum zufälligen Gefäß, in dem die Erlebnisinhalte für einen Augenblick Form gewinnen. [...]

(v 1983)

Arbeitsanregungen:

1 a Fassen Sie die Forderungen, die A. Hauser an die Kunst stellt, zusammen. b Vergleichen Sie sein Bild der Romantik mit der Vorstellung, die Sie gewonnen haben.

2 Wie erklärt A. v. Bormann das neue Interesse an der Romantik?

3 Rückkehr in den Ursprung – Abkehr von der Aufklärung – Rückzug aus der Wirklichkeit – Flucht vor Problemen: Die Romantik befindet sich auf der Anklagebank. Übernehmen Sie ihre Verteidigung!

Text 2 **Alexander von Bormann: Über die Aktualität der Romantik** [Auszug]

[...] Die Romantik ist wieder da. Lange Jahre als konservativ oder gar reaktionär gescholten, zumindest aber als irrational, dunkel, geschichtlich vergangen, erlebte sie im letzten Jahrzehnt eine unvermutete Zuwendung. Nicht nur in der Germanistik und Kunstgeschichte (die Caspar David Friedrich-Ausstellung wurde fast zum nationalen Ereignis), sondern auch in der Natur- und Rechtsphilosophie, in Geschichtswissenschaft und Theologie, ja in Sozialwissenschaften und Psychologie blüht plötzlich die Romantikforschung. Auch das Ergrünen der Politik stellt sich, zumindest im Gestus, dazu. Und die ‚Tendenzwende' der Literatur, die um die Mitte der siebziger Jahre stattfand, gehört gleichfalls in diesen Zusammenhang. Statt der beschädigten Gesellschaft ist nun das beschädigte Subjekt das Hauptthema; und die Natur wird fast wieder als mythische Größe, jedenfalls als Gegenüber wahrgenommen: *Die Natur ist das Einzige, was ich euch versprechen kann – das einzig stichhaltige Versprechen. (...) Sie kann freilich weder Zufluchtsort noch Ausweg sein. Aber sie ist das Vorbild und gibt das Maß* (Peter Handke).[1]

Schlagwortmäßig lassen sich für die gegenwärtige Neuromantik-Welle, der noch nachzufragen ist, Zusammenhänge mit dem Ölschock, der Rohstoffverknappung, dem ‚Nullwachstum', der Absage also an die Illusion ungebrochener Progression ausmachen. Wir wissen es seit langem (und Werner Krauss hat es wiederum gezeigt), dass die Entgegensetzung Aufklärung – Romantik nicht recht aufgeht; doch die neuromantischen Bewegungen sind immer ein Gutteil ungebildeter (und dadurch deutlicher, wirkungsvoller) gewesen als die historische deutsche Romantik, und sie haben diesen Gegensatz stets kultiviert. So heißt auch ein 1980 erschienenes Heft der Zeitschrift L'80: *Romantik contra Aufklärung – ein unbewältigter Konflikt.* Es bleibt ein sprechender Gegensatz: die Aufklärung ist danach eine Wachstumsideologie, gehört eher zu sozioökonomischen Expansionsphasen; die Romantik ist, dieser einleuchtenden Verkürzung zufolge, eher Krisenzeiten verschwistert und lehrt (das macht ihren ‚Konservatismus' aus), mit Beständen auszukommen. Der Blick auf die modernen ‚Errungenschaften' wird dabei zunehmend kritischer. [...]

(v 1984)

Caspar David Friedrich, geb. 1774 in Greifswald, gest. 1840 in Dresden; nach autodidaktischen Anfängen besuchte er 1794/98 die Akademie in Kopenhagen, kam dann nach Dresden; 1801 lernte er P.O. Runge kennen, um sie bildete sich der Dresdner Kreis mit L. Tieck und Novalis, den Malern Kügelgen, Olivier sowie dem Arzt, Schriftsteller und Maler Carus. Das erste bedeutende Ölgemälde entstand 1807, das „Kreuz im Gebirge" (Tetschener Altar).

Caspar David Friedrich, Mondaufgang am Meer, 1822

[1] Peter Handke: Über die Dörfer. Dramatisches Gedicht. Frankfurt: Suhrkamp 1981, S. 97.

Realistische Literatur des 19. Jahrhunderts

Dass Epochenbegriffe lediglich Hilfsmittel sind um eine bessere Orientierung in der Geschichte der Literatur zu ermöglichen, gilt auch für das 19. Jahrhundert. Eine Haupttendenz lässt sich mit dem Begriff „Realismus" beschreiben; in der Literaturgeschichtsschreibung haben sich zur weiteren Differenzierung die Begriffe „Junges Deutschland", „Biedermeier", „Vormärz" für die Literatur der ersten Jahrhunderthälfte eingebürgert. Die damit bezeichneten Richtungen lösen einander nicht ab, sondern bestehen nebeneinander; gleichzeitig gibt es auch noch eine romantische Richtung, so dass deutlich wird: In der Literatur gilt das Prinzip der Gleichzeitigkeit von Ungleichzeitigem.
Leitfragen in Bezug auf die Literatur dieser Epoche sind: Was heißt „realistische" Literatur? Was ‚leistet' sie? Was wird von einer Literatur erwartet, die realistisch ist?

I. Handeln durch Literatur

Die gesellschaftlichen und politischen Bedingungen nahezu der gesamten ersten Hälfte des 19. Jahrhunderts wurden in Deutschland durch das sogenannte ‚System Metternich' und seine restaurativen Ziele entscheidend geprägt. Es gab keine freie Meinungsäußerung, die Zensurmaßnahmen der „Karlsbader Beschlüsse" (1819) wirkten sich nicht nur auf das politische Leben lähmend aus, auch die Schriftsteller waren davon betroffen.

1. Handlungsmöglichkeiten

Die folgenden Bilder und der Text dokumentieren verschiedene Arten des Handelns.

Text 1 **Der Hessische Landbote. Erste Botschaft**

Der Hessische Landbote.

Erste Botschaft.

Darmstadt, im Juli 1834.

Vorbericht.

Dieses Blatt soll dem hessischen Lande die Wahrheit melden, aber wer die Wahrheit sagt, wird gehenkt, ja sogar der, welcher die Wahrheit liest, wird durch meineidige Richter vielleicht gestraft. Darum haben die, welchen dies Blatt zukommt, folgendes zu beobachten:
1) Sie müssen das Blatt sorgfältig außerhalb ihres Hauses vor der Polizei verwahren;
2) sie dürfen es nur an treue Freunde mittheilen;
3) denen, welchen sie nicht trauen, wie sich selbst, dürfen sie es nur heimlich hinlegen;
4) würde das Blatt dennoch bei Einem gefunden, der es gelesen hat, so muß er gestehen, daß er es eben dem Kreisrath habe bringen wollen;
5) wer das Blatt nicht gelesen hat, wenn man es bei ihm findet, der ist natürlich ohne Schuld.

Friede den Hütten! Krieg den Pallästen!

Im Jahr 1834 siehet es aus, als würde die Bibel Lügen gestraft. Es sieht aus, als hätte Gott die Bauern und Handwerker am 5ten Tage, und die Fürsten und Vornehmen am 6ten gemacht, und als hätte der Herr zu diesen gesagt: Herrschet über alles Gethier, das auf Erden kriecht, und hätte die Bauern und Bürger zum Gewürm gezählt. Das Leben der Vornehmen ist ein langer Sonntag, sie wohnen in schönen Häusern, sie tragen zierliche Kleider, sie haben feiste Gesichter und reden eine eigne Sprache; das Volk aber liegt vor ihnen wie Dünger auf dem Acker. Der Bauer geht hinter dem Pflug, der Vornehme aber geht hinter ihm und dem Pflug und treibt ihn mit den Ochsen am Pflug, er nimmt das Korn und läßt ihm die Stoppeln. Das Leben des Bauern ist ein langer Werktag; Fremde verzehren seine Aecker vor seinen Augen, sein Leib ist eine Schwiele, sein Schweiß ist das Salz auf dem Tische des Vornehmen.

Im Großherzogthum Hessen sind 718,373 Einwohner, die geben an den Staat jährlich an 6,363,364 Gulden, als

1)	Direkte Steuern	2,128,131 fl.
2)	Indirecte Steuern	2,478,264 „
3)	Domänen	1,547,394 „
4)	Regalien	46,938 „
5)	Geldstrafen	98,511 „
6)	Verschiedene Quellen	64,198 „
		6,363,363 fl.

Bild 1 Bücherverbrennung[1] auf dem Wartburgfest am 18.10.1817

[1] Bücherverbrennung (Bild 1): Auf der Wartburg trafen sich am 18. Okt. 1817, dem Jahrestag der Völkerschlacht bei Leipzig, einige hundert Burschenschaftler zu einer Demonstration gegen die Restauration; dabei wurden auch Bücher – u.a. von Schmalz, Kotzebue und Haller – verbrannt.

Bild 1 Der Denker-Club. Karikatur, 1. Hälfte 19. Jh.

Bild 2 Die Barrikade an der Kronen- und Friedrichstraße am 18. März 1848 von einem Augenzeugen

Arbeitsanregungen:

1 Beschreiben Sie die Bilder und die jeweils zugrunde liegende gesellschaftlich-politische Situation. Welche Folgerungen werden aus ihr gezogen?

2 Erörtern Sie den Sinn der dargestellten bzw. intendierten Handlungsweisen. Informieren Sie sich zuvor über das ‚System Metternich', die Burschenschaften und die Karlsbader Beschlüsse.

2. „Ideenschmuggel" (Karl Gutzkow[1])

Text 1 **Heinrich Heine (1797–1856): Die Harzreise** [Auszug]

[…] Ich war zuerst in die Carolina gestiegen. Das ist die schmutzigste und unerfreulichste Carolina, die ich je kennen gelernt habe. Die Leitersprossen sind kotig nass. Und von einer Leiter zur andern gehts hinab, und der Steiger voran, und dieser beteuert immer: es sei gar nicht gefährlich, nur müsse man sich mit den Händen fest an den Sprossen halten, und nicht nach den Füßen sehen, und nicht schwindlicht werden, und nur bei Leibe nicht auf das Seitenbrett treten, wo jetzt das schnurrende Tonnenseil heraufgeht, und wo, vor vierzehn Tagen, ein unvorsichtiger Mensch hinunter gestürzt und leider den

[1] Karl Gutzkow (1811–1878), Schriftsteller, der zum „Jungen Deutschland" gehörte.

Hals gebrochen. Da unten ist ein verworrenes Rauschen und Summen, man stößt beständig an Balken und Seile, die in Bewegung sind, um die Tonnen mit geklopften Erzen, oder das hervorgesinterte Wasser, herauf zu winden. Zuweilen gelangt man auch in durchgehauene Gänge, Stollen genannt, wo man das Erz wachsen sieht, und wo der einsame Bergmann den ganzen Tag sitzt und mühsam mit dem Hammer die Erzstücke aus der Wand herausklopft. Bis in die unterste Tiefe, wo man, wie einige behaupten, schon hören kann, wie die Leute in Amerika „Hurrah Lafayette!“[1] schreien, bin ich nicht gekommen; unter uns gesagt, dort, bis wohin ich kam, schien es mir bereits tief genug: – immerwährendes Brausen und Sausen, unheimliche Maschinenbewegung, unterirdisches Quellengeriesel, von allen Seiten herabtriefendes Wasser, qualmig aufsteigende Erddünste, und das Grubenlicht immer bleicher hineinflimmernd in die einsame Nacht. Wirklich, es war betäubend, das Atmen wurde mir schwer, und mit Mühe hielt ich mich an den glitschrigen Leitersprossen. Ich habe keinen Anflug von sogenannter Angst empfunden, aber, seltsam genug, dort unten in der Tiefe erinnerte ich mich, dass ich im vorigen Jahre, ungefähr um dieselbe Zeit, einen Sturm auf der Nordsee erlebte, und ich meinte jetzt, es sei doch eigentlich recht traulich angenehm, wenn das Schiff hin und her schaukelt, die Winde ihre Trompeterstückchen losblasen, zwischendrein der lustige Matrosenlärmen erschallt und alles frisch überschauert wird von Gottes lieber, freier Luft. Ja, Luft! – Nach Luft schnappend stieg ich einige Dutzend Leitern wieder in die Höhe, und mein Steiger führte mich durch einen schmalen, sehr langen, in den Berg gehauenen Gang nach der Grube Dorothea. Hier ist es luftiger und frischer, und die Leitern sind reiner, aber auch länger und steiler als in der Carolina. Hier wurde mir schon besser zu Mute, besonders da ich wieder Spuren lebendiger Menschen gewahrte. In der Tiefe zeigten sich nämlich wandelnde Schimmer; Bergleute mit ihren Grubenlichtern kamen allmählig in die Höhe, mit dem Gruße „Glückauf!“ und mit demselben Wiedergruße von unserer Seite stiegen sie an uns vorüber; und wie eine befreundet ruhige, und doch zugleich quälend rätselhafte Erinnerung, trafen mich, mit ihren tiefsinnig klaren Blicken, die ernstfrommen, etwas blassen, und vom Grubenlicht geheimnisvoll beleuchteten Gesichter dieser jungen und alten Männer, die in ihren dunkeln, einsamen Bergschachten den ganzen Tag gearbeitet hatten, und sich jetzt hinaufsehnten nach dem lieben Tageslicht, und nach den Augen von Weib und Kind.

Mein Cicerone[2] selbst war eine kreuzehrliche, pudeldeutsche Natur. Mit innerer Freudigkeit zeigte er mir jene Stolle, wo der Herzog vom Cambridge[3], als er die Grube befahren, mit seinem ganzen Gefolge gespeist hat, und wo noch der lange hölzerne Speisetisch steht, so wie auch der große Stuhl von Erz, worauf der Herzog gesessen. Dieser bleibe zum ewigen Andenken stehen, sagte der gute Bergmann, und mit Feuer erzählte er: wie viele Festlichkeiten damals statt gefunden, wie der ganze Stollen mit Lichtern, Blumen und Laubwerk verziert gewesen, wie ein Bergknappe die Zither gespielt und gesungen, wie der vergnügte, liebe, dicke Herzog sehr viele Gesundheiten ausgetrunken habe, und wie viele Bergleute, und er selbst ganz besonders, sich gern würden totschlagen lassen für den lieben, dicken Herzog und das ganze Haus Hannover. – Innig rührt es mich jedesmal, wenn ich sehe, wie sich dieses Gefühl der Untertanstreue in seinen einfachen Naturlauten ausspricht. Es ist ein so schönes Gefühl! Und es ist ein so wahrhaft deutsches Gefühl! Andere Völker mögen gewandter sein, und witziger und ergötzlicher, aber keines ist so treu, wie das treue deutsche Volk. Wüsste ich nicht, dass die Treue so alt ist, wie die Welt, so würde ich glauben, ein deutsches Herz habe sie erfunden. Deutsche Treue! sie ist keine moderne Adressenfloskel. An Euren Höfen, Ihr deutschen Fürsten, sollte man singen und wieder singen das Lied von dem getreuen Eckart[4] und dem bösen Burgund, der ihm die lieben Kinder töten lassen, und ihn alsdann doch noch immer treu befunden hat. Ihr habt das treueste Volk, und Ihr irrt, wenn Ihr glaubt, der alte, verständige, treue Hund sei plötzlich toll geworden, und schnappe nach Euren geheiligten Waden.

Wie die deutsche Treue, hatte uns jetzt das kleine Grubenlicht, ohne viel Geflacker, still und sicher geleitet durch das Labyrinth der Schachten und Stollen; wir stiegen hervor aus der dumpfigen Bergnacht, das Sonnenlicht strahlt' – Glück auf! [...]

(v 1826)

Heinrich Heine, geb. 1797 in Düsseldorf, gest. 1856 in Paris; Kaufmannslehre, seit 1816 im Bankhaus seines Hamburger Onkels Salomon Heine; 1819–25 Jurastudium in Bonn, Berlin und Göttingen; Redakteurstätigkeit in München (1827/28), Reise nach Italien (1828), seit 1831 in Paris als freier Schriftsteller; Verbot seiner Schriften durch den Bundestagsbeschluss (1835); 1841 heiratete er Créscence Eugénie Mirat („Mathilde“); seit 1848 dauernd ans Krankenlager gefesselt. – Werke: Reisebilder (1826–31), Buch der Lieder (1827), Die romantische Schule (1836), Deutschland. Ein Wintermärchen (1844), Romanzero (1851).

Reiseliteratur, die es bereits in der Antike gab, umfasst Reiseführer, wissenschaftliche Reisebeschreibungen, dichterisch ausgestaltete Reiseschilderungen und Reiseromane. Einen Höhepunkt des Typus der literarischen Reisebeschreibung stellt Goethes „Italienische Reise“ dar, die er aus Briefen und Tagebuchaufzeichnungen zusammenstellte. Die Reiseberichte des Jungen Deutschland verbanden Landschaftsbeschreibung mit Gesellschaftssatire.

[1] Lafayette: 1757–1834; nahm seit 1777 am Unabhängigkeitskampf der USA teil; 1789 in Paris Mitglied der Generalstände; verfasste den Entwurf zur Erklärung der Menschenrechte.

[2] Cicerone: Fremdenführer

[3] Herzog von Cambridge: damals Generalstatthalter des in Personalunion mit England verbundenen Hannover, wo sich die Gruben befinden.

[4] der getreue Eckart: Sagengestalt, die die Leute vor dem Betreten des Venusberges warnt; später gilt er als Warner in einem allgemeineren Sinne; vgl. auch Goethes Ballade „Der getreue Eckart“.

Georg Büchner, geb. 1813 in Goddelau bei Darmstadt, gest. 1837 in Zürich; seit 1831 Studium der Medizin und Naturwissenschaften in Straßburg und Gießen; 1834 Mitbegründer der geheimen „Gesellschaft für Menschenrechte“; 1835 entzog sich Büchner einer drohenden Verhaftung durch die Flucht nach Straßburg; 1836 Habilitation mit einer Arbeit über vergleichende Anatomie in Zürich; Typhuserkrankung. – Werke: Der Hessische Landbote (1834), Dantons Tod (1835), Leonce und Lena (1838), Woyzeck (ersch. 1879).

Flugblätter und **Flugschriften** sind publizistische Mittel sozial unterprivilegierter Gruppen, denen andere Mittel gesellschaftlicher Kommunikation nicht zur Verfügung stehen. Im Investiturstreit des 11. Jahrhunderts zwischen Papsttum und Kaiser, in der Reformation, in der Französischen Revolution von 1789 und der deutschen Revolution von 1848 dominierten Flugblätter, die Meinungen äußern und Anhänger werben wollen; Flugschriften sind umfangreicher als Flugblätter.

Text 2 Georg Büchner (1813–1837): Der Hessische Landbote [Auszug]

Friede den Hütten! Krieg den Palästen![1]

Im Jahr 1834 siehet es aus, als würde die Bibel Lügen gestraft. Es sieht aus, als hätte Gott die Bauern und Handwerker am 5ten Tage, und die Fürsten und Vornehmen am 6ten gemacht, und als hätte der Herr zu diesen gesagt: Herrschet über alles Getier, das auf Erden kriecht, und hätte die Bauern und Bürger zum Gewürm gezählt. Das Leben der Vornehmen ist ein langer Sonntag, sie wohnen in schönen Häusern, sie tragen zierliche Kleider, sie haben feiste Gesichter und reden eine eigne Sprache; das Volk aber liegt vor ihnen wie Dünger auf dem Acker. Der Bauer geht hinter dem Pflug, der Vornehme aber geht hinter ihm und dem Pflug und treibt ihn mit den Ochsen am Pflug, er nimmt das Korn und lässt ihm die Stoppeln. Das Leben des Bauern ist ein langer Werktag; Fremde verzehren seine Äcker vor seinen Augen, sein Leib ist eine Schwiele, sein Schweiß ist das Salz auf dem Tische des Vornehmen.

Im Großherzogtum Hessen sind 718 373 Einwohner, die geben an den Staat jährlich an 6 363 364 Gulden, als

1)	Direkte Steuern	2,128,131 fl.
2)	Indirekte Steuern	2,478,264 fl.
3)	Domänen	1,547,394 fl.
4)	Regalien	46,938 fl.
5)	Geldstrafen	98,511 fl.
6)	Verschiedene Quellen	64,198 fl.
		6,363,363 fl.

Dies Geld ist der Blutzehnte, der von dem Leib des Volkes genommen wird. An 700 000 Menschen schwitzen, stöhnen und hungern dafür. Im Namen des Staates wird es erpresst, die Presser berufen sich auf die Regierung und die Regierung sagt, das sey nöthig die Ordnung im Staat zu erhalten. Was ist denn nun das für gewaltiges Ding: der Staat? Wohnt eine Anzahl Menschen in einem Land und es sind Verordnungen oder Gesetze vorhanden, nach denen jeder sich richten muss, so sagt man, sie bilden einen Staat. Der Staat also sind *Alle;* die Ordner im Staate sind die Gesetze, durch welche das Wohl *Aller* gesichert wird, und die aus dem Wohl *Aller* hervorgehen sollen. – Seht nun, was man in dem Großherzogthum aus dem Staat gemacht hat; seht was es heißt: die Ordnung im Staate erhalten! 700 000 Menschen bezahlen dafür 6 Millionen, d.h. sie werden zu Ackergäulen und Pflugstieren gemacht, damit sie in Ordnung leben. In Ordnung leben heißt hungern und geschunden werden.

Wer sind denn die, welche diese Ordnung gemacht haben, und die wachen, diese Ordnung zu erhalten? Das ist die Großherzogliche Regierung. Die Regierung wird gebildet von dem Großherzog und seinen obersten Beamten. Die andern Beamten sind Männer, die von der Regierung berufen werden, um jene Ordnung in Kraft zu erhalten. Ihre Anzahl ist Legion: Staatsräthe und Regierungsräthe, Landräthe und Kreisräthe, Geistliche Räthe und Schulräthe, Finanzräthe und Forsträthe usw. mit allem ihrem Heer von Secretären usw. Das Volk ist ihre Heerde, sie sind seine Hirten, Melker und Schinder; sie haben die Häute der Bauern an, der Raub der Armen ist in ihrem Hause; die Thränen der Wittwen und Waisen sind das Schmalz auf ihren Gesichtern; sie herrschen frei und ermahnen das Volk zur Knechtschaft. Ihnen gebt ihr 6 000 000 fl. Abgaben; sie haben dafür die Mühe, euch zu regieren; d.h. sich von euch füttern zu lassen und euch eure Menschen- und Bürgerrechte zu rauben. Sehet, was die Ernte eures Schweißes ist. [...]

Die Anstalten, die Leute, von denen ich bis jetzt gesprochen, sind nur Werkzeuge, sind nur Diener. Sie thun nichts in ihrem Namen, unter der Ernennung zu ihrem Amt steht ein L., das bedeutet *Ludwig* von Gottes Gnaden[2] und sie sprechen mit Ehrfurcht: ‚im Namen des Großherzogs‘. Dies ist ihr Feldgeschrei, wenn sie euer Geräth versteigern, euer Vieh wegtreiben, euch in den Kerker werfen. Im Namen des Großherzogs sagen sie, und der Mensch, den sie so nennen, heißt: unverletzlich, heilig, souverain, königliche Hoheit. Aber tretet zu dem Menschenkinde und blickt durch seinen Fürstenmantel. Es isst, wenn es hungert, und schläft wenn sein Auge dunkel wird. Sehet, es kroch so nackt und weich in die Welt, wie ihr und wird so hart und steif hinausgetragen, wie ihr, und doch hat es seinen Fuß auf eurem Nacken, hat 700 000 Menschen an seinem Pflug, hat Minister die verantwortlich sind, für das, was es thut, hat Gewalt über euer Eigenthum durch die Steuern, die es ausschreibt, über euer Leben, durch die Gesetze, die es macht, es hat adliche Herrn und Damen um sich, die man Hofstaat heißt, und seine göttliche Gewalt vererbt sich auf seine Kinder mit Weibern, welche aus eben so übermenschlichen Geschlechtern sind.

Wehe über euch Götzendiener! – Ihr seyd wie die Heiden, die das Krokodill anbeten, von dem sie zerrissen werden. Ihr setzt ihm eine Krone auf, aber es ist eine Dornenkrone,

1 Friede den Hütten! Krieg den Palästen!: Slogan der Französischen Revolution
2 Ludwig von Gottes Gnaden: gemeint ist Großherzog Ludwig II. von Hessen (1772–1848)

die ihr euch selbst in den Kopf drückt; ihr gebt ihm ein Scepter in die Hand, aber es ist eine Ruthe, womit ihr gezüchtigt werdet; ihr setzt ihn auf euern Thron, aber es ist ein Marterstuhl für euch und eure Kinder. Der Fürst ist der Kopf des Blutigels, der über euch hinkriecht, die Minister sind seine Zähne und die Beamten sein Schwanz. Die hungrigen Mägen aller vornehmen Herren, denen er die hohen Stellen vertheilt, sind Schröpfköpfe, die er dem Lande setzt. Das L. was unter seinen Verordnungen steht, ist das Mahlzeichen des Thieres, das die Götzendiener unserer Zeit anbeten. Der Fürstenmantel ist der Teppich, auf dem sich die Herren und Damen vom Adel und Hofe in ihrer Geilheit übereinander wälzen – mit Orden und Bändern decken sie ihre Geschwüre und mit kostbaren Gewändern bekleiden sie ihre aussätzigen Leiber. Die Töchter des Volks sind ihre Mägde und Huren, die Söhne des Volks ihre Laquaien und Soldaten. Geht einmal nach Darmstadt und seht, wie die Herren sich für euer Geld dort lustig machen, und erzählt dann euern hungernden Weibern und Kindern, dass ihr Brod an fremden Bäuchen herrlich angeschlagen sey, erzählt ihnen von den schönen Kleidern, die in ihrem Schweiß gefärbt, und von den zierlichen Bändern, die aus den Schwielen ihrer Hände geschnitten sind, erzählt von den stattlichen Häusern, die aus den Knochen des Volks gebaut sind; und dann kriecht in eure rauchigen Hütten und bückt euch auf euren steinichten Aeckern, damit eure Kinder auch einmal hingehen können, wenn ein Erbprinz mit einer Erbprinzessin für einen andern Erbprinzen Rath schaffen will, und durch die geöffneten Glasthüren das Tischtuch sehen, wovon die Herren speisen und die Lampen riechen, aus denen man mit dem Fett der Bauern illuminirt. Das alles duldet ihr, weil euch Schurken sagen: ‚diese Regierung sey von Gott.‘ Diese Regierung ist nicht von Gott, sondern vom Vater der Lügen. Diese deutschen Fürsten sind keine rechtmäßige Obrigkeit, sondern die rechtmäßige Obrigkeit, den deutschen Kaiser, der vormals vom Volke frei gewählt wurde, haben sie seit Jahrhunderten verachtet und endlich gar verrathen. Aus Verrath und Meineid, und nicht aus der Wahl des Volkes ist die Gewalt der deutschen Fürsten hervorgegangen, und darum ist ihr Wesen und Thun von Gott verflucht; ihre Weisheit ist Trug, ihre Gerechtigkeit ist Schinderei. Sie zertreten das Land und zerschlagen die Person des Elenden. Ihr lästert Gott, wenn ihr einen dieser Fürsten einen Gesalbten des Herrn nennt, das heißt: Gott habe die Teufel gesalbt und zu Fürsten über die deutsche Erde gesetzt. Deutschland, unser liebes Vaterland, haben diese Fürsten zerrissen, den Kaiser, den unsere freien Voreltern wählten, haben diese Fürsten verrathen und nun fordern diese Verräther und Menschenquäler Treue von euch! – Doch das Reich der Finsterniß neiget sich zum Ende. Ueber ein Kleines und Deutschland, das jetzt die Fürsten schinden, wird als ein Freistaat mit einer vom Volk gewählten Obrigkeit wieder auferstehn. Die heilige Schrift sagt: Gebet dem Kaiser, was des Kaisers ist. Was ist aber dieser Fürsten, der Verräther? – *Das Theil von Judas!* [...]

(v 1834)

Arbeitsanregungen:

1 Heine (Text 1) beschreibt zuerst die Grube „Carolina“ und anschließend die „Dorothea“: Welche Unterschiede bestehen?

2 a Übertragen Sie die in indirekter Rede wiedergegebenen Ausführungen des Cicerone in die direkte Rede.
b Erklären Sie, mit welcher Absicht Heine die indirekte Rede verwendet.
c Mit welchen rhetorischen Mitteln und mit welcher Wirkungsabsicht wird die Wirklichkeit hier dargestellt?

3 Schreiben Sie einen Monolog, in dem ein Bauer (bzw. ein Hofbeamter) seine Reaktion auf die Flugschrift (Text 2) zum Ausdruck bringt.

4 Heine und Büchner geht es um „Ideenschmuggel“: Wie beurteilen Sie die verwendeten Mittel und die Wirkungsmöglichkeiten?

Panegyrik ist ein feierlich lobendes, später auch ruhmredig prahlendes Werk der Dichtung oder Redekunst, in dem vor allem bedeutende Taten, Institutionen oder Persönlichkeiten gepriesen werden. Panegyrik ist also vor allem als Herrscherlob von Bedeutung.

3. Lyrik als Waffe

Politische Lyrik ist zeitbezogen; aus der zeitlichen Distanz, fern ihrer Entstehungsbedingungen, werden ihre Sprache und ihre Wirkungsabsicht leicht unverständlich; der unmittelbare ‚Gebrauchswert‘ ist nicht mehr gegeben. Der Leser könnte in dieser Situation aus der Not eine Tugend machen und sich zunächst von der Frage leiten lassen, welche Gedichte trotz des zeitlichen Abstands ‚Bestand‘ haben, welche für ihn les- und verstehbar sind.

Text 1 **Theodor Körner (1791–1813): Aufruf**

Frisch auf, mein Volk! Die Flammenzeichen rauchen,
Hell aus dem Norden bricht der Freiheit Licht.
Du sollst den Stahl in Feindes Herzen tauchen;
Frisch auf, mein Volk! – Die Flammenzeichen rauchen,
Die Saat ist reif – ihr Schnitter, zaudert nicht!
Das höchste Heil, das letzte, liegt im Schwerte!
Drück’ dir den Speer ins treue Herz hinein! –
Der Freiheit eine Gasse![1] – Wasch’ die Erde,
Dein deutsches Land, mit deinem Blute rein!

Es ist kein Krieg, von dem die Kronen wissen;
Es ist ein Kreuzzug, ’s ist ein heil’ger Krieg!
Recht, Sitte, Tugend, Glauben und Gewissen
Hat der Tyrann aus deiner Brust gerissen –
Errette sie mit deiner Freiheit Sieg!
Das Winseln deiner Greise ruft: „Erwache!“
Der Hütte Schutt verflucht die Räuberbrut,
Die Schande deiner Töchter schreit um Rache,
Der Meuchelmord der Söhne schreit nach Blut.

[1] Arnold von Winkelrieds, des Helden von Sempach (1386) bekanntes Wort: „Eidgenossen, ich will euch eine Gasse machen.“

Zerbrich den Pflugschar, lass den Meißel fallen,
Die Leier still, den Webstuhl ruhig stehn!
Verlasse deine Höfe, deine Hallen!
Vor dessen Antlitz deine Fahnen wallen,
Er will sein Volk in Waffenrüstung sehn.
Denn einen großen Altar sollst du bauen
In seiner Freiheit ew'gem Morgenrot;
Mit deinem Schwert sollst du die Steine hauen,
Der Tempel gründe sich auf Heldentod!

Was weint ihr, Mädchen, warum klagt ihr, Weiber,
Für die der Herr die Schwerter nicht gestählt,
Wenn wir entzückt die jugendlichen Leiber
Hinwerfen in die Scharen eurer Räuber,
Dass euch des Kampfes kühne Wollust fehlt?
Ihr könnt ja froh zu Gottes Altar treten!
Für Wunden gab es zarte Sorgsamkeit,
Gab euch in euern herzlichen Gebeten
Den schönen, reinen Sieg der Frömmigkeit!

So betet, dass die alte Kraft erwache,
Dass wir dastehn, das alte Volk des Siegs!
Die Märtyrer der heil'gen deutschen Sache,
O, ruft sie an als Genien der Rache,
Als gute Engel des gerechten Kriegs!
Luise[1], schwebe segnend um den Gatten!
Geist unsers Ferdinands[2], voran dem Zug!
Und all' ihr deutschen, freien Heldenschatten,
Mit uns, mit uns und unsrer Fahnen Flug!

Der Himmel hilft, die Hölle muss uns weichen!
Drauf, wack'res Volk! Drauf! ruft die Freiheit, drauf!
Hoch schlägt dein Herz, hoch wachsen deine Eichen.
Was kümmern dich die Hügel deiner Leichen?
Hoch pflanze da die Freiheitsfahne auf!
Doch stehst du dann, mein Volk, bekränzt vom Glücke,
In deiner Vorzeit heil'gem Siegerglanz:
Vergiss die treuen Toten nicht und schmücke
Auch unsre Urne mit dem Eichenkranz!

(v 1813 in der Gedichtsammlung „Leier und Schwert")

Text 2 Georg Herwegh (1817–1875): Aufruf 1841

Reißt die Kreuze aus der Erden!
Alle sollen Schwerter werden,
Gott im Himmel wird's verzeihn.
Lasst, o lasst das Verseschweißen!
Auf den Amboss legt das Eisen!
Heiland soll das Eisen sein.

Eure Tannen, eure Eichen –
Habt die grünen Fragezeichen
Deutscher Freiheit ihr gewahrt?
Nein, sie soll nicht untergehen!
Doch ihr fröhlich Auferstehen
Kostet eine Höllenfahrt.

Deutsche, glaubet euren Sehern,
Unsre Tage werden ehern,
Unsre Zukunft klirrt in Erz;
Schwarzer Tod ist unser Sold nur,
Unser Gold ein Abendgold nur,
Unser Rot ein blutend Herz!

Reißt die Kreuze aus der Erden!
Alle sollen Schwerter werden,
Gott im Himmel wird's verzeihn.
Hört er unsre Feuer brausen
Und sein heilig Eisen sausen,
Spricht er wohl den Segen drein.

In den Städten sei nur Trauern,
Bis die Freiheit von den Mauern
Schwingt die Fahnen in das Land;
Bis du, Rhein, durch *freie* Bogen
Donnerst, lass die letzten Wogen
Fluchend knirschen in den Sand.

Reißt die Kreuze aus der Erden!
Alle sollen Schwerter werden,
Gott im Himmel wird's verzeihn.
Gen Tyrannen und Philister!
Auch das Schwert hat seine Priester,
Und wir wollen Priester sein!

Vor der Freiheit sei kein Frieden,
Sei dem Mann kein Weib beschieden
Und kein golden Korn dem Feld;
Vor der Freiheit, vor dem Siege
Seh' kein Säugling aus der Wiege
Frohen Blickes in die Welt!

Georg Herwegh, geb. 1817 in Stuttgart, gest. 1884 in Baden-Baden; er gab sein Theologiestudium zugunsten seiner Schriftstellertätigkeit auf; nach den „Gedichten eines Lebendigen" triumphale Reise durch Deutschland, Empfang bei Friedrich Wilhelm IV., dann aus Preußen ausgewiesen; Übersiedlung nach Paris; 1848 Führer des Republikanischen Komitees der Deutschen in Paris, das in den badischen Aufstand eingriff; lebte anschließend in der Schweiz, seit 1866 in Baden-Baden. – Werke: Gedichte eines Lebendigen (1841; 2. Teil: 1843)

Text 3 Georg Herwegh: Wiegenlied

„Schlafe, was willst du mehr?" (Goethe)

Deutschland – auf weichem Pfühle
mach dir den Kopf nicht schwer!
Im irdischen Gewühle
schlafe, was willst du mehr?

Lass jede Freiheit dir rauben,
setze dich nicht zur Wehr,
du behältst ja den christlichen Glauben:
Schlafe, was willst du mehr?

Und ob man dir alles verböte,
doch gräme dich nicht zu sehr,
du hast ja Schiller und Goethe:
Schlafe, was willst du mehr?

Dein König beschützt die Kamele
und macht sie pensionär,
dreihundert Taler die Seele:
Schlafe, was willst du mehr?

Es fechten dreihundert Blätter
im Schatten, ein Sparterheer;
und täglich erfährst du das Wetter:
Schlafe, was willst du mehr?

Kein Kind läuft ohne Höschen
am Rhein, dem freien, umher:
Mein Deutschland, mein Dornröschen,
schlafe, was willst du mehr? –

(V 1843)

1 Luise: preußische Königin (1776–1810); durch ihr Eintreten für den preuß. Staat gegenüber Napoleon zum Symbol des Widerstandes geworden.

2 Ferdinand: Prinz Louis Ferdinand (geb. 1772) fiel 1806 bei Saalfeld gegen französische Übermacht und galt seitdem als Symbol jugendlichen Heldenmuts.

Text 4 **Heinrich Heine (1797–1856): Die schlesischen Weber[1]**

Im düstern Auge keine Träne,
Sie sitzen am Webstuhl und fletschen die Zähne:
„Deutschland, wir weben dein Leichentuch,
Wir weben hinein den dreifachen Fluch –
Wir weben, wir weben!

Ein Fluch dem Gotte, zu dem wir gebeten
In Winterskälte und Hungersnöten;
Wir haben vergebens gehofft und geharrt,
Er hat uns geäfft und gefoppt und genarrt –
Wir weben, wir weben!

Ein Fluch dem König[2], dem König der Reichen,
Den unser Elend nicht konnte erweichen,
Der den letzten Groschen von uns erpresst,
Und uns wie Hunde erschießen lässt –
Wir weben, wir weben!

Ein Fluch dem falschen Vaterlande,
Wo nur gedeihen Schmach und Schande,
Wo jede Blume früh geknickt,
Wo Fäulnis und Moder den Wurm erquickt –
Wir weben, wir weben!

Das Schiffchen fliegt, der Webstuhl kracht,
Wir weben emsig Tag und Nacht –
Altdeutschland, wir weben dein Leichentuch,
Wir weben hinein den dreifachen Fluch,
Wir weben, wir weben!“

(v 1847)

Tendenzdichtung ist in einem allgemeinen Sinn politische Dichtung. Heine bezeichnet eine bestimmte Form politischer Dichtung seiner Zeit als Tendenzpoesie und charakterisiert sie kritisch: „Es erhub sich im deutschen Bardenhain ganz besonders jener vage, unfruchtbare Pathos, jener nutzlose Enthusiasmusdunst, der sich mit Todesverachtung in einen Ozean von Allgemeinheiten stürzte.“

Text 5 **German Mäurer (1813–?): Wider politische Gedichte**

Immer Freiheit in Gedichten –
Ach, und nirgends einen Mann,
Der die bessre Tat verrichten –
Der sie kühn erobern kann!
Der die Leier mit des Degens
Schneidendem Metall vertauscht
Und ein anderes Lied des Segens
Klirrend in die Feinde rauscht!

Große Worte, lange Sätze
Klingen lästig mir ins Ohr,
Fort das müßige Geschwätze!
Büchsen, Degen holt hervor!
Und was noch kein Rat von Weisen
Sich zum Ziele vorgesetzt:
Pulver, Blei und gutes Eisen –
Die erreichen es zuletzt.

„Punschbowlen‘-Enthusiasmus“. (1832)

[1] Der Titel bezieht sich auf den Aufstand der schlesischen Weber 1844.
[2] Ein Fluch dem König ...: Friedrich Wilhelm IV. (1795–1861) hatte den schlesischen Weberaufstand von 1844 blutig niederschlagen lassen.

Arbeitsanregungen:

1. Diskutieren Sie über die Bewertung der Gedichte: Welche haben Ihrer Meinung nach Bestand, auch unabhängig von den Entstehungsvoraussetzungen? Bedenken Sie bei der Begründung Ihres Urteils, ob Sie sich überwiegend auf den Inhalt oder auf die Form beziehen.

2. Übung in freier Rede (etwa 5 Minuten, mit einem Stichwortzettel):
   - Verteidigung des Pathos' im politischen Gedicht (in politischer Rede);
   - Allein Nüchternheit und Sachlichkeit haben politische Überzeugungskraft!
   - Handeln statt Lyrik!

3 Untersuchen Sie politische Parolen (Wahlkampfslogans): sprachliche und nichtsprachliche Mittel; emotionaler Gehalt; Wirkungsabsicht.

4 Sammeln Sie politische Karikaturen.
a Beschreiben Sie die Darstellungsmittel.
b Überlegen Sie, welche Voraussetzungen beim Betrachter gegeben sein müssen, damit die Karikatur die beabsichtigte Wirkung erreichen kann.

Text 6 **Heinrich Heine (1797–1856): An einen politischen Dichter**

Du singst wie einst Tyrtäus[1] sang,
Von Heldenmut beseelet,
Doch hast du schlecht dein Publikum
Und deine Zeit gewählet.

Beifällig horchen sie dir zwar,
Und loben schier begeistert:
Wie edel dein Gedankenflug,
Wie du die Form bemeistert.

Sie pflegen auch beim Glase Wein
Ein Vivat dir zu bringen,
Und manchen Schlachtgesang von dir
Laut brüllend nachzusingen.

Der Knecht singt gern ein Freiheitslied
Des Abends in der Schenke:
Das fördert die Verdauungskraft
Und würzet die Getränke.

(v 1841)

M **Interpretation politischer Lyrik**

Politische Gedichte wollen etwas bewirken, die appellative Funktion der Sprache (vgl. Einführung, S. 78f.) spielt also eine dominierende Rolle. Will man diese Texte angemessen verstehen, darf man sie nicht nur als ästhetische Gebilde betrachten, sondern man muss ihre kommunikative Funktion beachten.

Text 1 **Heinrich Heine: Zur Beruhigung**

Wir schlafen ganz, wie Brutus schlief –
Doch jener erwachte und bohrte tief
In Cäsars Brust das kalte Messer!
Die Römer waren Tyrannenfresser.

Wir sind keine Römer, wir rauchen Tabak.
Ein jedes Volk hat seinen Geschmack,
Ein jedes Volk hat seine Größe;
In Schwaben kocht man die besten Klöße.

Wir sind Germanen, gemütlich und brav,
Wir schlafen gesunden Pflanzenschlaf,
Und wenn wir erwachen, pflegt uns zu dürsten,
Doch nicht nach dem Blute unserer Fürsten.

Wir sind so treu wie Eichenholz,
Auch Lindenholz, drauf sind wir stolz;
Im Land der Eichen und der Linden
Wird niemals sich ein Brutus finden.

Und wenn auch ein Brutus unter uns wär,
Den Cäsar fänd er nimmermehr,
Vergeblich würd er den Cäsar suchen;
Wir haben gute Pfefferkuchen.

Wir haben sechsunddreißig Herrn
(Ist nicht zu viel!), und einen Stern
Trägt jeder schützend auf seinem Herzen,
Und er braucht nicht zu fürchten die Iden des Märzen.

Wir nennen sie Väter, und Vaterland
Benennen wir dasjenige Land,
Das erbeigentümlich gehört den Fürsten;
Wir lieben auch Sauerkraut mit Würsten.

Wenn unser Vater spazieren geht,
Ziehn wir den Hut mit Pietät;
Deutschland, die fromme Kinderstube,
Ist keine römische Mördergrube.

(v 1844)

[1] Tyrtäus: der Dichter Tyrtäus begeisterte die Spartaner im Krieg so sehr mit seinen Werken, dass sie die Feinde besiegten.

Den Sinn eines Textes können wir erschließen, wenn wir Fragen an ihn stellen; es gibt Fragen, die an jeden Text gestellt werden können, andere sind durch die charakteristischen Merkmale eines individuellen Textes bedingt. Durch Fragen bezeichnen wir Beobachtungs- und Wahrnehmungsbereiche; Prüfstein für ihre Relevanz ist die Ergiebigkeit der Antwort.

Welcher *Eindruck* besteht nach dem ersten Lesen?

Der sich nach genauem Lesen einstellende erste Leseeindruck wird eindeutig sein; das Lob der Wir-Gruppe ist so formuliert, dass seine Doppelbödigkeit sogleich bewusst wird.

Welche *Informationen* sind zum Verständnis nötig?

Zu klären ist die Bedeutung einiger Namen und Fakten. Cäsar (100–44 v. Chr.), der römische Imperator und Diktator, wurde an den Iden des März (15. März) 44 ermordet; Brutus stand zusammen mit Cassius an der Spitze der Verschwörung gegen Cäsar. – Die sechsunddreißig Herrn meinen die Anzahl der souveränen Fürsten im Deutschen Bund, der seit dem Wiener Kongress bestand.

Welche *Funktion* hat die Gedichtüberschrift? Um welche *Sprechsituation* handelt es sich? Wichtig zum Verständnis ist die Einbeziehung der Gedichtüberschrift; sie kennzeichnet die Sprechsituation, indem sie eine Wirkungsabsicht zum Ausdruck bringt und damit auch den Appellcharakter des Textes sichtbar macht. In Heine-Ausgaben, die mit einem Textkommentar versehen sind, findet man noch den Hinweis, dass das Gedicht zuerst 1844 in der Zeitung „Vorwärts!“ veröffentlicht wurde und in Klammern den Zusatz „An die deutschen Fürsten“ hatte. Dadurch wurden also die gemeinten Adressaten direkt benannt; die Frage, ob die Parenthese wirklich nötig ist, könnte im Verlauf der Interpretation aufgegriffen und beantwortet werden.
Die Ankündigung „Zur Beruhigung“ impliziert, dass eine Situation vorliegt, die einen derartigen Appell nötig macht. Der Inhalt des Gedichts gibt Auskunft darüber, dass es sich um bestimmte politische Verhältnisse handelt, die eine Gruppe beunruhigen könnten, wobei aber zugleich deutlich wird, dass eine solche Umsturzsituation gar nicht gegeben ist. Eine weitere Frage, die im Zusammenhang mit der Sprechsituation gestellt werden muss, betrifft den Standort des Sprechers: Er zählt sich zur Wir-Gruppe, deren Verhalten Ursache für die Beruhigung der Fürsten ist. Welches Interesse hat aber der Sprecher daran die Herrn zu beruhigen? Dass er sich um sie sorgt, ist wenig wahrscheinlich. Anders gesagt: Die explizit geäußerte Sprecherabsicht steht im Gegensatz zum Sprecherinteresse. Damit lassen sich Zweifel an der Bedeutung der in der Überschrift geäußerten Absicht begründen; die sich zuerst einstellende Bedeutung ist fraglich. Erst die genauere Textanalyse erlaubt es, begründete Aussagen über die Bedeutung zu machen, die natürlich nicht im Widerspruch zum ersten, eher intuitiven Textverständnis stehen müssen, sondern durchaus dessen Bestätigung sein können.

Welche *Bedeutungssignale* enthält das Gedicht?

Für den Fortgang der Interpretation bieten sich verschiedene Wege an: Beim ersten Lesen fallen Unstimmigkeiten im Gedicht auf, – Kontraste, das Nebeneinander von Aussagen, die nicht zusammenpassen (z.B. die letzte Zeile der zweiten Strophe). Derartige Textstellen haben *Signalcharakter* für den Leser; dazu gehören auch die Reimwörter (z.B. Größe/Klöße). Es handelt sich um *Ironiesignale.* Sie sind ein Hinweis, dass die zur Schau gestellte Biederkeit nicht echt ist.

Wie lässt sich das *Strukturprinzip* des Gedichts beschreiben?

positive Zuschreibungen (Merkmale, die der Wir-Gruppe zugesprochen werden)	*negative Zuschreibungen* (Merkmale, die einer Vergleichsgruppe zugesprochen, der Wir-Gruppe aber abgesprochen werden)
schlafen	Brutus/Römer
Tabak rauchen	das kalte Messer bohren
Klöße	Tyrannenfresser
gemütlich, brav, gesunder Pflanzenschlaf	nach dem Blut der Fürsten dürsten
36 Herrn	Cäsar
Väter, Vaterland	Iden des März fürchten
erbeigentümlich	
Sauerkraut mit Würsten	
den Hut mit Pietät ziehen	
fromme Kinderstube	römische Mördergrube

Arbeitsanregungen:

Das folgende Interpretationsbeispiel gibt Ihnen Gelegenheit Ihre methodischen Kenntnisse und Fertigkeiten zu überprüfen.

1 Stellen Sie die Verfahrensschritte des Interpretationsbeispiels heraus.

2 Vergleichen Sie Ihr Ergebnis mit der Verfahrensweise des früher entwickelten Drei-Phasen-Modells (vgl. Einführung, S. 47ff. und Barock, S. 136ff.).

3 Erschließen Sie aus dem Interpretationsbeispiel eine mögliche Themenformulierung.

Welche Funktion haben die wesentlichen *Strukturmerkmale*?

Die Auswertung dieser Gegenüberstellung ergibt, dass die negativen Zuschreibungen unter den Oberbegriff ‚politisch-revolutionäres Handeln' zu subsumieren sind, während die positiven Zuschreibungen einen ‚Tugendkatalog' enthalten, der Menschen kennzeichnet, die unmündig, träge, bieder, dumm sind. Diese Eigenschaften bzw. Verhaltensweisen, die in scharfem Kontrast zu denen der Römer stehen, sind die Garanten für das Fortbestehen der Herrschaftsverhältnisse.
Beruhigend für die Herrscher sind die Untertanentugenden, während die dazu im Gegensatz stehenden Handlungsweisen den Charakter von Schreckbildern haben. Diese Tugenden aber sind in dieser Gegenüberstellung zutiefst verächtlich, sie sind Gegenstand des Spotts, der Satire, auf die durch Ironiesignale hingewiesen wird. Das aber bedeutet, dass das Verhältnis von positiven und negativen Zuschreibungen auf der Ebene der Wertung gerade umgekehrt ist: Das nicht Vorhandene ist das Positive, das Vorhandene ist negativ; positiv ist das entschiedene politische Handeln, das zur Befreiung von der Tyrannei führt, negativ ist der Verzicht auf solches Handeln. Der Appell – Zur Beruhigung – ist nicht zugunsten der Herrschenden gesprochen, sondern er soll die Beherrschten wachrütteln, sie zu einem Handeln provozieren, das das Zerr- und Spottbild des Biedermännischen, Untertanenhaften dementiert. Hinzu kommt die Zerstörung der Aura der Herrschaft – die Herrn sind keine Übermenschen, sondern sie verdanken ihre Macht eigentlich nur der Untertanenhaltung der von ihnen Beherrschten.
Distanziert sich der Sprecher (= Heine) aber nicht eigentlich von diesen Untertanen? Verachtet er sie nicht sogar? Dem steht die Wir-Formel entgegen, der Sprecher zeigt gleichsam nicht mit dem Finger auf die dummen Untertanen, sondern bezieht sich ein. Würde er sich abgrenzen, wäre der Angriff vielleicht schärfer, doch er könnte beim Leser Abwehrreaktionen provozieren.

Was soll eine *Interpretation* leisten?

Sie soll, was nach dem ersten Lesen möglicherweise schon als intuitiv erfasster Sinn im Bewusstsein des Lesers vorhanden ist, begründet und nachvollziehbar zum Ausdruck bringen. Beim vorliegenden Gedicht kam es darauf an, das Doppelbödige, den Unterschied zwischen dem Gesagten und Gemeinten zu erfassen. Die Interpretation sollte zeigen, dass ein systematisches, schrittweises Vorgehen am ehesten zum Erfolg (= Verständnis) führen kann. Es kommt darauf an, genau zu lesen, offen zu sein für die verschiedenen Bedeutungsträger eines Textes. Eine Gefahr bei Textinterpretationen besteht darin, dass man einfach paraphrasiert, mit eigenen Worten lediglich den Inhalt wiedergibt. Es handelt sich dabei meistens um eine Verlegenheitslösung, die dann gewählt wird, wenn man keine Fragen an den Text stellt. Die Kenntnis sprachlicher Mittel ist unentbehrlich, denn sie macht erst wahrnehmungsfähig; aber ohne problemorientierte Fragestellungen bleibt eine Beschreibung der sprachlichen Mittel nur aufgesetzt.

Arbeitsanregungen:

1. Interpretieren Sie das Gedicht (Text 2). (Für das Finden von Untersuchungsgesichtspunkten kann Ihnen das Ergebnis der Arbeitsanregung 3, S. 275, hilfreich sein.)
2. H.M. Enzensberger schreibt über das politische Gedicht: „Sein politischer Auftrag ist, sich jedem politischen Auftrag zu verweigern und für alle zu sprechen noch dort, wo es von keinem spricht, von einem Baum, von einem Stein, von dem was nicht ist." Über die Möglichkeiten der politischen Dichtung heute sagt der Literaturkritiker Heinrich Vormweg: „Heute ist, summa summarum, die Poesie so frei, dass sich daraus nur noch schließen lässt, die Mächtigen erhofften nichts mehr von ihr, hätten vor ihr nicht mehr die geringste Furcht, hielten sie für politisch ganz und gar irrelevant."
Verfassen Sie, unter Bezugnahme auf eine der beiden (oder beide) Äußerungen eine Stellungnahme:
a) Welche Auswirkungen haben die Zeitverhältnisse (Freiheit-Unfreiheit) auf Form und Funktion der politischen Lyrik?
oder
b) Politische Dichtung ist nur unter Bedingungen der Unfreiheit möglich und nötig.
Führen Sie ein Streitgespräch oder eine Podiumsdiskussion.

Text 2

Heinrich Heine (1797–1856): Erinnerung aus Krähwinkels Schreckenstagen

Wir Bürgermeister und Senat,
Wir haben folgendes Mandat
Stadtväterlichst an alle Klassen
Der treuen Bürgerschaft erlassen.

Ausländer, Fremde, sind es meist,
Die unter uns gesät den Geist
Der Rebellion. Dergleichen Sünder,
Gottlob! sind selten Landeskinder.

Auch Gottesleugner sind es meist;
Wer sich von seinem Gotte reißt,
Wird endlich auch abtrünnig werden
Von seinen irdischen Behörden.

Der Obrigkeit gehorchen, ist
Die erste Pflicht für Jud und Christ.
Es schließe jeder seine Bude
Sobald es dunkel, Christ und Jude.

Wo ihrer drei beisammen stehn,
Da soll man auseinander gehn.
Des Nachts soll niemand auf den Gassen
Sich ohne Leuchte sehen lassen.

Es liefre seine Waffen aus
Ein jeder in dem Gildenhaus;
Auch Munition von jeder Sorte
Wird deponiert am selben Orte.

Wer auf der Straße räsoniert,
Wird unverzüglich füsiliert;
Das Räsonieren durch Gebärden
Soll gleichfalls hart bestrafet werden.

Vertrauet Eurem Magistrat,
Der fromm und liebend schützt den Staat
Durch huldreich hochwohlweises Walten;
Euch ziemt es, stets das Maul zu halten.

(v 1854)

Interpretation politischer Lyrik: Die Kommunikationssituation, durch die ein politisches Gedicht geprägt ist, lässt sich auf einfache Weise erfassen, wenn man von der sog. Lasswell-Formel (benannt nach dem Politologen Lasswell) ausgeht: „A convenient way to describe an act of communication is to answer the following questions: who says what in which channel to whom with what effect?" Dabei bedeuten:

Who	*says what*	*in which channel*	*to whom*	*with what effect*
Sender	Nachricht	Kanal	Empfänger	Rezeption
Sprecher	Aussage	Medium	Adressat	*Wirkung*
	Botschaft	*Ort, Form*	*Leser*	
	Gegenstand			

Daraus lässt sich, bezogen auf Gedichte, ein Fragenkatalog zur Erschließung politischer Gedichte entwickeln, der im Einzelfall modifiziert werden müsste:
Wer spricht?
Wer ist der gemeinte Adressat?
In welcher geschichtlichen, gesellschaftlichen, politischen Situation befindet sich der Sprecher bzw. Adressat?
Auf welche politische, gesellschaftliche Situation wird Bezug genommen?
Auf welche Weise, an welchem Ort wendet sich der Sprecher an den Adressaten? (Ort, Umstände der Publikation)
Was ist der Gegenstand des Gedichts?
Welche Einstellung hat der Sprecher zum Gegenstand?
Welche Einstellung wird beim Adressaten vorausgesetzt? Welche wird intendiert?
Wer ist der tatsächliche Adressat (Leser) des Textes, wie verhält er sich zum Gegenstand? (Bezugnahme auf den jeweils aktuellen Leser)
Welcher Mittel bedient sich der Sprecher?

Sprache und Klang	Wortschatz (emotional; argumentativ-rational); Sprach-, Stilebene (Umgangssprache; poetische Sprache; Verhältnis der gewählten Sprachebene zur jeweils ‚gültigen' Norm) Bildlichkeit rhetorische Figuren (vgl. Einführung, S. 25ff. und S. 75ff.) Reim, Rhythmus; Alliteration Strophenform, Gedichtform Satzbau (Frage-, Aussage-, Ausrufsatz; Parataxe, Hypotaxe)
Sprechsituation	
Absicht und Wirkung	Anrede Wir-Form, Ich-Form; Rollengedicht Aufforderung zum Handeln (direkt/indirekt) Weckung, Verstärkung von Gefühlen Aufforderung zu Kritik kritische Auseinandersetzung Spott, Satire, Angriff, Ironie

4. Kritik an der „Kunstperiode"

Text 1 **Heinrich Heine (1797–1856): Ein Jüngling liebt ein Mädchen**

Ein Jüngling liebt ein Mädchen,
Die hat einen andern erwählt;
Der andre liebt eine andre,
Und hat sich mit dieser vermählt.

Das Mädchen heiratet aus Ärger
Den ersten besten Mann,
Der ihr in den Weg gelaufen;
Der Jüngling ist übel dran.

Es ist eine alte Geschichte,
Doch bleibt sie immer neu;
Und wem sie just passieret,
Dem bricht das Herz entzwei.

(v 1827)

Junges Deutschland, literar. Bewegung mit polit.-zeitkrit. Tendenz, etwa 1820–50, Höhepunkt zwischen 1830 (Julirevolution) und 1835 (Bundestagsbeschlüsse, (s. auch ↗ Vormärz). Die Bez. ‚J.D.' entstand analog zu polit.-revolutionären Geheimorganisationen wie „La giovane Italia" (1831, Mazzini), „La jeune France" und in der Schweiz „La jeune Swisse", „Das junge Europa" (1834). Sie erschien zum ersten Mal in L. Wienbargs für das J.D. programmat. „Aesthet. Feldzügen" (1834). Jedoch erst der Beschluss des Bundestages, die Schriften des J.n.D. als staatsgefährdend zu verbieten (10. 12. 1835 auf Grund einer Denunziation des Kritikers W. Menzel nach der Rezension von Gutzkows Roman „Wally die Zweiflerin", 1835), spricht von einer „literar. Schule", der H. Heine, K. Gutzkow, H. Laube, L. Wienbarg und Th. Mundt zugerechnet wurden. Ihr wurde unterstellt, die christl. Religion anzugreifen, die bestehenden sozialen Verhältnisse herabzu-

würdigen, die gesetzl. Ordnung zu untergraben und Zucht und Sittlichkeit zu zerstören. – Tatsächl. bildeten die genannten Schriftsteller, zu denen noch E. Willkomm, F.G. Kühne, A. von Ungern-Sternberg, H. Marggraf, J. Scherr und bedingt L. Börne zu rechnen sind, keine feste Schule. Bei großer persönl. und programmat. Differenz verband sie aber die grundsätzl. Ablehnung jegl. Dogmatismus' (insbes. der moral. und gesellschaftl. Ordnung der Restauration), des Adels, der Verbindung von Kirche und Staat, das Eintreten für den franz. Liberalismus, für die republikan. Staatsordnung, für demokrat. verfassungsmäß. Freiheiten, insbes. die Presse- und Meinungsfreiheit, für staatl. Einheit, Weltbürgertum, die Emanzipation der Frau (und allgem. die „des Fleisches"), die Propagierung sozialist. und kollektivist. Ideen im Gefolge des Saint-Simonismus. Im *literar. Bereich* verband sie die Forderung einer im aktuellen polit.-sozialen Leben, in der „Zeit", stehenden Dichtkunst. Das *literar. Programm* des J.D. war bestimmt durch die Auseinandersetzung mit der (↗ Weimarer) Klassik und Romantik, die sich als ‚Kunstperiode' vom polit.-sozialen Leben zurückgezogen habe. Als deren (zugleich verehrter und angefeindeter) Repräsentant galt Goethe, das „Zeitablehnungsgenie", mit dessen Tod im Bewusstsein der jungen Literaten eine ganze Epoche zu Ende ging. Dieser vergangenen aristokrat.-zeitentrückten, ästhet.-idealist. Kunstrichtung sollte ein demokrat. Prinzip der Literatur, eine historiograph. Zeitliteratur entgegengesetzt werden, die formal durch Gegenständlichkeit und Detailtreue, inhaltl. durch neue, polit.-gesellschaftl. relevante, realist. Stoffe und krit. Reflexion die Wirklichkeit in ihrer Widersprüchlichkeit darstellen sollte.
Aus: Günther u. Irmgard Schweikle (Hg.): Metzler Literatur Lexikon. Stuttgart: Metzler, 1984.

Vormärz, neben ↗Jungem Deutschland und ↗Biedermeier häufig gebrauchter, jedoch nicht unproblemat. literaturgeschichtl. Epochenbegriff für eine literarhistor. Phase in der 1. Hälfte des 19. Jh.s. Als Epochenbez. datiert man den V. 1. (den Historikern folgend) gelegentl. schon ab 1815; 2. häufiger von 1830 (Julirevolution) bis 1848 (Märzrevolution in Deutschland): Dieser das Junge Deutschland einbeziehende Epochenansatz erweist sich für die neuere Forschung als praktikabler als das umgekehrte Verfahren (das seine Berechtigung u.a. von H. Hoffmann v. Fallersleben „37 Lieder für das junge Deutschland", 1848, ableiten kann) und fasst mit V. die *polit. progressive Spielart des konservativen Biedermeier,* das mit 1815 bis 1848 ähnlich weitgreifend datiert wird. Neuerdings setzt sich 3. jedoch eine weitere Unterteilung in Junges Deutschland (ca. 1830 bis zum Verbot 1835), eine (unbenannte) Zwischenphase und den eigentlichen V. (1840 bis 1848/49) durch, v.a. aus zwei Gründen: 1. historisch kam mit der Rheinkrise 1840 erneut ein starkes Nationalgefühl auf; man verband mit der Thronbesteigung Friedrich Wilhelms von Preussen

Text 2 **Heinrich Heine: Sie saßen und tranken am Teetisch**

Sie saßen und tranken am Teetisch,
Und sprachen von Liebe viel.
Die Herren, die waren ästhetisch,
Die Damen von zartem Gefühl.

Die Liebe muss sein platonisch,
Der dürre Hofrat sprach.
Die Hofrätin lächelt ironisch,
Und dennoch seufzet sie: Ach!

Der Domherr öffnet den Mund weit:
Die Liebe sei nicht zu roh,
Sie schadet sonst der Gesundheit.
Das Fräulein lispelt: wie so?

Die Gräfin spricht wehmütig:
Die Liebe ist eine Passion!
Und präsentieret gütig
Die Tasse dem Herren Baron.

Am Tische war noch ein Plätzchen;
Mein Liebchen, da hast du gefehlt.
Du hättest so hübsch, mein Schätzchen,
Von deiner Liebe erzählt.

(v 1827)

Text 3 **Heinrich Heine: Ich weiß nicht, was soll es bedeuten**

Ich weiß nicht, was soll es bedeuten,
Dass ich so traurig bin;
Ein Märchen aus alten Zeiten,
Das kommt mir nicht aus dem Sinn.

Die Luft ist kühl und es dunkelt,
Und ruhig fließt der Rhein;
Der Gipfel des Berges funkelt
Im Abendsonnenschein.

Die schönste Jungfrau sitzet
Dort oben wunderbar,
Ihr goldnes Geschmeide blitzet,
Sie kämmt ihr goldenes Haar.

Sie kämmt es mit goldenem Kamme,
Und singt ein Lied dabei;
Das hat eine wundersame,
Gewaltige Melodei.

Den Schiffer im kleinen Schiffe
Ergreift es mit wildem Weh;
Er schaut nicht die Felsenriffe,
Er schaut nur hinauf in die Höh.

Ich glaube, die Wellen verschlingen
Am Ende Schiffer und Kahn;
Und das hat mit ihrem Singen
Die Loreley getan.

(v 1827)

Text 4 **Heinrich Heine: Mein Herz, mein Herz ist traurig**

Mein Herz, mein Herz ist traurig,
doch lustig leuchtet der Mai;
Ich stehe, gelehnt an der Linde,
Hoch auf der alten Bastei.

Da drunten fließt der blaue
Stadtgraben in stiller Ruh;
Ein Knabe fährt im Kahne,
Und angelt und pfeift dazu.

Jenseits erheben sich freundlich,
In winziger, bunter Gestalt,
Lusthäuser, und Gärten, und Menschen,
Und Ochsen, und Wiesen, und Wald.

Die Mägde bleichen Wäsche,
Und springen im Gras herum;
Das Mühlrad stäubt Diamanten,
Ich höre sein fernes Gesumm.

Am alten grauen Turme
Ein Schilderhäuschen steht;
Ein rotgeröckter Bursche
Dort auf und nieder geht.

Er spielt mit seiner Flinte,
Die funkelt im Sonnenrot,
Er präsentiert und schultert –
Ich wollt, er schösse mich tot.

(v 1827)

Text 5 **Heinrich Heine: Französische Maler** [Auszug]

[...] Meine alte Prophezeiung von dem Ende der Kunstperiode, die bei der Wiege Goethes anfing und bei seinem Sarge aufhören wird, scheint ihrer Erfüllung nahe zu sein. Die jetzige Kunst muss zugrunde gehen, weil ihr Prinzip noch im abgelebten, alten Regime, in der heiligen römischen Reichsvergangenheit wurzelt. Deshalb, wie alle welken Überreste dieser Vergangenheit, steht sie im unerquicklichsten Widerspruch mit der Gegenwart. Dieser Widerspruch und nicht die Zeitbewegung selbst ist der Kunst so schädlich; im Gegenteil, diese Zeitbewegung müsste ihr sogar gedeihlich werden, wie einst in Athen und Florenz, wo eben in den wildesten Kriegs- und Parteistürmen die Kunst ihre herrlichsten Blüten entfaltete. Freilich, jene griechischen und florentinischen Künstler führten kein egoistisch isoliertes Kunstleben, die müßig dichtende Seele hermetisch verschlossen gegen die großen Schmerzen und Freuden der Zeit; im Gegenteil, ihre Werke waren nur das träumende Spiegelbild ihrer Zeit, und sie selbst waren ganze Männer, deren Persönlichkeit ebenso gewaltig wie ihre bildende Kraft; Phidias[1] und Michelangelo waren Männer aus einem Stück, wie ihre Bildwerke, und wie diese zu ihren griechischen und katholischen Tempeln passten, so standen jene Künstler in heiliger Harmonie mit ihrer Umgebung; sie trennten nicht ihre Kunst von der Politik des Tages, sie arbeiteten nicht mit kümmerlicher Privatbegeisterung, die sich leicht in jeden beliebigen Stoff hineinlügt; Äschylus[2] hat die „Perser" mit derselben Wahrheit gedichtet, womit er zu Marathon gegen sie gefochten, und Dante[3] schrieb seine Komödie nicht als stehender Kommissionsdichter, sondern als flüchtiger Guelfe, und in Verbannung und Kriegsnot klagte er nicht über den Untergang seines Talentes, sondern über den Untergang der Freiheit.

Indessen, die neue Zeit wird auch eine neue Kunst gebären, die mit ihr selbst in begeistertem Einklang sein wird, die nicht aus der verblichenen Vergangenheit ihre Symbolik zu borgen braucht, und die sogar eine neue Technik, die von der seitherigen verschieden, hervorbringen muss. Bis dahin möge, mit Farben und Klängen, die selbsttrunkenste Subjektivität, die weltentzügelte Individualität, die gottfreie Persönlichkeit mit all ihrer Lebenslust sich geltend machen, was doch immer ersprießlicher ist, als das tote Scheinwesen der alten Kunst. […]

(v 1831)

Text 6 **Georg Büchner (1813–1837): Lenz[4]** [Auszug]

[…] Über Tisch war Lenz wieder in guter Stimmung, man sprach von Literatur, er war auf seinem Gebiete; die idealistische Periode fing damals an, Kaufmann[5] war ein Anhänger davon, Lenz widersprach heftig. Er sagte: Die Dichter, von denen man sage, sie geben die Wirklichkeit, hätten auch keine Ahnung davon, doch seien sie immer noch erträglicher, als die, welche die Wirklichkeit verklären wollten. Er sagte: Der liebe Gott hat die Welt wohl gemacht wie sie sein soll, und wir können wohl nicht was Besseres klecksen, unser einziges Bestreben soll sein, ihm ein wenig nachzuschaffen. Ich verlange in allem Leben, Möglichkeit des Daseins, und dann ist's gut; wir haben dann nicht zu fragen, ob es schön, ob es hässlich ist, das Gefühl, dass was geschaffen sei, Leben habe, stehe über diesen beiden, und sei das einzige Kriterium in Kunstsachen. Übrigens begegne es uns nur selten, in Shakespeare finden wir es und in den Volksliedern tönt es einem ganz, in Göthe manchmal entgegen. Alles Übrige kann man ins Feuer werfen. Die Leute können auch keinen Hundsstall zeichnen. Da wolle man idealistische Gestalten, aber alles, was ich davon gesehen, sind Holzpuppen. Dieser Idealismus ist die schmählichste Verachtung der menschlichen Natur. Man versuche es einmal und senke sich in das Leben des Geringsten und gebe es wieder, in den Zuckungen, den Andeutungen, dem ganzen feinen, kaum bemerkten Mienenspiel; er hätte dergleichen versucht im „Hofmeister" und den „Soldaten". Es sind die prosaischsten Menschen unter der Sonne; aber die Gefühlsader ist in fast allen Menschen gleich, nur ist die Hülle mehr oder weniger dicht, durch die sie brechen muss. Man muss nur Aug und Ohren dafür haben. Wie ich gestern neben am Tal hinaufging, sah ich auf einem Steine zwei Mädchen sitzen, die eine band ihre Haare auf, die andre half ihr; und das goldne Haar hing herab, und ein ernstes bleiches Gesicht, und doch so jung, und die schwarze Tracht und die andre so sorgsam bemüht. Die schönsten, innigsten Bilder der altdeutschen Schule geben kaum eine Ahnung davon. Man möchte manchmal ein Medusenhaupt[6] sein, um so eine Gruppe in Stein verwandeln zu können, und den Leuten zurufen. Sie standen auf, die schöne Gruppe war zerstört; aber wie sie so hinabstiegen, zwischen den Felsen war es wieder ein anderes Bild. Die schönsten Bilder, die schwellendsten Töne, gruppieren, lösen sich auf. Nur eins bleibt, eine unendliche Schönheit, die aus einer Form in die andre tritt, ewig aufgeblättert, verändert, man kann sie aber freilich nicht immer festhalten und in Museen stellen und auf Noten ziehen und dann Alt und Jung herbeirufen, und die Buben und Alten darüber radotieren[7] und sich entzücken lassen. Man muss die Menschheit lieben, um in

(1840 polit. Amnestie; 1841 Lockerung der Zensurbestimmungen) große polit. Hoffnungen; ferner treten seit 1840 die Jung-, bzw. Linkshegelianer auf;
2. vom Standpunkt der V.-Dichter war das Junge Deutschland eine abgeschlossene Phase, deren Vertreter man ob ihres „illusionären Liberalismus" strikt ablehnte. So findet sich von den Jungdeutschen eigentl. nur H. Heine („Neue Gedichte", 1844; „Deutschland. Ein Wintermärchen", 1844) im schärferen polit. Fahrwasser des V. wieder, während (L. Börne war bereits 1837 gestorben) L. Wienbarg um 1840 verstummte, K. Gutzkow, H. Laube, Th. Mundt und G. Kühne sich zurückhielten oder auf Positionen zurückzogen, die u.a. von F. Engels scharf kiritisiert wurden. Statt ihrer traten jetzt als *neue Autoren* auf: vor allem G. Herwegh („Gedichte eines Lebendigen", 1841/43), H. Hoffmann von Fallersleben („Unpolitische Lieder", 1841), F. Freiligrath („Ein Glaubensbekenntnis", 1844; „Ça ira", 1846), G. Weerth (auch als Redakteur des Feuilletons der ‚Neuen Rheinischen Zeitung'), E. Dronke, L. Pfau. Ihnen zurechnen muss man den schon früher publizist. tätigen H. Harring, mit einigen Gedichten auch G. Keller, ferner R. Prutz, den (Literatur-) Historiker G.G. Gervinus und die polit. Schriftsteller und Linksphilosophen K. Marx und F. Engels, A. Ruge, W. Weitling, M. Hess u.a. […]
Es ist bezeichnend für die Epoche des V., dass seine Vertreter fast alle für kurze oder längere Zeit ins Exil (Zürich, Brüssel, Paris, London) gehen mussten (↗Exilliteratur) und nur von dort mit ihren Veröffentlichungen wirken konnten. Diese Exilsituation führte sicherl. neben den polit. Enttäuschungen mit zur Radikalisierung der Positionen; sie ist aber wohl auch dafür mit verantwortlich, dass – mit Ausnahme des oft operativ, bzw. agitator. eingesetzten Gedichts und hastiger Revolutionskomödien – die Dichter des V. nicht die Ruhe hatten, spezif. Gattungen aus- oder in ihrem Sinne weiterzubilden, so dass ihre literar. Arbeiten fast durchgehend Programm-, Bekenntnis-, Aufruf oder Pamphletcharakter aufweisen. […]
Aus: Günther u. Irmgard Schweikle (Hg.): Metzler Literatur Lexikon. Stuttgart: Metzler, 1984.

1 Phidias: berühmter athenischer Bildhauer (5. Jh. v. Chr.)
2 Äschylus (525–456 v. Chr.) hatte an den Kämpfen bei Marathon und Salamis teilgenommen und in den „Persern" der Niederlage des Xerxes behandelt.
3 Dante: Er nahm aktiv an d. polit. Kämpfen seiner Heimat Florenz teil (Dante Alighieri 1265–1321).
4 Lenz: Jakob Michael Reinhold Lenz (1751–1792), der Sturm-und-Drang-Dichter, schrieb die Theaterstücke „Der Hofmeister" (1774) und „Die Soldaten" (1776); Büchners Novelle handelt vom Aufenthalt des geistig erkrankten Dichters bei dem Pfarrer Oberlin im Elsass.
5 Kaufmann: Christoph Kaufmann (1753–1795) studierte Medizin in Bern, befasste sich dann mit den Basedowschen pädagogischen Reformbestrebungen und zog als Weltverbesserer durch die Lande.
6 Medusenhaupt: in der griech. Mythologie war die Medusa eine von den drei Gorgonen-Ungeheuern; ihre Haare waren Schlangen, ihr Blick versteinerte jeden, den er traf.
7 radotieren: faseln

Arbeitsanregungen:

1 Lesen Sie die Gedichte (Texte 1–4) laut; ziehen Sie zum Vergleich Gedichte der Romantik hinzu und versuchen Sie Unterschiede zu beschreiben.

2 Beachten Sie bei der Interpretation der Gedichte folgende Gesichtspunkte:
– das Verhältnis zwischen der am Anfang beim Leser geweckten Erwartung und dem tatsächlichen Gedichtfortgang;

das eigentümliche Wesen jedes einzudringen, es darf einem keiner zu gering, keiner zu hässlich sein, erst dann kann man sie verstehen; das unbedeutendste Gesicht macht einen tiefern Eindruck als die bloße Empfindung des Schönen, und man kann die Gestalten aus sich heraustreten lassen, ohne etwas vom Äußern hineinzukopieren, wo einem kein Leben, keine Muskeln, kein Puls entgegen schwillt und pocht. Kaufmann warf ihm vor, dass er in der Wirklichkeit doch keine Typen für einen Apoll von Belvedere[1] oder eine Raphaelische Madonna[2] finden würde. Was liegt daran, versetzte er, ich muss gestehen, ich fühle mich dabei sehr tot, wenn ich in mir arbeite, kann ich auch wohl was dabei fühlen, aber ich tue das Beste daran. Der Dichter und Bildende ist mir der Liebste, der mir die Natur am wirklichsten gibt, so dass ich über seinem Gebild fühle, alles Übrige stört mich. [...]

(v 1836)

- das Verhältnis von Stimmung und Störung;
- das Verhältnis des Ichs zu sich selbst und zur Außenwelt.

3 In den Texten 5 und 6 werden alte und neue Kunst einander gegenübergestellt. Fassen Sie die Merkmale beider Kunstrichtungen zusammen.

4 Versuchen Sie Beispiele als Belege für oder gegen die dargelegten Auffassungen zu finden.

II. Gegenbilder

Die Epoche, die politisch durch Restauration, Repression und Stagnation gekennzeichnet war, erlebte gleichzeitig in vielen Bereichen des Lebens eine ungeheure Beschleunigung, im wörtlichsten Sinn durch die Eisenbahn. Darüber hinaus veränderte ein rasches Anwachsen der Bevölkerung die Lebensverhältnisse, auch wenn es in Deutschland immer noch keine großstädtischen Zentren wie in England und Frankreich gab. Krisenhafte Erscheinungen waren die Folge, gewaltige soziale Probleme entstanden bei der durch technische Erfindungen bewirkten Umwandlung der Agrar- in eine Industriegesellschaft. Beschleunigung und Wachstum bei gleichzeitiger Stagnation mussten zu Spannungen führen, die in das Leben jedes Einzelnen hineinwirkten. Eine gesellschaftlich-politische Ordnung, in der die Bürger nur als Untertanen behandelt wurden, war längst überholt in einer sich rasch wandelnden Welt.
Die Antworten der Schriftsteller auf diese Zeitsituation waren verschiedenartig; die einen bekämpften, trotz der Zensur, die rückständigen Verhältnisse. Von welchen Voraussetzungen aber ließen sich die Autoren leiten, die sich nicht für das politische Engagement entschieden?

1. Außenwelt und Innenwelt

Während die erzählenden Gattungen (Roman, Novelle, Erzählung) noch bis ins 19. Jahrhundert um ihre Gleichberechtigung mit den klassischen Gattungen Drama (Tragödie) und Epos (Versepos) kämpfen mussten, war die Lyrik eine anerkannte Gattung, die in einer großen Zahl von Zeitschriften, Almanachen und Anthologien einen geradezu inflationären Aufschwung erlebte. Aus der Menge der lyrischen Produktion haben nur verhältnismäßig wenige Texte ‚überlebt'.

Als charakteristisch für die **Lyrik des Realismus** gilt eine zunehmende Konkretisierung des lyrischen Subjekts in einem festen Standort im Hier und Jetzt. Das bedeutete aber nicht, dass Inhalte und Zusammenhänge von gegenständlicher und gesellschaftlicher Realität im Gedicht in Erscheinung traten, die äußere Realität wurde vielmehr nur als Hülle eines Wesentlichen angesehen, das sichtbar werden sollte.
Es gab gleichzeitig einen Gedichttypus, das sog. **Dinggedicht,** in dem die Realität sozusagen unangetastet zur Geltung gebracht werden sollte. Ein Kunstwerk, ein alltäglicher Gegenstand, ein Tier oder eine Pflanze können Gegenstand des Dinggedichts werden, in dem es also darum geht, das Wesentliche, befreit von allem bloß Zufälligen, zur Erscheinung zu bringen. Beispiele: E. Mörike, Auf eine Lampe; C.F. Meyer, Der römische Brunnen; R.M. Rilke, Der Panther.

Text 1 **Eduard Mörike (1804–1875): An einem Wintermorgen, vor Sonnenaufgang**

O flaumenleichte Zeit der dunkeln Frühe!
Welch neue Welt bewegest du in mir?
Was ists, dass ich auf einmal nun in dir
Von sanfter Wollust meines Daseins glühe?

Einem Kristall gleicht meine Seele nun,
Den noch kein falscher Strahl des Lichts getroffen;
Zu fluten scheint mein Geist, er scheint zu ruhn,
Dem Eindruck naher Wunderkräfte offen,
Die aus dem klaren Gürtel blauer Luft
Zuletzt ein Zauberwort vor meine Sinne ruft.

1 Apoll von Belvedere: Statue des griech. Gottes der Künste und Wissenschaften, die sich in den Vatikanischen Museen befindet.
2 Raphaelische Madonna: Raffaello Santi (1483–1520), ital. Maler, berühmt wegen seiner Madonnenbilder.

Bei hellen Augen glaub ich doch zu schwanken;
Ich schließe sie, dass nicht der Traum entweiche.
Seh ich hinab in lichte Feenreiche?
Wer hat den bunten Schwarm von Bildern und Gedanken
Zur Pforte meines Herzens hergeladen,
Die glänzend sich in diesem Busen baden,
Goldfarbgen Fischlein gleich im Gartenteiche?

Ich höre bald der Hirtenflöten Klänge,
Wie um die Krippe jener Wundernacht,
Bald weinbekränzter Jugend Lustgesänge;
Wer hat das friedenselige Gedränge
In meine traurigen Wände hergebracht?
Und welch Gefühl entzückter Stärke,
Indem mein Sinn sich frisch zur Ferne lenkt!
Vom ersten Mark des heutgen Tags getränkt,
Fühl ich mir Mut zu jedem frommen Werke.
Die Seele fliegt, so weit der Himmel reicht,
Der Genius jauchzt in mir! Doch sage,
Warum wird jetzt der Blick von Wehmut feucht?
Ists ein verloren Glück, was mich erweicht?
Ist es ein werdendes, was ich im Herzen trage?
– Hinweg, mein Geist! hier gilt kein Stillestehn:
Es ist ein Augenblick, und Alles wird verwehn!

Dort, sieh, am Horizont lüpft sich der Vorhang schon!
Es träumt der Tag, nun sei die Nacht entflohn;
Die Purpurlippe, die geschlossen lag,
Haucht, halb geöffnet, süße Atemzüge:
Auf einmal blitzt das Aug, und, wie ein Gott, der Tag
Beginnt im Sprung die königlichen Flüge!

(v 1825)

Text 2 Annette von Droste-Hülshoff (1797–1848): Im Grase

Süße Ruh, süßer Taumel im Gras,
Von des Krautes Arome umhaucht,
Tiefe Flut, tief tief trunkne Flut,
Wenn die Wolk am Azure verraucht,
Wenn aufs müde, schwimmende Haupt
Süßes Lachen gaukelt herab,
Liebe Stimme säuselt und träuft
Wie die Lindenblüt auf ein Grab.

Wenn im Busen die Toten dann,
Jede Leiche sich streckt und regt,
Leise, leise den Odem zieht,
Die geschlossne Wimper bewegt,
Tote Lieb, tote Lust, tote Zeit,
All die Schätze, im Schutt verwühlt,
Sich berühren mit schüchternem Klang
Gleich den Glöckchen, vom Winde umspielt.

Stunden, flüchtger ihr als der Kuss
Eines Strahls auf den trauernden See,
Als des ziehenden Vogels Lied,
Das mir nieder perlt aus der Höh,
Als des schillernden Käfers Blitz,
Wenn den Sonnenpfad er durcheilt,
Als der heiße Druck einer Hand,
Die zum letzten Male verweilt.

Dennoch, Himmel, immer mir nur
Dieses eine mir: für das Lied
Jedes freien Vogels im Blau
Eine Seele, die mit ihm zieht,
Nur für jeden kärglichen Strahl
Meinen farbig schillernden Saum,
Jeder warmen Hand meinen Druck,
Und für jedes Glück meinen Traum.

(v 1844/45)

Sprache im Realismus: Die Wirklichkeitsauffassung des Realismus verlangt eine Auseinandersetzung mit der empirischen Wirklichkeit, die frei sein soll von allen metaphysischen Zusätzen. Entsprechend ihrem Zeit- und Realitätsbezug orientierten sich die Schriftsteller dieser Epoche mehr an der Alltagssprache. Im 19. Jh. kam es aufgrund der großräumigen Kommunikation und der verbesserten Schulbildung zur Ausbildung einer Gemein- oder Standardsprache. Besiegelt wurde diese Entwicklung durch die Festlegung einheitlicher Normen und Regeln: in der Rechtschreibung und im Wortgebrauch endgültig durch Konrad Dudens „Orthographisches Wörterbuch" (1880) sowie durch die Orthographische Konferenz von 1901; in der „Hochlautung" durch die „Deutsche Bühnenaussprache" (1898) von Theodor Siebs, die sich stark an die norddeutsche Sprechweise anlehnt.

Text 3 Eduard Mörike (1804–1875): Auf einer Wanderung

In ein freundliches Städtchen tret ich ein,
In den Straßen liegt roter Abendschein.
Aus einem offnen Fenster eben,
Über den reichsten Blumenflor
Hinweg, hört man Goldglockentöne schweben,
Und *eine* Stimme scheint ein Nachtigallenchor,
Dass die Blüten beben,
Dass die Lüfte leben,
Dass in höherem Rot die Rosen leuchten vor.

Lang hielt ich staunend, lustbeklommen.
Wie ich hinaus vors Tor gekommen,
Ich weiß es wahrlich selber nicht.
Ach hier, wie liegt die Welt so licht!
Der Himmel wogt in purpurnem Gewühle,
Rückwärts die Stadt in goldnem Rauch;
Wie rauscht der Erlenbach, wie rauscht im Grund die Mühle!
Ich bin wie trunken, irregeführt –
O Muse, du hast mein Herz berührt
Mit einem Liebeshauch!

(v 1845/46)

Text 4 **Annette von Droste-Hülshoff (1797–1848): Am Turme**

Ich steh auf hohem Balkone am Turm,
Umstrichen vom schreienden Stare,
Und lass gleich einer Mänade den Sturm
Mir wühlen im flatternden Haare;
O wilder Geselle, o toller Fant,
Ich möchte dich kräftig umschlingen,
Und, Sehne an Sehne, zwei Schritte vom Rand
Auf Tod und Leben dann ringen!

Und drunten seh ich am Strand, so frisch
Wie spielende Doggen, die Wellen
Sich tummeln rings mit Geklaff und Gezisch
Und glänzende Flocken schnellen.
O, springen möcht ich hinein alsbald,
Recht in die tobende Meute,
Und jagen durch den korallenen Wald
Das Walross, die lustige Beute!

Und drüben seh ich ein Wimpel wehn
So keck wie eine Standarte,
Seh auf und nieder den Kiel sich drehn
Von meiner luftigen Warte;
O, sitzen möcht ich im kämpfenden Schiff,
Das Steuerruder ergreifen
Und zischend über das brandende Riff
Wie eine Seemöwe streifen.

Wär ich ein Jäger auf freier Flur,
Ein Stück nur von einem Soldaten,
Wär ich ein Mann doch mindestens nur,
So würde der Himmel mir raten;
Nun muss ich sitzen so fein und klar,
Gleich einem artigen Kinde,
Und darf nur heimlich lösen mein Haar
Und lassen es flattern im Winde!

(v 1841/42)

Theodor Storm, geb. 1817 in Husum, gest. 1888 in Hademarschen; 1837 bis 1842 Jura-Studium, seit 1843 Advokat in Husum (bis 1852), 1846 Heirat mit seiner Cousine Konstanze Esmarch (gest. 1865); 1856 Richter in Heiligenstadt, 1864 Landvogt in Husum, 1866 Heirat mit Dorothea Jensen; seit 1867 Richter bis zur Pensionierung 1880. – Werke: Immensee (1849), Pole Poppenspäler (1875), Hans und Heinz Kirch (1882), Der Schimmelreiter (1888)

Text 5 **Eduard Mörike (1804–1875): Verborgenheit**

Lass, o Welt, o lass mich sein!
Locket nicht mit Liebesgaben,
Lasst dies Herz alleine haben
Seine Wonne, seine Pein!

Was ich traure weiß ich nicht,
Es ist unbekanntes Wehe;
Immerdar durch Tränen sehe
Ich der Sonne liebes Licht.

Oft bin ich mir kaum bewusst,
Und die helle Freude zücket
Durch die Schwere, so mich drücket
Wonniglich in meiner Brust.

Lass, o Welt, o lass mich sein!
Locket nicht mit Liebesgaben,
Lasst dies Herz alleine haben
Seine Wonne, seine Pein!

(v 1827/28)

Text 6 **Eduard Mörike: Gebet** (s. S. 18; Einführung)

Text 7 **Theodor Storm (1817–1888): Abseits**

Es ist so still; die Heide liegt
Im warmen Mittagssonnenstrahle,
Ein rosenroter Schimmer fliegt
Um ihre alten Gräbermale;
Die Kräuter blühn; der Heideduft
Steigt in die blaue Sommerluft.

Laufkäfer hasten durchs Gesträuch
In ihren goldnen Panzerröckchen,
Die Bienen hängen Zweig um Zweig
Sich an der Edelheide Glöckchen;
Die Vögel schwirren aus dem Kraut –
Die Luft ist voller Lerchenlaut.

Ein halb verfallen niedrig Haus
Steht einsam hier und sonnbeschienen;
Der Kätner[1] lehnt zur Tür hinaus,
Behaglich blinzelnd nach den Bienen;
Sein Junge auf dem Stein davor
Schnitzt Pfeifen sich aus Kälberrohr.

Kaum zittert durch die Mittagsruh
Ein Schlag der Dorfuhr, der entfernten;
Dem Alten fällt die Wimper zu,
Er träumt von seinen Honigernten.
– Kein Klang der aufgeregten Zeit
Drang noch in diese Einsamkeit.

(e 1847)

Der **Gedichtvergleich** setzt die thematische und/oder motivliche Verwandtschaft voraus. Folgende Punkte müssen beachtet werden:
– Ausgangspunkt sollte nicht die Einzelinterpretation sein, sondern das Aufspüren übergeordneter Gesichtspunkte (Eröffnung eines Vergleichshorizonts).
– Ziel ist die Herausarbeitung ähnlicher oder unterschiedlicher Aussagen und ihrer Darstellungsweise.
– Dabei ist *ein* Gedicht schwerpunktmäßig zu interpretieren, während das zweite jeweils zum Vergleich herangezogen wird. (Vgl. Jahrhundertwende, S. 317f.)

Text 8 Sarah Kirsch (*1935): Im Sommer

Dünnbesiedelt das Land.
Trotz riesiger Felder und Maschinen
Liegen die Dörfer schläfrig
In Buchsbaumgärten; die Katzen
Trifft selten ein Steinwurf.

Im August fallen Sterne.
Im September bläst man die Jagd an.
Noch fliegt die Graugans, spaziert der Storch
Durch unvergiftete Wiesen. Ach, die Wolken
Wie Berge fliegen sie über die Wälder.

Wenn man hier keine Zeitung hält
Ist die Welt in Ordnung.
In Pflaumenmuskesseln
Spiegelt sich schön das eigne Gesicht und
Feuerrot leuchten die Felder.

(Aus lizenzrechtlichen Gründen ist dieser Text nicht in reformierter Rechtschreibung abgedruckt.)

Text 9 Theodor Storm (1817–1888): [Über Lyrik] [Auszug]

[...] Die eigentliche Aufgabe des lyrischen Dichters besteht aber unsrer Ansicht nach darin, eine Seelenstimmung derart im Gedichte festzuhalten, dass sie durch dasselbe bei dem empfänglichen Leser reproduziert wird, wobei freilich der Wert und die Wirkung des Gedichtes davon abhängen wird, dass sich die individuellste Darstellung mit dem allgemein gültigsten Inhalt zusammenfinde. Die besten lyrischen Gedichte sind daher auch immer unmittelbar aus der vom Leben gegebenen Situation heraus geschrieben worden; die höchste Gefühlserregung wird, wie das jeder schon im täglichen Leben an sich erfahren mag, auch immer den schlagendsten Ausdruck finden; und wenn Goethe einmal den Ausspruch getan, es müsse der Dichter sich den Stoff durch die Zeit erst in eine gewisse Ferne rücken lassen, ehe er an die Behandlung desselben gehe, so sind doch gerade seine Lieder von unsterblichster Wirkung nachweislich unter der Herrschaft des Momentes entstanden, worüber der vor einigen Jahren herausgegebene Briefwechsel mit der Frau von Stein die mannigfachsten und interessantesten Aufklärungen enthält. Dass übrigens dem Dichter, namentlich dem Novellisten, auch eine selbst erfundene Situation mit solcher Lebendigkeit aufgehen könne, dass er dadurch zu einer vollkommen lyrischen Produktion im Charakter und der Stimmung seiner eignen Gestalten veranlasst wird, ist durch das hier Gesagte selbstverständlich nicht ausgeschlossen und von Mörike in seinem „Maler Nolten" durch das unergründlich schöne „Früh, wenn die Hähne krähn" aufs Vollkommenste dargetan, während die Eichendorffschen Lieder, so tief sie immer sein mögen, doch nur aus einer und derselben Grundstimmung mit den Novellen, in denen sie vorkommen, nicht aber aus diesen selbst entsprungen sind.
Es beruht daher auch das willkürliche und massenhafte Produzieren lyrischer Gedichte, das eigentliche Machen und Ausgehen auf derartige Produktionen auf einem gänzlichen Verkennen des Wesens der lyrischen Dichtkunst; denn bei einem lyrischen Gedichte muss nicht allein, wie im Übrigen in der Poesie, das *Leben,* nein, es muss geradezu das *Erlebnis* das Fundament desselben bilden. Den echten Lyriker wird sein Gefühl, wenn es das höchste Maß von Fülle und Tiefe erreicht hat, von selbst zur Produktion nötigen, dann aber auch wie mit Herzblut alle einzelnen Teile des Gedichtes durchströmen. Eine Folge hiervon und zugleich ein Beweis für unsre Ansicht ist es, dass selbst unsre besten Lyriker, wie Günther, Hölty, Goethe, Claudius, Uhland, nur wenige Lieder geschaffen haben, welche die seit ihrem Erscheinen verflossene Zeit überdauerten.
So wie mit den lyrischen Gedichten im Allgemeinen, so ist es im Besonderen mit den Liebesliedern. Es kommt nicht darauf an, geistreiche Gedanken über die Liebe in Versen vorzutragen, wie dies z.B. in Geibels „Minnelied", freilich in schönster Weise, geschieht;

[1] Der Kätner: von die Kate = Haus (Hütte) eines Kleinbauern

Arbeitsanregungen:

1. Die Gedichtüberschriften verweisen auf Situationen des lyrischen Ichs als Gedichtanlass. Beschreiben Sie den Gedichtaufbau und zeigen Sie dabei, welche Bedeutung der äußeren Situation zukommt.
2. Tragen Sie die Gedichte vor; achten Sie als Zuhörer auf die Wirkung von Klang und Bild.
3. Überprüfen Sie Storms Auffassung über die Produktion und Rezeption von Lyrik (Text 9) an einigen Gedichtbeispielen. Welche Erwartung von Lyrik haben Sie selbst?
4. Vergleichen Sie die Situation des Ichs (Text 4) mit derjenigen einer romantischen Schriftstellerin (Kap. II.4. S. 249ff.).
5. Interpretieren und vergleichen Sie die beiden Gedichte „Abseits" und „Im Sommer" (Text 7 und 8).
   – Formulieren Sie zunächst Ihren Gesamteindruck.
   – Untersuchen Sie Gemeinsamkeiten und Unterschiede; beachten Sie, wie Natur und Mensch dargestellt werden und welche sprachlichen und formalen Mittel besonders kennzeichnend sind.
6. Erörtern Sie, ob die Bewertung dieser Dichtung als Flucht in Idylle und heile Welt angemessen ist. Wählen Sie für die Ausführung die Form eines Streitgesprächs, in dem eine Gruppe die Rolle der politisch engagierten, eine andere die Position der hier vorgestellten Dichter übernimmt. Eine dritte Gruppe protokolliert den Gesprächsverlauf.

denn hier entsteht schon ein Mittelding zwischen lyrischer und didaktischer Poesie; das echte Liebeslied soll vielmehr in seinen Versen die Atmosphäre der Liebe einfangen, dass es uns beim Lesen mit unwiderstehlicher Gewalt der Ahnung oder Erinnerung überkommt. […]

[…] Von einem Kunstwerk will ich, wie vom Leben, unmittelbar und nicht erst durch die Vermittlung des Denkens berührt werden; am vollendetsten erscheint mir daher das Gedicht, dessen Wirkung zunächst eine sinnliche ist, aus der sich dann die geistige von selbst ergibt, wie aus der Blüte die Frucht. – […]

Text 10 **Ronald Schneider: Annette von Droste-Hülshoff** [Auszug]

Als die 48er Revolution in das stille Meersburg am Bodensee dringt, ringt auf der Burg eine schriftstellernde Freifrau aus Westfalen mit dem Tode, die ihr Leben und Wirken ganz dem Konservativen und Christlichen verschrieben hatte und damit zugleich auch der Abwehr alles Aufrührerischen und „Demokratischen" ihrer Zeit. Wenige Jahre zuvor hatte sie mit einer „Dorfgeschichte" aus dem Paderbornischen – der einzigen von ihr vollendeten Prosaarbeit – immerhin einen literarischen Achtungserfolg erzielt: der *Judenbuche* (1842). Ihr Tod im Mai 1848 blieb ohne merkliches publizistisches Echo, und in den Jahren nach der unrühmlich gescheiterten Revolution war sie so gut wie vergessen. Dies änderte sich erst in den 70er und 80er Jahren, als man sich im Zuge des sich erneuernden Katholizismus und des westfälischen Regionalismus nach literarischen Gewährsleuten umsah. Die daraus erwachsenen „Vereinnahmungen" der D. verstellten allerdings bis in die jüngste Zeit ein angemessenes Verständnis von Autorin und Werk. Dem 20. Jahrhundert galt die D. von Anfang an als „Deutschlands größte Dichterin", und dieser Rang blieb ihr bis heute unbestritten.

Ihre literarische Karriere ist bestaunenswert: Eine adlige Gelegenheitsschriftstellerin der Biedermeierzeit, in den überaus engen Grenzen lebend, die ihr – der unverheiratet gebliebenen „Tante Nette" – von der Familie gezogen wurden, gut katholisch, „stockwestfälisch" und ein „loyales Aristokratenblut" (wie sie selber einmal schrieb), ein kurzsichtiges, stets kränkelndes und bald ältliches Münsteraner Freifräulein, das mit ebenso kühn poetischen wie gedankenschweren Gedichten und mit einer sowohl bis dato unerhört realistischen wie allegorisch verrätselten „Kriminalgeschichte" (ihrer *Judenbuche*) zur Weltliteratur vorstieß! Doch allzu oft wurde hier vorschnell als schöpferisches „Geheimnis" mystifiziert, was an geistigen und lebensgeschichtlichen Voraussetzungen der literarischen Produktivität der D. zugrunde lag.

Schon die Briefe der jungen D. zeigen eine überaus fantasiebegabte, freiheitsdurstige Frau in der Auseinandersetzung mit den gesellschaftlichen Konventionen ihrer Zeit, ihres Standes, und vor allem ihres Geschlechts. Eine Liebesaffäre brachte den Konflikt zum Ausbruch: Die D., eben 23 Jahre, wollte unter zwei Verehrern den zu ihr passenden wählen (statt sich wählen zu lassen); die Folge waren ein gesellschaftlicher Eklat und familiäre Sanktionen, unter denen das Selbstbewusstsein der jungen D. zusammenbrach. Fortan beugte sie sich der gesellschaftlichen Konvention und zog sich in eine für die Biedermeierzeit typische Resignationshaltung zurück. Da die D. ihren Emanzipationsanspruch verdrängte und die sozialen und religiösen Traditionen zu befolgen suchte, musste sie unter einer Vielzahl psychosomatischer Krankheitsbilder leiden. […]

Das bekannte Gedicht *Am Turme* (1841/42) belegt in prägnanter Metaphorik, wie klar der Dichterin selber dieser Zusammenhang von biografischer Resignation und poetisch „Gelebtem" war. […] Zu solch lyrischer Kraft und poetischer Produktivität wie in den hier genannten Gedichten oder etwa auch in ihren *Heidebildern* bedurfte es bei der D. immer aber auch des Anstoßes durch einen literarischen Mentor, und ihr wichtigster war zweifellos Levin Schücking, der von 1841 bis Ostern 1842 Bibliothekar auf der Meersburg ist. Um diese „Dichterliebe" sind viele Legenden gewoben worden. Legt man die Briefe der D. zugrunde, so erhält man das ebenso authentische wie menschlich ergreifende Bild einer erst langsam erwachenden, dann immer dringlicheren Liebe des schon älteren Freifräuleins zu einem schriftstellerisch ambitionierten (innerlich weit distanzierteren) jungen Mann, einer Liebe allerdings, die für die D. nur unter dem Tarnmantel der Freundschaft und mütterlicher Zuwendung gelebt werden konnte. Schücking drängte die D. auch, ihre *Judenbuche* zum Abschluss zu bringen. In der Geschichte von der verfehlten Selbstverwirklichung des Friedrich Mergel, seiner Schuld und seiner grausigen Sühne mag die D. ein weiteres Mal ihre biografischen Versagungen, ihre Auflehnungsgelüste und ihr Schuldbewusstsein literarisch projiziert haben. Vor allem aber gelang es ihr hier, ihren Detailrealismus und ihren psychologischen Scharfblick mit einer religiösen Allegorik zu einer spannungsreichen Synthese zu verschmelzen, die bis auf den heutigen Tag den Leser in ihren Bann zieht.

Ihre späten Lebensjahre sah die D. – trotz vielfacher Krankheit und familiärer Einengung – im Zeichen der „Gnade", wie dies am schönsten vielleicht ihr Gedicht *Mondesauf-*

gang (1844) bekundet. Erst durch ihre literarische Produktivität (die hier in der Mond-Metapher gespiegelt ist) konnte sie sich seelisch entspannen, und das ihr daraus erwachsene dichterische Selbstbewusstsein hat die D. Frieden schließen lassen mit sich selbst und ihre letzten Jahre in ein „mildes Licht" getaucht: „O Mond, du bist mir wie ein später Freund / Der seine Jugend dem Verarmten eint / Um seine sterbenden Erinnerungen / Des Lebens sanften Widerschein geschlungen / ... Bist, was dem kranken Sänger sein Gedicht / Ein fremdes, aber o! ein mildes Licht."

Text 11 **Hans-Ulrich Simon: Eduard Mörike** [Auszug]

Die Familie hatte auf ihn gesetzt. Die Onkel und Tanten sorgten nach dem Tod seines Vaters, eines Amtsarzts, für die gehörige theologische Ausbildung am Tübinger Stift. Er scheint die Situation damals intuitiv so erfasst zu haben: die Großfamilie als Zwang, die Bildung als Macht. M. beugte sich, konnte aber bis an sein Lebensende keinen rechten Unterschied mehr machen zwischen verwandtschaftlichen Bindungen, gesellschaftlichen Zwängen und eigenem Wollen: Mit einer Kusine (Klara Neuffer; vgl. *Erinnerung*) kam er öfter zusammen – er meinte, sie heiraten zu müssen; eine Fremde (Maria Meyer; vgl. *Peregrina,* auch *Maler Nolten*) begehrte ihn – er flüchtete in Krankheit; sein Bruder August lehnte sich gegen die Familie auf – er stand auf Seiten der Mutter, und der Lieblingsbruder schied aus dem Leben; zugleich (1823/24) durchlebte der Theologiestudent die Glaubenszweifel seiner Zeit (vgl. *Märchen vom sichern Mann*), bevormundet von einer pietistischen älteren Schwester, die bald darauf starb. [...]

Sein äußeres Leben ist schnell erzählt. Es brachte nach dem Examen (1826) keine wesentlichen Einschnitte: Sein Versuch als freier Schriftsteller scheiterte ebenso wie seine Hoffnung, sich als Pfarrer von Vikaren vertreten und somit fürs Dichten freistellen zu lassen. Lange Zeit war er selbst Vikar und nur kurz Pfarrer (in Cleversulzbach 1834/43; vgl. *Der alte Turmhahn*). Der mittellose Pensionär heiratete 1851, lebte dann in Stuttgart, floh zwischendurch aufs Land, hatte zwei Töchter und wusste nie richtig, sich zwischen der Frau (Margarethe, geb. Speeth) und seiner jüngeren Schwester Klara zu entscheiden. Er gab Deutschunterricht an einer Mädchenschule, erhielt den Dr. h.c. und den Professortitel (1856). Über die Grenzen des Königreichs Württemberg kam er kaum hinaus.

Seine Dichtung lebt aus der Spannung zwischen dem Dasein in jeder Beziehung klein gehaltener Verhältnisse und krisenhaften Entscheidungssituationen, sie changiert zwischen Biedermeier und Existentialismus und hat bisher alle Lesergenerationen beeindruckt. [...]

Zunehmend bildete M. die Drangsal des Einzelnen als allgemeines Verhängnis ab, das sogar die Dichtung erfasst (seine Schicksalsgläubigkeit bedingte später Tendenzen zum Katholizismus und seine Neigung zur Parapsychologie). Selbstverwirklichung als zwischenmenschliche Verständigung wird sein Thema und anhand verschiedenster Gesprächssituationen und -formen ins Werk umgesetzt; Freundschaft und Liebe finden auf den unterschiedlichsten sozialen Ebenen ihre Darstellung (in der Lyrik häufig aus der Rolle der Frau gesehen): Vereinigung in Harmonie entpuppt sich aber stets als Illusion (vgl. *Liebesglück*), wenn sie überhaupt zustande kommt und wenn nicht der Bruch, vielfach gebrochene Menschen am Ende stehen. In der Idylle und im Märchen findet M. vorzüglich seine Formen für die Darstellung des „Wunderbaren", und stete Rückblenden verdeutlichen im Erzählgestus die gebrochene Perspektive (*Lucie Gelmeroth*): Die Wahrheit des Geschehens ist erdichtet, die Dichtung verfügt nur über Detailkenntnisse, die sie erst – mit humoristischem Augenzwinkern – zu einem Ganzen konstruiert. Die Kunst wird da schon selbst zum Thema. [...]

Arbeitsanregungen:

1. Versuchen Sie eine Beziehung zwischen Biografie und Werk der Autoren herzustellen.
2. Erörtern Sie die Frage, ob die Kenntnis der Biografie eines Autors für das Verständnis seines Werkes notwendig oder eher störend ist.

2. Natur als Heimat?

Zweifellos ist die Natur als Erlebnisraum keine Entdeckung des 19. Jahrhunderts. Die Auflagenhöhen von Bauernromanen und Dorfgeschichten lassen im Zeitalter der beginnenden Industrialisierung ein ständig zunehmendes Interesse an natürlichen Lebensformen erkennen, dem von manchen Autoren mit Skepsis begegnet wird.

Text 1 **Jeremias Gotthelf (1797–1854): Uli der Knecht** [Auszug]

Jeremias Gotthelf (eigentl. Albert Bitzius), geb. 1797 in Murten/Kanton Fribourg, gest. 1854 in Lützelflüh bei Bern; 1814–20 Theologiestudium in Bern, anschließend Vikar, seit 1832 Pfarrer im Emmental; trat 1836 zuerst als Schriftsteller auf. – Werke: Uli der Knecht (1846), Zeitgeist und Berner Geist (1852)

Ein heiterer Sonntag in einem schönen Baurenhause.

Der Sonntag kam am Himmel herauf, hell, klar, wunderschön. Die dunkelgrünen Gräslein hatten mit demantenen Kränzlein ihre Stirnen geschmückt und funkelten und dufteten als süße Bräutlein in Gottes unermesslichem Tempel. Tausend Finken, tausend

Der **Bauernroman** und die **Dorfgeschichte** traten um 1840 fast überall in Deutschland, Österreich, der Schweiz, Frankreich und Skandinavien als eigenständige literarische Gattung hervor. Während die Bauern in der Literatur seit dem Mittelalter häufig diskriminiert wurden, sahen nun die Gebildeten in der dörflichen Sphäre eine heile Welt, die noch keine Zivilisationsschäden aufwies. Adressaten dieser Literatur waren neben städtischen Lesern auch dörfliche Leser, die in allen Lebensbereichen aufgeklärt werden sollten, bis zu konkreten Anweisungen zum besseren Führen von Haushalt und Landwirtschaft.
Jeremias Gotthelf war der Begründer des Bauernromans, Berthold Auerbach begründete die Dorfgeschichte. – Die anfänglich vorhandenen reform- und sozialpädagogischen Ansätze verschwanden sehr bald; als erfolgreicher beim Lesepublikum erwiesen sich rührselige, oft klischeehaft-triviale Erzählungen, in denen die Grundspannungen der Zeit auf einen Antagonismus ‚Schreckbild Stadt – Heilsbereich Land' verengt wurden.

Amseln, tausend Lerchen sangen die Hochzeitlieder; weißbärtig, ernst und feierlich, aber mit den Rosen der Jugend auf den gefurchten Wangen, sahen die alten Berge als Zeugen auf die holden Bräutlein nieder, und als Priesterin Gottes erhob sich hoch über alle die goldene Sonne und spendete in funkelnden Strahlen ihren Hochzeitsegen. Der tausendstimmige Gesang und des Landes Herrlichkeit hatten den Bauer früh geweckt, und er wandelte andächtigen Gemütes dem Segen nach, den ihm Gott beschert hatte. Er durchging mit hochgehobenen Beinen und langen Schritten das mächtige Gras, stund am üppigen Kornacker still, an den wohl geordneten Pflanzplätzen, dem sanft sich wiegenden Flachse, betrachtete die schwellenden Kirschen, die von kleiner Frucht starrenden Bäume mit Kernobst, band hier etwas auf und las dort etwas Schädliches ab und freute sich bei allem nicht nur des Preises, den es einsten gelten, nicht nur des Gewinnes, den er machen werde, sondern des Herren, dessen Güte die Erde voll, dessen Herrlichkeit und Weisheit neu sei jeden Morgen. Und er gedachte: wie alles Kraut und jedes Tier jetzt den Schöpfer preise, so sollte es auch der Mensch tun, und mit dem Munde nicht nur, sondern mit seinem ganzen Wesen; wie der Baum in seiner Pracht, wie der Kornacker in seiner Fülle, so der Mensch in seinem Tun und Lassen. „Gott Lob und Dank!“ dachte er, „ich und mein Weib und meine Kinder, wir wollen dem Herren dienen, und er braucht sich unser nicht zu schämen. Wir sind wohl auch arme Sünder und haben nur einen geringen Anfang der Gottseligkeit, aber wir haben doch ein Herz zu ihm und vergessen ihn nie einen ganzen Tag lang und essen nichts, trinken nichts, dass wir ihm nicht danken, und nicht nur mit Worten, sondern von Herzensgrund.“ […]

(v 1846)

Berthold Auerbach, geb. 1812 in Nordstetten (bei Horb a. N.), gest. 1882 in Cannes; nach dem Besuch einer Talmud- und Rabbinerschule seit 1830 klass. Studien, ab 1832 Jura und danach evangel. Theologie; wegen Mitgliedschaft in den Burschenschaften von der Universität verwiesen, kurze Haft auf dem Hohenasperg; Redakteur, dann freier Schriftsteller, seit 1859 überwiegend in Berlin. – Werke: Schwarzwälder Dorfgeschichten (1843–54)

Der **Dialekt** gehörte zum Lokalkolorit der Dorfgeschichte, wobei die Autoren aber bestrebt waren, einen möglichst breiten Leserkreis zu erreichen und dementsprechend maßvoll Dialektausdrücke verwendeten.
Dialekte (Mundarten) werden nach ihren geographischen Verbreitungsgebieten eingeteilt. Ihre Bewertung innerhalb einer Sprachgemeinschaft ist von vielfältigen Faktoren abhängig.
Die Sprache eines Individuums nennt man **Idiolekt,** die Sprache einer Gruppe **Soziolekt.** Für jede erfolgreiche Kommunikation zwischen zwei Gesprächspartnern gilt: Der individuelle Sprachschatz des Sprechers muss sich mit dem seines Gesprächspartners weitgehend decken. Die ungleiche sprachliche Ausstattung von Angehörigen verschiedener sozialer Schichten (Unter- und Mittelschicht) kann zu **Sprachbarrieren** führen und dadurch zur Benachteiligung derjenigen Sprecher, deren Sprachform eine geringere kommunikative Reichweite hat.

Text 2 Berthold Auerbach (1812–1882): Die Frau Professorin [Auszug]

Der Freund des Protagonisten Reinhard erzählt über sein Erleben des Waldes.

[…] Reinhard ward still; nach einer Weile erst frug er:
„Warst du die ganze Zeit im Walde?“
„Gewiss, oh! es war himmlisch, ich habe einen tiefen Zug Waldeinsamkeit getrunken. Sonst, wenn ich den Wald betrat, war mir's immer, als ob er schnell sein Geheimnis vor mir zuschließe, als ob ich nicht würdig sei, durch diese heiligen Säulenreihen zu schreiten und den stillen Chor der ewigen Natur zu vernehmen; mir war's immer, als ob beim letzten Schritte, den ich aus dem Walde tue, jetzt erst hinter mir das süße geheimnisvolle Rauschen beginne und unerfassbare Melodien erklingen. Heute aber habe ich den Wald bezwungen. Ich bin emporgedrungen durch Gestrüpp und über Felsen bis zum Quellsprung des Baches, wo er zwischen großen Basaltblöcken hervorquillt und ein breites, rundes Becken ihn sogleich aufnimmt, als dürfte er da zu Hause bleiben. Du warst gewiss noch nicht dort, sonst müsstest du's gemalt haben; das muss nun dein erstes Bild sein. Die Bäume hangen so sehnsüchtig nieder, als wollten sie das Heiligtum zudecken, dass kein sterbliches Auge es sehe, in jedem Blatt ruht der Friede; der rote und weiße Fingerhut lässt seine Blütenkette zwischen jeder Spalte aufsteigen, es ist eine Giftpflanze, aber sie ist entzückend schön! Die sanfte Erika versteckt sich lauschend hinter dem Felsen und wagt sich nicht hervor an das rauschende Treiben. Dort lag ich eine Stunde und habe Unendlichkeiten gelebt. Das ist ein Plätzchen, um sich ins All zu versenken. Morgenglocken tönten von da und dort, mir war's wie das Summen der Bienen, die sich heute bei der Sicherheit des schönen Wetters weit weg vom Hause wagten. Ich war emporgeklommen, hoch hinauf auf Bergeshöhen, die die Kirchtürme weit überragen, ich stand über Zion auf den Spitzen des unendlichen Geistes; da fühlte ich's wie noch nie, dass ich nicht sterben kann, dass ich ewig lebe; ich fasste die Erde, die mich einst decken wird, und mein Geist schwebte hoch über allen Welten. Mag ich freudlos über die Erde ziehen, klanglos in die Grube fahren, ich habe ewig gelebt und lebe ewig.“ …

Reinhard setzte sich auf den Wegrain unter einen Apfelbaum, er zog auch den Freund zu sich nieder. „Sprich weiter“, sagte er dann; der Angeredete blickte schmerzlich auf ihn, dann schaute er vor sich nieder und fuhr fort:

„Ich lag lange so in selig traurigem Entzücken, ich sah dem unaufhörlich sich ergießenden Quell zu. Wie ätherklar springt er hervor aus nächtiger Verborgenheit; wie rein und hell schlängelt er sich in die Schlucht hinab, bald aber, noch bevor er den ruhigen Talweg erreicht, wird er eingefangen; was ficht's ihn an? Er springt keck über das Mühlrad und eilt zu den Blumen am Ufer. In der Stadt aber dämmen sie ihn ein, da muss er färben, gerben und verderben; er kennt sich nicht mehr. Es kann auch einem reinen klaren Naturkinde so ergehen. Was tut's? Du einzler Quell vom Felsensprung! ströme zu bis hin in das unergründliche, unbezwungene Meer, dort ist neue, dort ist ewige Klarheit und unendliches Leben, ein Ruhen und ein Bewegen in sich … […]

(v 1846)

Text 3 Heinrich Clauren (Pseudonym für Carl Gottlieb Samuel Heun, 1771–1854): Mimili [Auszug]

„Mimili" ist die idyllisch-sentimentale Liebesgeschichte eines Schweizer Mädchens und eines preußischen Offiziers; Schauplatz sind die Schweizer Alpen.

[...]
Und wirklich zitterte die Abendstille noch im bebenden Nachhall!

Aber jetzt senkte die Sonne sich am wolkenlosen Abendhimmel tiefer hinter den Saum des westlichen Hochgebirges, und nun begann das eigentliche Glühen der Alpen. Die Luft war milde und rein. Der ganze Himmel, aus dessen Räumen der große Riesenball des ewigen Lichtes eben entrollt war, glühte wie ein unermessliches Feuermeer. Es war, als hätte sich der Vorhang der jenseitigen Verklärung aufgerollt; als sei die Sonne, vor der Milde ihres Schöpfers, auseinander geschmolzen; als verlöre sich der Blick des Sterblichen in dem Allerheiligsten des höchsten Gottes.

Diese ganze unaussprechliche Purpurglut strahlte auf den himmelhohen blinkenden Eiswänden der Jungfrau und in den meergrünen Spitzzacken ihrer Nachbar-Gletscher prachtvoll wider. In dem glühenden Äther erschienen die ungeheuern Schneemassen fast als durchsichtig, und es war, als saugten die Spiegel des ewigen Eises das Feuer des nahen Himmels in sich, als verglühten in den unerreichbaren Höhen, des Westes liebliche Zephyre, Schnee und Sonnenstrahlen durch unbegreifliche Wunder ineinander.

Mimili aber stand, vor dem Zauberbilde der Natur in stillem Staunen verloren, und betete, die Hände vor der Brust gefaltet, zu dem Ewigen.

„Das ist ein himmlischer Abend", flüsterte sie leise, und die sanfte Glut im Abend, und die himmelreine Höhe der Jungfrau, spiegelten sich in ihren dunkelblauen Augen, und die schwanenweiße Brust drängte sich wogend aus dem samtenen Mieder! Da gewältigte mich ihr namenloser Liebreiz, ich umschlang das schöne Mädchen und drückte ihr, berauscht von dem Entzücken der Abendfeier, den ersten Kuss auf die süßen Lippen. Sie aber sank schweigend an meine Brust und lispelte leise: „So haben die Alpen noch nie mir geglüht!"

So, glaube ich, haben sich die ersten Menschen im Paradiese geküsst; so fromm und so schuldlos. Es war nichts Böses, nichts Irdisches mehr in mir; ich hätte, vor überschwänglicher Seligkeit, in Mimilis Armen sterben, mit ihr auf den Purpurfittichen des Abendrots hinüberfliegen mögen in die Rosenschimmer der vor uns dämmernden Lichtwelt!

Ich küsste den Pfirsich-Sammet ihrer Wangen, die Purpurwürze ihrer Lippen, das Lilienweiß ihres schönen Halses. Sie hielt mich schweigend mit beiden Armen umschlungen, und das süßeste Verlangen der keuschesten Liebe funkelte in der veilchenblauen Tiefe ihres schmachtenden Blickes.

„Lasst uns gehen", sagte sie endlich, nach der seligsten Pause meines Lebens, wie aus einem Traume erwacht; und ich stand schweigend auf und ging an ihrem Arme in die stillen Täler hinab. Wir konnten beide eine lange Weile nicht sprechen, so wohl, so unaussprechlich wohl war uns. Wir waren jetzt untereinander als Bruder und Schwester. Wir hatten uns ohne Worte verstanden. Die Liebe bedarf keiner Laute. [...]

(v 1815)

Heinrich Clauren (eigentl. Karl Gottlieb Samuel Heun), geb. 1771 in der Niederlausitz, gest. 1854 in Berlin; Jurastudium; Buchhändler; Sekretär, Hofrat; viel gelesener Unterhaltungsschriftsteller.

Johann Nepomuk Nestroy, geb. 1801 in Wien, gest. 1862 in Graz; Jurastudium, seit 1822 zunächst Opernsänger, dann Schauspieler (Brünn, Graz, Wien); 1854–60 Theaterleitung in Wien. – Werke: Der böse Geist Lumpazivagabundus oder das liederliche Kleeblatt (1835), Der Talisman (1843), Der Zerrissene (1845), Freiheit in Krähwinkel (1849)

Text 4 Johann Nepomuk Nestroy (1801–1862): Der Zerrissene, Posse mit Gesang I,6 [Auszug]

Der steinreiche Herr von Lips ist ein „Zerrissener", der trotz seines Wohlstandes der Welt überdrüssig geworden ist, denn ihn langweilt alles; seine Freunde suchen nach Auswegen.

[...]
Wixer: Du musst dich zerstreuen.
Lips: Das ist leicht g'sagt, aber mit was?
Wixer: Wir begleiten dich, geh auf Reisen!
Lips: Um zu sehn, dass es überall so fad is als wie hier?
Stifler: Nein, er meint Naturgenuss, Alpen, Vulkane, Katarakte –
Lips: Sag mir ein Land, wo ich was Neues seh; wo der Wasserfall einen andern Brauser, der Waldbach einen andern Murmler, die Wiesenquelle einen andern Schlängler hat, als ich schon hundertmal g'sehn und gehört hab – führ mich auf einen Gletscher mit schwarzem Schnee und glühende Eiszapfen – segeln wir in einen Weltteil, wo das Waldesgrün lilafarb, wo die Morgenröte paperlgrün is! – Lasst's mich aus, die Natur kränkelt auch an einer unerträglichen Stereotypigkeit.
Wixer *zu Sporner:* Gib ihm doch auch einen Rat, du Engländer ex propriis.
Sporner: Ich sage: Pferde, nichts als Pferde! *Zu Lips.* Halte dir zehn bis fünfzehn Stück Vollblut, verschreibe dir Jockeis, besuche alle Wettrennen, und du wirst ganz umgewandelt!

Wilhelm Busch, geb. 1832 in Wiedensahl/Niedersachsen, gest. 1908 in Mechtshausen/Harz; 1847–51 Maschinenbaustudium, Besuch der Kunstakademien in Düsseldorf, Antwerpen und München, wo er von 1854 bis 1864 lebte, anschließend in Wiedensahl. – Werke: Max und Moritz (1865, begründete seinen Weltruhm), Die fromme Helene (1872), Balduin Bählamm (1883)

LIPS: Am End gar selbst zum Ross! Nein, Freund, ich reit gern aus zur Bewegung, ich fahr gern aus zur Bequemlichkeit, und meine Pferd habn g'wiss nix Fiakrisches an sich – aber wie man alle seine Gedanken und Ideen bloß auf Rosse, Vollblütigkeit und Familienverhältnisse der Pferd konzentrieren kann, dafür hab ich keinen Sinn, so leer is weder mein Kopf noch mein Herz, dass ich Stallungen draus machen möcht – [...]

(v 1844)

Text 5 **Wilhelm Busch (1832–1908): Balduin Bählamm, der verhinderte Dichter** [Auszug]

Das Einleitungskapitel handelt von der Poesie:

„Im Durchschnitt ist man kummervoll
Und weiß nicht, was man machen soll. –
Nicht so der Dichter. Kaum missfällt
Ihm diese altgebackne Welt,
So knetet er aus weicher Kleie
Für sich privatim eine neue
Und zieht als freier Musensohn
In die Poetendimension."

Diesen Versuch unternimmt auch der verheiratete Schreiber Balduin Bählamm; er reist ohne seine Frau und seine vier Kinder aufs Land um zu dichten.

Viertes Kapitel

Wie lieb erscheint, wie freundlich winkt
dem Dichter, der noch etwas hinkt,

Des Dörfleins anspruchsloses Bild,
In schlichten Sommerstaub gehüllt.

Hier reitet Jörg, der kleine Knabe,
Auf seinem langen Hakenstabe,

Die Hahnenfeder auf der Mütze,
Kindlich naiv durch eine Pfütze.

Dort mit dem kurzen Schmurgelpfeifchen,
Auf seinem trauten Düngerhäufchen
Steht Krischan Bopp und füllt die Luft
Mit seines Krautes Schmeichelduft

Er blickt nach Rike Mistelfink.
Ein Mädel sauber, stramm und flink.
Sie reinigt grad den Ziegenstall;
Und Friede waltet überall.

Sofort im ländlichen Logis
Geht Bählamm an die Poesie.
Er schwelgt im Sonnenuntergang,

Er lauscht dem Herdenglockenklang,
Und ahnungsfroh empfindet er's:
Glück auf! Jetzt kommt der erste Vers!

Klirrbatsch! Da liegt der Blumentopf
Es zeigt sich ein gehörnter Kopf,

Das Maulwerk auf, die Augen zu,
Und plärrt posaunenhaft: Ramuh!!!

Erschüttert gehen Vers und Reime
Mitsamt dem Kunstwerk aus dem Leime.
Das tut die Macht der rauhen Töne.
die Sängerin verlässt die Szene.

Arbeitsanregungen:

In der Werbung spielen die Assoziationen, die die Betrachter mit bestimmten ‚Zeichen' verknüpfen, eine entscheidende Rolle; dafür verwendet man auch den Begriff **Konnotation.** Während der Begriff **Denotation** die Lexikonbedeutung eines Wortes bezeichnet, verweisen Konnotationen auf ‚Mit-Bedeutungen', die nicht allein subjektiv, sondern überwiegend durch den Kulturraum, in dem man lebt, bestimmt sind.

1 a Sammeln und untersuchen Sie Werbeanzeigen mit Natur- und Landschaftsmotiven: Welche Funktion haben Natur und Landschaft?
b Welche Konnotationen werden in den Texten 1–3 mit der Natur verknüpft?

2 Untersuchen Sie Aufbau und Wortschatz der Naturschilderungen. Wie ‚natürlich' ist die Natur?

3 Beschreiben Sie den Zusammenhang von Natur und Erotik im Text von Clauren.

4 Wie erklären Sie die Abneigung des Herrn von Lips (Text 4) gegenüber der Natur?

5 Was leisten die Bilder in W. Buschs Geschichte?
Skizzieren Sie eine Fortsetzung der Erlebnisse B. Bählamms.

6 Thema zur Diskussion und (nicht textgebundenen) Erörterung: Viele Menschen sprechen einen Dialekt als ihre eigentliche Muttersprache.
Erörtern Sie, welche Einschränkungen sich daraus ergeben, welche Möglichkeiten sich damit eröffnen können.

Text 6 **Adalbert Stifter (1805–1868): Vorrede zu „Bunte Steine"** [Auszug]

Die Vorrede über das vielzitierte „sanfte Gesetz" nimmt Bezug auf eine kritische Äußerung des Schriftstellers Friedrich Hebbel über Stifter:

„Die alten Naturdichter und die neuen,
wisst ihr, warum euch die Käfer, die Butterblumen so glücken?
Weil ihr die Menschen nicht kennt, weil ihr die Sterne nicht seht!
Schautet ihr tief in die Herzen, wie könntet ihr schwärmen für Käfer?
Säht ihr das Sonnensystem, sagt doch, was wär' euch ein Strauß?
Aber das musste so sein; damit ihr das Kleine vortrefflich
Liefertet, hat die Natur klug euch das Große entrückt."

[...]Weil wir aber schon einmal von dem Großen und Kleinen reden, so will ich meine Ansichten darlegen, die wahrscheinlich von denen vieler anderer Menschen abweichen. Das Wehen der Luft das Rieseln des Wassers das Wachsen der Getreide das Wogen des Meeres das Grünen der Erde das Glänzen des Himmels das Schimmern der Gestirne halte ich für groß: das prächtig einherziehende Gewitter, den Blitz, welcher Häuser spaltet, den Sturm, der die Brandung treibt, den Feuer speienden Berg, das Erdbeben, welches Länder verschüttet, halte ich nicht für größer als obige Erscheinungen, ja ich halte sie für kleiner, weil sie nur Wirkungen viel höherer Gesetze sind. Sie kommen auf

Adalbert Stifter, geb. 1805 in Oberplan/Böhmen, gest. 1868 in Linz (Selbstmord); 1826 Jurastudium in Wien, wandte sich dann der Malerei, Philosophie, Geschichte, Mathematik und den Naturwissenschaften zu; Lehrer und Erzieher, 1850 Schulrat für Oberösterreich, 1865 wegen Krankheit pensioniert. – Werke: Studien (1844–50), Bunte Steine (1853), Der Nachsommer (1857)

Biedermeier bezeichnet die literarische Epoche zwischen 1815 und 1848, für die man auch die Begriffe „Vormärz“ und „Restauration“ verwendet. Als biedermeierlich wird einerseits eine Lebenshaltung beschrieben, die den Rückzug in Häuslichkeit und Innerlichkeit wählte. Andererseits kehrte das Biedermeier zum Empirismus der Aufklärung zurück, zur Beobachtung des Nächstliegenden, etwa zur Erforschung der Natur; dabei ging man nicht – wie Goethe – von einer einheitlichen Idee aus, sondern bemühte sich um die Erfassung des Vielfältigen: Das Sammeln (z.B. von Steinen, Naturalien) war Ausdruck eines ‚handfesteren‘ Verhältnisses zur Wirklichkeit. Die als gefährdend erlebte Lebenswirklichkeit sollte rational durch Ordnung, Organisation, Vernunft bewältigt werden. Das Wort Biedermeier entstammt der Kritik des Realismus an Haltung und Literatur der Restaurationszeit. 1854 veröffentlichten Ludwig Eichrodt und Adolf Kußmaul parodistische Gedichte, in denen sie die Naivität des dichtenden Schulmeisters Samuel Friedrich Sauter (1766–1846) persiflierten; die Gedichtsammlung erschien unter dem Titel „Weiland Gottlieb Biedermaiers Schulmeisters in Schwaben Auserlesene Gedichte nebst Beigaben des Buchbinders Horatius Treuherz und des alten Schwartenmaier“. Das Wort „bieder“, das ursprünglich in positivem Sinn für „edel, treu, mutig“ verwendet wurde, bezeichnete nun das Beschränkte, in negativem Sinne Naive.
In der Kultur- und Kunstgeschichte wurde das Biedermeier am Anfang des 20. Jahrhunderts wegen seiner Einfachheit aufgewertet. Erst um 1930 kam der literarische Epochenbegriff Biedermeier auf.

Arbeitsanregungen:

1 Geben Sie den Gedankengang wieder. Was versteht Stifter unter dem Großen und dem Kleinen in der Natur und in der menschlichen Lebenswelt?

2 Nehmen Sie Stellung zu der Kunstauffassung Stifters.

Texterörterung
Ein Text als Vorlage für eine Erörterung enthält verschiedene Arten von Aussagen: *Tatsachenbehauptungen* und *Werturteile*, mit denen der Autor einen *Geltungsanspruch* erhebt. Die Aufgabe der Erörterung besteht in der Überprüfung der Geltungsansprüche, die man auch als **Diskurs** bezeichnet.
Die Kategorien dafür können immanent und textübergreifend sein (vgl. Aufklärung, S. 175ff.).
Ein häufiger Fehler beim Verfassen einer Texterörterung besteht darin, dass der gesamte Text wiedergegeben wird, obwohl in den Arbeitsanweisungen nur nach einem Teilaspekt gefragt ist. Ein anderer Fehler entsteht, wenn die Wiedergabe der Gedanken der Vorlage (zu ihrer Kennzeichnung gibt es entsprechende Signalwörter, mit denen man die Sprechakte benennt; z.B. der Verfasser

einzelnen Stellen vor, und sind die Ergebnisse einseitiger Ursachen. Die Kraft, welche die Milch im Töpfchen der armen Frau emporschwellen und übergehen macht, ist es auch, die die Lava in dem Feuer speienden Berge emportreibt, und auf den Flächen der Berge hinabgleiten lässt. Nur augenfälliger sind diese Erscheinungen, und reißen den Blick des Unkundigen und Unaufmerksamen mehr an sich, während der Geisteszug des Forschers vorzüglich auf das Ganze und Allgemeine geht, und nur in ihm allein Großartigkeit zu erkennen vermag, weil es allein das Welterhaltende ist. Die Einzelheiten gehen vorüber, und ihre Wirkungen sind nach kurzem kaum noch erkennbar. […]

So wie es in der äußeren Natur ist, so ist es auch in der inneren, in der des menschlichen Geschlechtes. Ein ganzes Leben voll Gerechtigkeit Einfachheit Bezwingung seiner selbst Verstandesgemäßheit Wirksamkeit in seinem Kreise Bewunderung des Schönen verbunden mit einem heiteren gelassenen Sterben halte ich für groß: mächtige Bewegungen des Gemütes furchtbar einherrollenden Zorn die Begier nach Rache den entzündeten Geist, der nach Tätigkeit strebt, umreißt, ändert, zerstört, und in der Erregung oft das eigene Leben hinwirft, halte ich nicht für größer, sondern für kleiner, da diese Dinge so gut nur Hervorbringungen einzelner und einseitiger Kräfte sind, wie Stürme Feuer speiende Berge Erdbeben. Wir wollen das sanfte Gesetz zu erblicken suchen, wodurch das menschliche Geschlecht geleitet wird. Es gibt Kräfte die nach dem Bestehen des Einzelnen zielen. Sie nehmen alles und verwenden es, was zum Bestehen und zum Entwickeln desselben notwendig ist. Sie sichern den Bestand des einen und dadurch den aller. Wenn aber jemand jedes Ding unbedingt an sich reißt, was sein Wesen braucht, wenn er die Bedingungen des Daseins eines anderen zerstört, so ergrimmt etwas Höheres in uns, wir helfen dem Schwachen und Unterdrückten, wir stellen den Stand wieder her, dass er ein Mensch neben dem andern bestehe, und seine menschliche Bahn gehen könne, und wenn wir das getan haben, so fühlen wir uns befriediget, wir fühlen uns noch viel höher und inniger als wir uns als Einzelne fühlen, wir fühlen uns als ganze Menschheit. Es gibt daher Kräfte, die nach dem Bestehen der gesamten Menschheit hinwirken, die durch die Einzelkräfte nicht beschränkt werden dürfen, ja im Gegenteile beschränkend auf sie selber einwirken. Es ist das Gesetz dieser Kräfte das Gesetz der Gerechtigkeit das Gesetz der Sitte, das Gesetz, das will, dass jeder geachtet geehrt ungefährdet neben dem andern bestehe, dass er seine höhere menschliche Laufbahn gehen könne, sich Liebe und Bewunderung seiner Mitmenschen erwerbe, dass er als Kleinod gehütet werde, wie jeder Mensch ein Kleinod für alle andern Menschen ist. Dieses Gesetz liegt überall, wo Menschen neben Menschen wohnen, und es zeigt sich, wenn Menschen gegen Menschen wirken. Es liegt in der Liebe der Ehegatten zu einander in der Liebe der Eltern zu den Kindern der Kinder zu den Eltern in der Liebe der Geschwister der Freunde zu einander in der süßen Neigung beider Geschlechter in der Arbeitsamkeit, wodurch wir erhalten werden, in der Tätigkeit, wodurch man für seinen Kreis für die Ferne für die Menschheit wirkt, und endlich in der Ordnung und Gestalt, womit ganze Gesellschaften und Staaten ihr Dasein umgeben, und zum Abschlusse bringen. Darum haben alte und neue Dichter vielfach diese Gegenstände benützt, um ihre Dichtungen dem Mitgefühle naher und ferner Geschlechter anheim zu geben. […]

(v 1853)

Text 7 **Stephan Clauss: Der Verlust der Stille** [Auszug]

Die wertvollsten Dinge des Lebens sind unverkäuflich. Sie kosten nichts und sind dennoch schwer zu haben. Eine dieser unbezahlbaren Kostbarkeiten ist die Stille. Und es gäbe keinen Grund, über sie zu reden, wenn nicht auch sie – die Schweigsame, Unscheinbare – im Begriff wäre, uns verloren zu gehen – von einigen betrauert, von vielen nicht einmal vermisst. Dabei ist Stille nicht einfach nur die Abwesenheit von Lärm, so wie der Frieden sich nicht allein durch das Schweigen der Waffen definiert. Die Stille war so lange Zeit Voraussetzung und Bestandteil menschlicher Kultur, dass eine Gesellschaft, die ihr keinen Platz mehr erlaubt, nicht nur arm und oberflächlich wird, sondern unerträglich.

Um zu begreifen, welche Zumutung der Lärm für seine Opfer bedeutet, braucht man nicht erst die militärischen Tiefflüge zu bemühen. Lärm ist vielmehr so allgegenwärtig geworden, dass es schon einiger Anstrengungen bedarf, sich seinem totalitären Machtanspruch zu entziehen. Immer kleiner werden die Inseln des Schweigens in einer von Medien und Motoren beherrschten Welt.

Selbst Musik gerät zur akustischen Umweltverschmutzung: Supermarktkunden sollen mittels hypnotischer Klänge zu noch mehr Konsum animiert, Wartende in U-Bahn-Stationen sanft sediert werden. Aus den Boutiquen der Fußgängerzonen fällt uns das gleiche Disko-Gedröhne an, das wir im Radio eben erst abgeschaltet hatten und das der dynamische Nachbar immer gern am Sonntag morgen aufdreht, damit auch alle mithören können.

Noch keine Generation ist mit einer derartigen Dauerbeschallung aufgewachsen wie die Teenager von heute, die sich vor der lärmenden Außenwelt mit der oft nicht weniger lauten Klangkulisse aus dem Walkman abschirmen, unansprechbare Traumwandler unter ihrer Klangkappe. Schwermetalle in der Luft, heavy metal im Kopf; die Welt als Nonstop-Diskothek. Hörschäden werden zur neuen Volkskrankheit.

Viele Menschen haben sogar schon regelrecht Angst vor der Stille: In Situationen, wo ihnen der Lärmteppich unter den Füßen weggezogen ist, reagieren sie verwirrt, unruhig, wie unter Entzugserscheinungen. Sie erleben die plötzliche Ruhe als einen unerwünschten Einbruch in ihre betriebsame Normalität, als einen anachronistischen Widerspruch, den es schleunigst niederzubrüllen gilt; sei es mittels der Lautsprecherboxen oder indem man den Rasenmäher anwirft. Für diese Furcht vor dem Innehalten, der Abwesenheit aller Arten von Aktivitäten, gibt es eine einfache Erklärung: Wer so vollständig aufgeht in der Existenzweise des Lärms, auf den muss ihr lautloses Gegenteil wie eine bedrohliche Leere wirken.

Lärm macht krank. Wer ihm ausgeliefert ist, wird aggressiv oder stumpft ab. [...] Wir sehen, wie der Lärm das soziale Klima vergiftet und manche Zeitgenossen bis zur Weißglut reizt. Andere leiden stumm oder flüchten sich in den Konsum von Tranquilizern und Schlaftabletten; Opfer der Gesellschaft, die auch im Lärm den verdrängten Aggressionen ein Ventil schafft.

Es darf bezweifelt werden, ob technische Verbesserungen und politische Kosmetik an diesen Zuständen viel ändern können. Wieder einmal ist ein Bewusstseinswandel gefragt, Rückbesinnung auf verschüttete Werte. Wer keinen Lärm mehr veranstalten muss, um sich künstlich Mut zu machen für den Existenzkampf, der erkennt vielleicht bald, dass er aus der Stille eine ungleich größere Kraft für den Alltag schöpfen kann.

Nicht nur für den Kranken, der in der Klinik seine Ruhe oft wie einen Luxusartikel bezahlen muss, ist die Stille eine heilsame und befreiende Erfahrung. Die Stille ist kein entbehrlicher Luxus für Alte und Kranke, sondern tragendes Element eines zivilisierten Zusammenlebens. Ohne sie verlernen wir die Kunst des Zuhörens, leidet unsere Wahrnehmung, wird das Denken zur Qual. Wo arbeiten und schlafen nur noch mit Wachs oder Schaumstoff in den Ohren möglich sind, hat der Mensch ein unersetzbares Stück Lebensqualität eingebüßt. (v 1988)

behauptet, hebt hervor, unterstellt, räumt ein usw.) und die eigene Stellungnahme nicht deutlich getrennt werden.
Für die eigene Erörterung musste beachtet werden: Man sollte nicht ‚am Text entlang' schreiben, also nicht einfach dem Gedankengang der Vorlage folgen, denn dabei besteht die Gefahr, dass man, statt selber zu argumentieren, lediglich die Textvorlage paraphrasiert. Eine begründete Erörterung verlangt in der Regel auch die Klärung von Begriffen als Voraussetzung für eine ergiebige Erschließung des Themas und die Entwicklung eigener, problembezogener Fragen. (Vgl. Jahrhundertwende, S. 311f.)

Arbeitsanregungen:

1 Geben Sie die Grundgedanken des Verfassers wieder.

2 Prüfen Sie die Richtigkeit der Aussagen, und erörtern Sie, ob die Stille für die menschliche Kultur so bedeutsam ist, wie der Autor meint.

III. Leben in der Gesellschaft

„Realismus" ist der Begriff, dem ein großer Teil der europäischen Literatur und Kunst des 19. Jahrhunderts zugeordnet wird. Darin klingt an, dass Wirklichkeitsnähe angestrebt wird. Mit der Aussage ‚Darstellung der Wirklichkeit' sind die gemeinten Werke allerdings nur sehr unzureichend charakterisiert. Entscheidend ist letztlich nicht allein das Was, also das Dargestellte, sondern das Wie, die Art der Darstellung.

1. Leben unter Zwängen

Text 1 Georg Büchner (1813–1837): Woyzeck [Auszug]

„Woyzeck" ist ein Fragment, das erst 1879 veröffentlicht und 1913 uraufgeführt wurde; eine starke Wirkung hat es vor allem im 20. Jahrhundert ausgeübt.
Woyzeck gehört zur untersten sozialen Schicht; dass eine solche Person Hauptfigur eines Dramas wird, ist etwas Neues, obgleich die Ständeklausel schon seit dem Sturm und Drang nicht mehr galt. Die zugrunde liegende wahre Begebenheit: 1821 erstach in Leipzig der Perückenmacher und Gelegenheitsarbeiter Woyzeck seine Geliebte aus Eifersucht; ein Gutachten bescheinigte ihm Zurechnungsfähigkeit, die Anzeichen, die auf eine Geisteskrankheit deuteten, wurden nicht beachtet, Woyzeck wurde hingerichtet. Die Titelfigur in Büchners Drama tötet Marie, seine Geliebte, aus Eifersucht, nachdem er erfahren hat, dass sie ihn mit einem Tambourmajor betrogen hat.
Das Drama ist nur in Szenen unterteilt, über deren Reihenfolge es keine eindeutige Festlegung durch den Autor gibt.

Der Hauptmann. Woyzeck

Hauptmann auf einem Stuhl, Woyzeck rasiert ihn.

HAUPTMANN. Langsam, Woyzeck, langsam; ein's nach dem andern. Er macht mir ganz schwindlich. Was soll ich dann mit den zehn Minuten anfangen, die Er heut zu früh fertig wird? Woyzeck, bedenk' Er, Er hat noch seine schöne dreißig Jahr zu leben, dreißig Jahr! macht 360 Monate, und Tage, Stunden, Minuten! Was will Er denn mit der ungeheuren Zeit all anfangen? Theil Er sich ein, Woyzeck.
WOYZECK. Ja wohl, Herr Hauptmann.

Das **bürgerliche Trauerspiel,** das in der Aufklärung entstand, gestaltete das tragische Schicksal von Menschen bürgerlichen Standes, denen noch im Barock wegen der Ständeklausel nur die Komödie vorbehalten war. Der tragische Konflikt wurde durch den Gegensatz der sozialen Schichten (Stände) ausgelöst. Allerdings bekämpfte oder negierte das b.T. die ständische Ordnung keineswegs. Wertmaßstab für alle Stände waren die bürgerlichen Normen der Tugend und Humanität. Somit war das b.T. auch eine Manifestation bürgerlichen Selbstverständnisses und Selbstbewusstseins. Die Lösung vom Vorbild der französischen klassischen Tragödie kam auch in der Sprache zum Ausdruck: statt in Versform war das b.T. in Prosa abgefasst. – Anreger und Vorbild für das deutsche b.T. war G. Lillos „The London merchant" (1731). Das erste herausragende deutsche Werk war Lessings „Emilia Galotti" (1772); weitere bedeutende Werke im 18. Jh. waren J.M.R. Lenz' „Der Hofmeister" (1774); „Die Soldaten" (1776); F. Schillers „Kabale und Liebe" (1784). Während das b.T. im 18. Jh. vor allem der Selbstbehauptung des Bürgertums gegenüber dem

Adel diente, wurde es im 19. Jh., in dem es allerdings nur wenige Fortsetzer fand, zum Ort der Kritik am bürgerl. Stand und seiner moralischen Engstirnigkeit (F. Hebbel: Maria Magdalene, 1844). Sofern die gesellschaftliche Vermitteltheit der Konflikte maßgeblich ist für das b.T., gehören Büchners „Woyzeck“ und das naturalistische Drama (G. Hauptmann: Vor Sonnenaufgang, 1889; vgl. Jahrhundertwende, S. 308f.) sowie die Stücke von F.X. Kroetz (geb. 1946; z.B. „Stallerhof“, vgl. Einführung S. 31f.) in diesen Traditionszusammenhang. (Vgl. auch Aufklärung, S. 167ff.)

Arbeitsanregungen:

1 Versuchen Sie die Szene zu spielen.

2 Zeigen Sie, wie die gesellschaftliche Stellung die Kommunikation inhaltlich und sprachlich beeinflusst.

3 Vergleichen Sie das hier sichtbar werdende Menschenbild mit dem des klassischen Dramas, indem Sie jeweils eine Szene vorsprechen.

4 Welcher Zusammenhang besteht zwischen der Form des Dramas (Sprache, Aufbau) und dem Menschenbild?

5 Verfassen Sie aus der Perspektive eines Kritikers, für den das klassische Drama die Norm darstellt, einen Verriss des „Woyzeck“.
(Für die Bearbeitung der Arbeitsanregungen 4 und 5 ist die Kenntnis des ganzen Dramas „Woyzeck“ Voraussetzung.)

HAUPTMANN. Es wird mir ganz angst um die Welt, wenn ich an die Ewigkeit denke. Beschäftigung, Woyzeck, Beschäftigung! ewig das ist ewig, das ist ewig, das siehst du ein; nun ist es aber wieder nicht ewig und das ist ein Augenblick, ja, ein Augenblick – Woyzeck, es schaudert mich, wenn ich denk, dass sich die Welt in einem Tag herumdreht, was n'e Zeitverschwendung, wo soll das hinaus? Woyzeck, ich kann kein Mühlrad mehr sehn, oder ich werd' melancholisch.

WOYZECK. Ja wohl, Herr Hauptmann.

HAUPTMANN. Woyzeck Er sieht immer so verhetzt aus. Ein guter Mensch thut das nicht, ein guter Mensch, der sein gutes Gewissen hat. – Red' Er doch was Woyzeck. Was ist heut für Wetter?

WOYZECK. Schlimm, Herr Hauptmann, schlimm; Wind.

HAUPTMANN. Ich spür's schon, 's ist so was Geschwindes draußen; so ein Wind macht mir den Effect wie eine Maus. *Pfiffig.* Ich glaub' wir haben so was aus Süd-Nord.

WOYZECK. Ja wohl, Herr Hauptmann.

HAUPTMANN. Ha! ha! ha! Süd-Nord! Ha! Ha! Ha! O Er ist dumm, ganz abscheulich dumm. *Gerührt.* Woyzeck, Er ist ein guter Mensch, ein guter Mensch – aber *mit Würde* Woyzeck, Er hat keine Moral! Moral das ist wenn man moralisch ist, versteht Er. Es ist ein gutes Wort. Er hat ein Kind, ohne den Segen der Kirche, wie unser hochehrwürdiger Herr Garnisonsprediger sagt, ohne den Segen der Kirche, es ist nicht von mir.

WOYZECK. Herr Hauptmann, der liebe Gott wird den armen Wurm nicht drum ansehn, ob das Amen drüber gesagt ist, eh' er gemacht wurde. Der Herr sprach: Lasset die Kindlein zu mir kommen.

HAUPTMANN. Was sagt Er da? Was ist das für 'ne kuriose Antwort? Er macht mich ganz confus mit seiner Antwort. Wenn ich sag: Er, so mein ich Ihn, Ihn.

WOYZECK. Wir arme Leut. Sehn Sie, Herr Hauptmann, Geld, Geld. Wer kein Geld hat. Da setz eimal einer seinsgleichen auf die Moral in die Welt. Man hat auch sein Fleisch und Blut. Unseins ist doch einmal unseelig in der und der andern Welt, ich glaub' wenn wir in Himmel kämen so müssten wir donnern helfen.

HAUPTMANN. Woyzeck Er hat keine Tugend, Er ist kein tugendhafter Mensch. Fleisch und Blut? Wenn ich am Fenster lieg, wenn's geregnet hat und den weißen Strümpfen so nachsehe wie sie über die Gassen springen, – verdammt Woyzeck, – da kommt mir die Liebe. Ich hab auch Fleisch und Blut. Aber Woyzeck, die Tugend, die Tugend! Wie sollte ich dann die Zeit herumbringen? ich sag' mir immer: Du bist ein tugendhafter Mensch, *gerührt* ein guter Mensch, ein guter Mensch.

WOYZECK. Ja Herr Hauptmann, die Tugend! ich hab's noch nicht so aus. Sehn Sie, wir gemeine Leut, das hat keine Tugend, es kommt einem nur so die Natur, aber wenn ich ein Herr wär und hätt ein Hut und eine Uhr und eine anglaise und könnt vornehm reden, ich wollt schon tugendhaft seyn. Es muss was Schöns seyn um die Tugend, Herr Hauptmann. Aber ich bin ein armer Kerl.

HAUPTMANN. Gut Woyzeck. Du bist ein guter Mensch, ein guter Mensch. Aber du denkst zu viel, das zehrt, du siehst immer so verhetzt aus. Der Diskurs hat mich ganz angegriffen. Geh' jetzt und renn nicht so; langsam hübsch langsam die Straße hinunter.

(e 1836/37)

2. Die Wirklichkeit erzählend gestalten

Drei Faktoren bestimmen die Situation des Erzählens: Erzähler, Leser und erzählte Welt. Die Rollenzuweisung erfolgt durch den Text, letzten Endes durch den Autor. Welche Rolle dem Leser zugewiesen wird (und welche also der Erzähler übernimmt), entscheidet sich schon am Anfang der Erzählung.

Text 1 **Theodor Fontane (1819–1898): Effi Briest** [Romananfang]

In Front des schon seit Kurfürst Georg Wilhelm von der Familie von Briest bewohnten Herrenhauses zu Hohen-Cremmen fiel heller Sonnenschein auf die mittagsstille Dorfstraße, während nach der Park- und Gartenseite hin ein rechtwinklig angebauter Seitenflügel einen breiten Schatten erst auf einen weiß und grün quadrierten Fliesengang und dann über diesen hinaus auf ein großes, in seiner Mitte mit einer Sonnenuhr und an seinem Rande mit Canna indica und Rhabarberstauden besetztes Rondell warf. Einige zwanzig Schritte weiter, in Richtung und Lage genau dem Seitenflügel entsprechend, lief eine, ganz in kleinblättrigem Efeu stehende, nur an einer Stelle von einer kleinen weiß gestrichenen Eisentür unterbrochene Kirchhofsmauer, hinter der der Hohen-Cremmener Schindelturm mit seinem blitzenden, weil neuerdings erst wieder vergoldeten Wetterhahn aufragte. Fronthaus, Seitenflügel und Kirchhofsmauer bildeten ein einen kleinen Ziergarten umschließendes Hufeisen, an dessen offener Seite man eines Teiches mit Wassersteg und angeketteltem Boot und dicht daneben einer Schaukel gewahr wurde, deren horizontal gelegtes Brett zu Häupten und Füßen an je zwei Stricken hing – die

Pfosten der Balkenlage schon etwas schief stehend. Zwischen Teich und Rondell aber und die Schaukel halb versteckend standen ein paar mächtige alte Platanen.

Auch die Front des Herrenhauses – eine mit Aloekübeln und ein paar Gartenstühlen besetzte Rampe – gewährte bei bewölktem Himmel einen angenehmen und zugleich allerlei Zerstreuung bietenden Aufenthalt; an Tagen aber, wo die Sonne niederbrannte, wurde die Gartenseite ganz entschieden bevorzugt, besonders von Frau und Tochter des Hauses, die denn auch heute wieder auf dem im vollen Schatten liegenden Fliesengange saßen, in ihrem Rücken ein paar offene, von wildem Wein umrankte Fenster, neben sich eine vorspringende kleine Treppe, deren vier Steinstufen vom Garten aus in das Hochparterre des Seitenflügels hinaufführten. Beide, Mutter und Tochter, waren fleißig bei der Arbeit, die der Herstellung eines aus Einzelquadraten zusammenzusetzenden Altarteppichs galt; ungezählte Wollsträhnen und Seidendocken lagen auf einem großen, runden Tisch bunt durcheinander, dazwischen, noch vom Lunch her, ein paar Dessertteller und eine mit großen, schönen Stachelbeeren gefüllte Majolikaschale. Rasch und sicher ging die Wollnadel der Damen hin und her, aber während die Mutter kein Auge von der Arbeit ließ, legte die Tochter, die den Rufnamen Effi führte, von Zeit zu Zeit die Nadel nieder und erhob sich, um unter allerlei kunstgerechten Beugungen und Streckungen den ganzen Kursus der Heil- und Zimmergymnastik durchzumachen. Es war ersichtlich, dass sie sich diesen absichtlich ein wenig ins Komische gezogenen Übungen mit ganz besonderer Liebe hingab, und wenn sie dann so dastand und, langsam die Arme hebend, die Handflächen hoch über dem Kopf zusammenlegte, so sah auch wohl die Mama von ihrer Handarbeit auf, aber immer nur flüchtig und verstohlen, weil sie nicht zeigen wollte, wie entzückend sie ihr eigenes Kind finde, zu welcher Regung mütterlichen Stolzes sie vollberechtigt war. Effi trug ein blau und weiß gestreiftes, halb kittelartiges Leinwandkleid, dem erst ein fest zusammengezogener, bronzefarbener Ledergürtel die Taille gab; der Hals war frei, und über Schulter und Nacken fiel ein breiter Matrosenkragen. In allem, was sie tat, paarte sich Übermut und Grazie, während ihre lachenden braunen Augen eine große, natürliche Klugheit und viel Lebenslust und Herzensgüte verrieten. Man nannte sie die „Kleine", was sie sich nur gefallen lassen musste, weil die schöne, schlanke Mama noch um eine Handbreit höher war.

Eben hatte sich Effi wieder erhoben, um abwechselnd nach links und rechts ihre turnerischen Drehungen zu machen, als die von ihrer Stickerei gerade wieder aufblickende Mama ihr zurief: „Effi, eigentlich hättest du doch wohl Kunstreiterin werden müssen. Immer am Trapez, immer Tochter der Luft. Ich glaube beinah, dass du so was möchtest." [...]

(v 1895)

Theodor Fontane, geb. 1819 in Neuruppin, gest. 1898 in Berlin; Apotheker in Berlin, 1849 Aufgabe des Berufs, Heirat 1850; 1855–59 Korrespondent in London, 1860–70 Redakteur der konservativen Kreuz-Zeitung, 1870–89 Theaterkritiker bei der liberalen Vossischen Zeitung. Werke: Vor dem Sturm (1878), Irrungen Wirrungen (1887), Frau Jenny Treibel (1892), Effi Briest (1894), Der Stechlin (1897)

Text 2 **Peter Bichsel (*1935): San Salvador**

Er hatte sich eine Füllfeder gekauft.

Nachdem er mehrmals seine Unterschrift, dann seine Initialen, seine Adresse, einige Wellenlinien, dann die Adresse seiner Eltern auf ein Blatt gezeichnet hatte, nahm er einen neuen Bogen, faltete ihn sorgfältig und schrieb: „Mir ist es hier zu kalt", dann „ich gehe nach Südamerika", dann hielt er inne, schraubte die Kappe auf die Feder, betrachtete den Bogen und sah, wie die Tinte eintrocknete und dunkel wurde (in der Papeterie garantierte man, dass sie schwarz werde), dann nahm er seine Feder erneut zur Hand und setzte noch großzügig seinen Namen Paul darunter.

Dann saß er da.

Später räumte er die Zeitungen vom Tisch, überflog dabei die Kinoinserate, dachte an irgendetwas, schob den Aschenbecher beiseite, zerriss den Zettel mit den Wellenlinien, entleerte seine Feder und füllte sie wieder. Für die Kinovorstellung war es jetzt zu spät. Die Probe des Kirchenchores dauert bis neun Uhr, um halb zehn würde Hildegard zurück sein. Er wartete auf Hildegard. Zu all dem Musik aus dem Radio. Jetzt drehte er das Radio ab.

Auf dem Tisch, mitten auf dem Tisch, lag nun der gefaltete Bogen, darauf stand in blauschwarzer Schrift sein Name Paul.

„Mir ist es hier zu kalt", stand auch darauf.

Nun würde also Hildegard heimkommen, um halb zehn. Es war jetzt neun Uhr. Sie läse seine Mitteilung, erschräke dabei, glaubte wohl das mit Südamerika nicht, würde dennoch die Hemden im Kasten zählen, etwas müsste ja geschehen sein.

Sie würde in den „Löwen" telefonieren.

Der „Löwen" ist mittwochs geschlossen.

Sie würde lächeln und verzweifeln und sich damit abfinden, vielleicht.

Sie würde sich mehrmals die Haare aus dem Gesicht streichen, mit dem Ringfinger der linken Hand beidseitig der Schläfe entlangfahren, dann langsam den Mantel aufknöpfen.

Dann saß er da, überlegte, wem er einen Brief schreiben könnte, las die Gebrauchsanweisung für den Füller noch einmal – leicht nach rechts drehen – las auch den französischen

Text, verglich den englischen mit dem deutschen, sah wieder seinen Zettel, dachte an Palmen, dachte an Hildegard.

Saß da.

Und um halb zehn kam Hildegard und fragte: „Schlafen die Kinder?“

Sie strich sich die Haare aus dem Gesicht.

(e 1964)

Als **Leerstellen** bezeichnet man Unbestimmtheiten in einem fiktionalen (erzählenden) Text: Der Autor teilt dem Leser nicht mit, wie eine bestimmte Situation zu verstehen ist; er führt nicht aus, welche Erzählabsicht er hat; er überlässt es dem Leser Informationslücken des Textes auszufüllen – mit seiner eigenen Vorstellungskraft.

Arbeitsanregungen:

1 Der Leser kann mit der ihm zugewiesenen Rolle zufrieden sein, er kann sich wohl fühlen; er kann aber auch unzufrieden, verunsichert, irritiert sein (was nicht ausschließt, dass ihm auch diese Situation gefallen kann); beschreiben Sie Ihr Lesergefühl nach der Lektüre der drei Texte.

2 Verändern Sie die Rollenverteilung. Z.B.: Text 1 wird in der Ich-Form erzählt; Text 2 wird ebenfalls in der Ich-Form erzählt (oder in der 3. Person belassen), dem Leser soll eine Rolle wie beim 1. Text zugewiesen werden; eine andere Gruppe gestaltet den 3. Text neu, indem sie in der dritten Person erzählt und dem Leser eine ähnliche Rolle wie beim Romananfang (Text 1) zuweist.

3 Beschreiben Sie die Leserrolle; Sie können dazu den Begriff ‚Leerstelle‘ verwenden als Bezeichnung für dasjenige, was zur erzählten Welt gehört, jedoch unausgesprochen ist.

4 Gestalten Sie einen Erzählkern (z.B. Zeitungsmeldung oder erdachte Situation) zu einer Erzählung aus; der Leser sollte möglichst viel Aktivität entfalten können.

5 Welche Gründe könnte es für die unterschiedlichen Leser- bzw. Erzählerrollenzuweisungen geben?

Text 3 Gerold Späth (*1939): Commedia [Auszug]

Leonie Figi

Wir haben ein Haus in den Hanfländern, etwas außerhalb der Stadt im Grünen. Vierzehn Jahre lang habe ich buchstäblich den Esel gemacht, denn der Esel ist ein Lasttier. Mein Mann ist Disponent bei der Kunststoff AG. Wir haben drei Kinder, ein Mädchen und zwei Buben.

An einem Samstagvormittag im Januar vor drei Jahren fahre ich in die Stadt, um wie üblich die ganzen Wocheneinkäufe zu machen. Der Kofferraum und die hinteren Sitze sind bald gefüllt mit allem, was so eine fünfköpfige Familie mit Hund und Katze zusammenzehrt. Dies, obwohl mein Mann mittags manchmal in der Betriebskantine isst, weil er als Prokurist nicht so genau auf die Minute achten kann wie niederere Angestellte oder Arbeiter.

Item, ich habe den Haushalt, die Kinder, das ganze Haus am Hals. Zuerst der ganze Weihnachtsrummel, das macht man alles für die Kinder, hernach die Silvesterei, man ist richtig erledigt. Jetzt dieser Samstag anfangs Januar. Das Mädchen und der ältere Bub kommen mit zum Einkaufen, aber beim Ausladen und Hineintragen hilft mir nur noch das Mädchen, das fängt ganz früh an, und die Männerwelt hockt vereint vor der Fernsehkiste, weil da irgendein Skirennen übertragen wird. Da kommt es mir hoch. Ich sage meiner Tochter, sie müsse mir nicht mehr auspacken helfen. Sie setzt sich natürlich auch sofort vor den Fernsehkasten, ich aber packe alles wieder in den Wagen, ich packe einen Koffer voll Wäsche und Kleider ein, dazu alles Bargeld im Haus, inklusive Reste fremder Währungen von früheren Ferienreisen, sowie mein privates persönliches Sparbuch. Dann stelle ich mich zwischen den Fernsehapparat und meine Familie und sage, dass ich lange genug den Esel gemacht habe, dass ich jetzt abreisen werde, damit sie sehen, was Haushalt ist.

Natürlich großes Hallo, aber ich bin eingestiegen und in einem Strich in den Tessin gefahren. Dort zwei Tage Hotel, am Montag auf die Bank und mit dem abgehobenen Geld sofort weiter. Como, Milano, Verona, Venedig, Chioggia, das Po-Delta, Padua, Ferrara, Bologna, Firenze, Pisa und weiter. Ich habe ganz Italien abgeklopft. Jedes Nest, das mir vom Hörensagen oder sonst irgendwie bekannt vorkam. Ich bin im März in Palermo gelandet. Und jeden Abend ein Fest mit mir.

Von Cosenza aus habe ich die erste und letzte Postkarte nach Hause geschickt, weil mein Mann in seiner Schulzeit das bekannte Gedicht auswendig lernen musste, das so anfängt: Nächtlich bei Cosenza am Busento …

Genau auf Ostern bin ich wieder zu Hause gewesen, am zehnten April. Niemand sagt ein Wort. Alle glotzen mich nur an.

Es sind die schönsten Monate meines Lebens gewesen. Seither werde ich respektiert.

(v 1980)

Gottfried Keller, geboren 1819 als Sohn eines Drechslermeisters (gest. 1824), wurde 1834 wegen eines geringfügigen Vergehens von der Schule verwiesen; er versuchte sich selbst zum Maler auszubilden. Von 1840 bis 1842 lebte er in München, anschließend in seiner Heimatstadt Zürich; seit 1843 widmete er sich mehr der Dichtung als der Malerei, 1846 erschien eine Sammlung von Gedichten. Ein Stipendium erlaubte ihm 1848 nach Heidelberg zu gehen; von 1850 bis 1855 lebte er in Berlin, 1854/55 erschien die 1. Fassung des z.T. autobiografischen Romans „Der grüne Heinrich“. 1861 wurde er erster Staatsschreiber von Zürich. Keller starb 1890 in Zürich.
Die 2., umgearbeitete Fassung des „Grünen Heinrich“ erschien 1879/80. Diese 2. Fassung verwendet durchgängig die Ich-Form, in der 1. Fassung ist nur die Jugendgeschichte in der Ich-Form erzählt.

Text 4 Gottfried Keller (1819–1890): An Eduard Vieweg [Auszug]

Keller beschreibt seinen Roman in einem Brief an seinen Verleger.

Berlin, 3. Mai 1850

[…] Die Moral meines Buches ist: dass derjenige, dem es nicht gelingt, die Verhältnisse seiner Person und seiner Familie im Gleichgewicht zu erhalten, auch unbefähigt sei, im staatlichen Leben eine wirksame und ehrenvolle Stellung einzunehmen. Die Schuld kann in vielen Fällen an der Gesellschaft liegen, und alsdann wäre freilich der Stoff derjenige eines sozialistischen Tendenzbuches. Im gegebenen Falle aber liegt sie größtenteils im Charakter und dem besonderen Geschicke des Helden und bedingt hierdurch eine mehr ethische Bedeutung des Romans. Unternehmung und Ausführung desselben sind nun nicht etwa das Resultat eines bloß theoretischen tendenziösen Vorsatzes, sondern die Frucht eigener Anschauung und Erfahrung. Ich habe noch nie etwas produziert, was nicht den Anstoß dazu aus meinem inneren oder äußern Leben empfangen hat, und werde es auch ferner so halten; daher kommt es, dass ich nur wenig schreibe, und weiß wirklich gegenwärtig nicht zu sagen, ob ich je wieder einen Roman schreiben werde oder nicht. Einige Novellen ausgenommen habe ich für die Zukunft nur dramatische Arbeiten im Auge.

Mein Held ist ein talent- und lebensvoller junger Mensch, welcher, für alles Gute und Schöne schwärmend, in die Welt hinauszieht, um sich sein künftiges Lebensglück zu begründen. Er sieht alles mit offenen klaren Augen an und gerät als ein liebenswürdiger lebensfroher Geselle unter allerlei Leute, schließt Freundschaften, welche seinem Charakterbilde zur Ergänzung dienen, und berechtigt zu großen Hoffnungen. Als aber die Zeit naht, wo er sich in ein festes geregeltes Handeln, in praktische Tätigkeit und Selbstbeherrschung finden soll, da fehlt ihm dieses alles. Es bleibt bei den schönen Worten, einem abenteuerlichen Vegetieren, bei einem passiven ungeschickten Umhertreiben. Er bringt dadurch sich und seine Angehörigen in äußerstes Elend, während minder begabte, aber aufmerksame Naturen aus seiner Umgebung, welche *unter* ihm standen, reüssieren und ihm über den Kopf wachsen. Er gerät in die abenteuerlichste, traurigste Lage, abgeschnitten von aller Welt. Da wendet sich das Geschick plötzlich günstiger; er tritt in einen Kreis edler Menschen, erholt sich, erwirbt sich, gewarnt und gewitzigt, eine feste Haltung und betritt eine neue Lebensbahn, auf welcher ihm ein schönes Ziel winkt. So rafft er sich zusammen, eilt mit goldenen Hoffnungen in seine Heimat, um seine Mutter aufzusuchen, von welcher er seit geraumer Zeit nichts mehr gehört hat, so wenig als sie von ihm. Er stößt vor den Toren der Vaterstadt auf ihr Leichenbegängnis, mischt sich unter die Begleiter auf dem Kirchhof und hört mit an, wie der Pfarrer in seiner Leichenrede den Tod der verarmten und verlassenen Frau dem „ungeratenen" in der Ferne weilenden Sohne beimisst. – Da er im Grunde ein ehrenhafter und nobler Charakter ist, so wird es ihm nun unmöglich, auf den Trümmern des von ihm zerstörten Familienlebens eine glückliche, einflussreiche Stellung im öffentlichen gesellschaftlichen Leben einzunehmen. Das Band, welches ihn nach rückwärts an die Menschheit knüpft, scheint ihm blutig und gewaltsam abgeschnitten, und er kann deswegen auch das lose halbe Ende desselben, das nach vorwärts führt, nicht in die Hände fassen, und dies führt auch seinen Tod herbei. Dieser wird noch tragischer dadurch, dass ein gesundes schönes Liebesverhältnis, welches ihm nach früheren krankhaften Liebesgeschichten aufgegangen war, gebrochen und zerstört wird. – Ein Nebenzug in seinem Charakter ist eine gewisse aufgeklärte, rationelle Religiosität, eine nebulose Schwärmerei, welche darauf hinausläuft, dass in einem unberechtigten Vertrauen auf einen Gott, an den man nur halb glaubt, von demselben genialer Weise die Lösung aller Wirren und ein vom Himmel fallendes Glück erwartet wird. Nach dieser Seite hin ist die Moral des Buches das Sprüchwort: Hilf dir selbst, so hilft dir Gott! und dass es gesunder sei, nichts zu hoffen und das Mögliche zu schaffen, als zu schwärmen und *nichts* zu tun.

Der **Bildungsroman** ist durch seine Thematik charakterisiert: die Darstellung der inneren Entwicklung (Bildung) eines Menschen, deren Ziel die volle Entfaltung der Anlagen und Fähigkeiten ist; verstanden wird dieser Prozess als eine organische Reifung von Anlagen, die im Individuum vorhanden sind, zu deren Entfaltung aber eine Wechselwirkung von Subjekt und Objekt (Welt) notwendig ist. Der Bildungsroman ist eine Variante des **Entwicklungsromans,** der die Entwicklung eines Menschen zum Gegenstand hat, ohne dass dieser Prozess durch bestimmte Vorgaben (Menschenbild als Zielidee, Bildungsbegriff) festgelegt ist. Als Bildungsroman im engeren Sinn und Modell der Gattung gilt Goethes „Wilhelm Meisters Lehrjahre" (1795/96); ferner A. Stifters „Nachsommer" (1857), G. Kellers „Der grüne Heinrich", im 20. Jh. „Der Zauberberg" (1924) von Th. Mann, Romane von H. Hesse; schließlich – als Antibildungsroman – „Die Blechtrommel" (1959) von G. Grass.

Arbeitsanregungen:

1 Versuchen Sie nach den Angaben Kellers seinen Helden in einer von Ihnen erfundenen Situation zu charakterisieren.

2 Keller hat in der 2. Fassung u.a. den Schluss des Romans verändert; Heinrich Lee, den man wegen seiner Kleidung den „grünen Heinrich" nennt, stirbt nicht nach seiner Heimkehr, sondern nimmt ein öffentliches Amt an.
Welche Motive könnten den Autor zu der Veränderung veranlasst haben? Begründen Sie Ihre Auffassung nach Möglichkeit, indem Sie sich auf die Ausführungen des Briefes beziehen.

3. Der poetische Realismus und die Wirklichkeit

Was erwarten wir von der Literatur, insbesondere von einer realistischen? Erwarten wir die genaue Abbildung vorgegebener Wirklichkeit? Was aber, stellt sich sogleich als skeptische Frage ein, ist denn die genaue Abbildung? Ist es etwa das fotografische Abbild? Der Kritiker Hermann Hettner (1821–1882) schrieb: „Und überall, wo wir große Kunstperioden erleben, da stehen immer Kunst und unmittelbare Wirklichkeit in innigster Wechselwirkung, die Kunst ist stets nur eine höhere klärende Spiegelung derselben." Fontane schrieb nach der Lektüre von Erzählungen des russischen Autors Turgenjew, er bewundere die scharfe Beobachtung, doch eigentlich langweile er sich, da die Geschichten zu prosaisch „ganz unverklärt" erzählt würden: „Ohne diese Verklärung gibt es aber keine eigentliche Kunst, auch dann nicht, wenn der Bildner in seinem bildnerischen Geschick ein wirklicher Künstler ist. Wer so beanlagt ist, muss Essays über Russland schreiben, aber nicht Novellen." (24. Juni 1881)

Text 1 **Wilhelm Raabe (1831–1910): Pfisters Mühle** [Auszug]

In „Pfisters Mühle" wird die Geschichte eines Müllers und seiner Mühle erzählt, – eine Geschichte der Zerstörung, denn die Mühle wird unbenutzbar und unbewohnbar, da der Mühlbach durch eine Zuckerfabrik verunreinigt wird. Der Erzähler, der Sohn des letzten Müllers, verkauft die Mühle, an deren Stelle eine Fabrik errichtet wird.

Ein Chemiker – Freund der Familie des Müllers – untersucht das Wasser des Mühlbachs.

[...]
Wir stellten das Mikroskop in die wenigen, hellen Stunden des ersten Christtages, und der Doktor begab sich an die genauere Untersuchung des Unflats mit der Hingebung, welche Vater Pfister aus früherm, schönerm Verkehr mit der Universitas litterarum nur als „Biereifer" bezeichnen konnte. Und begreiflicherweise taten Vater Pfister und sein Stammhalter nicht das Geringste, diesen Eifer zu dämpfen. Sie hielten sogar die Stubentür verriegelt und saßen stumm, mit den Händen auf den Knien, und hielten dann und wann sogar den Atem an, wenn der Mann der Wissenschaft zu einem neuen Resultate gelangt war und uns daran teilnehmen ließ.

Wilhelm Raabe, geb. 1831 in Eschershausen/Braunschweig, gest. 1910 in Braunschweig; 1849 Buchhändlerlehre, 1855 Philologiestudium in Berlin, seit 1856 freier Schriftsteller in Wolfenbüttel, Stuttgart (1862–70), anschließend in Braunschweig. – Werke: Die Chronik der Sperlingsgasse (1857), Der Hungerpastor (1864), Das Odfeld (1888), Stopfkuchen (1891)

„Wie ich es mir gedacht habe, was das interessante Geschlecht der Algen anbetrifft, meistens kieselschalige Diatomeen. Gattungen Melosira, Encyonema, Navicula und Pleurosigma. Hier auch eine Zygnemacee. Nicht wahr, Meister, die Namen allein genügen schon, um ein Mühlrad anzuhalten?"

„Das weiß der liebe Gott", ächzte mein Vater.

„Jawohl, groß ist sein Tiergarten", meinte ruhig Adam Asche. „Was die Pilze anbetrifft, so kann ich leider nicht umhin, Ihnen mitzuteilen, dass sie den Geruch, über den Sie sich beklagen, Vater Pfister, durch ihre Angehörigkeit zu den Saprophyten, auf Deutsch: Fäulnisbewohnern, vollkommen rechtfertigen. Was wollen Sie denn eigentlich, alter Schoppenwirt? Ein ewig Kommen und ein ewig Gehen! Haben die Familien Schulze, Meier und so weiter den Verkehr in Pfisters Mühle eingestellt, so haben Sie dafür die Familien der Schizomyceten und Saprolegniaceen in fröhlichster Menge, sämtlich mit der löblichen Fähigkeit, statt Kaffee in Pfisters Mühle zu kochen, aus den in Pfisters Mühlwasser vorhandenen schwefelsauren Salzen in kürzester Frist den angenehmsten Schwefelwasserstoff zu brauen. Lauter alte gute Bekannte – Septothrix, Ascococcus Billrothii, Cladothrix Cohn und hier –"

Er richtete sich auf von seinem Instrument und seinen Vergrößerungsobjekten. Er fuhr mit beiden Händen durch die Haare. Er blickte von dem Vater auf den Sohn, legte lächelnd dem Vater Pfister die Hand auf die Schulter und sprach, was ihn selber anbetraf, vollkommen befriedigt und seiner Sache gewiss: „Beggiatoa alba!" „Was?", fragte mein Vater. „Wer?", fragte er.

„Krickerode!", sagte Doktor Adam Asche, und der alte Herr fasste seine Stuhllehne, dass der Sitz unter ihm fast aus den Fugen ging:

„Und daran kann ich mich halten mit meiner Väter Erbe und unseres Herrgotts verunreinigter freier Natur? Und darauf darf ich mich stellen mit meinem Elend? Ich zahle Ihnen alle Ihre Schulden für das Wort, Adam! … Wie nannten Sie es doch?"

„Beggiatoa alba. Von einem von uns ganz speziell für Sie erst neulich zu Ihrer Beruhigung in den Ausflüssen der Zuckerfabriken entdeckt, alter Freund. Was wollen Sie? Pilze wollen auch leben, und das Lebende hat Recht oder nimmt es sich. Dieses Geschöpfe ist nun mal mit seiner Existenz auf organische Substanzen in möglichst faulenden Flüssigkeiten angewiesen, und was hat es sich um Pfisters Mühle und Kruggerechtsame zu kümmern? Ihm ist recht wohl in Ihrem Mühlgerinne und Rädern, Meister, auch das gebe ich Ihnen schriftlich, wenn Sie es wünschen; und Kollege Kühn, der zuerst auf das nichtsnutzige Gebilde aufmerksam wurde und machte, setzt Ihnen gern seinen Namen mit unter das Attest."

„Und die Krickeroder Fabrik halten Sie also wirklich und wahrhaftig einzig für das infame Lamm, so mir mein Wasser trübt? I, da soll doch –"

„Ja, was da soll, das ist freilich die Frage, welche wir Gelehrten unseres Faches nicht berufen sein können zu lösen. Übrigens habe ich bis jetzt nur das Behängsel Ihres Rades untersucht und einige Tropfen den Garten entlang aus dem Röhricht dazu entnommen. Selbstverständlich werden wir den Unrat den Bach aufwärts bis zu seiner Quelle verfolgen. Aber, Vater Pfister, was ich Ihrem Jungen da gesagt habe, wiederhole ich Ihnen jetzt: es interessiert mich ungemein, dieser Sache einmal so gründlich als möglich auf den Leib zu rücken; aber – ich bin grenzenlos Partei in dieser Angelegenheit, und der Dienst, den ich Ihnen im Besondern und der Welt im Allgemeinen vielleicht tue, kann mir nur das höchst Beiläufige sein. Ihren Ärger, Ihre Schmerzen und sonstigen lieben Gefühle in allen Ehren, Vater Pfister!"

„Jeder Mensch ist Partei in der Welt", seufzte mein alter, lieber Vater, „nur ist es schlimm, wenn der Mensch das auf seine alten Tage ein bisschen zu sehr einsieht und sich zu alt fühlt, um noch mal von neuem mit mehr Aufmerksamkeit in die Schule zu gehen. Was Sie aus meinem ruinierten Mühlwasser noch zu lernen haben, weiß ich nicht, Adam Asche – für den vorliegenden Fall möchte ich, ich hätte meinen Jungen da weniger auf das Griechische und Lateinische dressieren lassen und mehr auf Ihr Vergrößerungsglas. Da könnten Sie mir denn auch nur ein angenehmer Gast sein, ohne dass ich Sie weiter um Ihre Wissenschaft zu bemühen brauchte." […]

(v 1884)

Text 2 **Theodor Fontane (1819–1898): Unsere lyrische und epische Poesie seit 1848** [Auszug]

[…] Wir wiederholen, auch der „Nathan" ist auf dem Boden des Realismus gewachsen, und, weil wir nicht eben überrascht sein würden, diese unsere Behauptung selbst von halben Richtungsgenossen angezweifelt zu sehen, zögern wir nunmehr nicht länger, unsere Ansicht darüber auszusprechen, was wir überhaupt unter Realismus verstehen. Vor allen Dingen verstehen wir *nicht* darunter das nackte Wiedergeben alltäglichen Lebens, am wenigsten seines Elends und seiner Schattenseiten. Traurig genug, dass es nötig ist, derlei sich von selbst verstehende Dinge noch erst versichern zu müssen. Aber es ist noch nicht allzu lange her, dass man (namentlich in der Malerei) *Misere* mit Realismus verwechselte und bei Darstellung eines sterbenden Proletariers, den hungernde Kinder umstehen, oder gar bei Produktionen jener sogenannten Tendenzbilder (schlesische Weber, das Jagdrecht u. dgl. m.) sich einbildete, der Kunst eine glänzende Richtung vorgezeichnet zu haben. Diese Richtung verhält sich zum echten Realismus wie das rohe Erz zum Metall: die Läuterung fehlt. Wohl ist das Motto des Realismus der Goethesche Zuruf:

Greif nur hinein ins volle Menschenleben,
Wo du es packst, da ist's interessant,

aber freilich, die Hand, die diesen Griff tut, muss eine künstlerische sein. Das Leben ist doch immer nur der Marmorsteinbruch, der den Stoff zu unendlichen Bildwerken in sich trägt; sie schlummern darin, aber nur dem Auge des Geweihten sichtbar und nur durch seine Hand zu erwecken. Der Block an sich, nur herausgerissen aus einem größern Ganzen, ist noch kein Kunstwerk, und dennoch haben wir die Erkenntnis als einen unbedingten Fortschritt zu begrüßen, dass es zunächst des Stoffes, oder sagen wir lieber des *Wirklichen,* zu allem künstlerischen Schaffen bedarf. [...]
Wenn wir in Vorstehendem – mit Ausnahme eines einzigen Kernspruchs – uns lediglich negativ verhalten und überwiegend hervorgehoben haben, was der Realismus nicht ist, so geben wir nunmehr unsere Ansicht über das, was er ist, mit kurzen Worten dahin ab: Er ist die Widerspiegelung alles wirklichen Lebens, aller wahren Kräfte und Interessen im Elemente der Kunst; er ist, wenn man uns diese scherzhafte Wendung verzeiht, eine *„Interessenvertretung"* auf seine Art. Er umfängt das ganze reiche Leben, das Größte wie das Kleinste: den Kolumbus, der der Welt eine neue zum Geschenk machte, und das Wassertierchen, dessen Weltall der Tropfen ist; den höchsten Gedanken, die tiefste Empfindung zieht er in sein Bereich, und die Grübeleien eines Goethe wie Lust und Leid eines Gretchen sind sein Stoff. Denn alles das ist *wirklich.* Der Realismus will nicht die bloße Sinnenwelt und nichts als diese; er will am allerwenigsten das bloß Handgreifliche, aber er will das *Wahre.* Er schließt nichts aus als die Lüge, das Forcierte, das Nebelhafte, das Abgestorbene – vier Dinge, mit denen wir glauben, eine ganze Literaturepoche bezeichnet zu haben. [...]

Poetischer Realismus: Bezeichnung für eine deutsche Variante des europäischen Realismus des 19. Jahrhunderts; Ziel ist die Wiedergabe der Wirklichkeit – mit der Maßgabe der Überhöhung, Verklärung. Das Selbstverständnis der Realisten ist bestimmt durch die Abgrenzung von romantischem Subjektivismus, durch Skepsis gegen die Fantasie. Man wendet sich gegen Einseitigkeit, Verzerrung, Übertreibung; statt dessen strebt man nach Objektivität. „Es geht um die ‚Gewinnung des Poetischen inmitten der Prosa' (Fr. Th. Vischer), ein Versuch, der bei Vischer zum Rückzug auf die ‚grünen Stellen mitten in der eingetretenen Prosa' führt, zum Rückzug auf den engen Kreis der Familie, des Privatlebens, der Liebe und der Innerlichkeit." (Handlexikon zur Literaturwissenschaft, Hg. v. D. Krywalski, Reinbek 1978.) Hauptgattungen sind Roman und Novelle; eine bedeutende Funktion kommt dem ‚verklärenden' Humor zu. – Hauptautoren: J. Gotthelf; A. Stifter, G. Freytag, Th. Storm, G. Keller, C.F. Meyer, W. Raabe, Th. Fontane.

Text 3 **Wolfgang Preisendanz: [Was bedeutet Realismus in der Dichtung?]** [Auszug]

[...] Ist es dem Wesen und dem Sinn der Dichtung angemessen, wenn man die sogenannte Wirklichkeitsnähe daran abmisst, wieweit die vom Dichter dargestellte Wirklichkeit übereinstimmt mit einer allen Subjekten gemeinsamen, also allgemeinen Wirklichkeitsgewissheit? Beweist die von Brecht vorgeschlagene Konfrontation von realistischem Schreiben und Realität selber nicht einen unkritischen Glauben an eine allgemeine und allgemeinverbindliche Wirklichkeitsgewissheit? Ist es nicht vielmehr die bleibende Aufgabe aller Dichtung, erst zu erschließen, was eigentlich Wirklichkeit sei? Liegt es nicht im Wesen der Dichtkunst, und damit allerdings auch der realistischen Dichtkunst, in Frage zu stellen, was wir für Wirklichkeit halten, zu bestreiten, dass die durch Konvention und allgemeinverbindliche Definition festgestellte und eingegrenzte Wirklichkeit die eigentliche, die wahre, die letztgültige Wirklichkeit sei? Das Unzulängliche von Begriffen wie „Lebenstreue" oder „Wirklichkeitsnähe" ist doch dies, dass mit ihnen die Vorstellung verbunden ist, die Dichtkunst binde sich an eine von vornherein verfügbare Gewissheit, was Wirklichkeit sei, während ja auch die realistische Dichtung erst dann zu wahrhafter Dichtung wird, wenn sie in originärer Erfahrung und Darstellung erschließt und offenbart, was wirklich ist, wenn sie der Wirklichkeit eine Sprache schafft. Die Vieldeutigkeit und Offenheit dessen, was wir Wirklichkeit nennen möchten, befugt ja erst die dichterische Welterfahrung. [...]

Arbeitsanregungen:

1 Wie integriert Raabe naturwissenschaftliche Sachverhalte in die Erzählung?

2 Vergleichen Sie die Auffassung Büchners (S. 279ff.) und Fontanes: Was erwarten sie von der Kunst, wie begründen sie ihre Forderungen?

3 Die Kunst soll verklären. – Die Kunst soll eine schönere Welt zeigen als die Wirklichkeit sie bietet. – Die Kunst soll aufklären und entlarven. – Die Kunst soll provozieren. – Die Kunst soll verfremden. Diskutieren Sie diese und andere Erwartungen. Erläutern Sie anschließend in einem Essay Ihre Auffassung.

4 Legen Sie im Anschluss an die Gedanken des Literaturwissenschaftlers W. Preisendanz dar, welche Probleme sich ergeben, wenn man die Kunst im Hinblick auf ihr Verhältnis zur Wirklichkeit zu definieren versucht.

Literatur der Jahrhundertwende

I. Spiegelbilder und Prägungen der Epoche

1. Die Welt im Übergang

a) Selbstporträts der Epoche

Bild 1 Titelseite (Außentitel) der Zeitschrift „Jugend", Januar-Heft 1900

Text 1 **Wilhelm Klemm (1881–1968): Meine Zeit**

Gesang und Riesenstädte, Traumlawinen,
Verblasste Länder, Pole ohne Ruhm,
Die sündigen Weiber, Not und Heldentum,
Gespensterbrauen, Sturm auf Eisenschienen.

In Wolkenfernen trommeln die Propeller.
Völker zerfließen. Bücher werden Hexen.
Die Seele schrumpft zu winzigen Komplexen.
Tot ist die Kunst. Die Stunden kreisen schneller.

O meine Zeit! So namenlos zerrissen,
So ohne Stern, so daseinsarm im Wissen
Wie du, will keine, keine mir erscheinen.

Noch hob ihr Haupt so hoch niemals die Sphinx!
Du aber siehst am Wege rechts und links
Furchtlos vor Qual des Wahnsinns Abgrund weinen!

Text 2 Wilhelm Klemm: Einleitung

Was sich ausdehnt in der schmalen Sekunde,
Was auftaucht im gleichgültigen Licht
Und im Schatten unverständlich versinkt,
Was wandert und sich dauernd verändert,

Die Wiederkehr und das Abschiednehmen,
Das Neue und die Wiederholung,
Das Begreifen einzelner Formen und das Vergessen;
All das, was beschlossen ist zwischen Anfang und Ende,

Die Erregungen und die Beruhigungen,
Die Sehnsüchte und ihre Erfüllungen,
Was uns Endliches als Welt entgegenströmt:
Will ich fassen in sterbliche Worte.

Damit ich lesend doppelt weiß, dass ich lebe.
Damit du es lesen kannst, Bruder, Mensch,
Damit auch du fühlst: Ja, so ist es, so bin ich auch!
Denn wir sind alle doch nur ein einziges Gewächs!

Text 3 Theobald Ziegler (1846–1918): Die geistigen und sozialen Strömungen des neunzehnten Jahrhunderts [Auszug]

[...] Jede Zeit ist Übergangszeit. Aber niemals ist es am Ende einer Periode einer Generation so klar gewesen wie den Menschen ums Jahr 1900, dass das nächste Jahrhundert einen anderen, vor allem einen bestimmteren, ausgesprocheneren Charakter tragen werde und tragen müsse als das letzte Jahrzehnt des zu Ende gehenden neunzehnten. Und so lebten sie nicht nur tatsächlich in einer Übergangsperiode, sondern – das ist der tiefere Sinn von „Fin de siècle" – sie fühlten sich auch als Menschen dieses Übergangs. Übergangszeit aber ist böse Zeit, vor allem weil in ihr die Gedanken und Gefühle auf allen Punkten zwiespältig geworden sind. Zwiespältig gegenüber von Staat und Politik: auf der einen Seite eine Anspannung des nationalen Gedankens, der sich oft bis zum Chauvinismus[1] steigert und einengt, und auf der andern Seite ein Wiederaufleben humanitärer und ein Erstarken sozialer Bestrebungen, die vielen in jeder Form als anti- und international verdächtig sind; ein Heroenkultus hier, der da, wo der Heros fehlt, zum Byzantinismus[2] wird, und eine Demokratisierung der Gesellschaft dort, die auch die alten unhistorischen Gedanken von absoluter menschlicher Gleichheit wieder aufleben lässt. Zwiespältig waren und sind wir weiter noch immer gegen Kirche und Religion: ein neu erwachendes Interesse für religiöse Dinge macht sich spürbar, und daneben immer noch das alte Sichabkehren von allem Kirchentum und Christentum. Zwiespältig in Sitte und Sittlichkeit: der soziale Geist, der von allen die gleiche Hingabe an das Wohl des Ganzen verlangt, hat mehr und mehr Herzen und Köpfe erobert, und daneben hat die Nietzsche'sche Individualitätslehre, die das schrankenlose Recht des Sichauslebens für die geniale Persönlichkeit in Anspruch nimmt und zu dem Zweck alle sittlichen Werte umwerten möchte, begeisterte Anhänger gefunden; von einer „neuen Ethik" in mehr als einem Sinn ist vielfach die Rede. Zwiespältig war man auch auf dem Gebiet der Kunst und Poesie: noch immer wurde das Klassische als Bildungsmittel benützt und verehrt oder doch historisch respektiert, und daneben die Abwendung vom klassischen Ideal als einem innerlich Unwahren und der realistische Werdedrang einer die Wahrheit auf Kosten der Schönheit pflegenden Kunstweise. Und zwiespältig endlich gegen die Grundlagen der Gesellschaft und der sie durchdringenden Kultur überhaupt: ein Festhalten und Sichanklammern an das Bestehende, als wäre es durchweg ein Vernünftiges und bleibend Wertvolles, und auf der anderen Seite ein Anstürmen gegen dieses Bestehende, als wäre es bereits von allen guten Geistern der Vernunft und der Sittlichkeit verlassen und könnte nicht eilig genug bis zum letzten Baustein abgetragen und in Trümmer geschlagen werden; dem historischen Sinn des Jahrhunderts trat ein revolutionärer Sturm und Drang gegenüber. So hat es rings um uns her gegärt und gebrodelt und uns alle in seine Strudel mit hineingerissen; und festen Boden unter den Füßen hat uns auch das erste Jahrzehnt des neuen Jahrhunderts fast noch nirgends gebracht, wir haben uns nur an diesen allgemeinen Fluss der Dinge gewöhnt, er hat das Peinliche für uns verloren.

So war es eine Welt voll Gegensätze, dieses „Fin de siècle", in der alles chaotisch durcheinander quirlte und wogte, Karneval und Aschermittwoch zugleich, kraftvoll aufstrebende Renaissance und pessimistisch müde Dekadence; eine Zeit der „Ruhelosigkeit und Reizbedürftigkeit", aber auch der Ruhebedürftigkeit und Reizübersättigung, des sich Verlierens an das Zerstreuende der Außenwelt und des sich Sehnens nach Wiedergewinnung eines Innerlichen und Einheitlichen. Und die Menschen dieser Zeit auf der einen Seite voll Überschätzung des Intellektuellen, von des Gedankens Blässe von früher Jugend auf angekränkelt und deshalb in ihrer Nervosität von unausgesprochenen und unaussprechlichen Stimmungen bewegt, und daneben doch praktisch, utilitaristisch, voll Willen und Streben nach Macht; pessimistisch und blasiert, tief innerlich müde auf der einen Seite und auf der andern vom Willen zum Leben, von Lebensdrang und Lebensfreudigkeit

[1] Der Chauvinismus: übersteigerter Vaterlandsstolz
[2] Der Byzantinismus: kriecherische Unterwürfigkeit gegenüber Höherstehenden

Arbeitsanregungen:

1. Geben Sie eine möglichst genaue Beschreibung des auf S. 298 wiedergegebenen Titelbilds und erörtern Sie dann die Frage, was die Redaktion der programmatischen Zeitschrift „Jugend" damit ihren Lesern sagen wollte.

2. a) Nehmen Sie die Texte 1 und 2 als Zeitzeugnisse. Welches Selbstverständnis der Zeit um die Jahrhundertwende wird gestaltet?
   b) Vergleichen Sie die Aussage der Texte 1 und 2 mit der in Bild 1 und Text 3 und formulieren Sie in wenigen Sätzen das Ergebnis Ihres Vergleichs.

3. Suchen und bestimmen Sie den zentralen Begriff in Text 3. Über welche Lebensbereiche macht der Text Aussagen? Fassen Sie diese Aussagen zusammen.

emporgerissen und emporgepeitscht, tatkräftig vorwärts, ehrgeizig aufwärts strebend; frei von Vorurteilen, ungläubig und kritisch, kühl bis ans Herz hinan, und daneben ergriffen von allerlei Mystik oder doch anempfinderisch damit spielend, voll Neugier und Interesse für alles Rätselhafte und Geheimnisvolle, für alles Tiefe und Hinterweltliche und die Wissenschaft selbst in den Dienst des Aberglaubens herabziehend oder gar diesen in die Form okkultistischer Wissenschaft kleidend. […]

(v 1911)

b) Abendbilder und Bilder von Aufbruch und Morgen

Text 1 **Rainer Maria Rilke (1875–1926): Abend**

Der Abend wechselt langsam die Gewänder,
die ihm ein Rand von alten Bäumen hält;
du schaust: und von dir scheiden sich die Länder,
ein himmelfahrendes und eins, das fällt;

und lassen dich, zu keinem ganz gehörend,
nicht ganz so dunkel wie das Haus, das schweigt,
nicht ganz so sicher Ewiges beschwörend
wie das, was Stern wird jede Nacht und steigt –

und lassen dir (unsäglich zu entwirrn)
dein Leben bang und riesenhaft und reifend,
so dass es, bald begrenzt und bald begreifend,
abwechselnd Stein in dir wird und Gestirn.

(1906)

Text 2 **Georg Trakl (1887–1914): Verfall**

Am Abend, wenn die Glocken Frieden läuten,
Folg ich der Vögel wundervollen Flügen,
Die lang geschart, gleich frommen Pilgerzügen,
Entschwinden in den herbstlich klaren Weiten.

Hinwandelnd durch den dämmervollen Garten
Träum ich nach ihren helleren Geschicken
Und fühl der Stunden Weiser kaum mehr rücken.
So folg ich über Wolken ihren Fahrten.

Da macht ein Hauch mich von Verfall erzittern.
Die Amsel klagt in den entlaubten Zweigen.
Es schwankt der rote Wein an rostigen Gittern,

Indes wie blasser Kinder Todesreigen
Um dunkle Brunnenränder, die verwittern,
Im Wind sich fröstelnd blaue Astern neigen.

(v 1913)

Text 3 **Alfred Lichtenstein (1889–1914): Die Dämmerung**

Ein dicker Junge spielt mit einem Teich.
Der Wind hat sich in einem Baum gefangen.
Der Himmel sieht verbummelt aus und bleich,
Als wäre ihm die Schminke ausgegangen.

Auf lange Krücken schief herabgebückt
Und schwatzend kriechen auf dem Feld zwei Lahme.
Ein blonder Dichter wird vielleicht verrückt.
Ein Pferdchen stolpert über eine Dame.

An einem Fenster klebt ein fetter Mann.
Ein Jüngling will ein weiches Weib besuchen.
Ein grauer Clown zieht sich die Stiefel an.
Ein Kinderwagen schreit und Hunde fluchen.

(v 1913)

Text 4 **Julius Hart (1859–1930): Ein neuer Frühling**

Ein neuer Frühling geht durch alle Lande,
durch unsre Seelen flutet junge Kraft,
du steig empor, des Geistes Priesterschaft,
geschmückt mit neuem Feiertagsgewande!
Wer solches Kleid trägt, den kann's nimmer dürsten
nach Trug und Glanz und lügnerischem Schein,
kostbarer dünkt es uns als eines Fürsten
purpurner Mantel, blitzend von Gold und Stein …
Hin schreiten wir, erhabener Zukunft näher,
auf Bergeshöhen, von Morgenglut umhüllt,
der Menschheit vorgesandte Seher, –
und da wir's schauen, ist's auch schon erfüllt.

(v 1898)

Text 5 **Stefan Zweig (1881–1942): Morgenlicht**

Nun wollen wir dem Licht entgegen,
Das um die Purpurwipfel rollt.
Das Leuchten flammt auf allen Wegen
Und wächst und wird zum Morgengold.

Die glutumlohten Tannen singen
Und Jubel bricht aus jedem Klang,
Wie kampfbereites Fahnenschwingen
Braust durch den Wald der Höhensang.

Und lauter werden alle Weisen
Und jedes Wesen sucht sein Lied,
Die Schaffenskraft des Lichts zu preisen,
Das nun ins volle Leben glüht.

(v 1901)

Text 6 **Ernst Wilhelm Lotz (1890–1914): Aufbruch der Jugend**

Die flammenden Gärten des Sommers, Winde, tief und voll Samen,
Wolken, dunkel gebogen, und Häuser, zerschnitten vom Licht.
Müdigkeiten, die aus verwüsteten Nächten über uns kamen,
Köstlich gepflegte, verwelkten wie Blumen, die man sich bricht.

Also zu neuen Tagen erstarkt wir spannen die Arme,
Unbegreiflichen Lachens erschüttert, wie Kraft, die sich staut,
Wie Truppenkolonnen, unruhig nach Ruf der Alarme,
Wenn hoch und unerwartet der Tag überm Osten blaut.

Grell wehen die Fahnen, wir haben uns heftig entschlossen,
Ein Stoß ging durch uns, Not schrie, wir rollen geschwellt,
Wie Sturmflut haben wir uns in die Straßen der Städte ergossen
Und spülen vorüber die Trümmer zerborstener Welt.

Wir fegen die Macht und stürzen die Throne der Alten,
Vermoderte Kronen bieten wir lachend zu Kauf,
Wir haben die Türen zu wimmernden Kasematten zerspalten
Und stoßen die Tore verruchter Gefängnisse auf.

Nun kommen die Scharen Verbannter, sie strammen die Rücken,
Wir pflanzen Waffen in ihre Hand, die sich fürchterlich krampft,
Von roten Tribünen lodert erzürntes Entzücken,
Und türmt Barrikaden, von glühenden Rufen umdampft.

Beglänzt von Morgen, wir sind die verheißnen Erhellten,
Von jungen Messiaskronen das Haupthaar umzackt,
Aus unsern Stirnen springen leuchtende, neue Welten,
Erfüllung und Künftiges, Tage, sturmüberflaggt!

(v 1913)

Arbeitsanregungen:

1 a Lesen Sie die Gedichte laut und versuchen Sie dann ihre Wirkung zu beschreiben.
b Schreiben Sie zu jedem der Gedichte einen Satz nieder, der möglichst genau seinen Inhalt angibt.
c Diskutieren Sie die Ergebnisse.

2 Sprechen Sie darüber, was diese Gedichte mitteilen wollen, und darüber, in welche Formen diese Mitteilung gekleidet ist.

3 Versuchen Sie diese Gedichte als Werke derselben Epoche zu verstehen. Wo sehen Sie Gemeinsamkeiten, wo Unterschiede und Gegensätze?

2. Im Spiegel der Bildenden Kunst

Bild 2 Georges Seurat (1859–1891): Die Mutter des Künstlers. Kreidezeichnung. 1883

Bild 3 James Ensor (1860–1949): Die Kathedrale. Zinkradierung. 1886

Bild 4 Bild Vincent van Gogh (1853–1890): Sommerabend bei Arles. Federzeichnung. 1888

Bild 5 Edvard Munch (1863–1944): Geschrei (auch: Der Schrei). Lithographie. 1895

Bild 6 Otto Eckmann (1865–1902): Schwertlilien. Zeichnung. 1895

Bild 7 Käthe Kollwitz (1867–1945): Weberzug. Radierung. 1896

Bild 8 Robert Delaunay (1885–1941): Eiffelturm. Federzeichnung. 1910

Bild 9 Wassily Kandinsky (1866–1944): Komposition. Zeichnung. 1912

Arbeitsanregungen:

[1] Beschreiben und vergleichen Sie die Zeichnungen und Graphiken.
[a] Gehen Sie von den Bildinhalten (Motiven) aus und versuchen Sie dann die Darstellungsweise jedes Bildes durch passende Akjektive zu erfassen.
[b] Welche Gestaltungsabsichten lassen sich erkennen?
[c] Ziehen Sie Vergleiche zu den Gedichten (Texte 1–6, S. 300f.).

[2] [a] Erarbeiten Sie mit Hilfe verschiedener Lexika eine Definition des Begriffs „Epoche“.
[b] Beschreiben Sie die Schwierigkeiten, auf die Sie stoßen, wenn Sie Ihre Definition auf die „Jahrhundertwende“ anzuwenden versuchen.

[3] Stellen Sie eine erste Liste mit Ihnen als bestimmend erscheinenden Merkmalen der Epoche „Jahrhundertwende“ zusammen.

Bild 10 Emil Nolde (1867–1956): Familie. Holzschnitt. 1917

Friedrich Nietzsche, (geb. am 15. 10. 1844 in Rökken bei Lützen, gest. am 25. 8. 1900 in Weimar) entstammte einer protestantischen Pfarrersfamilie. Seinen Vater verlor er schon früh (1849). Seine Jugendjahre wurden geprägt durch den Besuch der traditionsreichen Internatsschule Schulpforta/Saale. In Bonn und Leipzig studierte er klassische Philologie. Noch vor der Promotion erhielt er 1869 einen Ruf als Professor der klassischen Philologie an die Universität Basel, wo er 1870 Ordinarius wurde. In Leipzig hatte Nietzsche Richard Wagner kennen gelernt, der großen Einfluss auf ihn ausübte, auch über die 1876 einsetzende Entfremdung hinaus. Krankheitsgründe zwangen ihn 1879 in den Ruhestand zu treten. Die nächsten Jahre verbrachte er an verschiedenen Orten in der Schweiz und Italien, wo er seine willensbetonte, lebensbejahende Philosophie seinem kranken Körper abrang und in die für ihn charakteristische aphoristische Form seiner Werke goss. 1889 brach er in Turin zusammen, seine Geisteskrankheit kam nun voll zum Ausbruch. Bis zu seinem Tod 1900 lebte er in zunehmender geistiger Umnachtung in der Pflege seiner Mutter und seiner Schwester.

3. Die Portalfigur der „Moderne“: Friedrich Nietzsche

Friedrich Nietzsche (1844–1900) hat als Schrifsteller und als Philosoph auf seine Zeitgenossen, aber auch auf seine Nachwelt eine große, ja überragende Wirkung getan. Das gilt vor allem für die Literatur des 20. Jahrhunderts: Kaum ein deutscher Schriftsteller, der sich nicht mit Nietzsche auseinander gesetzt, in Bewunderung oder Ablehnung sich auf ihn bezogen hätte. (Als Beispiele seien hier Th. Mann oder G. Benn genannt.) Worin liegt das Besondere, Bestimmende dieses Mannes, der sich selbst als „Verhängnis“ bezeichnet hat? Wie kann gerade er zur „Portalfigur“ seiner Epoche und der „Moderne“ überhaupt werden? Die nachfolgenden Texte sollen Ihnen Antworten auf diese Fragen ermöglichen und einen ersten Zugang zum Werk Nietzsches eröffnen.

Text 1 Friedrich Nietzsche (1844–1900): Götzen-Dämmerung oder wie man mit dem Hammer philosophiert [Auszug]

[...] Was kann allein *unsre* Lehre sein? – Dass niemand dem Menschen seine Eigenschaften *gibt,* weder Gott, noch die Gesellschaft, noch seine Eltern und Vorfahren, noch er *selbst* (– der Unsinn der hier zuletzt abgelehnten Vorstellung ist als „intelligible[1] Freiheit“ von Kant, vielleicht auch schon von Plato gelehrt worden). *Niemand* ist dafür verantwortlich, dass er überhaupt da ist, dass er so und so beschaffen ist, dass er unter diesen Umständen, in dieser Umgebung ist. Die Fatalität seines Wesens ist nicht herauszulösen aus der Fatalität alles dessen, was war und was sein wird. Er ist *nicht* die Folge einer eignen Absicht, eines Willens, eines Zwecks, mit ihm wird *nicht* der Versuch gemacht, ein „Ideal von Mensch“ oder ein „Ideal von Glück“ oder ein „Ideal von Moralität“ zu erreichen, – es ist absurd, sein Wesen in irgendeinen Zweck hin *abwälzen* zu wollen. *Wir* haben den Begriff „Zweck“ erfunden: in der Realität *fehlt* der Zweck ... Man ist notwendig, man ist ein Stück Verhängnis, man gehört zum Ganzen, man *ist* im Ganzen, – es gibt nichts, was unser Sein richten, messen, vergleichen, verurteilen könnte, denn das hieße das Ganze richten, messen, vergleichen, verurteilen ... *Aber es gibt nichts außer dem Ganzen!* – Dass niemand mehr verantwortlich gemacht wird, dass die Art des Seins nicht auf eine causa prima[2] zurückgeführt werden darf, dass die Welt weder als Sensorium[3], noch als „Geist“ eine Einheit ist, *dies erst ist die große Befreiung,* – damit erst ist die *Unschuld* des Werdens wiederhergestellt ... Der Begriff „Gott“ war bisher der größte *Einwand* gegen das Dasein ... Wir leugnen Gott, wir leugnen die Verantwortlichkeit in Gott: *damit* erst erlösen wir die Welt. – [...]

(v 1888)

1 intelligibel (lat.): nur durch den Intellekt, nicht durch die Sinne wahrnehmbar
2 causa prima (lat.): alleinige Ursache, (Ur-)Grund
3 Sensorium (lat.): Empfindungsvermögen; Bewusstsein

Text 2 **Friedrich Nietzsche: Also sprach Zarathustra** [Auszug]

[...] Als Zarathustra[1] in die nächste Stadt kam, die an den Wäldern liegt, fand er daselbst viel Volk versammelt auf dem Markte: denn es war verheißen worden, dass man einen Seiltänzer sehen solle. Und Zarathustra sprach also zum Volke:

Ich lehre euch den Übermenschen. Der Mensch ist etwas, das überwunden werden soll. Was habt ihr getan, ihn zu überwinden?

Alle Wesen bisher schufen etwas über sich hinaus: und ihr wollt die Ebbe dieser großen Flut sein und lieber noch zum Tier zurückgehn, als den Menschen überwinden? [...]

Der Mensch ist ein Seil, geknüpft zwischen Tier und Übermensch, – ein Seil über einem Abgrunde.

Ein gefährliches Hinüber, ein gefährliches Auf-dem-Wege, ein gefährliches Zurückblicken, ein gefährliches Schaudern und Stehenbleiben.

Was groß ist am Menschen, das ist, dass er eine Brücke und kein Zweck ist: was geliebt werden kann am Menschen, das ist, dass er ein Übergang und ein Untergang ist. [...]

Es ist an der Zeit, dass der Mensch sich sein Ziel stecke. Es ist an der Zeit, dass der Mensch den Keim seiner höchsten Hoffnung pflanze.

Noch ist sein Boden dazu reich genug. Aber dieser Boden wird einst arm und zahm sein, und kein hoher Baum wird mehr aus ihm wachsen können.

Wehe! Es kommt die Zeit, wo der Mensch nicht mehr den Pfeil seiner Sehnsucht über den Menschen hinaus wirft, und die Sehne seines Bogens verlernt hat, zu schwirren!

Ich sage euch: man muss noch Chaos in sich haben, um einen tanzenden Stern gebären zu können. Ich sage euch: ihr habt noch Chaos in euch. [...]

Da aber geschah etwas, das jeden Mund stumm und jedes Auge starr machte. Inzwischen nämlich hatte der Seiltänzer sein Werk begonnen: er war aus einer kleinen Tür hinausgetreten und ging über das Seil, welches zwischen zwei Türmen gespannt war, also, dass es über dem Markte und dem Volke hing. Als er eben in der Mitte seines Weges war, öffnete sich die kleine Tür noch einmal, und ein bunter Gesell, einem Possenreißer gleich, sprang heraus und ging mit schnellen Schritten dem Ersten nach. „Vorwärts, Lahmfuß, rief seine fürchterliche Stimme, vorwärts Faultier, Schleichhändler, Bleichgesicht! Dass ich dich nicht mit meiner Ferse kitzle! Was treibst du hier zwischen Türmen? In den Turm gehörst du, einsperren sollte man dich, einem Bessern, als du bist, sperrst du die freie Bahn!" – Und mit jedem Worte kam er ihm näher und näher: als er aber nur noch einen Schritt hinter ihm war, da geschah das Erschreckliche, das jeden Mund stumm und jedes Auge starr machte: – er stieß ein Geschrei aus wie ein Teufel und sprang über den hinweg, der ihm im Wege war. Dieser aber, als er so seinen Nebenbuhler siegen sah, verlor dabei den Kopf und das Seil; er warf seine Stange weg und schoss schneller als diese, wie ein Wirbel von Armen und Beinen, in die Tiefe. Der Markt und das Volk glich dem Meere, wenn der Sturm hineinfährt: Alles floh auseinander und übereinander, und am meisten dort, wo der Körper niederschlagen musste.

Zarathustra aber blieb stehen, und gerade neben ihn fiel der Körper hin, übel zugerichtet und zerbrochen, aber noch nicht tot. Nach einer Weile kam dem Zerschmetterten das Bewusstsein zurück, und er sah Zarathustra neben sich knien. „Was machst du da? sagte er endlich, ich wusste es lange, dass mir der Teufel ein Bein stellen werde. Nun schleppt er mich zur Hölle: willst du's ihm wehren?"

„Bei meiner Ehre, Freund, antwortete Zarathustra, das gibt es alles nicht, wovon du sprichst: es gibt keinen Teufel und keine Hölle. Deine Seele wird noch schneller tot sein als dein Leib: fürchte nun nichts mehr!"

Der Mann blickte misstrauisch auf. „Wenn du die Wahrheit sprichst, sagte er dann, so verliere ich nichts, wenn ich das Leben verliere. Ich bin nicht viel mehr als ein Tier, das man tanzen gelehrt hat, durch Schläge und schmale Bissen."

„Nicht doch, sprach Zarathustra; du hast aus der Gefahr deinen Beruf gemacht, daran ist nichts zu verachten. Nun gehst du an deinem Beruf zugrunde: dafür will ich dich mit meinen Händen begraben."

Als Zarathustra dies gesagt hatte, antwortete der Sterbende nicht mehr; aber er bewegte die Hand, wie als ob er die Hand Zarathustras zum Danke suche. –

Inzwischen kam der Abend, und der Markt barg sich in Dunkelheit: da verlief sich das Volk, denn selbst Neugierde und Schrecken werden müde. Zarathustra aber saß neben dem Toten auf der Erde und war in Gedanken versunken: so vergaß er die Zeit. Endlich aber wurde es Nacht, und ein kalter Wind blies über den Einsamen. Da erhob sich Zarathustra und sagte zu seinem Herzen:

„Wahrlich, einen schönen Fischfang tat heute Zarathustra! Keinen Menschen fing er, wohl aber einen Leichnam.

[1] Zarathustra: gr. Zoroaster: Vermutlich um 630 v. Chr. geb., um 553 v. Chr. gest.; altiran. Prophet und Stifter der Religion des Mazdaismus mit Ahura Masdah als dem höchsten Gott und Schöpfer der Welt

Nihilismus: (von lat. „nihil" = nichts) bezeichnet als philosophischer Begriff einen Standpunkt der Verneinung und steht für die Überzeugung, dass es keine Erkenntnis der Wahrheit (**„theoretischer N."**), keine brauchbaren Normen des sittlichen Handelns (**„ethischer N."**) und keine funktionierende Ordnung der Gesellschaft (**„politischer N."**) gibt. In der Kunst bezeichnet N. ein Bewusstsein der Leere und Sinnlosigkeit von Welt und Leben, das Gefühl der totalen Ohnmacht des Menschen und seiner Ausgeliefertheit an ein übermächtiges, oft auch anonymes Schicksal. Nietzsche hat den Begriff N. in die deutsche Philosophie und Literatur eingeführt, geprägt wurde er in dem Roman „Väter und Söhne" (1862) des russischen Realisten Iwan Turgenjew (1818–1883). Positionen des N. sind schon bei Georg Büchner anzutreffen („Dantons Tod", „Lenz", „Woyzeck", „Leonce und Lena"), im 20. Jahrhundert vor allem bei den französischen Existentialisten Jean Paul Sartre und Albert Camus („Der Mythos von Sisyphos"), in der modernen deutschen Literatur vor allem bei Gottfried Benn („Verlorenes Ich", „Statische Gedichte").

Arbeitsanregungen:

1. Schreiben Sie einen Übersichtsatz zu Text 1 und versuchen Sie zu den Ihnen wichtig erscheinenden Begriffen textgerechte Definitionen zu verfassen.
2. Erläutern Sie, was Nietzsche in Text 2 unter „Übermensch" versteht. Wie passt dieser Begriff in seine Zeit? Äußern Sie sich über die Problematik dieses Begriffs.
3. Zeilen 24–69 in Text 2 stellen eine erzählerische Einheit dar.
   a) Untersuchen Sie Aufbau und Stilmittel dieses Textes. Welcher literarischen Gattung ordnen Sie ihn zu?
   b) Stellen Sie Zusammenhänge formaler und inhaltlicher Art zwischen diesem Text und den Gedichten „Ecce homo" und „Vereinsamt" fest (vgl. Einführung, S. 18, 25).
   c) Schreiben Sie eine Interpretation zu „Der tolle Mensch" (vgl. Aufklärung/Sturm und Drang, S. 196f.).
4. „Abgerechnet nämlich, dass ich ein décadent[1] bin, bin ich auch dessen Gegensatz." Erläutern Sie, was Nietzsche mit diesem Satz über sich selbst aussagt. Kann diese Aussage auf seine Zeit übertragen werden?

[1] Décadent (frz.): angekränkelt, heruntergekommen, entartet (hier als Substantiv gebraucht). Im Deutschen gebräuchlich: dekadent und Dekadenz (= kultureller Niedergang, sittlicher Verfall, Entartung).

Unheimlich ist das menschliche Dasein und immer noch ohne Sinn: ein Possenreißer kann ihm zum Verhängnis werden.

Ich will die Menschen den Sinn ihres Seins lehren: welcher ist der Übermensch, der Blitz aus der dunklen Wolke Mensch.

Aber noch bin ich ihnen ferne, und mein Sinn redet nicht zu ihren Sinnen. Eine Mitte bin ich noch den Menschen zwischen einem Narren und einem Leichnam. [...]

(v 1883)

II. Einheit durch Vielfalt?

Die Literatur der „Jahrhundertwende" ist gekennzeichnet durch eine Vielzahl ganz unterschiedlicher, ja sogar gegensätzlicher Richtungen. Am Anfang und am Ende der Epoche steht jeweils eine ausgeprägtere, dominierende Stilrichtung, dazwischen bestehen viele Strömungen nebeneinander, was dazu führt, dass die meisten Autoren mehreren dieser Strömungen zuzuordnen sind. Eine Einteilung der Literatur der Jahrhundertwende in diese Richtungen erscheint demnach zu schematisch. Die folgenden Teilkapitel wollen Ihnen zunächst die als Aufbruch in die Moderne schon von den Zeitgenossen empfundene Erscheinung des Naturalismus vorstellen, dann folgt die Stilvielfalt der Jahrhundertwende mit wenigen markanten Autoren, schließlich wird der seit 1910 bestimmende Expressionismus vorgestellt.

1. Literatur als Experiment (Der Naturalismus)

Text 1 **Arno Holz (1863–1929)/Johannes Schlaf (1862–1941): Papa Hamlet** [Auszug]

„Papa Hamlet" ist der heruntergekommene Schauspieler Niels Thienwiebel, der mit seiner lungenkranken Frau und einem drei Monate alten Kind in einer jämmerlichen Dachwohnung haust, die nun auch noch gekündigt wurde. Das von Asthmaanfällen geschüttelte Kind hat er Fortinbras genannt nach einer Figur aus Shakespeares „Hamlet", seiner Traumrolle. Den Lebensunterhalt für die kleine Familie bringt die Frau mit Nähen kaum zusammen, Thienwiebel selbst hat auch seine letzte Einkommensquelle, das Modellstehen für Kunststudenten, aufgegeben und das Engagement-Angebot einer Wanderbühne aus Stolz abgelehnt. Am Ende tötet er das Kind ohne dies wirklich zu wollen. Tage später wird er erfroren aufgefunden.

[...]

Er war jetzt zu ihr unter die Decke gekrochen, die Unterhosen hatte er anbehalten.

„Nicht mal Platz genug zum Schlafen hat man!"

Er reckte und dehnte sich.

„So'n Hundeleben! Nicht mal schlafen kann man!"

Er hatte sich wieder auf die andre Seite gewälzt. Die Decke von ihrer Schulter hatte er mit sich gedreht, sie lag jetzt fast bloß da ....

....

....

Das Nachtlämpchen auf dem Tisch hatte jetzt zu zittern aufgehört.

Die beschlagene, blaue Karaffe davor war von unzähligen Lichtpünktchen wie übersät. Eine Seite aus dem Buch hatte sich schräg gegen das Glas aufgeblättert. Mitten auf dem vergilbten Papier hob sich deutlich die fette Schrift ab: „Ein Sommernachtstraum". Hinten auf der Wand, übers Sofa weg, warf die kleine, glitzernde Fotografie ihren schwarzen, rechteckigen Schatten.

Der kleine Fortinbras röchelte, nebenan hatte es wieder zu schnarchen angefangen.

„So'n Leben! So'n Leben!"

Er hatte sich wieder zu ihr gedreht. Seine Stimme klang jetzt weich, weinerlich.

„Du sagst ja gar nichts!"

Sie schluchzte nur wieder.

„Ach Gott, ja! So'n ... Ae!! ..."

Er hatte sich jetzt noch mehr auf die Kante zu gerückt.

„Is ja noch Platz da! Was drückste dich denn so an die Wand! Hast du ja gar nicht nötig!"

Sie schüttelte sich. Ein fader Schnapsgeruch hatte sich allmählich über das ganze Bett hin verbreitet.

Sekundenstil nannten Arno Holz und Johannes Schlaf eine Erzähltechnik, die eine Kopie der Wirklichkeit ermöglichen sollte. Mit sprachlichen Mitteln wurden dabei gewissermaßen die Genauigkeit der filmischen Nahaufnahme und die Deutlichkeit der Zeitlupe vorweggenommen. Mit diesem Erzählstil sollten auch kleinste Bewegungen und intimste Empfindungen minutiös erfasst und nachgebildet werden können. So sollten auch in der erzählenden Prosa die feinsten Nuancen eines Vorgangs oder einer menschlichen Handlung in genauester zeitlicher Abfolge dargestellt werden können. Die sprachliche Nachbildung der Wirklichkeit ergänzten Holz/Schlaf noch durch eine „phonografische Methode", also den Versuch einen Vorgang in allen seinen Lautwerten, nicht nur in seinen Sprache gewordenen Äußerungen zu erfassen. Die Wirklichkeit wollten sie eben nicht als Auswahl infolge subjektiver Wahrnehmung gestalten, sondern in objektiver Komplexität, die auch das Zufällige, Periphere und Unkontrollierte in ihr enthält.

Dialekt, dialektal: Mundart, mundartlich. Bezeichnung für eine sprachgeographisch bestimmbare Ausdrucksweise.
Soziolekt, soziolektal: Sprachgebrauch einer sozialen Gruppe oder Schicht. Bezeichnung für eine schichtspezifische Ausdrucksweise.
Idiolekt, idiolektal: Wortschatz und besondere Ausdrucksweise eines bestimmten Menschen. Bezeichnung für eine personenbezogene Ausdrucksweise.
Psycholekt, psycholektal: Sprechverhalten eines Menschen infolge seiner gerade gegebenen Emotionslage („ruhig", „erregt"). Bezeichnung für die affektgesteuerte Unterschiedlichkeit individueller Sprechakte.
(Vgl. Realismus, S. 286f.).

„So ein Leben! Man hat's wirklich weit gebracht! ... Nu sich noch von so'ner alten Hexe rausschmeißen lassen! Reizend!! Na, was macht man nu? Liegt man morgen auf der Straße! ... Nu sag doch?"

Sie hatte sich jetzt noch fester gegen die Wand gedrückt. Ihr Schluchzen hatte aufgehört, sie drehte ihm den Rücken zu.

„Ich weiß ja! Du bist ja am Ende auch nicht schuld dran! Nu sag doch!"

Er war jetzt wieder auf sie zugerückt.

„Nu sag doch! ... Man kann doch nicht so – verhungern?!"

Er lag jetzt dicht hinter ihr.

„Ich kann ja auch nicht dafür! ... Ich bin ja gar nicht so! Is auch wahr! Man wird ganz zum Vieh bei solchem Leben! ... Du schläfst doch nicht schon!"

Sie hustete.

„Ach Gott ja! Und nu bist du auch noch krank! Und das Kind! Dies viele Nähen ... Aber du schonst dich ja auch gar nicht ... ich sag's ja!"

Sie hatte wieder zu schluchzen angefangen.

„Du – hättest – doch lieber. – Niels ..."

„Ja ... ja! Ich seh's ja jetzt ein! Ich hätt's annehmen sollen! Ich hätt' ja später immer noch ... ich seh's ja ein! Es war unüberlegt! Ich hätte zugreifen sollen! Aber – nu sag doch!!"

„Hast du ihn – denn nicht ... denn nicht – wenigstens zu – Haus getroffen?"

„Ach Gott, ja, aber ... aber, du weißt ja! Er hat ja auch nichts! Was macht man nu bloß? Man kann sich doch nicht das Leben nehmen?!"

Er hatte jetzt ebenfalls zu weinen angefangen.

„Ach Gott! Ach Gott!!"

Sein Gesicht lag jetzt mitten auf ihrer Brust. Sie zuckte!

„Ach Gott! Ach Gott!!"

Der dunkle Rand des Glases ober quer über der Decke hatte wieder unruhig zu zittern begonnen, die Schatten, die das Geschirr warf, schwankten, dazwischen glitzerten die Wasserstreifen ....

[...]

(v 1889)

Arbeitsanregungen:

1 Beschreiben Sie die Situation des Lesers dieser Geschichte.

2 Bestimmen Sie die sprachlichen Mittel, die in „Papa Hamlet" Verwendung finden. Diskutieren Sie darüber, ob diese Mittel den Intentionen und dem Anspruch des von den Autoren propagierten „Sekundenstils" gerecht werden.

3 a Schreiben Sie den Text um, indem Sie ihm eine der folgenden Erzählperspektiven geben: distanziert-auktorial, personal („Erlebte Rede", „Innerer Monolog", „Stream of consciousness"), Ich-Perspektive.
b Formen Sie den Text in eine dramatische Szene um.
c Diskutieren Sie die Veränderungen, die sich für die Geschichte aus diesen Umformungen ergeben. Welche Rückschlüsse lassen sich daraus auf die Erzählperspektive in „Papa Hamlet" ziehen?

Erzählperspektiven (Erzählsituationen):

Nach F. K. Stanzel („Typische Formen des Romans", 1964) lassen sich drei typische Erzählperspektiven unterscheiden:

1. Die *auktoriale* Erzählperspektive (von lat. „auctor" – Urheber, Berichterstatter): Der Erzähler befindet sich außerhalb der von ihm dargestellten Welt. Er weiß, wie das Geschehen verlaufen wird und warum die Personen so und nicht anders handeln (allwissender Erzähler). Er kann sich in das Geschehen einschalten, indem er auf Zukünftiges vorausweist, Vergangenes oder Gegenwärtiges kommentiert, sich von der Handlungsweise der Figuren distanziert oder eigene Gedanken zum Geschehen beisteuert. Im Extremfall kann der Erzählerkommentar das fiktive Geschehen völlig überwuchern, im Allgemeinen jedoch hält sich der Erzähler im Hintergrund und beschränkt sich auf die Darstellung der fiktiven Wirklichkeit und auf wenige Einmischungen.
2. Die *Ich-Perspektive:* Der fiktive Erzähler ist hier selbst Teil der dargestellten Wirklichkeit, er erlebt das Geschehen mit. Er weiß also nur, was er durch dieses eigene Erleben, allenfalls durch Einlassungen Dritter erfahren hat. Diese subjektive Beschränkung vermittelt dem Leser ein besonders tiefes Gefühl der Verbundenheit mit dem erzählenden Ich und kann zu gleichsam augenzwinkerndem Einverständnis zwischen Ich-Erzähler und Leser führen (so z.B. bei Th. Mann: Die Bekenntisse des Hochstaplers Felix Krull).
3. Die *personale* Erzählperspektive: Hier fehlt der Erzähler als Vermittler zwischen fiktiver Wirklichkeit und Leser völlig. Deshalb „öffnet sich dem Leser die Illusion, er befände sich auf dem Schauplatz des Geschehens, oder er betrachte die dargestellte Welt mit den Augen einer Romanfigur" (Stanzel). Dadurch wird der Eindruck der Unmittelbarkeit erweckt; an die Stelle des Berichts tritt eine quasidramatische Erzählweise (szenische Darstellung). Besondere Darstellungsformen der personalen Erzählperspektive sind:
   - die *erlebte Rede,* eine Erzählweise zwischen Rede und Bericht, zwischen direkter und indirekter Rede. Statt direkter Rede (Sie fragte: „Muss ich wirklich mit dem Zug fahren?") oder indirekter Rede (Sie fragte, ob sie wirklich mit dem Zug fahren müsse) steht die Wiedergabe der Gedanken einer Person im Indikativ der 3. Person und meist im Präteritum: Musste sie wirklich mit dem Zug fahren?

- der *innere Monolog,* eine Erzähltechnik, die den ungeordneten, assoziativ gesteuerten Gedankengang einer Person möglichst unmittelbar wiedergeben möchte. Erstrebt wird die vollständige Wiedergabe des Gedachten und Empfundenen in der Form, wie es gedacht und empfunden wird. Es kommt deshalb zur Lockerung der Syntax bis hin zu deren Auflösung und dazu, dass die Erzählzeit länger ist als die erzählte Zeit.
- Der *„Stream of consciousness“* (engl. Bewusstseinsstrom) ist die Erweiterung und konsequente Fortführung des „inneren Monologs“.

Aus: Schüler-Duden. Die Literatur, hg. v. der Redaktion für Literatur des Bibliographischen Instituts unter der Leitung v. G. Kwiatkowski. Mannheim, 1980 (teilweise verändert und ergänzt).

Gerhard Hauptmann wurde am 15. 11. 1862 in Ober-Salzbrunn (Schlesien) als Sohn eines Gastwirts geboren. In Breslau besuchte er die Realschule, die er als Fünfzehnjähriger vorzeitig verließ. Es begann eine Zeit, die von Unrast und Krankheit gezeichnet war. Nach einer Ausbildung zum Landwirt ging er an die Kunstschule in Breslau, dann studierte er in Jena, lebte als Bildhauer in Rom, besuchte die Dresdner Kunstakademie und studierte schließlich in Berlin. Erst hier hat Hauptmann seinen Plan Bildhauer zu werden aufgegeben und sich der Dichtkunst zugewandt. Die Heirat mit der wohlhabenden Marie Thienemann machte ihn 1885 finanziell unabhängig, so dass er sich ganz seiner Berufung widmen konnte. Nach epigonalen Anfängen schaffte er schnell den Durchbruch. Die Erzählung „Bahnwärter Thiel“ (1887/88) und das Drama „Vor Sonnenaufgang“ machten ihn berühmt. Eine Reihe erfolgreicher Dramen folgte; das Schauspiel „Die Weber“ (1892) war ihr Höhepunkt. Es gilt als das bedeutendste Werk des deutschen Naturalismus. Auch in seinen späteren Werken, die sich teilweise weit vom Naturalismus entfernten, kehrte er doch immer wieder zu ihm zurück. Neben vielen Dramen schrieb Hauptmann zahlreiche Romane und Erzählungen, auch zwei Versepen, dazu autobiografische Schriften, Reisebücher und Essays. 1912 wurde ihm der Nobelpreis für Literatur verliehen. Hauptmann starb am 6. 6. 1946 in seiner schlesischen Heimat, die damals schon polnisch geworden war. Von der Vertreibung war er verschont geblieben.

Text 2 Gerhart Hauptmann (1862–1946): Vor Sonnenaufgang. Soziales Drama [Auszug]

Die Uraufführung dieses Dramas 1889 in Berlin verursachte einen der größten Skandale in der deutschen Theatergeschichte. Es zeigt die moralisch verkommene und dem Alkohol verfallene Familie des oberschlesischen Bauern Krause, der durch die Industrialisierung reich geworden ist. Einzig Helene, die jüngste Tochter, ist von dem sie umgebenden Verfall unberührt geblieben. Sie verliebt sich in den sozialistischen Schriftsteller Alfred Loth, der gekommen ist um die Verhältnisse in der durch den Bergbau völlig veränderten Gegend zu studieren und zu ihrer Verbesserung beizutragen. Er erwidert die Liebe Helenes.

Der folgende Text gibt den Schluss des Stücks wieder, das fünf nicht in Szenen unterteilte Akte umfasst.

In ihm klärt Dr. Schimmelpfennig, der Arzt der Familie Krause, seinen Freund Loth über die durch Alkoholismus bedingte erbliche Belastung in der Familie Krause auf. Loth, der sich unbedingt zu seinem Grundsatz bekannt hatte, dass für ihn eine Ehe mit einer erbkranken Frau nicht in Frage komme, gerät in einen Zwiespalt. Er stellt erschüttert Helenes schreckliche Situation fest, sieht sich aber, seiner Überzeugung wegen, außerstande, sie daraus zu befreien. Er entschließt sich zu gehen und Helene ihrem Schicksal zu überlassen. Er hinterlässt einen Abschiedsbrief. Helene ist gerade bei ihrer Schwester, der Frau Hoffmanns, die ein Kind erwartet.

[...]

LOTH *wendet sich, bevor er zur Tür hinaustritt, noch einmal nach rückwärts und nimmt mit den Augen noch einmal den ganzen Raum in sein Gedächtnis auf. Hierauf zu sich.* Da könnt' ich ja nun wohl – gehen. *Nach einem letzten Blick ab.*

Das Zimmer bleibt für einige Augenblicke leer. Man vernimmt gedämpfte Rufe und das Geräusch von Schritten, dann erscheint Hoffmann. Er zieht, sobald er die Tür hinter sich geschlossen hat, unverhältnismäßig ruhig sein Notizbuch und rechnet etwas; hierbei unterbricht er sich und lauscht, wird unruhig, schreitet zur Tür und lauscht wieder. Plötzlich rennt jemand die Treppe herunter, und herein stürzt Helene.

HELENE, *noch außen.* Schwager! *In der Tür.* Schwager!

HOFFMANN. Was ist denn – los?

HELENE. Mach dich gefasst: totgeboren!

HOFFMANN. Jesus Christus!!! *Er stürzt davon.*

Helene allein. Sie sieht sich um und ruft leise: Alfred! Alfred! *und dann, als sie keine Antwort erhält, in schneller Folge:* Alfred! Alfred! *Dabei ist sie bis zur Tür des Wintergartens geeilt, durch die sie spähend blickt. Dann ab in den Wintergarten. Nach einer Weile erscheint sie wieder:* Alfred! *Immer unruhiger werdend, am Fenster, durch das sie hinausblickt:* Alfred! *Sie öffnet das Fenster und steigt auf einen davor stehenden Stuhl. In diesem Augenblick klingt deutlich vom Hofe herein das Geschrei des betrunkenen, aus dem Wirtshaus heimkehrenden Bauern, ihres Vaters:* Dohie ha! biin iich nee a hibscher Moan? Hoa iich nee a hibsch Weib? Hoa iich nee a poar hibsche Tächter dohie hä? *Helene stößt einen kurzen Schrei aus und rennt wie gejagt nach der Mitteltür. Von dort aus entdeckt sie den Brief, welchen Loth auf dem Tisch zurückgelassen, sie stürzt sich darauf, reißt ihn auf und durchfliegt ihn, einzelne Worte aus seinem Inhalt laut hervorstoßend:* „Unübersteiglich!“ ... „Niemals wieder!“ *Sie lässt den Brief fallen, wankt:* Zu Ende! *Rafft sich auf, hält sich den Kopf mit beiden Händen, kurz und scharf schreiend:* Zu En-de! *Stürzt ab durch die Mitte. Der Bauer draußen, schon aus geringerer Entfernung:* Dohie hä? iis ernt's Gittla nee mei-ne? Hoa iich nee a hibsch Weib? Bin iich nee a hibscher Moan? *Helene, immer noch suchend, wie eine halb Irrsinnige aus dem Wintergarten hereinkommend, trifft auf Eduard, der etwas aus Hoffmanns Zimmer zu holen geht. Sie redet ihn an:* Eduard! *Er antwortet:* Gnädiges Fräulein?

Darauf sie: Ich möchte … möchte den Herrn Dr. Loth … *Eduard antwortet:* Herr Dr. Loth sind in des Herrn Dr. Schimmelpfennigs Wagen fortgefahren! *Damit verschwindet er im Zimmer Hoffmanns.* Wahr! *stößt Helene hervor und hat einen Augenblick Mühe, aufrecht zu stehen. Im nächsten durchfährt sie eine verzweifelte Energie. Sie rennt nach dem Vordergrunde und ergreift den Hirschfänger samt Gehänge, der an dem Hirschgeweih über dem Sofa befestigt ist. Sie verbirgt ihn und hält sich still im dunklen Vordergrund, bis Eduard, aus Hoffmanns Zimmer kommend, zur Mitteltür hinaus ist. Die Stimme des Bauern, immer deutlicher:* Dohie hä, biin iich nee a hibscher Moan? *Auf diese Laute, wie auf ein Signal hin, springt Helene auf und verschwindet ihrerseits in Hoffmanns Zimmer. Das Hauptzimmer ist leer, und man hört fortgesetzt die Stimme des Bauern:* Dohie hä, hoa iich nee die schinsten Zähne, hä? Hoa iich nee a hibsch Gittla? *Miele kommt durch die Mitteltür. Sie blickt suchend umher und ruft:* Freilein Helene! *und wieder:* Freilein Helene! *Dazwischen die Stimme des Bauern:* 's Gald iis mei-ne! *Jetzt ist Miele ohne weiteres Zögern in Hoffmanns Zimmer verschwunden, dessen Türe sie offen lässt. Im nächsten Augenblick stürzt sie heraus mit den Zeichen eines wahnsinnigen Schrecks; schreiend dreht sie sich zwei- dreimal um sich selber, schreiend jagt sie durch die Mitteltür. Ihr ununterbrochenes Schreien, mit der Entfernung immer schwächer werdend, ist noch einige weitere Sekunden vernehmlich. Man hört nun die schwere Haustüre aufgehen und dröhnend ins Schloss fallen, das Schrittegeräusch des im Hausflur herumtaumelnden Bauern, schließlich seine rohe, näselnde, lallende Trinkerstimme ganz aus der Nähe durch den Raum gellen:* Dohie hä? Hoa iich nee a poar hibsche Tächter?

(v 1889)

Arbeitsanregungen:

[1] [a] Bestimmen sie das Menschenbild in „Vor Sonnenaufgang": Wovon werden die Menschen bestimmt, wie verhalten sie sich, welche Motive liegen diesem Verhalten zugrunde?
[b] Vergleichen Sie dieses Menschenbild mit dem des klassischen Dramas, etwa Goethes „Iphigenie" (vgl. Klassik, S. 221ff.).

[2] [a] Untersuchen Sie die Funktion der Regieanmerkungen in Hauptmanns Stück. Welche Intentionen des Autors werden in ihnen sichtbar?
[b] Diskutieren Sie die Frage, wie verbindlich Hauptmanns Regieanmerkungen für einen Darsteller oder einen Regisseur sind.

[3] Untersuchen Sie die Texte 1 und 2 nach inhaltlichen und formalen Übereinstimmungen. Wie erklären Sie sich diese?

Ernst Retemeyer: Freie Bühne

Diese Karikatur erschien nach der Uraufführung von Hauptmanns Drama „Vor Sonnenaufgang" in der satirischen Zeitschrift „Kladderadatsch". Die „Freie Bühne" war ein 1889 in Berlin gegründeter Theaterverein, der für seine Mitglieder geschlossene Theateraufführungen veranstaltete. Nur so war es möglich die Stücke der „Modernen" auf die Bühne zu bringen. Denn es gab in Preußen zwar keine direkte Zensur, aber eine Polizeivorschrift, die für öffentliche Theateraufführungen eine polizeiliche Genehmigung verlangte. Um auch ärmeren Bevölkerungsschichten den Theaterbesuch zu ermöglichen wurde 1890 zusätzlich die „Freie Volksbühne" ins Leben gerufen, die Theateraufführungen moderner Stücke zu einem billigen Einheitspreis veranstaltete. Die Plätze wurden ausgelost um jeden in den Genuss guter Plätze kommen zu lassen.

Arbeitsanregungen:

1 a Fertigen Sie eine Übersicht über den Gedankengang in Text 3 an und stellen Sie eine Liste der wichtigen Begriffe zusammen.
b Definieren Sie diese Begriffe aus Bölsches und aus heutigem Verständnis.
c Erörtern Sie die Ausführungen Bölsches über Sinn und Zweck der Dichtung.

2 Beschreiben Sie möglichst genau, welchen Zusammenhang Wilhelm II. zwischen Kunst und Leben erkennt und anerkennt und welche Aufgabe er demnach der Kunst zuweist. Versuchen Sie dann eine gegenteilige Kunstauffassung zu entwerfen.

3 Sie haben gemerkt, dass der Standpunkt Wilhelms II. und die gegenteilige Auffassung bis zum heutigen Tag vertreten werden. Führen Sie deshalb in Ihrer Lerngruppe eine Debatte über diese Positionen durch oder veranstalten Sie eine Diskussion zu diesem Thema. (Zu Debatte und Diskussion vgl. Einführung, S. 21f.)

4 Beschreiben Sie die Karikatur. Stellen Sie die in ihr aufgestellten Behauptungen zusammen. Vergleichen Sie das Ergebnis mit Text 4.

5 Verfassen Sie aus der Sicht eines Naturalisten einen offenen Brief an Kaiser Wilhelm II. als Antwort auf seine „Siegesallee-Rede" oder einen Leserbrief an den „Kladderadatsch" als Antwort auf die Karikatur über die „Freie Bühne".

Der **offene Brief** ist eine Mitteilung in Briefform an eine Person oder Institution, die mit einer Äußerung oder Verlautbarung den Widerspruch des Briefschreibers herausgefordert hat. Offene Briefe sind deshalb immer von einer kritischen Haltung bestimmt und haben nicht selten polemischen Charakter. Da der Briefschreiber der Meinung ist, dass der anstehende Sachverhalt auch für eine breite Öffentlichkeit von Interesse sei, wird der Brief seines privaten Charakters entkleidet und zur Veröffentlichung (in der Presse) bestimmt. Der offene Brief will daher nicht nur eine Verlautbarung zurückweisen, sondern auch die öffentliche Meinung gegen den Urheber dieser Verlautbarung mobilisieren.

Text 3 Wilhelm Bölsche (1861–1939): Die naturwissenschaftlichen Grundlagen der Poesie. Prolegomena[1] einer realistischen Ästhetik [Auszug]

[...]
Man hat sich geeinigt über den Satz: Wir müssen uns dem Naturforscher nähern, müssen unsere Ideen aufgrund seiner Resultate durchsehen und das Veraltete ausmerzen.

Das Erste, worauf man im Verfolgen dieses Gedankens kam, war ein Satz, der ebenso einfach und selbstverständlich war, wie er paradox klang. Jede poetische Schöpfung, die sich bemüht, die Linien des Natürlichen und Möglichen nicht zu überschreiten und die Dinge logisch sich entwickeln zu lassen, ist vom Standpunkt der Wissenschaft betrachtet nichts mehr und nichts minder als ein einfaches, in der Fantasie durchgeführtes Experiment, das Wort Experiment im buchstäblichen, wissenschaftlichen Sinne genommen. [...]

Der Dichter, der Menschen, deren Eigenschaften er sich möglichst genau ausmalt, durch die Macht der Umstände in alle möglichen Konflikte geraten und unter Betätigung jener Eigenschaften als Sieger oder Besiegte, umwandelnd oder umgewandelt, daraus hervorgehen oder darin untergehen lässt, ist in seiner Weise ein Experimentator, wie der Chemiker, der allerlei Stoffe mischt, in gewisse Temperaturgrade bringt und den Erfolg beobachtet. Natürlich: der Dichter hat Menschen vor sich, keine Chemikalien. Aber, wie oben ausgesprochen ist, auch diese Menschen fallen ins Gebiet der Naturwissenschaften. Ihre Leidenschaften, ihr Reagieren gegen äußere Umstände, das ganze Spiel ihrer Gedanken folgen gewissen Gesetzen, die der Forscher ergründet hat und die der Dichter bei dem freien Experimente so gut zu beachten hat, wie der Chemiker, wenn er etwas Vernünftiges und keinen wertlosen Mischmasch herstellen will, die Kräfte und Wirkungen vorher berechnen muss, ehe er ans Werk geht und Stoffe kombiniert. [...]

Naturwissenschaftlich sind wir als ehrliche Beobachter gezwungen, die Bedingtheit aller menschlichen Willensakte der Art des geistigen Apparates gemäß als eine Tatsache auszusprechen, die weder juristische noch theologische Forderungen irgendwie erschüttern können.

Diese Forderungen müssen sich mit der Tatsache abfinden. Die Genesis seiner Gedanken und Handlungen zugestanden, bleibt ja praktisch der Mensch mit lauter Gedankenketten, die im Verbrechen gipfeln, schlecht und strafbar und der Mensch, der durch den Zwang seiner Gehirnfurchen zu moralischem Denken und Tun gezwungen wird, gut.

Für den Dichter aber scheint mir in der Tatsache der Willensunfreiheit der höchste Gewinn zu liegen. Ich wage es auszusprechen: wenn sie nicht bestände, wäre eine wahre realistische Dichtung überhaupt unmöglich. Erst indem wir uns dazu aufschwingen, im menschlichen Denken Gesetze zu ergründen, erst indem wir einsehen, dass eine menschliche Handlung, wie immer sie beschaffen sei, das restlose Ergebnis gewisser Faktoren, einer äußern Veranlassung und einer innern Disposition, sein müsse und dass auch diese Disposition sich aus gegebenen Größen ableiten lassen, – erst so können wir hoffen, jemals zu einer wahren mathematischen Durchdringung der ganzen Handlungsweise eines Menschen zu gelangen und Gestalten vor unserm Auge aufwachsen zu lassen, die logisch sind, wie die Natur. [...]

(v 1887)

Text 4 Wilhelm II. (1859–1941; Deutscher Kaiser 1888–1918): Rede zur Einweihung von Denkmälern an der Berliner Siegesallee [Auszug]

[...]
Eine Kunst, die sich über die von Mir bezeichneten Gesetze und Schranken hinwegsetzt, ist keine Kunst mehr, sie ist Fabrikarbeit, ist Gewerbe, und das darf die Kunst nie werden. Mit dem viel missbrauchten Worte „Freiheit" und unter seiner Flagge verfällt man gar oft in Grenzenlosigkeit, Schrankenlosigkeit, Selbstüberhebung. Wer sich aber von dem Gesetz der Schönheit und dem Gefühl für Ästhetik und Harmonie, die jedes Menschen Brust fühlt, ob er sie auch nicht ausdrücken kann, loslöst und in Gedanken in einer besonderen Richtung, einer bestimmten Lösung mehr technischer Aufgaben die Hauptsache erblickt, der versündigt sich an den Urquellen der Kunst.

Aber noch mehr: Die Kunst soll mithelfen, erzieherisch auf das Volk einzuwirken, sie soll auch den unteren Ständen nach harter Mühe und Arbeit die Möglichkeit geben, sich an den Idealen wieder aufzurichten. Uns, dem deutschen Volke, sind die großen Ideale zu dauernden Gütern geworden, während sie anderen Völkern mehr oder weniger verloren gegangen sind. Es bleibt nur das deutsche Volk übrig, das an erster Stelle berufen ist, diese großen Ideen zu hüten, zu pflegen, fortzusetzen, und zu diesen Idealen gehört, dass wir den arbeitenden, sich abmühenden Klassen die Möglichkeit geben, sich an dem Schönen zu erheben und sich aus ihren sonstigen Gedankenkreisen heraus- und emporzuarbeiten.

[1] Die Prolegomena: einleitende Vorbemerkungen

Wenn nun die Kunst, wie es jetzt vielfach geschieht, weiter nichts tut, als das Elend noch scheußlicher hinzustellen, wie es schon ist, dann versündigt sie sich damit am deutschen Volke. Die Pflege der Ideale ist zugleich die größte Kulturarbeit, und wenn wir hierin den anderen Völkern ein Muster sein und bleiben wollen, so muss das ganze Volk daran mitarbeiten, und soll die Kultur ihre Aufgabe voll erfüllen, dann muss sie bis in die untersten Schichten des Volkes hindurchgedrungen sein. Das kann sie nur, wenn die Kunst die Hand dazu bietet, wenn sie *erhebt, statt dass sie in den Rinnstein niedersteigt.* [...]

(1901)

M1 Textgebundene Erörterung

Die textgebundene Erörterung ist eine ebenso wichtige wie anspruchsvolle Aufsatzform. Wichtig ist sie, weil das Verstehen von Texten und die Auseinandersetzung mit Meinungen anderer zu den Grundvoraussetzungen unserer geistigen und gesellschaftlichen Existenz gehören. Anspruchsvoll ist diese Aufsatzform, weil zu ihrer Bewältigung eine Reihe von Fähigkeiten und Fertigkeiten nötig ist. Zum einen verlangt sie die Fähigkeit Umfang und Bedeutung eines Sachverhalts oder eines Problems zu erkennen. Zum anderen setzt sie Fertigkeiten in der Erschließung von Texten voraus. Zum dritten fordert sie die Bereitschaft zur Auseinandersetzung mit einer fremden Meinung. Der Zweck einer textgebundenen Erörterung besteht also darin, dass ihr Verfasser zu einer begründeten eigenen Position gegenüber einem Sachverhalt oder Problem sowie einer fremden Meinung gelangen kann. Ein solches Ziel verlangt besonders sorgfältiges und systematisches Arbeiten.
Die textgebundene Erörterung besteht immer aus zwei (ungleich umfangreichen) Teilen: einem ersten, kürzeren, in dem Sie sich um den vorgegebenen Text bemühen (*Textverständnis*), und einem zweiten, umfangreicheren, in dem Sie sich mit dem im Text erörterten Sachverhalt und der dazu geäußerten Einstellung auseinander setzen und zu einer eigenen Meinung finden (*eigentliche Erörterung und eigene Stellungnahme*). Beim Verfassen Ihres Aufsatzes gehen Sie nach dem Ihnen bekannten *Drei-Phasen-Modell* vor. (Vgl. Einführung, S. 47ff.; Barock, S. 136ff.; Aufklärung/Sturm und Drang, S. 175ff.; Literatur nach 1945, S. 396ff.)
Führen Sie zunächst (1. Phase) eine *Themenanalyse* durch: Machen Sie sich klar, was das Thema von Ihnen verlangt, welche Schwerpunkte es setzt, welche Grenzen es festlegt, welche Aspekte des im Thema angesprochenen Problemzusammenhangs besonders betont werden sollen.
Im nächsten Schritt (2. Phase), der *Stoffsammlung,* sollten Sie sich zuerst ein fundiertes Textverständnis verschaffen (*Texterschließung*). Dabei geht es nicht nur darum, den Text insgesamt zu verstehen, sondern auch darum, ihn unter der gegebenen Aufgabenstellung zu analysieren. Am besten gehen Sie abschnittweise vor; unterstreichen Sie wichtige Begriffe („Schlüsselbegriffe") oder zentrale Textstellen. Hilfreich ist es auch, den einzelnen Abschnitten des Textes eine Überschrift zu geben. Auf diese Weise lassen sich, vor allem bei längeren Texten, die inhaltlichen Schwerpunkte und der Textaufbau leichter überschauen. Bedenken Sie bei der Texterschließung immer die Fragerichtung des Aufsatzthemas (in unserem Fall: Forderungen an die Künstler – Gefahren für diese Forderungen). An diesen Arbeitsgang schließt sich die *Texterörterung* an. Auch hierfür gibt das Thema die Richtung an (in unserem Beispiel: Von welcher Auffassung über die Aufgaben der Kunst leitet Wilhelm II. seine Forderungen ab? Welche Absichten verbindet er mit dieser Auffassung? Welche Wirkung(en) kann eine solche Auffassung haben?). Versuchen Sie nun durch eigene Argumente die im Text vertretene Auffassung zu stützen, zu korrigieren und zu differenzieren oder eine gegenteilige Position aufzubauen (*eigene Stellungnahme*). Überprüfen Sie die im Text vorgetragene Meinung und Ihre eigene Ansicht immer auf ihre Richtigkeit: Sind die Behauptungen vernünftig, die Belege und Beweise stichhaltig, die Folgerungen logisch?
Beim dritten Schritt (3. Phase), der *Ausführung,* beginnt erst die eigentliche Schreibarbeit. Jetzt kommt es darauf an, dass Sie Ihre Arbeitsergebnisse in einer Weise präsentieren, die im Aufbau folgerichtig und nachvollziehbar, in der Sprachgestaltung ansprechend ist. Beim Aufbau unterscheiden Sie im Hauptteil die beiden Teile Textverständnis und eigentliche Erörterung, wobei Sie dem zweiten das größere Gewicht und den größeren Umfang geben. Denn Ihre eigentliche Aufgabe ist die Auseinandersetzung mit einem Sachverhalt und einer Meinung, die Basis dieser Auseinandersetzung aber ist ein Text. Innerhalb des Hauptteils lässt sich in der Regel eine Ordnung herstellen (Aufbau), die sich aus der Aufgabenstellung ergibt. Bei der Sprachgestaltung sollten Sie sich um gute Lesbarkeit bemühen, also überschaubare Sätze formulieren und eine möglichst treffende, abwechslungsreiche Wortwahl anstreben. Bedenken Sie, dass für eine Erörterung Sachlichkeit das angemessene Sprachniveau ist. Fehl am Platz ist ein erlebnishafter Stil, angebracht dagegen ein argumentativ-erörternder Stil unter Verwendung einer angemessenen Fachterminologie und unter Beachtung der Aufgabenstellung (Beispiel: „Prüfen Sie" meint

Thema:

Schreiben Sie folgende textgebundene Erörterung:
Setzen Sie sich anhand der „Siegesallee-Rede" Wilhelms II. (Text 4) mit der Frage nach den Aufgaben der Kunst auseinander.

- Welche Forderungen stellt Wilhelm II. an die Künstler; wodurch sieht er diese Forderungen gefährdet?
- Erörtern Sie die Auffassung Wilhelms II., und entwickeln Sie eigene Vorstellungen von den Aufgaben der Kunst.

nicht nur das Ergebnis Ihrer Prüfung, sondern diesen Prüfvorgang selbst). Zuletzt fügen Sie Ihrem Aufsatz noch eine Einleitung und einen Schluss hinzu. Die Aufgabe der Einleitung besteht darin, den Leser auf das Thema hinzuführen und den Themenhorizont zu eröffnen. Sie können dazu ausgehen von der Person des Autors, von der seinem Text zugrunde liegenden Situation, von einem eigenen Erlebnis, von einer Beobachtung oder Erfahrung, von einer übergreifenden Problematik. Sie können auch mit einem Übersichtssatz zum gegebenen Text beginnen. Der Schluss sollte den Aufsatz abrunden, indem er sein Ergebnis formuliert, oder einen größeren Zusammenhang andeuten, indem er auf offen gebliebene Fragen verweist. Sie können im Schluss auch den in der Einleitung vorgetragenen Gedanken noch einmal aufgreifen.
(Vgl. Einführung, S. 48f. und Aufklärung, S. 179ff.)

Text 5 **Gerhart Hauptmann (1862–1946): Bahnwärter Thiel. Novellistische Studie aus dem märkischen Kiefernforst** [Auszug]

Zu den wichtigen Themen des Naturalismus gehört das Verhältnis des Menschen zur Technik. Hauptmanns „Bahnwärter Thiel" gestaltet dieses Thema in der Beschreibung des Eisenbahnzugs.

[…] Als dies geschehen war, meldete die Glocke mit drei schrillen Schlägen, die sich wiederholten, dass ein Zug in der Richtung von Breslau her aus der nächstliegenden Station abgelassen sei. Ohne die mindeste Hast zu zeigen, blieb Thiel noch eine gute Weile im Innern der Bude, trat endlich, Fahne und Patronentasche in der Hand, langsam ins Freie und bewegte sich trägen und schlürfenden Ganges über den schmalen Sandpfad, dem etwa zwanzig Schritt entfernten Bahnübergang zu. Seine Barrieren schloss und öffnete Thiel vor und nach jedem Zuge gewissenhaft, obgleich der Weg nur selten von jemand passiert wurde.

Er hatte seine Arbeit beendet und lehnte jetzt wartend an der schwarzweißen Sperrstange.

Die Strecke schnitt rechts und links gradlinig in den unabsehbaren grünen Forst hinein; zu ihren beiden Seiten stauten die Nadelmassen gleichsam zurück, zwischen sich eine Gasse frei lassend, die der rötlichbraune, kiesbestreute Bahndamm ausfüllte. Die schwarzen, parallel laufenden Geleise darauf glichen in ihrer Gesamtheit einer ungeheuren eisernen Netzmasche, deren schmale Strähne sich im äußersten Süden und Norden in einem Punkte des Horizontes zusammenzogen.

Der Wind hatte sich erhoben und trieb leise Wellen den Waldrand hinunter und in die Ferne hinein. Aus den Telegrafenstangen, die die Strecke begleiteten, tönten summende Akkorde. Auf den Drähten, die sich wie das Gewebe einer Riesenspinne von Stange zu Stange fortrankten, klebten in dichten Reihen Scharen zwitschernder Vögel. Ein Specht flog lachend über Thiels Kopf weg, ohne dass er eines Blickes gewürdigt wurde.

Die Sonne, welche soeben unter dem Rande mächtiger Wolken herabhing, um in das schwarzgrüne Wipfelmeer zu versinken, goss Ströme von Purpur über den Forst. Die Säulenarkaden der Kiefernstämme jenseits des Dammes entzündeten sich gleichsam von innen heraus und glühten wie Eisen.

Auch die Geleise begannen zu glühen, feurigen Schlangen gleich, aber sie erloschen zuerst; und nun stieg die Glut langsam vom Erdboden in die Höhe, erst die Schäfte der Kiefern, weiter den größten Teil ihrer Kronen in kaltem Verwesungslichte zurücklassend, zuletzt nur noch den äußersten Rand der Wipfel mit einem rötlichen Schimmer streifend. Lautlos und feierlich vollzog sich das erhabene Schauspiel. Der Wärter stand noch immer regungslos an der Barriere. Endlich trat er einen Schritt vor. Ein dunkler Punkt am Horizonte, da wo die Geleise sich trafen, vergrößerte sich. Von Sekunde zu Sekunde wachsend, schien er doch auf einer Stelle zu stehen. Plötzlich bekam er Bewegung und näherte sich. Durch die Geleise ging ein Vibrieren und Summen, ein rhythmisches Geklirr, ein dumpfes Getöse, das, lauter und lauter werdend, zuletzt den Hufschlägen eines heranbrausenden Reitergeschwaders nicht unähnlich war.

Ein Keuchen und Brausen schwoll stoßweise fernher durch die Luft. Dann plötzlich zerriss die Stille. Ein rasendes Tosen und Toben erfüllte den Raum, die Geleise bogen sich, die Erde zitterte – ein starker Luftdruck – eine Wolke von Staub, Dampf und Qualm, und das schwarze, schnaubende Ungetüm war vorüber. So wie sie anwuchsen, starben nach und nach die Geräusche. Der Dunst verzog sich. Zum Punkte eingeschrumpft, schwand der Zug in der Ferne, und das alte heil'ge Schweigen schlug über dem Waldwinkel zusammen. […]

(v 1888)

Arbeitsanregungen:

1 Interpretieren Sie Text 5. Gehen Sie dabei folgendermaßen vor: Untersuchen Sie zuerst die Erzählperspektive, geben Sie dann Ihren Eindruck von der Beschreibung des Eisenbahnzugs und beschreiben Sie zuletzt die sprachlichen Mittel, die der Autor verwendet.

2 Suchen Sie Belege für die Behauptung, Hauptmann gehe in seiner Novelle bereits über den Naturalismus hinaus.

3 Sprechen Sie in Ihrer Lerngruppe über folgende Themen:
a Was hat der Naturalismus der Literatur gegeben?
b Warum hat die Zeit des Naturalismus nur so kurz gedauert?
(Sie können Ihre Gedanken auch in Kurzreferaten vortragen.)

2. Subjektive Welterfahrung und die Vielfalt der Stile

Der „konsequente Naturalismus" ging auf die Eliminierung des Autors aus. Je mehr dieser zum bloßen Experimentator wird, umso mehr reduziert sich seine Tätigkeit auf genaue Beobachtung und unverfälschte Wiedergabe. Die Welt erklärt sich sozusagen von selbst, aus den immer gleichen Gesetzen. Aber auch der dargestellte Mensch erscheint als immer derselbe, da den immer gleichen Gesetzen unterworfen. Gegen diese Perspektivlosigkeit und Monotonie der bloßen Reproduktionstechnik des Naturalismus begann sehr schnell eine heftige Gegenwehr. Man besann sich wieder auf die schöpferische und welterklärende Kraft des Künstlers, sah sich aber gleichzeitig einer immer differenzierteren, schwerer zu durchschauenden Welt gegenüber. Nur noch ihre subjektive Anverwandlung schien möglich, was wiederum das Entstehen verschiedener Stilrichtungen ermöglichte (vgl. S. 324ff.). In den Werken der wichtigsten Dichter der Jahrhundertwende lassen sich diese Stilrichtungen durchaus erkennen, aber kaum trennen. Das gilt auch für das Lebensgefühl, das von einer breiten Skala des Erlebens geprägt wird.

Hugo von Hofmannsthal, wurde am 1. 2. 1874 in Wien als Sohn eines Bankiers geboren. Die Familie verfügte über reiche Traditionen, die in ihrer Breite die kulturelle und ethnische Vielfalt des alten Österreich repräsentierten. Schon als Schüler veröffentlichte er unter dem Pseudonym „Loris" viel bewunderte Gedichte und hatte Umgang mit Wiener Dichtern (Bahr, Schnitzler u.a.), aber vor allem mit Stefan George. Die enge Beziehung der beiden begann sich jedoch 1892 zu lösen ohne je ganz abzubrechen. Hofmannsthals Frühwerk umfasst alle Gedichte, die lyrischen Dramen und Erzählungen, Werke von hoher Musikalität und magischer Kraft der Sprache. Sie sind getragen vom Gedanken der Präexistenz, einer Art Schicksalslosigkeit, mit der der Mensch in das Leben tritt, in der er aber nicht verharren darf („Wer leben will, der muss über sich selber hinwegkommen, muss sich verwandeln: er muss vergessen"). Dieser Phase seines Schaffens folgte eine tiefe Krise des Künstlers und Menschen, die er in dem sogenannten Brief des Lord Chandos nachgestaltet hat. Die späteren Werke Hofmannsthals versuchen den Weg aus der Präexistenz durch „Verknüpfung mit dem Leben", durch das Gesellige, das noch später ins Geschichtliche erweitert wurde. Die Gattung des Dramas – und hier besonders der Komödie und des Musikdramas – wurde für Hofmannsthal immer wichtiger. In diese späte Zeit fiel auch die Zusammenarbeit mit dem Komponisten Richard Strauss (1864–1949), der mehrere große Dramen Hofmannsthals vertont hat („Elektra", „Der Rosenkavalier", „Ariadne auf Naxos", „Die Frau ohne Schatten" u.a.). Hofmannsthal hat auch eine Fülle von Essays geschrieben und einen bedeutenden Briefwechsel mit zahlreichen Persönlichkeiten des europäischen Geisteslebens seiner Zeit unterhalten. Er starb am 15. 7. 1929 in Rodaun bei Wien.

a) Die Welt in der Schwebe

Text 1 **Hugo von Hofmannsthal (1874–1929): Der Abenteurer und die Sängerin oder Die Geschichte des Lebens (In: Theater in Versen)** [Auszug]

[...]
Hast Du mich nicht
singen gehört? Sie sagen, dass es finst'rer
und lichter wird in einer grossen Kirche
von meinem Singen.
Sie sagen, meine Stimme ist ein Vogel,
der sitzt auf einem Zweig der Himmelsglorie.
Sie sagen, wenn ich singe, mischen sich
zwei Bäche freudig, der mit goldnem Wasser,
der des Vergessens, und der silberne
der seligen Erinnerung.
In meiner Stimme schwebt die höchste Wonne
auf goldnen Gipfeln, und der goldne Abgrund
der tiefsten Schmerzen schwebt in meiner Stimme.
Dies ist mein Alles, ich bin ausgehöhlt
wie der gewölbte Leib von einer Laute,
das Nichts, das eine Welt von Träumen herbergt:
und alles ist von Dir, Dein Ding, Dein Abglanz.
Denn wie ein Element sein Thier erschafft,
so wie das Meer die Muschel, wie die Luft
den Schmetterling, schuf Deine Liebe dies.
In Deiner Liebe, nur aus ihr genährt,
unfähig, anderswo nur einen Tag
sich zu erathmen, einzig nur bekleidet
mit Farb', aus diesem Element gesogen,
wuchs dieses Wunder, dies Kind der Luft,
Sclavin und Herrin der Musik, Geschwister
der weissen Götter, die im Boden schlafen,
dies Ding, das ich so: m e i n e Stimme nenne,
wie Einer traumhaft sagt: m e i n guter Geist! [...]

(v 1899)

Text 2 **Hugo von Hofmannsthal: Terzinen III**

Wir sind aus solchem Zeug wie das zu Träumen,
Und Träume schlagen so die Augen auf
Wie kleine Kinder unter Kirschenbäumen,

Aus deren Krone den blassgoldnen Lauf
Der Vollmond anhebt durch die große Nacht.
... Nicht anders tauchen unsre Träume auf,

Sind da und leben wie ein Kind, das lacht,
Nicht minder groß im Auf- und Niederschweben
Als Vollmond, aus Baumkronen aufgewacht.

Das Innerste ist offen ihrem Weben;
Wie Geisterhände in versperrtem Raum
Sind sie in uns und haben immer Leben.

Und drei sind Eins: ein Mensch, ein Ding, ein Traum.

(e 1894)

Stefan George wurde am 12. 7. 1868 in Büdesheim bei Bingen geboren. Sein Vater besaß ein Weingut und eine Gastwirtschaft. Nach dem Besuch des Gymnasiums in Darmstadt studierte er kurze Zeit in Berlin. Dann begann er ein lebenslanges Wanderleben: Nie hatte er einen festen Wohnsitz, nie ging er einer Erwerbstätigkeit nach. Aber er verstand es, sich mit zahlreichen Freunden zu umgeben, die sich ganz in den Dienst des verehrten Meisters stellten („George-Kreis"). Vom französischen Symbolismus angeregt, schuf er eine Lyrik, die nach höchster sprachlicher Intensität, der Vergeistigung der Empfindungen und der Enthobenheit von jeder Alltäglichkeit strebte. George hat außer Gedichten nur ganz wenige Prosatexte geschrieben. Er starb am 4. 12. 1933 im Tessin.

Text 3 Stefan George (1868–1933): Wir schreiten auf und ab … (Aus: Das Jahr der Seele)

Wir schreiten auf und ab im reichen flitter
Des buchenganges beinah bis zum tore
Und sehen aussen in dem feld vom gitter
Den mandelbaum zum zweiten mal im flore.

Wir suchen nach den schattenfreien bänken
Dort wo uns niemals fremde stimmen scheuchten.
In träumen unsre arme sich verschränken.
Wir laben uns am langen milden leuchten

Wir fühlen dankbar wie zu leisem brausen
Von wipfeln strahlenspuren auf uns tropfen
Und blicken nur und horchen wenn in pausen
Die reifen früchte an den boden klopfen.

(v 1897)

Text 4 Stefan George: Der hügel wo wir wandeln … (Aus: Das Jahr der Seele)

Der hügel wo wir wandeln liegt im schatten.
Indes der drüben noch im lichte webt.
Der mond auf seinen zarten grünen matten
Nur erst als kleine weisse wolke schwebt.

Die strassen weithin-deutend werden blasser.
Den wandrern bietet ein·gelispel halt.
Ist es vom berg ein unsichtbares wasser
Ist es ein vogel der sein schlaflied lallt?

Der dunkelfalter zwei die sich verfrühten
Verfolgen sich von halm zu halm im scherz …
Der rain bereitet aus gesträuch und blüten
Den duft des abends für gedämpften schmerz.

(v 1897)

Text 5 Rainer Maria Rilke (1875–1926): Blaue Hortensie

So wie das letzte Grün in Farbentiegeln
sind diese Blätter, trocken, stumpf und rauh,
hinter den Blütendolden, die ein Blau
nicht auf sich tragen, nur von ferne spiegeln.

Sie spiegeln es verweint und ungenau,
als wollten sie es wiederum verlieren,
und wie in alten blauen Briefpapieren
ist Gelb in ihnen, Violett und Grau;

Verwaschnes wie an einer Kinderschürze,
Nichtmehrgetragnes, dem nichts mehr geschieht:
wie fühlt man eines kleinen Lebens Kürze.

Doch plötzlich scheint das Blau sich zu verneuen
in einer von den Dolden, und man sieht
ein rührend Blaues sich vor Grünem freuen.

(e 1906)

Arbeitsanregungen:

1 Versuchen Sie den Monolog (Text 1) oder eines der Gedichte (Texte 2–5) angemessen zu rezitieren. Erarbeiten Sie genaue Anweisungen für den Vortrag (Tonhöhe, Satzmelodie, Rhythmus, Pausen, Lautstärke) und fügen Sie jeder Anweisung einen begründenden Halbsatz hinzu („[...], weil [...]").

2 Interpretieren Sie die Texte 1–5 unter dem inhaltlichen Gesichtspunkt des Lebensgefühls und dem formalen Gesichtspunkt der Wortwahl und des Satzbaus (Gruppenarbeit). Vergleichen Sie Ihre Ergebnisse und halten Sie ein Gesamtergebnis fest.

b) Leben und Tod

Text 1 Hugo von Hofmannsthal (1874–1929): Terzinen I. Über Vergänglichkeit

Noch spür ich ihren Atem auf den Wangen:
Wie kann das sein, dass diese nahen Tage
Fort sind, für immer fort, und ganz vergangen?

Dies ist ein Ding, das keiner voll aussinnt,
Und viel zu grauenvoll, als dass man klage:
Dass alles gleitet und vorüberrinnnt.

Und dass mein eignes Ich, durch nichts gehemmt,
Herüberglitt aus einem kleinen Kind
Mir wie ein Hund unheimlich stumm und fremd.

Dann: dass ich auch vor hundert Jahren war
Und meine Ahnen, die im Totenhemd,
Mit mir verwandt sind wie mein eignes Haar,

So eins mit mir als wie mein eignes Haar. (v 1894)

Text 2 Stefan George (1868–1933): Komm in den totgesagten park …[1]

Komm in den totgesagten park und schau:
Der schimmer ferner lächelnder gestade
Der reinen wolken unverhofftes blau
Erhellt die weiher und die bunten pfade

Dort nimm das tiefe gelb das weiche grau
Von birken und von buchs · der wind ist lau
Die späten rosen welkten noch nicht ganz
Erlese küsse sie und flicht den kranz

Vergiss auch diese lezten astern nicht
Den purpur um die ranken wilder reben
Und auch was übrig blieb von grünem leben
Verwinde leicht im herbstlichen gesicht. (v 1897)

Text 3 Rainer Maria Rilke (1875–1926): Jetzt reifen schon …

JETZT reifen schon die roten Berberitzen,
alternde Astern atmen schwach im Beet.
Wer jetzt nicht reich ist, da der Sommer geht,
wird immer warten und sich nie besitzen.

Wer jetzt nicht seine Augen schließen kann,
gewiss, dass eine Fülle von Gesichten
in ihm nur wartet bis die Nacht begann,
um sich in seinem Dunkel aufzurichten: –
der ist vergangen wie ein alter Mann.

Dem kommt nichts mehr, dem stößt kein Tag mehr zu,
und alles lügt ihn an, was ihm geschieht;
auch du, mein Gott. Und wie ein Stein bist du,
welcher ihn täglich in die Tiefe zieht.

(e 1901)

c) „Zustände unseres Inneren“

Text 1 Thomas Mann (1875–1955): Enttäuschung [Auszug]

Die Erzählung gibt ein Gespräch zwischen dem Erzähler und einem „sonderbaren Herrn“ wieder, den er in Venedig zufällig trifft. Der „sonderbare Herr“ beendet seine eher monologische Rede so:

[1] Aus: Das Jahr der Seele. In der Handschrift Georges.

Rainer Maria Rilke wurde am 4. 12. 1875 in Prag als Sohn eines Eisenbahnbeamten geboren. Nach Schul- und Studienjahren in Prag kam er 1896 nach München und 1897 nach Berlin. Er verbrachte sein Leben im Wesentlichen auf Reisen; Versuche sesshaft zu werden scheiterten regelmäßig. Erst um 1920 gelang mit der Hilfe eines Schweizer Gönners die Ansiedlung im Wallis, wo er schon am 29. 12. 1926 einem qualvollen Leiden erlag. Rilke schrieb vor allem Gedichte, die er häufig zu Zyklen verband („Das Stundenbuch“, „Das Buch der Bilder“, „Duineser Elegien“, „Sonette an Orpheus“). Die Aufgabe seiner Dichtung sah er nicht nur in der Weltdeutung, sondern in der Weltheilung: er wollte die Welt, umfassend verstanden als Bestand und Sinn des Daseins, retten, weil sie „in die Hände der Menschen gefallen“ sei. Deshalb bemühte er sich auch um eine große Genauigkeit der Anschauung, wie sie sich in den „Dinggedichten“ zeigt, in denen er „das Ding“ (Tier, Pflanze, Kunstding, Zustand, aber auch den Menschen selbst) auf sein Wesentliches zurückführen wollte. Neben Gedichten schrieb Rilke Betrachtungen, Essays, ein Buch über den französischen Bildhauer Auguste Rodin und vor allem den autobiografischen Roman „Die Aufzeichnungen des Malte Laurids Brigge“.

Arbeitsanregungen:

1. Vergleichen Sie, wie in den Gedichten das Thema der Vergänglichkeit gestaltet ist.
2. a) George ließ seine Gedichte nur in seiner Handschrift oder einer eigens für ihn gestalteten Typografie drucken. Wie erklären Sie sich das?
   b) Versuchen auch Sie den Gedichten eine grafische Form zu geben, also optisch adäquat zu präsentieren. Welche Hilfsmittel könnten Sie verwenden? Beurteilen Sie die Ergebnisse. Diskutieren Sie die Beurteilungskriterien.

„[…]

Ich gedenke oft des Tages, an dem ich das Meer zum ersten Male erblickte. Das Meer ist groß, das Meer ist weit, mein Blick schweifte vom Strande hinaus und hoffte, befreit zu sein: Dort hinten aber war der Horizont. Warum habe ich einen Horizont? Ich habe vom Leben das Unendliche erwartet.

Vielleicht ist er enger, mein Horizont, als der anderer Menschen! Ich habe gesagt, mir fehle der Sinn für Tatsächlichkeiten, – habe ich vielleicht zu viel Sinn dafür? Kann ich zu bald nicht mehr? Bin ich zu schnell fertig? Kenne ich Glück und Schmerz nur in den niedrigsten Graden, nur in verdünntem Zustande?

Ich glaube es nicht; und ich glaube den Menschen nicht, ich glaube den wenigsten, die angesichts des Lebens in die großen Wörter der Dichter einstimmen, – es ist Feigheit und Lüge! Haben Sie übrigens bemerkt, mein Herr, dass es Menschen gibt, die so eitel sind und so gierig nach der Hochachtung und dem heimlichen Neide der anderen, dass sie vorgeben, nur die großen Wörter des Glücks erlebt zu haben, nicht aber die des Leidens?

Es ist dunkel, und Sie hören mir kaum noch zu; darum will ich es mir heute noch einmal gestehen, dass auch ich, ich selbst es einst versucht habe, mit diesen Menschen zu lügen, um mich vor mir und den anderen als glücklich hinzustellen. Aber es ist manches Jahr her, dass diese Eitelkeit zusammenbrach, und ich bin einsam, unglücklich und ein wenig wunderlich geworden, ich leugne es nicht.

Es ist meine Lieblingsbeschäftigung, bei Nacht den Sternenhimmel zu betrachten; denn ist das nicht die beste Art, von der Erde und vom Leben abzusehen? Und vielleicht ist es verzeihlich, dass ich es mir dabei angelegen sein lasse, mir meine Ahnungen wenigstens zu wahren? Von einem befreiten Leben zu träumen, in dem die Wirklichkeit in meinen großen Ahnungen ohne den quälenden Rest der Enttäuschung aufgeht? Von einem Leben, in dem es keinen Horizont mehr gibt? –

Ich träume davon, und ich erwarte den Tod. Ach, ich kenne ihn bereits so genau, den Tod, diese letzte Enttäuschung! Das ist der Tod, werde ich im letzten Augenblicke zu mir sprechen; nun erlebe ich ihn! – Was ist das nun eigentlich?

Aber es ist kalt geworden auf dem Platze, mein Herr; ich bin imstande, das zu empfinden, hehe! Ich empfehle mich Ihnen aufs Allerbeste. Adieu!“ –

(e 1896)

Text 2 **Rainer Maria Rilke (1875–1926): Die Aufzeichnungen des Malte Laurids Brigge. Roman** [Auszug]

[…]

HABE ich es schon gesagt? Ich lerne sehen. Ja, ich fange an. Es geht noch schlecht. Aber ich will meine Zeit ausnutzen.

Dass es mir zum Beispiel niemals zum Bewusstsein gekommen ist, wie viel Gesichter es giebt. Es giebt eine Menge Menschen, aber noch viel mehr Gesichter, denn jeder hat mehrere. Da sind Leute, die tragen ein Gesicht jahrelang, natürlich nutzt es sich ab, es wird schmutzig, es bricht in den Falten, es weitet sich aus wie Handschuhe, die man auf der Reise getragen hat. Das sind sparsame, einfache Leute; sie wechseln es nicht, sie lassen es nicht einmal reinigen. Es sei gut genug, behaupten sie, und wer kann ihnen das Gegenteil nachweisen? Nun fragt es sich freilich, da sie mehrere Gesichter haben, was tun sie mit den andern? Sie heben sie auf. Ihre Kinder sollen sie tragen. Aber es kommt auch vor, dass ihre Hunde damit ausgehen. Weshalb auch nicht? Gesicht ist Gesicht.

Andere Leute setzen unheimlich schnell ihre Gesichter auf, eins nach dem andern, und tragen sie ab. Es scheint ihnen zuerst, sie hätten für immer, aber sie sind kaum vierzig; da ist schon das letzte. Das hat natürlich seine Tragik. Sie sind nicht gewohnt, Gesichter zu schonen, ihr letztes ist in acht Tagen durch, hat Löcher, ist an vielen Stellen dünn wie Papier, und da kommt dann nach und nach die Unterlage heraus, das Nichtgesicht, und sie gehen damit herum.

Aber die Frau, die Frau: sie war ganz in sich hineingefallen, vornüber in ihre Hände. Es war an der Ecke rue Notre-Dame-des-Champs. Ich fing an, leise zu gehen, sowie ich sie gesehen hatte. Wenn arme Leute nachdenken, soll man sie nicht stören. Vielleicht fällt es ihnen doch ein.

Die Straße war zu leer, ihre Leere langweilte sich und zog mir den Schritt unter den Füßen weg und klappte mit ihm herum, drüben und da, wie mit einem Holzschuh. Die Frau erschrak und hob sich aus sich ab, zu schnell, zu heftig, so dass das Gesicht in den zwei Händen blieb. Ich konnte es darin liegen sehen, seine hohle Form. Es kostete mich unbeschreibliche Anstrengung, bei diesen Händen zu bleiben und nicht zu schauen, was sich aus ihnen abgerissen hatte. Mir graute, ein Gesicht von innen zu sehen, aber ich fürchtete mich doch noch viel mehr vor dem bloßen wunden Kopf ohne Gesicht.

[…]

(v 1910)

Arbeitsanregungen:

1 Bestimmen Sie die Themen der beiden Texte. Inwiefern gehören sie zusammen?

2 In einer Besprechung von Georges „Jahr der Seele“ spricht Hofmannsthal von den „geheimsten und tiefsten Zustände(n) unseres Inneren“ und fährt dann fort:
„Die Landschaften der Seele sind wunderbarer als die Landschaften des gestirnten Himmels: nicht nur ihre Milchstraßen sind Tausende von Sternen, sondern auch ihre Schattenklüfte, ihre Dunkelheiten sind tausendfaches Leben, Leben, das lichtlos geworden ist durch sein Gedränge, erstickt durch seine Fülle. Und diese Abgründe, in denen das Leben sich selber verschlingt, kann ein Augenblick durchleuchten, entbinden, Milchstraßen aus ihnen machen. Und diese Augenblicke sind die Geburten der vollkommenen Gedichte […]“.
a Versuchen Sie diese Aussage mit den Texten 1 und 2 sowie den Gedichten in den Teilkapiteln a und b in Beziehung zu bringen.
b Welchen Zusammenhang von Kunst und Leben sieht Hofmannsthal? Welche Aufgabe hat für ihn die Kunst?

d) Neue Zuversicht

Text 1 **Stefan George (1868–1933): Es lacht in dem steigenden jahr dir …**

Es lacht in dem steigenden jahr dir
Der duft aus dem garten noch leis.
Flicht in dem flatternden haar dir
Eppich und ehrenpreis.

Die wehende saat ist wie gold noch.
Vielleicht nicht so hoch mehr und reich.
Rosen begrüssen doch hold noch.
Ward auch ihr glanz etwas bleich.

Verschwiegen wir was uns verwehrt ist.
Geloben wir glücklich zu sein.
Wenn auch nicht mehr uns beschert ist
Als noch ein rundgang zu zwein.

(v 1897)

Text 2 **Rainer Maria Rilke (1875–1926): Herbst**

Die Blätter fallen, fallen wie von weit,
als welkten in den Himmeln ferne Gärten;
sie fallen mit verneinender Gebärde.

Und in den Nächten fällt die schwere Erde
aus allen Sternen in die Einsamkeit.

Wir alle fallen. Diese Hand da fällt.
Und sieh dir andre an: es ist in allen.

Und doch ist Einer, welcher dieses Fallen
unendlich sanft in seinen Händen hält.

(e 1902)

M2 Vergleichende Gedichtbetrachtung

Beim Gedichtvergleich kommt es nicht nur darauf an, zwei Gedichte in ihrer je eigenen Aussage und Gestalt zu erfassen, sondern vor allem darauf, Kategorien ihrer Vergleichbarkeit zu finden und diesen Vergleich dann in thematisch-gehaltlicher wie formaler Hinsicht durchzuführen. Sie gehen wieder in den Ihnen schon bekannten Arbeitsschritten vor (vgl. Einführung, S. 27f. und Barock, S. 136ff.).

Führen Sie zunächst eine *Themenanalyse* durch: Machen Sie sich klar, welche Aspekte Ihre Gedichtinterpretation zu berücksichtigen hat, unter welchen Gesichtspunkten die Gedichte vor allem bearbeitet werden sollen. Verschaffen Sie sich dann einen ersten Leseeindruck von den Gedichten. Auch bei dieser Ermittlung eines Gesamteindrucks und ersten Gesamtverständnisses sollten Sie vor allem den Gesichtspunkt der Vergleichbarkeit im Auge behalten, ordnen Sie Ihre Einfälle deshalb gleich den Rubriken „Gemeinsamkeiten“ und „Unterschieden“ zu (Vergleichshorizont). Im zweiten Arbeitsschritt erstellen Sie eine *Stoffsammlung* zur *Textanalyse.* Am besten geschieht das in einer tabellarischen Übersicht:

Thema:

Interpretieren und vergleichen Sie die beiden Gedichte. Gehen Sie dabei folgenden Fragen nach:
In welcher seelischen Verfassung befindet sich jeweils das lyrische Ich? Wie drückt sich diese in der Beziehung zu Natur und Welt aus?
Berücksichtigen Sie bei Ihrer Untersuchung Aufbau und Sprache der Gedichte.

	Gedicht 1	Gedicht 2
Inhalt und Aufbau	Einschränkungen: noch, vielleicht nicht, ward auch, wenn auch Gegensatz: verwehrt – beschert … Leben im Untergang, aber diesseitiges Glück durch bewusste Annahme des Geschenks der „Zweiheit“	Gegensätze: fallen – halten; aller – Einer Widerspruch: welkten (Konjunktiv!) – verneinende Gebärde? … Leben im Untergang, aber Bewusstsein einer transzendenten Geborgenheit
Formmerkmale: Sprache Metrum, Rhythmus, Reim	Klare Strophenform Kreuzreim: identisch/rein Lebhafter Rhythmus: Versmaß (Daktylen?) Wechsel im Metrum innerhalb jeder Strophe: 2 Verse steigend, 2 Verse fallend Kostbar-erlesene Sprache …	Umfassender Reim, aber in der 1. Str. durchbrochen (Waise) Strenge Alternation (Jamben, 5hebig), Kadenzen außen männlich, innen weiblich Widerspruch zwischen Strophenform und Reimordnung …
Gesamtverständnis Deutung	…	…

Der dritte Arbeitsschritt umfasst nun die *Niederschrift Ihres Interpretationsaufsatzes.* Bedenken Sie, dass Sie kaum zwei vollständige Interpretationen schaffen werden. Interpretieren Sie deshalb ein Gedicht genauer und beziehen Sie das andere vergleichend ein. Für den Aufbau Ihres Aufsatzes bieten sich zwei Verfahren an:

diachronisches Verfahren	synchronisches Verfahren
EINLEITUNG Erste Orientierung: Autoren, Titel, Gattung(en); Mitteilung des ersten Leseeindrucks; Übersichtssatz (Resümee) als Mitteilung des Hauptanliegens der Gedichte	EINLEITUNG wie nebenstehend
HAUPTTEIL Interpretation des Gedichts 1 Darauf bezogene, vergleichende Interpretation des Gedichts 2	HAUPTTEIL Herausstellen einzelner Untersuchungsaspekte im Vergleich; Inhalte und Strukturmerkmale; Kernaussagen (Themen) beider Gedichte (Weltbild, Lebenseinstellung etc.); Sprach- und Formmerkmale, Zusammenhang von Form und Inhalt
SCHLUSS Rückblickende Bilanz; biografisch-historische Zuordnung; persönliche Wertung	SCHLUSS wie nebenstehend

Bedenken Sie, dass diese Verfahren ihre je eigenen Vorteile und Gefahren haben. Beim diachronischen Verfahren kann Ihr Aufsatz leicht langweilig werden. Sie sollten deshalb den Hauptteil I (Interpretation des Gedichts 1) kurz, aber prägnant halten und Hauptteil II (Vergleich des Gedichts 2 mit dem Gedicht 1) sehr klar darauf beziehen. Das diachronische Verfahren ist zweifellos das leichtere, weniger gefährliche. Beim synchronen Verfahren hängt der Erfolg einmal ab vom Vorhandensein ergiebiger Vergleichskategorien, zum andern von der stilistischen Gewandtheit des Aufsatzschreibers. Denn dieses Verfahren verführt allzu leicht zu einem ständigen Hin- und Herspringen, der Aufsatz gerät in Gefahr kurzatmig und unübersichtlich zu werden.

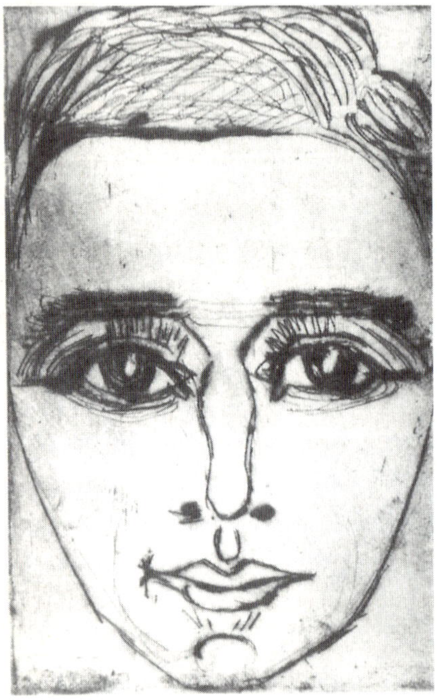

Georg Heym wurde am 30. 10. 1887 in Hirschberg/Schlesien geboren. In seinem Wesen prägte sich früh Abneigung, ja Hass gegen Traditionen und Konventionen jedweder Art aus. Auch Menschen, die behaupteten oder von denen behauptet wurde, dass sie Autoritäten seien, bezog er in diesen Hass ein, so besonders seinen Vater und Goethe. Dagegen liebte er „alle, die in sich ein zerrissenes Herz haben [...] alle, die oft so an sich verzweifeln, wie ich fast täglich an mir verzweifle". Widerwillig studierte er Jura in Würzburg, Jena und Berlin, widerwillig unterwarf er sich der unmittelbaren Berufsvorbereitung als Gerichtsreferendar. Er fühlte sich zum Dichter berufen. Seine Vorbilder waren Kleist, Hölderlin, Büchner, vor allem aber die französischen Symbolisten Rimbaud und Baudelaire. Er wandte sich neuen Themen zu und bediente sich ungewöhnlicher, kühner Metaphern. Seine radikal negierende Grundeinstellung ließ ihn immer neue Visionen einer von Katastrophen bestimmten Welt hervorbringen. Er verstand sich als Revolutionär aus Verzweiflung. Auch seine wenigen Prosatexte (z.B. „Der fünfte Oktober") weisen diese revolutionäre Tendenz auf. In Berlin schloss sich Heym einem Kreis junger, fortschrittlicher Literaten („Neuer Club") an, die ihn entschieden förderten. Neben Themen wie Selbstmord, Krankheit, Umnachtung finden sich in seinen Gedichten, vor allem in den Liebes- und Landschaftsgedichten, auch noch manche traditionellen Elemente. Am 16. 1. 1912 kam Heym bei dem Versuch einem beim Schlittschuhlaufen eingebrochenen Freund zu helfen ums Leben.

3. Zwischen Traum und Verzweiflung (Der Expressionismus)

a) „Form ist Wollust"

Text 1 **Georg Heym (1887–1912): Tagebücher, 15.9.1911** [Auszug]

Mein Gott – ich ersticke noch mit meinem brachliegenden Enthusiasmus in dieser banalen Zeit. Denn ich bedarf gewaltiger äußerer Emotionen, um glücklich zu sein. Ich sehe mich in meinen wachen Fantasien, immer als einen Danton, oder einen Mann auf der Barrikade, ohne meine Jacobinermütze kann ich mich eigentlich gar nicht denken. Ich hoffte jetzt wenigstens auf einen Krieg. Auch das ist nichts.
Mein Gott, wäre ich in der französischen Revolution geboren, ich hätte wenigstens gewusst, wo ich mit Anstand hätte mein Leben lassen können. [...] alle diese Leute können sich in diese Zeit eingewöhnen, sie alle, [...], Leute des Innern, können sich schließlich in jeder Zeit zurecht finden, ich aber, der Mann der Dinge, ich, ein zerrissenes Meer, ich immer in Sturm, ich der Spiegel des Außen, ebenso wild und chaotisch wie die Welt, ich leider so geschaffen, dass ich ein ungeheures, begeistertes Publikum brauche um glückselig zu sein, krank genug, um mir nie selbst genug zu sein, ich wäre mit einem Male gesund, ein Gott, erlöst, wenn ich irgendwo eine Sturmglocke hörte, wenn ich die Menschen herumrennen sähe mit angstzerfetzten Gesichtern, wenn das Volk aufgestanden wäre, und eine Straße hell wäre von Pieken, Säbeln, begeisterten Gesichtern, [...].

(e 1911)

Text 2 **Ernst Stadler (1883–1914): Form ist Wollust**

Form und Riegel mussten erst zerspringen,
Welt durch aufgeschlossne Röhren dringen:
Form ist Wollust, Friede, himmlisches Genügen,
Doch mich reißt es, Ackerschollen umzupflügen.
Form will mich verschnüren und verengen,
Doch ich will mein Sein in alle Weiten drängen –
Form ist klare Härte ohn' Erbarmen,
Doch mich treibt es zu den Dumpfen, zu den Armen,
Und in grenzenlosem Michverschenken
Will mich Leben mit Erfüllung tränken.

(e 1914)

Text 3 Ernst Stadler: Der Spruch

In einem alten Buche stieß ich auf ein Wort,
Das traf mich wie ein Schlag und brennt durch meine Tage fort:
Und wenn ich mich an trübe Lust vergebe,
Schein, Lug und Spiel zu mir anstatt des Wesens hebe,
Wenn ich gefällig mich mit raschem Sinn belüge,
Als wäre Dunkles klar, als wenn nicht Leben tausend wild verschlossne Tore trüge,
Und Worte wiederspreche, deren Weite nie ich ausgefühlt,
Und Dinge fasse, deren Sinn mich niemals aufgewühlt,
Wenn mich willkommner Traum mit Sammethänden streicht,
Und Tag und Wirklichkeit von mir entweicht,
Der Welt entfremdet, fremd dem tiefsten Ich,
Dann steht das Wort mir auf: Mensch, werde wesentlich!

(e 1914)

Ernst Stadler wurde am 11. 8. 1883 in Colmar/Elsass geboren. Sein Geburtsland, damals zum Deutschen Reich gehörig, bestimmte ihn auch in seiner Berufswahl: Er studierte Germanistik, Romanistik und vergleichende Sprachwissenschaft und war zuletzt Professor in Brüssel. Stadler war ein unermüdlicher Vermittler zwischen den modernen Literaturen in Frankreich und Deutschland, sei es als Essayist oder Übersetzer. Seine eigene poetische Leistung tritt hinter diese Vermittlungsleistung zurück, aber er führte in die Literatur einen von ausgeprägtem Rhythmus und starker Dynamik gekennzeichneten Langvers ein, der viele Nachahmer fand, und vertrat in seinen Gedichten eine im Expressionismus sonst seltene positiv-optimistische Tendenz. Sein Wille zum Bruch mit Traditionen und leer gewordenen Formen wurde so als Aufforderung verstanden zum „Wesentlichen" zu streben. Stadler fiel am 30. 10. 1914 als Reserveoffizier in Belgien, wenige Wochen nach Ausbruch des Ersten Weltkriegs.

Text 4 Franz Marc (1880–1916): [Programmpunkte und Ziele der Künstlergruppe „Der blaue Reiter"]

Marc gründete zusammen mit Wassily Kandinsky (1866–1944) den „Blauen Reiter" um einem neuen künstlerischen Wollen zum Durchbruch zu verhelfen. In zahlreichen Texten versuchte er eine Theorie dieser neuen Kunstauffassung zu entwickeln. Der folgende Text sollte dem Publikum die Intentionen der Gruppe anlässlich ihrer ersten großen Ausstellung nahe bringen. Die Zeilen 1–26 werden in der Formulierung Marcs (links, März 1912) und Kandinskys (rechts, September 1911) abgedruckt.

Die große Umwälzung,	Die große Umwälzung;
die Verschiebung des Schwerpunktes in der Kunst, der Literatur und der Musik,	Das Verschieben des Schwerpunktes in der Kunst, Literatur und Musik;
die Verschiedenheit der Werte, vom Standpunkt der Konstruktion und der Komposition aus betrachtet,	Die Mannigfaltigkeit der Formen: das Konstruktive, Kompositionelle dieser Formen;
die Notwendigkeit, sich gründlich der inneren Natur zuzuwenden und infolgedessen auf jede Verschönerung der äußeren Formen der Natur zu verzichten, dies sind, im großen Ganzen, die Merkmale der inneren Wiedergeburt.	Die intensive Wendung zum Innern der Natur und der damit verbundene Verzicht auf das Verschönern des Äußeren der Natur – das sind im Allgemeinen die Zeichen der neuen inneren Renaissance.
Die Wesenszüge und die Manifestationen dieser Verwandlung aufzeigen, die Kontinuität dieser Richtung in Bezug auf die vergangenen Epochen herausarbeiten, die inneren Antriebe in Erscheinung treten lassen bei allen Formen, die beim Betrachter eine intime Reaktion hervorrufen, dies ist das Ziel, um das sich der „Blaue Reiter" bemühen wird.	Die Merkmale und Äußerungen dieser Wendung zu zeigen, ihren inneren Zusammenhang mit vergangenen Epochen hervorzuheben, die Äußerung der inneren Bestrebungen in jeder innerlich klingenden Form bekannt zu machen – das ist das Ziel, welches zu erreichen der „Blaue Reiter" sich bemühen wird.

Wir suchen heute hinter dem Schleier der äußeren Erscheinungen verborgene Dinge … Wir suchen und malen diese geistige Seite unseres Ich in der Natur, nicht aus einer Laune heraus oder um der Freude am Anderssein willen, sondern weil wir diese Seite sehen …

Man glaubt allen Ernstes, dass wir modernen Maler unsere Formen nicht mehr der Natur entnehmen, wie es alle Künstler zu allen Zeiten bis jetzt getan haben. Die Natur glänzt in unseren Malereien wie in allen Kunstformen. Die Natur ist überall, in uns und außer uns. Es gibt nur eines, das nicht vollständig Natur ist, sondern vielmehr die Beherrschung und die Deutung der Natur, und das ist die Kunst. Die Kunst in ihrer reinsten Form ist immer die kühnste Trennung zwischen der Natur und der „Naturalität" gewesen. Sie ist die Brücke zur geistigen Welt.

(1912)

Arbeitsanregungen:

1 a Stellen Sie in einer Tabelle das Traditionelle und das Revolutionäre in der Kunstauffassung des Expressionismus einander gegenüber (Texte 1–4).
b Erörtern Sie, welcher Zusammenhang sich zwischen dem Expressionismus und der Epoche „Jahrhundertwende" ergibt.
c Versuchen Sie festzustellen, wo der Expressionismus über seine Epoche hinausweist.

2 a Informieren Sie sich über die Künstlergemeinschaften „Der blaue Reiter" und „Die Brücke", ihre Mitglieder und deren Werke (Bücher, Diareihen, Filme).
b Fertigen Sie von einem expressionistischen Bild Ihrer Wahl eine Beschreibung an.
c Versuchen Sie die Gestalt und die Aussage dieses Bildes in einem freien Text (z.B. Schilderung) sprachlich möglichst adäquat wiederzugeben.

b) Erlebnis Stadt

Mit der im späten 19. Jahrhundert in Deutschland im Gefolge der Industrialisierung einsetzenden Verstädterung erwuchs dem Menschen ein neuer Lebensraum, der ihn vor neue Aufgaben stellte und ihm neue Erlebnismöglichkeiten eröffnete. Seit dem Naturalismus war daher die Stadt auch zum literarischen Motiv geworden, im Expressionismus trat es bestimmend hervor.

Text 1 **Oskar Loerke (1884–1941): Blauer Abend in Berlin**

Der Himmel fließt in steinernen Kanälen;
Denn zu Kanälen steilrecht ausgehauen
Sind alle Straßen, voll vom Himmelblauen.
Und Kuppeln gleichen Bojen, Schlote Pfählen

Im Wasser. Schwarze Essendämpfe schwelen
Und sind wie Wasserpflanzen anzuschauen.
Die Leben, die sich ganz am Grunde stauen,
Beginnen sacht vom Himmel zu erzählen,

Gemengt, entwirrt nach blauen Melodien.
Wie eines Wassers Bodensatz und Tand
Regt sie des Wassers Wille und Verstand

Im Dünen, Kommen, Gehen, Gleiten, Ziehen.
Die Menschen sind wie grober bunter Sand
Im linden Spiel der großen Wellenhand. (e 1911)

Text 2 **Georg Heym (1887–1912): Die Stadt (1911)**

Sehr weit ist diese Nacht. Und Wolkenschein
Zerreißet vor des Mondes Untergang.
Und tausend Fenster stehn die Nacht entlang
Und blinzeln mit den Lidern, rot und klein.

Wie Aderwerk gehn Straßen durch die Stadt,
Unzählig Menschen schwemmen aus und ein.
Und ewig stumpfer Ton von stumpfem Sein
Eintönig kommt heraus in Stille matt.

Gebären, Tod, gewirktes Einerlei,
Lallen der Wehen, langer Sterbeschrei,
Im blinden Wechsel geht es dumpf vorbei.

Und Schein und Feuer, Fackeln rot und Brand,
Die drohn im Weiten mit gezückter Hand
Und scheinen hoch von dunkler Wolkenwand. (1911)

Bild 1 Ludwig Meidner (1884–1966): Potsdamer Platz, Berlin (1913). Titelseite der Zeitschrift „Die Aktion" Nr. 44/45 (1914)

Bild 2 George Grosz (1893–1959): Friedrichstraße. Zeichnung (1918). Aus: Ecce Homo (1923)

Text 3 **Paul Boldt (1885–1918/19?): Auf der Terrasse des Café Josty**

Der Potsdamer Platz in ewigem Gebrüll
Vergletschert alle hallenden Lawinen
Der Straßentrakte: Trams auf Eisenschienen,
Automobile und den Menschenmüll.

Die Menschen rinnen über den Asphalt,
Ameisenemsig, wie Eidechsen flink.
Stirne und Hände, von Gedanken blink,
Schwimmen wie Sonnenlicht durch dunklen Wald.

Nachtregen hüllt den Platz in eine Höhle,
Wo Fledermäuse, weiß, mit Flügeln schlagen
Und lila Quallen liegen – bunte Öle;

Die mehren sich, zerschnitten von den Wagen. –
Aufspritzt Berlin, des Tages glitzernd Nest,
Vom Rauch der Nacht wie Eiter einer Pest.

(1914)

Text 4 **Alfred Wolfenstein (1888–1945): Städter**

Nah wie Löcher eines Siebes stehn
Fenster beieinander, drängend fassen
Häuser sich so dicht an, dass die Straßen
Grau geschwollen wie Gewürgte sehn.

Ineinander dicht hineingehakt
Sitzen in den Trams die zwei Fassaden
Leute, wo die Blicke eng ausladen
Und Begierde ineinander ragt.

Unsre Wände sind so dünn wie Haut,
Dass ein jeder teilnimmt, wenn ich weine.
Flüstern dringt hinüber wie Gegröhle:

Und wie stumm in abgeschlossner Höhle
Unberührt und ungeschaut
Steht doch jeder fern und fühlt: alleine.

(1914)

Oskar Loerke wurde 1884 in Jungen in der Weichselniederung geboren. Seine zahlreichen Wanderungen und Reisen prägten sein Weltbild entscheidend. In seinen Tagebüchern und in seinen Gedichten und Erzählungen vermittelte er seine Beobachtungen und Reflexionen als Aufruf an die Menschen aus ihrer Ichzentrierung hinauszugehen und so den Zugang zu einer raum- und zeitübergreifenden Ordnung der Natur zu finden. Schon bald wandte er sich vom Expressionismus ab um einer „klassischen" Strenge in Bild- und Sprachgestaltung zu huldigen. Loerke machte Karriere als Literat: seit 1917 war er Lektor beim S. Fischer-Verlag in Berlin, für den „Berliner Börsen-Courir" war er als Rezensent tätig. Als Lyriker, Essayist und Kritiker war er gleichermaßen geschätzt, als Entdecker und Förderer literarischer Talente unentbehrlich. Die Machtergreifung der Nationalsozialisten veränderte sein auf geistige Kommunikation angelegtes Leben von Grund auf und trieb ihn in Isolation und Verzweiflung. Loerke starb 1941 in Berlin.

Arbeitsanregungen:

1 a Untersuchen Sie die Bilder und Vergleiche in den Gedichten (Texte 1–4).
b Vergleichen Sie das Ergebnis mit den beiden Grafiken (Bilder 1+2).
c Suchen Sie Ergänzungen zu dem Satz: Für die Expressionisten ist die Stadt ein Ort des/der ...

2 Alle vier Gedichte sind Sonette, haben also eine bei den Expressionisten besonders beliebte Form. (Vgl. Barock, S. 137f.). Wie erklären Sie sich diese Beliebtheit?

c) Weltende und Krieg

Text 1 **Jakob van Hoddis (1887–ca. 1942): Weltende**

Dem Bürger fliegt vom spitzen Kopf der Hut,
In allen Lüften hallt es wie Geschrei.
Dachdecker stürzen ab und gehn entzwei
Und an den Küsten – liest man – steigt die Flut.

Der Sturm ist da, die wilden Meere hupfen
An Land, um dicke Dämme zu zerdrücken.
Die meisten Menschen haben einen Schnupfen.
Die Eisenbahnen fallen von den Brücken.

(1911)

Jakob van Hoddis (Pseudonym für Hans Davidsohn) wurde 1887 in Berlin geboren. Als Fünfzehnjähriger schrieb er für seine Mutter epigonal-romantisierende Gedichte, als Achtzehnjähriger für seinen Vater satirische Epigramme, in denen er die Ideale der Wilhelminischen Zeit lächerlich machte. Nach dem Abitur studierte er zunächst Architektur in München, dann Griechisch und Philosophie in Jena und Berlin. Zusammen mit Freunden gründete er 1908/09 den „Neuen Club" als einen literarischen Zirkel, der sich der Kritik am herkömmlichen Kulturbetrieb und der Pflege avantgardistischer Kunst widmen sollte. Außerdem war Hoddis Mitarbeiter an den expressionistischen Zeitschriften „Die Aktion" und „Der Sturm". Im „Neopathetischen Cabaret" pflegte er seine Gedichte, die er immer alle bei sich trug, vorzulesen. Er wurde zum Schöpfer eines Groteskstils, der die Visionen schrecklicher Katastrophen mit Mitteln des schwarzen Humors, der Parodie, des Umschlags ins Triviale, der Umwertung von Erwartungshaltungen und Wertvorstellungen darzustellen versuchte. 1914 zeigten sich bei ihm erste Anzeichen einer Geisteskrankheit (Schizophrenie), die seine Unterbringung in Heilanstalten erforderlich machte. Seit 1915 lebte er in Frankenhain, seit 1922 in Tübingen in privaten Pflegeheimen; 1933 wurde er in die „Israelitische Heil- und Pflegeanstalt" Bendorf-Sayn bei Koblenz verbracht. Am 30. 4. 1942 wurde er deportiert. Von solchen Transporten ist niemand zurückgekehrt. Wo und wann van Hoddis starb, ist unbekannt.

Arbeitsanregungen:

1. Vergleichen Sie die „Weltende"-Gedichte (Texte 1 + 2). Deuten Sie deren Titel.
2. Welches Bild des Krieges wird in den Gedichten von Heym und Trakl entworfen (Texte 3 + 4)? Wie erklären Sie sich die Unterschiede? Wie verstehen Sie die Schlusszeilen in Text 4?

Else Lasker-Schüler wurde 1869 in Wuppertal-Elberfeld geboren. Erst als Dreißigjährige begann sie ihre schriftstellerische Tätigkeit als Lyrikerin, Dramatikerin und Prosaistin. Ihr Werk wurde gespeist aus den eigenen Lebenserfahrungen, die sie in den Rang von Mythen erhob. So wurde ihr der Tod ihrer Eltern und ihres Lieblingsbruders zur Vertreibung aus dem Paradies der Kindheit und zur Sehnsucht nach dem Land ihrer Väter; die Trennung von ihrem ersten Mann, um 1900, hinterließ in ihr lebenslange Schuldgefühle, die sie zum Mythos des zusammengehörigen Gegensatzes von Liebe und Tod, Erfüllung und Verlassenheit verdichtete. In Berlin begann die „Aussteigerin" ein unruhiges Bohèmeleben zu führen und wurde zu einer Schlüsselfigur des literarischen Lebens. Die Heirat mit dem Musiker und Publizisten Georg Lewin, den sie Herwarth Walden nannte, machte sie zum Mittelpunkt des frühen Expressionismus. 1912 trennte sie sich von Walden und führte wieder das Leben einer mittel- und heimatlosen Schriftstellerin. Obwohl 1919 eine zehnbändige Gesamtausgabe ihrer Werke erschien, gelang es ihr nie mehr, einer zunehmenden Vereinsamung zu entfliehen. Die Verleihung des Kleist-Preises 1932 schien ein neuer Anfang, wurde aber zum Anfang vom Ende. 1933 floh sie zunächst in die Schweiz, reiste dann mehrmals nach Israel, wo sie sich 1939 endgültig niederließ und 1945 als arme, alte Frau, von wenigen verehrt, starb. Sie fühlte sich immer als Beauftragte Gottes, ausgestattet mit der Botschaft der Liebe. Die unlösbare Nähe von Gottesgewissheit und Zweifel in ihrem Werk machen sie zum Inbegriff des modernen religiösen Menschen.

Text 2 Else Lasker-Schüler (1869–1945): Weltende

Es ist ein Weinen in der Welt,
Als ob der liebe Gott gestorben wär,
Und der bleierne Schatten, der niederfällt,
Lastet grabesschwer.

Komm, wir wollen uns näher verbergen …
Das Leben liegt in aller Herzen
Wie in Särgen.

Du! wir wollen uns tief küssen –
Es pocht eine Sehnsucht an die Welt,
An der wir sterben müssen.

(1905)

Text 3 Georg Heym (1887–1912): Der Krieg

Aufgestanden ist er, welcher lange schlief,
Aufgestanden unten aus Gewölben tief.
In der Dämmrung steht er, groß und unerkannt,
Und den Mond zerdrückt er in der schwarzen Hand.

In den Abendlärm der Städte fällt es weit,
Frost und Schatten einer fremden Dunkelheit,
Und der Märkte runder Wirbel stockt zu Eis.
Es wird still. Sie sehn sich um. Und keiner weiß.

In den Gassen fasst es ihre Schulter leicht.
Eine Frage. Keine Antwort. Ein Gesicht erbleicht.
In der Ferne wimmert ein Geläute dünn
Und die Bärte zittern um ihr spitzes Kinn.

Auf den Bergen hebt er schon zu tanzen an
Und er schreit: Ihr Krieger alle, auf und an.
Und es schallet, wenn das schwarze Haupt er schwenkt,
Drum von tausend Schädeln laute Kette hängt.

Einem Turm gleich tritt er aus die letzte Glut,
Wo der Tag flieht, sind die Ströme schon voll Blut.
Zahllos sind die Leichen schon im Schilf gestreckt,
Von des Todes starken Vögeln weiß bedeckt.

Über runder Mauern blauem Flammenschwall
Steht er, über schwarzer Gassen Waffenschall.
Über Toren, wo die Wächter liegen quer,
Über Brücken, die von Bergen Toter schwer.

In die Nacht er jagt das Feuer querfeldein
Einen roten Hund mit wilder Mäuler Schrein.
Aus dem Dunkel springt der Nächte schwarze Welt,
Von Vulkanen furchtbar ist ihr Rand erhellt.

Und mit tausend roten Zipfelmützen weit
Sind die finstren Ebnen flackend überstreut,
Und was unten auf den Straßen wimmelt hin und her,
Fegt er in die Feuerhaufen, dass die Flamme brenne mehr.

Und die Flammen fressen brennend Wald um Wald,
Gelbe Fledermäuse zackig in das Laub gekrallt.
Seine Stange haut er wie ein Köhlerknecht
In die Bäume, dass das Feuer brause recht.

Eine große Stadt versank im gelben Rauch,
Warf sich lautlos in des Abgrunds Bauch.
Aber riesig über glühnden Trümmern steht
Der in wilde Himmel dreimal seine Fackel dreht,

Über sturmzerfetzter Wolken Widerschein,
In des toten Dunkels kalte Wüstenein,
Dass er mit dem Brande weit die Nacht verdorr,
Pech und Feuer träufet unten auf Gomorrh.

(1912)

Text 4 **Georg Trakl (1887–1914): Grodek**

Am Abend tönen die herbstlichen Wälder
Von tödlichen Waffen, die goldnen Ebenen
Und blauen Seen, darüber die Sonne
Düstrer hinrollt; umfängt die Nacht
Sterbende Krieger, die wilde Klage
Ihrer zerbrochenen Münder.
Doch stille sammelt im Weidengrund
Rotes Gewölk, darin ein zürnender Gott wohnt
Das vergossne Blut sich, mondne Kühle;
Alle Straßen münden in schwarze Verwesung.
Unter goldnem Gezweig der Nacht und Sternen
Es schwankt der Schwester Schatten durch den schweigenden Hain,
Zu grüßen die Geister der Helden, die blutenden Häupter;
Und leise tönen im Rohr die dunkeln Flöten des Herbstes.
O stolzere Trauer! ihr ehernen Altäre
Die heiße Flamme des Geistes nährt heute ein gewaltiger Schmerz,
Die ungebornen Enkel.

(1914)

d) Ich und Welt

Text 1 **Kurt Heynicke (1891–1985): Gedicht**

Aufreißen will ich meinen Gang im Kreise,
ein klarer Stein, der goldne Kette bricht,
ich lebe nicht,
ich bin schon lange tot im Rausch der Tage.
Hoch heben meine Nächte ihre Stunden in die Ferne,
aus blauen Schleiern glühen weiße Sterne
und diamantne Schlangen schwimmen in umsonnten Höhen.
In mondbeglänzten Gärten tanzen goldne Farben,
ihr Reigen wird zu süßen Abendmelodien.

Das sind die Nächte,
wo mich Liebe überströmt,
Licht-Liebe, Menschenliebe, Einsamkeiten.
Das sind die Nächte,
wo mich Gott zu Gaste hält.
Das ist die Welt,
die hinter fernen Toren ihre Heimat hat.

Das sind die Stunden,
die sich einsam heben,
hoch ihre Augen in den Ursprung Gottes,
das ist das Leben, wenn die Sinne fallen,
und Gott entsteigt den fernsten Nachtgestirnen.

(1917)

Georg Trakl wurde 1887 in Salzburg als viertes von sechs Kindern eines wohlhabenden Eisenhändlers geboren. Die Beziehungen zu seiner Umwelt, auch zu seiner Familie, waren schon früh problematisch oder gestört. Auch in der Schule hatte er keinen Erfolg, die Ausbildung zum Apotheker – zu diesem Beruf hatte ihn sein Vater bestimmt – wurde mühsam bewältigt, der Beruf selbst nur sporadisch ausgeübt. 1912 kam er als Militärapotheker ans Garnisonshospital nach Innsbruck. Schon nach einem halben Jahr quittierte er diesen Dienst, weil er sich ihm nicht gewachsen fühlte. Trakl hatte sich inzwischen aus den Schwierigkeiten, die ihm aus dem Umgang mit Menschen und mit seinem ungeliebten Beruf erwuchsen, längst in eine Alkohol- und Medikamentenabhängigkeit geflüchtet. In Innsbruck fand er aber Freunde, die ihn verstanden und unterstützten. 1914 musste Trakl einrücken; er nahm an der ersten Schlacht zwischen der österreichischen und der russischen Armee bei Grodek in Galizien teil. Das Zusammensein mit zahlreichen Schwerverwundeten, denen er nicht helfen konnte, zerrüttete ihn völlig. Er wurde zur Beobachtung seines Geisteszustands ins Garnisonshospital Krakau eingeliefert. Dort starb er im November 1914 an einer Überdosis Kokain. Ob sein Tod ein Selbstmord war, ist bis heute nicht geklärt. Seine Gedichte und lyrisch überhöhten Prosatexte stellen das „namenlose Unglück" dar, „wenn einem die Welt entzweibricht", beschwören aber auch die rettenden Mächte ohne wirklich zu transzendenter Geborgenheit zu gelangen. „Offenbarung und Untergang" heißt eines seiner späten Gedichte geradezu programmatisch.

Arbeitsanregungen:

1 Unterscheiden Sie die Welt- und Menschenbilder dieser Gedichte. Versuchen Sie das Gegensätzliche dieser Auffassungen zu deuten.

2 Welche Zusammenhänge zwischen Aussage und Form lassen sich nachweisen?

Text 2 **Gottfried Benn (1886–1956): Morgue[1] I: Kleine Aster**

Ein ersoffener Bierfahrer wurde auf den Tisch gestemmt.
Irgendeiner hatte ihm eine dunkelhellila Aster
zwischen die Zähne geklemmt.

Als ich von der Brust aus
unter der Haut
mit einem langen Messer
Zunge und Gaumen herausschnitt,
muß ich sie angestoßen haben, denn sie glitt
in das nebenliegende Gehirn.
Ich packte sie ihm in die Brusthöhle
zwischen die Holzwolle,
als man zunähte.
Trinke dich satt in deiner Vase!
Ruhe sanft,
kleine Aster!

(e 1912)

(Aus lizenzrechtlichen Gründen ist dieser Text nicht in reformierter Rechtschreibung abgedruckt.)

Text 3 **Alfred Lichtenstein (1889–1914): Nebel**

Ein Nebel hat die Welt so weich zerstört.
Blutlose Bäume lösen sich in Rauch.
Und Schatten schweben, wo man Schreie hört.
Brennende Biester schwinden hin wie Hauch.

Gefangne Fliegen sind die Gaslaternen.
Und jede flackert, dass sie noch entrinne.
Doch seitlich lauert glimmend hoch in Fernen
Der giftge Mond, die fette Nebelspinne.

Wir aber, die, verrucht, zum Tode taugen,
Zerschreiten knirschend diese wüste Pracht.
Und stechen stumm die weißen Elendsaugen
Wie Spieße in die aufgeschwollne Nacht.

(1913)

e) Der Expressionismus – Anspruch und Wirklichkeit

Text 1 **Kurt Pinthus (1886–1975): Zuvor [Vorrede zur Anthologie „Menschheitsdämmerung"]** [Auszug]

[…] So ist allerdings diese Dichtung, wie manche ihrer Programmatiker forderten (und wie wurde dieser Ruf missverstanden!): politische Dichtung, denn ihr Thema ist der Zustand der gleichzeitig lebenden Menschheit, den sie beklagt, verflucht, verhöhnt, vernichtet, während sie zugleich in furchtbarem Ausbruch die Möglichkeiten zukünftiger Änderung sucht. Aber – und nur so kann politische Dichtung zugleich Kunst sein – die besten und leidenschaftlichsten dieser Dichter kämpfen nicht gegen die äußeren Zustände der Menschheit an, sondern gegen den Zustand des entstellten, gepeinigten, irregeleiteten Menschen selbst. Die politische Kunst unserer Zeit darf nicht versifizierter Leitartikel sein, sondern sie will der Menschheit helfen, die Idee ihrer selbst zur Vervollkommnung, zur Verwirklichung zu bringen. […]

Demgemäß ist es natürlich, dass dies die Worte sind, die sich am meisten in ihr finden: Mensch, Welt, Bruder, Gott. Weil der Mensch so ganz und gar Ausgangspunkt, Zielpunkt dieser Dichtung ist, deshalb hat die Landschaft wenig Platz in ihr. Die Landschaft wird niemals hingemalt, geschildert, besungen; sondern sie ist ganz vermenscht: sie ist Grauen, Melancholie, Verwirrung des Chaos, ist das schimmernde Labyrinth, dem Ahasver sehnsuchtsvoll sich entwinden will; und Wald und Baum sind entweder Orte der Toten, oder Hände, die zu Gott, zur Unendlichkeit hinsuchen. Mit rasender Schnelligkeit bewegt sich diese Dichtung vom fanatischen Kampfruf zum Sentimentalen, vom anarchischen Toben zur Didaktik des Ethischen. Wenig nur ist Freude und Glück in ihr; Liebe ist Schmerz und Schuld – Arbeit wird zu gefühlvernichtender Qual; noch das Trinklied ist dumpfes Paradies, das verloren ist, und das doch vor uns liegt.
[…]

(v 1919)

Arbeitsanregungen:

1. Arbeiten Sie heraus, worin Pinthus die Besonderheit, die Eigenart der expressionistischen Dichtung erblickt.
2. Erläutern Sie an selbst gewählten Beispielen das Verhältnis des Expressionismus zur Realität und zum Ästhetischen. Lassen sich aus Ihren Erkenntnissen Grundzüge einer Poetik und Ästhetik des Expressionismus ableiten?

Stilrichtungen der Jahrhundertwende
Naturalismus: Gesamteuropäische Literaturströmung zwischen 1880 und 1900 mit dem Ziel die Natur und damit auch den Menschen nicht als Bild (Gefahr der Stilisierung), sondern als Abbild zu erfassen und zu gestalten. Seine weltanschauliche Grundlage ist der Positivismus[1], der jede metaphysische[2] Welterklärung oder Sinngebung ablehnt. Auch der Mensch wird nur als die Summe aus Anlage (Erbe), Umwelt (Milieu) und geschichtlicher Situation (Zeitbedingung) verstanden. Die literarische Gestaltung wird als naturwissenschaftliches Experiment gesehen. Kennzeichnend für den N. ist auch das soziale Mitgefühl mit den Elenden und die

[1] Philosophische Lehre, die nur das sinnlich Wahrnehmbare oder das im naturwissenschaftlichen Experiment Nachweisbare als wirklich existent annimmt.
[2] Metaphysik: Philosophische Lehre, die davon ausgeht, dass die letzten Gründe und Zusammenhänge des Seins jenseits von menschlicher Erfahrung und Erkenntnis, im „Übersinnlichen" liegen.

Einheit durch Vielfalt?

Die Menschen, die den Wechsel vom 19. ins 20. Jahrhundert erlebten, waren von sehr verschiedenen, ja widersprüchlichen Empfindungen geprägt. Die einen erlebten die Jahrhundertwende als Aufbruch, als Beginn einer neuen, besseren Zeit, die anderen empfanden ihre Gegenwart als Zeit des Verfalls und des Untergangs. Beide Formen des Zeiterlebnisses lassen sich auch in der Literatur feststellen und definieren sich einerseits als „Moderne", ja sogar als „Avantgarde", andererseits als „Décadence" und „Fin de siècle": Auch in der Literatur der Jahrhundertwende standen deshalb, wie in den bildenden Künsten, Bewahrung und Erneuerung, Resignation und Aktion, Tradition und Experiment unmittelbar nebeneinander. Aber diese Widersprüche waren nicht mehr aufeinander bezogen, sondern schlossen sich gegenseitig aus: Wer sich der Tradition verpflichtet

[1] Morgue (frz.): Leichenschauhaus

fühlte, sah im Experiment nur Zerstörung, wer dem Experiment zuneigte, erkannte in der Tradition nur Erstarrung. Die literarischen Strömungen der Epoche fanden ihr Selbstverständnis immer auch durch die betonte Ablehnung anderer gleichzeitiger Tendenzen. Die Einheit dieser Epoche, die man ziemlich übereinstimmend vom Beginn der achtziger Jahre des 19. Jahrhunderts bis zum Ende des Ersten Weltkriegs reichen lässt, ist offensichtlich gerade in ihrer Janus-Gestalt, in ihrer Doppelgesichtigkeit zu erblicken. Deshalb trägt die „Jahrhundertwende" auch keinen anders charakterisierenden als diesen summierenden Epochennamen: Die Vielzahl der in ihr wirksamen Bewusstseins- und Gestaltungsformen ist ihr Charakteristikum. Weil dies als Grundzug der Geistesgeschichte des gesamten 20. Jahrhunderts angesehen wird, bezeichnet man die „Jahrhundertwende" heute meist als „Beginn der Moderne" oder „Klassische Moderne". In einigen literaturgeschichtlichen Darstellungen findet sich auch noch die Epochenüberschrift „Vom Naturalismus zum Expressionalismus". Damit wird auf eine Dreiteiligkeit der Epoche hingewiesen: An ihrem Anfang und an ihrem Ende stehen eher beherrschende Tendenzen, eben Naturalismus und Expressionalismus; dazwischen ist eine Fülle von Stilrichtungen zu erkennen. Das scheint mit dem Vorhandensein oder Fehlen von bestimmenden programmatischen Entwürfen zusammenzuhängen. Naturalismus und Expressionismus jedenfalls verfügten über klare Programme, die Richtungen dazwischen waren programmatisch eher diffus. Schematisch lässt sich die Epoche „Jahrhundertwende" so darstellen:

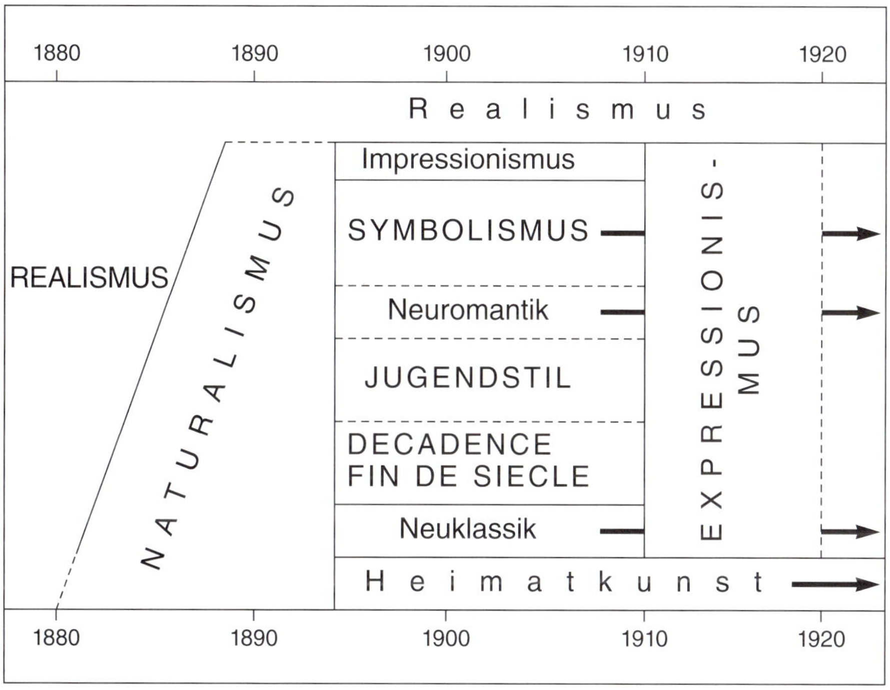

Anmerkung: Mit Großbuchstaben (Versalien) geschriebene Begriffe bezeichnen solche Richtungen, die heute als epochenbestimmend verstanden werden. In Kleinbuchstaben erscheinen weniger ausgeprägte („Impressionismus"), epigonale („Neuklassik, Neuromantik") oder in ihrem Kunstwert bezweifelte („Heimatkunst") Richtungen. Gestrichelte Linien bezeichnen Durchlässigkeiten und Übergänge.

III. Sprache und Wirklichkeit

Der Volksmund kennt viele Redewendungen für Sprachlosigkeit, in denen versucht wird nicht nur diesen Zustand zu beschreiben („dem hat's die Rede verschlagen"), sondern auch zu begründen („er war vor Schreck ganz stumm"). Sie kennen auch Situationen aus Ihrem persönlichen Erleben, in denen Sie ein solcher Zustand der Sprachlosigkeit befallen hat. Für den Wortkünstler, den Dichter oder Schriftsteller, ist ein solcher Zustand besonders bedrohlich. Der moderne Schriftsteller scheint aber von diesem Zustand wiederum besonders bedroht. Zugespitzt erscheint diese Bedrohung etwa in dem Satz, nach Auschwitz könne es keine Lyrik mehr geben (Adorno). Darin wird behauptet, dass es einen Grad des Entsetzens gebe, der in eine „schöne Form" nicht mehr gefasst werden dürfe, wenn er nicht beschönigt werden wolle. In dieser Zuspitzung sieht sich der moderne Sprachkünstler angesichts der unsäglichen und unsagbaren Schrecklichkeiten, die unser Jahrhundert tatsächlich hervorgebracht hat, zur Sprachlosigkeit verurteilt. Und in der Tat ist die Verunsicherung des Sprechens bis hin zum Verstummen ein Phänomen und ein

Sensibilität für die Auswirkungen der Industrialisierung auf das Leben der Menschen.

Impressionismus: (frz. „impression" = Eindruck) Ursprünglich Stilrichtung der französischen Freilichtmalerei, benannt nach Claude Monets Gemälde „Impression, soleil levant" von 1872. Sein Bestreben ist es, den „Eindruck", die subjektive Wahrnehmung der Erscheinungen, nicht die Erscheinungen um ihrer selbst willen zu gestalten und dabei die feinsten Nuancen der Empfindung, der Stimmung zu unterscheiden. In der Literatur eine Stilrichtung betonter Subjektivität, deren Subtilität in größtmöglicher sprachlicher Differenzierung nachgebildet werden soll.

Symbolismus: Bewusst antinaturalistische Stilrichtung, die sich von jedem Versuch der Wirklichkeitswiedergabe abwendet und den (belehrenden) Zweck der Kunst oder ihre Verflechtung mit gesellschaftlichen Bedingungen ablehnt. Der S. strebt nach einer „poésie pure" (Mallarmé), die hinter der Welt der Gegenstände und Erscheinungen ein „reines Sein", ewige, unvergängliche, aber auch unerfassbare Ideen vermutet. Nicht der Verstand, sondern die seelische Empfänglichkeit des Lesers soll durch eine suggestive, zu äußerster Musikalität getriebene Sprache erreicht werden. In den Dingen, die als Symbole über sich hinausweisen, soll ihm die Geheimnishaftigkeit der Welt und seines eigenen Wesens vermittelt werden. Der S. entwickelt starke Tendenzen zum „l'art pour l'art"-Prinzip.

Neuromantik: Sammelbezeichnung für literarische Gegenströmungen zum Naturalismus, die sich seit etwa 1890 ausbilden. Ihr Kennzeichen ist die Abwendung von der Gegenwart und die Hinwendung zu Geschichte, Sage und Mythos, die Abkehr vom Alltäglichen und die Thematisierung des Besonderen, Außergewöhnlichen, besonders des Wunderbaren oder Geheimnisvoll-Magischen.

Jugendstil: Stilrichtung, die sich zunächst in den angewandten Künsten und in der Architektur verwirklicht, dann auf alle Bereiche der bildenden Kunst ausgreift. Sein Bestreben ist es, Kunst und Leben zu verbinden, auch den alltäglichsten Gegenstand in ein artifizielles Gebilde zu verwandeln und damit zu erhöhen. Der J. liebt vor allem das Ornament, das zunächst aus Naturformen (z.B. Pflanzen) entwickelt wird, sich dann aber zunehmend abstrahiert. Flächigkeit (Zweidimensionalität) und die Vorliebe für die Linie sind seine Kennzeichen. Die Übertragung des Begriffs J. auf die Literatur ist umstritten: In seiner Überhöhung der Kunst zur allein gestalt- und sinngebenden Macht des Lebens gleicht er dem Symbolismus.

Décadence, Fin de Siècle: (frz. „Verfall", „Ende des Jahrhunderts") Als literarische Strömung am Ende des 19. Jahrhunderts auch „Dekadenzdichtung" genannt. Entstand aus dem Bewusstsein, einer überfeinerten und dem Verfall preisgegebenen Kultur anzugehören. Verbindet die Verfeinerung psychologischer Darstellung und die Vorliebe für schwierige Seelenzustände mit einem Hang zum Morbi-

den und zum Weltschmerz. Bevorzugter Gestaltungsgegenstand ist die menschliche Seele in ihrer Fülle und in ihren Abgründen. Wichtiger als die Gestaltung von Niedergangserscheinungen wird das Bekenntnis zum Verfall als Lebensprinzip.
Neuklassik: Stilrichtung der entscheidenden Abkehr vom Naturalismus, aber auch vom Impressionismus oder der Dekadenzdichtung. Betonung der klassisch-strengen Form und der Einheit der Gattungen und Gattungs-„Gesetze". Hervorhebung des ideellen Gehalts der Dichtung, deren Aufgabe nicht in der Nachbildung der Welt, sondern in der Darstellung der sie bestimmenden Werte gesehen wird.
Heimatkunst: Gegen Dekadenz, Verfeinerung, Intellektualisierung, aber auch gegen Verständigung und Internationalisierung gerichtete Stilrichtung, deren Anliegen die Pflege des Bodenständigen, Bäuerlichen und der Stammesunterschiede ist. Die H. kommt von der Dorfgeschichte (Keller, Auerbach) und dem Bauerndrama (Anzengruber) her, Gattungen, die sich im Realismus ausgebildet haben. Ihre ideologische Grundlage hat die H. in Julius Langbehns viel gelesener Schrift „Rembrandt als Erzieher" (1890), ihre wichtigsten Autoren in Peter Rosegger, Hermann Löns und Ludwig Ganghofer. Sie findet auch Eingang in die Literaturwissenschaft (Josef Nadler, Literaturgeschichte der deutschen Stämme und Landschaften, 1912ff.). In ihren schwächeren Vertretern tendiert die H. zum Kitsch, im Dritten Reich verkommt sie zur national-sozialistischen Propaganda („Blut- und Boden-Kunst").
Expressionismus: (lat. „expressio" = Ausdruck) Als Stilrichtung der Literatur und der Bildenden Künste zwischen 1910 und 1925 vor allem in Deutschland entstanden aus dem Krisenbewusstsein vor 1914 und der Krise des Ersten Weltkriegs selbst. Aus dem Ekel gegenüber materieller Wirklichkeitsnachbildung und symbolischer Wirklichkeitsüberhöhung entsteht das Streben nach einer Erneuerung und Verwesentlichung des Menschen und einer neuen Sinngebung des Lebens in verbrüdernder Liebe und Menschenwürde. Der E. versteht sich als Ausbruch aus den Konventionen von Kunst und Leben, als ekstatisches Lebensgefühl, als Schrei nach einer „inneren Wahrheit", nach Eigentlichkeit. Der Künstler versteht sich als Prophet mit dem quasireligiösen Auftrag die „neue, bessere Welt" zu verkünden. Häufig wendet sich der E. auch von den herkömmlichen Stil- und Gestaltungsmitteln ab um seinem inneren Erleben neue „Ausdrucks-"Formen zu schaffen.
(Nach: Walter Falk, Die Literatur vor dem Ersten Weltkrieg. In: Funkkolleg Jahrhundertwende, Studienbegleitbrief 4, Weinheim und Basel 1988, S. 59, und Gero von Wilpert, Sachwörterbuch der Literatur, Stuttgart [2]1959).

Inhalt der modernen Literatur. Begonnen hat dieser Prozess schon vor dem Ersten Weltkrieg in der „Jahrhundertwende". Hofmannsthal hat diesen Zustand als Erster beschrieben, aber er hat seither nicht aufgehört Schriftsteller zu beschäftigen.

1. Sprachzerfall und Wirklichkeitsverlust

Text 1 **Hugo von Hofmannsthal (1874–1929): Ein Brief** [Auszug]

DIES ist der Brief, den Philipp Lord Chandos, jüngerer Sohn des Earl of Bath, an Francis Bacon, später Lord Verulam und Viscount St. Albans, schrieb, um sich bei diesem Freunde wegen des gänzlichen Verzichtes auf literarische Betätigung zu entschuldigen.

Es ist gütig von Ihnen, mein hochverehrter Freund, mein zweijähriges Stillschweigen zu übersehen und so an mich zu schreiben. Es ist mehr als gütig, Ihrer Besorgnis um mich, Ihrer Befremdung über die geistige Starrnis, in der ich Ihnen zu versinken scheine, den Ausdruck der Leichtigkeit und des Scherzes zu geben, den nur große Menschen, die von der Gefährlichkeit des Lebens durchdrungen und dennoch nicht entmutigt sind, in ihrer Gewalt haben. […]

Um mich kurz zu fassen: Mir erschien damals in einer Art von andauernder Trunkenheit das ganze Dasein als eine große Einheit: geistige und körperliche Welt schien mir keinen Gegensatz zu bilden, ebenso wenig höfisches und tierisches Wesen, Kunst und Unkunst, Einsamkeit und Gesellschaft; in allem fühlte ich Natur, in den Verirrungen des Wahnsinns ebenso wohl wie in den äußersten Verfeinerungen eines spanischen Zeremoniells; in den Tölpelhaftigkeiten junger Bauern nicht minder als in den süßesten Allegorien; und in aller Natur fühlte ich mich selber; wenn ich auf meiner Jagdhütte die schäumende laue Milch in mich hineintrank, die ein struppiges Mensch einer schönen, sanftäugigen Kuh aus dem Euter in einen Holzeimer niedermolk, so war mir das nichts anderes, als wenn ich, in der dem Fenster eingebauten Bank meines studio sitzend, aus einem Folianten süße und schäumende Nahrung des Geistes in mich sog. Das eine war wie das andere; keines gab dem andern weder an traumhafter überirdischer Natur, noch an leiblicher Gewalt nach, und so gings fort durch die ganze Breite des Lebens, rechter und linker Hand; überall war ich mitten drinnen, wurde nie ein Scheinhaftes gewahr: Oder es ahnte mir, alles wäre Gleichnis und jede Kreatur ein Schlüssel der andern, und ich fühlte mich wohl den, der imstande wäre, eine nach der andern bei der Krone zu packen und mit ihr so viele der andern aufzusperren, als sie aufsperren könnte. […]

Mein Fall ist, in Kürze, dieser: Es ist mir völlig die Fähigkeit abhanden gekommen, über irgendetwas zusammenhängend zu denken oder zu sprechen.

Zuerst wurde es mir allmählich unmöglich, ein höheres oder allgemeineres Thema zu besprechen und dabei jene Worte in den Mund zu nehmen, deren sich doch alle Menschen ohne Bedenken geläufig zu bedienen pflegen. Ich empfand ein unerklärliches Unbehagen, die Worte „Geist", „Seele" oder „Körper" nur auszusprechen. Ich fand es innerlich unmöglich, über die Angelegenheiten des Hofes, die Vorkommnisse im Parlament, oder was Sie sonst wollen, ein Urteil herauszubringen. Und dies nicht etwa aus Rücksichten irgendwelcher Art, denn Sie kennen meinen bis zur Leichtfertigkeit gehenden Freimut: sondern die abstrakten Worte, deren sich doch die Zunge naturgemäß bedienen muss, um irgendwelches Urteil an den Tag zu geben, zerfielen mir im Munde wie modrige Pilze. […]

Allmählich aber breitete sich diese Anfechtung aus wie ein um sich fressender Rost. Es wurden mir auch im familiären und hausbackenen Gespräch alle die Urteile, die leichthin und mit schlafwandelnder Sicherheit abgegeben zu werden pflegen, so bedenklich, dass ich aufhören musste, an solchen Gesprächen irgend teilzunehmen. Mit einem unerklärlichen Zorn, den ich nur mit Mühe notdürftig verbarg, erfüllte es mich, dergleichen zu hören, wie: die Sache ist für den oder jenen gut oder schlecht ausgegangen; Sheriff N. ist ein böser, Prediger T. ein guter Mensch; Pächter M. ist zu bedauern, seine Söhne sind Verschwender; ein anderer ist zu beneiden, weil seine Töchter haushälterisch sind; eine Familie kommt in die Höhe, eine andere ist im Hinabsinken. Dies alles erschien mir so unbeweisbar, so lügenhaft, so löcherig wie nur möglich. Mein Geist zwang mich, alle Dinge, die in einem solchen Gespräch vorkamen, in einer unheimlichen Nähe zu sehen: so wie ich einmal in einem Vergrößerungsglas ein Stück von der Haut meines kleinen Fingers gesehen hatte, das einem Blachfeld mit Furchen und Höhlen glich, so ging es mir nun mit den Menschen und ihren Handlungen. Es gelang mir nicht mehr, sie mit dem vereinfachenden Blick der Gewohnheit zu erfassen. Es zerfiel mir alles in Teile, die Teile wieder in Teile, und nichts mehr ließ sich mit einem Begriff umspannen. Die einzelnen Worte schwammen um mich; sie gerannen zu Augen, die mich anstarrten und in die ich wieder hineinstarren muss: Wirbel sind sie, in die hinabzusehen mich schwindelt, die sich unaufhaltsam drehen und durch die hindurch man ins Leere kommt. […]

Seither führe ich ein Dasein, das Sie, fürchte ich, kaum begreifen können, so geistlos, so gedankenlos fließt es dahin; ein Dasein, das sich freilich von dem meiner Nachbarn, meiner Verwandten und der meisten landbesitzenden Edelleute dieses Königreiches kaum unterscheidet und das nicht ganz ohne freudige und belebende Augenblicke ist. Es wird mir nicht leicht, Ihnen anzudeuten, worin diese guten Augenblicke bestehen; die Worte lassen mich wiederum im Stich. Denn es ist ja etwas völlig Unbenanntes und auch wohl kaum Benennbares, das in solchen Augenblicken, irgendeine Erscheinung meiner alltäglichen Umgebung mit einer überschwellenden Flut höheren Lebens wie ein Gefäß erfüllend, mir sich ankündet. Ich kann nicht erwarten, dass Sie mich ohne Beispiel verstehen, und ich muss Sie um Nachsicht für die Albernheit meiner Beispiele bitten. Eine Gießkanne, eine auf dem Felde verlassene Egge, ein Hund in der Sonne, ein ärmlicher Kirchhof, ein Krüppel, ein kleines Bauernhaus, alles dies kann das Gefäß meiner Offenbarung werden. Jeder dieser Gegenstände und die tausend anderen ähnlichen, über die sonst ein Auge mit selbstverständlicher Gleichgültigkeit hinweggleitet, kann für mich plötzlich in irgendeinem Moment, den herbeizuführen auf keine Weise in meiner Gewalt steht, ein erhabenes und rührendes Gepräge annehmen, das auszudrücken mir alle Worte zu arm scheinen. [...]

Ich habe Sie, mein verehrter Freund, mit dieser ausgebreiteten Schilderung eines unerklärlichen Zustandes, der gewöhnlich in mir verschlossen bleibt, über Gebühr belästigt. [...]

Ich wollte, es wäre mir gegeben, in die letzten Worte dieses voraussichtlich letzten Briefes, den ich an Francis Bacon schreibe, alle die Liebe und Dankbarkeit, alle die ungemessene Bewunderung zusammenzupressen, die ich für den größten Wohltäter meines Geistes, für den ersten Engländer meiner Zeit im Herzen hege und darin hegen werde, bis der Tod es bersten macht.

A.D. 1603, diesen 22. August. Phi. Chandos

(e 1901/02)

Arbeitsanregungen:

1 Stellen Sie die Kernaussagen des Textes zusammen und entwerfen Sie eine Skizze seines Gedankengangs.

2 a Stellen Sie die Textpassagen zusammen, in denen der Autor seinen „Zustand" beschreibt. Versuchen Sie diese Beschreibung in eigene Worte zu fassen.
b Erklären Sie, inwiefern Hofmannsthals Beschreibung zeitbedingt ist und wo sie eine über die Epoche „Jahrhundertwende" hinausreichende Modernität besitzt.

3 Überlegen Sie, warum Hofmannsthal für seinen Text die Briefform wählt und diesen Brief ins 17. Jahrhundert datiert.

2. Sprachkrise als Wahrnehmungskrise

Schon immer wurde die Befähigung zur Sprache als dasjenige angesehen, was den Menschen überhaupt erst zum Menschen mache, was ihn konstitutiv von allen anderen Lebewesen unterscheide. Sprache ist das wichtigste Mittel der Kommunikation zwischen Menschen, Sprache ist aber auch das Medium, in dem sich Menschen über sich und die Welt verständigen. Sprechen und Denken stehen also eng beieinander. Die Wissenschaft von der Sprache, ihrem Erwerb und ihrem Leistungsvermögen hat zwar eine Vielzahl verblüffender Einsichten gewonnen, welche Beziehung zwischen Sprache und Wirklichkeit besteht und welche Rolle die zwischen ihnen liegenden Denkprozesse spielen, konnte aber noch nicht annähernd geklärt werden. Die Erforschung dieses Sachverhalts geht also weiter. Parallel dazu setzten sich auch Sprachkünstler selbst mit der Frage nach ihrem Material, der Sprache und deren Reichweite und Brauchbarkeit auseinander.

Text 1 **Andreas Gryphius (1616–1664): Leo Arminius. Trauerspiel** [Auszug]

[...]
Das Wunder der Natur, das überweise Tier,
hat nichts, das seiner Zungen sei zu gleichen.
Ein wildes Vieh entdeckt mit stummen Zeichen
des innern Herzens Sinn; durch Reden herrschen wir!
Der Türme Last, und was das Land beschwert,
der Schiffe Bau, und was die See durchfährt,
der Sternen große Kraft,
was Luft und Flamme schafft,
was Chloris lässt in ihren Gärten schauen,
was das gesetzte Recht von allen Völkern will,
was Gott der Welt ließ von sich selbst vertrauen,
was in der Blüte steht, was durch die Zeit verfiel,
wird durch dies Werkzeug nur entdecket.
Freundschaft, die Tod und Ende schrecket,
die Macht, die wildes Volk zu Sitten hat gezwungen,
der Menschen Leben selbst beruht auf seiner Zungen!

Denken und Sprechen; Denken/Sprechen und Wirklichkeit

Die Redewendung „gedankenlos daherreden“ und die damit häufig verbundene Aufforderung „Erst denken, dann sprechen!“ basieren offensichtlich auf der Annahme, dass *Denken* und *Sprechen* zwar getrennte Vorgänge seien, dass aber das *Sprechen* nur sinnvoll werden könne durch eine Vorleistung des *Denkens.* Die Qualität von Gesagtem, so wird hier behauptet, hänge ab von der Qualität des (vorausgehenden) Gedachten, ja sei womöglich mit ihm gleichzusetzen. Darf diese Annahme auch umgekehrt gedacht werden? Kann bei einem Menschen durch die Beseitigung seiner Sprachbarrieren (als Folgen sozialer Gegebenheiten oder als Verhaftetsein in der Mundart) auch das Denkvermögen verbessert werden? Gilt das nur für den einzelnen Menschen oder auch für Sprachgemeinschaften? Die Beantwortung dieser Fragen hat unmittelbare und weitreichende Folgen z.B. für das Bildungssystem.
Im Feld der Beziehung zwischen *Sprechen, Denken und Wirklichkeit* sieht man sich großen Schwierigkeiten gegenüber. Sie beginnen schon bei der Definition der Begriffe „Sprechen/Sprache“ und „Denken“. Unter *Sprache* ist wohl eher ein festes System von Zeichen zu verstehen, mit dessen Hilfe nicht nur kommunikative Vermittlung, sondern auch der egozentrische Prozess der (Selbst-)Bewusstwerdung geleistet werden kann, während *Sprechen* als je einmaliger Vorgang der Verlautbarung aufzufassen ist, bei dem heute vor allem auch die soziale Funktion für wichtig gehalten wird. Beides, *Sprache* und *Sprechen,* sind aber nicht nur zentrale, sondern so komplexe und vielseitige Erscheinungen, dass sich bis heute keine allgemein anerkannten Definitionen ergeben haben. Das gilt auch für *Denken.* Ist damit, so wird gefragt, überhaupt ein einheitlicher, begrenzbarer Sachverhalt begrifflich gefasst, oder verbergen sich unter diesem Begriff Tätigkeiten und Prozesse von unübersehbarer Vielzahl?

Aus der Fülle der Probleme heben sich einige Fragen in diesem Feld besonders deutlich ab:

1. *Wie hängen Denken und Sprechen zusammen?*
   Für Platon war „Denken und Sprechen... dasselbe, nur dass das innere Gespräch der Seele mit sich selbst, was ohne Stimme vor sich geht, Denken genannt worden ist“. Auch Wilhelm von Humboldt spricht von der „Untrennbarkeit des menschlichen Bewusstseins und der menschlichen Sprache“ und sieht in ihr nicht nur ein „Verständigungsmittel“, sondern einen „Abdruck des Geistes und der Weltansicht des Redenden“. Seine Auffassung gipfelt in dem Satz: „Sprache ist das bildende Organ der Gedanken.“ Der Genfer Psychologe Jean Piaget behauptet dagegen eine weitgehende Unabhängigkeit der Entwicklung des Denkens von der Sprache. Für ihn entsteht menschliches Bewusstsein aus einer Fülle von Ope-

Doch nichts ist, das so scharf als eine Zunge sei,
nichts, das so tief uns Arme stürzen könne!
Oh, dass der Himmel stumm zu werden gönne
dem, der mit Worten frech, mit Reden viel zu frei!
Der Städte Graus, das leichenvolle Feld,
der Schiffe Brand, das Meer durch Blut verstellt,
die schwarze Zauberkunst,
der eitlen Lehre Dunst,
die Macht, durch Gift den Parzen vorzukommen,
der Völker grimmer Hass, der ungeheure Krieg,
der Zank, der Kirch und Seelen eingenommen,
der Tugend Untergang, der grimmen Laster Sieg
ist durch der Zungen Macht geboren,
durch welche Lieb und Treu verloren.
Wie manchen hat die Zung in seine Gruft verdrungen!
Der Menschen Tod beruht auf jedes Menschen Zungen!

Lernt, die ihr lebt, den Zaum in eure Lippen legen!
In welchen Heil und Schaden wohnet
und was verdammt und was belohnet.
Wer Nutz durch Worte sucht, soll jedes Wort erwägen!
Die Zung ist dieses Schwert,
so schützet und verletzt,
die Flamme, so verzehrt
und eben wohl ergötzt,
ein Hammer, welcher baut und bricht,
ein Rosenzweig, der riecht und sticht,
ein Strom, der tränket und ertränket,
die Arznei, welch' erquickt und kränket,
die Bahn, auf der es oft gefehlet und gelungen.
Dein Leben, Mensch, und Tod hält stets auf deiner Zungen!
[...]

(1646)

Text 2 Rainer Maria Rilke (1875–1926): Ich fürchte mich so ...

Ich fürchte mich so vor der Menschen Wort.
Sie sprechen alles so deutlich aus:
Und dieses heißt Hund und jenes heißt Haus,
und hier ist Beginn und das Ende ist dort.

Mich bangt auch ihr Sinn, ihr Spiel mit dem Spott,
sie wissen alles, was wird und war;
kein Berg ist ihnen mehr wunderbar;
ihr Garten und Gut grenzt grade an Gott.

Ich will immer warnen und wehren: Bleibt fern.
Die Dinge singen hör ich so gern.
Ihr rührt sie an: sie sind starr und stumm.
Ihr bringt mir alle die Dinge um.

Text 3 Gottfried Benn (1886–1956): Ein Wort

Ein Wort, ein Satz –: aus Chiffren steigen
erkanntes Leben, jäher Sinn,
die Sonne steht, die Sphären schweigen,
und alles ballt sich zu ihm hin.

Ein Wort – ein Glanz, ein Flug, ein Feuer,
ein Flammenwurf, ein Sternenstrich –
und wieder Dunkel, ungeheuer,
im leeren Raum um Welt und Ich.

(e 1941)

Text 4 **Ingeborg Bachmann (1926–1973): Ihr Worte**

Ihr Worte, auf, mir nach!,
und sind wir auch schon weiter,
zu weit gegangen, geht's noch einmal
weiter, zu keinem Ende geht's.

Es hellt nicht auf.

Das Wort
wird doch nur
andre Worte nach sich ziehn,
Satz den Satz.
So möchte Welt,
endgültig,
sich aufdrängen,
schon gesagt sein.
Sagt sie nicht.

Worte, mir nach,
dass nicht endgültig wird
– nicht diese Wortbegier
und Spruch auf Widerspruch!

Lasst eine Weile jetzt
keins der Gefühle sprechen,
den Muskel Herz
sich anders üben.

Lasst, sag ich, lasst.

Ins höchste Ohr nicht,
nichts, sag ich, geflüstert,
zum Tod fall dir nichts ein,
lass, und mir nach, nicht mild
noch bitterlich,
nicht trostreich,
ohne Trost
bezeichnend nicht,
so auch nicht zeichenlos –

Und nur nicht dies: das Bild
im Staubgespinst, leeres Geroll
von Silben, Sterbenswörter.

Kein Sterbenswort,
Ihr Worte!

(1964)

Text 5 **Eugen Gomringer (*1925): worte sind schatten**

worte sind schatten
schatten werden worte

worte sind spiele
spiele werden worte

sind schatten worte
werden worte spiele

sind spiele worte
werden worte schatten

sind worte schatten
werden spiele worte

sind worte spiele
werden schatten worte

(1969)

Text 6 **Peter Handke (*1942): Kaspar. Stück** [Auszug]

[...] In meiner Geschichte wollte ich mit dem ersten Satz nur Geräusche erzeugen, während ich mich mit dem nächsten Satz schon bemerkbar machen wollte, während ich mit dem nächsten Satz schon SPRECHEN wollte, während ich mich mit dem nächsten Satz schon SPRECHEN HÖREN wollte, während ich mit dem nächsten Satz schon wollte, daß ANDERE mich sprechen hörten, während ich mit dem nächsten Satz schon wollte, daß die anderen hörten, WAS ich sprach, während ich mit dem nächsten Satz schon wollte, daß andre überhört wurden, die AUCH einen Satz sprachen, und erst den vorletzten Satz der Geschichte zum FRAGEN gebrauchte, und erst mit dem letzten Satz der Geschichte anfing zu fragen, was denn die ANDEREN gesprochen hatten, die überhört wurden, während ich meinen Satz sprach. [...]

(1967)

(Aus lizenzrechtlichen Gründen ist dieser Text nicht in reformierter Rechtschreibung abgedruckt.)

Text 7 **Ilse Aichinger (*1921): Schlechte Wörter**

Ich gebrauche jetzt die besseren Wörter nicht mehr. *Der Regen, der gegen die Fenster stürzt.* Früher wäre mir da etwas ganz anderes eingefallen. Damit ist es jetzt genug. *Der Regen, der gegen die Fenster stürzt.* Das reicht. Ich hatte übrigens gerade noch einen anderen Ausdruck auf der Zunge, er war nicht nur besser, er war genauer, aber ich habe ihn vergessen, während der Regen gegen die Fenster stürzte oder das tat, was ich im Begriff war, zu vergessen. Ich bin nicht sehr neugierig, was mir beim nächsten Regen einfallen wird, beim nächstsanfteren, nächstheftigeren, aber ich vermute, dass mir eine Wendung für alle Regensorten reichen wird. Ich werde mich nicht darum kümmern, ob man *stürzen* sagen kann, wenn er nur schwach die Scheiben berührt, ob es dann nicht zu viel gesagt ist. Oder zu wenig, wenn er im Begriff ist, die Scheiben einzudrücken. Ich lasse es jetzt dabei, ich bleibe bei *stürzen,* um den Rest sollen sich andere kümmern.

Den Untergang vor sich her schleifen, das fiel mir auch ein, es ist sicher noch viel angreifbarer als der stürzende Regen, denn man schleift nichts vor sich her, man schiebt

rationen, die als Anpassungs- und Austauschprozesse zwischen dem Individuum und der Umwelt aufzufassen sind. Im Kind entwickelt sich aus einfachen Operationen das Denken, selber eine Operation unterschiedlich komplexen, differenzierten und regelmäßigen Zuschnitts. Die Sprache wird nur als instrumentelle Funktion dieser Operationen gesehen. Nicht Sprache, sondern Anschauung und manuelles Tun bilden nach Piaget die Entwicklungsbasis des Denkens. Zwischen diesen Positionen hat sich eine Vielzahl weiterer Theorien über den Zusammenhang von Sprechen und Denken angesiedelt, (z.B. der Behaviorismus J.B. Watsons oder die Umstrukturierungstheorie des sowjetischen Psychologen L.S. Wygotski).

2. *Gibt es non-verbale Formen des Denkens?*
Unter diesem Gesichtspunkt wird besonders das Vorhandensein von Intelligenz bei Tieren untersucht, weil man sich daraus Aufschluss darüber erhofft, welche Rolle Signalsysteme bei der Kommunikation spielen und welcher besondere Stellenwert dabei dem menschlichen Zeichensystem Sprache zukommt. Weiter geht es um die Frage, ob Kommunikation immer einen Denkprozess benötigt und ob Denkprozesse auch nichtsprachlich ablaufen können. Auch das Problem des Übersetzens von einer Sprache in eine andere und den dabei gegebenen Möglichkeiten des Missverstehens oder gar Misslingens spielen hier herein.

3. *Auf welche Weise und in welchem Umfang erschließen Denken und Sprechen dem Menschen die Welt?*
Sprechen und Denken geschehen nie inhalts- oder bedeutungslos. Es erhebt sich also die Frage, ob durch Denken und Sprechen nur eine vorgefundene und bereits strukturierte Welt abgebildet werden kann, oder ob die vorgefundene ungeordnete Wirklichkeit erst durch den Zugriff des Denkens und Sprechens ihre Struktur erhält. Vielleicht kann sogar, mögliche Voraussetzung des sprachkünstlerischen Schaffens, mit Hilfe von Denken und Sprechen oder durch die Sprache eine neue Wirklichkeit geschaffen werden. Es geht also um den Handlungsspielraum, der sich dem Menschen durch Denken und Sprechen in der Wirklichkeit eröffnet, letztlich um die Frage, ob und wieweit Menschen durch Denken und Sprechen Welt und Wirklichkeit mitgestalten können.

4. *Welche Wirklichkeit erschließt sich dem Menschen durch Denken und Sprechen?*
Jeder Mensch gehört durch seine Sozialisationsbedingungen (Herkunft, Umwelt, Erziehung und Bildung) zu einer bestimmten Sprachgemeinschaft. Heißt das, dass er auch in eine Denkgemeinschaft eingegliedert ist? Es bestünde dann die Möglichkeit, dass der Mensch ohne sein Zutun Teilhaber an der mit dieser Sprache

vermittelten Weltanschauung wäre: Muss man „deutsch" denken, weil man deutsch spricht. Dabei erhebt sich auch die Frage nach der Wertorientierung oder negativ nach der Ideologisierung und Manipulation durch Sprache.

Der Zusammenhang zwischen Sprechen und Denken einerseits wie ihr je einzelnes und gemeinsames Verhältnis zur Wirklichkeit andererseits sind Forschungsgegenstände der Sprachpsychologie, der Sprachphilosopie und der modernen Sprachwissenschaft (Linguistik). Die Sprachpsychologie versteht sprachliches Geschehen vor allem als Vorgang des individuellen Erlebens und Verhaltens, erforscht also vorrangig die dispositionellen Grundlagen, die individuelle Wahrnehmung und das von dieser Wahrnehmung gesteuerte Handeln ermöglichen. Sprachphilosopie geht vor allem der Frage nach, welchen Einfluss die Sprache darauf hat, wie der Mensch die Welt sieht. Sie geht daher häufig von der Annahme aus, dass jede Sprache eine bestimmte Weltansicht enthalte, die ihrerseits das Denken derer lenke, die diese Sprache sprechen. Die Linguistik versucht Theorien über die Struktur der Sprache zu erstellen, diese aber auch durch empirische Verfahren zu bestätigen oder zu widerlegen. Die Psycholinguistik geht dabei mehr auf die Vorgänge beim individuellen Spracherwerb und Sprachgebrauch aus; die Soziolinguistik untersucht das Sprachverhalten von gesellschaftlichen Gruppen sowie mögliche Abhängigkeiten, die sich für die Sprache aus gesellschaftlichen Strukturen ergeben.

es oder man stößt es, Karren zum Beispiel oder Rollstühle, während man andere Dinge wie Kartoffelsäcke nachschleift, andere Dinge, keinesfalls Untergänge, die werden anders befördert. Ich weiß das und die bessere Wendung lag mir auch schon wieder auf der Zunge, aber nur um zu fliehen. Ich trauere ihr nicht nach. *Den Untergang vor sich her schleifen* oder besser *die Untergänge,* ich versteife mich nicht darauf, aber ich bleibe dabei. Ob man sagen kann *ich entscheide mich dafür* ist fraglich. Die bisherigen Sprachgebräuche lassen eine Entscheidung da, wo es sich nur mehr um eine Möglichkeit handelt, nicht zu. Man könnte sich darüber unterhalten, aber ich habe diese Unterhaltungen satt – sie werden meistens in Taxis auf den Wegen stadtauswärts geführt – und nehme meine angreifbaren Wendungen in Kauf.

Ich werde sie natürlich nicht anbringen können, aber sie tun mir Leid wie Souffleure und Opernglasfabrikanten, ich beginne eine Schwäche für das Zweit- und Drittbessere zu bekommen, vor dem sich das Gute ganz geschickt verbirgt, wenn auch nur im Hinblick auf das Viertbessere, dem Publikum zeigt es sich häufig. Das kann man nicht übel nehmen, das Publikum wartet ja auch darauf, das Gute hat keine Wahl. Oder doch? Könnte es sich nicht im Hinblick auf das Publikum verbergen und den schwächeren Möglichkeiten sein Gesicht zeigen? Das muss man abwarten. Ausreichende Devisen gibt es genug – das komplizierte Erlernbare – und wenn ich mich auf die nicht ausreichenden stütze, so ist das meine Sache.

Ich bin auch bei der Bildung von Zusammenhängen vorsichtig geworden. Ich sage nicht *während der Regen gegen die Fenster stürzt, schleifen wir die Untergänge vor uns her,* sondern ich sage *der Regen, der gegen die Fenster stürzt* und *die Untergänge vor sich her schleifen* und so fort. Niemand kann von mir verlangen, dass ich Zusammenhänge herstelle, solange sie vermeidbar sind. Ich bin nicht wahllos wie das Leben, für das mir auch die bessere Bezeichnung eben entflohen ist. Lassen wir es *Leben* heißen, vielleicht verdient es nichts Besseres. *Leben* ist kein besonderes Wort und *sterben* auch nicht. Beide sind angreifbar, überdecken statt zu definieren. Vielleicht weiß ich, warum. Definieren grenzt an Unterhöhlen und setzte dem Zugriff der Träume aus. Aber das muss ich nicht wissen. Ich kann mich heraushalten, ich kann mich sogar leicht heraushalten. Ich kann daneben bleiben. Sicher könnte ich *leben* so oft vor mir hersagen, bis mir davon übel würde und ich mich gezwungen sähe, zu einer anderen Bezeichnung überzugehen. Und *sterben* noch öfter. Aber ich tue es nicht. Ich schränke ein und schaue zu, damit bin ich genügend beschäftigt. Ich höre auch zu, aber das hat gewisse Gefahren. Dabei können einem leicht Einfälle unterlaufen. *Sammle den Untergang* hieß es unlängst, es klang wie ein Gebot. Das möchte ich nicht. Wenn es eine Bitte wäre, so wäre sie zu überlegen, aber Gebote jagen mir Angst ein. Deshalb bin ich auch zum Zweitbesseren übergegangen. Das Beste ist geboten. Deshalb. Ich lasse mir nicht mehr Angst machen, ich habe genug davon. Und noch mehr von meinen Einfällen, die gar nicht die meinen sind, weil sie sonst anders hießen. *Meine Ausfälle* kann es heißen, aber nicht *meine Einfälle.* Ach was, es kann alles heißen. Das haben wir zur Genüge erfahren. Die wenigsten können sich wehren. Sie kommen zur Welt und werden sofort von alledem umgeben, was sie zu umgeben nicht ausreicht. Ehe sie den Kopf wenden können, werden ihnen, begonnen bei ihrem eigenen Namen, Bezeichnungen zugemutet, die nicht zutreffen. Sie sind schon in den Schlafliedern leicht nachzuweisen. Später wird das massiver. Und ich? Ich könnte mich wehren. Ich könnte statt dem Erstbesten leicht dem Besten auf der Spur bleiben, aber ich tue es nicht. Ich will nicht auffallen, ich mische mich lieber unauffällig hinein. Ich schaue zu. Ich schaue zu, wie alles und jedes seine rasche, unzutreffende Bezeichnung bekommt, ich tue sogar seit kurzem mit. Der Unterschied ist nur: ich weiß, was ich tue. Ich weiß, dass die Welt schlechter ist als ihr Name und dass deshalb auch ihr Name schlecht ist.

Sammle den Untergang – das klingt mir zu gut. Zu scharf, zu genau, den späten Vogelschreien zu ähnlich, eine bessere Bezeichnung für die reine Wahrheit als die reine Wahrheit es ist. Damit könnte ich auffallen, aus meiner lange und schwer eroberten bescheidenen Stellung in der Phalanx der Benenner herausgehoben werden, meinen Zuschauerposten verlieren. Nein, das lasse ich. Ich bleibe bei meinem Regen, der gegen die Fenster stürzt, in der Nähe der zweckgebundenen Ammenmärchen – und wenn schon Untergänge, dann solche, die man vor sich her schleift. Das Letzte ist fast schon zu genau, vielleicht sollte man Untergänge überhaupt aus dem Spiel lassen. Sie sind dem, wofür sie stehen, zu nahe, stille Lockvögel, die die Norm umkreisen. Norm ist gut, Norm ist in jedem Fall ungenau genug. Norm und der Regen, der stürzt, alle Vor-, alle Nachnamen, das geht endlos und man bleibt der stille Zuschauer, der man sein möchte, aus der einen oder der anderen Richtung beifällig betrachtet, während man die Fäuste in den Taschen und die Untergänge bei sich selber lässt, fortlässt, sein lässt, das ist gut. Sein lassen ist schon wieder zu gut, zum Lachen gut, nein, weg mit den Untergängen, sie ziehen unerwünschte Genauigkeiten an und kommen in keinem Schlaflied vor.

Der Regen, der gegen die Fenster stürzt, da haben wir ihn wieder, den lassen wir, der lässt alles in seinem unzutreffenden Umkreis, bei ihm bleiben wir, damit *wir* wir bleibt, damit alles bleibt, was es nicht ist, vom Wetter bis zu den Engeln.

So lässt es sich leben und so lässt es sich sterben und wem das nicht ungenau genug ist, der kann es in dieser Richtung ruhig weiter versuchen. Ihm sind keine Grenzen gesetzt.

(v 1976)

Das Problem der Sprach- als Existenzkrise, des Misstrauens in die Mitteilbarkeit in der Sprache lässt sich auch satirisch-sarkastisch oder ironisch-humorvoll behandeln:

Text 8 **Karl Kraus (1874–1936): Stilblüten sammeln …**

sollte nur, wer ein Liebhaber ist. Sie auszujäten zeugt von einem schlechten Geschmack, von einem, der da wünscht, dass in der Zeitung nur korrekte Phrasen wachsen. Stilblüten sind die glücklichen Ausnahmen, denen wir in der Wüste der Erkenntnis begegnen. Und ist es nicht von einer ergreifenden Symbolik, wenn einer Zeitung der Satz gelingt:

„Sterbend wurde sie ins Spital gebracht, wo sie einem toten Kinde das Leben gab."

Geschieht das nicht unser aller gemeinsamen Liebsten, der Kultur? Sterbend wurde sie in die Redaktion gebracht und gebar die Phrase. Ach, wer doch dem toten Kind das Leben gäbe! Er würde die Mutter retten.

Text 9 **Peter Altenberg (1862–1919): Noch nicht einmal Splitter von Gedanken** [Auszug]

[…]

Als ich dem jungen Offizier mitteilte, ich hielte ihn für den Typus des „Eroberers" und beneidete ihn um sein Glück bei Frauen, erwiderte er: „Schau'ns, Peter, schau'ns, Glück gibt's nicht! Die, bei denen man Glück hat, da ist es doch kein Glück. Die hat man von selbst. Dort erst wäre es erst ein Glück, wo man k e i n Glück hat. Und g r a d d a hat man kein Glück!" […]

Die folgenden Texte geben Zusammenfassungen des Stands der wissenschaftlichen Forschung zu diesem Thema wieder:

Text 10 **Helmut Gipper: Gibt es ein sprachliches Relativitätsprinzip?** [Auszug]

[…] Das Denken jedes Menschen ist insofern ‚relativ' zu den Ausdrucksmöglichkeiten der verfügbaren Sprachsysteme und ihrer semantischen Strukturen, als es nur Gestalt gewinnen kann, indem es sich diesen gegebenen Bedingungen fügt. Abstraktes Denken auf höheren Stufen kann sich durch die Schaffung künstlicher Symbolsysteme von den Gemeinsprachen emanzipieren, ohne deshalb jedoch völlig sprachunabhängig zu werden. Denn hinter den Verstehenshorizont der Allgemeinsprache ist letztlich nicht zurückzugehen. Er bleibt letzte Bedingung der Möglichkeit von Verständigung und Verstehen.

‚Relativität' heißt hier also nicht mehr und nicht weniger als ‚in einer bestimmten Beziehung' stehen. ‚Relativität' und ‚relativ' sind hier wertneutrale Beziehungsbegriffe, die nicht mit pejorativen[1] Konnotationen belastet werden dürfen. Pejorativ wäre demgegenüber der Ausdruck Relativismus, der daher in diesem Zusammenhang tunlichst zu vermeiden ist.

Wenn menschliches Denken sich in Relation zu verfügbaren Sprachen objektiviert, so heißt dies aber nicht, dass es damit geistig determiniert wäre. ‚Relativität' bedeutet nicht ‚Determininismus'[2]. Der menschliche Geist hat die Freiheit, von den endlichen Mitteln der verfügbaren Sprachen einen unendlichen Gebrauch zu machen. Doch was er auch immer sprachlich zum Ausdruck bringen mag – nie kann er völlige Unabhängigkeit und Absolutheit erreichen. In diesem eingeschränkten und modifizierten Sinne darf von einem sprachlichen Relativitätsprinzip gesprochen werden. Dieses reißt keine unüberwindlichen Schranken zwischen den menschlichen Gesellschaften auf, die nach Verständigung streben und in einer Welt des Friedens leben wollen. Es macht vielmehr darauf aufmerksam, dass wahres Verstehen unmöglich ist, solange nicht die Bedingungen der Möglichkeit solchen Verstehens erkannt sind. Dazu gehört die Einsicht in die sprachlichen Voraussetzungen jedes Verstehens. Genauso wie Einsteins Einsichten die klassische Physik nicht außer Geltung gesetzt haben und gesicherter Erkenntnis nicht den Boden entziehen, sondern diese im Gegenteil erst ermöglichen, so kann auch die Berücksichtigung der Rolle der Sprachen im menschlichen Denk- und Erkenntnisprozess der Menschheit ein solideres Fundament für eine bessere Selbsterkenntnis und dauerhafte Verständigung schaffen helfen. Erst wenn die Menschen erkennen, inwiefern sie verschieden sind, erst wenn sie wissen, dass es viele gleichberechtigte ‚subjektive' Wege zu einer ‚objektiven' Wahrheit gibt und dass die Sprachen unentbehrliche Leitern zu diesem Gipfel sind, werden die Existenzprobleme, vor die sich die Menschheit immer drängender gestellt sieht, zu lösen sein. […] (v 1972)

1 pejorativ: verschlechternd, abschätzig

2 Der Determinismus: Lehre von der Abhängigkeit des menschlichen Willens von äußeren Ursachen, also seiner Unfreiheit

Arbeitsanregungen:

1. Versuchen Sie eigene Erfahrungen mit der Sprache (komische, ärgerliche, peinliche usw.) in kurzen Erzählungen darzustellen und das ihnen zugrunde liegende Phänomen zu benennen.

2. Untersuchen Sie in Arbeitsgruppen, wie in den Texten 1–9 Sprache aufgefasst und welche Bedeutung ihr zugemessen wird. Vergleichen Sie Ihre Ergebnisse mit Ihrer Interpretation des „Chandos-Briefs“ von Hofmannsthal.

3. a) Stellen Sie aus den Texten 10 und 11 die Ihnen wichtig erscheinenden Erkenntnisse zum Verhältnis von Sprechen und Denken zusammen.
   b) Vergleichen Sie diese Erkenntnisse mit Ihren Ergebnissen aus den Arbeitsanregungen 1 und 2.

4. Diskutieren Sie die folgenden Aussagen des Philosophen Ludwig Wittgenstein (1889–1951):
   a) „Der Satz zeigt die logische Form der Wirklichkeit“.
   „Die Angabe aller wahren Elementarsätze[1] beschreibt die Welt vollkommen“.
   „Alles, was überhaupt gedacht werden kann, kann klar gedacht werden. Alles, was sich aussprechen lässt, lässt sich klar aussprechen“.
   b) „Wir fühlen, dass selbst, wenn alle *möglichen* wissenschaftlichen Fragen beantwortet sind, unsere Lebensprobleme noch gar nicht berührt sind. Freilich bleibt dann eben keine Frage mehr; und eben dies ist die Antwort“.
   c) „Die Grenzen meiner Sprache bedeuten die Grenzen meiner Welt“.

---

[1] Elementarsätze: Nach Wittgenstein bestehen die Dinge nicht für sich selbst, sondern sie stehen in Zusammenhängen, sie bilden Sachverhalte. Es gibt sehr komplexe Sachverhalte, aber sie lassen sich immer auf einfache reduzieren. Sachverhalte lassen sich in Sätzen ausdrücken; komplexe Sachverhalte in komplexen Sätzen. Aber auch diese können auf einfache Sätze zurückgeführt werden, „die aus Namen in unmittelbarer Verbindung bestehen“.

Text 11 **Dieter E. Zimmer: So kommt der Mensch zur Sprache** [Auszug]

[...]
Von manchen, nein von vielen unserer Bewusstseinsinhalte lässt sich nur schwer oder gar nicht sprechen. Nicht weil es uns unangenehm wäre oder weil uns ein innerer Zensor abhielte. Wir können es einfach nicht. Wir können nicht beschreiben, wie ein Wein schmeckt, ein Parfum riecht, ein Schmerz sich anfühlt, eine musikalische Phrase klingt. Wir wissen es zwar, unter Umständen sogar ganz genau, aber die Erfahrung ist höchst frustrierenderweise nicht übersetzbar in Sprache oder nur auf eine unvollkommene und grobe Art. Was hindert uns?

Manchmal hindert uns die Grobschlächtigkeit der uns zu Gebote stehenden sprachlichen Kategorien. Ein Verhalten etwa, über das wir sprachlich urteilen sollen, mag für uns mehrere positive und gleichzeitig mehrere negative Seiten haben – wir müssen es am Ende in ein paar binäre Kategorien wie „gut“ oder „schlecht“, „moralisch“ oder „unmoralisch“ pressen. Unsere Einstellung zu einem anderen Menschen mag Hunderte von Facetten haben und sich über die Zeit hin vielfach verschieben – für ihr Resümee bietet uns die Sprache nur ungeschlachte Kategorien vom Schlage „Freundschaft“ oder „Rivalität“. Wir denken oft wohl weniger einfältig, als die Sprache es auszudrücken erlaubt.

Die sprachliche Ohnmacht aber hängt auch damit zusammen, dass unsere Sprache an auch nur mäßig komplexen analogen Repräsentationen in unserem Geist schmählich versagt. „Analog“ hier wiederum im Sinne der Computersprache gebraucht, als Gegenteil zu „digital“: Analog sind jene Repräsentationen, die die Erscheinungen der Außenwelt mit ihren fließenden Übergängen im Medium des Geistes nachbilden, sich überlagernd, changierend[1], unregelmäßig – und nicht in säuberliche, quasi geometrische Einheiten zerlegt, also quasi digital. Die unzählbaren, ineinander fließenden Farben des Regenbogens sind die Analogie, die sich unser Geist zu den gleitend sich verschiebenden Wellenlängen des Lichts bildet. Wenn er jedoch den gleitenden Übergang von b zu p nicht hört, sondern entweder b oder p, und alle b's oder p's gleich klingen, obwohl es da erhebliche, fließende Unterschiede gibt, so verfährt er eher „digital“ oder kategorisch[2]. Analog sind in unserm Kopf all die vielen „Bilder“ repräsentiert, die sichtbaren, aber auch die Hör-„Bilder“, die Fühl-„Bilder“, die Geruchs-„Bilder“, die Geschmacks-„Bilder“, kurz, die ganze sinnlich wahrgenommene Welt. [...]

Ganz sicher hilft die Sprache dem Denken ganz ungemein. Indem ein Konzept mit einem Wort belegt wird, wird es zu einer Art Gegenstand: Es existiert, auch wenn es gerade nicht gedacht wird, es erhält Dauer, man kann damit sehr leicht hantieren, ganze Gefüge von Konzepten zu neuen Aussagen zusammenstellen, man kann mit einem Wort ein Konzept in seinem Geist hervorrufen, man kann seine eigenen Konzepte mit anderen Menschen austauschen. Im Experiment wurde gezeigt, dass umfangreiche logische Probleme besser gelöst werden, wenn man während der Arbeit an ihnen alle seine Denkschritte verbalisiert. Die Erfindung der Sprache hat die denkerischen Möglichkeiten des Menschen gewiss potenziert. Und nur sprachlich gefasste Gedanken sind mitteilbar; alle anderen gehen mit dem, der sie denkt, zugrunde.

Die Sprache hält ihre Sprecher nicht gefangen; denken lässt sich auch, wofür die Sprache keine bequemen oder gar keine Mittel zur Verfügung stellt. Aber wofür fertige Ausdrucksmittel bereitstehen, lässt sich leichter denken; und wofür es sehr geläufige Ausdrucksmittel gibt am allerleichtesten.

Wenn verschiedene Sprachen nicht zu einem völlig verschiedenen Denken führen, so vor allem darum, weil sie alle auf einem ähnlichen Fundament ruhen. Die Grundbegriffe für die konkrete Welt und wahrscheinlich auch die Grundregeln ihrer grammatischen Verknüpfung sind für alle sehr ähnlich. Hier, bei den fundamentalen Kategorisierungen, werden alle Sprachen von ähnlichen kognitiven[3] Mechanismen geformt. So treiben die Sprachen nie allzu weit auseinander; Verständigung bleibt möglich. Bei den abstrakten Begriffen aber kann sie schon sehr schwierig sein. Und die Bedeutungsnuancen, die den Begriffen durch die Kulturgeschichte ihrer Benutzer zugewachsen sind, sind oft schlechthin unübersetzbar. [...]

Alles dies sind keine klaren, handlichen, endgültigen Wahrheiten. Eher sind es die Reflexe erster tastender Versuche, nicht durch reine Introspektion[4] und Spekulation, sondern erstmals mit den Methoden kontrollierter Empirie[5] in den unwegsamen Dschungel unseres Geistes vorzudringen, dorthin, wo sich Worte und Gedanken der Benennbarkeit und dem Bewusstsein entziehen. Erst seit wenigen Jahrzehnten sind die kognitiven Wissenschaften dabei, etwas Licht in diese überaus undurchschaubaren Verhältnisse zu bringen. Wenn auch das meiste unaufgeklärt bleibt, so haben sie gar nicht so wenig geschafft. Noch vor dreißig Jahren wäre eine plakative Parole wie „Sprache bestimmt das Denken“ schlechthin unüberprüfbar gewesen. [...]

(v 1986)

---

[1] changierend: schillernd
[2] kategorisch: unbedingt gültig
[3] kognitiv: die Erkenntnis betreffend
[4] Introspektion: Selbstbeobachtung
[5] Die Empirie: Erfahrung, Erfahrungswissenschaft

Literatur in der Weimarer Republik und im Exil

„Überhaupt die Jahre von 1912 bis 1933 waren ja wohl die großen Geniejahre, die letzten, die Deutschland hatte.“ – „Diese Jahre [1910–1914] und dann 1918 bis 1933 waren Deutschlands und Berlins wunderbarste, ich möchte sagen: Pariser Jahre, so voll von Talenten und so voll von Kunst. Wird nie wiederkommen.“
So urteilte Gottfried Benn in Briefen aus den Jahren 1951 und 1955 über die Literatur der zwanziger Jahre, deren Zusammenhang mit dem Umbruch der Jahrhundertwende er zugleich betont. Hat hier ein Beteiligter seine Zeit überschätzt, oder gibt dieses Urteil den wahren Sachverhalt wieder?

I. Eine Welt aus den Fugen

1. Widersprüchliche Bilder von einer widersprüchlichen Welt

Text 1 **Hans Carossa (1878–1956): Der alte Brunnen**

LÖSCH aus dein Licht und schlaf! Das immer wache
Geplätscher nur vom alten Brunnen tönt.
Wer aber Gast war unter meinem Dache,
Hat sich stets bald an diesen Ton gewöhnt.

Zwar kann es einmal sein, wenn du schon mitten
Im Traume bist, dass Unruh geht ums Haus,
Der Kies beim Brunnen knirscht von harten Tritten,
Das helle Plätschern setzt auf einmal aus,

Und du erwachst, – dann musst du nicht erschrecken!
Die Sterne stehn vollzählig überm Land,
Und nur ein Wandrer trat ans Marmorbecken,
Der schöpft vom Brunnen mit der hohlen Hand.

Er geht gleich weiter. Und es rauscht wie immer.
O freue dich, du bleibst nicht einsam hier.
Viel Wandrer gehen fern im Sternenschimmer,
Und mancher noch ist auf dem Weg zu dir.

(e 1924)

Text 2 **Erich Kästner (1899–1974): Monolog mit verteilten Rollen**
(Biografie, vgl. Einführung, S. 23)

Geht dein Fenster auch zum Hof hinaus?
So ein Hof ist eine trübe Welt.
Wo du hinsiehst, steht ein andres Haus.
Und der Blick ist wie ein Wild umstellt.

Und wie traurig wird das erst zur Nacht!
Alle schlafen schon. Nur du schläfst nicht.
Und der Hof umgibt dich wie ein Schacht.
Und drei Sterne sind das ganze Licht.

Dann geschieht es wohl, dass du erschrickst,
wenn du, gegenüber an der Wand,
einen Schatten, der dir winkt, erblickst.
Und du weichst zurück vor seiner Hand.

Doch wenn du zurückgewichen bist,
siehst du, dass auch er ins Dunkle trat.
Bis du merkst, dass es dein Schatten ist;
und du winktest selbst, wenn er es tat!

Und nun lächelst du. Und nickst ihm zu.
Beide Arme streckst du nach ihm aus.
Und er macht es ganz genau wie du.
Und sein Kopf ist größer als dein Haus.

Einmal bist du hier und einmal dort.
Und dir ist, als wärst du nicht allein.
Und du wagst dich nicht vom Fenster fort.
Denn dann würdst du wieder einsam sein.

Und du freust dich an dem Schattenspiel.
Und du wirst dem anderen fast gut.
Aber endlich wird's dir doch zu viel,
da er immer nur, was du tust, tut.

Keiner sah das nächtliche Duett,
nur im Hofe der verdorrte Strauch …
Und du gähnst betrübt. Und gehst ins Bett.
Und der andre drüben auch.

(v 1930)

Gottfried Benn wurde 1886 als Sohn eines Pfarrers in Mansfeld geboren. Nach dem Besuch des Gymnasiums in Frankfurt/Oder studierte Benn zunächst Theologie und Philosophie, seit 1905 Medizin in Berlin. Ab 1912 war er Dr. med. und arbeitete als Pathologe an verschiedenen Krankenhäusern in Berlin. 1912 und 1913 erschienen seine ersten Gedichtbände („Morgue und andere Gedichte" und „Söhne. Neue Gedichte"), die ihn zu einem der interessantesten und – von heute aus gesehen – wichtigsten expressionistischen Dichter machten.
Mit Ausbruch des Ersten Weltkriegs wurde Benn Militärarzt und lebte die folgenden Jahre vor allem in Brüssel. 1916 erschienen die Novellen „Gehirne", in denen ein Arzt namens Rönne den Zerfall der Wirklichkeit erlebt, 1917 der Sammelband „Fleisch. Gesammelte Lyrik", der die expressionistische Lyrik Benns zusammenfasste. Gleichzeitig entstanden einige kurze Dramen, in denen die Krise des Bewusstseins in teils surrealistischen, teils dadaistischen Formen auf grotesk-komische Weise dargestellt wird.
1917 wurde Benn aus dem Militärdienst entlassen und ließ sich als Facharzt für Haut- und Geschlechtskrankheiten in Berlin nieder. Nach schwerer existentieller und intellektueller Krise erschienen 1922 seine „Gesammelten Schriften", aber innerlich hatte er sich von diesen Werken seiner expressionistischen Phase bereits abgewandt.
In den wenigen Veröffentlichungen der folgenden Jahre vollzog sich die Wendung zu einer neuen Lyrik mit festeren Formen und – statt zeitkritischer Reflexionen – der Beschwörung eines archaischen Idealzustands, dessen Rekonstruktion in der zerfallenden Gegenwart nur im Gedicht möglich erscheint. Gleichzeitig suchte Benn in vielen Essays eine Klärung seiner poetischen Existenz, in der er sich auch zunehmend durch wirtschaftliche Probleme und ideologische Auseinandersetzungen bedrängt sah. Auf Angriffe durch linke Schriftsteller behauptete Benn in mehreren Antworten seinen Geschichtspessimismus und sein skeptisches Menschenbild. 1932 wurde er in die Preußische Akademie der Künste aufgenommen. In seiner Antrittsrede betonte Benn u.a. die „formfordernde Gewalt des Nichts".
Zum Entsetzen vieler erklärte sich Benn – als einziger deutscher Schriftsteller von Rang – in mehreren Schriften und Rundfunkreden der Jahre 1933/34 eindeutig für den nationalsozialistischen Staat. Bis heute ist nicht vollständig klar, wie dieses „Psychodrama", das „zu den merkwürdigsten Schauspielen [gehört], die die Geschichte der Literatur zu bieten hat" (O. Sahlberg), zu verstehen ist.

Text 3 Gottfried Benn (1886–1956): Sieh die Sterne, die Fänge

Sieh die Sterne, die Fänge
Lichts und Himmel und Meer,
welche Hirtengesänge,
dämmernde, treiben sie her,
du auch, die Stimmen gerufen
und deinen Kreis durchdacht,
folge die schweigenden Stufen
abwärts dem Boten der Nacht.

Wenn du die Mythen und Worte
entleert hast, sollst du gehn,
eine neue Götterkohorte
wirst du nicht mehr sehn,
nicht ihre Euphratthrone,
nicht ihre Schrift und Wand –
gieße, Myrmidone[1],
den dunklen Wein ins Land.

Wie dann die Stunden auch hießen,
Qual und Tränen des Seins,
alles blüht im Verfließen
dieses nächtigen Weins,
schweigend strömt die Äone[2],
kaum noch von Ufern ein Stück –
gib nun dem Boten die Krone,
Traum und Götter zurück.

(e 1927)

Text 4 Klabund (d.i. Alfred Henschke, 1890–1928): Ironische Landschaft

Gleich einem Zuge grau zerlumpter Strolche
Bedrohlich schwankend wie betrunkne Särge
Gehn Abendwolken über jene Berge,
In ihren Lumpen blitzen rote Sonnendolche.

Da wächst, ein schwarzer Bauch, aus dem Gelände
Der Landgendarm, dass er der Ordnung sich beflisse,
Und scheucht mit einem bösen Schütteln seiner Hände
Die Abendwolkenstrolche fort ins Ungewisse.

Text 5 Thomas Mann (1875–1955): Der Zauberberg. Roman [Auszug]

[...] Der Mensch ist Herr der Gegensätze, sie sind durch ihn, und also ist er vornehmer als sie. Vornehmer als der Tod, zu vornehm für diesen – das ist die Freiheit seines Kopfes. Vornehmer als das Leben, zu vornehm für dieses – das ist die Frömmigkeit in seinem Herzen. Da habe ich einen Reim gemacht, ein Traumgedicht vom Menschen. Ich will dran denken. Ich will gut sein. Ich will dem Tode keine Herrschaft einräumen über meine Gedanken! Denn darin besteht die Güte und Menschenliebe, und in nichts anderem. Der Tod ist eine große Macht. Man nimmt den Hut ab und wiegt sich vorwärts auf Zehenspitzen in seiner Nähe. Er trägt die Würdenkrause des Gewesenen, und selber kleidet man sich streng und schwarz zu seinen Ehren. Vernunft steht albern vor ihm da, denn sie ist nichts als Tugend, er aber Freiheit, Durchgängerei, Unform und Lust. Lust, sagt mein Traum, nicht Liebe. Tod und Liebe – das ist ein schlechter Reim, ein abgeschmackter, ein falscher Reim! Die Liebe steht dem Tode entgegen, nur sie, nicht die Vernunft, ist stärker als er. Nur sie, nicht die Vernunft, gibt gütige Gedanken. Auch Form ist nur aus Liebe und Güte: Form und Gesittung verständig-freundlicher Gemeinschaft und schönen Menschenstaats – in stillem Hinblick auf das Blutmahl. Oh, so ist es deutlich geträumt und gut regiert! Ich will dran denken. Ich will dem Tode Treue halten in meinem Herzen, doch mich hell erinnern, dass Treue zum Tode und Gewesenen nur Bosheit und finstere Wollust und Menschenfeindschaft ist, bestimmt sie unser Denken und Regieren. *Der Mensch soll um der Güte und Liebe willen dem Tode keine Herrschaft einräumen über seine Gedanken.* Und damit wach ich auf ... Denn damit hab ich zu Ende geträumt und recht zum Ziele. [...]

(v 1924)

[1] Myrmidone: Die M. waren die Gefolgsleute des griechischen Helden Achilleus im Trojanischen Krieg (Homer, „Ilias").
[2] Äon, -en: (griech.) langer Zeitraum, Weltalter, Ewigkeit

Text 6 **Hermann Hesse (1877–1962): Der Steppenwolf. Roman** [Auszug]

[...] Hermine sah mir zärtlich in die Augen, mit dem dunklen Blick, der so plötzlich bei ihr erscheinen konnte. Herrliche, furchtbare Augen! Langsam, die Worte einzeln suchend und nebeneinander stellend, sagte sie – so leise, daß ich mich anstrengen mußte, um es zu hören:

„Ich will dir heut etwas sagen, was ich schon lange weiß, und auch du weißt es schon, aber vielleicht hast du es dir selber noch nicht gesagt. Ich sage dir jetzt, was ich über mich und dich und über unser Schicksal weiß. Du, Harry, bist ein Künstler und Denker gewesen, ein Mensch voll Freude und Glauben, immer auf der Spur des Großen und Ewigen, nie mit dem Hübschen und Kleinen zufrieden. Aber je mehr das Leben dich geweckt und zu dir selber gebracht hat, desto größer ist deine Not geworden, desto tiefer bist du in Leiden, Bangigkeit und Verzweiflung geraten, bis an den Hals, und alles, was du einst Schönes und Heiliges gekannt und geliebt und verehrt hast, all dein einstiger Glaube an die Menschen und an unsre hohe Bestimmung, hat dir nicht helfen können und ist wertlos geworden und in Scherben gegangen. Dein Glaube fand keine Luft mehr zum Atmen. Und Ersticken ist ein harter Tod. Ist es richtig, Harry? Ist das dein Schicksal?"

Ich nickte, nickte, nickte.

„Du hattest ein Bild vom Leben in dir, einen Glauben, eine Forderung, du warst zu Taten, Leiden und Opfern bereit – und dann merktest du allmählich, daß die Welt gar keine Taten und Opfer und dergleichen von dir verlangt, daß das Leben keine heroische Dichtung ist, mit Heldenrollen und dergleichen, sondern eine bürgerliche gute Stube, wo man mit Essen und Trinken, Kaffee und Strickstrumpf, Tarockspiel und Radiomusik vollkommen zufrieden ist. Und wer das andere will und in sich hat, das Heldenhafte und Schöne, die Verehrung der großen Dichter oder die Verehrung der Heiligen, der ist ein Narr und ein Ritter Don Quichotte. Gut.

[...] Glaubst du, ich könne deine Augen vor dem Foxtrott, deinen Widerwillen gegen die Bars und Tanzdielen, dein Sichsträuben gegen Jazzmusik und all den Kram nicht verstehen? Allzu gut versteh ich sie, und ebenso deinen Abscheu vor der Politik, deine Trauer über das Geschwätz und verantwortungslose Getue der Parteien, der Presse, deine Verzweiflung über den Krieg, über den gewesenen und über die kommenden, über die Art, wie man heute denkt, liest, baut, Musik macht, Feste feiert, Bildung betreibt! Recht hast du, Steppenwolf, tausendmal recht, und doch mußt du untergehen. Du bist für diese einfache, bequeme, mit so wenigem zufriedene Welt von heute viel zu anspruchsvoll und hungrig, sie speit dich aus, du hast für sie eine Dimension zuviel. Wer heute leben und seines Lebens froh werden will, der darf kein Mensch sein wie du und ich. Wer statt Gedudel Musik, statt Vergnügen Freude, statt Geld Seele, statt Betrieb echte Arbeit, statt Spielerei echte Leidenschaft verlangt, für den ist diese hübsche Welt hier keine Heimat ..." [...]

(v 1927)

(Aus lizenzrechtlichen Gründen ist dieser Text nicht in reformierter Rechtschreibung abgedruckt.)

2. Rätselhaftigkeit der Welt und Sinnverlust des Lebens

Text 1 **Alfred Polgar (1873–1955): Verfall** [Auszug]

[...]

Die Menschen

Die Menschen machen böse Mienen zum selbst verschuldeten Spiel. Ihre zerlöcherten Seelen sind mit Zeitungspapier verklebt wie die zerlöcherten Fenster der Vorstadt, und schwankend im Winde gleich den Bogenlampen auf hohem Mast träumen sie, leer und blind wie jene, von versunkener Herrlichkeit. Sie sind voll bitterer Verneinung einer Gegenwart, die die logische Folge einer von ihnen durchaus bejahten Vergangenheit ist. Sie sind zugrunde gegangen an dem, was war, und klagen, dass es nicht mehr ist. Jede Schaufel Erde, die auf den Leichnam fällt, dessen Fäulnis und Verwesung ihre Luft verpestet, fällt ihnen aufs Herz. Sie ziehen das Mirakel der Wiederauferstehung den Strapazen der Neugeburt vor. Sie sind stehen geblieben und unerleuchtet wie die Uhren der Stadt. Sie sind mit ihrem Übermut und ihrer Depression, ihrer Lebenslust und ihrem Weltschmerz nicht nur Zeugen für den Verfall dieser Stadt, sondern auch Zeugen für solchen Verfalls strenge Logik und innere Notwendigkeit.

Die ewigen Sterne

Die ewigen Sterne über der Stadt sind in Ordnung. Die Schwingenspitzen des Schwans glänzen in alter Herrlichkeit, das W der Cassiopeia flammt in unverminderter Kraft, aus dem Gürtel des Orion ist kein Edelstein gebrochen, und glanzvoll aufgeschirrt, Räder

Aber seine Briefe lassen seit Mitte 1934 keinen Zweifel, dass er schlagartig diesen Irrtum bemerkte und sich entschieden von den Nationalsozialisten distanzierte, die ihn ohnedies längst zu attackieren begonnen hatten. Er zog sich von öffentlichen Positionen zurück, gab seine Arztpraxis auf und ließ sich 1935 als Militärarzt reaktivieren („eine aristokratische Form der Emigration"). 1938 wurde er mit einem Publikationsverbot belegt. Bis zum Ende des Zweiten Weltkriegs setzte er sich in mehreren Schriften mit der Herrschaft der Nationalsozialisten auseinander. Besonders der 1942 geschriebene Text „Zum Thema Geschichte" stellt eine „politisch-menschliche Ehrenrettung" (O. Sahlberg) Benns dar, wurde aber zu seinen Lebzeiten nicht veröffentlicht.

Mit den poetischen Produktionen dieser Jahre beginnt Benns Spätwerk: Neben den „Statischen Gedichten" (1948), in denen er eine von leiser Trauer durchwehte Zeitentrücktheit gestaltet, entwickelte er eine „absolute Prosa", in der er vor allem die Form des Inneren Monologs verwendet („Weinhaus Wolf", „Roman des Phänotyp"). Nach 1945 gehörte Benn wegen seines „Großen Irrtums" wieder zu den Geächteten, das Publikationsverbot blieb zunächst bestehen. Diese Zeit hat Benn in seiner Altersnovelle „Der Ptolemäer" (1949) überzeugend gestaltet. Ab 1949 erschien in rascher Folge das Spätwerk: Gedichte, erzählende Prosa, Essays, autobiografische Schriften, Briefe. 1951 erhielt Benn den angesehenen Büchner-Preis. Damit begann die kurze Phase des späten Ruhms. 1956 starb Benn plötzlich.

Arbeitsanregungen:

1 Vergleichen Sie die Gedichte (Texte 1–4), indem Sie
  a ihre Thematik herausarbeiten;
  b das „Traditionelle" und „Moderne" in ihnen aufzuspüren und zu bestimmen suchen.

2 Die beiden Romanausschnitte (Text 5 und 6) geben summarische Lebenseinsichten wieder.
  a Fassen Sie diese Einsichten in wenigen Sätzen zusammen und bestimmen Sie das Menschenbild, von dem sie geprägt werden.
  b Diskutieren Sie die Folgen, die sich aus diesen Einsichten für den Einzelnen ergeben und nehmen Sie dazu aus Ihrer Sicht Stellung.

Feuilleton (franz. „Beiblättchen" [einer Zeitung] von feuille „Blatt"): Der sog. Kulturteil einer Zeitung mit Nachrichten, Kommentaren, Kritiken, Glossen usw. aus dem Kultur- und Geistesleben, sowie Buchbesprechungen (Rezensionen), populär-wissenschaftlichen Beiträgen und einem Unterhaltungsteil, zu dem meist auch ein Fortsetzungsroman gehört. Der Erfinder des Feuilletons ist der französische Abbé J.L. de Geoffroy, der seit 1800 seinem „Journal des Débats" ein Beiblatt kulturellen Inhalts beilegte, das so beliebt wurde, dass es 1801 zum integrierten Bestandteil des

Blattes wurde, von den anderen Informationen durch einen dicken schwarzen Strich getrennt („unter'm Strich"). 1831 übernahm diese Form der „Nürnberger Correspondent" als erste deutsche Zeitung. In Deutschland wurde das Feuilleton sehr bald zu einem wichtigen Instrument der Kritik an den gesellschaftlichen und politischen Verhältnissen im deutschen Vormärz, weil man in diesem Zeitungsteil die Zensur leichter umgehen oder irreführen konnte.
Das Feuilleton im engeren Sinne ist ein essayhafter, aber meist subjektiver, auf Information und Unterhaltung gleichermaßen bedachter, eher skizzenhafter, auf elegante und witzige Formulierungen angelegter betrachtender Beitrag im Kulturteil einer Zeitung. Das Feuilleton hatte seine Höhepunkte im Vormärz (Heine, Börne u.a.) sowie seit der Jahrhundertwende bis zum Ende der Weimarer Republik (Egon Friedell, Alfred Kerr, Alfred Polgar, Kurt Tucholsky, Joseph Roth u.a.).
Als *„Feuilletonismus"* wird eine Denk- und Schreibweise bezeichnet, die oberflächlich und auf schnelle Wirkung bedacht ist; in der Argumentation wenig durchdacht, im Stil auf brillant-effektvolle Formulierung angelegt, bewirkt der Feuilletonismus eher die emotionale Zustimmung des Lesers als seine wirkliche Überzeugung. H. Hesse verurteilte in seinem Roman „Glasperlenspiel" das 20. Jahrhundert in diesem Sinne als *„feuilletonistisches Zeitalter"*.

und Deichsel von lauterem Gold, steht der große Wagen auf seinem Standplatz. Unser Sternenzelt ist noch intakt.
Von der anderen Kant'schen Gewissheit, dem Sittengesetz in der Brust, möchte ich das nicht so sicher behaupten.

(1919)

Text 2 Franz Kafka (1883–1924): Das Stadtwappen

Anfangs war beim babylonischen Turmbau alles in leidlicher Ordnung; ja, die Ordnung war vielleicht zu groß, man dachte zu sehr an Wegweiser, Dolmetscher, Arbeiterunterkünfte und Verbindungswege, so als habe man Jahrhunderte freier Arbeitsmöglichkeit vor sich. Die damals herrschende Meinung ging sogar dahin, man könne gar nicht langsam genug bauen; man musste diese Meinung gar nicht sehr übertreiben und konnte überhaupt davor zurückschrecken, die Fundamente zu legen. Man argumentierte nämlich so: Das Wesentliche des ganzen Unternehmens ist der Gedanke, einen bis in den Himmel reichenden Turm zu bauen. Neben diesem Gedanken ist alles andere nebensächlich. Der Gedanke, einmal in seiner Größe gefasst, kann nicht mehr verschwinden; solange es Menschen gibt, wird auch der starke Wunsch da sein, den Turm zu Ende zu bauen. In dieser Hinsicht aber muss man wegen der Zukunft keine Sorgen haben, im Gegenteil, das Wissen der Menschheit steigert sich, die Baukunst hat Fortschritte gemacht und wird weitere Fortschritte machen, eine Arbeit, zu der wir ein Jahr brauchen, wird in hundert Jahren vielleicht in einem halben Jahr geleistet werden und überdies besser, haltbarer. Warum also schon heute sich an die Grenze der Kräfte abmühen? Das hätte nur dann Sinn, wenn man hoffen könnte, den Turm in der Zeit einer Generation aufzubauen. Das aber war auf keine Weise zu erwarten. Eher ließ sich denken, dass die nächste Generation mit ihrem vervollkommneten Wissen die Arbeit der vorigen Generation schlecht finden und das Gebaute niederreißen werde, um von neuem anzufangen. Solche Gedanken lähmten die Kräfte, und mehr als um den Turmbau kümmerte man sich um den Bau der Arbeiterstadt. Jede Landsmannschaft wollte das schönste Quartier haben, dadurch ergaben sich Streitigkeiten, die sich bis zu blutigen Kämpfen steigerten. Diese Kämpfe hörten nicht mehr auf; den Führern waren sie ein neues Argument dafür, dass der Turm auch mangels der nötigen Konzentration sehr langsam, oder lieber erst nach allgemeinem Friedensschluss gebaut werden sollte. Doch verbrachte man die Zeit nicht nur mit Kämpfen, in den Pausen verschönerte man die Stadt, wodurch man allerdings neuen Neid und neue Kämpfe hervorrief. So verging die Zeit der ersten Generation, aber keine der folgenden war anders, nur die Kunstfertigkeit steigerte sich immerfort und damit die Kampfsucht. Dazu kam, dass schon die zweite oder dritte Generation die Sinnlosigkeit des Himmelsturmbaus erkannte, doch war man schon viel zu sehr miteinander verbunden, um die Stadt zu verlassen.
Alles was in dieser Stadt an Sagen und Liedern entstanden ist, ist erfüllt von der Sehnsucht nach einem prophezeiten Tag, an welchem die Stadt von einer Riesenfaust in fünf kurz aufeinander folgenden Schlägen zerschmettert werden wird. Deshalb hat auch die Stadt die Faust im Wappen.

(1920)

Text 3 Robert Walser (1878–1956): Ovation

Stelle dir, lieber Leser, vor, wie schön, wie zauberhaft das ist, wenn eine Schauspielerin, Sängerin oder Tänzerin durch ihr Können und durch die Wirkung desselben ein ganzes Theaterpublikum zu stürmischem Jubel hinreißt, dass alle Hände in Bewegung gesetzt werden und der schönste Beifall durch das Haus braust. Stelle dir vor, dass du selber mit hingerissen seiest, der Glanzleistung deine Huldigung darzubringen. Von der umdunkelten, dicht bevölkerten Galerie herab hallen, Hagelschauern ähnlich, Beifallskundgebungen herab, und gleich dem rieselnden Regen regnet es Blumen über die Köpfe der Leute auf die Bühne, von denen einige von der Künstlerin aufgehoben und, glücklich lächelnd, an die Lippen gedrückt werden. Die beglückte, vom Beifall wie von einer Wolke in die Höhe gehobene Künstlerin wirft dem Publikum, als wenn es ein kleines, liebes, artiges Kind sei, Kusshand und Dankesgeste zu, und das große und doch kleine Kind freut sich über diese süße Gebärde, wie eben nur immer Kinder sich freuen können. Das Rauschen bricht bald in Toben aus, welches sich wieder ein wenig zur Ruhe legt, um gleich darauf von neuem wieder auszubrechen. Stelle dir die goldene, wenn nicht diamantene Jubelstimmung vor, die wie ein sichtbarer göttlicher Nebelhauch den Raum erfüllt. Kränze werden geworfen, Buketts; und ein schwärmerischer Baron ist vielleicht da, der ganz dicht am Rand der Bühne steht, den Schwärmerkopf bei der Künstlerin kleinen, kostbaren Füßen. Nun, und dieser adlige Begeisterungsfähige legt vielleicht dem umschwärmten und umjubelten Kinde eine Tausendmarknote unter das bestrickende Füßchen. „Du Einfaltspinsel, der du bist, behalte du doch deine Reichtümer!“ Mit solchem Wort bückt sich das Mädchen, nimmt die Banknote und wirft sie verächtlich lächelnd dem Geber wieder zurück, den die Scham beinahe erdrückt. Stelle dir das und andres recht lebhaft vor, unter anderm die Klänge des Orchesters, lieber Leser, und du wirst gestehen müssen, dass eine Ovation etwas Herrliches ist. Die Wangen glühen, die Augen leuchten, die Herzen zittern, und die Seelen fliegen in süßer Freiheit, als Duft, im Zuschauerraum umher, und immer wieder muss der Vorhangmann fleißig den Vorhang hinaufziehen und herunterfallen lassen, und immer wieder muss sie hervortreten, die Frau, die es verstanden hat, das ganze Haus im Sturm für sich zu gewinnen. Endlich tritt Stille ein, und das Stück kann zu Ende gespielt werden.

(e 1916)

Text 4 Franz Kafka (1883–1924): Auf der Galerie

Wenn irgendeine hinfällige, lungensüchtige Kunstreiterin in der Manege auf schwankendem Pferd vor einem unermüdlichen Publikum vom peitschenschwingenden erbarmungslosen Chef monatelang ohne Unterbrechung im Kreise rundum getrieben würde, auf dem Pferde schwirrend, Küsse werfend, in der Taille sich wiegend, und wenn dieses Spiel unter dem nichtaussetzenden Brausen des Orchesters und der Ventilatoren in die immerfort weiter sich öffnende graue Zukunft sich fortsetzte, begleitet vom vergehenden und neu anschwellenden Beifallsklatschen der Hände, die eigentlich Dampfhämmer sind – vielleicht eilte dann ein junger Galeriebesucher die lange Treppe durch alle Ränge hinab, stürzte in die Manege, rief das: Halt! durch die Fanfaren des sich immer anpassenden Orchesters.

Da es aber nicht so ist; eine schöne Dame, weiß und rot, hereinfliegt, zwischen den Vorhängen, welche die stolzen Livrierten vor ihr öffnen; der Direktor, hingebungsvoll ihre Augen suchend, in Tierhaltung ihr entgegenatmet; vorsorglich sie auf den Apfelschimmel hebt, als wäre sie seine über alles geliebte Enkelin, die sich auf gefährliche Fahrt begibt; sich nicht entschließen kann, das Peitschenzeichen zu geben: schließlich in Selbstüberwindung es knallend gibt; neben dem Pferde mit offenem Munde einherläuft; die Sprünge der Reiterin scharfen Blickes verfolgt; ihre Kunstfertigkeit kaum begreifen kann; mit englischen Ausrufen zu warnen versucht; die reifenhaltenden Reitknechte wütend zu peinlichster Achtsamkeit ermahnt; vor dem großen Salto mortale das Orchester mit aufgehobenen Händen beschwört, es möge schweigen; schließlich die Kleine vom zitternden Pferde hebt, auf beide Backen küsst und keine Huldigung des Publikums für genügend erachtet; während sie selbst, von ihm gestützt, hoch auf den Fußspitzen, vom Staub umweht, mit ausgebreiteten Armen, zurückgelehntem Köpfchen ihr Glück mit dem ganzen Zirkus teilen will – da dies so ist, legt der Galeriebesucher das Gesicht auf die Brüstung und, im Schlussmarsch wie in einem schweren Traum versinkend, weint er, ohne es zu wissen.

(e 1916/17)

M1 Interpretationsansätze

Die Aufforderung einen Text zu „interpretieren“ begegnet Ihnen im Deutschunterricht ständig und hat sicher auch schon Ihren Unwillen erregt. Soll nicht der literarische Text sich unmittelbar mitteilen, will er nicht eine Botschaft aussprechen? Stattdessen hat man den Eindruck, literarische Texte seien geradezu darauf aus, etwas zu verbergen, statt es zu offenbaren. Sie wissen den Grund für diesen Sachverhalt: Alles Sprechen ist mehrdimensional, vielschichtig. Es gibt keine „einfachen“ Botschaften, denn immer enthalten diese Botschaften erklärte und unerklärte, bewusste und unbewusste Gründe und Absichten, die sich aus der Person des Sprechers, ihrer Geschichte, ihrer Persönlichkeitsstruktur und einer Fülle situativer Bedingungen ergeben. Auch für den künstlerischen Text gilt das, für ihn sogar in besonderem Maße. Er enthält nicht nur eine Mitteilungsschicht, sondern immer auch eine Bedeutungsschicht, die sich der Leser erst erschließen muss. In ihr sind der Sprechanlass und die Sprechabsicht des Autors ebenso vorhanden wie die ihn ausmachenden psychologischen und historischen Bedingungen. Interpretieren heißt demnach „erklären, auslegen“ und meint einen Vorgang, der die Bewusstmachung der Bedeutungsschicht eines Textes in einem Leser zum Ziel hat. Die bloße Reflexion über den Text reicht dazu nicht aus, es bedarf einer Methode. Die Kombination von beidem nennen wir Interpretation. Je differenzierter die Methode, so darf man annehmen, desto umfassender die Erkenntnisse über den Text. Lichtenberg, ein Aphoristiker der Aufklärung, hat das so ausgedrückt: „Wenn ein Buch und ein Kopf zusammenstoßen und es klingt hohl, ist das allemal im Buch?“. Der Umstand, dass das Kunstwerk sich erst in der Begegnung mit einem Leser erschließt, lässt auch verstehen, warum unterschiedlich richtiges und vollständiges Verstehen eines Textes möglich ist.

Arbeitsanregungen:

1. Skizzieren Sie das Menschenbild, das Polgar (Text 1) entwirft. Vergleichen Sie diesen Text mit den Texten 5 und 6 (Th. Mann und H. Hesse, S. 334f.).

2. Bei Text 1 handelt es sich um einen Ausschnitt aus einem Feuilleton.
[a] Beschreiben Sie, in welchem Verhältnis Inhalt und Form zueinander stehen.
[b] Stellen Sie die Gestaltungsmittel zusammen, deren der Autor sich bedient.

3. Finden Sie ein Thema für ein von Ihnen zu schreibendes Feuilleton:
Welche Bedingungen muss es erfüllen? Bearbeiten Sie es, indem Sie Ihre Kenntnisse über das Feuilleton anwenden.

4. [a] Erarbeiten Sie den Aufbau von Text 2, und bestimmen Sie die Eigenart der Teile.
[b] Vergleichen Sie den Kafka-Text mit der biblischen Geschichte vom Turmbau zu Babel (1. Moses/Genesis 11, 1–9).
[c] Bestimmen Sie die Textsorte von Text 2 und beschreiben Sie deren Eigenarten. Erklären Sie von da aus den Schluss des Kafka-Textes.

5. Kafka hat Walsers Text „Ovation“ (Text 3) nachweislich gekannt, als er seine Parabel „Auf der Galerie“ schrieb.
[a] Zeigen Sie, wie Kafka Walsers Geschichte verändert hat.
[b] Versuchen Sie den Unterschied zwischen Text 3 und Text 4 als Ausdruck einer Bewusstseinsveränderung zu verstehen.

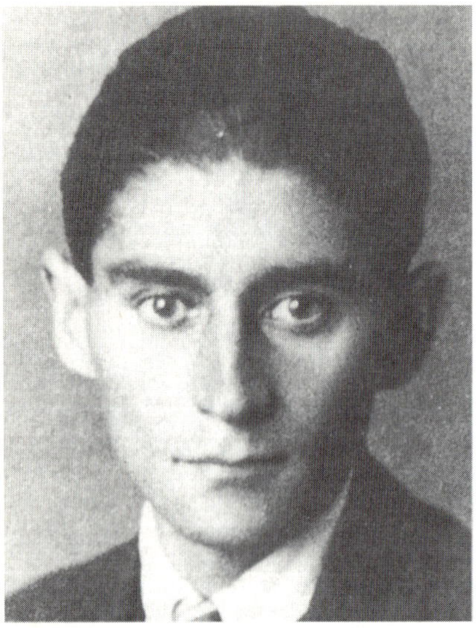

Franz Kafka wurde am 3. 7. 1883 als Sohn eines tschechisch-jüdischen Vaters und einer deutsch-jüdischen Mutter geboren, gehörte somit allen drei im damaligen Prag vertretenen Völkern an. Die Eltern waren von einem starken Willen zum materiellen Erfolg geprägt und ständig auf sozialen Aufstieg bedacht, besonders der Vater bevormundete den sensiblen und introvertierten Sohn, der sich doch zeitlebens nicht von der als Einengung empfundenen Familie trennen konnte („Brief an den Vater", November 1919). Nach dem Besuch des humanistischen Gymnasiums studierte Kafka Jura und hatte 1907 mit Staatsexamen, Doktordiplom und Referendarjahr alle Voraussetzungen für eine erfolgreiche Berufslaufbahn erworben. Er wurde Versicherungsangestellter, zuerst in einer privaten, seit 1908 in der halbstaatlichen „Arbeiter-Versicherungs-Anstalt für das Königreich Böhmen in Prag". Er stieg rasch in eine leitende Stellung auf, in der er die Welt der Arbeit erlebte, weil er Industriebetriebe in Gefahrenklassen einzuteilen hatte. Die Situation der Arbeiter, das Gefühl des Ausgeliefertseins des modernen Menschen an Mächte, die er als anonym erlebt, waren ihm eine tägliche Berufserfahrung. Aber sein Beruf war ihm „unerträglich, weil er meinem einzigen Verlangen, und meinem einzigen Beruf, das ist die Literatur, widerspricht".
Kafka schloss sich einem Kreis Prager Literaten an, von denen Max Brod als Freund und späterer Nachlassverwalter eine große Bedeutung gewann. Aber anders als seine Freunde veröffentlichte er nur sehr wenig, teils weil seine Texte den hohen Anforderungen an sich selbst nicht genügten, teils weil sie ihm zu sehr von autobiografischem Interesse bestimmt schienen, aber gerade das war für ihn der Hauptantrieb zum Schreiben. An seiner ältesten erhaltenen Erzählung „Beschreibung eines Kampfes" hatte er von 1902 bis 1910 gearbeitet; sie enthält schon alle Themen und Darstellungsmittel, die auch seine späteren Werke ausmachen: Aus Bruchstücken seiner Wirklichkeitserfahrung baut er eine Welt der Selbstentfremdung des Menschen, der Lebens- und Existenzangst, der Unterworfenheit unter anonyme Mächte, der Orientierungslosigkeit und des Alptraums. Damit ist aber sein Werk nur unzulänglich gekennzeichnet, gerade Kafkas Texte verfügen über eine Vielschichtigkeit, die viele Bedeutungen eröffnet. 1912 schrieb Kafka in einer einzigen Nacht seine Erzäh-

Am Beispiel eines Kafka-Texts soll Ihnen gezeigt werden, dass es unterschiedliche Interpretationsansätze gibt, dass sie zu unterschiedlichen Ergebnissen führen und dass sie unterschiedliche „Reichweiten" haben.

Text 5 Franz Kafka: Gibs auf

Es war sehr früh am Morgen, die Straßen rein und leer, ich ging zum Bahnhof. Als ich eine Turmuhr mit meiner Uhr verglich, sah ich, dass es schon viel später war, als ich geglaubt hatte, ich musste mich sehr beeilen, der Schrecken über diese Entdeckung ließ mich im Weg unsicher werden, ich kannte mich in dieser Stadt noch nicht sehr gut aus, glücklicherweise war ein Schutzmann in der Nähe, ich lief zu ihm hin und fragte ihn atemlos nach dem Weg. Er lächelte und sagte: „Von mir willst du den Weg erfahren?" „Ja", sagte ich, „da ich ihn selbst nicht finden kann." „Gibs auf, gibs auf", sagte er und wandte sich mit einem großen Schwunge ab, so wie Leute, die mit ihrem Lachen allein sein wollen.

(e 1922)

Text 6 Heinz Politzer: Eine Parabel Kafkas – Versuch einer Interpretation

[...] Nicht nur in der Wahl seiner Thematik, sondern auch in der Art seiner Darstellung ist Kafka ein Meister der offenen Form. Wer immer seinen vieldeutigen Gebilden einen eindeutigen Sinn abziehen will, erhält, wie der Mann von dem Schutzmann unserer Anekdote, eine Frage als Antwort zurück.
Dies ist leicht zu erweisen, indem wir diese Geschichte kurz den drei landläufigen Methoden der Kafka-Kritik unterziehen: der historischen, der psychologischen und der religiösen. Historisch gesehen, leidet der Mann, der die Stadt um jeden Preis verlassen will, an einer akuten Klaustrophobie[1], von der Kafka fast während seines ganzen Lebens besessen war. „Weg von hier – das ist mein Ziel", heißt es in der Nachbargeschichte unserer Anekdote „Der Aufbruch". Als deutscher Jude im tschechischen Prag lebte Kafka in einem dreifachen Getto, dem jüdischen zuerst, das seinerseits von aufsässigen Slawen umgeben war, um die als ein dritter Wall die Verwaltung der altösterreichischen Beamtenschaft gezogen war, die bis 1918 im Namen Habsburgs Prag regierte. Auch Kafka „kannte sich in dieser Stadt noch nicht sehr gut aus", obgleich er, zum Unterschied von dem Mann in unserer Geschichte, dort geboren war; die deutsche Sprache trennte ihn von den Tschechen, aus denen sich die Bediensteten und Angestellten seines Vaters rekrutierten und aus deren Mitte ihm gegen Ende seines Lebens die passionierte Milena Jesenská entgegentrat; sein Judentum hielt ihn der österreichischen Oberschicht entfremdet, welche die Stadt nach den Grundsätzen und Vorurteilen der überalterten Monarchie verwaltete. Kafka war sich dieser „Historizität" seines persönlichen Lebens gelegentlich selbst bewusst geworden. So schreibt er am 13. Januar 1921 an Max Brod über seine „augenblickliche innere Situation": „Sie erinnert ein wenig an das alte Österreich. Es ging ja manchmal ganz gut, man lag am Abend auf dem Kanapee im schön geheizten Zimmer, das Thermometer im Mund, den Milchtopf neben sich und genoss irgendeinen Frieden, aber es war nur irgendeiner, der eigene war es nicht. Eine Kleinigkeit nur, ich weiß nicht, die Frage des Trautenauer Kreisgerichtes war nötig und der Thron in Wien fing zu schwanken an, ein Zahntechniker ... studiert halblaut auf dem oberen Balkon und das ganze Reich, aber wirklich das ganze, brennt mit einem Mal."
Aus dieser Sphäre erschütterter Autorität tritt dann auch unser Schutzmann hervor als das Sinnbild eines Staatswesens, das sich zwar in der äußeren Form seiner Ämter noch aufrecht erhielt, in allem Wesentlichen aber außerstande war, dem einfachen Untertanen Auskunft, geschweige denn Schutz zu gewähren. Des Polizisten Überraschung über die Frage des Mannes liest sich so als Eingeständnis der Ausweglosigkeit von Österreichs politischem Schicksal, sein „Gibs auf" als das Todesurteil, das ein zu „farbenvollem Untergang" (Stefan George) bestimmtes Imperium über sich selbst und seinen Bürger verhängt. Doch lässt Kafka das Verhältnis von Mann und Schutzmann, Hauptfigur und Amtsperson, von Mensch und Gesellschaft durchaus bewusst so offen, dass eine historische Deutung, wie die E. B. Burgums, Kafkas Helden als Protofaschisten, eine andere, wie die Paul Reimanns, sie als Protokommunisten bezeichnen konnte. Eine These, die sich so leicht ins Extrem verzerren lässt, bleibt wohl auch in ihrem Zentrum unhaltbar und stellt mehr Fragen, als sie beantworten kann.
Psychologisch interpretiert, ist unsere Anekdote zunächst eine Studie der Neurasthenie[2]. Dreimal versagen unserem Mann die Nerven: wenn er sein Zuspätkommen entdeckt, wenn ihn der Schutzmann mit seiner Gegenfrage mystifiziert und wenn er am Ende in die Ohnmacht völligen Schweigens zurücksinkt. Uralte Ängste liefern ihn Situationen aus, die er gar nicht erst zu meistern versucht: die Angst, es sei zu spät, welche ja nur

1 Die Klaustrophobie (lat./gr.): krankhafte Angst in geschlossenen Räumen
2 Die Neurastenie: Nervenschwäche

eine Form der Furcht vor dem Tode ist, der dem Leben ein Ziel setzt, ehe noch der Weg ans Ende gegangen und die Frucht geerntet ist; eine Angst, die sich in Kafkas Fall auch bewahrheitete, da er mit 41 Jahren starb und sein Werk als Bruchwerk zurückließ. Dazu tritt die Angst vor dem Schutzmann, der ihm den Weg versperrt, den er ihm hätte weisen sollen. Auf der Ebene der Psychologie ist dies eine Allegorie von Kafkas Vater und der Erziehung, die dieser ihm zuteil werden ließ. Der lange Brief, in dem Kafka im Jahre 1919 seinem Vater gegenüber Rechenschaft ablegte, bietet Lebensmaterial genug für unsere Geschichte. [...] Danach versperrte hinter der Gestalt des Polizisten die hünenhaft aufgereckte Traumfigur des Vaters dem Sohn den Weg in jenes normale Leben, der Kafka immer mehr als der einzig gangbare, der wahre erschien, meldeten sich im „Gibs auf" des Vatersymbols Kafkas Zweifel an seiner eigenen Männlichkeit zu Gehör. Denn wohl konnte er an den Vater schreiben: „Heiraten, eine Familie gründen, alle Kinder, welche kommen, hinnehmen, in dieser unsicheren Welt erhalten oder gar noch ein wenig führen, ist meiner Überzeugung nach das Äußerste, das einem Menschen überhaupt gelingen kann", dann aber sinkt er, wie der Mann vor dem Schutzmann, vor seinem Vater zurück, wenn er diesem entgegenruft: „So wie wir (beide) sind, ist mir das Heiraten dadurch verschlossen, dass es gerade dein eigenstes Gebiet ist."

[...]

(Es) wird sich immerhin sagen lassen, dass die psychologische Deutung diejenige war, die Kafkas Generation – und wohl gelegentlich auch ihm selbst – nahe liegen musste. [...] Vor einer solchen Deutung ist es dann freilich nur mehr ein kurzer Schritt zu einer religiösen Interpretation. In dieser stellt der Schutzmann nicht mehr die Figur des leiblichen Vaters dar, sondern erscheint als der Sendling einer spirituellen Sphäre, die der menschlichen nichts anderes mitzuteilen hat als das Gebot, „es aufzugeben", und sich sodann majestätisch den eigenen Obliegenheiten zuwendet. Das Fremdgefühl des Menschen auf dieser Erde, die Unvertrautheit des Mannes mit der Stadt, erhalten nun einen metaphysischen Sinn. Namenlos und allgemein zugleich wie der Jedermann im spätmittelalterlichen Mysterienspiel, wird dieser Mann inmitten seiner Erdenzeit von der Ewigkeit angetreten, wenn er die eigne Uhr mit jener auf dem Turm vergleicht. Nur eben dass die Ewigkeit diesem Mann weder Auskunft noch Schutz bieten kann, und zwar jener Unruhe wegen, die in seinem Innern wirkt, ihn zur Abreise treibt und damit schon seinen ersten Schritt zum Fehltritt werden lässt – und „es ist niemals gutzumachen". „Es gibt zwei menschliche Hauptsünden", notiert Kafka in den Betrachtungen, „aus welchem sich alle andern ableiten: Ungeduld und Lässigkeit. Wegen der Ungeduld sind sie aus dem Paradies vertrieben worden, wegen der Lässigkeit kehren sie nicht zurück. Vielleicht aber gibt es nur eine Hauptsünde: die Ungeduld. Wegen der Ungeduld sind sie vertrieben worden, wegen der Ungeduld kehren sie nicht zurück." Diese Ungeduld ist mystischer Natur; sie bestürmt das Gottesreich um seine Wiederkehr; aber gerade um ihretwillen bleibt das Jenseits dem Diesseits verschlossen. [...]

Die Schwäche dieser drei Deutungen liegt nun nicht etwa darin, dass sie einander ausschlössen, sondern im Gegenteil in der Tatsache, dass sie, zusammengenommen und übereinander gehalten, der Bedeutungsfülle, die sich in unserer Geschichte verbirgt, nicht gerecht zu werden vermögen.

lung „Das Urteil", die 1913 im Druck erschien und seinen Ruhm begründete. „Nur so kann geschrieben werden, nur in einem solchen Zusammenhang [...] wie eine regelrechte Geburt mit Schmutz und Schleim". Die folgenden Jahre waren bestimmt durch die Entstehung des Romans „Der Prozess" und die Beziehung zu Felice Bauer, mit der sich Kafka zweimal verlobte, ehe er die Bindung Ende 1917 wegen einer bei ihm festgestellten offenen Tuberkulose endgültig löste. Neben der Arbeit am „Prozess", der heute als sein Hauptwerk angesehen wird, schrieb Kafka eine Reihe von Erzählungen: „Der Heizer" (1913), „In der Strafkolonie" (1914), „Die Verwandlung" (1916), „Ein Landarzt" (1916/17). 1922 erreichte er seine vorzeitige Pensionierung und beendete den Roman „Das Schloss", der heute als Spiegelbild zum „Prozess" aufgefasst wird. Mit Hilfe der jungen Dora Demant gelang ihm die Loslösung von Prag und vom Elternhaus. Er übersiedelte mit ihr nach Berlin, wo die letzten Arbeiten entstanden (so vor allem „Der Bau" und „Ein Hungerkünstler"). Im März 1924 verlangte sein Gesundheitszustand die Rückkehr nach Prag, was er als endgültige Niederlage gegenüber dem Vater und dem Leben empfand. Am 3. 6. 1924 starb Kafka in einem Sanatorium in der Nähe von Wien. Die meisten seiner Werke gab Max Brod erst nach Kafkas Tod heraus, obwohl Kafka selbst seinen ganzen unveröffentlichten Nachlass vernichtet wissen wollte. Vor allem die Romane – erschienen 1925 und 1927 – erregten die Öffentlichkeit. Kafkas Werk gilt heute als eines der wichtigsten der gesamten Weltliteratur.

Arbeitsanregung:

Stellen Sie die von Politzer vorgestellten Interpretationsansätze in einer Tabelle einander gegenüber (Charakteristika, Vor-, Nachteile usw.).

Interpretationsansätze sind Ausgangspunkte des Verstehensprozesses gegenüber literarischen Werken. Man geht heute davon aus, dass es nicht nur einen, sondern viele legitime, mögliche Interpretationsansätze gibt, weil in einem literarischen Text mehrere Bedeutungsschichten möglich, ja sogar wahrscheinlich sind. War man früher darauf aus die vom Autor im Text „verschlüsselte" Botschaft zu entdecken, so glaubt man heute, dass einem Text unter verschiedenen Fragestellungen auch verschiedene Antworten zu entnehmen sind; dass dabei die bewussten und unbewussten Bedingungen, die den Autor ausmachen, ebenso eine Rolle spielen, wie die bewussten und unbewussten Bedingungen, die den Leser ausmachen. Denn auch dieser ist nicht „standortfrei", sein „Standort" aber bestimmt den von ihm geleisteten Verstehensprozess mit. Damit stellt sich die Frage nach der Legitimität der Zugänge zu einem literarischen Text. Denn hatte die frühere Suche nach der „einen" Wahrheit im Text häufig zu dessen „Vergewaltigen, Zurechtschieben ... Umfälschen" (Nietzsche) geführt, so kann eine Pluralität der Interpretationsansätze leicht zu dem Verdacht führen, ein literarischer Text könne „beliebig" interpretiert werden. Legitim (möglich) sind demnach alle Ansätze, die einen oder mehrere Aspekte des Textes sichtbar machen können. Die Glaubwürdigkeit des Ansatzes wird dabei beurteilt nach dem Grad seiner Belegbarkeit aus dem Text selbst.

Man kann grundsätzlich drei verschiedene Arten von Interpretationsansätzen unterscheiden:

1. *Produktionsorientierte Interpretationsansätze,* d.h. Zugänge, die Textaspekte zu erhellen suchen, die mit dem Prozess der „Produktion" dieses Textes zusammenhängen. Dazu gehören etwa der *biografische* oder der *individualpsychologische Interpretationsansatz,* die vom Interesse am Autor ausgehen und Kenntnisse über sein Leben

und seine Persönlichkeitsstruktur für die Deutung seines Textes nutzen. Dazu gehören aber auch Zugänge, die die Entstehungszeit des Textes ins Auge fassen, die politischen und gesellschaftlichen Bedingungen, die ihn hervorgebracht haben, also ein *historisch-politischer* oder *historisch-soziologischer Interpretationsansatz.* Schließlich gehört hierher noch ein dritter Zugang, der den Text als Bestandteil einer geistes- oder ideengeschichtlichen Entwicklungskette sieht, ihn also aus der Tradition heraus zu verstehen sucht, in der er steht, der *geistes-/ideengeschichtliche Interpretationsansatz.*

2. Den *werkimmanenten Interpretationsansatz,* d.h. einen Zugang, der von der Überzeugung ausgeht, dass der literarische Text als Kunstwerk einen autonomen Rang besitze, also nur noch aus sich selbst verstanden werden könne. Dieser Ansatz sieht seine Aufgabe darin, zu „begreifen, was uns ergreift" (Emil Staiger). Die Betroffenheit des Lesers, sein Gefühl sind der Ausgangspunkt für eine Textbetrachtung, die ihre Erkenntnisse nur aus dem Text selbst gewinnt und deren Ziel es ist, die strukturellen Elemente des Textes in ihrer funktionalen Bezogenheit aufeinander zu untersuchen und so zu einer Erhellung des Textsinns und seiner spezifisch dichterischen Erscheinungsweise zu gelangen. Der Kunstwert eines Textes wird dabei durch den Grad seiner stilistischen Einstimmigkeit bestimmt. Dass der Interpret bei diesem Verfahren nicht einer „Fehlleitung des Gefühls" zum Opfer fällt, wird durch sein historisches Wissen verhindert. Der „monarchische Anspruch des Kunstwerks" (P. Rusterholz) bleibt unangetastet, ja wird durch die Interpretation eigentlich erst hergestellt, weil bewusst gemacht.
3. *Wirkungsorientierte Interpretationsansätze,* d.h. Zugänge, die Textaspekte zu erhellen suchen, die mit dem Prozess der „Wirkung" dieses Textes zusammenhängen. Dazu gehört zunächst der *rezeptionsgeschichtliche Interpretationsansatz,* der aus der Wirkungsgeschichte des Textes Zugänge zum Text selbst zu gewinnen sucht, indem gefragt wird, wie der betreffende Text zu unterschiedlichen Zeiten verstanden, warum er verschieden verstanden und geschätzt wurde. Der *rezeptionsästhetische* oder *leserorientierte Interpretationsansatz* geht vom Interesse des Lesers am Text aus sowie vom Vorhandensein mehrerer Deutungsmöglichkeiten und erweitert die Beobachtung des Textes und seiner Intention zu einem Frage-und-Antwort-Spiel zwischen Leser und Text. So kann nicht nur die (Be-)Deutung des Textes an sich, sondern zugleich sein Wert für den jeweiligen Leser ermittelt werden.

Man ist heute der Auffassung, dass alle diese Interpretationsansätze legitim sind, dass sie aber je einzeln den Rang eines literarischen Textes nicht erschließen können. Hierzu ist vielmehr eine Mehrzahl, wenn nicht Vielzahl solcher Interpretationsansätze erforderlich. Erst „synthetisches Interpretieren" (Jost Hermand) ist wirkliches Interpretieren. Dann erübrigt sich auch der Vorwurf der „Beliebigkeit", weil der einzelne Interpretationsansatz gerade bewusst in seiner (Teil-)Aspekthaftigkeit eingesetzt und von ihm nicht die Entdeckung der im Text liegenden „Wahrheit" verlangt wird. Denn die „Wahrheit" des Textes ergibt sich erst aus einer Fülle von Interpretationsansätzen und immer nur annähernd.

Als unzulässig müssen alle Interpretationsansätze angesehen werden, denen es nicht um die Erhellung des Textes, sondern um die Selbstbestätigung mit Hilfe des Textes geht (ideologische Interpretationsansätze). Verfahren, die nicht auf die Interpretation (Gesamtdeutung) eines Textes aus sind, sondern bewusst nur strukturelle Teilaspekte untersuchen wollen, werden heute als Methoden der *Textanalyse* angesehen und damit vom umfassenderen Anspruch der Interpretation abgegrenzt (vgl. Einführung, S. 13).

Franz Kafka: Tuschezeichnungen (im Manuskript des Romans „Der Prozess")

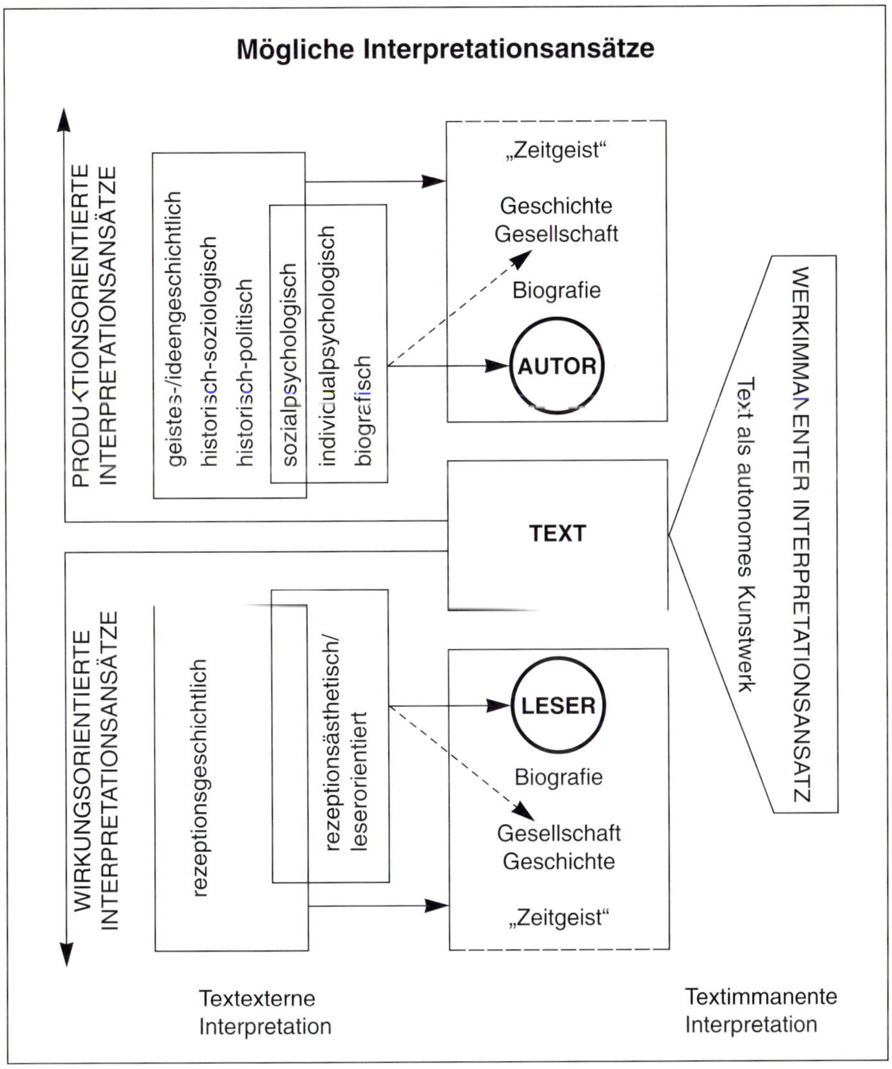

Text 7 **Franz Kafka (1883–1924): Eine kaiserliche Botschaft**

Der Kaiser – so heißt es – hat dir, dem Einzelnen, dem jämmerlichen Untertanen, dem winzig vor der kaiserlichen Sonne in die fernste Ferne geflüchteten Schatten, gerade dir hat der Kaiser von seinem Sterbebett aus eine Botschaft gesendet. Den Boten hat er beim Bett niederknien lassen und ihm die Botschaft ins Ohr zugeflüstert; so sehr war ihm an ihr gelegen, dass er sich sie noch ins Ohr wiedersagen ließ. Durch Kopfnicken hat er die Richtigkeit des Gesagten bestätigt. Und vor der ganzen Zuschauerschaft seines Todes – alle hindernden Wände werden niedergebrochen und auf den weit und hoch sich schwingenden Freitreppen stehen im Ring die Großen des Reichs – vor allen diesen hat er den Boten abgefertigt. Der Bote hat sich gleich auf den Weg gemacht; ein kräftiger, ein unermüdlicher Mann; einmal diesen, einmal den andern Arm vorstreckend schafft er sich Bahn durch die Menge; findet er Widerstand, zeigt er auf die Brust, wo das Zeichen der Sonne ist; er kommt auch leicht vorwärts, wie kein anderer. Aber die Menge ist so groß; ihre Wohnstätten nehmen kein Ende. Öffnete sich freies Feld, wie würde er fliegen und bald wohl hörtest du das herrliche Schlagen seiner Fäuste an deiner Tür. Aber statt dessen, wie nutzlos müht er sich ab; immer noch zwängt er sich durch die Gemächer des innersten Palastes; niemals wird er sie überwinden; und gelänge ihm dies, nichts wäre gewonnen; die Treppen hinab müsste er sich kämpfen; und gelänge ihm dies, nichts wäre gewonnen; die Höfe wären zu durchmessen; und nach den Höfen der zweite umschließende Palast; und wieder Treppen und Höfe; und wieder ein Palast; und so weiter durch Jahrtausende; und stürzte er endlich aus dem äußersten Tor – aber niemals, niemals kann es geschehen – liegt erst die Residenzstadt vor ihm, die Mitte der Welt, hochgeschüttet voll ihres Bodensatzes. Niemand dringt hier durch und gar mit der Botschaft eines Toten. – Du aber sitzt an deinem Fenster und erträumst sie dir, wenn der Abend kommt.

Arbeitsanregungen:

1. Versuchen Sie eine Interpretation von Text 7, indem Sie verschiedene Interpretationsansätze ausprobieren (text-/werkimmanenter Ansatz und textexterne Ansätze, vgl. Einführung, S. 24).
2. Diskutieren Sie Ihre Ergebnisse und prüfen Sie, welche Interpretationsansätze überzeugender sind.

M2 Die literarische Erörterung

Sie ist eine Aufsatzform, in der Sie, meist ausgehend von einem Zitat, allgemeine Betrachtungen zu einem literarischen Werk oder den Werken eines bestimmten Autors anstellen und auf eine möglichst genaue und breite Textkenntnis stützen sollen. Es geht also nicht um die Interpretation einer bestimmten Textstelle, sondern um die Betrachtung eines größeren Textzusammenhangs unter einer bestimmten Aufgabenstellung. Sie gehen also wie bei einer Erörterung vor (vgl. Einführung, S. 47ff.; Barock, S. 136ff.; Aufklärung/Sturm und Drang, S. 180f.; Jahrhundertwende, S. 311f.; Literatur nach 1945, S. 396ff.).
Zuerst müssen Sie sich wieder klar darüber werden, was das Thema von Ihnen verlangt *(Themenanalyse).* Es sei folgendes Thema gegeben:
„Die Kunst gibt nicht das Sichtbare wieder, sondern macht sichtbar" (Paul Klee). Zeigen Sie, ob sich dieser Satz auch auf das Werk Franz Kafkas anwenden lässt.
Das Thema verlangt von Ihnen zwei Untersuchungen: Einmal die Untersuchung des Zitats selbst, eine Festlegung seiner Bedeutung; zum andern die Anwendung dieses Satzes auf Texte von Franz Kafka.
Legen Sie sich als nächsten Schritt eine *Stoffsammlung* an. Versuchen Sie dabei zuerst, das Zitat in seiner Bedeutung festzulegen. Sie könnten sich dazu folgende Fragen vorlegen:
1. Wie sind die Begriffe „das Sichtbare" und „sichtbar" je einzeln und in ihrem Bezug aufeinander zu verstehen?
2. Welche Aufgabe weist Klee der Kunst zu?
Zu 1: „Das Sichtbare" ist offensichtlich weniger als „sichtbar", denn „das Sichtbare" meint nur die Summe dessen, was der Mensch mit seinen Augen sehen kann, also die Oberfläche der Wirklichkeit. „Sichtbar" dagegen muss etwas sein, was hinter dieser Oberfläche liegt und daher wesentlicher ist. Klee misstraut der bloßen Sichtbarkeit, er hält sie für unvollständig, ja nicht einmal für das Eigentliche. Hinter der vom Menschen vordergründig wahrgenommenen „Wirklichkeit" vermutet er das „Eigentliche, Wichtige".
Zu 2: Die Kunst kann sich nicht in Abbildern der Wirklichkeit erschöpfen, wenn diese Wirklichkeit selbst fragwürdig ist. Ihre Aufgabe besteht also darin, Bilder der Eigentlichkeit zu suchen. Klee selbst fühlte sich offenbar mit der Wiedergabe formaler Strukturen und assoziativer Farbzuordnungen dem „Eigentlichen" näher als durch das Abmalen von äußerer Sichtbarkeit.
Nun versuchen Sie aus Ihrer Kenntnis von Texten Franz Kafkas darzustellen, ob diese Auffassung von Wirklichkeit und von der Aufgabe der Kunst auch dort wiederzufinden ist. Beschränken Sie sich auf solche Texte, die Ihnen wirklich vertraut sind. Bedenken Sie, welche Funktion die von Ihnen ausgewählten Textzitate haben: sie sind die Belege innerhalb von Argumentationen. (Zum Argumentieren vgl. Aufklärung/Sturm und Drang, S. 177.)
Wenn Sie eine genügend große Zahl von Belegstellen gefunden haben, können Sie diese zu einer Argumentationskette zusammenfügen und ein Ergebnis formulieren. Dieses Ergebnis könnte so lauten: „Aus diesen Belegen ergibt sich, dass auch in den Texten Kafkas – ähnlich wie in den Bildern Paul Klees – die vordergründige Wirklichkeit durchstoßen wird, um hinter ihr die Eigentlichkeit zu suchen. Dabei zeigt sich aber, dass ihre Eigentlichkeit nicht als Abbild, sondern „nur" als Bild zu fassen ist. Es fehlt ihr die Eindimensionalität der äußeren Wirklichkeit, der Welt der Erscheinungen, sie ist mehrdimensional, vielschichtig, ihrem Wesen nach also unfassbar. Die Anerkennung dieser Unfassbarkeit, ja das Einverständnis mit ihr, scheinen Kafka besonders wichtig zu sein".
Im dritten Schritt gehen Sie an die *Ausfertigung* Ihres Aufsatzes. Sein Aufbau ergibt sich nun aus der Stoffsammlung. Wichtig ist, dass Sie – wie in jeder Erörterung – schlüssige Argumentationen aufbauen und zu überzeugenden Argumentationsketten zusammenfügen. Dazu ist es notwendig, dass Sie – um nicht nur eine beliebige Zitatensammlung zu erhalten – thematisch Zusammengehöriges auch zusammenstellen. Der Hauptteil Ihres Aufsatzes könnte so aufgebaut sein:
- Welches Verhältnis zur Wirklichkeit drückt Klee in seinem Satz aus?
- Worin sieht er die Aufgabe der Kunst?
- Gibt es das Kleesche Verhältnis zur Wirklichkeit auch bei Kafka?
- Was wird bei Kafka hinter der Wirklichkeit „sichtbar"?
- Wie „sichtbar" wird bei Kafka das, was sich hinter der Wirklichkeit verbirgt?

Fügen Sie zuletzt Ihrem Hauptteil eine Einleitung und einen Schluss hinzu. Bei der Einleitung liegt es nahe, ein paar Worte über den Zitatgeber zu sagen oder das durch das Zitat gegebene Thema genauer zu bestimmen. Im Schluss können Sie auf die allgemeine Gültigkeit des Zitats eingehen, auf die Gleichzeitigkeit von Klee und Kafka hinweisen, Ihren Aufsatz zusammenfassen oder einen über das Thema hinausgehenden Gedanken äußern. In diesem Fall könnte dieser Gedanke so lauten: „Alle Kunst ist bestrebt, über das bloß Sichtbare hinauszuweisen, indem sie das in dieser Sichtbarkeit Verborgene darstellen will. Aber verschiedene Zeiten haben zur Sichtbarkeit unterschiedliche Verhältnisse, die einmal mehr vom Vertrauen in die Wirklichkeit (realistische Richtungen, Preis der Schönheit des Sichtbaren), einmal mehr vom Misstrauen in die Wirklichkeit (Abwendung von der realistischen Darstellung; Fragwürdigkeit des Sichtbaren) getragen sind". Sie sehen, dass man eine literarische Erörterung nur schreiben kann, wenn man eine gewisse Kenntnis der im Thema benannten literarischen Erscheinung hat. Das zeigen auch weitere Themenbeispiele:

- „Abgerundete Geschichten kann man heute nicht mehr schreiben" (Friedrich Dürrenmatt).
  Erläutern Sie anhand von selbst gewählten Beispielen, wie dieser Satz zu verstehen ist und prüfen Sie seine Geltung.
- Zwischen zwei Figuren eines Theaterstücks von Gerhart Hauptmann kommt es zu folgendem Dialog: „Aber man muss doch seine Freude haben können an der Kunst." „Man kann viel mehr haben an der Kunst als seine Freude".
  Erläutern Sie die beiden Positionen an Beispielen aus der Literatur. Nehmen Sie Stellung zur Gültigkeit dieser Positionen, und belegen Sie Ihre Ansicht mit literarischen Beispielen.

II. Der Tanz auf dem Vulkan

1. Der lange Schatten des Krieges

Wie eine Befreiung von unerträglicher Spannung wirkte auf die Völker Europas der Ausbruch des Ersten Weltkriegs. Mit Begeisterung zog man in den Krieg, auch in Deutschland. Dieser Krieg erwies sich mit seinen verlustreichen Stellungskämpfen, seinen Materialschlachten und seinen schrecklichen neuen Waffen aber bald als ganz anders, als ihn die Menschen sich vorgestellt hatten. Wie wirkte dieses Erlebnis in ihnen nach, in welcher Weise beeinflusste es ihr Bewusstsein?

Erich Maria Remarque wurde 1898 in Osnabrück geboren. Aus kleinbürgerlichen Verhältnissen stammend war er ein Leben lang dem Luxus zugetan. Zunächst allerdings musste er sich in wenig einträglichen Berufen umtun, bevor er 1929 mit seinem Roman „Im Westen nichts Neues", der 1930 zum ersten Mal verfilmt wurde, einen der großen Bestseller unseres Jahrhunderts schrieb und zum Chronisten der „lost generation" wurde. Seit 1929 lebte Remarque meist im Ausland; 1933 verbrannten die Nationalsozialisten seine Bücher und nahmen ihm die deutsche Staatsbürgerschaft. Er lebte ohne materielle Sorgen, ja im Luxus abwechselnd in der Schweiz und in den USA, die ihm 1947 die Staatsbürgerschaft verliehen. Auch seine übrigen Bücher, die eine sehr publikumswirksam geschriebene deutsche Chronik von 1914 bis 1950 ergeben, wurden zum größten Teil Welterfolge. „Der Weg zurück" (1931) schildert das Schicksal der Kriegsheimkehrer, „Der Schwarze Obelisk" (1956) die Zeit der Inflation, „Drei Kameraden" (1938) das Berlin der frühen dreißiger Jahre, „Arc de Triomphe" (1946) Emigrantenschicksale. Remarque starb 1970 in Ascona/Tessin.

Text 1 **Erich Maria Remarque (1898–1970): Im Westen nichts Neues** [Auszug]

[...] Trommelfeuer, Sperrfeuer, Gardinenfeuer, Minen, Gas, Tanks, Maschinengewehre, Handgranaten – Worte, Worte, aber sie umfassen das Grauen der Welt.

Unsere Gesichter sind verkrustet, unser Denken ist verwüstet, wir sind todmüde; – wenn der Angriff kommt, müssen manche mit den Fäusten geschlagen werden, damit sie erwachen und mitgehen; – die Augen sind entzündet, die Hände zerrissen, die Knie bluten, die Ellbogen sind zerschlagen.

Vergehen Wochen – Monate – Jahre? Es sind nur Tage. – Wir sehen die Zeit neben uns schwinden in den farblosen Gesichtern der Sterbenden, wir löffeln Nahrung in uns hinein, wir laufen, wir werfen, wir schießen, wir töten, wir liegen herum, wir sind schwach und stumpf, und nur das hält uns, dass noch Schwächere, noch Stumpfere, noch Hilflosere da sind, die mit aufgerissenen Augen uns ansehen als Götter, die manchmal dem Tode entrinnen können.

In den wenigen Stunden der Ruhe unterweisen wir sie. „Da, siehst du den Wackeltopp? Das ist eine Mine, die kommt! Bleib liegen, sie geht drüben hin. Wenn sie aber so geht, dann reiß aus! Man kann vor ihr weglaufen."

Wir machen ihre Ohren scharf auf das heimtückische Surren der kleinen Dinge, die man kaum vernimmt, sie sollen sie aus dem Krach herauskennen wie Mückensummen; – wir bringen ihnen bei, dass sie gefährlicher sind als die großen, die man lange vorher hört. Wir zeigen ihnen, wie man sich vor Fliegern verbirgt, wie man den toten Mann macht, wenn man vom Angriff überrannt wird, wie man Handgranaten abziehen muss, damit sie eine halbe Sekunde vor dem Aufschlag explodieren; – wir lehren sie, vor Granaten mit Aufschlagzündern blitzschnell in Trichter zu fallen, wir machen vor, wie man mit einem Bündel Handgranaten einen Graben aufrollt, wir erklären den Unterschied in der Zündungsdauer zwischen den gegnerischen Handgranaten und unseren, wir machen sie auf den Ton der Gasgranaten aufmerksam und zeigen ihnen die Kniffe, die sie vor dem Tode retten können.

Sie hören zu, sie sind folgsam – aber wenn es wieder losgeht, machen sie es in der Aufregung meistens doch wieder falsch.

Haie Westhus wird mit abgerissenem Rücken fortgeschleppt; bei jedem Atemzug pulst die Lunge durch die Wunde. Ich kann ihm noch die Hand drücken; – „is alle, Paul", stöhnt er und beißt sich vor Schmerz in die Arme.

Wir sehen Menschen leben, denen der Schädel fehlt; wir sehen Soldaten laufen, denen beide Füße weggefetzt sind; sie stolpern auf den splitternden Stümpfen bis zum nächsten Loch; ein Gefreiter kriecht zwei Kilometer weit auf den Händen und schleppt die zerschmetterten Knie hinter sich her; ein anderer geht zur Verbandstelle, und über seine festhaltenden Hände quellen die Därme; wir sehen Leute ohne Mund, ohne Unterkiefer, ohne Gesicht; wir finden jemand, der mit den Zähnen zwei Stunden die Schlagader seines

Armes klemmt, um nicht zu verbluten, die Sonne geht auf, die Nacht kommt, die Granaten pfeifen, das Leben ist zu Ende.

Doch das Stückchen zerwühlter Erde, in dem wir liegen, ist gehalten gegen die Übermacht, nur wenige hundert Meter sind preisgegeben worden. Aber auf jeden Meter kommt ein Toter.

[...]

„Was soll das bloß werden, wenn wir zurückkommen?“, meint Müller, und selbst er ist betroffen.

Kropp zuckt die Achseln. „Ich weiß nicht. Erst mal da sein, dann wird sich's ja zeigen.“

Wir sind eigentlich alle ratlos. „Was könnte man denn machen?“, frage ich.

„Ich habe zu nichts Lust“, antwortete Kropp müde. „Eines Tages bist du doch tot, was hast du da schon? Ich glaube nicht, dass wir überhaupt zurückkommen.“

„Wenn ich darüber nachdenke, Albert“, sagte ich nach einer Weile und wälze mich auf den Rücken, „so möchte ich, wenn ich das Wort Friede höre, und es wäre wirklich so, irgendetwas Unausdenkbares tun, so steigt es mir zu Kopf. Etwas, weißt du, was wert ist, dass man hier im Schlamassel gelegen hat. Ich kann mir bloß nichts vorstellen. Was ich an Möglichem sehe, diesen ganzen Betrieb mit Beruf und Studium und Gehalt und so weiter – das kotzt mich an, denn das war ja immer schon da und ist widerlich. Ich finde nichts – ich finde nichts, Albert.“

Mit einem Mal scheint mir alles aussichtslos und verzweifelt.

Kropp denkt ebenfalls darüber nach. „Es wird überhaupt schwer werden mit uns allen. Ob die sich in der Heimat eigentlich nicht manchmal Sorgen machen deswegen? Zwei Jahre Schießen und Handgranaten – das kann man doch nicht ausziehen wie einen Strumpf, nachher –“

Wir stimmen darin überein, dass es jedem ähnlich geht; nicht nur uns hier; überall, jedem, der in der gleichen Lage ist, dem einen mehr, dem andern weniger. Es ist das gemeinsame Schicksal unserer Generation.

Albert spricht es aus. „Der Krieg hat uns für alles verdorben.“

Er hat Recht. Wir sind keine Jugend mehr. Wir wollen die Welt nicht mehr stürmen. Wir sind Flüchtende. Wir flüchten vor uns. Vor unserem Leben. Wir waren achtzehn Jahre und begannen die Welt und das Dasein zu lieben; wir mussten darauf schießen. Die erste Granate, die einschlug, traf in unser Herz. Wir sind abgeschlossen vom Tätigen, vom Streben, vom Fortschritt. Wir glauben nicht mehr daran; wir glauben an den Krieg. [...]

(v 1929)

Karl Kraus wurde 1874 in Jicin/Böhmen geboren, wuchs aber in Wien auf. Zunächst fühlte er sich zum Schauspielerberuf hingezogen, wurde dann aber freier Mitarbeiter mehrerer Zeitungen. 1899 gründete er seine eigene Zeitschrift „Die Fackel“, die ihn berühmt machte und die ohne Unterbrechung bis zu seinem Tod 1936 in 922 Nummern erschien, deren Beiträge (bis auf ganz wenige) von ihm selbst verfasst wurden. „Die Fackel“ war eine der gefürchtetsten Einrichtungen in Österreich, denn Kraus, der einem kompromisslosen Humanismus huldigte, verfolgte jede Form von Dummheit oder Bosheit mit unnachsichtiger Strenge. Dabei entwickelte er eine eigene Methode: Das wörtliche Zitat wurde zum beredten Zeugen gegen seinen Urheber. Die Sprachverderbnis der Zeitungen hielt er nicht nur für die Folge, sondern auch für die Ursache der Weltverderbnis. Außerdem veröffentlichte Kraus Gedichte und Essays sowie das Riesendrama „Die letzten Tage der Menschheit“ (1919). Kraus war auch erfolgreich als Rezitator, er brachte es auf über 700 Vorlesungen.

Text 2 **Karl Kraus (1874–1936): Die letzten Tage der Menschheit. Tragödie in fünf Akten mit Vorspiel und Epilog** [Auszug]

IV. Akt, 38. Szene

Winter in den Karpathen. Ein Mann an einen Baum gebunden.

KOMPAGNIEFÜHRER HILLER: Wie viel Grad hats woll?

EIN SOLDAT: An die 30.

HILLER: Na, denn könnt ihr'n losbinden. *(Die Soldaten tun es. Der Mann – Füsilier Helmhake – bricht ohnmächtig zusammen. Hiller schlägt ihm mit der Faust mehrmals ins Gesicht.)* Nu mal ins Erdloch neben! *(Es geschieht.)* Aber ist es denn auch feucht und stinkend genug?

DER SOLDAT: Jawohl.

HILLER: Fiebert woll schon tüchtich?

DER SOLDAT: Jawohl.

HILLER: Doppelposten – nu mal ran – das Schwein bekommt nichts zu fressen und zu saufen. Darf auch weder tags noch nachts austreten. *(Lachend)* Hat er denn freilich auch nicht nötich! Also wie gestern. Wer was dawider hat, den zerschmettere ich! *(Er geht mit den Leuten ab. Zwei Soldaten bleiben vor dem Erdloch zurück. Man hört Wimmern.)*

DER ZWEITE SOLDAT: Meinst du nicht auch, dass wir gottgefälliger handelten, wenn wir statt seiner – ihn –?

DER ERSTE: Jawohl.

DER ZWEITE: Zwei sind schon tot. Thomas, den er bei ebensolcher Kälte gezwungen hat, sich nackt auszuziehen, und Müller, der krank auf Wache musste. Noch fünf andere hat er – *(Man hört Stöhnen. Es klingt wie „Durst!“)* Ach was – das halte ein anderer aus! Ich will ihm einen Schneeball an den Mund halten. *(Er kriecht in das Erdloch und kehrt weinend zurück.)* Noch nicht zwanzig Jahre alt – freiwillig ins Feld gegangen –! *(Hiller erscheint mit Leuten.)*

HILLER: Ich habe mir die Sache überlegt. Ich will mal sehn – der Kerl soll rauskommen! – Na wirds?

DER ZWEITE SOLDAT: Er – kann wohl nicht mehr, Herr Leutnant.

HILLER: Was is'n los? 'raus mit dem Mistvieh! *(Einige Soldaten zerren Helmhake heraus und schleifen den Reglosen wie ein Stück Vieh.)* So siehste aus. Ach die Drecksau verstellt sich ja bloß, trampelt ihn doch in den Hintern! *(Er tritt ihn mit dem Stiefelabsatz.)* Willst du laufen, du Schwein!? Ist denn das Aas noch nicht verreckt?!

DER ZWEITE SOLDAT: *(beugt sich zu dem Misshandelten nieder, den er berührt, streckt seine Hände wie abwehrend zu Hiller empor und sagt):* Soeben.

(Verwandlung.)

IV. Akt, 39. Szene

Ebenda im Unterstand Hillers.

UNTERARZT MÜLLER: Tod durch Erfrieren. Wiederbelebungsversuche vergebens. Das Bedenklichste ist, dass er keine Verpflegung bekommen hat.

HILLER: Wir müssen die Sache so deichseln, dass uns keiner an den Wagen fahren kann.

MÜLLER: Kein Zweifel, das Menschenmaterial ist erschöpft und krank. Nichts als Konservensuppe und die ist gesundheitsgefährlich. Es zeigt sich ein direkter Erschöpfungswahnsinn. Die Leute buddeln im Schnee und springen wie die Besessenen herum.

HILLER: Ich gebe ja selbst zu, dass Hunger, Schläge und Anbinden nicht mehr zureichen, um den Kampfesmut zu beleben. Was soll man tun? Was Helmhake betrifft, so kann ich sagen, dass ich alles Erdenkliche getan habe. Dem Vater schreibe ich so:

Werter Herr Helmhake!

Hierdurch erfülle ich die traurige Pflicht, Sie von dem plötzlichen Ableben Ihres Sohnes, des Gardefüseliers Carl Helmhake, in Kenntnis zu setzen. Der Arzt stellte blutigen Dünndarmkatarrh fest.

Während seiner kurzen Krankheit ist Ihrem Sohne die bestmöglichste körperliche und ärztliche Pflege zuteil geworden.

Wir verlieren in dem Dahingeschiedenen einen tüchtigen Soldaten und guten Kameraden, dessen Verlust wir schmerzlich betrauern. Seine Überreste ruhen auf dem Friedhofe in Dolzki. *(Verwandlung.)*

(1926)

Text 3 Ernst Jünger (1895–1998): Der Kampf als inneres Erlebnis [Auszug]

[...]

Wir aber haben in einer Zeit gelebt, in welcher der Mutige der Beste war, und sollte aus dieser Zeit nichts weiter hevorgehen als die Erinnerung an ein Geschehen, bei dem der Mensch nichts und seine Sache alles galt, so werden wir immer noch mit Stolz auf sie zurückblicken. Wir haben in einer Zeit gelebt, in der man Mut haben musste, und Mut zu besitzen, das heißt jedem Schicksal gewachsen sein, das ist das schönste und stolzeste Gefühl. [...] Es gibt nichts Tathafteres als den Sturmlauf auf Feldern, über denen des Todes Mantel flattert, den Gegner als Ziel. Das ist Leben im Katarakt[1]. Da gibt es keine Kompromisse; es geht ums Ganze. Das Höchste ist Einsatz; fällt Schwarz, ist alles verloren. Und doch ist es kein Spiel mehr. Ein Spiel kann wiederholt werden, hier ist beim Fehlwurf unwiderruflich alles vorbei. Das gerade ist das Gewaltige.

So taumelten die Krieger im Rausche der Schlacht dahin, Pfeile, im Nebel vom Bogen geschnellt, Tänzer im Ungewissen. Doch hing über diesen klirrenden Schleiern, so oft, im Feuer zerrissen, weit mehr als der Rausch der Sekunde. Der Mut ist dem Tanz vergleichbar. Die Person des Tänzers ist Form, ist Nebensache, wichtig allein, was unterm Schleier seiner Bewegung sich hebt und senkt. So ist auch Mut ein Ausdruck tiefsten Bewusstseins, dass der Mensch ewige, unzerstörbare Werte umschließt. Wie könnte sonst auch nur ein Einziger bewusst dem Tode entgegenschreiten!

So wie zu ausgeprägtem Tanze Rasse erforderlich ist, entspringt auch großer Mut sehr scharfer Rasse. Wenn breite Linien im Sturme zerbrachen, zersplitterte der Kampf in kleine Haufen. Zu denen schloss sich alles, was Rasse hatte: der zähe Bauernbursche mit kantigem Schädel, der geschulte Arbeiter mit intelligentem Gesicht, der Offizier, dem der Kampf seit Jahrhunderten im Blute steckte, der Fahnenjunker, dessen schmale Hände das Gewehr kaum schwingen konnten. Wo diese Männer sich trafen – und sie trafen sich stets – entragten Inseln den lang anrollenden Wogen der Vernichtung, klammerte sich eiserner Widerstand an Trümmer und Gebälk. Da ballte sich reinster Kriegergeist; es wurde gefochten, weil Fechten selbstverständlich war. Ein Wille lohte hinter bleichen Gesichtern, die Phrase vom Kampf bis zum letzten Mann wurde Wirklichkeit. Das war ein königliches Sterben, bedingt durch inneren Adel und unbeugsamen Stolz. Alle äußeren Gründe waren längst vergessen, der Überschwang männlichen Mutes allein trieb unerschütterte Herzen dem Ende zu.

[1] Der Katarakt: Wasserfall, Stromschnelle

Ernst Jünger wurde 1895 in Heidelberg geboren. Mit 18 Jahren entfloh er dem Elternhaus und ging in die Fremdenlegion, 1914 wurde er Kriegsfreiwilliger. Er wurde 14mal schwer verwundet und ist einer der wenigen Träger der Auszeichnung „Pour le mérite". Später studierte er Naturwissenschaften und Philosophie. Mit seinem Kriegstagebuch „In Stahlgewittern" (1920) und den Essays „Der Kampf als inneres Erlebnis" brachte sich Jünger in die Nähe von Militarismus und rechts-romantischem Heldenkult. In Wahrheit ging es Jünger auch in diesen Büchern, wie in allen seinen Werken, um die Faszination von Gefahr und Abenteuer, darum, „den Tod als Partner, als Zeugen der Wirklichkeit" zu erfahren. Sein Bemühen um die philosophische Analyse der Zeit ließ ihn immer wieder seinen geistigen Standort wechseln, was ihn leicht opportunistisch erscheinen lässt; sein glasklarer, distanzierter Stil erscheint leicht als zynisch. Bücher wie „Das abenteuerliche Herz" (1929/Neubearbeitung 1938) und „Auf den Marmorklippen" (1939), das als Buch der Inneren Emigration, wenn nicht des Widerstands empfunden wurde, zeigen, dass Jünger nicht vollständig beschrieben ist, wenn man in ihm einen militanten Konservativen sieht. Sein Werk hat Dimensionen, die über solche Etikettierungen hinausweisen. Nach dem Zweiten Weltkrieg, den Jünger als Mitglied der deutschen Besatzungsarmee in Frankreich erlebte, bevor er 1944 wegen seiner Verbindungen zu den Verschwörern des 20. Juli unehrenhaft aus der Armee entlassen wurde, wurde es still um Jünger, obwohl er regelmäßig publizierte. Erst die mehrfachen Besuche Bundeskanzler Kohls rückten ihn wieder ins Rampenlicht der Öffentlichkeit. 1985 überraschte er das Publikum zu seinem 90. Geburtstag mit dem Kriminalroman „Eine gefährliche Begegnung", der zugleich eine Art Poetik des Verbrechens ist. Jünger lebte zuletzt in Wilflingen/Oberschwaben und starb am 17.2.1998 im Alter von 102 Jahren.

Reportage (frz. „Berichterstattung"): Journalistische Form mit der Absicht möglichst unmittelbar aus der Situation zu berichten und dem Leser eine möglichst große Nähe zum Geschilderten zu suggerieren. Als Form der dokumentarischen Literatur muss die Reportage auf Genauigkeit und Zuverlässigkeit der berichteten Fakten achten; durch die Auswahl, Anordnung und Gewichtung der Fakten sowie durch das Bestreben nach Lebendigkeit, Farbigkeit, atmosphärischer Dichte gewinnt die Reportage subjektive Prägung. Die gute Reportage weiß beides zu vereinen. Die Formulierungen der Reportage sind schlagkräftig-einprägsam, oft auf Verblüffung angelegt; die Sprache ist in der Regel einfach um einen großen Leserkreis anzusprechen. Die Grenze zum Feuilleton ist fließend. Die Reportage kann als Zeitungsbericht oder Hörfunkbeitrag erscheinen, in Illustrierten wird sie mit Bildern ergänzt oder auf Bildunterschriften reduziert. Heute spielt die Reportage auch im Fernsehen als kombinierte Form aus Bild- und Tonberichterstattung eine wichtige Rolle.

Egon Erwin Kisch wurde 1885 in Prag geboren. Nachdem er dreimal ein begonnenes Studium wieder abgebrochen hatte, arbeitete er als Lokalreporter für die Prager Zeitung „Bohemia". 1912 veröffentlichte er den ersten Sammelband mit Reportagen „Aus Prager Gassen und Nächten". Im Ersten Weltkrieg wurde er schwer verwundet. Das Kriegsende sah ihn auf der Seite der Revolution, er wurde Mitglied der KP Österreichs und war im Herbst 1918 Kommandant der Roten Garde in Wien. 1921 siedelte er nach Berlin über und wurde Mitarbeiter der unterschiedlichsten Zeitungen vom „Berliner Börsen-Courier" über die „Weltbühne" bis zur „Roten Fahne". Er war bereits ein bekannter Journalist, als ihn sein Reportagen-Sammelband „Der rasende Reporter" (1924) berühmt machte. Mit diesem Buchtitel hatte er sich selbst eine Art Markenzeichen verschafft. In rascher Folge erschienen nun solche Sammelbände mit Reportagen, mit denen er das Unterhaltungsbedürfnis seiner Leser befriedigen, aber auch ihren Blick für die Probleme gesellschaftlicher Randgruppen schärfen wollte: „Hetzjagd durch die Zeit" (1926) und „Wagnisse in aller Welt" (1927). 1933 musste er Deutschland verlassen, lebte lange in den Niederlanden und nahm als Reporter am spanischen Bürgerkrieg teil. Nach Beginn des Zweiten Weltkriegs emigrierte er nach Mexiko. Dort veröffentlichte er außer Jugenderinnerungen („Marktplatz der Sensationen", 1942) seinen letzten Reportagenband („Entdeckungen in Mexiko", 1945). Nach dem Krieg kehrte er nach Prag zurück, wo er 1948 starb. Er besitze, sagte Joseph Roth von ihm, „die Gnade des echten Schriftstellers, die darin besteht, dass man die Wirklichkeit beschreibt, ohne die Wahrheit zu verletzen".

Wenn die Letzten eines zerschossenen Schiffes mit Hurra und wehender Flagge versinken, liegt eine Verklärung über den Wellen, so unendlich und ewig wie das Meer selbst. Und sänken sie für eine Sache, über die längst die Kinder spotten, man müsste doch weinen und stolz sein zugleich. Wohl dem, der das empfinden kann! [...]

(1922)

Text 4 Egon Erwin Kisch (1885–1948): Wallfahrtsort für Kriegshetzer

Im Hause Bourgerie, dem ersten von Bazeille, haben sich am 1. September des Jahres 70 hundertzwanzig französische Marineinfanteristen so lange gegen einen bayrischen Ansturm verteidigt, bis sie achtzig Tote hatten und keine einzige Patrone mehr. Wie das Gesetz es befahl. (Die Gesetze befehlen solche Sachen.) Das war folgsam.

Als die Munition aufgebraucht und das Haus durchlöchert war, soll einer vorgeschlagen haben, man möge Selbstmord begehen, indem man sich in den Geschossregen stürze. Ein anderer, behauptet eine wohlkonservierte Fama, habe beantragt, das Haus anzuzünden und in den Flammen unterzugehen. Das war blöd.

Aber der Major Lambert von der Division Vassoigne, der die Verteidigung des Häuschens geleitet hatte, entschloss sich zur Übergabe und steckte ein Taschentuch aus dem Fenster. Das war gescheit.

Die bayrische Abteilung, befehligt von Hauptmann Lissignolo, stellte das Feuer ein, und als die Verteidiger, schmierig, blutig und verwundet, aus dem Haustor wankten, standen die deutschen Soldaten stramm und salutierten. Das war ganz nett.

Eine Aufschrift auf die Wand gemalt, besagt, dass das Haus „Maison de la dernière cartouche" heißt. Die Farbe der Buchstaben ist sehr verblasst. Das ist belanglos.

Eine schöne Marmortafel mit goldenen Lettern verkündet, dass 1909 Herr Arthur Meyer, directeur du „Gaulois", eine Sammlung zum Ankauf des Häuschens ... Das ist niederträchtig.

Was hat der Name des Herrn Meyer, in Marmor gemeißelt, hier zu suchen, wo achtzig Menschen auf der Schlachtbank verblutet sind!

Was macht der Herr Meyer da, neununddreißig Jahre nachdem das Taschentuch gehisst worden ist? Weshalb feuert er an, wenn der letzte Schuss verfeuert worden ist? Was für ein nobler Charakter war doch der Esel von Soldat, der das Haus anzünden wollte, gegen diesen Chefredakteur, der es erhalten will! Damit sein Name in Marmor darauf steht und neue Geschlechter veranlasst werden, ihre Häuser in Festungen zu verwandeln!

„Monsieur Meyer, je vous demande, avez-vous battu dans cette maison?"

„Non, monsieur, parceque j'avais dix ans en 1870."

Na also, dann hetzen Sie nicht! Wenn Sie dabei gewesen wären, würden Sie wahrscheinlich kuschen. Natürlich gibt es auch Leute, die dabei waren und doch Heldentaten zur gefälligen Nachahmung erzählen. Aber die tun das, von den Herren Meyer und anderen solchen Direktoren des „Gaulois" aufgereizt und ihnen zu Gefallen. Und diese Aufhusser[1] und Zuhörer und Weiterverbreiter und Ausschmücker sind schuld an den folgenden Kriegen.

Jawohl, Monsieur Meyer vom „Gaulois" und Herr Gaulois vom „Meyer". Aber auch Sie, Monsieur Gaulois vom „Gaulois", usw. Übrigens hat die Gedenktafel jetzt einen tüchtigen Sprung. Ich habe einen braven Stein gegen sie geschleudert.

Gehet hin und tuet desgleichen!

Das Innere des Hauses ist natürlich ein Museum. Zerfetzte Uniformstücke, zerbrochene Gewehre, Patronen – alles längst veraltetes System. Verblasste Daguerreotypien[2] von Mac Mahon, der ein paar Schritte von hier seinen Tausendfrancs-Schuss bekam, von Napoleon III., der ein Defätist[3] war, von Wimpffen, Moltke, Bismarck, Anton von Werner und anderen Sedaner Größen. Durchlöcherte Schränke, blutiges Bett, zersplitterte Fensterladen.

Mitleidig lächelnd gehen Soldaten durch dieses Schnackerlmuseum. Wenn die Museen des jetzigen Krieges installiert sein werden, die Zweiundvierzig-Zentimeter-Mörser, die Gelbkreuzgasbomben, die Flammenwerfer! Und statt der Glasfotografien herrliche Ölgemälde von allen unseren Heerführern! Zerschossene Türen gibt es nicht mehr: Schaue aus dem Fenster, ganze Ortschaften sind zu Müll geworden. Man kann nur nachsichtig lächeln über die Sehenswürdigkeiten.

Wenn nur nicht die Jahrgangsklasse 1956 über unser Kriegsgerät geringschätzig lächeln wird!

Dreißig Schritte vom „Haus zur letzten Patrone" entfernt ist der Friedhof. Einige tausend französische und bayrische Soldaten, die bei den Kämpfen um Bazeille gefallen sind,

[1] Aufhusser: (wienerisch): Aufwiegler, Hetzer
[2] Die Daguerreotypie: fotografisches Verfahren mit Metallplatten; hier: alte Fotografie nach dem Erfinder der Fotografie Jacques Daguerre (1787–1851)
[3] Der Defätist: Miesmacher

sind hier – nicht bestattet. Im Gegenteil: die Gesinnungsgenossen des Herrn Meyer vom „Gaulois" haben die Toten aus ihren Einzelgräbern und Massengräbern exhumiert und in Gewölbe einer Krypta gelegt. Längs der Toten ist ein Korridor für den Fremdenverkehr freigelassen. Die Touristen führt mit Erklärungen von epischer Breite Herr Jean Claude Rocher, der vorher jedem Besucher seinen Militärpass zeigt, demzufolge er 1870 dem 3. Regiment der Marineinfanterie angehörte und als einer der überlebenden Verteidiger der Maison Bourgerie ins Kriegsgefangenenlager von Ingolstadt abgeführt worden ist.

Auch ein Gedenkbuch hat er, in das sich Prinz Rupprecht, Haeseler, Hindenburg (die Stammgäste von Sedan), aber auch Gallwitz, Eichhorn, Exzellenz Prdelka von Drahtverhau und andere feucht-fröhliche Erhalter des Siegfriedensgedankens eingeschrieben haben.

Monsieur Rocher ist mit den Gewölben auf der linken Seite bös. Nicht etwa, weil hier Bayern liegen, sondern weil das deutsche Kommando diese schönen Ausstellungsobjekte mit Steinplatten zudecken ließ. Sie hat dies nach seiner Auffassung deshalb getan, weil sich die noch lebenden deutschen Soldaten angesichts der Kopfschüsse ihrer bereits toten Vorgänger zu sehr aufregten. Schade, jetzt sieht man die schönen Kopfschüsse nicht mehr!

Zum Glück gibt es rechts sehr sehenswerte Schauobjekte. Zwar nicht so viele, wie links verborgen sein mögen, aber immerhin doch noch ein paar hundert fünfzigjährige Leichen. Eine Krankenschwester, der der Arm abgerissen worden ist, ein Zuave[1] mit zerpulvertem Kopf, ein Kapitän mit acht Kopfschüssen und was dergleichen reizende Kleinigkeiten mehr sind. Die Uniformen – Friedensstoff 1869 – sehen oft noch besser aus als die heutigen.

Ist das alles zur Abschreckung da? Nein, an den Wänden des Korridors hängen Glasperlenkränze mit Trikoloren, und auf den Trikoloren stehen Schwüre von Blutrache und Sieg und Revanche. Und jeder dieser Kränze wurde namens eines patriotischen Vereines niedergelegt, am 1. September, und der Redner, je blutiger er sprach, desto besser war's wohl.

Drüben, die Grenze ist nicht weit, feierte man den 1. September mit Hurra und Truppenparaden.

Vierundvierzig Jahre lang klangen Wehklagen und Rachegeschrei hinüber, Jubelrufe und Festesfreude herüber. Bis sich die Musikanten in die Haare gerieten.

(v 1925)

Arbeitsanregungen:

1. Beschreiben Sie die Perspektive, aus der heraus der Krieg jeweils gesehen wird.
2. Bestimmen Sie die Absicht und die Wirkung der Texte. Mit welchen sprachlichen Mitteln werden diese Absicht gestaltet und diese Wirkung erreicht?
3. Wie erklären Sie sich, dass dasselbe Geschehen, der Krieg, von den Autoren so unterschiedlich dargestellt und bewertet wird (vgl. Einführung, S. 44)?

Glosse (griech. „glossa" = Zunge, Sprache), eine journalistische Schreibform, mit der kurz und prägnant ein aktuelles Ereignis kommentiert wird. Die Glosse ist in der Regel im Inhalt vernichtend kritisch und im Stil von besonderer Schärfe und sprachlicher Pointierung: spöttisch, hämisch, sarkastisch. „Ein Ereignis glossieren" bedeutet, es „mit spöttisch-kritischen Randbemerkungen versehen". Die ursprüngliche Wortbedeutung von Glosse ist „schwieriges, unverständliches Wort" und dann „Erklärung, Übersetzung eines schwierigen Wortes". Antike und frühmittelalterliche Texte, in denen zwischen den eigentlichen Textzeilen (Interlinearglossen) oder am Rand (Marginalglossen) fremdsprachige Wörter in der eigenen Sprache erläutert werden, nennt man auch Glossen. Als *Glossare* bezeichnet man die Sammlung solcher Wörter in eigenen Wörterbüchern.

2. „Der Zeitgeist pfeift" (Kurt Tucholsky)

Text 1 Anton Kuh (1890–1941): Nietzsche und Hindenburg

Friedrich Nietzsche wäre, wenn er noch lebte, etwas über achtzig Jahre alt; Hindenburg ist achtundsiebzig. Man kann sie also, die beiden Polar-Repräsentanten deutscher Möglichkeit, Altersgenossen nennen. Und diese Altersgleichheit verführt zu dem Gedankenspiel: Wäre der große Nietzsche, der zum Dank dafür, dass er den Typus des „Bildungsphilisters" entdeckte, dessen heroischem Besitz einverleibt wurde, als Präsidentschaftskandidat des deutschen Volkes möglich?

Nun, nach den Kriegs-Irrtümern zu schließen, erschiene es vielleicht denkbar; hat man doch sogar den Mut gehabt, den wehrlosen Toten, dessen ganzes Leben im Hass gegen das Hindenburg-Deutschtum verglühte und von dem der Ausspruch stammt: „Die Deutschen haben alle Malheurs der Kultur auf dem Gewissen", als „Potsdam-Deutschen"[2] anzusprechen und aus dem Philosophen des „Antibochismus"[3] – er hat dieses Wort nicht gekannt, aber jede Zeile seines Werkes schreit danach! – einen Philosophen des Militarismus zu machen! Aber solchem Irrtum geben sich die Deutschen bekanntlich nur bei den Abgeschiedenen hin, dort, wo sie anstelle der Wahrheit die Legende setzen können. Den lebenden Nietzsche hätten sie anders gesehen und behandelt. Und wenn er, dessen 25. Todestag sich in wenigen Wochen jährt, auch von dem Geschick bewahrt worden wäre, gleich seinem Epigonen[4] Landauer[5] von Soldatenfüßen zertrampelt zu werden, eins ist sicher: Unter denen, die ihn heute revanchefreudig den „Ihren" nennen, hätte kein politischer Hahn nach ihm gekräht. Er wäre ihnen zu viel Kopf gewesen. Die Deutschen aber entschieden sich, wie bekannt, ob Symbol-Erwählung oder Präsidentschaftswahl, nicht für den Kopf, sondern für den Schädel.

(1925)

[1] Der Zuave: Angehöriger einer frz.-berberischen Kolonialtruppe
[2] Potsdam-Deutscher: gemeint ist reaktionäres Deutschtum
[3] Antibochismus (von frz. boche, „Deutscher", meist als Schimpfwort): Gegen deutschen Militarismus und Chauvinismus gerichtete Bestrebung.
[4] Epigone: Nachahmer, unschöpferischer Nachfahre
[5] Landauer: Gustav Landauer (1870–1919), Schriftsteller und Politiker. Vertreter eines radikalen Sozialismus und gewaltlosen Anarchismus. Im April 1919 Mitglied der bayerischen Räteregierung; von Freikorpsmitgliedern ermordet.

Anton Kuh wurde 1890 in Wien geboren, war aber geprägt vom deutsch-jüdischen Prag, von wo seine Eltern nach Wien gekommen waren. Kuh galt zeitlebens als Bohémien, sein Lieblingsaufenthaltsort war das Café, seine Lieblingsbeschäftigung der Müßiggang, seine Haupteinnahmequelle das Schnorren. Aber als Schriftsteller und Journalist kämpfte er unermüdlich gegen den Zerfall der Demokratie, gegen Faschismus und Kriegsgefahr. Einige Zeit lang trat er in Wien und Berlin mit riesigem Erfolg als Stegreifredner auf. Er war Mitarbeiter der wichtigsten demokratischen Zeitschriften seiner Zeit. 1938, beim Einmarsch der Deutschen in Österreich, gelang ihm in letzter Minute die Flucht in die USA. 1941 starb er in New York. Kuh hat nur wenige Bücher veröffentlicht (Essays, Aphorismen, Glossen, Kritiken, Feuilletons), aber unzählige Zeitungsartikel geschrieben.

Jakob Wassermann wurde 1873 in Fürth geboren. Sein Vater bestimmte ihn zum Kaufmannsberuf, er aber suchte nach der Möglichkeit als Schriftsteller zu leben. Seit 1896 erschienen in dichter Folge Romane, Novellen und Erzählungen, die zum Teil große Erfolge wurden. Gern bediente sich Wassermann sensationeller Stoffe, vor allem in seinem bedeutendsten Roman „Der Fall Maurizius" (1928), den er mit den Romanen „Etzel Andergast" (1931) und „Joseph Kerkhovens dritte Existenz" (1934) zur Trilogie erweiterte. Schon vorher hatte sein autobiografisches Bekenntnisbuch „Mein Weg als Deutscher und Jude" Aufsehen erregt. Wassermanns Erfolg ist vielleicht darauf zurückzuführen, dass er es immer verstanden hatte, Gedachtes in pralle Handlung umzusetzen. Fühlbar war aber auch immer der sittliche Ernst, durch den er seinen Lesern Lebenshilfen anbieten wollte. „Lebensdienst" (1928) nannte er eine Sammlung von Aufsätzen und Reden. 1934 starb Wassermann, der schon seit 1898 in Österreich gelebt hat, in Alt-Aussee (Steiermark).

Zeitroman
Roman, der ein möglichst umfassendes und anschauliches Bild seiner Gegenwart zu zeichnen versucht. Dabei hebt er vor allem auf die in der Gesellschaft wirksamen und auf den Einzelnen ausstrahlenden Lebensbedingungen ab, die er in der Regel als in der Krise oder im Umbruch befindlich versteht. Deshalb wird aus der Zeitanalyse im Zeitroman nicht selten Zeitkritik.
Der *Gesellschaftsroman* des Realismus im 19. Jahrhundert (in Deutschland z.B. Gustav Freytag „Soll und Haben", 1855, und die meisten Romane Theodor Fontanes) erweitert sich mit Heinrich Manns „Der Untertan" (1916) zum *Zeitroman,* wie er in den zwanziger Jahren und wieder in der Literatur nach dem Zweiten Weltkrieg (Grass, Walser, Böll) gepflegt wird.
Er steht im Gegensatz zum *historischen Roman,* der seinen Stoff aus Epochen der Vergangenheit bezieht. Während in der Zeit der Weimarer Republik der Zeitroman weitaus zahlreicher war, bekam in der Exilliteratur und der Literatur der sog. Inneren Emigration der historische Roman wieder das Übergewicht, weil den im Exil Lebenden in der Regel die genauen Kenntnisse über Nazideutschland fehlten. Den in Deutschland gebliebenen Schriftstellern, soweit sie gegen den Nationalsozialismus eingestellt waren, gestattete er ihre Kritik im historischen Kostüm zu verstecken.

Text 2 **Jakob Wassermann (1873–1934): Der Fall Maurizius** [Auszug]

Dieser Zeitroman behandelt die Geschichte eines Justizirrtums. Der Sohn des am Unrechtsurteil mitschuldigen Staatsanwalts Andergast, Etzel, stellt aus Erbitterung über seinen Vater und aus Empörung über dessen Rechtsauffassung auf eigene Faust Untersuchungen an und kann schließlich die Unschuld des seit 18 Jahren Inhaftierten beweisen. Dies eröffnet er am Ende des Romans seinem Vater. Es kommt zu folgendem Auftritt:

[…] „Aber es handelt sich um was Ungeheures! Um das Allergrößte auf der Welt, um Gerechtigkeit!", ruft Etzel, der nun vollständig die Fassung verloren hat. „Ein Urteil kann man doch für ungültig erklären. Wenn man auch die Strafe nicht ungeschehen machen kann, das Urteil kann man doch umstoßen, die Ehre kann man, muss man dem Menschen doch zurückgeben. Und nicht bloß die Ehre … Was ist denn die Ehre? … Was hat er, was haben wir davon? … Gerechtigkeit ist wie Geburt. Ungerechtigkeit ist Tod. Man muss sich rühmen … Ihr könnt nicht so zusehn … Das wäre ja sonst … Soviel ich weiß, gibt's ein Wiederaufnahmeverfahren …!" Herr von Andergast dreht den Kopf wie eine hölzerne Puppe. „Laiengerede", entgegnet er dumpf-widerwillig. „Wir haben uns zu hüten. Wir, die die Verantwortung tragen, dürfen nicht leichtsinnig umspringen mit Recht und Rechtsprechung. Wiederaufnahmeverfahren … Kindskopf, du ahnst nicht, was das bedeutet. Man mobilisiert nicht eine Armee, um einen gestürzten Baum aufzurichten, der zudem gar nicht mehr lebens- und wachstumsfähig wäre. Einen gewaltigen Apparat in Bewegung setzen, die Welt alarmieren, den alten, totgehetzten Streit von neuem entfachen … Wo denkst du hin. Unter anderem: Wäre der Meineid nicht verjährt, so müsste nach der Vorschrift des Gesetzes der Prozess gegen diesen Waremme durch sämtliche Instanzen geführt werden und seine Verurteilung zu Recht bestehen. Bis dahin würden Jahre vergehen. Ich führe das nur an, damit du siehst, wie kompliziert diese Dinge sind. Die Verjährung brauchte natürlich kein Hindernis zu sein. Außerdem aber … Es sind Rücksichten zu nehmen, schwerwiegende Rücksichten, Existenzen stehen auf dem Spiel, der Staatskasse wären enorme Kosten aufzubürden, das Ansehen des einschlägigen Gerichtshofes wäre geschädigt, die Institution als solche der zersetzenden Kritik preisgegeben, die ohnehin die Fundamente der Gesellschaft unterminiert … Lass ab von der Vorstellung, dass Gerechtigkeit und Justiz ein und dasselbe sind oder zu sein haben. Sie können es nicht sein. Es liegt außerhalb menschlicher und irdischer Möglichkeit. Sie verhalten sich zueinander wie die Symbole des Glaubens zur religiösen Übung. Du kannst mit dem Symbol nicht leben. Doch in der strengen und gewissenhaften Übung das ewige Symbol über sich zu wissen, das … wie soll ich sagen, das absolviert. Eine solche Absolution ist natürlich notwendig. Dass man sich mit ihr beruhigt, ist gleichfalls notwendig."

Ein Vortrag. Lehrvortrag. Als die Stimme schweigt, wird es erschreckend still im Raum. Etzel blickt eine Weile mit zusammengepressten Lippen vor sich nieder; auf einmal schreit er schrill: „Nein!" Die Augen funkeln böse. „Nein!", schreit er abermals. „Damit kann ich und damit will ich nicht leben." Sein ganzer Intellekt fängt Feuer. Die Respektschranke bricht zusammen. „Das erkenn ich nicht an", stammelt er in einer Erbitterung, die sich wie Betrunkenheit äußert, „Symbol … Übung … Was denn … Faule Ausreden …" Ein abermaliges donnerndes „Benimm dich!" findet ihn taub. Nein, er anerkennt es nicht. Der Mensch besitzt ein Urrecht in seiner Brust, ein mit ihm geborenes. Teil hat jeder an der Gerechtigkeit, wie er teilhat an der Luft. Raubt man ihm die, muss die Seele ersticken. „Ich erkenn's nicht an, das andere, ich will's nicht, ich glaub's nicht. Schlauheit der Kaste. Komplott. Angst der Priester um den Zinsgroschen. Religiöse Übung? Wieso? Was hat das mit Religion zu tun, dass man den Unschuldigen verderben lässt, weil's die Übung ist und das Symbol nur so drüberhängt wie der Helm über einem grinsenden Schutzmanngesicht …" Er nimmt es nicht an. Davon sagt er sich los. Lieber nicht leben. Lieber die Welt in Fetzen als in solcher Gemeinheit. „Nein … nein … nein…"

Ungeheuerlich, denkt Herr von Andergast. Er ist wie gelähmt. Er hat das Gefühl, jemand halte seinen Kopf über einen Kessel mit kochendem Wasser. Mühselig erhebt er sich. An den Hals greifend, erklärt er mit mühseliger Trockenheit: „Die Unterhaltung ist im Übrigen gegenstandslos, da Maurizius die Begnadigung angenommen hat. Und zwar ohne Vorbehalt." Etzel macht zwei sprungartige Schritte ins Zimmer hinein. Er faltet die Hände in der Höhe der Augen und drückt sie flach gegen den Mund. „Angenommen? Die Begnadigung angenommen?", flüstert er scheu. – „Ohne Vorbehalt. Wie ich sagte." – „Und lebt weiter? Lässt die Ungerechtigkeit auf sich sitzen? Schweigt? Lebt weiter?" – Herr von Andergast zuckt die Achseln. „Der Mensch, wie du siehst, kann alles." – Ein wildes Lächeln bewegt Etzels Lippen. „Das seh ich, dass der Mensch alles kann", entgegnet er mit frechem Doppelsinn, „der eine kann die Wahrheit verschwinden machen, der andere kann verrecken." – „Junge!", brüllt Herr von Andergast. – „So weit habt ihr ihn also gebracht", fährt Etzel in maßloser Verzweiflung fort (alles, was er unternommen, ist ja nun vergeblich unternommen, worauf er felsenfest gebaut, stürzt ins Nichts hinunter). „Das habt ihr erreicht mit den Paragraphen, mit den Klauseln, mit der Vorsicht und der Rücksicht … Dazu soll man noch das Maul halten … Wenn er weiterlebt, verdient er nichts Besseres … Vielleicht hat er sich auch schön bedankt, der Maurizius, für den Fußtritt, mit dem ihr ihn aus dem Zuchthaus hinausbefördert habt. Vergelt's Gott für die neunzehn Jahre Zuchthaus, was? … Weißt du denn nicht, wer geschossen hat, damals? Natürlich weißt du's. Deswegen wahrscheinlich die Begnadigung … Ich glaub, ich kann's nicht mehr mit ansehen, alles … Gnade … Wo ist der Richter, dass man ihm seine Gnade ins Gesicht spuckt … Wie soll ich mich denn je wieder unter Menschen blicken lassen … Das ist der Bub vom Andergast, werden sie sagen, der Alte hat dem Maurizius zur Begnadigung verholfen, der Junge kuscht dazu, die stecken alle zwei unter einer Decke … Fein. Gediegen. Schöne Welt. Großartige Welt. Wenn man doch auf der Stelle krepieren könnte …"

Er stöhnt, als ob der Erdboden unter ihm verginge, als ob die Seele den Leib verlassen wolle, voll Bedauern, dass sie sechzehn Jahre und etliche Monate gezwungen gewesen, in so einem kraftlosen, unfähigen, prahlerischen, anmaßenden, geschändeten Gehäuse zu verweilen. Keuchend redet er weiter, aber die Worte verlieren den Zusammenhang. Eingewurzelte Scheu vor dem Vater kann er nicht ganz überwinden, sie hemmt ihn selbst jetzt noch, im äußersten Jammer, er möchte etwas viel Entscheidenderes, etwas Schicksalträchtigeres sagen, aber er kommt nicht auf gegen die Nichtigkeit, Hohlheit, Plattheit und Ohnmacht der Worte, es ist ihm, als wäre sein Gaumen voll trockenem Staub. Er rennt wie närrisch rund um den Sessel herum, die Augen, blutunterlaufen, glitzern tückisch, die Hände fuchteln krampfhaft, er packt die Quaste des Sessels und reißt sie ab, er stopft das Taschentuch in dem Mund, beißt die Zähne hinein und zerrt daran, bis es ein Knäuel Fetzen ist. Auf der qualvoll verzogenen Stirn bilden sich sonderbare bläuliche Flecken, er gibt Laute von sich, die ebenso gut ein Gelächter wie ein Geheul sein können, dabei tritt er beständig von einem Fuß auf den andern, als habe er den Veitstanz. Das ist nicht mehr der scharmante, beherrschte, vernünftige, besonnene kleine Etzel, das ist ein Teufel. „Wartet nur", schäumt er, „das wird euch nicht geschenkt, das werdet ihr büßen, es kommt schon noch die Reihe an euch …" Herr von Andergast steht eine Weile erstarrt da. Steinerne Säule. Plötzlich macht er eine Gebärde, um den Knaben zu packen. Er umklammert Etzels Schulter. Der entwindet sich ihm, wobei sich sein Gesicht vor Angst, Zorn und Abscheu verzerrt. „Ich will nicht dein Sohn sein", bricht es in maßloser Wildheit aus ihm hervor. – „Infamer Bube!", röchelt Herr von Andergast, sieht aber dabei aus wie einer, der was zu erbetteln hat. […]

(1928)

Text 3 **Lion Feuchtwanger (1884–1958): Die Geschwister Oppermann** [Auszug]

In diesem Roman, der in der Trilogie „Der Wartesaal" der mittlere ist zwischen „Erfolg" (1930) und „Exil" (1940), schildert Feuchtwanger Vorgeschichte und Verlauf des Jahres 1933 aus der Perspektive der jüdischen Familie Oppermann, die in Berlin ein großes Möbelhaus besitzt. Hauptperson des Romans ist der alte Gustav Oppermann. Sein Enkel Berthold wird in der Schule von einem nationalsozialistischen Lehrer zu einem Referat über „Was bedeutet uns Hermann der Deutsche" verpflichtet und während des Vortrags der antideutschen Hetze geziehen. Beim Rektor François verlangt Lehrer Vogelsang die Bestrafung des Schülers. François bespricht mit seinem Freund Gustav den Vorfall.

[…] Vorsichtig, mit Bemerkungen allgemeiner Natur, leitete er das Gespräch ein. Der Krieg hat die deutsche Sprache verändert. Hat ihr neue Begriffe zugeführt, neue Worte, hat Vokabular und Syntax geschliffen. Werden ausschließlich die neuen Wendungen gebraucht, dann entsteht Widerwärtiges. Wird aber das gute Alte organisch mit dem guten Neuen verbunden, dann bildet sich ein Stil heraus, weniger gemütvoll als das frühere Deutsch, härter, kälter, vernünftiger, männlicher. Manche seiner Schüler haben für dieses neue, ihm willkommene Deutsch ein feines Ohr. Der feinsten eines hat Berthold Oppermann. Der verbindet mit dem Sinn für die Technik dieses Jahrhunderts ein lebendiges Interesse an humanistischen Dingen, am Geist. Es bleibt nur zu hoffen, dass der widerwärtige neue Lehrer, den sie ihm in seine gute Anstalt hineingesetzt haben wie die Kartoffel in das Tulpenbeet, nicht zu viel verderbe. Und dann erzählt er den Fall Vogelsang.

Gustav hört zu, nicht übermäßig interessiert. Erwartet François, dass er, Gustav, den Fall als ein Problem anschaut? Da sieht man, wie doch ein jeder eingesperrt ist in seinem Beruf und die beruflichen Dinge überschätzt. Wie denn? Der Fall liegt doch außerordentlich einfach. Der Junge hat eine vernünftige Behauptung aufgestellt. Der Lehrer will sie aus einem vulgären Sentiment heraus nicht gelten lassen. Glaubt François ernstlich, dass im zwanzigsten Jahrhundert einem jungen Menschen, der in einer wissenschaftlichen Anstalt erweisbare Dinge äußert, daraus ein Strick gedreht werden kann?

So weit sei es noch nicht, meint Rektor François und streicht mit den kleinen, gepflegten Händen den weißen Knebelbart. Aber Gustav scheine doch den Einfluss zu unterschätzen, den die völkische Bewegung leider auch auf die Schule habe. François hat eine Unterredung mit dem zuständigen Ministerialreferenten gehabt, einem Gutgesinnten übrigens, mit dem sich François trefflich versteht. Er hat eine Zusage des Referenten, dass der,

Lion Feuchtwanger wurde 1884 in München geboren, studierte in München und Berlin Philosophie und Philologie und war dann hauptsächlich als Theaterkritiker tätig. 1905 veröffentlichte er zwei Bände „Kleine Dramen" und promovierte 1907 über Heinrich Heine. Seine frühen Werke sind fast alle dramatischer Natur, erst seit 1920 wandte er sich dem Roman zu. In dreierlei Hinsicht leistete er hier Bedeutendes. Er schrieb mit der „Wartesaal"-Trilogie wichtige Beispiele des Zeitromans; mit „Jud Süß" (1925), der ihn weltberühmt machte, und anderen Romanen, vor allem dem Alterswerk „Goya oder der arge Weg der Erkenntnis" (1951), erneuerte er die Gattung des historischen Romans; mit seiner „Josephus"-Trilogie („Der Jüdische Krieg" 1932, „Die Söhne" 1935, „Der Tag wird kommen" 1945, später unter dem Titel „Das gelobte Land") hat er gültige Gestaltungen des jüdischen Schicksals geschaffen. Schon 1920 hatte er in seinem „dramatischen Roman" „Thomas Wendt" Anregungen und Vorarbeiten zu Brechts Theorie vom epischen Theater geliefert, mit dem er noch zweimal („Leben Eduards II. von England" 1924, „Die Geschichte der Simone Machard" 1941–43) zusammenarbeitete. Bei der nationalsozialistischen Machtergreifung befand er sich gerade in den USA auf einer Vortragsreise; er wurde aus Deutschland ausgebürgert, seine Bücher wurden verbrannt. Von 1933–1940 lebte er in Südfrankreich und unternahm 1937 eine Reise in die Sowjetunion, weshalb ihm später die amerikanische Staatsbürgerschaft verweigert wurde. Aber gerade in der Sowjetunion und den USA erreichten seine Bücher Massenauflagen. 1940 wurde er in Frankreich von der mit Deutschland kollaborierenden Vichy-Regierung interniert und sollte an die Gestapo ausgeliefert werden. Über Portugal gelang ihm eine abenteuerliche Flucht in die USA. Dort lebte er in großem Wohlstand, an dem er andere Exil-Schriftsteller teilhaben ließ, in Kalifornien und starb 1958 in Los Angeles. Feuchtwangers Nachruhm ist vom Schicksal der deutschen Teilung überschattet: in der DDR hochverehrt, wurde sein Werk in der Bundesrepublik zunächst kaum beachtet. In seinem Roman „Die Füchse im Weinberg" (1950) lässt er Benjamin Franklin Sätze sagen, die auch seine eigene Botschaft darstellen: „Ich träume von einer Zeit, da nicht nur die Liebe zur Freiheit, sondern auch ein tiefes Gefühl für die Menschenrechte in allen Nationen der Erde lebt. Ich träume von einem Zeitalter, da Leute wie wir, wohin immer auf dem Planeten wir unsere Schritte lenken mögen, sagen dürfen: Hier bin ich zu Hause".

Neue Sachlichkeit: 1925 von dem Kunsthistoriker G.F. Hartlaub geprägter Begriff für eine seit 1920 einsetzende Gegenbewegung zum Expressionismus in der Kunst allgemein und zur abstrakten Malerei im Besonderen. Die Vertreter der Neuen Sachlichkeit erstrebten wieder eine stärkere Hinwendung zur Realität, die sie in ihrer „objektiven" Gegenständlichkeit erfassen und in nüchterner, unverzierter, „sachlicher" Weise künstlerisch gestalten wollten. Die Darstellung der zeitgenössischen Umwelt mit ihren spezifischen Problemen, vor allem im gesellschaftlich-politischen Bereich, wurde wieder für besonders wichtig erachtet: „Tatsachen [...] wirken erlebter, erschütternder als alle Einfälle der Dichter" (H. Kenter). Der Inhalt wurde wieder wichtiger als die Form. Dabei entstanden zwei verschiedene Richtungen: die eine verband erbarmungslose Skepsis mit desillusionierender Ironie (z.B. A. Döblin, L. Feuchtwanger, E. Kästner), die andere sah in der dargestellten Gegenständlichkeit Zeichen der Hoffnung und verklärte sie nicht selten zum Sinnhaften und Bleibenden (z.B. H. Hesse, H. Carossa). Die Neue Sachlichkeit erfasst alle Bereiche der Literatur: In der Prosa verwirklicht sie sich vor allem im „Zeitroman" und in der Reportage, auf dem Theater im „Volksstück", in dokumentarischen Formen des Dramas und im „Epischen Theater", in der Lyrik sucht sie neue Formen und Wirkung als „Gebrauchslyrik".

wenn irgend möglich, den störenden neuen Mann baldigst aus seiner Anstalt versetzen werde. Allein auch der Ministerialreferent ist von äußeren Umständen abhängig und muss nach allen Seiten Kompromisse machen. Für ihn, François, sei die gegebene Taktik, die Sache Vogelsang-Oppermann dilatorisch[1] zu behandeln. Werde Vogelsang versetzt, dann sei der Fall automatisch erledigt. Aber das sei, wie gesagt, ein Potentialis. Es wäre vorteilhaft, nicht zu fest mit diesem Potentialis zu rechnen. Vielleicht kann Gustav seinem Neffen zureden, dass der die geforderte Entschuldigung abgebe.

Angefremdet schaute Gustav auf. Nach François' Einleitung hatte er eine andere Folgerung erwartet. Er zog die dichten Augenbrauen zusammen, über der starken Nase zeigten sich die scharfen, senkrechten Furchen, das ganze Gesicht des rasch bewegten Mannes spiegelte seine Betroffenheit wider. Dass er durch Mühlheim sein Geld ins Ausland schaffen ließ, war aus ähnlicher Vorsicht geschehen, wie sie jetzt Rektor François zeigte. Dem Jungen jedenfalls war solche Vorsicht nicht zuzumuten. Nach einem kleinen Schweigen sagte er: „Nein, lieber François, in dieser Angelegenheit kann ich Ihnen nicht helfen. Ich kann es verstehen, wenn jemand eine Wahrheit, um die er weiß, verschweigt. Aber nachdem mein Neffe einmal seine Wahrheit ausgesprochen hat, möchte ich ihm nicht zuraten, sie hinterher zu verleugnen und sich gar dafür zu entschuldigen." Sein Gesicht sah ablehnend aus, hochmütig, er saß sehr aufrecht. Das hat er mit Goethe gemein, dachte Rektor François, dass er im Sitzen so groß aussieht. Donnerwölkchen wird unzufrieden sein, dachte er weiter; aber er kann mit gutem Gewissen versichern, er habe sein Möglichstes getan. Im Übrigen gefiel ihm die Haltung seines Freundes Gustav.

Beide waren froh, als sie die Mahlzeit beenden und zum Kaffee in die Bibliothek hinübergehen konnten. Es war angenehm, hier in dem schönen Raum abgeklärt über die ewige, meertiefe Dummheit der Menschen zu sprechen und über ihre ebenso ewige Niederlage durch den Geist. [...]

Schlüter brachte den Kognak, eiste die Gläser, schenkte ein. „Was haben Sie denn, Schlüter?", fragte Gustav. „Sie sehen ja merkwürdig aus." Auch François fiel auf, wie verstört das Gesicht des stillen, behänden Mannes war. „Die Städtische Klinik hat angerufen", sagte Schlüter, sein ruhiges Gesicht sah finster aus, „es geht meinem Schwager nicht gut. Er wird das neue Jahr wohl kaum erleben." Gustav war betroffen. „Wann waren Sie denn das letzte Mal dort?", fragte er. „Vorgestern", sagte Schlüter. „Meine Frau war gestern dort. Er hat zu ihr gesagt: ‚Man kann es den Hunden nicht durchgehen lassen. Das ganze Land wird verschweint, wenn alle immer das Maul halten. Wenn ich genau wüsste, dass alles noch mal so käme, ich würde trotzdem wieder so aussagen.'" – „Gehen Sie in die Klinik, Schlüter", sagte Gustav. „Sogleich. Sagen Sie auch Bertha, sie soll hingehen. Ich brauche Sie nicht mehr. Schalten Sie das Telefon herein. Wenn was kommt, öffne ich selber. Nehmen Sie den Wagen, wenn Sie wollen." – „Danke, Herr Doktor", sagte Schlüter.

Gustav erzählte François, was vorgefallen war. Schlüters Schwager, ein gewisser Pachnicke, Mechaniker seines Berufs, ein anständiger, unpolitischer Mensch, hatte eine der täglichen Raufereien zwischen Republikanern und völkischen Landsknechten mitangesehen. Bei dieser Rauferei war ein Republikaner getötet worden. Die Völkischen[2] erklärten, sie hätten, von den Republikanern angegriffen, in Notwehr gehandelt. Das war die übliche Erklärung, die Völkische abgaben, wenn sie Gegner überfallen und getötet hatten. In dem Prozess gegen den Landsknecht, der den Republikaner niedergeschossen hatte, hatte nun der Mechaniker Pachnicke, als Zeuge vernommen, wahrheitsgemäß ausgesagt, die Hakenkreuzler hätten die Rauferei angefangen. Seine Aussage wie die aller andern, die das gleiche beschworen hatten, war übrigens nicht geglaubt und der Landsknecht freigesprochen worden. Aber den Pachnicke seinesteils hatten kurze Zeit nach dem Prozess Hakenkreuzler nächtens überfallen und so übel zugerichtet, dass er in die Klinik verbracht werden musste.

„Sie sehen, lieber Oppermann", sagte François, nachdem Gustav seine Erzählung beendet hatte, „es ist nicht ganz unbedenklich, sich in unserm Deutschland zu Wahrheit und Vernunft zu bekennen. Vielleicht beurteilen Sie es jetzt etwas weniger streng, dass ich Ihren Neffen vor den Erfahrungen des Mechanikers Pachnicke bewahren wollte." – „Sie verallgemeinern unerlaubt, lieber François", erwiderte ziemlich heftig Gustav. „Schließlich sind Sie, Ihre Lehrer und die Herren im Kultusministerium keine Landsknechte. Nein, nein, die weitaus meisten Deutschen sind Pachnickes, keine Hakenkreuzler. Mit ihrem ganzen Geld und Schmierenzauber haben die knapp ein Drittel der Bevölkerung dumm machen können. Bei so viel Aufwand ein erstaunlich dürftiges Resultat. Nein, lieber François, das Volk ist gut."

„Sagen Sie mir das oft und mit starken Worten", erwiderte François. „Es ist wichtig, dass wir das glauben. Aber es fällt mir nicht ganz leicht, es immer zu glauben. Und jetzt, wenn Sie erlauben, genug davon. Ich habe in mir noch immer den Nachgeschmack jenes übeln Buches. Lassen Sie ihn uns wegspülen mit etwas Gutem." Er kramte in den Büchern. Nahm einen Band Goethe heraus. Las lächelnd: „In unruhigen Zeiten wirft

1 dilatorisch: aufschiebend, hinhaltend, schleppend
2 Die Völkischen: hier: Nationalsozialisten

sich das Volk von einer Seite auf die andere wie ein Fieberkranker.“ Sie badeten sich den Geist rein von der Lektüre [...] des Buches „Mein Kampf“.

Es waren zwei gute Stunden. Ihr Unbehagen schwand. Eine Nation, die sich Jahrhunderte hindurch so intensiv mit Büchern befasst hat wie denen, die hier standen, konnte sich nicht fangen lassen von Gestammel, wie es zu lesen war [...] in dem Buche „Mein Kampf“. [...]

(1933)

Text 4 **Ödön von Horváth (1901–1938): Italienische Nacht. Volksstück** [Auszug]

Erstes Bild

Im Wirtshaus des Josef Lehninger. Kranz, Engelbert und der Stadtrat Ammetsberger spielen Tarock. Karl kiebitzt. Betz trinkt zufrieden sein Bier. Martin liest die Zeitung. Der Wirt bohrt in der Nase. Es ist Sonntag vormittag, und die Sonne scheint. Stille.

BETZ: Martin. Was gibts denn Neues in der großen Welt?

MARTIN: Nichts. Daß das Proletariat die Steuern zahlt, und daß die Herren Unternehmer die Republik prellen, hint und vorn, das ist doch nichts Neues. Oder? *Betz leert sein Glas.* Und daß die Herren republikanischen Pensionsempfänger kaiserlich reaktionäre Parademärsch veranstalten mit Feldgottesdienst und Kleinkaliberschießen, und daß wir Republikaner uns das alles gefallen lassen, das ist doch auch nichts Neues. Oder?

BETZ: Wir leben in einer demokratischen Republik, lieber Martin.

Jetzt zieht draußen eine Abteilung Faschisten mit Musik vorbei. Alle, außer Stadtrat und Wirt, treten an die Fenster und sehen sich stumm den Zug an – erst als er vorbei ist, rühren sie sich wieder.

STADTRAT *mit den Karten in der Hand:* Von einer akuten Bedrohung der demokratischen Republik kann natürlich keineswegs gesprochen werden. Schon weil es der Reaktion an einem ideologischen Unterbau mangelt.

ENGELBERT: Bravo!

STADTRAT: Kameraden! Solange es einen republikanischen Schutzverband gibt, und solange ich hier die Ehre habe, Vorsitzender der hiesigen Ortsgruppe zu sein, solange kann die Republik ruhig schlafen!

MARTIN: Gute Nacht!

KRANZ: Ich möchte das Wort ergreifen! Ich möchte jetzt etwas vorschlagen! Ich möchte jetzt dafür plädieren, daß wir jetzt wieder weitertarocken und uns nicht wieder stören lassen von diesen germanischen Hoftrotteln samt ihrem sogenannten deutschen Tag!

ENGELBERT: Samt ihrem Dritten Reich!

STADTRAT: Einstimmig angenommen. *(Er mischt und teilt aus.)*

KARL: Wie ist das eigentlich heut nacht?

STADTRAT: Was denn?

KARL: Na in bezug auf unsere italienische Nacht heut nacht –

STADTRAT *(unterbricht ihn):* Natürlich steigt unsere italienische Nacht heut nacht! Oder glaubt denn da wer, daß es sich der republikanische Schutzverband von irgendeiner reaktionären Seite her verbieten lassen könnt, hier bei unserem Freunde Josef Lehninger eine italienische Nacht zu arrangieren, und zwar wann er will! Unsere republikanische italienische Nacht steigt heute nacht trotz Mussolini und Konsorten! Karo As! *(Er spielt aus.)* [...]

MARTIN *(erscheint wieder, tritt zu Betz und legt ein Flugblatt vor ihn hin):* Da!

BETZ: Was soll ich damit?

MARTIN: Lesen!

BETZ: Warum soll ich das dumme faschistische Zeug da lesen?

MARTIN: Weil es dich interessieren dürft.

BETZ: Aber keine Idee!

MARTIN *(mit erhobener Stimme):* Das da dürfte sogar alle anwesenden Herrschaften hier interessieren!

Die Herrschaften horchen auf.

STADTRAT: Was hat er denn schon wieder, dieser ewige Querulant?

BETZ *(überflog mechanisch das Flugblatt, stockt und schlägt nun mit der Faust auf den Tisch):* Was?! Na das ist empörend! Ist das aber empörend, Josef! *(Wirt wird unsicher und will sich drücken. Fixiert ihn empört.)* Halt! – Halt, lieber Josef – das da dürft nämlich vor allem dich interessieren – weißt du, was da drinnen geschrieben steht?

WIRT *(verlegen):* Nein –

BETZ: Du kannst also nicht lesen?

WIRT *(lächelt verzweifelt):* Nein –

Ödön von Horváth wurde 1901 in Fiume als Sohn eines Diplomaten aus ungarischem Adel geboren. „Ich wurde in Fiume geboren, bin in Belgrad, Budapest, Preßburg, Wien und München aufgewachsen und habe einen ungarischen Pass – aber ‚Heimat‘? Kenn' ich nicht“, so charakterisierte er später seine Jugend. Nach dem Ersten Weltkrieg begann seine literarische Tätigkeit zunächst mit dem Libretto für eine Pantomime (1922; später hat er von diesem Buch die ganze Auflage aufgekauft und vernichtet). 1924 ging er nach Berlin, wo inzwischen das Theater die Abkehr vom Expressionismus vollzogen hatte. Horváth wandte sich dem Volksstück zu, weil in ihm, seiner Meinung nach, Entwurzelung und Überfremdung des modernen Menschen besonders deutlich gezeigt werden können. Schon 1931 erhielt er für „Italienische Nacht“ den begehrten Kleist-Preis, im gleichen Jahr wurde sein vielleicht bestes Stück „Geschichten aus dem Wienerwald“ uraufgeführt. In den folgenden Jahren entstanden weitere 20 Schauspiele, darunter „Glaube, Liebe, Hoffnung“ (1932) und „Der jüngste Tag“ (1936), in denen Horváth sein großes Thema von der Verantwortlichkeit des Menschen vor Gott und vom Zerbrechen des Menschen in dieser Verantwortung gestaltet hat, nicht selten auch mit Mitteln des Komischen. Denn der Zuschauer soll befähigt werden, „jene Heiterkeit zu erwerben, die ihm seinen Lebens- und Todeskampf erleichtert“. Neben diesen Stücken schrieb Horváth drei Romane („Der ewige Spießer“ 1930, „Jugend ohne Gott“ 1938 und „Ein Kind unserer Zeit“ 1938), in denen er mit gleicher stilistischer Sicherheit und psychologischer Meisterschaft sein Thema gestaltete. 1933 musste Horváth aus Berlin, 1938 aus Wien fliehen. Am 1. 6. 1938 setzte ein vom Sturm abgerissener Ast seinem Leben in Paris ein Ende.

Volksstück
Eine in Wien im 18. Jahrhundert entstandene, nach ganz Österreich und Süddeutschland ausgreifende Theaterform, die Elemente des barocken Theaters, der Commedia dell'arte mit musikalischen Einlagen und Liedern (Couplets) zu einer Auge und Ohr, Verstand und Gemüt ansprechenden Volkstümlichkeit verband. Das Volksstück wurde häufig auf Stegreifbühnen in Wirtsgärten gespielt und durch Wanderbühnen im ganzen süddeutschen Raum verbreitet. Es bedient sich meist des Dialekts oder einer mundartlich gefärbten Hochsprache. Mit Ferdinand Raimund (1790–1836) und Johann Nepomuk Nestroy (1801–1861) erreichte es einen Höhepunkt. Ihre Stücke, bei Raimund mit märchenhaften Zügen versehen, bei Nestroy stärker ins Zeitkritische gehend, die vom Sprachwitz ebenso wie von der Situationskomik leben, blieben bis heute lebendig. Im 20. Jahrhundert erlebte das Volksstück, das nicht nur volkstümliche Darstellungsformen sucht, sondern sich auch der Welt der „kleinen Leute" zuwendet, eine neue Blüte. Carl Zuckmayer (1896–1977; „Der fröhliche Weinberg", 1925), Marieluise Fleißer (1901–1974; „Fegefeuer in Ingolstadt", „Pioniere in Ingolstadt", beide 1929) und Ödön von Horváth (1901–1938; „Geschichten aus dem Wienerwald", „Italienische Nacht", beide 1931, „Kasimir und Karoline", 1932, „Glaube, Liebe, Hoffnung", 1936) verbanden in ihren Stücken die Darstellung der oft banalen Wirklichkeit gewöhnlicher Menschen mit Kritik an den gesellschaftlichen Strukturen wie an den Verhaltensweisen von Gruppen und Einzelnen. Auch die frühen Stücke Bertolt Brechts (1898–1956) gehören in die Nähe des Volksstücks. Nach dem Zweiten Weltkrieg knüpften vor allem Franz Xaver Kroetz (*1946), Martin Sperr (*1944) und Peter Turrini (*1944) an diese Tradition an.

Arbeitsanregungen:

1 a Zeigen Sie, aus welchen Perspektiven die Autoren und ihre Figuren die Weimarer Republik sehen (Texte 1–5).
b Beschreiben Sie die Reaktion der in den Texten 1–5 dargestellten Personen auf die politische Situation in der Endphase der Weimarer Republik.

2 Untersuchen Sie den Gesprächsverlauf in Text 2.
a Arbeiten Sie die Argumentationsgrundlagen und die Argumentationsweise der beiden Gesprächspartner heraus.
b Bestimmen Sie die Wendepunkte des Gesprächs und zeigen Sie, wodurch sie erzeugt werden.
c Arbeiten Sie diesen Romanausschnitt in eine Hörspielszene um. Welche Schwierigkeiten ergäben sich Ihrer Meinung nach bei einer Verfilmung dieses Textes?

3 Beschreiben Sie den „Tonfall" des Kästner-Gedichts (Text 5). Mit welchen Mitteln wird er erreicht? Wie verhält er sich zum Gedichtinhalt?

Betz: Analphabet?

Stadtrat *(hat aufgehorcht)*: Was soll denn das schon wieder darstellen dort?

Wirt: Nichts, Leutl! Nichts –

Betz: Nichts? Aber was du da nicht sagst, lieber Josef?! Ich glaub gar, du bist ein grandioser Schuft!

Wirt: Das darfst du nicht sagen, Heinrich!

Betz: Ich sags noch einmal, lieber Josef.

Stadtrat: Wieso?

Kranz: Ja Sakrament –

Martin *(unterbricht ihn)*: Moment!

Betz: Moment! Das ist hier nämlich ein sogenannter Tagesbefehl – der Tagesbefehl der Herren Faschisten für ihren heutigen deutschen Tag – *(Er reicht das Blatt Karl.)* Josef, wir Republikaner sind deine Stammgäst, und du verkaufst deine Seele! Und alles um des Mammons willen!

Karl: Also das ist ja direkt impertinent! Bitte mir zuzuhören, Kameraden! *(Er liest:)* „Ab sechzehn Uhr bis achtzehn Uhr treffen sich die Spielleute im Gartenlokal des Josef Lehninger" –

Kranz: Was für Spielleut?

Karl: Die faschistischen Spielleut! Pfui Teufel!

Betz: Eine Schmach ist das! Der liebe Kamerad Josef reserviert unsere Stammtisch für die Reaktion!

Karl: Und wir Republikaner, denkt er, kommen dann hernach dran mit unserer italienischen Nacht und kaufen ihm brav sein Zeug ab!

Martin: Die Brosamen, die wo die Herren Reaktionäre nicht mehr zammfressen konnten!

Engelbert: Hört, hört!

Wirt: Ich glaub, wir reden aneinander vorbei –

Martin: Aber was denn nicht noch!

Karl: Ah, das ist aber korrupt!

Wirt: Ich bin nicht korrupt! Das bin ich nicht, Leutl, das ist meine Frau.

Betz: Papperlapapp!

Wirt: Da gibts kein Papperlapapp! Ihr kennt meine Frau nicht, liebe Leutl! Die scheißt sich was um die politische Konstellationen. Der ist es sauwurscht, wer ihre Würst zammfrißt! Und ich Rindvieh hab mal von einem heiteren Lebensabend geträumt! Und wenn ich jetzt den schwarzweißroten Fetzen nicht raussteck, verderben mir sechzig Portionen Schweinsbraten, das war doch ein furchtbarer Blödsinn, die Reichsfarben zu ändern! Meiner Seel, ich bin schon ganz durcheinand!

Kranz: Wenn du jetzt nicht mein Freund wärst, tät ich dir jetzt ins Gesicht spucken, lieber Josef!

Engelbert: Bravo!

Stille.

Wirt *(verzweifelt)*: Meiner Seel, jetzt sauf ich mir einen an, und dann erschieß ich meine Alte. Und dann spring ich zum Fenster naus, aber vorher zünd ich noch alles an. *(Ab.)*

Stadtrat: Ja Himmelherrgottsakrament! Ein jedes Mal, wann ich ein gutes Blatt hab, geht die Kracherei los! *(Mit erhobener Stimme:)* Aber sehen möcht ich doch, welche Macht unsere italienische Nacht heut nacht zu vereiteln vermag! Kameraden, wir weichen nicht, und wärs die vereinigte Weltreaktion! Unsere republikanische italienische Nacht steigt heute nacht, wie gesagt! Auch ein Herr Josef Lehninger wird uns keinen Strich durch die Rechnung machen! […]

(1931)

(Aus lizenzrechtlichen Gründen ist dieser Text nicht in reformierter Rechtschreibung abgedruckt.)

Text 5 Erich Kästner (1899–1974): Marschliedchen

Ihr und die Dummheit zieht in Viererreihen
in die Kasernen der Vergangenheit.
Glaubt nicht, dass wir uns wundern, wenn ihr schreit.
Denn was ihr denkt und tut, das ist zum Schreien.

Ihr kommt daher und lasst die Seele kochen.
Die Seele kocht, und die Vernunft erfriert.
Ihr liebt das Leben erst, wenn ihr marschiert,
weil dann gesungen wird und nicht gesprochen.

Marschiert vor Prinzen, die erschüttert weinen:
Ihr findet doch nur als Parade statt!
Es heißt ja: Was man nicht im Kopfe hat,
hat man gerechterweise in den Beinen.

Ihr liebt den Hass und wollt die Welt dran messen.
Ihr werft dem Tier im Menschen Futter hin,
damit es wächst, das Tier tief in euch drin!
Das Tier im Menschen soll den Menschen fressen.

Ihr möchtet auf den Trümmern Rüben bauen
und Kirchen und Kasernen wie noch nie.
Ihr sehnt euch heim zur alten Dynastie
und möchtet Fideikommissbrot[1] kauen.

Ihr wollt die Uhrenzeiger rückwärts drehen
und glaubt, das ändere der Zeiten Lauf.
Dreht an der Uhr! Die Zeit hält niemand auf!
Nur eure Uhr wird nicht mehr richtig gehen.

Wie ihr's euch träumt, wird Deutschland nicht erwachen.
Denn ihr seid dumm, und seid nicht auserwählt.
Die Zeit wird kommen, da man sich erzählt:
Mit diesen Leuten war kein Staat zu machen!

(1932)

Gebrauchslyrik
Im weiteren Sinne jedes Gedicht, das zu einem bestimmten Zweck (Kirchenlied, Albumvers, Propagandagedicht) oder aus einem gegebenen Anlass („Gelegenheitsdichtung") verfasst wurde. Im engeren Sinn meint G. eine Lyrik, die für ihre Leser einen „Gebrauchswert" und „Nutzen" hat. Dieser Begriff wurde 1927 von Bertolt Brecht anlässlich eines Lyrik-Wettbewerbs geprägt. Der Begriff umfasst einerseits die Abwehr gängiger, traditioneller Vorstellungen von Lyrik: „Nun weiß ich, dass ein ganzer Haufen gerühmter Lyrik keine Rücksicht darauf nimmt, ob man ihn *brauchen* kann. Die letzte Epoche des Im- und Expressionismus [...] stellte Gedichte her, deren Inhalt aus hübschen Bildern und aromatischen Wörtern bestand [...] Aber von einigen [...] Ausnahmen abgesehen, werden solche ‚rein' lyrischen Produkte überschätzt. Sie entfernen sich einfach zu weit von der ursprünglichen Geste der Mitteilung eines Gedankens oder einer auch für Fremde vorteilhaften Empfindung." Andererseits formuliert er ein neues Gedichtverständnis: „Und gerade Lyrik muss zweifellos etwas sein, was man ohne weiteres auf seinen Gebrauchswert untersuchen können muss." In seinem Gedichtbuch „Lärm im Spiegel" (1929) nimmt Erich Kästner diesen Begriff auf: „Zum Glück gibt es ein oder zwei Dutzend Lyriker – ich hoffe fast, mit dabei zu sein –, die bemüht sind, das Gedicht am Leben zu erhalten. Ihre Verse kann das Publikum lesen und hören, ohne einzuschlafen; denn sie sind seelisch verwendbar. Sie wurden im Umgang mit den Freuden und Schmerzen der Gegenwart notiert; und für jeden, der mit der Gegenwart geschäftlich zu tun hat, sind sie bestimmt. Man hat für diese Art von Gedichten die Bezeichnung ‚Gebrauchslyrik' erfunden [...] Verse, die von den Zeitgenossen nicht in irgendeiner Weise zu brauchen sind, sind Reimspielereien [...] Es gibt wieder Lyriker, die wie natürliche Menschen empfinden und die Empfindungen (und Ansichten und Wünsche) in Stellvertretung ausdrücken [...] Dass jemand ausspricht, was ihn bewegt und bedrückt – und andere mit ihm –, ist nützlich."

Ideologie (von griech. idea = Idee und logos = Lehre, wörtlich also „Lehre von den Ideen"):
In der Psychologie das an eine Person, eine Gruppe, eine Kultur u. dgl. (also an eine soziale Größe) gebundene System von Weltanschauungen, Grundeinstellungen und Werthaltungen. In der Philosophie erscheint der Begriff Ideologie in Spannung zum Begriff Wissen. Dem „wirklichen Wissen" steht ein „verzerrtes, falsches Wissen" gegenüber, in dem die geistigen Inhalte und Ideen durch die materialen Bedingungen des Menschen beeinflusst sind. Unabhängig von der Frage, ob das, was „wirklich wahr" ist, überhaupt definiert werden kann, erscheint dann als wichtig ständige Kritik an den verfälschenden Bedingungen des „falschen Wissens" zu üben (Ideologiekritik). Auch in den Gesellschaftswissenschaften wird die Ideologiekritik als ständige Regulierung

3. Überzeugen oder überreden? Die politische Rede als Ausdruck einer Weltanschauung

Jeder Mensch ist an eine Vielzahl von Bedingungen seiner materiellen und geistigen Existenz geknüpft. Durch diese Bedingungen werden seine Anschauungen, seine Lebenseinstellung und seine Weltsicht bestimmt. Aus der Art, wie dieser Mensch spricht, und aus dem, was er sagt, lassen sich direkt diese Anschauungen und indirekt die sie ausmachenden Bedingungen erschließen. Für einen Politiker gilt dies in besonderem Maße, ist er doch der Vertreter einer durch ihre materiellen Bedingungen, mehr noch durch ihre Weltanschauung bestimmten und definierbaren Interessengruppe. Dieser Hintergrund bestimmt ihn, wenn er sich in seinen Reden zu ihm bekennt und wenn er ihn zu verschleiern sucht. In den folgenden Texten sollen solche Rede-„Hintergründe" für Sie erkennbar werden.

Text 1 **Friedrich Ebert (1871–1925): Antrittsrede als Reichspräsident (11.2.1919)** [Auszug]

Mit allen meinen Kräften und mit voller Hingabe werde ich mich bemühen, mein Amt gerecht und unparteilich zu führen, niemandem zuliebe und niemandem zuleide. Ich gelobe, dass ich die Verfassung der Deutschen Republik getreulich beachten und schützen werde. Ich will und werde als der Beauftragte des ganzen deutschen Volkes handeln, nicht als Vormann einer einzigen Partei.

Ich bekenne aber auch, dass ich ein Sohn des Arbeiterstandes bin, aufgewachsen in der Gedankenwelt des Sozialismus, und dass ich weder meinen Ursprung noch meine Überzeugung jemals zu leugnen gesonnen bin. Indem Sie das höchste Amt des deutschen Freistaates mir anvertrauten, haben Sie – ich weiß es – keine einseitige Parteiherrschaft aufrichten wollen. Sie haben aber damit den ungeheuren Wandel anerkannt, der sich in unserem Staatswesen vollzogen hat, und zugleich auch die gewaltige Bedeutung der Arbeiterklasse für die Aufgaben der Zukunft. [...]

Freiheit und Recht sind Zwillingsschwestern. Die Freiheit kann sich nur in fester staatlicher Ordnung gestalten. Sie zu schützen und wiederherzustellen, wo sie angetastet wird, das ist das erste Gebot derer, die die Freiheit lieben. Jede Gewaltherrschaft, von wem sie auch kommt, werden wir bekämpfen bis zum Äußersten. [...]

Den Frieden zu erringen, der der deutschen Nation das Selbstbestimmungsrecht sichert, die Verfassung auszubauen und zu behüten, die allen deutschen Männern und Frauen die politische Gleichberechtigung unbedingt verbürgt, dem deutschen Volk Arbeit und Brot zu schaffen, sein ganzes Wirtschaftsleben so zu gestalten, dass die Freiheit nicht Bettlerfreiheit, sondern Kulturfreiheit werde, das sei unseres Strebens Ziel.

[1] Das Fideikommiss: unteilbares und unveräußerliches Familienvermögen, hier zum Wortspiel mit „Kommissbrot" verbunden.

des individuellen und öffentlichen Bewusstseins gefordert. Von der Annahme ausgehend, dass alles Denken einem historischen Wandel unterliege, gerät das Festhalten an Denkinhalten und -formen in den Verdacht lediglich der Erhaltung von Herrschafts- und Machtansprüchen zu dienen. Gestützt wird diese Auffassung durch die Beobachtung, dass jedes Bewusstsein abhängig ist von den oft als solchen gar nicht erkannten oder bewussten Interessen der Personen oder sozialen Gruppen. Gestärkt wurde diese Auffassung durch den Marxismus, für den ja das Bewusstsein überhaupt erst auf der Basis der materiellen Bedingungen (des „realen Seins") entsteht. Allerdings schlägt im Marxismus die Ideologiekritik in Ideologie um, weil die Befreiung von ideologischem Denken vom Proletariat erwartet wird, dessen Interessen dadurch wieder verabsolutiert werden (Klassenstandpunkt, absoluter Wahrheitsanspruch).
Im umgangssprachlichen Gebrauch meint Ideologie eine Theorie oder ein Denkgebäude, das nicht „wahr" ist, weil es notwendig unvollständig und interessengeleitet, also einseitig ist, das sich aber dennoch verabsolutiert und alle anderen Denkinhalte als falsch verwirft und so zum politischen Kampfinstrument wird, indem aus ihm die Identität von Herrschenden und Beherrschten und ein Freund-Feind-Denken abgeleitet werden.

Absichten der politischen Rede
Hans Dieter Zimmermann stellt für die drei *Absichten der politischen Rede* (Aufwertung, Abwertung, Beschwichtigung) folgenden Katalog von Sprechakten auf:

Aufwertung:
Günstige Seite hervorheben, ungünstige abschwächen oder verschweigen;
positive Attribute für Wir-Gruppe;
dynamisches Wortfeld für Wir-Gruppe;
Koppelung mit positiven Werten (Freiheit, Gerechtigkeit, Demokratie etc.);
aufgrund von zwei/drei konkreten Beispielen positive Verallgemeinerung;
eigennützige Ziele als uneigennützig ausgeben („Gemeinwohl");
Übersteigerung eigener Verdienste: einziger Garant für Sicherheit und Freiheit;
Fehler anderen zuschieben: anderer Gruppe oder den Umständen („unabwendbares Schicksal");
Einladung der Zuhörer zur Identifikation mit Wir-Gruppe;
wer anderer Meinung ist, dem gegnerischen Lager zuschlagen;
unverfängliche Zeugen aufrufen.

Abwertung:
Ungünstige Seite hervorheben, günstige abschwächen oder verschweigen;
Häufung negativer Attribute;
Koppelung des Gegners mit negativen Werten (Unfreiheit, Unrecht, Tyrannei);
aufgrund von zwei/drei konkreten Beispielen negative Verallgemeinerung;
uneigennützige Ziele des Gegners als eigennützig ausgeben;
Fehler des Gegners ins Maßlose vergrößern: „Untergang des Abendlandes";
Fehler dritter Gruppen dem Gegner

Text 2 **Paul von Hindenburg (1847–1934): Antrittsrede als Reichspräsident (12.5.1925)**

Am 26. April 1925 hat mich das deutsche Volk zu seinem Reichspräsidenten gewählt. Am heutigen Tage habe ich das neue bedeutungsvolle Amt angetreten. Getreu dem von mir geleisteten Eide will ich alle meine Kräfte daran setzen, dem Wohle des deutschen Volkes zu dienen, Verfassung und Gesetze zu wahren und Gerechtigkeit gegen jedermann zu üben. In dieser feierlich-ernsten Stunde rufe ich unser ganzes deutsches Volk zur Mitarbeit auf. Mein Amt und mein Streben gehören nicht einem einzigen Stande, nicht einem Stamm oder einer Konfession, nicht einer Partei, sondern dem gesamten durch ein hartes Schicksal verbundenen deutschen Volke in allen seinen Gliedern. Ich vertraue auf den Beistand des ewigen Gottes, der uns auch durch die schwere Notzeit unserer Tage gnädig hindurchführen wird. Ich vertraue auf die in einer stolzen ruhmreichen Vergangenheit bewährten unsterblichen Lebenskräfte der deutschen Nation. Ich vertraue auf den gerade auch in schwerster Zeit immer wieder gezeigten opferbereiten Lebenswillen unseres Volkes. Ich vertraue endlich auf den großen Gedanken der Gerechtigkeit, dessen mit aller Kraft zu erstrebender Sieg auch dem deutschen Volke wieder seinen würdigen Platz in der Welt verschaffen wird.

Mein erster Gruß gilt allen denen, die unter der Not unserer Zeit besonders leiden. Er gilt den vielen, die im harten wirtschaftlichen Ringen um ihr Dasein stehen. Er gilt dem ganzen arbeitenden deutschen Volke, von dem die schwere Lage von Staat und Wirtschaft besondere Leistungen erfordert. Er gilt den Volksgenossen außerhalb der deutschen Reichsgrenzen, die mit uns durch die Bande des Blutes und der großen deutschen Kulturgemeinschaft unlöslich verbunden sind. Er gilt besonders den Alten und Kranken, die voll Sorge einem trüben Lebensabend entgegenblicken, und er gilt endlich unserer Hoffnung, unserer deutschen Jugend.

Wir wollen auch weiterhin gemeinsam streben, durch ehrliche friedliche Leistungen unserem berechtigten Anspruch auf Achtung und Anerkennung bei anderen Völkern Geltung zu verschaffen und den deutschen Namen von dem ungerechten Makel zu befreien, der heute noch auf ihm haftet. Durch Selbstachtung zur Achtung der Welt, durch Selbstvertrauen zum Vertrauen der anderen! Wir wollen alle darnach trachten, in der Entwicklung der deutschen Wirtschaft und des deutschen Gemeinschaftslebens jedem einzelnen Stand und Volksgenossen sein tägliches Brot, seinen Anteil am deutschen Kulturgut und seine würdige Stellung in der Volksgemeinschaft zu sichern.

Das Reichsoberhaupt verkörpert den Einheitswillen der Nation. Darum reiche ich in dieser Stunde jedem Deutschen im Geiste die Hand. Gemeinsam wollen wir um unserer teueren Toten und um unserer Kinder und Kindeskinder willen ungebeugten Mutes den schweren Weg gehen, der uns durch wahren Frieden zur Freiheit geleiten soll!

Text 3 **Bertolt Brecht (1898–1956): Über die Wiederherstellung der Wahrheit** [Auszug]

In Zeiten, wo die Täuschung gefordert und die Irrtümer gefördert werden, bemüht sich der Denkende, alles, was er liest und hört, richtigzustellen. Was er liest und hört, spricht er leise mit, und im Sprechen stellt er es richtig. Von Satz zu Satz ersetzt er die unwahren Aussagen durch wahre. Dies übt er so lange, bis er nicht mehr anders lesen und hören kann. Der Denkende geht von Satz zu Satz, so daß er langsam, aber vollständig das Gehörte und Gelesene in seiner zusammenhängenden Form berichtigt. Auf diese Weise vergißt er nichts. Gleichzeitig aber setzt er richtige Sätze gegen unrichtige, ohne sich um den Zusammenhang zu kümmern. Er zerstört so den Zusammenhang der unrichtigen Sätze, wissend, daß der Zusammenhang Sätzen oft einen Anschein von Richtigkeit verleiht, welcher Anschein davon kommt, daß man im Zusammenhang, aufbauend auf einem unrichtigen Satz, mehrere richtige Folgerungen ziehen kann. Das Folgern ist dann richtig, aber die Sätze sind nicht richtig.
Der Denkende handelt so nicht nur, um festzustellen, daß getäuscht und geirrt wird. Er wünscht die Art der Täuschung und des Irrens zu gewinnen. Wenn er liest: „Ein starkes Volk wird weniger leicht angegriffen als ein schwaches", dann braucht er das nicht zu berichtigen, wenn er hinzusetzt „aber es greift leichter an". Wenn er hört, daß Kriege nötig sind, dann setzt er hinzu, unter welchen Umständen sie nötig sind, auch: für wen.
I
General Göring über die Überwindung des Kommunismus in Deutschland (zitiert aus der „Basler Nationalzeitung" vom 12. Dezember 1934)

Wörtliche Wiedergabe der Rede	*Wiederherstellung der Wahrheit*
Gerade an der Darstellung der Abwehr und der Überwindung der kommunistischen Gefahr wird man die Methoden des	Gerade an der Art, wie die Abwehr und die Überwindung der Gefahr, daß unter der Herrschaft des arbeitenden

Nationalsozialismus, die dem Kommunismus in jeder Hinsicht entgegengesetzt sind, klar erkennen.	Teils der Bevölkerung die Ausnutzung des Eigentums zum Zwecke der Ausbeutung abgeschafft werden könnte, öffentlich hingestellt wird, wird man die Methoden des Nationalsozialismus, die, da sie lügnerisch sind, denen des Kommunismus völlig entgegengesetzt sind, klar erkennen können.
Die deutsche Regierung muß sich vorbehalten, in völliger Freiheit	Die deutsche Regierung muß sich vorbehalten, in völliger Freiheit von den moralischen Forderungen anderer kapitalistischer Staaten oder auch kapitalistischer Gruppen im Inland
die Mittel anzuwenden, die sie für richtig hält,	die Mittel anzuwenden, die sie für richtig hält, nämlich Mittel wie die Inbrandsetzung des Reichstagsgebäudes zum Zwecke der Beschuldigung der Kommunisten,
und sie kann dabei auf fremde Ratschläge keine Rücksicht nehmen.	und sie kann dabei auf fremde Ratschläge keine Rücksicht nehmen.
[...]	
Zur Durchführung unserer Maßnahmen brauchten wir das Instrument einer durch und durch zuverlässigen und im höchsten Maße schlagkräftigen Polizei.	Zur Durchführung unserer Maßnahmen gegen die Hungernden brauchten wir das Instrument einer durch und durch zuverlässigen und im höchsten Maße schlagkräftigen Polizei.
Dieses Instrument habe ich geschaffen durch die Reorganisation der Landespolizei und die Bildung der Gestapo.	Dieses Instrument habe ich geschaffen durch die Reorganisierung der Landespolizei und die Bildung der Gestapo mit Hilfe der Behauptung, die Kommunisten und Sozialdemokraten bereiteten einen Aufruhr vor.

Kommentar

Indem der General Göring, wie schon im Leipziger Prozeß einmal, wieder im Zusammenhang mit dem Reichstagsbrand die Notwendigkeit anführt, die Polizei durch eine sensationelle Aufgabe zu aktivieren, gibt er seine Brandstiftung offen zu. Er scheint also Feinde in der Regierung zu haben.

(1934)

(Aus lizenzrechtlichen Gründen ist dieser Text nicht in reformierter Rechtschreibung abgedruckt.)

zuschieben; Erfolge dem Gegner absprechen;
Deformation gegnerischer Argumente: ins Absurde übersteigern;
Verzerrung gegnerischer Zitate, um sie leichter widerlegen zu können;
Gegner verrät eigene Grundsätze; Gegner ist von Geschichte längst widerlegt;
gegnerische Forderungen halb anerkennen, doch: sie wurden längst von Wir-Gruppe erfüllt bzw. vor dem Gegner von Wir-Gruppe aufgestellt;
Diffamierung durch Assoziation;
Neudefinition gegnerischer Schlagworte;
Parzellierung[1] des Gegners: Teil auf eigene Seite ziehen;
Innenpolitischen Gegner mit außenpolitischem Feind koppeln;
unverfängliche Zeugen aufrufen.

Beschwichtigung:
Verständnis bekunden;
auf Gemeinschaft hinweisen: „wir sind alle eine Familie";
als Vertreter einer Gruppe sich zum Sprecher einer anderen machen: Vermittlerrolle; alle Interessen als berechtigt anerkennen, Widersprüche verschweigen: sowohl – als – auch, weder – noch; für jeden etwas;
auf „unabwendbares Schicksal" hinweisen;
allgemeine Weisheiten: Irren ist menschlich;
Formulierungen, die für jede Interpretation offen sind;
wenn eine Interessengruppe belastet wird: „alle müssen Lasten tragen", „Dienst am Allgemeinwohl";
Tabuisierung[2] von Problemen, so dass deren Erörterung unmöglich wird.

[1] Die Parzellierung: Zerlegung in Parzellen (= vermessene Grundstücke)
[2] Die Tabuisierung: Die Erklärung für tabu (= polynesisch: verboten, unverletzlich, unantastbar)

Text 4 **Ulrich Gaier: Fragen an eine politische Rede** [Auszug]

[...] Das Verhältnis von Parteiinteresse und Vertretung vor der Öffentlichkeit lässt sich auch sprachlich untersuchen. Jede Partei (wenn sie eine ist) entwickelt aufgrund ihrer gesellschaftlichen und weltanschaulichen Prämissen[1] eine Systemsprache, d.h. ein System von Begriffen und Sätzen, in dem bestimmten Wörtern Leitfunktion und Hochwertigkeit, anderen Negativität zugesprochen wird, das Abhängigkeiten gedanklicher oder assoziativer[2] Art zwischen Wörtern und Sätzen hervorbringt etc. In einem Mehrparteienstaat konkurrieren diese parteilichen Systemsprachen wie die zugrunde liegenden Ideologien und stehen in einem sprachlichen Werbekampf um die öffentliche Gunst. Eine Partei, der es gelingt, ein mit ihrer Programmatik sichtbar verbundenes Wort (wie etwa ‚sozial' oder ‚demokratisch') mit positiver Wertung im öffentlichen Bewusstsein und Sprachgebrauch zu verankern, hat Kredit gewonnen, während öffentliche Ungunst, wie sie z.B. derzeit gegen das Wort ‚liberal' erzeugt wird, Kreditverlust bedeutet. Nicht immer sind die Parteien allein die Handelnden in dieser Wortwerbung: oft kommt der Zufall in positivem oder negativem Sinne von außen zu Hilfe; oft ergreifen opportunistische[3] Parteien auch Wörter für ihre Programmsprache, die in der Öffentlichkeit schon stark wertbesetzt sind, um sie als Begriffe zwar definitorisch umzufunktionieren, aber von der am Wort haftenden Assoziation in der Öffentlichkeit zu profitieren. Das Verhältnis zwischen der Systemsprache der Partei und der Sprache der Öffentlichkeit ist also keineswegs das einer einfachen Übersetzung, wo für ein Wort ein anderes zu setzen ist, sondern neben diesen Fall treten die Fälle, wo bei gleichbleibendem Wort der Begriffsinhalt einzuschränken, zu erweitern oder zu verändern ist, und die Fälle, wo Wertassoziationen

[1] Die Prämisse: die Voraussetzung; auch Vordersatz eines logischen Schlusses
[2] assoziativ: durch Vorstellungsverknüpfung bewirkt (die Assoziation)
[3] opportunistisch: handelnd nach Zweckmäßigkeit, anpasserisch (Opportunismus)

Arbeitsanregungen:

1. Vergleichen Sie die Texte 1 und 2. Achten Sie besonders auf den jeweiligen ideologischen Hintergrund und auf die Sprachverwendung. Versuchen Sie einen Zusammenhang zwischen diesen Beobachtungen herzustellen.
2. Diskutieren Sie, wie notwendig die Absicht Brechts ist, die „Wahrheit wiederherzustellen" (Text 3). Ist seine Methode dazu tauglich?
3. Überprüfen Sie die von Brecht „wiederhergestellte Wahrheit" (Text 3, rechte Spalte) auf ihre Richtigkeit.
4. Entwerfen Sie eine Rede, mit der sich ein Schüler Ihrer Schule zur Wahl als Schülersprecher empfehlen könnte. Legen Sie vor der Niederschrift der Rede Ihnen geeignet erscheinende ideologische Bedingungen für den Redner fest und begründen Sie, weshalb sie Ihnen wichtig erscheinen.

verschoben sind. In einem Mehrparteienstaat ist die Übersetzungsleistung und -distanz größer als in einem Einparteienstaat: Während die Einheitspartei ungehindert und mit größter Intensität versucht, die parteiliche Systemsprache so in die Sprache der Öffentlichkeit einzuschleusen, dass sie sie in politisch wichtigen Teilen einfach ersetzt und somit selbst zur Sprache der Öffentlichkeit wird, müssen im Mehrparteienstaat die Parteien einerseits versuchen, sich gegeneinander zu profilieren und damit auch voneinander und von der Sprache der Öffentlichkeit differierende Systemsprachen zu entwickeln, von denen dann der Übersetzungsweg zur Sprache der Öffentlichkeit entsprechend ‚weiter' ist. [...]

Arbeitsanregungen:

1. Fassen Sie die Ausführungen Gaiers (Text 4) in Thesen.
2. Unterscheiden Sie in den Texten 1–3 Funktions- und Meinungssprache. Welche Bedeutung hat diese Unterscheidung für den Leser/Hörer?
3. Wenden Sie Ihre Erkenntnisse über Absichten und Mittel der politischen Rede auf die Reden Eberts und Hindenburgs (Texte 1 und 2) an.
4. Untersuchen Sie aktuelle politische Reden auf ihre ideologischen Hintergründe und auf ihre Sprachverwendung. Wie stellt sich in ihnen der Gegensatz Überredung/Überzeugung dar?
5. Fassen Sie die Ergebnisse Ihrer Untersuchung in einem Essay zum Thema „Sprache als Gradmesser der politischen Kultur" zusammen. Verwenden Sie dabei aktuelle Beispiele.

Politische Sprache

Walther Dieckmann teilt die *politische Sprache* in Funktions- und Meinungssprache, deren Leistung sich etwa so gegenüberstellen lässt:

Funktionssprache	*Meinungssprache*
= Organisations- und Institutionssprache	= Propaganda- oder Ideologiesprache
Fachterminus	Schlagwort
Information	Meinungs- und Verhaltenssteuerung
Beschreibung der politischen (institutionellen) Wirklichkeit	Ideologische Deutung der politischen Wirklichkeit = Modell
Sachbezogenheit und Rationalität	Kann Sachbezogenheit und Rationalität besitzen, täuscht ihren Besitz aber meist nur vor oder klammert sie bewusst zugunsten von Emotionalität aus
Komplexe und differenzierte Sprachverwendung, Bemühen um sprachliche Eindeutigkeit	Vereinfachte, daher vergröbernde Sprachverwendung, häufig auch bewusst vage oder irreführende Terminologie

4. Jahrmarkt des Lebens

Kurt Schwitters wurde 1887 in Hannover geboren. Nach dem Besuch der Kunstakademien Berlin und Dresden entwickelte er seit 1918, nach eher am Expressionismus orientierten Versuchen, die Idee zu einem Gesamtkunstwerk, in dem Malerei und Dichtung einen gleichen Rang einnehmen sollten. Er arbeitete an Collagen, in denen sich Bild- und Textelemente begegnen sollten. Seine literarischen Texte sind sehr stark von parodistischer Absicht und grotesken Gestaltungselementen geprägt. Er wurde zum Erfinder der MERZ-Kunst (entstanden mit einer Collage aus dem Wort „Kommerz"), einer Kunst, die aus der Verwendung vorgefundener Wirklichkeitspartikel besteht, die völlig neu kombiniert werden. Berühmt wurde er 1919 mit der Gedichtsammlung „Anna Blume" und mit der 1932 veröffentlichten „Ursonate", einer abstrakten Lautkomposition nach den Regeln der klassischen Sonate. Seine Nähe zum Dadaismus ist unbestreitbar, aber ihm fehlt der anarchische Zug der Dadaisten, er sucht das Konstruktive im Experimentell-Abstrakten. Von den Nationalsozialisten verfolgt – seine Bücher wurden 1933 verbrannt, seine Bilder 1937 als „entartete Kunst" ausgestellt – floh er 1937 zuerst nach Norwegen, dann 1940 nach England. Er starb 1948 in Ambleside/Westmoreland.

Text 1 Kurt Schwitters (1887–1948): Der Zusammenstoß. Groteske Oper in zehn Bildern [Auszug]

2. Szene b) Potsdamerplatz

Links bis ganz vorn das Café von außen. Rechts 5-stöckiges Haus mit Schaufenstern einer erstklassigen Modefirma, in denen helle Gesellschaftskleider zu erkennen sind. Unten ganz rechts Eingang zu Taas Wohnung oben. Im Mittelgrunde der Platz mit Rundteil und Verkehrsturm in der Mitte. Die Straße nach vorn ist relativ tot, die Hauptverkehrsstraße geht waagerecht. Hinten eine verschwindende Straße.

Taa und Noll treten in das Gewimmel der Zeitungsverkäufer.

CHOR DER VERKÄUFER:
Zweite Abendausgabe
Dritte Abendausgabe
Die neueste Abendausgabe
Die Ausgabe von morgen früh.
Der neue Weltuntergang
Der neuste Weltuntergang
Der neue Weltuntergang
Übermorgen Weltuntergang
VERKÄUFER:
Abendblätter, Abendblätter, Abendblätter
Die Nacht am Mittag.
Die Nacht am Mittag.
Die Nacht am Mittag.
Es wird rasch dämmerig.

CHOR DER VERKÄUFER:
Acht Uhr Abendblatt
Neun Uhr Abendblatt
Zehn Uhr Abendblatt
Elf Uhr Abendblatt
Zwölf Uhr Abendblatt
VERKÄUFER: Ein Uhr Morgenblatt. Ein Uhr Morgenblatt. Ein Uhr Morgenblatt.
Aufregung wächst. Alles kauft Zeitung und steht lesend.
VERKÄUFER: Panik in Berlin, Panik in Berlin, Panik in Berlin.
NOLL: Eine Zeitung!
VERKÄUFER *drängen sich vor:*
Dritte Abendausgabe
Ein Uhr Morgenblatt
Panik in Berlin
Die New Yorker Presse zum Weltuntergang.
Der neueste Schlager bleibt Onkel Heini.
Lichtreklame und Laufschriften. „Onkel Heini bleibt Onkel Heini". Weltuntergang steht nah bevor. Voraussichtlich morgen früh. Amerika bleibt neutral. Weltuntergang steht bevor. Feuerbestattung „Stern". Gemeinsame Abfahrt der Gesellschaftsautos zum Weltuntergang, jede 2 Minuten etc.
NOLL: Es ist wahr, Taa!
TAA: Ich bleibe bei dir, Noll!
NOLL: Und wenn die Erde untergeht, ...
TAA: Bei dir.
NOLL: Taa, meine Taa.
TAA: Noll, es ist schrecklich, schrecklich. *Beide quer über den Platz nach rechts, wo sie stehen bleiben.*
ROMMEL *quer über den Platz:* Revolution
Weltuntergang
Feuer, wo ist Feuerwehr.
O meine arme Mutter.
Ab.
NOLL: Liebe mich, auch wenn die Welt untergeht!
TAA: Mein Noll!
BETTLER *zu Taa:* Bin blind, habe Atteste. *Taa sieht den Bettler irr an.*
MANN: Der wird auch noch lahm werden.
TAA: Gib ihm eine Mark.
MANN: ... denn morgen wird er untergehn.
MÄDCHEN: Ich sterbe vor Angst.
ZWEITES MÄDCHEN: Ich auch.
HERR: Wer stirbt noch?
REDNER *stellt sich vorn auf die Verkehrsinsel:* Es wird nichts so heiß gegessen, wie es gekocht wird.
MENGE: Wie es gekocht wird.
MANN: Grade heiß genug.
MENGE: Grade heiß genug.
Menge jagt den Mann, rechts vorn ab.
MANN: Haltet den Schuft!
MENGE: Haltet den Schuft!
Großer Lärm, es wogen von rechts neue Leute heran.
VETERAN *tritt auf die Insel:*
Gründen wir einen Verein.
ALLE: Einen Verein.
MEHRERE STIMMEN: Einen Verein.
MENGE: Einen Verein, einen Verein, einen Verein!
VETERAN: Einen Mieterschutzverein. *Große Menge Menschen kommt nach der Mitte, wo alles wild durcheinander läuft.*
TAA: Und wenn die Erde untergeht?
NOLL: Wenn du mich liebst, mag alles untergehn.
Großer Lärm in der Mitte des Platzes. Ordentlich an der Spitze der Ordnungspolizei kommt von hinten um das Rundteil herum und nimmt vorn links zwischen Bürgersteig und einer Verkehrsinsel Aufstellung mit seinen Leuten.
CHOR DER ORDNUNGSPOLIZEI:
Eins zwei, eins zwei, eins zwei drei,
Bald ist alles zwar vorbei.
Eins zwei, eins zwei, eins zwei drei,
Kommt die Ordnungspolizei.
Machen Sie die Straße frei
Für die Ordnungspolizei. [...]

KARAWANE
jolifanto bambla ô falli bambla
grossiga m'pfa habla horem
égiga goramen
higo bloiko russula huju
hollaka hollala
anlogo bung
blago bung
blago bung
bosso fataka
ü üü ü
schampa wulla wussa ólobo
hej tatta gôrem
eschige zunbada
wulubu ssubudu uluw ssubudu
tumba ba- umf
kusagauma
ba - umf

Hugo Ball (1886–1927):
Karawane. Gedicht. 1917

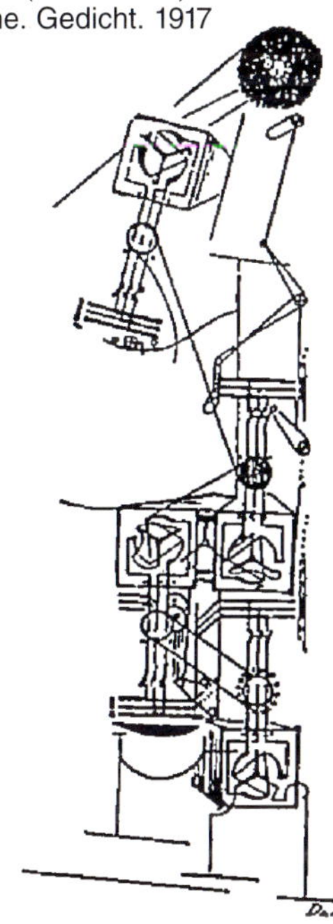

Max Ernst (1891–1976):
Die Schammade (dilettanten erhebt euch).
Zeichnung. 1920

Dadaismus [französisch, von dem der Kindersprache entlehnten Stammellaut dada „Pferdchen"]: Bezeichnung für eine 1916 aufkommende und bald nach dem 1. Weltkrieg im Surrealismus aufgehende, von Anfang an umstrittene internationale Kunst- und Literaturrichtung, die sich eine Revolutionierung von Kunst und Literatur zum Ziele setzte und dazu Impulse aus dem Expressionismus, dem Futurismus und dem Kubismus aufgriff. Wer das Wort Dada zuerst verwendet hat, ist bis heute nicht geklärt. Die Dadaisten entwickelten weder ein gemeinsames Programm noch einen Gruppenstil, es verband sie lediglich die gleiche künstlerisch-politische Einstellung des Protests gegen den „Wahnsinn der Zeit" (H. Arp), den Krieg, für den das Bildungsbürgertum mit seinen hohlen Idealen verantwortlich gemacht wurde. Die vorhandenen ästhetischen Wertmaßstabe und die geläufigen Spielregeln der künstlerischen Produktion wurden außer Kraft gesetzt, man proklamierte absolute Freiheit des Schaffens in der Bildenden

Kunst wie in der Literatur. Bedeutung erlangten die Formprinzipien des Bruitismus (= Nachzeichnung von Umweltgeräuschen) und der Simultaneität. So experimentierte man v.a. mit der Collage bzw. Fotomontage, in der Lyrik mit Lautgedichten (akustische Dichtung), kombinierte Wörter und Sätze in freien Assoziationen (aleatorische Dichtung) oder versuchte sich an der szenischen Komposition von „Geräuschkonzerten". Als Beispiel eines dadaistischen Gedichts sei der Anfang von H. Balls 1917 veröffentlichtem Gedicht „Karawane" zitiert: „jolifanto bambla ô falli bambla / grossiga m'pfa habla horem...". Durch eine Ersetzung „des logischen Unsinns der Menschen ... mit der alogischen Sinnlosigkeit" der Kunst (H. Arp), also durch eine Konfrontation der scheinbaren Rationalität der bürgerlichen Ordnung mit der gewollten Irrationalität dadaistischer Kunst beabsichtigte man eine Veränderung der Welt durch die Kunst. – Zentrum des Dadaismus war zunächst Zürich; die hier als Kriegsdienstverweigerer im Exil lebenden Künstler H. Arp, H. Ball, R. Huelsenbeck, K. Schwitters, M. Janco und T. Tzara propagierten durch Darbietungen im „Cabaret Voltaire" 1916 die neue Kunstrichtung, ab Juli 1917 erschien auch eine Zeitschrift mit dem Titel „Dada". Nach dem Ende des Krieges zerfiel die Züricher Gruppe; es entstanden von Zürich aus in einigen Städten Deutschlands trotz massiver Widerstände dadaistische Kreise jeweils individueller Ausprägung: z.B. in Berlin (1918–20, u.a. mit Huelsenbeck, G. Grosz, W Mehring), in Köln (1919/20, u.a. mit Arp, M. Ernst) und in Hannover (Schwitters). Der Pariser Dadaismus (ab 1920), vorwiegend literarisch ausgerichtet (Tzara, Arp, L. Aragon, A. Breton, P. Éluard), wurde zum Wegbereiter des Surrealismus. Doch haben auch andere Richtungen der Literatur (und der Bildenden Kunst) aus dem Dadaismus wichtige Anregungen bezogen, so etwa die abstrakte Dichtung und die Popart.
(Aus: Schülerduden. Die Literatur, hg. von der Redaktion Literatur des Bibliographischen Instituts u.d. Leitung v. G. Kwiatkowski Mannheim 1980.)

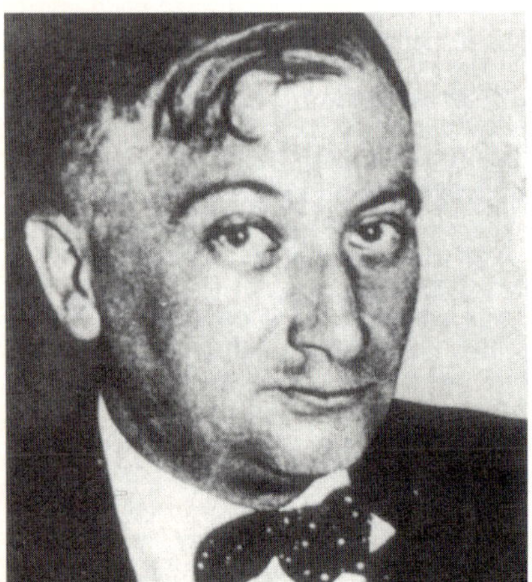

Joseph Roth wurde 1894 in Galizien geboren, das damals zu Österreich gehörte. „Mein stärkstes Erlebnis war der Krieg und der

Ordentlich: Die Ordnung kommt durch. Der grüne Globus wird voraussichtlich …
Nicht landen, sondern …
Vielleicht, wenn es das Glück gewollt …
Menge: Vielleicht, wenn es das Glück gewollt …
Ordentlich: In sanfter Fahrt ganz dicht vorüberfahren …
Menge: In sanfter Fahrt ganz dicht vorüberfahren …
Noll: In sanfter Fahrt.
Mit Taa nach rechts in ihr Haus.
Mann: Schwindel!
Drei Stimmen: Schwindel!
Sechs Stimmen: Schwindel!
Alle: Schwindel, Schwindel, Schwindel!
Veteran: Das sind Beruhigungsmanöver.
Alle: Das sind Beruhigungsmanöver.
Fort mit der Ordnungspolizei!
Fort! Fort! Fort!
Man jagt die Ordnungspolizei nach rechts; von rechts Kommende jagen sie nach hinten, wo die Menge sie auseinander treibt, so dass sie flieht. Dadurch wird der Platz vorn fast leer. Nur der Veteran, der nicht gut gehen kann, bleibt stehen. Vor dem Fenster des Modesalons werden die glitzernden Toiletten mit schwarzen Kleidern vertauscht.
Direktrice *kommt heraus und besieht die Auslage, arrangiert durch Handbewegungen das Dekorieren:* Weiter rechts.
Kleine süße Robe tiefer legen.
Weiter links
Die schwarze Kombination höher legen.
Weiter nach oben
Das kleine süße Höschen mehr nach rechts.
Weiter nach unten
Das kleine süße Hütchen mehr nach links.
Veteran: Was soll das nun bedeuten?
Direktrice:
Die neue Mode zum Zusammenstoß
Die Dame von Welt,
Die auf sich hält,
Die Dame von Geld,
Trägt zum Zusammenstoß
Nur schwarze Georgette.
Veteran: Nur schwarz Korsett.
Hinkt vorn links ab, vor sich hin:
Nur schwarz Korsett.
Dabei wird es stufenweise dunkel, es erhellt sich die Treppe rechts, auf der Taa und Noll hinaufsteigen. […] (e 1927–29)

Text 2 Joseph Roth (1894–1939): Das Lächeln der Welt

Gesetzt, es käme (dank einer trefflichen Reklame) auf dem Mars einem lieben Leser der Einfall, eine Berliner Illustrierte Zeitung zu abonnieren, was erführe er da von der Erde? Dass sie der amüsanteste Planet ist, der je um eine Sonne kreisen durfte.

In die Illustrierte Zeitung gelangt nur Weltgeschehen in gesiebtem Zustand. Die Ereignisse laufen durch einen Heiterkeitsfilter in ihre Spalten. Trübe Erdenreste fängt ein Sieb auf und hält sie zurück.

Es leben – orientiert man sich aus der Illustrierten Zeitung über die irdischen Zustände – lauter Bühnenstars, Operettensänger, Steptänzer, berühmte Gelehrte, Feldherren und Dichter auf diesem Stern.

Raffinierte Erfinder sinnen tagaus, nachtein über die technische Vollendung des Luxus und die Herstellung reizender Novitäten.

Die Könige regieren mit weiser Milde ihre Völker und schenken ihnen Memoiren, wenn sie zufällig entthront werden.

Prinzen feiern Hochzeit mit Prinzessinnen, und die Frauen aller Länder schwimmen in Freudentränen. Und sogar der Krieg nimmt sich aus wie ein Generalfest mit Kotillonverteilung.[1]

Raubmörder mit Seltenheitswert stehen da mit lächelnden Starphysiognomien. Der Mordprozesse tiefdunkler Hintergrund ist mit leisem Sensationsrötel nachgezeichnet. Der Staatsanwalt flattert mit der benachbarten Lil Dagover[2] flotten Nasenflügeln. Hurtig im

[1] Der Kotillon: frz. Gesellschaftsspiel in Tanzform mit Geschenkverteilung
[2] Lil Dagover (geb. 1897): Filmschauspielerin

Bilde, sozusagen locker gehalten, des berühmten Rechtsanwalts Plädoyer in der huschenden Robe.

Revolutionen haben den Stil konfettiübersäter Volksfeste. Erdbeben werden veranschaulicht durch Purzelbaum schlagende Häuser. Zugzusammenstöße ereignen sich, wenn zwei Züge aneinander geraten und mit einem entschuldigenden Pardon sich wieder lösen. Ein Asyl für Obdachlose in der Illustrierten Zeitung sieht aus wie ein Klub launig verkleideter Millionäre.

Der Hunger ist aus der Perspektive des Wohltätigkeitskomitees nachempfunden und die Kälte aus der Erinnerung Reicher an einen Besuch bei ungeheizten Verwandten.

Invalide Bettler simulieren Gebrest und Armut eigens für den Fotografen der allezeit fixen Illustrierten Zeitung.

Die Welt ist ein Illustrationsobjekt. Das Jahr zählt zweiundfünfzig Nummern, ein Faschings-Doppelheft mit eingerechnet.

Der liebe Leser auf dem Mars wundert sich nur über die humoristische Ecke, die in knappe zwanzig Zeilen den ganzen Jammer des Planeten fasst.

(1923)

Text 3 Alfred Döblin (1878–1957): Berlin Alexanderplatz (Roman) [Auszug]

[...]

Nach zwei Tagen ist es wärmer, Franz hat seinen Mantel verkauft, trägt dicke Unterwäsche, die Lina noch von irgendwoher hat, steht am Rosenthaler Platz vor Fabischs Konfektion, Fabisch und Co., feine Herrenschneiderei nach Maß, gediegene Verarbeitung und niedrige Preise sind die Merkmale unserer Erzeugnisse. Franze schreit Schlipshalter aus:

„Warum aber im Westen der feine Mann Schleifen trägt und der Prolet trägt keine? Herrschaften, treten Sie nur näher, Frollein, Sie auch, mit dem Herrn Gemahl, Jugendlichen ist der Eintritt erlaubt, für Jugendliche kostet es hier nicht mehr. Warum trägt der Prolet keine Schleifen? Weil er sie nicht binden kann. Da muss er sich einen Schlipshalter zu kaufen, und wenn er ihn gekauft hat, ist er schlecht und er kann den Schlips nicht mit binden. Das ist Betrug, das verbittert das Volk, das stößt Deutschland noch tiefer ins Elend, als es schon drin sitzt. Warum zum Beispiel hat man diese großen Schlipshalter nicht getragen? Weil man sich keine Müllschippen um den Hals binden will. Das will weder Mann noch Frau, das will nicht mal der Säugling, wenn der antworten könnte. Man soll darüber nicht lachen, Herrschaften, lachen Sie nicht, wir wissen nicht, was in dem lieben kleinen Kindergehirn vorgeht. Ach Gottchen, das liebe Köpfchen, son kleines Köpfchen und die Härchen, nicht, ist schön, aber Alimente zahlen, da gibts nichts zu lachen, das treibt in Not. Kaufen Sie sich solchen Schlips bei Tietz oder Wertheim oder, wenn Sie bei Juden nicht kaufen wollen, woanders. Ich bin ein arischer Mann." Den Hut hebt er hoch, blondes Haar, rote abstehende Ohren, lustige Bullaugen. „Die großen Warenhäuser haben keinen Grund, sich von mir Reklame machen zu lassen, die können auch ohne mir bestehen. Kaufen Sie sich solchen Schlips, wie ich hier habe, und dann denken Sie daran, wie Sie ihn morgens binden sollen.

Herrschaften, wer hat heutzutage Zeit, sich morgens einen Schlips zu binden, und gönnt sich nicht lieber die Minute mehr Schlaf. Wir brauchen alle viel Schlaf, weil wir viel arbeiten müssen und wenig verdienen. Ein solcher Schlipshalter erleichtert Ihnen den Schlaf. Er macht den Apotheken Konkurrenz, denn wer solchen Schlipshalter kauft, wie ich hier habe, braucht kein Schlafgift und keinen Schlummerpunsch und nichts. Er schläft ungewiegt wie das Kind an der Mutterbrust, weil es weiß: es gibt morgens kein Gedränge; was er braucht, liegt auf der Kommode fix und fertig und braucht bloß in den Kragen geschoben zu werden. Sie geben Ihr Geld für viel Dreck aus. Da haben Sie voriges Jahr die Ganofim gesehn im Krokodil, vorne gab es heiße Bockwurst, hinten hat Jolly gelegen im Glaskasten und hat sich den Sauerkohl um den Mund wachsen lassen. Das hat jeder von Ihnen gesehn, – treten Sie nur dichter zusammen, damit dass ich meine Stimme schonen kann, ich hab meine Stimme nicht versichert, mir fehlt noch die erste Anzahlung – wie Jolly im Glaskasten lag, das haben Sie gesehn. Wie sie ihm aber Schokolade zugesteckt haben, das haben Sie nicht gesehn. Hier kaufen Sie ehrliche Ware, es ist nicht Zelluloid, es ist Gummi gewalzt, ein Stück zwanzich Pfennig, drei Stück fuffzich.

Gehn Sie weg vom Damm, junger Mann, sonst überfährt Sie ein Auto, und wer soll nachher den Müll zusammenfegen? Ich werde Ihnen erklären, wie man den Schlips bindet, man braucht Ihnen doch nicht mit dem Holzhammer auf den Kopf hauen. Das verstehen Sie sofort. Sie nehmen von der einen Seite hier dreißich bis fünfunddreißich Zentimeter, dann legen Sie den Schlips zusammen, aber nicht so. Das sieht aus, als wenn eine platt gedrückte Wanze an der Wand klebt, ein Tapetenflunder, so was trägt der feine Mann nicht. Dann nehmen Sie meinen Apparat. Man muss Zeit sparen. Zeit ist Geld. Die Romantik ist weg und kommt niemals wieder, damit müssen wir alle heutzutage rechnen. Sie können sich nicht jeden Tag erst langsam den Gasschlauch um den Hals

Untergang meines Vaterlandes, des einzigen, das ich je besessen: der österreichisch-ungarischen Monarchie" bekannte Roth und seine Biografen sehen darin die Ursache der Orientierungslosigkeit, die charakteristisch ist für sein Werk. Roth war zunächst hauptsächlich journalistisch tätig, machte in Wien Karriere als Lokalreporter und wurde später in Berlin zum gefragten Mitarbeiter namhafter Zeitungen. Schriftstellerisch begann er mit Romanen, die aktuelle Fragen und Probleme behandelten (so „Das Spinnennetz", 1923) und ihn rasch als führenden Vertreter der „Neuen Sachlichkeit" erscheinen ließen. Mit seinem Roman „Hiob" (1930) schlug er ganz andere, legendenhafte Töne an, die er schon in seinem Essayband „Juden auf Wanderschaft" vorbereitet hatte. 1932 erschien der Roman „Radetzkymarsch", in dem Roth mit äußerster Genauigkeit und verhaltener Trauer den Untergang der Donaumonarchie, seines „einzigen Vaterlandes" beschrieb. Nach der Machtergreifung der Nationalsozialisten verließ er Deutschland und ging ins Exil nach Paris, wo er 1939 starb. Damit war auch seine eigene „Flucht ohne Ende", so der Titel eines Romans von 1927, beendet, er hatte aufgehört „Gast auf dieser Erde" zu sein (so der Untertitel des Romans „Tarabas" von 1934).

Alfred Döblin wurde 1878 in Stettin geboren. Als er zehn Jahre alt war, verließ der Vater mit einer anderen Frau die Familie und ließ seine fünf Kinder im Elend zurück. Für Döblin war das die „Vertreibung aus dem Paradies". „Ich erinnere mich ungern daran", schrieb er vierzig Jahre später, „es führt geradewegs zu mir". Die Mutter ging mit den Kindern nach Berlin, Döblin konnte die höhere Schule besuchen und machte 1900 Abitur. Anschließend studierte er Medizin (Abschluss 1905 in Freiburg) und ließ sich nach den Jahren als Assistenzarzt 1911 in Berlin als Kassenarzt für Neurologie nieder. Schon während des Studiums hatte er zu schreiben begonnen, mit den 1913 veröffentlichten Erzählungen „Die Ermordung einer Butterblume" wurde er zu einem der wichtigsten Vertreter des Expressionismus. Von 1915 an erschienen in rascher Folge seine großen Romane, die alle experimentellen Charakter haben, indem sie auf verschiedenen Stilebenen operieren. Sie erreichen in „Berlin Alexanderplatz" 1929 einen großartigen Höhepunkt. Gleichzeitig versuchte Döblin auch in die Tagespolitik einzugreifen („Wissen und Verändern!"

1931). 1933 floh Döblin in die Schweiz und übersiedelte dann nach Paris. Er erhielt die französische Staatsbürgerschaft und kehrte 1945 als Offizier der Besatzungsmacht in das vom Faschismus befreite Deutschland zurück um zu „jäten", „was den Militarismus und den Nazigeist fördern will". Aber er fand keinen Anschluss mehr an die deutsche Literatur, der beginnenden westdeutschen Restauration war er lästig. 1957 starb er in Emmendingen, verkannt und vergessen. Mit den Romanen „Pardon wird nicht gegeben" (1935) und „Hamlet oder Die lange Nacht nimmt ein Ende" (1946 vollendet, aber erst 1956 in Ost-Berlin veröffentlicht, weil sich kein bundesdeutscher Verleger fand) griff er das Thema Familie als Abbild der kapitalistischen Unrechtsgesellschaft auf und gestaltete die Schuld der Väter, die die Söhne abtragen müssen. Ein weiteres Meisterwerk, der 1937 begonnene und 1943 abgeschlossene Roman „November 1918", den Brecht als „triumph des neuen typus eingreifender dichtung" rühmte, wurde erst viele Jahre nach seinem Tod veröffentlicht.

Hörspiel: Aus den Bedürfnissen des Rundfunks entstandene und an seine (technischen) Bedingungen gebundene Literaturgattung. Das H. ist deshalb ausschließlich auf das Akustische beschränkt, seine Gestaltungsmittel sind das gesprochene Wort, das Geräusch und die (begleitende, untermalende) Musik, dazu kommen die technischen Möglichkeiten der Blende (Ein-/Aus-/Überblendung). Diese Gestaltungsmittel rufen beim Hörer Gefühle, Stimmungen und Eindrücke hervor und wecken dadurch assoziative Bilder. Das H. findet also im Innern des Zuhörers, in dessen Fantasie statt. Es kann deshalb auch ohne Umweg innere Vorgänge darstellen.

Film: Der F. ist zunächst nichts als die technische Möglichkeit die von Erscheinungen der Außenwelt ausgehenden Lichtwirkungen zu fixieren. F. ist also *„Licht-Spiel"*, Spiel mit Lichtwirkungen. Dadurch ist F. immer Abbild von etwas real Bestehendem, seine Wirkung kann allein aus dem Bild kommen. Dieses Bild ist aber auch immer Bildfolge, nicht Einzelbild, er gibt also immer einen Vorgang, einen Geschehnisablauf wieder. *Gestaltungselemente* des Films sind daher:
1. das Bild, das bestimmt wird durch die *Perspektive der Kamera* (Vogel-, Froschperspektive, Augenhöhe) und die Einstellungsgröße (Totale, „Normale", Großaufnahme);

ziehen, Sie brauchen diese fertige gediegene Sache. Sehen Sie her, das ist Ihr Geschenk zu Weihnachten, das ist nach Ihrem Geschmack, Herrschaften, das ist zu Ihrem Wohl. Wenn Ihnen der Dawesplan noch etwas gelassen hat, so ist es der Kopf unter dem Deckel, und der muss Ihnen sagen, das ist was für dich, das kaufst du und trägst es nach Hause, das wird dich trösten.

Herrschaften, wir brauchen Trost, alle wie wir sind, und wenn wir dumm sind, so suchen wir ihn in der Kneipe. Wer vernünftig ist, tut so was nicht, schon des Geldbeutels wegen, denn was die Budiker heute für schlechten Schnaps verzapfen, ist himmelschreiend, und der gute ist teuer. Darum nehmen Sie diesen Apparat, stecken einen schmalen Streifen hier durch, Sie können auch breite nehmen, wie die schwulen Buben an den Schuhen tragen, wenn sie auf Fahrt gehen. Hier ziehen Sie durch und nun fassen Sie das eine Ende. Ein deutscher Mann kauft nur reelle Ware, die haben Sie hier."

[...] (v 1929)

Text 4 **Alfred Döblin: Berlin Alexanderplatz (Hörspiel)** [Auszug]

1. Geräusche des großstädtischen Verkehrs

STIMMEN VON AUSRUFERN UND PASSANTEN: Mittagszeitung! – Gigolo, mein kleiner Gigolo! – – Mittagszeitung! – – Kaufen Se Fische! Fische sin preiswert! Fische enthalten viel Phosphor! – – So? Wozu braucht man Phosphor? Ist doch giftig. – – Ach, Sie meinen Streichhölzer? Nee, Streichhölzer brauchen Se nicht zu lutschen! Fische sin nahrhafter. Essense Fisch, un Sie bleiben jesund, schlank und munter! – – Damenstrümpfe! Echte Kunstseide!

AUSRUFER *weiblich:* Sie ham hier einen Füllfederhalter, prima Joldfeder! Anlackiert? Ick sage Jold. Vielleicht lackier ick Ihnen eene runter!

BIBERKOPF: Herrschaften, tretense näher! Tretense näher, Herrschaften! Fräulein, Sie ooch mit den Herrn Gemahl! Jugendliche ham ooch Zutritt. Für Jugendliche kost' nischt mehr. Warum trägt der feine Mann im Westen Schleifen, und der Prolet trägt keene, wat?

AUSRUFER *männlich:* Damenkonfektion! Gediegene Verarbeitung, niedrige Preise – – die Merkmale unseres Erfolges – –

BIBERKOPF: Warum trägt der Prolet keene Schleifen? Weil er se nicht binden kann. Da muss er sich eben 'n Schlipshalter zukaufen, und wenn er den gekauft hat, ist er schlecht, und er kann den Schlips noch immer nich binden. Das ist Betrug; das verbittert das Volk.

DER TOD *als Ausrufer:* Der Mann, den Ihr hier sprechen hört ...

BIBERKOPF: Warum hat man früher nicht schon Schlipshalter getragen? Weil man sich keene Müllschippe an den Hals binden wollte. Das will weder Mann noch Frau. Das will nich mal der Säugling, wenn er reden könnte. *Lachen*

DER TOD *als Ausrufer:* ... ist Franz Biberkopf.

BIBERKOPF: Man soll darüber nich lachen, meine Herrschaften, man soll nich darüber lachen. Lachense nicht. Wer weeß, wat in so'n kleen Kinderkopp vorjeht. *Lachen* Ooch Jott, det liebe kleene Köpfchen! Un de lieben Härchen.

DER TOD *als Ausrufer:* Er hat ein wildes Leben geführt. Zement- und Transportarbeiter ist er gewesen. Dann hat er zu trinken angefangen.

BIBERKOPF: Herrschaften, wer hat heutzutage Zeit, sich morgens einen Schlips umzubinden, und gönnt sich nicht lieber die Minute mehr Schlaf? Wir brauchen alle Schlaf, weil wir ville arbeeten müssen und wenig vadienen. Ein solcher Schlipshalter erleichtert Ihnen den Schlaf.

DER TOD *als Ausrufer:* Er ist ins Trinken gekommen. Seiner Freundin hat er die Rippen zerschlagen. Vier Jahre hat er wegen Totschlags in Tegel gesessen.

BIBERKOPF: Gehnse weg vom Damm, gehnse weg vom Damm, junger Mann! Sonst überfährt Sie ein Auto, und wer soll nachher den Müll wegfegen?

DER TOD *als Ausrufer:* Aber in Tegel ist ihm ein Seifensieder aufgegangen, und er hat gesagt, es soll jetzt aus sein mit dem Lumpen und Saufen. Er hatte vor, anständig zu sein. Darum hört Ihr ihn jetzt am Rosentaler Platz ausrufen und schrein.

BIBERKOPF: Sie geben Ihr Jeld für ville Dreck aus. Da hamse den Ganoven im Krokodil gesehn: vorne gabs heiße Bockwurscht, hinten hat Jolly gelegen im Glaskasten, un die Schokolade hamse ihm durch die Kabelröhre durchgezogen. Hier bei mir koofen Se ehrliche Ware, Herrschaften. Jummi, gewalzt! Ein Stück zwanzig, dreie fuffzich.

Pfiff

MECK: Franz, Achtung, Polente!

BIBERKOPF: Junge, seh ick dir ooch mal wieder?

MECK: Polente, Franz, der Jriene!

BIBERKOPF: Wat heißt hier Polente, Mensch? Ick hab ja mein' Schein.

MECK: Wat haste?

BIBERKOPF: Jawoll, kleenet Meckchen, Meckmeckmeckchen, ham wa, ham wa. Franz is Jewerbetreibender.
MECK *lacht*
BIBERKOPF: Reichsverband ambulanter Jewerbetreibender.
MECK *lacht*
BIBERKOPF: Ambulant sind wir, vastehste!
MECK *lacht*
BIBERKOPF: Ein Stück zwanzig, meine Herrschaften, dreie fuffzich!
MECK: Mach ma 'ne Mittagspause, Mensch! Loofen dir ja alle weg.
BIBERKOPF: Na schön, wolln wa futtern. Also, wo jehts hin, Meckchen?
MECK: Prenzlauer.
BIBERKOPF: Jemacht, Meck. Du, wir sind ehrbare Leute. Wir haben im Zuchthaus gesessen, vier Jahre.
MECK: *lacht*
BIBERKOPF: Da ham wer wat jelernt, du.
MECK: Bist ja ordentlich im Fleisch, du. Schwergewicht. Du wirst den Laden schon schmeißen.
BIBERKOPF: Ich denke.
DER TOD *als Warner:* Ich weiß nicht.
BIBERKOPF: Ich weiß nicht? Wer sagt: Ich weiß nicht?
DER TOD *als Warner:* Ich weiß nicht. (v 1962)

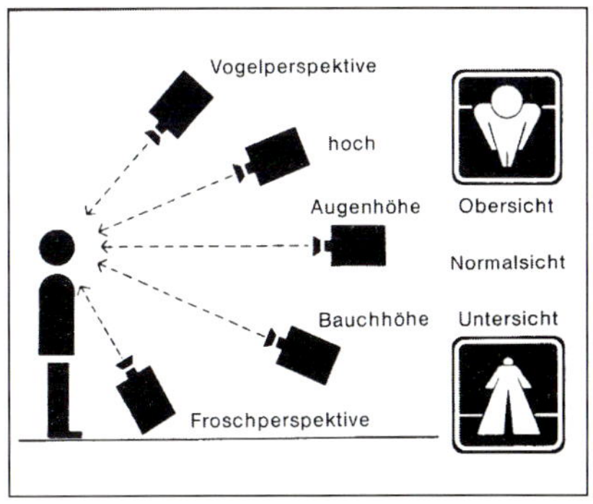

Text 5 **Klaus Mann (1906–1949): Der Wendepunkt. Ein Lebensbericht** [Auszug]

[...]

Die moralischen Grundbegriffe, die Professor Geist an mir vermisste – wo hätte ich sie finden sollen inmitten allgemeiner Wirrnis und Korruption? War es meine Schuld, dass ich in ein Zeitalter sittlicher und sozialer Anarchie hineingeboren wurde? Das Europa, und besonders das Deutschland, der frühen zwanziger Jahre war zugleich erschöpft und hektisch aufgekratzt. Es war nicht Besinnung, wonach diese ausgepumpte, decontenancierte[1] Gesellschaft verlangte; vielmehr wollte man vergessen – das gegenwärtige Elend, die Angst vor der Zukunft, die kollektive Schuld ...

Die Kolossalorgie des Hasses und der Zerstörung ist vorüber! Genießen wir die zweifelhaften Amüsements des sogenannten Friedens! Nach der blutigen Ausschweifung des Krieges kam der makabre Jux der Inflation! Welch atembeklemmende Lustbarkeit, die Welt aus den Fugen gehen zu sehen! Haben einsame Denker einst von einer ‚Umwertung aller Werte' geträumt? Statt dessen erlebten wir nun die totale Entwertung des einzigen Wertes, an den eine entgötterte Epoche wahrhaft geglaubt hatte, des *Geldes.* Das Geld verflüchtigte sich, löste sich auf in astronomischen Ziffern. Siebeneinhalb Milliarden deutsche Reichsmark für einen amerikanischen Dollar! Neun Milliarden! Eine Billion! Was für ein Witz! Zum Totlachen ... Amerikanische Touristen kaufen Barockmöbel für ein Butterbrot, ein echter Dürer ist für zwei Flaschen Whisky zu haben. Die Herren Krupp und Stinnes werden ihre Schulden los: Der kleine Mann zahlt die Rechnung. Wer beklagt sich da? Wer protestiert? Das Ganze ist zum Piepen, zum Schießen ist's, der größte Ulk der sogenannten Weltgeschichte! Hat jemand geglaubt, nach dem Krieg werde die Menschheit etwas vernünftiger und brüderlicher werden? War irgendein Deutscher naiv genug, sich eine reinigende Wirkung von der Revolution zu erwarten? Als ob wir überhaupt jemals eine Revolution gehabt hätten! Alles Schwindel! Alles Illusion!

Die Schieber tanzen Foxtrott in den Palace-Hotels! Machen wir doch mit! Schließlich will man auch kein Spielverderber sein ... Die Herren und Damen duften nach ‚Khasana' (*made in Germany:* fast so fein wie Coty!); die Band spielt ‚Ausgerechnet Bananen' – es sind echte Neger, garantiert dunkelhäutig, keine Falle! Wir finden Jazz ‚fantastisch', ‚kolossal'; es ist eine Novität, der letzte Schrei. Hört doch, wie sie schreien: ‚Eine Miezekatze – hatse – aus Angora mitgebracht – und die hatse, hatse, hatse – mir gezeigt die ganze Nacht –' Und sonst hatte sie nichts zu tun? Da sind wir doch gewitzter ... Fabelhaft, der synkopierte Rhythmus ... Dieses Tempo ... Der Herr dort drüben bestellt schon die dritte Flasche Champagner: muss Valuta[2] haben ... ‚Komm mit mir nach Brasilien, komm mit mir in die Pampas ...' Ist das ein Shimmy? Na, ist ja ganz egal ... ‚Dort gründen wir Familien – weil ich mit dir zusamm' pass ...'

Jeder passt zu jedem, es kommt nicht darauf an. Dieses Mädchen passt zu diesem Jungen ebenso gut wie zum nächsten, und wenn das Fräulein spröde tut (sie hat vielleicht ein Verhältnis mit ihrem Reitpferd oder mit der Köchin), dann kommen die beiden Buben, husch, husch, ganz flott und munter ohne Mädchen aus ... Der Dollar steigt: Lassen wir uns fallen! Warum sollten wir stabiler sein als unsere Währung? Die deutsche Reichsmark tanzt: Wir tanzen mit!

---

1 decontenanciert: vgl. die Contenance = Haltung, Fassung
2 Die Valuta: Geld in ausländischer Währung

2. die Bildfolge als *Bewegung der Kamera* (Fahrt, Zoom);
3. die Sequenz als Ergebnis der *Montage* von Einzelbildern und Bildfolgen. Durch die Montage (Schnitt) erhält der Film seinen Rhythmus, seinen „Charakter". Es ist also durchaus berechtigt zu sagen, der Filmschnitt sei die eigentlich schöpferische Leistung des Films. Pudowkin (ein russischer Filmtheoretiker der zwanziger Jahre) unterscheidet *fünf Montagemöglichkeiten:* Kontrast, Parallele (als vergleichbarer Geschehensablauf), Symbolismus (Kombination von an sich Unzusammengehörigem zur Erzeugung eines bestimmten Eindrucks), Gleichzeitigkeit (Ineinander verschiedener Vorgänge), Leitmotiv (Wiederholung eines bestimmten Bildes oder einer Bildfolge). Im modernen Film mit der Möglichkeit mehrere Kameras gleichzeitig einzusetzen findet wieder eine Rückkehr zur von der Spielhandlung her gedachten „Szene" statt, die Montage verliert dadurch ihre gestalterische Bedeutung.

Arbeitsanregungen:

1 a Arbeiten Sie Gemeinsamkeiten und Unterschiede in der Thematik der Texte 1–5 heraus.
b Welche Zusammenhänge bestehen bei diesen Texten zwischen Absicht und Form?

2 a Vergleichen Sie die Szene aus dem Hörspiel „Berlin Alexanderplatz" (Text 4) mit der entsprechenden Stelle im Roman (Text 3).
b In den zwanziger Jahren erlebte auch der Film eine Blüte, zunächst als Stummfilm, später als Tonfilm. Arbeiten

Sie den Anfang des Romans „Berlin Alexanderplatz“ in ein Filmdrehbuch um. (Anmerkung: Ein Filmdrehbuch ist immer zweispaltig: links stehen Angaben zum Bild, rechts zum Ton).
c Warum beginnt Döblin sein Hörspiel nicht auch mit dieser Szene? Erarbeiten Sie wesentliche Unterschiede zwischen Film und Hörspiel.

3 Fertigen Sie in Ihrer Lerngruppe mit Hilfe von Mikrofon, Kassettenrekorder und Geräuscheplatte eine Inszenierung der Hörspielszene. Legen Sie ein Arbeitsprotokoll an, das die einzelnen Arbeitsschritte und die dabei auftretenden Schwierigkeiten festhält.

4 a Geben Sie Text 5 eine Überschrift. und versuchen Sie die wertenden Textstellen von den beschreibenden zu unterscheiden.
b Verfassen Sie ein Resümee.
c Vergleichen Sie den Text mit dem Triptychon „Großstadt (1928) von Otto Dix (s. Bildtafeln, S. 410). Gehen Sie dabei auch auf die Verschiedenheiten von Werken der Bildenden Kunst und literarischen Texten ein.

Millionen von unterernährten, korrumpierten, verzweifelt geilen, wütend vergnügungssüchtigen Männern und Frauen torkeln und taumeln dahin im Jazz-Delirium. Der Tanz wird zur Manie, zur *idée fixe*, zum Kult. Die Börse hüpft, die Minister wackeln, der Reichstag vollführt Kapriolen[1]. Kriegskrüppel und Kriegsgewinnler, Filmstars und Prostituierte, pensionierte Monarchen (mit Fürstenabfindung) und pensionierte Studienräte (völlig unabgefunden) – alles wirft die Glieder in grausiger Euphorie. [...] Ein geschlagenes, verarmtes, demoralisiertes Volk sucht Vergessen im Tanz. Aus der Mode wird die Obsession; das Fieber greift um sich, unbezähmbar, wie gewisse Epidemien und mystische Zwangsvorstellungen des Mittelalters. Die Symptome der Jazz-Infektion, die Zeichen der hüpfenden Sucht lassen sich im ganzen Land bemerken; am gefährlichsten betroffen aber ist das schlagende Herz des Reiches, die Hauptstadt. [...] Berlin ist das Hirn, in dem die Emotionen und Intuitionen, die Sehnsüchte und Ressentiments des deutschen Volkes mit wissenschaftlicher Exaktheit und journalistischem Schmiss formuliert werden. Die Metropole kreiert nicht: sie repräsentiert. Wenn das Berlin der Kaiserzeit die aggressive Dynamik des jungen deutschen Nationalismus säbelrasselnd zur Schau gestellt hatte, so spiegelte das Berlin der ersten Nachkriegsjahre mit demselben Eklat die apokalyptische[2] Gemütsverfassung der besiegten Nation.

‚Schaut mich nur an!‘, schmetterte die deutsche Kapitale, prahlerisch noch in der Verzweiflung. ‚Ich bin Babel, die Sünderin, das Ungeheuer unter den Städten. Sodom und Gomorra zusammen waren nicht halb so verderbt, nicht halb so elend wie ich! Nur hereinspaziert, meine Herrschaften, bei mir geht es hoch her, oder vielmehr, es geht alles drunter und drüber. Das Berliner Nachtleben, Junge-Junge, so was hat die Welt noch nicht gesehen! Früher mal hatten wir eine prima Armee; jetzt haben wir prima Perversitäten! Laster noch und noch! Kolossale Auswahl! Es tut sich was, meine Herrschaften! Das muss man gesehen haben!‘ [...]

(v 1949)

III. Vertriebener Geist (Deutsche Literatur im Exil)

1. „Vertriebene sind wir, Verbannte“ (Bertolt Brecht)

Am 10. Mai 1933 veranstalteten die Nationalsozialisten in ganz Deutschland Bücherverbrennungen (vgl. Einführung, S. 71ff.) um „undeutsches Schrifttum“ aus dem Bewusstsein der Deutschen „auszumerzen“. Sie duldeten niemanden, der nicht so dachte wie sie. Es setzte eine beispiellose Austreibung deutscher Künstler und Wissenschaftler ein. Das Exil (in einigen Fällen auch die Innere Emigration) wurde für zwölf Jahre zur Existenzform auch vieler Schriftsteller.

Text 1 **Bertolt Brecht (1898–1956): Gedanken über die Dauer des Exils**

I
Schlage keinen Nagel in die Wand
Wirf den Rock auf den Stuhl.
Warum vorsorgen für vier Tage?
Du kehrst morgen zurück.

Laß den kleinen Baum ohne Wasser.
Wozu noch einen Baum pflanzen?
Bevor er so hoch wie eine Stufe ist
Gehst du froh weg von hier.

Zieh die Mütze ins Gesicht, wenn Leute vorbeigehn!
Wozu in einer fremden Grammatik blättern?
Die Nachricht, die dich heimruft
Ist in bekannter Sprache geschrieben.

So wie der Kalk vom Gebälk blättert
(Tue nichts dagegen!)
Wird der Zaun der Gewalt zermorschen
Der an der Grenze aufgerichtet ist
Gegen die Gerechtigkeit.

Bertolt Brecht wurde 1898 in Augsburg geboren. Schon als Schüler veröffentlichte er Gedichte mit antibürgerlicher Tendenz und Vorliebe für soziale Randexistenzen. Der Medizinstudent Brecht, bei Kriegsende als Lazarettgehilfe tätig, wurde begeisterter Anhänger der Revolution und glühender Pazifist. Es entstanden erste politische Gedichte und Dramenentwürfe. 1924 sie-

[1] Die Kapriole: toller Einfall, närrischer Luftsprung
[2] apokalyptisch: unheilvoll, das Weltende betreffend

II
Sieh den Nagel in der Wand, den du eingeschlagen hast:
Wann, glaubst du, wirst du zurückkehren?
Willst du wissen, was du im Innersten glaubst?

Tag um Tag
Arbeitest du an der Befreiung
Sitzend in der Kammer schreibst du.
Willst du wissen, was du von deiner Arbeit hältst?
Sieh den kleinen Kastanienbaum im Eck des Hofes
Zu dem du die Kanne voll Wasser schlepptest!

(um 1937)

Text 2 Bertolt Brecht: Über die Bezeichnung Emigranten

Immer fand ich den Namen falsch, den man uns gab: Emigranten.
Das heißt doch Auswanderer. Aber wir
Wanderten doch nicht aus, nach freiem Entschluß
Wählend ein anderes Land. Wanderten wir doch auch nicht
Ein in ein Land, dort zu bleiben, womöglich für immer.
Sondern wir flohen. Vertriebene sind wir, Verbannte.
Und kein Heim, ein Exil soll das Land sein, das uns da aufnahm.
Unruhig sitzen wir so, möglichst nahe den Grenzen
Warten des Tags der Rückkehr, jede kleinste Veränderung
Jenseits der Grenze beobachtend, jeden Ankömmling
Eifrig befragend, nichts vergessend und nicht aufgebend
Und auch verzeihend nichts, was geschah, nichts verzeihend.
Ach, die Stille der Stunde täuscht uns nicht! Wir hören die Schreie
Aus ihren Lagern bis hierher. Sind wir doch selber
Fast wie Gerüchte von Untaten, die da entkamen
Über die Grenzen. Jeder von uns
Der mit zerrissenen Schuhn durch die Menge geht
Zeugt von der Schande, die jetzt unser Land befleckt.
Aber keiner von uns
Wird hier bleiben. Das letzte Wort
Ist noch nicht gesprochen.

(1937)

(Aus lizenzrechtlichen Gründen sind die beiden Texte von Bertolt Brecht nicht in reformierter Rechtschreibung abgedruckt.)

delte Brecht nach Berlin über und wurde Dramaturg bei Max Reinhardt. Hier sammelte er entscheidende Theatererfahrungen und veröffentlichte seine erste große Gedichtsammlung „Bertolt Brechts Hauspostille" (1927). Seine Stücke bedienten sich immer mehr einer dialektischen Methode und orientierten sich inhaltlich am Marxismus. Brecht strebte ein Theater, überhaupt eine Literatur an, die sozialkritisch wirken und das Bewusstsein verändern sollte. In der Zusammenarbeit mit dem Komponisten Kurt Weill entstand die „Dreigroschenoper", deren Uraufführung 1928 einen Skandal auslöste, die aber trotzdem der größte Theatererfolg der Weimarer Republik wurde. In einer ganzen Anzahl von „Lehrstücken" erprobte Brecht sein neues Theater, das den Zuschauer nicht nur unterhalten, sondern auch aufrütteln, aktivieren, zugleich auch marxistische Denkmodelle gegen kapitalistische Wirklichkeit stellen wollte. 1933 verließ Brecht Deutschland. Im Exil, das ihn über die Schweiz, Frankreich, Dänemark, Schweden, Finnland und die Sowjetunion in die USA führte, entwickelte er seine Theorie vom „Epischen Theater" weiter und schrieb seine großen, heute schon klassischen Stücke: „Mutter Courage und ihre Kinder", „Leben des Galilei", „Der kaukasische Kreidekreis" und andere. 1947 kehrte er nach Europa zurück. Da ihm in die Westzonen die Einreise untersagt wurde, nahm er eine Einladung aus Ost-Berlin an. Hier gründete er sein „Berliner Ensemble", an dem er Modellinszenierungen für seine Stücke entwickelte. Gleichzeitig blieb Brecht ein bedeutender Lyriker und Erzähler („Kalendergeschichten", mehrere große Romane). 1954 veröffentlichte er die „Buckower Elegien", eine Sammlung lapidarer Gedichte von großer Formstrenge und tiefer Humanität. Die Teilung Deutschlands zerriss auch die Wirkung und Nachwirkung Brechts: Von der DDR als „Staatsdichter" vereinnahmt begegnete man ihm im Westen mit Misstrauen. Unbestritten ist der Rang Brechts als des bedeutendsten Erneuerers des Theaters, aber auch der Lyrik und Epik. Er starb 1956 in Ost Berlin.

Text 3 Klaus Mann (1906–1949): Der Wendepunkt. Ein Lebensbericht [Auszug]

[...] Es empfahl sich, auf der Hut zu sein. Man war es. Alles, was mit Deutschland zu tun hatte, wurde unheimlich, beängstigend. Das Gebäude, in dem sich ein deutsches Reisebüro oder gar ein deutsches Konsulat befand, betrat man nicht gern. Es gab dort vielleicht geheime Falltüren, die sich plötzlich vor einem auftaten – und man war gefangen. Um diesen Mercedes mit der deutschen Nummer machte man lieber einen scheuen Bogen. Wagte man sich zu nah heran, so öffnete sich wohl der Wagenschlag, ein Arm kam zum Vorschein, eine klammernde Faust, schon hatte man die Äthermaske vorm Gesicht, und wenn man wieder zu sich kam, war man in Deutschland: in der Hölle also. Deutschland war die Hölle, das unbetretbare Gebiet, die verfluchte Zone. Manchmal träumte man, dass man in Deutschland sei, es war grauenhaft. Früher hatte man sich wohl im Traume nackt auf einen belebten Boulevard verirrt oder war in großem Kostüm auf eine Bühne getreten, um eine Rolle zu spielen, von der man kein Wort wusste, lauter Situationen von unleugbarer Peinlichkeit. Aber der neue Alp, der Emigranten-Angsttraum, war unvergleichlich ärger.
Es fing harmlos an. Man schlenderte eine Straße entlang, deren Aussehen bekannt anmutete, zu bekannt, wie einem allmählich klar wurde, bekannt auf eine bedrohliche, schaurig-intime Art. Es war eine deutsche Straße, man befand sich in München oder in Berlin: daher die Bangigkeit, die wachsende Beklemmung. Wie komme ich hierher? Was habe ich hier zu suchen? Und wie komme ich fort von hier? Während man sich dies fragte, versuchte man, möglichst unbekümmert zu erscheinen, ein sorgloser Passant, der das heitere Treiben auf dem Kurfürstendamm oder der Theatinerstraße genießt: Aber

Klaus Mann wurde 1906 als Sohn von Thomas Mann in München geboren. Schon als Achtzehnjähriger gründete er, zusammen mit seiner Schwester Erika, mit Pamela Wedekind und Gustaf Gründgens, ein Theaterensemble, das seine Stücke aufführte, in denen er das Bild der eigenen, nach außen hin bis zur Tollheit lebensfrohen, nach innen verzweifelt nach Lebenssinn suchenden Generation zu zeichnen versuchte. In dem Roman „Treffpunkt im Unendlichen“ (1932) fand er für dieses Thema die überzeugende Form. Die Machtergreifung durch die Nationalsozialisten veränderte nicht nur sein Leben, sondern auch seine künstlerische Arbeit. Er sah in der Bekämpfung des Faschismus seine eigentliche Lebensaufgabe. Dabei gelangte er früh zu einem überzeugten Europäertum. Mann wurde zu einem Zentrum der deutschen Exilliteratur, indem er in Amsterdam die Zeitschrift „Die Sammlung“ als deren Sprachrohr herausgab. Mit dem Roman „Der Vulkan“ (1939) gelang ihm auch eine der wichtigsten Darstellungen des Emigrantenschicksals. Ebenso wichtig ist sein Lebensbericht, den er, der nach Kriegsbeginn in die USA geflohen war, zuerst in englischer Sprache veröffentlichte („The Turning Point“, 1942, dt. Neufassung 1952 unter dem Titel „Der Wendepunkt“). Schon 1936 war sein Roman „Mephisto. Roman einer Karriere“ erschienen, in dem Mann den Typus des opportunistischen Künstlers darstellt, der seine Prinzipien der Kunst und der Moral verrät um sich mit den Machthabern zu arrangieren. Da die Figur des Schauspielers Höffgen Züge von Gustaf Gründgens trug, durfte das Buch in der Bundesrepublik bis 1981 nicht erscheinen. Mann war schon 1945 davon überzeugt, dass „die aufrichtige Verständigung zwischen Ost und West […] die conditio sine qua non (ist): ohne sie geht es nicht“. Aber davon war man nach Kriegsende und beginnendem Kaltem Krieg weit entfernt. 1949 nahm sich Klaus Mann in Cannes das Leben.

was nützt die nonchalante[1] Pose? Du bist erkannt, immer drohender werden die Blicke, mit denen die Vorübergehenden dich mustern. Plötzlich erinnerst du dich, dass du eine der verbotenen Zeitschriften sichtbar unter dem Arm trägst, ein Exemplar der ‚Neuen Weltbühne‘ oder des ‚Neuen Tagebuch‘. Du möchtest dich der kompromittierenden Druckschrift entledigen, sie unbemerkt zu Boden gleiten oder doch mindestens in deiner Tasche verschwinden lassen; aber es ist zu spät: Du bist erkannt. Gibt es kein Entrinnen? Nein; denn nicht nur die Menschen sind gegen dich, auch die Häuser, das Pflaster, der feindlich verhüllte Himmel. Magst du immerhin rennen! Die Straße ist lang, du erreichst ihr Ende nicht, und selbst wenn du bis zum Ende der Straße kämest, die Häscher griffen dich, sie sind überall. Du rennst trotzdem, blind vor Angst, in keuchender Panik, ziellos, hoffnungslos. Die infernalische[2] Straße lässt dich rennen, zappeln, springen, da sie weiß, dass du ihrem tödlichen Zugriff doch nicht entrinnen wirst. Du rennst zwischen Mauern, Fahnen, Menschenmassen, die sich immer näher an dich drängen, immer gefährlicher um dich schließen; du rennst – bis du schweißgebadet erwachst.

Dieser sehr schlimme Traum kam häufig vor in Emigrantenkreisen. Es gab Zeiten, in denen ich diesen sehr schlimmen Traum beinahe jede Nacht träumen musste.

Deutschland, entfremdete, entstellte, grässlich gewordene Heimat, die wir nur im Alptraum schauen durften! Die Reichsgrenzen wurden zu einem feurigen Ring, hinter dem es nur die Vernichtung gab. […]

Indessen verhielt es sich nicht etwa so, dass die Emigranten dauernd in Angst und Schrecken lebten; so darf man sich das nicht denken. Wer die Emigration nicht selber mitgemacht hat, könnte überhaupt geneigt sein, die dramatischen und romantischen Aspekte dieser Existenzform zu überschätzen. […]

Man ist nicht pausenlos in kämpferischer Laune, auch das Heimweh macht sich nur gelegentlich bemerkbar, und man bringt nicht den ganzen Tag damit zu, die Tyrannen zu hassen, kurz, man ist nicht immer Emigrant ‚im Hauptberuf‘. Man vergisst zuweilen, dass man sich im Exil befindet. Sogar in der Verbannung kommen heitere Stunden vor, die übrigens auch in der Heimat selten waren.

Geldsorgen? Die ist man gewohnt. Man ist nie Kapitalist gewesen, hat sich vielmehr immer plagen müssen. Irgendwie schafft man es, plagt sich freilich im Exil noch weidlicher als zu Hause.

Neu ist das Pass-Problem, nun doch eine sehr ernste Sache. Ohne Pass kann der Mensch nicht leben. Das scheinbar unbedeutende Dokument ist in Wahrheit beinah ebenso kostbar wie der Schatten, dessen Wert der arme Peter Schlemihl erst so recht begriff, als er sich seiner leichtfertigerweise entäußert hatte. Transitvisen, Arbeits- und Aufenthaltserlaubnisse, ‚cartes d'identité‘, ‚titres de voyage‘; diese Dinge spielten eine durchaus dominierende und recht quälende Rolle in den Gedanken und Gesprächen deutscher Auswanderer. Aber schließlich fand sich meist irgendein Ausweg.

[…] (v 1949)

Text 4 Joseph Roth (1894–1939): Und der Regen regnete jeglichen Tag …

„Der Regen ist sehr beruhigend“, sagte der Mann. „Ich kann stundenlang durch den Regen gehn. Und nachts, wenn ich mich hinlege, höre ich gern den Regen an das Fensterbrett klopfen. Ich schlafe schnell ein und ich schlafe ruhig. Und, wenn ich aufwache, und ich höre, dass es regnet, steige ich ruhig aus dem Bett in den Tag hinein. Ich liebe auch die morgendlichen Straßen im Regen.“

„Sie haben ganz Recht,“ sagte ich zu dem Mann. „Auch ich habe den Regen gern. Er dämpft alle Geräusche in der Straße. Man hört kein Pfeifen, kein Kreischen fast. In der trockenen Luft sind alle Geräusche härter. Es sollte häufiger regnen.“

Und ruhig, doppelt ruhig sozusagen, ging ich nach Haus: durch den Regen, ins Kaffeehaus. Da wartete schon mein Freund. „Ich bin zu früh gekommen,“ begann er. „Gut, dass du schon da bist!“

„Ich kann,“ fuhr er fort, „den Regen nicht ausstehn. Es regnet zu viel. Seit Wochen. Niemals ein bisschen Sonne! Auf der Straße ist es nicht zum Aushalten. Und ich gehe so gern spazieren. Aber die ganze Misere, in der ich jetzt lebe, wird gewaltig, unerträglich im Regen. Diese nasse Kälte!“ Mein Freund schüttelte sich.

Wir saßen eine Stunde. Es regnete immer noch. Er wollte nicht fortgehn. „Geh' nur“, sagte er, „ich warte noch.“

Aber ich blieb. „Du hast ein Vorurteil gegen den Regen“, begann ich, „denk' an die vielen Leute, die mit zerrissenen Schuhen durch den Regen gehen müssen.“

„Ja, das ist noch schlimmer“, sagte er. „Zerrissene Schuhe. Man wird ganz krank, seelisch und körperlich auch.“ Er schwieg eine Weile, dann sagte er: „Und es gibt Leute mit zerrissenen Schuhen! Man sieht es nicht. Das Oberleder hält nämlich länger als die Sohle.

[1] nonchalant: lässig (nachlässig), formlos, ungezwungen
[2] infernalisch: höllisch, teuflisch

Eigentlich ist es merkwürdig. Der Regen wäre sonst ganz angenehm. Eigentlich hätte ich nichts gegen den Regen. Ich hätte ihn so gern, wie du. Aber so: nein!"
„Allein deswegen?", fragte ich.
„Freilich, deswegen!", sagte er. (e 1939)

Text 5 **Ernst Bloch (1885–1977): Zerstörte Sprache – zerstörte Kultur** [Auszug]

Bloch hat diesen Vortrag 1939 vor dem „Schutzverband Deutscher Schrifsteller" in New York gehalten.

[...] Wir sprechen nun einmal Deutsch. Diese Sprache haben wir mitgenommen, mit ihr arbeiten wir. Aber jeder Baum heißt hier anders, und im Gesicht gibt es ein englisches Weinen, sicher Lachen. Die Hunde freilich hören auf ihre alten Namen, ihnen angehängt. Der Schreibende scheint nun, will er wirken, jedes Wort auswechseln zu müssen. [...]
Sicher ist jedoch, dass der Zufall, der uns in die oder jene Sprache hineingeboren werden ließ, später durch keinen anderen ‚Zufall' korrigiert werden kann, auch nicht durch Emigration. Die Sprache wird dem Menschen sehr bald ein Stück seiner selbst, und eines, das – in der Mehrzahl der Fälle – am wenigsten abgetan werden kann. [...]
Wo Sprache verludert oder verloren geht, wo sie zum Klischee wird oder zum Dietrich des Betrugs, aber auch wo sie aus dem alten Leben herausgerissen wird, aus dem großen Strom ihrer bisherigen Welt und ein eingekapseltes oder verfremdetes Dasein führen muss: überall dort besteht die Möglichkeit, im Fall der Verluderung die Gewissheit, dass ein Mensch, ein Volk sich verfälschen und ihre Welt verlieren. Mit uns ist die deutsche Sprache auf verschiedene Weise in dieser Gefahr. Intra muros et extra ist sie bedroht: in Deutschland droht sie zu ersticken, im Ausland zu erfrieren. [...]

Text 6 **Lion Feuchtwanger (1884–1958): Arbeitsprobleme des Schriftstellers im Exil** [Auszug]

[...] Denn wenn das Exil zerreibt, wenn es klein und elend macht, so härtet es auch und macht groß. Es strömt dem Schriftsteller im Exil eine ungeheure Fülle neuen Stoffes und neuer Ideen zu, er ist einer Fülle von Gesichten gegenübergestellt, die ihm in der Heimat nie begegnet wären. Ja, wenn wir uns bemühen, unser Leben im Exil historisch zu sehen, dann erweist sich jetzt schon, dass beinahe alles, was unsere Arbeit zu behindern schien, ihr am Ende zum Heil ausschlug. Ich darf in diesem Zusammenhang nicht verschweigen, dass zum Beispiel auch der erzwungene ständige Kontakt mit der fremden Sprache, über den ich vorhin so laut zu klagen hatte, sich am Ende als eine Bereicherung erweist. Der im fremden Sprachkreis lebende Autor kontrolliert beinahe automatisch das eigene Wort ständig am fremden. Häufig dann sieht er, dass die fremde Sprache ein treffendes Wort hat für das, was er ausdrücken will. Er gibt sich dann nicht zufrieden mit dem, was ihm die eigene Sprache darbietet, sondern er schärft, feilt und poliert an dem Vorhandenen so lange, bis es ein Neues geworden ist, bis er der eigenen Sprache das neue, schärfere Wort abgerungen hat. Jeder von uns hat glückliche Wendungen der fremden Sprache seiner eigenen eingepasst. [...]

(v 1954)

Arbeitsanregungen:

1 Zeigen Sie, wie die Ausnahmesituation des Schriftstellers im Exil in den Texten 1–6 gesehen wird.

2 Benennen Sie die Textsorten und leiten Sie daraus ihre Darstellungsweise ab.

3 Informieren Sie sich in verschiedenen Lexika über die Zahl und die Existenzbedingungen der Exilschriftsteller in den verschiedenen Aufnahmeländern, ebenso über die im Exil entstandenen Werke. Berichten Sie Ihren Mitschülern darüber in einem Kurzreferat.

2. Botschaften aus der Fremde

Dieses Kapitel kann Ihnen nur einen winzigen Einblick in das Schaffen der Exilschriftsteller geben. Es ist deshalb als Leseanregung gedacht, denn hier werden nur drei besonders namhafte Autoren vorgestellt.

Text 1 **Lion Feuchtwanger (1884–1958): Exil. Roman** [Auszug]

Der Komponist Sepp Trautwein lebt mit Frau und Sohn in Paris. Seine Frau, von den Strapazen des Exils zermürbt, begeht Selbstmord, sein Sohn schließt sich der Kommunistischen Internationale an und geht nach Moskau um von dort aus den Kampf gegen den Faschismus zu führen. Trautwein selbst wird von einer tiefen Depression und Schaffenskrise befallen. Er besucht seinen alten Lehrer Ringseis, dessen Lebensweisheit, „warten können, das ist alles", in ihm eine Vision auslöst.

[...]
Mit seinem innern Aug sah Sepp das „Warten", von dem Ringseis sprach, er hörte es mit seinem innern Ohr. O Glück und Wunder. Mit einem Mal war seine Taubheit fort.

Episches Theater
Von Bertolt Brecht vor allem entwickelte *Form des modernen Dramas,* das im Gegensatz zum klassischen Drama (vgl. Klassik, S. 221ff.) die Welt als veränderlich darstellen und den Zuschauer zu ihrer Veränderung aufrufen soll. Dazu bedarf es einer dramatischen Bauform, die Brecht als *„episch“* bezeichnet: In locker aneinander gereihten Szenen werden exemplarische Situationen vorgeführt und durch kritisch-kommentierende Einschübe, etwa in Form eines Erzählers, eines Songs oder durch Spruchbänder und Projektionen „verfremdet“. Dieser *„Verfremdungs-Effekt (V-Effekt)“* soll den Zuschauer in die Lage versetzen Alltägliches wie Fremdes, Unbekanntes zu sehen und deshalb in seinen Strukturen und Ursachen zu erkennen. Nicht der Ausgang des Stücks, sondern der Gang der Handlung („Wie kann das sein?“) soll dem Zuschauer interessant sein. Das Theaterstück braucht keinen eigentlichen Schluss, denn die Lösungen für die in ihm aufgezeigten Probleme sollen im Leben, von den Zuschauern, nicht auf der Bühne von den Schauspielern gefunden werden. Brecht hat in zahlreichen theoretischen Schriften, aber auch in Gedichten und Dialogen seine Theorie dargestellt. Berühmt ist seine Gegenüberstellung von klassischem (aristotelischem, dramatischem) und modernem (epischem) Theater:

Dramatische Form des Theaters	Epische Form des Theaters
Die Bühne „verkörpert“ einen Vorgang	sie erzählt ihn
verwickelt den Zuschauer in eine Aktion und	macht ihn zum Betrachter, aber
verbraucht seine Aktivität	weckt seine Aktivität
ermöglicht ihm Gefühle	erzwingt von ihm Entscheidungen
vermittelt ihm Erlebnisse	vermittelt ihm Kenntnisse
der Zuschauer wird in eine Handlung hineinversetzt	er wird ihr gegenübergesetzt
es wird mit Suggestion gearbeitet	es wird mit Argumenten gearbeitet
die Empfindungen werden konserviert	bis zu Erkenntnissen getrieben
der Mensch wird als bekannt vorausgesetzt	der Mensch ist Gegenstand der Untersuchung
der unveränderliche Mensch	der veränderliche und verändernde Mensch
Spannung auf den Ausgang	Spannung auf den Gang
eine Szene für die andere	jede Szene für sich
die Geschehnisse verlaufen linear	in Kurven
natura non facit saltus	facit saltus

Es rief, es klang, er hörte Stimmen, Tonfolgen, er sah und hörte. Das Zimmerchen des Alten erweiterte sich ihm zu einem großen Raum. Es war ein kahler Wartesaal, ja, es *war* ein Saal, er hatte bestimmt vier Wände, aber er war so ungeheuer weit, dass man diese Wände nicht sah. Der Raum war unendlich armselig, er glich den Baracken der Emigranten, und, wiewohl durchgrellt von dem scheußlichen, kalkigen, erbarmungslosen Licht jener Baracken, blieb er schattenhaft in seinen Winkeln und von undeutlichen Grenzen. Es war aber dieser Saal erfüllt von einem Gewimmel von Menschen; nicht nur die Menschen unserer kümmerlichen deutschen Emigration waren darin, sondern alle Zeitgenossen Sepp Trautweins. Sie hockten da, auf verlumpten Bündeln und Koffern, mit sinnlos zusammengerafftem Hausrat, sie hockten und bewegten sich gleichzeitig, sie waren aufgeregt und resigniert in einem, es war Nacht, denn es brannte ja das kalkige Licht, es war aber auch Tag, es war Sommer, und es war Winter; man wartete schon so lange, dass es keine Jahreszeiten mehr gab und keinen Unterschied mehr zwischen Tag und Nacht. Die Menschen saßen da und gingen gleichzeitig herum, waren fieberisch erregt und gleichzeitig stumpf resigniert, wimmelten durcheinander und rührten sich doch nicht von der Stelle. Es ging keiner fort, und es kamen immer mehr, der Saal war überfüllt, und noch immer kamen neue, und es war ein Wunder, wie sie Platz fanden.

Es war ein Wartesaal und gleichzeitig ein Gefängnis. Klingeln schrillten, Signale gellten, Lokomotiven pfiffen, Lautsprecher klangen, Züge wurden ausgerufen. Aber die Züge, auf welche diese Menschen warteten, wurden nicht ausgerufen. Bei jedem neuen Aufruf horchten sie hoch, aber die Leute von der Direktion verhinderten, dass die Züge kamen, auf die sie warteten. Immer neue Züge ließen sie abgehen, aber die längst angekündigten Züge, auf die sie warteten, ließen sie nicht abgehen. Sie teilten auch mit, warum nicht; es waren immer fadenscheinigere Gründe, zuletzt wurden die Vorwände so aufreizend erbärmlich, dass auch die Dümmsten unter den Wartenden erkannten, wie zynisch sie waren. Aber was blieb ihnen übrig, als weiter zu warten? Sie waren Objekte einer Herrschaft, die angeblich sie selber ausübten; denn angeblich ließ die Direktion die Züge ja für sie gehen, für sie allein.

Diesen Wartesaal also sichtete Sepp Trautwein, während und nachdem Ringseis zu ihm sprach. Er sah den Wartesaal, aber mehr noch hörte er ihn. Er hörte, wie die Züge ausgerufen wurden, wie sie ankamen und leer wieder weiterfuhren, oder auch, wie sie durchfuhren, höhnisch langsam an den Wartenden vorbei, und er hörte den Jammer der Wartenden, ihre Verzweiflung, ihre Flüche, ihre Resignation, ihren Zusammenbruch und ihre, trotz allen Enttäuschungen, immer neue Hoffnung.

In dieser Stunde, in der kleinen, schlecht gelüfteten Kammer, während der alte Ringseis mild, sanft, in geduldigem, fast glücklichem Verfall dalag, einer letzten, kurzen, vorübergehenden Genesung entgegendösend, hier also und zu dieser Stunde hörte Sepp Trautwein zum ersten Mal die Klänge jener Sinfonie „Der Wartesaal“, die ihn berühmt machen sollte. [...]

(v 1940)

Text 2 **Bertolt Brecht (1898–1956): Der gute Mensch von Sezuan. Ein Parabelstück** [Auszug]

8

Shui Ta's Tabakfabrik

In den Baracken des Herrn Shu Fu hat Shui Ta eine kleine Tabakfabrik eingerichtet. Hinter Gittern hocken, entsetzlich zusammengepfercht, einige Familien, besonders Frauen und Kinder, darunter die Schwägerin, der Großvater, der frühere Schreiner und seine Kinder.

Davor tritt Frau Yang auf, gefolgt von ihrem Sohn Sun.

FRAU YANG *zum Publikum:* Ich muß Ihnen berichten, wie mein Sohn Sun durch die Weisheit und Strenge des allgemein geachteten Herrn Shui Ta aus einem verkommenen Menschen in einen nützlichen verwandelt wurde. Wie das ganze Viertel erfuhr, eröffnete Herr Shui Ta in der Nähe des Viehhofs eine kleine, aber schnell aufblühende Tabakfabrik. Vor drei Monaten sah ich mich veranlaßt, ihn mit meinem Sohn dort aufzusuchen. Er empfing mich nach kurzer Wartezeit.

Aus der Fabrik tritt Shui Ta auf Frau Yang zu.

SHUI TA: Womit kann ich Ihnen dienen, Frau Yang?

FRAU YANG: Herr Shui Ta, ich möchte ein Wort für meinen Sohn bei Ihnen einlegen. Die Polizei war heute morgen bei uns, und man hat uns gesagt, daß Sie im Namen von Fräulein Shen Te Anklage wegen Bruch des Heiratsversprechens und Erschleichung von 200 Silberdollar erhoben haben.

SHUI TA: Ganz richtig, Frau Yang.

FRAU YANG: Herr Shui Ta, um der Götter willen können Sie nicht noch einmal Gnade vor Recht ergehen lassen? Das Geld ist weg. In zwei Tagen hat er es durchgebracht, als der Plan mit der Fliegerstelle scheiterte. Ich weiß, er ist ein Lump. Er hat auch meine Möbel schon verkauft gehabt und wollte ohne seine alte Mama nach Peking. *Sie weint.* Fräulein Shen Te hielt einmal große Stücke auf ihn.

SHUI TA: Was haben Sie mir zu sagen, Herr Yang Sun?

SUN *finster:* Ich habe das Geld nicht mehr.

SHUI TA: Frau Yang, der Schwäche wegen, die meine Kusine aus irgenwelchen, mir unbegreiflichen Gründen für Ihren verkommenen Sohn hatte, bin ich bereit, es noch einmal mit ihm zu versuchen. Sie hat mir gesagt, daß sie sich von ehrlicher Arbeit eine Besserung erwartet. Er kann eine Stelle in meiner Fabrik haben. Nach und nach werden ihm die 200 Silberdollar vom Lohn abgezogen werden.

SUN: Also Kittchen oder Fabrik?

SHUI TA: Sie haben die Wahl.

SUN: Und mit Shen Te kann ich wohl nicht mehr sprechen?

SHUI TA: Nein.

SUN: Wo ist mein Arbeitsplatz?

FRAU YANG: Tausend Dank, Herr Shui Ta! Sie sind unendlich gütig, die Götter werden es Ihnen vergelten. *Zu Sun:* Du bist vom rechten Wege abgewichen. Versuch nun, durch ehrliche Arbeit wieder so weit zu kommen, daß du deiner Mutter in die Augen schauen kannst.

Sun folgt Shui Ta in die Fabrik. Frau Yang kehrt an die Rampe zurück.

FRAU YANG *zum Publikum:* Die ersten Wochen waren hart für Sun. Die Arbeit sagte ihm nicht zu. Er hatte wenig Gelegenheit, sich auszuzeichnen. Erst in der dritten Woche kam ihm ein kleiner Vorfall zu Hilfe. Er und der frühere Schreiner Lin To mußten Tabakballen schleppen.

Sun und der frühere Schreiner Lin To schleppen je zwei Tabakballen.

DER FRÜHERE SCHREINER *hält ächzend inne und läßt sich auf einem Ballen nieder:* Ich kann kaum mehr. Ich bin nicht mehr jung genug für diese Arbeit.

SUN *setzt sich ebenfalls:* Warum schmeißt du ihnen die Ballen nicht einfach hin?

DER FRÜHERE SCHREINER: Und wovon sollen wir leben? Ich muß doch sogar, um das Notwendigste zu haben, die Kinder einspannen. Wenn das Fräulein Shen Te sähe! Sie war gut.

SUN: Sie war nicht die Schlechteste. Wenn die Verhältnisse nicht so elend gewesen wären, hätten wir es ganz gut miteinander getroffen. Ich möchte wissen, wo sie ist. Besser, wir machen weiter. Um diese Zeit pflegt er zu kommen.

Sie stehen auf.

SUN *sieht Shui Ta kommen:* Gib den einen Ballen her, du Krüppel! *Sun nimmt auch noch den einen Ballen Lin To's auf.*

DER FRÜHERE SCHREINER: Vielen Dank! Ja, wenn s i e da wäre, würdest du gleich einen Stein im Brett haben, wenn sie sähe, daß du einem alten Mann so zur Hand gehst. Ach ja!

Herein Shui Ta.

FRAU YANG *zum Publikum:* Und mit einem Blick sieht natürlich Herr Shui Ta, was ein guter Arbeiter ist, der keine Arbeit scheut. Und er greift ein.

SHUI TA: Halt, ihr! Was ist da los? Warum trägst du nur einen einzigen Ballen?

DER FRÜHERE SCHREINER: Ich bin ein wenig müde heute, Herr Shui Ta, und Yang Sun war so freundlich …

SHUI TA: Du kehrst um und nimmst drei Ballen, Freund. Was Yang Sun kann, kannst du auch. Yang Sun hat guten Willen und du hast keinen.

FRAU YANG *während der frühere Schreiner zwei weitere Ballen holt, zum Publikum:* Kein Wort natürlich zu Sun, aber Herr Shui Ta war im Bilde. […]

FRAU YANG *zum Publikum:* Und keine Anfeindung, keine Schmähung von seiten ungebildeter Menschen, denn das blieb nicht aus, hielten meinen Sohn von der Erfüllung seiner Pflicht zurück.

Einer der Arbeiter stimmt das „Lied vom achten Elefanten" an. Die andern fallen in den Refrain ein.

Sieben Elefanten hatte Herr Dschin
Und da war dann noch der achte.
Sieben waren wild und der achte war zahm
Und der achte war's, der sie bewachte.
  Trabt schneller!
  Herr Dschin hat einen Wald
  Der muß vor Nacht gerodet sein
  Und Nacht ist jetzt schon bald!

Sieben Elefanten roden den Wald
Und Herr Dschin ritt hoch auf dem achten.
All den Tag Nummer acht stand faul auf der Wacht
Und sah zu, was sie hinter sich brachten.
  Grabt schneller!
  Herr Dschin hat einen Wald
  Der muß vor Nacht gerodet sein
  Und Nacht ist jetzt schon bald!

die Welt, wie sie ist	die Welt, wie sie wird
was der Mensch soll	was der Mensch muss
seine Triebe	seine Beweggründe
das Denken bestimmt das Sein	das gesellschaftliche Sein bestimmt das Denken[1]

[…] *Der Zuschauer des dramatischen Theaters sagt:* Ja, das habe ich auch schon gefühlt. – So bin ich. – Das ist nur natürlich. – Das wird immer so sein. – Das Leid dieses Menschen erschüttert mich, weil es keinen Ausweg für ihn gibt. – Das ist große Kunst: da ist alles selbstverständlich. – Ich weine mit den Weinenden, ich lache mit den Lachenden. *Der Zuschauer des epischen Theaters sagt:* Das hätte ich nicht gedacht. – So darf man es nicht machen. – Das ist höchst auffällig, fast nicht zu glauben. Das muss aufhören. – Das Leid dieses Menschen erschüttert mich, weil es doch einen Ausweg für ihn gäbe. – Das ist große Kunst: da ist nichts selbstverständlich. – Ich lache über den Weinenden, ich weine über den Lachenden.

[1] Dieses Schema zeigt nicht absolute Gegensätze, sondern lediglich Akzentverschiebungen. So kann innerhalb eines Mitteilungsvorgangs das gefühlsmäßig Suggestive oder das rein rational Überredende bevorzugt werden.

Thomas Mann wurde 1875 in Lübeck geboren. Wie sein älterer Bruder, Heinrich Mann, wurde er Schriftsteller. Er gilt als einer der bedeutendsten Erzähler des 20. Jahrhunderts. Nach dem Tod des Vaters 1891 und der Liquidation von dessen Firma gewann Thomas Mann die Mittel seinen literarischen Neigungen nachzugehen. Bereits seine ersten Veröffentlichungen („Der kleine Herr Friedemann", eine Sammlung von Erzählungen, 1897, der Roman „Die Buddenbrooks",

1901, die Novellen „Tristan“, 1903, „Tonio Kröger“, 1903) zeigen ihn auf der Höhe seiner Meisterschaft. Sie zeigen auch schon das Grundthema seiner Werke, die Herausarbeitung der Gegensätze Bürger – Kunst, Leben – Geist, die in immer neuen Variationen, immer anders akzentuiert, einander angenähert und in Beziehung zueinander gesetzt werden. Das wesentliche Mittel der Gestaltung ist für ihn die durchgearbeitete, subtile psychologische Darstellung seiner Charaktere. 1913 schrieb er die geradezu die Epoche der Jahrhundertwende zusammenfassende Novelle „Tod in Venedig“, 1924 veröffentlichte er mit „Der Zauberberg“ einen Schlüsselroman der Weimarer Zeit. Sein Bekenntnis zu deutscher Kultur und zur Demokratie war, trotz mancher elitärer Züge in seinem Wesen, immer eindeutig gewesen. Deshalb ging er 1933 ins Exil, zunächst in die Schweiz, später in die USA. Neben dem Riesenwerk der Joseph-Tetralogie (entstanden zwischen 1933 und 1942) und dem „Schmerzensbuch“ „Doktor Faustus“ entstanden hier eine Vielzahl weiterer Werke, vor allem aber auch zahlreiche Essays, mit denen er die Ereignisse in Europa kommentierte und die deutsche Kultur gegen den Vandalismus der Nationalsozialisten verteidigte. Erst 1952 kehrte Mann nach Europa zurück um sich in der Schweiz niederzulassen. Um seine Rückkehr hatten sich schon 1945/46 zwischen einigen Vertretern der „Inneren Emigration“ und ihm Zwistigkeiten ergeben, weil er dafür plädiert hatte alle zwischen 1933 und 1945 in Deutschland entstandene Literatur für „weniger als wertlos“ zu halten. Man nannte ihn „verständnislos, selbstgewiss und ungerecht“ und warf ihm vor, er habe der deutschen Tragödie von „den bequemen Logen des Auslandes“ zugeschaut. Mann setzte seine Erfahrung dagegen, indem er die Zeit des Exils so definierte: „Es ist kein Wartezustand, den man auf Heimkehr abstellt, sondern spielt schon auf die Auflösung der Nationen an und auf eine Vereinheitlichung der Welt“. Sein letztes großes Werk war der Schelmenroman „Bekenntnisse des Hochstaplers Felix Krull“ (1954). Er starb 1955 in Kilchberg am Zürichsee.

Arbeitsanregungen:

1. Stellen Sie die Texte 1-3 in ihren historischen Zusammenhang.
   a) Zeigen Sie, wieweit sie von der Exilsituation bestimmt sind.
   b) Untersuchen Sie, inwiefern sie über die Exilsituation hinausweisen.
2. Erläutern Sie am Beispiel von Text 2 Brechts Vorstellungen vom „Epischen Theater“.
3. Informieren Sie sich über das Schicksal von Exilschriftstellern nach dem Zweiten Weltkrieg. Geben Sie diese Informationen in Form eines Vortrags an Ihre Mitschüler weiter. Diskutieren Sie anschließend die von Ihnen herausgefundenen Sachverhalte (Gründe, Wirkung).

Sieben Elefanten wollten nicht mehr
Hatten satt das Bäumeabschlachten.
Herr Dschin war nervös, auf die sieben war er bös
Und gab ein Schaff Reis dem achten.
Was soll das?
Herr Dschin hat einen Wald
Der muß vor Nacht gerodet sein
Und Nacht ist jetzt schon bald!

Sieben Elefanten hatten keinen Zahn
Seinen Zahn hatte nur noch der achte.
Und Nummer acht war vorhanden, schlug die sieben zuschanden
Und Herr Dschin stand dahinten und lachte.
Grabt weiter!
Herr Dschin hat einen Wald
Der muß vor Nacht gerodet sein
Und Nacht ist jetzt schon bald!

Shui Ta ist gemächlich schlendernd und eine Zigarre rauchend nach vorn gekommen. Yang Sun hat den Refrain der dritten Strophe lachend mitgesungen und in der letzten Strophe durch Händeklatschen das Tempo beschleunigt.

FRAU YANG *zum Publikum:* Wir können Herrn Shui Ta wirklich nicht genug danken. Beinahe ohne jedes Zutun, aber mit Strenge und Weisheit hat er alles Gute herausgeholt, was in Sun steckte! Er hat ihm nicht allerhand phantastische Versprechungen gemacht wie seine so sehr gepriesene Kusine, sondern ihn zu ehrlicher Arbeit gezwungen. Heute ist Sun ein ganz anderer Mensch als vor drei Monaten. Das werden Sie wohl zugeben! „Der Edle ist wie eine Glocke, schlägt man sie, so tönt sie, schlägt man sie nicht, so tönt sie nicht“, wie die Alten sagten.

(e 1938–40)

(Aus lizenzrechtlichen Gründen ist dieser Text nicht in reformierter Rechtschreibung abgedruckt.)

Text 3 **Thomas Mann (1875–1955): Das Gesetz. Erzählung** [Auszug]

[…] Und alles Volk kam vor Mose, dass er ihm das Mitgebrachte überhändige, die Botschaft Jahwe's vom Berge, die Tafeln mit den zehn Worten.

„Nimm sie hin, Vaterblut“, sagte er, „und halte sie heilig in Gottes Zelt, was sie aber besagen, das halte heilig bei dir im Tun und Lassen! Denn das Bündig-Bindende ist es und Kurzgefasste, der Fels des Anstandes, und Gott schrieb's in den Stein mit meinem Griffel, lapidar, das A und O des Menschenbenehmens. In eurer Sprache hat er's geschrieben, aber in Sigeln, mit denen man notfalls alle Sprachen der Völker schreiben kann; denn Er ist der Herr allenthalben, darum ist sein das ABC, und seine Rede, möge sie auch an dich gerichtet sein, Israel, ist ganz unwillkürlich eine Rede für alle.

In den Stein des Berges metzte ich das ABC des Menschenbenehmens, aber auch in dein Fleisch und Blut soll es gemetzt sein, Israel, so dass jeder, der ein Wort bricht von den zehn Geboten, heimlich erschrecken soll vor sich selbst und vor Gott, und soll ihm kalt werden ums Herz, weil er aus Gottes Schranken trat. Ich weiß wohl, und Gott weiß es im Voraus, dass seine Gebote nicht werden gehalten werden; und wird verstoßen werden gegen die Worte immer und überall. Doch eiskalt ums Herz soll es wenigstens jedem werden, der eines bricht, weil sie doch auch in sein Fleisch und Blut geschrieben sind und er wohl weiß, die Worte gelten.

Aber Fluch dem Menschen, der da aufsteht und spricht: ‚Sie gelten nicht mehr.‘ Fluch ihm, der euch lehrt: ‚Auf, und seid ihrer ledig! Lügt, mordet und raubt, hurt, schändet und liefert Vater und Mutter ans Messer, denn so steht's dem Menschen an, und sollt meinen Namen preisen, weil ich euch Freiheit verkündete.‘ Der ein Kalb aufrichtet und spricht: ‚Das ist euer Gott. Zu seinen Ehren tuet dies alles und dreht euch ums Machwerk im Luderreigen!‘ Er wird sehr stark sein, auf goldenem Stuhl wird er sitzen und für den Weisesten gelten, weil er weiß: Das Trachten des Menschenherzens ist böse von Jugend auf. Das aber wird auch alles sein, was er weiß, und wer nur das weiß, der ist so dumm wie die Nacht, und wäre ihm besser, er wäre nie geboren. Weiß er doch von dem Bunde nichts zwischen Gott und Mensch, den keiner brechen kann, weder Mensch noch Gott, denn er ist unverbrüchlich. Blut wird in Strömen fließen um seiner schwarzen Dummheit willen, Blut, dass die Röte weicht aus den Wangen der Menschheit, aber sie kann nicht anders, gefällt muss der Schurke sein. Und will meinen Fuß aufheben, spricht der Herr, und ihn in den Kot treten, – in den Erdengrund will Ich den Lästerer treten hundertundzwölf Klafter tief, und Mensch und Tier sollen einen Bogen machen um die Stätte, wo Ich ihn hineintrat, und die Vögel des Himmels hoch im Fluge ausweichen, dass sie nicht darüber fliegen. Und wer seinen Namen nennt, der soll nach allen vier Gegenden speien und sich den Mund wischen und sprechen: ‚Behüte!‘ Dass die Erde wieder die Erde sei, ein Tal der Notdurft, aber doch keine Luderwiese. Sagt alle Amen dazu!“

Und alles Volk sagte Amen.

(v 1943 engl.; 1944 dt.)

Literatur nach 1945

Krieg und Nachkriegszeit liegen Jahrzehnte zurück und sind für Sie wie für viele unserer Zeitgenossen bereits weit abgerückte Vergangenheit. Damit wir literarische Werke einschätzen und beurteilen können, ob das, was sie mitzuteilen haben, über den Tag hinaus wirkt, brauchen wir Distanz. Für eine abgerundete Epochenbeschreibung der Literatur nach 1945 ist es deshalb sicher noch zu früh.
Dennoch können wir Motive, Themen, Tendenzen und Strömungen erkennen. Wir können auch Autoren (z.B. die Gruppe 47) herausheben, die für unsere Zeit Maßstäbe gesetzt und stilbildend gewirkt haben.

I. Auf der Suche nach einem anderen Anfang

1. „Inventur" (Günter Eich)

Das Wort „Inventur" wird im Duden-Fremdwörterbuch definiert als „Bestandsaufnahme der Vermögensteile und Schulden eines Unternehmens zu einem bestimmten Zeitpunkt".

Johannes Bobrowski (1917–1965): Geburt und Kindheit in Tilsit, Besuch des Gymnasiums und Beginn des Studiums der Kunstgeschichte in Königsberg; von 1939 bis 1945 Soldat zunächst im Frankreichfeldzug, dann an der Ostfront; von 1945 bis 1949 in sowjetischer Kriegsgefangenschaft als Bergarbeiter im Donezbecken, danach Verlagslektor in Ost-Berlin.
Sein Thema: „[...] die Deutschen und der europäische Osten [...] eine lange Geschichte aus Unglück und Verschuldung" (Selbstzeugnisse). In „ungeflügelter" Sprache, die manchmal der gesprochenen sehr nahe steht, nicht dem rational entwickelten Gedanken, sondern der evokativen Kraft des Wortes vertraut, nimmt er das Gespräch mit dem Leser auf, bezieht ihn ein in seine nachdenklich-zögernde Suche nach Antworten.

Text 1 **Johannes Bobrowski (1917–1965): Die ersten beiden Sätze für ein Deutschlandbuch**

Als die ersten Nachrichten von den Massenmorden an Juden in die Stadt gelangten und jedermann meinte, sie seien übertrieben, so schlimm könne es ja wohl nicht sein, und jeder dennoch ganz genau wusste, dass sich das alles tatsächlich so verhielt, dass keine noch so ungeheuren Zahlen, keine noch so grässlichen Methoden und raffinierten Techniken, von denen man hörte, übertrieben waren, dass wirklich alles so sein musste, weil es gar nicht anders sein konnte, und dass es längst nicht mehr die Zeit war, davon zu reden, ob es nicht doch noch andere, mildere, menschlichere Verfahren gegeben hätte, Ausweisungen ja wohl nicht mehr, jetzt im Kriege, aber doch garantierte Reservationen, mit Eigenverwaltung und so weiter, als das völlige Schweigen an der Reihe war, als man sich selber schon hinweggeschwiegen hatte, wer weiß wovon und wer weiß wohin, gegen nichts mehr einen Widerspruch aufsteigen spürte, nur so daherredete, zwischen einem nachlässig stilisierten Witz und dem feierlich-feuchten Gefühl, in einen Schicksalskampf von mythischem Rang einbezogen zu sein, wider Willen, zugegeben, als es so weit war mit denen, die frei herumliefen in Deutschland und frei herumlebten, unter den erschwerten Bedingungen des Krieges, zugegeben, als sie so weit gekommen waren, – was nichts heißen soll, denn so weit waren sie ja dann wohl schon seit je gewesen, wenn es jetzt so gut klappte, als es also war wie schon immer, als das so war, läuteten die Glocken – für gar nichts Besonderes: die Hochzeit eines Hirnverletzten, dem man in Anbetracht seiner militärischen Auszeichnungen diesen Wunsch nicht hatte abschlagen können, eines garnisonsverwendungsfähig geschriebenen, aber für die nächsten Jahre vorerst beurlaubten Oberleutnants der Pioniere, mit einer Krankenschwester namens Erika, die ihn im Sanatorium vom Fensterkreuz, an dem er sich aufgeknüpft, mit eigner Hand abgeschnitten hatte und die er am Abend der Hochzeit noch erwürgte, in einem sogar vermuteten Anfall von Geistesgestörtheit, was auch nichts heißt, denn geistesgestört zu sein war ohnehin sein behördlicher Zustand gewesen seither, das heißt seit zwei Jahren, seit seiner Verletzung.
Das eine also seit zwei Jahren, das andere seit wann?

(v 1964)

Text 2 **Günter Eich (1907–1972): Inventur**

Dies ist meine Mütze,
dies ist mein Mantel,
hier mein Rasierzeug
im Beutel aus Leinen.

Konservenbüchse:
Mein Teller, mein Becher,
ich hab in das Weißblech
den Namen geritzt.

Geritzt hier mit diesem
kostbaren Nagel,
den vor begehrlichen
Augen ich berge.

Im Brotbeutel sind
ein Paar wollene Socken
und einiges, was ich
niemand verrate,

Heinrich Böll (1917–1985): in Köln geboren und aufgewachsen, 1937 Abitur, Beginn einer Buchhändlerlehre, 1938/39 Arbeitsdienst, 1939–45 Soldat, in Kriegsgefangenschaft bis September 1945; Studium der Germanistik, seit 1951 freier Schriftsteller, im gleichen Jahr

Preis der ‚Gruppe 47‘; 1955 Irlandaufenthalt, 1962 Russlandreise; 1967 Büchner-Preis und 1972 Nobelpreis für Literatur.
Bölls Werk beginnt mit bitter-satirischer Anklage gegen die Sinnlosigkeit des Krieges in dem Erzählband „Wanderer, kommst du nach Spa…“ (1950). Mit den Romanen „Und sagte kein einziges Wort“ (1953), „Billard um halbzehn“ (1959), „Ansichten eines Clowns“ (1963) und „Gruppenbild mit Dame“ (1971) wurde er zum „authentischen Geschichts-Erzähler unserer Nachkriegsepoche“ (Jochen Vogt), gleichzeitig zum entschiedenen Kritiker der politischen Restauration, der vom Wirtschaftswunder geprägten Haben-Mentalität und eines von Äußerlichkeiten und Heuchelei bestimmten Katholizismus; er schrieb gegen den Verlust neutestamentlicher Leitvorstellungen wie Wahrheits-, Nächsten- und Friedensliebe und gegen die Bedrohung der individuellen Freiheit (u.a. in seiner Novelle „Die verlorene Ehre der Katharina Blum“, 1974). Böll ist einer der erfolgreichsten deutschen Prosaschriftsteller der Nachkriegszeit und auch im Ausland Deutschlands meistgelesener Autor.

so dient es als Kissen
nachts meinem Kopf.
Die Pappe hier liegt
zwischen mir und der Erde.

Die Bleistiftmine
lieb ich am meisten:
Tags schreibt sie mir Verse,
die nachts ich erdacht.

Dies ist mein Notizbuch,
dies meine Zeltbahn,
dies ist mein Handtuch,
dies ist mein Zwirn.

(e 1945/46)

Text 3 **Heiner Müller (1929–1995): Das Eiserne Kreuz**

Im April 1945 beschloss in Stargard in Mecklenburg ein Papierhändler, seine Frau, seine vierzehnjährige Tochter und sich selbst zu erschießen. Er hatte durch Kunden von Hitlers Hochzeit und Selbstmord gehört.

Im Ersten Weltkrieg Reserveoffizier, besaß er noch einen Revolver, auch zehn Schuss Munition.

Als seine Frau mit dem Abendessen aus der Küche kam, stand er am Tisch und reinigte die Waffe. Er trug das Eiserne Kreuz am Rockaufschlag, wie sonst nur an Festtagen.

Der Führer habe den Freitod gewählt, erklärte er auf ihre Frage, und er halte ihm die Treue. Ob sie, seine Ehefrau, bereit sei, ihm auch hierin zu folgen. Bei der Tochter zweifle er nicht, dass sie einen ehrenvollen Tod durch die Hand ihres Vaters einem ehrlosen Leben vorziehe.

Er rief sie. Sie enttäuschte ihn nicht.

Ohne die Antwort der Frau abzuwarten, forderte er beide auf, ihre Mäntel anzuziehen, da er, um Aufsehen zu vermeiden, sie an einen geeigneten Ort außerhalb der Stadt führen werde. Sie gehorchten. Er lud dann den Revolver, ließ sich von der Tochter in den Mantel helfen, schloss die Wohnung ab und warf den Schlüssel durch die Briefkastenöffnung.

Es regnete, als sie durch die verdunkelten Straßen aus der Stadt gingen, der Mann voraus, ohne sich nach den Frauen umzusehen, die ihm mit Abstand folgten. Er hörte ihre Schritte auf dem Asphalt.

Nachdem er die Straße verlassen und den Fußweg zum Buchenwald eingeschlagen hatte, wandte er sich über die Schulter zurück und trieb zur Eile. Bei dem über der baumlosen Ebene stärker aufkommenden Nachtwind, auf dem regennassen Boden, machten ihre Schritte kein Geräusch.

Er schrie ihnen zu, sie sollen vorangehen. Ihnen folgend, wusste er nicht: hatte er Angst, sie könnten ihm davonlaufen, oder wünschte er, selbst davonzulaufen. Es dauerte nicht lange, und sie waren weit voraus. Als er sie nicht mehr sehen konnte, war ihm klar, dass er zu viel Angst hatte, um einfach wegzulaufen, und er wünschte sehr, sie täten es. Er blieb stehen und ließ sein Wasser. Den Revolver trug er in der Hosentasche, er spürte ihn kalt durch den dünnen Stoff. Als er schneller ging, um die Frauen einzuholen, schlug die Waffe bei jedem Schritt an sein Bein. Er ging langsamer. Aber als er in die Tasche griff, um den Revolver wegzuwerfen, sah er seine Frau und die Tochter. Sie standen mitten auf dem Weg und warteten auf ihn.

Er hatte es im Wald machen wollen, aber die Gefahr, dass die Schüsse gehört wurden, war hier nicht größer.

Als er den Revolver in die Hand nahm und entsicherte, fiel die Frau ihm um den Hals, schluchzend. Sie war schwer, und er hatte Mühe, sie abzuschütteln. Er trat auf die Tochter zu, die ihn starr ansah, hielt ihr den Revolver an die Schläfe und drückte mit geschlossenen Augen ab. Er hatte gehofft, der Schuss würde nicht losgehen, aber er hörte ihn und sah, wie das Mädchen schwankte und fiel.

Die Frau zitterte und schrie. Er musste sie festhalten. Erst nach dem dritten Schuss wurde sie still.

Er war allein.

Da war niemand, der ihm befahl, die Mündung des Revolvers an die eigene Schläfe zu setzen. Die Toten sahen ihn nicht, niemand sah ihn. Das Stück war aus, der Vorhang gefallen. Er konnte gehen und sich abschminken.

Er steckte den Revolver ein und beugte sich über seine Tochter. Dann fing er an zu laufen. Er lief den Weg zurück bis zur Straße und noch ein Stück die Straße entlang, aber nicht auf die Stadt zu, sondern westwärts. Dann ließ er sich am Straßenrand nieder, den Rücken an einen Baum gelehnt, und überdachte seine Lage, schwer atmend. Er fand, sie war nicht ohne Hoffnung.

Er musste nur weiterlaufen, immer nach Westen, und die nächsten Ortschaften meiden. Irgendwo konnte er dann untertauchen, in einer größeren Stadt am besten, unter fremdem Namen, ein unbekannter Flüchtling, durchschnittlich und arbeitsam.

Er warf den Revolver in den Straßengraben und stand auf. Im Gehen fiel ihm ein, dass er vergessen hatte, das eiserne Kreuz wegzuwerfen. Er tat es.

(v 1956)

Heiner Müller, geb. 1929 in Eppendorf (Sachsen), 1945 Arbeitsdienst; nach dem Krieg Verwaltungsangestellter, Journalist und wissenschaftlicher Mitarbeiter, seit 1959 freier Schriftsteller; Dramaturg am Berliner Ensemble und an der Berliner Volksbühne.
Mit kritischen und aktualisierenden Neubearbeitungen antiker Shakespearescher Stücke, vor allem aber mit den eigenen dramatischen Werken „Der Lohndrücker“ (1958), „Die Hamletmaschine“ (1977), „Germania Tod in Berlin“ (1978), „Der Auftrag“ (1979), „Der Bau“ (1980) ist der Autor im Westen bekannt geworden; er gilt als innovativer Dramatiker, wird häufig gespielt, ist aber umstritten. Heiner Müller starb 1995 in Berlin.

Text 4 Heinrich Böll (1917–1985): Besichtigung

Die graue Flanke der Kirche war aufgerissen zwischen zwei Pfeilerstützen, und in der Öffnung stand das Tageslicht wie in einem Tor: Steinbrocken lagen herum wie nach einer Felssprengung, ringsum häufte sich Geröll, aber am Eingang war aufgeräumt, und er ging zwischen aufgehäuften Trümmern darauf zu und drückte die Brettertür auf, die ins Innere führte. Drinnen war es still. Vögel flogen durch den Raum, er hörte sie pfeifen, und irgendwo das Piepsen der Jungen. Die Kette eines verbeulten Leuchters, der noch im Gewölbe verankert war, krächzte leise, und er sah zwei fette Spatzen, die auf dem Metallkranz wippten. Sie flogen auf, als er weiterging. Nur im Umkreis der Tür war aufgeräumt; er kletterte vorsichtig über den Schutt und blieb im Mittelschiff stehen: aus dem großen Riss fiel das Licht grell in die Zerstörung. Die Heiligen oben waren alle gekippt, ihre Sockel leer; stumpfe, hässliche Reste klebten oben an der Mauer: irgendwo zwei Beine bis zu den Knien, ein einsamer Armstummel, der sorgfältig im Gewölbe befestigt zu sein schien, und ein breiter Mauerriss zeichnete sich scharf und schwarz wie das Schattenbild einer Treppe von oben bis unten ab. Im Gewölbe stand der Himmel wie ein scharf ausgezacktes Stück Grau, und er sah einen zweiten tiefen Riss, der bis in die Flanke unten lief, schmal werdend, mit hellem Licht gefüllt. Der Altar war verschüttet, das Chorgestühl umgekippt, er sah die breiten, braunen Rückwände wie zu einer höhnischen Anbetung geneigt. Auch die untere Reihe der Säulenheiligen war lückenhaft: zerkratzte Torsi und geschundener Stein, verstümmelt und verzerrt: manche Gesichter grinsten wie wilde Krüppel, weil ihnen ein Ohr fehlte oder das Kinn, Risse durchschnitten ihre Gesichter, andere waren kopflos. Schlimm waren die, denen die Hände fehlten: sie schienen fast zu bluten, stumm flehend, und eine barocke Gipsfigur war eingedrückt wie ein Ei: das blasse Gesicht des Heiligen war unversehrt, ein schmales, trauriges Jesuitengesicht, aber Bauch und Brust waren aufgerissen und zerdrückt, der Gips war heruntergebröckelt, er lag in weißlichen Scheiben zu Füßen der Figur, und aus der düsteren Bauchhöhlung quoll Stroh heraus, mit erhärtetem Gips getränkt.
Er kletterte weiter über die Trümmer, vorbei an der Kommunionbank, in die linke der Conchen[1]: die Fresken waren unversehrt, das Tageslicht fiel voll auf die blassen Farben. Auch der Nebenaltar war heil, schien sogar gesäubert zu sein: die Mensa war blank und ein Blumenstrauß stand vor dem steinernen Tabernakel, und als er sich umblickte und in das Nebenschiff sah, waren die Beichtstühle leicht vorgeneigt, und endlich sah er ein Licht und ging darauf zu. Die Kerze brannte vor dem Muttergottesbild, und daneben hing das Kruzifix, das früher im Gewölbe vor dem Leuchter gehangen hatte. Die Kerze flackerte unruhig vor dem Gnadenbild, dessen hölzerner Grund sich leicht geworfen hatte und den goldenen Belag abwerfen zu wollen schien. Er war stellweise schon heruntergebröckelt, und es lief wie weißliche Striemen über Mariens Gesicht. Nur die Blumen waren frisch und schön, wunderbare große Nelken mit fetten Köpfen, die in prallen Kapseln standen.
Er versuchte zu beten, erschrak aber im gleichen Augenblick: er hörte Gesang unter sich, aus der Erde kam er. Der Schauer war nur kurz: die Krypta[2] fiel ihm ein, die wohl unbeschädigt war. Die Stimmen klangen dünn, seltsam gefiltert, es schienen nur wenige zu sein.

(v 1951)

Text 5 Gottfried Benn (1886–1956): Nur zwei Dinge

Durch so viel Formen geschritten,
durch Ich und Wir und Du,
doch alles blieb erlitten
durch die ewige Frage: wozu?

Das ist eine Kinderfrage.
Dir wurde erst spät bewußt,
es gibt nur eines: ertrage
– ob Sinn, ob Sucht, ob Sage –
dein fernbestimmtes: Du mußt.

Ob Rosen, ob Schnee, ob Meere,
was alles erblühte, verblich,
es gibt nur zwei Dinge: die Leere
und das gezeichnete Ich.

(e 1953)

(Aus lizenzrechtlichen Gründen ist dieser Text nicht in reformierter Rechtschreibung abgedruckt.)

---
1 Die Conche (oder Konche): Nischenwölbung
2 Die Krypta: Gruft, unterirdischer Kirchenraum

Die Gruppe 47
Ein offener Kreis von Schriftstellern und Publizisten, der sich nach den Verwüstungen durch Nationalsozialismus und Krieg 1947 um Hans Werner Richter bildete. Die Gruppe, zu deren Gründungsmitgliedern Autoren wie Alfred Andersch und Wolfdietrich Schnurre gehörten, suchte nach geistiger und moralischer Neuorientierung und trat für ein anderes, demokratisches Deutschland ein. Sie hatte aber kein festes Programm. Sie traf sich jährlich an wechselnden Orten zu Tagungen, an denen unveröffentlichte Werke gelesen und besprochen wurden. Der beste Tagungsbeitrag erhielt jeweils den Preis der Gruppe 47. Zu den Preisträgern gehörten Günter Eich, Heinrich Böll, Ilse Aichinger, Ingeborg Bachmann, Martin Walser, Günter Grass, Johannes Bobrowski, Peter Bichsel, Jürgen Becker. Heinrich Böll nannte die Gruppe 47 „Treffpunkt, mobile Akademie, literarische Ersatzhauptstadt". Mit über 200 Autoren, die ihre Texte vortrugen, vermittelte die Arbeit der Gruppe ein sehr genaues Bild der bundesrepublikanischen Nachkriegsliteratur und ihrer Entwicklung. Die sofort nach den Lesungen abgegebenen Einschätzungen namhafter deutscher Kritiker wie Walter Höllerer, Walter Jens, Joachim Kaiser, Hans Mayer und Marcel Reich-Ranicki führten dazu, dass Qualitätsmaßstäbe entstanden und das Urteil der Gruppe zunehmende öffentliche Resonanz und Konsequenzen für den literarischen Markt hatte.

Arbeitsanregungen:

1. Formulieren Sie im Gespräch miteinander Fragen, die sich 1945 ein Mensch stellen konnte, der bereit war „Inventur" zu machen.
2. Untersuchen Sie Günter Eichs Gedicht (Text 2), indem Sie
   a) Art und Ergebnis seiner „Inventur" in wenigen Sätzen beschreiben;
   b) darstellen, in welcher Lage und in welcher inneren Verfassung das schreibende Ich sich befindet.
3. Notieren Sie, zu welchen Ergebnissen Bobrowski (Text 1) bei seiner „Inventur" gelangt.
4. Auch was Heiner Müller und Heinrich Böll erzählen, lässt sich, ebenso wie die Verse von Gottfried Benn, als „Inventur" verstehen. Verfertigen Sie für die einzelnen Texte (3, 4, 5) eine Bestandsaufnahme, die
   a) die Situation benennt und beschreibt, in der die Schriftsteller ihre Bilanz ziehen,
   b) Auskunft gibt über die negativen Ergebnisse („Schulden") dieser Bilanz;
   c) auch nach positiven Ergebnissen („Vermögensanteilen") fragt und diese erläutert.
5. Versuchen Sie in einem Gespräch die Schlussfolgerungen zu formulieren, die Ihrer Meinung nach aus den vorliegenden Bilanzen gezogen werden müssen.

Trümmerliteratur: die ersten schriftstellerischen Versuche der Generation, die 1945 nach der ‚Stunde Null' aus den Trümmern, die das Dritte Reich hinterlassen hatte, einen neuen Anfang suchte; zu ihr gehörten Wolfgang Borchert, Heinrich Böll, Wolfdietrich Schnurre u.a.: „Wir schrieben also vom Krieg, von der Heimkehr und dem, was wir im Krieg gesehen hatten und bei der Heimkehr vorfanden: von Trümmern [...]" (Heinrich Böll).

Das Ende des Zweiten Weltkriegs und die bedingungslose Kapitulation werden zu Recht als tief greifender politischer und kultureller Einschnitt angesehen. Einen literarischen Nullpunkt jedoch gab es nicht.

Die Autoren, die versuchten sich in den Trümmern zurechtzufinden und ein eigenes, wenn auch vorläufiges Selbstverständnis zu entwickeln, trugen schwer an der Last der Vergangenheit. Sie hatten Unfassbares, weil Vernunftwidriges und Unmenschliches gesehen, erlebt und erlitten. Orientierungspunkte, Werte und allgemein verbindliche Maßstäbe waren weitgehend verloren gegangen.

Die Schriftsteller der Generation, die der *„Trümmerliteratur"* zugeordnet werden, haben versucht „mit einem menschlichen und unbestechlichen Auge" „die Dinge [...] zu durchschauen, in sie hineinzusehen". Sie haben Inventur gemacht und dabei festgestellt, „dass die Zerstörungen in unserer Welt nicht nur äußerer Art sind und nicht so geringfügiger Natur, dass man sich anmaßen kann, sie in wenigen Jahren zu heilen" (Heinrich Böll, Bekenntnis zur Trümmerliteratur 1952).

Wolfgang Borchert (1921–1947): abgebrochene Schulausbildung, Buchhandelslehre, heimlicher Besuch der Schauspielschule und nach bestandener Prüfung wenige Monate Schauspieler in Lüneburg, Soldat, 1942 schwer verwundet, wiederholt im Gefängnis wegen regimekritischer Äußerungen, mit Todesstrafe bedroht, Begnadigung und „Frontbewährung"; schwer krank entlassen; als Kabarettist tätig, erneut denunziert und an die Front abkommandiert; Rückkehr des unheilbar Kranken im Frühjahr 1945 nach Hamburg.

In knapp zwei Jahren gelangen Borchert, der einer entwurzelten, bindungslosen und um ihre Jugend betrogenen Generation angehörte, Texte von ungewöhnlicher innerer Dynamik, gedanklicher Dichte und sprachlicher Intensität: „Laterne, Nacht und Sterne" (Gedichte, 1946); „An diesem Dienstag" und „Die Hundeblume" (Erzählungen, 1947), „Draußen vor der Tür" (Hörspiel und Drama, 1947).

Text 6 Wolfgang Borchert (1921–1947): Die lange lange Straße lang [Auszug]

Links zwei drei vier links zwei drei vier links zwei weiter, Fischer! drei vier links zwei vorwärts, Fischer! schneidig, Fischer! drei vier atme, Fischer! weiter, Fischer, immer weiter zickezacke zwei drei vier schneidig ist die Infantrie zickezackejuppheidi schneidig ist die Infantrie die Infantrie – – – –

Ich bin unterwegs. Zweimal hab ich schon gelegen. Ich will zur Straßenbahn. Ich muss mit. Zweimal hab ich schon gelegen. Ich hab Hunger. Aber mit muss ich. Muss. Ich muss zur Straßenbahn. Ich muss mit. Zweimal hab ich schon drei vier links zwei drei vier aber mit muss ich drei vier zickezacke zacke drei vier juppheidi ist die Infantrie die Infantrie Infantrie fantrie fantrie – – – 57 haben sie bei Woronesch begraben. 57, die hatten keine Ahnung, vorher nicht und nachher nicht. Vorher haben sie noch gesungen. Zickezackejuppheidi. Und einer hat nach Hause geschrieben: – – – dann kaufen wir uns ein Grammophon. Aber dann haben viertausend Meter weiter ab die andern auf Befehl auf einen Knopf gedrückt. Da hat es gerumpelt wie ein alter Lastwagen mit leeren Tonnen über Kopfsteinpflaster: Kanonenorgel. Dann haben sie 57 bei Woronesch begraben. Vorher haben sie noch gesungen. Hinterher haben sie nichts mehr gesagt. 9 Autoschlosser, 2 Gärtner, 5 Beamte, 6 Verkäufer, 1 Friseur, 17 Bauern, 2 Lehrer, 1 Pastor, 6 Arbeiter, 1 Musiker, 7 Schuljungen. 7 Schuljungen. Die haben sie bei Woronesch begraben. Sie hatten keine Ahnung. 57.

Und mich haben sie vergessen. Ich war noch nicht ganz tot. Juppheidi. Ich war noch ein bisschen lebendig. Aber die andern, die haben sie bei Woronesch begraben. 57. 57. Mach noch ne Null dran. 570. Noch ne Null und noch ne Null. 57000. Und noch und noch und noch. 57000000. Die haben sie bei Woronesch begraben. Sie hatten keine Ahnung. Sie wollten nicht. Das hatten sie gar nicht gewollt. Und vorher haben sie noch gesungen. Juppheidi. Nachher haben sie nichts mehr gesagt. Und der eine hat das Grammophon nicht gekauft. Sie haben ihn bei Woronesch und die andern 56 auch begraben. 57 Stück. Nur ich. Ich, ich war noch nicht ganz tot. Ich muss zur Straßenbahn. Die Straße ist grau. Aber die Straßenbahn ist gelb. Ganz wunderhübsch gelb. Da muss ich mit. Nur dass die Straße so grau ist. So grau und so grau. Zweimal hab ich schon zickezacke vorwärts, Fischer! drei vier links zwei links zwei gelegen drei vier weiter, Fischer! Zickezacke juppheidi schneidig ist die Infantrie schneidig, Fischer! weiter, Fischer! links zwei drei vier wenn nur der Hunger der elende Hunger immer der elende links zwei drei vier links zwei links zwei links zwei – – –

Wenn bloß die Nächte nicht wärn. Wenn bloß die Nächte nicht wärn. Jedes Geräusch ist ein Tier. Jeder Schatten ist ein schwarzer Mann. Nie wird man die Angst vor den schwarzen Männern los. Auf dem Kopfkissen grummeln die ganze Nacht die Kanonen: Der Puls. Du hättest mich nie allein lassen sollen, Mutter. Jetzt finden wir uns nicht wieder. Nie wieder. [...]

(e 1947)

Text 7 Hans Bender (*1919): Heimkehr

Im Rock des Feindes,
in zu großen Schuhen,
im Herbst,
auf blattgefleckten Wegen
gehst du heim.

Die Hähne krähen
deine Freude in den Wind,
und zögernd hält
der Knöchel
vor der stummen,
neuen Tür.

(v 1949)

Text 8 **Rose Ausländer (1901–1988): Der Brunnen**

Im verbrannten Hof
steht noch der Brunnen
voll Tränen

Wer weinte sie

Wer trinkt
seinen Durst leer

(v 1974)

Text 9 **Peter Huchel (1903–1981): Chausseen**

Erwürgte Abendröte
Stürzender Zeit!
Chausseen. Chausseen.
Kreuzwege der Flucht.
Wagenspuren über den Acker,
Der mit den Augen
Erschlagener Pferde
Den brennenden Himmel sah.

Nächte mit Lungen voll Rauch,
Mit hartem Atem der Fliehenden,
Wenn Schüsse
Auf die Dämmerung schlugen.
Aus zerbrochenem Tor
Trat lautlos Asche und Wind,
Ein Feuer,
Das mürrisch das Dunkel kaute.

Tote,
Über die Gleise geschleudert,
Den erstickten Schrei
Wie einen Stein am Gaumen.
Ein schwarzes
Summendes Tuch aus Fliegen
Schloss ihre Wunden.

(v 1963)

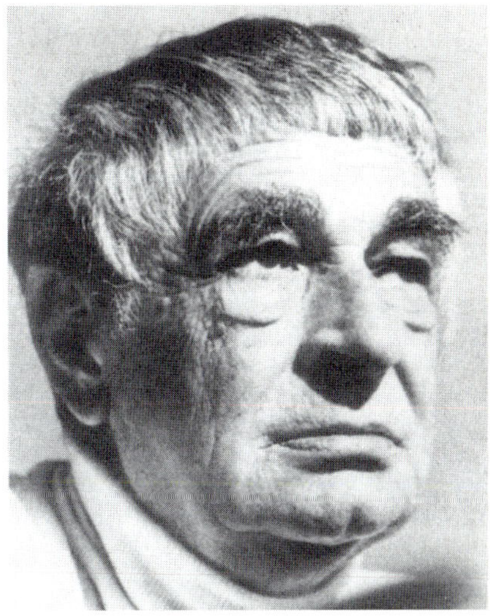

Peter Huchel: 1903 in Berlin geboren, aufgewachsen in der Mark Brandenburg, Studium der Literatur und Philosophie in Berlin, Freiburg und Wien; seit 1925 freier Schriftsteller; Soldat von 1940 bis 1945, Kriegsgefangenschaft; 1951 Nationalpreis der DDR, Chefredakteur der Zeitschrift „Sinn und Form" von 1949–1962, Publikationsverbot bis zu seiner Ausreise 1971; zuletzt in Staufen bei Freiburg, wo er 1981 starb.
Der Dichter, der 1977 in einer Rede darauf hinwies, wie schwer es ist, „dem Schweigen ein Wort abzuringen", gilt als einer der bedeutendsten deutschen Lyriker der Gegenwart: „Gedichte" (1948); „Chausseen, Chausseen" (1963), „Die Sternenreuse" (1967); „Gezählte Tage" (1972); „Die neunte Stunde" (1979).
Seine Gedichte entziehen sich biografischer und einseitig politischer Interpretation. Sie erscheinen schwer zugänglich und dunkel, vor allem wegen der häufig verwendeten mythischen Bildzeichen und Chiffren, bringen jedoch das Leiden dieses Autors in einer bedrohten Welt zum Ausdruck.

Text 10 **Wolfgang Borchert (1921–1947): Das ist unser Manifest** [Auszug]

Helm ab Helm ab: – Wir haben verloren!
Die Kompanien sind auseinander gelaufen. Die Kompanien, Bataillone, Armeen. Die großen Armeen. Nur die Heere der Toten, die stehn noch. Stehn wie unübersehbare Wälder: dunkel, lila, voll Stimmen. Die Kanonen aber liegen wie erfrorene Urtiere mit steifem Gebein. Lila vor Stahl und überrumpelter Wut. Und die Helme, die rosten. Nehmt die verrosteten Helme ab: Wir haben verloren.
In unsern Kochgeschirren holen magere Kinder jetzt Milch. Magere Milch. Die Kinder sind lila vor Frost. Und die Milch ist lila vor Armut.
Wir werden nie mehr antreten auf einen Pfiff hin und Jawohl sagen auf ein Gebrüll. Die Kanonen und die Feldwebel brüllen nicht mehr. Wir werden weinen, scheißen und singen, wann wir wollen. Aber das Lied von den brausenden Panzern und das Lied von dem Edelweiß werden wir niemals mehr singen. Denn die Panzer und die Feldwebel brausen nicht mehr und das Edelweiß, das ist verrottet unter dem blutigen Singsang. Und kein General sagt mehr Du zu uns vor der Schlacht. Vor der furchtbaren Schlacht.
Wir werden nie mehr Sand in den Zähnen haben vor Angst. (Keinen Steppensand, keinen ukrainischen und keinen aus der Cyrenaika oder den der Normandie – und nicht den bitteren bösen Sand unserer Heimat!) Und nie mehr das heiße tolle Gefühl in Gehirn und Gedärm vor der Schlacht.
Nie werden wir wieder so glücklich sein, dass ein anderer neben uns ist. Warm ist und da ist und atmet und rülpst und summt – nachts auf dem Vormarsch. Nie werden wir wieder so zigeunerig glücklich sein über ein Brot und fünf Gramm Tabak und über zwei Arme voll Heu. Denn wir werden nie wieder zusammen marschieren, denn jeder marschiert von nun an allein. Das ist schön. Das ist schwer. Nicht mehr den sturen knurrenden andern bei sich zu haben – nachts, nachts beim Vormarsch. Der alles mit anhört. Der niemals was sagt. Der alles verdaut.
Und wenn nachts einer weinen muss, kann er es wieder. Dann braucht er nicht singen – vor Angst.
Jetzt ist unser Gesang der Jazz. Der erregte hektische Jazz ist unsere Musik. Und das heiße verrücktolle Lied, durch das das Schlagzeug hinhetzt, katzig, kratzend. Und manchmal nochmal das alte sentimentale Soldatengegröhl, mit dem man die Not überschrie und den Müttern absagte. Furchtbarer Männerchor aus bärtigen Lippen, in die einsamen Dämmerungen der Bunker und der Güterzüge gesungen, mundharmonikablechüberzittert: Männlicher Männergesang – hat keiner die Kinder gehört, die sich die Angst vor den lilanen Löchern der Kanonen weggröhlten?

Innerer Monolog: Erzählverfahren, mit dessen Hilfe der Autor versucht den inneren Zustand einer Person wiederzugeben. Im Unterschied zur erlebten Rede (3. Person und Präteritum) verwendet er dabei meist Präsens und Ichform um so die oft zusammenhanglose Folge von Empfindungen, Wahrnehmungen, gedanklichen Assoziationen und ersten augenblicksverhafteten Reaktionen festzuhalten. Dadurch verringert sich die Distanz zwischen dem Leser und der handelnden Person, Identifikation wird wesentlich erleichtert.
Typische Merkmale des inneren Monologs sind die möglichst lückenlose Wiedergabe des Bewusstseinsstroms, eine sehr einfache, oft aus unverbundenen Aussagesätzen bestehende Syntax oder deren Auflösung in Satzfragmente. (Vgl. Jahrhundertwende, S. 307f.)

Arbeitsanregungen:

[1] Leutnant Fischer kehrt aus Krieg und Kriegsgefangenschaft heim (Text 6): Fassen Sie in einem knappen sachlichen Bericht zusammen, was er von seinen Kriegserlebnissen andeutet.

[2] Vergleichen Sie die drei Gedichte (Texte 7, 8, 9):
[a] Welches dieser Gedichte spricht Sie am meisten an? Erläutern Sie, warum.
[b] Erarbeiten Sie – in Partner- oder Gruppenarbeit – die inhaltlichen und sprachlichen Besonderheiten jeweils eines der drei Gedichte.
[c] Prüfen Sie, worauf die in Hans Benders „Heimkehr" (Text 7) verwendeten Bilder verweisen und notieren Sie, was diese Bilder andeuten könnten.

[3] [a] Erläutern Sie, wie Sie Borcherts Satz „Für Semikolons haben wir keine Zeit [...]" verstehen (Semikolon = Strichpunkt).
[b] Begründen Sie diese Aussage aus der Situation der damals schreibenden Autoren.
[c] Zeigen Sie an Borcherts Texten, welche Konsequenz diese Einstellung für seine Schreibweise hat.

Anna Seghers, 1900 in Mainz geboren, studierte Geschichte, Kunstgeschichte, Philosophie und Sinologie in Heidelberg; trat 1929 in die KPD ein; 1933 musste sie, weil sie Jüdin war, nach Frankreich, 1941 nach Mexiko emigrieren. 1947 kehrte sie nach Ost-Berlin zurück, war Vorsitzende des Schriftstellerverbands von 1952 bis 1978 und starb 1983. Der Zeitroman „Das siebte Kreuz", kurz vor Beginn des Zweiten Weltkrieges entstanden, 1942 in englischer, 1943 in deutscher Sprache in Mexiko veröffentlicht, gibt ein eindrucksvolles und erschreckendes Bild des faschistischen Deutschland, zeigt den Widerstand des Einzelnen in der Auseinandersetzung mit einem menschenverachtenden, totalitären, aber doch nicht allmächtigen System. Für ihre erste Erzählung „Aufstand der Fischer von St. Barbara" (1928) erhielt die Autorin den Kleist-Preis, im Roman „Transit" beschreibt sie das Schicksal der heimat-

Heldischer Männergesang – hat keiner das Schluchzen der Herzen gehört, wenn sie Juppheidi sangen, die Verdreckten, Krustigen, Bärtigen, Überlausten?
Männergesang, Soldatengegröhl, sentimental und übermütig, männlich und basskehlig, auch von den Jünglingen männlich gegröhlt: Hört keiner den Schrei nach der Mutter? Den letzten Schrei des Abenteurers Mann? Den furchtbaren Schrei: Juppheidi? Unser Juppheidi und unsere Musik sind ein Tanz über den Schlund, der uns angähnt. Und diese Musik ist der Jazz. Denn unser Herz und unser Hirn haben denselben heißkalten Rhythmus: den erregten, verrückten und hektischen, den hemmungslosen.
Und unsere Mädchen, die haben denselben hitzigen Puls in den Händen und Hüften. Und ihr Lachen ist heiser und brüchig und klarinettenhart. Und ihr Haar, das knistert wie Phosphor. Das brennt. Und ihr Herz, das geht in Synkopen, wehmütig wild. Sentimental. So sind unsere Mädchen: wie Jazz. Und so sind die Nächte, die mädchenklirrenden Nächte: wie Jazz: heiß und hektisch. Erregt.
Wer schreibt für uns eine neue Harmonielehre? Wir brauchen keine wohltemperierten Klaviere mehr. Wir selbst sind zu viel Dissonanz.
Wer macht für uns ein lilanes Geschrei? Eine lilane Erlösung? Wir brauchen keine Stillleben mehr. Unser Leben ist laut.
Wir brauchen keine Dichter mit guter Grammatik. Zu guter Grammatik fehlt uns Geduld. Wir brauchen die mit dem heißen heiser geschluchzten Gefühl. Die zu Baum Baum und zu Weib Weib sagen und ja sagen und nein sagen: laut und deutlich und dreifach und ohne Konjunktiv.
Für Semikolons haben wir keine Zeit und Harmonien machen uns weich und die Stillleben überwältigen uns: Denn lila sind nachts unsere Himmel. Und das Lila gibt keine Zeit für Grammatik, das Lila ist schrill und ununterbrochen und toll. Über den Schornsteinen, über den Dächern: die Welt: lila. Über unseren hingeworfenen Leibern die schattigen Mulden: die blau beschneiten Augenhöhlen der Toten im Eissturm, die violettwütigen Schlünde der kalten Kanonen – und die lilane Haut unserer Mädchen am Hals und etwas unter der Brust. Lila ist nachts das Gestöhn der Verhungernden und das Gestammel der Küssenden. Und die Stadt steht so lila am nächtlich lilanen Strom.
Und die Nacht ist voll Tod: Unsere Nacht. Denn unser Schlaf ist voll Schlacht. Unsere Nacht ist im Traumtod voller Gefechtslärm. Und die nachts bei uns bleiben, die lilanen Mädchen, die wissen das und morgens sind sie noch blass von der Not unserer Nacht. Und unser Morgen ist voller Alleinsein. Und unser Alleinsein ist dann morgens wie Glas. Zerbrechlich und kühl. Und ganz klar. Es ist das Alleinsein des Mannes. Denn wir haben unsere Mütter bei den wütenden Kanonen verloren. Nur unsere Katzen und Kühe und die Läuse und die Regenwürmer, die ertragen das große eisige Alleinsein. Vielleicht sind sie nicht so nebeneinander wie wir. Vielleicht sind sie mehr mit der Welt. Mit dieser maßlosen Welt. In der unser Herz fast erfriert.
Wovon unser Herz rast? Von der Flucht. Denn wir sind der Schlacht und den Schlünden erst gestern entkommen in heilloser Flucht. Von der furchtbaren Flucht von einem Granatloch zum andern – die mütterlichen Mulden – davon rast unser Herz noch – und noch von der Angst. [...]

(e 1947)

2. „Trauerarbeit" (Mitscherlich) – Die Auseinandersetzung mit dem Faschismus

„Wir haben allzu früh der Vergangenheit den Rücken zugekehrt, begierig, uns der Zukunft zuzuwenden. Die Zukunft wird aber abhängen von der Erledigung der Vergangenheit." (Bertolt Brecht)

Text 1 Anna Seghers (1900–1983): Das Ende [Auszug]

Zillich, von 1937 bis 1945 Aufseher im KZ Westhofen, wird von einem ehemaligen Gefangenen auf seinem Hof, zu dem er nach Kriegsende unbehelligt zurückgekehrt ist, erkannt und begibt sich auf eine letztendlich ausweglose Flucht, weil ihn seine Vergangenheit immer wieder einholt.
Eine kurze Episode der 1945 geschriebenen Erzählung schildert sein zufälliges Zusammentreffen mit einem jungen Mann, der als Soldat schuldig geworden ist und damit nicht fertig wird.

[...] „Nu, erzähl mal", sagte Zillich. Der rosa Himmel in den Löchern der Decke war längst verblasst. Die Strohsäcke waren längst alle besetzt; die Sterne gingen schon auf. Der Junge fuhr fort: „Der Feind war uns auf den Fersen. Wie räumten das Dorf Sakoje; wir trieben die Bevölkerung vor uns her; ich dachte: in irgendein Lager; ich dachte vielleicht auch gar nichts. Dann kam der Befehl: ‚Schießen!' Wir schossen alle über den

Haufen, Frauen, Kinder, alte Manner!“ Zillich sagte: „So was ist ja oft passiert.“ – „Das ist es. Noch oft, das war nur der Anfang. Warum habe ich nur geschossen? Auf Kinder, verstehst du? Warum hab ich so was getan?“
„Das ist doch ganz klar. Das war dein Befehl.“
„Das ist es ja eben. Warum habe ich mich nicht geweigert? Warum hab ich einem solchen Befehl gehorcht?“
„Was meinst du damit?“, sagte Zillich. „Was hättest du denn anderes tun sollen?“
„Warum hab ich gar nicht mehr nachgedacht? Angelegt, geschossen. Warum hab ich nicht dem höheren Befehl gehorcht? War er denn verstummt? War ich taub?“ – „Was denn für ein höherer Befehl?“, fragte Zillich. „Es hat doch damals bei euch noch keine Gegenbefehle gegeben. An deinen Leutnant war sicher zuerst der höhere Befehl ergangen.“ – „Verstehst du denn nicht? Der wahre, der innere. Die innere Stimme, die nie im Menschen verstummt. In dir nicht, in mir nicht, das weißt du doch.“ – „Ich weiß, ich weiß. Wie ich verwundet war, sogar ziemlich schwer von einem Granatsplitter, da hab ich das auch gekannt, wie das ist. Eine innere Stimme. Das legt sich dann, wenn sich das Wundfieber legt. Sobald man gesund ist, hört es auf. Ich glaube, du bist noch ziemlich kaputt. Warst du denn verwundet? Für dich ist bestimmt das Beste, du schläfst.“ […]

(e 1945)

Text 2 **Carl Zuckmayer (1896–1977): Des Teufels General, III. Akt** [Auszug]

Carl Zuckmayer hat „Des Teufels General“ im amerikanischen Exil geschrieben; mit großem Erfolg wurde das Drama 1946 erstmals in Zürich, 1947 in Frankfurt aufgeführt. Aus Leidenschaft zur Fliegerei hat sich General Harras, obwohl er Gegner des Regimes ist, mit den nationalsozialistischen Machthabern eingelassen. „Wer auf Erden des Teufels General wurde und ihm die Bahn gebombt hat – der muss ihm auch Quartier in der Hölle machen“, so beschreibt er selber seine Verstrickung. Er äußert zwar verbalen Widerstand, scheitert aber, weil er zu politischem Handeln unfähig ist, und begeht Selbstmord.

Das Gespräch mit dem Fliegeroffizier Hartmann findet statt, als Harras, von der Gestapo bespitzelt und in die Enge getrieben, versucht, die Ursache für den offenbar durch Sabotage verursachten Absturz von Oberst Eilers zu finden.

HARTMANN: […] Darf ich etwas fragen, Herr General?
HARRAS *nickt – wartet.*
HARTMANN: Es ist – nicht ganz einfach –. Ich muss erst erklären – haben Sie wirklich etwas Zeit für mich, Herr General?
HARRAS: Ich wüsste momentan nichts Besseres mit meiner Zeit zu tun. – Das ist die Wahrheit, Hartmann.
HARTMANN: Mag sein, dass es immer so war, und ich habe es nur nicht gesehen. Nicht sehen wollen. Mag sein, dass es erst durch den Krieg so gekommen ist. *Er spricht rasch, hastig, wie jemand, der etwas loswerden muss, was er sich selbst nicht eingestehen möchte.* Es ist alles wahr, was man hört. Es gibt keine Greuelgerüchte. Ich hab es, mit eignen Augen, erschaut. Und es sind dieselben – dieselben Jungens – dieselben, die mit mir in der Hitler-Jugend gelebt haben, geschwärmt und gesungen, von Idealen geredet, von Opfer und Einsatz, von der Pflicht, von der Sauberkeit. Ich hatte einen Schulfreund – er hätte keiner Fliege was zuleide getan – oder hat er sich nur verstellt? Er war eher schüchtern – empfindlich. In Lodz hab ich ihn wiedergetroffen, wir warteten dort auf Transport. – Ich wusste nicht, dass er beim Vertilgungskommando war. Er nahm mich mit, er sagte, es wird eine Hetz geben, er stammt aus Bayern, dort sagt man so. Sie haben auf Wehrlose geschossen – nur zum Spaß. Sie haben gelacht, wenn die vor Angst gewimmert haben. Sie – ich kann es nicht aussprechen, Herr General. Das hat doch nichts mehr mit Krieg zu tun. Nichts mit dem Ziel – nichts mit der Idee. Dafür gibt es doch keine Rechtfertigung. Das ist doch einfach – schändlich! Und ich frage mich – Herr General – wird jeder so, wenn man ihn lässt? Könnte man selbst so werden? Gibt es dagegen denn keinen Schutz?
HARRAS: Die Menschheit hat immer wieder versucht – jahrtausendelang – einen Schutz aufzurichten – gegen sich selbst. Aber es scheint, er lässt sich in weniger als einem Menschenalter einreißen. Er muss nicht sehr stark gewesen sein. – Ich weiß, das ist keine Antwort. Sie haben auch noch nicht gefragt, was Sie fragen wollten.
HARTMANN: In der Ordensburg haben sie uns gesagt, wir seien die Kreuzritter einer neuen Zeit. Die alte, die christliche, habe ihre zweitausend Jahre gehabt. Die neue solle nach unseren Plänen gezimmert werden. Ein Reich der Kraft und Herrlichkeit auf dieser Welt. Ich habe das alles geglaubt. Es hat mich begeistert. Aber wie soll etwas Neues werden, etwas Starkes und Gutes, wenn es damit anfängt, dass man das Niedrigste und Gemeinste in den Menschen entfesselt? Wie soll man die neue Zeit ertragen – wenn sie mit nichts als Mord beginnt?

los gewordenen Emigranten. Die autobiografische Erzählung „Der Ausflug der toten Mädchen“ führt zurück in die noch unzerstörte Heimatstadt Mainz. Die beiden Nachkriegsromane „Die Entscheidung“ (1959) und „Das Vertrauen“ (1968) sind Versuche einer Epochenbilanz.

Carl Zuckmayer: in Rheinhessen 1896 geboren, in Mainz aufgewachsen, lernte nach seinem Studium in Frankfurt und Heidelberg Theaterpraxis in Kiel, München und Berlin kennen und wurde mit dem „Fröhlichen Weinberg“ (1925) und dem „Hauptmann von Köpenick“ (1931), für den er den Kleist-Preis erhielt, zum meistgespielten deutschen Dramatiker. 1933 erhielt er Aufführungsverbot und emigrierte über Österreich und die Schweiz in die USA. 1958 kehrte er in die Schweiz zurück und starb dort 1977. Weitere Werke: das Volksstück „Schinderhannes“ (1927), das Drama „Des Teufels General“ (1946), die Erzählung „Die Fastnachtsbeichte“ (1959), die Autobiografie „Als wär's ein Stück von mir“ (1966).

Arbeitsanregungen:

1 Beschreiben Sie den Sachverhalt, der den beiden ersten Texten (Text 1 und 2) gemeinsam ist.

2 a Notieren Sie die Fragen, die teils direkt gestellt, teils nur angedeutet werden.
b Stellen Sie diesen Fragen die Erklärungen, Entschuldigungen und Ausflüchte für das als fragwürdig erkannte Verhalten gegenüber.

3 a Suchen Sie die in den Texten genannten Leitbegriffe, an denen sich menschliches Handeln in den beschriebenen Ausnahmesituationen orientieren könnte.
b Klären sie im Gespräch, welche konkrete Bedeutung Sie diesen Begriffen geben.
c Diskutieren Sie deren Gültigkeit und Tragfähigkeit.

HARRAS: Neue Zeit. Ich glaube – das ist auch so etwas, was es gar nicht gibt. Die Zeit – sie ist immer die gleiche. Groß – unberührbar. Ohne Anfang und Ende. Wo aber ein Mensch sich erneuert – da wird die Welt neu geschaffen. [...]

(e 1945)

Siegfried Lenz: 1926 in Ostpreußen geboren, zunächst für Zeitungen und Rundfunk tätig, lebt heute als freier Schriftsteller in Hamburg. Seine bekanntesten Werke: „So zärtlich war Suleyken“, eine 1955 erschienene Sammlung von Geschichten über die Heimat des Dichters, Masuren; die Romane „Die Deutschstunde“ (1966), „Das Vorbild“ (1973), „Heimatmuseum“ (1978) und „Exerzierplatz“ (1985).

Faschismus
Aus dem latein. Wort „fascis“ = Bündel – den höchsten römischen Staatsbeamten wurde als Zeichen ihrer Strafgewalt über die Bürger ein Rutenbündel mit Beil vorangetragen – ist das italienische Wort „fascismo“ entstanden. Es bezeichnet ursprünglich die von Benito Mussolini in Italien 1922 zur Macht geführte politische Bewegung und ihr bis 1945 ausgeübtes Herrschaftssystem. Es wurde zum Sammelbegriff für nationalistische Bewegungen mit streng hierarchischem Aufbau, antiliberaler und antidemokratischer Grundhaltung.
Im heutigen Sprachgebrauch bezeichnet man mit „faschistisch“ auch eine extrem autoritäre und undemokratische Einstellung. Ihr entsprechende Verhaltensmuster sind Anpassung, Unterordnung, Verstellung und Angst.
Unmittelbar nach dem Krieg wurde die Auseinandersetzung mit dem Faschismus in beiden Teilen Deutschlands nur ansatzweise geleistet. Erfolgreich waren Werke, die menschliches Verhalten in einer von Grund auf unmenschlichen Welt darstellen: So hatte Carl Zuckmayers Stück „Des Teufels General“ (1946), in welchem die Bindung an Hitler als tragische Verstrickung eines ritterlichen Menschen erscheint, großen Erfolg. Auch die Romane von Anna Seghers „Das siebte Kreuz“ (deutsch 1946) und Theodor Plivier „Stalingrad“ (deutsch 1946) hatten v.a. deswegen Erfolg. Dagegen stieß Thomas Manns Roman

Text 3 **Siegfried Lenz (*1926): Deutschstunde** [Auszug]

Siggi Jepsen muss in der Besserungsanstalt auf einer Elbinsel bei Hamburg den Aufsatz „Die Freuden der Pflicht“ nachliefern, weil er in der Deutschstunde versagt hat. Der Romanheld löst sich von seiner Vaterwelt, indem er diese Strafarbeit leistet. Der Autor erkundet und beschreibt am Beispiel des Landpolizisten Jens Ole Jepsen, warum die ‚deutsche Seele‘ so anfällig für den Faschismus, für Unterordnung und Mitläufertum war.

Das Malverbot

Im Jahr dreiundvierzig, um mal so zu beginnen, an einem Freitag im April, morgens oder mittags, bereitete mein Vater Jens Ole Jepsen, der Polizeiposten der Außenstelle Rugbüll, der nördlichste Polizeiposten von Schleswig-Holstein, eine Dienstfahrt nach Bleekenwarf vor, um dem Maler Max Ludwig Nansen[1], den sie bei uns nur den Maler nannten und nie aufhörten, so zu nennen, ein in Berlin beschlossenes Malverbot zu überbringen. Ohne Eile suchte mein Vater Regenumhang, Fernglas, Koppel, Taschenlampe zusammen, machte sich mit absichtlichen Verzögerungen am Schreibtisch zu schaffen, knöpfte schon zum zweiten Mal den Uniformrock zu und linste – während ich vermummt und regungslos auf ihn wartete – immer wieder in den mißlungenen Frühlingstag hinaus und horchte auf den Wind. Es ging nicht nur Wind: dieser Nordwest belagerte in geräuschvollen Anläufen die Höfe, die Knicks und Baumreihen, erprobte mit Tumulten und Überfällen die Standhaftigkeit und formte sich eine Landschaft, eine schwarze Windlandschaft, krumm, zerzaust und voll unfaßbarer Bedeutung. Unser Wind, will ich meinen, machte die Dächer hellhörig und die Bäume prophetisch, er ließ die alte Mühle wachsen, fegte flach über die Gräben und brachte sie zum Phantasieren, oder er fiel über die Torfkähne her und plünderte die unförmigen Lasten.

Wenn bei uns Wind ging und so weiter, dann mußte man sich schon Ballast in die Taschen stecken – Nägelpakete oder Bleirohre oder Bügeleisen –, wenn man ihm gewachsen sein wollte. Solch ein Wind gehört zu uns, und wir konnten Max Ludwig Nansen nicht widersprechen, der Zinnadern platzen ließ, der wütendes Lila nahm und kaltes Weiß, wenn er den Nordwest sichtbar machen wollte – diesen wohl bekannten, uns zukommenden Nordwest, auf den mein Vater argwöhnisch horchte.

Ein Rauchschleier schwebte in der Küche. Ein nach Torf duftender, zuckender Rauchschleier schwebte im Wohnzimmer. Der Wind saß im Ofen und paffte uns das Haus voll, während mein Vater hin und her ging und offenbar nach Gründen suchte, um seinen Aufbruch zu verzögern, hier etwas ablegte, dort etwas aufnahm, die Gamaschen im Büro anlegte, das Dienstbuch am Eßtisch in der Küche aufschlug und immer noch etwas fand, was seine Pflicht hinausschob, bis er mit ärgerlichem Erstaunen feststellen mußte, daß etwas Neues aus ihm entstanden war, daß er sich gegen seinen Willen in einen vorschriftsmäßigen Landpolizisten verwandelt hatte, dem zur Erfüllung seines Auftrags nichts mehr fehlte als das Dienstfahrrad, das, gegen einen Sägebock gelehnt, im Schuppen stand.

So war es an diesem Tag vermutlich die aus Gewohnheit zustande gekommene äußere Dienstbereitschaft, die ihn schließlich zum Aufbruch zwang, nicht der Eifer, nicht die Berufsfreude und schon gar nicht die ihm zugefallene Aufgabe; [...]

Mein Vater sah wohl ein, daß er Max Ludwig Nansen noch etwas schuldete, darum sagte er: Ich hab mir das alles nicht ausgedacht, Max, das kannst du mir glauben. Mit dem Berufsverbot habe ich nix zu tun, ich hab das alles nur zu überbringen.

Ich weiß, sagte der Maler, und dann: Diese Wahnsinnigen, als ob sie nicht wüßten, daß das unmöglich ist: Malverbot. Sie können vielleicht viel tun mit ihren Mitteln, sie können allerhand verhindern, mag sein, aber nicht dies: daß einer aufhört zu malen. Das haben schon andere versucht, lange vor ihnen. Sie brauchen doch nur nachzulesen: gegen unerwünschte Bilder hat es noch nie einen Schutz gegeben, nicht durch Verbannen, auch nicht durch Blendung, und wenn sie die Hände abhacken ließen, hat man eben mit dem Mund gemalt. Diese Narren, als ob sie nicht wüßten, daß es auch unsichtbare Bilder gibt.

Mein Vater umrundete knapp den Tisch, an dem der Maler saß, umkreiste ihn, fragte jedoch nicht weiter, sondern beschränkte sich darauf, festzustellen: Aber das Verbot is beschlossen und ausgesprochen, Max das isses. – Ja, sagte der Maler, in Berlin, und er sah meinen Vater gespannt an, offen, wißbegierig, er ließ ihn nicht mehr mit seinen Blicken los, als wollte er ihn zu sagen zwingen, was er, der Maler, längst wußte, und ihm wird nicht entgangen sein, daß es meinem Vater schließlich nicht leichtfiel, zu

[1] Max Ludwig Nansen: gemeint ist Emil Nolde, eigentl. E. Hansen (1867–1956): Hauptvertreter des deutschen Expressionismus

erklären: Mich, Max – sie haben mich beauftragt, das Malverbot zu überwachen: daß du auch das nur weißt.

Dich?, fragte der Maler, und mein Vater: Mich ja, ich bin am nächsten dran.

Sie sahen einander an, der eine sitzend, der andere stehend, maßen sich schweigend einen Augenblick, forschten wahrscheinlich nach den Kenntnissen, die sie übereinander besaßen, und stellten sich vor, wie sie miteinander verkehren würden in näherer Zukunft und so weiter, zumindest aber fragten sie sich, mit wem sie von nun an zu rechnen hätten, wenn sie sich hier oder dort begegneten. So, wie sie sich forschend musterten, wiederholten sie, meine ich, ein Bild des Malers, das einfach nur ‚Zwei am Zaun' hieß und auf dem zwei alte Männer, aufblickend in olivgrünem Licht, einander entdeckten, zwei, die sich lange gekannt haben mögen von Garten zu Garten, doch erst in diesem bestimmten Augenblick in erstaunter Abwehr wahrnahmen. Jedenfalls stelle ich mir vor, daß der Maler gern etwas anderes gefragt hätte, als er schließlich fragte: Und wie, Jens? Wie wirst du das Verbot überwachen? Mein Vater überhörte da schon die Vertraulichkeit, die in dieser Frage lag; er sagte: Sollst nur abwarten, Max.

Da stand auch der Maler auf, legte den Kopf ein wenig schräg und musterte meinen Vater gerade so, als ließe sich schon erkennen, wessen er fähig sei; und als mein Vater es für angebracht hielt, seinen Umhang zu nehmen und ihn zwischen den gespreizten Beinen mit einer Klammer zusammenzustecken, sagte der Maler: Wir aus Glüserup, was?, und mein Vater darauf, ohne den Kopf zu heben: Wir können auch nicht aus unserer Haut – wir aus Glüserup. – Dann behalt mich mal im Auge, sagte der Maler. [...]

(v 1968)

(Aus lizenzrechtlichen Gründen ist dieser Text nicht in reformierter Rechtschreibung abgedruckt.)

Text 4 **Alexander und Margarete Mitscherlich: Die Unfähigkeit zu trauern** [Auszug]

Die Autoren stellen in ihrem auf sozialpsychologischen Untersuchungen basierenden Werk (Untertitel: „Grundlagen kollektiven Verhaltens") die „unsere Gedankenfreiheit einengenden Verhaltensweisen" dar. Dabei gehen sie „der hartnäckig aufrechterhaltenen Abwehr von Erinnerungen, insbesondere der Sperrung gegen eine Gefühlsbeteiligung an den jetzt verleugneten Vorgängen der Vergangenheit" (S. 8/9) nach.

[...] Man kann aber nur aufgrund eines zuverlässig im Bewusstsein verankerten Wissens, auch eines solchen, das zunächst peinigen muss, „radikal überwinden", da das, was geschah, nur geschehen konnte, weil dieses Bewusstsein korrumpiert[1] war. Was unter einer über zwei Jahrzehnte andauernden Zensur unseres Bewusstseins nicht als schmerzliche Erinnerung eingelassen wird, kann ungebeten aus der Vergangenheit zurückkehren, denn es ist nicht „bewältigte" Vergangenheit geworden: Vergangenheit, um deren Verständnis man sich bemüht hat. Trauerarbeit kann nur geleistet werden, wenn wir wissen, wovon wir uns lösen müssen; und nur durch ein langsames Ablösen von verlorenen Objektbeziehungen – solchen zu Menschen oder zu Idealen – kann die Beziehung zur Realität wie zur Vergangenheit in einer sinnvollen Weise aufrechterhalten werden. Ohne eine schmerzliche Erinnerungsarbeit wird dies nicht gelingen können, und ohne sie wirken unbewusst die alten Ideale weiter, die im Nationalsozialismus die fatale Wendung der deutschen Geschichte herbeigeführt haben. Aber fordern wir nicht Unerfüllbares? Unser Ich war in dieser Vergangenheit unserem Narzissmus zu Diensten. Das narzisstische Objekt, das wir verloren haben, war in der Vorstellung von uns selbst als Herrenmenschen zentriert. Nicht der geschichtlichen Belehrung, dass dem nicht so ist, wäre also nachzutrauern. Vielmehr müssten wir die Einfühlung in uns selbst erweitern, so dass wir uns in jenen Szenen wiedererkennen wie der des deutschen Offiziers im dänischen Café[2] und in den entsetzlichen, in denen 100, 500 oder 1000 Leichen vor uns lagen – Leichen von uns Getöteter. Das würde eine einfühlende, nachfühlende Anerkennung der Opfer lange nach den Schreckenszeiten bedeuten.

Psychologisch wäre es keine Unmöglichkeit, nach der Tat einzusehen, was wir im Dritten Reich taten, uns also von der narzisstischen Liebesform zur Anerkennung von Mitmenschen als Lebewesen mit gleichen Rechten weiterzuentwickeln. Diese Korrektur unseres falschen und eingeengten Bewusstseins, das Auffinden unserer Fähigkeit des Mitleidens für Menschen, die wir hinter unseren entstellenden Projektionen zuvor nie wahrgenommen haben, würde uns die Fähigkeit zu trauern zurückgeben. [...]

(v 1968)

[1] korrumpieren: verderben, bestechen

[2] Der Offizier hatte sich abfällige antinationalsozialistische Äußerungen seiner dänischen Verwandten mit lauter Stimme verbeten und mit Anzeige gedroht; ein heftiger Ausbruch, auf den die im Café Anwesenden mit beklommenem Schweigen reagierten.

„Doktor Faustus" (1947), der den Weg in den Faschismus kritisch und selbstkritisch beschreibt, nicht zuletzt deswegen auf Unverständnis.
Vereinzelt erschienen in den nächsten Jahren bemerkenswerte Bücher zur Epoche des Dritten Reiches und zu den in dieser Zeit verübten Verbrechen – so z.B. von Bruno Apitz „Nackt unter Wölfen" (1958) –, aber erst vom Beginn der sechziger Jahre an, in der DDR fast 10 Jahre später, wurde der Faschismus, wurden seine Ursachen, seine Verbrechen und seine Nachwirkungen zu einem dominanten Thema in der Literatur. Die Frage nach der Schuld wurde bis dahin zwar als abstraktes Problem, u.a. als Vorwurf der Kollektivschuld des ganzen deutschen Volkes, erörtert, die Frage nach der Verstrickung des Einzelnen, nach persönlich begangenem Unrecht, nach Versäumnis und Versagen wurde zumeist verdrängt.

Arbeitsanregungen:

1. Siggi Jepsen hat sich nach langem Zögern entschlossen die geforderte Strafarbeit zu schreiben, auch wenn er dabei „die Vergangenheit aus dem Schlaf wecken muss" (Text 3):
   a) Versetzen Sie sich in den kleinen Siggi, der „vermummt und regungslos" auf seinen Vater warten muss und versuchen Sie die Gedanken des wartenden und beobachtenden Kindes in Form eines inneren Monologs festzuhalten.
   b) Schreiben Sie für einen der beiden Erzählausschnitte den Entwurf für ein Filmdrehbuch (zweispaltig: Ton – Bild).
2. Versetzen Sie sich in den Maler Max Ludwig Nansen und schreiben Sie eine kurze Tagebuchnotiz unmittelbar nach dem Weggang des Polizisten.
3. Begründen Sie – anklagend oder erklärend und entschuldigend – das Verhalten des Landpolizisten.
4. Informieren Sie sich über „Entartete Kunst" und entwerfen Sie ein Kurzreferat über einen der Künstler (z.B. Emil Nolde, Max Beckmann oder Ernst Barlach).

Peter Weiss (1916–1982): geboren und aufgewachsen bei Berlin, emigrierte 1934 über England nach Prag, 1939 über die Schweiz nach Schweden; Filmregisseur, Maler und Schriftsteller in Stockholm.
Seine wichtigsten Werke: autobiografisch ausgerichtete Erzählungen, u.a. „Abschied von den Eltern" (1961), das Drama „Die Verfolgung und Ermordung Jean Paul Marats dargestellt durch die Schauspielgruppe des Hospizes zu Charenton unter Anleitung des Herrn de Sade" (1964), das als „Oratorium" bezeichnete Dokumentarstück zum Auschwitz-Prozess „Die Ermittlung" (1965) und der dreibändige Roman „Die Ästhetik des Widerstands" (1975, 1978, 1981).

Dokumentarisches Theater
Nähe zur Wirklichkeit, Glaubwürdigkeit, gesellschaftsverändernde Wirkung sind die Ziele dieser modernen Form des Theaters. Diese Ziele sollen erreicht werden durch die auf Akten, Protokolle und zeitgenössische Presseberichte gestützte Dokumentation von Tatsachen, mit Hilfe eingeblendeter Filmszenen und Fotos, mittels Tonbändern und authentischen Zeugenaussagen; besser als durch die fiktiven Darstellungsformen des absurden Theaters, des Zeitstücks, der Parabel oder des Hörspiels.
Vorstufen finden sich in Form von Übernahmen aus Verhandlungsprotokollen bereits in Georg Büchners „Dantons Tod" (1835) und in den Inszenierungen von Erwin Piscator (späte zwanziger Jahre). Seine Höhepunkte erlebte das dokumentarische Theater in den sechziger Jahren mit den Dokumentarstücken von Heinar Kipphardt „In der Sache J. Robert Oppenheimer" (1964), Peter Weiss „Die Ermittlung" (1965), Tankred Dorst „Toller" (1968) und Hans Magnus Enzensberger „Das Verhör von Habana" (1970). Besonders erfolgreich war Rolf Hochhuths Schauspiel „Der Stellvertreter" (1963), in dem sich Elemente des dokumentarischen Theaters finden.

Text 5 **Peter Weiss (1916–1982): Die Ermittlung** [Auszug]

In seinem „Oratorium" hat der Autor das immense Material des Auschwitz-Prozesses (1963–65) in 11 „Gesängen" geordnet und konzentriert. Er hat die authentischen Aussagen zwar sprachlich stilisiert, dabei aber auf jede inhaltliche Zutat verzichtet und so ein erschütterndes Dokument geschaffen.

Gesang vom Unterscharführer Stark
III

RICHTER: Angeklagter Stark
Haben Sie nie bei Vergasungen mitgewirkt
ANGEKLAGTER 12: Einmal musste ich da mittun
RICHTER: Um wie viel Menschen handelte es sich
ANGEKLAGTER 12: Es können 150 gewesen sein
Immerhin 4 Lastwagen voll
RICHTER: Was für Häftlinge waren es
ANGEKLAGTER 12: Es war ein gemischter Transport
RICHTER: Was hatten Sie zu tun
ANGEKLAGTER 12: Ich stand draußen vor der Treppe
nachdem ich die Leute
ins Krematorium geführt hatte
Die Sanitäter
die für die Vergasung zuständig waren
hatten die Türen zugeschlossen
und trafen ihre Vorbereitungen
RICHTER: Woraus bestanden die Vorbereitungen
ANGEKLAGTER 12: Sie stellten die Büchsen bereit
und setzten sich Gasmasken auf
dann gingen sie die Böschung hinauf
zum flachen Dach
Im Allgemeinen waren 4 Leute erforderlich
Diesmahl fehlte einer
und sie riefen
dass sie noch jemanden brauchten
Weil ich der Einzige war der hier rumstand
sagte Grabner
Los
hier helfen
Ich bin aber nicht gleich gegangen
Da kam der Schutzhaftlagerführer und sagte
Etwas plötzlich
Wenn Sie nicht raufgehn
werden Sie mit rein geschickt
Da musste ich hinauf
und beim Einfüllen helfen
RICHTER: Wo wurde das Gas eingeworfen
ANGEKLAGTER 12: Durch Luken in der Decke
RICHTER: Was haben denn die Menschen da unten gemacht
in diesem Raum
ANGEKLAGTER 12: Das weiß ich nicht
RICHTER: Haben Sie nichts gehört von dem
was sich da unten abspielte
ANGEKLAGTER 12: Die haben geschrien
RICHTER: Wie lange
ANGEKLAGTER 12: So 10 bis 15 Minuten
RICHTER: Wer hat den Raum geöffnet
ANGEKLAGTER 12: Ein Sanitäter
RICHTER: Was haben Sie da gesehn
ANGEKLAGTER 12: Ich habe nicht genau hingesehn
RICHTER: Hielten sie das was sich Ihnen zeigte
für Unrecht
ANGEKLAGTER 12: Nein durchaus nicht
Nur die Art
RICHTER: Was für eine Art
ANGEKLAGTER 12: Wenn jemand erschossen wurde
das war etwas anderes
Aber die Anwendung von Gas
das war unmännlich und feige

RICHTER: Angeklagter Stark
Während Ihrer Studien zur Reifeprüfung
kam Ihnen da niemals ein Zweifel
an Ihren Handlungen
ANGEKLAGTER 12: Herr Vorsitzender
ich möchte das einmal erklären
Jedes dritte Wort schon in unserer Schulzeit
handelte doch von denen
die an allem schuld waren
und die ausgemerzt werden mussten
Es wurde uns eingehämmert
dass dies nur zum Besten
des eigenen Volkes sei
In den Führerschulen lernten wir vor allem
alles stillschweigend entgegenzunehmen
Wenn einer noch etwas fragte
dann wurde gesagt
Was getan wird geschieht nach dem Gesetz
Da hilft es nichts
dass heute die Gesetze anders sind
Man sagte uns
Ihr habt zu lernen
ihr habt die Schulung nötiger als Brot
Herr Vorsitzender
uns wurde das Denken abgenommen
Das taten ja andere für uns
Zustimmendes Lachen der Angeklagten

(v 1965)

Text 6 Peter Weiss: Die Ermittlung

Ein Zeuge gibt über den Unterscharführer Stark Folgendes zu Protokoll [Gesang vom Unterscharführer Stark II – Auszug]

Zeuge 8

Wir kannten genau Starks Verhalten
wenn er von einer Tötung kam
Da musste alles sauber und ordentlich
in der Stube sein
und mit Handtüchern hatten wir die Fliegen
zu verjagen
Wehe
wenn er jetzt eine Fliege entdeckte
dann war er außer sich vor Zorn
Noch ehe er seine Feldmütze abnahm
wusch er sich die Hände in einer Schüssel
die der Kalfaktor schon auf den Hocker
gleich neben der Eingangstür gestellt hatte
Wenn er sich die Hände gewaschen hatte
zeigte er auf das schmutzige Wasser
und der Kalfaktor musste laufen
und frisches Wasser holen
Dann gab er uns seine Jacke zum Säubern
und wusch sich nochmals Gesicht und Hände

(v 1965)

Text 7 Paul Celan (1920–1970): Todesfuge

Schwarze Milch der Frühe wir trinken sie abends
wir trinken sie mittags und morgens wir trinken sie nachts
wir trinken und trinken
wir schaufeln ein Grab in den Lüften da liegt man nicht eng
Ein Mann wohnt im Haus der spielt mit den Schlangen der schreibt
der schreibt wenn es dunkelt nach Deutschland dein goldenes Haar Margarete
er schreibt es und tritt vor das Haus und es blitzen die Sterne er pfeift seine Rüden herbei
er pfeift seine Juden hervor lässt schaufeln ein Grab in der Erde
er befiehlt uns spielt auf nun zum Tanz

Arbeitsanregungen:

1. Listen Sie zunächst die in Text 4 geäußerten Vorwürfe und die in Text 5 vorgetragenen Entschuldigungen jeweils auf.
2. Verfassen Sie eine kurze Anklageschrift gegen den Unterscharführer Stark (Text 5 und 6).
3. Der Schriftsteller Martin Walser (geb. 1927) hat die Ansicht geäußert, dass bei der „Strafsache gegen Mulka und andere" (Auschwitz-Prozess) auch „unser Auschwitz" Gegenstand des Verfahrens gewesen und dass hier über eine Gesellschaft ermittelt worden sei, die Auschwitz zugelassen habe. Setzen Sie sich mit dieser Meinung auseinander.
4. Schreiben Sie einen Brief an Ihren Freund (Ihre Freundin), in dem Sie vor allem auf Mitscherlichs zentrale Forderung eingehen: „Vielmehr müssten wir die Einfühlung in uns selbst erweitern, so dass wir uns in jenen Szenen wiedererkennen." (Text 4) Sie können von aktuellen Ereignissen ausgehen oder diese in Ihren Brief einbeziehen.

Paul Celan (Anagramm seines Familiennamens Ancel): geb. 1920 in Czernowitz (Bukowina); Medizin-, dann Romanistikstudium; 1942 wurden seine Eltern in ein Vernichtungslager deportiert, er selbst in ein rumänisches Arbeitslager verschleppt. Danach in Bukarest, dann in Wien, von 1948 an in Paris, dort seit 1959 Lektor für deutsche Sprache und Literatur; 1970 Freitod in der Seine.
Paul Celan gilt als einer der bedeutendsten deutschen Lyriker der Gegenwart, insbesondere wegen seiner außergewöhnlich bildhaften, von kühner Metaphorik geprägten Sprache. Die „Todesfuge", die ihn weltberühmt gemacht hat, wurde im Mai 1945 zuerst in rumänischer Sprache mit dem Titel „Tangoul morti" (Todestango) veröffentlicht.

Schwarze Milch der Frühe wir trinken dich nachts
wir trinken dich morgens und mittags wir trinken dich abends
wir trinken und trinken
Ein Mann wohnt im Haus und spielt mit den Schlangen der schreibt
der schreibt wenn es dunkelt nach Deutschland dein goldenes Haar Margarete
Dein aschenes Haar Sulamith wir schaufeln ein Grab in den Lüften da liegt man nicht eng

Er ruft stecht tiefer ins Erdreich ihr einen ihr andern singet und spielt
er greift nach dem Eisen im Gurt er schwingts seine Augen sind blau
stecht tiefer die Spaten ihr einen ihr andern spielt weiter zum Tanz auf

Schwarze Milch der Frühe wir trinken dich nachts
wir trinken dich mittags und morgens wir trinken dich abends
wir trinken und trinken
ein Mann wohnt im Haus dein goldenes Haar Margarete
dein aschenes Haar Sulamith er spielt mit den Schlangen

Er ruft spielt süßer den Tod der Tod ist ein Meister aus Deutschland
er ruft streicht dunkler die Geigen dann steigt ihr als Rauch in die Luft
dann habt ihr ein Grab in den Wolken da liegt man nicht eng

Schwarze Milch der Frühe wir trinken dich nachts
wir trinken dich mittags der Tod ist ein Meister aus Deutschland
wir trinken dich abends und morgens wir trinken und trinken
der Tod ist ein Meister aus Deutschland sein Auge ist blau
er trifft dich mit bleierner Kugel er trifft dich genau
ein Mann wohnt im Haus dein goldenes Haar Margarete
er hetzt seine Rüden auf uns er schenkt uns ein Grab in der Luft
er spielt mit den Schlangen und träumet der Tod ist ein Meister aus Deutschland
dein goldenes Haar Margarete
dein aschenes Haar Sulamith

(e 1947)

Fuge (lat. fuga = Flucht, mittellat. auch = Wechselgesang): In der Musik die am vollkommensten durchgebildete kontrapunktisch gebundene Satzart aus mehreren selbständigen Stimmen; ihr Hauptmerkmal: die nachahmende Bearbeitung eines Themas durch alle Stimmen (bis zu sechs).
Eine der Stimmen (Dux, Führer) trägt das Thema in der Tonika vor; eine zweite Stimme (Comes, Gefährte, Antwort) setzt mit dem Thema in der Dominante ein, während die erste Stimme einen freien Kontrapunkt dazu ausbildet. Bei mehr als zweistimmigen Fugen tritt dann die dritte Stimme wieder mit der Tonika ein, die zweite nimmt den Gegensatz auf. Haben sämtliche Stimmen das Thema gebracht, so ist die erste Durchführung (Exposition) beendet. Gewöhnlich folgen noch zwei weitere Durchführungen, häufig in verwandten Tonarten, oft mit verändertem Gegensatz. Die letzte Durchführung ist meist kunstvoll gestaltet, z.B. als Engführung, Vergrößerung, Verkleinerung oder Umkehrung des Themas. Am Schluss steht häufig ein längerer Orgelpunkt auf der Dominante.

Nelly Sachs: 1891 in Berlin geboren, 1940 Flucht mit Hilfe von Selma Lagerlöf nach Stockholm, dort 1970 gestorben; 1965 Friedenspreis des Deutschen Buchhandels, 1966 Nobelpreis für Literatur.
Die Verfolgung und Vernichtung der europäischen Juden war Ausgangspunkt und zentrales Thema ihres Schaffens: „In den Wohnungen des Todes“ (1947), „Sternverdunklung“ (1949), „Fahrt ins Staublose“ (1961). In reimlosen Versen, mit einer sparsam gebrauchten, sehr bildhaften, von Schwermut und Trauer gekennzeichneten Sprache stellt sie das Schicksal ihres jüdischen Volkes dar.

Text 8 Nelly Sachs (1891–1970): Chor der Geretteten

Wir Geretteten,
Aus deren hohlem Gebein der Tod schon seine Flöten schnitt,
An deren Sehnen der Tod schon seinen Bogen strich –
Unsere Leiber klagen noch nach
Mit ihrer verstümmelten Musik.
Wir Geretteten,
Immer noch hängen die Schlingen für unsere Hälse gedreht
Vor uns in der blauen Luft –
Immer noch füllen sich die Stundenuhren mit unserem tropfenden Blut.
Wir Geretteten,
Immer noch essen an uns die Würmer der Angst.
Unser Gestirn ist vergraben im Staub.
Wir Geretteten
Bitten euch:
Zeigt uns langsam eure Sonne.
Führt uns von Stern zu Stern im Schritt.
Lasst uns das Leben leise wieder lernen.
Es könnte sonst eines Vogels Lied,
Das Füllen des Eimers am Brunnen
Unseren schlecht versiegelten Schmerz aufbrechen lassen
Und uns wegschäumen –
Wir bitten euch:
Zeigt uns noch nicht einen beißenden Hund –
Es könnte sein, es könnte sein
Dass wir zu Staub zerfallen –
Vor euren Augen zerfallen in Staub.
Was hält denn unsere Webe zusammen?
Wir odemlos gewordene,
Deren Seele zu Ihm floh aus der Mitternacht
Lange bevor man unseren Leib rettete
In die Arche des Augenblicks.

Wir Geretteten,
Wir drücken eure Hand,
Wir erkennen euer Auge –
Aber zusammen hält uns nur noch der Abschied,
Der Abschied im Staub
Hält uns mit euch zusammen.

(v 1946)

3. „Topographie im Ungesicherten“ (Ilse Aichinger)

Die Beschreibung eines Ortes, eines Geländes, einer Gegend mit den dafür kennzeichnenden Formen und Besonderheiten, wie z.B. Gebäuden, Wegen, Gewässern und herausragenden Punkten nennt man Topographie; auch die genaue Erfassung und Aufzeichnung topographischer Gegebenheiten durch Vermessung oder mit Hilfe von Fotos, v.a. von Luftaufnahmen, wird so bezeichnet.
Wichtige Voraussetzung topographischer Arbeit ist die exakte Festlegung des eigenen Standorts mittels fester Bezugspunkte und eindeutig bestimmter Entfernungen; eine Aufgabe, die umso schwieriger wird, je unbekannter das Gelände oder die Gegend ist, in der man sich orientieren will.

Text 1 **Günter Eich (1907–1972): [Trigonometrische Punkte]** [Auszug]

[...] Ich schreibe Gedichte, um mich in der Wirklichkeit zu orientieren. Ich betrachte sie als trigonometrische Punkte oder als Bojen, die in einer unbekannten Fläche den Kurs markieren.

Erst durch das Schreiben erlangen für mich die Dinge Wirklichkeit. Sie ist nicht meine Voraussetzung, sondern mein Ziel. Ich muss sie erst herstellen.

Ich bin Schriftsteller, das ist nicht nur ein Beruf, sondern die Entscheidung, die Welt als Sprache zu sehen. Als die eigentliche Sprache erscheint mir die, in der das Wort und das Ding zusammenfallen. Aus dieser Sprache, die sich rings um uns befindet, zugleich aber nicht vorhanden ist, gilt es zu übersetzen. Wir übersetzen, ohne den Urtext zu haben. Die gelungenste Übersetzung kommt ihm am nächsten und erreicht den höchsten Grad von Wirklichkeit.

Ich muss gestehen, dass ich in diesem Übersetzen noch nicht weit fortgeschritten bin. Ich bin über das Dingwort noch nicht hinaus. Ich befinde mich in der Lage eines Kindes, das Baum, Mond, Berg sagt und sich so orientiert.

Ich habe deshalb wenig Hoffnung, einen Roman schreiben zu können. Der Roman hat mit dem Zeitwort zu tun, das im Deutschen mit Recht auch Tätigkeitswort heißt. In den Bereich des Zeitwortes aber bin ich nicht vorgedrungen. Allein das Dingwort brauche ich gewiss noch einige Jahrzehnte.

Für diese trigonometrischen Zeichen sei das Wort „Definition“ gebraucht. Solche Definitionen sind nicht nur für den Schreibenden nutzbar. Dass sie aufgestellt werden, ist mir lebensnotwendig. In jeder gelungenen Zeile höre ich den Stock des Blinden klopfen, der anzeigt: Ich bin auf festem Boden.

Ich behaupte nicht, dass die Richtigkeit der Definitionen von der Länge oder Kürze der Texte abhinge. Ein Roman von vierhundert Seiten enthält möglicherweise ebenso viel an Definition wie ein Gedicht von vier Versen. Ich bin bereit, diesen Roman zu den Gedichten zu zählen.

Richtigkeit der Definition und Qualität sind mir identisch. Erst wo die Übersetzung sich dem Original annähert, beginnt für mich Sprache. Was davor liegt, mag psychologisch, soziologisch, politisch oder wie immer interessant sein, und ich werde mich gern davon unterhalten lassen, es bewundern und mich daran freuen – notwendig aber ist es mir nicht. Notwendig ist mir allein das Gedicht.

(e 1956)

Günter Eich (1907–1972): im Oderbruch geboren, Kindheit und Jugend dort und in Brandenburg, Studium der Volkswirtschaft und der Sinologie in Berlin und Paris, seit 1932 als freier Schriftsteller tätig, Mitarbeit an der Zeitschrift „Kolonne“ und beim Funk, Soldat von 1939 bis 1945, Kriegsgefangenschaft; seit 1953 mit der Schriftstellerin Ilse Aichinger verheiratet.
„Alles, was geschieht, geht dich an.“ Dieser einleitende Satz aus Günter Eichs Hörspiel „Träume“ (1951) kennzeichnet die Grundhaltung des Autors. In prägnanter, karger und verhaltener Sprache trägt er seine „Botschaften“ vor, deren Zielrichtung er in seiner Büchner-Preis-Rede 1959 so bestimmt: „Wir haben keine Zeit mehr, Ja zu sagen. Wenn unsere Arbeit nicht als Kritik verstanden werden kann, als Gegnerschaft und Widerstand, als unbequeme Frage und als Herausforderung der Macht, dann schreiben wir umsonst, dann sind wir positiv und schmücken das Schlachthaus mit Geranien.“

Text 2 **Günter Eich: Geometrischer Ort**

Wir haben unsern Schatten verkauft,
er hängt an einer Mauer in Hiroshima,
ein Geschäft, von dem wir nichts wussten,
wir streichen ratlos die Zinsen ein.

Und, liebe Freunde, trinkt meinen Whisky,
ich werde die Kneipe nicht mehr finden,
wo meine Flasche steht
mit dem Namenszug,
eine Urkunde des guten Gewissens.

Ich habe den Pfennig nicht auf die Bank gelegt
bei Christi Geburt,
aber die Urenkel auf Menschen dressierter Hunde
habe ich gesehen auf den Hügeln der Donauschule
und sie sahen mich an.

Und ich will, wie die Einwohner von Hiroshima,
keine verbrannte Haut mehr sehen,
ich will trinken und Lieder singen,
nach Whisky singe ich,
und will die Hunde streicheln, deren Urahnen
Menschen ansprangen
in Steinbrüchen und Draht.

Du, mein Schatten
am Bankhaus in Hiroshima.
ab und zu
will ich dich besuchen mit allen Hunden
und dir zutrinken
auf das Wohl unseres Kontos.

Das Museum wird eingeebnet,
davor
werde ich zu dir schlüpfen,
hinter dein Geländer,
hinter dein Gelächter, unseren Hilferuf,
und wir passen wieder zusammen,
deine in meine Schuh,
genau
in die Sekunde.

(v 1963)

Denkbild
Seit Mitte der sechziger Jahre wurde in der DDR eine der Parabel in vielem nahe kommende literarische Gattung dazu benutzt, auf die dortige gesellschaftliche Situation in besonderer Weise einzugehen: Kurze Texte, in Versen oder Prosa, die nicht ein Geschehen erzählen oder eine Figur darstellen, sondern einen Sachverhalt oder eine Episode in knappster Form umreißen um eine Einsicht herbeizuführen. Der Denkprozess wird dem Leser nicht vorgeführt oder ihm sogar abgenommen; er soll vielmehr die Entdeckung der Wahrheit selber leisten. Dabei muss er die Bedeutung des Sachverhalts, der ihm auf der Bildebene dargeboten wird, für sich erschließen. Der gedankliche Weg geht dabei häufig von der konkreten Anschauung über die Reflexion zur Erkenntnis eines Allgemeinen.
„Denkbilder" werden in aufklärerisch-didaktischer Absicht verfasst, wenden sich gegen eingefahrene und erstarrte Verhaltensweisen, gegen bedenkliche oder gar fragwürdige Vorgänge und Entwicklungen. Sie sind ästhetische Gebilde von besonderer Dichte und können dem Leser, der sich denkend auf sie einlässt und einen möglichen Bezugspunkt oder einen Deutungsansatz eigenständig entdeckt, intellektuelles Vergnügen bereiten.
Die ersten Sammlungen von „Denkbildern" sind in den dreißiger Jahren entstanden (Walter Benjamin „Einbahnstraße", Ernst Bloch „Spuren", Theodor Adorno „Minima Moralia"; auch Bertolt Brechts „Geschichten von Herrn Keuner" und „Me-ti/Buch der Wendungen" gehören dazu. Vor allem Günter Kunert (vergleiche seinen Text „Die Schlacht am Isonzo", Einführung S. 44ff.), Reiner Kunze und Volker Braun wandten dieses Verfahren, ein Denken anzustoßen, das bestehende Verhältnisse entlarven kann, auf die Situation in der DDR an.

Arbeitsanregungen:

1 Worin sieht Günter Eich seine Aufgabe als Schriftsteller?

2 Interpretieren Sie den Text 2 als Versuch dieser Aufgabe gerecht zu werden.

3 Günter Kunert beschreibt und vermittelt in seinem „Denkbild" (Text 3) eine für ihn grundlegende Erfahrung.

Text 3 Günter Kunert (*1929): Die Schreie der Fledermäuse

Während sie in der Dämmerung durch die Luft schnellen, hierhin, dorthin, schreien sie laut, aber ihr Schreien wird nur von ihresgleichen gehört. Baumkronen und Scheunen, verfallende Kirchentürme werfen ein Echo zurück, das sie im Fluge vernehmen und das ihnen meldet, was sich an Hindernissen vor ihnen erhebt und wo ein freier Weg ist. Nimmt man ihnen die Stimme, finden sie keinen Weg mehr; überall anstoßend und gegen Wände fahrend, fallen sie tot zu Boden. Ohne sie nimmt, was sonst sie vertilgen, überhand und großen Aufschwung: das Ungeziefer.

(v 1964)

Text 4 Erich Fried (1921–1988): Gebranntes Kind

Gebranntes Kind
fürchtet das Feuer
Gebrannten Kindes Kinder
fürchten das Feuer nicht

Gebrannten Kinds Kindeskinder
malen sich aus
wie schön die Großeltern brannten
und sammeln feurige Kohlen

Nochmals gebranntes Kind
fürchtet kein Feuer mehr

Asche ist furchtlos

Für H. M. E. (v 1964)

Text 5 Wolf Wondratschek (*1943): In den Autos

Wir waren ruhig,
hockten in den alten Autos,
drehten am Radio
und suchten die Straße
nach Süden.

Einige schrieben uns Postkarten aus der Einsamkeit,
um uns zu endgültigen Entschlüssen aufzufordern.

Einige saßen auf dem Berg,
um die Sonne auch nachts zu sehen.

Einige verliebten sich,
wo doch feststeht, dass ein Leben
keine Privatsache darstellt.

Einige träumten von einem Erwachen,
das radikaler sein sollte als jede Revolution.

Einige saßen da wie tote Filmstars
und warteten auf den richtigen Augenblick,
um zu leben.

Einige starben,
ohne für ihre Sache gestorben zu sein.

Wir waren ruhig,
hockten in den alten Autos,
drehten am Radio
und suchten die Straße
nach Süden.

(v 1976)

[a] Vergegenwärtigen Sie sich, wie Günter Kunert den Gedankengang des Lesers lenkt. Welchen Sachverhalt hebt er durch die Art seiner Darstellung heraus?
[b] Versuchen Sie im Gespräch das von ihm Gemeinte zu entdecken.

4 Auch was Erich Fried und Wolf Wondratschek (Texte 4 und 5) schreiben, kann als ‚topographische Arbeit' verstanden werden; diskutieren Sie die folgenden Fragen:
[a] Auf welchem ‚Gelände' arbeiten sie?
[b] An welchen ‚Bezugspunkten' orientieren sie sich?
[c] Zu welchen Erkenntnissen gelangen sie?

Die Suche nach einem anderen Anfang gelang den Autoren nach 1945 auf unterschiedliche Weise und führte in verschiedene Richtungen, von denen im nächsten Abschnitt einige wenige vorgestellt werden sollen.

II. „Nichts weiter als ein Mensch sein" (Christa Wolf)

1. Aufbruch

Text 1 Paul Zech (1881–1946): Neu beginnen

Für H. L.
War es ein Übermaß, kaum noch zu tragen,
was uns an Leid geschah, in dem Jahrzehnt
der Wanderung, so, dass wir immer wieder fragen,
müde an einen fremden Baum gelehnt:

Wann endlich kommt der Stein der letzten Meile
in diesem beinah schon geschlossenen Kreis
des Lebens? Wie ein Brocken Eis
ist alles anzufühlen, was vor einer Weile

noch voller Blut war und uns hingegeben.
Das Herz war längst schon auf den Herbst gefasst,
auf einen milden, aber nicht auf diese Last,

die uns so grau gemacht hat vor der Zeit,
als passe haargenau zu uns das graue Kleid
der Einsamkeit in diesem aufgeregten Leben.

(e 1945)

Ingeborg Bachmann: geb. 1926 in Klagenfurt, studierte Jura und Philosophie, promovierte über den Philosophen Heidegger; drei Jahre Redakteurin beim Rundfunk, lebte seit 1953 meist in Rom, wo sie 1973 starb.
Das Gefühl der Vereinzelung und Vereinsamung, anhaltendes Entsetzen, Todesangst und die utopische Sehnsucht nach Entgrenzung bestimmen die Gedichte, Hörspiele und Erzählungen der Autorin, deren Gedicht „Delikatessen" mit der Zeile schließt: „Mein Teil, es soll verloren gehen." Die wichtigsten Werke der Dichterin, die 1964 den Georg-Büchner-Preis erhielt: Die Gedichtbände „Die gestundete Zeit" (1953) und „Anrufung des großen Bären" (1956), das Hörspiel „Der gute Gott von Manhattan" (1958), die Erzählbände „Das dreißigste Jahr" (1961) und „Malina" (1971).

Text 2 Ingeborg Bachmann (1926–1973): Die gestundete Zeit

Es kommen härtere Tage.
Die auf Widerruf gestundete Zeit
wird sichtbar am Horizont.
Bald musst du den Schuh schnüren
und die Hunde zurückjagen in die Marschhöfe.
Denn die Eingeweide der Fische
sind kalt geworden im Wind.
Ärmlich brennt das Licht der Lupinen.
Dein Blick spurt im Nebel:
die auf Widerruf gestundete Zeit
wird sichtbar am Horizont.

Drüben versinkt dir die Geliebte im Sand,
er steigt um ihr wehendes Haar,
er fällt ihr ins Wort,
er befiehlt ihr zu schweigen,
er findet sie sterblich
und willig dem Abschied
nach jeder Umarmung.
Sieh dich nicht um.
Schnür deinen Schuh.
Jag die Hunde zurück.
Wirf die Fische ins Meer.
Lösch die Lupinen!

Es kommen härtere Tage.

(v 1953)

Text 3 Eugen Gomringer (*1925): vielleicht

vielleicht baum
baum vielleicht

vielleicht vogel
vogel vielleicht

vielleicht frühling
frühling vielleicht

vielleicht worte
worte vielleicht

(v 1969)

Text 4 Ulrich Schacht (*1951): Ferner Morgen

FERNER MORGEN, von dem
ich träume: Seine Weite
wird ungeheuer sein. Wir werden
gehen können –
aufrecht und im Licht.

Das Wasser aller Bäche Flüsse Seen:
durchschaubar
bis auf den Grund,
wo der Tag
die Leiber der Fische
versilbert. –

Und auch seine Klarheit wird uns gehören.
Wir werden sehen können
alle Farben dieser Stunde:
das Schwarz
schattenspendender Felsen,
das Rot
einer behutsamen Sonne,
das Gelb
getreidebestandener Ebenen.

Und bald darauf
werden wir Höfe betreten, vertraute
Häuser, darin wir zuvor niemals waren –
werden Brot und Salz finden
auf dem Tisch und Wein in geschliffenen Gläsern:
DENN DA SIND MENSCHEN,
die uns erwarten,
sind Stimmen, die singen –
und ein Tanzen wird uns ergreifen
– so frei –
dass wir vergessen

die Nacht die Nacht
vor diesem
Morgen.

(v 1981)

Text 5 Volker Braun (*1939): Anspruch

Kommt uns nicht mit Fertigem. Wir brauchen Halbfabrikate.
Weg mit dem Rehbraten – her mit dem Wald und dem Messer.
Hier herrscht das Experiment und keine steife Routine.
Hier schreit eure Wünsche aus: Empfang beim Leben.
Zwischen die Kontinente, zu allen Ufern
Spannt seine Muskeln das Meer unserer Erwartungen
An alle Küsten trommeln seine Finger die Brandung
Über die Uferklinge läßt es die Wogen springen und aufschlagen
Immer erneut hält es die Flut hoch und gibt es sie auf.

Für uns sind die Rezepte nicht ausgeschrieben, mein Herr.
Das Leben ist kein Bilderbuch mehr, Mister, und keine peinliche Partitur, [Fräulein.
Hier wird ab sofort Denken verlangt.
Raus aus den Sesseln, Jungs. Feldbett – meinetwegen.
Nicht so feierlich, Genossen, das Denken will heitere Stirnen.
Wer sehnt sich hier nach wilhelminischem Schulterputz?
Unsere Schultern tragen einen Himmel voll Sternen.

Hier wird Neuland gegraben und Neuhimmel angeschnitten –
Hier ist der Staat für Anfänger, Halbfabrikat auf Lebenszeit.
Hier schreit eure Wünsche aus: an alle Ufer
Trommelt die Flut eurer Erwartungen!
Was da an deine Waden knallt, Mensch, die tosende Brandung:
Das sind unsere kleinen Finger, die schießen nur
Bißchen Zukunft vor, Spielerei.

(v 1965)

(Aus lizenzrechtlichen Gründen ist dieser Text nicht in reformierter Rechtschreibung abgedruckt.)

Arbeitsanregungen:

1 Versuchen Sie eine erste Annäherung an die Gedichte (Texte 1–6), indem Sie mit ihnen experimentieren und Ihre Ergebnisse zur Diskussion stellen:
a Schreiben Sie eines der Gedichte weiter.
b Probieren Sie bei einem anderen aus, ob Sie eigene Verse oder Strophenteile dazwischenschieben können.
c Montieren Sie Teile aus verschiedenen Gedichten zu einem neuen Text.

2 Wählen Sie unter den sechs Gedichten dasjenige aus, das nach Ihrer Meinung das Thema „Aufbruch" besonders überzeugend gestaltet und begründen Sie Ihre Wahl.

3 Zeigen Sie an einem der Texte 2–5, inwiefern der Autor das Thema „Aufbruch" auch in die formale Gestaltung seines Gedichtes einbezogen hat.

4 Der Titel des Gedichtes „Ich sage Ankunft" von Ernst Meister lässt vermuten, dass dieser Text ein anderes Thema hat: Versuchen Sie es mit einigen Sätzen zu beschreiben.

Text 6 Ernst Meister (1911–1979): Ich sage Ankunft

I
Ja, das Licht
aufrecht
über dem Abgrund.

Wer spielt
seine Weisheit,
wer weiß
die Fülle seiner Torheit?

Ich sage
Ankunft
hier bei des Lichtes
wirklichem Schilf.

II
Von der Spitze
des Dorns
die Formel geerntet.

Die leicht war,
wird schwer auf der Hand,
enfällt ihr.

Und sie schlägt Wurzel,
wird Rose
an dieser Stelle.

(v 1960)

2. Parteilichkeit der Literatur?

Der Duden (1973[17]) erklärt das Wort „parteilich" mit „im Sinne einer polit. Partei, ihr nahe stehend".
Im Kulturschaffen der DDR hatte das Prinzip der Parteilichkeit – neben der Volksverbundenheit, der Lebensechtheit, der Darstellung des Typischen und des sozialen Optimismus – einen besonderen Stellenwert. Es galt als eines der wichtigsten Kriterien der marxistischen Literaturtheorie seit Lenins 1905 erschienenem Aufsatz „Parteiorganisation und Parteiliteratur".

Parteilichkeit
Nach sozialistischem Verständnis war der Schriftsteller so wenig wie die anderen Künstler in der DDR frei und unabhängig, er war an die Arbeiterklasse und ihre Partei gebunden, nahm deren Klassenstandpunkt ein. Auch er hatte seinen Teil beizutragen zu dem in Artikel 1 der DDR-Verfassung formulierten Ziel „unter Führung der Arbeiterklasse und ihrer marxistisch-leninistischen Partei den Sozialismus zu verwirklichen".
Dabei wurde vorausgesetzt, dass die Kunst Einfluss nehmen könne auf die Entwicklung sozialistischer Wertvorstellungen des Einzelnen und auf die Ausprägung sozialistischer Verhaltensweisen.
Wenn der Schriftsteller seiner bewusstseinsbildenden und erzieherischen Funktion beim Aufbau der sozialistischen Gesellschaft gerecht werden wollte, musste er sich selbstverständlich mit der Politik von Staat und Partei identifizieren und sich aktiv für deren Ziele einsetzen. Seine Arbeit hatte „der moralischen Veränderung des Menschen im Geiste des Sozialismus" zu dienen. Seine Parteilichkeit wirkte sich aus auf die Wahl der Themen, die Darstellung und Bewertung der Charaktere, die Gestaltung der Konflikte und der angebotenen Lösungen. Zu den wesentlichsten Zielen gehörte die Liebe zur Arbeit zu wecken, herausragende Leistungen als beispielhaft darzustellen und „Begeisterung für bahnbrechende Produktionstaten zu wecken". (Zitate aus G. Mehnert, Aktuelle Probleme des sozialistischen Realismus. Lektionen der Parteihochschule „Karl Marx" beim ZK der SED, Berlin-Ost 1968.)

Text 1 Johannes R. Becher (1891–1958): Kantate 1950 [Auszug]

I
Du großes Wir, du unser aller Willen:
Dir, dir verdanken wir, was wir geworden sind!
Den Traum des Friedens kannst nur du erfüllen.
Dein Fahnenrot steigt im Jahrhundertwind.

Das beste Denken gabst du uns zur Lehre.
Sie hat gewandelt uns zum großen Wir.
Marx, Engels, Lenin, Stalin – Macht und Ehre
Verdankt die Wahrheit euch, euch ihr Vier.

Gedenkt der Toten! Lasst Ernst Thälmanns uns gedenken!
Seht, welch ein Blühen auf ihren Gräbern schwebt!
Wenn unsere Fahnen sich in Trauer senken,
Das Blühen sich wie im Triumph erhebt.

Es wird dich rühmend einst ganz Deutschland nennen,
Denn nur durch dich wird Deutschland eins und frei!
Lass dich voll Stolz, voll Stolz lass dich bekennen:
Dir alle Macht, der Sieg ist dein, Partei!
[...]

(e 1950)

Text 2 Brigitte Reimann (1933–1973): Ankunft im Alltag [Auszug]

Der Roman gilt als exemplarisch für den „Bitterfelder Weg" (1958–1964), ein von der Parteispitze initiiertes literarisches Experiment, durch das in der DDR eine „Kulturrevolution" als „notwendiger Bestandteil der gesamten sozialistischen Umwälzung" (Beschlüsse des V. SED-Parteitages 1958) eingeleitet werden sollte. Schriftsteller und Künstler mussten dazu ihren Beitrag leisten und zeigen, „wie die Menschen in ihrer täglichen Arbeit die Aufgabe lösen, wie sich neue Beziehungen zwischen Menschen entwickeln, wie sich der neue Mensch formt" (W. Ulbricht).

[...] „... ich meine die Arbeit", fuhr Curt fort; er fühlte jetzt wieder Boden unter den Füßen und sprach zuversichtlich und mit Schwung. „Du arbeitest mit deinen Händen und siehst, was du schaffst; du gehörst dazu, als einer unter Tausenden, du schlägst dich mit all den Schwierigkeiten rum, von denen du bis jetzt bloß in der Zeitung gelesen hast – und wenn du weggehst, kannst du sagen: An der Halle da habe ich mitgebaut, und für das Dach dort habe ich die Platten geschleppt ... Du musst es doch am besten wissen, Mensch, wie sie angefangen haben, in den Wäldern, auf der nackten Heide, und es waren keine Straßen da und keine Häuser, und heute, vier Jahre später – vier Jahre, mein lieber Mann! –, heute steht ein Riesenwerk, und du kannst zusehen, wie es wächst ..."

Er redete sich in Feuer, er berauschte sich an seiner Beredsamkeit, und Heribert nickte und sagte: „Das stimmt, mein Sohn, das ist verdammt richtig", und er vergaß, überwältigt von Erinnerungen, dass dieser flinkzüngige Curt noch keinen Stein für das besungene Riesenwerk getragen hatte.

„Am 1. Mai hättest du dabei sein sollen", sagte Heribert, und er hätte dem Jungen gern von diesem 1. Mai erzählt: wie er auf dem sandigen, von hundert Reifen aufgewühlten Weg gestanden hatte, eingekeilt in einer festlich bewegten Menge, und wie zum ersten Mal aus den hohen weißen Schornsteinen der Rauch gestiegen war, hellgrau und schwadig und träge zergehend in der dünnen blauen Mailuft, und wie er der Rauchfahne, dieser schönsten, stolzesten Fahne über seinem Kombinat, zugeschrien, zugejubelt hatte. Er stand neben Männern und Frauen, die noch jene heißen Augusttage des Jahres 1955

Brigitte Reimann: 1933 bei Magdeburg als Tochter eines Journalisten geboren, nach dem Besuch der Oberschule zwei Jahre Lehrerin, dann in verschiedenen anderen Berufen tätig; von 1960 bis 1968 in Hoyerswerda (Niederlausitzer Heide, ca. 60 km nordöstl. von Dresden) zeitweilig im Kombinat „Schwarze Pumpe"; 1965 Heinrich-Mann-Preis, die letzten Jahre in Ostberlin, dort 1973 gestorben.
Die Erzählungen, Hörspiele und Prosastücke der Autorin sind vor allem als authentische Zeugnisse der Epoche und der sie prägenden Gesellschaftsordnung von Interesse. „Ankunft im Alltag" (1963) zeigt, dem Programm des „Bitterfelder Wegs" folgend, die alltägliche Bewährung und den gelingenden sozialistischen Umerziehungsprozess. „Franziska Linkerhand" (1974) gehörte zu den ersten Frauenromanen in der DDR und beschreibt die Auseinandersetzung einer Frau nicht nur mit männlichen Vorbildern und Normen, sondern auch mit ideologisch legitimiertem Pragmatismus, Pedanterie und Fantasielosigkeit.

Arbeitsanregungen:

1 Beschreiben Sie, wie die Texte 1 und 2 auf Sie wirken.

2 Kennzeichnen Sie die Art der Parteilichkeit, wie sie in diesen Texten sichtbar wird.

3 Vom Schriftsteller in der DDR wurde eine bestimmte, offiziell vorgegebene Art von „Parteilichkeit" (siehe Stichwort) erwartet.
a Welche wesentlichen Aufgaben des Schriftstellers vermissen Sie in dieser Darstellung?
b In welchen Situationen, wofür und in welcher Form könnten und sollten nach Ihrer Meinung Schriftsteller Partei ergreifen?

Ankunftsliteratur
Nach dem Titel des Romans „Ankunft im Alltag" (1961) von Brigitte Reimann geprägte Bezeichnung für Romane und Erzählungen, die, dem Muster des traditionellen Bildungs- und Erziehungsromans folgend, die erfolgreiche Eingliederung durchweg vorbildlicher literarischer Helden in die sozialistische Gesellschaft und ihre Produktionsverhältnisse vorführen.

Sozialistischer Realismus
Mit dieser im April 1932 für die Sowjetunion festgesetzten offiziellen Kunstdoktrin wurden Literatur, Bildende Kunst und Musik der KPdSU und ihren parteipolitischen Zielen untergeordnet. Die Doktrin verlangte vom Künstler eine „wahrheitsgetreue, historisch konkrete Darstellung der Wirklichkeit in ihrer revolutionären Entwicklung"; er habe seine künstlerische Arbeit „mit den Aufgaben der ideologischen Umgestaltung und Erziehung der Werktätigen im Geiste des Sozialismus" zu verbinden. *Sozialismus* als unbestreitbare politische Position und *Realismus* als künstlerisches Prinzip der Wirklichkeitsdarstellung galten als zentrale Kriterien der Literatur. Der positive Held, eine optimistische Zukunftsperspektive, „Parteilichkeit" (vgl. das Stichwort S. 385) und eine inhaltliche und sprachlich-stilistisch zum Ausdruck kommende „Volksverbundenheit", die alle Formexperimente ablehnt, waren ihre typischen Merkmale.
Nach 1945 bekam diese Doktrin auch in der DDR zunehmende Bedeutung, der gesellschaftlich-politische Auftrag an den Schriftsteller hieß, Volk und Partei einander näher zu bringen. In einer Reihe von Werken (z.B. von Eduard Claudius „Menschen an unserer Seite", 1951 oder Erich Neutsch „Spur der Steine", 1964) wurden diese Forderungen verwirklicht. Bereits Mitte der sechziger Jahre erhielt jedoch die differenzierte Darstellung des Individuums in seinen Widersprüchen (z.B. bei Hermann Kant, Christa Wolf, Günter Kunert, Volker Braun und Ulrich Plenzdorf) stärkeres Gewicht. Die offiziellen Äußerungen der Parteifunktionäre gingen allerdings meist an dieser veränderten Wirklichkeit vorbei.
In seiner Rede an den X. Parteitag der SED (1981) etwa beschrieb Erich Honecker das Verhältnis von Partei und Volk so: „Voller Stolz auf die Errungenschaften des sozialistischen Vaterlandes lassen sich die Werktätigen immer mehr von den Ideen des Sozialismus leiten. Die volle Hinwendung zu den Massen, wie sie in der gesamten Politik unserer Partei zum Ausdruck kommt, und die strikte

miterlebt, die ersten Bäume gefällt, die ersten Gräben gezogen hatten, und er sah Tränen in ihren Augen, ergreifendes Zeichen ihrer Verbundenheit mit dem Werk, das sie in vier Jahren aufgebaut hatten. [...]

(v 1961)

Text 3 Brigitte Reimann: Franziska Linkerhand [Auszug]

Die Autorin hat diesen erst nach ihrem Tod veröffentlichten Roman bereits 1963 begonnen. Die Ausgangssituation ist der in „Ankunft im Alltag" vergleichbar: Franziska verlässt nach erfolgreichem Architekturstudium ihren für genial gehaltenen Professor Reger und geht in die Provinz um bei der Planung eines Neubaugebiets mitzuarbeiten. Ihre Tatkraft, ihre Ideen, ihr Bestreben, die Stadt so zu bauen, dass die Menschen sich darin wohl fühlen können, stoßen sich an der „ordinären Gegenwart mit ihren Verordnungen, Einsparungen, Parametern".

[...] Sie standen unterm Vordach und rauchten. „Aber dieses Schützenhaus ist unglaub-lich", sagte Franziska, und Schafheutlin, zum dritten Mal und nicht mehr geduldig, aber beherrscht: „Ja. Sicher. Trotzdem können wir nicht mehr umprojektieren. Ausgeschlossen, dass wir aus Mitteln für den komplexen Wohnungsbau ein Objekt bauen, das in den Stadtkern gehört –"

„– der noch nicht existiert", warf sie ein.

„Richtig", sagte er und nickte ihr zu, ein Lehrer, dessen schwieriger Schüler sich im Netz seiner eigenen Spitzfindigkeiten gefangen hat, „desto einleuchtender, dass jeder Komplex sein Zentrum braucht, also auch seine Gaststätte, darauf haben die Bewohner ein Recht so gut wie auf die Versorgungseinrichtungen. Selbst wenn Ihr Gedanke einer Umprojektierung realisierbar wäre, würden wir gegen die Interessen der Bewohner im neuen Wohnkomplex verstoßen, weil wir ihnen gesellschaftliche Räume und damit Kontaktmöglichkeiten entziehen ... Sie sind noch nicht überzeugt?" [...]

In diesem Augenblick beherrschte mich nur das Verlangen, einen Auftrag zu erraffen – um meinetwillen, um leben zu können. Wie lange kann man leben als Handlanger in einer Häuserfabrik? Wir sind getäuscht worden, dachte ich, auch von Reger, der uns mit einem sozialen Auftrag von der Hochschule entlassen hat (und für sich selbst ehrgeizig darauf bedacht ist, seiner Ichsucht Denkmäler zu bauen), der uns in einen Kokon aus Idealen und Illusionen eingepuppt hat ... Hier, in Neustadt, erweisen sich unsere Vorstellungen als untauglich. Zwischen Vorstellung und Möglichkeit stehen Verordnungen und Kennziffern wie Spanische Reiter, erstreckt sich das Niemandsland der Ungewissheiten über die Stadt von heute.

Damals – ich erinnere den Morgen, das Dach, von dem Regenwasser troff, den dumpfigen Geruch von Beton und feuchtem Stroh –, damals erfasste mich zum ersten Mal eine Art Verzweiflung beim Gedanken an meinen Beruf. Ich fühlte mich betrogen und deshalb im Recht, wenn ich so viel wie möglich für mich zu retten versuchte: ich muss mir die paar Gewissheiten herausklauben, Projekte unter den Nagel reißen, Anerkennung erzwingen, sonst bleibt mir nur der Platz am Fließband ... Die Verzweiflung verging, auch der böse Eifer, mit dem ich Reger beschuldigte, aber ich wusste nun, dass sie wiederkommen würden und dass ich nicht gegen sie geschützt war wie früher, in der Böttchergasse, unter Regers fetter, väterlicher Hand ...

„Sie sind nicht überzeugt?", fragte Schafheutlin.

„Doch, doch", sagte Franziska zerstreut; das kränkte ihn, die zerstreute Miene, ihre ganze Manier, Tatsachen nicht zur Kenntnis zu nehmen oder, wenn schon, in Schweigen zu versinken, ein gefährliches, weil vieldeutiges Schweigen, in dem sich ausgesandte Argumente wie im Nebel verirren, doch, sie ist überzeugt und lässt ihn stehen mit seiner unbrauchbaren Vernunft, und nun kommt er sich auch noch schäbig vor ... Er warf die Zigarette in eine Pfütze und trat auf die Straße hinaus.

(v 1974)

Text 4 Siegfried Lenz (*1926): Literatur im wissenschaftlichen Zeitalter [Auszug]

[...]
Die Wissenschaft stellt ihre Fragen im eigenen Namen, die Literatur dagegen stellvertretend auch im Namen des Lesers. Während die Wissenschaft ihre Fragen vornehmlich an das Ungesicherte wendet, besteht der Schriftsteller darauf, auch das angeblich Gesicherte zu befragen, und gerade dann, wenn es als unveränderlich vorgestellt wird. Auch hier, im Gebrauch der Fragen, wird deutlich, daß Wissenschaft und Literatur nicht zwangsläufig Rivalen sein müssen. Was sich im Netz der Wissenschaft fängt, ist dann auch nicht gleichbedeutend mit dem, was sich im Spiegel der Literatur zu erkennen gibt. Freilich, selbst wenn sich dieses angenommene Rivalitätsverhältnis als Mißverständnis herausstellt, wird niemand übersehen, daß die Literatur im Zeitalter der Wissenschaft ihre Aufgabe neu bestimmen muß. Welch eine Aufgabe?

Sie kann nicht darin bestehen, Informationen über das theoretisch Erfaßbare zu liefern, formales Wissen zu vermitteln oder unsere Dokumentationszentralen platzen zu lassen. In einer von Wissenschaften erhellten Welt sieht sich die Literatur vor allem auf eine Erscheinung verwiesen, nämlich auf das verdunkelte, auf das deformierte Bild des ratlosen Individuums, dessen Ratlosigkeit seltsamerweise auch dann nicht aufhört, wenn es im Besitz der letzten glanzvollen Erkenntnisse ist. Da ist mit unparteiischer Wissenschaftstheorie nichts auszurichten.
Hier aber, glaube ich, beginnen die Aufgaben eines Schriftstellers von erklärter Parteilichkeit. Die Herkunft einer allgemeinen Trauer zu bestimmen, das Scheitern unserer Entwürfe zu begründen, die Furcht verständlich zu machen und der Hoffnung Namen zu geben, dies, stelle ich mir vor, gehört dazu. Und ich stelle mir auch vor, daß diese Versuche nicht fehlen dürfen: den Schrecken zu neutralisieren und die Not als veränderbar zu beschreiben, die Chancen der Sprache zu belegen und zu zeigen, daß es richtiges und falsches Handeln gibt. Dies alles anschaulich zu machen, ins für sich sprechende Bild zu bringen oder in die poetische Chiffre, das ist Aufgabe genug.
Es ist nicht die einzige Aufgabe. Was Literatur zu jeder Zeit vermochte, vermag sie auch im Zeitalter der Wissenschaft, nämlich die Lust zu wecken zu unmittelbarer Teilnahme und Teilhabe am Dargestellten. […]

(v 1970)

(Aus lizenzrechtlichen Gründen ist dieser Text nicht in reformierter Rechtschreibung abgedruckt.)

3. „Denn Kunst ist immer Widerspruch zu dem, was ist." (Stefan Schütz)

Text 1 Hans Magnus Enzensberger (*1929): Ins Lesebuch für die Oberstufe

Lies keine Oden, mein Sohn, lies die Fahrpläne:
sie sind genauer. Roll die Seekarten auf,
eh es zu spät ist. Sei wachsam, sing nicht.
Der Tag kommt, wo sie wieder Listen ans Tor
schlagen und malen den Neinsagern auf die Brust
Zinken. Lern unerkannt gehn, lern mehr als ich:
das Viertel wechseln, den Paß, das Gesicht.
Versteh dich auf den kleinen Verrat,
die tägliche schmutzige Rettung. Nützlich
sind die Enzykliken zum Feueranzünden,
die Manifeste: Butter einzuwickeln und Salz
für die Wehrlosen. Wut und Geduld sind nötig,
in die Lungen der Macht zu blasen
den feinen tödlichen Staub, gemahlen
von denen, die viel gelernt haben,
die genau sind, von dir.

(v 1957)

(Aus lizenzrechtlichen Gründen ist dieser Text nicht in reformierter Rechtschreibung abgedruckt.)

Text 2 Ingeborg Bachmann (1926–1973): Alle Tage

Der Krieg wird nicht mehr erklärt,
sondern fortgesetzt. Das Unerhörte
ist alltäglich geworden. Der Held
bleibt den Kämpfern fern. Der Schwache
ist in die Feuerzonen gerückt.
Die Uniform des Tages ist die Geduld,
die Auszeichnung der armselige Stern
der Hoffnung über dem Herzen.

Er wird verliehen,
wenn nichts mehr geschieht,
wenn das Trommelfeuer verstummt,
wenn der Feind unsichtbar geworden ist
und der Schatten ewiger Rüstung
den Himmel bedeckt.

Er wird verliehen
für die Flucht von den Fahnen,
für die Tapferkeit vor dem Freund,
für den Verrat unwürdiger Geheimnisse
und die Nichtachtung
jeglichen Befehls.

(e 1952)

Einhaltung des Prinzips, ständig das offene Gespräch mit den Werktätigen über alle Fragen unserer Innen- und Außenpolitik zu führen, haben erfreuliche Früchte getragen. Noch fester ist die Verbundenheit, noch enger das Vertrauensverhältnis zwischen Partei und Volk geworden. Das drückt sich in der großen Aktivität aus, mit der sich die Werktätigen zur Politik der Partei bekennen und dafür einsetzen, sie erfolgreich zu verwirklichen."

Arbeitsanregungen:

1 Skizzieren Sie den von Brigitte Reimann in „Ankunft im Alltag" (Text 2) gezeigten „neuen Menschen", das von ihr selber in „Franziska Linkerhand" (Text 3) anderthalb Jahrzehnte später entworfene Gegenbild und das Bild vom „ratlosen Individuum", von dem Siegfried Lenz (Text 4) spricht.

2 Suchen Sie in Ihnen bekannten literarischen Texten Figuren, die den zuvor skizzierten in wesentlichen Zügen entsprechen.

3 Siegfried Lenz nennt die Sprache „das schärfste und gefährlichste, das wirksamste und geheimnisvollste Werkzeug". Erläutern Sie eines der genannten Merkmale der Sprache an einem selbst gewählten Beispiel.

4 Vaclav Havel, vormals als Dissident in der Tschechoslowakei verfolgt und eingesperrt, seit Januar 1990 Staatspräsident dieses Landes, wurde im Oktober 1989 mit dem Friedenspreis des deutschen Buchhandels ausgezeichnet. In seiner zu diesem Anlass verfassten Rede sagt er:
„Das Wort ist eine geheimnisvolle, vieldeutige, ambivalente, verräterische Erscheinung. Es kann Lichtstrahl im Reich der Finsternis sein, […] es kann auch ein todbringender Pfeil sein. Und was das Schlimmste ist: Es kann eine Weile dies und eine Weile jenes sein, es kann sogar beides gleichzeitig sein!"
a Suchen Sie nach einleuchtenden Beispielen für Havels These.
b Skizzieren Sie eine denkbare Fortsetzung der Rede.

Arbeitsanregungen:

1 Welches der sechs Gedichte spricht Sie am meisten an? Warum?

2 Die drei ersten Gedichte äußern Widerspruch auf ganz unterschiedliche Weise; untersuchen und zeigen Sie,
a wogegen sich der Widerspruch jeweils richtet,
b wie er ausgedrückt und in welcher Haltung er vorgetragen wird,
c welche Alternativen in den Blick gerückt werden.

3 Lesen und deuten Sie Günter Eichs Gedicht „Im Sonnenlicht“ ebenfalls als „Widerspruch“, indem Sie
a die Wirkung beschreiben, die seine Zeilen bei Ihnen als Leser auslösen,
b erklären, was mit dem „unverlangten Geschenk“ gemeint sein könnte, von dem er spricht,
c zeigen, mit welchen sprachlichen Mitteln er seinen „Widerspruch zu dem, was ist“ vorträgt,
d verdeutlichen, an wen er seine Zeilen richtet.

4 Versuchen Sie den von Günter Eich vorgetragenen Widerspruch, je nach Ihren gestalterischen oder sprachlichen Möglichkeiten, umzusetzen
- in den Entwurf für ein Plakat,
- in ein Plattencover oder einen Bucheinband,
- in einen Song,
- in einen Tagebucheintrag,
- in einen Sinnspruch (ein Epigramm),
- in einen politischen Aufruf.

Text 3 Volker Braun (*1939): Jazz

Das ist das Geheimnis des Jazz:
Der Baß bricht dem erstarrten Orchester aus.
Das Schlagzeug zertrommelt die geistlosen Lieder.
Das Klavier seziert den Kadaver Gehorsam.
Das Saxophon zersprengt die Fessel Partitur:
Bebt, Gelenke: wir spielen ein neues Thema aus
Wozu ich fähig bin und wessen ich bedarf: ich selbst zu sein –
Hier will ich es sein: ich singe mich selbst.
Und aus den Trümmern des dunklen Bombasts Akkord
Aus dem kahlen Notenstrauch reckt sich was her über uns
Herzschlag Banjo, Mundton der Saxophone:
Reckt sich unsere Harmonie auf: bewegliche Einheit –
Jeder spielt sein Bestes aus zum gemeinsamen Thema.
Das ist die Musik der Zukunft: jeder ist ein Schöpfer.
Du hast das Recht, du zu sein, und ich bin ich:
Und mit keinem verbünden wir uns, der nicht er selber ist
Unverwechselbar er im Lieben, im Haß.

(v 1965)

(Aus lizenzrechtlichen Gründen ist dieser Text nicht in reformierter Rechtschreibung abgedruckt.)

Text 4 Günter Eich (1907–1972): Im Sonnenlicht

Die Sonne, wie sie mir zufällt,
Kupfern und golden,
Dem blinzelnden Schläfer, –
Ich habe sie nicht verlangt.

Ich will sie nicht, wie sie die Haut mir [bräunt
Und mir Gutes tut,
Ich fürchte das Glück, –
Ich habe es nicht verlangt.

Die ihr sie hinnehmt,
Kupfern und golden,
Dass sie das Weizenkorn härtet,
Dass sie die Traube kocht, –
Wer seid ihr, dass ihr nicht bangt?

Was üppig sie gab,
Was wir genommen ohne Besinnen.
Das unverlangte Geschenk, –
Eines bestürzenden Tages
Wird es zurückverlangt.

Was zu verschwenden erlaubt war,
Die kupferne Scheidemünze,
Die Haufen Goldes,
Die vertanen Reichtümer, – genau
Wird es zurückverlangt.

Aber wir werden leere Taschen haben,
Und der Gläubiger ist unbarmherzig.
Womit werden wir zahlen?
O Brüder, dass ihr nicht bangt!

(v 1949)

Text 5 Christoph Meckel (*1935): Andere Erde

Wenn erst die Bäume gezählt sind und das Laub
Blatt für Blatt auf die Ämter gebracht wird
werden wir wissen, was die Erde wert war.
Einzutauchen in Flüsse voll Wasser
und Kirschen zu ernten an einem Morgen im Juni
wird ein Privileg sein, nicht für Viele.
Gerne werden wir uns der verbrauchten Welt
erinnern, als die Zeit sich vermischte
mit Monstern und Engeln, als der Himmel
ein offener Abzug war für den Rauch
und Vögel in Schwärmen über die Autobahn flogen
(wir standen im Garten, und unsre Gespräche
hielten die Zeit zurück, das Sterben der Bäume
flüchtige Legenden von Nesselkraut).

Shut up. Eine andere Erde, ein anderes Haus.
(Ein Habichtflügel im Schrank. Ein Blatt. Ein Wasser.)

(v 1974)

Text 6 **Nicolas Born (1937–1979): Entsorgt** (vgl. Einführung, S. 39)

Text 7 **Hans Joachim Schädlich (*1935): Schwer leserlicher Brief**

Schwer leserlicher Brief, der auf geliehener alter Maschine geschrieben wird von unkundiger Hand. Die letzte Kopie, für das Gedächtnis, nur entzifferbar durch den Absender.

Der Entschluss ist gefasst worden mittags, Montag. Es war zu besorgen dreierlei Papier. Wenige Bogen von jeder Sorte. Ein Laden für Schreibwaren bietet Kohlepapier. Verkäuflich in unverbrauchbarer Menge. Einzelne Bogen, fünf genügen, nicht. Aber es findet sich wer. Briefumschläge, Marken aus eigenem Vorrat. Die Empfänger wohnhaft in der Hauptstadt. Ihre Anschriften liest man.

Ich, Arbeiter, allein stehend, Alter vierunddreißig, erhielt Nachricht von schwerer Krankheit des Vaters, welcher wohnt im westlichen Teil der Stadt. Beantragte Reise abgelehnt von zuständiger Behörde am heutigen Tag. Meine Frage, die laut gestellt wurde vor mehreren Angestellten, aus welchem Grund dem Antragsteller Genehmigung zu kurzer Reise nicht erteilt wird, ohne Antwort.

Da also ich, Einwohner meines Landes, trotz genanntem Grund aufgehalten werde, ersuche ich hiermit Sie, auf der Liste der Einwohner mich auszustreichen.

Weil ich anderer Ansicht bin über Gründe. Weil, wenn nicht gelten soll, was meine Sache ist, ich an falschem Ort wohne.

Ich bringe bei Zeugnis über gute Arbeit in fünfzehn Jahren (beteiligt an Erfüllung des Plans und Übererfüllung); Mitglied in freiem deutschem Gewerkschaftsbund seit erstem Arbeitsjahr; Einsatz bei Ernte und Verschönerung der Stadt.

Mit meinem Geld war ich zufrieden und bin es. Wohnung wurde mir zugeteilt nach sechs Jahren. Ich bin gewöhnt an mein Leben; was ich brauche, habe ich. Von kurzem Aufenthalt wäre ich zurückgekehrt.

Jetzt will ich fort. Hoffe, dass ich gehen kann, wo ich zum Land nicht mehr gehöre.

Wer den Freund verliert, der soll ihn lassen. So halten *wir* es. Kann ihn nicht einschließen und sagen, Mach ein glückliches Gesicht, ich bin Freund dir.

Ich kenn mich nicht aus in Akten. Aber so viel weiß ich: dass ich nicht Zubehör bin des Landes, nicht bleiben muss, wo ich geboren bin.

Ich frag nicht mehr, glaub auch nicht. Bitte um Antwort nach gesetzlicher Frist.

Der Briefschreiber hat einen Brief vierfach. Den ersten dem Vorsitzenden. Den zweiten dem ersten Minister. Den dritten dem Sekretär.

(e 1976)

Text 8 **Reiner Kunze (*1933): Das Ende der Kunst**

Du darfst nicht, sagte die eule zum auerhahn,
du darfst nicht die sonne besingen
Die sonne ist nicht wichtig

Der auerhahn nahm
die sonne aus seinem gedicht

Du bist ein künstler,
sagte die eule zum auerhahn

Und es war schön finster

(v 1969)

Text 9 **Bernd Wagner (*1948): Fabel**

Da sang die Nachtigall
die Welt ist all
die Welt ist all
es werden die Raben
sie gefressen haben.

Da krächzten die Raben
wir haben
wir haben
noch nicht all
und fraßen die Nachtigall.

(v 1975)

Arbeitsanregungen:

1 Vergleichen Sie den „Brief“ (Text 7) mit der Äußerung von Erich Honecker (Stichwort „Sozialistischer Realismus“), und stellen Sie gegenüber:
a den Eindruck, den der „Brief“ und die Rede bei Ihnen auslösen;
b die unterschiedliche Sprache in beiden Texten;
c das jeweilige Bild von der Wirklichkeit in der ehemaligen DDR.

2 Suchen Sie unter den Ihnen bekannten literarischen Werken weitere, möglichst verschiedene Beispiele für die These: „Literatur ist immer Widerspruch zu dem, was ist.“
a Nennen Sie jeweils Autor, Titel und Entstehungszeit.
b Bezeichnen Sie die Art des Widerspruchs und geben Sie eine möglichst knappe Beschreibung der Situation, der Ursachen und der Zielrichtung des Widerspruchs.

3 Suchen Sie nach gegenteiligen Beispielen und beschreiben Sie diese in gleicher Weise.
Dabei können Sie sich an den folgenden zum Wortfeld *Zustimmung* gehörenden Begriffen orientieren:
- Einverständnis, Einvernehmen, Einigkeit;
- Übereinstimmung, gleiche Ansicht, Übereinkunft;
- Billigung, Beifall, Lob.

Reiner Kunze: geb. 1933 im Erzgebirge, Studium der Philosophie und Journalistik in Leipzig, von 1955 bis 1959 wissenschaftlicher Assistent mit Lehrauftrag; dann, nach der Entlassung aus dem Universitätsdienst, Hilfsschlosser im Schwermaschinenbau, seit 1962 freiberuflich als Schriftsteller tätig. 1968 nach dem Einmarsch der Ostblocktruppen in die Tschechoslowakei aus der SED ausgetreten, von da an in seiner Arbeit behindert, diffamiert, boykottiert, schließlich wegen seines in Westdeutschland herausgegebenen Prosabandes „Die wunderbaren Jahre“ aus dem Schriftstellerverband der DDR ausgeschlossen, was den Entzug aller Publikationsrechte bedeutete, und strafrechtlich verfolgt. 1977 in die Bundesrepublik in die Nähe von Passau übergesiedelt.
Aphoristische Kürze, nicht selten äußerste sprachliche Reduktion, kennzeichnen die Gedichte und Prosatexte dieses Autors, der auch in der Bundesrepublik kritischer Nonkonformist und „Einzelgänger“ geblieben ist. Für sein schmales Werk – u.a. „Sensible Wege“ (1969), „Der Löwe Leopold“ (1971), „Zimmerlautstärke“ (1972), „Die wunderbaren Jahre“ (1976), „auf eigene hoffnung“ (1981) – wurde er mehrfach ausgezeichnet, 1977 mit dem Georg-Büchner-Preis.

Arbeitsanregungen:

Die drei Autoren der Fabeln (Texte 8–11) stammen aus der DDR und haben Texte dort geschrieben:

1 Prüfen Sie, ob und inwieweit diese sehr einfach wirkenden Texte überzeitliche Gültigkeit haben.

2 Sie haben die Aufgabe eine kleine Fabelsammlung herauszugeben, in der auch diese Texte stehen. Suchen Sie einen Buchtitel und schreiben Sie einen kurzen einführenden Text.

3 Nehmen Sie Nicolas Borns Gedicht „Entsorgt" (S. 39) zum Ausgangspunkt für einen eigenen Versuch eine Fabel zu schreiben.

Christa Wolf: In Landsberg a.d. Warthe 1929 geboren, 1945 aus der Heimat vertrieben; Studium der Germanistik von 1949 bis 1953 in Jena und Leipzig, 1951 Heirat, Mutter von zwei Töchtern; bis 1962 als wissenschaftliche Mitarbeiterin und Redakteurin beim Schriftstellerverband tätig, seitdem freie Schriftstellerin in Berlin. 1964 Nationalpreis der DDR, 1965 Kandidatin des ZK der SED und Mitglied des PEN-Zentrums der DDR; 1962 Gastdozentin an der Universitat Frankfurt/Main. Bremer Literaturpreis 1977, Georg-Büchner-Preis 1980, Schiller-Gedächtnis-Preis 1983.

Arbeitsanregungen:

Die Bezeichnung des Kapitels hat – wie jede Überschrift, jeder Buchtitel, jedes Motto – Signalcharakter. Sie gibt dem Leser, der sich auf die im Text geäußerten Gedanken einlassen will, einen bestimmten Blickwinkel vor, beeinflusst also den Verstehensprozess.

1 Erläutern Sie die Überschrift zu diesem Kapitel, indem Sie die Überlegungen notieren, die sie bei Ihnen auslöst.

2 Formen Sie den Ausschnitt aus Christa Wolfs Roman um in einen Tagebucheintrag von Christa T. (= Krischan).

3 Vergleichen Sie Ihren Text mit dem folgenden Auszug aus dem „Kleinen politischen Wörterbuch", das 1973 von einem Autorenkollektiv in Ostberlin herausgegeben worden ist. Zu welchen Ergebnissen kommen Sie?

Text 10 **Gerhard Branstner (*1927): Probleme verstecken heißt Probleme hecken**

Der Bär hatte ein mächtiges Reich gegründet, und die Tiere waren es zufrieden, auch die Spechte. Natürlich gab es auch Probleme. Da machte ein Specht ein Gedicht auf die Probleme.
Wozu brauchen wir solche Gedichte, sagte der Bär, wir haben schon Probleme genug.

(v 1976)

Text 11 **Gerhard Branstner: Die Kunst lässt weg, so geht die Sage. Nur, was sie weglässt, ist die Frage**

Der Wolf und der Igel besuchten eine Gemäldeausstellung. Dort hing auch ein Portät des Wolfes, das der Affe verfertigt hatte.
Der Wolf lobte das Bild über alle Maßen.
Wie kannst du so was loben, wunderte sich der Igel, selbst die Hasen werden lachen, wenn sie dich so sehen. Deine wahre Natur ist überhaupt nicht zu erkennen.
Eben deshalb gefällt mir das Bild, erklärte der Wolf.

(v 1976)

4. „Dieser lange, nie enden wollende Weg zu sich selbst" (Christa Wolf)

Text 1 **Christa Wolf (*1929): Nachdenken über Christa T.** [Auszug]

[...] Mir fällt ein, daß wir sie nie fragen konnten: Was willst du werden? Wie man andere doch fragt, ohne fürchten zu müssen, an Unaussprechliches zu rühren. Man saß sich gegenüber, im Oberstock unseres Stammcafés (Christa T. hatte die Universität gewechselt, auch das Fach, sie studierte das dritte, vierte Jahr, als ich sie wiedertraf), sie blätterte in Aufzeichnungen. Man sieht sie oft an diesem runden Marmortisch in der Nische sitzen, mit verschiedenen Leuten, die nur mit ihr, nicht untereinander befreundet sind. Sie sitzt auch allein da, sie hat zu tun, scheint es. Sie bereitet sich vor – worauf? Mit den letzten Pfennigen Stipendium bezahlt sie den billigen dunklen Kuchen, sie tut, was alle tun, warum soll man sie nicht fragen dürfen, es wäre ja gelacht: Was willst du werden, Krischan? Da läßt sie die Kladde sinken, mit einer Bewegung, die man nicht gesehen haben will, da hat sie das Seminar vergessen, das ihr Sorge machte, kann lange hinaussehen, hinunter auf die Leute, die einzeln und in Gruppen aus der dunklen gegenüberliegenden Gasse treten, sich trennen, einander noch einmal zuwinken oder gemeinsam weitergehen: Alltäglicher konnte kein Schauspiel sein. Was sah sie denn? Also? – Der bekannte Blick, dunkel, leicht spöttisch, ein wenig vorwurfsvoll. Ich? Lehrerin doch wohl? konnte sie fragen. Da gab man es auf, da schwieg man, ließ die Sache auf sich beruhen, bestand nicht darauf, sie festzulegen, da allzu deutlich war: Sie konnte es wirklich nicht wissen. Sie gab sich ja Mühe hineinzupassen, sie fiel nicht aus bloßem Übermut heraus. Sie hatte ja den guten Willen, sich einen der Namen zuzulegen, die auf andere so vorzüglich zutrafen, sie hat es sich als Mangel angekreidet, daß sie nicht fröhlich wie aus der Pistole geschossen erwidern konnte: Lehrerin, Aspirantin, Dozentin, Lektorin ...
Ach, sie traute ja diesen Namen nicht. Sie traute sich ja nicht. Sie zweifelte ja, inmitten unseres Rauschs der Neubenennungen, sie zweifelte ja an der Wirklichkeit von Namen, mit denen sie doch umging; sie ahnte ja, daß die Benennung kaum je gelingt und daß sie dann nur für kurze Zeit mit dem Ding zusammenfällt, auf das sie gelegt wurde. Sie zuckte davor zurück, sich selbst einen Namen aufzudrücken, das Brandmal, mit welcher Herde in welchen Stall man zu gehen hat. *Leben, erleben, freies großes Leben! O herrliches Lebensgefühl, daß du mich nie verläßt! Nichts weiter als ein Mensch sein ...* Was willst du werden, Krischan? Ein Mensch? Nun weißt du ... [...]

(v 1968)

(Aus lizenzrechtlichen Gründen ist dieser Text nicht in reformierter Rechtschreibung abgedruckt.)

Text 2 **Max Frisch (1911–1991): Stiller** [Auszug]

Ich bin nicht Stiller! – Tag für Tag, seit meiner Einlieferung in dieses Gefängnis, das noch zu beschreiben sein wird, sage ich es, schwöre ich es und fordere Whisky, ansonst ich jede weitere Aussage verweigere. Denn ohne Whisky, ich hab's ja erfahren, bin ich nicht ich selbst, sondern neige dazu, allen möglichen guten Einflüssen zu erliegen und eine Rolle zu spielen, die ihnen so passen möchte, aber nichts mit mir zu tun hat, und da es jetzt in meiner unsinnigen Lage (sie halten mich für einen verschollenen Bürger ihres Städtchens!) einzig und allein darum geht, mich nicht beschwatzen zu lassen und auf der Hut zu sein gegenüber allen ihren freundlichen Versuchen, mich in eine fremde Haut zu stecken, unbestechlich zu sein bis zur Grobheit, ich sage: da es jetzt einzig und allein darum geht, niemand anders zu sein als der Mensch, der ich in Wahrheit leider bin, so werde ich nicht aufhören, nach Whisky zu schreien, sooft sich jemand meiner Zelle nähert. Übrigens habe ich bereits vor Tagen melden lassen, es brauche nicht die allererste Marke zu sein, immerhin eine trinkbare, ansonst ich eben nüchtern bleibe, und dann können sie mich verhören, wie sie wollen, es wird nichts dabei herauskommen, zumindest nichts Wahres. Vergeblich! Heute bringen sie mir dieses Heft voll leerer Blätter: Ich soll mein Leben niederschreiben! wohl um zu beweisen, daß ich eines habe, ein anderes als das Leben ihres verschollenen Herrn Stiller.

„Sie schreiben einfach die Wahrheit", sagt mein amtlicher Verteidiger, „nichts als die schlichte Wahrheit. Tinte können Sie jederzeit nachfüllen lassen!" [...]

(e 1953/54

(Aus lizenzrechtlichen Gründen ist dieser Text nicht in reformierter Rechtschreibung abgedruckt.)

„[...] Die sozialistische Persönlichkeit zeichnet sich durch aktive und bewusste Tätigkeit für die Erhaltung des Friedens und den Aufbau des Sozialismus, durch die Aneignung der marxistisch-leninistischen Weltanschauung, durch das Streben nach allseitiger Bildung, hohem fachlichem Wissen und Können, durch die Aneignung und Verwirklichung der sozialistischen Moral, durch eine optimistische Lebensauffassung, durch schöpferische Selbstständigkeit und Aufgeschlossenheit gegenüber dem Neuen aus."

Kleines politisches Wörterbuch. Hrsg. v. einem Kollektiv des Dietz Verlages, Berlin/DDR (Dietz) 1973, S. 648.

Text 3 **Martin Walser (*1927): Ein fliehendes Pferd** [Auszug]

[...] Helmut mochte es nicht, wenn die Umwelt sich über Sabine und ihn Gedanken machen konnte, die zutrafen. Egal, was die Umwelt über ihn und Sabine dachte, es sollte falsch sein. Sobald es ihm gelang, Fehlschlüsse zu befördern, fühlte er sich wohl. *Inkognito* war seine Lieblingsvorstellung. In Stuttgart musste er erleben, wie in der Nachbarschaft und in der Schule – und zwar bei Kollegen und bei Schülern – die Kenntnis über ihn zunahm. An ihm war der Spitzname *Bodenspecht* hängen geblieben. Das zeigte ihm, dass er mit einer geradezu höheren Art von Genauigkeit erfasst, durchschaut und bezeichnet war. Jedesmal, wenn ihm das Erkannt- und Durchschautsein in Schule oder Nachbarschaft demonstriert wurde, die Vertrautheit mit Eigenschaften, die er nie zugegeben hatte, dann wollte er fliehen. Einfach weg, weg, weg. Die benützten Kenntnisse über ihn, deren Richtigkeit er nicht bestätigt hatte. Sie benützten sie zu seiner Behandlung. Zu seiner Unterwerfung. Zu seiner Dressur. Die wussten ihn zu nehmen. Und je mehr die ihn zu nehmen wussten, desto größer wurde seine Sehnsucht, wieder unerkannt zu sein. Wenn jemand von ihm noch nichts wusste, war noch alles möglich. Leider hatte er das nicht immer so genau gewusst. Deshalb hatte er jene Vertrautheiten nicht verhindert. Jetzt blieb ihm nur noch die Flucht. Ein-, zweimal im Jahr. Der Urlaub eben. Im Urlaub probierte er Gesichter und Benehmensweisen aus, die ihm geeignet zu sein schienen, seine wirkliche Person in Sicherheit zu bringen vor den Augen der Welt. Unerreichbar zu sein, das wurde sein Traum. Und er hatte Mühe, die schlanke, spitze, nach allen Seiten vollkommen steil abfallende Felsenburg nicht zu einem andauernden Bewusstseinsbild werden zu lassen. Ein Überneuschwanstein wollte sich einbrennen in seine Vorstellungen. Und Wälder. Immer sah er Wälder. Sah sich durch Wälder traben. Ohne sich zu bewegen, trabte er und kam immer tiefer hinein in Wälder, die, zum Glück, kein Ende hatten. Wälder, die kein Ende haben, das ist überhaupt das Vollkommene.
Ja, hatte er denn Lehrer werden wollen? Will denn irgendjemand etwas werden? Drückte sich in dieser Sehnsucht, noch nicht erkannt zu sein, der Wunsch aus, jünger zu sein? [...]

(v 1978)

Text 4 **Ingeborg Bachmann (1926–1973): Auch ich habe in Arkadien gelebt** [Auszug]

[...] aber eines Tages war meine Zeit um, und ich nahm Abschied. Es war spät im Herbst. Aus den Büschen fielen faule Beeren, und die Schafe kamen die Hügel herunter, frierend und hungrig, denn über Nacht hatte der Wind das Gras aus den Bergwiesen gespült und an die felsigen Ufer geworfen. Auf silbernen Geleisen – zwei letzten Sonnenstrahlen – trug mich der Zug fort. In der Nacht erreichte ich die Grenze. Die Zollbeamten beschlagnahmten mein Gepäck, und als ich mein Geld umwechseln wollte, bedeutete man mir, dass hier eine andere Währung galt. Bedauerlicherweise war zwischen meiner Heimat und den anderen Ländern kein Abkommen getroffen worden, das einen Kurs festsetzte. Also war auch mein Geld wertlos.
Aber ich verlor den Mut nicht. Schon in der ersten Stadt lernte ich viele freundliche Menschen kennen; sie halfen mir, wo sie konnten, und ich fand bald Arbeit in einer Fabrik. Später ging ich zu einer Straßenbaufirma. Es war Frühling, und es war die erste Straße, die ich sah, eine wunderbare Straße, die die schwersten Fahrzeuge trug, eine große, herrliche Straße, auf der man bis ans Meer fahren konnte. Aber das Meer war weit, und es lagen viele Stationen davor, kleinere Städte und sehr große; auch eine Weltstadt war darunter. Einige Chronisten dieser Stadt sprachen die Vermutung aus, dass sie sich auf den Ruinen des alten Babylon erhebe, aber ihre beglaubigte Geschichte schien mir blass und nichtig vor ihrer Gegenwart.

Max Frisch: geb. 1911 in Zürich, 1933 Abbruch des Germanistik-Studiums; Journalist.1936–41 Studium der Architektur. 1939–45 Militärdienst. 1942 Architekturbüro in Zürich. Seit 1954 freier Schriftsteller. 1960–65 in Rom, danach im Tessin. Ausgedehnte Reisen. Starb im April 1991 in Zürich.
Im Zentrum der schriftstellerischen Arbeit von Max Frisch steht das Identitätsproblem. Es wird in ganz verschiedenen Varianten durchgespielt: als immer wieder versuchte Leugnung des Bildes, das sich die Umwelt vom Romanhelden macht, in „Stiller" (1954); als radikale Erschütterung der Vorstellungen, die sich der Ich-Erzähler von sich selbst und der Welt zurechtlegt, in „Homo faber" (1957); als von der Gesellschaft zudiktierte Rolle in „Andorra" (1962); als vielfacher Entwurf von Lebensmöglichkeiten in „Mein Name sei Gantenbein" (1964). Daneben sind von den zahlreichen dramatischen Arbeiten des Autors u.a. die Komödie „Don Juan oder die Liebe zur Geometrie" (1953) und „Biedermann und die Brandstifter" (1956) zu nennen. Romane und Theaterstücke von Max Frisch wie auch seine Tagebücher hatten seit der Veröffentlichung von „Stiller" ungewöhnlich starke Resonanz, in den sechziger Jahren war er der prominenteste Gegenwartsautor deutscher Sprache.

Martin Walser: 1927 am Bodensee geboren, lebt dort heute als freier Schriftsteller; schrieb unter anderem die Romane „Ehen in Philippsburg" (1957), „Halbzeit" (1960), „Die Brandung" (1985); die Theaterstücke „Eiche und Angora" (1962) und „Der schwarze Schwan" (1964) sowie die Novelle „Ein fliehendes Pferd" (1978).

Arbeitsanregungen:

1. Untersuchen Sie die Texte von Christa Wolf, Max Frisch und Martin Walser (Texte 1–3) und notieren Sie die Vorstellungen und Wünsche der drei Hauptfiguren, soweit sie Ihnen gemeinsam oder doch weitgehend vergleichbar erscheinen.
2. Wählen Sie einen der drei Texte aus, versetzen Sie sich an die Stelle des Autors und antworten Sie auf die in

Form eines Kurzinterviews an Sie gerichteten Fragen:
[a] Frau Wolf,
– könnten Sie mit wenigen Worten Christa T., die zentrale Figur Ihres Romans, charakterisieren?
– „Was willst du werden?“ ist eine durchaus übliche Frage. Warum fällt es Christa T. so schwer darauf zu antworten?
– Christa T. fürchtet, dass sie sich selber „das Brandmal, mit welcher Herde man in welchen Stall zu gehen hat“, aufdrücken könnte. Steht diese Metapher für Sie in einem politischen Zusammenhang?
– Was meinen Sie mit dem so selbstverständlich klingenden Satz: „Nichts weiter als ein Mensch sein ...“?
[b] Herr Frisch,
– könnten Sie mit wenigen Worten Stiller, die Hauptfigur Ihres Romans, charakterisieren?
– Warum wehrt sich Ihr Held so sehr gegen den Versuch ihn „in eine fremde Haut zu stecken“?
– Warum ist es Ihrer Meinung nach – diese Frage geht über den vorliegenden Abschnitt hinaus – so schwer „nichts als die schlichte Wahrheit“ zu schreiben?
[c] Herr Walser,
– könnten Sie mit wenigen Worten Helmut Halm, die zentrale Figur Ihrer Novelle, charakterisieren?
– Inwiefern nimmt der vorliegende Textausschnitt den Titel der Novelle „Ein fliehendes Pferd“ auf?
– Welche Erklärungen haben Sie für die „Sehnsucht“ Ihres Helden „noch nicht erkannt zu sein“?

[3] Nennen Sie jeweils das zentrale Thema der drei Texte und beschreiben Sie den ihnen gemeinsamen Aspekt.

[4] Die Erzählung von Ingeborg Bachmann (Text 4) nimmt ein Motiv auf, das eine lange Tradition hat. Arkadien war für viele Generationen von Künstlern und Dichtern eine fiktive Naturlandschaft von vollkommener, zeitloser Schönheit, ein Ort der Friedens und des Glücks.
[a] Nennen Sie die Stationen, die das erzählende Ich durchläuft; notieren Sie die Erfahrungen, die es macht, und die grundlegende Einsicht, zu der es gelangt.
[b] Sie können auch versuchen den vorliegenden Text in einer geschlossenen Interpretation zu erarbeiten und zu deuten. Gehen Sie dabei von der folgenden Aufgabenstellung aus:
Machen Sie sich die Komposition und die sprachliche Gestaltung klar und zeigen Sie, wie sich darin die Erfahrungen des erzählenden Ich spiegeln.

Arbeitsanregung:

Peter Huchel (Text 5) geht in seinem Gedicht auf ganz andere Weise auf das Thema „Dieser lange, nie enden wollende Weg zu sich selbst“ ein:
[a] Aus welcher Sicht bedenkt er das Thema?
[b] Zu welchen Erkenntnissen gelangt er?
[c] Wie fasst er die ihm wesentlich erscheinenden Einsichten sprachlich?

Diese Stadt ließ mich nicht mehr los, denn alles, was ich tat – ob ich nun an der Börse spielte, Maschinen baute oder den Ertrag von Plantagen zu steigern versuchte –, war so merkbar von Erfolg begleitet, dass es alle meine Erwartungen übertraf. Als mein Name zum ersten Mal in den Zeitungen genannt wurde, war ich glücklicher als je zuvor in meinem Leben, und ich beschloss zu bleiben. Ich hätte jetzt jederzeit ans Meer fahren können, doch dazu kam es nicht mehr, denn ich hatte immer neue Versprechen einzulösen, die ich gegeben hatte, immer neue Aufgaben zu erfüllen, die ich übernommen hatte, mich immer neu zu bestätigen, da man nun einmal mich bestätigt hatte.

An manchen Abenden fuhr ich, wenn ich sehr müde war, bis zur Ausfallstraße, die ans Meer führt, holte aus meiner tiefen Müdigkeit und Ergebenheit das Bild des unbekannten Meeres hervor und sank, halb schlafend, der Ferne entgegen und dem unendlichen Himmel, der mit dem Meer den Erdkreis schließt. Sobald die Benommenheit wich, kehrte ich ernüchtert zurück und sagte mir, dass mir diese Reise noch immer bliebe und dass sie mir im Augenblick nichts eintragen konnte, nichts, was ich nicht schon besäße.

Jahre kommen und vergehen, die Menschen kommen und gehen, und die Zeit und die Menschen wollen mir wohl, und ich habe meinen Platz unter der Sonne.

Nun erreicht mich seit einigen Tagen, in Augenblicken, in denen ich keine Zeit habe, ihm Aufmerksamkeit zu schenken, der Ton einer Flöte, eine vom Wind zerrissene Melodie, ein von großer Entfernung geschwächter Ruf, und mir ist, als käme er von den herbstlichen Hügeln, die ans Blau eines makellosen, frühen Himmels grenzen. Oder ist es der Ton der Glocken, mit denen die weißen Lämmer ans Gebüsch streifen, wenn sie den Weg ins Tal nehmen? Oder rührt es vom Summen der silbrigen Strahlengeleise, die zu den Hütten am Bach führen und von dort geradewegs in den Sonnenball münden, der wie ein großer, versinkender Bahnhof alle Züge in den Himmel heimholt?

Hier werde ich manchmal um das Geheimnis des Erfolges befragt, und ich könnte euch sagen, dass es mir gelänge, bis ans Meer zu kommen und allen Straßen und allen Wassern der Welt meinen Namen einzuschreiben, wenn mir die Hoffnung bliebe, dass ich am Ende der Tage heimkehren könnte und die staunenden Hirten, die Hügel und Bäche meiner Heimat den Besitz begriffen und würdigten, den ich erworben habe. Aber die Währung zwischen hier und dort ist noch immer eine andere, und führe ich zurück, so käme ich nicht reicher heim, als ich fortzog, nur ein wenig älter und müder, und ich hätte vielleicht nicht mehr das Herz, mich zu bescheiden.

Nun aber erreicht mich wieder eine vom Wind verstärkte Melodie, aus schrecklicher Nähe ein nicht zu überhörender Ruf, und mir ist, als käme er aus meinem Herzen, das über mir zusammenschlägt, als legten sich mir die herbstlichen Hügel an die zitternde Brust, und als zöge der makellose Himmel in mich ein, um mich zu töten. Oder ist es der Ton einer Glocke, die ich trage, wenn meine Sehnsucht an die Büsche streift, um die roten, reifen Früchte des letzten Jahres zu ernten? Oder rühren diese Klänge vom Dröhnen der im Abendglanz sprühenden Geleise, die mich an die Hütte am Bach tragen und von dort geradewegs auf den zerfließenden Sonnenball, der wie ein riesiger, versinkender Bahnhof alle Wanderer in den Himmel heimholt?

(v 1953)

Text 5 Peter Huchel (1903–1981): Unter der blanken Hacke des Monds

Unter der blanken Hacke des Monds
werde ich sterben,
ohne das Alphabet der Blitze
gelernt zu haben.

Im Wasserzeichen der Nacht
die Kindheit der Mythen,
nicht zu entziffern.

Unwissend
stürz' ich hinab,
zu den Knochen der Füchse geworfen.

(v 1972)

III. Sehen und zur Sprache bringen

1. „Mit wechselndem Schlüssel" (Paul Celan)

Bei der Beschäftigung mit der Literatur der Gegenwart bestätigt sich eines immer wieder: Es gibt wenig, was allgemein gültig, einheitlich, verbindlich ist – weder die Themen, noch die Sprache, die Bilder, die Motive und Gestaltungsweisen, schon gar nicht die Darstellungsabsichten und die vorgenommenen Wertungen. „Mit wechselndem Schlüssel" wenden sich Künstler und Schriftsteller der Lebenswirklichkeit zu. Das Ergebnis: eine nicht überschaubare Vielfalt, ungezählte Varianten eines Themas, ganz unterschiedliche Formen, Widersprüche, Gegensätze.
Damit vergleichbar ist die Situation des Lesers und Interpreten, der erklären und deuten, verstehen und werten will. Denn gesicherte, allseits anwendbare Rezepte zur Erschließung von literarischen Texten gibt es nicht. Dem heutigen Leser bleibt auch nur der Versuch „mit wechselndem Schüssel" einzutreten, einzudringen in das Sinngefüge eines Textes und sein eigenes Weltverständnis zu konfrontieren mit dem ganz anderen einer zunächst fremden literarischen Schöpfung, die er sich nur schrittweise, jedoch nie ganz aneignen kann.

Text 1 **Hilde Domin (*1909): Lied zur Ermutigung**

Lange wurdest du um die türelosen
Mauern der Stadt gejagt.

Du fliehst und streust
Die verwirrten Namen der Dinge
Hinter dich.

Vertrauen, dieses schwerste
ABC.

Ich mache ein kleines Zeichen
In die Luft,
Unsichtbar,
Wo die neue Stadt beginnt,
Jerusalem,
Die goldene,
Aus Nichts.

(v 1962)

Arbeitsanregungen:

1 Lesen Sie Hilde Domins Gedicht (Text 1) und halten Sie in wenigen Sätzen – z.B. als Tagebucheintrag – Ihren ersten Eindruck fest.

2 Informieren Sie sich über folgende für das Verständnis des Gedichts grundlegende Sachverhalte:
a Hektors Flucht vor Achill (Homer Ilias, 22. Gesang, Vers 90–330)
b Das „neue Jerusalem" (Offenbarung des Johannes, Kap. 21, Vers 9–27)

3 Versuchen Sie jetzt eine Deutung zunächst der einzelnen Strophen, dann des ganzen Gedichts.

Text 2 **Hugo Friedrich: Dichtung und die Methoden ihrer Deutung** [Auszug]

[…] Verstehen will Einklang mit seinem Gegenstand, und dieser Einklang soll schließlich den Charakter einer Evidenz[1] annehmen. Offensichtlich treten aber im Kontakt zwischen Dichtung und Leser Unsicherheiten auf. Sie mögen älterer Dichtung gegenüber größer sein als gegenüber heutiger Dichtung. Aber das sind Gradunterschiede, die die prinzipielle Gefährdung des Verstehens nicht berühren. Allzu leicht werden jene Unsicherheiten zu Unverbindlichkeiten, begnügen sich die Auslegungen mit bloßen Impressionen und mit einem lässigen Ungefähr, zwischen dessen Ritzen rasch das Unkraut der Behauptungen oder der Schwärmereien wächst.

Davor gibt es keinen anderen Schutz, als dass das Verstehen zur Methode wird, die damit beginnt, das Wissbare wissen zu wollen. Das Wissbare wissen wollen ist der Antrieb aller Wissenschaft, auch der Wissenschaft von der Dichtung. Wissbar an einer Dichtung ist zunächst alles, was zu ihren geschichtlichen Bedingungen gehört, also ihre Nationalsprache, die persönlichen, sozialen und politischen Umstände ihrer Entstehung, das Stoff-, Motiv- und Ideenmaterial, aus dem sie gespeist wurde, die literarische Gattung, die sie gewählt hat, die formalen Mittel, die ihr zur Verfügung standen. Wissbar sind alle diese Bereiche; freilich, wissenswert sind sie nur, soweit sie in der Tat Bedingungen des einen zur Untersuchung stehenden Werkes waren, soweit sie also das Verstehen dieses

Spezifische **Interpretationsschwierigkeiten** bei „moderner Literatur":
Die *„moderne Literatur"* – eine Bezeichnung, die nicht mit Gegenwartsliteratur gleichgesetzt werden darf – gilt als spröde, fremd, esoterisch, ja sogar als unzugänglich und verschlossen (hermetisch). Dies trifft besonders auf die Lyrik zu: „Die europäische Lyrik des 20. Jahrhunderts bietet keinen bequemen Zugang. Sie spricht in Rätseln und Dunkelheiten." (Hugo Friedrich: Die Struktur der modernen Lyrik, 1956.)
Wer solche Texte verstehen und deuten will, sollte sich zwei Beobachtungen von T.S. Eliot immer wieder vergegenwärtigen:
– „Der Sinn eines Gedichtes kann weiter reichen als die bewusste Absicht seines Dichters."
– „Die Deutung des Lesers kann von der des Verfassers abweichen und doch ebenso gültig – ja, sie kann sogar besser sein. Es kann viel mehr in einem Gedicht liegen, als dem Verfasser bewusst war."

[1] Die Evidenz: einleuchtende Erkenntnis, völlige Klarheit

Werkes vorbereiten können. […] Die Evidenz, die vom Verstehen gesucht wird, ist das Aufleuchten einer Notwendigkeit; doch handelt es sich nicht um die Notwendigkeit einer kausalen Verkettung, sondern um diejenige des organischen Zusammenstimmens von Teilen und Gestalt. Gelingt ein solches Verstehen, dann kann das Wort einer Dichtung aus dem Zufall seines Vorhandenseins zurückgeholt werden in die Notwendigkeit seines Gesetztseins. Oder, mit einem einfachen Satz Goethes: „Verstehen heißt, dasjenige, was ein anderer ausgesprochen hat, aus sich selbst entwickeln" (Brief vom 25.9.1820 an Conta). […]

Text 3 Hans Dieter Zimmermann: [Die Botschaft des ästhetischen Textes]

[Auszug]

[…] Das ist die erste Schwierigkeit der Interpretation: Die objektive Gestalt des Textes lässt sich zunächst nicht objektiv erfassen, sondern nur subjektiv – in der Rezeption. Auch der Interpret ist ein Leser. Nur als Subjekt kann er den Text, der von einem Subjekt für ein Subjekt geschrieben wurde, verstehen. Was der Text sagen will, ist überdies keine wissenschaftliche Erkenntnis. Das wäre ja das Missverständnis, das wir genannt haben: dass ein ästhetischer Text lediglich auf ein kognitives Problem hin gedeutet wird. Die Botschaft des ästhetischen Textes kommt aus dem nicht-wissenschaftlichen Bereich, nämlich aus der Lebenserfahrung des Autors, aus dessen verarbeiteter, reflektierter Lebenserfahrung, die er in den Bildern und Symbolen des anschaulichen Denkens darstellt. Und diese Botschaft geht wiederum in den nicht-wissenschaftlichen Bereich, nämlich in die Lebenserfahrung des Lesers. Der Text ist aufgrund der Eigenart seiner Konstruktion aus der Lebenserfahrung herausgehoben, hat aber hier, im Bezugsfeld des Autors, und dort, im Bezugsfeld des Lesers, seine Verbindungen zu dieser Lebenserfahrung.

Die literarische Kommunikation kann der Interpret nur verstehen, wenn er sich ihr einfügt mit seiner eigenen Lebenserfahrung, und insofern ist sein Verstehen zunächst ein „vorwissenschaftliches". Da er sich aber den Prozess des Verstehens vergegenwärtigt, da er sich seiner Subjektivität bewusst ist, ist er mehr als ein normaler Leser: Er ist ein kontrollierter Leser, der über den Prozess des Verstehens reflektiert. So verläuft die Interpretation auf zwei Ebenen: einmal der üblichen, der subjektiven Rezeption, zum andern der Reflexion, die sich der Subjektivität bewusst ist und sie zur Objektivität hin überschreitet. Auf der ersten Ebene ließe sich von *Verstehen* sprechen, auf der zweiten von *Erklären.* Ohne Verstehen ist kein Erklären möglich, ohne Erklären bleibt das Verstehen im nicht-wissenschaftlichen Bereich. Das Geschmacksurteil üblicher Literaturkritik wäre im Bereich des Verstehens einzuordnen; die Interpretation der Literaturwissenschaft im Bereich des Erklärens. […]

(v 1977)

Arbeitsanregungen:

1 Notieren Sie die wichtigsten Aussagen der beiden Literaturwissenschaftler (Texte 2 und 3) in Form von Thesen.

2 Überprüfen Sie, falls Sie Hilde Domins Gedicht „Lied zur Ermutigung" bereits interpretiert haben, welchen dieser Vorstellungen Ihre eigenen Interpretationserfahrungen nahe kommen.

Text 4 Marie Luise Kaschnitz (1901–1974): Interview

(Vgl. Biografie, Einführung, S. 50)

Wenn er kommt, der Besucher,
Der Neugierige und dich fragt,
Dann bekenne ihm, daß du keine Briefmarken sammelst,
Keine farbigen Aufnahmen machst
Keine Kakteen züchtest.
Daß du kein Haus hast,
Keinen Fernsehapparat,
Keine Zimmerlinde.
Daß du nicht weißt,
Warum du dich hinsetzt und schreibst,
Unwillig, weil es dir kein Vergnügen macht.
Daß du den Sinn deines Lebens immer noch nicht
Herausgefunden hast, obwohl du schon alt bist.
Daß du geliebt hast, aber unzureichend,
Daß du gekämpft hast, aber mit zaghaften Armen.
Daß du an vielen Orten zu Hause warst,
Aber ein Heimatrecht hast an keinem.
Daß du dich nach dem Tode sehnst und ihn fürchtest.
Daß du kein Beispiel geben kannst als dieses:
Immer noch offen.

(v 1962)

(Aus lizenzrechtlichen Gründen ist dieser Text nicht in reformierter Rechtschreibung abgedruckt.)

Arbeitsanregungen:

1 a Entwerfen Sie Fragen zu einem Interview, die der Fragesteller an einen Menschen richtet, der am Ende seines Berufslebens steht und eine Lebensbilanz zieht.
b Vergleichen Sie die von Ihnen entworfenen Fragen mit denen, die aus Text 4 zu erschließen sind.

2 Versuchen Sie die im Gedicht „Interview" gegebenen Antworten zu erklären indem Sie
– von der Grundhaltung ausgehen, aus der das lyrische Ich antwortet;
– die gedankliche Struktur des Textes offen legen und dabei auffällige Stileigenarten berücksichtigen.

3 Wie beurteilen Sie dieses „Interview"?

Text 5 Johannes Bobrowski (1917–1965): Immer zu benennen

Immer zu benennen:
den Baum, den Vogel im Flug,
den rötlichen Fels, wo der Strom
zieht, grün, und den Fisch
im weißen Rauch, wenn es dunkelt
über die Wälder herab.

Zeichen, Farben, es ist
ein Spiel, ich bin bedenklich,
es möchte nicht enden
gerecht.

Und wer lehrt mich,
was ich vergaß: der Steine
Schlaf, den Schlaf
der Vögel im Flug, der Bäume
Schlaf, im Dunkel
geht ihre Rede –?

Wär da ein Gott
und im Fleisch,
und könnte mich rufen, ich würd
umhergehn, ich würd
warten ein wenig.

(v 1962)

Text 6 Günter Eich (1907–1972): Ende eines Sommers

Wer möchte leben ohne den Trost der Bäume!

Wie gut, dass sie am Sterben teilhaben!
Die Pfirsiche sind geerntet, die Pflaumen färben sich,
während unter dem Brückenbogen die Zeit rauscht.

Dem Vogelzug vertraue ich meine Verzweiflung an.
Er misst seinen Teil von Ewigkeit gelassen ab.
Seine Strecken
werden sichtbar im Blattwerk als dunkler Zwang,
die Bewegung der Flügel färbt die Früchte.

Es heißt Geduld haben.
Bald wird die Vogelschrift entsiegelt,
unter der Zunge ist der Pfennig zu schmecken.

(v 1955)

Text 7 Paul Celan (1920–1970): Mit wechselndem Schlüssel

Mit wechselndem Schlüssel
schließt du das Haus auf, darin
der Schnee des Verschwiegenen treibt.
Je nach dem Blut, das dir quillt
aus Aug oder Mund oder Ohr,
wechselt dein Schlüssel.

Wechselt dein Schlüssel, wechselt das Wort,
das treiben darf mit den Flocken.
Je nach dem Wind, der dich fortstößt,
ballt um das Wort sich der Schnee.

(v 1955)

Arbeitsanregungen:

1 [a] Versuchen Sie zunächst den Gesamteindruck festzuhalten, der sich beim ersten Lesen des Gedichts von Günter Eich (Text 6) einstellt.
[b] Notieren Sie die Stellen, die unverständlich oder fragwürdig bleiben.

2 [a] Erschließen Sie in einem zweiten Schritt über die Leitbegriffe das Thema des Gedichts.
[b] Belegen Sie Ihr Ergebnis durch eine genaue stilistische Untersuchung, bei der Sie besonders auf die sprachlichen Bilder achten.
[c] Deuten Sie die letzte Zeile, indem Sie sich über die mythologische Figur des Charon (Fährmann in der Unterwelt) informieren.

3 Schreiben Sie als dritten Schritt eine Interpretation des Eich-Gedichts, indem Sie
- aus Ihrem Ersteindruck eine *Einleitung* verfassen;
- im *Schluss* Ihren Verstehensprozess reflektieren.

Arbeitsanregungen:

Marie Luise Kaschnitz bezeichnet in ihrer Rede, die sie 1960 bei der Verleihung des Georg-Büchner-Preises an Paul Celan gehalten hat, sein Gedicht „Mit wechselndem Schlüssel" (Text 7) als „ein rechtes Schlüsselgedicht". „Dem Rätsel der Sprache wird hier", so stellt sie fest, „schon bewusst nachgegangen".

1 [a] Besprechen Sie mit Ihren Mitschülern, was Celan mit der Haus-Metapher in seinem Gedicht meinen könnte.
[b] Versuchen Sie die im Gedicht angedeuteten unterschiedlichen Zugangsweisen zu dem von Celan gemeinten „Haus" zu bestimmen.

2 [a] Versuchen Sie im Gespräch Celans Auffassung von Sprache zu erörtern.
[b] Sind Sie wie Marie Luise Kaschnitz der Auffassung, dass „dem Rätsel der Sprache […] hier schon bewusst nachgegangen" wird? Begründen sie Ihre Ansicht.

2. „Mit jedem Wort wachsen wir.“ (Christian Morgenstern)

M Die freie Erörterung

Komplexe Sachverhalte und Probleme erfassen, sie von verschiedenen Standpunkten aus betrachten, sie in größere Zusammenhänge einordnen und selbständig darüber urteilen, um solche grundlegenden Fähigkeiten geht es bei dieser Aufsatzform. Sie sind als Voraussetzungen für eine intensive gedankliche Beschäftigung mit einer Sache oder Fragestellung in den anderen Unterrichtsfächern ebenso erforderlich wie in allen Bereichen des privaten und öffentlichen Lebens und in allen beruflichen Tätigkeiten.
Bereits früher haben Sie das Erörtern gelernt, in der Form der Diskussion und in der Form des Erörterungsaufsatzes. Sie haben gelernt Behauptungen als solche zu erkennen, sie durch Begründungen und durch Belege verschiedener Art zu stützen. Sie haben geübt Gesichtspunkte einander zuzuordnen, sie in einen größeren Zusammenhang zu bringen und aus den vorgetragenen Gedanken Schlussfolgerungen zu ziehen.
Obwohl Sie sich also ganz wichtige Voraussetzungen angeeignet haben, treten beim Schreiben von Erörterungsaufsätzen Schwierigkeiten auf:

- Verstehe ich das Thema richtig?
- Wie finde ich ausreichend Material für eine gründliche Auseinandersetzung mit der gestellten Frage?
- Wie kann ich die Stofffülle sichten und so begrenzen, dass ich nicht vom Thema abkomme?
- Nach welchen Prinzipien lassen sich die Einfälle übersichtlich ordnen, d.h. so gliedern, dass sich eine schlüssige Gedankenfolge ergibt?
- Wie müssen die Argumente formuliert, die Beispiele dargestellt, die Ergebnisse sprachlich gefasst werden, damit sie der Sache angemessen, für den Leser verständlich und überzeugend sind?

Es hat sich bewährt, die jeweils gestellte Aufgabe systematisch in drei Schritten zu lösen.
Themenbeispiel: „Wer die Sprache beherrscht, beherrscht seine Mitmenschen.“ Erläutern Sie anhand von Beispielen aus verschiedenen Lebensbereichen, was mit dieser These gemeint sein kann. Erörtern Sie, ob diese These uneingeschränkt zutrifft.
Das Drei-Phasen-Modell der Erörterung, erprobt an diesem Thema:

2.1 *Themenanalyse*
- Genaues Aufnehmen und Beschreiben der These: Sie ist nach Art einer Wenn-dann-Beziehung konstruiert, die Voraussetzung und Konsequenz verallgemeinernd miteinander verbindet.
- Herausheben der Leitbegriffe: die Sprache beherrschen – seine Mitmenschen beherrschen.
- Prüfen, welche Begriffe geklärt werden müssen: Das in beiden Teilsätzen gebrauchte Verb „beherrschen“ hat offensichtlich unterschiedliche Bedeutung.
- Anzahl, Art und Umfang der Arbeitsanweisungen klären:
  1. „Erläutern“: Beispiele aus verschiedenen Lebensbereichen heranziehen.
  2. „Erörtern“: prüfen und abwägen, was für und was gegen die vorgetragene These spricht.

2.2 *Stoffsammlung*
a) Klären der Begriffe und Sachverhalte:
Die unterschiedliche Bedeutung des in der These zweimal gebrauchten Verbs „beherrschen“ wird bei einer vergleichenden Beschreibung deutlich (semantische Differenzierung).
Wir fragen, welche Fähigkeiten, welche Möglichkeiten des „Beherrschens“ gemeint sein könnten:

„die Sprache beherrschen“
- gekonnt formulieren
- sich genau ausdrücken
- einen Sachverhalt präzise beschreiben
- ein Problem differenziert darstellen
- Bedeutungsnuancen erkennen
- sich sicher in einer Sprache bewegen
- flüssig reden
- flott schreiben
- überzeugend vortragen
- begeisternd erzählen

„seine Mitmenschen beherrschen“
durch Manipulation
- sie überreden
- ihnen den eigenen Willen aufzwingen
- ihnen etwas vormachen
- sie täuschen und belügen

durch Missbrauch ambivalenter sprachlicher Möglichkeiten
- sie für die eigene Sache gewinnen
- sie von einer Ansicht überzeugen
- sie faszinieren und begeistern
- sie in ihrer Meinung beeinflussen
- sie nach eigenen Vorstellungen lenken

b) Erschließen des differenzierten, in verschiedene Lebensbereiche hineinreichenden Sachverhalts oder Problems:
   - von bereits vorhandenen Kenntnissen und Erfahrungen her;
   - durch Fragen (z.B. W-Fragen), die möglichst viele Aspekte der Sache (u.a. ihre Auswirkungen auf verschiedene Lebenszusammenhänge) erfassen;
   - durch zusätzliche Informationen (aus Nachschlagewerken, von Fachleuten, aus wissenschaftlichen Abhandlungen, aus bereits vorliegenden Stellungnahmen).

   Das Ergebnis dieses Abschnittes hängt entscheidend davon ab, ob und wieweit es Ihnen gelingt, den Themenhorizont zu öffnen. Bei der ‚Stoffsuche' kann Ihnen das mit Hilfe der W-Fragen aufgefächerte Modell der konzentrischen Kreise helfen:

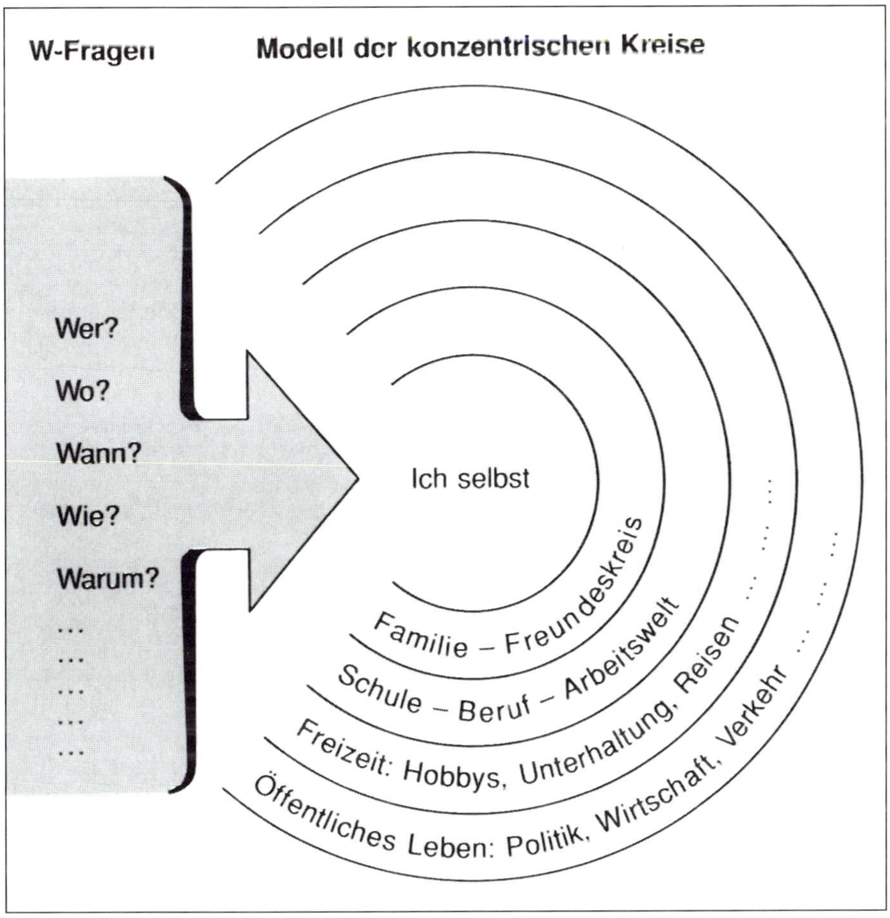

Beispiele:
- *Wer* beherrscht, weil er die Sprache beherrscht, seine Mitmenschen (in der Familie, im Freundeskreis, der Schule ... im Beruf, in der Politik ...)?
- *Wer* kann in seinem Beruf, wenn er ansprechend formuliert, seine Mitmenschen für seine Sache gewinnen?
- *Wo* kann ich selbst, wenn ich die Sprache beherrsche, andere nach meinen Vorstellungen lenken?
- *Wo* hat jemand in der Arbeitswelt „das Sagen", weil er sich genau ausdrückt oder ein Problem differenziert darstellen kann?
- *Wann,* d.h. in welchen Situationen (in der Familie, in der Arbeitswelt, auf Reisen, im öffentlichen Leben) kann jemand seine Mitmenschen, weil er sicher mit der Sprache umgeht, beeinflussen?

Wenn das Thema eine *Begriffserklärung (semantische Differenzierung)* nahe legt, können Sie das Problemfeld mühelos auffächern; beim vorliegenden Beispiel eröffnet dieser Schritt schon eine Vielfalt von Aspekten, wenn Sie nach den verschiedenen Formen des ‚Beherrschens' suchen. Dabei kommen Sie nicht nur zu einer großen Zahl von Einzelbeobachtungen, von Argumenten und Beispielen, Sie erkennen mehr und mehr die Komplexität des Problems. Sie zeigt sich spätestens dann besonders deutlich, wenn Sie die für diese Erörterung zentrale Frage aufnehmen, ob die vorgegebene These uneingeschränkt zutrifft. Ihre Antwort wird, wenn sie sich um eine differenzierte Sicht und Einschätzung bemühen, die These zwar teilweise bejahen können, ihr andererseits aber widersprechen müssen.

Allgemeine Schlüsselfragen
Wie, warum, wann ... bin ich von dem Problem betroffen?
Für wen ist die Sache noch von Bedeutung?
Wo zeigt sich der fragliche Sachverhalt?
Wann stellt sich die diskutierte Frage?
Wie wirkt sich das Problem aus?
Warum ist die aufgestellte These fraglich?
Weshalb ist der diskutierte Sachverhalt problematisch?

Semantische Differenzierung: Die Semantik (von griechisch „semantikos" = bezeichnend), ein Teilgebiet der Sprachwissenschaft, untersucht die durch sprachliche Zeichen bestimmten Inhalte, fragt also nach der Bedeutung von Wörtern, Sätzen und Texten. Dabei ist die semantische Differenzierung ein wesentlicher Arbeitsschritt, bei dem die unterschiedlichen Bedeutungen eines Wortes oder einer sprachlichen Wendung erfasst, erläutert und voneinander abgegrenzt werden.

Kennzeichen erörternder Sprache

Begründung:
- daher, deshalb, darum, deswegen; denn
- da, weil

Einwand und Entgegnung:
- aber, jedoch, dennoch
- trotzdem, indessen

Vergleichende Gegenüberstellung:
- so ... wie
- sowohl ... als auch

Einräumung (Gegengrund):
- gleichwohl
- obgleich, obwohl

Bedingung:
- andernfalls, sonst, wenn ... dann
- falls
- unter der Voraussetzung, dass
- angenommen ...

Folgerung:
- folglich, demnach
- dass, so dass; wenn ... dann

Arbeitsanregungen:

Erproben Sie die zur freien Erörterung erworbenen Kenntnisse und Fähigkeiten an einem der folgenden Themen:

1 „Die uns beleben, die können wir brauchen, das sind Klassiker."
Erläutern Sie Martin Walsers provozierende These und setzen Sie sich mit seiner Ansicht auseinander.

2 „Die Sprache ist dem Menschen gegeben, um seine Gedanken zu verbergen."
Untersuchen Sie, ob und inwieweit diese Bemerkung des französischen Diplomaten Talleyrand für verschiedene Bereiche des menschlichen Zusammenlebens gilt.
Wie beurteilen Sie die Aussage Talleyrands?

3 „So wie die Politik eine Aktion gegen die Mangelhaftigkeit des Planeten ist, [...] so ist die Literatur eine Aktion gegen die Mangelhaftigkeit des Menschen." (Bertolt Brecht)
Erläutern Sie Brechts Aussage und erörtern Sie ihre Berechtigung; stützen Sie sich dabei auf Ihre eigenen Erfahrungen mit Literatur.

Die These „Wer die Sprache beherrscht, beherrscht seine Mitmenschen" kann mit einer Reihe von Argumenten und Beispielen begründet und veranschaulicht werden:

Argumente	Beispiele/Belege
– gezielte Lenkung der Käufer	– durch Werbespots in Rundfunk und Fernsehen
– Erzeugen von sozialem Anpassungsdruck	– durch Wecken von Wünschen und Prestigedenken
– Steuern von Informationen in den Medien	– durch die Art der Auswahl und Präsentation von Bildern und Texten
– Beeinflussen der politischen Meinung	– durch politische Propaganda, die verspricht und einschüchtert
– Manipulieren von Wahlentscheidungen	– durch einseitige Darstellung, Übertreibung und Entstellung

Diese These lässt aber ebenso wichtige Gesichtspunkte außer Acht; denn wer die Sprache beherrscht, hat nicht nur manipulative Möglichkeiten. Bei der Erörterung des Themas muss also auch nach den positiven Wirkungen gefragt werden, die erreicht werden können, wenn Sprache zum Wohl des Mitmenschen, nicht zu seiner Beherrschung eingesetzt wird:

Argumente	Beispiele/Belege
– Trösten und Ermutigen	– durch Angehörige, Freunde und Seelsorger
– Empfehlen und Beraten	– durch Telefonberater, Ärzte und Therapeuten
– Führen und Erziehen	– durch Eltern, Lehrer und Vorgesetzte

2.3 *Darstellung*
Dabei sind zwei Schwierigkeiten zu meistern: a) die sachgerechte Gliederung der Gedanken (Disposition); b) ihre angemessene sprachliche Fassung.

a) Bei der Disposition unterscheiden wir die formale Gliederung in Einleitung, Hauptteil und Schluss (vgl. Aufklärung, S. 181) und die systematische Anordnung (Binnengliederung). Die *Einleitung* soll in knapper Form zum Thema hinführen und das Interesse des Lesers daran wecken.
Im *Hauptteil,* der gewöhnlich in mehrere Abschnitte untergliedert ist, werden die wichtigen Aspekte des Themas vorgestellt, von verschiedenen Seiten beleuchtet und nach Möglichkeit durch knapp gehaltene Beispiele veranschaulicht; Meinungen, Wertungen und Schlussfolgerungen sollen möglichst überzeugend begründet werden. Dabei müssen Fakten und Meinungen sorgfältig getrennt werden.
Bei der Anordnung der Hauptgesichtspunkte, wie bei der Reihenfolge der Argumente, empfiehlt sich das Prinzip der Steigerung (vgl. Aufklärung, S. 181f.). Andere Systematisierungsmöglichkeiten: chronologisches Vorgehen, Ausweiten vom Naheliegenden zum Entfernteren, vom Geläufigen zum Unbekannten.
Häufig geht es um eine strittige Frage, auf die eine rational begründete Antwort gegeben werden soll. Sind die Standpunkte eindeutig zu bestimmen, so können Pro- und Contra-Argumente nacheinander dargestellt und in einem zusammenfassenden dritten Teil vergleichend gegeneinander abgewogen werden *(diachrones Verfahren).* Schwieriger ist die *synchrone Erörterung* einzelner Aspekte auf gleicher Ebene (Argument – Gegenargument – Schlussfolgerung), weil die Gefahr der Kurzschrittigkeit und der ermüdenden Wiederholung besteht. Dennoch ist dieses Verfahren dem Erörtern in besonderer Weise angemessen, da ein Problem von mehreren Standpunkten aus betrachtet und differenziert behandelt wird. Dieses mehrperspektivische Erörtern erfordert ein Hineindenken in andere Positionen (Rollensimulation). Diese fällt Ihnen leichter, wenn Sie sich eine Diskussion (mündliches Erörtern) vorstellen, in der Sie selbst die unterschiedlichen Standpunkte einnehmen müssen. Der *Schluss* kann das Ergebnis des gedanklichen Prozesses zusammenfassen, eine persönliche Stellungnahme zum umstrittenen Sachverhalt bieten, oder das Thema durch weiter führende Überlegungen öffnen.

b) Die Darstellung eines Sachverhalts oder eines Problems, die kritische Stellungnahme zu einer Meinung, die Begründung eines Standpunkts oder einer Entscheidung verlangen eine ihnen angemessene Sprache; ihre Kennzeichen sind:
- eine genaue Begrifflichkeit (Fachausdrücke, soweit notwendig);
- sachliches, nicht von Emotionen verfälschtes Benennen und Beschreiben;
- differenziertes Darstellen durch syntaktische Strukturen, wie sie der logische Zusammenhang verlangt (z.B. Adverbien, Konjunktionen).

3. „Meine Sprache“ (Günter Kunert)

Heinrich Böll hat 1958 in einer Rede die Sprache als „Hort der Freiheit“ bezeichnet und gleichzeitig darauf verwiesen, dass Worte „gespaltene Wesen“ seien. Auch andere Autoren, z.B. Vaclav Havel (vgl. Arbeitsanregung 4, S. 387), betonen immer wieder die „Macht“, die ein Wort haben kann.
Die zeitgenössische Sprachforschung und Sprachkritik dagegen lenkt den Blick auf andere, teilweise gegensätzliche Phänomene. Sie beobachtet und untersucht die Veränderungen im Sprachgebrauch, konstatiert Verluste, Zugewinne und Wucherungen, beklagt Normverstöße. Sie verweist auf bedenkliche Entwicklungen, wie z.B. eine zunehmende Verwissenschaftlichung, die leicht zu aufgeblasenen Formulierungen führe. Sie prangert aus dem politischen Bereich stammende, häufig inflationär benutzte Schlagwörter an.

Text 1 **Klaus-Ulrich Moeller: Verkommt die Sprache?** [Auszug]

Comic-Kürzel („Schnapp“, „ächz“, „seufz“) ersetzen heute ganze Sätze. Jugendliche genießen ihren Insider-Slang. Anglizismen setzen sich in unserem Sprachschatz fest: Kontrolleure und Jung-Ingenieure heißen heute Controllers und Industrial Engineers. Und Politiker werfen mit Sprechblasen um sich, die längst ihres Inhalts entkleidet worden sind. 88 Prozent der Bürger glauben, dass Sprachregeln verkommen, dass die Ausdrucksfähigkeit abgenommen hat, dass es, kurz gesagt, schlecht bestellt ist um unser Deutsch. [...] Der Trend weg von der guten kultivierten Sprache wird von allen Seiten gefördert: Von den Nachrichten-Schnipseln im Fernsehen oder den Worthülsen der Politiker, die Sprache nur noch als politische Schlagwerkzeuge benutzen. Anspruchsvolle, die Sprache als Spielmaterial benutzende Artikel oder Reden sind Seltenheit geworden. Fast wirken sie wie ein Luxus, den sich eine technisch und auf Funktionen hin orientierte Gesellschaft nicht mehr leisten kann. Sprachschablonen im politischen Bereich führen ebenso wie scheinwissenschaftliche Fachbegriffe zur Verzerrung der Wirklichkeit statt zu deren Erhellung. Und Sprach-Naivität führt zur Denk-Naivität.
Wo nur noch nach der Verwertbarkeit von Wissen gefragt wird, muss Sprache als Kulturform in die Enge geraten. Man mag sagen, die Dialekte wachsen und mancher Jugendliche, obwohl TV-gesättigt, entfalte mehr Fantasie als Alterskollegen vor Jahrzehnten. Noch mögen sich die Probleme in Grenzen halten, mag das Argument gutes Gewicht haben, dass wir vor keiner außergewöhnlichen Situation stehen. Doch mit schwindender Ausdrucksfähigkeit steigt auch die Unfähigkeit, Wirklichkeit sprachlich umzusetzen, abzubilden und weiterzugeben. Solange Sprache immer schablonenhafter wird, solange täglich dutzende Mal irgendetwas „über die Bühne geht“, „jemand zur Kasse gebeten wird“ oder wieder neue „Weichen gestellt“ werden, ist es kein Wunder, wenn sich Gleichgültigkeit gegenüber solcher Formel-Mentalität entwickelt. Wer vor dem Hintergrund dieser Entwicklung Sprachkultur einfach von der jungen Generation einfordert und sich nicht selbst in die Pflicht nimmt, macht es sich viel zu einfach.

Heidenheimer Neue Presse vom 22. März 1986

Text 2 **Uwe Pörksen: Die Experten als Funktionäre der Verwirklichung** [Auszug]

Der Germanist Uwe Pörksen beschäftigte sich in seinem Buch „Plastikwörter. Die Sprache einer internationalen Diktatur“ mit der Verwissenschaftlichung der Umgangssprache, die nach seiner Meinung zu „Verwirrung“, zu „wechselseitiger Mischung und Entstellung“ führt.
Plastikwörter, auch „Amöbenwörter“ (Ivan Illich) genannt, haben besondere Eigenschaften
- Sie zeichnen sich aus durch einen hohen Abstraktionsgrad.
- Ihnen fehlt aber die Verbindung zur konkreten, fassbaren Wirklichkeit.
- Sie sind Neutra; d.h., wo ein „Prozess“ im Gang ist, wo eine „Entwicklung“ abläuft, wo „Information“ ausgetauscht wird, da wird persönliches Handeln ausgeblendet.
- Sie sind geschichtslos, weil die durch Begriffe wie „Struktur“, „Effizienz“, „Konzentration“, „statistischer Schnitt“ erreichte oder vorgespiegelte Objektivität, weil Sachzwänge aktives und verantwortliches menschliches Handeln an den Rand drängen.
- Sie haben, v.a. wenn sie mit den gebündelten Fachkenntnissen von Wissenschaft und Technik, Ökonomie und Verwaltung auftreten, imperativen, diktatorischen Charakter.

[...] Die Wörter der Wissenschaft also sind ungezählte kleine Brücken, Brückenköpfe; ihre Veränderung in der Umgangssprache, ihr Funktionswechsel, erklärt nicht zuletzt die erhabene Stellung der Experten. Diese undurchsichtigen Vokabeln signalisieren vor allem

Arbeitsanregungen:

1. Sammeln Sie eine größere Anzahl von Beispielen für die von Klaus-Ulrich Moeller an unserer heutigen Sprache beobachteten Erscheinungen:
   a) Comic-Kürzel,
   b) Anglizismen,
   c) von Politikern gebrauchte Worthülsen.

2. Versuchen Sie in einer Diskussionsrunde, ausgehend von den wenigen bereits im Text gegebenen Hinweisen, die Ursachen für diesen „Trend weg von der kultivierten Sprache“ zusammenzutragen.
   Erörtern Sie auch das Für und Wider dieser Entwicklung.

3. a) Beschreiben und beurteilen Sie K.-U. Moellers Text nach dem Anspruch des Verfassers an eine „kultivierte Sprache“. (Kriterien und Verfahrenshinweise zur Anfertigung einer textgebundenen Erörterung könnten Ihnen dabei nützen. (Vgl. Aufklärung, S. 175ff.)
   b) Oder: Nehmen Sie in einem Leserbrief Stellung zu K.-U. Moellers Artikel.

Veränderungen in der deutschen Sprache der Gegenwart
Sprachmündigkeit, d.h. aufmerksamer, überlegter und möglichst sicherer Umgang mit der Sprache, ob schreibend oder redend, dies ist nicht das einzige, aber das wichtigste Ziel der folgenden Überlegungen. Die vielfältigen Veränderungen in der deutschen Sprache der Gegenwart können dabei nur angedeutet, Erklärungen dafür nur als Hypothesen formuliert, nicht als schlüssige und beweisbare Lösungen vorgestellt werden.
Seit Jahren beobachtete *Tendenzen:*
- Häufiger Gebrauch von Abkürzungen und Kurzwörtern,
- Zunahme der Komposita, der sogenannten „Blockbildungen“ bei Substantiven und Adjektiven,
- Bildung syntaktisch unvollständiger Sätze,
- auffallend häufige Einschübe in Form von Appositionen oder zwischengeschobenen Teilsätzen,

- Wortneubildungen in Form von Ableitungen (z.B. Verbaladjektive auf -bar),
- Neigung zum Nominalstil und zu abstrakter Ausdrucksweise,
- Bildung neuer einfacher Verben aus Substantiven,
- Bevorzugung kürzerer Sätze, Parataxe statt komplizierter Satzkonstruktionen,
- Zunehmende Anteile von Fremdwörtern (v.a. anglo-amerikanischer Einfluss) und Wörtern aus Wissenschaft und Technik.

Die *Erklärungsversuche* für die beobachteten Veränderungen sind fast so zahlreich wie diese selbst:

- Verkürzung wegen des vermehrten Informationsbedürfnisses,
- kompakte und konzentrierte Information,
- rasche Übermittlung,
- mehr Flexibilität,
- Differenzierung,
- Verdeutlichung,
- sprachliche Ökonomie.

Arbeitsanregungen:

1. a) Gehen Sie zunächst auf die von Uwe Pörksen vertretenen Positionen ein und suchen Sie diese durch eigene Beispiele – z.B. aus der Tagespresse oder aus dem Fernsehen – zu ergänzen und zu bestätigen.
   b) Suchen Sie Beispiele, die seine Einschätzung widerlegen.
2. Entwerfen Sie eine Art ‚Gegenbild' zu seiner sehr pessimistischen und einseitigen Darstellung, indem Sie – ausgehend von aktueller Werbung auf Plakaten, in Katalogen und Zeitschriften – die kreativen Möglichkeiten im Umgang mit der Sprache in Form einer Collage aufzeigen.

Arbeitsanregungen:

1. Wie wirkt diese Einführung (Text 3) auf Sie?
2. a) Bekräftigen Sie Ihre Reaktion auf die hier vertretene Ansicht durch persönliche Beobachtungen und Erfahrungen.
   b) Versuchen Sie Ihre eigene Position durch gegenteilige Beispiele und durch ihr widersprechende Gesichtspunkte in Frage zu stellen.

Die wichtigsten Änderungen der Rechtschreibung (ab 1998):
1. Für die **Schreibung der s-Laute** erfolgt generell die Verdoppelung des Konsonanten nach kurzem betonten Vokal im Wortstamm: z.B. dass (Konjunktion), müssen – du musst, bisschen – der Biss. Nach langem Vokal und nach Doppellaut (Diphthong) steht ß: z.B. grüßen – der Gruß, beißen – der Beißer.
2. Für die **Getrennt- und Zusammenschreibung** ist die getrennte Schreibung der Wörter der Normalfall: z.B. spazieren gehen, auswendig lernen, kennen lernen, Rad fahren.
3. In der **Groß- und Kleinschreibung** erfolgen **Substantivierungen** konsequenter als bisher: z.B. im Folgenden, am Ersten des Monats, der Nächste bitte!, jeder Einzelne.
Die **Anredepronomen** *du* und *ihr*, die

„Wissenschaft!" und übertragen deren Ansehen in den Alltag, schließen den Alltag an eine Vertrauen erweckende Sphäre.

Bei Max Weber findet sich die Bemerkung, dass wir in der Regel nicht wissen, wie eine Straßenbahn funktioniert, dass wir aber in dem Glauben leben, es jederzeit erfahren zu können. „Die zunehmende Intellektualisierung und Rationalisierung bedeutet also *nicht* eine zunehmende allgemeine Kenntnis der Lebensbedingungen, unter denen man steht. Sondern sie bedeutet etwas anderes: das Wissen davon oder den Glauben daran: dass man, wenn man *nur wollte,* es jederzeit erfahren *könnte,* dass es also prinzipiell keine geheimnisvollen unberechenbaren Mächte gebe, die da hineinspielen, dass man vielmehr alle Dinge – im Prinzip – durch *Berechnen beherrschen* könne. Das aber bedeutet: die Entzauberung der Welt." – Eben dies ist die Wirkung der Lehnwörter aus der Wissenschaft. Durch eine Seite der Tageszeitung fahren täglich ungezählte Webersche Straßenbahnen. Nur, dass wir vielleicht den Ausdruck ‚Entzauberung' nicht verwenden würden. Die Wissenschaft entzaubert nicht nur, sie verzaubert auch. Mit Illich zu sprechen: „In der praktischen Anwendung klärt Wissenschaft auf, um Sinn gebende Fantasien durch undurchsichtige Versicherungen zu ersetzen. Sie bannt auch die Wirklichkeit in den Fachkreis der Experten."

Die ungezählten Anschlüsse des Alltags an dieses Hochplateau richten in der Sprache eine Hierarchie auf und erzeugen das Gefühl, dort, wo die Quellen jener Vokabeln liegen, in ihrer Herkunftssphäre sei man weiter, befinde man sich in einem umfassenden, für den Laien in diesem Augenblick verschlossenen System, das die Fähigkeit berge, alle seine ‚Bedürfnisse' zu befriedigen und seine ‚Probleme' zu beherrschen. Je mehr er dieser Sprache vertraut, um so mehr richtet er den Blick auf die Hilfe der Experten. Der wissenschaftliche und fachliche Stil hat sich ausgedehnt und prägt die Epoche. Dieser Zustand ist zumindest teilweise von Experten hervorgebracht, und er begünstigt entschieden deren Vorherrschaft. [...]

(v 1989)

Text 3 Senta Trömel-Plötz: Frauensprache – Sprache der Veränderung [Auszug]

Die Sprachwissenschaftlerin Senta Trömel-Plötz beschäftigt sich seit 1978 mit dem Thema *„Frauensprache".* Sie untersucht die Zusammenhänge zwischen gesellschaftlicher Wirklichkeit und Sprache, zeigt Ungleichgewichte in den Bezeichnungen für Männer und Frauen auf und kämpft gegen die Benachteiligung der Frauen, die sich ihrer Meinung nach in solchen Unterschieden manifestiert und zugleich daraus ergibt. 1982 hat sie das Buch „Frauensprache – Sprache der Veränderung" veröffentlicht. Die folgenden Zeilen führen in das Buch ein:

Männer haben auch in der Sprache die Macht, und Frauen sind ohnmächtig. Männer geben den Ton an, wenn Frauen und Männer miteinander sprechen, und Frauen verhalten sich still und unterwürfig. Implizite Regel scheint zu sein: Die beste Frau ist die, die nicht redet. Das Redeverbot „Die Frau schweige in der Gemeinde" gilt auch heute noch für das Reden von Frauen in der Öffentlichkeit: Es finden sich nur wenige Frauen an den Rednerpulten, ob in der Politik, der Wirtschaft, der Wissenschaft. Meinung und Urteil von Frauen scheinen weniger hoch bewertet zu sein als von Männern. [...]

(v 1982)

Text 4 Senta Trömel-Plötz: Die beste Frau ist die, die nicht spricht [Auszug]

[...] Reden wir anders als Männer? Reden wir anders mit Frauen als mit Männern? Wie reden Männer mit uns? Wie wird über uns geredet? Was sagt MANN darüber, wie wir reden?

Anscheinend reden Frauen anders als Männer, denn nur über sie wird gesagt, dass sie wie Hühner gackern oder wie Gänse schnattern, dass sie klatschen, quasseln, ratschen und schwätzen. Das sind allesamt Ausdrücke dafür, dass sie viel reden und dabei wenig sagen. Ganz im Gegenteil zu Männern. Männer reden weder zu viel noch triviales Zeug; ihre Aussagen sind zuverlässig und haben Gewicht: ein Mann – ein Wort (eine Frau – ein Wörterbuch). Auf das Manneswort ist Verlass. Es kommt vom Ehrenmann. [...]

Wir werden immer wieder ausgeschlossen in Stellenanzeigen, wo nur von Bewerbern die Rede ist, in Steuerformularen, wo nur vom steuerpflichtigen Ehemann geredet wird, in Briefen, wo nur die sehr geehrten Herren oder lieben Kollegen angesprochen werden. Wir sind nicht gemeint, wenn es um den Ehrenmann, Landesvater, die Söhne des Landes, selbst um den Mann auf der Straße geht. Mit Hilfe einer linguistischen Textanalyse kann sogar gezeigt werden, dass häufig auch nur Männer gemeint sind, wenn man von dem Leser, dem Studenten, dem Antragsteller, dem Dozenten, dem Arzt spricht. Und psychologische Experimente ergeben, dass sogar, wo von Frauen *und* Männern die Rede ist, also wo wir explizit eingeschlossen sind, trotzdem bei Formulierungen wie der *Durchschnitts-*

student, der Wissenschaftler, der Kunde, der Rechtsanwalt, der Schriftsteller, der Künstler nur Männer assoziiert werden. Selbst *Mensch* bedeutet in vielen Kontexten ausschließlich Mann, und wir merken es kaum, dass uns der Status des Menschseins abgesprochen wird. Schon bei Schiller werden ja alle Menschen Brüder, und heute, wo es immerhin schon einige Frauen in der Politik gibt, lesen wir die Schlagzeile: „Politiker sein – das verlangt den ganzen Mann."

Aber es reicht nicht, dass wir in der Sprache ausgeschlossen und unsichtbar gemacht werden. Wo es sich nicht vermeiden lässt, etwas über uns zu sagen, werden wir trivialisiert[1] als Mädchen oder Fräulein oder aber euphemistisch Damen genannt. Weder als Mädchen, Fräulein noch als Dame werden wir ernst genommen. Deshalb bestehen bewusste Frauen heute darauf, sich gegenseitig Frauen zu nennen und sich nicht mehr Mädchen, Fräulein oder Damen nennen zu lassen. Ich habe ein anderes Gefühl, wenn man von mir als Frau spricht, als wenn man von mir als Dame spricht. Von einer Frau kann man andere Dinge sagen als von einer Dame. Eine Frau kann eine Hausfrau oder Wissenschaftlerin, eine Marktfrau oder eine Parlamentarierin sein. Eine Dame kann nichts davon sein, über sie kann man überhaupt nichts Wesentliches sagen, sie hat keinen Beruf und ist höchstens Anhängsel von irgendeinem Mann, der ein so beschaffenes Anhängsel aus psychologischen oder beruflichen Gründen braucht. Heutzutage eine Dame genannt zu werden, bedeutet eine Trivialisierung und Abwertung aller eigenständigen produktiven und schöpferischen Eigenschaften einer Frau.

Wir werden auch abgewertet als alte Jungfern, Frauenzimmer, Hexen, leichte Mädchen, Freudenmädchen, Emanzen, Kaffeetanten, dumme Gänse und Blondinen. Wir werden abgewertet und missachtet, wenn MANN uns über unsere Körperteile wie den Busen oder die langen Beine, wenn nicht Geschlechtsteile definiert. Wie anders werden da Männer behandelt, sie sind stark, frei, weise, klug, ehrlich, verlässlich, streitbar, ergreifen den Augenblick, müssen hinaus ins feindliche Leben, schaffen sich selber ihr Schicksal. Das nimmt uns nicht wunder: Männer machen die Geschichte. Über uns sehen geflügelte Worte dagegen so aus: Dienen lerne bei Zeiten das Weib, ein gebrechlich Wesen ist das Weib, es ist keine List über Weiberlist, Schwachheit, dein Nam' ist Weib usw. Diese Vorstellungen sitzen tief in uns, in Frauen wie in Männern. Sie beeinflussen unsere Verhaltensweisen. Da Frauen in allen Berufsbereichen in den gehobenen Positionen die Ausnahme sind, tut man sich schwer, sie korrekt anzusprechen, ihre Zuständigkeit zu akzeptieren, ihnen zuzuhören und einfach angemessen mit ihnen umzugehen. [...]

(v 1982)

Text 5 Günter Kunert (*1929): Meine Sprache

1
Ich spreche im Slang aller Tage derer
Noch nicht Abend ist
In der verachteten und verbissenen der
Sprache die jedermann entspricht.

2
Diese
Von Erstellern entstellte die von Betreuern
Veruntreute von Durchführern früh schon
Verführte die
Mehr zur Lüge taugt denn zur Wahrheit
Ach welche
Unter der erstarrten Syntax sich regt
Wie unter Abfall wie unter Schutt wie
Unter Tonnen von Schlacke.

3
Sprache
Die mehr scheinen will als sein
Aufgebläht
Von sang- und klanglosen tingelnden
Dinglosen Dingwörtern;
Schwabbelnde Gallerte
Quillt sie aus den öffentlichen Mündern
Und Mündungen tropft von
Den Lippen der Liebenden
Trieft aus Radios
Triumphiert.

4
Nichtssagend und blutleer und kraftlos
Ein Kind des Landes finde ich sie
Darniederliegend

5
Und hebe sie auf
Und nehme sie an mich: die beste mir
Der nichts bessere hat
Und ein Vermögen dem der durch nichts sonst
Zu leben vermag
Als durch sie.

(v 1966)

[1] trivialisieren zu trivial: platt, abgedroschen

entsprechenden **Possessivpronomen** *dein* und *euer* sowie das **Reflexivpronomen** *sich* schreibt man grundsätzlich – auch in Briefen – klein. (nur das Anredepronomen *Sie* und das entsprechende Possessivpronomen *Ihr* sowie die zugehörigen flektierten Formen schreibt man stets groß.)

4. Bei **Fremdwörtern** können häufiger als bisher fremdsprachige und integrierte (eingedeutschte) Schreibung nebeneinander stehen: z.B. Mikrophon – Mikrofon.

5. Die **Worttrennung am Zeilenende** erfolgt nach Sprechsilben, d.h. so, wie sich Wörter bei langsamem Sprechen zerlegen lassen: z.B. Ei-er, Mu-se-um, A-bend; dies gilt auch für *st* (ros-ten) und Fremdwörter (Zyk-lus, aber auch Zy-klus).
– Stehen Buchstabenverbindungen wie *ch, sch, ph, rh, sh* oder *th* für **einen** Konsonanten, so trennt man sie nicht. Dies gilt auch für *ck*: la-chen, Deut-sche, Saphier, Myr-rhe, Bu-shel, Zi-ther, Goethe, bli-cken.

6. Für die **Kommasetzung** gilt Folgendes: Bei **gleichrangigen Teilsätzen** (Satzreihen) die durch *und, oder, bzw., sowie, wie (= und), entweder – oder, sowohl – als (auch), weder – noch* verbunden sind sowie bei **Infinitiv-, Partizip- oder Adjektivgruppen, kann** man ein Komma setzen (,) um die Gliederung des ganzen Satzes deutlich zu machen, **muss** dies aber **nicht.** Z.B.: Ich kam oft zu Besuch (,) und wir saßen bis in den Morgen zusammen. Sie ist bereit (,) zu diesem Buch ihren Beitrag zu leisten.
Bei **wörtlichen Reden** setzt man nach dem abschließenden Anführungszeichen stets ein **Komma**, wenn nach dem angeführten Satz der Begleitsatz oder ein Teil von ihm folgt. Z.B.: „Komm sofort zurück", rief sie. Er fragte: „Brauchen Sie den Pass?", und öffnete den Safe.

Arbeitsanregungen:

1. Notieren Sie Ihre ersten, durchaus gefühlsbestimmten Reaktionen auf Text 4 (zustimmende Äußerungen, Einwände, Kommentare).
2. Entwerfen Sie eine Rede, in der Sie Frauen dazu ermuntern, bewusster mit der Sprache umzugehen und auf Veränderungen hinzuarbeiten *oder* verfassen Sie eine engagierte Stellungnahme in Form einer Gegenrede zu den Äußerungen der Sprachwissenschaftlerin.

Arbeitsanregungen:

1. Günter Kunert gibt sich in dem Gedicht „Meine Sprache" (Text 5) Rechenschaft über seine Erfahrungen mit der Sprache und kommt dabei zu einer persönlichen Bilanz.
Welche Ergebnisse enthält sie?
2. Suchen Sie einen Interviewpartner, für dessen berufliche Tätigkeit die Sprache besondere Bedeutung hat (Ärztin, Richter, Krankenpfleger, Journalistin, Redakteur, Lehrer, Geschäfsführerin ...). Fragen Sie nach den Erfahrungen, die er/sie mit der Sprache täglich macht.
3. Notieren Sie in knappen Sätzen, was Ihnen fehlen würde, wenn Ihnen die Fähigkeit des Sprechens oder des Hörens verloren ginge.

Bildtafeln

Herr Werner von Teufen (aus der Mannessischen Liederhandschrift)

Gott als Baumeister des Universums (Bildseite aus einer Bibel des 13. Jahrhunderts)

Raffael: Disputà del Sacramento (aus der „Stanza della Segnatura", um 1515)

David Teniers d. J.: Die Versuchung des hl. Antonius (1640–1650, Öl auf Leinwand)

Johann Heinrich Wilhelm Tischbein (1751–1829): Goethe in der Campagna di Roma (1786–1789, Öl auf Leinwand)

Caspar David Friedrich (1774–1840): Der Mönch am Meer (1808–1810, Öl auf Leinwand)

Caspar David Friedrich (1774–1840): Mann und Frau den Mond betrachtend (um 1824, Öl auf Leinwand)

Mitteltafel, 1928

Otto Dix (1891–1969): Großstadt (Tryptichon) 1927/28

Linker Flügel, 1928

Rechter Flügel, 1927

Register

Autorenregister

Sach- und Methodenregister

Textquellenverzeichnis

Abraham a Sancta Clara
– Mercks Wienn 121
In: Reimb dich/oder Ich liß dich, Lucern (Hauff) 1687

Aichinger, Ilse
– Schlechte Wörter 329
In: Schlechte Wörter, Frankfurt/M. (Fischer) 1977

Albrecht von Johansdorf
– Ich vant ane houte 92
In: Des Minnesangs Frühling, hrsg. von K. Lachmann u.a., Stuttgart (Hirzel) 1962

Alstedt
– Enzyclopedia 129
Zit. nach Erich Trunz: Weltbild und Dichtung im deutschen Barock.
In: Aus der Welt des Barock, Stuttgart (Metzler) 1957

Altenberg, Peter
– Noch nicht einmal... 331
In: Ausgewählte Werke in zwei Bänden, Band I, München (Hanser) 1979

Amtliches 65
Zit. nach: Klaus-Peter Schulz: Kurt Tucholsky, Hamburg (Rowohlt) 1959

Anonym
– Eine militärische Anekdote 156
In: Die Deutsche Literatur vom Mittelalter bis zum 20. Jahrhundert, hrsg. von W. Killy, Bd. IV: 18. Jh. München (Deutscher Taschenbuch Verlag) 1988

Anonym
– Lass rauschen, Lieb 240
In: Des Knaben Wunderhorn. Alte deutsche Lieder gesammelt von L. Achim von Arnim u. Clemens Brentano. Bd. II, München (Deutscher Taschenbuch Verlag) 1963

Anonym
– Unbarmherziger Stolz 50
In: Der Spiegel Nr. 31 vom 2.8.1982

Arentzen, Jörg
– Die mittelalterliche Ständeordnung 90
In: J. Arentzen/U. Ruberg: Die Ritteridee in der deutschen Literatur des Mittelalters, Darmstadt (Wissenschaftliche Buchgesellschaft) 1987

Arnim, Bettina von
– Brief an Goethes Mutter 249
In: Katja Behrens (Hrsg.): Frauenbriefe der Romantik, Frankfurt/Main (Insel) 1981

Auerbach, Berthold
– Die Frau Professorin 286
In: Schwarzwälder Dorfgeschichten, hrsg. von J. Hein, Stuttgart (Reclam) 1984

Aufklären 154
In: Duden. Das Große Wörterbuch der deutschen Sprache in sechs Bänden, hrsg. vom Wissenschaftlichen Rat und den Mitarbeitern der Dudenredaktion, Bd. 1, Mannheim (Dudenverlag) 1976

Aufklärung 154
In: Brockhaus Enzyklopädie in 24 Bänden, Bd. 2, Mannheim (Brockhaus) 1987

Ausländer, Rose
– Der Brunnen 373
In: Andere Zeichen, Düsseldorf (Concept Verlag) 1974

Bachmann, Ingeborg
– Schatten Rosen Schatten 19
– Ihre Worte 329
– Die gestundete Zeit 383
– Alle Tage 387
In: Sämtliche Gedichte, München/ Zürich (Piper) 1983
– Auch ich habe in Arkadien gelebt 391
In: Monatschrift freier Akademiker. Wien, Jg. 7, Folge 7, April 1953

Ball, Hugo
– Karawane 357
In: Dada, eine literarische Dokumentation. Hrsg. Richard Huelsenbeck, Hamburg (Rowohlt) 1987

Becher, Johannes R.
– Kantate 1950 385
In: Neues Deutschland 25.07.50

Bender, Hans
– Heimkehr 372
In: Lyrische Biographie, Graphische Werkstätten der Werkkunstschule Wuppertal, Wuppertal 1957

Benn, Gottfried
– Reisen 19
– Verlorenes Ich 150
– Morgue I. Kleine Aster 324
– Ein Wort 328
– Sieh die Sterne 334
– Nur zwei Dinge 371
In: Gesammelte Werke, hrsg. v. D. Wellershoff, Band 1: Gedichte, Wiesbaden (Limes) 1960

Bernhard, Thomas
– Eine Maschine 38
In: Ereignisse, Berlin (Colloquium) 1969

Bibelübersetzungen des 23. Psalms 111
In: Deutscher Sprachspiegel, hrsg. von F. Arends, H. Brinkmann u.a., Düsseldorf (Schwann) 1968

Bichsel, Peter
– San Salvador 293
In: Eigentlich möchte Frau Blum den Milchmann kennen lernen, Olten/Freiburg i.B. (Walter) 1964

Blau, Sebastian
– Dr. Bahwärter 104
In: Die Schwäbischen Gedichte des Sebastian Blau, Stuttgart (Deutsche Verlagsanstalt) 1979

Bloch, Ernst
– Zerstörte Sprache – zerstörte Kultur 365
In: Gesamtausgabe in 16 Bändern, Band 11, Frankfurt/Main (Suhrkamp) 1977

Bobrowski, Johannes
– Die ersten beiden Sätze für ein Deutschlandbuch 369
In: Lipmanns Leib, Stuttgart (Reclam) 1973
– Immer zu benennen 395
In: Schattenland Ströme, Stuttgart (Deutsche Verlagsanstalt) 1962

Boldt, Paul
– Auf der Terasse des Café Josty 321
In: Lyrik des Expressionismus, hrsg. von Silvio Vietta, Tübingen (Niemeyer) 1976

Böll, Heinrich
– Besichtigung 371
In: Du fährst zu oft nach Heidelberg, Köln (Verlag Lamuv) 1979

Bollnow, Otto Friedrich
– Die Weisheit 178
In: Wesen und Wandel der Tugenden, Frankfurt/Main (Ullstein) 1958

Bölsche, Wilhelm
– Die naturwissenschaftlichen Grundlagen der Poesie. Prolegomena zu einer realistischen Aesthetik, Leipzig (Reissner) 1887 310

Bonaventure
– Nachtwachen 237
Stuttgart (Reclam) 1964

Bonhoeffer, Dietrich
– Von guten Mächten 19
In: Auf dem Wege zur Freiheit (Gedichte und Briefe aus der Haft) hrsg. von E. Bethge, Berlin (Lettner) 1946

Borchert, Wolfgang
– Die lange lange Straße lang 372
– Das ist unser Manifest 373
In: Das Gesamtwerk, Hamburg (Rowohlt) 1949

Bormann, Alexander von
– Über die Aktualität der Romantik 266
In: Euphorin 78, 1984

Born, Nicolas
– Entsorgt 39
In: Gedichte 1967–1978, Hamburg (Rowohlt) 1978

Branstner, Gerhard
– Probleme verstecken 390
– Die Kunst lässt weg 390
In: Der Esel als Amtmann, Berlin (Buchverlag der Morgen) 1976

Braun, Volker
– Anspruch 384
– Jazz 388
In: Gedichte, Frankfurt/Main (Suhrkamp) 1979

Brecht, Bertolt
– Von der Freundlichkeit der Welt 19
– Lob des Lernens 28
– Der hilflose Knabe 28

– Horribilicribrifax, Teutsch. Wehlende Liebhaber 141
In: Lustspiele, hrsg. von H. Palm, Hildesheim (Olms) 1961
– Leo Arminius 327
In: Gesamtausgabe der deutschsprachigen Werke, Band 5: Trauerspiele II, hrsg. von H. Powell, Tübingen 1969 (modernisierte Schreibweise)

Günderode, Karoline von
– Briefe 249, 250
In: Frauenbriefe der Romantik. Hrsg. K. Behrens, Frankfurt (Insel) 1981

Günther, Johann Christian
– Bußgedanken 115
– Als er der Phillis einen Ring mit einem Totenkopf überreichte 119
In: Gedichte, hrsg. von M. Windfuhr, Stuttgart (Reclam) 1967

Hagedorn, Friedrich von
– Anakreon 166
– Die Küsse 166
In: Die deutsche Literatur. Aufklärung und Rokoko, hrsg. von O.F. Best, Stuttgart (Reclam) 1977

Handke, Peter
– Kaspar 329
In: Stücke 1, Frankfurt/Main (Suhrkamp) 1972

Harsdörffer, Georg Philipp
– Das Leben des Menschen 119
In: Deutsche Barock-Lyrik, hrsg. von H. Cysarz, Stuttgart (Reclam) 1957
– Die Teutsche Sprache 145
Zit. nach: Albrecht Schöne (Hrsg.): Das Zeitalter des Barock, München (Beck) 1963

Hart, Julius
– Ein neuer Frühling 300
In: Triumph des Lebens, Florenz/Leipzig 1898
Zit. nach: Lyrik des Jugendstils, hrsg. von Jost Hermand. Stuttgart (Reclam) 1977

Hartmann von Aue
– Der arme Heinrich 84
In: Der arme Heinrich, hrsg. von H. de Boor, Frankfurt/Main (Fischer) 1963

Hauptmann, Gerhart
– Vor Sonnenaufgang 308
In: Sämtliche Werke, hrsg. von Hans-Egon Hass (Centenarausgabe), Band I: Dramen, Frankfurt/Berlin (Propyläen) 1966
– Bahnwärter Thiel 312
In: a.a.O., Band VI: Erzählungen. Theoretische Prosa, Frankfurt/Berlin (Propyläen) 1963

Hauser, Arnold
– Romantik als übersteigerter Subjektivismus 265
In: Sozialgeschichte der Kunst und Literatur, München (C.H. Beck) 1983

Hebel, Johann Peter
– Unverhofftes Wiedersehen 34
In: Werke, hrsg. von P. Alverdes, München (Hanser) o. J.

Heine, Heinrich
– Die Grenadiere 42
In: Werke, hrsg. von P. Stapf, Wiesbaden (Vollmer)
– Die Harzreise 268
– Die schlesischen Weber 273
– An einen politischen Dichter 274
– Zur Beruhigung 274
– Erinnerung aus Krähwinkels Schreckenstagen 276
– Ein Jüngling liebt ein Mädchen 277
– Sie saßen und tranken am Teetisch 278
– Ich weiß nicht, was soll es bedeuten 278
– Mein Herz, mein Herz ist traurig 278
– Französische Maler 278
In: Sämtliche Werke, hrsg. von G. Elster, Bd. 1, 2, 3, Leipzig/Wien (Bibliographisches Institut)

Heinrich von Morungen
– Sin hiez mir nie widersagen 93
In: Mittelalterliche Texte im Unterricht, hrsg. von H. Brackert, Bd. II, München (C.H. Beck) 1976

Herder, Johann Gottfried
– Abhandlung über den Ursprung der Sprache 232
Stuttgart (Reclam) 1975

Herwegh, Georg
– Aufruf 1841 272
– Wiegenlied 272
Zit. nach: Der deutsche Vormärz. Hrsg. J. Hermand, Stuttgart (Reclam) 1967

Hesse, Hermann
– Im Nebel 19
In: Gesammelte Dichtungen, Frankfurt/Main (Suhrkamp) 1952
– Der Steppenwolf 335
Frankfurt/Main (Suhrkamp) 1974

Heym, Georg
– Tagebücher
In: Dichtungen und Schriften. Gesamtausgabe, hrsg. von Karl Ludwig Schneider. Band 3: Tagebücher, Träume und Briefe, München (Winkler), 3. Auflage 1986
– Die Stadt 320
– Der Krieg 322
In: a.a.O., Band 1: Lyrik, Hamburg/München (Ellermann) 1964

Heynicke, Kurt
– Gedicht 323
In: Menschheitsdämmerung. (s. bei Pinthus)

Hindenburg, Paul von
– Antrittsrede als Reichspräsident 354
In: Hohlfeld, Johannes (Hrsg.): Deutsche Reichsgeschichte in Dokumenten, II. Band: 1906 bis 1929, Berlin u. Leipzig (Vertrieb amtlicher Veröffentlichungen) 2. Auflage o. J.

Hoddis, Jakob van
– Weltende 321
In: Menschheitsdämmerung (s. bei Pinthus)

Hoffmann, Ernst Theodor Amadeus
– Der goldene Topf 251
Stuttgart (Reclam) 1953

Hofmann von Hofmannswaldau, Christian
– Sonnet. Vergänglichkeit der schönheit 117
– Die Welt 118
In: Gedichte und Interpretationen. Bd. 1: Renaissance und Barock, hrsg. von V. Maid, Stuttgart (Reclaim) 1982
– Auf den Mund 117
In: Deutsche Barock-Lyrik, hrsg. von H. Cysarz, Stuttgart (Reclaim) 1957

Hofmannsthal, Hugo von
– Was ist die Welt? 18
– Die Beiden 97
In: Gesammelte Werke, hrsg. von B. Schoeller, Bd. 1, Frankfurt/Main (Fischer) 1979
– Der Abenteurer und die Sängerin 313
In: Theater in Versen, Berlin (S. Fischer), 2. Auflage 1989
– Terzinen III 313
– Terzinen I 315
In: Die Gedichte und kleinen Dramen, Leipzig (Insel), 2. Auflage 1912
– Ein Brief 326
In: Gesammelte Werke in Einzelausgaben, hrsg. von Herbert Steiner, Band „Prosa II“, Frankfurt/Main (Fischer) 1959

Hohler, August E.
– Goethes Weimar hat Buchenwald nicht verhindert 230
In: Sprache im technischen Zeitalter 22 (1967)

Hölderlin, Friedrich
– Lebenslauf 22
In: Sämtliche Werke, Große Stuttgarter Ausgabe, hrsg. von Friedrich Beißmer, Band 2/1., Stuttgart (Kohlhammer/Cotta) 1951
– Hyperion 206
In: Sämtliche Werke, Große Stuttgarter Ausgabe, hrsg. von Friedrich Beißmer, Band 3, Stuttgart (Kohlhammer/Cotta) 1957

Hölty, Ludwig Ch. H.
– Aufmunterung zur Freude 17
In: Theodor Echtermeyer: Deutsche Gedichte, Düsseldorf (Bagel) 1956

Holz, Arno/Schlaf, Johannes
– Papa Hamlet. Ein Tod, Stuttgart (Reclam) 1963 306

Horváth, Ödön von
– Italienische Nacht 351
Frankfurt Main (Suhrkamp) 1974

Huber, Heinz G.
– deheim 104
In: Mundartliteratur, hrsg. von M. Bosch, Frankfurt/Main (Diesterweg) 1979

Huchel, Peter
– Soldatenfriedhof 43
In: Chausseen Chausseen, Gedichte, Frankfurt/Main (Fischer) 1963
– Chausseen 373
– Unter der blanken Hacke des Monds 392
In: Gesammelte Werke, Frankfurt/Main (Suhrkamp) 1984

Interpretation von Andreas Gryphius
– Es ist alles eitel 139
In: Die Literatur, Freiburg (Herder), 2. Aufl. 1973

Ionesco, Eugène
– Die Nashörner 183
In: Zwei Stücke, Frankfurt/Main (Fischer) 1971

Jünger, Ernst
– Der Kampf als inneres Erlebnis 345
In: Werke, Band V, Stuttgart (Klett-Cotta) o.J.

Kafka, Franz
– Heimkehr 36
– Das Stadtwappen 336
– Auf der Galerie 337
– Gibs auf 338
– Eine kaiserliche Botschaft 341
In: Die Erzählungen, Frankfurt (Fischer) 1961

Kamper, Dietmar
– Macht und Ohnmacht der Fantasie 254
Darmstadt (Luchterhand) 1986

Kant, Immanuel
– Beantwortung der Frage: Was ist Aufklärung? 151, 175
In: Was ist Aufklärung? Thesen und Definitionen, hrsg. von E. Bahr, Stuttgart (Reclam) 1975

Karl von Braunschweig
– Resolution für den Hofrat Lessing 168
In: Gotthold Ephraim Lessing: Nathan der Weise. Erläuterungen und Dokumente, hrsg. von P. von Düffel, Stuttgart (Reclam) 1978

Kaschnitz, Marie Luise
– Hiroshima 50
In: Neue Gedichte, Hamburg (Claasen) 1957
– Interview 394
In: Dein Schweigen – meine Stimme, Düsseldorf (Classen) 1962

Kästner, Erich
– Kurzgefasster Lebenslauf 22
In: Ein Mann gibt Auskunft, Stuttgart-Berlin (Deutsche Verlagsanstalt) 1930
– Über das Verbrennen von Büchern 71
In: Gesammelte Schriften für Erwachsene, München (Droemer, Knaur) 1969
– Monolog mit verteilten Rollen 333
In: Ein Mann gibt Auskunft, Stuttgart 1930, Neuauflage München (Knaur) o.J.
– Marschliedchen 352
In: Gesang zwischen den Stühlen, Stuttgart 1932, Neuauflage München (Knaur) o.J.

Keller, Gottfried
– Brief an Eduard Vieweg 294
In: Gesammelte Briefe. Hrsg. C. Helbling, Bd. 3.2 Bern (Beuteli) 1953

Kirsch, Sarah
– Im Sommer 283
In: Katzenkopfpflaster, München (Deutscher Taschenbuch Verlag) 1978

Kisch, Egon Erwin
– Wallfahrtsort für Kriegshetzer 346
In: Der rasende Reporter, Köln (Kiepenheuer und Witsch) 1983

Klabund
– Ironische Landschaft 334
In: Klaus Behr, (Hrsg.): Weimarer Republik. Literarische Texte zur politischen und sozialen Realität. Reiche: texte und materialien zum literaturunterricht, Frankfurt (Diesterweg) 1987

Kleinlein, Lothar
– a rouh mou sai 104
In: Mundartliteratur, hrsg. von M. Bosch, Frankfurt/Main (Diesterweg) 1979

Kleist, Heinrich von
– Anekdote aus dem letzten preußischen Kriege 40
– Über das Marionettentheater 259
In: Sämtliche Werke und Briefe, hrsg. von H. Sembdner, München (Hanser) 1961

Klemm, Wilhelm
– Meine Zeit 298
– Einleitung 299
In: Menschheitsdämmerung (s. bei Pinthus)

Klopstock, Friedrich Gottlieb
– Dem Unendlichen 188
In: Ausgewählte Werke, hrsg. von K. A. Schleiden, Darmstadt (Wissenschaftliche Buchgesellschaft) 1962

Körner, Theodor
– Aufruf 271
In: Werke. Hrsg. H. Zimmer, Bd. 1, Leipzig/Wien o.J.

Kraus, Karl
– Stilblüten sammeln 331
In: Magie der Sprache. Ein Lesebuch, hrsg. von Heinrich Fischer, Frankfurt/Main (Suhrkamp), 3. Aufl. 1979
– Die letzten Tage der Menschheit 344
Teil II, München (Deutscher Taschenbuch Verlag) 1964

Kroetz, Franz Xaver
– Stallerhof 31
In: Gesammelte Stücke, Frankfurt/Main (Suhrkamp) 1976

Krolow, Karl
– Liebesgedicht 97
In: Der Deutschunterricht, Jg. 17, 1965, Heft 4

Kuh, Anton
– Nietzsche und Hindenburg 347
In: Luftlinien. Feuilletons, Essays und Publizistik, hrsg. von Ruth Greuner, Wien (Löcker) 1981

Kunert, Günter
– Die Maschine 38
– Das Bild der Schlacht am Isonzo 44
In: Der Hai, hrsg. von D. Bode, Stuttgart (Reclam) 1974
– Neuere Ballade infolge älterer Sage 82
In: Moderne Balladen, hrsg. von F. Pratz, Frankfurt/Main (Fischer) 1967
– Die Schreie der Fledermäuse 382
In: Tagträume in Berlin und anderorts, Frankfurt/Main (Fischer) 1974
– Meine Sprache 401
In: Verkündigung des Wetters, München (Hanser) 1966

Kunze, Reiner
– Das Ende der Kunst 389
In: Sensible Wege, Hamburg (Rowohlt) 1969

Kürenberg, Der von
– Ich zôch mir einen valken 91
In: Die Deutsche Literatur vom Mittelalter bis zum 20. Jahrhundert, hrsg. von W. Killy, Band I/2: Mittelalter, München (Deutscher Taschenbuch Verlag) 1988

La Fonaine, Jean de
– Der Rabe und der Fuchs 162
– Der Wolf und das Lamm 162
In: Fabeln, hrsg. von Th. Poser, Stuttgart (Reclam) 1975

Lasker-Schüler, Else
– Gebet 18
– Weltende 322
In: Sämtliche Gedichte, hrsg. von Friedhelm Kemp, München (Kösel) 1977

Lauremberg, Johann
– Van alemodischer Poesie und Rimen 103
In: Mundartliteratur, hrsg. von M. Bosch, Frankfurt/Main (Diesterweg) 1979

Leibniz, Gottfried Wilhelm
– Die Theodizee von der Güte Gottes, der Freiheit des Menschen und dem Ursprung des Übels 131
Hrsg. von H. Herring, Darmstadt (Wissenschaftliche Buchgesellschaft) 1985
– Unvorgreiffliche Gedancken, betreffend die Ausübung und Verbesserung der Teutschen Sprache 146
Zitiert nach: Albrecht Schöne (Hrsg.): Das Zeitalter des Barock, München (C.H. Beck) 1963

Lenz, Reinhold Jakob Michael
– Handeln ist die Seele der Welt 193
In: Die Deutsche Literatur vom Mittelalter bis zum 20. Jahrhundert, hrsg. von W. Killy, Bd. V/1: Sturm und Drang. Klassik, Romantik. München (Deutscher Taschenbuch Verlag) 1988

Lenz, Siegfried
– Deutschstunde 376
München (Deutscher Taschenbuch Verlag) 1973
– Literatur im wissenschaftlichen Zeitalter 386
In: Elfenbeinturm und Barrikade, Erfahrungen am Schreibtisch. Hamburg (Hoffmann und Campe) 1983

Lessing, Gotthold Ephraim
– Über die Wahrheit 149
In: Was ist Aufklärung? Thesen und Definitionen, hrsg. von E. Bahr, Stuttgart (Reclam) 1975
– Der Rabe und der Fuchs 163
– Der Wolf und das Schaf 163

geschichte. In: Der Deutschunterricht Jg. 9, 1957, Heft 1

Pörksen, Uwe
– Die Experten als Funktionäre der Verwirklichung 399
In: Plastikwörter. Die Sprache einer internationalen Diktatur (Klett-Cotta) 1989

Preisendanz, Wolfgang
– Was bedeutet Realismus in der Dichtung? 297
In: Wege des Realismus, München (Fink) 1977

Raabe, Wilhelm
– Pfisters Mühle 295
Stuttgart (Reclam) 1980

Reichsgerichtsentscheidung 63
Aus einer grundsätzlichen Entscheidung des Reichsgerichts vom 5. Juni 1928 (RGST Bd. 62, 183)
In: Das Kurt Tucholsky Chanson Buch, hrsg. von M. Gerold-Tucholsky und H. G. Heepe, Hamburg (Rowohlt) 1983

Reimann, Brigitte
– Ankunft im Alltag 385
München (Deutscher Taschenbuch Verlag) 1986
– Franziska Linkerhand 386
München (Deutscher Taschenbuch Verlag) 1977

Remarque, Erich-Maria
– Im Westen nichts Neues 343
Frankfurt/Berllin (Ullstein) 1972

Rilke, Rainer Maria
– Abend 300
– Blaue Hortensie 314
– Jetzt reifen schon ... 315
– Die Aufzeichnung des Malte Laurids Brigge 316
– Herbst 317
In: Werke, Frankfurt/Main (Insel), 4. Aufl. 1986
– Ich fürchte mich so ... 328
In: Sämtliche Werke, Band I, Frankfurt/Main (Insel) 1976

Roth, Joseph
– Das Lächeln der Welt 358
In: Werke I: Das journalistische Werk 1915–1923, hrsg. von Klaus Westermann, Köln (Kiepenheuer und Witsch) 1989
– Und der Regen regnete jeglichen Tag 364
In: Berliner Saisonbericht. Unbekannte Reportagen und journalistische Arbeiten 1920–39, hrsg. von Klaus Westermann, Köln (Kiepenheuer und Witsch) 1984

Rudolf von Fenis
– Gean ich ze Minnen ie gouten wân 94
In: Mittelalterliche Texte im Unterricht, hrsg. von H. Brackert, Bd. II, München (C.H. Beck) 1976

Rufer 65
In: Neuköllner Tageblatt vom 12.5.1933. Zit. nach Josef Wulf: Literatur und Dichtung im Dritten Reich. Hamburg (Rowohlt) 1966

Rühmkorf, Peter
– Auf eine Weise des Joseph Freiherrn von Eichendorff 241
Zit. nach: Deutsche Lyrik-Parodien. Hrsg. Th. Verweyen, G. Witting, Stuttgart (Reclam) 1983

Sachs, Nelly
– Chor der Geretteten 380
In: Ausgewählte Gedichte, Frankfurt (Suhrkamp) 1963

Schacht, Ulrich
– Ferner Morgen 384
In: Traumgefahr, Gedichte, Pfullingen (Neske) 1981

Schädlich, Hans Joachim
– Schwer leserlicher Brief 389
In: Versuchte Nähe, Hamburg (Rowohlt) 1986

Schiller, Friedrich
– Die Räuber I/1 190
– Die Räuber I/2 191
– Was kann eine gute stehende Schaubühne eigentlich wirken? 192
In: Werke in drei Bänden, Bd. I, München (Hanser) 1966
– Das Horen 219
– Über die ästhetische Erziehung des Menschen 219
In: Sämtliche Werke. Band 5, München (Hanser), 3. Auflage 1961

Schlegel, August Wilhelm
– Vorlesungen über schöne Literatur und Kunst 194, 244
Zit. nach: Die deutsche Literatur. Romantik I. Hrsg. H.-J. Schmidt, Stuttgart (Reclam) 1978

Schlegel, Friedrich
– Lucinde 248
In: Kritische Friedrich-Schlegel-Ausgabe. Hrsg. E. Behler, Bd. V, München/Paderborn/Wien (Schöningh) 1962
– Äthenäums Fragmente 263
In: Kritische Schriften. Hrsg. W. Rasch, München (Hanser) 1964

Schleiermacher, Friedrich
– Versuch einer Theorie des geselligen Betragens 247
In: Werke. Hrsg. O. Braun, Neudruck. Aalen (Scientia) 1967

Schneider, Ronald
– Annette von Droste-Hülshoff 284
In: Metzler-Autoren-Lexikon deutschsprachige Dichter und Schriftsteller. Hrsg. B. Lutz, Stuttgart (Metzler) 1986

Schopenhauer, Arthur
– [Die Stachelschweine] 34
In: Sämtliche Werke, hrsg. von W. Frhr. von Löhneysen, Darmstadt (Wissenschaftliche Buchgesellschaft) 1965

Schottel, Justus Georg
– Donnerlied 116
In: Deutsche Barock-Lyrik, hrsg. von H. Cysarz, Stuttgart (Reclam) 1957

Schrade, Hubert
– Die romanische Malerei 101
Köln (DuMont) 1963

Schubart, Christian Friedrich Daniel
– Freiheitslied eines Kolonisten 156
In: Die deutsche Literatur. Sturm und Drang und Empfindsamkeit, hrsg. von U. Karthaus, Stuttgart (Reclam) 1978

Schubert, Gotthilf Heinrich
– Die Symbolik des Traumes 238
Heidelberg (Lambert/Schneider) 1968

Schwitters, Kurt
– Der Zusammenstoß 356
In: Stücke der zwanziger Jahre, hrsg. von Wolfgang Storch, Frankfurt/Main (Suhrkamp) 1977

Seghers, Anna
– Das Ende 374
In: Der Ausflug der toten Mädchen, Darmstadt (Luchterhand) 1979

Silesius, Angelus
– Cherubinischer Wandersmann oder geistreiche Sinn- und Schlussreime 120
In: Aus dem Cherubinischen Wandersmann und anderen geistlichen Dichtungen, hrsg. von E. Haring, Stuttgart (Reclam) 1966

Simon, Hans-Ulrich
– Eduard Mörike 285
In: Metzler-Autoren-Lexikon deutschsprachiger Dichter und Schriftsteller. Hrsg. B. Lutz, Stuttgart (Metzler) 1986

Späth, Gerold
– Commedia 294
Frankfurt (Fischer) 1980

Spee von Langenfeld, Friedrich
– Cautio Criminalis oder Rechtliches Bedenken wegen der Hexenprozesse 132
Hrsg. von J.E. Ritter, München (Deutscher Taschenbuch Verlag), 4. Aufl. 1986

Stadler, Ernst
– Form ist Wollust 318
– Der Spruch 319
In: Dichtungen, Schriften, Briefe, Kritische Ausgabe, hrsg. von Klaus Hurlebusch und Karl Ludwig Schneider, München (C.H. Beck) 1983

Steig, Reinhold
– Interpretation von Kleists „Anekdote aus dem letzten preußischen Kriege" 41
In: Heinrich von Kleists Berliner Kämpfe, Berlin und Stuttgart (Spemann) 1901

Stifter, Adalbert
– Vorrede zu „Bunte Steine" 289
In: Gesammelte Werke, Hrsg. K. Steffen, Bd. 4, Basel/Stuttgart (Birkhäuser) 1963

Stimmen zur Rezeption (von Lessings „Nathan der Weise") 171
In: Gotthold Ephraim Lessing: Nathan der Weise. Erläuterungen und Dokumente, hrsg. von P. von Düffel, Stuttgart (Reclam) 1978

Stimmen zur Rezeption 66
Kurt Tucholskys
Zit. nach F.J. Raddatz: Kurt Tucholsky. Poetische Texte, Hamburg (Rowohlt) 1987 und Klaus-Peter Schulz: Kurt Tucholsky, Hamburg (Rowohlt) 1977

Storm, Theodor
– Abseits 282
– Über Lyrik 283
In: Sämtliche Werke. Hrsg. P. Goldammer, Berlin/Weimar (Aufbau) 1978

Thomasius, Christian
– Vom Laster der Zauberei 133
Hrsg. von R. Lieberwirth, München (Deutscher Taschenbuch Verlag), 2. Aufl. 1987

Tieck, Ludwig
– Brief an Wilhelm Wackenroder 242
In: König der Romantik. Das Leben des Dichters L. Tieck in Briefen, Selbstzeugnissen u. Berichten. Hrsg. K. Günzel, Tübingen (Wunderlich) 1981

Trakl, Georg
– Verfall 300
– Grodek 323
In: Die Dichtungen, Salzburg (Müller) 1938

Treitschke, Heinrich von
– Deutsche Geschichte im 19. Jahrhundert, 1. Teil 229
Leipzig (Hendel) 1928

Trömel-Plötz, Senta
– Frauensprache: Sprache der Veränderung 400
– Die beste Frau ist die, die nicht spricht 400
Frankfurt/Main (Fischer) 1982

Trunz, Erich
– Andreas Gryphius: Es ist alles eitel 138
In: Benno von Wiese (Hrsg.): Die deutsche Lyrik, Düsseldorf (Bagel) 1957

Tucholsky, Kurt
– Herr Wendriner erzieht seine Kinder 33
– Vorsätze 52
– Start 52
– Park Monceau 54
– Das Lächeln der Mona Lisa 54
– Eine Treppe 54
– Mein Nachruf 54
– Märchen 56
– Krieg dem Kriege 56
– Vision 57
– Kurt Tucholsky 57
– Das Dritte Reich 58
– Joebbels 59
– An das Publikum 59
– Hitler und Goethe 60
– Der Mensch 61
– Was darf die Satire? 62
– Gruß nach vorn 64
– Avis an meinen Verleger 65
– Ratschläge für einen schlechten Redner 69
– Ratschläge für einen guten Redner 70
In: Kurt Tucholsky, Gesammelte Werke in 10 Bändern, hrsg. von M. Gerold-Tucholsky/F.J. Raddatz, Hamburg (Rowohlt) 1975
– Briefe an Nuuna 55
In: Kurt Tucholsky, Briefe aus dem Schweigen 1932–1935. Briefe an Nuuna, hrsg. von M. Gerold-Tucholsky/G. Huonker, Hamburg (Rowohlt) 1977

Uhland, Ludwig
– Schwäbische Kunde 80
In: Werke, hrsg. von H. Fröschle u.a., Bd. 1, München (Winkler)

Vaterunser 108
In: Deutsches Lesebuch, hrsg. von H. Bender, Bd. 6, Karlsruhe (Braun) 1968

Verzerrtes Weltbild
In: Stuttgarter Zeitung vom 5.9.1974

Vesper, Will
– Das erwachte Gewissen 66
In: Die neue Literatur (1933), zit. nach Josef Wulf: Literatur und Dichtung im Dritten Reich, Hamburg (Rowohlt) 1966

Vierhaus, Rudolf
– [Schriftsteller in einer Zeit des Umbruchs] 264
In: Deutschland im 18. Jahrhundert, Göttingen (Vandenhoeck) 1987

Wackenroder, Wilhelm Heinrich
– Brief an L. Tieck 243
In: Werke und Briefe von W.H. Wackenroder, Heidelberg (Schneider) 1967

Wagner, Bernd
– Fabel 289
In: Gedichte, hrsg. von Rainer Kirsch/Manfred Wolter, Berlin (Eulenspiegel) 1975

Walser, Robert
– Ovation 336
In: Prosa, Frankfurt/Main (Suhrkamp) 1960

Walser, Martin
– Ein fliehendes Pferd 391
Frankfurt/Main (Suhrkamp) 1978

Walther von der Vogelweide
– Sô die bluomen ûz dem grase dringent 92
– Under der linden 92
– Dô Fridrich ûz Osterrîch alsô gewarp 98
– Philippe, künec hêre 98
– Ich hân mîn lêhen 99
– Ich saz ûf eime steine 99
– Ich hôrte ein wazzer diezen 100
– Ich sach mit mînen ougen 100
In: Gedichte, hrsg. von Peter Wapnewski, Frankfurt/Main (Fischer) 1962

Wassermann, Jakob
– Der Fall Maurizius 348
Hamburg (Rowohlt) 1975

Weiss, Peter
– Die Ermittlung 378
Hamburg (Rowohlt) 1969

Wernher der Gärtner
– Helmbrecht 87
In: Helmbrecht, hrsg. von F. Tschirch, Stuttgart (Reclam) 1974

Whorf, Benjamin Lee
– Sprache, Denken, Wirklichkeit 235
Hamburg (Rowohlt) 1963

Wieland, Christoph Martin
– Sechs Fragen zur Aufklärung 151
In: Was ist Aufklärung? Thesen und Definitionen, hrsg. von E. Bahr, Stuttgart (Reclam) 1975
– Brief an L. Meister 158
– Briefe an J.G. Zimmermann 160
– Brief an F. J. Riedel 160
In: Wieland Lesebuch, hrsg. von Heinrich Bock, Frankfurt/Main (Insel) 1983

Wilhelm II.
– Rede zur Einweihung von Denkmälern an der Berlinder Siegesallee 310
In: Reden des Kaisers. Ansprachen, Predigten und Trinksprüche Wilhelms II., hrsg. von Ernst Johann, München (Deutscher Taschenbuch Verlag) 1966

Winckelmann, Johann Joachim
– Gedanken über die Nachahmung der griechischen Werke in der Malerei und Bildhauerkunst 205
Stuttgart (Reclam) 1977

Wolf, Christa
– Kindheitsmuster 198
– Der Schatten eines Traums 250
In: Lesen und Schreiben. Neue Sammlung, Darmstadt (Luchterhand) 1980
– Nachdenken über Christa T. 390
Darmstadt (Luchterhand) 1969

Wolfenstein, Alfred
– Städter 321
In: Menschheitsdämmerung (s. bei Pinthus)

Wolfram von Eschenbach
– Parzival (Unterweisung des Gournemans 83
– Parzival (Begegnung mit Trevrizent) 86
In: Dieter Kühn: Der Parzival des Wolfram von Eschenbach, Frankfurt/Main (Insel) 1986

Wondratschek, Wolf
– In den Autos 382
In: Gedichte und Interpretation, Bd. 6 Gegenwart, hrsg. von Walter Hinck, Stuttgart (Reclam) 1982

Zech, Paul
– Neu beginnen 383
In: In den Wind geschrieben, Lyrik der Freiheit 1933–1945, München (Deutscher Taschenbuch Verlag) 1962

Ziegler, Theobald
– Die geistigen und sozialen Strömungen des neunzehnten Jahrhunderts 299
Volksausgabe, Berlin (Georg Bondi) 1911

Zimmer, Dieter E.
– So kommt der Mensch zur Sprache 231, 332
Über Spracherwerb, Sprachentstehung und Sprache & Denken, Zürich (Haffmann) 1988

Zimmermann, Hans Dieter
– Die politische Rede. Der Sprachgebrauch Bonner Politiker 354
Stuttgart (Deutsche Verlags-Anstalt) 1969

– Die Botschaft des ästhetischen Textes 394
In: Vom Nutzen der Literatur. Vorbereitende Bemerkungen zu einer Theorie der literarischen Kommunikation, Frankfurt/Main (Suhrkamp) 1977

Zuckmayer, Carl
– Des Teufels General 375
Frankfurt/Main (Fischer) 1982

Zweig, Stefan
– Morgenlicht 300
In: Silberne Saiten. Gedichte und Nachdichtungen, hrsg. von Richard Friedenthal, Frankfurt/Main (Fischer) 1966

Bildnachweis

Archiv für Kunst und Geschichte, Berlin: S. 57, 71, 86, 96, 101, 114, 115, 116, 122, 126, 130, 136, 171, 195, 205, 208, 268, 356, 405 – Bibliographisches Institut, Mannheim: S. 208 – Bildarchiv der Österreichischen Nationalbibliothek, Wien: S. 89, 404 – Bildarchiv Preußischer Kulturbesitz, Berlin: S. 23, 35, 38, 53, 58, 80, 81, 83, 84, 93, 100, 111, 112, 117, 130, 144, 146, 151, 152, 167, 194, 195, 196, 211, 212, 229, 244, 248, 249, 254, 266, 272, 287, 288, 320, 338, 343, 344, 345, 349, 372, 374, 375, 408, 409 – Deutsche Presse Agentur, Frankfurt am Main: S. 363, 380 – Fratelli Alinari, Florenz: S. 208 – Galerie der Stadt Stuttgart/© Otto Dix-Stiftung: S. 410 – Germanisches Nationalmuseum, Nürnberg: S. 113 – Haus der Kunst, München: S. 302 – Historisches Museum, Frankfurt am Main: S. 273 – Interfoto Pressebild Agentur, München: S. 58, 121, 133, 145, 155, 156, 267, 381 – Landesbildstelle Württemberg, Stuttgart: S. 125 – Metropolitan Museum of Art, New York: S. 301 – Münchener Stadtmuseum: S. 81 – Munch-museet, Oslo: S. 302 – Museo Nacional de Prado, Madrid: S. 406 – Nolde-Stiftung, Seebüll: S. 304 – Reclam Verlag, Ditzingen: S. 117, 302, 309 – Schiller-Nationalmuseum, Marbach: S. 52, 53, 247 – Spiegel Nr. 31 vom 02.08.1982: S. 51 – Staatsgalerie Stuttgart: S. 223 – Städelsches Kunstinstitut, Frankfurt: S. 215, 407 – Titelseite der Zeitschrift „Jugend" Nr. 1 (5. Jahrgang, Januar 1900): S. 298 – Ullstein Bilderdienst, Berlin: S. 39, 46, 58, 132, 156, 318, 370 – Universitätsbibliothek Heidelberg: S. 403 – Verlagsarchiv F. Schöningh, Paderborn: S. 23, 40, 50, 54, 85, 95, 100, 102, 113, 122, 124, 126, 127, 136, 144, 152, 158, 161, 185, 188, 190, 197, 211, 212, 232, 237, 239, 251, 256, 269, 270, 282, 284, 285, 289, 293, 296, 304, 308, 313, 314, 315, 323, 340, 351, 358, 359, 362, 367, 369, 373, 376, 378, 379, 383, 389, 390 – © VG Bild-Kunst, Bonn, 1990: Ensor, James, Die Kathedrale S. 301; Kollwitz, Käthe, Weberzug S. 303; Delaunay, Robert, Eiffelturm S. 303; Kandinsky, Wassily, Komposition S. 303; Grosz, George, Friedrichstraße S. 320 – © VG Bild-Kunst, Bonn, 1991: Ernst, Max, Die Schammade S. 357 – Westdeutscher Rundfunk, Köln: S. 143 – Wieland, Christoph Martin, Sämtliche Werke, Leipzig 1794–1802: S. 149 – Wieland-Museum, Biberach: S. 161 – Wilhelm-Busch-Museum, Hannover: S. 288, 289.

Karten zu Sprache und Literatur nach Werner König (Hrsg.): dtv-Atlas zur deutschen Sprache. Tafeln und Texte. München (Deutscher Taschenbuch Verlag), 2. Aufl. 1978: S. 105–109, 248.